STOICORUM VETERUM FRAGMENTA

COLLEGIT

IOANNES AB ARNIM

VOLUMEN II

CHRYSIPPI FRAGMENTA
LOGICA ET PHYSICA

LIPSIAE

IN AEDIBUS B. G. TEUBNERI

MCMIII

WIPF & STOCK · Eugene, Oregon

Wipf and Stock Publishers
199 W 8th Ave, Suite 3
Eugene, OR 97401

Stoicorum Veterum Fragmenta Volume
Chrysippi Fragmenta Logica Et Physica
By Arnim, Hans Von
ISBN 13: 978-1-4982-4036-9
Publication date 12/20/2016 Previously published by
Lissiae In Aedibus B. G. Teubneri, 1903

Praefatio.

Operis, quo Stoicorum veterum fragmenta et testimonia colligere conatus sum, primum in lucem emitto volumen alterum, quod Chrysippi logica et physica fragmenta complectitur et cum generali Stoicorum doctrina componit. Volumen tertium eiusdem Chrysippi moralia, successorum Chrysippi, qui quidem ante Panaetium fuerunt, omnia fragmenta complexum, nunc prelo traditur. Subsequetur primum volumen, quod ad Zenonem et Cleanthem et utriusque discipulos pertinet. Praemittentur primo volumini totius operis prolegomena. Indices Stoicorum res et verba illustrantes seorsum edentur totumque absolvent.

Scribebam Vindobonae mense Septembri 1902

J. ab Arnim.

Conspectus capitum.

CONSPECTUS CAPITUM.

CONSPECTUS CAPITUM.

De Chrysippi vita et scriptis testimonia.

1 Diog. Laërt. VII 179. Χρύσιππος Ἀπολλωνίου Σολεὺς ἢ Ταρσεύς, ὡς Ἀλέξανδρος ἐν Διαδοχαῖς, μαθητὴς Κλεάνθους. οὗτος πρότερον μὲν δόλιχον ἤσκει, ἔπειτα ἀκούσας Ζήνωνος ἢ Κλεάνθους, ὡς Διοκλῆς καὶ οἱ πλείους, ἔτι τε ζῶντος ἀπέστη αὐτοῦ καὶ οὐχ ὁ 5 τυχὼν ἐγένετο κατὰ φιλοσοφίαν· ἀνὴρ εὐφυὴς καὶ ὀξύτατος ἐν παντὶ μέρει οὕτως ὥστε καὶ ἐν τοῖς πλείστοις διηνέχθη πρὸς Ζήνωνα, ἀλλὰ καὶ πρὸς Κλεάνθην, ᾧ καὶ πολλάκις ἔλεγε μόνης τῆς τῶν δογμάτων διδασκαλίας χρῄζειν, τὰς δὲ ἀποδείξεις αὐτὸς εὑρήσειν. μετενόει μέν- τοι ὁπότε πρὸς αὐτὸν ἀποτείνοιτο, ὥστε συνεχὲς προφέρεσθαι ταῦτα· 10

ἐγὼ δὲ τἄλλα μακάριος πέφυκ' ἀνὴρ
πλὴν εἰς Κλεάνθην· τοῦτο δ' οὐκ εὐδαιμονῶ.

οὕτω δ' ἐπίδοξος ἐν τοῖς διαλεκτικοῖς ἐγένετο, ὥστε δοκεῖν τοὺς πλείους ὅτι εἰ παρὰ θεοῖς ἦν [ἡ] διαλεκτική, οὐκ ἂν ἦν ἄλλη ἢ ἡ Χρυσίππειος· πλεονάσας δὲ τοῖς πράγμασι τὴν λέξιν οὐ κατώρθωσε. 15 πονικώτατός τε παρ' ὁντινοῦν γέγονεν, ὡς δῆλος ἐκ τῶν συγγραμμά- των αὐτοῦ· τὸν ἀριθμὸν γὰρ ὑπὲρ πέντε καὶ ἑπτακόσιά ἐστιν. ἐπλή- θυνε δὲ αὐτὰ πολλάκις ὑπὲρ τοῦ αὐτοῦ δόγματος ἐπιχειρῶν καὶ πᾶν τὸ ὑποπεσὸν γράφων καὶ διορθούμενος πλεονάκις πλείστῃ τε τῶν μαρτυριῶν παραθέσει χρώμενος· ὥστε καὶ ἐπειδή ποτε ἕν τινι τῶν 20 συγγραμμάτων παρ' ὀλίγον τὴν Εὐριπίδου Μήδειαν ὅλην παρετίθετο καί τις μετὰ χεῖρας εἶχε τὸ βιβλίον, πρὸς τὸν πυθόμενον τί ἄρα ἔχοι, ἔφη „Χρυσίππου Μήδειαν". καὶ Ἀπολλόδωρος δὲ ὁ Ἀθηναῖος ἐν τῇ συναγωγῇ τῶν δογμάτων, βουλόμενος παριστάνειν, ὅτι τὰ Ἐπικούρου οἰκείᾳ δυνάμει γεγραμμένα καὶ ἀπαράθετα ὄντα μυρίῳ πλείω ἐστὶ τῶν 25 Χρυσίππου βιβλίων, φησὶν οὕτως αὐτῇ τῇ λέξει· „εἰ γάρ τις ἀφέλοι τῶν Χρυσίππου βιβλίων ὅσ' ἀλλότρια παρατέθειται, κενὸς αὐτῷ ὁ

---

14 ἡ om. BPD. ‖ ἄλλη ἦν (hoc ord.) BPFD. ‖ ἡ om. BPD.   16 δῆλον PFD.   17 ἃ (pro αὐτοῦ) om. γὰρ BPD.   26 τῇ om. BPFD ‖ ἀφελεῖ B ἀφέλη F.

χάρτης καταλελείψεται." καὶ ταῦτα μὲν Ἀπολλόδωρος. ἡ δὲ παρεδρεύουσα πρεσβῦτις αὐτῷ, ὥς φησι Διοκλῆς, ἔλεγεν ὡς πεντακοσίους γράφει στίχους ἡμερησίους. Ἑκάτων δέ φησιν ἐλθεῖν αὐτὸν ἐπὶ φιλοσοφίαν τῆς οὐσίας αὐτοῦ τῆς πατρῴας εἰς τὸ βασιλικὸν ἀναληφθείσης.
5 Ἦν δὲ καὶ τὸ σωμάτιον εὐτελής, ὡς δῆλον ἐκ τοῦ ἀνδριάντος τοῦ ἐν Κεραμεικῷ, ὃς σχεδόν τι ὑποκέκρυπται τῷ πλησίον ἱππεῖ. ὅθεν αὐτὸν ὁ Καρνεάδης Κρύψιππον ἔλεγεν (secuntur apophthegmata). 183. Τέλος δὲ Ἀρκεσιλάῳ καὶ Λακύδῃ, καθά φησι Σωτίων ἐν τῷ ὀγδόῳ παραγενόμενος ἐν Ἀκαδημίᾳ συνεφιλοσόφησε· δι' ἣν αἰτίαν
10 καὶ κατὰ τῆς συνηθείας καὶ ὑπὲρ αὐτῆς ἐπεχείρησε· καὶ περὶ μεγεθῶν καὶ πληθῶν τῇ τῶν Ἀκαδημαϊκῶν συστάσει χρησάμενος.

Τοῦτον ἐν τῷ ᾠδείῳ σχολάζοντά φησιν Ἕρμιππος ἐπὶ θυσίαν ὑπὸ τῶν μαθητῶν κληθῆναι· ἔνθα προσενεγκάμενον γλυκὺν ἄκρατον
15 καὶ ἰλιγγιάσαντα πεμπταῖον ἀπελθεῖν ἐξ ἀνθρώπων, τρία καὶ ἑβδομήκοντα βιώσαντα ἔτη, κατὰ τὴν τρίτην καὶ τετταρακοστὴν καὶ ἑκατοστὴν Ὀλυμπιάδα, καθά φησιν Ἀπολλόδωρος ἐν Χρονικοῖς (sequitur Laërtii epigramma). ἔνιοι δέ φασι γέλωτι συσχεθέντα αὐτὸν τελευτῆσαι· ὄνου γὰρ τὰ σῦκα αὐτῷ φαγόντος, εἰπόντα τῇ γραΐ διδόναι ἄκρατον ἐπιρ-
20 ροφῆσαι τῷ ὄνῳ, ὑπερκαγχάσαντα τελευτῆσαι.

Δοκεῖ δὲ ὑπερόπτης τις γεγονέναι. τοσαῦτα γοῦν συγγράψας οὐδενὶ τῶν βασιλέων προσπεφώνηκεν· ἠρκεῖτό τε γραϊδίῳ μόνῳ, καθὰ καὶ Δημήτριος ἐν Ὁμωνύμοις φησί. Πτολεμαίου τε πρὸς Κλεάνθην ἐπιστείλαντος ἢ αὐτὸν ἐλθεῖν ἢ πέμψαι τινά, Σφαῖρος μὲν ἀπῆλθε,
25 Χρύσιππος δὲ περιεῖδε. μεταπεμψάμενος δὲ τοὺς τῆς ἀδελφῆς υἱεῖς, Ἀριστοκρέοντα καὶ Φιλοκράτην, συνεκρότησε. καὶ πρῶτος ἐθάρρησε σχολὴν ἔχειν ὕπαιθρον ἐν Λυκείῳ, καθάπερ ὁ προειρημένος Δημήτριος ἱστορεῖ.

Lucian. Macrob. 20 Χρύσιππος ἓν καὶ ὀγδοήκοντα (scil. ἔτη
30 ἔζησεν).

1a Strabo XIV p. 671. γεγόνασι δ' ἄνδρες ἐνθένδε (scil. Solis) τῶν ὀνομαστῶν Χρύσιππός τε ὁ Στωϊκὸς φιλόσοφος, πατρὸς ὢν Ταρσέως ἐκεῖθεν μετοικήσαντος etc.

---

1 καταλείψεται F.   2 Διοκλείδης F.   3 γράφοι BPD ‖ ἥξειν BPF. 4 βασίλιον D.   6 ἱππιόθεν P, corr. P³.   8 Ἀρκεσίλαι B. ‖ Λακύδει BPF. 11 Ἀκαδημικῶν BP. ‖ στάσει F ἐνστάσει D.   14 προσενεχθέντα BFD et fort. P ante corr.   16 καὶ ἑκατοστὴν om. BPF. βιώσαντα ἔτη κατὰ τὴν τρίτην καὶ τετταρακοστὴν Ὀλ. γ' καὶ ο' FD.   24 ἀποστείλαντος BFD, idem P ante corr. 25 ὑπερεῖδε D.   26 Φιλοκράτη BP.   27 ἐθάρρησεν ὑπαίθριον (B ὕπαιθρον) σχολὴν ἔχειν· (hoc ord.) BP ὑπαίθριον etiam D. ‖ καθὰ καὶ B, idem fort. P ante corr. καθάπερ καὶ F. ‖ προγεγραμμένος P.   32 Tarsensem Chrysippum intellegit Dio Prus. or. XXXIII § 53.

1b Galenus Protrept. 7 p. 8, 22 Kaibel. τίς γὰρ ⟨ἂν⟩ ἦν Σταγίρων λόγος, εἰ μὴ δι᾽ Ἀριστοτέλην, τίς δ᾽ ἂν Σόλων, εἰ μὴ δι᾽ Ἀρατόν τε καὶ Χρύσιππον. Solinus 38, 9 p. 181 ed. M. Heliopolis antiquum oppidum Ciliciae fuit, patria Chrysippi, Stoïcae sapientiae potentissimi. ⁵ **2** Ind. Stoic. Herc. col. XXXVIII. καὶ τἆλλ᾽ ὁμοίως ἔ(πρ)ατ|τεν, ἀλλὰ καὶ ἐπὶ τ(ὴν) | σχολὴν αἰεὶ τὴν α(ὑ)τὴν | ὥραν ἐξῄει καὶ ὁμοί|ως ἀπελύετο, ὥστε μὴ|(δένα) διαψεύδεσθαι τῶν | (γν)ωρίμων etc. (Ad Chrysippum haec pertinere probabile est).
Col. XXXIX, 3. γεγραμ(μέ)να περ(ὶ δικ)αι | οσύνης. 6. τῇ δ(ὲ καθ᾽ 10 ἥ) | μέραν (δ)ιαίτ(η . . . . . | ώτατος (καὶ . . . . | τατος ἐ|γένετο. **3** Ind. Stoic. Herc. col. XL πε)ρὶ τὴ(ν φυλακὴν) τῆς σκη|νῆς ἐκαρ- τέ(ρ)ει, μένουσα | κατὰ τ(ὴν) ἐξ ἀρχῆς τοῦ | βίου τά(ξιν. Οὔτε γὰρ ἀμί|- δος ὁπότε σχοίη χρείαν | οὐθένα (ἔ)πασ(χεν) αὐτῷ | (ὑ)ποθεῖ(ν)αι· (πρὸ)ς τε τὰ|ναγκαῖα ἀνι(στά)μενος | (καθ)άπερ ὑγια(ίνων etc. 15 **3a** Pausanias I 17, 2. Ἐν δὲ τῷ γυμνασίῳ τῆς ἀγορᾶς ἀπέχοντι οὐ πολύ, Πτολεμαίου δὲ ἀπὸ τοῦ κατασκευασαμένου καλουμένῳ, λίθου τέ εἰσιν Ἑρμαῖ θέας ἄξιοι — — καὶ ὅ τε Λίβυς Ἰόβας ἐνταῦθα κεῖται καὶ Χρύσιππος ὁ Σολεύς.
3b Plut. de Stoic. repugn. cp. 2 p. 1033 e. Ἀριστοκρέων γοῦν, ὁ 20 Χρυσίππου μαθητὴς καὶ οἰκεῖος εἰκόνα χαλκῆν ἀναστηλώσας ἐνέγραψε τόδε τὸ ἐλεγεῖον.

τόνδε νέον Χρύσιππον Ἀριστοκρέων ἀνέθηκε
τῶν Ἀκαδημιακῶν στραγγαλίδων κοπίδα.

4 Quintilianus instit. orat. XII 7, 9. at si res familiaris amplius 25 aliquid ad usus necessarios exiget, secundum omnium sapientium leges patietur sibi gratiam referri, cum et Socrati collatum sit ad victum et Zenon, Cleanthes, Chrysippus mercedes a discipulis acceptaverint.
5 Ind. Stoic. Herc. col. XLI. λέγετ(αι) δ᾽ εἶναι ταῦτα· ὡς οὐδεὶς ἂν | ἐκεῖνον οὔτε ταχέως με|τ᾽ ἄλλων εἶδεν ἢ τῶν ἀ|κροατῶν καὶ ζηλωτῶν | 30 καὶ σε . . . .
6 Diog. Laërt. VII 183. οὕτω δ᾽ ἦν φρονηματίας (ὁ Χρύσιππος) ὥστ᾽ ἐρομένου τινός „τίνι συστήσω τὸν υἱόν" εἰπεῖν· „ἐμοί· εἰ γὰρ ὑπελάμ- βανον εἶναί τινα ἐμοῦ βελτίονα, παρ᾽ αὐτῷ ἂν ἐγὼ ἐφιλοσόφουν." ὅθεν φασὶν ἐπ᾽ αὐτοῦ λεχθῆναι. (κ 495) 35

οἷος πέπνυται, τοὶ δὲ σκιαὶ ἀΐσσουσι·
καί·

εἰ μὴ γὰρ ἦν Χρύσιππος, οὐκ ἂν ἦν στοά.

7 Diog. Laërt. VII 183. ἐν μέντοι ταῖς οἰνώσεσιν ἡσύχαζε παρα- φερόμενος τοῖς σκέλεσιν, ὥστ᾽ εἰπεῖν τὴν δούλην· „Χρυσίππου μόνα τὰ σκέλη 40 μεθύει".

---

11 μετριώτατος καὶ ἐγκρατέστατος Comparetti.　　13 Serva Chrysippi (Diog. Laërt. VII 181. 183. 185) manet in consueto vitae ordine, quia ille aegro- tus officiis eius non eget.　　21 libros Aristocreonti a Chrysippo dedicatos vide n. 15 et 17, ipsius Aristocreontis librum n. 12.　　28 Cf. fragmentum περὶ βίων III n. 701.　　30 scil. Chrysippum.　　33 καὶ γὰρ εἰ BPFD.　　35 αὐτῷ F. 38 hunc versum Carneades Diog. Laërt. IV 62 ita variasse dicitur: εἰ μὴ γὰρ ἦν Χρύσιππος, οὐκ ἂν ἦν ἐγώ.

1*

4 CHRYSIPPI VITA ET SCRIPTA.

8 Diog. Laërt. VII 182. πάλιν δὲ ἐπεί τις ζητῶν καταμόνας αὐτῷ διελέγετο εὐσταθῶς, ἐπεὶ δὲ θεωρῶν προσιόντα ὄχλον ἤρχετο φιλονικεῖν ἔφη (Eur. Or. 253. 54)

οἴμοι, κασίγνητ', ὄμμα σὸν ταράσσεται·
5   ταχὺς δὲ μετέθου λύσσαν ἀρτίως φρονῶν.

9 Diog. Laërt. VII 182. πρὸς δὲ τὸν κατεξανιστάμενον Κλεάνθους διαλεκτικὸν καὶ προτείνοντα αὐτῷ σοφίσματα· „πέπαυσο, εἶπε, παρέλκων τὸν πρεσβύτερον ἀπὸ τῶν πραγματικωτέρων, ἡμῖν δὲ τοῖς νέοις ταῦτα προτίθει."

10 Diog. Laërt. VII 182. οὗτος ὀνειδισθεὶς ὑπό τινος ὅτι οὐχὶ παρὰ
10 Ἀρίστωνι μετὰ πολλῶν σχολάζοι· „εἰ τοῖς πολλοῖς, εἶπε, προσεῖχον, οὐκ ἂν ἐφιλοσόφησα".

10a Dio Chrysost. Or. XXXIII § 53 (V. I p. 312, 16 Arn.) (Tarsi) τῶν γὰρ ἐνθάδε δεινῶν τινα λέγουσιν εἴς τινα πόλιν ⟨ἐλθεῖν⟩ αὐτὸ τοῦτο ἔργον πεποιημένον, ὥστε εὐθὺς εἰδέναι τὸν τρόπον ἑκάστου καὶ διηγεῖσθαι
15 τὰ προσόντα, καὶ μηδενὸς ὅλως ἀποτυγχάνειν — — ὅτι οὗτος μὲν ἀνδρεῖος, οὗτος δὲ δειλός, οὗτος δὲ ἀλαζών, οὗτος δὲ ὑβριστὴς ἢ κίναιδος ἢ μοιχός. ὡς οὖν θαυμαστὸς ἦν ἐπιδεικνύμενος καὶ οὐδαμῇ διημάρτανε, προσάγουσιν αὐτῷ σκληρόν τινα τὸ σῶμα καὶ σύνοφρυν ἄνθρωπον, αὐχμῶντα καὶ φαύλως διακείμενον καὶ ἐν ταῖς χερσὶ τύλους ἔχοντα, φαιόν τι καὶ τραχὺ περιβεβλη-
20 μένον ἱμάτιον, δασὺν ἕως τῶν σφυρῶν καὶ φαύλως κεκαρμένον· καὶ τοῦτον ἠξίουν εἰπεῖν ὅστις ἦν. ὁ δὲ ὡς πολὺν χρόνον ἑώρα, τελευταῖον ὀκνῶν μοι δοκεῖ τὸ παριστάμενον λέγειν οὐκ ἔφη ξυνιέναι, καὶ βαδίζειν αὐτὸν ἐκέλευσεν. ἤδη δὲ ἀποχωρῶν πτάρνυται· κἀκεῖνος εὐθὺς ἀνεβόησεν ὡς εἴη κίναιδος.

11 Seneca de constantia sapientis 17, 2 Chrysippus ait quendam
25 indignatum, quod illum aliquis vervecem marinum dixerat.

12 Ind. Stoic. Herc. col. XLVI, 1. . α νοσῶν· Ὕλλος Σολεύς, ὃν καὶ Σφαίρῳ προεσχολακέναι φησὶν Ἀριστοκρέων ἐν ταῖς Χρυσίπ(που) ταφαῖς. Διαφάν(η)ς | . . . νίτης.

Col. XLVII, 3. Ἀπελλῆς | (ὁ ὁρ)μήσας (ἐπ' Ἀ)ρι(σ)τόβου|(λο)ν διενε-
30 γ . . . . ς, Ἡρα|κλείδης Σφ(αίρῳ) Ἀρκε|σίλᾳ) Ἀριστο(βούλῳ) | (πρ)ῶτον (ἐσχολακώς), Ἀ(ρισ)|τοκ(ρ)έων.

Supplementa col. XLVII. sunt Bücheleri, nisi quod πρότερον ἐσχολακώς ille.

13 Diog. Laërt. VII 189. Ἐπεὶ δὲ ἐνδοξότατα τὰ βιβλία ἐστὶν αὐτῷ
35 (scil. Chrysippo), ἔδοξέ μοι καὶ τὴν πρὸς εἶδος ἀναγραφὴν αὐτῶν ἐνταῦθα καταχωρίσαι· καὶ ἔστι τάδε.

I. Λογικοῦ Τόπου ⟨τοῦ περὶ τὴν Διάρθρωσιν τῶν λογικῶν Ἐννοιῶν⟩.

θέσεις λογικαί
τῶν τοῦ φιλοσόφου σκεμμάτων
40   ὅρων διαλεκτικῶν πρὸς Μητρόδωρον α΄ β΄ γ΄ δ΄ ε΄ ς΄

---

2 scribendum: ἔπειτα δὲ. ‖ scil. Chrysippus.   5 ἄρτι σωφρονῶν Eur.
7 scil. Chrysippus ‖ περιέλκων B παρέλκων (αρ in litura) P³.   8 ἡμῖν δὲ τὰ τοιαῦτα πρότεινε τοῖς νέοις B.   9 scil. Chrysippus.   10 de Aristonis discipulorum copia cf. I n. 338.   13 De Cleanthe eadem narrat Diog. Laërt. Cf. h. o. I n. 618.   30 fortasse διενεχθείς.   37 supplevi secundum ethicorum particulam primam.   F in hoc catalogo plurima omittit, quae adnotanda non duxi.
38 λογικὰ καὶ BPFD.

περὶ τῶν κατὰ τὴν διαλεκτικὴν ὀνομάτων πρὸς Ζήνωνα α΄
τέχνη διαλεκτικὴ πρὸς Ἀρισταγόραν α΄
συνημμένων πιθανῶν πρὸς Διοσκουρίδην α΄ β΄ γ΄ δ΄.

II. Λογικοῦ Τόπου τοῦ περὶ τὰ Πράγματα.

Σύνταξις πρώτη·
περὶ ἀξιωμάτων α΄
περὶ τῶν οὐχ ἁπλῶν ἀξιωμάτων α΄
περὶ τοῦ συμπεπλεγμένου πρὸς Ἀθηνάδην α΄ β΄
περὶ ἀποφατικῶν πρὸς Ἀρισταγόραν α΄ β΄ γ΄
περὶ τῶν καταγορευτικῶν πρὸς Ἀθηνόδωρον α΄
περὶ τῶν κατὰ στέρησιν λεγομένων πρὸς Θέαρον α΄
περὶ τῶν ἀορίστων ἀξιωμάτων πρὸς Δίωνα α΄ β΄ γ΄
περὶ τῆς διαφορᾶς τῶν ἀορίστων α΄ β΄ γ΄ δ΄
περὶ τῶν κατὰ χρόνους λεγομένων α΄ β΄
περὶ συντελικῶν ἀξιωμάτων α΄ β΄.

Σύνταξις δευτέρα·
περὶ ἀληθοῦς διεζευγμένου πρὸς Γοργιππίδην α΄
περὶ ἀληθοῦς συνημμένου πρὸς Γοργιππίδην α΄ β΄ γ΄ δ΄
αἵρεσις πρὸς Γοργιππίδην α΄
πρὸς τὸ περὶ ἀκολούθων α΄
περὶ τοῦ διὰ τριῶν πάλιν πρὸς Γοργιππίδην α΄ .
περὶ δυνατῶν πρὸς Κλεῖτον α΄ β΄ γ΄ δ΄
πρὸς τὸ περὶ σημασιῶν Φίλωνος α΄
περὶ τοῦ τίνα ἐστὶ τὰ ψευδῆ α΄.

Σύνταξις τρίτη·
περὶ προσταγμάτων α΄ β΄
περὶ ἐρωτήσεως α΄ β΄
περὶ πεύσεως α΄ β΄ γ΄ δ΄
ἐπιτομὴ περὶ ἐρωτήσεως καὶ πεύσεως α΄
ἐπιτομὴ περὶ ἀποκρίσεως α΄
περὶ ζητήσεως β΄
περὶ ἀποκρίσεως δ΄.

Σύνταξις τετάρτη·
περὶ τῶν κατηγορημάτων πρὸς Μητρόδωρον α΄ β΄ γ΄ δ΄ ε΄ ς΄ ζ΄ η΄ θ΄ ι΄
περὶ ὀρθῶν καὶ ὑπτίων πρὸς Φίλαρχον α΄
περὶ τῶν συναμμάτων πρὸς Ἀπολλωνίδην α΄
πρὸς Πάσυλον περὶ κατηγορημάτων α΄ β΄ γ΄ δ΄.

---

1 τὴν om. FD.   4 τὰ om. B.   9 ἀποφαντικῶν P (v eras. P³).   11 λε-
γομένων β΄ D. ‖ θεαρόν B; πρὸς θέαρον α΄ om. F.   12 ἀρίστων BP, hunc
librum et duos sequentes om. F, in marg. D. ‖ δίον B.   19 Διαίρεσις D
(om. F).   21 πάλιν om. BP.   27 ἐρωτήσεων BPFD.   30 deest in BP (-εων
DF).   31 ζητήσεως β΄ (om. περὶ) BPD, ζητήσεως δ΄ F (qui om. περὶ ἀποκρ. δ΄).
36 συναμμάτων] fortasse συμβαμάτων, σωμάτων D συγγραμμάτων F,
37 πασύλον B.

14 Σύνταξις πέμπτη·

περὶ τῶν πέντε πτώσεων α΄
περὶ τῶν κατὰ τὸ ὑποκείμενον ὡρισμένων ἐκφορῶν α΄
περὶ παρεμφάσεως πρὸς Στησαγόραν α΄β΄
περὶ τῶν προσηγορικῶν α΄β΄.

III. Λογικοῦ Τόπου περὶ τὰς Λέξεις καὶ τὸν κατ᾽ αὐτὰς Λόγον.

Σύνταξις πρώτη·

περὶ τῶν ἑνικῶν καὶ πληθυντικῶν ἐκφορῶν α΄β΄γ΄δ΄ε΄ς΄
περὶ λέξεων πρὸς Σωσιγένην καὶ Ἀλέξανδρον α΄β΄γ΄δ΄ε΄
περὶ τῆς κατὰ τὰς λέξεις ἀνωμαλίας πρὸς Δίωνα α΄β΄γ΄δ΄
περὶ τῶν πρὸς τὰς φωνὰς σωρειτῶν λόγων α΄β΄γ΄
περὶ σολοικισμῶν α΄
περὶ σολοικιζόντων λόγων πρὸς Διονύσιον α΄
λόγοι παρὰ τὰς συνηθείας α΄
λέξις πρὸς Διονύσιον α΄.

Σύνταξις δευτέρα·

περὶ τῶν στοιχείων τοῦ λόγου καὶ τῶν λεγομένων α΄β΄γ΄δ΄ε΄
περὶ τῆς συντάξεως τῶν λεγομένων α΄β΄γ΄δ΄
περὶ τῆς συντάξεως καὶ στοιχείων τῶν λεγομένων πρὸς Φίλιππον α΄β΄γ΄
περὶ τῶν στοιχείων τοῦ λόγου πρὸς Νικίαν α΄
περὶ τοῦ πρὸς ἕτερα λεγομένου α΄.

Σύνταξις τρίτη·

πρὸς τοὺς μὴ διαιρουμένους α΄β΄
περὶ ἀμφιβολιῶν πρὸς Ἀπολλᾶν α΄β΄γ΄δ΄
περὶ τῶν τροπικῶν ἀμφιβολιῶν α΄
περὶ συνημμένης τροπικῆς ἀμφιβολίας α΄β΄
πρὸς τὸ περὶ ἀμφιβολιῶν Πανθοίδου α΄β΄
περὶ τῆς εἰς τὰς ἀμφιβολίας εἰσαγωγῆς α΄β΄γ΄δ΄ε΄
ἐπιτομὴ τῶν πρὸς Ἐπικράτην ἀμφιβολιῶν α΄
συνημμένα πρὸς τὴν εἰσαγωγὴν τὴν εἰς τὰς ἀμφιβολίας α΄β΄.

IV. Λογικοῦ Τόπου πρὸς τοὺς Λόγους καὶ τοὺς Τρόπους.

Σύνταξις πρώτη·

τέχνη λόγων καὶ τρόπων πρὸς Διοσκουρίδην α΄β΄γ΄δ΄ε΄
περὶ τῶν λόγων α΄β΄γ΄
περὶ τρόπων συστάσεως πρὸς Στησαγόραν α΄β΄ (συστάσεων D)
σύγκρισις τῶν τροπικῶν ἀξιωμάτων α΄
περὶ ἀντιστρεφόντων λόγων καὶ συνημμένων α΄
πρὸς Ἀγάθωνα ἢ περὶ τῶν ἑξῆς προβλημάτων α΄
περὶ τοῦ τίνα συλλογιστικά τινος μετ᾽ ἄλλου τε καὶ μετ᾽ ἄλλων α΄ (τι-
νός τε μετ᾽ ἄλλου καὶ μεγάλων D)

---

3 τῶν πρὸς τὸ κατὰ F.　　8 ἐθνικῶν BPF.　　10 δίον B δίων D.　　15 λέ-
ξεις DF.　　18 συντάξεως καὶ στοιχείων D (qui om. καὶ στοιχείων in sequente
titulo).　　24 Ἀπελλᾶν D.　　27 περὶ om. B.　　29 ἐπικράτη BP.　　30 τῶν
BPFD, τὴν Hübner.　　33 διοσκορίδην BD.　　34 λογκῶν B.　　36 τῶν om. BPD.
39 τίνα scripsi, τὰ BP.

περὶ τῶν ἐπιφορῶν πρὸς Ἀρισταγόραν α'
περὶ τοῦ τάττεσθαι τὸν αὐτὸν λόγον ἐν πλείοσι τρόποις α'
πρὸς τὰ ἀντειρημένα τῷ τὸν αὐτὸν λόγον ἐν συλλογιστικῷ καὶ ἀσυλλο-
γίστῳ τετάχθαι τρόπῳ α' β'
πρὸς τὰ ἀντειρημένα ταῖς τῶν συλλογισμῶν ἀναλύσεσι α' β' γ'   5
πρὸς τὸ περὶ τρόπων Φίλωνος πρὸς Τιμόστρατον α'
λογικὰ συνημμένα πρὸς Τιμοκράτην καὶ Φιλομαθῆ εἰς τὰ περὶ λόγων
καὶ τρόπων α'.
15 Σύνταξις δευτέρα·
περὶ τῶν περαινόντων λόγων πρὸς Ζήνωνα α'   10
.περὶ τῶν πρώτων καὶ ἀναποδείκτων συλλογισμῶν πρὸς Ζήνωνα α'
περὶ τῆς ἀναλύσεως τῶν συλλογισμῶν α' (cum antecedente permutat DF)
περὶ τῶν παρελκόντων λόγων πρὸς Πάσυλον α' β'
περὶ τῶν εἰς τοὺς συλλογισμοὺς θεωρημάτων α'
περὶ συλλογισμῶν εἰσαγωγικῶν πρὸς Ζήνωνα α'   15
τῶν πρὸς εἰσαγωγὴν τρόπων πρὸς Ζήνωνα α' β' γ'
περὶ τῶν κατὰ ψευδῆ σχήματα συλλογισμῶν α' β' γ' δ' ε'
λόγοι συλλογιστικοὶ κατὰ ἀνάλυσιν ἐν τοῖς ἀναποδείκτοις α'
τροπικὰ ζητήματα πρὸς Ζήνωνα καὶ Φιλομαθῆ α' (τοῦτο δοκεῖ ψευδε-
πίγραφον). 20
Σύνταξις τρίτη·
περὶ τῶν μεταπιπτόντων λόγων πρὸς Ἀθηνάδην α' (ψευδεπίγραφον)
λόγοι μεταπίπτοντες πρὸς τὴν μεσότητα α' β' γ' (ψευδεπίγραφα)
πρὸς τοὺς Ἀμεινίου διαζευκτικούς α'.

Σύνταξις τετάρτη·   25
περὶ ὑποθέσεων πρὸς Μελέαγρον α' β' γ'
λόγοι ὑποθετικοὶ εἰς τοὺς νόμους πρὸς Μελέαγρον πάλιν α'
λόγοι ὑποθετικοὶ πρὸς εἰσαγωγὴν α' β'
λόγοι ὑποθετικοὶ θεωρημάτων α' β'
λύσις τῶν Ἡδύλου ὑποθετικῶν α' β'   30
λύσις τῶν Ἀλεξάνδρου ὑποθετικῶν α' β' γ' (ψευδεπίγραφα)
περὶ ἐκθέσεων πρὸς Λαοδάμαντα α'.

Σύνταξις πέμπτη·
περὶ τῆς εἰς τὸν ψευδόμενον εἰσαγωγῆς πρὸς τὸν Ἀριστοκρέοντα α'
λόγοι ψευδόμενοι πρὸς εἰσαγωγὴν α'   35
περὶ τοῦ ψευδομένου πρὸς Ἀριστοκρέοντα α' β' γ' δ' ε' ϛ'.

Σύνταξις ἕκτη·
πρὸς τοὺς νομίζοντας καὶ ψευδῆ καὶ ἀληθῆ εἶναι α'
πρὸς τοὺς διὰ τῆς τομῆς διαλύοντας τὸν ψευδόμενον λόγον πρὸς Ἀριστο-
κρέοντα α' β' 40
ἀποδείξεις πρὸς τὸ μὴ δεῖν τέμνειν τὰ ἀόριστα α'

3 τῶν BD, om. P. ‖ τῶν αὐτῶν λόγων P.   4 τρόπῳ λεγόντων D.
5 λογισμῶν BP.   14 σολοικισμοὺς BPFD, corr. Hübner ex interpr.   16 εἰσα-
γωγικὴν BPFD.   24 ἀμείνους D.   27 πάλιν om. BPF.   32 ἀλοδάμαντα P
λαλοδάμαντα D ἀδάμαντα F.   38 scil. τὸν ψευδόμενον.   41 ἀπόδειξις PDF.

πρὸς τὰ ἀντειρημένα τοῖς κατὰ τῆς τομῆς τῶν ἀορίστων πρὸς Πάσυλον α΄β΄γ΄
λύσις κατὰ τοὺς ἀρχαίους πρὸς Διοσκουρίδην α΄
περὶ τῆς τοῦ ψευδομένου λύσεως πρὸς Ἀριστοκρέοντα α΄β΄γ΄
λύσις τῶν Ἡδύλου ὑποθετικῶν πρὸς Ἀριστοκρέοντα καὶ Ἀπολλᾶν α΄.

5   Σύνταξις ἑβδόμη·
πρὸς τοὺς φάσκοντας τὰ λήμματα ἔχειν ψευδῆ τὸν ψευδόμενον λόγον α΄
περὶ ἀποφάσκοντος πρὸς τὸν Ἀριστοκρέοντα α΄β΄
λόγοι ἀποφάσκοντες πρὸς γυμνασίαν α΄
περὶ τοῦ παρὰ μικρὸν λόγου πρὸς Στησαγόραν α΄β΄
10   περὶ τῶν εἰς τὰς ὑπολήψεις λόγων καὶ ἡσυχαζόντων πρὸς Ὀνήτορα α΄β΄
περὶ τοῦ ἐγκεκαλυμμένου πρὸς Ἀριστόβουλον α΄β΄
περὶ τοῦ διαλεληθότος πρὸς Ἀθηνάδην α΄.

16 Σύνταξις ὀγδόη·
περὶ τοῦ οὔτιδος πρὸς Μενεκράτην α΄β΄γ΄δ΄ε΄ϛ΄ζ΄η΄ (ϑ΄ D)
15   περὶ τῶν ἐξ ἀορίστου καὶ ὡρισμένου λόγων πρὸς Πάσυλον α΄β΄
περὶ οὔτιδος λόγου πρὸς Ἐπικράτην α΄.

Σύνταξις ἐνάτη·
περὶ τῶν σοφισμάτων πρὸς Ἡρακλείδην καὶ Πόλλιν α΄β΄
περὶ τῶν ἀπόρων διαλεκτικῶν πρὸς Διοσκουρίδην ε΄
20   πρὸς τὸ Ἀρκεσιλάου μεθόδιον πρὸς Σφαῖρον α΄.

Σύνταξις δεκάτη·
κατὰ τῆς συνηθείας πρὸς Μητρόδωρον α΄β΄γ΄δ΄ε΄ϛ΄
περὶ τῆς συνηθείας πρὸς Γοργιππίδην α΄β΄γ΄δ΄ε΄ϛ΄ζ΄.

V. **Λογικοῦ Τόπου τὰ τῶν προειρημένων τεττάρων διαφορῶν**
25 **ἐκτὸς ὄντα καὶ περιέχοντα ⟨τὰς⟩ σποράδην καὶ οὐ σωματικὰς**
ζητήσεις λογικὰς περὶ τῶν καταλεγομένων.

Ζητημάτων ἐννέα καὶ τριάκοντα. — Ὁμοῦ τὰ πάντα τοῦ λογικοῦ τια΄.

1. **Ἠθικοῦ λόγου τοῦ περὶ τὴν Διάρθρωσιν τῶν ἠθικῶν Ἐννοιῶν.**

Σύνταξις πρώτη·
30   ὑπογραφὴ τοῦ λόγου τοῦ ⟨ἠθικοῦ⟩ πρὸς Θεόπορον α΄
θέσεις ἠθικαί α΄
πιθανὰ λήμματα εἰς τὰ δόγματα πρὸς Φιλομαθῆ α΄β΄γ΄
ὅρων τῶν τοῦ ἀστείου πρὸς Μητρόδωρον α΄β΄
ὅρων τῶν τοῦ φαύλου πρὸς Μητρόδωρον α΄β΄
35   ὅρων τῶν ἀνὰ μέσον πρὸς Μητρόδωρον α΄β΄
ὅρων τῶν πρὸς Μητρόδωρον τῶν κατὰ γένος α΄β΄γ΄δ΄ε΄ϛ΄ζ΄
ὅρων τῶν κατὰ τὰς ἄλλας τέχνας πρὸς Μητρόδωρον α΄β΄.

---

2 διοσκορίδην B.   4 ἠρύλλου (sed ρ in ras.) D   23 περὶ] scribendum
ὑπὲρ cum Cobeto.   25 τὰς addidi.   26 λογικὰς BPD.   28 διόρθωσιν PD.
30 ἠθικοῦ addidi. ‖ θεόσπορον P.   35 ἀναμέσων BD, τῶν πρὸς M, τῶν ἀνὰ
μέσον P.   36 τῶν om. BPD.

Σύνταξις δευτέρα·
περὶ τῶν ὁμοίων πρὸς Ἀριστοκλέα α' β' γ'
περὶ τῶν ὅρων πρὸς Μητρόδωρον α' β' γ' δ' ε' ς' ζ'.

Σύνταξις τρίτη·
περὶ τῶν οὐκ ὀρθῶς τοῖς ὅροις ἀντιλεγομένων πρὸς Λαοδάμαντα α' β' γ' δ' ε' ς' ζ' 5
πιθανὰ εἰς τοὺς ὅρους πρὸς Διοσκουρίδην α' β'
περὶ εἰδῶν καὶ γενῶν πρὸς Γοργιππίδην α' β'
περὶ τῶν διαιρέσεων α'
περὶ τῶν ἐναντίων πρὸς Διονύσιον β'
πιθανὰ πρὸς τὰς διαιρέσεις καὶ τὰ γένη καὶ τὰ εἴδη καὶ ⟨τὰ⟩ περὶ 10
τῶν ἐναντίων α'.
Σύνταξις τετάρτη·
περὶ τῶν ἐτυμολογικῶν πρὸς Διοκλέα α' β' γ' δ' ε' ς' ζ'
ἐτυμολογικῶν πρὸς Διοκλέα α' β' γ' δ'.

Σύνταξις πέμπτη· 15
περὶ παροιμιῶν πρὸς Ζηνόδοτον α' β'
περὶ ποιημάτων πρὸς Φιλομαθῆ α'
περὶ τοῦ πῶς δεῖ τῶν ποιημάτων ἀκούειν α' β'
πρὸς τοὺς κριτικοὺς πρὸς Διόδωρον α'.

2. Ἠθικοῦ Τόπου περὶ τὸν κοινὸν λόγον καὶ τὰς ἐκ τούτου 20
συνισταμένας τέχνας καὶ ἀρετάς.

17 Σύνταξις πρώτη·
πρὸς τὰς ἀναζωγραφήσεις πρὸς Τιμώνακτα α'
περὶ τοῦ πῶς ἕκαστα λέγομεν καὶ διανοούμεθα α'
περὶ τῶν ἐννοιῶν πρὸς Λαοδάμαντα α' β' 25
περὶ ὑπολήψεως πρὸς Πυθώνακτα α' β' γ'
ἀποδείξεις πρὸς τὸ μὴ δοξάσειν τὸν σοφόν α'
περὶ καταλήψεως καὶ ἐπιστήμης καὶ ἀγνοίας α' β' γ' δ'
περὶ λόγου α' β'
περὶ τῆς χρήσεως τοῦ λόγου πρὸς Λεπτίναν. 30

Σύνταξις δευτέρα·
περὶ τοῦ ἐγκρίνειν τοὺς ἀρχαίους τὴν διαλεκτικὴν σὺν ταῖς ἀποδείξεσι
πρὸς Ζήνωνα α' β'
περὶ τῆς διαλεκτικῆς πρὸς Ἀριστοκρέοντα α' β γ' δ'
περὶ τῶν ἀντιλεγομένων τοῖς διαλεκτικοῖς α' β' γ' 35
περὶ τῆς ῥητορικῆς πρὸς Διοσκουρίδην α' β' γ' δ'.

Σύνταξις τρίτη·
περὶ ἕξεως πρὸς Κλέωνα α' β' γ'
περὶ τέχνης καὶ ἀτεχνίας πρὸς Ἀριστοκρέοντα α' β' γ' δ'
περὶ τῆς διαφορᾶς τῶν ἀρετῶν πρὸς Διόδωρον α' β' γ' δ' 40
περὶ τοῦ ποιὰς εἶναι τὰς ἀρετάς α'
περὶ ἀρετῶν πρὸς Πόλλιν α' β'.

6 διοσκορίδην B.   9 τῶν om. P.   10 τὰ addidi.   13 ἐτοιμολογιῶν
BP.   14 ἐτοιμολογικῶν BP (ἐ- B).   20 τῶν κοινῶν λόγων D.   24 λέγωμεν B.
27 ἀπόδειξις BP.   32 εὐ κρίνειν BD εἰκρίνειν P.

18   3. Ἠθικοῦ Τόπου περὶ Ἀγαθῶν καὶ Κακῶν.

Σύνταξις πρώτη·

περὶ τοῦ καλοῦ καὶ τῆς ἡδονῆς πρὸς Ἀριστοκρέοντα α΄β΄γ΄δ΄ε΄ς΄ζ΄η΄θ΄ι΄
ἀποδείξεις πρὸς τὸ μὴ εἶναι τὴν ἡδονὴν τέλος α΄β΄γ΄δ΄
5   ἀποδείξεις πρὸς τὸ μὴ εἶναι τὴν ἡδονὴν ἀγαθόν α΄β΄γ΄δ΄
περὶ τῶν λεγομένων ὑπὲρ τῆς ******
Cetera interciderunt.

19 Valerius Maximus VIII 7, 10. Citerioris aetatis metas, sed non
parvi tamen spatii Chrysippi vivacitas flexit: nam octogesimo anno coep-
10 tum undequadragesimum *Λογικῶν* exactissimae subtilitatis volumen reliquit.
cuius studium in tradendis ingenii sui monumentis tantum operae laboris-
que sustinuit, ut ad ea quae scripsit penitus cognoscenda longa vita sit
opus.

20 Numenius apud Eusebium praep. evang. XIV p. 728 a.   τὰ δὲ τῶν
15 Στωϊκῶν ἐστασίασται, ἀρξάμενα ἀπὸ τῶν ἀρχόντων καὶ μηδέπω τελευτῶντα
καὶ νῦν. ἐλέγχουσι δὲ ἀγαπώντως ὑπὸ δυσμενοῦς ἐλέγχου, οἱ μέν τινες αὐ-
τῶν ἐμμεμενηκότες ἔτι, οἱ δ᾽ ἤδη μεταθέμενοι. εἴξασιν οὖν οἱ πρῶτοι ὀλι-
γαρχικωτέροις, οἳ δὴ διαστάντες ὑπῆρξαν εἰς τοὺς μετέπειτα πολλῆς μὲν τοῖς
προτέροις, πολλῆς δὲ τῆς ἀλλήλοις ἐπιτιμήσεως αἴτιοι, εἰσέτι ἑτέρων ἕτεροι
20 Στωϊκώτεροι· καὶ μᾶλλον ὅσοι πλέον ἐπὶ τὸ τεχνικὸν ὤφθησαν μικρολόγοι·
αὐτοὶ γὰρ οὗτοι τοὺς ἑτέρους ὑπερβαλλόμενοι τῇ τε πολυπραγμοσύνῃ τοῖς τε
σκαριφηθμοῖς ἐπετίμων θᾶττον.

21 Origenes contra Celsum II. 12 Vol. I p. 141, 7 (p. 297 Delarue).
ἀλλὰ καὶ ὁ Χρύσιππος πολλαχοῦ τῶν συγγαμμμάτων αὐτοῦ φαίνεται κα-
25 θαπτόμενος Κλεάνθους, καινοτομῶν παρὰ τὰ ἐκείνῳ δεδογμένα, γενομένῳ
αὐτοῦ διδασκάλῳ ἔτι νέου καὶ ἀρχὰς ἔχοντος φιλοσοφίας ..... οὐκ ὀλίγον
δὲ χρόνον καὶ ὁ Χρύσιππος παρὰ τῷ Κλεάνθει πεποιῆσθαι τὰς διατριβάς
(scil. λέγεται).

22 Origenes contra Celsum I. 39 Vol. I p. 91, 20 (p. 357 Delarue).
30 ὁ δὲ Χρύσιππος πολλαχοῦ ἐκθέμενος τὰ κινήσαντα αὐτὸν ἀναπέμπει ἡμᾶς
ἐφ᾽ οὓς ἂν εὕροιμεν κρεῖττον αὐτοῦ ἐροῦντας.

23 Origenes contra Celsum V. 57 Vol. II p. 60, 5 (p. 621 Delarue).
Παράδοξα δὲ πράγματα τοῖς ἀνθρώποις ἐπιφαίνεσθαί ποτε καὶ τῶν Ἑλλήνων
ἱστόρησαν οὐ μόνον οἱ ὑπονοηθέντες ἂν ὡς μυθοποιοῦντες, ἀλλὰ καὶ οἱ
35 οἷον πολὺ ἐπιδειξάμενοι γνησίως φιλοσοφεῖν καὶ φιλαλήθως ἐκτίθεσθαι τὰ εἰς
αὐτοὺς φθάσαντα. Τοιαῦτα δὲ ἀνέγνωμεν παρὰ τῷ Σολεῖ Χρυσίππῳ etc.

24 Galenus de differentia puls. 10. ed. Bas. III 30. K. VIII. 631
(impugnans sectam Archigenis). πολὺ δὲ τοῦτ᾽ ἔστι παρὰ τῷ προπάππῳ
τῆς αἱρέσεως αὐτῶν Χρυσίππῳ· νομοθετεῖ μὲν γὰρ ὀνόματα πλεῖον ἢ Σόλων
40 Ἀθηναίοις ἱστᾷ τοῖς ἄξοσι νομίσματα, συγχεῖ δ᾽ αὐτὸς πρῶτος αὐτά.

paulo post: νυνὶ δὲ τὸ δεινότατον οὔτε. γεννηθεὶς Ἀθήνησιν οὔτε τρα-

---

1 ἀγαθοῦ D.   4 ἀπόδειξις BPD.   5 ἀπόδειξις BPD.   10 Cf. n. 16.
ζητήσεις λογικαὶ περὶ τῶν καταλεγομένων· ζητημάτων ἐννέα καὶ τριάκοντα. Opus
miscellaneum, quod ad omnes logicae partes pertinebat auctor catalogi extremum
posuit (τῶν εἰρημένων διαφορῶν ἐκτὸς ὄντα).   20 hic de Chrysippo cogitat
Numenius.   24 αὐτοῦ M, ἑαυτοῦ ceteri codd.   34 οἱ PM Del., om. ceteri;
οἱ τὸ πολὺ Bo., οἱ πολύ (om. οἷον) Guiet.   40 ἱστᾷ scripsi, ἱστᾶν vulgo.

φείς, ἀλλὰ χθὲς καὶ πρώην ἥκων ἐκ Κιλικίας, πρὶν ἀκριβῶς αὐτὸν ἐκμαθεῖν
ἠντιναοῦν Ἑλλάδα φωνήν, Ἀθηναίοις ὑπὲρ ὀνομάτων ἐπιχειρεῖ νομοθετεῖν
— — ὅσα μὲν οὖν Χρύσιππος εἰς τὴν τῶν Ἀθηναίων ἐξυβρίζει διάλεκτον
τάχ᾽ ἄν ποτε καὶ αὖθις ἡμῖν διελθεῖν γένοιτο.
Phot. lexicon s. v. μέντοι· τὸ δὲ μέντον βάρβαρον, ᾧ καὶ Χρύσιππος 5
χρῆται.

25 Quintilianus instit. orat. X 1, 84. minus indulsere eloquentiae
Stoici veteres, sed cum honesta suaserunt, tum in colligendo probando-
que quae instituerant plurimum valuerunt, rebus tamen acuti magis quam,
id quod sane non adfectaverunt, oratione magnifici.   10
id. XII 2, 25. Stoici sicut copiam nitoremque eloquentiae fere prae-
ceptoribus suis defuisse concedant necesse est, ita nullos aut probare acrius
aut concludere subtilius contendunt.

26 Cicero de oratore I 11, 50. Etenim videmus, iisdem de rebus
ieiune quosdam et exiliter, ut eum, quem acutissimum ferunt, Chrysippum, 15
disputavisse, neque ob eam rem philosophiae non satisfecisse, quod non
habuerit hanc dicendi ex arte aliena facultatem.

27 Frontonis epist. (ad. M. Antoninum de eloquentia) p. 146 Naber.
Ubi illud acumen tuum? ubi subtilitas? Evigila et attende, quid cupiat
ipse Chrysippus. Num contentus est docere, rem ostendere, definire, ex- 20
plorare? non est contentus: verum auget in quantum potest, exaggerat,
praemunit, iterat, differt, recurrit, interrogat, describit, dividit, personas
fingit, orationem suam alii accommodat: ταῦτα δ᾽ ἐστὶν αὔξειν, διασκευάζειν,
ἐξεργάζεσθαι, πάλιν λέγειν, ἐπαναφέρειν, παράπτειν, προσωποποιεῖν.

28 Dionysius Halicarn. de compos. verb. p. 30 Re. Καὶ τί δεῖ τού- 25
τους θαυμάζειν, ὅπουγε καὶ οἱ τὴν φιλοσοφίαν ἐπαγγελλόμενοι καὶ τὰς δια-
λεκτικὰς ἐκφέροντες τέχνας οὕτως εἰσὶν ἄθλιοι περὶ τὴν σύνθεσιν τῶν ὀνο-
μάτων, ὥστ᾽ αἰδεῖσθαι καὶ λέγειν; ἀπόχρη δὲ τεκμηρίῳ χρήσασθαι τῷ λόγῳ
Χρυσίππου τοῦ Στωϊκοῦ· περαιτέρω γὰρ οὐκ ἄν προβαίην. τούτου γὰρ
οὔτ᾽ ἄμεινον οὐδεὶς τὰς διαλεκτικὰς τέχνας ἠκρίβωσεν, οὔτε χείρονι ἁρμονίᾳ 30
συνταχθέντας ἐξήνεγκε λόγους τῶν ὀνόματος καὶ δόξης ἀξιωθέντων. καίτοι
σπουδάζειν γέ τινες προσεποιήθησαν αὐτῶν καὶ περὶ τοῦτο τὸ μέρος, ὡς
ἀναγκαῖον ὄν τῷ λόγῳ, καὶ τέχνας τινὰς ἐπέγραψαν ὑπὲρ τῆς συντάξεως
τῶν τοῦ λόγου μορίων. ἀλλὰ πολλοὶ ἢ μᾶλλον πάντες ἀπὸ τῆς ἀληθείας
ἀπεπλανήθησαν καὶ οὐδ᾽ ὄναρ εἶδον τί ποτ᾽ ἐστὶ τὸ ποιοῦν ἡδεῖαν καὶ καλὴν 35
τὴν σύνθεσιν.

29 Arrianus Epict. dissert. I 17, 15. ἀλλὰ νὴ Δία οὐ παρακολουθῶ
τῷ βουλήματι τῆς φύσεως. τίς οὖν ἐξηγεῖται αὐτό; λέγουσιν ὅτι Χρύσιπ-
πος. ἔρχομαι καὶ ἐπιζητῶ τί λέγει οὗτος ὁ ἐξηγητὴς τῆς φύσεως. ἄρχομαι
μὴ νοεῖν τί λέγει, ζητῶ τὸν ἐξηγούμενον· „ἴδε ἐπίσκεψαι, πῶς τοῦτο λέγεται, 40
καθάπερ εἰ ῥωμαϊστί." ποῖα οὖν ἐνθάδε ὀφρὺς τοῦ ἐξηγουμένου;

30 Plut. de Stoic. repugn. cp. 9 p. 1035 b. Ἀλλὰ τοῦτόν γε τὸν λό-
γον, ὃν ἔσχατόν φησι δεῖν τάττεσθαι ⟨τὸν⟩ περὶ θεῶν, ἔθει προτάττει καὶ
προεκτίθησι παντὸς ἠθικοῦ ζητήματος· οὔτε γὰρ περὶ Τελῶν, οὔτε περὶ
Δικαιοσύνης, οὔτε περὶ Ἀγαθῶν καὶ Κακῶν, οὔτε περὶ Γάμου καὶ Παιδο- 45
τροφίας οὔτε περὶ Νόμου καὶ Πολιτείας φαίνεται τὸ παράπαν φθεγγόμενος,

---

1 πρώην scripsi, πρώτους edit.   17 ex arte aliena] scil. rhetorica.
43 τὸν add. Reiske.

εἰ μή, καθάπερ οἱ τὰ ψηφίσματα ταῖς πόλεσιν εἰσφέροντες προγράφουσιν
Ἀγαθὴν Τύχην, οὕτω καὶ αὐτὸς προγράψειε τὸν Δία, τὴν Εἱμαρμένην, τὴν
Πρόνοιαν, τὸ συνέχεσθαι μιᾷ δυνάμει τὸν κόσμον, ἕνα ὄντα καὶ πεπερασ-
μένον.

5   **31** Plut. de Stoic. repugn. cp. 24 p. 1046 a.   τί οὖν σὺ (scil. Chry-
sippe), φῆσαι τις ἄν, αὐτὸς ἀνδράσι τοιούτοις καὶ τοσούτοις οὐδέποτε παύσῃ
μαχόμενος οὐδ' ἐλέγχων, ὡς νομίζεις, ἐν τοῖς κυριωτάτοις καὶ μεγίστοις δια-
μαρτάνοντας; οὐ γὰρ δήπου περὶ μὲν διαλεκτικῆς ἐσπουδασμένως ἔγραψαν,
περὶ δ' ἀρχῆς καὶ τέλους καὶ θεῶν καὶ δικαιοσύνης ἐκ παρέργου καὶ παί-
10 ζοντες, ἐν οἷς τυφλὸν αὐτῶν ἀποκαλεῖς τὸν λόγον καὶ μαχόμενον αὐτῷ καὶ
μυρίας ἄλλας ἁμαρτίας ἔχοντα.
      32 Plut. de Stoic. repugn. cp. 10 p. 1036 b.   ὅτι δ' αὐτὸς (scil. Chry-
sippus) οὐκ ἐν ὀλίγοις ἀλλὰ πολλαχοῦ τοὺς ἐναντίους οἷς δοκιμάζει λόγους
κατεσκεύακεν ἐῤῥωμένως καὶ μετὰ σπουδῆς καὶ φιλοτιμίας τοσαύτης, ὥστε
15 μὴ παντὸς εἶναι καταμαθεῖν τὸ ἀρέσκον ⟨αὐτῷ⟩, αὐτοὶ δήπου λέγουσι (scil.
Stoici), τὴν δεινότητα θαυμάζοντες τἀνδρός καὶ τὸν Καρνεάδην οὐδὲν οἰ-
όμενοι λέγειν ἴδιον, ἀλλ' ἐξ ὧν ἐπεχείρησε Χρύσιππος εἰς τοὐναντίον ὁρ-
μώμενον ἐπιτίθεσθαι τοῖς λόγοις αὐτοῦ καὶ πολλάκις παραφθέγγεσθαι (Z 407)
„δαιμόνιε, φθίσει σε τὸ σὸν μένος" ὡς μεγάλας ἀφορμὰς καθ' ἑαυτοῦ δι-
20 δόντα τοῖς κινεῖν τὰ δόγματα καὶ διαβάλλειν βουλομένοις.
      33 Plut. de comm. not. cp. 1 p. 1050 b (Stoicus aliquis dicit): ὡς
οὐκ ἀπὸ τύχης ἀλλ' ἐκ προνοίας θεῶν νομίζοι μετ' Ἀρκεσίλαον καὶ πρὸ
Καρνεάδου γεγονέναι Χρύσιππον. — Χρύσιππος οὖν ἐν μέσῳ γενόμε-
νος ταῖς πρὸς Ἀρκεσίλαον ἀντιγραφαῖς καὶ τὴν Καρνεάδου δεινότητα
25 ἐνέφραξε, πολλὰ μὲν τῇ αἰσθήσει καταλιπὼν ὥσπερ εἰς πολιορκίαν βοηθή-
ματα, τὸν δὲ περὶ τὰς προλήψεις καὶ τὰς ἐννοίας τάραχον ἀφελὼν παντά-
πασι καὶ διορθώσας ἑκάστην καὶ θέμενος εἰς τὸ οἰκεῖον· ὥστε καὶ τοὺς αὖθις
ἐκκρούειν τὰ πράγματα καὶ παραβιάζεσθαι βουλομένους μηδὲν περαίνειν ἀλλ'
ἐλέγχεσθαι κακουργοῦντας καὶ σοφιζομένους.
30   **34** Cicero de finibus I 2, 6.   Quid enim est a Chrysippo prae-
termissum in Stoicis? Legimus tamen Diogenem, Antipatrum, Mnesar-
chum, Panaetium, multos alios in primisque familiarem nostrum Posidonium.

---

6 Platonem intelligit et Aristotelem.   13 ὀλίγοις Mez., λόγοις libri.
15 αὐτῷ add. Reiske.   27 διαρθρώσας Wy.   29 ἐλέγχεσθαι βουλομένους libri,
corr. Reiske.

CHRYSIPPI PLACITA

CUM GENERALI STOICORUM DOCTRINA
COMPOSITA

Prolegomena philosophiae.

Quid sit philosophia. De partibus philosophiae. De ordine partium.

35 Aëtii Placita I. Prooem. 2 (D G p. 273, 11). Οἱ μὲν οὖν
Στωϊκοὶ ἔφασαν τὴν μὲν σοφίαν εἶναι θείων τε καὶ ἀνθρωπίνων
ἐπιστήμην, τὴν δὲ φιλοσοφίαν ἄσκησιν ἐπιτηδείου τέχνης· ἐπιτήδειον δὲ 5
εἶναι μίαν καὶ ἀνωτάτω τὴν ἀρετήν, ἀρετὰς δὲ τὰς γενικωτάτας τρεῖς, φυσι-
κὴν ἠθικὴν λογικήν· δι᾽ ἣν αἰτίαν καὶ τριμερής ἐστιν ἡ φιλοσοφία, ἧς τὸ
μὲν φυσικόν, τὸ δὲ ἠθικόν, τὸ δὲ λογικόν· καὶ φυσικὸν μὲν ὅταν περὶ
κόσμου ζητῶμεν καὶ τῶν ἐν κόσμῳ, ἠθικὸν δὲ τὸ κατησχολημένον περὶ τὸν
ἀνθρώπινον βίον, λογικὸν δὲ τὸ περὶ τὸν λόγον, ὃ καὶ διαλεκτικὸν καλοῦσιν. 10
36 Sextus adv. math. IX 13. τὴν φιλοσοφίαν φασὶν ἐπιτήδευσιν
εἶναι σοφίας, τὴν δὲ σοφίαν ἐπιστήμην θείων τε καὶ ἀνθρωπίνων
πραγμάτων.
37 Diog. Laërt. VII 39. Τριμερῆ φασίν εἶναι τὸν κατὰ φιλο-
σοφίαν λόγον· εἶναι γὰρ αὐτοῦ τὸ μέν τι φυσικόν, τὸ δὲ ἠθικόν, τὸ 15
δὲ λογικόν. Οὕτω δὲ πρῶτος διεῖλε Ζήνων — — καὶ Χρύσιππος
ἐν τῷ πρώτῳ περὶ λόγου καὶ ἐν τῇ πρώτῃ τῶν φυσικῶν. — —
ταῦτα δὲ τὰ μέρη ὁ μὲν Ἀπολλόδωρος τόπους καλεῖ, ὁ δὲ Χρύσιπ-
πος καὶ Εὔδρομος εἴδη. ἄλλοι γένη.
38 Sextus adv. math. VII 16. οἱ εἰπόντες τῆς φιλοσοφίας τὸ μέν τι 20
εἶναι φυσικόν, τὸ δὲ ἠθικόν, τὸ δὲ λογικόν· — — ῥητότατα δὲ οἱ περὶ
Ξενοκράτην καὶ οἱ ἀπὸ τοῦ περιπάτου, ἔτι δὲ οἱ ἀπὸ τῆς Στοᾶς ἔχονται
τῆσδε τῆς διαιρέσεως. ἐνθένδε πιθανῶς ὁμοιοῦσι τὴν φιλοσοφίαν παγκάρπῳ
ἀλωῇ, ἵνα τῇ μὲν ὑψηλότητι τῶν φυτῶν εἰκάζηται τὸ φυσικόν, τῷ δὲ νοστίμῳ
τῶν καρπῶν τὸ ἠθικόν, τῇ δὲ ὀχυρότητι τῶν τειχῶν τὸ λογικόν. οἱ δὲ ᾠῷ 25
φασιν αὐτὴν εἶναι παραπλήσιον· ἔοικε γὰρ τῇ μὲν λεκίθῳ, ἥν τινες νεοττὸν
ὑπάρχειν λέγουσι, τὰ ἠθικά, τῷ δὲ λευκῷ, ὃ δὴ τροφή ἐστι τῆς λεκίθου, τὰ
φυσικά, τῷ δὲ ἔξωθεν ὀστρακώδει τὰ λογικά (ὁ δὲ Ποσειδώνιος, ἐπεὶ τὰ
μὲν μέρη τῆς φιλοσοφίας ἀχώριστά ἐστιν ἀλλήλων, τὰ δὲ φυτὰ τῶν καρπῶν
ἕτερα θεωρεῖται καὶ τὰ τείχη τῶν φυτῶν κεχώρισται, ζώῳ μᾶλλον εἰκάζειν 30

---

12 ἐπιτήδευσιν λόγου ὀρθότητος philosophiam definit auctor papyri 1020
(Chrysippus?). 14 φησιν B. 15 μέντοι B. 16 τὸ δὲ ἠθικόν, τὸ δὲ λογι-
κόν add. B² in mg. 23 πιθανῶς Bk., ἀπιθάνως libri. — Posidonii oblocutio
ut ea quae antecedunt antiquioribus Stoicis tribuantur suadet.

ἠξίου τὴν φιλοσοφίαν, αἵματι μὲν καὶ σαρξὶ τὸ φυσικόν, ὀστέοις δὲ καὶ νεύροις τὸ λογικόν, ψυχῇ δὲ τὸ ἠθικόν). Diog. Laërt. VII 40.

εἰκάζουσι δὲ ζῴῳ τὴν φιλοσοφίαν, ὀστοῖς μὲν καὶ νεύροις τὸ λογικὸν προσομοιοῦντες, τοῖς δὲ σαρκωδεστέροις τὸ ἠθι-
5 κόν, τῇ δὲ ψυχῇ τὸ φυσικόν· ἢ πάλιν ᾠῷ· τὰ μὲν γὰρ ἐκτὸς εἶναι τὸ λογικόν, τὰ δὲ μετὰ ταῦτα τὸ ἠθικόν, τὰ δ᾽ ἐσωτάτω τὸ φυσικόν· ἢ ἀγρῷ παμφόρῳ· οὗ τὸν μὲν περιβεβλημένον φραγμὸν τὸ λογικόν, τὸν δὲ καρπὸν τὸ ἠθικόν, τὴν δὲ γῆν ἢ τὰ δένδρα τὸ φυσικόν· ἢ πόλει καλῶς τετειχισμένῃ καὶ κατὰ λόγον διοικουμένῃ.

10 **39** Philo de agricultura § 14 Vol. II p. 97, 24 Wendl. Τὸν γοῦν κατὰ φιλοσοφίαν λόγον τρίδυμον ὄντα τοὺς παλαιοὺς ἀγρῷ φασιν ἀπεικάσαι, τὸ μὲν φυσικὸν αὐτοῦ δένδροις καὶ φυτοῖς παραβάλλοντας, τὸ δὲ ἠθικὸν καρποῖς, ὧν ἕνεκα καὶ τὰ φυτά, τὸ δ᾽ αὖ λογικὸν φραγμῷ καὶ περιβόλῳ — — (quod ceteris partibus praesidio est) § 16. τὰς γὰρ διπλᾶς
15 καὶ ἀμφιβόλους ὅταν ἐξαπλοῖ λέξεις καὶ τὰς διὰ τῶν σοφισμάτων πιθανότητας ἐπιλύῃ καὶ τὴν εὐπαράγωγον ἀπάτην — — ἀναιρῇ, διὰ λόγων ἐμφαντικωτάτων καὶ ἀποδείξεων ἀνενδοιάστων, ὥσπερ κηρὸν λελειασμένον τὸν νοῦν ἀπεργάζεται, ἕτοιμον δέχεσθαι τούς τε φυσιολογίας καὶ τοὺς ἠθοποιίας — — χαρακτῆρας.

20 **40** Origenes comment. in Matthaeum Vol. III p. 778 Delarue. καὶ ὅρα εἰ δυνάμεθα τὴν μὲν κατὰ τὴν θείαν γραφὴν φυσιολογίαν τὸν ἀμπελῶνα εἰπεῖν· τὸν δὲ ἀκόλουθον τῇ ἀληθεῖ φυσιολογίᾳ βίον ἐν ἀρετῇ καὶ καλλίστοις ἤθεσι καρποφοροῦντα λέγειν εἶναι τὸν τοῦ ἀμπελῶνος καρπόν· τὸν δὲ λογικὸν τόπον (καὶ πᾶν τὸ γράμμα τῆς γραφῆς) τὸν φραγμὸν εἶναι τοῦ ἀμπε-
25 λῶνος περικείμενον ἔξωθεν etc.

41 Diog. Laërt. VII 40. καὶ οὐθὲν μέρος (ex tribus philosophiae partibus) τοῦ ἕτερον προκεκρίσθαι, καθ᾽ ἅ τινες αὐτῶν φασιν, ἀλλὰ μεμῖχθαι αὐτά. καὶ τὴν παράδοσιν μικτὴν ἐποίουν.

42 Plut. de Stoic. repugn. c. 9 p. 1035 a. Ὁ Χρύσιππος οἴεται
30 δεῖν τῶν λογικῶν πρῶτον ἀκροᾶσθαι τοὺς νέους, δεύτερον δὲ τῶν ἠθικῶν, μετὰ δὲ ταῦτα τῶν φυσικῶν, ὡσαύτως δὲ τούτοις τὸν περὶ θεῶν λόγον ἔσχατον παραλαμβάνειν. Πολλάκις δὲ τούτων ὑπ᾽ αὐτοῦ λεγομένων, ἀρκέσει παραθέσθαι τὰ ἐν τῷ τετάρτῳ περὶ Βίων ἔχοντα κατὰ λέξιν οὕτω· „Πρῶτον μὲν οὖν δοκεῖ μοι, κατὰ τὰ ὀρθῶς
35 ὑπὸ τῶν ἀρχαίων εἰρημένα, τρία γένη τῶν τοῦ φιλοσόφου θεωρημάτων εἶναι· τὰ μὲν λογικά, τὰ δὲ ἠθικά, τὰ δὲ φυσικά· εἶτα τούτων δεῖν τάττεσθαι πρῶτα μὲν τὰ λογικά, δεύτερα δὲ τὰ ἠθικά, τρίτα δὲ τὰ φυσικά· τῶν δὲ φυσικῶν ἔσχατος

4 σαρκωδεστέροις BPF, σαρκώδεσι vulg. ‖ τὸ ἠθικόν BPF, τὸ φυσικόν Bake de Posid. n. 40. 5 τὸ φυσικόν BP, τὸ ἠθικόν Bake l. l. ‖ ἐκτὸς om. BP (suppl. P²) ἔξω F. 6 aliter Sextus VII 18; sed Diogenes videtur Chrysippi sententiam sequi. Cf. n. 42. — τὸ δ᾽ ἐσωτάτω F. 7 οὗ om. PF. ‖ τὸν ἠθικόν B. 12 παραβαλόντας GH. 16 ἐμφατικωτάτων M. 27 ἀναμεμίχθαι (pro ἀλλὰ μεμ.) BPF, προκεκρίσθαι et μεμῖχθαι non poterant inter se opponi; scribendum: ἀποκεκρίσθαι.

εἶναι ὁ περὶ τῶν θεῶν λόγος, διὸ καὶ τελετὰς ἠγόρευσαν τὰς
τούτου παραδόσεις."
43 Diog. Laërt. VII 40. *ἄλλοι δὲ πρῶτον μὲν τὸ λογικὸν τάτ-
τουσι· δεύτερον δὲ τὸ φυσικόν· καὶ τρίτον τὸ ἠθικόν. ὧν ἐστι Ζήνων
ἐν τῷ περὶ λόγου καὶ Χρύσιππος* etc.   5
44 Sextus adv. math. VII 22. *οἱ δὲ ἀπὸ τῆς Στοᾶς καὶ αὐτοὶ
ἄρχειν μέν φασι τὰ λογικά, δευτερεύειν δὲ τὰ ἠθικά· τελευταῖα δὲ τετάχθαι
τὰ φυσικά. πρῶτον γὰρ δεῖν κατησφαλίσθαι τὸν νοῦν εἰς δυσέκκρουστον
τῶν παραδιδομένων φυλακήν· ὀχυρωτικὸν δὲ εἶναι τῆς διανοίας τὸν δια-
λεκτικὸν τόπον· δεύτερον δὲ ὑπογράφειν τὴν ἠθικὴν θεωρίαν πρὸς βελτίωσιν* 10
*τῶν ἠθῶν· ἀκίνδυνος γὰρ ἡ παραδοχὴ ταύτης ἐπὶ προϋποκειμένῃ τῇ λογικῇ
δυνάμει· τελευταίαν δὲ ἐπάγειν τὴν φυσικὴν θεωρίαν· θειοτέρα γάρ ἐστι καὶ
βαθυτέρας δεῖται τῆς ἐπιστάσεως.*

1 *προσηγόρευσαν* Bernardakis.   5 contraria haec sunt ipsius Chrysippi
verbis apud Plutarchum de Stoic. rep. 9 p. 1035 a, sed fortasse mutavit senten-
tiam Chrysippus.   Potest etiam illa ratio ad ordinem discendi, haec ad ipsum
referri rerum ordinem.

Chrysippeae Philosophiae.

Pars I.

Logica.

45 Cicero de finibus IV 4, 9. *Quid? ea quae dialectici nunc tra-*
5 *dunt et docent, nonne ab illis instituta sunt (scil. a veteribus)? de qui-*
bus etsi a Chrysippo maxime est elaboratum, tamen a Zenone minus
multo quam ab antiquis. Ab hoc autem quaedam non melius, quam
veteres, quaedam omnino relicta. Cumque duae sint artes, quibus per-
fecte ratio et oratio compleatur, una inveniendi, altera disserendi, hanc
10 *posteriorem et Stoici et Peripatetici, priorem autem illi egregie tradide-*
runt, hi omnino ne attigerunt quidem.

46 Galenus de libris propriis 11. Vol. XIX p. 40 K. ἀλλήλοις μὲν
λέγω διαφέρεσθαι τοὺς φιλοσόφους ἐν τῇ λογικῇ θεωρίᾳ, τοὺς Περιπατητι-
κούς τε καὶ Στωϊκοὺς καὶ Πλατωνικούς· ἑαυτῶν δὲ πάλιν ἰδίᾳ τοὺς καθ'
15 ἑκάστην αὐτῶν· μικρὰ μὲν δή πώς ἐστιν ἡ παρὰ τοῖς Περιπατητικοῖς δια-
φωνία, μεγάλη δὲ παρὰ τοῖς Στωϊκοῖς καὶ Πλατωνικοῖς.

47 Galenus de differentia pulsuum II 4. Vol. VIII 578. οὐδὲ
γὰρ εὗρον τοὔνομα παρά τινι τῶν Ἑλλήνων· ὥστε οὐδὲ καθ' οὗ τέ-
τακται πράγματος ὑπ' Ἀρχιγένους ἐπίσταμαι, καὶ ταῦτα μηδὲ γράψαν-
20 τος αὐτοῦ βιβλίον περὶ τῆς ἰδίας διαλέκτου, καθάπερ Χρύ-
σιππος ὑπὲρ ὧν ἔθετο κατὰ τὴν διαλεκτικὴν ὀνομάτων.

48 Diog. Laërt. VII 41. τὸ δὲ λογικὸν μέρος φασὶν ἔνιοι εἰς δύο
διαιρεῖσθαι ἐπιστήμας, εἰς ῥητορικὴν καὶ εἰς διαλεκτικήν. — — 42. τήν τε
ῥητορικὴν ἐπιστήμην οὖσαν τοῦ εὖ λέγειν περὶ τῶν ἐν διεξόδῳ λόγων καὶ
25 τὴν διαλεκτικὴν τοῦ ὀρθῶς διαλέγεσθαι περὶ τῶν ἐν ἐρωτήσει καὶ ἀποκρίσει
λόγων· ὅθεν καὶ οὕτως αὐτὴν ὁρίζονται· ἐπιστήμην ἀληθῶν καὶ ψευδῶν καὶ
οὐδετέρων.

---

5 sunt cod. Leid. Madv., sunt inventa sunt ceteri libri. 21 Vocatur περὶ
τῶν κατὰ τὴν διαλεκτικὴν ὀνομάτων πρὸς Ζήνωνα α´ in indice librorum h. v. p. 5, 1.
24 τὸν et λόγον P, corr. P¹, eadem ex corr. B. 25 auctor papyri 1020
(Chrysippus?) dialecticam definit: ἐπιστήμην τοῦ ὀρθῶς διαλέγεσθαι, nihil am-
plius addens. neque apte illa verba: περὶ τῶν ἐν διεξόδῳ λόγων et περὶ τῶν
ἐν ἐρωτήσει καὶ ἀποκρίσει λόγων ad definitiones adduntur. fortasse ἢ bis ante
περί inserendum est, ut sint binae utriusque artis definitiones.

49 Ammonius in Aristot. Anal. pr. p. 8, 20 Wal. οἱ μὲν Στωϊκοὶ
τὴν λογικὴν οὐ μόνον ὄργανον οὐκ ἀξιοῦσι καλεῖσθαι φιλοσοφίας, ἀλλ᾽ οὐδὲ
μόριον τὸ τυχόν, ἀλλὰ μέρος. idem p. 9, 1. οἱ μὲν οὖν Στωϊκοί φασιν ὅτι αὐτὴ ἡ φιλοσοφία τὴν
λογικὴν ἀπογεννᾷ καὶ ταύτῃ μέρος ἂν εἴη αὐτῆς. καὶ ἄλλους δὲ πολλοὺς 5
τοιούτους λέγουσι λόγους σαθρούς, δι᾽ ὧν, ὡς οἴονται, κατασκευάζουσιν
ὅτι μέρος ἐστὶν ἡ λογικὴ τῆς φιλοσοφίας. διὸ τοὺς μὲν πολλοὺς
ἐατέον, ἐκεῖνον δὲ λεκτέον ὃν οἴονται κατασκευαστικώτατον καὶ δριμύτατον
εἶναι. συλλογίζονται γὰρ οὕτως· ἐάν τις τέχνη κέχρηταί τινι ὃ μηδε-
μιᾶς ἄλλης τέχνης μέρος ἐστὶν ἢ μόριον, τοῦτο πάντως ταύτης 10
τῆς τέχνης ἢ μέρος ἐστὶν ἢ μόριον· οἷον τῇ χειρουργικῇ, φασίν, κέχρη-
ται ἡ ἰαρική, καὶ ἐπειδὴ οὐδεμία ἄλλη τέχνη κέχρηται τῇ χειρουργικῇ ὡς
μέρει ἢ μορίῳ, ἡ χειρουργικὴ τῆς ἰατρικῆς οὐκ ἔστιν ὄργανον. ἡ δὲ φιλο-
σοφία, φησίν, κέχρηται τῇ λογικῇ, ἥτις οὐδεμιᾶς ἄλλης τέχνης
⟨μέρος ἐστὶν ἢ μόριον· ἡ λογικὴ ἄρα οὐκ ἔστιν ὄργανον⟩ τῆς 15
φιλοσοφίας ἀλλ᾽ ἢ μέρος ἢ μόριον. εἰ δέ τις λέγει ὅτι καὶ ἄλλαι
τέχναι κέχρηνται τῇ λογικῇ, ὡς ἡ ἰατρικὴ κέχρηται συλλογισμοῖς καὶ ⟨αἱ⟩
ἄλλαι πᾶσαι τέχναι κέχρηνται συλλογισμοῖς, ἐροῦμεν ὅτι κέχρηνται μὲν κἀ-
κεῖναι, ἀλλ᾽ οὐκ εἰσὶν τῶν μεθόδων ἐπιστήμονες καὶ οὐ προηγουμένως περὶ
τοῦτο σπουδάζουσιν· οἷον ὁ ἰατρὸς οὐ προηγουμένως περὶ τὴν συλλογιστικὴν 20
μέθοδον σπουδάζει, οὐδὲ εἴποις μέρος ἢ μόριον ἰατρικῆς εἶναι αὐτήν, ἀλλ᾽
ὅσον ἐστὶν αὐτῷ χρήσιμον πρὸς ἀπόδειξιν τῶν ἰατρικῶν θεωρημάτων, τοσοῦ-
τον παραλαμβάνει παρὰ τοῦ διαλεκτικοῦ ὡς ὄργανον· ὁ δὲ φιλόσοφος ἐπι-
στήμων ἐστὶν ὡς ἔνι μάλιστα τῆς τοιαύτης μεθόδου. ταύτῃ μὲν οὖν οἱ
Στωϊκοί, ὡς οἴονται, κατασκευάζουσιν ὅτι οὐκ ὄργανόν ἐστιν ἡ λογική. 25
λοιπὸν δὲ ὅτι ⟨μέρος, οὐ⟩ μόριον. λέγουσιν ὅτι τῶν τριῶν μορίων τοῦ
πρακτικοῦ ὕλη μέν ἐστι τὰ ἀνθρώπινα, τέλος δὲ ἡ τοῦ ἀνθρωπίνου βίου
εὐδαιμονία, ἣν ὁ πολιτικὸς σπουδάζει περιποιεῖν· πάλιν δὲ τῶν τοῦ θεωρη-
τικοῦ μορίων ὕλη μέν ἐστι τὰ θεῖα πράγματα, τέλος δὲ ἡ θεωρητικὴ εὐδαι-
μονία· ἡ δὲ λογικὴ πραγματεία οὔτε ὕλην τὴν αὐτὴν ἔχει οὔτε τέλος· ὕλη 30
μὲν γὰρ αὐτῆς ἐστιν οἱ λόγοι, τέλος δὲ ἡ γνῶσις τῶν ἀποδεικτικῶν μεθόδων·
καὶ τὰ ἄλλα γὰρ πάντα εἰς τοῦτο συντελεῖ, εἰς τὸ ἐπιστημονικῶς ἀποδεικνύ-
ναι. ὥστε ὑπ᾽ οὐδέτερον μέρος φιλοσοφίας δύναται τετάχθαι· εἰ γὰρ καὶ
περὶ ἀνθρωπίνων καὶ θείων πραγμάτων ἡ λογικὴ πραγματεύεται (κεχρήμεθα
γὰρ αὐτῇ ἢ περὶ ἀνθρωπίνων ἢ θείων πραγμάτων διαλεγόμενοι), ἀλλ᾽ οὐ 35
περὶ ἀνθρώπινα μόνα ἔχει ὡς τὰ τοῦ πρακτικοῦ μόρια, οὐδὲ περὶ θεῖα μόνα
ὡς τὰ τοῦ θεωρητικοῦ· ὥστε οὐ μόριον ἀλλὰ τρίτον μέρος ἐστὶν φιλοσοφίας.
Quamquam physica pars theoretica vocatur et ethica practica, quod
a veterum Stoicorum usu abhorret, probabile tamen videtur, simili ratione
veteres probavisse: logicam esse partem philosophiae. cf. Philoponus ad 40
Anal. pr. f. 4 a.

49 a Alexander Aphrod. in Aristot. Analyt. pr. p. 1, 9 Wal. οἱ μὲν
οὖν μέρος αὐτὴν λέγοντες ἠνέχθησαν ἐπὶ τοῦτο, διότι ὥσπερ περὶ τὰ ἄλλα,
ἃ ὁμολογεῖται πρὸς ἁπάντων μέρη φιλοσοφίας εἶναι, ἡ φιλοσοφία καταγίνεται
ἔργον ποιουμένη τήν τε εὕρεσιν αὐτῶν καὶ τὴν τάξιν τε καὶ τὴν σύστασιν,
οὕτω δὴ καὶ περὶ τὴν πραγματείαν τήνδε· οὖσα δὲ ταύτης ἔργον οὐδετέρου

---

15 μέρος—ὄργανον supplevit Wal.   26 μέρος, οὐ supplevit Wal.
28 τοῦ τῶν θεωρητικοῦ μορίου P, corr. Wal.   35 αὐτὴν P, corr. Wal.

2*

τῶν λοιπῶν τῆς φιλοσοφίας μερῶν μόριόν ἐστιν, οὔτε τοῦ θεωρητικοῦ οὔτε τοῦ πρακτικοῦ. ἄλλο γὰρ τό τε ὑποκείμενον ταύτῃ κἀκείνων ἑκατέρᾳ καὶ διαφέρουσα ἡ πρόθεσις καθ᾽ ἑκάστην αὐτῶν· οἷς δὲ διαφέροντα ἐκεῖνα ἀλλήλων ἀντιδιαιρεῖται ἀλλήλοις, τούτοις καὶ ἡ μέθοδος αὕτη ἑκατέρας ἐκείνων
5 διαφέρουσα εὐλόγως ἀντιδιαιρεῖται αὐτοῖς· καὶ γὰρ τῷ ὑποκειμένῳ διαφέρουσα ἐκείνων· ἀξιώματα γὰρ καὶ προτάσεις τὰ ὑποκείμενα ταύτῃ· καὶ τῷ τέλει καὶ τῇ προθέσει· ἡ γὰρ ταύτης πρόθεσις τὸ διὰ τῆς ποιᾶς συνθέσεως τῶν προτάσεων ἐκ τῶν τιθεμένων τε καὶ συγχωρουμένων ἐξ ἀνάγκης τι συναγόμενον δεικνύναι· ὃ οὐδετέρας ἐκείνων τέλος.

10 **53** Plut. de Stoic. repugn. cp. 9 p. 1035e. Εἰ δέ τις ἐρεῖ, γεγραφέναι τὸν Χρύσιππον ἐν τῷ περὶ Λόγου Χρήσεως, ὡς „Οὐ καθάπαξ ἀφεκτέον ἐστὶ τῶν ἄλλων τῷ τὴν λογικὴν ἀναλαμβάνοντι πρώτην, ἀλλὰ κἀκείνων μεταληπτέον κατὰ τὸ διδόμενον" ἀληθῆ μὲν ἐρεῖ etc.

15 **54** Arrianus Epictet. dissert. I 17, 10. ἐκεῖνο ἀπαρκεῖ ὅτι (τὰ λογικά) τῶν ἄλλων ἐστὶ διακριτικὰ καὶ ἐπισκεπτικὰ καὶ ὡς ἄν τις εἴποι μετρητικὰ καὶ στατικά. τίς λέγει ταῦτα; μόνος Χρύσιππος καὶ Ζήνων καὶ Κλεάνθης;

---

13 Ad haec confer n. 41: καὶ τὴν παράδοσιν μικτὴν ἐποίουν. 18 Cf. I n. 48 (Zeno) n. 483 (Cleanthes).

Caput I.
De cognitione doctrina.

§ 1. Περὶ φαντασίας.

Cf. Vol. I n. 55—59. 484.

52 Diocles Magnes apud Diog. Laërt. VII, 49. ἀρέσκει τοῖς Στωϊ- 5
κοῖς τὸν περὶ φαντασίας καὶ αἰσθήσεως προτάττειν λόγον, καθότι
τὸ κριτήριον, ᾧ ἡ ἀλήθεια τῶν πραγμάτων γινώσκεται, κατὰ γένος φαντασία
ἐστί, καὶ καθότι ὁ περὶ συγκαταθέσεως καὶ ὁ περὶ καταλήψεως καὶ νοήσεως
λόγος, προάγων τῶν ἄλλων, οὐκ ἄνευ φαντασίας συνίσταται· προηγεῖται γὰρ
ἡ φαντασία, εἶθ᾽ ἡ διάνοια ἐκλαλητικὴ ὑπάρχουσα, ὃ πάσχει ὑπὸ τῆς φαν- 10
τασίας, τοῦτο ἐκφέρει λόγῳ.

53 Diog. Laërt. VII 46. τὴν δὲ φαντασίαν εἶναι τύπωσιν ἐν
ψυχῇ, τοῦ ὀνόματος οἰκείως μετενηνεγμένου ἀπὸ τῶν τύπων ⟨τῶν⟩ ἐν τῷ
κηρῷ ὑπὸ τοῦ δακτυλίου γινομένων. τῆς δὲ φαντασίας τὴν μὲν καταληπτι-
κὴν τὴν δὲ ἀκατάληπτον· καταληπτικὴν μέν, ἣν κριτήριον εἶναι τῶν πραγμά- 15
των φασί, τὴν γινομένην ἀπὸ ὑπάρχοντος κατ᾽ αὐτὸ τὸ ὑπάρχον ἐναπεσφρα-
γισμένην καὶ ἐναπομεμαγμένην· ἀκατάληπτον δὲ τὴν μὴ ἀπὸ ὑπάρχοντος·
ἢ ἀπὸ ὑπάρχοντος μέν, μὴ κατ᾽ αὐτὸ δὲ τὸ ὑπάρχον· τὴν μὴ τρανῆ μηδὲ
ἔκτυπον.

54 Aëtii plac. IV. 12, 1 (DDG p. 401, 14). Τίνι διαφέρει φαν- 20
τασία φανταστὸν φανταστικὸν φάντασμα. Gal. hist. philos. 93. cf.
Nemesius p. 171—73 ed. Matth.

Χρύσιππος διαφέρειν ἀλλήλων φησὶ τέτταρα ταῦτα. φαντασία
μὲν οὖν ἐστι πάθος ἐν τῇ ψυχῇ γιγνόμενον, ἐνδεικνύμενον ἐν αὐτῷ
καὶ τὸ πεποιηκός· οἷον ἐπειδὰν δι᾽ ὄψεως θεωρῶμεν τὸ λευκόν, ἔστι 25
πάθος τὸ ἐγγεγενημένον διὰ τῆς ὁράσεως ἐν τῇ ψυχῇ. καὶ ⟨κατὰ⟩
τοῦτο τὸ πάθος εἰπεῖν ἔχομεν, ὅτι ὑπόκειται λευκὸν κινοῦν ἡμᾶς·
ὁμοίως καὶ διὰ τῆς ἁφῆς καὶ τῆς ὀσφρήσεως. — Εἴρηται δὲ ἡ φαν-
τασία ἀπὸ τοῦ φωτός· καθάπερ γὰρ τὸ φῶς αὐτὸ δείκνυσι καὶ τὰ

---

3 Etiam in physica parte philosophiae περὶ φαντασίας disputatur.   13 τῶν
addidi.   14 γενομένων F ‖ καταλη//πτικήν et mox ἀκατάλημπτον B   16 φασὶ
om. BP¹F.   17 ἀκατάλημπτον δὲ ἢ B ἀκατάληπτον δὲ ἢ PF.   18 μὲν om.
B¹P. ‖ τὸ om. P.   19 τὴν μήτραν ἢ μηδὲ ἔκτυπον B τὴν μὴ τρανῆ μηδὲ ἔκτυ-
πον P (acc. in μὴ et τρανῆ P⁵) τὴν μὴ τρανῆ μὴ δὲ ἔκτυπον F.   24 ἐν αὐτῷ
AB Nem., αὐτότε C Gal.   26 κατὰ add. Wy.

ἄλλα τὰ ἐν αὐτῷ περιεχόμενα, καὶ ἡ φαντασία δείκνυσιν ἑαυτὴν καὶ
τὸ πεποιηκὸς αὐτήν.

Φανταστὸν δὲ τὸ ποιοῦν τὴν φαντασίαν· οἷον τὸ λευκὸν καὶ
τὸ ψυχρὸν καὶ πᾶν ὅ,τι ἂν δύνηται κινεῖν τὴν ψυχήν, τοῦτ' ἔστι
5 φανταστόν.

Φανταστικὸν δέ ἐστι διάκενος ἑλκυσμός, πάθος ἐν τῇ ψυχῇ
ἀπ' οὐδενὸς φανταστοῦ γινόμενον καθάπερ ἐπὶ τοῦ σκιαμαχοῦντος καὶ
κενοῖς ἐπιφέροντος τὰς χεῖρας· τῇ γὰρ φαντασίᾳ ὑπόκειταί τι φαν-
ταστόν, τῷ δὲ φανταστικῷ οὐδέν.

10 Φάντασμα δέ ἐστιν ἐφ' ὃ ἑλκόμεθα κατὰ τὸν φανταστικὸν διά-
κενον ἑλκυσμόν· ταῦτα δὲ γίνεται ἐπὶ τῶν μελαγχολώντων καὶ μεμη-
νότων· ὁ γοῦν τραγικὸς Ὀρέστης ὅταν λέγῃ (Eur. Or. 255 sq.)·

      ὦ μῆτερ, ἱκετεύω σε, μὴ 'πίσειέ μοι
      τὰς αἱματωποὺς καὶ δρακοντώδεις κόρας·
15   αὗται γάρ, αὗται πλησίον θρώσκουσί μου,
λέγει μὲν αὐτὰ ὡς μεμηνώς, ὁρᾷ δὲ οὐδέν, ἀλλὰ δοκεῖ μόνον· διὸ
καί φησιν αὐτῷ Ἠλέκτρα·

      μέν', ὦ ταλαίπωρ', ἀτρέμα σοῖς ἐν δεμνίοις,
      ὁρᾷς γὰρ οὐδὲν ὧν δοκεῖς σάφ' εἰδέναι,
20 ὡς καὶ παρ' Ὁμήρῳ Θεοκλύμενος (Od. υ 350).

55 Diocles Magnes apud Diog. Laërt. VII, 50. διαφέρει δὲ φαν-
τασία καὶ φάντασμα. φάντασμα μὲν γάρ ἐστι δόκησις διανοίας, οἵα
γίνεται κατὰ τοὺς ὕπνους, φαντασία δέ ἐστι τύπωσις ἐν ψυχῇ, τουτέστιν
ἀλλοίωσις, ὡς ὁ Χρύσιππος ἐν τῇ β' περὶ ψυχῆς ὑφίσταται. οὐδὲ
25 γὰρ δεκτέον τὴν τύπωσιν οἱονεὶ τύπον σφραγιστῆρος, ἐπεὶ ἀνένδεκτόν
ἐστι πολλοὺς τύπους κατὰ τὸ αὐτὸ περὶ τὸ αὐτὸ γίνεσθαι.

56 Sextus Emp. adv. math. VII 227. ἀπολειπομένης δ' ἔτι τῆς
στωϊκῆς δόξης παρακειμένως καὶ περὶ ταύτης λέγωμεν. κριτήριον
τοίνυν φασὶν ἀληθείας εἶναι οἱ ἄνδρες οὗτοι τὴν καταληπτικὴν φαν-
30 τασίαν. ταύτην δ' εἰσόμεθα, πρότερον γνόντες τί ποτέ ἐστι κατ' αὐ-
τοὺς ἡ φαντασία καὶ τίνες ἐπ' εἴδους ταύτης διαφοραί. φαντασία
οὖν ἐστὶ κατ' αὐτοὺς τύπωσις ἐν ψυχῇ. περὶ ἧς εὐθὺς καὶ διέστησαν·
Κλεάνθης μὲν γὰρ ἤκουσε τὴν τύπωσιν κατὰ εἰσοχήν τε καὶ ἐξοχήν,
ὥσπερ καὶ διὰ τῶν δακτυλίων γινομένην τοῦ κηροῦ τύπωσιν. Χρύ-
35 σιππος δὲ ἄτοπον ἡγεῖτο τὸ τοιοῦτο. πρῶτον μὲν γάρ, φησι, τῆς
διανοίας δεήσει ὑφ' ἕν ποτε τρίγωνόν τι καὶ τετράγωνον φαντασιου-
μένης τὸ αὐτὸ σῶμα κατὰ τὸν αὐτὸν χρόνον διαφέροντα ἔχειν περὶ

---

8 κενὰς libri, corr. Reiske.   22 ὃ pro οἶα F   24 scribendum: ἐν τῆι β'
περὶ ψυχῆς. duo enim fuerunt libri. ἐν τῶι ῑβ B ἐν τῶ ῑβ P ἐν τῇ δνωδεκάτῃ
F. ‖ οὐ PF.   25 λεκτέον F.   26 περὶ τῶ αὐτῶ B.

αὐτῷ σχήματα ἅμα τε τρίγωνον καὶ τετράγωνον γίνεσθαι ἢ καὶ περι-
φερές, ὅπερ ἐστὶν ἄτοπον· εἶτα πολλῶν ἅμα φαντασιῶν ὑφισταμένων
ἐν ἡμῖν παμπληθεῖς καὶ τοὺς σχηματισμοὺς ἕξειν τὴν ψυχήν, ὃ τοῦ
προτέρου χεῖρόν ἐστιν. αὐτὸς οὖν τὴν τύπωσιν εἰρῆσθαι ὑπὸ τοῦ
Ζήνωνος ὑπενόει ἀντὶ τῆς ἑτεροιώσεως, ὥστ᾽ εἶναι τοιοῦτον τὸν λόγον 5
„φαντασία ἐστὶν ἑτεροίωσις ψυχῆς“ μηκέτι ἀτόπου ὄντος ⟨τοῦ⟩ τὸ
αὐτὸ σῶμα ὑφ᾽ ἕνα καὶ τὸν αὐτὸν χρόνον, πολλῶν περὶ ἡμᾶς συνιστα-
μένων φαντασιῶν, παμπληθεῖς ἀναδέχεσθαι ἑτεροιώσεις· ὥσπερ γὰρ
ὁ ἀήρ, ὅταν ἅμα πολλοὶ φωνῶσιν, ἀμυθήτους ὑπὸ ἓν καὶ διαφερούσας
ἀναδεχόμενος πληγὰς εὐθὺς πολλὰς ἴσχει καὶ τὰς ἑτεροιώσεις, οὕτω 10
καὶ τὸ ἡγεμονικὸν ποικίλως φαντασιούμενον ἀνάλογόν τι τούτῳ πείσεται.
ibid. 372. εἰ γὰρ τύπωσίς ἐστιν ἐν ψυχῇ ἡ φαντασία, ἤτοι κατ᾽
ἐξοχὴν καὶ εἰσοχὴν τύπωσίς ἐστιν, ὡς οἱ περὶ τὸν Κλεάνθην νομί-
ζουσιν, ἢ κατὰ ψιλὴν ἑτεροίωσιν γίνεται, καθάπερ οἱ περὶ τὸν Χρύ-
σιππον ἐδόξασαν. καὶ εἰ μὲν κατ᾽ ἐξοχὴν καὶ εἰσοχὴν ὑφίσταται 15
ταῦτα ἀκολουθήσει τὰ ἄτοπα ἅπερ φασὶν οἱ περὶ τὸν Χρύσιππον.
εἰ γὰρ κηροῦ τρόπον τυποῦται ἡ ψυχὴ φανταστικῶς πάσχουσα, ἀεὶ
τὸ ἔσχατον κίνημα ἐπισκοτήσει τῇ προτέρᾳ φαντασίᾳ, ὥσπερ καὶ ὁ
τῆς δευτέρας σφραγῖδος τύπος ἐξαλειπτικός ἐστι τοῦ προτέρου. ἀλλ᾽
εἰ τοῦτο, ἀναιρεῖται μὲν μνήμη θησαυρισμὸς οὖσα φαντασιῶν, 20
ἀναιρεῖται δὲ πᾶσα τέχνη· σύστημα γὰρ ἦν καὶ ἄθροισμα κατα-
λήψεων, πλείονας δὲ φαντασίας καὶ διαφόρους οὐ δυνατὸν ὑποστῆ-
ναι περὶ τὸ ἡγεμονικόν, ἄλλοτε ἄλλων νοουμένων τῶν περὶ αὐτὸ
τύπων. οὐ τοίνυν ἡ κυρίως νοουμένη τύπωσίς ἐστι φαντασία. ἄλ-
λως τε εἰ ὄψις ἐστὶ τῶν ἀδήλων τὰ φαινόμενα, θεωροῦμεν δὲ τὰ 25
πολὺ παχυμερέστερα τοῦ πνεύματος τῶν φαινομένων σώματα μηδ᾽
ὁντινοῦν περὶ αὐτοῖς τύπον δυνάμενα τηρεῖν, εὔλογόν ἐστι μηδὲ τὸ
πνεῦμα ἕνα μόνον τινὰ ἀπὸ φαντασίας τύπον φυλάττειν.
Cf. ibid. VIII. 400. et h. op. I n. 58 (Zeno) n. 484 (Cleanthes).

57 Philo de mundi opificio § 166 Vol. I p. 58, 9 Wendl. (αἱ αἰσθή- 30
σεις) τὰ φανέντα ἐκτὸς εἴσω κομίζουσαι διαγγέλλουσι καὶ ἐπιδείκνυνται, τοὺς
τύπους ἑκάστων ἐνσφραγιζόμεναι καὶ τὸ ὅμοιον ἐνεργαζόμεναι πάθος. Κηρῷ
γὰρ ἐοικὼς (scil. ὁ νοῦς) δέχεται τὰς διὰ τῶν αἰσθήσεων φαντασίας, αἷς τὰ
σώματα καταλαμβάνει etc.

58 Alexander Aphrod. de anima p. 72, 5 Bruns. χρὴ δὲ τοῦ τύπου 35
κοινότερον ἐπὶ τῆς φαντασίας ἀκούειν. Κυρίως μὲν γὰρ τύπος τὸ κατ᾽ εἰ-
σοχήν τε καὶ ἐξοχήν, ἢ τὸ τοῦ τυποῦντος ἐν τῷ τυπουμένῳ σχῆμα γινόμε-
νον, ὡς ὁρῶμεν τὰ ἐπὶ τῶν σφραγίδων ἔχοντα. οὐχ οὕτως δὲ τὰ ἀπὸ τῶν
αἰσθητῶν ἐγκαταλείμματα ἐν ἡμῖν γίνεται. οὐδὲ γὰρ τὴν ἀρχὴν κατὰ σχῆ-

---

6 τοῦ add. B.   7 ὑφ᾽ ἓν κατὰ libri.   20 patet Chrysippum uti Zenonis
definitionibus.   23 ἄλλως libri, corr. B.   32 καὶ M Pal., om. ceteri ‖ ἐνεργα-
ζόμεναι Pal. ἐναυγαζόμεναι M, om. ceteri.   37 ἢ τὸ libri, ὑπὸ Bruns.

24 DE COGNITIONE DOCTRINA.

μά τι ἡ τῶν αἰσθητῶν ἀντίληψις. ποῖον γὰρ σχῆμα τὸ λευκὸν ἢ ὅλως τὸ χρῶμα; ἢ ποῖον σχῆμα ἡ ὀσμή; ἀλλὰ δι᾽ ἀπορίαν κυρίου τινὸς ὀνόματος τὸ ἴχνος καὶ ἐγκατάλειμμα τὸ ὑπομένον ἀπὸ τῶν αἰσθητῶν ἐν ἡμῖν τύπον καλοῦμεν μεταφέροντες τοὔνομα.

5 59 Alexander Aphrod. de anima p. 68, 11 Bruns. διὸ καὶ ὁρίζονται τὴν φαντασίαν τύπωσιν ἐν ψυχῇ καὶ τύπωσιν ἐν ἡγεμονικῷ. (cf. ibid. 16. ἔτι ἤτοι τὴν γινομένην τύπωσιν φαντασίαν λέγουσιν ἢ τὴν γεγονυῖαν ἤδη καὶ οὖσαν. ἀλλ᾽ εἰ μὲν τὴν γινομένην, τὴν αἴσθησιν ἂν λέγοιεν τὴν κατ᾽ ἐνέργειαν φαντασίαν. αὕτη γὰρ ἡ γένεσις τοῦ τύπου. ἀλλὰ γίνονται φαν-
10 τασίαι καὶ χωρὶς τῆς κατὰ τὰς αἰσθήσεις ἐνεργείας. εἰ δὲ τὴν γεγονυῖαν καὶ σῳζομένην, τὴν μνήμην ἂν λέγοιεν φαντασίαν.)

60 Diocles Magnes apud Diog. Laërt. VII 50. νοεῖται δὲ [ἡ] φαντασία ἡ ἀπὸ ὑπάρχοντος κατὰ τὸ ὑπάρχον ἐναπομεμαγμένη καὶ ἐναποτετυπωμένη καὶ ἐναπεσφραγισμένη, οἷα οὐκ ἂν γένοιτο ἀπὸ μὴ ὑπάρχοντος.

15 61 Diocles Magnes apud Diog. Laërt. VII 51. τῶν δὲ φαντασιῶν κατ᾽ αὐτοὺς αἱ μέν εἰσιν αἰσθητικαί, αἱ δ᾽ οὔ· αἰσθητικαὶ μὲν αἱ δι᾽ αἰσθητηρίου ἢ αἰσθητηρίων λαμβανόμεναι, οὐκ αἰσθητικαὶ δὲ αἱ διὰ τῆς διανοίας, καθάπερ τῶν ἀσωμάτων καὶ τῶν ἄλλων τῶν λόγῳ λαμβανομένων. τῶν δὲ αἰσθητικῶν ⟨αἱ μὲν⟩ ἀπὸ ὑπαρχόντων μετὰ εἴξεως καὶ συγκαταθέσεως γί-
20 νονται· εἰσὶ δὲ τῶν φαντασιῶν καὶ ἐμφάσεις, αἵ ὡς ἂν ἀπὸ ὑπαρχόντων γινόμεναι. ἔτι τῶν φαντασιῶν αἱ μέν εἰσι λογικαί, αἱ δὲ ἄλογοι· λογικαὶ μὲν αἱ τῶν λογικῶν ζῴων, ἄλογοι δὲ αἱ τῶν ἀλόγων. αἱ μὲν οὖν λογικαὶ νοήσεις εἰσίν, αἱ δ᾽ ἄλογοι οὐ τετυχήκασιν ὀνόματος· καὶ αἱ μέν εἰσι τεχνικαί, αἱ δὲ ἄτεχνοι· ἄλλως γοῦν θεωρεῖται ὑπὸ τεχνίτου εἰκὼν καὶ ἄλλως
25 ὑπὸ ἀτέχνου.

62 Cicero de divin. II. 61, 126. *praesertim cum Chrysippus, Academicos refellens, permulto clariora et certiora esse dicat, quae vigilantibus videantur, quam quae somniantibus.*

63 Sextus adv. math. VII 162 (ex Antiocho, Stoicorum in hac re
30 sectatore). καὶ φαντασίαν ῥητέον εἶναι πάθος τι περὶ τὸ ζῷον ἑαυτοῦ τε καὶ τοῦ ἑτέρου παραστατικόν. οἷον προσβλέψαντές τινι, φησὶν ὁ Ἀντίοχος, διατιθέμεθά πως τὴν ὄψιν, καὶ οὐχ οὕτως αὐτὴν διακειμένην ἴσχομεν ὡς πρὶν τοῦ βλέψαι διακειμένην εἴχομεν. κατὰ μέντοι τὴν τοιαύτην ἀλλοίωσιν δυοῖν ἀντιλαμβανόμεθα, ἑνὸς μὲν αὐτῆς τῆς ἀλλοιώσεως, τουτέστι τῆς
35 φαντασίας, δευτέρου δὲ τοῦ τὴν ἀλλοίωσιν ἐμποιήσαντος, τουτέστι τοῦ ὁρατοῦ· καὶ ἐπὶ τῶν ἄλλων αἰσθήσεων παραπλήσιον. ὥσπερ οὖν τὸ φῶς ἑαυτό τε δείκνυσι καὶ πάντα τὰ ἐν αὐτῷ, οὕτω καὶ ἡ φαντασία, ἀρχηγὸς οὖσα τῆς περὶ τὸ ζῷον εἰδήσεως, φωτὸς δίκην ἑαυτήν τε ἐμφανίζειν ὀφείλει καὶ τοῦ ποιήσαντος αὐτὴν ἐναργοῦς ἐνδεικτικὴ καθεστάναι.

---

12 scil. cum dicitur, τὸ κριτήριον κατὰ γένος φαντασία ἐστί, nt conexus docet. ἡ om. BPF. 13 καὶ ἐναποτετυπωμένη om. F; videntur haec verba a recentioribus Chrysippo Stoicis addita esse. Cf. n. 53. 65. tria sane participia etiam apud Zenonem I n. 59 „impressum et signatum et effictum." 18 καθάπερ καὶ ἐπὶ F. ‖ καὶ ἐπὶ F. 19 αἱ after addidi. 20 ἕως ἂν F (pro αἱ ὡς ἂν). 21 λογιστικαὶ B. Videntur haec ad φαντασίας οὐκ αἰσθητικάς referri; certe non omnia rationalium animalium visa νοήσεις appellabantur. 23 τοῦ ὀνόματος F. 24 οὖν F. 37 Cf. ipsum Chrysippum n. 54; patet Antiochum Ascalonitam Chrysippo uti.

64 Sextus adv. math. VII 241. ἡ φαντασία γίνεται ἤτοι τῶν ἐκτὸς ἢ τῶν ἐν ἡμῖν παθῶν, ὃ δὴ κυριώτερον διάκενος ἑλκυσμὸς παρ' αὐτοῖς (scil. Stoicis) καλεῖται.

65 Sextus adv. math. VII 242. τῶν δὲ φαντασιῶν πολλαὶ μὲν καὶ ἄλλαι εἰσὶ διαφοραί, ἀπαρκέσουσι δὲ αἱ λεχθησόμεναι. τούτων γὰρ αἱ μέν 5 εἰσι πιθαναί, αἱ δὲ ἀπίθανοι, αἱ δὲ πιθαναὶ ἅμα καὶ ἀπίθανοι, αἱ δὲ οὔτε πιθαναὶ οὔτε ἀπίθανοι. πιθαναὶ μὲν οὖν εἰσιν αἱ λεῖον κίνημα περὶ ψυχὴν ἐργαζόμεναι, ὥσπερ νῦν τὸ ἡμέραν εἶναι καὶ τὸ ἐμὲ διαλέγεσθαι (Sextum audi) — ἀπίθανοι δὲ αἱ μὴ τοιαῦται ἀλλ' ἀποστρέφουσαι ἡμᾶς τῆς συγκαταθέσεως οἷον „εἰ ἡμέρα ἐστίν, οὐκ ἔστιν ἥλιος ὑπὲρ γῆς" „εἰ σκότος 10 ἐστίν, ἡμέρα ἐστίν". — πιθαναὶ δὲ καὶ ἀπίθανοι καθεστᾶσιν αἱ κατὰ τὴν πρός τι σχέσιν ὁτὲ μὲν τοῖαι γινόμεναι ὁτὲ δὲ τοῖαι, οἷον αἱ τῶν ἀπόρων λόγων, οὔτε δὲ πιθαναὶ οὔτε ἀπίθανοι καθάπερ αἱ τῶν τοιούτων πραγμάτων „ἄρτιοί εἰσιν οἱ ἀστέρες" „περισσοί εἰσιν οἱ ἀστέρες". — Τῶν δὲ πιθανῶν ἢ ἀπιθάνων φαντασιῶν αἱ μέν εἰσιν ἀληθεῖς, αἱ δὲ ψευδεῖς, αἱ 15 δὲ ἀληθεῖς καὶ ψευδεῖς, αἱ δὲ οὔτε ἀληθεῖς οὔτε ψευδεῖς. ἀληθεῖς μὲν οὖν εἰσιν ὧν ἔστιν ἀληθῆ κατηγορίαν ποιήσασθαι, ὡς τοῦ „ἡμέρα ἐστίν" ἐπὶ τοῦ παρόντος ἢ τοῦ „φῶς ἐστι", ψευδεῖς δὲ ὧν ἔστι ψευδῆ κατηγορίαν ποιήσασθαι, ὡς τοῦ κεκλάσθαι τὴν κατὰ βυθοῦ κώπην ἢ μύουρον εἶναι τὴν στοάν, ἀληθεῖς δὲ καὶ ψευδεῖς ὁποῖα προσέπιπτεν 20 Ὀρέστῃ κατὰ μανίαν ἀπὸ τῆς Ἠλέκτρας (καθὸ μὲν γὰρ ὡς ἀπὸ ὑπάρχοντός τινος προσέπιπτεν, ἦν ἀληθής, ὑπῆρχε γὰρ Ἠλέκτρα· καθὸ δ' ὡς ἀπὸ Ἐρινύος, ψευδής· οὐκ ἦν γὰρ Ἐρινύς), καὶ πάλιν εἴτις ἀπὸ Δίωνος ζῶντος κατὰ τοὺς ὕπνους ὡς ἀπὸ παρεστῶτος ὀνειροπολεῖται ψευδῆ καὶ διάκενον ἑλκυσμόν. οὔτε δὲ ψευδεῖς οὔτε ἀληθεῖς εἰσιν αἱ γενικαί· 25 ὧν γὰρ τὰ εἴδη τοῖα ἢ τοῖα, τούτων τὰ γένη οὔτε τοῖα οὔτε τοῖα, οἷον τῶν ἀνθρώπων οἱ μέν εἰσιν Ἕλληνες οἱ δὲ βάρβαροι, ἀλλ' ὁ γενικὸς ἄνθρωπος οὔτε Ἕλλην ἐστίν, ἐπεὶ πάντες ἂν οἱ ἐπ' εἴδους ἦσαν Ἕλληνες, οὔτε βάρβαρος διὰ τὴν αὐτὴν αἰτίαν. — τῶν δὲ ἀληθῶν αἱ μέν εἰσι καταληπτικαί, αἱ δὲ οὔ, οὐ καταληπτικαὶ μὲν αἱ προσπίπτουσαί τισι κατὰ πάθος· 30 μυρίοι γὰρ φρενιτίζοντες καὶ μελαγχολῶντες ἀληθῆ μὲν ἕλκουσι φαντασίαν, οὐ καταληπτικὴν δέ, ἀλλ' ἔξωθεν καὶ ἐκ τύχης οὕτω συμπεσοῦσαν, ὅθεν οὐδὲ διαβεβαιοῦνται περὶ αὐτῆς πολλάκις, οὐδὲ συγκατατίθενται αὐτῇ. καταληπτικὴ δέ ἐστιν ἡ ἀπὸ ὑπάρχοντος καὶ κατ' αὐτὸ τὸ ὑπάρχον ἐναπομεμαγμένη καὶ ἐναπεσφραγισμένη, ὁποία οὐκ ἂν γένοιτο ἀπὸ μὴ ὑπάρχοντος. 35 ἄκρως γὰρ ποιούμενοι ἀντιληπτικὴν εἶναι τῶν ὑποκειμένων τήνδε τὴν φαντασίαν καὶ πάντα τεχνικῶς τὰ περὶ αὐτοῖς ἰδιώματα ἀναμεμαγμένην, ἕκαστον τούτων φασὶν ἔχειν συμβεβηκός. ὧν πρῶτον μὲν τὸ ἀπὸ ὑπάρχοντος γίνεσθαι — δεύτερον δὲ τὸ καὶ ἀπὸ ὑπάρχοντος εἶναι καὶ κατ' αὐτὸ τὸ ὑπάρχον· ἔνιαι γὰρ πάλιν ἀπὸ ὑπάρχοντος μέν εἰσιν, οὐκ αὐτὸ δὲ τὸ ὑπάρ- 40 χον ἰνδάλλονται, ὡς ἐπὶ τοῦ μεμηνότος Ὀρέστου μικρῷ πρότερον ἐδείκνυμεν. — οὐ μὴν ἀλλὰ καὶ ἐναπομεμαγμένην καὶ ἐναπεσφραγισμένην τυγχάνειν, ἵνα πάντα τεχνικῶς τὰ ἰδιώματα τῶν φαντασῶν ἀναμάττηται. (Ut anuli cerae impressi) οὕτω καὶ οἱ κατάληψιν ποιούμενοι τῶν ὑποκειμένων πᾶσιν ὀφείλουσι τοῖς ἰδιώμασιν αὐτῶν ἐπιβάλλειν. τὸ δὲ „οἵα οὐκ ἂν 45 γένοιτο ἀπὸ μὴ ὑπάρχοντος" προσέθεσαν, ἐπεὶ οὐχ ὥσπερ οἱ ἀπὸ τῆς

---

2 Cf. quae de phantastico et de phantasmate Chrysippus dicit n. 54.
15 verba: ἢ ἀπιθάνων abesse malim.　　　43 φαντασῶν scripsi, φαντασιῶν libri.

Στοᾶς ἀδύνατον ὑπειλήφασι κατὰ πάντα ἀπαράλλακτόν τινα εὑρεθήσεσθαι, οὕτω καὶ οἱ ἀπὸ τῆς Ἀκαδημίας. ἐκεῖνοι μὲν γάρ φασιν ὅτι ὁ ἔχων τὴν καταληπτικὴν φαντασίαν τεχνικῶς προσβάλλει τῇ ὑπούσῃ τῶν πραγμάτων διαφορᾷ, ἐπείπερ καὶ εἶχέ τι τοιοῦτον ἰδίωμα ἡ τοιαύτη φαντασία
5 παρὰ τὰς ἄλλας φαντασίας καθάπερ οἱ κεράσται παρὰ τοὺς ἄλλους ὄφεις· οἱ δὲ ἀπὸ τῆς Ἀκαδημίας τοὐναντίον φασὶ δύνασθαι τῇ καταληπτικῇ φαντασίᾳ ἀπαράλλακτον εὑρεθήσεσθαι ψεῦδος.
(haec omnia antiquioribus Stoicis tribuit Sextus ibid. 255). Cf. Sextus VIII 67 sq.
10   66 Cicero Acad. Pr. II 47. Nam cum dicatis, inquiunt (scil. novi Academici contra Stoicos disputantes), visa quaedam mitti a deo, velut ea quae in somnis videantur, quaeque oraculis, auspiciis, extis declarentur — haec enim aiunt probari Stoicis, quos contra disputant — quaerunt, quonam modo, falsa visa quae sint, ea deus efficere possit pro-
15 babilia etc.
    67 Sextus adv. math. VII 405 (Carneades). εἰ οὖν καταληπτικαί τινές εἰσι φαντασίαι παρόσον ἐπάγονται ἡμᾶς εἰς συγκατάθεσιν καὶ εἰς τὸ τὴν ἀκόλουθον αὐταῖς πρᾶξιν συνάπτειν etc.
Ex Stoicorum sententia hoc dictum esse conexus probat.
20   68 Sextus adv. math. VII 424 (Carneades). ἵνα γε μὴν αἰσθητικὴ γένηται φαντασία κατ' αὐτούς (scil. Stoicos), οἷον ὁρατική, δεῖ πέντε συνδραμεῖν, τό τε αἰσθητήριον καὶ τὸ αἰσθητὸν καὶ τὸν τόπον καὶ τὸ πῶς καὶ τὴν διάνοιαν, ὡς ἐὰν τῶν ἄλλων παρόντων ἓν μόνον ἀπῇ, καθάπερ διάνοια παρὰ φύσιν ἔχουσα, οὐ σωθήσεται, φασίν, ἡ ἀντίληψις.
25   69 Sextus adv. math. VII 426. ζητούντων ἡμῶν τίς ἐστιν ἡ καταληπτικὴ φαντασία, ὁριζόμενοί φασιν „ἡ ἀπὸ ὑπάρχοντος etc. etc." εἶτα πάλιν (ἐπεὶ πᾶν τὸ ὁρικῶς διδασκόμενον ἐκ γινωσκομένων διδάσκεται) προσανακρινόντων ἡμῶν τί ποτ' ἔστι καὶ τὸ ὑπάρχον, ἀναστρέψαντές φασιν ὅτι ὑπάρχον ἐστὶν ὃ κινεῖ καταληπτικὴν φαντασίαν.
30   70 Alexander de anima p. 71, 10. Bruns. τὰς δὴ ἀληθεῖς τῶν φαντασιῶν καὶ σφοδρὰς εἰώθαμεν λέγειν καὶ καταληπτικάς, τῷ κατάληψιν εἶναι τὴν ταῖς τοιαύταις φαντασίαις συγκατάθεσιν, ἀκατάληπτον δὲ φαντασίαν καλοῦμεν τήν τε ψευδῆ καὶ τῶν ἀληθῶν τὰς ἀμυδράς.

§ 2. Περὶ αἰσθήσεως.

35   71 Diocles Magnes apud Diog. Laërt. VII 52. αἴσθησις δὲ λέγεται κατὰ τοὺς Στωϊκοὺς τό τε ἀφ' ἡγεμονικοῦ πνεῦμα [καὶ] ἐπὶ τὰς αἰσθήσεις διῆκον καὶ ἡ δι' αὐτῶν κατάληψις καὶ ἡ περὶ τὰ αἰσθητήρια κατασκευή, καθ' ἥν τινες πηροὶ γίνονται. καὶ ἡ ἐνέργεια δὲ αἴσθησις καλεῖται.
    72 Aët. Plac. IV 8, 12. Οἱ Στωϊκοὶ πᾶσαν αἴσθησιν εἶναι συγκα-
40 τάθεσιν καὶ κατάληψιν.
    73 Cicero Acad. Pr. II 108. Alterum est, quod negatis actionem ullius rei posse in eo esse, qui nullam rem adsensu suo comprobet. Primum enim videri oportere, in quo sit etiam adsensus. Dicunt enim

---

2 Cf. n. 112 sq.   7 de hac Stoicorum cum Academicis lite infra plura proponentur.   15 probabilia = πιθανά.   34 Quae ad psychologiam pertinent, quaere in parte physica.   36 καὶ om. BP, habet F.   42 oportere *Baiter*, oportet *libri*.

DE COGNITIONE DOCTRINA. 27

Stoici sensus ipsos adsensus esse; quos quoniam adpetitio consequatur, actionem sequi; tolli autem omnia, si visa tollantur.
74 Porphyrius de anima apud Stobaeum ed. II 349, 23 W. τῶν
ἀπὸ τῆς Στοᾶς τὴν αἴσθησιν οὐκ ἐν τῇ φαντασίᾳ ἱστάντων μόνον, ἀλλὰ
τὴν οὐσίαν ἀναρτώντων ἀπὸ τῆς συγκαταθέσεως· αἰσθητικῇ γὰρ φαντασίᾳ 5
συγκατάθεσίς ἐστιν ἡ αἴσθησις, τῆς συγκαταθέσεως καθ᾽ ὁρμὴν οὔσης.
75 Galenus in Hippocr. de medic. officina Vol. XVIII B p. 654 K. καὶ
μὴν καὶ τοιαύτην ἐξήγησιν ἔγραψάν τινες· οὐ τὸ αὐτὸ σημαίνεσθαί φασιν
ἐκ τοῦ φάναι „καὶ ἰδεῖν καὶ θιγεῖν καὶ ἀκοῦσαι ἔστι" τῷ „καὶ τῇ ὄψει καὶ
τῇ ἀκοῇ καὶ τῇ ἀφῇ ἔστιν αἰσθάνεσθαι". ἰδεῖν μὲν γὰρ ἔστι καὶ θι- 10
γεῖν καὶ ἀκούειν μὴ καταληπτικῶς, αἰσθάνεσθαι δὲ οὐκέτι μὴ
καταληπτικῶς. ἔστι δὲ ἡ τοιαύτη τῆς αἰσθήσεως ἐξήγησις τοῦ Σιμίου
τοῦ Στωϊκοῦ, διὸ καὶ ⟨ὁ⟩ τοῦ Κοΐντου μαθητὴς Ἰφικιανὸς αὐτὴν προσ
ήκατο, τὴν Στωϊκὴν ἀσπαζόμενος φιλοσοφίαν. ἀλλ᾽ ὃ λέγουσίν ἐστι τοιοῦ
τον. τὸ μὲν ἕτερον μέρος τῆς ῥήσεως περὶ τοῦ γένους μόνου διδάσκει τῶν 15
πραγμάτων, ἐξ ὧν αἱ σημειώσεις ἡμῶν γίγνονται· τὸ δὲ δεύτερον περὶ τοῦ
κατ᾽ αὐτὸ διηκριβωμένου τε καὶ πιστοῦ, ὡς εἰ καὶ οὕτως ἐγέγραπτο· „προσῆκε
ποιεῖσθαι τὰς διαγνώσεις ἀπὸ τῶν ὁμοίων τε καὶ ἀνομοίων τοῖς κατὰ φύ
σιν ἐν τῷ τοῦ κάμνοντος σώματι φαινομένων. ταῦτα δέ ἐστι τὰ αἰσθητὰ καὶ
τούτων οὐχ ὅσα παρεῖδεν ἢ παρήκουσεν ἢ ὅλως παρῄσθετο κατά τινα τῶν 20
αἰσθήσεων, ἀλλ᾽ ἃ καλῶς καὶ καταληπτικῶς τῶν αἰσθήσεων ἑκάστη ᾔσθετο
καὶ τῇ γνώμῃ". συγκεχρῆσθαι γάρ φησι τῇ τοῦ αἰσθέσθαι φωνῇ τὸν Ἱπ
ποκράτην κατὰ τῆς γνώμης.
76 Sextus adv. math. VIII 185. οἱ δὲ ἀπὸ τῆς Στοᾶς καὶ τοῦ
Περιπάτου μέσην ὁδὸν τέμνοντες ἔνια μὲν ὑποκεῖσθαι τῶν αἰσθητῶν ἔλεξαν 25
ὡς ἀληθῆ, ἔνια δὲ μὴ ὑπάρχειν, ψευδομένης περὶ αὐτῶν τῆς αἰσθήσεως.
77 Cicero Acad. Pr. II 101. Neque nos (scil. Academici) contra
sensus aliter dicimus ac Stoici, qui multa falsa esse dicunt longeque
aliter se habere ac sensibus videantur.
78 Aët. Plac. IV 9, 4. Οἱ Στωϊκοὶ τὰς μὲν αἰσθήσεις ἀληθεῖς, τῶν 30
δὲ φαντασιῶν τὰς μὲν ἀληθεῖς, τὰς δὲ ψευδεῖς.
79 Galenus de dignoscendis pulsibus I 5. Vol. VIII p. 793. πρῶτα
γάρ ἐστιν αἰσθητὰ ἐν τοῖς ἡμετέροις σώμασι τὰ παθήματα, δεύτερα δὲ τὰ
τούτων ποιητικὰ ἐκτὸς ὑποκείμενα.
80 Sextus adv. math. IX 352. τοιούτων δὲ ἠπορημένων κατὰ τὸν 35
τόπον εἰώθασιν οἱ δογματικοί — λέγειν ὅτι τὸ μὲν ἐκτὸς ὑποκείμενον καὶ
αἰσθητὸν οὔτε ὅλον ἐστὶν οὔτε μέρος, ἡμεῖς δέ ἐσμεν οἱ ἐκείνου τό τε ὅλον
καὶ τὸ μέρος ἐπικατηγοροῦντες. ἢν γὰρ τὸ ὅλον τῶν πρός τι· ὡς γὰρ πρὸς
τὰ μέρη ἐνοεῖτο τὸ ὅλον· καὶ πάλιν τὰ μέρη τῶν πρός τι· ὡς γὰρ πρὸς τὸ
ὅλον νοεῖται τὰ μέρη· τὰ δὲ πρός τι ἐν συμμνημονεύσει ἐστὶν ἡμέτερα, ἡ δὲ 40
ἡμετέρα συμμνημόνευσίς ἐστιν ἐν ἡμῖν. τὸ οὖν ὅλον καὶ τὸ μέρος ἐστὶν ἐν
ἡμῖν. τὸ δὲ ἐκτὸς ὑποκείμενον αἰσθητὸν οὔτε ὅλον ἐστὶν οὔτε
μέρος, ἀλλὰ πρᾶγμα οὗ ἡμεῖς ἐπικατηγοροῦμεν τὴν ἡμῶν αὐτῶν συμμνη
μόνευσιν.

---

5 αἰσθητικῇ-φαντασίᾳ scripsi, αἰσθητικὴ φαντασία libri. 19 δέ ἐστι scripsi,
δὲ καὶ ed. 23 verba sunt Hippocratis, quae explicare studet Galenus; sententia, quam Simiae Stoico tribuit, Stoicorum communis est. 26 αἴσθησις
vocabulum a Sexto patet ita hic usurpari ut non κατάληψιν significet, sed ἐνέρ
γειαν τοῦ αἰσθητηρίου. Cf. n. 71.

81 Aëti Plac. IV 9, 13. Χρύσιππος τὸ μὲν γενικὸν ἡδὺ νοητόν, τὸ δὲ εἰδικὸν καὶ προσπῖπτον ἤδη αἰσθητόν.

§ 3. Περὶ ἐννοημάτων.

Cf. Vol. I n. 65.

5 **82** Quae secuntur fragmenta ad Chrysippi doctrinam accommodata esse probabile duco. Is enim κριτήρια ἀπολείπει αἴσθησιν καὶ πρόληψιν (n. 105), is moralia placita eo commendat, quod τῶν ἐμφύτων ἅπτονται προλήψεων (III n. 69); idem dixit τὸ γενικὸν ἡδὺ νοητόν (81) et ἐμπειρίας vocabulo saepius usus est, ut in finis bonorum definitione: ζῆν κατ᾽ 10 ἐμπειρίαν τῶν φύσει συμβαινόντων (III n. 4).

83 Aëtii Plac. IV 11. Πῶς γίνεται ἡ αἴσθησις καὶ ἡ ἔννοια καὶ ὁ κατὰ ἐνδιάθεσιν λόγος. Gal. 92.

Οἱ Στωϊκοί φασιν· ὅταν γεννηθῇ ὁ ἄνθρωπος, ἔχει τὸ ἡγεμονικὸν μέρος τῆς ψυχῆς ὥσπερ χάρτην εὔεργον εἰς ἀπογραφήν· εἰς τοῦτο μίαν ἑκά-15 στην τῶν ἐννοιῶν ἐναπογράφεται. — Πρῶτος δὲ [ὁ] τῆς ἀναγραφῆς τρόπος ὁ διὰ τῶν αἰσθήσεων. αἰσθανόμενοι γάρ τινος οἷον λευκοῦ, ἀπελθόντος αὐτοῦ μνήμην ἔχουσιν· ὅταν δὲ ὁμοειδεῖς πολλαὶ μνῆμαι γένωνται, τότε φαμὲν ἔχειν ἐμπειρίαν· ἐμπειρία γάρ ἐστι τὸ τῶν ὁμοειδῶν φαντασιῶν πλῆθος. — Τῶν δὲ ἐννοιῶν αἱ μὲν φυσικῶς γίνονται κατὰ τοὺς εἰρημέ-20 νους τρόπους καὶ ἀνεπιτεχνήτως, αἱ δὲ ἤδη δι᾽ ἡμετέρας διδασκαλίας καὶ ἐπιμελείας· αὗται μὲν οὖν ἔννοιαι καλοῦνται μόνον, ἐκεῖναι δὲ καὶ προλήψεις. — Ὁ δὲ λόγος, καθ᾽ ὃν προσαγορευόμεθα λογικοὶ ἐκ τῶν προλήψεων συμπληροῦσθαι λέγεται κατὰ τὴν πρώτην ἑβδομάδα. ἔστι δ᾽ ἐννόημα φάντασμα διανοίας λογικοῦ ζῴου· τὸ γὰρ φάντασμα ἐπειδὰν λο-25 γικῇ προσπίπτῃ ψυχῇ, τότε ἐννόημα καλεῖται, εἰληφὸς τοὔνομα παρὰ τοῦ νοῦ. — Διόπερ τοῖς ἀλόγοις ζῴοις ὅσα προσπίπτει, φαντάσματα μόνον ἐστίν· ὅσα δὲ ἡμῖν καὶ τοῖς θεοῖς, ταῦτα καὶ φαντάσματα κατὰ γένος καὶ ἐννοήματα κατ᾽ εἶδος· ὥσπερ τὰ δηνάρια καὶ οἱ στατῆρες αὐτὰ μὲν καθ᾽ αὑτὰ ὑπάρχει δηνάρια ⟨καὶ⟩ στατῆρες· ἐὰν δὲ εἰς πλοίων δοθῇ μίσθωσιν, τηνι-30 καῦτα πρὸς τῷ δηνάρια εἶναι καὶ ναῦλα λέγεται.

84 Diocles Magnes apud Diog. Laërt. VII 52. ἡ δὲ κατάληψις γίνεται κατ᾽ αὐτοὺς αἰσθήσει μὲν λευκῶν καὶ μελάνων καὶ τραχέων καὶ λείων, λόγῳ δὲ τῶν δι᾽ ἀποδείξεως συναγομένων, ὥσπερ τοῦ θεοὺς εἶναι καὶ προνοεῖν τούτους.

35 **85** Sextus adv. math. VIII 409. οἱ δὲ (scil. Stoici) καὶ δι᾽ ὑποδειγμάτων πειρῶνται τὸ ἀξιούμενον παραμυθεῖσθαι (scil. ὅτι τὰ ἀσώματα οὐ ποιεῖ τι οὐδὲ φαντασιοῖ ἡμᾶς, ἀλλ᾽ ἡμεῖς ἐσμεν οἱ ἐπ᾽ ἐκείνοις φαντασιούμενοι cf. § 406). ὥσπερ γάρ, φασίν, ὁ παιδοτρίβης καὶ ὁ ὁπλομάχος ἔσθ᾽ ὅτε μὲν λαβόμενος τῶν χειρῶν τοῦ παιδὸς ῥυθμίζει καὶ διδάσκει τινὰς κι-40 νεῖσθαι κινήσεις, ἔσθ᾽ ὅτε δὲ ἄπωθεν ἑστὼς καί πως κινούμενος ἐν ῥυθμῷ παρέχει ἑαυτὸν ἐκείνῳ πρὸς μίμησιν, οὕτω καὶ τῶν φαντασιῶν ἔνια μὲν οἱονεὶ ψαύοντα καὶ θιγγάνοντα τοῦ ἡγεμονικοῦ ποιεῖται τὴν ἐν τούτῳ τύ-

---

2 ἡδὺ coni. Petersen.   12 διάθεσιν libri, corr. Wyttenb.   14 ἐνεργὸν libri, corr. Diels.   15 ὁ seclusi   24 ἐννόημα Diels, νόημα libri.   25 τὸν νοῦν libri, corr. Diels.   26 οὐ libri, ὅσα Diels. — Cf. n. 61.   29 add. Diels.   32 αὐτῆς F.   33 τοῦ scripsi, τὸ libri.

πωσιν, ὁποῖόν ἐστι τὸ λευκὸν καὶ μέλαν καὶ κοινῶς τὸ σῶμα, ἔνια δὲ τοι-
αύτην ἔχει φύσιν, τοῦ ἡγεμονικοῦ ἐπ᾽ αὐτοῖς φαντασιουμένου καὶ οὐχ ὑπ᾽
αὐτῶν, ὁποῖά ἐστι τὰ ἀσώματα λεκτά.
86 Philo de provid. II § 58 (p. 85 Aucher). Quid tamen, quaeso,
sit unquam species, nisi universalis alicuius comprehensio? Et intellectui 5
quid occurrat universale aliud, quod deus prius non fecerit, menti inserens
fecunditatem, quae optime est apta ad admovendum sibi singula, occur-
rentibus signis vel antea conceptis pro naturis inquirendis.
87 Diocles Magnes apud. Diog. Laërt. VII 52. τῶν—νοουμένων τὰ μὲν
κατὰ περίπτωσιν ἐνοήθη, τὰ δὲ καθ᾽ ὁμοιότητα, τὰ δὲ κατ᾽ ἀναλογίαν, τὰ 10
δὲ κατὰ μετάθεσιν, τὰ δὲ κατὰ σύνθεσιν, τὰ δὲ κατ᾽ ἐναντίωσιν. κατὰ
περίπτωσιν μὲν οὖν ἐνοήθη τὰ αἰσθητά, καθ᾽ ὁμοιότητα δὲ [τὰ] ἀπό
τινος παρακειμένου, ὡς Σωκράτης ἀπὸ τῆς εἰκόνος, κατ᾽ ἀναλογίαν δὲ
αὐξητικῶς μέν, ὡς ὁ Τιτυὸς καὶ Κύκλωψ, μειωτικῶς δέ, ὡς ὁ Πυγμαῖος.
καὶ τὸ κέντρον δὲ τῆς γῆς κατ᾽ ἀναλογίαν ἐνοήθη ἀπὸ τῶν μικροτέρων σφαι- 15
ρῶν. κατὰ μετάθεσιν δὲ· οἷον ὀφθαλμοὶ ἐπὶ τοῦ στήθους· κατὰ σύν-
θεσιν δὲ ἐνοήθη Ἱπποκένταυρος· καὶ κατ᾽ ἐναντίωσιν θάνατος.
νοεῖται δὲ καὶ κατὰ μετάβασίν τινα, ὡς τὰ λεκτὰ καὶ ὁ τόπος. φυ-
σικῶς δὲ νοεῖται δίκαιόν τι καὶ ἀγαθόν· καὶ κατὰ στέρησιν, οἷον ἄχειρ.
— Cf. III n. 72. 20
88 Sextus adv. math. VIII 56. πᾶσα γὰρ νόησις ἀπὸ αἰσθήσεως γί-
νεται ἢ οὐ χωρὶς αἰσθήσεως, καὶ ἢ ἀπὸ περιπτώσεως ἢ οὐκ ἄνευ πε-
ριπτώσεως. ὅθεν οὐδὲ τὰς λεγομένας ψευδεῖς φαντασίας, οἷον τὰς καθ᾽
ὕπνους ἢ τὰς κατὰ μανίαν, εὑρήσομεν ἀπηρτημένας τῶν διὰ τῆς αἰσθήσεως
κατὰ περίπτωσιν ἡμῖν ἐγνωσμένων. — καὶ καθόλου οὐδέν ἐστιν εὑρεῖν 25
κατ᾽ ἐπίνοιαν ὃ μὴ ἔχει τις αὐτῷ κατὰ περίπτωσιν ἐγνωσμένον.
τοῦτο γὰρ ἢ καθ᾽ ὁμοιότητα τῶν ἐν περιπτώσει πεφηνότων ληφθήσεται ἢ
κατὰ παραύξησιν ἢ κατὰ μείωσιν ἢ κατ᾽ ἐπισύνθεσιν (sequuntur exempla)
cf. id. IX 393—395.
89 Galenus defin. medicae 126 Vol. XIX p. 381 K. ἐπίνοιά ἐστιν ἐνα- 30
ποκειμένη νόησις· νόησις δὲ λογικὴ φαντασία.

§ 4. Κατάληψις, ἐπιστήμη, τέχνη.

Cf. Vol. I n. 66—73. 490.

90 Sextus adv. math. VII 151. τρία γὰρ εἶναί φασιν ἐκεῖνοι (Stoici
ab Arcesilao impugnati i. e. Zeno et Cleanthes) τὰ συζυγοῦντα ἀλλήλοις, 35
ἐπιστήμην καὶ δόξαν καὶ τὴν ἐν μεθορίᾳ τούτων τεταγμένην κατάληψιν, ὧν
ἐπιστήμην μὲν εἶναι τὴν ἀσφαλῆ καὶ βεβαίαν καὶ ἀμετάθετον ὑπὸ λόγου κα-
τάληψιν, δόξαν δὲ τὴν ἀσθενῆ καὶ ψευδῆ συγκατάθεσιν, κατάληψιν δὲ τὴν
μεταξὺ τούτων, ἥτις ἐστὶ καταληπτικῆς φαντασίας συγκατάθεσις· καταληπτικὴ
δὲ φαντασία κατὰ τούτους ἐτύγχανεν ἡ ἀληθὴς καὶ τοιαύτη οἵα οὐκ ἂν γένοιτο 40
ψευδής. ὧν τὴν μὲν ἐπιστήμην ἐν μόνοις ὑφίστασθαι λέγουσι τοῖς

---

1 κατὰ περίπτωσιν hoc dicitur n. 87.   8 antea conceptis] προλήψεις in
graeco videtur fuisse.   11 τὰ δὲ κατὰ μετάθεσιν om. BPL.   12 οὖν om. F. ‖
τὰ ἀπὸ BPF, τὰ ex antecedente τὰ αἰσθητὰ interpolatum.   14 ὡς om. BP.
16 δὲ οὖν οἱ B.   18 καὶ om. B. ‖ λεκτὰ om. B in lacuna.   28 A Stoicis
Scepticos haec mutuari praeter cetera probat Diocles ap. Diog. Laërt. VII 52.

σοφοῖς, τὴν δὲ δόξαν ἐν μόνοις τοῖς φαύλοις, τὴν δὲ κατάληψιν
κοινὴν ἀμφοτέρων εἶναι καὶ ταύτην κριτήριον ἀληθείας καθε-
στάναι.
  91 Sextus adv. math. VIII 396. ἐπεὶ καὶ οἱ Στωϊκοὶ μάλιστα δο-
5 κοῦσιν ἐξηκριβωκέναι τοὺς ἀποδεικτικοὺς τρόπους, φέρε καὶ πρὸς τούτους
ὀλίγα διεξέλθωμεν. — 397. ἔστι μὲν οὖν ἡ κατάληψις, ὡς ἔστι παρ᾽
αὐτῶν ἀκούειν, καταληπτικῆς φαντασίας συγκατάθεσις, ἥτις διπλοῦν
ἔοικεν εἶναι πρᾶγμα, καὶ τὸ μέν τι ἔχειν ἀκούσιον, τὸ δὲ ἑκούσιον καὶ ἐπὶ
τῇ ἡμετέρᾳ κρίσει κείμενον. τὸ μὲν γὰρ φαντασιωθῆναι ἀβούλητον ἦν· καὶ
10 οὐκ ἐπὶ τῷ πάσχοντι ἔκειτο ἀλλ᾽ ἐπὶ τῷ φαντασιοῦντι τὸ οὑτωσὶ διατεθῆναι,
οἷον λευκαντικῶς λευκοῦ ὑποπεσόντος χρώματος ἢ γλυκαντικῶς γλυκέος τῇ
γεύσει προσαχθέντος· τὸ δὲ συγκαταθέσθαι τούτῳ τῷ κινήματι ἔκειτο ἐπὶ τῷ
παραδεχομένῳ τὴν φαντασίαν.
  92 Cicero Acad. Pr. II 119. Quamcumque vero sententiam proba-
15 verit (scil. sapiens), eam sic animo comprensam habebit ut ea, quae sen-
sibus, nec magis adprobabit nunc lucere, quam, quoniam Stoicus est,
hunc mundum esse sapientem, habere mentem, quae et se et ipsum fa-
bricata sit et omnia moderetur, moveat, regat. Erit ei persuasum etiam
solem, lunam, stellas omnes, terram, mare deos essse, quod quaedam ani-
20 malis intelligentia per omnia ea permanet et transeat; fore tamen ali-
quando, ut omnis hic mundus ardore deflagret.
  93 Galenus defin. medicae 7. Vol. XIX p. 350. ἐπιστήμη ἐστὶ κατάληψις
ἀσφαλὴς καὶ ἀμετάπτωτος ὑπὸ λόγου. δυνατὸν δὲ καὶ οὕτως ὁρίσασθαι·
ἐπιστήμη ἐστὶν ἕξις ἀμετάπτωτος ἐκ φαντασιῶν δόξαν ἀμέμπτως ὑπὸ λόγου
25 παρεχομένη, 8. τέχνη ἐστὶ σύστημα ἐκ καταλήψεων συγγεγυμνασμένων πρός
τι τέλος εὔχρηστον τῶν ἐν τῷ βίῳ. ἢ οὕτως· τέχνη ἐστὶ σύστημα ἐκ κατα-
λήψεων συγγεγυμνασμένον ἐφ᾽ ἕν τέλος τὴν ἀναφορὰν ἐχόντων.
  94 Scholia in Dionys. Thrac. p. 649 Bekker Anecd. Gr. II. Οἱ δὲ
Στωϊκοὶ λέγουσι· τέχνη ἐστὶ σύστημα ἐκ καταλήψεων ἐμπειρίᾳ συγγεγυμ-
30 νασμένων πρός τι τέλος εὔχρηστον τῶν ἐν τῷ βίῳ.
  95 Philo de congressu erud. gratia § 141 Vol. III p. 101, 5 Wendl.
Τέχνης μὲν γὰρ ὅρος οὗτος· σύστημα ἐκ καταλήψεων συγγεγυμνασμένων,
πρός τι τέλος εὔχρηστον (τοῦ εὐχρήστου διὰ τὰς κακοτεχνίας ὑγιῶς προστι-
θεμένου). Ἐπιστήμης δέ· κατάληψις ἀσφαλὴς καὶ βέβαιος, ἀμετάπτωτος
35 ὑπὸ λόγου. μουσικὴν μὲν οὖν καὶ γραμματικὴν καὶ τὰς συγγενεῖς καλοῦμεν
τέχνας — — φιλοσοφίαν δὲ καὶ τὰς ἄλλας ἀρετὰς ἐπιστήμας καὶ τοὺς ἔχον-
τας αὐτὰς ἐπιστήμονας. φρόνιμοι γάρ εἰσι καὶ σώφρονες καὶ φιλόσοφοι, ὧν
οὐδὲ εἷς ἐν τοῖς τῆς διαπεπονημένης ἐπιστήμης σφάλλεται δόγμασι, καθάπερ
οἱ προειρημένοι ἐν τοῖς τῶν μέσων τεχνῶν θεωρήμασιν.
40 **96** Sextus Pyrrh. Hypot. III 188. πάλιν οἱ Στωϊκοὶ περὶ ψυχὴν
ἀγαθά φασιν εἶναι τέχνας τινὰς τὰς ἀρετάς· τέχνην δὲ εἶναί φασι σύστημα
ἐκ καταλήψεων συγγεγυμνασμένων, τὰς δὲ καταλήψεις γίγνεσθαι περὶ τὸ ἡγε-
μονικόν. Πῶς οὖν ἐν τῷ ἡγεμονικῷ, πνεύματι κατ᾽ αὐτοὺς ὑπάρχοντι, ἐνα-
πόθεσις γίγνεται καταλήψεων καὶ ἀθροισμὸς τοσούτων ὡς γενέσθαι τέχνην,

---

 6 κατάληψις scripsi, ἀπόδειξις libri. 16 num *libri*, corr. *Cratander*.
20 permeet *cod. AB*. 24 videntur haec corrupta; fortasse fuit: ἕξις ἀμετάπτω-
τος ἐν φαντασιῶν προσδέξει ἢ ἀμετάπτωτον ὑπὸ λόγου παρεχομένη. ‖ ἐγγεγυμνα-
σμένων bis ed. 32 συγγεγυμνασμένων Wendl., ἐγγεγυμνασμένων codd.

οὐχ οἷόν τε ἐννοῆσαι, τῆς ἐπιγιγνομένης τυπώσεως ἀεὶ τὴν πρὸ αὐτῆς ἀπαλειψούσης, ἐπεὶ χυτόν τέ ἐστι τὸ πνεῦμα καὶ ἐξ ὅλου κινεῖσθαι λέγεται καθ' ἑκάστην τύπωσιν. 97 Sextus adv. math. XI 182. τέχνη γάρ ἐστι σύστημα ἐκ καταλήψεων, καὶ κατάληψίς ἐστι καταληπτικῆς φαντασίας συγκατάθεσις. 5 ibid. 183. πρὸς τούτοις ἡ καταληπτικὴ φαντασία κρίνεται κατὰ τοὺς Στωϊκούς, ὅτι καταληπτική ἐστι τῷ ἀπὸ ὑπάρχοντος γενέσθαι καὶ κατ' αὐτὸ τὸ ὑπάρχον ἐναπομεμαγμένως καὶ ἐναπεσφραγισμένως· τό θ' ὑπάρχον δοκιμάζεται, ὅτι ὑπάρχον ἐστίν, ἐκ τοῦ καταληπτικὴν κινεῖν φαντασίαν. cf. Pyrrh. Hypot. III 242. 10

98 Ps. Galeni Prognostica ex mathem. scientia 1 Vol. XIX p. 529 K.

Περὶ μὲν τοῦ ὑπαρκτὴν εἶναι τὴν μαθηματικὴν ἐπιστήμην ἤρκει καὶ ἡ τῶν Στωϊκῶν φιλοσόφων, ἀνδρῶν καὶ λόγους διεκπεπονημένων καὶ τὸν βίον ὁποῖός ἐστι παραστησάντων δόξα.

99 Philo de congressu erud. gratia § 146 Vol. III p. 102, 15 Wendl. 15

Καίτοιγ' οὐδὲ τοῦτό τις ἀγνοεῖ, ὅτι πάσαις ταῖς κατὰ μέρος (scil. ἐπιστήμαις) τὰς ἀρχὰς καὶ τὰ σπέρματα, ἐξ ὧν ἀναβλαστεῖν ἔδοξε τὰ θεωρήματα, φιλοσοφία δεδώρηται. Ἰσόπλευρα γὰρ καὶ σκαληνά, κύκλους τε καὶ πολυγώνια καὶ τὰ ἄλλα σχήματα γεωμετρία προσεξεῦρε· σημείου δὲ καὶ γραμμῆς καὶ ἐπιφανείας καὶ στερεοῦ φύσιν, ἃ δὴ ῥίζαι καὶ θεμέλιοι τῶν λεχθέντων εἰσίν, 20 οὐκέτι γεωμετρία. Πόθεν γὰρ αὐτῇ λέγειν ὁριζομένῃ, ὅτι σημεῖον μέν ἐστιν, οὗ μέρος οὐδέν, γραμμὴ δὲ μῆκος ἀπλατές, ἐπιφάνεια δὲ ὃ μῆκος καὶ πλάτος μόνον ἔχει, στερεὸν δὲ ὃ τὰς τρεῖς ἔχει διαστάσεις, μῆκος, πλάτος, βάθος; Ταῦτα γὰρ ἀνάκειται φιλοσοφίᾳ, καὶ ἡ περὶ ὅρων πραγματεία πᾶσα τῷ φιλοσόφῳ. — Τό γε μὴν γράφειν καὶ ἀναγιγνώσκειν γραμματικῆς τῆς ἀτε- 25 λεστέρας ἐπάγγελμα, ἣν παρατρέποντές τινες γραμματιστικὴν καλοῦσιν· τῆς δὲ τελειοτέρας ἀνάπτυξις τῶν παρὰ ποιηταῖς τε καὶ συγγραφεῦσιν. Ἐπειδὰν οὖν περὶ τῶν τοῦ λόγου διεξέρχωνται μερῶν, τότε οὐ τὰ φιλοσοφίας εὑρήματα παρασπῶνταί τε καὶ παρεργολαβοῦσι; ταύτης γὰρ ἴδιον ἐξετάζειν, τί σύνδεσμος, τί ὄνομα, τί ῥῆμα, τί κοινὸν ὄνομα, τί ἴδιον, τί ἐλλιπὲς ἐν λόγῳ, 30 τί πλῆρες, τί ἀποφαντόν, τί ἐρώτημα, τί πύσμα, τί περιεκτικόν, τί εὐκτικόν, τί ἀρατικόν. τὰς γὰρ περὶ αὐτοτελῶν καὶ ἀξιωμάτων καὶ κατηγορημάτων πραγματείας ἥδ' ἐστὶν ἡ συνθεῖσα· ἡμίφωνον δὲ ἢ φωνῆεν ἢ παντελῶς ἄφωνον στοιχεῖον ἰδεῖν καὶ πῶς ἕκαστον τούτων εἴωθε λέγεσθαι, καὶ πᾶσα ἡ περὶ φωνῆς καὶ στοιχείων καὶ τῶν τοῦ λόγου μερῶν ἰδέα, οὐ φιλοσοφίᾳ 35 πεπόνηται καὶ κατήνυσται; (l. 31 expecto: προστακτικόν pro περιεκτικόν)

100 Plutarchus quomodo adol. poët. aud. debeat p. 34b. Τὴν δ' ἐπὶ πλέον τῶν λεγομένων χρῆσιν ὑπέδειξεν ὀρθῶς ὁ Χρύσιππος, ὅτι! δεῖ μετάγειν καὶ διαβιβάζειν ἐπὶ τὰ ὁμοειδῆ τὸ χρήσιμον. ὅ τε γὰρ Ἡσίοδος εἰπών (Op. et D. 348) 40

'οὐδ' ἂν βοῦς ἀπόλοιτ', εἰ μὴ γείτων κακὸς εἴη'

καὶ περὶ κυνὸς ταὐτὸ καὶ περὶ ὄνου λέγει καὶ περὶ πάντων ὁμοίως τῶν ἀπολέσθαι δαναμένων. Καὶ πάλιν τοῦ Εὐριπίδου λέγοντος (inc.

---

18 πολύγωνα H¹GF.   21 αὐτῇ λέγει ὁριζομένη Turn.   32 εὐκτικόν, τί ἀρατικόν Wendl., εὐκτικόν Μ, ὁρατικόν Α, εὖ τι κακόν ἄρα GF.

fab. fr. 950 N)

'τίς δ' ἐστὶ δοῦλος τοῦ θανεῖν ἄφροντις ὤν';
ὑπακουστέον ὅτι καὶ περὶ πόνου καὶ νόσου ταὐτὸν εἴρηκεν.

101 Plutarchus quomodo adol. poët. aud. debeat p. 31 E.
δεῖ δὲ
5 μηδὲ τῶν ὀνομάτων ἀμελῶς ἀκούειν, ἀλλὰ τὴν μὲν Κλεάνθους
παιδιὰν παραιτεῖσθαι· κατειρωνεύεται γὰρ ἔστιν ὅτε προσποιούμενος
ἐξηγεῖσθαι τὸ
'Ζεῦ πάτερ Ἴδηθεν μεδέων' (Γ 320)
καὶ τὸ
10 'Ζεῦ ἄνα Δωδωναῖε' (Π 233)
κελεύων ἀναγιγνώσκειν ὑφ' ἕν, ὡς τὸν ἐκ τῆς γῆς ἀναθυμιώμενον
ἀέρα διὰ τὴν ἀνάδοσιν ἀναδωδωναῖον ὄντα. καὶ Χρύσιππος δὲ
πολλαχοῦ γλίσχρος ἐστίν, οὐ παίζων ἀλλ' εὑρησιλογῶν ἀπιθάνως, καὶ
παραβιαζόμενος 'εὐρύοπα Κρονίδην' εἶναι τὸν δεινὸν ἐν τῷ διαλέγεσθαι
15 καὶ διαβεβηκότα τῇ δυνάμει τοῦ λόγου.

§ 5. Περὶ ζητήσεως.

Scripsit Chrysippus περὶ ζητήσεως duo volumina cf. n. 13 v.

102 Clemens Al. Strom. VI 14 p. 801 Pott. ἔστιν δὲ ἡ μὲν ζήτησις
ὁρμὴ ἐπὶ τὸ καταλαβεῖν διά τινων σημείων ἀνευρίσκουσα τὸ ὑποκείμενον· ἡ
20 εὕρεσις δὲ πέρας καὶ ἀνάπαυσις ζητήσεως ἐν καταλήψει γενομένης.

103 Cicero Acad. Pr. II 26. (i. e. Antiochus contra ἀκαταληψίαν dis-
putans). Quid quod, si ista vera sunt, ratio omnis tollitur, quasi quae-
dam lux lumenque vitae! — nam quaerendi initium ratio attulit, quae
perfecit virtutem, cum esset ipsa ratio confirmata quaerendo. quaestio
25 autem est adpetitio cognitionis, quaestionisque finis inventio. at
nemo invenit falsa, nec ea quae incerta permanent, inventa esse possunt,
sed cum ea, quae quasi involuta fuerunt, aperta sunt, tum inventa dicun-
tur. sic et initium quaerendi et exitus percipiendi et comprendendi
⟨facultate⟩ tenetur.

30 **104** Plutarchus apud Olympiodorum in Plat. Phaedon. p. 125, 7 ed.
Finckh. Ὅτι ἄπορον ὄντως εἰ οἷόντε ζητεῖν καὶ εὑρίσκειν, ὡς ἐν Μέ-
νωνι (p. 80 E) προβέβληται· οὔτε γὰρ ἃ ἴσμεν· μάταιον γάρ· οὔτε ἃ μὴ
ἴσμεν· κἂν γὰρ περιπέσωμεν αὐτοῖς, ἀγνοοῦμεν, ὡς τοῖς τυχοῦσιν. —
οἱ δὲ ἀπὸ τῆς Στοᾶς τὰς φυσικὰς ἐννοίας αἰτιῶνται· εἰ μὲν δὴ δυ-
35 νάμει, τὸ αὐτὸ ἐροῦμεν· εἰ δὲ ἐνεργείᾳ, διὰ τί ζητοῦμεν ἃ ἴσμεν; εἰ δὲ ἀπὸ
τούτων ἄλλα ἀγνοούμενα, πῶς ἅπερ οὐκ ἴσμεν.

---

3 ταὐτὰ libri, corr. Herch. Hoc et quod sequitur fragmentum Chrysippi hic
collocavi, quia ad artem poëtas explicandi i. e. grammaticam pertinent, eiusque
artis cum philosophia necessitudinem. Referenda sunt ad libros: περὶ τοῦ πῶς
δεῖ τῶν ποιημάτων ἀκούειν β'. 5 Cf. I n. 535 (Cleanthes) II n. 1062. 23 dux
Bentley. 29 facultate addidi. ‖ tenetur Bentley, tenet libri. 31 ἄπορον
ὄντως Wyttenbachius, ἀπόρου ὄντος libri. 34 φυσικαὶ ἔννοιαι apud Chrysip-
pum eadem sunt quae προλήψεις.

§ 6. Περὶ κριτηρίου.

Qualis sit norma iudicii. Esse normam iudicii contra Scepticos defenditur.

105 Diogenes Laërt. VII 54. κριτήριον δὲ τῆς ἀληθείας φασὶ
τυγχάνειν τὴν καταληπτικὴν φαντασίαν, τουτέστι τὴν ἀπὸ ὑπάρχοντος,
καθάφησι Χρύσιππος ἐν τῇ β' τῶν Φυσικῶν καὶ Ἀντίπατρος καὶ 5
Ἀπολλόδωρος. ὁ μὲν γὰρ Βόηθος κριτήρια πλείονα ἀπολείπει, νοῦν
καὶ αἴσθησιν καὶ ὄρεξιν καὶ ἐπιστήμην· ὁ δὲ Χρύσιππος διαφερό-
μενος πρὸς αὐτὸν ἐν τῷ πρώτῳ περὶ λόγου κριτηριά φησιν εἶναι
αἴσθησιν καὶ πρόληψιν.

106 Augustinus de civ. dei VIII 7. qui posuerunt iudicium veritatis 10
in sensibus corporis eorumque — regulis — omnia quae discuntur me-
tienda esse censuerunt, ut Epicurei et quicumque alii tales, ut etiam ipsi
Stoici, qui cum vehementer amaverint sollertiam disputandi,
quam dialecticam nominant, a corporis sensibus eam ducendam
putarunt, hinc asseverantes animum concipere notiones, quas 15
appellant ἐννοίας, earum rerum scilicet quas definiendo expli-
cant; hinc propagari atque conecti totam discendi docendique
rationem.

107 Sextus adv. math. VII 35. πάρεστι μέντοι καὶ τὸ λογικὸν τοῦτο
(scil. κριτήριον) ὑποδιαιρεῖσθαι, λέγοντας τὸ μέν τι εἶναι κριτήριον ὡς ὑφ' 20
οὗ, τὸ δὲ ὡς δι' οὗ, τὸ δὲ ὡς προσβολὴ καὶ σχέσις. ὑφ' οὗ μὲν ὡς ἄν-
θρωπος, δι' οὗ δὲ ὡς αἴσθησις, τὸ δὲ τρίτον ὡς ἡ προσβολὴ τῆς φαν-
τασίας. 37. καὶ ἔοικε τῷ μὲν ζυγοστάτῃ ἢ τέκτονι ὁ ἄνθρωπος, ὑφ' οὗ
γίνεται ἡ κρίσις, τῷ δὲ ζυγῷ καὶ κανόνι ἡ αἴσθησις καὶ ἡ διάνοια, δι' ἧς
γίνεται τὰ τῆς κρίσεως, τῇ δὲ σχέσει τῶν προειρημένων ὀργάνων ἡ προσ- 25
βολὴ τῆς φαντασίας, καθ' ἣν ὁ ἄνθρωπος ἐπιβάλλεται κρίνειν.

108 Origenes contra Celsum VII 37 Vol. II p. 187, 22 Kö. (p. 720 Del.)
dicit Celsum δογματίζειν παραπλησίως τοῖς ἀναιροῦσι νοητὰς οὐσίας Στωϊ-
κοῖς περὶ τοῦ αἰσθήσεσιν καταλαμβάνεσθαι τὰ καταλαμβανόμενα
καὶ πᾶσαν κατάληψιν ἠρτῆσθαι τῶν αἰσθήσεων. 30

109 Plutarchus de Stoic. repugn. cp. 10 p. 1036c. Ἐπὶ δὲ τοῖς
κατὰ Συνηθείας ἐκδοθεῖσιν οὕτω κομῶσιν καὶ μεγαληγοροῦσιν,
ὥστε τοὺς πάντων ὁμοῦ τῶν Ἀκαδημαϊκῶν λόγους εἰς ταὐτὸ συμφο-
ρηθέντας, οὐκ ἀξίους εἶναι παραβαλεῖν οἷς Χρύσιππος ἔγραψεν εἰς
διαβολὴν τῶν αἰσθήσεων — — ἐκεῖνο δ' ἀληθές, ὅτι βουληθεὶς 35
αὖθις συνειπεῖν τῇ Συνηθείᾳ καὶ ταῖς αἰσθήσεσιν, ἐνδεέστερος
γέγονεν ἑαυτοῦ, καὶ τὸ σύνταγμα τοῦ συντάγματος μαλακώτερον. —
— p. 1036e. Ἡδέως ἂν οὖν πυθοίμην τῶν Στωϊκῶν, εἰ τὰ Μεγαρικὰ

---

5 ἐν τῆι β' scripsi. — ἐν τῇ ιβ P, ἐν τῇ ιβ B, ἐν τῇ δυωδεκάτῃ F
6 πολλὰ F. ‖ ἀπολίπειν οὖν B.   8 αὐτὸν BPF, αὐτὸν· scribendum esse, cer-
tum est. ‖ ἐν τῷ περὶ λόγου ᾱ F.   20 Haec Stoicis Sextum debere probabile
est.   24 patet αἴσθησιν hic significare τὴν τῶν αἰσθητηρίων κατασκευήν. Cf.
n. 71.   28 νοητῶν οὐσιῶν A, corr. Hoe.   29 αἰσθήσεσιν Jol. corr., αἴσθησιν A.

ἐρωτήματα δυναμικώτερα νομίζουσιν εἶναι τῶν ὑπὸ Χρυσίππου κατὰ
τῆς Συνηθείας ἐν ἓξ βιβλίοις γεγραμμένων; p. 1037a. αὐτὸς δὲ
τοσαῦτα βιβλία γράφων κατὰ τῆς Συνηθείας, οἷς, εἴτι ἀνεῦρες,
προσέθηκας, ὑπερβαλέσθαι φιλοτιμούμενος τὸν Ἀρκεσίλαον — —
5 οὐδὲ γὰρ ψιλοῖς χρῆται τοῖς κατὰ τῆς συνηθείας ἐπιχειρήμασι, ἀλλ'
ὥσπερ ἐν δίκῃ μετὰ πάθους τινὸς συνεπιπάσχων, μωρολογεῖν τε πολ-
λάκις λέγει καὶ κενοκοπεῖν.

Cicero Acad. Pr. II 87. res iam universas profundam, de qui-
bus volumina impleta sunt non a nostris solum, sed etiam a Chry-
10 sippo — de quo queri solent Stoici, dum studiose omnia conquisierit
contra sensus et perspicuitatem contraque omnem consuetudinem contra-
que rationem, ipsum sibi respondentem inferiorem fuisse: itaque ab eo
armatum esse Carneadem.

idem Acad. Pr. II 75. Atqui habebam molestos vobis, sed minutos,
15 Stilponem, Diodorum, Alexinum, quorum sunt contorta et aculeata quae-
dam σοφίσματα — sic enim appellantur fallaces conclusiunculae. Sed
quid eos colligam, cum habeam Chrysippum, qui fulcire putatur por-
ticum Stoicorum? Quam multa ille contra sensus, quam multa contra
omnia, quae in consuetudine probantur. At dissolvit idem. Mihi quidem
20 non videtur: sed dissolverit sane. Certe tam multa non collegisset, quae
nos fallerent probabilitate magna, nisi videret iis resisti non facile posse.

110 Cicero Acad. Pr. II 67. Sed illud primum, sapientem, si assen-
surus esset, etiam opinaturum, falsum esse et Stoici dicunt et eorum ad-
stipulator Antiochus: posse enim eum falsa a veris et quae non
25 possint percipi ab iis quae possint distinguere.

111 Cicero Acad. Pr. II 26 (i. e. Antiochus contra ἀκαταληψίαν dis-
putans). Argumenti conclusio, quae est Graece ἀπόδειξις, ita definitur:
ratio, quae ex rebus perceptis ad id, quod non percipiebatur,
adducit. 27. quodsi omnia visa eius modi essent, qualia isti dicunt, ut
30 ea vel falsa esse possent, neque ea posset ulla ratio discernere, quo modo
quemquam aut conclusisse aliquid aut invenisse diceremus aut quae esset
conclusi argumenti fides?

112 Plutarchus de comm. not. cp. 36 p. 1077c. ἀκοῦσαι τοίνυν ἔστιν
αὐτῶν καὶ γράμμασιν ἐντυχεῖν πολλοῖς πρὸς τοὺς Ἀκαδημαϊκοὺς διαφερο-
35 μένων καὶ βοώντων, ὡς πάντα πράγματα συγχέουσι ταῖς ἀπαραλλαξίαις,
ἐπὶ δυεῖν οὐσιῶν ἕνα ποιὸν εἶναι βιαζόμενοι· καίτοι τοῦτο μὲν οὐκ ἔστιν
ὅστις ἀνθρώπων οὐ διανοεῖται καὶ τοὐναντίον οἴεται θαυμαστὸν εἶναι καὶ
παράδοξον, εἰ μήτε φάττα φάττῃ μήτε μελίττῃ μέλιττα μήτε πυρῷ πυρὸς ἢ
σύκῳ τὸ τοῦ λόγου σῦκον ἐν τῷ παντὶ χρόνῳ γέγονεν ἀπαράλλακτον.
40 113 Cicero Acad. Pr. II 85. Stoicum est quidem nec admodum cre-

---

3 εἴτι ἀνεῦρες Turnebus, τι ἀνεῦρες vel τινὰ νεῦρα libri.   15 Silibonem
libri, corr. Lambin.   19 addissolvit libri, corr. Davisius.   22 primum: scil.
in conclusione Arcesilai.   31 dicemus libri optimi.   40 Stoicum sed
est libri.

dibile „nullum esse pilum omnibus rebus talem, qualis sit pilus
alius, nullum granum".
114 Cicero Acad. Pr. II 54. cur id potius contenditis, quod rerum na-
tura non patitur, ut non ⟨in⟩ suo quidque genere sit tale, quale est, nec
sit in duobus aut pluribus nulla re differens ulla communitas? ibid. 56 5
quod dilucide docetur a politioribus physicis, singularum rerum singulas
proprietates esse.
115 Cicero Acad. Pr. II 37 (i. e. Antiochus contra ἀκαταληψίαν dis-
putans). nunc de adsensione atque adprobatione, quam Graeci συγκατά-
ϑεσιν vocant, pauca dicemus. — — nam cum vim, quae esset in sensibus, 10
explicabamus, simul illud aperiebatur, comprendi multa et percipi
sensibus, quod fieri sine adsensione non potest. deinde cum inter in-
animem et animal hoc maxime intersit, quod animal agit aliquid (nihil
enim agens ne cogitari quidem potest quale sit), aut ei sensus adimendus
est aut ea, quae est in nostra potestate sita, reddenda assensio. — 38 15
sed haec etiam sequuntur, nec memoriam sine adsensione posse con-
stare nec notitias rerum nec artes; idque quod maximum est, ut sit ali-
quid in nostra potestate, in eo, qui rei nulli adsentietur, non erit. Ubi
igitur virtus, si nihil situm est in ipsis nobis?
    116 Cicero Acad. Pr. II 24 (i. e. Antiochus contra ἀκαταληψίαν dis- 20
putans). Atque etiam illud perspicuum est, constitui necesse esse initium,
quod sapientia, cum quid agere incipiat sequatur, idque initium esse na-
turae accommodatum. Nam aliter adpetitio (eam enim volumus esse ὁρ-
μήν), qua ad agendum impellimur et id adpetimus, quod est visum, mo-
veri non potest. illud autem, quod movet, prius oportet videri 25
eique credi; quod fieri non potest, si id, quod visum erit, dis-
cerni non poterit a falso. quomodo autem moveri animus ad adpe-
tendum potest, si id, quod videtur, non percipitur accommodatumne na-
turae sit an alienum?
    Itemque si, quid officii sui sit, non occurrit animo, nihil unquam 30
omnino aget, ad nullam rem unquam impelletur, numquam movebitur.
Quodsi aliquid aliquando acturus est, necesse est id ei verum, quod oc-
currit videri.
    117 Cicero Acad. Pr. II 23 (i. e. Antiochus). Maxime vero virtu-
tum cognitio confirmat percipi et comprehendi multa posse. in 35
quibus solis inesse etiam scientiam dicimus, quam nos non comprehensio-
nem modo rerum, sed eam stabilem quoque et immutabilem esse cense-
mus, itemque sapientiam, artem vivendi, quae ipsa ex sese habeat con-
stantiam. Ea autem constantia si nihil habeat percepti et cogniti, quaero
unde nata sit aut quo modo. 40
    118 Sextus adv. math. VII 440. ἀλλ' εἰώϑασιν ἀνϑυποφέροντες οἱ δογ-
ματικοὶ ζητεῖν πῶς ποτε καὶ ὁ σκεπτικὸς τὸ μηδὲν εἶναι κριτήριον ἀποφαί-
νεται· ἤτοι γὰρ ἀκρίτως τοῦτο λέγει ἢ μετὰ κριτηρίου· καὶ εἰ μὲν ἀκρίτως,

---

4 in add. Lambin.   5 nulla Lambin.   7 singularum rerum singulas
proprietates = ἰδίως ποιά.   13 inter animum *libri optimi.*   36 eam scientiam
quoque *C. F. W. Müller.*   Ad scientiae definitionem cf n. 90 sq.   37 etiam
idem. ‖ quoque *om. idem.*   38 sapientiam itemque *transp. idem.* ‖ quae ap-
tam ex sese *idem.*

3*

ἄπιστος γενήσεται, εἰ δὲ μετὰ κριτηρίου, περιτραπήσεται καὶ λέγων μηδὲν
εἶναι κριτήριον ὁμολογήσει εἰς τὴν τούτου παράστασιν κριτήριον παραλαμ-
βάνειν.

πάλιν τε ἡμῶν συνερωτώντων „εἰ ἔστι κριτήριον, ἤτοι κέκριται ἢ ἄκ-
5 ριτόν ἐστι" καὶ δυοῖν θάτερον συναγόντων ἤτοι τὴν εἰς ἄπειρον ἔκπτωσιν ἢ
τὸ ἀτόπως ἑαυτοῦ τι κριτήριον εἶναι λέγεσθαι, ἀντιπαρεξάγοντές φασι μὴ
ἄτοπον ὑπάρχειν τὸ ἑαυτοῦ τι κριτήριον ἀπολείπειν. καὶ γὰρ ἑαυ-
τοῦ τὸ εὐθὺ καὶ ἄλλων ἐστὶ δοκιμαστικόν, καὶ ὁ ζυγὸς τῆς τε τῶν ἄλλων
ἰσότητος καὶ τῆς ἰδίας σταθμητικὸς ὑπῆρχεν, καὶ τὸ φῶς οὐ μόνον τῶν
10 ἄλλων ἀλλὰ καὶ ἑαυτοῦ ἐκκαλυπτικὸν φαίνεται, διόπερ καὶ τὸ κριτή-
ριον δύναται καὶ ἄλλων καὶ ἑαυτοῦ κριτήριον καθεστάναι.
119 Sextus adv. math. XI 162. ὅθεν καὶ καταφρονεῖν ἀναγκαῖον τῶν εἰς
ἀνενεργησίαν αὐτὸν (scil. τὸν σκεπτικόν) περικλείεσθαι νομιζόντων ἢ εἰς ἀπέμ-
φασιν· καὶ εἰς ἀνενεργησίαν μὲν ὅτι τοῦ βίου παντὸς ἐν αἱρέσεσι καὶ φυγαῖς
15 ὄντος ὁ μήτε αἱρούμενός τι μήτε φεύγων δυνάμει τὸν βίον ἀρνεῖται καί τινος
φυτοῦ τρόπον ἐπεῖχεν, εἰς ἀπέμφασιν δὲ ὅτι ὑπὸ τυράννῳ ποτὲ γενόμενος
καὶ τῶν ἀρρήτων τι ποιεῖν ἀναγκαζόμενος ἢ οὐχ ὑπομενεῖ τὸ προσταττόμε-
νον ἀλλ' ἑκούσιον ἑλεῖται θάνατον, ἢ φεύγων τὰς βασάνους ποιήσει τὸ κε-
λευόμενον, οὕτω τε οὐκέτι „ἀφυγὴς καὶ ἀναίρετος" ἔσται κατὰ τὸν Τίμωνα,
20 ἀλλὰ τὸ μὲν ἑλεῖται, τοῦ δ' ἀποστήσεται· ὅπερ ἦν τῶν μετὰ πείσματος κα-
τειληφότων τὸ φευκτόν τι εἶναι καὶ αἱρετόν. ταῦτα δὴ λέγοντες οὐ συ-
νιᾶσιν etc.
120 Galenus adv. Iulianum 5. Vol. XVIII A p. 268 K. εἰ μή τις τὴν
διαφωνίαν ἱκανὸν οἴεται μάρτυρα εἶναι τῆς ἀγνοίας τοῦ δόγματος, ἐξαίφνης
25 ἀπορητικός τις ἀντὶ Στωϊκοῦ γεγονώς. εἰ γὰρ δὴ τούτῳ πέπεισαι τῷ λόγῳ,
φάσκοντι μηδὲν τῶν διαπεφωνημένων πᾶσι τοῖς φιλοσόφοις εἰς γνῶσιν ἀν-
θρωπίνην ἀφικέσθαι δύνασθαι etc.
121 Clemens Al. Stromat. VIII 5 (II p. 923 Pott.). Πρὸς τοὺς Πυρ-
ρωνείους. Εἰ ⟨μέν⟩ φησιν ἡ ἐποχὴ βέβαιον εἶναι μηδέν, δῆλον ὅτι ἀφ'
30 ἑαυτῆς ἀρξαμένη πρῶτον ἀκυρώσει ἑαυτήν. ἢ τοίνυν δίδωσιν ἀληθές τι
εἶναι καὶ οὐ περὶ πάντων ἐφεκτέον,ἢ ἐνίσταται μηδὲν εἶναι ἀληθὲς λέγουσα
καὶ δῆλον ὅτι οὐδ' αὐτὴ πρότερον ἀληθεύσει. ἤτοι γὰρ αὐτὴ ἀληθεύει ἢ
οὐκ ἀληθεύει. ἀλλ' εἰ μὲν ἀληθεύει, δίδωσιν ἄκουσά τι εἶναι ἀληθές. εἰ
δὲ μὴ ἀληθεύει, ἀληθῆ ἀπολείπει ἅπερ ἀνελεῖν ἐβούλετο. ἐν ᾧ γὰρ ψευδὴς
35 δείκνυται ἡ ἀναιροῦσα ἐποχή, ἐν τούτῳ τὰ ἀναιρούμενα ἀληθῆ δείκνυται, ὡς
ὁ ὄνειρος ὁ λέγων ψευδεῖς εἶναι πάντας τοὺς ὀνείρους. αὐτῆς γὰρ ἀναι-
ρετικὴ οὖσα τῶν ἄλλων γίνεται κυρωτική. καὶ ὅλως εἰ ἔστιν ἀληθής, ἀφ'
ἑαυτῆς ποιήσεται τὴν ἀρχήν, οὐκ ἄλλου τινὸς οὖσα ἐποχή, ἀλλ' ἑαυτῆς πρῶ-
τον. ἔπειτα εἰ καταλαμβάνει τις ὅτι ἄνθρωπός ἐστιν ἢ ὅτι ἐπέχει, δῆλός ἐστι
40 μὴ ἐπέχων. πῶς δ' ἂν καὶ τὴν ἀρχὴν εἰς τὴν ἀμφισβήτησιν ἀφίκετο περὶ

---

6 ἑαυτοῦ τι Bk, αὐτοὺς τὸ libri.   7 ἑαυτοῦ Bk., ἐξ αὐτοῦ libri. ‖ καὶ γὰρ
ἑαυτοῦ τὸ Bk., τὸ γὰρ ἑαυτοῦ libri.   ‖ ζυγὸς Bk., λόγος libri.   10 Agnoscitur
Chrysippus. Cf. n. 54.   12 Stoici haec sunt contra Pyrrboneos disputantis.
14 αἱρέσεσι Bk., αἱρέσει libri.   16 τρόπον libri, malim τόπον.   20 ὀπειληφότων
coni. Bk.   25 Scil. Stoici pugnabant contra Scepticorum argumenta e dissen-
sione philosophorum ducta.   29 εἰ μέν φησιν scripsi, εἴη φασὶν vulgo.
36 αὐτῆς Sylb., αὐτοῦ vulgo.   37 κυριωτική vulgo.   39 καταλαμβάνει τις
scripsi, καταλαμβάνεται vulgo.   40 ἐπέχων scripsi, ἐπέχειν vulgo.

πάντων ἐπέχων· πῶς δ᾽ ἂν καὶ ἀπεκρίνετο πρὸς τὸ ἐρωτηθέν; περὶ
γὰρ αὐτοῦ τούτου δῆλός ἐστιν οὐκ ἐπέχων· καὶ μὴν καὶ ἀποφαίνεται ὅτι
ἐπέχει. ὃ καὶ εἰ δεῖ πειθόμενον αὐτοῖς περὶ πάντων ἐπέχειν, περὶ αὐτῆς
πρότερον τῆς ἐποχῆς ἐφέξομεν, εἴτε πειστέον αὐτῇ εἴτε καὶ μή. ἔτι εἰ τοῦτο
αὐτό ἐστι τὸ ἀληθὲς τὸ μὴ εἰδέναι τὸ ἀληθές, οὐδὲ τὴν ἀρχὴν ἀληθές τι 5
παρ᾽ ἐκείνου δίδοται. εἰ δὲ καὶ τοῦτο ἀμφισβητήσιμον ἐρεῖ, τὸ ἀγνοεῖν τἀ-
ληθές, ἐν αὐτῷ τούτῳ δίδωσιν εἶναι τὸ ἀληθὲς γνώριμον, ἐν ᾧ τὴν περὶ
αὐτοῦ ἐποχὴν φαίνεται μὴ βεβαιῶν. εἰ δὲ αἵρεσίς ἐστι πρόσκλισις δογμά-
των ἤ, ὥς τινες, πρόσκλισις δόγμασι πολλοῖς ἀκολουθίαν πρὸς ἄλληλα καὶ
τὰ φαινόμενα περιέχουσι, πρὸς τὸ εὖ ζῆν συντείνουσα· καὶ τὸ μὲν δόγμα 10
ἐστὶ κατάληψίς τις λογική· κατάληψις δὲ ἕξις καὶ συγκατάθεσις τῆς διανοίας
⟨οὐκ ἂν εἴη αἵρεσις ἡ τῶν ἐφεκτικῶν. καίτοι⟩ οὐ μόνον οἱ ἐφεκτικοί, ἀλλὰ
καὶ πᾶς δογματικὸς ἔν τισιν ἐπέχειν εἴωθεν, ἤτοι παρὰ γνώμης ἀσθένειαν
ἢ παρὰ πραγμάτων ἀσάφειαν ἢ παρὰ τὴν τῶν λόγων ἰσοσθένειαν.

---

1 verba πῶς δ᾽ ἂν—ἐπέχων e libro Paris. addit Potter in adnotatione.
2 καὶ scripsi, ναὶ vulgo. 5 οὐδὲ] scribendum: εὐθύς. 10 περιέχουσι Potter
in adn., περιέχουσα vulgo. 12 verba οὐκ ἂν — καίτοι supplevi.

Caput II.
Dialectica.

122 Diocles Magnes apud Diog. Laërt. VII 62. διαλεκτικὴ δέ
ἐστιν, ὥς φησι Ποσειδώνιος, ἐπιστήμη ἀληθῶν καὶ ψευδῶν καὶ οὐδε-
5 τέρων· τυγχάνει δὲ αὕτη, ὡς ὁ Χρύσιππός φησι, περὶ σημαίνοντα
καὶ σημαινόμενα. **123** Sextus adv. math. XI 187. καὶ αὐτοὶ δὲ (scil. Stoici) τὴν διαλεκ-
τικὴν ἔφασαν ἐπιστήμην ἀληθῶν τε καὶ ψευδῶν καὶ οὐδετέρων.
124 Alexander in Aristot. Top. p. 3 Ald. p. 1, 8 Wal. ἡμᾶς δὲ καλῶς
10 ἔχει προειδέναι ὅτι τὸ τῆς διαλεκτικῆς ὄνομα οὐκ ἐπὶ τὸ αὐτὸ σημαινόμενον
πάντες οἱ φιλόσοφοι φέρουσιν, ἀλλ᾽ οἱ μὲν ἀπὸ τῆς Στοᾶς ὁριζόμενοι τὴν
διαλεκτικὴν ἐπιστήμην τοῦ εὖ λέγειν, τὸ δὲ εὖ λέγειν ἐν τῷ τὰ ἀληθῆ
καὶ τὰ προσήκοντα λέγειν εἶναι τιθέμενοι, τοῦτο δὲ ἴδιον ἡγούμενοι τοῦ φι-
λοσόφου κατὰ τῆς τελειοτάτης φιλοσοφίας φέρουσιν αὐτό· καὶ διὰ τοῦτο μό-
15 νος ὁ σοφὸς κατ᾽ αὐτοὺς διαλεκτικός.
125 Philodemus de rhetorica Vol. I 10 Sudhaus. ἄ|ξιόν τε ἐπιστῆσαι
| μήποτε οὐκ ἀπ(ί)θα(να) | λέγη(ιτ)ις ὥσπ(ερ τ)ὴν | διαλεκτικὴν τέ|χνην
ὑπάρχειν, οὐ(μ)ὴ(ν) | ἀπεργάζεσθαί τι κα|θ᾽ ἑαυτὴν, εἰ μὴ τοῖ(ς) | ἠθι-
κοῖς καὶ φ(υ)σικο(ῖς) | συνδεθείη λόγ(οι)ς, ὅ(ν) | τρόπον καὶ τῶ(ν) Στω- |
20 ικῶν ἔνιοι δι(ε)λαβον· | οὕτω καὶ τὴν ῥητο|ρικὴν etc.
126 Plutarchus de Stoic. repugn. cp. 24 p. 1045f. Ἐν τῷ τρίτῳ
περὶ τῆς Διαλεκτικῆς ὑπειπὼν ὅτι „Πλάτων ἐσπούδασε περὶ
τὴν Διαλεκτικὴν καὶ ᾽Αριστοτέλης καὶ ⟨οἱ⟩ ἀπὸ τούτων ἄχρι
Πολέμωνος καὶ Στράτωνος, μάλιστα δὲ Σωκράτης" καὶ ἐπιφω-
25 νήσας ὅτι „καὶ συνεξαμαρτάνειν ἄν τις ἐθελήσειε τούτοις το-
σούτοις καὶ τοιούτοις οὖσιν" ἐπιφέρει κατὰ λέξιν· „Εἰ μὲν γὰρ
ἐκ παρέργου περὶ αὐτῶν εἰρήκεσαν, τάχ᾽ ἄν τις διέσυρε τὸν
τόπον τοῦτον· οὕτω δ᾽ αὐτῶν ἐπιμελῶς εἰρηκότων ὡς ἐν
ταῖς μεγίσταις δυνάμεσι καὶ ἀναγκαιοτάταις αὐτῆς οὔσης, οὐ
30 πιθανὸν ἐπὶ τοσοῦτον διαμαρτάνειν αὐτοὺς ἐν τοῖς ὅλοις ὄν-
τας οἵους ὑπονοοῦμεν."
127 Plutarchus de Stoic. repugn. cp. 10 p. 1035f. Τὸ πρὸς τὰ
ἐναντία διαλέγεσθαι καθόλου μὲν οὔ φησιν ἀποδοκιμάζειν, χρῆσθαι δὲ

---

1 Catalogus logicorum Chrysippi librorum n. 13 habet τόπον περὶ τὰ πρά-
γματα (= σημαινόμενα) et τόπον περὶ τὰς λέξεις καὶ τὸν κατ᾽ αὐτὰς λόγον (= ση-
μαίνοντα). Cf. Seneca ep. 89, 17. — verba ὡς ὁ Χρύσιππός φησι om. F.
23 οἱ add. Wil.

τούτψ παραινεῖ μετ' εὐλαβείας, ὥσπερ ἐν τοῖc δικαστηρίοιc, μὴ μετὰ
cυνηγορίαc, ἀλλὰ διαλύονταc αὐτῶν τὸ πιθανὸν „Τοῖc μὲν γὰρ
ἐποχὴν ἄγουcι περὶ πάντων, ἐπιβάλλει, φηcί, τοῦτο ποιεῖν,
καὶ cυνεργόν ἐcτι πρὸc ὃ βούλονται· τοῖc δ' ἐπιcτήμην ἐνερ-
γαζομένοιc, καθ' ἥν ὁμολογουμένωc βιωcόμεθα, τὰ ἐναντία, 5
cτοιχειοῦν καὶ καταcτοιχίζειν τοὺc εἰcαγομένουc ἀπ' ἀρχῆc
μέχρι τέλουc· ἐφ' ὧν καιρόc ἐcτι μνηcθῆναι καὶ τῶν ἐναντίων
λόγων, διαλύονταc αὐτῶν τὸ πιθανόν, καθάπερ καὶ ἐν τοῖc
δικαστηρίοιc." Ταυτὶ γὰρ αὐταῖc λέξεcιν εἴρηκεν.
128 Plutarchus de Stoic. repugn. cp. 10 p. 1037b. Ἐν μὲν ταῖc 10
Φυcικαῖc Θέcεcι ταῦτα γέγραφεν· „Ἔcται δὲ καὶ καταλαμβάνον-
τάc τι, πρὸc τὰ ἐναντία ἐπιχειρεῖν, τὴν ἐνοῦcαν cυνηγορίαν
ποιουμένουc· ποτὲ δ' οὐδέτερον καταλαμβάνονταc εἰc ἑκάτε-
ρον τὰ ὄντα λέγειν."
129 Plutarchus de Stoic. repugn. cp. 10 p. 1037b. Ἐν δὲ τῷ 15
περὶ τῆc τοῦ Λόγου Χρήcεωc εἰπών, ὡc οὐ δεῖ τῇ τοῦ λόγου
δυνάμει πρὸc τὰ μὴ ἐπιβάλλοντα χρῆcθαι, καθάπερ οὐδὲ ὅπλοιc, ταῦτ'
ἐπείρηκε· „Πρὸc μὲν γὰρ τὴν τῶν ἀληθῶν εὕρεcιν δεῖ χρῆcθαι
αὐτῇ, καὶ πρὸc τὴν τούτων cυγγένειαν, εἰc τἀναντία δ' οὔ, πολ-
λῶν ποιούντων τοῦτο." πολλοὺc [δὲ] λέγων ἴcωc τοὺc ἐπέχονταc. 20
130 Diogenes Laërt. VII 46. αὐτὴν δὲ τὴν διαλεκτικὴν ἀναγκαίαν
εἶναι καὶ ἀρετὴν ἐν εἴδει περιέχουσαν ἀρετάς· τήν τε ἀπροπτωσίαν ἐπιστήμην
τοῦ πότε δεῖ συγκατατίθεσθαι καὶ μή· τήν τε ἀνεικαιότητα ἰσχυρὸν λόγον
πρὸς τὸ εἰκός, ὥστε μὴ ἐνδιδόναι αὐτῷ· τήν τε ἀνελεγξίαν ἰσχὺν ἐν λόγῳ,
ὥστε μὴ ἀπάγεσθαι ὑπ' αὐτοῦ εἰς τὸ ἀντικείμενον· τήν τε ἀματαιότητα 25
ἕξιν ἀναφέρουσαν τὰς φαντασίας ἐπὶ τὸν ὀρθὸν λόγον. αὐτήν τε τὴν ἐπι-
στήμην φασὶν ἢ κατάληψιν ἀσφαλῆ ἢ ἕξιν ἐν φαντασιῶν προσδέξει ἀμε-
τάπτωτον ὑπὸ λόγου. οὐκ ἄνευ δὲ τῆς διαλεκτικῆς θεωρίας τὸν σοφὸν ἄπ-
τωτον ἔσεσθαι ἐν λόγῳ· τό τε γὰρ ἀληθὲς καὶ τὸ ψεῦδος διαγινώσκεσθαι
ὑπ' αὐτῆς καὶ τὸ πιθανὸν τό τε ἀμφιβόλως λεγόμενον διευκρινεῖσθαι· χωρίς 30
τε αὐτῆς οὐκ εἶναι ὁδῷ ἐρωτᾶν καὶ ἀποκρίνεσθαι. διατείνειν δὲ τὴν ἐν ταῖς
ἀποφάνσεσι προπέτειαν καὶ ἐπὶ τὰ γινόμενα, ὥστε εἰς ἀκοσμίαν καὶ εἰκαιό-
τητα τρέπεσθαι τοὺς ἀγυμνάστους ἔχονταc τὰς φαντασίας. οὐκ ἄλλως τε
ὀξὺν καὶ ἀγχίνουν καὶ τὸ ὅλον δεινὸν ἐν λόγοις φανήσεσθαι τὸν σοφόν·
τοῦ γὰρ αὐτοῦ εἶναι ὀρθῶς διαλέγεσθαι καὶ διαλογίζεσθαι καὶ τοῦ αὐτοῦ 35
πρός τε τὰ προκείμενα διαλεχθῆναι καὶ πρὸς τὸ ἐρωτώμενον ἀποκρίνασθαι,
ἅπερ ἐμπείρου διαλεκτικῆς ἀνδρὸς εἶναι.
Cf. VII 83. καὶ τοιοῦτοι μὲν ἐν τοῖς λογικοῖς οἱ Στωϊκοί, ἵνα
μάλιστα κρατύνωσι διαλεκτικὸν μόνον εἶναι τὸν σοφόν. πάντα γὰρ τὰ

---

5 ἐναντία libri, δόγματα Re. ἀναγκαῖα Wy. vix necessarium. — Ad librum
περὶ λόγου χρήσεως videtur hoc fragmentum pertinere. 20 δὲ del. Wil. 23 24
25 τε scripsi ter, δὲ libri. 27 ἐκ φαντασιῶν πρὸς λέξιν F. 32 ἀποφάνσεσι
scripsi, ἀποφάσεσι libri. 36 προσκείμενα Β λεγόμενα F. ‖ διαδεχθῆναι Β. ‖
ἀποκρίνεσθαι Β. 37 ἐμπείρου καὶ F. 38 τὰ pro ἵνα Β. 39 κρατύνων Β.
‖ μόνον ἀεὶ P μόνον ante ἀεὶ suppl. Β² εἶναι ἀεὶ (om. μόνον) F. ‖ τὰ om. P.

πράγματα διὰ τῆς ἐν λόγοις θεωρίας ὁρᾶσθαι, ὅσα τε τοῦ φυσικοῦ τόπου τυγχάνει καὶ αὖ πάλιν ὅσα τοῦ ἠθικοῦ (εἰς μὲν γὰρ τὸ λογικὸν τί δεῖ λέγειν;) περί τε ὀνομάτων ὀρθότητος ὅπως διέταξαν οἱ νόμοι ἐπὶ τοῖς ἔργοις οὐκ ἂν ἔχειν εἰπεῖν· δυοῖν δὲ οὔσαιν συνηθείαιν ταῖν ὑποπιπτούσαιν τῇ ἀρε-
5 τῇ, ἡ μὲν τί ἕκαστον ἔστι τῶν ὄντων σκοπεῖ, ἡ δὲ τί καλεῖται.

131 Papyrus 1020 (Hercul. Vol. Coll. alt. X 112—177. Hermes XXV p. 473 sq.). [Col. IV n = Ox Nd] ὅ(τ)ι τὴν (ἀ)προπτωσί(αν) | τιμῶμ(ε)ν καὶ τὴν (ἀνει)|καιότ(η)τα, πρὸς δὲ | τὰς ἐναντίας δι(α)βε | βλήμεθα ὀρθῶ(ς). ἐσ|τὶ δ' ἡ μ(ὲ)ν ἀπροπτω|σία διάθε(σ)ις ἀσυνκα |
10 τάθετος πρὸ καταλή|ψεως, συνκαταθετι|κὴν κατὰ νερ . . \ . . αι | φαντασίᾳ κατα(λ)η|πτῶι, ἰσχύουσα τ' ἐν | φαντασίαις καὶ ἄνει|κτον παρεχο(μ)έν(η) | ταῖς μὴ καταλη|πτικαῖς. Δεῖ γὰρ | τὸν ἀπρόπτω.
τον | ἀ(ν)έλ(κ)υστόν τε εἶ|ναι ὑπὸ φαντασίας | ἀκαταλήπτου καὶ | ἰσχύειν ἐν ταῖς φαν|τασίαις, ὥστε μὴ ἔλ|κεσθαι ἀπὸ φαντα|σι(ῶν)
15 ἀκαταλήπτων | καὶ κρατεῖν τῶν | συνκαταθέσεων ὥσ|τε μηελ . εσυ . η μὴ | ἀ(κο)λουθ(εῖν) φαν(τασίαις.

[Frgm. I n = Ox La] πρό(τερον) τοὺ(ς τ)οιού|(τ)ους, (οὐ)δέν (ἐ)στι πρὸ(ς | τὸ) μὴ (ὑπαρκ)τοὺς εἶνα(ι | τοὺ)ς (ἀστείο)υς, ἀδυνά|του (μὲν οὐκ) οἶμ(αι τυγχάνον)|τος αὐ(το)ῦ, δυσκαταπο|νήτο(υ δ' ἄκρ)ως
20 καθάπερ | κα(ὶ δυσαπο)σείστου· οὕ|τω (δ' εἴρηται) ὅτι τῆς (ἀρε|τῆς ἱδρῶτα θεοὶ) | π(ροπά)ρο(ιθ)εν (ἔθ)ηκαν. | (Τῶι) δὲ μὴ (δ)οξάζειν | τὸ(ν σο)φὸ(ν πλείω) ἀκο|λο(υθε)ῖν (φαμε)ν τοι|αῦτ(α· πρ)ῶ(το)ν μὲν τὸ | μὴ δοκε(ῖν) αὐ(τ)ῷ μη|δέν· ἡ γὰρ δόκη(σί)ς ἐσ|(τιν δό)ξ(α ἀ)κατάλ(ηπ)|τ(ος· καὶ) τὸ μηδ' οἴεσ|θαι (αὐ)τὸν μηδέν· καὶ | (γὰρ ἡ) οἴη-
25 (σί)ς ἐστιν αὐτὴ | (δ)όξα ἀδια . . τος μᾶλ(λ)ον (δ)όκησις μι . . . . . | (λ)έ(γ)εται δὲ τ.

[Frgm. II n = Ox Lb] (μήτε) | (ἐ)ξ(ε)λέγχεσθ(αι σπου)|δ(αί)ων εἶν(αι . . μή)|τε μεταπε(ισθῆναι), | κατὰ ταὐτὰ δ' οὐ(δὲ) | ἐ(ξ)αλλάττειν α(ὐ)τ(ό)ν, | οὐδεὶς οὔτε πα(ρ)ακούσε|ται οὔτε παρανο(ήσει·) δε(ῖ | γὰρ)
30 μὴ παραδ(έχεσθαι αὐ|τὸ)ν ψευδῆ . . . . | . . τα . . νιαν, ἔτι (δ' ἀ)|κολούθως τούτο(ις οὔ)|τ' αὐτὸς παρα(ρι)θμ(εῖ | ο(ὔθ') ὑπ' ἄλλου[ς] παρ(α)ρι|θμεῖται· καὶ πρὸς το(ύ)|τοις οὔτε παροραῖ οὔτε | (παρ)ακούει οὔτε (κατ' ἄλ)|λο τῶν αἰσθ(η)τηρί(ων . . | . . ε(ικ)ατ . . . σ . τα . . . . | (δεῖ γὰ)ρ τὸν παρορῶ(ν)|τα, (κα)τὰ τὴν ὄψιν (λαμ|β(άν)οντα φαν-

1 τόπου Meib., τύπου libri.   4 fortasse: εἰ μὲν γὰρ τὸν λογικόν τι δεῖ λέγειν περὶ [τε] ὀνομάτων ὀρθότητος, πῶς τὰ κατ' ἀξίαν ὀνόματα ἐπὶ τοῖς ἔργοις οὐκ ἂν ἔχοι εἰπεῖν; ‖ οὔσαν συνήθειαν B. ‖ τε pro ταῖν BP.   10 fortasse: συνκαταθετικὴ δὲ κατὰ περίπτωσιν.   11 ἰσχύουσαι pap. ‖ ανει|κτον pap., fort. ἄνελκτον.   15 ci . c . ικκαταληπτων pap.   18 αδυναδ|του ο ἀδύναι|τον n.   19 ατ . . υ ο. ‖ κα . . νθ . . . ως n.   21 versum Hesiodi restituit Brinkmann.   22 (φαμεν)] σον n.   23 δοςη . . c o.   24 τε pap. ‖ οιεισθαι ο.   25 οιποις ο, ωπ . . ς n.   30 . . . Δ . μεν n; fort. φαντασμόν.   31 τουτε pap.   34 διτα . τον n.

τα(σίαν) | ψευδῆ, ταύτην πα(ρα)|δ(έχ)εσ(θαι) κ...ο... | θ..ικα
...ἀ)νε|ξαπάτητ(ον) οὐδενὸς | cν..c....ονκ...

Frgm. IIIn = Ox Lc] τά(ξ)ιν......ιν.ε|cιν..........ιλει |
γὰρ............. | αὐτοῖς κατὰ τὰ πλc..|. εις κα(ὶ) πολλὰς (τῶν)
τεχνῶν οὐχ ἕξουσιν | καὶ εἰσαχθήσονται εἰς | ταύτας· παρορᾶν δ(ὲ) 5
αὐ|τοὺς ἢ (ἀ)τέχνους εἶναι | οὐ (ῥ)ητέον λ..τὰς εἰ|ρ(ημέ)νας, οἱ τὰς
....|τ........εκει....|οὐ(δὲ)ν...ἀ)λλα....|να..τ......ο
.ο...| προσυσι.........|desunt duo versus |....νι........|
α..ους.........,. | ν..αυ........(ἡ)|μὲν γὰρ μ(εταπτωτική
ἐσ)|τιν δ(ό)ξα.........|τικαι..σ.........|ἀδύ(νατον) οὐδέ....|10
. υ......ος.....|totus versus deest |..ψ.....
[Ox Ld, deest in n] δε.....ἀ)κολο(υθέ)ῖ μη|δὲν ἀγνοεῖν τὸν
σο|φὸν· ἀ(φ' ὧ)ν καὶ (τοιαῦ)τα | παραπλ(ήσ)ια ἔσται· με|τὰ δὲ τ(ῶν
προ(ειρ)ημ(έ)|νων τὰ (μὲν) ὄντα φαῦ|λα οὐκ ἔ(στ)α(ι) περὶ τὸν φρ(ό)-
νιμον, τ(ὰ) δὲ ἀναμέσον, | διὰ τὸ μὴ γίνε(σ)θαι ταῦ|τα ἐν τοῖς λογι- 15
κοῖς ἄ|νευ ἀμαρτημάτων. | ἡ μὲν γὰρ ὑπόν(ο)ια καὶ | ἡ ἄγ(ν)οι(α) κα(ὶ)
ἡ ἀ(πισ)τία | καὶ τὰ παρα(πλήσ)ια φαῦ|(λ)ά ἐστι(ν, ἡ) δ' (ἀτεχ)νία
(καὶ ἡ) παρό(ρα)σις καὶ πα|ραρίθ(μη)σι(ς τῶν) ἀνα|μέσον ...α....τ
..αι |..εια παραρειθμ(ῆ)σαι |..εχ..αι τ......παι...|....ε...ι
....τα....|.α...ωσθ..αι τοῦ ψεύ|(δους)..α.........|κα(ὶ 20
παν)τὸς φ(αύ)λου· διὰ (τοῦ)|το καὶ λε.πα..σι.τοῖς | τοιούτ(οι)ς
....τατοις |........ον......οις ...|........αυ....διαφορα.|
[Col. In = Ox Ma] να· τούτοις δὲ ὡ(ς φ)α(σὶν) | ἀκολ(ο)υθεῖ καὶ
τὸ τοὺς | (σ)οφο(ὺς) ἀνεξα(π)ατή|τους εἶναι καὶ ἀναμαρ|τήτους κατ'
Ἀρι(στ)οτέλην (κ)αὶ πάντα πρά(τ)τειν | εὖ· διὸ καὶ περὶ (τὰς σ)υν|- 25
(κα)ταθέσεις ὅπως γίνον|ται μὴ ἄλλως, ἀλλὰ με|τὰ καταλήψεως πλεί|ω
γέγονεν ἐ(π)ι(στ)ρο|φή. πρῶτον μὲν γὰρ ἐσ|τιν (ἡ)φιλοσοφία, εἴτε
ἐ(πι)|τήδευ(σι)ς λόγου ὀρ(θό)|τητ(ος (εἴτ') ἐπιστήμ(η), | ἡ (αὐτὴ τῆ)
περὶ λόγον | π(ραγμ)ατείαι· κ(αὶ γὰρ) | ἐν(τὸ)ς ὄντες τῶν (τοῦ) | λό-
γου μορίων καὶ τῆς | (συ)ν(τάξεως αὐ)τῶν χρ(η)|(σ)όμ(ε)θα ἐμπ(ε)ί- 30
(ρως αὐ)|τῶ· λό(γ)ον δὲ (λέ)γω τὸν | κα(τὰ φύσ)ιν π(ᾶσ)ι (τοῖς) |
λογικοῖς ὑπάρχοντα· ε(ὶ δ') ἡ διαλεκτ(ική) ἐσ(τιν) | ἐπιστ(ή)μ(η) τοῦ
ὀ(ρ)θῶ(ς | δι)αλέγεσ(θ)αι καθ' ἡ(μᾶς?
[Col. IIn = Ox Mb] (ἀ)ποκ(ρ)ίσει (πι)θαν(ὸ)ν | τοῦτον δεινὸν εἶ-
ναι· | (κ)αὶ τὸν ἐν ἐ(ρ)ωτ(ή)σει | (κ)αὶ ἀποκ(ρ)ίσει δεινὸν | μ(ή)τε 35
π(ερι)γίνεσθαι | δυνατὸν εἶναι μήτε | διαφεύ(γ)ειν, τὸν δ' οἷον | ὄντα

---

12 δεναιαισειν pap. 16 αμαοτηλεχτων pap. || —υτοι.ιν pap. || ηκα.ει.
17 .αιστι pap. || ...ονια pap. 19 και pap. 25 κατ' Ἀρι(στ)οτέλην testatur
Crönert Herm. 36, 550. 27 οιτε n. 28 τηδον..ς pap. || οϙτ..ο, ο.τον n.
29 τα περιλογεια n. || εντος εντες n, εν..ς εντες ο. 32 ΛΙΜΕΙϹΤ...ο,
..ΜΕΝΤ n. 36 δειον ο, δε.ιον n.

ἐξαπατᾶσθαι | καὶ περιγενέσθα(ι εἶν)αι | καὶ διαφεύγειν· ιc ἱκα|νὸν
μὲν δεῖ αὐτὸν | εἶναι ἐν τῶι διαλέ|γεσθαι, τὸν δ' ἱκανὸν | ἐν τῷ δ(ι)α-
λέγεσθαι | ἐπακ(τέον εἶ)ναι κα(ὶ) | εὐερωτητικὸν καὶ (εὐ)|αποκριτικόν,
οὔ(τ)ε | τούτω(ν) ἐσομένων | κατὰ τὸν ἐ(ξαπ)α(τώ)|μ(ε)νον οὔτ' ἂν
5 αὐτοῦ) | ψευδέσι καὶ προ(πετέ|σι λόγοις ὀρθῶς ἀποκρι)|νομένου, εἴ
τινα τρι|βὴν μὲν ἐν λόγωι | προσῆκεν αὐτὸν (ἔχειν), | ἡ δ' ἕως τῶν
ἐλαχίσ|των θεωρητι(κὴ.)ν — —

  [Col. IIIn = Ox Mc] κατὰ τὸν ἐξαπ(α) | τώμενον, οὔτε (ἄλ)λου |
ἄν, ὅσον δε ἱκανὸν | ἐν τῶι διαλ(έ)γεσθα(ι ἀν|τ)ι λέγοντος, δυνατοῦ
10 | ὄντος περιγε(νέσ)θαι | οὔτε τ(η)ρῆσαι α(ὐτ)ὸν | ἀπεριγένητον.
καὶ | γὰρ ἀληθὲς λέγων | αὐτῶν ἀντερεῖ καὶ | ψευδὲς λέ(γ)ουσιν αὐ|
τοῖς ἐπιπορεύσοντα(ι)· (τ)υγχάνουσι δὲ καὶ | ἀνεξέ(λ)εκτοι ὄντες | οἱ
ἀ(γ)αθοὶ καὶ καταλ(η)|πτικοὶ ὄντες ἀ(ξι)ω|μάτων αὐτά(ρκ)ως | προσ-
ελέγχον(τές τε τ)ὸν ἀφαιρούμενον λό|γον καὶ ἰσχύον(τες) | (πρ)ὸς
15 τοῦ(ς ἐ)ν(αντί)ους· | δεῖ γὰρ αὐτοὺς καὶ ἀ|κινήτους εἶναι (ὑ)π'
ἐ|λέγχο(υ) καὶ συνκ(α)τ(α) | συνκατατίθεσθαι | πεφραγμένως πρὸς |
τοὺς ἐ(ναντί)ους — —

  132 Sextus adv. math. VII 38. τὴν δὲ ἀλήθειαν οἴονταί τινες καὶ μά-
λιστα οἱ ἀπὸ τῆς Στοᾶς διαφέρειν τἀληθοῦς κατὰ τρεῖς τρόπους, οὐσίᾳ τε
20 καὶ συστάσει καὶ δυνάμει· οὐσίᾳ μὲν παρόσον ἡ μὲν ἀλήθεια σῶμά ἐστι,
τὸ δὲ ἀληθὲς ἀσώματον ὑπῆρχεν. καὶ εἰκότως, φασίν, τουτὶ μὲν γὰρ
ἀξίωμά ἐστι· τὸ δὲ ἀξίωμα λεκτόν· τὸ δὲ λεκτὸν ἀσώματον. ἀνάπαλιν δὲ
ἡ ἀλήθεια σῶμά ἐστι παρόσον ἐπιστήμη πάντων ἀληθῶν ἀποφαν-
τικὴ δοκεῖ τυγχάνειν, πᾶσα δὲ ἐπιστήμη πῶς ἔχον ἐστὶν ἡγεμονικόν,
25 ὥσπερ καὶ ἡ πῶς ἔχουσα χεὶρ πυγμὴ νοεῖται· τὸ δὲ ἡγεμονικὸν σῶμα κατὰ
τούτους ὑπῆρχεν· τοίνυν καὶ ἡ ἀλήθεια κατὰ γένος ἔσται σωματική. —
συστάσει δὲ καθόσον τὸ μὲν ἀληθὲς ὡς μονοειδές τι καὶ ἁπλοῦν τὴν φύσιν
νενόηται — — ἡ δὲ ἀλήθεια ὡς ἂν ἐπιστήμη καθεστηκυῖα τοὐναντίον συ-
στηματική τε καὶ πλειόνων ἄθροισμα τυγχάνειν ὑπείληπται. — — 42. δυ-
30 νάμει δὲ ταῦτα ἀλλήλων κεχώρισται, ἐπεὶ τὸ μὲν ἀληθὲς οὐ πάντως ἐπιστή-
μης εἴχετο (καὶ γὰρ ὁ φαῦλος καὶ ὁ νήπιος καὶ ὁ μεμηνὼς λέγει μὲν ποτέ
τι ἀληθές, οὐκ ἔχει δὲ ἐπιστήμην ἀληθοῦς) ἡ δὲ ἀλήθεια κατ' ἐπιστήμην
θεωρεῖται. ὅθεν καὶ ὁ ἔχων ταύτην σοφός ἐστιν (ἐπιστήμην γὰρ εἶχεν ἀλη-
θῶν)· καὶ οὔποτε ψεύδεται, κἂν ψεῦδος λέγῃ, διὰ τὸ μὴ ἀπὸ κακῆς, ἀλλ'
35 ἀπὸ ἀστείας αὐτὸ διαθέσεως προφέρεσθαι. — 44. ὧδε καὶ ὁ σοφός, τουτέ-
στιν ὁ τὴν τοῦ ἀληθοῦς ἐπιστήμην ἔχων, ἐρεῖ μέν ποτε ψεῦδος, ψεύσεται
δὲ οὐδέποτε διὰ τὸ μὴ ἔχειν τὴν γνώμην ψεύδει συγκατατιθεμένην. — 45.
τὸ ψεῦδος λέγειν τοῦ ψεύδεσθαι κατὰ πολὺ διενήνοχεν, ᾗ τὸ μὲν ἀπὸ ἀστείας
γίνεται γνώμης, τὸ δὲ ψεύδεσθαι ἀπὸ πονηρᾶς.

40 **133** Alexander in Aristot. Metaphys. p. 258, 4 Bon. 301, 17 Hayd. τὸ

---

3 ἐπακτέον restituit Brinckmann.   4 ἐξαπατώμενον rest. idem.   5 ψευ-
δοσι pap.   6 προσῆκεν pap.; cf. Crönert Herm. 36, 549. || ηθεως pap.   7 θεω-
ρητικῶν n.   8 οντε τι ου pap.   9 ὅσον scripsi, γον pap. || ἱκανὸν n, ικαν-
θαι ο.   11 ψευδει pap.   12 επιπεσ . . σονται n επιτεσισησονται ο.   15 δεπαρ ο.
16 easdem syllabas scriba per errorem bis exaravit.   38 exspectamus: ⟨καὶ⟩ ἀπὸ.

δὴ μὴ ἡγεῖσθαι μᾶλλον ἄλλο ἄλλου διαψεύδεσθαι, ὃ δοκεῖ τοῖς ἀπὸ τῆς Στοᾶς, ψεῦδός τε καὶ παρὰ τὰ φαινόμενα.
134 Cicero Orator 32, 115. *Ergo eum censeo, qui eloquentiae laude ducatur, non esse earum rerum (scil. logicae) omnino rudem, sed vel illa antiqua vel hac Chrysippi disciplina institutus, noverit primum* 5 *vim, naturam, genera verborum, et simplicium et copulatorum: deinde quot modis quidque dicatur: qua ratione verum falsumne sit iudicetur: quid efficiatur e quoque, quid cuique consequens sit, quidque contrarium: quumque ambigue multa dicantur, quomodo quidque eorum dividi explanarique oporteat.* 10
135 Galenus in Hippocr. de med. officina Vol. XVIII B p. 649 K. τῶν αἰσθήσεων ἁπάσαις τὴν γνώμην ἐφεξῆς ἔταξεν, ὅπερ ἐστὶ τὴν διάνοιαν, ἥν τε καὶ νοῦν καὶ φρένα καὶ λόγον κοινῶς οἱ ἄνθρωποι καλοῦσιν. ἐπεὶ δὲ καὶ τῶν κατὰ φωνὴν ἐστί τις λόγος, ἀφορίζοντες οὖν τοῦτον τὸν προειρημένον λόγον οἱ φιλόσοφοι καλοῦσιν ἐνδιάθετον, ᾧ λόγῳ 15 τά τε ἀκόλουθα καὶ τὰ μαχόμενα γιγνώσκομεν, οἷς ἐμπεριέχεται καὶ διαίρεσις καὶ σύνθεσις καὶ ἀνάλυσις καὶ ἀπέδειξις.
Sextus adv. math. VIII 275. φασὶν ὅτι ἄνθρωπος οὐχὶ τῷ προφορικῷ λόγῳ διαφέρει τῶν ἀλόγων ζῴων (καὶ γὰρ κόρακες καὶ ψιττακοὶ καὶ κίτται ἐνάρθρους προφέρονται φωνάς) ἀλλὰ τῷ ἐνδιαθέτῳ, οὐδὲ τῇ ἁπλῇ 20 μόνον φαντασίᾳ — — ἀλλὰ τῇ μεταβατικῇ καὶ συνθετικῇ. διόπερ ἀκολουθίας ἔννοιαν ἔχων εὐθὺς καὶ σημείου νόησιν λαμβάνει διὰ τὴν ἀκολουθίαν.

A. Περὶ Σημαινόντων,
ἢ περὶ φωνῆς.

Quae hic collocavi supplentur Diogenis Babylonii fragmentis περὶ φωνῆς quae in Vol. III edentur. Cf. Vol. I n. 74. 485. 25

136 Diocles Magnes apud Diog. Laërt. VII 55. τῆς δὲ διαλεκτικῆς θεωρίας συμφώνως δοκεῖ τοῖς πλείστοις ἀπὸ τοῦ περὶ τῆς φωνῆς ἐνάρχεσθαι τόπου.
137 Scholia Hesiod. Theog. v. 266. Ἶρις δὲ ὁ προφορικὸς λόγος ἀπὸ 30 τοῦ εἴρω τὸ λέγω.
138 Origenes contra Celsum II 72 Vol. I p. 194, 13 Kö. (p. 441 Delarue). οὐδέπω δὲ λέγω ὅτι οὐ πάντως ἐστὶν ἀὴρ πεπληγμένος ἢ πληγὴ ἀέρος ἢ ὅτι ποτὲ λέγεται ἐν τοῖς περὶ φωνῆς ἡ ἀναγραφομένη φωνὴ τοῦ θεοῦ.
Cf. id. VI 62 (p. 680 Del.) Vol. II p. 132, 16 Kö. 35
139 Scholia Arati v. 1. οἱ γὰρ Στωϊκοὶ ὑποτίθενται, μᾶλλον δὲ πάντες οἱ ὅρον φωνῆς γράψαντες πεπληγμένον ταύτην ἀέρα καλοῦσιν.
140 Diogenes Laërt. VII 55. καὶ σῶμα δ' ἐστὶν ἡ φωνή, κατὰ τοὺς Στωϊκούς, ὥς φησιν Ἀρχέδημός τε ἐν τῇ περὶ φωνῆς καὶ Διο-

---

1 ἄλλον ἄλλου. δὶς ψεύδεσθαι L(aur.).   12 ἔταξεν scil. Hippocrates.
21 De synthesi. et metabasi cf. n. 87.   39 Ἀρχαίδημος BPF.

γένης καὶ Ἀντίπατρος καὶ Χρύσιππος ἐν τῇ δευτέρᾳ τῶν φυσι-
κῶν. πᾶν γὰρ τὸ ποιοῦν σῶμά ἐστιν· ποιεῖ δὲ ἡ φωνὴ προσιοῦσα
τοῖς ἀκονόυσιν ἀπὸ τῶν φωνούντων.
141 Gellius Noct. Att. V 15. Sed vocem Stoici corpus esse conten-
5 dunt eamque esse dicunt ictum aëra.
142 Servius ad Verg. Aeneid. II 488. Ferit clamor: secundum philo-
sophos physicos, qui dicunt, vocem corpus esse.
143 Varro de lingua lat. VI 56. *Loqui ab loco dictum, quod
qui primo dicitur iam fari, vocabula et reliqua verba dicit, ante quam
10 suo quisque loco ea dicere potest. Hunc Chrysippus negat loqui, sed
ut loqui: quare ut imago hominis non sit homo, sic in corvis, cornici-
bus, pueris primitus incipientibus fari, verba non esse verba, quod non
loquantur.*
144 Galenus in Hippocr. de humoribus lib. I. Vol. XVI p. 204 K. οὐ
15 ταὐτὸν δέ ἐστι φωνὴ καὶ διάλεκτος καὶ αὐδή, ἀλλ' ἡ μὲν φωνὴ ἔργον ἐστὶ
τῶν φωνητικῶν ὀργάνων, ἡ διάλεκτος δὲ τῶν διαλεκτικῶν, ὧν τὸ μὲν πρῶ-
τόν ἐστιν ἡ γλῶττα, ἔπειτα δὲ ἡ ῥὶς καὶ τὰ χείλη καὶ οἱ ὀδόντες. φωνη-
τικὰ δὲ ὄργανά ἐστι λάρυγξ καὶ οἱ κινοῦντες αὐτὸν μύες καὶ νεῦρα, ὅσα
τὴν ἐξ ἐγκεφάλου παρακομίζει τούτοις δύναμιν. αὐδὴν δὲ οὔτε πᾶν τὸ τῆς
20 ἀκοῆς ἴδιον αἰσθητὸν οἱ παλαιοὶ ἐκάλουν, οὔτε ἐκεῖνο μόνον, ὃ διὰ στόμα-
τος ἐκπέμπεται, ἐν ᾧ περιέχεται καὶ τὸ κλάειν καὶ τὸ συρίττειν καὶ οἰμώζειν
καὶ βήττειν καὶ ὅσα τοιαῦτα, μόνην δὲ τὴν ἀνθρώπου φωνήν, καθ' ἣν δια-
λεγόμεθα πρὸς ἀλλήλους, αὐδὴν ὠνόμαζον.
Idem in Hippocr. Epidem. III Comment. III Vol. XVII 1 p. 757 K. iis-
25 dem verbis utitur inde ab αὐδὴν δὲ οὔτε — ὠνόμαζον. Pergit: οὕτω γοῦν
καὶ ὁ ποιητής, ἡνίκα ἐποίησε τοῖς ἰδίοις ἵπποις διαλεγόμενον τὸν Ἀχιλλέα,
τηνικαῦτά φησι τὸν ἕτερον αὐτῶν ἀμείψασθαι λόγοις χρησάμενον ἀνθρωπίνῃ
διαλέκτῳ. Αὐδήεντα, γάρ φησιν, ἔθηκε θεὰ λευκώλενος Ἥρη (Τ 407). οὐχ
ὡς ἄφωνον ὄντα πρότερον οὐδ' ὡς οὐκ ἔχοντα τὴν κοινὴν τῶν ἵππων φω-
30 νήν, ἀλλ' ὡς οὐκ ὀνομαζομένην αὐδὴν ἐκείνην. οὕτως οὖν καὶ „θεὸν αὐ-
δήεσσαν" εἴρηκε τὴν ἀνθρωπίνῃ διαλέκτῳ χρωμένην, ὅτι καὶ αὐτὴν ἀνθρω-
ποειδῆ φασιν εἶναι, μὴ πάντων τῶν θεῶν τοιούτων ὑπαρχόντων. ἐναργῶς
γοῦν ἥλιος καὶ σελήνη καὶ τὰ λοιπὰ τῶν ἄστρων ἀποκεχώρηκε πάμπολυ τῆς
τῶν ἀνθρώπων ἰδέας.
35 **145** Philo quaest. et solut. in Genesin IV 117 (p. 336 Aucher). (in-
tellectum, sensus, corpus comparat cum vocalibus, semivocalibus, conso-
nantibus).
146 Origenes contra Celsum I, 24 (p. 341 Delarue) Vol. I p. 74, 10 Kö.
ἐμπίπτει εἰς τὸ προκείμενον λόγος βαθὺς καὶ ἀπόρρητος, ὁ περὶ φύσεως ὀνο-
40 μάτων, πότερον, ὡς οἴεται Ἀριστοτέλης, θέσει ἐστὶ τὰ ὀνόματα ἢ, ὡς νομί-
ζουσιν οἱ ἀπὸ τῆς Στοᾶς, φύσει, μιμουμένων τῶν πρώτων φωνῶν τὰ
πράγματα, καθ' ὧν τὰ ὀνόματα, καθὸ καὶ στοιχεῖά τινα τῆς ἐτυμολογίας
εἰσάγουσιν.
147 Diocles Magnes apud Diog. Laërt. VII 57. τοῦ δὲ λόγου

---

1 καὶ Χρύσ.—φυσικῶν om. F.   2 προσοῦσα BFP, corr. P¹.   31 Calypso
μ 449.   40 ἐστὶ.Φ Del., εἰσὶ A.

ἐστὶ μέρη πέντε, ὥς φησι Διογένης — — καὶ Χρύσιππος· ὄνομα,
προσηγορία, ῥῆμα, σύνδεσμος, ἄρθρον.
148 Galenus de Hipp. et Plat. plac. VIII 3 (232. 673 M.). τὸ
αἰσθητὸν τουτὶ πῦρ ἀθρόον ἄθροισμα νομίζει σμικρῶν εἶναι σωμά-
των, τὸ σχῆμα πάντων ἐχόντων πυραμίδος. ἐκείνων οὖν ἕκαστον 5
στοιχεῖον εἶναί φησι τοῦ πυρός (sc. Plato), ὡς εἰ καὶ τοῦ τῶν πυρῶν
σωροῦ στοιχεῖον ἔλεγεν εἶναί τις ἕκαστον τῶν πυρῶν. κατὰ δὲ τὸν
αὐτὸν λόγον καὶ τὰ τῆς φωνῆς στοιχεῖα γεννᾶν πρῶτον μὲν
τὰς συλλαβάς, εἶτα ἐξ αὐτῶν γεννᾶσθαι τό τε ὄνομα καὶ τὸ
ῥῆμα καὶ τὴν πρόθεσιν ἄρθρον τε καὶ σύνδεσμον, ἃ πάλιν ὁ 10
Χρύσιππος ὀνομάζει τοῦ λόγου στοιχεῖα.
149 Galenus de differentia pulsuum III 4 Vol. VIII p. 662. ἀλλὰ καὶ
τὸ βλίτυρι, φασί, καὶ τὸ σκινδαψὸς ἄσημα παντελῶς ἐστι. — — τί ληρεῖς,
ἄνθρωπε, ἐκών; καὶ γὰρ τὸ βλίτυρι κροῦμά τι δηλοῖ καὶ τὸ σκινδαψὸς οὐκ
οἰκέτου μόνον, ἀλλὰ καὶ ὀργάνου τινός ἐστιν ὄνομα. 15
Cf. Diog. Laërt. VII 57 (Diogenes Babylonius).
150 Simplicius in Aristot. categ. f. 8 Z. ed. Bas. Οἰκειοτέρως δὲ ὁ
Ἀριστοτέλης συνώνυμα κέκληκε τὰ σὺν τῷ ὀνόματι καὶ τὸν ὁρισμὸν ἔχοντα
τὸν αὐτὸν ἥπερ οἱ Στωϊκοὶ τὰ πολλὰ ἅμα ἔχοντα ὀνόματα, ὡς Πάρις
καὶ Ἀλέξανδρος ὁ αὐτός, καὶ ἁπλῶς τὰ πολυώνημα λεγόμενα. 20
151 Varro de lingua lat. IX 1 . . . *nesciunt docere quam discere
quae ignorant, in quo fuit Crates, nobilis grammaticus, qui fretus Chry-
sippo, homine acutissimo, qui reliquit* περὶ ἀνωμαλίας *III libros,
contra analogiam atque Aristarchum est nixus, sed ita, ut scripta indi-
cant eius, ut neutrius videatur pervidisse voluntatem, quod et Chry-* 25
*sippus, de inaequabilitate cum scribit sermonis, propositum
habet ostendere similes res dissimilibus verbis et dissimiles
similibus esse vocabulis notatas, id quod est verum etc.*
152 Gellius N. A. XI 12. *Chrysippus ait, omne verbum am-
biguum natura esse, quoniam ex eodem duo vel plura accipi possunt,* 30
*Diodorus autem, cui Crono cognomentum fuit „nullum“, inquit, „verbum
est ambiguum, nec quisquam ambiguum dicit aut sentit, nec aliud dici
videri debet, quam quod se dicere sentit is, qui dicit etc.“*
153 Galenus de sophismatis ex elocutione 4. Vol. XIV p. 595 K.
Εἴρηται δέ τινα καὶ τοῖς Στωϊκοῖς περὶ τούτων, ⟨ἃ κατὰ⟩ μέρος δί- 35
καιον ἐπελθοῦσιν ἰδεῖν, εἴ τις ἔξω πίπτει τρόπος τῶν εἰρημένων. εἴη
γὰρ ⟨ἂν⟩ ἐπαγωγ⟨ικ⟩ή τις αὕτη πίστις· καὶ δίκαιον ἄλλως, μηδεμίαν

---

11 Scripsit Chrysippus περὶ τῶν στοιχείων τοῦ λόγου καὶ τῶν λεγομένων εʹ
et alios eius generis libros. Vide in catalogo librorum n. 14 Σύνταξις δευτέρα.
26 Chrysippus scripsit περὶ τῆς κατὰ τὰς λέξεις ἀνωμαλίας πρὸς Δίωνα δʹ n. 14r.
29 Chrysippus quot scripserit περὶ ἀμφιβολιῶν libros vide in catalogo librorum
n. 14 Σύνταξις τρίτη. 35 τούτων ⟨ἃ κατὰ⟩ μέρος scripsi, τῶν τοῦ μέρους ed.
36 τῶν scripsi, εἶναι ed. 37 ἂν addidi. ‖ ἐπαγωγική scripsi, ἐπαγωγή ed.

δόξαν ἀνδρῶν εὐδοκίμων πάρεργον τίθεσθαι. Τὸν μὲν οὖν τῆς ἀμφιβολίας ὅρον, εἰ καὶ πρὸς πολλὰ τῶν ἡμετέρων μάχεσθαι δοκεῖ, τό γε νῦν ἐατέον· ἑτέρας γὰρ καὶ ὑπὲρ τούτων σκοπεῖν πραγματείας ἐστί· τὰς δὲ διαφορὰς τῶν λεγομένων ἀμφιβολιῶν αὐτὰς
5 ληπτέον. Εἰσί γε πρὸς τῶν χαριεστέρων λεγόμεναι τὸν ἀριθμὸν ὀκτώ· μία μὲν ἦν κοινὴν ὀνομάζουσι τοῦ τε εἰρημένου καὶ τοῦ διαιρετοῦ, οἷα ἐστὶν ἡ αὐλητρὶς πεσοῦσα· κοινὴ γὰρ αὕτη τοῦ τε αὐλητρὶς ὀνόματος καὶ τοῦ εἰρημένου. δευτέρα δὲ παρὰ τὴν ἐν τοῖς ἁπλοῖς ⟨ὁμωνυμίαν⟩, οἷον 'ἀνδρεῖος'. ἢ γὰρ χιτὼν ἢ ἄνθρωπος.
10 τρίτη δὲ παρὰ τὴν ἐν τοῖς συνθέτοις ὁμωνυμίαν, οἷον „ἄνθρωπός ἐστιν". ἀμφίβολος γὰρ ὁ λόγος, εἴτε τὴν οὐσίαν εἴτε τὴν πτῶσιν εἶναι σημαίνει. τετάρτη δέ ἐστι παρὰ τὴν ἔλλειψιν, ὡς „ὅ ἐστί σου"·· καὶ γὰρ ἐλλείπει τὸ διὰ μέσον, οἷον δεσπότου ἢ πατρός. πέμπτη δὲ παρὰ τὸν πλεονασμόν, ὥσπερ ἡ τοιαύτη „ἀπηγόρευσεν αὐτῷ μὴ
15 πλεῖν". τὸ γὰρ „μὴ" προσκείμενον ἀμφίδοξον ποιεῖ τὸ πᾶν εἴτε τὸ πλεῖν ἀπηγόρευσεν εἴτε τὸ μὴ πλεῖν. ἕκτην φασὶν εἶναι τὴν μὴ διασαφοῦσαν τί μετὰ τίνος ἄσημον μόριον τέτακται, ὡς ἐν τῷ (Π. Ψ 382) „καὶ νύ κεν ἢ παρέλασσεν". τὸ γὰρ στοιχεῖον ** ἂν μὴ ** γένοιτο διαζευκτικόν. ἑβδόμη δέ ἐστιν ἡ μὴ δηλοῦσα τί μετὰ τίνος
20 τέτακται σημαντικὸν μόριον. ὡς ἐν τῷ „πεντήκοντ' ἀνδρῶν ἑκατὸν λίπε δῖος Ἀχιλλεύς". ὀγδόη ἡ μὴ δηλοῦσα τί ἐπὶ τί ἀναφέρεται, ὡς ἐν τῷ „Δίων Θέων ἐστίν". ἄδηλον γάρ ἐστιν εἴτε ἐπὶ τὴν ἀμφοτέρων ὕπαρξιν ἀναφέρεται, εἴτε ἐπὶ τοιοῦτον, οἷον „ὁ Δίων Θέων ἐστίν" ἢ πάλιν. — Οἱ μὲν δὴ τρόποι πρὸς τῶν χαριεστέρων οὗτοι
25 κατηρίθμηνται—τὸ δ' ἀμέθοδόν τε καὶ ἄτεχνον πρόδηλον (quod pluribus ostendit Galenus).

154 Varro de lingua lat. VI 1. *In hoc dicam de vocabulis temporum et earum rerum quae in agendo fiunt aut dicuntur cum tempore aliquo ut „sedetur", „ambulatur", „loquantur"; atque si quae erunt ex*
30 *diverso genera adiuncta, potius cognationi verborum quam auditori columnianti geremus morem. Huius rei auctor satis mihi Chrysippus et Antipater . . . . . . qui omnes verba ex verbis ita declinari scribunt, ut verba litteras alia assumant, alia mittant, alia commutent etc.*

35 **155** Varro de lingua lat. X 59. *Nam nonnunquam alterum ex altero videtur, ut Chrysippus scribit, quem admodum pater ex filio et*

---

5 λεγόμεναι scripsi, λεγομένων ed. 6. 8 scribendum, ni fallor, εἰρομένου et mox τοῦ διῃρημένου pro altero τοῦ εἰρημένου. 7 πεσοῦσα scripsi, παῖς οὖσα ed. 9 ἁπλοῖς ὁμωνυμίαν scripsi, ἁπλῶς ed. 17 μὴ διασαφοῦσαν scripsi, μηδὲν σαφοῦσαν ed. 18 versum restitui, καὶ νῦν καὶ μὴ παρήλασεν ed. ‖ corruptelam significavi. Totam disputationem ex Chrysippi περὶ ἀμφιβολιῶν libris aliquo modo pendere probabile est. 36 videtur] scil. vocabulum derivatum.

*filius ex patre, neque minus in fornicibus propter sinistram dextra stat,
quam propter dextram sinistra.* Quapropter et ex rectis casibus obliqui
et ex obliquis recti et ex singularibus multitudinis et ex multitudinis
singulares nonnunquam recuperari possunt.

156 Scholia in Hom. Iliad. Δ 295. ἀλάστωρ καὶ ὁ ἁμαρτωλός 5
ἢ κατὰ Χρύσιππον ὁ φονεὺς διὰ τὸ ἄξιος εἶναι ἀλᾶσθαι ὅ ἐστι
πλανᾶσθαι.

157 Lexicon apud Bekk. Anecd. Gr. I 374. ἀλάστωρ· ὁ ἁμαρ-
τωλός. ἢ ὁ φονικὸς δαίμων· καὶ κατὰ μὲν Χρύσιππον τὸν φιλόσο-
φον ἀπὸ τῆς ἐλάσεως, ὁ ἄξιος ἐλαύνεσθαι διὰ φόνον· κατὰ δὲ Ἀπολ- 10
λόδωρον ἀπὸ τοῦ ἀλιτεῖν etc.

158 Etymologicum Magn. s. v. ἀλάστωρ — — κατὰ μὲν Χρύ-
σιππον τὸν φιλόσοφον ἐπὶ τοῦ ἁμαρτωλοῦ καὶ φονέως, ἀπὸ τῆς ἐλάσεως,
ὁ ἄξιος τοῦ ἐλαύνεσθαι διὰ φόνου.

159 Etymologicum Orion. s. v. ἀγκών· — — Χρύσιππος δὲ 15
ἐγκών, ἀπὸ τοῦ ἐγκεῖσθαι τῷ ἑτέρῳ ὀστέῳ τὸ ἕτερον.

160 Etymologicum Magn. s. v. διδάσκω p. 272, 18. Ἡρωδιανὸς
δὲ λέγει ὅτι Χρύσιππος φησὶ παρὰ τὸ ἀσκεῖν τὸ σημαῖνον τὸ δι-
δάσκειν· τὶ ἀσκῶ, διάσκω· καὶ ἐπενθέσει τοῦ δ διδάσκω.

161 Etymologicum Magn. s. v. παλαιστή p. 647, 34. Λέγεται 20
σπιθαμὴ παρὰ τὸ ἀποσπασμὸν ποιεῖν, διὰ τὸν ἀποσπασμὸν τὸν ἀπὸ
τοῦ μεγάλου δακτύλου, τοῦ ἀντίχειρος, πρὸς τὸ τοῦ μικροῦ ἄκρον.
ὡς δὲ Χρύσιππος διὰ τὸ σπᾶσθαι τὴν ὅλην χεῖρα.
Cf. Etymol. Gud. et Or. s. vv.

162 Etymologium Gud. s. v. βάναυσος — — Χρύσιππος δὲ ἀπὸ 25
τοῦ τεχνίτας (leg. τοῖς τεχνίταις) τὴν πρὸς τὸν βίον ἐγγίνεσθαι καὶ
πορίζεσθαι .... (excidit substantivum).

163 Varro de lingua lat. VI 11. *Aevum ab aetate omnium an-
norum; hinc aeviteruum, quod factum est aeteruum: quod Graeci
αἰῶνα, id ait Chrysippus esse ἀεὶ ὄν.* 30

164 Ammonius in Aristot. de interpr. p. 42, 30 Busse. περὶ τῆς
κατ᾽ εὐθεῖαν γινομένης τῶν ὀνομάτων προφορᾶς εἴωθε παρὰ τοῖς
παλαιοῖς ζητεῖσθαι, πότερον πτῶσιν αὐτὴν προσήκει καλεῖν ἢ οὐ-
δαμῶς, ἀλλὰ ταύτην μὲν ὄνομα, ὡς κατ᾽ αὐτὴν ἑκάστου τῶν πραγμάτων
ὀνομαζομένου, τὰς δὲ ἄλλας πτώσεις ὀνόματος ἀπὸ τοῦ μετασχηματισμοῦ τῆς 35
εὐθείας γινομένας. τῆς μὲν οὖν δευτέρας προΐσταται δόξης ὁ Ἀριστοτέλης
— — τῆς δὲ προτέρας οἱ ἀπὸ τῆς Στοᾶς καὶ ὡς τούτοις ἀκολουθοῦντες οἱ
τὴν γραμματικὴν μετιόντες τέχνην. λεγόντων δὲ πρὸς αὐτοὺς τῶν Περιπατη-
τικῶν — — „τὴν εὐθεῖαν κατὰ τίνα λόγον πτῶσιν ὀνομάζειν δίκαιον, ὡς ἀπὸ
τίνος πεσοῦσαν;" — — ἀποκρίνονται οἱ ἀπὸ τῆς Στοᾶς ὡς ἀπὸ τοῦ νοήμα- 40
τος τοῦ ἐν τῇ ψυχῇ καὶ αὕτη πέπτωκεν· ὃ γὰρ ἐν ἑαυτοῖς ἔχομεν τοῦ Σωκρά-

---

18 fortasse: τὸ σημαινόμενον?

τους νόημα δηλῶσαι βουλόμενοι τὸ „Σωκράτης" ὄνομα προφερόμεθα· καθάπερ οὖν τὸ ἄνωθεν ἀφεθὲν γραφεῖον καὶ ὀρθὸν παγὲν πεπτωκέναι τε λέγεται καὶ τὴν πτῶσιν ὀρθὴν ἐσχηκέναι, τὸν αὐτὸν τρόπον καὶ τὴν εὐθεῖαν πεπτωκέναι μὲν ἀξιοῦμεν ἀπὸ τῆς ἐννοίας, ὀρθὴν δὲ εἶναι διὰ τὸ ἀρχέτυπον
5 τῆς κατὰ τὴν ἐκφώνησιν προφορᾶς.

165 Scholia in Dionys. Thrac. Bekker Anecd. Gr. II p. 891. Τὸν ἐνεστῶτα οἱ Στωϊκοὶ ἐνεστῶτα παρατατικὸν ὁρίζονται ὅτι παρατείνεται καὶ εἰς μέλλοντα· ὁ γὰρ λέγων „ποιῶ" καὶ ὅτι ἐποίησέ τι ἐμφαίνει καὶ ὅτι ποιήσει.

10 # B. Περὶ Σημαινομένων,
ἢ Λεκτῶν.
Cf. Vol. I n. 488.

166 Sextus adv. math. VIII 11. ἦν δὲ καὶ ἄλλη τις παρὰ τούτοις (scil. apud dogmaticos) διάστασις, καθ᾽ ἣν οἱ μὲν περὶ τῷ σημαινομένῳ τὸ
15 ἀληθές τε καὶ ψεῦδος ὑπεστήσαντο, οἱ δὲ περὶ τῇ φωνῇ, οἱ δὲ περὶ τῇ κινήσει τῆς διανοίας. καὶ δὴ τῆς μὲν πρώτης δόξης προεστήκασιν οἱ ἀπὸ τῆς Στοᾶς, τρία φάμενοι συζυγεῖν ἀλλήλοις, τό τε σημαινόμενον καὶ τὸ σημαῖνον καὶ τὸ τυγχάνον, ὧν σημαῖνον μὲν εἶναι τὴν φωνήν, οἷον τὴν „Δίων", σημαινόμενον δὲ αὐτὸ τὸ πρᾶγμα τὸ ὑπ᾽ αὐτῆς δηλούμενον καὶ οὗ ἡμεῖς μὲν ἀν-
20 τιλαμβανόμεθα τῇ ἡμετέρᾳ παρυφισταμένου διανοίᾳ, οἱ δὲ βάρβαροι οὐκ ἐπαΐουσι καίπερ τῆς φωνῆς ἀκούοντες, τυγχάνον δὲ τὸ ἐκτὸς ὑποκείμενον, ὥσπερ αὐτὸς ὁ Δίων. τούτων δὲ δύο μὲν εἶναι σώματα, καθάπερ τὴν φωνὴν καὶ τὸ τυγχάνον, ἓν δὲ ἀσώματον, ὥσπερ τὸ σημαινόμενον πρᾶγμα, καὶ λεκτόν, ὅπερ ἀληθές τε γίνεται ἢ ψεῦδος. καὶ τοῦτο οὐ κοινῶς πᾶν, ἀλλὰ
25 τὸ μὲν ἐλλιπὲς τὸ δὲ αὐτοτελές. καὶ τοῦ αὐτοτελοῦς τὸ καλούμενον ἀξίωμα, ὅπερ καὶ ὑπογράφοντές φασιν „ἀξίωμά ἐστιν ὅ ἐστιν ἀληθὲς ἢ ψεῦδος".

167 Sextus adv. math. VIII 80. πᾶν τε λεκτὸν λέγεσθαι δεῖ, ὅθεν καὶ ταύτης ἔτυχε τῆς προσηγορίας. — — λέγειν γάρ ἐστι, καθὼς αὐτοί φασιν οἱ ἀπὸ τῆς Στοᾶς, τὸ τὴν τοῦ νοουμένου πράγματος σημαντικὴν προφέ-
30 ρεσθαι φωνήν etc.

168 Ammonius in Aristot. de interpret. p. 17, 24. ὁ Ἀριστοτέλης διδάσκει διὰ τούτων, τίνα ἐστὶ τὰ προηγουμένως καὶ προσεχῶς ὑπ᾽ αὐτῶν σημαινόμενα (scil. ὑπὸ τῶν φωνῶν), καὶ ὅτι τὰ νοήματα, διὰ δὲ τούτων μέσων τὰ πράγματα, καὶ οὐδὲν ἕτερον δεῖ παρὰ ταῦτα ἐπινοεῖν μέσον τοῦ τε
35 νοήματος καὶ τοῦ πράγματος, ὅπερ οἱ ἀπὸ τῆς Στοᾶς ὑποτιθέμενοι λεκτὸν ἠξίουν ὀνομάζειν.

169 Scholia in Hom. Iliad. B. 349. ψεῦδος: ἀντὶ τοῦ ψευδής. ταῦτα δὲ παρὰ τοῖς Στωϊκοῖς λεκτὰ καλεῖται τὰ πρὸς τὴν σημασίαν δι᾽ ἄλλων φερόμενα.

40 **170** Sextus adv. math. XI 224. τὸ μὲν οὖν σῶμα οὐ διδάσκεται, καὶ μάλιστα κατὰ τοὺς ἀπὸ τῆς Στοᾶς· λεκτὰ γάρ ἐστι τὰ διδασκόμενα, σῶμα δ᾽ οὐκ ἔστι τὰ λεκτά.

---

14 τῷ σημαινομένῳ Bk., τὰ σημαινόμενα libri. 25 fortasse: τὸ μὲν ἐλλιπὲς ⟨οὗ⟩, τὸ δὲ etc. 34 πράγματα dicit Ammonius, quae Stoici τυγχάνοντα, scil. τὰ ἐκτὸς ὑποκείμενα. 39 definitio corrupta legitur. 42 Cf. idem I 20.

DIALECTICA. 49

171 Plutarchus de Stoic. repugn. cp. 11 p. 1037 d. Αὐτοί γε
μὴν λέγουσι, τοὺς ἀπαγορεύοντας ἄλλο μὲν λέγειν, ἄλλο δ᾽ ἀπαγο-
ρεύειν, ἄλλο δὲ προστάσσειν· ὁ γὰρ λέγων, Μὴ κλέψῃς, λέγει μὲν αὐτὸ
τοῦτο, Μὴ κλέψῃς, ἀπαγορεύει δὲ ⟨κλέπτειν, προστάσσει δὲ⟩ μὴ
κλέπτειν. 5

§ 1. Περὶ ἐναντίων
καὶ ἀντικειμένων καὶ στερητικῶν.

Scripsit Chrysippus περὶ ἀποφατικῶν πρὸς Ἀρισταγόραν γ´ et περὶ τῶν
κατὰ στέρησιν λεγομένων πρὸς Θέαρον α´. Locum περὶ ἐναντίων hic inserui,
quia ad λεκτά secundum Stoicos pertinet omnis oppositio. Cf. n. 173: 10
ὅλως δὲ ἐν τοῖς πράγμασι τὰ ἐναντία θεωρεῖται. Praemittenda duxi, quia
ad ἐλλιπῆ et αὐτοτελῆ pertinent.

172 Simplicius in Aristot. categ. f. 98 Γ ed. Bas. ἀλλ᾽ ἐπειδὴ
σαφηνείας ἔτυχεν ἡ τοῦ Ἀριστοτέλους λέξις, ἴδωμεν καὶ ὅσα τῷ τόπῳ
προσεξεργάζονται οἱ κλεινότεροι τῶν ἐξηγητῶν. Τῶν γὰρ Στωϊκῶν 15
μέγα φρονούντων ἐπὶ τῇ τῶν λογικῶν ἐξεργασίᾳ, ἔν τε τοῖς ἄλλοις
καὶ ἐπὶ τῶν ἐναντίων, σπουδάζουσι δεικνύναι, ὅτι πάντων τὰς ἀφορ-
μὰς ὁ Ἀριστοτέλης παρέσχεν ἐν ἑνὶ βιβλίῳ, ὃ περὶ ἀντικειμένων ἐπέ-
γραψεν, ἐν ᾧ καὶ ἀποριῶν ἐστι πλῆθος ἀμήχανον, ὧν ὀλίγην ἐκεῖνοι
μοῖραν παρέθεντο· καὶ τὰ μὲν ἄλλα ἐν εἰσαγωγῇ παρεμβαλεῖν οὐκ 20
εὔλογον. ὅσα δὲ συμφώνως οἱ Στωϊκοὶ τῷ Ἀριστοτέλει διετάξαντο,
ταῦτα ῥητέον. Ὅρου τοίνυν παλαιοῦ περὶ τῶν ἐναντίων κατα-
βεβλημένου, οὗ καὶ ἔμπροσθεν ἐμνημονεύσαμεν, ὅτι ὅσα ἐστὶν ἐν
τῷ αὐτῷ γένει πλεῖστον ἀλλήλων διαφέρει, ἠθέτηκε τὸν ὅρον ὁ
Ἀριστοτέλης ἐν τῷ περὶ τῶν ἀντικειμένων, πολυειδῶς βασανίσας αὐ- 25
τόν. — Χρησαμένου δὲ ὅμως τῷ ὅρῳ τούτῳ ἐν τῷ περὶ τοῦ ποσοῦ
λόγῳ μετὰ τοῦ ἐπισημήνασθαι ὅτι παλαιὸς ὁ ὅρος, οἱ ἀπὸ τῆς Στοᾶς
παραλαβόντες αὐτὸν ἐχρήσαντο, τὸ μὲν σαθρὸν αὐτοῦ παραδει-
κνύοντες, πειρώμενοι δὲ ὅμως λύειν τὰ δοκοῦντα ἄτοπα. — τού-
τοις οὖν οἱ ἀπὸ τῆς Στοᾶς ἐχρήσαντο πᾶσιν καὶ ⟨ἐν⟩ τοῖς ἄλλοις 30
διορισμοῖς τοῖς περὶ τῶν ἐναντίων Ἀριστοτέλει κατὰ πόδας ἠκολού-
θησαν, ἐκείνου τὰς ἀφορμὰς αὐτοῖς δεδωκότος ἐν τῷ περὶ τῶν ἀντι-
κειμένων συγγράμματι ἃς ἐξειργάσαντο ἐν τοῖς αὐτῶν βιβλίοις.

173 Simplicius in Aristot. categ. f. 98 E. ed. Bas. καὶ γὰρ καὶ
τὰς ἕξεις ἐναντίας ὑπέλαβον, ὡς ἐκεῖνος (scil. Aristoteles), οἷον φρό- 35
νησιν ἀφροσύνην, καὶ τὰ κατηγορήματα, ὥσπερ τὸ φρονεῖν καὶ ἀφραί-

---

4 κλέπτειν, προστάσσει δὲ add. Mez. 24 aut διαφέροντα scribendum, aut
δὲ post πλεῖστον inserendum. ‖ ἠθέτηκε scripsi, ἤνθηνε ed. Bas. 29 ὅμως
scripsi, ὅλως ed. Bas. 36 ἀφροσύνην scripsi, ἀφρόνησιν ed. Bas.

νειν, καὶ τὰς μεσότητας, οἷον τὸ φρονίμως ἢ ἀφρόνως. τοὺς μέντοι
ποιοὺς καὶ πῶς ἔχοντας οὐκέτι ὑπέλαβον ἐναντίους, ἀλλ᾽ ἐναντίως
ἔχειν, καὶ ⟨οὐ⟩ τοῦτον τούτῳ ἀλλ᾽ ἀμέσως τὸν φρόνιμον τῷ ἄφρονι
λέγουσιν. ἐὰν δέ ποτε καὶ λέγωμεν τοῦτον τούτῳ ἐναντίον εἶναι,
5 ἐπὶ τὰ ἄμεσα ⟨βλέποντες⟩ ποιούμεθα τὴν σημασίαν, ὥς φασι.
κυριώτατα μὲν οὖν ἐπὶ τῶν ἕξεων καὶ τῶν σχέσεων καὶ τῶν
ἐνεργειῶν καὶ τῶν τούτοις παραπλησίων ἡ ἐναντίωσις θεω-
ρεῖται. δεύτερον δὲ ὡς ἐναντία λέγεται τὰ κατηγορήματα
καὶ τὰ κατηγορούμενά πως ἐκείνοις. προσάγει δὲ ἀμῶς γέ πως
10 πρὸς τὰ ἐναντία καὶ τὸ φρονίμως καὶ ἀφρόνως. ὅλως δὲ ἐν τοῖς
πράγμασι τὰ ἐναντία θεωρεῖται, καὶ ἡ φρόνησις τῇ ἀφροσύνῃ
ἀμέσως οὕτως ἐναντία λέγεται, οὐχ ἥδε τῇδε· τοιαύτης δὲ οὔσης τῆς
Στωϊκῆς διδασκαλίας, ἴδωμεν πῶς αὐτὴν ἀπὸ τῆς Ἀριστοτέλους
παραδόσεως παρεσπάσαντο.

15   174 Simplicius in Aristot. categ. f. 98 Z. ed. Bas. ὄντος δὲ δυ-
νατοῦ τὸ αὐτὸ καὶ κατ᾽ ἀσύνθετον φωνὴν εἰπεῖν, οἷον φρόνησιν ἀφρο-
σύνην, καὶ δι᾽ ὅρου, οἷον ἐπιστήμην ἀγαθῶν καὶ κακῶν καὶ οὐδε-
τέρων καὶ τὴν ἀφροσύνην ἄγνοιαν τῶν αὐτῶν, ζητοῦσι πότερόν ἐστι
τὰ κατὰ τὰ ἁπλᾶ μόνον ἢ ⟨καὶ τὰ⟩ κατὰ τοὺς ὅρους ⟨ἐναντία⟩· καὶ
20 ὅ γε Χρύσιππος ἐφίστησι, μήποτε τὰ προσηγορικὰ καὶ ἁπλᾶ μόνον
ἐστὶν ἐναντία, τὰ δὲ οὐκ ἔστι. πολλὰ γὰρ ἐν τούτοις συμπεριλαμ-
βάνομεν καὶ μετὰ ἄρθρων καὶ μετὰ συνδέσμων καὶ ἄλλων δὲ μορίων
ἐξηγητικῶν ⟨προφέρομεν⟩ ὧν ἕκαστον εἰς τὸν τῶν ἐναντίων λόγον
ἀλλοτρίως ἂν παραλαμβάνοιτο· διὸ τὴν μὲν φρόνησιν τῇ ἀφροσύνῃ
25 φησὶν εἶναι ἐναντίον, τὸν δὲ ὅρον τῷ ὅρῳ οὐκέτι ὁμοειδῶς ἐναντίον
εἶναί φησιν „ἐπ᾽ ἐκεῖνα δὲ ποιούμενοι τὴν ἀναφορὰν καὶ τοὺς
ὅρους κατὰ συζυγίαν ἀντιτιθέασι.“

175 Simplicius in Aristot. categ. f. 102 Z. ed. Bas. Καὶ οἱ ἀπὸ
τῆς Στοᾶς δὲ διϊσχυρίζονται, ὅτι οὐδὲν τῶν κατὰ ἀπόφασιν λεγομέ-
30 νων οὐδενί ἐστιν ἐναντίον· ἦν γὰρ ἂν τῇ ἀρετῇ ἐναντία ἡ οὐκ ἀρετή,
καὶ τῇ κακίᾳ ἐναντία ἡ οὐ κακία, ὑπὸ μὲν τὴν οὐκ ἀρετὴν καὶ τῆς
κακίας πιπτούσης καὶ ἄλλων πολλῶν (καὶ γὰρ λίθου καὶ ἵππου καὶ
πάντων τῶν παρὰ τὴν ἀρετήν) ὑπὸ δὲ τὴν οὐ κακίαν καὶ τῆς ἀρετῆς
καὶ τῶν ἄλλων πάντων. ἔσται οὖν ἑνὶ πάντα ἐναντία, καὶ τὰ αὐτὰ
35 τῇ ἀρετῇ καὶ τῇ κακίᾳ ἐναντία, εἰ μὴ ἡ ἀρετὴ τῇ κακίᾳ ἐναντία, ἀλλ᾽
ἡ οὐ κακία· συμβήσεται καὶ σπουδαίοις μέσα ἐναντία εἶναι
καὶ φαύλοις, ἄτοπον δὲ τοῦτο, καὶ μάλιστα εἰ καὶ τὰ αὐτὰ καὶ

---

3 ἀλλ᾽ ἀμέσως scripsi, ἀλλὰ μέσως ed. Bas.   11 πράγματα hic quoque
λεκτά dicuntur.   19 καὶ τὰ addidi. ‖ ἐναντία addidi.   23 προφέρομεν ad-
didi; hic locus probat cetera quoque, quae περὶ ἐναντίων Stoica Simplicius profert,
Chrysippi esse.

μή. Καὶ τὸ δυοῖν ἐναντίων ὑφ' ὃ μὲν πάντα τὰ ὑποπίπτοντα ποιό-
τητας εἶναι, ὡς ὑπὸ τὴν ἀρετὴν καὶ τὴν κακίαν, ὑφ' ὃ δὲ καὶ ποιό-
τητας καὶ ποιά, ὡς ὑπὸ τὴν οὐκ ἀρετὴν καὶ τὴν οὐ κακίαν (ὑπὸ ταύ-
τας γὰρ καὶ ποιότητες καὶ ποιὰ καὶ ἐνέργειαι καὶ πᾶν ὁτιοῦν ἐστι)
καὶ τοῦτό ἐστιν ἀπεμφαῖνον. οὕτως μὲν οὖν καὶ παρὰ τοῖς Στωϊ- 5
κοῖς διώρισται τά τε ἐναντία καὶ τὰ ἀποφατικῶς ἀντικείμενα.

176 Simplicius in Aristot. categ. f. 102 Δ ed. Bas. οἱ γοῦν Στωϊκοὶ
μόνα τὰ ἀποφατικὰ τοῖς καταφατικοῖς ἀντικεῖσθαι νομίζουσιν.

Bekkeri Anecd. gr. p. 484. μηδὲ τὸ πρὸς τῶν Στωϊκῶν λεγόμενον
παραλείπωμεν, παρ' οἷς ἐστί τις διαφορὰ ἐν τοῖς κατὰ φύσιν διεζευγμένοις 10
μαχομένου καὶ ἀντικειμένου· καὶ ἦν μαχόμενον τὸ μὴ δυνάμενον κατὰ τὸ
αὐτὸ παραληφθῆναι, ὑπὲρ οὗ καὶ ἐν τοῖς προκειμένοις εἴρηται· „ἡμέρα ἐστὶν
ἢ νὺξ ἐστίν" ἢ „φθέγγομαι ἢ σιγῶ" καὶ ἔτι τὰ τούτοις ὅμοια. ἀντικεί-
μενον δὲ τὸ πλεονάζον ἀποφάσει etc.

177 Simplicius in Aristot. categ. f. 100 B. ed. Bas. ἔστι δέ τις 15
στέρησις καὶ ἄλλη παρὰ τὴν φυσικήν, λέγω δὲ παρ' ἣν ἐπὶ τῶν πεφυ-
κότων ἐλέγομεν καὶ ὅτε ἐπεφύκεσαν, ἣν Χρύσιππος ἠθικὴν καλεῖ·
ἀχίτων γὰρ καὶ ἀνυπόδητος καὶ ἀνάριστος σημαίνει μὲν καὶ ψιλὴν
ἀναίρεσιν, σημαίνει δὲ καὶ παρέμφασίν τινα, ὅτε καὶ κατὰ στέρησιν
γίνεται. οὔτε γὰρ ἀχίτωνα τὸν βοῦν ἐροῦμεν, οὔτε ἡμᾶς ὅταν λουώ- 20
μεθα ἀνυποδέτους, καὶ ἀναρίστους οὔτε τοὺς ὄρνιθας οὔτε ἡμᾶς ἅμα
τῷ ἡμέραν γενέσθαι, ἀλλὰ δεῖ συνεμφαίνεσθαι τὸ εἰθισμένον καὶ ὅτε
εἴθισται τὴν στέρησιν. ὄντος γὰρ ἔθους ἀριστᾶν κατά τινα ὥραν
τεταγμένην ὁ ὑπὸ τὸ ἔθος ὤν, ὅταν μὴ ἐν τῷ χρόνῳ τῷ τεταγμένῳ
ἀριστήσῃ, οὐ φύσεως ἔμφασιν, ἀλλ' ἔθους κατὰ τὴν στέρησιν ἀναιρεῖ. 25
εἰσὶν οὖν ἀέχειαι αἱ μὲν τῶν φύσει, αἱ δὲ τῶν κατ' ἔθος, καὶ ἀναι-
ρέσεις ἐν οἷς ἕκαστα καὶ πέφυκε καὶ εἴθισται. πολλάκις δὲ οὐκ ἔθους
ἀλλὰ καθήκοντος ἀπόπτωσιν ἐμφαίνει ἡ στέρησις, ὡς ἐπὶ τοῦ ἀκλήτου
δειπνεῖν, ὅταν παρεμφαίνωμεν, ὅτι οὐ καθηκόντως ἀπήντησεν οὔτε
κατὰ τὸ ἐπιβάλλον τοῖς ἔθεσιν. ἔστι καὶ ἄλλως ἡ στέρησις τῶν ὁμω- 30
νύμως λεγομένων· καὶ γὰρ ὅταν τι γένος ὅλον μὴ ᾖ πεφυκός τι ἔχειν,
ἐστερῆσθαι λέγομεν ἐκείνου, ὃ μὴ πέφυκεν ἔχειν· οὕτως τὰ φυτὰ
ἐστερῆσθαι λέγομεν αἰσθήσεως τῷ μὴ πεφυκέναι ἔχειν αἴσθησιν.
καὶ ὅταν δὲ τὰ ἐν τῷ γένει τὰ μὲν ᾖ πεφυκότα ἔχειν, τὰ δὲ
μὴ πεφυκότα, ἐστερῆσθαι λέγεται τὰ μὴ πεφυκότα, ὥσπερ ἐν τῷ 35
γένει τῶν ζῴων ὁ ἀσπάλαξ ὄψεως. καὶ μᾶλλόν γε τοῦτο λέγομεν
ἢ ἐπὶ τοῦ πρὸς βίαν ἀφῃρῆσθαι. κυρίως δὲ στέρησις λέγεται
ἐπὶ τῶν πεφυκότων μὲν ἔχειν, μὴ ἐχόντων δὲ τότε ὅτε πεφύκασι καὶ
ὅτε εἰώθασι καὶ ἐνεστήσαντο ἔχειν, ὃ δὴ καὶ ἀντίθετον τῇ ἕξει θεω-

---

5 τοῦτό ἐστιν scripsi, ἔστιν τοῦτο ed. Bas.   6 ἀποφατικῶς scripsi, ἀντι-
φατικῶς Bas.

ρεῖται· καὶ ἡ ἐν τούτοις ἀντίθεσις κέκληται ἡ κατὰ ἕξιν καὶ στέρησιν.
— — καὶ τοῦτο δὲ ἰστέον ὅτι ἐνίοτε μὲν οὐ στερητικὰ ὀνόματα στέρησιν δηλοῖ, ὡς ἡ πενία τὴν στέρησιν τῶν χρημάτων καὶ ὁ τυφλὸς
στέρησιν ὄψεως. ἐνίοτε δὲ στερητικὰ ὀνόματα οὐ στέρησιν δηλοῖ· τὸ
5 γὰρ ἀθάνατον, στερητικὸν ἔχον τὸ σχῆμα τῆς λέξεως, οὐ σημαίνει
στέρησιν· οὐ γὰρ ἐπὶ πεφυκότος ἀποθνήσκειν, εἶτα μὴ ἀποθνήσκοντος,
χρώμεθα τῷ ὀνόματι. πολλὴ δὲ ταραχή ἐστι κατὰ τὰς φωνὰς τὰς
στερητικάς. διὰ γὰρ τοῦ ἄ καὶ ἀν προσαγομένων αὐτῶν, ὥσπερ ἄοι-
κος καὶ ἀνέστιος, συμβαίνει ποτὲ μὲν ταῖς ἀποφάσεσι, ποτὲ δὲ
10 τοῖς ἐναντίοις συμφύρεσθαι αὐτάς (sequuntur exempla). πολλῆς
δ᾽ οὔσης τῆς ἀνωμαλίας Χρύσιππος μὲν ἐν τοῖς περὶ τῶν στε-
ρητικῶν λεγομένοις ἐπεξῆλθεν αὐτήν, Ἀριστοτέλει δὲ οὐ τοῦτο πρού-
κειτο etc.
Cf. f. 102 B. ἀλλὰ τὸν μὲν πλήρη περὶ τῶν στερήσεων λόγον
15 ἔστιν ἔκ τε τοῦ Ἀριστοτελικοῦ καὶ τοῦ Χρυσιππείου βιβλίου
λαμβάνειν.

178 Simplicius in Aristot. categ. f. 101 E. ed. Bas. ἕξεως δὲ
καὶ στερήσεως οὐ δυνατὸν εἰς ἄλληλα μεταβολὴν γίνεσθαι. τυφλότης
μὲν γὰρ ἐξ ὄψεως γίνεται, οὐκέτι μέντοι καὶ ἀνάπαλιν. ὅθεν καὶ ὁ
20 Χρύσιππος ἐζήτησεν, εἰ τυφλοὺς ῥητέον τοὺς ὑποχυθέντας, δυνα-
μένους δὲ ἐκ παρακεντήσεως ἀναβλέψαι, καὶ ἐφ᾽ ὧν τὰ βλέφαρα κέκλει-
σται. τῆς γὰρ δυνάμεως οὔσης ἐοικέναι τῷ καταμεμυκότι τοὺς ὀφθαλ-
μοὺς ἢ τῷ κωλυομένῳ ὁρᾶν διά τι παραπέτασμα, οὗ ἀφαιρεθέντος
οὐδὲν κωλύεται ὁρᾶν. διὸ οὐδὲ ἀπὸ στερήσεως εἰς ἕξιν γίνεται ἡ
25 τοιαύτη μεταβολή. λαμβάνει δὲ νῦν στέρησιν τὴν κατὰ πήρωσιν.

179 Simplicius in Aristot. categ. f. 100 B. ed. Bas. (Jamblichum
se exscribere significat ipse S.). καὶ γὰρ καὶ τὸν Χρύσιππον Ἀρι-
στοτέλει ἑπόμενον στερητικὰ λέγειν ταῦτα, ὅσα ἀναιρεῖ παρεμφαίνοντα
τὴν τοῦ ἔχειν φύσιν, οὐχ ἁπλῶς, ἀλλ᾽ ὅταν ἐμφαίνῃ τὸ πεφυκὸς καὶ
30 ὅτε πέφυκεν — καὶ ἀντίκειται τῇ ἀπὸ τοῦ ἔχειν λεγομένῃ ἕξει ἡ στέ-
ρησις, καὶ οὐ μόνον ποιοτήτων αἱ στερήσεις, ἀλλὰ καὶ ἐνεργειῶν,
ὡς ἡ τυφλότης τῆς τοῦ ὁρᾶν ἐνεργείας καὶ ἡ χωλότης τῆς τοῦ
βαδίζειν.

180 Papyrus Letronnii περὶ ἀποφατικῶν (ed. Brunet Notices
35 et extraits de manuscrits de la bibliothèque impériale. Tome XVIII
Paris 1865, Th. Bergk Opusc. II p. 114).
I. (ἐστ)ιν ὅπερ οὕτω λέγοι | (ἄν τι)ς· „Οὐκ οἶδ᾽ ὅπως χρὴ | (τὸν
σ)αφῶς κατειδότα | (τῆς Ἡ)ρακλείας φροντί-|(δος κ)ατηγορεῖν." Ναὶ

---

37 οὐκ del. Bergk, propter suam supplendi rationem, quae incerta est. fr.
adesp. 77 Nauck.

| (οὐ ἀλ)ηθὲς ὃν ἔλεγεν ὁ | (ποιητ)ής· „Οὐκ οἶδ' ὅπως | (χρὴ τὸν) σαφῶς κατειδό|(τα τ)ῆς Ἡρακλείας | (φροντ)ίδος κατηγορεῖν." — | (Εἰ οὔτε) ψευδῶς οὔ | (τε ἀληθῶς) οὕτω λέγοι | (τις ἄν· „τοί με)ξένον οὐδὲ | (ἀδαήμο)να Μουσᾶν | (ἐπαίδευσ)αν κλυταὶ | (Θῆβαι" οὐκ ἀλ)ηθὲς ὃν ἐλέ|(χθη ὅπερ λεχ)θείη ἂν οὕτω | „(οὗτοι με) ξένον οὐ|(δὲ ἀδα- ₅ ήμ)ονα Μουσᾶν ἐ|(παίδευσ)αν κλυταὶ Θῆβαι." | (ναί· οὔ)τε ψευδῶς | (οὔτ' ἀληθῶς) οὕτω λέγοι | (τις ἄν· „τοί) με ξένον | (οὐδὲ ἀδαήμ)ονα Μου|(σᾶν ἐπαίδευ)σαν κλυταὶ (Θῆβαι." ναὶ ο)ὐ· ἀληθὲς ἐ|(λέχθη ὅπερ) λεχθείη ἂν ΙΙ. οὕτως· „οὗτοι με ξένον οὐδὲ | ἀδαήμονα Μουσᾶν ἐπαί|δευσαν κλυταὶ Θῆβαι." ₁₀

3. Εἰ ἀληθῶς τις τῶν ποιη|τῶν οὕτως ἀπεφαίνετο |

„Οὔ μοι Σαρδανάπαλλος ἀρέσκει τὴν διάνοιαν"

ἀντίκειται ἀξίωμα καταφατικὸν τῷ·

„Οὔ μοι — διάνοιαν"

ναὶ οὐ ἀντίκειται ἀξίωμα καταφατικὸν τῷ· ₁₅

„Οὔ μοι — διάνοιαν."

ναὶ οὐ ἀληθῶς τις τῶν ποιητῶν οὕτως ἀπεφαίνετο·

„Οὔ μοι — διάνοιαν."

4. Εἰ ἀπεφήνατό τις· (trag. fr. adesp. 83 Nauck)

„Οὐκ ἦν ἄρ' οὐθὲν πῆμ' ἐλευθέραν δάκνον ₂₀ Ψυχὴν ὁμοίως ἀνδρὸς ὡς ἀτιμία."

ἀντίκειται ἀξίωμα καταφατικὸν τῷ·

„Οὐκ ἦν — — ἀτιμία."

ναὶ οὐ ἀπεφήνατό τις·

„Οὐκ ἦν — — ἀτιμία." ₂₅

5. (Εἰ ἀληθῶς) οὕτως ἀπέφασκεν Εὐριπίδης· (Iphig. Aul. 28)

„Οὐκ ἄγαμαι ταῦτ' ἀνδρὸς ἀριστέως."

ἀντίκειται ἀξίωμα καταφατικὸν τῷ·

„Οὐκ — ἀριστέως."

ναὶ οὐ ἀντίκειται ἀξίωμα καταφατικὸν τῷ ₃₀

„Οὐκ — ἀριστέως."

ναὶ οὐ ἀπέφασκεν οὕτως Εὐριπίδης·

„Οὐκ — ἀριστέως."

6. Εἰ Ἀνδρομάχη Εὐριπίδου πρὸς Ἑρμιόνην τοῦτον ἀπεφήνατο τὸν τρόπον· (Androm. 205) ₃₅

„Οὐκ ἐξ ἐμῶν σε φαρμάκων στυγεῖ πόσις"

ἀντίκειται ἀξίωμα καταφατικὸν τῷ·

„Οὐκ ἐξ — πόσις"

54 DIALECTICA.

180 ναὶ οὐ ἀντίκειται ἀξίωμα καταφατικὸν τῷ·
„Οὐκ ἐξ — πόσις“
ναὶ οὐ Ἀνδρομάχη Εὐριπίδου πρὸς Ἑρμιόνην ἀπεφήνατο τοῦτον
τὸν τρόπον·
5 „Οὐκ ἐξ — πόσις“
7. Εἰ ἀληθές ἐστιν, ὅπερ οὕτω λεχθείη ἄν· (Eur. Stheneb. fr. 662 N.)
„Οὐκ ἔστιν ὅστις πάντ’ ἀνὴρ εὐδαιμονεῖ.“
ἀντίκειται ἀξίωμα καταφατικὸν τῷ·
„Οὐκ ἔστιν — εὐδαιμονεῖ.“
10 ναὶ οὐ ἀντίκειται ἀξίωμα καταφατικὸν τῷ·
„Οὐκ ἔστιν — εὐδαιμονεῖ.“
V. ναὶ οὐ ἀληθές ἐστιν ὅπερ οὕτω λεχθείη ἄν·
„Οὐκ ἔστιν — εὐδαιμονεῖ.“
8. Εἰ ἀληθὲς ὂν ἔλεγεν Εὐριπίδης· (inc. fab. fr. 896 N.)
15 „Οὐκ ἐν γυναιξὶ τοὺς νεανίας χρεών,
ἀλλ’ ἐν σιδήρῳ κἂν ὅπλοις τιμὰς ἔχειν.“
ἀντίκειται ἀξίωμα καταφατικὸν τῷ·
„Οὐκ ἐν — τιμὰς ἔχειν.“
ναὶ οὐ ἀντίκειται ἀξίωμα καταφατικὸν τῷ·
20 „Οὐκ ἐν — τιμὰς ἔχειν.“
ναὶ οὐ ἀληθὲς ὂν ἔλεγεν Εὐριπίδης·
„Οὐκ ἐν — τιμὰς ἔχειν.“
9. Εἰ ποιητής τις οὕτως ἀπεφήνατο· (lyr. fr. adesp. 5 Bgk.)
VI. „Οὔ μοι ἔτ’ εὐκελάδων ὕμνων μέλει οὐδ’ ἔτι μολπῆς.“
25 φάσις ἐστὶν ὅπερ οὕτω λεχθείη ἄν·
„μοι ἔτ’ — — μολπῆς.“
ναὶ οὐ φάσις ἐστὶν ὅπερ οὕτω λεχθείη ἄν·
„μοι ἔτ’ — μολπῆς.“
ναὶ οὐ ποιητής τις οὕτως ἀπεφήνατο·
30 „οὔ μοι ἔτ’ — μολπῆς.“
Εἰ ποιητής τις οὕτως ἀπεφήνατο·
„Οὔ μοι ἔτ’ — μολπῆς.“
ἀντίκειται τῷ·
„Οὔ μοι ἔτ’ — μολπῆς.“
35 ἀξίωμα καταφατικόν. Ναὶ οὐ ἀντίκειται τῷ·
„Οὔ μοι ἔτ’ — μολπῆς.“
ἀξίωμα καταφατικόν. Ναὶ οὐ ποιητής τις οὕτως ἀπεφήνατο·
„Οὔ μοι ἔτ’ — μολπῆς.“
10. Εἰ Κύκλωψ ὁ τοῦ Τιμοθέου πρός τινα οὕτως ἀπεφήνατο·

28 cod. οὔ μοι, corr. Bergk.

VII. (Timoth. fr. 4) **180**

„Οὗτοι τόν γ᾽ ὑπεραμπέχοντ᾽ οὐρανὸν εἰσαναβήσει."
ἀντίκειται ἑνὶ καταφατικῷ ἀξιώματι δύο ἀποφατικὰ ἀξιώματα.
ναὶ οὐ ἀντίκειται ἑνὶ καταφατικῷ ἀξιώματι δύο ἀποφατικὰ ἀξιώματα.
ναὶ οὐ Κύκλωψ ὁ τοῦ Τιμοθέου πρός τινα οὕτως ἀπεφήνατο· 5
„Οὗτοι τόν — εἰσαναβήσει."

11. Εἰ οὕτως ἀπεφήνατό τις· (trag. fr. adesp. 78 N.)
„Οὐκ οἶδα· τἀληθὲς γὰρ ἀσφαλὲς φράσαι."
ἀποφαίνοιτ᾽ ἄν τις·
„[οὐκ] οἶδα — φράσαι." 10
ναὶ οὐ ἀποφαίνοιτ᾽ ἄν τις·
„[κ] οἶδα — φράσαι."
ναὶ οὐ οὕτως ἀπεφαίνετό τις·
„οὐκ οἶδαι — φράσαι."

12. Εἰ οὕτως ἀποφαίνοιτ᾽ ἄν τις· (Thesp. fr. 2 N.) 15
VIII. „[κ] ἐξαθρήσας οἶδ᾽· ἰδὼν δέ σοι λέγω."
Θέσπις ὁ ποιητὴς οὕτως ἀπέφασκεν·
„οὐκ ἐξαθρήσας οἶδ᾽· ἰδὼν δέ σοι λέγω."
ναὶ οὐ οὕτως ἀποφαίνοιτ᾽ ἄν τις·
„[κ] ἐξαθρήσας οἶδ᾽· ἰδὼν δέ σοι λέγω." 20
ναὶ οὐ Θέσπις ὁ ποιητὴς οὕτως ἀπέφασκεν·
„οὐκ ἐξαθρήσας οἶδ᾽· ἰδὼν δέ σοι λέγω."

13. Εἰ Σαπφὼ οὕτως ἀπεφήνατο· (fr. 69 Bgk.)
„οὐδ᾽ ἴαν δοκίμοιμι προσιδοῖσαν φάος ἀλίω
ἔσσεσθαι σοφίαν παρθένον εἰς οὐδένα πω χρόνον 25
τοιαύταν."
ἀντίκειται ἀξίωμα καταφατικὸν τῷ·
„οὐδ᾽ ἴαν — — — τοιαύταν."
ναὶ οὐ ἀντίκειται ἀξίωμα καταφατικὸν τῷ·
IX. „οὐδ᾽ ἴαν — — — τοιαύταν." 30
ναὶ οὐ Σαπφὼ οὕτως ἀπεφαίνετο·
„οὐδ᾽ ἴαν — — — τοιαύταν."

14. Εἰ οὐ ἀντίκειται ἀξίωμα καταφατικὸν τῷ· (Ibyc. fr. 27 Bgk.)
„οὐκ ἔστιν ἀποφθιμένοις ζωᾶς ἔτι φάρμακον εὑρεῖν."
οὐκ [ὁ] Ἴβυκος ὁ ποιητὴς οὕτως ἀ(πε)φαίνετ(ο)· 35
„οὐκ ἔστιν — — — εὑρεῖν."
ναὶ οὐ ἀντίκειται ἀξίωμα καταφατικὸν τῷ·
„οὐκ ἔστιν — — — εὑρεῖν."

---

10 οὐκ seclusit Bergk. 12 οἶδα Bergk, κοῖδα cod. 16. 20 ἐξαθρήσας
Bergk, κεξαθρήσας cod. 29 οὐκ cod., sed κ deletum a librario. 33 οὐ et
mox οὐκ ante ὁ Ἴβυκος del. Bergk. 35 ὁ seclusi.

180 ναὶ οὐ Ἴβυκος ὁ ποιητὴς οὕτως ἀπεφαίνετο·
„οὐκ ἔστιν — — — εὑρεῖν."

15. Εἰ οὐ εἰσὶν ἀμφίβολοι διάλεκτοι, οὐ Εὐριπίδης οὕτως ἀποφηνά-
μενος· (Eur. Dictys fr. 344 N.)

5 „οὐκ ἂν γένοιτο χρηστὸς ἐκ κακοῦ πατρός."
[ἀπέφασκεν·
„ἂν γένοιτο — πατρός."
ναὶ οὐ εἰσὶν ἀμφίβολοι διάλεκτοι· ναὶ οὐ Εὐριπίδης, οὕτως ἀπο-
φηνάμενος·
10 „οὐκ ἂν γένοιτο — πατρός."
ἀπέφασκεν·
„ἂν γένοιτο — πατρός."

— — — — — — — — — — — — — —

16. Εἰ ἢ ψεῦδος ἢ ἀληθές ἐστιν, ὃ ἐλέχθη ὑπ' Εὐριπίδου τὸν τρόπον
15 τοῦτον· (Eur. Hel. 1261)
„οὐχ ὧδε ναύτας ὀλομένους τυμβεύομεν."
Χ. ἀντί]κειται ἀξίωμα καταφατικὸν τῷ·
„οὐχ ὧδε — — τυμβεύομεν."
ναὶ οὐ ἀντίκειται ἀξίωμα καταφατικὸν τῷ·
20 „οὐχ ὧδε — — τυμβεύομεν."
ναὶ οὔτε ψεῦδος οὔτε ἀληθές ἐστιν (ὃ ἐλέχθη) ὑπ' Εὐριπίδου τὸν
τρόπον τοῦτον·
„οὐχ ὧδε — — τυμβεύομεν."

17. (Εἰ) ἀληθῶς Εὐριπίδης (ἔλ)εγεν· (Eur. Phoenix fr. 814 N.)
25 „οὐκ ἔστι (τοῦ θρ)έψαντος ἥδιον πέδον."
ἀντίκειται ἀξίωμα καταφατικὸν τῷ·
„οὐκ ἔστι — — πέδον."
ναὶ οὐ ἀντίκειται ἀξίωμα καταφατικὸν τῷ·
„οὐκ ἔστι — — πέδον."
30 ναὶ οὐ ἀληθῶς Εὐριπίδης ἔλεγεν·
„οὐκ ἔστι — — πέδον."

18. Εἰ Εὐριπίδης οὕτως ἀπεφαίνετο· (Eur. Suppl. 270)
„οὐκ ἔστιν οὐθὲν διὰ τέλους εὐδαιμονεῖν."
ἀντίκειται ἀξίωμα καταφατικὸν τῷ·
35 „οὐκ ἔστιν — εὐδαιμονεῖν."
ναὶ οὐ ἀντίκειται ἀξίωμα καταφατικὸν τῷ·
„οὐκ ἔστιν — εὐδαιμονεῖν."

_____

6 quae uncis inclusi, non sunt in codice; supplevi partim secutus
Bergkium. 21 ὃ ἐλέχθη add. Bergk. 24 Εἰ deest in cod. ‖ .. εγεν cod.
25 ἔστι ..... εψαντος cod. 30 ναὶ in marg. add. librarius. 33 εὐδαιμονοῦν
Eurip.

DIALECTICA. 57

ναὶ οὐ Εὐριπίδης οὕτως ἀπεφαίνετο·   180
„οὐκ ἔστιν — εὐδαιμονεῖν."
19. Εἰ οὕτως ἀπεφαίνετό τις τῶν ποιητῶν· (trag. fr. adesp. 79 N.)
„οὐκ ἀξιῶ μικ(ρ)ῶν σε· μεγάλα δ' οὐκ ἔχω."
ἔστιν τις ὃς οὕτως ἀποφαίνοιτ' ἄν·   5
„ἀξιῶ μικ(ρ)ῶν — ἔχω."
ναὶ οὐ ἔστιν τις ὃς οὕτως ἀποφαίνοιτ' ἄν·
„[κ] ἀξιῶ μικ(ρ)ῶν — ἔχω."
ναὶ οὐ ἀπεφαίνετό τις τῶν ποιητῶν οὕτως·
„οὐκ ἀξιῶ — — ἔχω."   10
20. Εἰ Ἀγαμέμνων οὕτως ἀπέφασκεν· (Cypriorum fr. 13 K.)
„οὐκ ἐφάμην Ἀχιλῆι χολώσειν ἄλκιμον ἦτορ
ὧδε μάλ' ἐκπάγλως, ἐπειδὴ μάλα μοι φίλος ἦην."
ἀξίωμά ἐστιν·
„[κ] ἐφάμην Ἀχιλῆι — — ἦην."   15
ναὶ οὐκ ἀξίωμά ἐστιν·
„[κ] ἐφάμην Ἀχιλῆι — — ʹῆην."
ναὶ οὐ Ἀγαμέμνων οὕτως ἀπέφασκεν·
„οὐκ ἐφάμην — — — ἦην."
21. Εἰ Ἀλκμὰν ὁ ποιητὴς οὕτως ἀπεφαίνετο· (Alcm. fr. 25)   20
„οὐκ ἦς ἀνὴρ ἄγροικος οὐδὲ σκαιός."
καταφάσκοι ἄν τις·
„[κ] ἦς ἀνὴρ — σκαιός."
ναὶ οὐ καταφάσκοι ἄν τις·
„[κ] ἦς ἀνὴρ — σκαιός."   25
ναὶ οὐκ Ἀλκμὰν ὁ ποιητὴς οὕτως ἀπεφαίνετο·
„οὐκ ἦς — — σκαιός."
22. Εἰ οὕτως ἀποφαίνοιτ' ἄν τις· (Anacr. fr. 15)
„[οὐ]δηῦτ' ἔμπεδός εἰμι,
οὐδ' ἀστοῖσι προσηνής,   30
οὐ Ἀνακρέων οὕτως ἀπεφήνατο·
οὐ δηῦτ' — προσηνής·
ναὶ οὐ οὕτως ἀποφαίνοιτ' ἄν τις·
„δηῦτ' — — προσηνής."
ναὶ οὐ Ἀνακρέων οὕτως ἀπεφήνατο·   35
„οὐ δηῦτ' — — προσηνής."
23. Εἰ Σαπφὼ οὕτως ἀποφαινομένη· (Sappho fr. 36)
„οὐκ οἶδ' ὅττι θέω· δύο μοι τὰ νοήματα."

4 μικῶν cod. semper.   8 καξιω cod., corr. Bergk.   15. 17 κεφαμην cod.,
corr. Bergk.   25 κης cod., corr. idem.   29 οὐ del. idem.

180 ἀπέφασκεν·

"οἶδ' ὅττι — — νοήματα."

εἰσὶν ἀμφίβολοι διάλεκτοι. ναὶ οὐ εἰσὶν ἀμφίβολοι διάλεκτοι.

ναὶ οὐ Σαπφὼ οὕτως ἀποφαινομένη·

5   "οὐκ οἶδ' ὅττι — — νοήματα."

ἀπέφασκεν·

"οἶδ' ὅττι — — νοήματα."

Εἰ Σαπφὼ οὕτως ἀπέφασκεν·

"οὐκ οἶδ' — — νοήνατα."

10 ἔστιν τι καταφατικὸν ἀξίωμα ἀντικείμενον τῷ·

"οὐκ οἶδ' — — νοήματα."

ναὶ οὐ ἔστιν τι καταφατικὸν ἀξίωμα ἀντικείμενον τῷ·

"οὐκ οἶδ' — — νοήματα."

ναὶ οὐ Σαπφὼ οὕτως ἀπέφασκεν·

15   "οὐκ οἶδ' — — νοήματα."

24. Εἰ ποιητής τις οὕτως ἀπεφαίνετο· (lyr. fr. adesp. 106 Bgk.)

"οὐκ εἶδον ἀνεμωκέα κόραν."

ἔστιν τι καταφατικὸν ἀξίωμα ἀντικείμενον τῷ·

"οὐκ εἶδον — κόραν."

20 ναὶ οὐ ἔστιν τι καταφατικὸν ἀξίωμα ἀντικείμενον τῷ·

"οὐ ‖

tredecim versus desiderantur

| α κό(ραν . . . . . . | καταφατ(ικῷ δύο ἀξιώ)|ματα ἀπ(οφατικὰ ἀν)|τί-
κειται . . . . | δέχεται . . . . | σιν κἀκεῖνα . . . . . | ἀποφαιν . . . .
25 . . . . |κ εἶδον ἀνεμωκέα κό|ραν ἀποφ . . . . | νεμωκέα κόραν . . . . |
των ου ειδ . . . . |

§ 2. *Λεκτὰ ἐλλιπῆ*.

181 Diocles Magnes apud. Diog. Laërt. VII 63. φασὶ δὲ [τὸ] λεκτὸν
εἶναι τὸ κατὰ φαντασίαν λογικὴν ὑφιστάμενον. τῶν δὲ λεκτῶν τὰ μὲν λέ-
30 γουσιν εἶναι αὐτοτελῆ οἱ Στωϊκοί, τὰ δὲ ἐλλιπῆ· ἐλλιπῆ μὲν οὖν ἐστι τὰ
ἀναπάρτιστον ἔχοντα τὴν ἐκφοράν, οἷον "γράφει". ἐπιζητοῦμεν γάρ "τίς;"
αὐτοτελῆ δ' ἐστὶ τὰ ἀπηρτισμένην ἔχοντα τὴν ἐκφοράν, οἷον· "γράφει
Σωκράτης".

182 Philo de agricultura § 139. Vol. II p. 122, 18 Wendl. ὅτι τῶν
35 ὄντων τὰ μέν ἐστι σώματα, τὰ δ' ἀσώματα· καὶ ⟨τῶν σωμάτων⟩ τὰ μὲν
ἄψυχα, τὰ δὲ ψυχὴν ἔχοντα· καὶ τὰ μὲν λογικά, τὰ δ' ἄλογα· καὶ τὰ μὲν
θνητά, τὰ δὲ θεῖα· καὶ τῶν θνητῶν τὸ μὲν ἄρρεν, τὸ δὲ θῆλυ, τὰ ἀνθρώ-
που τμήματα. Καὶ πάλιν τῶν ἀσωμάτων τὰ μὲν τέλεια, τὰ δ' ἀτελῆ·
καὶ τῶν τελείων τὰ μὲν ἐρωτήματα καὶ πύσματα, ἀρατικά τε αὖ καὶ ὀρκι-

---

28 τὸ seclusi.   35 τῶν σωμάτων add. Wendl.   38 καὶ Wendl., ἤ libri.
39 ἀρατικά Menagius ad Diog. Laërt. VII 66, ἐρωτικά codd.

κὰ καὶ ὅσαι ἄλλαι τῶν κατ᾽ εἶδος ἐν ταῖς περὶ τούτων στοιχειώσεσιν ἀναγράφονται διαφοραί.

Τὰ δὲ πάλιν ἃ διαλεκτικοῖς ἔθος ἐστὶν ὀνομάζειν ἀξιώματα· καὶ τούτων τὰ μὲν ἁπλᾶ, τὰ δ᾽ οὐχ ἁπλᾶ· καὶ τῶν οὐχ ἁπλῶν τὰ μὲν συνημμένα, τὰ δὲ παρασυνημμένα τὸ μᾶλλον ἢ ἧττον· καὶ προσέτι δὲ διεζευγμένα καὶ 5 ἄλλα τοιουτότροπα· ἔτι δ᾽ ἀληθῆ τε καὶ ψευδῆ καὶ ἄδηλα, δυνατά τε καὶ ἀδύνατα· [καὶ τὰ μὲν φθαρτὰ καὶ ἄφθαρτα,] καὶ ἀναγκαῖα καὶ οὐκ ἀναγκαῖα, καὶ εὐπορά τε καὶ ἄπορα, καὶ ὅσα συγγενῆ τούτοις.

Πάλιν δὲ τῶν ἀτελῶν αἱ εἰς τὰ λεγόμενα κατηγορήματα καὶ συμβεβηκότα καὶ ὅσα τούτων ἐλάττω διαιρέσεις προσεχεῖς. 10
183 Diocles Magnes apud Diog. Laërt. VII 63. ἐν μὲν οὖν τοῖς ἐλλιπέσι λεκτοῖς τέτακται τὰ κατηγορήματα· — 64. ἔστι δὲ τὸ κατηγόρημα τὸ κατά τινος ἀγορευόμενον· ἢ πρᾶγμα συντακτὸν περί τινος ἢ τινῶν, ὡς οἱ περὶ Ἀπολλόδωρόν φασιν, ἢ λεκτὸν ἐλλιπὲς συντακτὸν ὀρθῇ πτώσει πρὸς ἀξιώματος γένεσιν. τῶν δὲ κατηγορημάτων τὰ μέν ἐστι συμβάματα 15 **** οἷον τὸ „διὰ πέτρας πλεῖν". καὶ τὰ μέν ἐστι τῶν κατηγορημάτων ὀρθά, ἃ δ᾽ ὕπτια, ἃ δ᾽ οὐδέτερα. ὀρθὰ μὲν οὖν ἐστι τὰ συντασσόμενα μιᾷ τῶν πλαγίων πτώσεων πρὸς κατηγορήματος γένεσιν, οἷον „ἀκούει" „ὁρᾷ" „διαλέγεται". ὕπτια δέ ἐστι τὰ συντασσόμενα τῷ παθητικῷ μορίῳ, οἷον „ἀκούομαι" „ὁρῶμαι". οὐδέτερα δ᾽ ἐστὶ τὰ μηδετέρως ἔχοντα, οἷον „φρο- 20 νεῖ" „περιπατεῖ". ἀντιπεπονθότα δέ ἐστιν ἐν τοῖς ὑπτίοις, ἃ ὕπτια ὄντα ἐνεργήματά [δέ] ἐστιν, οἷον „κείρεται". ἐμπεριέχει γὰρ ἑαυτὸν ὁ κειρόμενος. πλάγιαι δὲ πτώσεις εἰσὶ γενικὴ καὶ δοτικὴ καὶ αἰτιατική.
184 Porphyrius apud Ammonium in Aristot. de interpr. p. 44, 19 Busse. („ἐν οἷς καὶ προσιστορεῖ (scil. Porphyrius) τὴν τῶν Στωϊκῶν διά- 25 ταξιν περὶ τῶν κατηγορουμένων ὅρων ἐν ταῖς προτάσεσιν οὖσαν τοιαύτην.) „Τὸ κατηγορούμενον ἤτοι ὀνόματος κατηγορεῖται ἢ πτώσεως, καὶ τούτων ἑκάτερον ἤτοι τέλειόν ἐστιν ὡς κατηγορούμενον καὶ μετὰ τοῦ ὑποκειμένου αὔταρκες πρὸς γένεσιν ἀποφάνσεως, ἢ ἐλλιπὲς καὶ προσθήκης τινὸς δεόμενον πρὸς τὸ τέλειον ποιῆσαι κατηγορούμενον. ἂν μὲν οὖν ὀνόματός τι 30 κατηγορηθὲν ἀπόφανσιν ποιῇ, κατηγόρημα καὶ σύμβαμα παρ᾽ αὑτοῖς ὀνομάζεται (σημαίνει γὰρ ἄμφω ταὐτόν), ὡς τὸ „περιπατεῖ", οἷον „Σωκράτης περιπατεῖ". ἂν δὲ πτώσεως, παρασύμβαμα, ὡσανεὶ παρακείμενον τῷ συμβάματι καὶ ὂν οἷον παρακατηγόρημα. ὡς ἔχει τὸ „μεταμέλει", οἷον „Σωκράτει μεταμέλει". τὸ μὲν γὰρ „μεταμελεῖται" σύμβαμα εἶναι, τὸ δὲ „μετα- 35 μέλει" παρασύμβαμα οὐ δυνάμενον ὀνόματι συνταχθὲν ἀπόφανσιν ἐργάσασθαι, οἷον „Σωκράτης μεταμέλει" (οὐδεμία γὰρ τοῦτο ἀπόφανσις) ἀλλ᾽ οὔτε κλίσιν ἐπιδέξασθαι δυνάμενον, ὡς τὸ „περιπατῶ, περιπατεῖς, περιπατεῖ" οὔτε συμμετασχηματισθῆναι τοῖς ἀριθμοῖς· ὥσπερ γὰρ λέγομεν „τούτῳ μεταμέλει" οὕτως καὶ „τούτοις μεταμέλει". καὶ πάλιν ἂν μὲν τὸ τοῦ ὀνόματος κατηγο- 40 ρούμενον δέηται προσθήκης πτώσεως ὀνόματός τινος πρὸς τὸ ποιῆσαι ἀπό-

---

5 supplendum puto: ⟨τὰ δὲ διασαφοῦντα⟩ τὸ μᾶλλον ἢ ἧττον. 6 ἔτι Wendl., εἰ MAGH[1]. 7 καὶ τὰ—ἄφθαρτα secl. Wendl. 8 εὐπορά τε καὶ ἄπορα Turn., ἀπορά τε καὶ εὔπορα codd. 12 Scripsit Chrysippus περὶ τῶν κατηγορημάτων πρὸς Μητρόδωρον ί Vide n. 13 v. 16 multa exciderunt, certe: τὰ δὲ παρασυμβάματα ‖ διὰ πέτρας πλεῖν corrupta. 21 φρονεῖν περιπατεῖν libri, quod correxi. ‖ ἃ ὕπτια Cobetus ἀνύπτια libri. 22 δὲ del. Cobetus. ‖ αὐτὸν ΒΡ αὑτὸν F. 23 καὶ bis om. F.

φανσιν, ἔλαττον ἢ κατηγόρημα λέγεται, ὡς ἔχει τὸ „φιλεῖ" καὶ τὸ „εὐνοεῖ", οἷον „Πλάτων φιλεῖ"· τούτῳ γὰρ προστεθὲν τὸ τινά, οἷον Δίωνα, ποιεῖ ὡρισμένην ἀπόφανσιν τὴν „Πλάτων Δίωνα φιλεῖ". ἂν δὲ τὸ τῆς πτώσεως κατηγορούμενον ᾖ τὸ δεόμενον ἑτέρᾳ συνταχθῆναι πλαγίᾳ πτώσει
5 πρὸς τὸ ποιῆσαι ἀπόφανσιν, ἔλαττον ἢ παρασύμβαμα λέγεται, ὡς ἔχει τὸ μέλει, οἷον „Σωκράτει Ἀλκιβιάδου μέλει". ταῦτα δὲ πάντα καλοῦσι ῥήματα". καὶ τοιαύτη μὲν ἡ τῶν Στωϊκῶν περὶ τούτων παράδοσις. Eadem fere Stephanus in Aristot. de interpret. p. 10, 22 sq. p. 11, 8 sq. Hayd. (Comment. graec. XVIII, 3), Cf. etiam Apollon. περὶ συντ. III 32
10 μεταμέλει γὰρ Σωκράτει καὶ ἔτι μέλει, τῆς ὀρθῆς οὐ συνούσης, διὸ καὶ παρασυμβάματα αὐτὰ ἐκάλεσαν οἱ ἀπὸ τῆς Στοᾶς, τῶν ἄλλων ῥημάτων κατὰ τὰς συμβαινούσας διαθέσεις παρ' αὐτοῖς συμβαμάτων προσαγορευομένων ἢ καὶ ἔτι κατηγορημάτων· καὶ τὸ μὲν ἀπαρτίζον τὴν διάνοιαν παρασύμβαμα, λέγω τὸ „μέλει Σωκράτει", τὸ δὲ ἐλλεῖπον ἧττον ἢ παρασύμβαμα, λέγω δὴ
15 τὸ „μέλει". Idem I, 8 πᾶν ἀπαρέμφατον ὄνομά ἐστι ῥηματικόν, εἴ γε καὶ οἱ ἀπὸ τῆς Στοᾶς αὐτὸ μὲν καλοῦσι ῥῆμα, τὸ δὲ „περιπατεῖ" ἢ „γράφει" κατηγόρημα ἢ σύμβαμα. Falsa de iisdem rebus produnt Suid. s. v. σύμβαμα Priscianus XVIII p. 1118.

185 Simplicius in Aristot. categ. f. 84 Δ ed. Bas. Παρατηρεῖν δὲ δεῖ
20 καὶ πότε ὀρθόν ἐστι καὶ πότε ὕπτιον τὸ ἐνέργημα ἢ πάθος. αὐτίκα τὸ μὲν λυπεῖν ὀρθὸν τοῖς πολλοῖς δοκεῖ, τὸ δὲ λυπεῖσθαι ὕπτιον. οὐ μὴν ἀεὶ τοῦτο συμβαίνει, ὥσπερ ἐπὶ τοῦ τύπτοντος καὶ τυπτομένου· ἐνδέχεται γὰρ μὴ ἀεὶ συνεῖναι τὸν λυποῦντα, οἷον τὸν ἀποθανόντα υἱόν, εἰ ἐπ' αὐτῷ τις λυποῖτο· ἐνδέχεται δὲ καὶ μὴ λυπεῖσθαι, εἰ μὴ ἄρα ἡ φαντασία, ποιητικὸν
25 οὖσα καὶ αὐτὴ αἴτιον, ἐπιμένει. ἔστι δ' ὅταν καὶ παυσαμένου τοῦ ποιοῦντος πάσχει τὸ πάσχον, ἐπιμενούσης τῆς διαθέσεως, ὡς ἐπὶ τοῦ ὑπὸ πυρὸς θερμαινομένου καὶ μετὰ τὴν ἀναχώρησιν τοῦ πυρὸς ἔτι πάσχοντος τὸ θερμαίνεσθαι· διττὸν γὰρ τὸ πάσχειν, τὸ μὲν τῷ ποιεῖν συνηρτημένον, τὸ δὲ κατὰ τὴν διάθεσιν θεωρούμενον. ἴσως δὲ καὶ ἐνταῦθα ἔνδον συνέζευκται τὸ
30 ποιοῦν, ἤτοι ἡ φαντασία ἢ τὸ ἔξωθεν ἐγγενόμενον πῦρ. τοῖς οὖν πράγμασιν ἀλλ' οὐ ταῖς λέξεσιν ἐν τῇ τούτων ἐπικρίσει ἀκολουθεῖν καλόν. πολλὴ δὲ ἡ τῶν τοιούτων ἐξεργασία παρὰ τοῖς Στωϊκοῖς· ὧν ἐφ' ἡμῶν καὶ ἡ διδασκαλία καὶ τὰ πλεῖστα τῶν συγγραμμάτων ἐπιλέλοιπεν.

§ 3. Περὶ Λεκτῶν αὐτοτελῶν.

35 Scripsit Chrysippus de rebus hac paragrapho tractatis:

περὶ προσταγμάτων β′
περὶ ἐρωτήσεως β′
περὶ πεύσεως δ′
ἐπιτομὴ περὶ ἐρωτήσεως καὶ πεύσεως α′.

40 **186** Diocles Magnes apud Diog. Laërt. VII 66. διαφέρει δὲ ἀξίωμα καὶ ἐρώτημα καὶ πύσμα ⟨καὶ⟩ προστακτικὸν καὶ ὁρκικὸν καὶ ἀρατικὸν καὶ ὑποθετικὸν καὶ προσαγορευτικὸν καὶ πρᾶγμα ὅμοιον ἀξιώματι. ἀξίωμα μὲν

20 Scripsit Chrysippus περὶ ὀρθῶν καὶ ὑπτίων πρὸς Φίλαρχον α′. Vide n. 13 v.   41 καὶ addidi. ‖ ὁρικόν B.

γάρ ἐστιν ὃ λέγοντες ἀποφαινόμεθα, ὅπερ ἢ ἀληθές ἐστιν ἢ ψεῦδος. ἐρώ-
τημα δέ ἐστι πρᾶγμα αὐτοτελὲς μέν, ὡς καὶ τὸ ἀξίωμα, αἰτητικὸν δὲ ἀπο-
κρίσεως, οἷον „ἆρά γε ἡμέρα ἐστί;" τοῦτο δὲ οὔτε ἀληθές ἐστιν οὔτε ψεῦδος·
ὥστε τὸ μὲν „ἡμέρα ἐστίν" ἀξίωμά ἐστι, τὸ δὲ „ἆρά γε ἡμέρα ἐστίν;" ἐρώτημα.
πύσμα δέ ἐστι πρᾶγμα πρὸς ὃ συμβολικῶς οὐκ ἔστιν ἀποκρίνεσθαι, ὡς ἐπὶ 5
τοῦ ἐρωτήματος, „ναί", ἀλλὰ ⟨δεῖ⟩ εἰπεῖν „οἰκεῖ ἐν τῷδε τῷ τόπῳ". προσ-
τακτικὸν δέ ἐστι πρᾶγμα, ὃ λέγοντες προστάσσομεν, οἷον· (fr. trag. adesp.
144 N)
          „σὺ μὲν βάδιζε τὰς ἐπ᾽ Ἰνάχου ῥοάς".
ὁρκικὸν **** ⟨προσαγορευτικὸν⟩ δέ ἐστι πρᾶγμα, ὃ εἰ λέγοι τις, προσ- 10
αγορεύοι ἄν, οἷον
          „Ἀτρείδη κύδιστε, ἄναξ ἀνδρῶν Ἀγάμεμνον".
ὅμοιον δέ ἐστιν ἀξιώματι, ὃ τὴν ἐκφορὰν ἔχον ἀξιωματικὴν παρά τινος
μορίου πλεονασμὸν ἢ πάθος ἔξω πίπτει τοῦ γένους τῶν ἀξιωμάτων, οἷον·
          „καλός γ᾽ ὁ παρθενών".   15
„ὡς Πριαμίδησιν ἐμφερὴς ὁ βουκόλος" (frg. trag. adesp. 109) ἔστι δὲ
καὶ ἐπαπορητικόν τι πρᾶγμα διενηνοχὸς ἀξιώματος, ὃ εἰ λέγοι τις, ἀποροίη
ἄν· (Menandri fr. 281, 9 Kock)
          „ἆρ᾽ ἔστι συγγενές τι λύπη καὶ βίος;"
οὔτε δὲ ἀληθῆ ἐστιν οὔτε ψευδῆ τὰ ἐρωτήματα καὶ τὰ πύσματα καὶ τὰ τού- 20
τοις παραπλήσια, τῶν ἀξιωμάτων ἢ ἀληθῶν ἢ ψευδῶν ὄντων.
187 Sextus adv. math. VIII 70.   αὐτίκα γὰρ — ἠξίουν οἱ Στωϊκοὶ
κοινῶς ἐν λεκτῷ τὸ ἀληθὲς εἶναι καὶ τὸ ψεῦδος. λεκτὸν δὲ ὑπάρχειν
φασὶ τὸ κατὰ λογικὴν φαντασίαν ὑφιστάμενον· λογικὴν δὲ εἶναι φαν-
τασίαν καθ᾽ ἣν τὸ φαντασθὲν ἔστι λόγῳ παραστῆσαι. τῶν δὲ λεκτῶν τὰ 25
μὲν ἐλλιπῆ καλοῦσι τὰ δὲ αὐτοτελῆ. ὧν τὰ μὲν ἐλλιπῆ παρείσθω νῦν, τῶν
δὲ αὐτοτελῶν πλείους εἶναί φασι ⟨διαφοράς⟩. καὶ γὰρ προστακτικὰ κα-
λοῦσί τινα, ἅπερ προστάσσοντες λέγομεν, οἷον „δεῦρ᾽ ἴθι νύμφα φίλη" (Il.
Γ 30) καὶ ἀποφαντικά, ἅπερ ἀποφαινόμενοί φαμεν, οἷον „ὁ Δίων πε-
ριπατεῖ", καὶ πύσματα, ἅπερ λέγοντες πυνθανόμεθα, οἷον „ποῦ οἰκεῖ 30
Δίων;" ὀνομάζεται δέ τινα παρ᾽ αὐτοῖς καὶ ἀρατικά, ἅπερ λέγοντες ἀρώ-
μεθα „ὧδέ σφ᾽ ἐγκέφαλος χαμάδις ῥέοι ὡς ὅδε οἶνος" (Il. Γ 300) καὶ εὐκ-
τικά, ἅπερ λέγοντες εὐχόμεθα „Ζεῦ πάτερ, Ἴδηθεν μεδέων, κύδιστε μέγιστε,
δὸς νίκην Αἴαντι καὶ ἀγλαὸν εὖχος ἀρέσθαι" (Il. Η 202). προσαγορεύουσι
δέ τινα τῶν αὐτοτελῶν καὶ ἀξιώματα, ἅπερ λέγοντες ἢ ἀληθεύομεν ἢ ψευ- 35
δόμεθα. ἔστι δέ τινα καὶ πλείονα ἢ ἀξιώματα, οἷον τὸ μὲν τοιοῦτο
„Πριαμίδησιν ἐμφερὴς ὁ βουκόλος" ἀξίωμά ἐστιν· ἢ γὰρ ἀληθεύομεν λέγον-
τες αὐτὸ ἢ ψευδόμεθα· τὸ δὲ οὕτως ἔχον „ὡς Πριαμίδησιν ἐμφερὴς ὁ βου-
κόλος" πλέον τι ἀξιώματός ἐστι καὶ οὐκ ἀξίωμα. πλὴν ἱκανῆς οὔσης ἐν τοῖς
λεκτοῖς διαφορᾶς, ἵνα τι, φασίν, ἀληθὲς ᾖ ἢ ψεῦδος, δεῖ αὐτὸ πρὸ παντὸς 40
λεκτὸν εἶναι, εἶτα καὶ αὐτοτελές, καὶ οὐ κοινῶς ὁποῖον δήποτε οὖν ἀλλ᾽ ἀξίωμα·
μόνον γὰρ τοῦτο, ὡς προεῖπον, λέγοντες ἤτοι ἀληθεύομεν ἢ ψευδόμεθα.
188 Ammonius in Aristot. de interpret. p. 2, 26 Busse.   καλοῦσι δὲ οἱ
Στωϊκοὶ τὸν μὲν ἀποφαντικὸν λόγον ἀξίωμα, τὸν δὲ εὐκτικὸν ἀρατικόν, τὸν
δὲ κλητικὸν προσαγορευτικόν, προσθέντες τούτοις ἕτερα πέντε λόγων εἴδη 45

---

6 δεῖ addidi.   10 lacunam hausisse definitiones ὁρκικοῦ, ἀρατικοῦ, ὑπο-
θετικοῦ vidit Hübner.   13 εἰσφορὰν BPF, corr. Menag.   14 πάθους BP.
15 κάλλος B.   21 ἀληθινῶν BF.   27 διαφοράς add. Bk.

σαφῶς ὑπό τινα τῶν ἀπηριθμημένων ἀναφερόμενα· λέγουσι γὰρ τὸ μέν τι
εἶναι ὁμοτικὸν οἷον·

ἴστω νῦν τόδε γαῖα,

τὸ δὲ ἐκθετικὸν οἷον „ἔστω εὐθεῖα γραμμὴ ἥδε", τὸ δὲ ὑποθετικόν οἷον
5 „ὑποκείσθω τὴν γῆν κέντρον εἶναι τῆς τοῦ ἡλίου σφαίρας" τὸ δὲ ὅμοιον
ἀξιώματι οἷον

ὡς ὡραΐζεται ἡ τύχη εἰς τοὺς βίους (Menander fr. 855)

ἅπερ ἅπαντα δεκτικὰ ὄντα ψεύδους τε καὶ ἀληθείας ὑπάγοιντο ἂν τῷ ἀπο-
φαντικῷ. — — πέμπτον δέ τι πρὸς τούτοις εἶναί φασι τὸ ἐπαπορητι-
10 κὸν οἷον·

Δᾶος πάρεστι· τί ποτ' ἐπαγγελῶν ἄρα;

ὅπερ ἐναργῶς ταὐτὸν ὂν τυγχάνει τῷ ἐρωτηματικῷ, πλὴν ὅτι προτίθησι τὴν
πρόφασιν τῆς ἐρωτήσεως.

189 Ammonius in Aristot. Analyt. pr. p. 2, 3 Wal. ὥστε οὐ περὶ
15 παντὸς λόγου ἐκεῖ διαλαμβάνει, οὔτε περὶ τοῦ εὐκτικοῦ οὔτε περὶ τοῦ προσ-
τακτικοῦ οὔτε ἄλλου τινὸς ἤτοι τῶν πέντε κατὰ τοὺς Περιπατητικοὺς ἢ τῶν
δέκα κατὰ τοὺς Στωϊκοὺς πλὴν τοῦ ἀποφαντικοῦ. Cf. p. 26, 31.

190 Scholia Hesiod. Theog. v. 463. τῷ ἐρωτήματι συμβολικῶς ἕπεται
ἡ ἀπόκρισις, τῷ πύσματι δὲ διεξοδικῶς.

20 **191** Alexander in Aristot. Topica p. 539, 17. καὶ γὰρ ἐν ἐκείνῳ εἶπε
(scil. Aristoteles in Top. lib. I) μὴ εἶναι διαλεκτικὰς ἐρωτήσεις τὰς τί ἐστι
τὸ προκείμενον ἐξεταζούσας, ἃ πύσματα ἔθος λέγειν τοῖς νεωτέροις.

192 Simplicius in Aristot. categ. f. 103 A. ed. Bas. χωρὶς δὲ τούτων,
φασί, πάλαι λέλυται ταῦτα ἐν ταῖς ἐξηγήσεσι τοῦ ὅρου τοῦ ἀξιώματος τοῦ ἀφο-
25 ριζομένου τὸ ἀξίωμα ὅ ἐστιν ἀληθὲς ἢ ψεῦδος· οὐ γὰρ τὸ ὁμοτικὸν οἷόν τε
ἀληθὲς εἶναι ἢ ψευδές, ἀλλ' εὐορκεῖν μὲν ἢ ἐπιορκεῖν ἐν τοῖς ὅρκοις εἰκός·
ἀληθεύειν δὲ ἢ ψεύδεσθαι ἐν αὐτοῖς οὐχ οἷόν τε, κἂν περὶ ἀληθῶν· ὀμόσῃ
τις ἢ ψευδῶν. καὶ τὸ θαυμαστικὸν δὲ πλεονάζον τῷ θαύματι παρὰ τὸ
ἀξίωμα καὶ τὸ ψεκτικὸν τῷ μωμίμῳ (sic!) οὔτε ἀληθές ἐστιν οὔτε ψευδές,
30 ἀλλὰ ὅμοια ἀληθέσιν ἢ ψευδέσιν· ἀλλ' αὗται μὲν ἀπὸ τῆς Στωϊκῆς ἀκρι-
βείας ἔστωσαν αἱ λύσεις.

§ 4. Περὶ ἀξιωμάτων.

Περὶ ἁπλῶν ἀξιωμάτων.

Ex Chrysippi libris ad hanc paragraphum pertinent:

35 περὶ ἀξιωμάτων α'
περὶ τῶν καταγορευτικῶν πρὸς Ἀθηνόδωρον α'
περὶ τῶν ἀορίστων ἀξιωμάτων πρὸς Δίωνα γ'
περὶ τῆς διαφορᾶς τῶν ἀορίστων δ'
περὶ δυνατῶν πρὸς Κλεῖτον δ'
40 περὶ τῶν κατὰ τὸ ὑποκείμενον ὡρισμένων ἐκφορῶν α'.

193 Diocles Magnes apud Diog. Laërt. VII 65. ἀξίωμα δέ
ἐστιν ὅ ἐστιν ἀληθὲς ἢ ψεῦδος· ἢ πρᾶγμα αὐτοτελὲς ἀποφαντὸν ὅσον
ἐφ' ἑαυτῷ ὡς ὁ Χρύσιππός φησιν ἐν τοῖς διαλεκτικοῖς ὅροις

---

15 scil. Aristoteles.　　30 ed. Bas. ἢ pro altero οὔτε.

DIALECTICA. 63

„ἀξίωμά ἐcτι τὸ ἀποφαντὸν ἢ καταφαντὸν ὅcον ἐφ᾽ ἑαυτῷ
οἷον ʽἡμέρα ἐcτί᾽ ʽΔίων περιπατεῖ᾽.ʼʼ ὠνόμαcται δὲ τὸ ἀξίωμα
ἀπὸ τοῦ ἀξιοῦcθαι ἢ ἀθετεῖcθαι. ὁ γὰρ λέγων „ἡμέρα ἐcτίνʼʼ ἀξιοῦν
δοκεῖ τὸ ἡμέραν εἶναι. οὔcηc μὲν οὖν ἡμέραc ἀληθὲc γίνεται τὸ προ-
κείμενον ἀξίωμα, μὴ οὔcηc δὲ ψεῦδοc.   5
194 Gellius Noct. Att. XVI 8, 1. Cum in disciplinas dialecticas in-
duci atque imbui vellemus, necessus fuit adire atque cognoscere quas vo-
cant dialectici *εἰσαγωγάς.* Tum quia in primo *περὶ ἀξιωμάτων* discendum.
— — 4. redimus igitur necessario ad graecos libros. Ex quibus accepimus
ἀξίωμα esse his verbis: *λεκτὸν αὐτοτελὲς ἀπόφαντον ὅσον ἐφ᾽ αὑτῷ.* — — 10
8. et omnino quicquid ita dicitur plena atque perfecta verborum sententia,
ut id necesse sit aut verum aut falsum esse, id a dialecticis *ἀξίωμα* ap-
pellatum est. — —
195 Sextus adv. math. VIII 10. *οἱ δὲ ἀπὸ τῆς Στοᾶς λέγουσι μὲν
τῶν τε αἰσθητῶν τινα καὶ τῶν νοητῶν ἀληθῆ, οὐκ ἐξ εὐθείας δὲ τὰ αἰσ-* 15
*θητά, ἀλλὰ κατ᾽ ἀναφορὰν τὴν ὡς ἐπὶ τὰ παρακείμενα τούτοις νοητά· ἀλη-
θὲς γάρ ἐστι κατ᾽ αὐτοὺς τὸ ὑπάρχον καὶ ἀντικείμενόν τινι, καὶ ψεῦδος τὸ
μὴ ὑπάρχον καὶ [μὴ] ἀντικείμενόν τινι· ὅπερ ἀσώματον ἀξίωμα καθεστὼς
νοητὸν εἶναι.*
196 Cicero Acad. Pr. II 95. Fundamentum dialecticae est, quidquid 20
enuntietur (id autem appellant *ἀξίωμα* —) aut verum esse aut falsum.
Quid igitur? haec vera an falsa sunt: ʽsi te mentiri dicis idque verum
dicis, mentiris [verum dicis]ʼ. Haec scilicet inexplicabilia esse dicitis. —
Si ista explicari non possunt nec eorum ullum iudicium invenitur, ut re-
spondere possitis, verane an falsa sint, ubi est illa definitio, effatum esse 25
id, quod aut verum aut falsum sit?
197 Stobaeus Florileg. 28, 18 H. (28, 15 M.) *Χρυσίππου. Χρύ-
σιππος διαφέρειν ἔφη τὸ ἀληθορκεῖν τοῦ εὐορκεῖν· καὶ τὸ ἐπιορκεῖν
τοῦ ψευδορκεῖν. Τὸν μὲν γὰρ ὀμνύντα καθ᾽ ὃν ὀμνύει καιρὸν πάντως
ἢ ἀληθορκεῖν ἢ ψευδορκεῖν. τὸ γὰρ ὀμνύμενον ὑπ᾽ αὐτοῦ ἢ ἀληθὲς* 30
*εἶναι ἢ ψεῦδος, ἐπειδὴ ἀξίωμα τυγχάνει ὄν. τὸν δὲ ὀμνύντα μὴ πάν-
τως καθ᾽ ὃν ὀμνύει χρόνον ἢ εὐορκεῖν ἢ ἐπιορκεῖν, ὅτε μὴ πάρεστιν
ὁ χρόνος, εἰς ὃν ἡ ἀναφορὰ τῶν ὅρκων ἐγίγνετο. Ὃν τρόπον γὰρ
λέγεσθαί τινα εὐσυνθετεῖν ἢ ἀσυνθετεῖν, οὐχ ὅτε συντίθεται, ἀλλ᾽
ὅτε οἱ χρόνοι ἐνίστανται τῶν κατὰ τὰς ὁμολογίας· οὕτω καὶ εὐορκεῖν* 35
*τις καὶ ἐπιορκεῖν ῥηθήσεται, ὅταν οἱ καιροὶ παραστῶσι, καθ᾽ οὓς
ὡμολόγησεν ἐπιτελέσειν τὰ κατὰ τοὺς ὅρκους.*
198 Simplicius in Aristot categ. f. 103 B ed Bas. *περὶ δὲ τῶν εἰς
τὸν μέλλοντα χρόνον ἀντιφάσεων οἱ μὲν Στωϊκοὶ τὰ αὐτὰ δοκιμάζουσιν,
ἅπερ καὶ ἐπὶ τῶν ἄλλων. ὡς γὰρ τὰ περὶ τῶν παρόντων καὶ παρεληλυθό-* 40

---

17 eadem definitio X 220. Cf. etiam n. 132.   18 *μὴ* del. Meineke.
23 mentiris ⟨an⟩ verum dicis? *Schütz;* verum dicis *seclusi.* ‖ inexplicabilia i.
e. *ἄπορα.*   25 effectum *libri optimi.*   31 pugnant haec cum verbis Simplicii,
qui non putat τὸ *ὁμοτικόν* esse *ἀξίωμα* n. 192.   38 *τῶν* scripsi, *τὸν* ed. Bas.
— Haec ad doctrinam de fato alicuius momenti sunt. Cf. Phys. VI § 6 n. 952 sq.

των ἀντικείμενα, οὕτως καὶ τὰ μέλλοντα αὐτά τέ φασι καὶ τὰ μόρια αὐτῶν. ἢ γὰρ τὸ ἔσται ἀληθές ἐστιν ἢ τὸ οὐκ ἔσται, εἰ δεῖ ἤτοι ψειδῆ ἢ ἀληθῆ εἶναι. ὡρίσθαι γὰρ κατ᾽ αὐτὰ τὰ μέλλοντα. καὶ εἰ μὲν ἔσται ναυμαχία αὔριον, ἀληθὲς εἰπεῖν ὅτι ἔσται· εἰ δὲ μὴ ἔσται, ψεῦδος τὸ εἰπεῖν ὅτι ἔσται. 5 ἤτοι ἔσται ἢ οὐκ ἔσται, ἤτοι ἄρα ἀληθὲς ἢ ψεῦδος θάτερον.
199 Sextus adv. math. VIII 79. τὰ νῦν δὲ ἐκεῖνο ῥητέον ὅτι τὸ αὐτοτελὲς ἀξίωμα σύνθετον εἶναι θέλουσιν, οἷον τὸ „ἡμέρα ἐστί" σύγκειται ἔκ τε τοῦ „ἡμέρα" καὶ τοῦ „ἔστιν".
200 Proclus in Euclid. p. 193 Friedlein. καὶ οἵ γε ἀπὸ τῆς Στοᾶς 10 ἅπαντα λόγον ἁπλοῦν ἀποφαντικὸν ἀξίωμα προσαγορεύειν εἰώθασιν, καὶ ὅταν διαλεκτικὰς ἡμῖν γράφωσι τέχνας „περὶ ἀξιωμάτων", τοῦτο διὰ τῶν ἐπιγραμμάτων δηλοῦν ἐθέλουσιν.
201 Diocles Magnes apud Diog. Laërt. VII 75. πιθανὸν δέ ἐστιν ἀξίωμα τὸ ἄγον εἰς συγκατάθεσιν, οἷον „εἴ τίς τι ἔτεκεν, ἐκείνη ἐκείνου μή- 15 τηρ ἐστί". ψεῦδος δὲ τοῦτο· οὐ γὰρ ἡ ὄρνις ᾠοῦ ἐστι μήτηρ. ἔτι τὰ μέν ἐστι δυνατά, τὰ δὲ ἀδύνατα, καὶ τὰ μὲν ἀναγκαῖα, τὰ δ᾽ οὐκ ἀναγκαῖα. δυνατὸν μὲν τὸ ἐπιδεκτικὸν τοῦ ἀληθὲς εἶναι, τῶν ἐκτὸς μὴ ἐναντιουμένων πρὸς τὸ ἀληθὲς εἶναι, οἷον „ζῇ Διοκλῆς". ἀδύνατον δὲ ὃ μή ἐστιν ἐπιδεκτικὸν τοῦ ἀληθὲς εἶναι, οἷον „ἡ γῆ ἵπταται". ἀναγκαῖον δέ 20 ἐστιν, ὅπερ ἀληθὲς ὂν οὐκ ἔστιν ἐπιδεκτικὸν τοῦ ψεῦδος εἶναι, ἢ ἐπιδεκτικὸν μέν ἐστι, τὰ δ᾽ ἐκτὸς αὐτῷ ἐναντιοῦται πρὸς τὸ ψεῦδος εἶναι, οἷον „ἡ ἀρετὴ ὠφελεῖ". οὐκ ἀναγκαῖον δέ ἐστιν ὃ καὶ ἀληθές ἐστιν καὶ ψεῦδος οἷόν τε εἶναι, τῶν ἐκτὸς μηδὲν ἐναντιουμένων, οἷον τὸ „περιπατεῖ Δίων". εὔλογον δέ ἐστιν ἀξίωμα τὸ πλείονας ἀφορμὰς ἔχον εἰς τὸ ἀληθὲς εἶναι, οἷον „βιώ- 25 σομαι αὔριον". καὶ ἄλλαι δέ εἰσι διαφοραὶ ἀξιωμάτων καὶ μεταπτώσεις αὐτῶν ἐξ ἀληθῶν εἰς ψεύδη καὶ ἀντιστροφαί, περὶ ὧν ἐν τῷ πλάτει λέγομεν.

Boëthius ad Aristot. de interpr. p. 374. Stoici vero possibile quidem posuerunt, quod susceptibile esset verae praedicationis, nihil his prohibentibus, quae cum extra sint, cum ipso tamen fieri contingunt; impossibile 30 autem, quod nullam unquam suscipiat veritatem, aliis extra eventum ipsius prohibentibus; necessarium, quod cum verum sit falsam praedicationem nulla ratione suscipiat.

Idem p. 429. illud autem ignorandum non est, quod Stoicis universalius videatur esse possibile a necessario; dividunt enim enuntiationes 35 hoc modo: „enuntiationum, inquiunt, aliae sunt possibiles, aliae impossibiles; possibilium aliae sunt necessariae, aliae non necessariae; rursus non necessariarum aliae possibiles etc." stulte atque improvide idem possibile et genus non necessarii et speciem constituentes.

202 Plutarchus de Stoic. repugn. c. 46 p. 1055 d. Ὁ δὲ τῶν 40 δυνατῶν λόγος πρὸς τὸν τῆς εἱμαρμένης λόγον αὐτῷ πῶς οὐ μαχόμενός ἐστιν; εἰ γὰρ οὐκ ἔστι δυνατὸν ὅπερ ἢ ἔστιν ἀληθὲς ἢ ἔσται, κατὰ Διόδωρον, „ἀλλὰ πᾶν τὸ ἐπιδεκτικὸν τοῦ γενέσθαι, κἂν μὴ μέλλῃ γενήσεσθαι δυνατόν ἐστιν" ἔσται δυνατὰ πολλὰ τῶν μὴ καθ᾽ εἱμαρμένην. ⟨Ἡ ἄρα τὴν⟩ ἀνίκητον καὶ ἀνεκβίαστον καὶ

---

16 ὡς pro καὶ F.　　18 εἰς BPF, πρὸς Cobet.　　23 μὴ F.　　25 διαφοραί εἰσιν (hoc ord.) BF.　　26 ἀντίστροφα BPF, corr. Rossius.　　40 αὐτῷ: scil. Chrysippo.　　44 ἢ ἄρα τὴν supplevi.

περιγενητικὴν ἁπάντων ἡ εἱμαρμένη δύναμιν ἀπόλλυσιν ἢ ταύτης οἵαν
ἀξιοῖ Χρύσιππος οὔσης, τὸ ἐπιδεκτικὸν τοῦ γενέσθαι πολλάκις εἰς τὸ
ἀδύνατον ἐμπεσεῖται etc. **202a** Alexander Aphrod. comm. in Aristot. Analyt. pr. p. 177, 25
Wallies.

Χρύσιππος δὲ λέγων μηδὲν κωλύειν καὶ δυνατῷ ἀδύνατον 5
ἕπεσθαι πρὸς μὲν τὴν ὑπ' Ἀριστοτέλους εἰρημένην δεῖξιν οὐδὲν λέγει,
πειρᾶται δὲ διὰ παραδειγμάτων τινῶν οὐχ ὑγιῶς συγκειμένων δεικ-
νύναι τοῦτο μὴ οὕτως ἔχον. φησὶ γὰρ ἐν τῷ συνημμένῳ τῷ „εἰ
τέθνηκε Δίων, τέθνηκεν οὗτος" δεικνυμένου τοῦ Δίωνος ἀληθεῖ ὄντι
τὸ μὲν ἡγούμενον ⟨τὸ⟩ „τέθνηκε Δίων" δυνατὸν εἶναι τῷ δύνασθαί 10
ποτε ἀληθὲς γενέσθαι τὸ τεθνηκέναι Δίωνα, τὸ δὲ „τέθνηκεν οὗτος"
ἀδύνατον· ἀποθανόντος γὰρ Δίωνος φθείρεσθαι τὸ ἀξίωμα τὸ „οὗτος
τέθνηκε" μηκέτ' ὄντος τοῦ τὴν δεῖξιν ἀναδεχομένου· ἐπὶ γὰρ ζῶντος
καὶ κατὰ ζῶντος ἡ δεῖξις. εἰ οὖν μή⟨τε⟩ τεθνεῶτος αὐτοῦ ἔτι τὸ
„οὗτος" οἷόντε, μήτε πάλιν ὑφίσταται ὁ Δίων, ὡς δύνασθαι ἐπ' αὐ- 15
τοῦ ῥηθῆναι τὸ „τέθνηκεν οὗτος", ἀδύνατον τὸ „τέθνηκεν οὗτος".
ἢν γὰρ ἂν οὐκ ἀδύνατον, εἰ ὕστερόν ποτε ἐδύνατο μετὰ τὸν θάνατον
τὸν Δίωνος, ἐφ' οὗ τὸ πρότερον ἐν τῷ συνημμένῳ, ὅτε ἔξη ὁ Δίων,
κατηγορεῖτο τὸ „τέθνηκεν οὗτος", κατηγορηθῆναι πάλιν τὸ „οὗτος".
ἐπεὶ δὲ μὴ οἷόντε τοῦτο, ἀδύνατον ἂν εἴη τὸ „τέθνηκεν οὗτος". 20
ὅμοιον τούτῳ παρατίθεται καὶ τὸ „εἰ νύξ ἐστιν, οὐκ ἔστιν αὕτη
ἡμέρα" δεικνυμένης τῆς ἡμέρας· καὶ γὰρ ἐν τούτῳ τῷ συνημμένῳ
ἀληθεῖ ὄντι, ὡς οἴεται, δυνατῷ ὄντι τῷ ἡγουμένῳ ἀδύνατον τὸ ἐπό-
μενον".

Cf. [Ammonius] in Aristot. Analyt. pr. (Comm. graec. Vol. IV, 6) 25
p. 50, 13 Wal. — Philoponus ad Anal. pr. f. 42 b notabilia sunt
verba: τὸ γὰρ „τοῦτο", δεικτικὸν ὑπάρχον, ὄν τι πρᾶγμα σημαίνει,
τὸ δὲ τεθνάναι μὴ ὄν· τὸ δὲ ὂν ἀδύνατον μὴ εἶναι. τὸ ἄρα „τεθνά-
ναι τοῦτον" ἀδύνατον.

202b Proclus in Plat. Parmen. Vol. IV p. 103 ed. Cousin. εἰ δέ τις 30
τοσούτων εἰς ἐξέτασιν προκειμένων εἰς τὴν Στωϊκὴν τερθρείαν ἀπάγοι τὸν
λόγον, ζητῶν εἰ δυνατῷ ἀδύνατον ἀκολουθεῖ τὸ „εἰ τέθνηκε Δίων" εἰς μέ-
σον φέρων· εἰ οὖν τις καὶ τῶν τοιούτων ἀπόρων ἐθέλοι ποιεῖσθαι μνήμην,
ἱκανῶς ὑπὸ τῶν Περιπατητικῶν ἐξητασμένων, ῥάδιον ἀπαντᾶν.

203 Diocles Magnes apud Diog. Laërt. VII 68. τῶν ἀξιωμάτων 35
τὰ μέν ἐστιν ἁπλᾶ, τὰ δ' οὐχ ἁπλᾶ, ὥς φασιν οἱ περὶ Χρύσιππον
καὶ Ἀρχέδημον καὶ Ἀθηνόδωρον καὶ Ἀντίπατρον καὶ Κρῖνιν· ἁπλᾶ
μὲν οὖν ἐστι τὰ συνεστῶτα ἐξ ἀξιώματος μὴ διαφορουμένου [ἢ ἐξ

---

1 ἡ εἱμαρμένη scripsi, ἢ εἱμαρμένην libri. Cf. Phys. VI § 8 n. 959 sq.
10 τὸ add. Ald. 14 τε add. Wal. 15 ὡς Wal., ᾧ libri. 37 καὶ coni.
Menag., ἢ libri (ante Ἀρχ.). ‖ κρίνην B. 38 μὴ om. BP.

66 DIALECTICA.

ἀξιωμάτων], οἷον τὸ „ἡμέρα ἐστίν". οὐχ ἁπλᾶ δέ ἐστι τὰ συνεστῶτα
ἐξ ἀξιώματος διαφορουμένου ἢ ἐξ ἀξιωμάτων, ἐξ ἀξιώματος μὲν δια-
φορουμένου, οἷον „εἰ ἡμέρα ἐστίν, ⟨ἡμέρα ἐστίν⟩". ἐξ ἀξιωμάτων δέ,
οἷον „εἰ ἡμέρα ἐστί, φῶς ἐστί".
5 204 Diocles Magnes apud Diog. Laërt. VII 69. ἐν δὲ τοῖς ἁπλοῖς
ἀξιώμασίν ἐστι τὸ ἀποφατικὸν καὶ τὸ ἀρνητικὸν καὶ τὸ στερητικὸν καὶ τὸ
κατηγορικὸν καὶ τὸ καταγορευτικὸν καὶ τὸ ἀόριστον. — — ⟨καὶ ἀποφατι-
κὸν μὲν⟩ οἷον „οὐχὶ ἡμέρα ἐστίν". εἶδος δὲ τούτου τὸ ὑπεραποφατικόν.
ὑπεραποφατικὸν δέ ἐστιν ἀποφατικὸν ἀποφατικοῦ, οἷον „οὐχὶ ἡμέρα ⟨οὐκ⟩
10 ἔστι". τίθησι δὲ τὸ „ἡμέρα ἐστίν". ἀρνητικὸν δέ ἐστι τὸ συνεστὸς ἐξ
ἀρνητικοῦ μορίου καὶ κατηγορήματος, οἷον „οὐδεὶς περιπατεῖ". στερητικὸν
δέ ἐστι τὸ συνεστὸς ἐκ στερητικοῦ μορίου καὶ ἀξιώματος κατὰ δύναμιν, οἷον
„ἀφιλάνθρωπός ἐστιν οὗτος". κατηγορικὸν δέ ἐστι τὸ συνεστὸς ἐκ πτώ-
σεως ὀρθῆς καὶ κατηγορήματος, οἷον „Δίων περιπατεῖ". καταγορευτικὸν
15 δέ ἐστι τὸ συνεστὸς ἐκ πτώσεως ὀρθῆς δεικτικῆς καὶ κατηγορήματος, οἷον
„οὗτος περιπατεῖ". ἀόριστον δέ ἐστι τὸ συνεστὸς ἐξ ἀορίστου μορίου ἢ
ἀορίστων μορίων ⟨καὶ κατηγορήματος⟩, οἷον „τὶς περιπατεῖ", „ἐκεῖνος κι-
νεῖται".

204 a [Apuleius] περὶ ἑρμηνείας 266 (p. 2, 9 Goldb.). aliae dedi-
20 cativae sunt (scil. propositiones) quae dedicant aliquid de quopiam, ut
„virtus bonum est" — — aliae abdicativae, quae abdicant aliquid de quo-
piam, ut „voluptas non est bonum" — — at Stoici hanc quoque dedica-
tivam putant, cum inquiunt: „evenit cuidam voluptati bonum non esse;
ergo dedicat, quid evenerit ei, id est, quid sit. idcirco dedicativa, in-
25 quiunt, est, quia et in quo negavit esse, dedicat id, quod non videtur
esse". Solum autem abdicativum vocant, cui negativa particula praeponi-
tur. Cf. Boëth. ad Arist. de interpr. p. 383 ed. Bas.

205 Sextus adv. math. VIII 93. τῶν ἀξιωμάτων πρώτην σχεδὸν καὶ
κυριωτάτην ἐκφέρουσι διαφορὰν οἱ διαλεκτικοί, καθ᾽ ἣν τὰ μέν ἐστιν αὐτῶν
30 ἁπλᾶ, τὰ δ᾽ οὐχ ἁπλᾶ. καὶ ἁπλᾶ μὲν ὅσα μήτ᾽ ἐξ ἑνὸς ἀξιώματος δὶς λαμβανομένου
συνέστηκεν, μήτ᾽ ἐξ ἀξιωμάτων διαφερόντων διά τινος ἢ τινῶν συνδέσμων.
— — 94. ἁπλᾶ λέγεται ἀξιώματα, ἐπεὶ οὐκ ἐξ ἀξιωμάτων συνέστηκεν ἀλλ᾽
ἐξ ἄλλων τινῶν., — — 95 οὐχ ἁπλᾶ δὲ ἐτύγχανε τὰ οἷον διπλᾶ, καὶ ὅσα
δ᾽ ἐξ ἀξιώματος δὶς λαμβανομένου ἢ ἐξ ἀξιωμάτων διαφερόντων συνέστηκε
35 διὰ συνδέσμου τε ἢ συνδέσμων, οἷον „εἰ ἡμέρα ἐστίν, ἡμέρα ἐστιν· εἰ νὺξ
ἐστι, σκότος ἐστίν· καὶ [εἰ] ἡμέρα ἐστὶ καὶ φῶς ἐστιν· ἤτοι ἡμέρα ἐστὶν ἢ
νύξ ἐστιν".

96 τῶν δὲ ἁπλῶν τινὰ μὲν ὡρισμένα ἐστίν, τινὰ δὲ ἀόριστα, τινὰ δὲ
μέσα· ὡρισμένα μὲν τὰ κατὰ δεῖξιν ἐκφερόμενα, οἷον „οὗτος περιπατεῖ"
40 οὗτος κάθηται". δείκνυμι γάρ τινα τῶν ἐπὶ μέρους ἀνθρώπων. ἀόριστα

---

1 ἢ ἐξ ἀξιωμάτων del. Rossius.   3 ἡμέρα ἐστίν addidi; διαφορουμένου om. F.
6 ἀποφαντικόν P¹ in litura F. ‖ καὶ τὸ στ. καὶ τὸ κατηγορικὸν om. B. κατηγο-
ρητικόν F.   7 ἀποφατικὸν μὲν om. BPF, ἀποφαντικὸν μὲν habet Pal. 261.
8. 9 ὑπεραποφαντικόν bis P; τούτου ὑπὲρ τὸ ἀποφαντικόν F.   9 ἀποφαντικὸν
ἀποφαντικοῦ FP, sed ν bis expunxit P¹. ‖ οὐκ om. BPF, suppl. Galesius.
10. 12. 13. 15. 16 συνεστὼς (vel ὣς) BPF.   14 οὗτος (pro Δίων) BPF.   17 καὶ
κατηγορήματος addidi, ἐξ ἀορίστου μορίου ἢ ἐξ ἀορίστων μορίων F.   20 dedica-
tivae = καταφατικαί, abdicativae = ἀποφατικαί.   36 εἰ del. Bek.

δέ ἐστι κατ' αὐτοὺς ἐν οἷς ἀόριστόν τι κυριεύει μόριον, οἷον „τὶς κάθηται",
μέσα δὲ τὰ οὕτως ἔχοντα „ἄνθρωπος κάθηται" ἢ „Σωκράτης περιπατεῖ".
τὸ μὲν οὖν „τὶς περιπατεῖ" ἀόριστόν ἐστιν, ἐπεὶ οὐκ ἀφώρικέ τινα τῶν ἐπὶ
μέρους περιπατούντων· κοινῶς γὰρ ἐφ' ἑκάστου αὐτῶν ἐκφέρεσθαι δύναται·
τὸ δὲ „οὗτος κάθηται" ὡρισμένον ἐστίν, ἐπείπερ ἀφώρικε τὸ δεικνύμενον 5
πρόσωπον. τὸ δὲ „Σωκράτης κάθηται" μέσον ὑπῆρχεν, ἐπείπερ οὔτε ἀόρι-
στόν ἐστιν, ἀφώρικε γὰρ τὸ εἶδος, οὔτε ὡρισμένον, οὐ γὰρ μετὰ δείξεως ἐκ-
φέρεται, ἀλλ' ἔοικε μέσον ἀμφοτέρων ὑπάρχειν, τοῦ τε ἀορίστου καὶ τοῦ ὡρισ-
μένου· γίνεσθαι δέ φασι τὸ ἀόριστον ἀληθές — ὅταν τὸ ὡρισμένον
ἀληθὲς εὑρίσκηται. — — 10

100 καὶ δὴ τὸ ὡρισμένον τοῦτο ἀξίωμα, τὸ „οὗτος κάθηται" ἢ
„οὗτος περιπατεῖ", τότε φασὶν ἀληθὲς ὑπάρχειν ὅταν τῷ ὑπὸ τὴν δεῖ-
ξιν πίπτοντι συμβεβήκῃ τὸ κατηγόρημα, οἷον τὸ καθῆσθαι ἢ τὸ
περιπατεῖν.

206 Alexander Aphrod. apud Simplicium in Aristot. phys. p. 1299, 15
36 Diels. ἐκ δὴ τούτων τῶν λόγων, φησὶν ὁ Ἀλέξανδρος, δυνατὸν ὁρμώ-
μενον δεικνύναι τὰ παρὰ τοῖς Στωϊκοῖς ἀξιώματα, ἃ μεταπίπτοντά
τινες λέγουσιν ἀπεριγράφως, μὴ ὄντα τοιαῦτα· ἔστι δὲ ταῦτα τοιαῦτα „εἰ
ζῇ Δίων, ζήσεται Δίων". τοῦτο γὰρ εἰ καὶ ἀληθές ἐστι νῦν, ἀρχόμενον ἀπὸ
ἀληθοῦς τοῦ „ζῇ Δίων" καὶ λῆγον εἰς ἀληθὲς τὸ „ζήσεται", ἀλλ' ἔσται 20
ποτέ, ὅτε τῆς προσλήψεως ἀληθοῦς οὔσης τῆς „ἀλλὰ μὴν ζῇ Δίων" μετα-
πεσεῖται τὸ συνημμένον εἰς ψεῦδος τῷ ἔσεσθαί ποτε, ὅτε ἀληθοῦς ὄντος ἔτι
τοῦ „ζῇ Δίων" οὐκ ἔσται ἀληθὲς τὸ „καὶ ζήσεται", οὐ μὴ ὄντος ἀληθοῦς
τὸ ὅλον συνημμένον γίνοιτο ἂν ψεῦδος μεταπῖπτον· οὐ γὰρ ἀεί, ὅτε τὸ „ζῇ"
ἀληθές, καὶ τὸ „ζήσεται", ἐπεὶ οὕτως ἀθάνατος ἂν εἴη ὁ Δίων. οὐ μὴν 25
ἔσται ὁρίσαντας εἰπεῖν, πότε οὐκ ἀληθὲς ἔσται ζῶντος αὐτοῦ τὸ „ζήσεται".
διὸ καὶ ἐν ἀπεριγράφῳ καὶ ἀορίστῳ χρόνῳ λέγουσι γίνεσθαι τὴν
τῶν τοιούτων ἀξιωμάτων μετάπτωσιν.

206a Dionysius Halicarn. de compos. verb. p. 31. Re. Ἔγωγ'
οὖν ὅτε διέγνων συντάττεσθαι ταύτην τὴν ὑπόθεσιν, ἐξήτουν εἴ τι 30
τοῖς πρότερον εἴρηται περὶ αὐτῆς, καὶ μάλιστα τοῖς ἀπὸ τῆς Στοᾶς
φιλοσόφοις εἰδὼς τοὺς ἄνδρας οὐ μικρὰν φροντίδα τοῦ λεκτικοῦ τό-
που πεποιημένους. δεῖ γὰρ αὐτοῖς τἀληθῆ μαρτυρεῖν. οὐδαμῆ δ'
οὐδὲν ὑπ' οὐδενὸς εὑρὼν τῶν ὀνόματος ἠξιωμένων οὔτε μεῖζον οὔτ'
ἔλαττον συναχθὲν εἰς ἣν ἐγὼ προήρημαι πραγματείαν, ἃς δὲ Χρύ- 35
σιππος καταλέλοιπε συντάξεις διττάς, ἐπιγραφὴν ἐχούσας „Περὶ τῆς
συντάξεως τῶν τοῦ λόγου μερῶν" οὐ ῥητορικὴν θεωρίαν ἐχούσας,
ἀλλὰ διαλεκτικήν, ὡς ἴσασιν οἱ τὰς βίβλους ἀνεγνωκότες, ὑπὲρ ἀξιω-
μάτων συντάξεως, ἀληθῶν τε καὶ ψευδῶν καὶ δυνατῶν καὶ
ἀδυνάτων, ἐνδεχομένων τε καὶ μεταπιπτόντων καὶ ἀμφιβό- 40

---

10 Joh. Sicel. ad Hermog. Walz. Rh. Gr. VI p. 201: ὁ δὲ τῶν Στωϊκῶν ὁ
λέγων τὰ ἐναντία δέχεσθαι τὴν ἀπροσδιόριστον, ἀληθὲς καὶ ψεῦδος (griphus, qui
sequitur, nihil ad Stoicos pertinet). 17 Libros περὶ τῶν μεταπιπτόντων λόγων
πρὸς Ἀθηνάδην α' et λόγοι μεταπίπτοντες πρὸς τὴν μεσότητα γ' Chrysippi
pseudepigraphos dicit index librorum. Cf. ἀξιωμάτων μεταπτώσεις n. 201.
40 μεταπίπτοντα ἀξιώματα tractantur n. 263, quem locum huc referre debebam.

λων καὶ ἄλλων τινῶν τοιουτοτρόπων, οὐδεμίαν οὔτε χρείαν
οὔτ᾽ ὠφέλειαν τοῖς πολιτικοῖς λόγοις συμβαλλομένων, εἰς γοῦν ἡδονὴν
ἢ κάλλος ἑρμηνείας, ὧν δεῖ στοχάζεσθαι τὴν σύνθεσιν· ταύτης μὲν
τῆς πραγματείας ἀπέστην.

5   § 5. Περὶ τῶν οὐχ ἁπλῶν ἀξιωμάτων.

Huc pertinent ex libris Chrysippi:

Περὶ τῶν οὐχ ἁπλῶν ἀξιωμάτων α΄.
Περὶ τοῦ συμπεπλεγμένου πρὸς Ἀθηνάδην β΄.
Περὶ ἀληθοῦς διεζευγμένου πρὸς Γοργιππίδην α΄.
10   Περὶ ἀληθοῦς συνημμένου πρὸς Γοργιππίδην δ΄.
Πρὸς τὸ περὶ ἀκολούθων α΄.

207 Diocles Magnes apud Diog. Laërt. VII 71. τῶν δ᾽ οὐχ
ἁπλῶν ἀξιωμάτων συνημμένον μέν ἐστιν, ὡς ὁ Χρύσιππος ἐν
ταῖς διαλεκτικαῖς φησι καὶ Διογένης ἐν τῇ διαλεκτικῇ τέχνῃ,
15 τὸ συνεστὸς διὰ τοῦ „εἰ" συναπτικοῦ συνδέσμου· ἐπαγγέλλεται δὲ ὁ
σύνδεσμος οὗτος ἀκολουθεῖν τὸ δεύτερον τῷ πρώτῳ, οἷον „εἰ ἡμέρα
ἐστί, φῶς ἐστι". (Deinde definitur τὸ παρασυνημμένον, ὡς ὁ Κρῖνις
φησίν ἐν τῇ διαλεκτικῇ τέχνῃ). 72. συμπεπλεγμένον δέ ἐστιν
ἀξίωμα ὃ ὑπό τινων συμπλεκτικῶν συνδέσμων συμπέπλεκται, οἷον „καὶ
20 ἡμέρα ἐστὶ καὶ φῶς ἐστι". διεζευγμένον δέ ἐστιν, ὃ ὑπὸ τοῦ
„ἤτοι" διαζευκτικοῦ συνδέσμου διέζευκται, οἷον, „ἤτοι ἡμέρα ἐστὶν ἢ
νύξ ἐστιν". ἐπαγγέλλεται δὲ ὁ σύνδεσμος οὗτος τὸ ἕτερον τῶν ἀξιω-
μάτων ψεῦδος εἶναι. αἰτιῶδες δέ ἐστιν ἀξίωμα τὸ συντασσόμενον
διὰ τοῦ „διότι", οἷον „διότι ἡμέρα ἐστί, φῶς ἐστίν". οἱονεὶ γὰρ αἴ-
25 τιόν ἐστι τὸ πρῶτον τοῦ δευτέρου. διασαφοῦν δὲ τὸ μᾶλλον
ἀξίωμά ἐστι τὸ συντατ τόμενον ὑπὸ τοῦ διασαφοῦντος τὸ μᾶλλον συν-
δέσμου καὶ τοῦ ⟨„ἢ"⟩ μέσου τῶν ἀξιωμάτων τασσομένου, οἷον „μᾶλ-
λον ἡμέρα ἐστὶν ἢ νύξ ἐστιν". διασαφοῦν δὲ τὸ ἧττον ἀξίωμά
ἐστι τὸ ἐναντίον τῷ προκειμένῳ, οἷον „ἧττον νύξ ἐστιν ἢ ἡμέρα
30 ἐστίν".

208 Galenus introductio dialectica 4 p. 10,13 Kalbfl. εἰ δὲ ἐφ᾽
ἑτέρων λέγοιτο ⟨ἡ⟩ φωνή, ⟨ἃ⟩ μήτε ἀκολουθίαν ἔχει πρὸς ἄλληλα
μήτε μάχην ἀποφατικήν, συμπεπλεγμένον καλέσομεν τὸ τοιοῦτον
ἀξίωμα, καθάπερ ἐπὶ τοῦ „Δίων περιπατεῖ καὶ Θέων διαλέγεται".
35 ταυτὶ γὰρ οὔτε μάχην οὔτε ἀκολουθίαν ἔχοντα κατὰ συμπλοκὴν ἑρμη-

14 ὡς ὁ Χρ. φησὶν ἐν τῇ διαλεκτικῇ τέχνῃ (om. cet.) F.   15 συνεστὼς
(vel. -ῶς) BPF. ‖ εἰ διὰ B.   21 ἢ F.   24 οἷον διότι et ἐστί om. B., add. B²
in mg.   27 „ἢ" addidi, τοῦ om. BP. ‖ μέσου BPF.   32 ἡ addidi; ἡ φωνή
scil. ὁ συμπλεκτικὸς σύνδεσμος. ‖ φωνὴ ἃ scripsi, φωνὴν libri; φωνῶν ἃ Kalbfl.
33 ἀποφατικὴν del. Kalbfl.   35 ἑρμηνεύεται Kalbfl., ἑρμηνεύει cod.

νεύεται. διὸ κἀπειδὰν ἀποφάσκωμεν αὐτά, τὸν λόγον ἐκεῖνον ἤτοι γε
ἀποφατικὴν συμπλοκὴν ἢ ἀποφατικὸν εἶναι συμπεπλεγμένον φή-
σομεν· οὐδὲν γὰρ πρὸς τὸ παρὸν διαφέρει συμπεπλεγμένον λέγειν
ἀποφατικὸν ἢ συμπλοκήν. — — ἀλλ᾽ οἱ περὶ Χρύσιππον, κἀν-
ταῦθα τῇ λέξει μᾶλλον ἢ τοῖς πράγμασι προσέχοντες τὸν νοῦν, ἅπαντα 5
τὰ διὰ τῶν συμπλεκτικῶν καλουμένων συνδέσμων συνιστά-
μενα κἂν ἐκ μαχομένων ἢ ἀκολούθων, συμπεπλεγμένα κα-
λοῦσιν, ἐν οἷς μὲν ἔγκειταί τις ἀκρίβεια διδασκαλίας, ἀμελῶς χρώ-
μενοι τοῖς ὀνόμασιν, ἐν οἷς δὲ οὐδὲν διαφέρον αἱ φωναὶ σημαίνουσιν,
αὐτοὶ νομοθετοῦντες ἴδια σημαινόμενα etc. 10

209 Dexippus in Aristot. categ. p. 22, 18 Busse. φαμὲν δὴ ὅτι οἱ
μόνην συμπλοκὴν τὴν μετὰ συμπλεκτικοῦ συνδέσμου προφορὰν λέ-
γοντες τοῖς Στωϊκοῖς ἐπακολουθοῦσιν, ὧν ἀρχαιότερος Ἀριστοτέλης
καὶ τῇ τῶν πρεσβυτέρων συνηθείᾳ χρώμενος, οἵτινες τὴν τῶν πλειόνων με-
ρῶν τοῦ λόγου σύνοδον συμπλοκὴν ὠνόμαζον. 15

210 Plutarchus de Stoic. repugn. cp. 29 p. 1047 c. Ἀλλὰ μὴν
αὐτὸς (sc. Chrysippus) τὰς διὰ δέκα ἀξιωμάτων συμπλοκὰς πλήθει
φησὶν ὑπερβάλλειν ἑκατὸν μυριάδας, οὔτε δι᾽ αὐτοῦ ζητήσας ἐπιμελῶς
οὔτε διὰ τῶν ἐμπείρων τὸ ἀληθὲς ἱστορήσας etc. — — Χρύσιππον δὲ
πάντες ἐλέγχουσιν οἱ ἀριθμητικοί. ὧν καὶ Ἵππαρχός ἐστιν, ἀποδεικνύων 20
τὸ διάπτωμα τοῦ λογισμοῦ παμμέγεθες αὐτῷ γεγονός· εἴγε τὸ μὲν
καταφατικὸν ποιεῖ συμπεπλεγμένων ἀξιωμάτων μυριάδας δέκα, καὶ
πρὸς ταύταις τρισχίλια τεσσαράκοντα ἐννέα, τὸ δ᾽ ἀποφατικὸν ἐννα-
κόσια πεντήκοντα δύο πρὸς τριάκοντα καὶ μιᾷ μυριάσι.

Cf. Plut. Quaest. Conviv. VIII 9, ubi eadem fere verba recurrunt. 25
211 Sextus adv. math. VIII 124. ἐνέσται δὲ ἀπὸ τούτων καὶ ἐπὶ τὰ
συμπεπλεγμένα καὶ ἐπὶ τὰ διεζευγμένα κοινῶς τε ἐπὶ τὰ λοιπὰ εἴδη τῶν
οὐχ ἁπλῶν ἀξιωμάτων διαβαίνειν. — ὅταν λέγωσιν ὑγιὲς εἶναι συμπε-
πλεγμένον τὸ πάντ᾽ ἔχον ἐν αὐτῷ ἀληθῆ, οἷον τὸ „ἡμέρα ἐστί καὶ φῶς
ἐστιν“, ψεῦδος δὲ τὸ ἔχον ψεῦδος. Haec impugnat Sextus, deinde per- 30
git 128. ἀλλ᾽ ὥσπερ ἐν τῷ βίῳ, φασί, τὸ κατὰ μὲν τὰ πλεῖστα μέρη ὑγιὲς
ἱμάτιον, κατ᾽ ὀλίγον δὲ διερρωγὸς οὐκ ἀπὸ τῶν πλείστων καὶ ὑγιῶν μερῶν
ὑγιὲς εἶναι λέγομεν, ἀλλ᾽ ἀπὸ τοῦ ὀλίγου καὶ διερρωγότος διερρωγός, οὕτω
καὶ τὸ συμπεπλεγμένον, κἂν ἓν μόνον ἔχῃ ψεῦδος, πλείονα δὲ ἀληθῆ, λεχ-
θήσεται τὸ ὅλον ἀπὸ τοῦ ἑνὸς ψεῦδος. 35

212 Galenus de simplic. medicam. II 16. Vol. XI p. 499 K. τὴν
ὑποθετικὴν πρότασιν, ἣν οἱ περὶ τὸν Χρύσιππον ἀξίωμα συνημ-
μένον ὀνομάζουσιν.

213 Gellius Noct. Att. XVI 8, 9. Sed quod Graeci συνημμένον
ἀξίωμα dicunt — — id — tale est: „si Plato ambulat, Plato movetur", 40
„si dies est, sol super terras est."

---

5 προσέχοντες Kalbfl., προσέχουσι cod.   9 χρωμένοις cod., corr. Kalbfl.
10 νομοθετοῦντες Kalbfl., μόνοι αἰτοῦνται cod.   27 τε ἐπὶ Bk. in adn., ἐπί τε libri.

Item quod illi *συμπεπλεγμένον*, nos vel „coniunctum" vel „copulatum" dicimus, quod est eiusdemmodi: „P. Scipio, Pauli filius, et bis consul fuit et triumphavit et censura functus est et collega in censura L. Mummi fuit". In omni autem coniuncto si unum est menda-
5 cium, etiamsi cetera vera sunt, totum esse mendacium dicitur.
214 Sextus adv. math. VIII 88. οὐ πάνυ δέ γε δύνανται παραστῆσαι τὸ ἀντικείμενον ἡμῖν οἱ Στωϊκοί. — φασὶ γὰρ· „ἀντικείμενά ἐστιν ὧν τὸ ἕτερον τοῦ ἑτέρου ἀποφάσει πλεονάζει, οἷον· ἡμέρα ἐστίν — οὐχ ἡμέρα ἐστίν. τοῦ γὰρ ʿἡμέρα ἐστίνʾ ἀξιώματος τὸ ʿοὐχ ἡμέρα ἐστίνʾ ἀπο-
10 φάσει πλεονάζει τῇ ʿοὐχίʾ, καὶ διὰ τοῦτʾ ἀντικείμενόν ἐστιν ἐκείνῳ". ἀλλ᾽ εἰ τοῦτʾ ἔστι τὸ ἀντικείμενον, ἔσται καὶ τὰ τοιαῦτα ἀντικείμενα τό τε ʿἡμέρα ἐστίν ⟨καὶ φῶς ἐστίνʾ καὶ τὸ ʿἡμέρα ἐστίν⟩ καὶ οὐχὶ φῶς ἐστι.ʾ τοῦ γὰρ „ἡμέρα ⟨ἐστίν καὶ φῶς⟩ ἐστιν" ἀξιώματος ἀποφάσει πλεονάζει τὸ ⟨ʿἡμέρα ἐστίν καὶ⟩ οὐχὶ φῶς ἐστιν". οὐχὶ δέ γε κατ᾽ αὐτοὺς ταῦτα ἀντικεί-
15 μενά ἐστιν· οὐκ ἄρα ἀντικείμενά ἐστιν ⟨ὧν⟩ τὸ ἕτερον τοῦ ἑτέρου ἀποφάσει πλεονάζει. ναί φασιν, ἀλλὰ σὺν τούτῳ ἀντικείμενά ἐστι, σὺν τῷ τὴν ἀπόφασιν προτετάχθαι τοῦ ἑτέρου· τότε γὰρ κυριεύει τοῦ ὅλου ἀξιώματος· ἐπὶ δὲ τοῦ „ἡμέρα ἐστὶν καὶ οὐχὶ φῶς ἐστίν" μέρος οὖσα τοῦ παντός, οὐ κυριεύει πρὸς τὸ ἀποφατικὸν ποιῆσαι τὸ πᾶν.
20 **215** Diocles Magnes apud Diog. Laërt. VII 73. ἔτι τῶν ἀξιωμάτων κατά τε ἀλήθειαν καὶ ψεῦδος ἀντικείμενα ἀλλήλοις ἐστίν, ὧν τὸ ἕτερον τοῦ ἑτέρου ἐστὶν ἀποφατικόν, οἷον τὸ „ἡμέρα ἐστίν" καὶ τὸ „οὐχὶ ἡμέρα ἐστίν". συνημμένον οὖν ἀληθές ἐστιν, οὗ τὸ ἀντικείμενον τοῦ λήγοντος μάχεται τῷ ἡγουμένῳ, οἷον „εἰ ἡμέρα ἐστί, φῶς ἐστι". τοῦτο ἀληθές
25 ἐστι· τὸ γὰρ „οὐχὶ φῶς ⟨ἐστι⟩", ἀντικείμενον τῷ λήγοντι, μάχεται τῷ „ἡμέρα ἐστί". συνημμένον δὲ ψεῦδός ἐστιν οὗ τὸ ἀντικείμενον τοῦ λήγοντος οὐ μάχεται τῷ ἡγουμένῳ, οἷον „εἰ ἡμέρα ἐστί, Δίων περιπατεῖ". τὸ γὰρ „οὐχὶ Δίων περιπατεῖ" οὐ μάχεται τῷ „ἡμέρα ἐστί". (sequitur παρασυνημμένον, quod inter Crinidis fragmenta posui.) αἰτιῶδες δὲ ἀληθές μέν
30 ἐστιν, ὃ ἀρχόμενον ἀπὸ ἀληθοῦς εἰς ἀκόλουθον λήγει, οὐ μὴν ἔχει τῷ λήγοντι τὸ ἀρχόμενον ἀκόλουθον, οἷον „διότι ἡμέρα ἐστί, φῶς ἐστι". τῷ μὲν γὰρ „ἡμέρα ἐστίν" ἀκολουθεῖ τὸ „φῶς ἐστι", τῷ δὲ „φῶς ἐστιν" οὐχ ἕπεται τὸ „ἡμέρα ἐστίν". αἰτιῶδες δὲ ψεῦδός ἐστιν ὃ ἤτοι ἀπὸ ψεύδους ἄρχεται ἢ μὴ εἰς ἀκόλουθον λήγει ἢ ἔχει τῷ λήγοντι τὸ ἀρχόμενον ἀκόλουθον,
35 οἷον „διότι νύξ ἐστι, Δίων περιπατεῖ".
216 Sextus adv. math. VIII 108. καὶ δὴ οὐχ ἁπλᾶ μέν ἐστιν ἀξιώματα — ἅπερ ἐξ ἀξιώματος διαφορουμένου ἢ ἀξιωμάτων διαφερόντων συνέστηκε καὶ ἐν οἷς σύνδεσμος ἢ σύνδεσμοι ἐπικρατοῦσιν· λαμβανέσθω δὲ ἐκ τούτων ἐπὶ τοῦ παρόντος τὸ καλούμενον συνημμένον. τοῦτο τοίνυν συν-
40 έστηκεν ἐξ ἀξιώματος διαφορουμένου ἢ ἐξ ἀξιωμάτων διαφερόντων διὰ τοῦ „εἰ" ἢ „εἴπερ" συνδέσμου· οἷον ἐκ διαφορουμένου μὲν ἀξιώματος καὶ τοῦ „εἰ" συνδέσμου συνέστηκε τὸ τοιοῦτον συνημμένον „εἰ ἡμέρα ἐστίν, ἡμέρα

---

12. 13. 14. 15 addidi quae sententia flagitat.   16 πλεονάζει scripsi, πλεονάζειν libri.   22 ἀποφαντικόν PF. ‖ ἡμέρα οὐχί (hoc ord.) B, οὐχ ἡμέρα F.
24 οὐ μάχεται F.   30 ἂν ἐπόμενον (pro ὃ ἀρχόμενον) B. ‖ ἀληθῶν B.
31 ἐπόμενον (pro ἀρχόμενον) B; ἀκόλουθον τὸ ἀρχόμενον (hoc ord.) F. ‖ τὸ pro τῷ B.   32 τῷ B² ‖ τὸ F.   34 ἀνακόλουθον BPF, corr. Rossius ex Suida s. αἰτιῶδες ψεῦδος.

ἐστίν". ἐκ διαφερόντων δὲ ἀξιωμάτων καὶ διὰ τοῦ „εἴπερ" συνδέσμου τὸ
οὕτως ἔχον „εἴπερ ἡμέρα ἐστί, φῶς ἐστιν". τῶν δὲ ἐν τῷ συνημμένῳ ἀξιω-
μάτων τὸ μετὰ τὸν „εἰ" ἢ τὸν „εἴπερ" σύνδεσμον τεταγμένον ἡγούμενόν
τε καὶ πρῶτον καλεῖται, τὸ δὲ λοιπὸν λῆγόν τε καὶ δεύτερον, καὶ ἐὰν ἀνα-
στρόφως ἐκφέρηται τὸ ὅλον συνημμένον, οἷον οὕτως „φῶς ἐστιν, εἴπερ ἡμέρα 5
ἐστίν"· καὶ γὰρ ἐν τούτῳ λῆγον μὲν καλεῖται τὸ „φῶς ἐστιν" καίπερ πρῶ-
τον ἐξενεχθέν, ἡγούμενον δὲ τὸ „ἡμέρα ἐστίν", καίπερ δεύτερον λεγόμενον,
διὰ τὸ μετὰ τὸν „εἴπερ" σύνδεσμον τετάχθαι. ἡ μὲν οὖν σύστασις τοῦ συ-
νημμένου, ὡς ἐν συντόμῳ εἰπεῖν, ἐστὶ τοιαύτη, ἐπαγγέλλεσθαι δὲ δοκεῖ
τὸ τοιοῦτον ἀξίωμα ἀκολουθεῖν τῷ ἐν αὐτῷ πρώτῳ τὸ ἐν αὐτῷ δεύ- 10
τερον, καὶ ὄντος τοῦ ἡγουμένου ἔσεσθαι τὸ λῆγον. ὅθεν σῳζομένης μὲν
τῆς τοιαύτης ἐπαγγελίας καὶ ἀκολουθοῦντος τῷ ἡγουμένῳ τοῦ
λήγοντος ἀληθὲς γίνεται καὶ τὸ συνημμένον, μὴ σῳζομένης δὲ
ψεῦδος.
217 Galenus introductio dialectica cp. 3 p. 8, 11 Kalbfl. ἐπειδὰν 15
διότι μὴ ἔστι τόδε, εἶναι τόδε νοῶμεν, οἷον ⟨ὅτι⟩ νὺξ οὐκ ἔστιν, ἡμέραν
εἶναι — — διεζευγμένον ἀξιωμά τισι τῶν νεωτέρων φιλοσόφων (scil. Stoicis)
ὀνομάζεται, καθάπερ γε καὶ συνημμένον τὸ ἕτερον εἶδος τῶν προτάσεων τῶν
ὑποθετικῶν ἃς κατὰ συνέχειαν ἐλέγομεν γίγνεσθαι (cf. supra: ἐπειδὰν ὑπάρ-
χον τι πιστεύηται δι' ἕτερον ὑπάρχειν ἢ κατὰ συνέχειαν), οἰκειοτέρα δέ ἐστι 20
λέξις τὸ [τὰ] „διεζευγμένον" τοῖς ἀξιώμασιν (ἃς δηλονότι διαιρετικὰς προ-
τάσεις ἔφαμεν ὀνομάζεσθαι) ⟨τοῖς⟩ διὰ τοῦ „ἤτοι" συνδέσμου (διαφέρει δὲ
οὐδὲν „ἢ" διὰ μιᾶς συλλαβῆς λέγειν ἢ διὰ δυοῖν „ἤτοι")· „συνημμένον" δὲ
⟨τοῖς⟩ διὰ τοῦ „εἰ" ⟨ἢ „ἐπεὶ"⟩, εἴπερ ἓν καὶ οὗτοι σημαίνουσιν· ὡς ὀνο-
μάζεσθαι τὸν μὲν τοιοῦτον λόγον „εἰ ἡμέρα ἐστίν, ὁ ἥλιος ὑπὲρ γῆς ἐστιν" 25
συνημμένον ἀξίωμα κατά γε τοὺς νεωτέρους φιλοσόφους. — — τοὺς δέ γε
τοιούτους „ἤτοι γ' ἡμέρα ἐστὶν ἢ νύξ ἐστι" διεζευγμένον μὲν
ἀξίωμα παρὰ τοῖς νεωτέροις φιλοσόφοις etc.
ibid. 14 p. 32, 13 Kalbfl. καλοῦσι δὲ τὰς μὲν κατὰ συνέχειαν
(scil. προτάσεις) οἱ Στωϊκοὶ συνημμένα ἀξιώματα, τὰς δὲ κατὰ διαί- 30
ρεσιν διεζευγμένα, καὶ συμφωνεῖταί γε αὐτοῖς δύο μὲν γίγνεσθαι
συλλογισμοὺς κατὰ τὸ συνημμένον ἀξίωμα, δύο δὲ κατὰ τὸ διεζευγμέ-
νον. — — τρίτον οὖν ἀναπόδεικτον τῶν περὶ τὸν Χρύσιππον
ἡγουμένων ἐξ ἀποφατικοῦ συμπεπλεγμένου καὶ θατέρου τῶν ἐν αὐτῷ
τὸ ἀντικείμενον τοῦ λοιποῦ περαίνοντα etc. 35
Epimerismi Homer. Cramer. Anecd. Ox. I p. 188. ὁ „ἢ" σύνδεσμος
ψιλούμενος καὶ ὀξυνόμενος σημαίνει τρία· ἢ διαζευκτικός ἐστιν ἢ ὑποδια-
ζευκτικὸς ἢ διασαφητικός — — τί διαφέρουσιν ἀλλήλων; ὅτι ὁ μὲν δια-
ζευκτικὸς τὸ ἕτερον μόνον τῶν ὑποκειμένων αἱρεῖται, τὸ δὲ ἕτερον ἀναιρεῖ·
„ἢ ἡμέρα ἐστὶν ἢ νύξ" (τὸ ἕτερον μόνον· οὐ γὰρ δύναται ἀμφότερα) — — 40
ὁ δὲ παραδιαζευκτικὸς καὶ ἀμφότερα δύναται παραλαμβάνειν, ἐπειδὰν οὕτω
λέγωμεν „ἐρέσσων ἢ ἐπισπᾶται τὴν κόπην ἢ ἀπωθεῖται" (ἀμφότερα γὰρ

---

16 ὅτι add. Prantl.   18 τῆς προτάσεως cod., corr. Kalbfl.   21 τὸ διε-
ζευγμένον Kalbfl., τὸ τὰ διεζευμένα cod.   22. 24 τοῖς addidi.   23 ἤτοι· συν-
ημμένον scripsi, τοῖς συνημμένοις cod.   24 ἢ ἐπεὶ add. Prantl.   34 συμπεπ-
λεγμένου Kalbfl., συμπεράσματος cod ‖ καὶ θατέρου Kalbfl., καθ' ἑτέρου cod.

ποιεῖ) — — ἔστι δὲ καὶ διασαφητικός, ὁ ἐλεγκτικὸς καλούμενος παρὰ τοῖς
Στωϊκοῖς, οὕτως λύσεις „βούλομ᾽ ἐγὼ λαὸν σόον ἔμμεναι ἢ ἀπολέσθαι“.
ἔστι γὰρ ἤπερ ἀπολέσθαι. ἐν ἤθει δὲ λέγεται ὑπὸ τοῦ Ἀγαμέμνονος.
218 Gellius Noct. Att. XVI 8, 12. Est item aliud, quod Graeci διε-
5 ζευγμένον ἀξίωμα, nos „disiunctum“ dicimus. Id huiuscemodi est: „aut
malum est voluptas aut bonum aut neque bonum neque malum est“.
Omnia autem, quae disiunguntur, pugnantia esse inter sese oportet, eorum-
que opposita, quae ἀντικείμενα Graeci dicunt, ea quoque ipsa inter se ad-
versa esse. Ex omnibus, quae disiunguntur, unum esse verum
10 debet, falsa cetera. Quod si aut nihil omnium verum, aut omnia
plurave quam unum vera erunt, aut quae disiuncta sunt non pugnabunt,
aut quae opposita eorum sunt contraria inter sese non erunt, tunc id dis-
iunctum mendacium est et appellatur παραδιεζευγμένον; sicuti hoc est,
in quo quae opposita non sunt contraria: „aut curris aut ambulas aut
15 stas“. — — possis enim simul eodemque tempore neque ambulare neque
stare neque currere.
219 Cicero Acad. Pr. II 97. cum ab Epicuro — non impetrent, ut
verum esse concedat, quod ita effabimur: „aut vivet cras Hermarchus aut
non vivet“, cum dialectici sic statuant, omne quod ita disiunctum
20 sit, quasi ῾aut etiam aut non᾽ non modo verum esse, sed etiam
necessarium. (paulo post:) dialectici — id est Antiochus et Stoici.
220 Galenus introductio dialectica 5 p. 12, 3 Kalbfl. ⟨ἐν⟩ ἐνίοις δ᾽
ἀξιώμασιν ἐγχωρεῖ μὲν εἶναι καὶ πλείω καὶ πάντα, μὴ μόνον ἕν, ἀναγκαῖον
δ᾽ ἐστὶ τὸ ἓν ὑπάρχειν· ὀνομάζουσι δ᾽ ἔνιοι τὰ τοιαῦτα „παραδιεζευγ-
25 μένα“, τῶν διεζευγμένων ἓν μόνον ἐχόντων ἀληθές, ἄν τ᾽ ἐκ δυοῖν ἀξιω-
μάτων ἁπλῶν ἄν τ᾽ ἐκ πλειόνων συγκέηται.

§ 6. Περὶ σημείου.

221 Sextus adv. math. VIII 244. βραχέα δ᾽ ἴσως δεήσει καὶ περὶ τοῦ
ἀρέσκοντος αὐτοῖς προλαβεῖν, καθ᾽ ὃ ἀξίωμα θέλουσιν εἶναι τὸ σημεῖον, καὶ
30 διὰ τοῦτο νοητόν. ὑπογράφοντες τοίνυν φασὶ σημεῖον εἶναι ἀξίωμα ἐν
ὑγιεῖ συνημμένῳ καθηγούμενον, ἐκκαλυπτικὸν τοῦ λήγοντος.
κρίσεις δὲ τοῦ ὑγιοῦς συνημμένου πολλὰς μὲν καὶ ἄλλας εἶναί φασιν, μίαν
δ᾽ ἐξ ἁπασῶν ὑπάρχειν — — τὴν ἀποδοθησομένην. πᾶν γὰρ συνημμένον
ἢ ἀπὸ ἀληθοῦς ἀρχόμενον εἰς ἀληθὲς λήγει, ἢ ἀπὸ ψεύδους ἀρχόμενον ἐπὶ
35 ψεῦδος λήγει, ἢ ἀπ᾽ ἀληθοῦς ἐπὶ ψεῦδος, ἢ ἀπὸ ψεύδους ἐπ᾽ ἀληθές. ἀπὸ
μὲν οὖν ἀληθοῦς ἀρχόμενον ἐπ᾽ ἀληθὲς λήγει τὸ „⟨εἰ⟩ εἰσὶ θεοί, προνοίᾳ
θεῶν διοικεῖται ὁ κόσμος“, ἀπὸ ψεύδους δὲ ἐπὶ ψεῦδος τὸ „εἰ πέταται ἡ
γῆ, πτέρυγας ἔχει ἡ γῆ“, ἀπὸ ψεύδους δὲ ἐπ᾽ ἀληθὲς τό „εἰ πέταται ἡ γῆ,
ἔστιν ἡ γῆ“, ἀπὸ δὲ ἀληθοῦς ἐπὶ ψεῦδος τὸ „εἰ κινεῖται οὗτος, περιπατεῖ
40 οὗτος“ μὴ περιπατοῦντος μὲν αὐτοῦ, κινουμένου δέ. τεσσάρων οὖν οὐσῶν
τοῦ συνημμένου συζυγιῶν, — — κατὰ μὲν τοὺς πρώτους τρεῖς τρό-
πους φασὶν ἀληθὲς τοῦτο γίνεσθαι — καθ᾽ ἕνα δὲ μόνον γίνε-

---

22 ἐν ἐνίοις Kalbfl., ἔνιοι cod.   24 ἐν ὑπάρχειν Kalbfl., ἐνυπάρχειν cod. ‖
ἔνιοι scil. Stoici, qui etiam παρασυνημμένον. excogitaverunt. Cf. Gellius N. A.
XVI, 8.   36 εἰ add. Bk.

σθαι ψεῦδος, ὅταν ἀπ᾽ ἀληθοῦς ἀρχόμενον λήγῃ ἐπὶ ψεῦδος. τούτων δὲ οὕτως ἐχόντων ἀναζητητέον, φασί, τὸ σημεῖον οὐκ ἐν τῷ μοχθηρῷ τούτῳ συνημμένῳ ἀλλ᾽ ἐν τῷ ὑγιεῖ· εἴρηται γὰρ ἀξίωμα τὸ ἐν ὑγιεῖ συνημμένῳ καθηγούμενον. ἀλλ᾽ ἐπεὶ οὐχ ἓν ἦν ὑγιὲς συνημμένον, τρία δέ, καθάπερ τὸ ἀπ᾽ ἀληθοῦς ἀρχόμενον καὶ ἐπ᾽ ἀληθὲς λῆγον καὶ τὸ ἀπὸ ψεύδους 5 ἐπὶ ψεῦδος καὶ τὸ ἀπὸ ψεύδους ἐπ᾽ ἀληθές, σκεπτέον πότερόν ποτε ἐν πᾶσι ζητητέον τοῖς ὑγιέσι συνημμένοις τὸ σημεῖον ἢ ἐν τισὶν ἢ ἐν τινί. οὐκοῦν εἰ τὸ σημεῖον ἀληθὲς εἶναι δεῖ καὶ ἀληθοῦς παραστατικόν, οὔτε ἐν τῷ ἀπὸ ψεύδους ἀρχομένῳ καὶ ἐπὶ ψεῦδος λήγοντι οὔτε ἐν τῷ ἀπὸ ψεύδους ἐπ᾽ ἀληθὲς ὑποκείσεται. λείπεται οὖν ⟨ἐν⟩ ἐκείνῳ μόνον αὐτὸ τυγχάνειν τῷ ἀπὸ 10 τοῦ ἀληθοῦς τε ἀρχομένῳ καὶ ἐπ᾽ ἀληθὲς λήγοντι, ὡς ἂν καὶ αὐτοῦ ὑπάρχοντος καὶ τοῦ σημειωτοῦ συνυπάρχειν ὀφείλοντος αὐτῷ. τοίνυν ὅταν λέγηται τὸ σημεῖον ἀξίωμα εἶναι ἐν ὑγιεῖ συνημμένῳ καθηγούμενον, δεήσει ἐν μόνῳ ἀκούειν αὐτὸ καθηγούμενον συνημμένῳ τῷ ἀπ᾽ ἀληθοῦς τε ἀρχομένῳ καὶ ἐπ᾽ ἀληθὲς λήγοντι. — καὶ μὴν οὐκ εἴτι ἡγεῖται 15 ἀξίωμα ἐν ὑγιεῖ συνημμένῳ ἀπ᾽ ἀληθοῦς τε ἀρχομένῳ καὶ ἐπ᾽ ἀληθὲς λήγοντι, τοῦτό ἐστι σημεῖον· (sequitur exemplum) δεῖ ἄρα τὸ σημεῖον καὶ ἐκκαλυπτικὴν ἔχειν φύσιν τοῦ λήγοντος, οἷόν ἐστι τὸ ἐν τοῖς τοιούτοις συνημμένοις „εἰ γάλα ἔχει ἐν μαστοῖς ἥδε, κεκύηκεν ἥδε" καὶ „εἰ βρογχεῖον ἔπτυκεν οὗτος, ἕλκος ἔχει ἐν πνεύμονι οὗτος". τουτὶ γὰρ τὸ συνημμένον 20 ὑγιές ἐστιν, ἀρχόμενον μὲν ἀπ᾽ ἀληθοῦς — — λῆγον δ᾽ ἐπ᾽ ἀληθές — — μετὰ τοῦ ἐκκαλυπτικὸν εἶναι τὸ πρῶτον τοῦ δευτέρου· ἐκείνῳ γὰρ προσβάλλοντες κατάληψιν τούτου ποιούμεθα.

Ἔτι, φασί, τὸ σημεῖον παρὸν παρόντος εἶναι δεῖ σημεῖον. ἔνιοι γὰρ ἐξαπατώμενοι καὶ παρὸν παρῳχημένου θέλουσιν εἶναι σημεῖον, ὡς ἐπὶ 25 τοῦ „εἰ οὐλὴν ἔχει οὗτος, ἕλκος ἔσχηκεν οὗτος". εἰ μὲν γὰρ οὐλὴν ἔχει, παρόν ἐστι, φαίνεται γάρ, τὸ δὲ ἕλκος ἐσχηκέναι παρῳχημένον, οὐκέτι γάρ ἐστιν ἕλκος· καὶ παρὸν μέλλοντος, ὡς τὸ περιεχόμενον τῷ τοιούτῳ συνημμένῳ „εἰ καρδίαν τέτρωται οὗτος, ἀποθανεῖται οὗτος". τὸ μὲν γὰρ τραῦμα τῆς καρδίας εἶναί φασιν ἤδη, τὸν δὲ θάνατον μέλλειν· ἀγνοοῦσι δὴ οἱ τὰ τοιαῦτα 30 λέγοντες ὅτι ἄλλ᾽ ἐστι τὰ παρῳχημένα καὶ τὰ μέλλοντα, τὸ μέντοι σημεῖον καὶ τὸ σημειωτὸν κἂν τούτοις παρὸν παρόντος ἐστίν. ἔν τε γὰρ τῷ προτέρῳ — τὸ μὲν ἕλκος γέγονεν ἤδη καὶ παρῴχηκεν, τὸ δὲ ἕλκος ἐσχηκέναι τοῦτον ἀξίωμα καθεστηκὸς ἐνέστηκεν, περὶ γεγονότος τινὸς λεγόμενον· ἔν τε τῷ „εἰ καρδίαν τέτρωται οὗτος, ἀποθανεῖται οὗτος", ὁ μὲν θάνατος μέλλει, τὸ δὲ 35 ἀποθανεῖσθαι τοῦτον ἀξίωμα ἐνέστηκεν, περὶ μέλλοντος λεγόμενον, παρὸ καὶ νῦν ἐστιν ἀληθές. ὥστε καὶ ἀξίωμά ἐστι τὸ σημεῖον, καὶ ἐν ὑγιεῖ συνημμένῳ καθηγεῖται, τῷ ἀρχομένῳ ἀπὸ ἀληθοῦς καὶ λήγοντι ἐπ᾽ ἀληθές, ἐκκαλυπτικόν τέ ἐστι τοῦ λήγοντος, καὶ διὰ παντὸς παρὸν παρόντος ἐστὶ σημεῖον.

Τούτων δ᾽ ὑποδεδειγμένων κατὰ τὰς αὐτῶν ἐκείνων τεχνολο- 40 γίας etc.

222 Sextus adv. math. VIII 177. τῶν μὲν αἰσθητὸν ὑπολαμβανόντων τοῦτο (scil. τὸ σημεῖον) εἶναι, τῶν δὲ νοητόν. Ἐπίκουρος μὲν γὰρ καὶ οἱ προεστῶτες αὐτοῦ τῆς αἱρέσεως ἔλεξαν αἰσθητὸν εἶναι τὸ σημεῖον, οἱ δὲ ἀπὸ τῆς Στοᾶς νοητόν. 45

223 Sextus adv. math. VIII 275. οἱ δὲ δογματικοὶ πρὸς ἕκαστον μὲν τῶν οὕτως ἐπικεχειρημένων (argumenta scil. quibus sceptici probabant nullum esse σημεῖον) πεφίμωνται, τοὐναντίον δὲ κατασκευάζοντές φασιν ὅτι ἄνθρωπος οὐχὶ τῷ προφορικῷ λόγῳ διαφέρει τῶν ἀλόγων ζῴων (καὶ γὰρ
5 κόρακες καὶ ψιττακοὶ καὶ κίτται ἐνάρθρους προφέρονται φωνάς) ἀλλὰ τῷ ἐνδιαθέτῳ, οὐδὲ τῇ ἁπλῇ μόνον φαντασίᾳ (ἐφαντασιοῦτο γὰρ κἀ- κεῖνα) ἀλλὰ τῇ μεταβατικῇ καὶ συνθετικῇ. διόπερ ἀκολουθίας ἔννοιαν ἔχων εὐθὺς καὶ σημείου νόησιν λαμβάνει διὰ τὴν ἀκολουθίαν· καὶ γὰρ αὐτὸ τὸ σημεῖόν ἐστι τοιοῦτον „εἰ τόδε, τόδε". ἕπεται ἄρα τῇ φύσει καὶ
10 κατασκευῇ τἀνθρώπου τὸ καὶ σημεῖον ὑπάρχειν. — συνωμολόγηταί τε ἡ ἀπόδειξις τῷ γένει σημεῖον εἶναι. δηλωτικὴ γάρ ἐστι τοῦ συμπεράσ- ματος, καὶ ἔσται ἡ διὰ τῶν λημμάτων αὐτῆς συμπλοκὴ σημεῖον τοῦ ὑπάρ- χειν τὸ συμπέρασμα. οἷον ἐπὶ τῆς τοιαύτης „εἰ ἔστι κίνησις, ἔστι κενόν· ἔστι δὲ κίνησις· ἔστιν ἄρα κενόν" τὸ τοιοῦτον συμπεπλεγμένον „εἰ ἔστι κί-
15 νησις, ἔστι κενόν ⟨καὶ ἔστι κίνησις⟩", διὰ τῶν λημμάτων συμπεπλεγμένον, εὐθὺς καὶ σημεῖόν ἐστι τοῦ συμπεράσματος τοῦ „ἔστι κενόν". ἤτοι οὖν ἀπο- δεικτικοί εἰσι λόγοι, φασίν, οἱ κατὰ τοῦ σημείου κομισθέντες ὑπὸ τῶν ἀπο- ρητικῶν ἢ οὐκ ἀποδεικτικοί. καὶ εἰ μὲν οὐκ εἰσὶν ἀποδεικτικοί, ἄπιστοι καθεστᾶσιν, ὅπου γε καὶ ἀποδεικτικοὶ τυγχάνοντες μόλις ἂν ἐπιστεύθησαν·
20 εἰ δὲ ἀποδεικτικοί, δῆλον ὅτι ἔστι τι σημεῖον· ἡ γὰρ ἀπόδειξις σημεῖον ἦν κατὰ τὸ γένος. — εἴπερ δὲ οὐδὲν οὐδενός ἐστι σημεῖον, ἤτοι σημαίνουσί τι αἱ κατὰ τοῦ σημείου ἐκφερόμεναι φωναὶ ἢ οὐδὲν σημαίνουσιν. καὶ εἰ μὲν οὐδέν, οὐδὲ τὴν τοῦ σημείου ὕπαρξιν ἀνελοῦσιν· πῶς γὰρ οἷόν τε τὰς μηδὲν σημαινούσας πιστεύεσθαι περὶ τοῦ μηδὲν εἶναι σημεῖον; εἰ δὲ σημαίνουσι,
25 μάταιοι καθεστᾶσιν οἱ ἀπὸ τῆς σκέψεως, λόγῳ μὲν ἐκβάλλοντες τὸ σημεῖον, ἔργῳ δὲ τοῦτο παραλαμβάνοντες. — καὶ μὴν εἰ μηδέν ἐστι θεώρημα τέχνης ἴδιον, οὐ διοίσει τῆς ἀτεχνίας ἡ τέχνη· εἰ δ᾽ ἔστι θεώρημα τέχνης ἴδιον, ἤτοι φαινόμενόν ἐστιν ἢ ἄδηλον· ἀλλὰ φαινόμενον μὲν οὐκ ἂν εἴη· τὰ γὰρ φαινόμενα πᾶσιν ὁμοίως καὶ ἀδιδάκτως φαίνεται. εἰ δὲ ἄδηλον τυγχάνει, διὰ
30 σημείου θεωρηθήσεται. εἰ δὲ ἔστι τι διὰ σημείου θεωρούμενον, ἔσται τι καὶ σημεῖον. Τινὲς δὲ καὶ οὕτω συνερωτῶσιν „εἰ ἔστι τι σημεῖον, ἔστι σημεῖον· εἰ μὴ ἔστι σημεῖον, ἔστι σημεῖον. ἤτοι δ᾽ οὐδέν ἐστι σημεῖον ἢ ἔστιν· ἔστιν ἄρα". (cetera § 281—284 non opus est exscribere).

§ 7. Περὶ ὅρου.

35 **224** Sextus adv. math. XI 8. τὸν γὰρ ὅρον φασὶν οἱ τεχνο- γράφοι ψιλῇ τῇ συντάξει διαφέρειν τοῦ καθολικοῦ, δυνάμει τὸν αὐ- τὸν ὄντα. καὶ εἰκότως· ὁ γὰρ εἰπὼν „ἄνθρωπός ἐστι ζῷον λογικὸν θνητόν" τῷ εἰπόντι „εἴ τί ἐστιν ἄνθρωπος, ἐκεῖνο ζῷόν ἐστι λογικὸν θνητόν" τῇ μὲν δυνάμει τὸ αὐτὸ λέγει, τῇ δὲ φωνῇ διάφορον. καὶ
40 ὅτι τοῦτο, συμφανὲς ἐκ τοῦ μὴ μόνον τὸ καθολικὸν τῶν ἐπὶ μέρους εἶναι περιληπτικόν, ἀλλὰ καὶ τὸν ὅρον ἐπὶ πάντα τὰ εἴδη τοῦ ἀπο-

---

10 συνωμολόγηται scripsi (cf. ibid. 289), ἀνωμολόγηται libri. ‖ τε Bk., δὲ libri. 15 καὶ ἔστι κίνησις addidi. Ad hanc disputationem cf. n. 115—19.

διδομένου πράγματος διήκειν, οἷον τὸν μὲν τοῦ ἀνθρώπου ἐπὶ πάν- τας τοὺς κατ᾽ εἶδος ἀνθρώπους, τὸν δὲ τοῦ ἵππου ἐπὶ πάντας τοὺς ἵππους. ἑνός τε ὑποταχθέντος ψεύδους ἑκάτερον γίνεται μοχθηρόν, τό τε καθολικὸν καὶ ὁ ὅρος. ἀλλὰ γὰρ ὡς ταῦτα φωναῖς ἐξηλλαγμένα κατὰ δύναμίν ἐστι τὰ αὐτά, ὧδε καὶ ἡ τέλειος, φασί, διαίρεσις, 5 δύναμιν ἔχουσα καθολικήν, συντάξει τοῦ καθολικοῦ διενήνοχεν. ὁ γὰρ τρόπῳ τῷδε διαιρούμενος „τῶν ἀνθρώπων οἱ μέν εἰσιν Ἕλληνες οἱ δὲ βάρβαροι" ἴσον τι λέγει τῷ „εἴ τινές εἰσιν ἄνθρωποι, ἐκεῖνοι ἢ Ἕλληνές εἰσιν ἢ βάρβαροι". ἐὰν γάρ τις ἄνθρωπος εὑρίσκηται μήτε Ἕλλην μήτε βάρβαρος, ἀνάγκη μοχθηρὰν μὲν εἶναι τὴν διαίρεσιν, 10 ψεῦδος δὲ γίνεσθαι τὸ καθολικόν. διόπερ καὶ τὸ οὕτω λεγόμενον „τῶν ὄντων τὰ μέν ἐστιν ἀγαθά, τὰ δὲ κακά, τὰ δέ τούτων μεταξύ" δυνάμει κατὰ τὸν Χρύσιππον τοιοῦτόν ἐστι καθολικόν „εἴ τινά ἐστιν ὄντα, ἐκεῖνα ἤτοι ἀγαθά ἐστιν ἢ κακά ἐστιν ἢ ἀδιάφορα".

225 Simplicius in Arist. categ. f. 16 B. ed. Bas. καὶ τοῦ μὲν ὀνό- 15 ματος τὸ συνῃρημένον ἤ, ὡς οἱ Στωϊκοί φασι, τὸ κεφαλαιῶδες δηλοῦντος, τοῦ δὲ ὁρισμοῦ τὸ διακεκριμένον etc.

226 Scholia Vaticana in Dionys. Thrac. p. 107, 5 Hilgard (Gram. Gr. III). ὁ δὲ Χρύσιππος λέγει ὅτι ὅρος ἐστὶν ἡ τοῦ ἰδίου ἀπό- δοσις, τουτέστιν ὁ τὸ ἴδιον ἀποδιδούς. ὁ δὲ Ἀντίπατρος ὁ Στωϊ- 20 κὸς λέγει· ὅρος ἐστὶ λόγος κατ᾽ ἀνάγκην ἐκφερόμενος, τουτέστι κατ᾽ ἀντιστροφήν· καὶ γὰρ ὁ ὅρος ἀντιστρέφειν θέλει.

Diog. Laërt. VII 60. ὅρος δέ ἐστιν, ὥς φησιν Ἀντίπατρος ἐν τῷ πρώτῳ περὶ ὅρων λόγος κατ᾽ ἀνάλυσιν ἀπαρτιζόντως ἐκφερόμενος ἢ ὡς Χρύσιππος ἐν τῷ περὶ ὅρων ἰδίου ἀπόδοσις. 25

227 Galenus defin. medicae 1. Vol. XIX p. 349 K. ὅρος ἐστὶ λόγος κατ᾽ ἀνάλυσιν ἀπαρτιζόντως ἐκφερόμενος.

Ibid. ὑπογραφή ἐστι λόγος τυπωδῶς εἰσάγων εἰς τὴν δηλουμένην τοῦ πράγματος γνῶσιν.

228 Alexander in Aristot. Top. p. 24 Ald. p. 42, 20. οὐκ ἄρα αὔ- 30 ταρκες τὸ ἦν (scil. ἐν τῷ τί ἦν εἶναι), ὥς τινες ἡγοῦνται, ἂν δοκεῖ πρῶ- τος μὲν Ἀντισθένης εἶναι, εἶτα δὲ καὶ τῶν ἀπὸ τῆς Στοᾶς τινές, ἀλλὰ εὐλόγως τὸ εἶναι πρόσκειται.

Idem paulo post: οἱ δὲ λέγοντες ὅρον εἶναι λόγον κατὰ ἀνάλυσιν ἀπαρ- τιζόντως ἐκφερόμενον (ἀνάλυσιν μὲν λέγοντες τὴν ἐξάπλωσιν τοῦ ὁριστοῦ καὶ 35 κεφαλαιωδῶς, ἀπαρτιζόντως δὲ τὸ μήτε ὑπερβάλλειν μήτε ἐνδεῖν) οὐδὲν ἂν λέγοιεν τὸν ὅρον διαφέρειν τῆς τοῦ ἰδίου ἀποδόσεως etc.

229 Galenus de differentia pulsuum IV 2. Vol. VIII p. 708 K. ἀρ- ξώμεθ᾽ οὖν αὖθις ἀπὸ τῶν ἐννοηματικῶν ὅρων, οὓς οὐδὲν ἔφαμεν ἑρ-

---

5 ὧδε Bk., ὡς δὲ libri.   21 immo κατ᾽ ἀνάλυσιν cf. locum Laërtii. 24 ἀπαρτιζόντος B.   25 Hic liber in indice n. 13 r vocatur ὅρων διαλεκτικῶν πρὸς Μητρόδωρον ζ'. ‖ ἰδίου restitui ex schol. Dion. Thr., ἢ P ἡ B ἢ ὡς – ἀπό- δοσις om. F.   27 Antipatro tribuit Diog. La. VII 60.   29 cf. Diog. La. VII 60. fortasse: εἰς τὴν τοῦ δηλ. πράγματος γνῶσιν.

μηνεύειν πλέον ὧν ἅπαντες ἄνθρωποι γιγνώσκουσιν. — — οὓς οἱ δεινοὶ
περὶ τὰς προσηγορίας οὐδ' ὅρους ἀξιοῦσιν, ἀλλ' ὑπογραφάς τε καὶ ὑπο-
τυπώσεις ὀνομάζειν.

230 Galenus adv. Lycum 3. Vol. XVIII A. p. 209 K. οὕτως οὖν
5 ἀπαίδευτον ἐρωτᾷ λόγον ὁ Λύκος, ὥστε οὐκ αἰσθάνεται τὰς τέχνας
ἁπάσας ἀναιρῶν. ἐν γάρ τοι τῇ γνώσει τῶν διαφορῶν ἑκάστου
τῶν ὄντων αἱ τέχναι συνίστανται. καὶ τοῦτο ἐπὶ πλεῖστον μὲν
κἂν τῷ Φιλήβῳ διῆλθεν ὁ Πλάτων εὐθὺς ἐν ἀρχῇ τοῦ συγγράμματος·
ἐφύλαξε δ' αὐτοῦ τὴν γνώμην Ἀριστοτέλης καὶ Θεόφραστος, Χρύ-
10 σιππός τε καὶ Μνησίθεος καὶ οὐδεὶς ὅστις οὐ διῆλθεν ἐν τῷ περὶ
τέχνης γράμματι τὸν αὐτὸν λόγον.

§ 8. Περὶ λόγων
καὶ συλλογισμῶν.

Quot Chrysippus libros scripserit ad syllogisticam doctrinam perti-
15 nentes vid. n. 14 v. Λογικοῦ τόπου πρὸς τοὺς λόγους καὶ τοὺς τρόπους.

231 Galenus de libris propriis 11. Vol. XIX p. 43 K. ἔτι δὲ
παῖς ὤν, ἡνίκα πρῶτον ὁ πατήρ με τῷ τὴν λογικὴν θεωρίαν Χρυσίπ-
που καὶ τῶν ἐνδόξων Στωϊκῶν διδάξοντι παρέδωκεν, ἐποιησάμην
ἐμαυτῷ τῶν Χρυσίππου συλλογιστικῶν βιβλίων ὑπομνήματα.

20 **232** Galenus de libris propriis 16. Vol. XIX p. 47 K. de Stoi-
corum logica doctrina se scripsisse testatur haec: περὶ τῆς κατὰ Χρύ-
σιππον λογικῆς θεωρίας γ'. τῆς Χρυσίππου συλλογιστικῆς πρώτης
ὑπομνήματα γ'. δευτέρας ἕν. περὶ τῆς λογικῆς δυνάμεως καὶ θεω-
ρίας ζ'. περὶ τῆς χρείας τῶν εἰς τοὺς συλλογισμοὺς θεωρημάτων ἕν.
25 — — περὶ τῆς χρείας τῶν εἰς τοὺς συλλογισμοὺς θεωρημάτων β'.

233 Lucianus Icaromen. 24 (Iupiter loquitur:) τοιγαροῦν ψυχρο-
τέρους ἄν μου τοὺς βωμοὺς ἴδοις τῶν Πλάτωνος Νόμων ἢ τῶν Χρυ-
σίππου συλλογισμῶν.

234 Galenus de Hippocr. et Plat. plac. II. 3 (91) p. 178 Mü.
30 καὶ ταύτῃ διήνεγκεν ἐπιστημονικὸν δείξεως λῆμμα ῥητορικοῦ τε καὶ
γυμναστικοῦ καὶ σοφιστικοῦ, ὑπὲρ ὧν οὐδ' αὐτῶν οὐδεμίαν ἐδίδαξαν
ἡμᾶς οὔτε μέθοδον οὔτε γυμνασίαν οἵγε περὶ τὸν Ζήνωνα καὶ
τὸν Χρύσιππον. ὅθεν ἀναμέμικται φύρδην ἐν τοῖς βιβλίοις αὐ-
τῶν ἐφεξῆς ἅπαντα τὰ λήμματα. καὶ πολλάκις ἡγεῖται μέν, εἰ οὕτως
35 ἔχει, ῥητορικὸν ἐπιχείρημα, τούτῳ δ' ἔπεται γυμναστικόν τε καὶ δια-

23 num hic commentarius pertinuit ad librum: περὶ τῶν πρώτων καὶ ἀνα-
ποδείκτων συλλογισμῶν πρὸς Ζήνωνα α'?. An totam syntaxin primam et alteram
commentatus est? 25 Scripsit Chrysippus: περὶ τῶν εἰς τοὺς συλλογισμοὺς
θεωρημάτων.

λεκτικόν, εἶθ' ἑξῆς ἐπιστημονικόν, εἶθ' οὕτως εἰ ἔτυχε σοφιστικόν, οὐκ εἰδότων, ὡς τὰ μὲν ἐπιστημονικὰ λήμματα πρὸς τὴν οὐσίαν ἀναφέρεται τοῦ ζητουμένου etc. **235** Diogenes Laërt. VII 45. εἶναι δὲ τὸν λόγον αὐτὸν σύστημα ἐκ λημμάτων καὶ ἐπιφορᾶς· τὸν δὲ συλλογισμὸν λόγον συλλογιστικὸν ἐκ 5 τούτων· τὴν δὲ ἀπόδειξιν λόγον διὰ τῶν μᾶλλον καταλαμβανομένων τὸ ἧττον καταλαμβανόμενον περαίνοντα. **236** [Ammonius] in Aristot. Analyt. pr. (Comm. graec. IV 6) p. 68, 4 Wal. τίνα τὰ ὀνόματα οἷς οἱ *Στωϊκοὶ* κέχρηνται; οὗτοι τοίνυν τὰ πράγματα τυγχάνοντα καλοῦσι· τέλος γὰρ τὸ τυχεῖν τούτων· τὰ νοήματα ἐκφορικά. 10 ταῦτα γὰρ ἐκφέρομεν διὰ τῶν φωνῶν, τὰς φωνὰς λεκτά. τὸ συνημμένον ἢ διεζευγμένον τροπικὸν διὰ τὸ τρόπον ποιεῖσθαι ἀπ' ἄλλης προτάσεως εἰς ἄλλην· τὸ ἡγούμενον ὁμοίως ἡμῖν ἡγούμενον, τὸ ἑπόμενον λῆγον, τὴν πρόσληψιν ὁμοίως ἡμῖν πρόσληψιν. — ὃ δ' ἡμεῖς λέγομεν συμπέρασμα, ἐκεῖνοι ἐπιφορὰν καλοῦσι. τοὺς δ' ὑποθετικοὺς συλλογισμοὺς ἀναποδείκ- 15 τους καλοῦσι καὶ θέματα. **237** Ammonius in Aristot. Analyt. pr. p. 26, 36. οἱ δὲ *Στωϊκοὶ* ἀξιώματα αὐτὰς (scil. τὰς προτάσεις) ἐκάλουν καὶ λήμματα παρὰ' τὸ λαμβάνειν καὶ ἀξιοῦν αὐτὰς ἀληθεῖς εἶναι, ὡς τὰ παρὰ τοῖς γεωμέτραις ἀξιώματα. **238** Diocles Magnes apud Diog. Laërt. VII 77. τῶν δὲ λόγων οἱ μέν 20 εἰσιν ἀπέραντοι, οἱ δὲ περαντικοί· ἀπέραντοι μὲν ὧν τὸ ἀντικείμενον τῆς ἐπιφορᾶς οὐ μάχεται τῇ διὰ τῶν λημμάτων συμπλοκῇ, οἷον οἱ τοιοῦτοι „εἰ ἡμέρα ἐστί, φῶς ἐστι· ἡμέρα δέ ἐστι· περιπατεῖ ἄρα Δίων". τῶν δὲ περαντικῶν λόγων οἱ μὲν ὁμωνύμως τῷ γένει λέγονται περαντικοί, οἱ δὲ συλλογιστικοί. συλλογιστικοὶ μὲν οὖν εἰσιν οἱ ἤτοι ἀναπόδεικτοι ὄντες ἢ ἀναγόμενοι ἐπὶ 25 τοὺς ἀναποδείκτους κατά τι τῶν θεμάτων ἢ τινά, οἷον οἱ τοιοῦτοι „εἰ περιπατεῖ Δίων, ⟨κινεῖται Δίων· ἀλλὰ μὴν περιπατεῖ Δίων⟩· κινεῖται ἄρα Δίων". περαντικοὶ δέ εἰσιν εἰδικῶς οἱ συνάγοντες μὴ συλλογιστικῶς, οἷον οἱ τοιοῦτοι „ψεῦδός ἐστι τὸ ἡμέρα ἐστὶ καὶ νύξ ἐστι· ἡμέρα δέ ἐστιν· οὐκ ἄρα νύξ ἐστιν". ἀσυλλόγιστοι δ' εἰσὶν οἱ παρακείμενοι μὲν πιθανῶς 30 τοῖς συλλογιστικοῖς, οὐ συνάγοντες δέ, οἷον „εἰ ἵππος ἐστὶ Δίων, ζῷόν ἐστι Δίων ⟨ἀλλὰ μὴν ἵππος οὐκ ἔστι Δίων⟩· οὐκ ἄρα ζῷόν ἐστι Δίων". ἔτι τῶν λόγων οἱ μὲν ἀληθεῖς εἰσιν, οἱ δὲ ψευδεῖς. ἀληθεῖς μὲν οὖν εἰσι λόγοι οἱ δι' ἀληθῶν συνάγοντες, οἷον „εἰ ἡ ἀρετὴ ὠφελεῖ, ἡ κακία βλάπτει· ⟨ἀλλὰ μὴν ὠφελεῖ ἡ ἀρετή· ἡ κακία ἄρα βλάπτει⟩. ψευδεῖς δέ εἰσιν οἱ 35

---

5 συστημάτων καὶ ἐπιφορᾶς (om. ἐκ λημμάτων) BPF, corr. Beier. 7 περαίνοντα P. Faber, περὶ πάντων libri. 11 λεκτά. hoc falsum esse patet. 12 Scripsit Chrysippus: σύγκρισις τῶν τροπικῶν ἀξιωμάτων α'. 14 Cf. Bekker. Anecd. gr. p. 518 καλούμενον γοῦν ἔστιν εὑρέσθαι παρὰ τοῖς Στωϊκοῖς τὸν „δέ γε" (scil. σύνδεσμον) ὄντα προσληπτικόν· τοὺς γὰρ ἀπὸ συναφῆς λόγους εἰς σχηματισμὸν μετιόντας ἢ τοιαύτη σύνταξις ἢ τῶν συνδέσμων ὑπάγει· „εἰ' ἡμέρα ἐστί, φῶς ἐστιν· ἡμέρα δέ γε ἐστίν." καὶ ἐπεὶ ἐν προσλήψει ἐγένετο ὁ λόγος, προσληπτικοὶ οἱ τοιοῦτοι σύνδεσμοι. 15 Scripsit idem: περὶ τῶν ἐπιφορῶν πρὸς Ἀρισταγόραν α'. 22 οὖ om. BPF, add. Rossius e cod. Steph. 25 ἤτι B. ‖ ἐπί τι BPF, τι om. vulg. 27 κινεῖται—Δίων supplevi. 31 ζῷον (pro Δίων) F. 32 ἀλλὰ μὴν—Δίων om. BPF. 35 necessaria supplevi. Scripsit Chrysippus: περὶ τῶν περαινόντων λόγων πρὸς Ζήνωνα α'. λόγοι συλλογιστικοὶ κατὰ ἀνάλυσιν ἐν τοῖς ἀναποδείκτοις α'.

τῶν λημμάτων ἔχοντές τι ψεῦδος ἢ ἀπέραντοι ὄντες, οἷον „εἰ ἡμέρα ἐστί, φῶς ἐστιν· ἡμέρα δέ ἐστι· ζῇ ἄρα Δίων". καὶ δυνατοὶ δ᾽ εἰσὶ λόγοι καὶ ἀδύνατοι καὶ ἀναγκαῖοι καὶ οὐκ ἀναγκαῖοι. 239 Sextus adv. math. VIII 411. οἴονται τοίνυν (scil.

5 Stoici) τρεῖς τινας ἀλλήλοις συζυγεῖν λόγους, τόν τε συνακτικὸν καὶ τὸν ἀληθῆ καὶ τὸν ἀποδεικτικόν· ὧν τὸν μὲν ἀποδεικτικὸν πάντως ἀληθῆ τε καὶ συνακτικόν, τὸν δὲ ἀληθῆ πάντως συνακτικὸν μὲν ὑπάρχειν, οὐκ ἐξ ἀνάγκης δὲ καὶ ἀποδεικτικόν, τὸν δὲ συνακτικὸν οὔτε πάντως ἀληθῆ οὔτε πάντως ἀποδεικτικόν.
— καὶ ὁ μὲν τοιοῦτος ἡμέρας οὔσης „εἰ νύξ ἐστι, σκότος ἐστίν· ἀλλὰ μὴν
10 νύξ ἐστιν· σκότος ἄρα ἐστίν" συνάγει μὲν διὰ τὸ ἐν ὑγιεῖ ἠρωτῆσθαι σχήματι, οὐκ ἔστι δὲ ἀληθής, τὸ δεύτερον λῆμμα ἔχων ψεῦδος, τὴν πρόσληψιν, τὸ „ἀλλὰ μὴν νύξ ἐστιν". ὁ δὲ οὕτως ἔχων ἡμέρας οὔσης „εἰ ἡμέρα ἐστί, φῶς ἐστιν· ἀλλὰ μὴν ἡμέρα ἐστίν· φῶς ἄρα ἐστίν" συνακτικὸς ἅμα ἦν καὶ ἀληθής τῷ καὶ ἐν ὑγιεῖ ἠρωτῆσθαι σχήματι καὶ δι᾽ ἀληθῶν ἀληθὲς συνάγειν.

15 Κρίνεσθαι δέ φασι τὸν συνακτικὸν λόγον ὅτι συνακτικός ἐστιν, ὅταν τῇ διὰ τῶν λημμάτων αὐτοῦ συμπλοκῇ ἕπηται τὸ συμπέρασμα· οἷον τὸν τοιοῦτον λόγον ἡμέρας οὔσης „εἰ νύξ ἐστι, σκότος ἐστίν· ἀλλὰ μὴν νύξ ἐστιν· σκότος ἄρα ἐστίν" καίπερ μὴ ὄντα ἀληθῆ διὰ τὸ ἐπὶ ψεῦδος ἄγειν, συνακτικὸν εἶναι φαμέν· συμπλέξαντες γὰρ οὕτω τὰ λήμματα „νύξ ἐστι καὶ εἰ νύξ
20 ἐστι, σκότος ἐστί", ποιοῦμεν συνημμένον [συλλογισμόν], ἀρχόμενον μὲν ἀπὸ τῆς τοιαύτης συμπλοκῆς, λῆγον δὲ εἰς τὸ συμπέρασμα, τοιοῦτον „⟨εἰ⟩ νύξ ἐστι καὶ εἰ νύξ ἐστι, σκότος ἐστί, ⟨σκότος ἐστίν⟩". τοῦτο γὰρ τὸ συνημμένον ἀληθές ἐστι, διὰ τό μηδέποτε ἀρχόμενον ἀπὸ τοῦ ἀληθοῦς λήγειν ἐπὶ ψεῦδος· ἡμέρας μὲν γὰρ οὔσης ἄρχεται ἀπὸ ψεύδους — — καὶ λήξει ἐπὶ ψεύ-
25 δος — καὶ οὕτως ἔσται ἀληθές· νυκτὸς δὲ ἄρξεταί τε ἀπ᾽ ἀληθοῦς καὶ λήξει ἐπ᾽ ἀληθές, καὶ ἔσται παρ᾽ αὐτὸ τοῦτο ἀληθές. οὐκοῦν ὁ μὲν συνακτικὸς τότε ἐστὶν ὑγιής, ὅταν συμπλεξάντων ἡμῶν τὰ λήμματα καὶ συνημμένον ποιησάντων τὸ ἀρχόμενον μὲν ἀπὸ τῆς διὰ τῶν λημμάτων συμπλοκῆς, λῆγον δ᾽ εἰς τὸ συμπέρασμα, εὑρίσκηται τοῦτο. αὐτὸ συνημμένον ἀληθές. — ὁ δ᾽
30 ἀληθὴς λόγος κρίνεται ὅτι ἔστιν ἀληθὴς οὐκ ἐκ τοῦ μόνον τὸ συνημμένον τὸ ἀρχόμενον ἀπὸ τῆς διὰ τῶν λημμάτων συμπλοκῆς καὶ λῆγον εἰς τὸ συμπέρασμα εἶναι ἀληθές, ἀλλὰ καὶ ἐκ τοῦ τὸ διὰ τῶν λημμάτων συμπεπλεγμένον ὑπάρχειν ὑγιές· ὡς ἂν τὸ ἕτερον τούτων εὑρίσκηται ψεῦδος, καὶ τὸν λόγον ἐξ ἀνάγκης γίνεσθαι ψευδῆ. — — ὥστε γίνεται ἀληθὴς ὁ λόγος οὔτε
35 ὅταν τὸ συμπεπλεγμένον μόνον ᾖ ἀληθὲς οὔτε ὅταν τὸ συνημμένον, ἀλλ᾽ ὅταν ἀμφότερα ἀληθῇ. — ὁ δὲ ἀποδεικτικὸς τοῦ ἀληθοῦς διαφέρει, ὅτι ὁ μὲν ἀληθὴς δύναται ἐναργῆ ἔχειν πάντα, φημὶ δὲ τά τε λήμματα καὶ τὴν ἐπιφοράν, ὁ δὲ ἀποδεικτικὸς πλέον τι ἔχειν βούλεται, λέγω δὲ τὸ τὴν ἐπιφορὰν ἄδηλον οὖσαν ἐκκαλύπτεσθαι ὑπὸ τῶν λημμάτων. ὅθεν ὁ μὲν τοι-
40 οὗτος — — ἐναργῆ ἔχων τὰ λήμματα καὶ τὴν ἐπιφορὰν ἀληθής ἐστι καὶ οὐκ ἀποδεικτικός· ὁ δὲ τοιοῦτος „εἰ γάλα ἔχει ἐν μαστοῖς ἥδε, κεκύηκεν ἥδε· ἀλλὰ μὴν γάλα ἔχει ἐν μαστοῖς ἥδε· κεκύηκεν ἄρα ἥδε" σὺν τῷ ἀληθὴς εἶναι ἔτι καὶ ἀποδεικτικός ἐστιν· ἄδηλον γὰρ ἔχων τὸ συμπέρασμα — τοῦτο διὰ τῶν λημμάτων ἐκκαλύπτει.

20 συλλογισμόν seclusi.   21 λῆγον scripsi, λήγοντα libri.   21. 22 εἰ et σκότος ἐστίν supplevi.   25 τε Bk., μὲν libri.   32 τὸ huc transposui, quod post λημμάτων collocant libri.   36 Ad haec adhibe disputationem περὶ σημείου n. 221 v.

239a [Apuleius] περὶ ἑρμηνείας 277 (p. 15, 11 Goldb.). Est et altera probatio communis omnium etiam indemonstrabilium, quae dicitur „impossibile" appellaturque a Stoicis „prima constitutio" vel „primum expositum". quod sic definiunt: „Si ex duobus tertium quid colligitur, alterum eorum cum contrario illationis colligit contrarium reliqui". — — quae 5 res inventa est adversus eos, qui concessis acceptionibus id, quod ex illis colligitur, impudenter recusant. — — nec frustra constituerunt dialectici eum modum verum esse, cuius adversum illationis cum alterutra acceptione tollit reliquam. At Stoici quidem tantum negativa particula praeposita putant illationem recusari etc. 10

240 Sextus adv. math. VIII 429. περὶ μὲν οὖν τῶν περαινόντων πολλῆς καὶ ἀκριβοῦς οὔσης ζητήσεως οὐκ ἀνάγκη νῦν διεξελθεῖν, περὶ δὲ τῶν ἀπεράντων λόγων ἐπὶ ποσὸν ὑποδεικτέον. τοίνυν φασὶ τετραχῶς γίγνεσθαι τὸν ἀπέραντον λόγον, ἤτοι κατὰ διάρτησιν ἢ κατὰ παρολκήν, ἢ κατὰ τὸ ἐν μοχθηρῷ ἠρωτῆσθαι σχήματι ἢ κατὰ ἔλλειψιν. — ἀλλὰ κατὰ 15 διάρτησιν μὲν ὅταν μηδεμίαν ἔχῃ κοινωνίαν καὶ συνάρτησιν τὰ λήμματα πρὸς ἀλλήλά τε καὶ πρὸς τὴν ἐπιφοράν, οἷον ἐπὶ τοῦ τοιούτου λόγου „εἰ ἡμέρα ἐστί, φῶς ἐστιν· ἀλλὰ μὴν πυροὶ ἐν ἀγορᾷ πωλοῦνται· φῶς ἄρα ἐστίν".
— κατὰ δὲ παρολκὴν ἀπέραντος γίνεται ὁ λόγος ὅταν ἔξωθέν τι καὶ περισσῶς παραλαμβάνηται τοῖς λήμμασι, καθάπερ ἐπὶ τοῦ οὕτως ἔχοντος „εἰ 20 ἡμέρα ἐστί, φῶς ἐστιν· ἀλλὰ μὴν ἡμέρα ἐστίν· ἀλλὰ καὶ ἡ ἀρετὴ ὠφελεῖ· φῶς ἄρα ἐστίν". — — διὰ δὲ τὸ ἐν μοχθηρῷ ἠρωτῆσθαι σχήματι ἀπέραντος γίνεται λόγος ὅταν ἔν τινι τῶν παρὰ τὰ ὑγιῆ σχήματα θεωρουμένων ἐρωτηθῇ σχήματι· οἷον ὄντος ὑγιοῦς σχήματος τοῦ τοιούτου „εἰ τὸ πρῶτον, τὸ δεύτερον· τὸ δέ γε πρῶτον, τὸ ἄρα δεύτερον", ὄντος δὲ καὶ τοῦ „εἰ τὸ πρῶτον τὸ 25 δεύτερον· οὐχὶ δέ γε τὸ πρῶτον, οὐκ ἄρα τὸ δεύτερον", φαμὲν τὸν ἐν τοιούτῳ σχήματι ἐρωτηθέντα „εἰ τὸ πρῶτον τὸ δεύτερον· οὐχὶ δέ γε τὸ πρῶτον· οὐκ ἄρα τὸ δεύτερον" ἀπέραντον εἶναι, οὐχ ὅτι ἀδύνατόν ἐστιν ἐν τῷ τοιούτῳ σχήματι λόγον συνερωτᾶσθαι δι᾽ ἀληθῶν ἀληθὲς συνάγοντα (δύναται γάρ, οἷον ὁ τοιοῦτος „εἰ τὰ τρία τέσσαρά ἐστιν, τὰ ἐξ ὀκτώ ἐστιν· οὐχὶ δέ γε τὰ 30 τρία τέσσαρά ἐστιν· οὐκ ἄρα τὰ ἐξ ὀκτώ ἐστιν"), τῷ δὲ δύνασθαί τινας λόγους ἐν αὐτῷ τάττεσθαι μοχθηρούς, καθάπερ καὶ τὸν τοιοῦτον· „εἰ ἡμέρα ἐστί, φῶς ἐστιν· ἀλλὰ μὴν οὐκ ἔστιν ἡμέρα· οὐκ ἄρα ἐστὶ φῶς". — κατ᾽ ἔλλειψιν δὲ ἀπέραντος ἐγίνετο ὁ λόγος, ὅταν ἐλλείπῃ τι τῶν συνακτικῶν λημμάτων. οἷον „ἤτοι κακόν ἐστιν ὁ πλοῦτος ἢ ἀγαθόν ἐστιν ὁ πλοῦτος· οὐχὶ 35 δέ γε κακόν ἐστιν ὁ πλοῦτος· ἀγαθὸν ἄρα ἐστὶν ὁ πλοῦτος". ἐλλείπει γὰρ ἐν τῷ διεζευγμένῳ τὸ ἀδιάφορον εἶναι τὸν πλοῦτον, ὥστε τὴν ὑγιῆ συνερώτησιν τοιαύτην μᾶλλον ὑπάρχειν „ἤτοι ἀγαθόν ἐστιν ὁ πλοῦτος ἢ κακόν ἐστιν ἢ ἀδιάφορον· οὔτε ⟨δέ γ᾽⟩ ἀγαθόν ἐστιν ὁ πλοῦτος οὔτε κακόν· ἀδιάφορον ἄρα ἐστίν".

241 Diocles Magnes apud Diog. Laërt. VII 79. εἰσὶ δὲ καὶ ἀναπόδεικτοί τινες, τῷ μὴ χρῄζειν ἀποδείξεως, ἄλλοι μὲν παρ᾽ ἄλλοις, παρὰ δὲ τῷ Χρυσίππῳ πέντε, δι᾽ ὧν πᾶς λόγος πλέκεται,

---

2 indemonstrabilium = τῶν ἀναποδείκτων. 5 illationis = τῆς ἐπιφορᾶς.
19 Scripsit Chrysippus: περὶ τῶν παρελκόντων λόγων πρὸς Πάσυλον β'.
22 Scripsit idem: περὶ τῶν κατὰ ψευδῆ σχήματα συλλογισμῶν ε'. 39 δέ γ᾽ add. Bk.

οἵτινες λαμβάνονται ἐπὶ τῶν περαντικῶν καὶ ἐπὶ τῶν συλλογιστικῶν καὶ ἐπὶ τῶν τροπικῶν. πρῶτος δέ ἐστιν ἀναπόδεικτος, ἐν ᾧ πᾶς λόγος συντάσσεται ἐκ συνημμένου καὶ τοῦ ἡγουμένου, ἀφ' οὗ ἄρχεται τὸ συνημμένον, καὶ τὸ λῆγον ἐπιφέρει, οἷον „εἰ τὸ πρῶτον, τὸ
5 δεύτερον· ἀλλὰ μὴν τὸ πρῶτον· τὸ ἄρα δεύτερον". δεύτερος δ' ἐστὶν ἀναπόδεικτος ὁ διὰ συνημμένου καὶ τοῦ ἀντικειμένου τοῦ λήγοντος τὸ ἀντικείμενον τοῦ ἡγουμένου ἔχων συμπέρασμα, οἷον „εἰ ἡμέρα ἐστί, φῶς ἐστιν· ἀλλὰ μὴν νύξ ἐστιν· οὐκ ἄρα ἡμέρα ἐστίν". ἡ γὰρ πρόσληψις γίνεται ἐκ τοῦ ἀντικειμένου τῷ λήγοντι καὶ ἡ ἐπι-
10 φορὰ ἐκ τοῦ ἀντικειμένου τῷ ἡγουμένῳ. τρίτος δ' ἐστὶν ἀναπόδεικτος ὁ δι' ἀποφατικοῦ συμπλοκῆς καὶ ἑνὸς τῶν ἐν τῇ συμπλοκῇ ἐπιφέρων τὸ ἀντικείμενον τοῦ λοιποῦ, οἷον „οὐχὶ τέθνηκε Πλάτων καὶ ζῇ Πλάτων· ἀλλὰ μὴν τέθνηκε Πλάτων· οὐκ ἄρα ζῇ Πλάτων". τέταρτος δέ ἐστιν ἀναπόδεικτος ὁ διὰ διεζευγμένου καὶ ἑνὸς τῶν ἐν
15 τῷ διεζευγμένῳ τὸ ἀντικείμενον τοῦ λοιποῦ ἔχων συμπέρασμα, οἷον „ἤτοι τὸ πρῶτον ἢ τὸ δεύτερον· ἀλλὰ μὴν τὸ πρῶτον· οὐκ ἄρα τὸ δεύτερον". πέμπτος δέ ἐστιν ἀναπόδεικτος, ἐν ᾧ πᾶς λόγος συντάσσεται ἐκ διεζευγμένου καὶ ἑνὸς τῶν ἐν τῷ διεζευγμένῳ ἀντικειμένου καὶ ἐπιφέρει τὸ λοιπόν, οἷον „ἤτοι ἡμέρα ἐστὶν ἢ νύξ ἐστιν·
20 οὐχὶ δὲ νύξ ἐστιν· ἡμέρα ἄρα ἐστίν".

242 Sextus adv. math. VIII 223. εὐθέως γάρ, ἵνα μικρὸν ἄνωθεν προλάβωμεν, ἀναπόδεικτοι λέγονται διχῶς, οἵ τε μὴ ἀποδεδειγμένοι καὶ οἱ μὴ χρείαν ἔχοντες ἀποδείξεως τῷ αὐτόθεν εἶναι περιφανὲς ἐπ' αὐτῶν τὸ ὅτι συνάγουσιν. ἐπεδείξαμεν δὲ πολλάκις ὡς
25 κατὰ τὸ δεύτερον σημαινόμενον ταύτης ἠξίωνται τῆς προσηγορίας οἱ κατ' ἀρχὴν τῆς πρώτης περὶ συλλογισμῶν εἰσαγωγῆς παρὰ τῷ Χρυσίππῳ τεταγμένοι. νυνὶ δὲ ἐφ' ὁμολόγῳ τούτῳ γνωστέον ὅτι πρῶτος μέν ἐστιν ἀναπόδεικτος ὁ ἐκ συνημμένου καὶ τοῦ ἡγουμένου, τὸ λῆγον ἐν ἐκείνῳ τῷ συνημμένῳ ἔχων συμπέρασμα.
30 τουτέστιν ὅταν λόγος δύο ἔχῃ λήμματα, ὧν τὸ μὲν ἕτερόν ἐστι συνημμένον τὸ δὲ ἕτερον ἡγούμενον ἐν τῷ συνημμένῳ, ἔχῃ δὲ καὶ ἐπιφορὰν τὸ λῆγον ἐν τῷ αὐτῷ συνημμένῳ, τότε ὁ τοιοῦτος λόγος πρῶτος ἀναπόδεικτος καλεῖται, οἷον ὁ οὕτως ἔχων „εἰ ἡμέρα ἔστι, φῶς ἔστιν· ἀλλὰ μὴν ἡμέρα ἔστιν· φῶς ἄρα ἔστιν". οὗτος γὰρ τὸ μὲν
35 ἕτερον τῶν λημμάτων ἔχει συνημμένον, τὸ „εἰ ἡμέρα ἔστι, φῶς ἔστιν", τὸ δὲ λοιπὸν τὸ ἡγούμενον ἐν τῷ συνημμένῳ „ἀλλὰ μὴν ἡμέρα ἔστιν", τὸ ⟨δὲ⟩ „φῶς ἄρα ἔστιν" τρίτον τὴν ἐπιφορὰν τὸ λῆγον τοῦ συνημ-

---

1 συλλογισμῶν PF.   3 λόγος om. F. ‖ ἄρχεταί τι BPF, corr. Cobet.
7 ἔχον BP.   8 verba ἐστί — ἡμέρα om. BF (suppl. m. 2 in mrg.)   11 ἀποφα-
τικοῦ BPF, ἀποφατικῆς vulgo.   13 καὶ ζῇ Πλάτων om B.   15 ἔχον PF.
37 δὲ add. Bk

μένου. — δεύτερος δ᾽ ἐστὶν ἀναπόδεικτος ὁ ἐκ συνημμένου καὶ
τοῦ ἀντικειμένου τῷ λήγοντι ἐν ἐκείνῳ τῷ συνημμένῳ, τὸ ἀντικείμενον
τῷ ἡγουμένῳ ἔχων συμπέρασμα. τουτέστιν ὅταν λόγος πάλιν ἐκ δυοῖν
συνεστὼς λημμάτων, ὧν τὸ μὲν ἕτερόν ἐστι συνημμένον, τὸ δὲ ἕτερον
ἀντικείμενον τῷ λήγοντι ἐν τῷ συνημμένῳ, ἔχῃ δὲ καὶ ἐπιφορὰν τὸ 5
ἀντικείμενον τῷ ἡγουμένῳ, τότε ὁ τοιοῦτος γίνεται δεύτερος ἀναπό-
δεικτος, ὡς τὸ „εἰ ἡμέρα ἔστι, φῶς ἔστιν· οὐχὶ δέ γε φῶς ἔστιν· οὐκ
ἄρα ἔστιν ἡμέρα". τό τε γὰρ „εἰ ἔστιν ἡμέρα, φῶς ἔστιν" τὸ ἕτερον
λῆμμα τοῦ λόγου συνημμένον ἐστί, τό τε „οὐχὶ δέ γε φῶς ἔστιν"
λοιπὸν λῆμμα τοῦ λόγου καθεστώς, ἀντικείμενόν ἐστι τῷ λήγοντι ἐν 10
τῷ συνημμένῳ· ἥ τε ἐπιφορὰ ἡ „οὐκ ἄρα ἡμέρα ἔστιν" τὸ ἀντικείμενον
ἦν τοῦ ἡγουμένου. — τρίτος δέ ἐστι λόγος ἀναπόδεικτος ὁ ἐξ
ἀποφατικοῦ συμπλοκῆς καὶ ἑνὸς τῶν ἐν τῇ συμπλοκῇ, τὸ ἀντικείμενον
τοῦ λοιποῦ τῶν ἐν τῇ συμπλοκῇ ἔχων συμπέρασμα, οἷον „οὐχὶ καὶ
ἡμέρα ἔστι καὶ νὺξ ἔστιν· ἡμέρα δὲ ἔστιν· οὐκ ἄρα ἔστι νύξ". τὸ 15
μὲν γὰρ „οὐχὶ καὶ ἡμέρα ἔστι καὶ νὺξ ἔστιν" ἀποφατικὸν ἦν συμ-
πεπλεγμένου τοῦ „καὶ ἡμέρα ἔστι καὶ νὺξ ἔστι", τὸ δὲ „ἡμέρα ἔστι"
τὸ ἕτερον ἐτύγχανε τῶν ἐν τῇ [συμπλοκῇ, τὸ δὲ „οὐκ ἄρα ἔστι νύξ"
τὸ ἀντικείμενον ἦν τῷ λοιπῷ τῶν ἐν τῇ συμπλοκῇ. — Οἱ μὲν οὖν
λόγοι τοιοῦτοί τινές εἰσι, τρόποι δὲ αὐτῶν καὶ ὡσπερεὶ σχήματα 20
ἐν οἷς ἠρώτηνται οἱ οὕτως ἔχοντες, τοῦ μὲν πρώτου ἀναποδείκτου·
„εἰ τὸ πρῶτον, τὸ δεύτερον· τὸ δέ γε πρῶτον· τὸ ἄρα δεύτερον".
τοῦ δὲ δευτέρου „εἰ τὸ πρῶτον, τὸ δεύτερον· οὐχὶ δέ γε τὸ δεύτερον·
οὐκ ἄρα τὸ πρῶτον", τοῦ δὲ τρίτου „οὐχὶ καὶ τὸ πρῶτον καὶ τὸ δεύ-
τερον· τὸ δέ γε πρῶτον· οὐκ ἄρα τὸ δεύτερον". — Ἔτι χρὴ γινώσκειν 25
ὅτι τῶν ἀναποδείκτων οἱ μέν εἰσιν ἁπλοῖ οἱ δὲ οὐχ ἁπλοῖ· ὧν ἁπλοῖ
μέν εἰσιν οἱ αὐτόθεν σαφὲς ἔχοντες τὸ ὅτι συνάγουσιν — — ὁποῖοί
εἰσιν οἱ ἐκκείμενοι. — — οὐχ ἁπλοῖ δέ εἰσιν οἱ ἐκ τῶν ἁπλῶν
πεπλεγμένοι καὶ ἔτι χρείαν ἔχοντες τῆς εἰς ἐκείνους ἀναλύσεως, ἵνα
γνωσθῶσιν ὅτι καὶ αὐτοὶ συνάγουσιν. τούτων δὲ τῶν οὐχ ἁπλῶν οἱ 30
μὲν ἐξ ὁμογενῶν εἰσι συνεστῶτες, οἱ δὲ ἐξ ἀνομογενῶν, καὶ ἐξ ὁμο-
γενῶν μὲν ὥσπερ οἱ ἐκ δυοῖν πρώτων ἀναποδείκτων πεπλεγμένοι ἢ
ἐκ δυοῖν δευτέρων, ἐξ ἀνομογενῶν δὲ ὥσπερ οἱ ἐκ πρώτου ἀναπο-
δείκτου συνεστῶτες ἢ ἐκ δευτέρου καὶ τρίτου, καὶ κοινῶς οἱ τούτοις
παραπλήσιοι (sequuntur apud Sextum § 230 exempla). 35

243 Diocles Magnes apud Diog. Laërt. VII 81. ἐπ᾽ ἀληθεῖ δὲ ἀληθὲς
ἕπεται, κατὰ τοὺς Στωϊκούς, ὡς τῷ „ἡμέρα ἐστί" τὸ „φῶς ἐστι" καὶ
ψεύδει ψεῦδος, ὡς τῷ „νύξ ἐστι" ψεύδει τὸ „σκότος ἐστί", καὶ ψεύδει ἀλη-

20 Cf. [Apuleius] περὶ ἑρμην. 279 (p. 17,11 Goldb.) Stoici porro pro litte-
ris numeros usurpant, ut „si primum, secundum; atqui primum; secundum igi-
tur." 37 τὸ Β. 38 τὸ ΒΡ.

θές, ὡς τῷ „ἵπτασθαι τὴν γῆν" τὸ „εἶναι τὴν γῆν". ἀληθεῖ μέντοι
ψεῦδος οὐκ ἀκολουθεῖ· τῷ γὰρ „εἶναι τὴν γῆν" τὸ „πέτεσθαι τὴν γῆν"
οὐκ ἀκολουθεῖ.

244 Galenus introductio dialectica 7 p. 16, 18 Kalbfl. κατὰ μὲν δὴ
5 τοὺς τοιούτους συλλογισμοὺς (locutus erat de quinque illis Chrysippi
ἀναποδείκτοις) αἱ προτάσεις ἡγεμονικαὶ τῶν προσλήψεων· οὔτε γὰρ ἐν
τῷ διεζευγμένῳ ⟨πλείους ἢ δύο γίγνονται προσλήψεις οὔτ᾽ ἐν τῷ συν-
ημμένῳ⟩, κατὰ δὲ τὴν ἐλλιπῆ μάχην ἓν μόνον οἷόν τε προσλαμβά-
νειν· ὅπερ οἱ περὶ Χρύσιππον οὐχ ἡγεμονικὰ μόνον ἀλλὰ καὶ τρο-
10 πικὰ ⟨τὰ⟩ τοιαῦτα τῶν ἀξιωμάτων ὀνομάζουσιν, ὡς ἂν ἐπ᾽ αὐτοῖς
ὅλου τοῦ συλλογισμοῦ πηγνυμένου καθάπερ ἐπὶ τρόπιδι νεώς. καὶ
μέντοι καὶ τῶν ἐκ τοῦ Περιπάτου τινές. ὥσπερ καὶ Βόηθος οὐ μό-
νον ἀναποδείκτους ὀνομάζουσι τοὺς ἐκ τῶν ἡγεμονικῶν λημμάτων
συλλογισμούς, ἀλλὰ καὶ πρώτους· ὅσοι δὲ ἐκ κατηγορικῶν προ-
15 τάσεών εἰσιν ἀναπόδεικτοι συλλογισμοί, τούτους οὐκ ἔτι
πρώτους ὀνομάζειν συγχωροῦσι· καίτοι καθ᾽ ἕτερόν γε τρόπον
οἱ τοιοῦτοι πρότεροι τῶν ὑποθετικῶν εἰσιν, εἴπερ γε καὶ αἱ προτάσεις
αὐτῶν, ἐξ ὧν σύγκεινται, πρότεραι βεβαίως εἰσίν· οὐδεὶς γὰρ ἀμφισ-
βητήσει τὸ μὴ οὐ πρότερον εἶναι τὸ ἁπλοῦν τοῦ συνθέτου.

20 **245** Galenus introductio dialectica 6 p. 15, 8 Kalbfl. ὀνομάζουσι
δὲ τρόπον οἱ διαλεκτικοὶ τὰ τῶν λόγων σχήματα, οἷον ἐπὶ μὲν τοῦ
⟨ἐκ συνημ⟩μένου καὶ τοῦ ἡγουμένου τὸ λῆγον περαίνοντος, ὃν ὁ
Χρύσιππος ὀνομάζει πρῶτον ἀναπόδεικτον, ὁ τοιοῦτος τρόπος
ἐστίν „εἰ τὸ ᾱ, τὸ β̄· τὸ δὲ ᾱ· τὸ ἄρα β̄". ἐπὶ δὲ τοῦ ἐκ συνημμέ-
25 νου ⟨καὶ τοῦ⟩ ἀντικειμένου τῷ εἰς ὃ λήγει τὸ τοῦ ἡγουμένου ἀντι-
κείμενον ἐπιφέροντος, ὃν καὶ αὐτὸν ὁ Χρύσιππος δεύτερον ἀν-
απόδεικτον ὀνομάζει, τοιοῦτός ἐστιν „εἰ τὸ ᾱ, τὸ β̄· οὐχὶ δὲ τὸ
δεύτερον, οὐκ ἄρα τὸ πρῶτον", ὥσπερ γε κἀπὶ τοῦ τρίτου κατὰ
τοῦτον, ὃς ἐξ ἀποφατικοῦ συμπεπλεγμένου καὶ ἑνὸς τῶν ἐν αὐτῷ
30 τὸ ἀντικείμενον τοῦ λοιποῦ παρέχει, τοιοῦτος ὁ τρόπος ἐστίν „οὐχὶ
τὸ ᾱ καὶ τὸ β̄· ⟨τὸ δὲ ᾱ· οὐκ ἄρα τὸ β̄⟩. ὁμοίως δὲ κἀπὶ τοῦ τε-
τάρτου κατὰ τὸν αὐτόν, ὃς ἐκ διεζευγμένου καὶ ἑνὸς τῶν ἐν αὐτῷ
τοῦ λοιποῦ τὸ ἀντικείμενον ἐπιφέρει, τοιοῦτός τις ὁ τρόπος ἐστίν
„ἤτοι τὸ ᾱ ἢ τὸ β̄· τὸ δὲ ᾱ· οὐκ ἄρα τὸ β̄". Καὶ τοίνυν κἀπὶ τοῦ

---

1 τὸ B¹PF. ‖ μέν τι F.   2 τὸ B. ‖ αὐτὴν B (pro altero τὴν γῆν).
7 πλείους—συνημμένῳ supplevi secundum Kalbfl., qui παραδιεζευγμένῳ pro
συνημμένῳ.   8 τὴν ἐλλιπῆ μάχην substituit auctor in locum tertii thematis
Chrysippi.   10 τὰ add. Kalbfl.   11 τρόπιδι My., τρόπιν cod.   16 καίτοι
My., καὶ τοῖς cod. ‖ γε My., τε cod.   22 ὃν ὁ Kalbfl., ἐν ᾧ libri.   24 ἐπεὶ
cod., corr. My.   25 καὶ τοῦ add. Kalbfl.   30 παράγει vel περαίνει coni.
Kalbfl. ‖ οὐχὶ τὸ scripsi, οὐχ ὑπὸ cod.; οὐχὶ τό τε Kalbfl.   31 τὸ—β̄ suppl.
Kalbfl.   32 τὸν αὐτὸν Prantl, τῶν αὐτῶν cod. ‖ ὃς Kalbfl., ὅσα cod.

DIALECTICA. 83

πέμπτου, ὃς ⟨ἐκ⟩ διεζευγμένου καὶ τοῦ ἀντικειμένου ἑνὸς τῶν ἐν
αὐτῷ τὸ λοιπὸν ἐπιφέρει, τοιοῦτός [δέ] ἐστιν ὁ τρόπος „ἤτοι τὸ ā ἢ
τὸ β̄· ⟨οὐχὶ δὲ τὸ ā, τὸ ἄρα β̄)".
246 Galenus introductio dialectica 5 p. 13,10 Kalbfl. ἐπὶ δὲ
τῆς κατὰ συνέχειαν ὑποθετικῆς προτάσεως, ἣν οἱ περὶ τὸν Χρύ- 5
σιππον ὀνομάζουσι συνημμένον ἀξίωμα, προσλαβόντες μὲν τὸ ἡγού-
μενον ἕξομεν τὸ λῆγον συμπέρασμα, προσλαβόντες δὲ τὸ τοῦ λήγοντος
ἀντικείμενον ἕξομεν συμπέρασμα τὸ τοῦ ἡγουμένου ἀντικείμενον, οὐ
μὴν οὔτε τὸ λῆγον προσλαβόντες οὔτε τὸ ἀντικείμενον τοῦ ἡγουμένου
συμπέρασμα ἕξομεν. 10
247 Galenus introductio dialectica 19 p. 48,23 Kalbfl. διὰ τοῦτο
οὖν οὐδὲ τοὺς ὑπὸ Χρυσίππου συντεθέντας ἐν ταῖς τρισὶ Συλ-
λογιστικαῖς ἀχρήστους ἐπιδεικτέον μοι νῦν ἐστιν ἀχρήστους ὄντας·
ἑτέρωθι γὰρ ἔδειξα τοῦτο, καθάπερ καὶ ⟨περὶ⟩ τῶν περαντικῶν ὑπ'
αὐτοῦ κληθέντων· ἐδείχθη⟨σαν⟩ γὰρ καὶ τούτων ἔνιοι μὲν οὐκ ἴδιόν 15
τι γένος ὄντες συλλογισμῶν, ἀλλὰ ⟨διὰ⟩ πεπονθυίας λέξεως ἑρμηνευ-
όμενοι, ποτὲ μὲν κατ' ἀκολουθίας ὑπέρθεσιν ****· οἱ δὲ ὑποσυλ-
λογιστικοὶ κληθέντες ἐν ἰσοδυναμούσαις λέξεσι τοῖς συλλογιστικοῖς
λεγόμενοι· τέλος δὲ περιττοὶ πρὸς τούτοις οὓς ἀμεθόδους ὀνομάζουσιν,
οἷς οὐδενὸς ὄντος ὅλως μεθοδικοῦ λόγου συλλογιστέον. 20
248 Galenus de Hippocr. et Plat. plac. II 3 (92) p. 182 Mü.
νυνὶ δὲ πῶς μὲν οἱ διὰ δύο τροπικῶν ἢ τριῶν ἀναλύονται
συλλογισμοὶ καὶ πῶς οἱ ἀδιαφόρως περαίνοντες ἤ τινες
ἄλλοι τοιοῦτοι, τῷ πρώτῳ καὶ δευτέρῳ θέματι προσχρώμενοι,
πολλοῖς ἔστι συντυχεῖν ἀκριβῶς ἠσκημένοις, ὥσπερ ἀμέλει καὶ ἐπ' 25
ἄλλοις, ὅσοις διὰ τοῦ τρίτου θέματος ἢ τετάρτου συλλογισμοὺς ἀνα-
λύουσι. (καίτοι τούτων τοὺς πλείστους ἔνεστιν ἑτέρως ἀναλύειν συν-
τομώτερον, ὡς Ἀντίπατρος ἔγραψεν, πρὸς τῷ καὶ περιεργίαν εἶναι
οὐ μικρὰν ἀχρήστου πράγματος ἅπασαν τὴν τῶν τοιούτων συλλογισ-
μῶν συμπλοκήν, ὡς αὐτὸς ὁ Χρύσιππος ἔργῳ μαρτυρεῖ, μηδαμόθι 30
τῶν ἑαυτοῦ συγγραμμάτων εἰς ἀπόδειξιν δόγματος ἐκείνων δεηθεὶς
τῶν συλλογισμῶν. ὅπως δὲ χρὴ γνωρίζειν τε καὶ διακρίνειν ἐπιστη-
μονικὰ λήμματα διαλεκτικῶν τε καὶ ῥητορικῶν καὶ σοφιστικῶν οὐκέτι

---

1 ὃς⟨ἐκ⟩διεζευγμένου Prantl, ὁ διεζευγμένος cod. ‖ ἑνὸς Prantl, ἐν ᾧ cod.
2 δὲ del. Prantl. 3 οὐχὶ—β̄ suppl. Kalbfl. 13 ἀχρήστους scripsi, ἀχρήστοις
cod.; del. Kalbfl. 14 περὶ add. Kalbfl. 15 ἐδείχθησαν My., ἐδείχθη cod.
16 διὰ add. Kalbfl. ‖ ἑρμηνευόμενοι Prantl, ἑρμηνευομένου cod. 17 κατ'
ἀκολουθίας Prantl, κατ' ἀκολουθοῦσαν cod. 19 πρὸς τούτοις scripsi, πρὸς αὐ-
τοὺς cod.; potest etiam παρ' αὐτοῖς scribi. 20 οἷς—συλλογιστέον corruptela
laborant. 26 ἐν ἄλλοις ⟨συλλογισμοῖς⟩ Müller. ‖ συλλογισμοὺς del. Müller.
30 πλοκήν CM συμπλοκήν ceteri. 33 οὐκέτι ⟨οὔτε⟩ Müller.

6*

ἔγραψαν ἀξιόλογον οὐδὲν οἱ περὶ τὸν Χρύσιππον, οὐδὲ φαίνονται
χρώμενοι.
ibidem (93) p. 184 Mü. πρὸς μέντοι τοὺς Στωϊκοὺς ἀναγκαῖόν
ἐστι μακρὸν ἀνύεσθαι λόγον, ἀνθρώπους ἐν μὲν τοῖς ἀχρήστοις τῆς
5 λογικῆς θεωρίας ἱκανῶς γεγυμνασμένους, ἐν δὲ τοῖς χρησίμοις ἀγυμνα-
στοτάτους τε ἅμα καὶ μοχθηραῖς ὁδοῖς ἐπιχειρημάτων ἐντεθραμμένους.
— — περὶ δὲ τοῦ προτεθέντος ἀεὶ ζητοῦσι, πρὶν ὅπως χρὴ ζητεῖν
καταστήσασθαι —
249 Sextus adv. math. VIII 443. τὸ μὲν γὰρ λέγειν μὴ ἀρέσκειν
10 τῷ Χρυσίππῳ μονολημμάτους εἶναι λόγους, ὃ τάχα τινὲς ἐροῦσι
πρὸς τὴν τοιαύτην ἔνστασιν, τελέως ληρῶδες. οὔτε γὰρ ταῖς Χρυσίπ-
που φωναῖς ὡς πυθοχρήστοις παραγγέλμασιν ἀνάγκη πείθεσθαι, οὔτε
μαρτυρίᾳ προσέχειν ἀνδρῶν ἐστιν εἰς οἰκείαν ἀπόρρησιν ἐκ μάρτυρος
τοῦ τὸ ἐναντίον λέγοντος· Ἀντίπατρος γάρ, τῶν ἐν τῇ στωϊκῇ αἱρέσει
15 ἐπιφανεστάτων ἀνδρῶν, ἔφη δύνασθαι καὶ μονολημμάτους λόγους
συνίστασθαι.
Cf. Alexander Aphrod. in Arist. Topica p. 6 Ald. οὓς γὰρ οἱ
περὶ τὸν Ἀντίπατρον μονολημμάτους συλλογισμοὺς λέγουσιν, οὐκ
εἰσὶ λογισμοί, ἀλλ᾽ ἐνδεῶς ἐρωτῶνται, ὡς οὗτοι· ἀναπνεῖς· ζῆς ἄρα.
20 **250** Plutarchus de comm. not. 2 p. 1059e. Τὸ γάρ, ὦ ἄριστε,
συμπεπλεγμένον τι δι᾽ ἀντικειμένων μὴ φάναι ψεῦδος εὐπόρως
εἶναι· λόγους δὲ πάλιν αὖ φάναι τινὰς ἀληθῆ τὰ λήμματα
καὶ τὰς ἀγωγὰς ὑγιεῖς ἔχοντας, ἔτι καὶ τὰ ἀντικείμενα τῶν
συμπερασμάτων ἔχειν ἀληθῆ, ποίαν ἔννοιαν ἀποδείξεως ἢ τίνα
25 πίστεως οὐκ ἀνατρέπει πρόληψιν;
251 Dexippus in Aristot. categ. p. 25, 22 Busse. ἀλλὰ δὴ πῶς ἀπαν-
τήσομεν τοῖς ἐριστικοῖς, οἳ τὰ μὴ ὑπάρχοντα τῷ κατηγορουμένῳ λαμβάνοντες
ὡς λεγόμενα κατ᾽ αὐτοῦ ποιοῦσι πρὸς τῷ ὑποκειμένῳ τὸν τῆς ἀποφάσεως
συλλογισμόν; οἷον ὁ ἄνθρωπος τοῦ Σωκράτους καθ᾽ ὑποκειμένου κατηγο-
30 ρεῖται, κατὰ δὲ τοῦ ἀνθρώπου λέγεται τὸ μὴ εἶναι Σωκράτην· οὐκοῦν καὶ
κατὰ Σωκράτους ῥηθείη ἂν τὸ μὴ εἶναι Σωκράτην. Πάλιν γὰρ καὶ πρὸς
τούτους ὑπολογιζόμεθα, οὐχ ὡς οἱ Στωϊκοὶ λέγουσι, τὴν τῶν ἀποφα-
τικῶν ὑπεξαίρεσιν, ἀλλ᾽ ὡς Ἀριστοτέλης διδάσκει, τὴν τῶν κατ᾽ οὐσίαν
ὑπαρχόντων λῆψιν, ἣν ἐκεῖνοι οὐ παρασωσάμενοι παραλογίζονται, τὰ μὴ ὑπαρ-
35 χοντα ὡς καθ᾽ ὑποκειμένου λεγόμενα οὐσίαν προσλαμβάνοντες.
252 Alexander in Aristot. Analyt. pr. p. 390, 16 Wal. ὥστε ἀνά-
παλιν κατ᾽ αὐτὸν (scil. Aristotelem) ἢ ὡς οἱ νεώτεροι ἀξιοῦσιν οἱ ὑπο-
θετικοὶ λόγοι περαντικοὶ μέν, οὐ συλλογισμοὶ δέ, — — συλλογισμοὶ δ᾽ οἱ
κατηγορικοί.
40 **253** Alexander in Aristot. Analyt. pr. p. 373, 28 Wal. Ἀριστοτέλης
μὲν οὖν οὕτως περὶ τῶν κατὰ τὰς λέξεις μεταλήψεων φέρεται· οἱ δὲ νεώ-

---

1 οὐδὲ scripsi, οὔτε libri.   13 εἰς οἰκείαν—λέγοντος corruptela laborant.
21 συμπεπερασμένον libri deteriores.   41 dixerat enim Aristot. Anal. pr. I

τεροι, ταῖς λέξεσιν ἐπακολουθοῦντες οὐκέτι δὲ τοῖς σημαινομένοις, οὐ ταὐτόν
φασι γίνεσθαι ἐν ταῖς εἰς τὰς ἰσοδυναμούσας λέξεις μεταλήψεσι τῶν ὅρων·
ταὐτὸν γὰρ σημαίνοντος τοῦ „εἰ τὸ Α τὸ Β" τῷ ἀκολουθεῖν τῷ Α τὸ Β,
συλλογιστικὸν μὲν λόγον φασὶν εἶναι τοιαύτης ληφθείσης τῆς λέξεως „εἰ
τὸ Α τὸ Β, τὸ δὲ Α, τὸ ἄρα Β", οὐκέτι δὲ συλλογιστικὸν ἀλλὰ πε- 5
ραντικὸν τὸ „ἀκολουθεῖ τῷ Α τὸ Β, τὸ δὲ Α, τὸ ἄρα Β".

254 Alexander in Aristot. Analyt. pr. p. 262, 28. δι' ὑποθέσεως
δὲ ἄλλης, ὡς εἶπεν (scil. Aristoteles), εἶεν ἂν καὶ οὓς οἱ νεώτεροι συλ-
λογισμοὺς μόνους βούλονται λέγειν· οὗτοι δ' εἰσὶν οἱ διὰ τροπικοῦ, ὥς
φασι, καὶ τῆς προσλήψεως γινόμενοι, τοῦ τροπικοῦ ἢ συνημμένου 10
ὄντος ἢ διεζευγμένου ἢ συμπεπλεγμένου, οὓς οἱ ἀρχαῖοι λέγουσι μικ-
τοὺς ἐξ ὑποθετικῆς προτάσεως καὶ δεικτικῆς, τοῦτ' ἔστι κατηγορικῆς. cf.
ibid. p. 263, 12. — p. 264, 7. ὁ δ' αὐτὸς λόγος καὶ ἐπὶ τοῦ διαιρετικοῦ
„ἤτοι τόδε ἢ τόδε", ὃ καὶ αὐτὸ ἐκ τροπικοῦ καὶ τῆς προσλήψεως λέγουσιν.
— p. 265, 3. ἃ μὲν γὰρ λέγουσι τροπικά, ἐν πᾶσι δι' ὑποθέσεως καὶ ὁμο- 15
λογίας ὡς φανερὰ παραλαμβάνεται· ἐπὶ τὸ πλεῖστον δὲ δεῖται δείξεως τὰ με-
ταλαμβανόμενα καὶ προσλαμβανόμενα, εἰ ὅλως εἶεν χρειώδεις οἱ τοι-
οῦτοι λόγοι· ὡς ὅπου μὴ δεῖται δείξεως τὸ μεταλαμβανόμενον, οὐδὲ συλλο-
γισμός ἐστι τὸ γιγνόμενον, πάντων γε φανερῶν ὄντων.

255 Alexander in Aristot. Anal. pr. p. 278, 6 Wal. ἔστι δὲ ἡ τοι- 20
αύτη σύνθεσις κατὰ τὸ τρίτον ὑπὸ τῶν νεωτέρων καλούμενον θέμα γινο-
μένη. — — 11. τοῦ δέ γε τρίτου καλουμένου θέματος ἡ περιοχὴ
καὶ αὐτοῦ ἔχει ὧδε „ὅταν ἐκ δυεῖν τρίτον τι συνάγηται, ἑνὸς δὲ
αὐτῶν ἔξωθεν ληφθῇ συλλογιστικά, ἐκ τοῦ λοιποῦ καὶ ἐκ τῶν ἔξω-
θεν τοῦ ἑτέρου συλλογιστικῶν τὸ αὐτὸ συναχθήσεται. 25

256 Simplicius in Arist. de caelo p. 236, 33 Heibg. ἡ δὲ τοιαύτη
ἀνάλυσις τοῦ λόγου ἡ τὸ συμπέρασμα λαμβάνουσα καὶ προσλαμβάνουσα ἄλ-
λην πρότασιν κατὰ τὸ τρίτον λεγόμενον παρὰ τοῖς Στωικοῖς θέμα περαί-
νεται, οὗ λόγος κατὰ τοὺς παλαιοὺς τοιοῦτος· ἐὰν ἐκ δυεῖν τρίτον τι συνά-
γηται, τὸ δὲ συναγόμενον μετ' ἄλλου τινὸς ἔξωθεν συνάγῃ τι, καὶ ἐκ τῶν 30
πρώτων δυεῖν καὶ τοῦ ἔξωθεν προσληφθέντος συναχθήσεται τὸ αὐτό.

257 Alexander in Aristot. Analyt. pr. p. 283, 7 Wal. οἷον εἰ λάβοι-
μεν τὸ Α κατὰ τοῦ Β, τὸ Β κατὰ τοῦ Γ, τὸ Γ κατὰ τοῦ Δ, τὸ Δ κατὰ τοῦ
Ε, τὸ Α ἄρα κατὰ τοῦ Ε. — — ἐν τῇ τοιαύτῃ τῶν προτάσεων συνεχείᾳ τό
τε συνθετικόν ἐστι θεώρημα, περὶ οὗ προειρήκαμεν, καὶ οἱ καλούμενοι 35
ὑπὸ τῶν νεωτέρων ἐπιβάλλοντές τε καὶ ἐπιβαλλόμενοι. — — οἱ δὲ
ἐπιβάλλοντές τε καὶ ἐπιβαλλόμενοι καλούμενοι εἶεν ἂν ἐν ταῖς συνεχῶς λαμ-
βανομέναις προτάσεσι χωρὶς τῶν συμπερασμάτων. ἐπιβαλλόμενοι μὲν γάρ
εἰσιν, ὧν παρεῖται τὸ συμπέρασμα, ἐπιβάλλοντες δέ, ὧν ἡ δεικτικὴ πρό-
τασις παρεῖται· τὰ γὰρ συμπεράσματα τὰ παραλειπόμενα τῶν ἐπιβαλλομένων 40
συλλογισμῶν, οἵ εἰσι πρῶτοι τῇ τάξει, προτάσεις εἰσὶ δεικτικαὶ τῶν ἐπιβαλ-
λόντων, οἵ εἰσι δεύτεροι τῇ τάξει, οἷον τὸ Α κατὰ παντὸς τοῦ Β, τὸ Β κατὰ
παντὸς τοῦ Γ, τὸ Γ κατὰ παντὸς τοῦ Δ, τὸ Α κατὰ παντὸς τοῦ Δ. ἐπι-
βαλλόμενος γάρ ἐστιν ὁ πρῶτος, οὗ παρεῖται τὸ συμπέρασμα, ὅ ἐστιν „Α
κατὰ παντὸς τοῦ Γ". ἐπιβάλλων δὲ ὁ ἔκ τε τοῦ παρειμένου τοῦ „τὸ Α 45

p. 49ᵇ 3 δεῖ δὲ καὶ μεταλαμβάνειν ἃ τὸ αὐτὸ δύναται ὀνόματα ἀντ' ὀνομάτων.
39 παρεῖται bis Ald., παρειᾶται Β.

κατὰ τοῦ Γ" καὶ ἐκ τοῦ „τὸ Γ κατὰ τοῦ Δ" δεικνύμενος, οὗ ἐστι συμπέρασμα „τὸ ἄρα Α κατὰ τοῦ Δ". ἐπὶ μὲν οὖν τῶν εἰρημένων καὶ ὁ ἐπιβάλλων καὶ ὁ ἐπιβαλλόμενος ἐν πρώτῳ σχήματι· δύναται δὲ κατὰ τὴν ὁδὸν ταύτην καὶ ἐκ δευτέρου σχήματος ἐπιβάλλειν συλλογισμὸς ἐκ πρώτου σχήμα-
5 τος συλλογισμῷ· ἂν γὰρ „τὸ Α κατὰ παντὸς τοῦ Β, τὸ Β κατὰ παντὸς τοῦ Γ, τὸ Α κατ᾽ οὐδενὸς τοῦ Δ, ⟨τὸ Γ κατ᾽ οὐδενὸς τοῦ Δ⟩" γίνεται ὁ μὲν ἐπιβαλλόμενος ἐν πρώτῳ σχήματι, οὗ συμπέρασμα „τὸ Α ⟨κατὰ παντὸς τοῦ⟩ Γ, ὁ δὲ ἐπιβάλλων αὐτῷ ἐν δευτέρῳ σχήματι, ὁ ἔχων προτάσεις „τὸ Α κατὰ παντὸς τοῦ Γ", ὃ παρεῖται ὂν συμπέρασμα τοῦ πρώτου,
10 πρότασις δὲ τούτου, καὶ „τὸ Α κατ᾽ οὐδενὸς τοῦ Δ", ἔχων συμπέρασμα „τὸ Γ κατ᾽ οὐδενὸς τοῦ Δ". — δύναται δὲ καὶ ἀνάπαλιν ὁ ἐπιβαλλόμενος εἶναι ἐν δευτέρῳ σχήματι, ὁ δὲ ἐπιβάλλων ἐν τῷ πρώτῳ (sequitur exemplum). τῇ αὐτῇ μεθόδῳ καὶ ἐκ τοῦ τρίτου σχήματος ἔστι καὶ ἐπιβάλλοντα καὶ ἐπιβαλλόμενον λαβεῖν καὶ πρὸς τῶν ἐν πρώτῳ τινὰ σχήματι καὶ
15 πρὸς τῶν ἐν δευτέρῳ· ἀλλὰ καὶ τοὺς ἐκ τῶν αὐτῶν σχημάτων πρὸς ἀλλήλους, τοὺς μὲν ἐν πρώτῳ πρὸς ἀλλήλους, τοὺς δὲ ἐν δευτέρῳ πρὸς ἀλλήλους, καὶ τοὺς ἐν τρίτῳ ὁμοίως· ἀλλὰ καὶ τρεῖς συλλογισμοὺς ἔστιν οὕτως λαβεῖν ἐκ τῶν τριῶν σχημάτων ἐπιβάλλοντάς τε καὶ ἐπιβαλλομένους κατὰ τὸ παραδε-δομένον συνθετικὸν θεώρημα, ὃ οἱ μὲν περὶ Ἀριστοτέλη τῇ χρείᾳ παρα-
20 μετρήσαντες παρέδοσαν ἐφ᾽ ὅσον αὕτη ἀπῄτει, οἱ δὲ ἀπὸ τῆς Στοᾶς παρ᾽ ἐκείνων λαβόντες καὶ διελόντες ἐποίησαν ἐξ αὐτοῦ τὸ καλούμενον παρ᾽ αὐτοῖς δεύτερον θέμα καὶ τρίτον καὶ τέταρτον, ἀμελήσαντες μὲν τοῦ χρησίμου, πᾶν δὲ τὸ ὁπωσοῦν δυνάμενον λέγεσθαι ἐν τῇ τοιαύτῃ θεωρίᾳ κἂν ἄχρηστον ᾖ, ἐπεξελθόντες τε καὶ ζηλώσαντες.

25 **258** Alexander in Aristot. Analyt. pr. p. 263, 26. διαφέρειν δὲ δοκεῖ κατὰ τοὺς ἀρχαίους τὸ μεταλαμβανόμενον τοῦ προσλαμβανομένου· ἐφ᾽ ὧν μὲν γὰρ ἐν τοῖς εἰλημμένοις ἔγκειταί τε καὶ ἔστι τὸ λαμβανόμενον, οὐ μὴν οὕτως οὐδὲ τοιοῦτον οἷον λαμβάνεται, ἐπὶ τούτων τὸ λαμβανόμενον μεταλαμ-βανόμενόν ἐστιν· οὐ γὰρ ἔξωθεν προστίθεται, ἀλλὰ κείμενον ἄλλως μεταλαμ-
30 βάνεται εἰς ἄλλο· ἐν γὰρ τῷ „εἰ ἡμέρα ἐστί, φῶς ἐστι" τὸ „ἡμέρα ἐστίν", ὃ προσλαμβανόμενον οἱ νεώτεροι λέγουσιν, ἔγκειται μέν, οὐ μὴν τοι-οῦτον ὁποῖον λαμβάνεται· τίθεται μὲν γὰρ ἐν τῷ συνημμένῳ ἐν ὑποθέσει τε καὶ ἀκολουθίᾳ, λαμβάνεται δὲ ὡς ὑπάρχον. — — προσλαμβανόμενον δὲ λέγουσιν, ἐφ᾽ ὧν τοῖς κειμένοις ἔξωθέν τι προστίθεται etc.

35 Cf. p. 262, 6. μεταλαμβανόμενον λέγων ἐκεῖνο, οὗ ἡ δεῖξις καὶ ὁ συλ-λογισμὸς γίνεται, ὃ ἐστι ποτὲ μὲν — — ποτὲ δὲ — — ποτὲ δέ, ὃ οἱ νεώτεροι προσλαμβανόμενον λέγουσιν. p. 324, 16.

259 Alexander in Aristot. Analyt. pr. p. 164, 27 Wal. ὅθεν δῆλον, ὅτι καὶ ταῦτα, περὶ ὧν αὐτὸς μὲν οὐκ εἴρηκε (scil. Aristoteles), λέγουσι δὲ
40 οἱ νεώτεροι, ἀχρήστων ὄντων πρὸς ἀπόδειξιν, δι᾽ ἀχρηστίαν οὐ δι᾽ ἄγνοιαν παρέλιπεν, οἷοί εἰσιν οἱ διαφορούμενοι λόγοι ἢ ἀδιαφόρως περαίνον-τες ἢ ἡ ἄπειρος ὕλη λεγομένη καὶ καθόλου τὸ θέμα τὸ δεύτερον κα-λούμενον παρὰ τοῖς νεωτέροις.

---

6 τὸ Γ κατ᾽ οὐδενὸς τοῦ Δ addidi.   7 κατὰ παντὸς τοῦ addidi.
9 παρεῖται ὂν scripsi, παρειατέον libri. Ad totam disputationem cf. n. 242 extr., quae dicuntur περὶ τῶν οὐχ ἁπλῶν συλλογισμῶν.   41 οἱ om. BM. ‖ διφο-ρούμενοι Wal. ‖ διαφόρως BM.

260 Alexander in Aristot. Analyt. pr. p. 21, 28 Wal. καθόλου γάρ, εἴ τι εἴη συναγόμενον μέν, οὐ μὴν ἐκ τῶν κειμένων, ἀλλ᾽ ἑτέρας προτάσεως προσλήψει, τὸ τοιοῦτον ἀναγκαῖον μὲν ῥηθήσεται, οὐ μὴν συλλογισμὸς ἤδη τοῦτο· ὁποῖοί εἰσι καὶ οἱ ἀμεθόδως περαίνοντες λόγοι παρὰ τοῖς Στωϊκοῖς, οἷον εἰ λέγοι τις „τὸ πρῶτον τοῦ δευτέρου μεῖζον, τὸ δὲ δεύ- 5 τερον τοῦ τρίτου, τὸ ἄρα πρῶτον τοῦ τρίτου μεῖζον". τοῦτο γὰρ ἀναγκαίως μὲν ἕπεται, οὐ μὴν καὶ συλλογιστικῶς, εἰ μὴ προσληφθείη τις ἔξωθεν πρότασις ἡ λέγουσα „τὸ τοῦ μείζονος μεῖζον καὶ τοῦ ἐλάττονος ἐκείνου μεῖζόν ἐστιν". p. 22, 17 καὶ ὅλως τοιοῦτον τὸ εἶδός ἐστι τῶν λόγων, οὓς οἱ νεώτεροι λέγουσιν ἀμεθόδως περαίνοντας, οἷόν ἐστι καὶ τὸ „ἡμέρα ἐστίν· 10 ἀλλὰ καὶ σὺ λέγεις ὅτι ἡμέρα ἐστίν· ἀληθεύεις ἄρα". Cf. p. 68, 21. ὅσοι δὲ ἡγοῦνται ἐκ δύο ἐπὶ μέρους συλλογιστικῶς τι συνάγεσθαι, ὡς οἱ τοὺς παρὰ τοῖς Στωϊκοῖς λεγομένους ἀμεθόδως περαίνοντας παρεχόμενοι εἰς δεῖξιν τούτου καὶ ἄλλα τινὰ παραδείγματα ἀθροίζοντες — ἴστωσαν — πρὸς τῷ καὶ τὰ παραδείγματα, ἃ παρέχονται, μὴ 15 τοῖς λαμβανομένοις καὶ τιθεμένοις ἔχειν ἐξ ἀνάγκης ἑπόμενον τὸ συμπέρασμα, μηδὲ „τῷ ταῦτα εἶναι" (Anal. pr. I 1 p. 24b 20) ἀλλὰ τῷ ἀληθῆ εἶναι ἐπ᾽ αὐτῶν τὴν καθόλου πρότασιν, παρ᾽ ἧς ἔχοντες τὸ συμπέρασμα, ἐν τῇ τῶν προτάσεων λήψει παραλιπόντες ἐκείνην, τὴν ἐλάττονα εἰς δύο διαιροῦσιν. πάντες γὰρ οὕτως συνάγουσιν τῶν λεγομένων ὑπ᾽ αὐτῶν ἀμεθόδως 20 περαίνειν οἱ τὰς δύο προτάσεις ἐπὶ μέρους ἔχοντες· ῥάδιον δὲ ἐπὶ τῶν παραδειγμάτων, ὧν παρέχονται, τοῦτο δεικνύναι. καὶ τἆλλα δέ, ὅσα ἡμαρτημένως λαμβάνουσι βιαζόμενοι δεικνύναι συλλογιστικὴν τὴν τοιαύτην συζυγίαν, οὐ χαλεπὸν ἐλέγχειν. p. 344, 11. οὐ γὰρ εἰ ὁ συλλογισμὸς ἐξ ἀνάγκης δείκνυσί τι, ἤδη καὶ 25 ἔνθα ἂν ᾖ ἐξ ἀνάγκης τι δεικνύμενον τῷ τοῖς κειμένοις ἕπεσθαι, τοῦτο συλλογισμός ἐστιν. p. 345, 13. τοιοῦτοί εἰσι καὶ οὓς λέγουσιν οἱ νεώτεροι ἀμεθόδως περαίνοντας. οὓς ὅτι μὲν μὴ λέγουσι συλλογιστικῶς συνάγειν, ὑγιῶς λέγουσι· πολλοὶ γὰρ αὐτῶν εἰσι τοιοῦτοι. ὅτι δὲ ἡγοῦνται ὁμοίους αὐτοὺς εἶναι τοῖς κατηγορικοῖς συλλογισμοῖς, περὶ ὧν ἡ 30 παροῦσα πραγματεία, οὕτως λαμβανομένους, ὡς τιθέασιν αὐτούς, τοῦ παντὸς διαμαρτάνουσιν· εἰ γὰρ ἦσαν τούτοις ὅμοιοι, εἶχον ἂν καὶ τὸ εἶναι συλλογισμοί.

Alexander in Aristot. Top. p. 10 Ald. p. 14, 20. τοιοῦτοι δέ εἰσι λόγοι καὶ οἱ ὑπὸ τῶν ἀπὸ τῆς Στοᾶς λεγόμενοι ἀμεθόδως περαίνοντες. Secun- 35 tur eaedem explicationes quas ex Analyticorum commento apposui.

261 Alexander in Aristot. Anal. pr. (p. 24b 18) p. 18, 12 Wal. πάνυ δὲ καλῶς τὸ δεῖν ἕτερον τῶν τεθέντων εἶναι τὸ συμπέρασμα προσέθηκεν (scil. Aristoteles). — — τὸ γὰρ χρειῶδες τοῦ συλλογισμοῦ οὐ παρέχεται τὸ „εἰ ἡμέρα ἐστίν, φῶς ἐστιν· ἀλλὰ μὴν ἡμέρα ἐστίν· φῶς ἄρα ἐστί" καὶ ὅλως 40 οἱ λεγόμενοι ὑπὸ τῶν νεωτέρων ἀδιαφόρως περαίνοντες. τοιοῦτοι δὲ καὶ οἱ διφορούμενοι, οἷός ἐστιν „εἰ ἡμέρα ἐστίν, ἡμέρα ἐστίν· ἀλλὰ μὴν ἡμέρα ἐστίν· ἡμέρα ἄρα ἐστίν". p. 19, 3. ὁ γὰρ ἐξ ἀντιφάσεως διαιρετικὸς συλλογισμὸς οὐχ ὡς ταὐτὸν τῷ μεταλαμβανομένῳ ἤ, ὡς οἱ νεώτεροί φασι, προσλαμβανομένῳ τὸ συμπέρασμα ἐπιφέρει· ὁ γὰρ λέγων 45 „ἤτοι ἡμέρα ἐστίν ἢ οὐκ ἔστιν ἡμέρα" εἶτα προσλαμβάνων τὸ ἕτερον τῶν ἐν τῷ διαιρετικῷ, ἢ τὸ ἀποφατικὸν τὸ „ἀλλὰ μὴν οὐκ ἔστιν ἡμέρα" ἢ τὸ καταφατικὸν τὸ „ἡμέρα ἐστίν", ἔχει μὲν συναγόμενον ἢ τὸ „οὐκ ἄρα ἡμέρα ἐστίν" ἢ τὸ „ἡμέρα ἄρα ἐστίν", ὃ δοκεῖ ταὐτὸν εἶναι τῷ προσειλημμένῳ, ἤτοι τῷ

„ἀλλὰ μὴν οὐκ ἔστιν ἡμέρα" ἢ τῷ „ἀλλὰ μὴν ἡμέρα ἐστίν"· οὐ μὴν ὡς ταὐτὸν ὂν αὐτῷ ἐπιφέρεται, ἀλλ᾿ ὡς ἀντικείμενον τῷ ἑτέρῳ τῶν ἐν τῷ διαιρετικῷ. — ibid. 20. ὃ ἀναγκαῖον καὶ τοῖς ἀπὸ τῆς Στοᾶς λέγειν, εἴ γε ἐν τοῖς διαιρετικοῖς καὶ διαζευκτικοῖς συλλογισμοῖς φασι τῇ προσλήψει 5 θατέρου τῶν ἐν τῷ διεζευγμένῳ τὸ ἀντικείμενον ἕπεσθαι τοῦ λοιποῦ τῆς συλλογιστικῆς συμπλοκῆς. p. 20, 10. ἀλλὰ μὴν οὐδὲ οἱ διφορούμενοι λόγοι λεγόμενοι ὑπ᾿ αὐτῶν συλλογιστικοί, οἷός ἐστιν ὁ „εἰ ἡμέρα ἐστίν, ἡμέρα ἐστίν· ἀλλὰ μὴν ἡμέρα ἐστίν· ἡμέρα ἄρα ἐστίν". οὔτε γὰρ τὴν χρείαν τὴν τοῦ συλλογισμοῦ παρέχεται, ἔτι τε, εἰ ἡ τοῦ ἑπομένου 10 πρόσληψις ἐν τοῖς συνεχέσιν ἀσυλλόγιστος, ἐν δὲ τοῖς τοιούτοις συνεχέσι ταὐτὸν τὸ ἡγούμενον τῷ ἑπομένῳ, ἡ πρόσληψις οὐ μᾶλλον τοῦ ἡγουμένου ἢ τοῦ ἑπομένου γίνεται etc. Cf. Ammonius in Aristot. Anal. pr. p. 27, 35, 32, 13 Wal.

262 [Apuleius] περὶ ἑρμηνείας 272 (p. 9, 12 Goldb.) supervacanei 15 sunt moduli Stoicorum non idem differenter peragentes: „aut dies est aut nox; atqui dies est; ⟨igitur dies est⟩". item idem geminantes: „si dies est, dies est; ⟨atqui dies est⟩; dies igitur est".

263 Alexander in Aristot. Top. p. 8 Ald. p. 10, 5. οὐδὲ συλλογισμὸς οὖν ἔτι εἴη ἂν ὁ μὴ τὴν χρείαν σώζων τὴν τοῦ συλλογισμοῦ. τοιοῦτος δὲ 20 ὁ συλλογισμὸς ἐν ᾧ τὸ αὐτὸ τὸ συμπέρασμά τινι τῶν κειμένων· οἷοί εἰσι κατὰ τοὺς ἀπὸ τῆς Στοᾶς οἱ διφορούμενοί τε καὶ οἱ ἀδιαφόρως περαίνειν ὑπ᾿ αὐτῶν λεγόμενοι· διφορούμενοι μὲν γάρ εἰσι κατ᾿ αὐτοὺς οἱ τοιοῦτοι „εἰ ἡμέρα ἐστίν, ἡμέρα ἐστίν· ἀλλὰ μὴν ἡμέρα ἐστίν· ἡμέρα ἄρα ἐστίν". ἀδιαφόρως δὲ περαίνοντες ἐν οἷς τὸ συμπέρασμα ταὐτόν ἐστιν ἑνὶ 25 τῶν λημμάτων, ὡς ἐπὶ τῶν τοιούτων „ἤτοι ἡμέρα ἐστίν ἢ νύξ ἐστιν· ἀλλὰ μὴν ἡμέρα ἐστίν· ἡμέρα ἄρα ἐστίν".

264 Alexander in Aristot. Analyt. pr. p. 84, 5 Wal. (εἰ τὸ Μ τῷ μὲν Ν παντὶ ὑπάρχει, τῷ δὲ Ξ μὴ παντὶ) συναχθήσεται τὸ Ν οὐ παντὶ τῷ Ξ. τοιοῦτός ἐστιν ὁ ὑποσυλλογιστικὸς ὑπὸ τῶν νεωτέρων λεγό-30 μενος ὁ λαμβάνων μὲν τὸ ἰσοδυναμοῦν τῇ προτάσει τῇ συλλογιστικῇ, ταὐτὸν δὲ καὶ ἐκ ταύτης συνάγων· τῷ γὰρ „τινὶ μὴ ὑπάρχειν" τὸ „μὴ παντὶ ὑπάρχειν" ἰσοδυναμοῦν μετείληπται. ἀλλ᾿ ἐκεῖνοι μὲν οὖν λέγουσι τοὺς τοιούτους συλλογισμούς, εἰς τὴν φωνὴν καὶ τὴν λέξιν βλέποντες· ἀλλ᾿ Ἀριστοτέλης πρὸς τὰ σημαινόμενα ὁρῶν, ἐφ᾿ ὧν ὁμοίως σημαίνεται, οὐ 35 πρὸς τὰς φωνάς, τὸν αὐτόν φησι συνάγεσθαι συλλογισμὸν καὶ ἐν τῇ τοιαύτῃ τῆς λέξεως ἐν τῷ συμπεράσματι μεταλήψει, ἂν ᾖ συλλογιστικὴ ὅλως συμπλοκή.

265 Alexander in Aristot. Anal. pr. p. 20, 2 Wal. ἐν γοῦν τοῖς μὴ ἐξ ἀντικειμένων διαιρετικοῖς, ὡς ἐν τοῖς ἐξ ἐναντίων, οὐδετέρῳ τῶν κειμένων 40 ταὐτὸν τὸ συμπέρασμα οὐδὲ τῇ λέξει, ὅτι μὴ συμπίπτει ἐπὶ τούτων τὸ ἀντικείμενον τῷ ἑτέρῳ τῷ λοιπῷ ταὐτὸν εἶναι· ἐν γὰρ τῷ „ἤτοι ἡμέρα ἐστίν ἢ νύξ ἐστιν, ἀλλὰ μὴν οὐκ ἔστιν ἡμέρα, νὺξ ἄρα ἐστίν" — τὸ „νύξ ἐστιν" οὐδετέρῳ ταὐτὸν τῶν εἰλημμένων, οὔτε τῷ τροπικῷ ὑπ᾿ αὐτῶν (scil. a Stoicis) λεγομένῳ (ἦν γὰρ ἐκεῖνο „ἤτοι ἡμέρα ἐστίν ἢ νύξ ἐστιν" τὸ ὅλον

---

10 συνεχῆ appellat, quae Stoici συνημμένα. 15 fortasse: idem non. 16. 17 necessaria inserui. 21 διαφορούμενοι aliis locis dicuntur. 32 οὖν scripsi, οὐ B, om. a LM.

τοῦτο) οὔτε τῇ προσλήψει· ἡ γὰρ πρόσληψίς ἐστιν „ἀλλὰ μὴν οὐκ ἔστιν ἡμέρα"· ὧν ἀμφοτέρων ἕτερόν ἐστι τὸ „νύξ ἐστιν".

266 Sextus adv. math. VIII 310. τούτων δὴ οὕτως ἐχόντων ἡ ἀπόδειξις πρὸ παντὸς ὀφείλει λόγος εἶναι, δεύτερον συνακτικός, τρίτον καὶ ἀληθής, τέταρτον καὶ ἄδηλον ἔχων συμπέρασμα, πέμπτον καὶ ἐκκαλυπτόμενον 5 τοῦτο ἐκ τῆς δυνάμεως τῶν λημμάτων. (hoc exemplis illustratur § 311—313) 314. συνδραμόντων οὖν πάντων τούτων, τοῦ τε συνακτικὸν εἶναι τὸν λόγον καὶ ἀληθῆ καὶ ἀδήλου παραστατικόν, ὑφίσταται ἡ ἀπόδειξις· ἔνθεν καὶ οὕτως αὐτὴν ὑπογράφουσιν „ἀπόδειξίς ἐστι λόγος δι' ὁμολογουμένων λημμάτων κατὰ συναγωγὴν ἐπιφορὰν ἐκκαλύπτων ἄδηλον". 10

267 Sextus adv. math. VIII 367. ἀλλ' οὐ δεῖ, φασί, πάντων ἀπόδειξιν αἰτεῖν, τινὰ δὲ καὶ ἐξ ὑποθέσεως λαμβάνειν, ἐπεὶ οὐ δυνήσεται προβαίνειν ἡμῖν ὁ λόγος, ἐὰν μὴ δοθῇ τι πιστὸν ἐξ αὐτοῦ τυγχάνειν.
369. οὐχ ἡ ἀπόδειξις μόνον ἐξ ὑποθέσεως προκόπτειν ἀξιοῦται τοῖς δογματικοῖς, ἀλλὰ καὶ ὅλη σχεδὸν φιλοσοφία. 15
375. νὴ Δία, ἀλλ' εἰώθασιν ὑποτυγχάνοντες λέγειν ὅτι πίστις ἐστὶ τοῦ ἐρρῶσθαι τὴν ὑπόθεσιν τὸ ἀληθὲς εὑρίσκεσθαι ἐκεῖνο τὸ τοῖς ἐξ ὑποθέσεως ληφθεῖσιν ἐπιφερόμενον· εἰ γὰρ τὸ τούτοις ἀκολουθοῦν ἐστιν ὑγιές, κἀκεῖνα οἷς ἀκολουθεῖ ἀληθῆ καὶ ἀναμφίλεκτα καθέστηκεν.

268 Sextus adv. math. VIII 463. οἴονται γὰρ οἱ δογματικοὶ τῶν 20 φιλοσόφων λόγον τὸν ἀξιοῦντα μὴ εἶναι ἀπόδειξιν αὐτὸν ὑφ' αὑτοῦ περιτρέπεσθαι, καὶ δι' ὧν ἀναιρεῖ ταύτην, διὰ τούτων αὐτὴν ὁρίζειν. ὅθεν καὶ ἀντικαθιστάμενοι τοῖς σκεπτικοῖς φασίν· „ὁ λέγων μηδὲν εἶναι ἀπόδειξιν ἤτοι ψιλῇ καὶ ἀναποδείκτῳ χρώμενος φάσει λέγει μηθὲν ὑπάρχειν ἀπόδειξιν, ἢ λόγῳ τὸ τοιοῦτον ἀποδεικνύς· καὶ εἰ μὲν ψιλῇ φάσει προσχρώμενος, οὐδεὶς 25 αὐτῷ πιστεύσει τῶν τὴν ἀπόδειξιν παραδεχομένων, ψιλῇ φάσει χρωμένῳ, ἀλλὰ διὰ τῆς ἀντικειμένης ἐπισχεθήσεται φάσεως, εἰπόντος τινὸς εἶναι ἀπόδειξιν· εἰ δὲ ἀποδεικνὺς τὸ μὴ εἶναι ἀπόδειξιν (τοῦτο γάρ φασιν), αὐτόθεν ὡμολόγησε τὸ εἶναι ἀπόδειξιν· ὁ γὰρ δεικνὺς λόγος τὸ μὴ εἶναι ἀπόδειξιν ἔστιν ἀπόδειξις τοῦ εἶναι ἀπόδειξιν· καὶ καθόλου ὁ κατὰ τῆς ἀποδείξεως λόγος 30 ἤτοι ἀπόδειξίς ἐστιν, ἢ οὐκ ἔστιν ἀπόδειξις· καὶ εἰ μὲν οὐκ ἔστιν ἀπόδειξις, ἄπιστός ἐστιν, εἰ δὲ ἔστιν ἀπόδειξις, ἀπόδειξις ἔστιν". ἔνιοι δὲ καὶ οὕτω συνερωτῶσιν· „εἰ ἔστιν ἀπόδειξις, ἀπόδειξις ἔστιν· εἰ μὴ ἔστιν ἀπόδειξις, ἀπόδειξις ἔστιν· ἤτοι δὲ ἔστιν ἢ οὐκ ἔστιν ἀπόδειξις· ἀπόδειξις ἄρα ἔστιν". (hanc argumentationem sanam esse pluribus probatur § 466—469). 35

269 Galenus in Hippocr. prognost. I. Vol. XVIII B p. 26 K. ἀναλογισμὸς δ' ἐστὶ λόγος ἐκ τοῦ φαινομένου ὁρμώμενος καὶ τοῦ ἀδήλου κατάληψιν ποιούμενος· ἐπιλογισμὸς δὲ ὁ κοινὸς καὶ συμφωνούμενος παρὰ πάντων λόγος.

§ 9. Περὶ σοφισμάτων λύσεως. 40

270 Plutarchus de Stoic. repugn. cp. 10 p. 1036 c. Ὥστ' αὐτὸν ἑαυτῷ μάχεσθαι — — φυλάττεσθαι μὲν ἑτέροις παραινοῦντα τοὺς εἰς τἀναντία λόγους, ὡς περισπῶντας τὴν κατάληψιν, αὐτὸν δὲ τῶν βεβαι-

---

24 ψιλῇ Fabricius, ψεύδει libri.

ούντων τὴν κατάληψιν λόγων φιλοτιμότερον cυντιθέντα τοὺc ἀναιροῦν-
ταc. Καίτοι ὅτι τοῦτο αὐτὸc φοβεῖται, cαφῶc ὑποδείκνυcιν ἐν τῷ
τετάρτῳ περὶ Βίων ταῦτα γράφων „Οὐχ ὡc ἔτυχε δὲ οὐδὲ τοὺc
ἐναντίουc ὑποδεκτέον λόγουc, οὐδὲ προc⟨ετέα⟩ τὰ ἐναντία
5 πιθανά, ἀλλ᾿ εὐλαβουμένουc, μὴ καὶ περιcπαcθέντεc ὑπ᾿ αὐτῶν
τὰc καταλήψειc ἀφῶcιν, οὔτε τῶν λύcεων ἱκανῶc ἂν ἀκοῦcαι
δυνάμενοι, καταλαμβάνοντέc τε εὐαποcείcτωc· ἐπεὶ καὶ οἱ τὴν
cυνήθειαν καταλαμβάνοντεc καὶ τὰ αἰcθητὰ καὶ τὰ ἄλλα ἐκ
τῶν αἰcθήcεων, ῥᾳδίωc προΐενται ταῦτα, καὶ ὑπὸ τῶν Μεγα-
10 ρικῶν ἐρωτημάτων περιcπώμενοι, καὶ ὑπ᾿ ἄλλων πλειόνων
καὶ δυναμικωτέρων ἐρωτημάτων."
271 Plutarchus de Stoic. repugn. cp. 10 p. 1036 f. Ἢ τοῦτο
(quanti τὰ Μεγαρικὰ ἐρωτήματα aestimanda sint) παρ᾿ αὐτοῦ Χρυcίπ-
που δεῖ πυνθάνεcθαι; cκόπει γὰρ οἷα περὶ τοῦ Μεγαρικοῦ λόγου γέ-
15 γραφεν ἐν τῷ περὶ Λόγου Χρήcεωc οὕτωc· „Οἷόν τι cυμβέβηκε
καὶ ἐπὶ τοῦ Στίλπωνοc λόγου καὶ Μενεδήμου· cφόδρα γὰρ
ἐπὶ cοφίᾳ γενομένων αὐτῶν ἐνδόξων, νῦν εἰc ὄνειδοc αὐτῶν
ὁ λόγοc περιτέτραπται, ὡc τῶν μὲν παχυτέρων, τῶν δ᾿ ἐκφα-
νῶc cοφιζομένων."
20 **272** Galenus de animi peccatis dignoscendis 3. Vol. V p. 72 K. *ἀναγ-
καῖον δ᾿ ἐcτὶ τὸν ἐξαίφνηc προcελθόντα κρίcει λόγου ἀδυνατεῖν διαγνῶναί
τε καὶ διακρῖναι τοὺc ψευδεῖc ἀπὸ τῶν ἀληθῶν. ἐναργὲc δὲ τούτου τεκμή-
ριόν ἐcτι, τὰ καλούμενα cοφίcματα, λόγοι τινὲc ὄντεc ψευδεῖc εἰc ὁμοιό-
τητα τῶν ἀληθῶν πεπανουργευμένοι· τὸ μὲν οὖν ψεῦδοc αὐτῶν πρόδηλον
25 φαίνεται διὰ τοῦ cυμπεράcματοc οὐκ ὄντοc ἀληθοῦc· ἐπειδὴ δ᾿ οἱ ψευδεῖc
λόγοι πάντωc ἤτοι τῶν λημμάτων ἔχουcί τι ψεῦδοc ἢ τὸ cυμπέραcμα κακῶc
ἐπιφερόμενον, οὐ φαίνεται δὲ προχείρωc ταῦτα κατὰ τὰ cοφίcματα, διὰ τοῦτο
δύcοπτα τοῖc ἀγυμνάcτοιc περὶ λόγουc.*
273 Anonymi scholia in status Walz. Rh. Gr. VII 1 p. 383. *ὅπου γε
30 καὶ παρὰ τοῖc Στωϊκοῖc καλεῖταί τιc διάλληλοc λόγοc, ὅc ἐcτιν ἀνα-
πόδεικτοc· οἷον ποῦ Θέων οἰκεῖ, ἔνθα Δίων, καὶ ποῦ Δίων, ἔνθα Θέων·
ὁ δὲ τοιοῦτοc λόγοc, ὁ διάλληλόc φημι τὴν ἀπόδειξιν ἔχειν, ἀναπόδεικτός
τέ ἐcτι καὶ πέραc αὐτοῦ οὐδὲν γίνεται, ὅταν τὰ cημεῖα τοῦ πράγματοc δι᾿
ἀλλήλων cυγκαταcκευάζηται.*
35 **274** Diocles Magnes apud Diog. Laërt. VII 82. *καὶ ἄποροι δέ τινέc
εἰcι λόγοι, ἐγκεκαλυμμένοι καὶ διαλεληθότεc καὶ cωρεῖται καὶ κερατίδεc καὶ
οὔτιδεc. ἔcτι δὲ ἐγκεκαλυμμένοc οἷον ὁ τοιοῦτοc „οὐχὶ τὰ μὲν δύο ὀλίγα*

---

2 αὐτὸc Mez., αὐτὸ libri.   4 προcετέα Wy, προcακτέα Re; πρὸc libri.
6 οὔτε Reiske, οὐδὲ libri.   15 οὗτοc libri, corr. Bernardakis.   18 παχυτέρων
Wy., παχύτερον libri.   21 προcελθόντα scripsi, προελθόντα libri.   22 τούτου
scripsi, τοῦτο libri.   32 fortasse: ὁ διάλληλόν φημι τὴν ἀπόδειξιν ἔχων.
37 Chrysippus scripsit: περὶ τοῦ ἐγκεκαλυμμένου πρὸc Ἀριστόβουλον β΄, περὶ τοῦ
διαλεληθότοc πρὸc Ἀθηνάδην α΄, περὶ τοῦ οὔτιδοc πρὸc Μενεκράτην η΄, περὶ τῶν
ἐξ ἀορίcτου καὶ ὡριcμένου λόγων πρὸc Πάcυλον β΄, περὶ οὔτιδοc λόγου πρὸc Ἐπι-
κράτην α΄, περὶ τῶν ἀπόρων διαλεκτικῶν λόγων πρὸc Διοcκουρίδην ε΄.

ἐστίν, οὐχὶ δὲ καὶ τὰ τρία, οὐχὶ δὲ καὶ ταῦτα μέν, οὐχὶ δὲ καὶ τὰ τέσσαρα, καὶ οὕτω μέχρι τῶν δέκα· τὰ δὲ δύο ὀλίγα ἐστίν· καὶ τὰ δέκα ἄρα". οὔτις δέ ἐστι λόγος συνακτικὸς [καὶ] ἐξ ἀορίστου καὶ ὡρισμένου συνεστώς, πρόσληψιν δὲ καὶ ἐπιφορὰν ἔχων, οἷον· „εἴ τίς ἐστιν ἐνταῦθα, οὐκ ἔστιν ἐκεῖνος ἐν ῾Ρόδῳ· ⟨ἀλλὰ μὴν ἔστι τις ἐνταῦθα· οὐκ ἄρα τις ἔστιν ἐν ῾Ρόδῳ⟩". 5

275 Sextus Pyrrh. Hyp. II 253. καὶ εἴγε οἱ περὶ τὸν Χρύσιππον δογματικοὶ ἐν τῇ συνερωτήσει τοῦ σωρίτου προϊόντος τοῦ λόγου φασὶ δεῖν ἵστασθαι καὶ ἐπέχειν, ἵνα μὴ ἐκπέσωσιν εἰς ἀτοπίαν, πολὺ δήπου μᾶλλον ἂν ἡμῖν ἁρμόζον εἴη σκεπτικοῖς οὖσιν, ὑποπτεύουσιν ἀτοπίαν, μὴ προπίπτειν κατὰ τὰς συνερωτήσεις τῶν λημμάτων, 10 ἀλλ' ἐπέχειν καθ' ἕκαστον ἕως τῆς ὅλης συνερωτήσεως τοῦ λόγου.

276 Sextus adv. math. VII 416. ἐπὶ γὰρ τοῦ σωρίτου τῆς ἐσχάτης καταληπτικῆς φαντασίας τῇ πρώτῃ ἀκαταλήπτῳ παρακειμένης καὶ δυσδιορίστου σχεδὸν ὑπαρχούσης, φασὶν οἱ περὶ τὸν Χρύσιππον ὅτι ἐφ' ὧν μὲν φαντασιῶν ὀλίγη τις οὕτως ἔστι διαφορά, στή- 15 σεται ὁ σοφὸς καὶ ἡσυχάσει, ἐφ' ὧν δὲ πλείων προσπίπτει, ἐπὶ τούτων συγκαταθήσεται τῇ ἑτέρᾳ ὡς ἀληθεῖ.

277 Cicero Acad. Pr. II 93. *Placet enim Chrysippo cum gradatim interrogetur, verbi causa „tria pauca sint anne multa," aliquanto prius quam ad multa perveniat quiescere, id est quod ab iis dicitur* 20 *ἡσυχάζειν. „Per me vel stertas licet, inquit Carneades, non modo quiescas."*

278 Simplicius in Aristot. categ. f. 26E. ed. Bas. Ἄξιον δὲ ζητεῖν κατὰ τοὺς ὑπόστασιν διδόντας τοῖς εἴδεσι καὶ γένεσιν εἰ ῥηθήσεται „τάδε" εἶναι. Καὶ γὰρ καὶ Χρύσιππος ἀπορεῖ περὶ τῆς ἰδέας 25 εἰ τόδε τι ῥηθήσεται. συμπαραληπτέον δὲ καὶ τὴν συνήθειαν τῶν Στωϊκῶν περὶ τῶν γενικῶν ποιῶν, πῶς αἱ πτώσεις κατ' αὐτοὺς προφέρονται καὶ πῶς οὔ τινα τὰ κοινὰ παρ' αὐτοῖς λέγεται καὶ ὅπως παρὰ τὴν ἄγνοιαν τοῦ μὴ πᾶσαν οὐσίαν τόδε τι σημαίνειν καὶ τὸ παρὰ τὸν οὔτινα σόφισμα γίνεται, παρὰ τὸ σχῆμα τῆς λέξεως, 30 οἷον εἴ τις ἐστὶν ἐν Ἀθήναις, οὐκ ἔστιν ἐν Μεγάροις. ὁ γὰρ ἄνθρωπος οὔ τις ἐστίν. οὐ γάρ ἐστί τις ὁ κοινός, ὡς τινὰ δὲ αὐτὸν ἐλάβομεν ἐν τῷ λόγῳ, καὶ παρὰ τοῦτο τὸ ὄνομα τοῦτο ἔσχεν ὁ λόγος, „οὔ τις" κληθείς. τὸ αὐτὸ καὶ ἐπὶ τοῦδε τοῦ σοφίσματός ἐστιν· ὃ ἐγὼ εἰμί, σὺ οὐκ εἶ. ἄνθρωπος δ' εἰμὶ ἐγώ. ἄνθρωπος ἄρα 35

---

2 οὕτω pro οὔτις B. 3 συναπτικὸς B. ‖ καὶ om. BP, habet F. 4 εἰ τὸ B. 5 ἀλλὰ— Ῥόδῳ supplevi. Ipsa descriptio mutila est. Exspecto: „οὔτις" ἐστὶ λόγος συν⟨ημμένον μὲν⟩ ἐξ ἀορίστου καὶ ὡρισμένου συνεστώς, πρόσληψιν δὲ καὶ ἐπιφορὰν ἔχων ⟨ἀόριστον⟩. 16 πλείω libri, corr Bekker. 20 iis Orelli, his codd. 28 Cf. n. 329 sq. 31 Supplendum est ex Laërtio: ἄνθρωπος δέ ·ἐστιν ἐν Ἀθήναις· οὐκ ἄρα ἐστὶν ἄνθρωπος ἐν Μεγάροις. Cf. Ammon. ad Categ. f. 586.

92 DIALECTICA.

σὺ οὐκ εἶ. Καὶ γὰρ ἐπὶ τούτου τοῦ σοφίσματος τὸ μὲν „ἐγώ" καὶ „σύ" ἐπὶ τῶν ἀτόμων λέγεται· ὁ δὲ ἄνθρωπος ἐπ' οὐδενὶ τῶν ἐν μέρει. γέγονεν οὖν ἡ παραγωγὴ διότι τῷ οὔ τινι ὡς „τινὶ" ἐχρήσατο. 279 Diogenes Laërt. VII 186. Ὁ δὴ φιλόσοφος καὶ τοιούτους 5 τινὰς ἠρώτα λόγους. Ὁ λέγων τοῖς ἀμυήτοις τὰ μυστήρια ἀσεβεῖ· ὁ δέ γε ἱεροφάντης τοῖς ἀμυήτοις λέγει ⟨τὰ μυστήρια⟩· ἀσεβεῖ ἄρα ὁ ἱεροφάντης. ἄλλο· Ὁ οὐκ ἔστιν ἐν τῇ πόλει, οὐδ' ἐν τῇ οἰκίᾳ· οὐκ ἔστι δὲ φρέαρ ἐν τῇ πόλει· οὐδ' ἄρα ἐν τῇ οἰκίᾳ. ἄλλο· Ἔστι τις κεφαλή. ἐκείνην δὲ οὐκ ἔχεις· ἔστι δὲ γέ τις κεφαλή ⟨ἣν οὐκ ἔχεις⟩· οὐκ ἄρα 10 ἔχεις κεφαλήν. ἄλλο· Εἴ τις ἔστιν ἐν Μεγάροις, οὐκ ἔστιν ἐν Ἀθήναις· ἄνθρωπος δέ ἐστιν ἐν Μεγάροις· οὐκ ἄρα ἐστὶν ἄνθρωπος ἐν Ἀθήναις. Καὶ πάλιν· Εἴ τι λαλεῖς, τοῦτο διὰ τοῦ στόματός σου διέρχεται· ἅμαξαν δὲ λαλεῖς· ἅμαξα ἄρα διὰ τοῦ στόματός σου διέρχεται. καί· Εἴ τι οὐκ ἀπέβαλες, τοῦτο ἔχεις· κέρατα 15 δὲ οὐκ ἀπέβαλες· κέρατα ἄρα ἔχεις. οἱ δὲ Εὐβουλίδου τοῦτό φασιν.

280 Arrianus Epictet. dissert. II 17,34. ἀλλ' ἐγὼ θέλω γνῶναι τί λέγει Χρύσιππος ἐν τοῖς περὶ τοῦ Ψευδομένου.

281 Hieronymus ep. 69 ad Oceanum. statimque recordatus Chrysippei sophismatis: Si mentiris, idque vere dicis, mentiris.

20 282 Cicero Acad. Pr. II 96. Quomodo igitur hoc conclusum esse iudicas? „Si dicis nunc lucere et verum dicis ⟨lucet; dicis autem lucere et verum dicis⟩ lucet igitur." Probatis certe genus et rectissime conclusum dicitis. Itaque in docendo eum primum concludendi modum traditis. Aut quidquid igitur eodem modo concluditur, probabitis, aut ars 25 ista nulla est. Vide ergo hanc conclusionem probaturusne sis: „Si dicis te mentiri, verumque dicis, mentiris. Dicis autem te mentiri verumque dicis: mentiris igitur." Qui potes hanc non probare, quum probaveris eiusdem generis superiorem? Haec Chrysippea sunt, ne ab ipso quidem dissoluta. Quid enim faceret huic conclusioni: 'Si lucet, lucet; 30 lucet autem; lucet igitur.' Cederet scilicet. Ipsa enim ratio conexi, cum concesseris superius, cogit inferius concedere. Quid ergo haec ab illa conclusione differt?

283 Arrianus Epictet. dissert. II 19, 1 sq. Ὁ κυριεύων λόγος ἀπὸ τοιούτων τινῶν ἀφορμῶν ἠρωτῆσθαι φαίνεται. Κοινῆς γὰρ οὔσης

---

1 Cf. Gellius XVIII 13 „quod ego sum, id tu non es" — „homo autem ego sum" — „homo igitur tu non es." 5 Sophismata, quibus solvendis Chrys. operam dedit. 6 ὁ δέ γε BP ὁ δὲ D. 7 οὐκ om. BPF, habet D. ‖ οὐδ' D τοῦτο καὶ BP τοῦτο F. 9 ἣν οὐκ ἔχεις om. BPFD, habet Suid. 10 ἄλλο om. BPF (qui ἤ τις). 13 σοῦ ante διὰ BP. ‖ ἔρχεται B. ‖ ἅμαξα σου (om. σου post στόματος) PFD. 14 καὶ πάλιν BPFD. 17 Complures libros scripsit Chrysippus περὶ τοῦ Ψευδομένου Vide n. 15 v. 22 lucet—verum dicis add. Manutius. 25 video libri opt.

DIALECTICA. 93

μάχης τοῖς τρισὶ τούτοις πρὸς ἄλληλα, τῷ „Πᾶν παρεληλυθὸς ἀληθὲς
ἀναγκαῖον εἶναι“ καὶ τῷ „Δυνατῷ ἀδύνατον μὴ ἀκολουθεῖν“ καὶ τῷ
„Δυνατὸν εἶναι ὃ οὔτ’ ἔστιν ἀληθὲς οὔτ’ ἔσται“· συνιδὼν τὴν μάχην
ταύτην ὁ Διόδωρος, τῇ τῶν πρώτων δυοῖν πιθανότητι συνεχρήσατο
πρὸς παράστασιν τοῦ „Μηδὲν εἶναι δυνατὸν ὃ οὔτ’ ἔστιν ἀληθὲς οὔτ’
ἔσται.“ Λοιπὸν ὁ μέν τις ταῦτα τηρήσει τῶν δυοῖν, ὅτι ἔστι τέ τι
δυνατόν, ὃ οὔτ’ ἔστιν ἀληθές οὔτ’ ἔσται· καὶ δυνατῷ ἀδύνατον οὐκ
ἀκολουθεῖ· οὐ πᾶν δὲ παρεληλυθὸς ἀληθὲς ἀναγκαῖόν ἐστι· καθάπερ
οἱ περὶ Κλεάνθην φέρεσθαι δοκοῦσιν, οἷς ἐπιπολὺ συνηγόρησεν
Ἀντίπατρος. Οἱ δὲ (scil. Chrysippus) τἄλλα δύο· ὅτι δυνα- 10
τόν τ’ ἐστὶν ὃ οὔτ’ ἔστιν ἀληθὲς οὔτ’ ἔσται καὶ πᾶν παρε-
ληλυθὸς ἀληθὲς ἀναγκαῖόν ἐστιν· δυνατῷ δ’ ἀδύνατον ἀκο-
λουθεῖ. Τὰ τρία δ’ ἐκεῖνα τηρῆσαι ἀμήχανον, διὰ τὸ κοινὴν εἶναι
αὐτῶν τὴν μάχην.

ibid. § 9. Γέγραφε δὲ καὶ Χρύσιππος θαυμαστῶς ἐν τῷ 15
πρώτῳ περὶ Δυνατῶν· καὶ Κλεάνθης δ’ ἰδίᾳ γέγραφε περὶ τούτου
καὶ Ἀρχέδημος· γέγραφε δὲ καὶ Ἀντίπατρος, οὐ μόνον δ’ ἐν τοῖς
περὶ Δυνατῶν, ἀλλὰ καὶ κατ’ ἰδίαν ἐν τοῖς περὶ τοῦ Κυριεύοντος.

284 Cicero ad famil. IX 4. Περὶ δυνατῶν me scito κατὰ Διό-
δωρον κρίνειν. Quapropter si venturus es, scito necesse esse te venire: 20
sin autem non es, τῶν ἀδυνάτων est, te venire. Nunc vide, utra te
κρίσις magis delectet, Χρυσιππεία ne, an haec, quam noster Diodotus
non concoquebat. Sed de his etiam rebus, otiosi quum erimus, loque-
mur: hoc etiam κατὰ Χρύσιππον δυνατὸν est.

285 Cicero Acad. Pr. II 143. In hoc ipso, quod in elementis dia- 25
lectici docent, quo modo iudicare oporteat, verum falsumne sit, si quid
ita conexum est, ut hoc: „si dies est, lucet“, quanta contentio est! aliter
Diodoro, aliter Philoni, Chrysippo aliter placet. Quid? cum Cleanthe,
doctore suo, quam multis rebus Chrysippus dissidet! quid? duo vel
principes dialecticorum, Antipater et Archedemus, opiniosissimi homines, 30
nonne multis in rebus dissentiunt?

286 Syrianus Schol. in Hermog. Vol. II p. 42, 1 Rabe. τὸν ἄπο-
ρον ἐν κατηγορίᾳ, ὃν καὶ κροκοδειλίτην οἱ Στωικοί φασιν, οἷον·
Εὔαθλος συνέθετο Πρωταγόρᾳ τῷ σοφιστῇ δώσειν μισθόν, εἰ τὴν πρώτην
δίκην λέγων νικήσειε. μαθὼν καὶ μὴ βουλόμενος λέγειν ὑπὸ τοῦ Πρωταγό- 35
ρου τὸν μισθὸν ἀπαιτεῖται· ὁ δὲ ἀντιλέγει· εἴτε γὰρ νικήσειεν, οὐ δίκαιος
δοῦναι κατὰ τὴν σύνταξιν, εἴτε ἡττηθείη, ὡς μηδέπω μαθὼν οὐκ ἄξιος
ἀπαιτεῖσθαι.

287 Lucianus vitarum auctio 22. Χρύσιππος· ἔστι σοι παι-
δίον; — Ὠνητής· τί μήν; — Χρυσ. τοῦτο ἦν πως κροκόδειλος 40

---

30 opinosissimi cod. AB; spinosissimi C. F. Hermann.   38 Cf. Gellius V 10.

ἁρπάσῃ πλησίον τοῦ ποταμοῦ πλαζόμενον εὑρών, κᾆτά σοι ἀποδώσειν ὑπισχνῆται αὐτό, ἢν εἴπῃς τἀληθὲς ὅτι δέδοκται αὐτῷ περὶ τῆς ἀποδόσεως τοῦ βρέφους, τί φήσεις αὐτὸν ἐγνωκέναι; — — — — Χρυσ. Καὶ ἄλλα γάρ σε διδάξομαι θαυμασιώτερα — τὸν θερίζοντα καὶ 5 τὸν κυρίττοντα καὶ ἐπὶ πᾶσι τὴν Ἠλέκτραν καὶ τὸν ἐγκεκαλυμμένον. — — Ἠλέκτραν μὲν ἐκείνην — ἢ τὰ αὐτὰ οἶδέ τε ἅμα καὶ οὐκ οἶδεν· παρεστῶτος γὰρ αὐτῇ τοῦ Ὀρέστου ἔτι ἀγνῶτος, οἶδε μὲν Ὀρέστην, ὅτι ἀδελφὸς αὐτῆς, ὅτι δὲ οὗτος Ὀρέστης ἀγνοεῖ. τὸν δ᾽ αὖ ἐγκεκαλυμμένον καὶ πάνυ θαυμαστὸν ἀκούσῃ λόγον. ἀπόκριναι 10 γάρ μοι, τὸν πατέρα οἶσθα τὸν σεαυτοῦ; — Ὦν. ναί. — Χρυσ. τί οὖν; ἢν σοι παραστήσας τινὰ ἐγκεκαλυμμένον ἔρωμαι „τοῦτον οἶσθα“; τί φήσεις; — Ὦν. δηλαδὴ ἀγνοεῖν. — Χρυσ. ἀλλὰ μὴν αὐτὸς οὗτος ἦν ὁ πατὴρ ὁ σός, ὥστε εἰ τοῦτον ἀγνοεῖς, δῆλος εἶ τὸν πατέρα τὸν σὸν ἀγνοῶν.

---

4 τὸν θερίζοντα] cf. Ammon. ad Aristot. de interpr. f. 106 a.

Caput III.
De rhetorica.

288 Cicero de finib. IV 7. *(de rhetorica arte locutus:)* *Totum genus hoc Zeno et qui ab eo sunt — aut non potuerunt ⟨tueri⟩ aut noluerunt — certe reliquerunt. Quamquam scripsit artem rhetoricam* 5 *Cleanthes, Chrysippus etiam; sed sic ut siquis obmutescere concupierit, nihil aliud legere debeat.*

289 Quintilianus instit. orat. III. 1, 15. Theophrastus quoque Aristotelis discipulus de rhetorice diligenter scripsit atque hinc vel studiosius philosophi quam rhetores praecipueque Stoicorum ac Peripateticorum 10 principes.

290 Quintilianus instit. orat. I 17, 2. quod (scil. rhetoricen artem esse) non oratores tantum vindicarunt — — sed cum iis philosophi Stoici et Peripatetici plerique consentiunt.

291 Cicero de oratore III 65. Stoicos autem, quos minime improbo, 15 dimitto tamen — — atque hanc iis habeo gratiam, quod soli ex omnibus eloquentiam virtutem ac sapientiam esse dixerunt.

292 Quintilianus instit. orat. II 15, 34. *huic eius substantiae maxime conveniet finitio „rhetoricen esse bene dicendi scientiam.“ nam et orationis omnes virtutes semel complectitur et protinus etiam* 20 *mores oratoris, cum bene dicere non possit nisi bonus. idem valet Chrysippi finis ille, ductus a Cleanthe, „scientia recte dicendi.“ Sunt plures eiusdem, sed ad alias quaestiones magis pertinent.*

293 Anonymi Proleg. in Hermog. status Walz. Rh. Gr. VII p. 8. οἱ μὲν γὰρ αὐτὴν (scil. τὴν ῥητορικήν) ἐκάλεσαν ἐπιστήμην ἀπὸ τοῦ μείζονος, 25 ὁριζόμενοι ἐπιστήμην τοῦ εὖ λέγειν, οἱ Στωϊκοί.

294 Sextus adv. math. II 6. Ξενοκράτης δὲ ὁ Πλάτωνος ἀκουστὴς καὶ οἱ ἀπὸ τῆς Στοᾶς φιλόσοφοι ἔλεγον ῥητορικὴν ὑπάρχειν ἐπιστήμην τοῦ εὖ λέγειν, ἄλλως μὲν Ξενοκράτους τὴν ἐπιστήμην λαμβάνοντος — ἄλλως δὲ τῶν Στωϊκῶν, ἀντὶ τοῦ βεβαίας ἔχειν καταλήψεις, ἐν σοφῷ μόνῳ 30 φυομένην. τὸ δὲ λέγειν ἀμφότεροι παραλαμβάνουσιν ὡς διαφέρον τοῦ διαλέγεσθαι, ἐπειδήπερ τὸ μὲν ἐν συντομίᾳ κείμενον κἂν τῷ λαμβάνειν καὶ διδόναι λόγον διαλεκτικῆς ἐστιν ἔργον, τὸ δὲ λέγειν ἐν μήκει καὶ διεξόδῳ θεωρούμενον ῥητορικῆς ἐτύγχανεν ἴδιον.

---

4 tueri add. Cobet.   19 Cf. Vol. I n. 491.

96 DE RHETORICA.

295 Diogenes Laërt. VII 42. καὶ τὴν ῥητορικὴν αὐτὴν μὲν εἶναι λέγουσι τριμερῆ· τὸ μὲν γὰρ αὐτῆς εἶναι συμβουλευτικόν, τὸ δὲ δικανικόν, τὸ δὲ ἐγκωμιαστικόν· εἶναι δ᾽ αὐτῆς τὴν διαίρεσιν εἴς τε τὴν εὕρεσιν καὶ εἰς τὴν φράσιν καὶ εἰς τὴν τάξιν καὶ εἰς τὴν ὑπόκρισιν, τοῦ δὲ ῥητορικοῦ λόγου
5 εἴς τε τὸ προοίμιον καὶ εἰς τὴν διήγησιν καὶ τὰ πρὸς τοὺς ἀντιδίκους καὶ τὸν ἐπίλογον.

296 Anonymus art. rhetor. (Rhet. graec. Vol. I ed. Spengel) p. 454, 1. ἔργον δὲ ἐπιλόγου Πλάτων μὲν ἐν Φαίδρῳ φησίν, ἐν κεφαλαίῳ ἕκαστα λέγοντα ὑπομνῆσαι ἐπὶ τελευτῆς τοὺς ἀκούοντας
10 περὶ τῶν εἰρημένων (Plat. Phaedr. p. 267d). ἔχεται δὲ τῆς αὐτῆς δόξης καὶ Χρύσιππος· καὶ γὰρ αὐτὸς μονομερῆ φησὶ τὸν ἐπίλογον.

297 Plutarchus de Stoic. repugn. cp. 28 p. 1047a. Τὴν ῥητορικὴν ὁρίζεται τέχνην περὶ κόσμον εὑρημένου λόγου καὶ τάξιν· ἔτι δ᾽ ἐν τῷ πρώτῳ καὶ ταῦτα γέγραφεν· „Οὐ μόνον δὲ τοῦ ἐλευθερίου
15 καὶ ἀφελοῦς κόσμου δεῖν οἴομαι ἐπιστρέφεσθαι κἀπὶ τῶν λόγων ἀλλὰ καὶ τῶν οἰκείων ὑποκρίσεων κατὰ τὰς ἐπιβαλλούσας τάσεις τῆς φωνῆς, καὶ σχηματισμοὺς τοῦ τε προσώπου καὶ τῶν χειρῶν.“ Οὕτω δέ τις φιλότιμος ἐνταῦθα καὶ περιττὸς γενόμενος etc.

298 Plutarchus de Stoic. repugn. cp. 28 p. 1047b. πάλιν ἐν τῷ
20 αὐτῷ βιβλίῳ περὶ τῆς τῶν φωνηέντων συγκρούσεως ὑπειπών, „Οὐ μόνον, φησί, ταῦτα παρετέον τοῦ βελτίονος ἐχομένους, ἀλλὰ καὶ ποιὰς ἀσαφείας καὶ ἐλλείψεις καί, νὴ Δία, σολοικισμούς, ἐφ᾽ οἷς ἄλλοι ἂν αἰσχυνθείησαν οὐκ ὀλίγοι.“

298a
25

XP(ΥCΙΠΠΟΥ)
ΛΟΓΙΚΩ(Ν)
ΖΗΤ(Η)Μ(ΑΤΩΝ)
Ā.

fr. 1 (n, deest in o):
3 ἐσομένου τῶν καὶ . . . . . νος
30 πληθυντικ . του . . . . . . λν
. εστωμητω . . τωπληθυντι-
κω καὶ τῶγ ἐρωτ(ή)ς . . ὁμοί-
. . μετω . . . ομεν . . . ἰε . .
γ . ι περὶ τ . . τουτο ἐν . . τω .
35 εἶναι τι . . . . . . τογ . . . . λοι

---

1 τὴν μὲν (om. μὲν post αὐτὴν) P, item F, om. αὐτὴν εἶναι.   2 αὐτῆς βουλευτικόν F (om. εἶναι συμ.).   4 ἀπόκρισιν B. ‖ τοῦ—ῥητορικοῦ λόγου scripsi, τὸν—ῥητορικὸν λόγον libri. 13 κόσμον Xyl., κόσμου libri. ‖ εὑρημένου Volkmann, καὶ ego transposui, καὶ εἰρημένου λόγου τάξιν libri. 15 κἀπὶ corruptum ἐπὶ Wy. 16 ἀλλὰ Xyl., ᾧ libri. 24 Hunc textum ex editione Crönerti Herm. 36,552 transscripsi et recognovi. Cf. p. 8, 27. Hic adieci ut totius logicae appendicem.

λεγουϲ ..... το προ ....
κονεν ....
.. τοτε .... ντῶπα
ρ)εληλυ(θότι)ν ...... το ..
τωνου ..... αιπ 5
τ . τη .... εν ......
ἀ(λ)λα μόνον τα ....
... ωνπροηγε ....

fr. 2n (p. 284o):

.... κει .. τον (ο; κον ..... n) 10
.. θα ... ικεινοϲ ......
πορίζεϲθαι ὅπεροη ...... (ὅπερ οὐ πιθανόν)
φαίνετ)α(ι) . κἀνταῦθ᾽ ......
5 το .... ιρητων ἀ(πί-
θα(νον φαίνεϲ)θαι, οὔτ .. (δι 15
χῶ(ϲ) προ ..... ωτ ....
τ ... οϲ .. μενα .... ερον
τι κατὰ τῶ(ν) . οϲυ(μ)βε ....
.. των ἐν τῷ ΑΙΔΙΚ .. ΙϹΘαι (ἐν τῷ διαλέγεϲθαι?)
ει . παν ..... απρο .... (... τοα pro παν o) 20
.. να μ(ὴ ἐνεκ)τέον (εἶ-
ν)αι ἐπὶ ταῦτα ὥϲθ᾽ ἕν(α
περὶ πάντων ποιήϲαϲθαι
λόγον .. πε . δεϲ . τι (ὑπ)άρ-   (εἴπερ ἐνεϲτὸϲ ὑπάρχει)
χει .... μα ...... παρ ..   (ἀξίωμα, πιθανὸν ὑπάρχειν) 25
τιϲ ... νου παρε ......   (τι ἐκείνου παρεληλυθόϲ)
καὶ πα(ρε)λη(λυθότων παρε-
ληλυθ(ότ)α ἐϲτ(ὶν μέχρι εἰϲ
ἄπειρον . καὶ ἔϲ(τι μὲ)ν (πα-
ρεληλυθότα τοια(ῦτ)α καὶ κα-   (θοτ . τοτα .. α o) 30
τα(τὸν) αὐτὸν ἐϲ(ομέ)ν(ων
ἐϲόμενα ἔ(ϲ)ται (μέχ)ρι εἰϲ (ἄ-
πειρον . καὶ (παρελη)λυθό-
των ἐϲτ(ί .... γε
. εν . ωεν. 35

fr. 3n (p. 285o):

τὸ ... ειϲθα(ι .. ὑ)πτιο ..
ὑπτ ....
καὶ τ ... μέ(χρι) εἰϲ ἄ(πειρον
τ . ει ... ταῠτων ἐντ 40

νον . . . . . , ...
(4 versus desunt)
. . ων ὀρθ(ῶν) . . χει . . . . .
ν . . τηοιϲ ο . ϲι . . . .
τ . ν . . . .
_____
τ)ῷ μ(ὲ)ν ἐν τῷ . . . . ε . ι ὑπ(άρ-   (μουϲιν εν τω <u>n</u>)
χειν . . ὕπτιο(ν δ᾽ αὐ)δέν . . .   (νεντω pro ὑπτιο <u>n</u>
. . . . εἶϲθαι (ϲ)υν . . . .
. . ν ὑπάρχειν . . . . ν . κ . . .
. . ου . . . . τητων
τοιού(τ)ων . ἀ(λλά)γε τὰ πρό-
τερ(ον λ)εγόμενα παρεί(ϲθω
τάτ᾽ ἐκείνου καὶ . . . . . τα
. . ινο . . . . ον . . . νε . . . . .
. . α . . . . ερβωμε . . ε . . εον
. . ν . . . . ν ἄπειρα . . . τω (πω <u>n</u>)
. . . . . οϲ ετερ . . . . εϲθαι τα
. . . . ϲ ἔχοντα ο . . . .
ρεληλυθότα καὶ . . . .
. . . ροϲτ . (ὑ)παρ . . . .

col. I n (p. 286o):

. . . . (δ)υοῖν τὸ . . . .
. . . . (δ)υοῖν ἐ . . . . . .
. . . . μ)έχρι εἰϲ ἄπει-
ρον) . . . . . . ὁμοίων ἐϲ(τί   (ομετωνεϲ <u>ο</u>)
5 . . . . των . . . τα . .
. α . . . . . . : . . ται ἐπιζ(ητ . .
. α . . . . ουτων . . . . .
τ . η . . . . κιϲε . . . .   (ηπε legit Crönert)
. . . . ατ . . . . .
τερ . . ατε . . . . . ερτῶ(ν . τοι-
_____
ούτων εκ . . τουθ . α . περ . .
τῶν ϲυνβ(ε)βηκότ(ων . . . . .
δόξε(ι) καὶ (τ)ὸ π(ληθυντι)κὸν
. . κατ᾽ αὐτ(ὸν) α . . . . . . ναι
. . . . . ἀπὸ τούτων δ(ὲ) καὶ
πρὸς ἐκεῖνα ἔϲται πιθανῶϲ
προϲελθεῖν λέγοντα (ο)ὐ δ(ῆτα
πληθυντικὰ μὲν πλ(ηθυν-

τικ)ῶν εἶναι, τρόπον τιν(ὰ
..... τῶν πρὸϲ τὰ ἑνικὰ
... μενων, παρεληλυθότα δὲ
παρεληλυθότων μὴ εἶναι
καὶ ὕπτια ὑ(πτί)ων . μηδ᾽ ἐ-   5
πὶ) τούτων (μὲν) τὴν ἀ(π)ειρί-
αν) γίνεϲθαι, ἐπ᾽ ἐκείνων (δ᾽) ἄρ(α
μή, καὶ (ἔμ)παλιν . κἂν εἰ
ἄ(ρα τιϲ) τοιούτουϲ ε(ἴ)ποι
λόγουϲ κ(ατὰ) τῶν ἑτέρ(ων   10
κ᾽ κατ)ὰ (ταῦτ)α διαβαίνο(ι ἀπό
τινοϲ (τῶν) τοιούτων (εἰϲ) ϲυν-
γεγῆ ... τόπον, ἡ(μ)ὲν (ἀγωγὴ
τ(οῦ λόγου ὑγιὴϲ) τῶ(ι) εἴ(δ)ει, αὐ-
τ(ὴ) δὲ ἡ (δι)άβαϲίϲ ἐϲτιν τῶν   15

Col. 2n (p. 287 o):

.   ταν.....   (ο̲, ειαν ν̲)
.... δωνπ.....   (ο̲, ιιοντ ν̲).
.... (κ)ατὰ κλ ... θην   (ειιν ο̲, ων ν̲)
.... (κ)ειμέν(ου δὲ) του   20
.... πρὸϲ ἔλε(γ)χο(ν
... η ... (γ)ενομένων
.... μὲν ἐκ τῆϲ κα
τὰ ....
ε ... ο ...... νυπ ... ε   25
_____

ὄντων .... (παρε)   (εἰ ἔϲτι παρε-
λη(λυθοτ .... :   ληλυθότα κατηγορήματα
τ.ίιτα..... ιτα κ(αὶ παρελ)η- καὶ ἀξιώματα)
λ(υ)θότων παρεληλυθό(τ)α ἐ(ϲ-   30
τι μέχρι εἰϲ ἄπειρον . οὐ πάνυ
δὲ τοῦτο . οὔτ᾽ ἄ(ρα κ)α(τηγορή-
ματα οὔτ᾽ (ἀξι)ώ(μα)τά ἐϲτιν πα-
ρελη(λυθότα. Εἰ ἔ)ϲτιν ὕ(πτι)α
κατηγορήμ(α)τα, καὶ ὑπτίων   35
ὕπτ(ιά) ἐϲτιν κατηγορήματα
μέχρι εἰϲ (ἄ)πειρον . οὐ πάνυ
δὲ τοῦτο . οὐδ᾽ ἄρα τὸ π(ρῶτον). Ε(ἰ
πληθυντικά ἐϲτιν κατηγορή-
ματα, καὶ πληθυντικῶν πλη-   40
θυντικά ἐϲτι μέχρι εἰϲ ἄπει-

7*

ρον. οὐ πάνυ δὲ τοῦτο. ο(ὐδ᾽ ἄρα
τὸ πρῶ)τον. Ἐπὶ γὰρ τῶν τοιού
των .. με ..... αιμε ... τ ...
.... αβε ...... (ακε ο ?)
.... καὶ πρὸς
ευ .... ας .... εμ .....
πλη .. σε .... ον ἔσται
.... τ)υγχάνει
.... ἑτέρα(ν) αὐ
.... λεγ ....
με .... τοιουτοιс ...
δ ..... ιαλογιςμο ..
επ ..... αυτ . ουδ ..
...... επιτουδε ..

Col. 3n (288ο):

.... τει ...
.... αν ..
.. cθαι .... ημων .
. ων .... ητων ..
. θηcειc ...... καὶ .....
.... η ....
αιc .... ουν .....
αν .... θη ....

τη .... νηc .....ιι
νομ .... δεαν .. υτε
πτω .... απο .ιλλс
αι .... (φ)αντας(ί)αι γί-
νον(ται ἀληθ)εῖc καὶ ψευ-
δεῖc (καὶ κα)τα(λη)πτικαὶ καὶ
ἀκατ(άληπ)τοι· καὶ ἐπὶ τῆc
διανοίαc τ(ὸ) παραπλήcιον ὑ-
πάρχει ... γ)ὰρ ἐπὶ πάντων
. δικ ..... υτωιστε .. (φαν-
τ)αcίαc αὐτῶν λανβάνειν
οὔτε καταλανβάνειν δύνα-
ται πάντα, ψευδεῖc τε γίνον-

ται κατ᾽ αὐτὴν φαντασίαι καὶ
ἀκατά(ληπ)τοι, οὐθὲν (ἧτ)τον
καὶ κατα(ληπτι)κῶν γινομέ-

νων . (π)α(ραπλή)ϲιον δὲ τού-
των καὶ τοῦτο (c)υντέτευχεν
τὸ παρα . ϽϹ . . . . . ἄ)λλα γ(εί-   (fortasse: τὰς φύϲειϲ)
νεϲθαι ἁ . . . . . . ὁρ)ατὰ καὶ   (fortasse: ἄλλοιϲ)
ἀκουϲτὰ (καὶ ὁμ)οίωϲ ἐπὶ τ(ῶν   5
λοιπῶν α(ἰϲθήϲε)ων . κ(αὶ κατὰ
τὸ ὅλον ἁ . . . . . καὶ κα(τὰ   (fortasse: τὸ ὅλον δὲ ϲῶμα)
τὴν διάνο(ιαν . . . ατα
. . λεγ . . . . ἐπὶ τ(ῶν
λοιπῶν . . . . μὴ κ(ατα-   10
Col. 4n (p. 289o):
ε . . . ωι . . . .
ϲε . . . . ϲωϲ κα . . . . . .
α . . αν παρ . . . ϲοτ . . . . . .
δι(αφο)ρῶν . . . μεν   15
θε . . . . κ . . . . . .
τι . . . . ου . . . . . .
μον φαν . . . . χε . . . . . .
δαδη . c . . . . χε . . . . . .
ούτοιc . ο(ὐ μό)νον δ(ὲ π)αρὰ τ(ὰϲ   20
φύϲειϲ γίνονται το(ιαῦται δι)-
αφοραί, ἀλλὰ καὶ π(α)ρ(ὰ) τέχ(ν)αϲ
καὶ τριβὰϲ ἄλλων πρὸϲ ἄλλα
πολλα(χ)ῶϲ. Ἔτι δὲ τὸ ὅμοιον

το(ῖc) αἰϲθητ(ηρίοι)c καὶ ἐπὶ τῶν   25
τεχνῶν ϲυντέτευχεν . ο(ὔ)τε
γὰρ ϲὐθὲν αὐταῖϲ ἐϲτιν φωρα-
τὸν οὔτ᾽ ε(ἰc πάντα (τ)ὸν ὁμ(ο-
γενῆ τόπον διατείνειν δ(ύ-
να(νται). Καὶ ταῦτα πάντα (δι-   30

ατείνειν ὑπονοητέον (ο)ὐ μό-
νον εἰϲ τοὺϲ φρονίμουϲ ἀν-
θρώπουϲ ἀλλὰ καὶ (ε)ἰϲ τοὺϲ νέ-   (τοὺϲ ἐνεοὺϲ Cr.)
ουϲ. Ἐπιϲτ . . . αι . . . . . αιν . .

τον ἐπὶ τῶν . ω . . . . . . π . . .   35
τί τὸ γινόμενόν ἐϲτιν οὗ
δε(ικνύ)ντεϲ δύο λέγωϲιν
(ἄν) ὅ(τ)ι „οὐκ (ἐϲτιν) οὗτοϲ οὗ-
τοϲ“ . . οτ μϲ . . . . . διαϲα-

φῆ(ϲα)ι οὐκ ἂν δύν(αι)ντ(ο

θαρ(ρ)ήϲαντ(εϲ . . . . . .

.. ο)ὐδὲ μα . . . . υετ . . .

. . . . βαν . . .

5   τιν . . . ϲτενε . . παιδον . . .

Col. 5n (p. 290o):

(πε)ρὶ τ . . . . μοϲ . . .

τω . . . . αδια . . .

. ε . . . . ωαιρα . .

10   αυτ . . . . ο . . . . .

δεν . . . . η . θαι . .

διε . . . . πρ)ὸϲ ταῦτα τὰ

μετ . . . . . . ιμουτα . . .

ναιϲ δὴ τὸ ῥηϲ . . . .

15   των ὅτι ταὐτόν ἐϲτ(ι τὸ „τοῦ-

τον (τοῦτο)ν εἶναι" (τῷ „εἶναι

τοῦ(τον τοῦτον") οἷον ὅτι τ(αὐτόν

ἐϲτι (τὸ „Δίω)να Θέω(να εἶν)αι"

τῷ „Δίωνα Θέωνα εἶναι" (ἐάνθ᾿) οὔ-

20   τωϲ ἐάνθ᾿ ὡριϲμένωϲ ἐκφέ-

ρωμεν. Εἶ(θ᾿) ὅτι ἀντίκειται τῷ

„Δίωνα Θέωνα εἶναι" τὸ „μὴ εἶ-

ναι Δίωνα Θέωνα" κἂν ὡριϲ-

μένωϲ ἐκφέρωμεν. Ἐπὶ γο(ῦ)ν

25   τούτων καὶ τῶν ὁμοίων οὐ

μόνον τί. (τὸ λ)εγόμενον ἐϲ-

τὶν (χ)αλεπὸν ϲυνβαλεῖν,   (ϲυνκαλεῖν n)

ἀλλὰ καὶ μήποτε λανθάνο-

μεν τὰ (ψ)ευδῆ λέγοντεϲ· ὁμο-

30   ειδῶϲ ἂν τούτων διατει(νόν-

των καὶ εἰϲ τοὺϲ ϲοφούϲ· Οὔ(τε

γὰρ πιθαν(ὸ)ν μηθὲν τοιοῦτο

ἀποφαί(νεϲ)θαι ἂν, οὔτ᾿ ἂν

ἀποφ(αι)νόμ(ε)νο(ν μὴ) διαπο-

35   (ρ)η(θῆ)ναι. Τὰ παραπλήϲια

δ᾿ ἐϲτὶν ἐπιλέγειν ματ . . .

.. ιων καὶ ἐπακαω . . . . .

. . . ο . . ων παραλ(λ)α(γ)ὰϲ καὶ

. . . . . θ᾿ ὅταν κα . . . .

...... διαλεγ........
...... κα . α........
τ)ὸ παραβε............
(sequuntur etiam 5 versus)

Col. 6n (p. 291 o):　　　　　　　　　5

　　　　　του
　　　　　　τε
... ο)ὔτ᾽ αρ . πε...... μη
.... τοιοῦτ(ον ὑ)πάρχει
.... θε...... τε　　　　　　10
(ἐκ o̲) εν.......... κτά (ἐc)τιν καὶ (βετ n̲)
(ὂθγ o̲) δεις.. κ)αὶ ταῦτα... ουτο　(fortasse: δείκνυται ταῦτα)
νει... θυν.... χε......
..... εἰc πρ.. αδε......
.... τυγχάνει......　　　　　　15
κ)α(ὶ) τὸ μὲν (π)ληθ(υντι)κὸν..

_____

ο̲χ........ λ........
ουτο...... τερο.. ανα
λωνc..... ἐ)κφερομ. δηc
ἆρα πληθυντ(ι)κ̲όν (ἐcτι) δι-　　　20
ὰ τούτων, καθάπερ καὶ ἐπὶ
τῶν παραπληcίων τούτων (πα-
ρέξει (ἡμῖν) ἐπίcταcιν. ἢ κατὰ
μὲν τοὺc α(ὐτο)ὺc δεικγ(υ)μένου(c
ἔcται τοι(οῦτ)ο̲ πληθυ(ντι)κ̲όν,　　25
οἷον „ἡμέτεροc“, ἄλλων δὲ καὶ
ἄλλων (δεικ)γ(υμ)ένων οὔ· ἢ μή
ποτε τὸ ζ(η)τούμενόν ἐcτιν τοι-　(ἐcτι μον o̲)
οῦτο· ἑνικοῦ γὰρ ὄντοc τοῦ „τού-
τουc τύπτων“ ἔcτιν τ(ι τ)οιοῦτο　　30
πληθυντ(ικὸν......... (πανουντω n̲)
... τοιούτωι........
cιον „τούτουc τύπτων“ (τῶν δ᾽) ἄλ-
λων δ(εικνυ)μέγῳ(ν... οιcτου
.... ποικ. λ............　　　　　35
ἂ)ν μ(ὴ) καθ᾽ ἕτερόν τινα.....
χθῶμ(ε)ν λόγον καὶ δια.....
. εc.. π)ληθυντ(ικά, εἰ καὶ τ(ὸν.
τρ)όπ(ο)ν ἐπὶ τὸ μ... εκ.....

μετα ... αρα ....
.. εκε .. νλεγ ....

Col. 7n (p. 292o):

.... cιον κατα   (οιον o̲)

5 .... τοcον τοῦ
.... των οὐδὲ ταῦ-
τα) .... τ̣αc μεν   (ωμ . ν o̲)
5 .... τιcτ ..
.... ν

10 .... νε . με
θ .... τα . παντα
το ..... πληθυν)τικὸν ὃν ἐκεῖ-
10 νο .... εθαντα   (ραντα o̲)
τ .... νπαι . εν ἐπὶ τοῦ
15 „το(ύτουc τύπ)των" καὶ „τοῦτον
τύ(πτ ..... εωc ... τικων
γαρτινῳ(ν π)ροηγουμένων
ἐκφερι .... εται . α . τὰ τοι-
αῦτα „c(φέτερ)οc" κα(ὶ) „ἡμέτεροc"
20 κα)ὶ ...... ὠ)cαύτω(c) ἐπὶ τῶν
ὁ)μοίων (καὶ) μάλιcτα τοιού-
τω(ν ο)ῖον („ἐμοὶ) ὑπάρχων" καὶ
„ἐμ(οὶ) ὑπάρχοντ(α)" καὶ „ἡμῖν
ὑπάρχων"... ερλ . ηc ἐcτιν
25 ἐν . εν . θω .. το .. αιδραυμο̣ι
ε . τ . α .... τουτ .. κ)αὶ · ὡcαύ-
τωc ἐπὶ .... ἐὰν
ἐγὼ . οcα .... ου ... cιαι .. εic   (μερο ext. o̲)
ρο ... τὰ ὅμοια .... ὅτι δεῖ
30 .... ν καὶ ... πι)θανον ἀ-
πολ(α)βεῖν καὶ ὃ ... αμιν ἀν-
θρωπ(.)c ἀν .. τα ...... εμε
..... οι ... νου ..... υλ ...
... τεcθαιc ... εδηc μέροc
35 (versus inutiles omitto)

Col. 8n (p. 293o):
εcι ταυ-   (υνα o̲)
.... η . δ ...... η
.... να . α καὶ πόc(ο)ν
40 ..... ινον .... καὶ ἐκ πόcων

5 (γρ)άφεται . . . .

. . αμε . . . . μαι

. . λον . . . . κο διαϲτα

. . . . μεν . ν . εξει δὲ καὶ

. . . . αϲιν . . ιατιναγ . .   5

10 . . . μ(ετ)ὰ (τὸ τ)ο̣ῦτον φρονῆϲαι
ἐφρόνηϲα" καὶ „μετὰ τὸ τοῦτον
περιπατῆϲαι ἐκάθι(ϲ)α". Οὐ γὰρ ⸔

. . αυτ . . ϲαι̣ ἔϲτιν τὰ ὠ(μ)οιω-
μένα ο(ῖο)ν „(μ)ετὰ (δὲ) τοῦτο ἐφρό-   10
(τιϲα ο) νηϲα ἢ ἀνέϲτην". Ὄντων δὲ

καὶ τοιούτων λεκτῶν ἔϲται ἐπι-
ζητεῖν κατὰ τί ἔϲονται αἱ δια-
φοραὶ αὐτῶν. Ὅμοια δ᾽ ἐϲτὶν τὰ
πράγματα καὶ ἐπὶ τι . . οι . . να   (ἐπὶ τ(ούτ)ω(ν „μετ)ὰ)   15
τὸ) τοῦτον φρονῆϲαι ἐφρόνη
ϲα" „ὕϲτερον τοῦ τουτονὶ φρονῆ-
ϲαι ἐφρόνηϲα" υτων . ν ακολου-
θεντοϲ καὶ τὸ τοῦτον φρονῆ-
. . . . ν . ϲαιϲ . . . . ψευδέϲ ἐϲτιν   20
τὰ δ᾽ οὐκ (ἀκολου) θοῦντοϲ το
. . ου . . . . . . τοιουτοϲ ημα
. . . εμον μετὰ τοῦτον . . . .
. . . καὶ ὕϲτερον τούτου . . ρο
. . . . ψευδέϲ ἐϲτιν τὸ   25
. . . . τα . . . . τοῦτο φρο
ν . . οϲ καὶ πο . . . . . . α . δε
. . . . . . μεταλη . . . .

Col. 9n (p. 294o):

. . . . νομ   30
. . . . θαι . . . .
ε . . κα . . . . . δα . . . οτοϲ . . .
οφ . ιναι . . . . ερι . . . τειν . . . .   (τ . ρα . . . υειν . . μ o̲)
α . . κατα . . . . μενο . . ατ̆
τωϲ τ . . . . υδιων . ν   35
. . . . τοῖϲ ϲ(ημαι-
νομενοιϲ . . . .
τουτο . . . . καὶ . . .
νο . ει . . . . . τε . . ναιδην αυ

τὸν τοιο(ῦ)τ(ο) δυνατὸν ἀπό(c)η
μαιν . ν . ο .... κ)αὶ λέγου-
cιν μὲν τὰ πράγματα (κ)αὶ cη-
μαί(νου)cιν οὔτε δ(ὲ ὀμ)νύουcιν
οὔτε προcτάττου(cιν) οὔτ᾽ (ἀρ)ῶν-
ται (οὔτ᾽ ἐ)ρωτῶc(ιν οὔτ)ε πυνθά-
νον(τ)αι . (κ)αὶ ἕωc τίνοc δεῖ ταῦ-

θ᾽ ὑπα(κ)ούε(ι)ν παρέχ(ε)ι ἐπίcτα-
cιν κατὰ τὸν παρὰ μικρὸν
λόγον . οι ... τον .... ει πε-
ρὶ τῆc ἀποκρίcε(ωc) . ηcειν, (πι-
θανὸν δὲ μ(ηδὲ) τοῦτο ὑπά(ρχε)ιν.

καὶ ὁμοίω(c πε)ρὶ τοὺc ἀληθεύ-
ο)ν .... ονομωc λεγόν-
των α ... ου καὶ ἀλη(θ)η καὶ (ψ)εῦ-
δόc (ἐcτιν ἡ) ἐφιφ(ορά) καὶ ...
.... cινομο ... οcιν ...
μενο .... ουτι ....
τοc .... cιν καὶ ......
αυτ ...... ὅτι .. καὶ cτα ...
ανα ..... ντ ... ω ....

... ὀ)μνύειν ἀλλ ....

Col. 10n (p. 295 o):
...... · c)υνκα ....
ο .... ντὰ πράγ(ματα) ....
(ο n) τα .. μεc .. αυτο ....
(τα n) ου ... εξ ... τα ....
(ου n) ἔcται .. τα .. ανμ ....

(εc n) τα(ύ)ταιc ἢ τοιαῦτα(ιc) ἐπι(φοραῖc
(τα n) και ...... οναδι ....
(κατ n) cιν .... ομν .... περι(ει
λημμένα ἀξ .... τειν
.... μεν τον αυ .... ἀ)πί
θα(νον) δὲ καὶ τοῦτο . (ἀληθ)εύειν
(κ)α(ὶ) ψεύδεcθαι αὐτοὺc οὐ ῥητέ-
ον, οὐ τοῦτο ὑφορωμένου(c) ἀλ-
λῳ τρόπῳ, εἰ ὁ αὐτὸc ἅμα ἀ-
ληθεύcει καὶ ψεύ(c)εται, ἀλλ᾽ ὅ-

τι τοῦ cημαινομένου τελέ-
ωc ἀποπλαν(ῶν)ται. Κ(αὶ) τὸν

προηγούμενον λόγον προc-
ε)λέγ(χει) καὶ τὸν (ψεύcεcθαι
αὐτοὺc ἅμα καὶ ἀ(λη)θεύcειν 5

τυγχάνειν δ' ἐν πᾶcιν τοῖc
τοιούτοιc ὁτὲ μὲν ἁπλῶc λε-
γόμενα ὁτὲ δὲ πλέονόc τι-
νοc cυνπαρενφαινομένου.
λέγω δ' οὐ τὸ μὲν λεγόμεν(ον 10
αὐτῶν κατὰ δοξα(cμ)ὸν (ἢ διά-
νοι(αν), τὸ δὲ κατὰ λ(έξιν) .. νου
το ... αλλοι .... οὔτ' εἰc
ο .....ιηντατε ... καὶ ...
.... ἀλλ(ὰ) τὰ ὅμοια τὰ .. 15

Col. 11n (p. 296o):

ον . οπ .... ει ......
........ιτ .. ν ....
.......ιομενο ......
.... ντ . τηc διετ 20
λέγ(ω) μέχ(ρι ...... κατ ....
. ειν λοι .. εν ....
.... οα ..... αμ ......
.... καὶ . αρον cυν . γε ...
ἄλλων . εν εἰπάτω λέγειν τοι- (ἄλλοτε μὲν?) 25
αὖτα κα(τὰ φ)ορὰc ἡμε(τέ)ραc, ἔc-
τιν θ' ὅτε (τα)ύταc (ὑ)πε(ξε)λόμε-
νοc καὶ τὸ ὅλον . λτ . πωτι (τοιc οτι n in fine)
(cτ)ρεφό(μ)ενοι ὥcτε μὴ ἀγ-
απηρτιcμένωc μηδ' ἀμφι- 30
βόλουc τὰc λέξειc λέγειν, χρη-
cίμου cφόδρ' ὄντοc παραcεcη-
μάνθαι τὸν τόπον τοῦτον,
ὅπωc ἀνα(cτ)ρέφ(ω)μεν εἰc αὐ-
τὸν) cυνε(χέc)τερον. Ἐπὶ δὲ τῶν 35
τοιούτων „περιπάτει, ἐπεὶ ἡ-
μέρα ἐcτιν" μήπ(οτε) διχῶc
λέγομεν, ὥcτε κα(τὰ θά)τερον
μὲν τῶν λεκτῶν προcτάτ-

τειν τὸ ὅλον τοῦτο, τὸ „περιπα-
τεῖν, ἐπεὶ δ᾽ ἡμέρα ἐ(στι)ν" κα-
τὰ (τὸ) λο(ι)πὸν δ᾽ ᾧ καὶ μᾶλλον
ἐνφαίνεται καὶ (ᾧ μᾶλ)λον
5 χρώμεθα, τὸ περιπα(τεῖν προς-
τάττεται, τὸ δὲ λο(ιπὸ)ν ἔξ(ω-
θεν ἐπι(γίν)εται . . . . . . κα-
. . ματι . μενο . . . .

Col. 12n (p. 297o):

10 . . . πρ . . . νυτο . . . . ινυμεν
. . . απ . . . ος . . . υ . . . . ρα
. . ρεςτ . . . . οπ(ε)ριλαν-
(βαν)ομ . . . . ον . .
. ις . . . α . . . .
15 . ωθεν α . . . . πα . . . . νλα(νβα-
ν)ομένου . δο . . . . ε .
ται κα(ὶ τοι)ο(ύ)των „ο(ὗτος) πε
(ρι)πάτε(ι, εἰ δ)ὲ μ(ὴ) κάθ(ου". Πάν-
τα μὲ(ν γ)ὰ(ρ) ὑπ(ὸ) τὴν (π)ρός-
20 ταξιν πίπτει, κατηγόρης(ιν
δ(ὲ μεταλλα . ιν οὐθ(αμῆ) ἔς-   (μεταλαβεῖν Cr.)
τιν . οὐθὲν γὰρ ἐμφα(ίνει) τοι-
οῦτο πρᾶγμα „οὗτος (πε)ριπα-
τ(ε)ῖ· εἰ δὲ μὴ κάθηται". (ἡμ)ῖν
25 γ᾽ ἡ χρεία τοιαύτη δια . . ου
. . χους λόγον „περιπάτει, ἐ-
ὰν δὲ τοῦτ(ο μ)ὴ ἐκποι(ῇ κ)α-
θου" καὶ οἷον „μάλιστα (μ)ὲγ πε-
ριπάτει, ἐὰν δὲ τοῦτο (μ)ὴ ἐκ-
30 ποιῇ, κάθου". Δύναται (δ᾽) εἰς
τὸ καὶ ἐπὶ (π)λέον ἐκτ(είνεσ-)
θαι καὶ νὴ Δία[ν] κατηκ . ι . . ,
τ ι . . . τηπω τουτων . . ε .
. . . . εν („περι)πάτει, εἰ δ(ὲ μὴ
35 καθεύδε(ι)" καὶ „μά(λις)τα (ποί)ει   (κάθου" λέγεται)
τοῦτο, εἰ δὲ (μ)ὴ τοῦτο ποίει, εἰ δὲ
μὴ τοῦτ(ο" καὶ) οὕτως ε(ἰς) ἄπει-
ρον ουν . . . . . . ο)ὕτως . . . . . .
. . cν . . . . . . αχ . . . .
40 τοῦ(τ)ον πε(ριπατεῖν, εἰ δὲ
μὴ, καθῆςθ(αι ουδ)εν φα

... ναι .... τετ ..

.... εc ... .υ.   (ν?)

καταλη(πτικ)ῶc ....

Col. 13n (p. 298o):

.... εcτι ... ειε ...   (τε pro ειε <u>n</u>)   5

...... ν ... αμ ... τ .....   (διαλ pro αμ <u>n</u>)

.... ἀ)λλ᾽ ἐπὶ

μ . ν ...... ατο . τουονο ..

καταμε . ιουτο ... ω .....

τιη .... ινεδ ...... ε πρὸ(c-   10

τά(ττ)ε(cθ)αι μὴ π(οιεῖ)ν. Τὸ δὲ

τοιοῦτο δ(ι)χῶc ῥηθήc(ε)ται „ἢ

περιπάτε(ι ἢ) κάθ)ου)“ ὧν τὸ μ(ὲν

ἐcτι τοι(οῦτον) ω .... ατ ..   (fortasse: ὡc τῶν ἀξιου-

μενων (τ)ούτωντ . ενι ....   μένων τούτων τὸ ἐντυχὸν 15

μεν οὐ προcτάττεcθαι, τ(ὸ   μόνον προcτάττεcθαι)

δὲ τοιοῦτο „τοῦτο, εἰ δὲ μὴ (τοῦ-

το“. Πότ(ε)ρον οὖν ταῦτα λέ(γω-

μεν ἢ ῥητέον κἀνταῦθα εἶ-

να(ι δ)ὴ τὸ προ(c)ταττόμενον,   20

ὃν τρόπον ἐ(c)τί τοιοῦτο ἀξί-   (fortasse: ὃν τρόπον ἐκεῖ)

ωμα „περιπατεῖ Δίων, εἰ δὲ

μὴ κάθηται“ καὶ κατηγόρη-

μ)α πιθ(α)νὸν εἶναι τοιοῦτο

„περιπατεῖν, εἰ δὲ μὴ καθῆc-   25

θαι“, εἰ δὲ τοῦτο καὶ προcτάτ-

τεcθ)αι τ(οι)οῦτο πιθανόν (ἐc-

τιν). Μετὰ δὲ ταῦτα καὶ (ἑτέ-

ρα ἐcτὶν ἐπίcταcιc το(ι)αύ-

τη, μήποτε καὶ οἱ οὕτωc προc-   30

τάττοντεc „ὃ ἔτυχε τούτων

λαβέ“ καὶ „ὁποιονο(ῦν τού)των

λαβέ“ οὐθ(ὲ)ν προcτάττουcιν.

οὔτε γὰρ κατηγόρημά τι ἔc-

τιν εὑρεῖν τὸ (προcτ)αττόμ(ε-   35

νον οὔτ᾽ ἄλλο τοιοῦτον οὐ-

θέν. Ὁμοίωc δὲ καὶ ἂν οὕτωc

ιπητ .... τοντ ..... ον ...

Δ .... ουτ . ιcμελ . ν ..

.... υcοδουμ   40

Col. 14n (p. 299o):

..... τω .... γει .. καὶ ..
.... ονος οὐχ ὥ ..... ου
... ἀλλ' ἔξωθέν πω(c ἐπιγι-
5 νόμεν)ον ....
....
τα, κ(αὶ) ἄλ(λ)ων . δ ....
ν . ων . οὕτως δὲ ω ......
ε . ἐπίστασίν πως λέγεται
10 το(ῖχό)c τ' ἐξαληλειμμένος
κ(αὶ κ)εκονιαμένος καὶ κίων
πεπιττωμένος καὶ θύρα καὶ
ἀσπίς λελευκωμένῃ καὶ τού-
τοις cύνεγγυς ἄνθρωπος ἀλη-
15 λειμμένος καὶ ἠcβολωμένος
καὶ πάλιν ἱμάτιον (ἐρ)ρυπαc-
μένον καὶ (ρυ)παρὸν καὶ ἄν-
θ(ρωπος) ῥυπαρός. Δεῖ δὲ δι-
ανέχειν κατὰ τὸν τόπον τοῦ-
20 τ(ον .. ἄ)νωθεν ἐξ .... τον κα(ὶ
c ..... τινῶν μὲν περι
... ον cυνκατατ(άτ)τεcθαι
... αὐτὸν λογ .... ωcμε-
..... ὑποτε .... τινῶν
25 .. ἄλλα(c πα)ραλλ(αγὰc ...
.... ὅcα γ ... καὶ
.... ἐπὶ πολλῶν καὶ
.... ἀξιώ)ματα καὶ κατη-
γορήματα ....
30 (quinque versus inutiles omitto)
Col. 15n (p. 300o):

λιν καταμα .. με . δεον .
ουγ . αρ ..... νευω . καρ
cον κα(τηγορη)μάτων ...
35 πανδεις τὰ πολλὰ μὲν ἀ-
ποδέχεταί πως, τὰ δὲ καὶ
ε . ε ... πω . διχ(ῶ)c λ(εγό)μεν(α
.... καὶ τοιαῦτά τινα .....
.. περὶ) δ' ἐκ(εί)νων ἀρκεῖ τὰ
40 εἰρημένα.

Physica I.

Physicae doctrinae fundamenta.

§ 1. De duobus principiis, materia et causa.

299 Diogenes Laërt. VII 134. διαφέρειν δέ φασιν ἀρχὰς καὶ στοι-
χεῖα· τὰς μὲν γὰρ εἶναι ἀγενήτους ⟨καὶ⟩ ἀφθάρτους, τὰ δὲ στοιχεῖα κατὰ 5
τὴν ἐκπύρωσιν φθείρεσθαι. ἀλλὰ καὶ ἀσωμάτους εἶναι τὰς ἀρχὰς καὶ ἀμόρ-
φους, τὰ δὲ μεμορφῶσθαι. Cf. n. 408.

300 Diogenes Laërt. VII 139. δοκεῖ δ' αὐτοῖς ἀρχὰς εἶναι τῶν
ὅλων δύο, τὸ ποιοῦν| καὶ τὸ πάσχον. τὸ μὲν οὖν πάσχον εἶναι τὴν
ἄποιον οὐσίαν, τὴν ὕλην· τὸ δὲ ποιοῦν τὸν ἐν αὐτῇ λόγον, τὸν θεόν. 10
τοῦτον γὰρ ἀΐδιον ὄντα διὰ πάσης αὐτῆς δημιουργεῖν ἕκαστα. τίθησι
δὲ τὸ δόγμα τοῦτο Ζήνων μὲν ὁ Κιτιεὺς ἐν τῷ περὶ οὐσίας, Κλεάνθης
δὲ ἐν τῷ περὶ τῶν ἀτόμων, Χρύσιππος δὲ ἐν τῇ πρώτῃ τῶν φυ-
σικῶν πρὸς τῷ τέλει — —

301 Sextus adv. math. IX 11. οὐ μὴν ἀλλὰ καὶ οἱ ἀπὸ τῆς Στοᾶς, 15
δύο λέγοντες ἀρχάς, θεὸν καὶ ἄποιον ὕλην, τὸν μὲν θεὸν ποιεῖν ὑπειλήφασι,
τὴν δὲ ὕλην πάσχειν τε καὶ τρέπεσθαι.

302 Philo de mundi opificio § 8 Vol. I p. 2, 18 Wendl. ἔγνω δὴ
ὅτι ἀναγκαιότατόν ἐστιν, ἐν τοῖς οὖσι τὸ μὲν εἶναι δραστήριον αἴτιον, τὸ δὲ
παθητόν, καὶ ὅτι τὸ μὲν δραστήριον ὁ τῶν ὅλων νοῦς ἐστιν εἰλικρινέστατος 20
καὶ ἀκραιφνέστατος — — τὸ δὲ παθητὸν ἄψυχον καὶ ἀκίνητον ἐξ ἑαυτοῦ,
κινηθὲν δὲ καὶ σχηματισθὲν καὶ ψυχωθὲν ὑπὸ τοῦ νοῦ μετέβαλεν εἰς τὸ τε-
λειότατον ἔργον, τόνδε τὸν κόσμον.

303 Seneca ep. 65, 2. dicunt, ut scis, Stoici nostri: duo esse in
rerum natura, ex quibus omnia fiant, causam et materiam, materia 25
iacet iners, res ad omnia parata, cessatura, si nemo moveat, causa autem,
id est ratio, materiam format et quocumque vult versat, ex illa varia
opera producit. Esse ergo debet, unde fiat aliquid, deinde a quo fiat;
hoc causa est, illud materia.

304 Origenes de principiis (interpr. Rufino) II cp. 1 p. 78. ed. De- 30
larue contra eos disputat, qui dum deum mundi opificem et providentem
autumant, materiam (τὴν ἄποιον ὕλην) ingenitam esse affirment.

305 Theodoretus graec. affect. cur. 58, 10. Καὶ τὴν ὕλην δὲ — —

---

4 φησιν F (antecedit Posidonii mentio). 5 καὶ om. BPF. 6 ἀσωμάτους
Suid. s. ἀρχή, σώματα BPF. 12 Cf. I n. 85 (Zeno) I n. 493 (Cleanthes).

καὶ ὁ τῶν Στωϊκῶν ὁρμαϑὸς τρεπτὴν καὶ ἀλλοιωτὴν καὶ ῥευστὴν ἔφασαν
εἶναι. ibid. 19. Ἀριστοτέλης δὲ αὐτὴν σωματικὴν κέκληκεν, οἱ Στωϊκοὶ δὲ
σῶμα.
306 Alexander Aphrod. in Aristotelis Metaphys. p. 133, 33 Bon. 178,
5 15 Hayd. ἀλλ᾽ εἰ καὶ ἔστι τι καϑ᾽ αὐτὸ αἴτιον παρὰ τὴν ὕλην, καὶ ἄλλο
τί φησι δεῖν ἐπισκέψασϑαι, πότερον τοῦτό ἐστι κεχωρισμένον ὕλης καὶ αὐτὸ
καϑ᾽ αὐτὸ ὑφεστὼς ἢ ἐν τῇ ὕλῃ, ὁποῖόν ἐστι τὸ ἔνυλον εἶδος καὶ ὡς τοῖς
ἀπὸ τῆς Στοᾶς ἔδοξεν ὁ ϑεὸς καὶ τὸ ποιητικὸν αἴτιον ἐν τῇ ὕλῃ εἶναι.
Cf. Asclepius in Aristot. Metaphys. p. 146, 15 Hayd.
10 **307** Proclus in Plat. Timaeum p. 81 E Schn. ἀποροῦσι δέ τινες,
ὅπως ὁ Πλάτων ἔλαβεν ὡς ὡμολογημένον τὸ δημιουργὸν εἶναι τοῦ παντὸς
εἰς παράδειγμα βλέποντα· μὴ γὰρ εἶναι δημιουργὸν εἰς τὸ κατὰ ταὐτὰ ἔχον
ὁρῶντα. πολλοὶ γὰρ καὶ τούτου προεστᾶσι τοῦ λόγου τῶν παλαιῶν, οἱ μὲν
Ἐπικούρειοι καὶ πάντη τοῦ παντὸς αἴτιον οὐκ εἶναι φάσκοντες, οἱ δὲ ἀπὸ
15 τῆς Στοᾶς εἶναι μέν, ἀχώριστον δὲ ὑφεστάναι τῆς ὕλης. Cf. p. 299 C.
περὶ δὲ ἁπάντων τῶν κατευϑυνόντων τὴν γένεσιν ϑεῶν λέγωμεν, ὡς οὔτε τὴν
οὐσίαν ἔχουσι τῇ ὕλῃ συμμεμιγμένην, καϑάπερ φασὶν οἱ ἀπὸ τῆς
Στοᾶς etc.
308 Syrianus in Aristot. Metaphys. (Aristot. Acad. V. 841ᵃ). ἄλλων
20 δὲ καὶ ποιητικὴν μὲν αἰτίαν ἀπολειπόντων, ἀχώριστον δὲ ταύτην τῆς ὕλης,
καϑάπερ οἱ Στωϊκοὶ μὲν ὕστερον, ἄλλοι δέ τινες πρὸ αὐτοῦ (sc. Aristotele).
309 Sextus adv. math. X 312. ἐξ ἀποίου μὲν οὖν καὶ ἑνὸς σώματος
τὴν τῶν ὅλων ὑπεστήσαντο γένεσιν οἱ Στωϊκοί· ἀρχὴ γὰρ τῶν ὄντων κατ᾽
αὐτούς ἐστιν ἡ ἄποιος ὕλη καὶ δι᾽ ὅλων τρεπτή, μεταβαλλούσης τε ταύτης
25 γίγνεται τὰ τέσσαρα στοιχεῖα, πῦρ καὶ ἀήρ, ὕδωρ καὶ γῆ.
310 Alexander Aphrod. de mixtione p. 224, 32 Bruns. αἰτιάσαιτο δ᾽
ἄν τις εὐλόγως αὐτῶν, ἐνταῦϑα τοῦ λόγου γενόμενος, καὶ τὸ δύο ἀρχὰς τῶν
πάντων λέγοντας εἶναι, ὕλην τε καὶ ϑεόν, ὧν τὸν μὲν ποιοῦντα εἶναι, τὴν
δὲ πάσχουσαν, μεμῖχϑαι τῇ ὕλῃ λέγειν τὸν ϑεόν, διὰ πάσης αὐτῆς
30 διήκοντα καὶ σχηματίζοντα καὶ μορφοῦντα καὶ κοσμοποιοῦντα
τούτῳ τῷ τρόπῳ· εἰ γὰρ ϑεὸς κατ᾽ αὐτοὺς σῶμα, πνεῦμα ὢν νοερόν τε
καὶ ἀίδιον, καὶ ἡ ὕλη δὲ σῶμα, πρῶτον μὲν ἔσται πάλιν διῆκον σῶμα διὰ
σώματος, ἔπειτα τὸ πνεῦμα τοῦτο ἤτοι τι τῶν τεσσάρων τῶν ἁπλῶν ἔσται
σωμάτων, ἃ καὶ στοιχεῖά φασιν, ἢ ἐκ τούτων σύγκριμα, ὥς που καὶ αὐτοὶ
35 λέγουσιν (καὶ γὰρ ἀέρος καὶ πυρὸς ὑφίστανται τὴν οὐσίαν ἔχειν τὸ
πνεῦμα) ἢ ⟨εἰ⟩ ἄλλο τι εἴη, ἔσται τὸ ϑεῖον αὐτοῖς σῶμα πέμπτη τις οὐσία,
χωρὶς ἀποδείξεώς τινος καὶ παραμυϑίας λεγομένη τοῖς πρὸς τὸν μετὰ τῶν
οἰκείων ⟨ἀποδείξεων⟩ τιϑέμενον τοῦτο ἀντιλέγουσιν ὡς λέγοντα παράδοξα.
311 Sextus adv. math. IX 75. ἡ τοίνυν τῶν ὄντων οὐσία, φασίν,
40 ἀκίνητος οὖσα ἐξ αὐτῆς καὶ ἀσχημάτιστος, ὑπό τινος αἰτίας ὀφείλει κινεῖ-
σϑαί τε καὶ σχηματίζεσϑαι· καὶ διὰ τοῦτο, ὡς χαλκούργημα περικαλλὲς ϑεα-
σάμενοι ποϑοῦμεν μαϑεῖν τὸν τεχνίτην ἅτε καϑ᾽ αὐτὴν τῆς ὕλης ἀκινήτου
καϑεστώσης, οὕτω καὶ τὴν τῶν ὅλων ὕλην ϑεωροῦντες κινουμένην καὶ ἐν
μορφῇ τε καὶ διακοσμήσει τυγχάνουσαν, εὐλόγως ἂν σκεπτοίμεϑα τὸ κινοῦν

---

14 αἴτιον Us. Epic. p. 257, trad. αἰωνίον. ‖ φάσκοντες Us. ibid., trad.
φασί.   28 ποιοῦντα Bruns, ποιοῦν libri.   29 λέγειν Apelt, λέγει libri.
36 εἰ add. Apelt.   37 λεγομένη Apelt, λεγομένης libri.   38 ἀποδείξεων addidi.
‖ scil. Aristotelem.

αὐτὴν καὶ πολυειδῶς μορφοῦν αἴτιον. τοῦτο δὲ οὐκ ἄλλο τι πιθανόν ἐστιν εἶναι ἢ δύναμίν τινα δι' αὐτῆς πεφοιτηκυῖαν, καθάπερ ⟨ἐν⟩ ἡμῖν ψυχὴ πεφοίτηκεν.

αὕτη οὖν ἡ δύναμις ἤτοι αὐτοκίνητός ἐστιν ἢ ὑπὸ ἄλλης κινεῖται δυνάμεως· καὶ εἰ μὲν ὑφ' ἑτέρας κινεῖται, τὴν ἑτέραν **** ἀδύνατον εἶναι κι- 5
νεῖσθαι μὴ ὑπ' ἄλλης κινουμένην, ὅπερ ἄτοπον· ἔστι τις ἄρα καθ' ἑαυτὴν αὐτοκίνητος δύναμις, ἥτις ἂν εἴη θεία καὶ ἀΐδιος.

ἢ γὰρ ἐξ αἰῶνος κινήσεται ἢ ἀπό τινος χρόνου· ἀλλ' ἀπό τινος χρόνου μὲν οὐ κινήσεται· οὐ γὰρ ἔσται τις αἰτία τοῦ ἀπό τινος αὐτὴν χρόνου κινεῖσθαι. ἀΐδιος τοίνυν ἐστὶν ἡ κινοῦσα τὴν ὕλην δύναμις καὶ τεταγμένως 10
αὐτὴν εἰς γενέσεις καὶ μεταβολὰς ἄγουσα· ὥστε θεὸς ἂν εἴη αὕτη.

312 Simplicius in Aristot. Phys. p. 25, 15. καὶ τῶν πεπερασμένας (scil. λεγόντων ἀρχάς) οἱ μὲν δύο ὡς Παρμενίδης — — ἢ ὡς οἱ Στωϊκοὶ θεὸν καὶ ὕλην, οὐχ ὡς στοιχεῖον δηλονότι τὸν θεὸν λέγοντες, ἀλλ' ὡς τὸ μὲν ποιοῦν, τὸ δὲ πάσχον. 15

313 Plutarchus de comm. not. cp. 48 p. 1085b. καὶ μὴν οὗτοι τὸν θεὸν ἀρχὴν ὄντα σῶμα νοερὸν καὶ νοῦν ἐν ὕλῃ ποιοῦντες, οὐ καθαρὸν οὐδ' ἁπλοῦν οὐδ' ἀσύνθετον ἀλλ' ἐξ ἑτέρου καὶ δι' ἑτέρου ἀποφαίνουσιν· ἡ δ' ὕλη καθ' αὑτὴν ἄλογος οὖσα καὶ ἄποιος τὸ ἁπλοῦν ἔχει καὶ τὸ ἀρχοειδές. ὁ θεὸς δέ, εἴπερ οὐκ ἔστιν ἀσώματος οὐδ' ἄϋλος, ὡς ἀρχῆς μετέσχηκε τῆς 20
ὕλης· εἰ μὲν γὰρ ἓν καὶ ταὐτὸν ἡ ὕλη καὶ ὁ λόγος, οὐκ εὖ τὴν ὕλην ἄλογον ἀποδεδώκασιν· εἰ δ' ἕτερα, [καὶ] ἀμφοτέρων ταμίας ἄν τις ὁ θεὸς εἴη καὶ οὐχ ἁπλοῦν ἀλλὰ σύνθετον πρᾶγμα, τῷ νοερῷ τὸ σωματικὸν ἐκ τῆς ὕλης προσειληφώς.

314 Plotinus Ennead. VI lib. I 27 (Vol. II p. 258 Mue.). ἐχρῆν δὲ 25
καὶ ἄλλως, τηροῦντας τὴν ἀρχὴν τῶν πάντων ἐν τῷ τιμίῳ, μὴ τὸ ἄμορφον μηδὲ τὸ παθητὸν μηδὲ τὸ ζωῆς ἄμοιρον καὶ ἀνόητον καὶ σκοτεινὸν καὶ τὸ ἀόριστον τίθεσθαι ἀρχὴν καὶ τούτῳ ἀναφέρειν καὶ τὴν οὐσίαν. ὁ γὰρ θεὸς αὐτοῖς εὐπρεπείας ἕνεκεν ἐπεισάγεται, παρά τε τῆς ὕλης ἔχων τὸ εἶναι καὶ σύνθετος καὶ ὕστερος, μᾶλλον δὲ ὕλη πῶς ἔχουσα· ἔπειτα εἰ ὑποκείμενον, 30
ἀνάγκη ἄλλο εἶναι, ὃ ποιοῦν εἰς αὐτήν, ἔξω ὂν αὐτῆς, παρέχει αὐτὴν ὑποκεῖσθαι τοῖς παρ' αὐτοῦ πεμπομένοις εἰς αὐτήν· εἰ δ' ἐν τῇ ὕλῃ καὶ αὐτὸς εἴη ὑποκείμενος καὶ αὐτὸς σὺν αὐτῇ γενόμενος, οὐκέτι ὑποκειμένῳ τὴν ὕλην παρέξεται, οὐδὲ μετὰ τῆς ὕλης αὐτὸς ὑποκείμενον· τίνι γὰρ ὑποκείμενα ἔσται, οὐκέτι ὄντος τοῦ παρέξοντος ὑποκείμενα αὐτά, ἁπάντων καταναλωθέντων εἰς 35
τὸ λεγόμενον ὑποκείμενον; πρός τι γὰρ τὸ ὑποκείμενον, οὐ πρὸς τὸ ἐν αὐτῷ, ἀλλὰ πρὸς τὸ ποιοῦν εἰς αὐτὸ κείμενον. καὶ τὸ ὑποκείμενον ὑπόκειται πρὸς τὸ οὐχ ὑποκείμενον, εἰ ⟨δὲ⟩ τοῦτο, πρὸς τὸ ἔξω, ὥστε παραλελειμμένον ἂν εἴη τοῦτο· εἰ δὲ οὐδὲν δέονται ἄλλου ἔξωθεν, αὐτὸ δὲ πάντα δύναται γίγνεσθαι σχηματιζόμενον, ὥσπερ ὁ τῇ ὀρχήσει πάντα αὐτὸν 40
ποιῶν, οὐκέτ' ἂν ὑποκείμενον εἴη, ἀλλ' αὐτὸ τὰ πάντα. — — p. 259, 14
συμβαίνει αὐτοῖς, αἰτιωμένοις τοὺς ἐκ μὴ οὐσιῶν οὐσίας ποιοῦντας, αὐτοὺς ποιεῖν ἐξ οὐσίας μὴ οὐσίαν. ὁ γὰρ κόσμος καθ' ὅσον κόσμος οὐκ οὐσία. — — πῶς δὲ ἡ ὕλη ὁτὲ μὲν σώματα γίγνεται, ἄλλο δὲ αὐτῆς ψυχή;

315 Plotinus Ennead. VI lib. I 26. ὅλως δὲ τὸ προτάττειν ἁπάντων 45
τὴν ὕλην, ὃ δυνάμει ἐστίν, ἀλλὰ μὴ ἐνέργειαν πρὸ δυνάμεως τάττειν παν-

---

2 ἐν addidi. 5 lacunam significavi. 18 ἀλλὰ ⟨σύνθετον⟩ ἐξ Wy.
22 καὶ del. Wy. 38 δὲ add. Kirchhoff. 46 τὴν ὕλην om. Müller.

τάπασιν ἀτοπώτατον — — ἀλλὰ δεῖ ἢ πρὸ αὐτοῦ εἶναι τὸ ἐνεργείᾳ, καὶ
οὐκέτι τοῦτο ἀρχὴ ᾖ, εἰ ἅμα λέγοιεν, ἐν τύχαις θήσονται τὰς ἀρχάς· ἔπειτα
εἰ ἅμα, διὰ τί οὐκ ἐκεῖνο προτάττουσι; καὶ διὰ τί τοῦτο μᾶλλον ὄν, ἡ ὕλη,
ἀλλ' οὐκ ἐκεῖνο; εἰ δὲ ὕστερον ἐκεῖνο, πῶς; οὐ γὰρ δὴ ἡ ὕλη τὸ εἶδος γεννᾷ,
5 ἡ ἄποιος τὸ ποιόν, οὐδ' ἐκ τοῦ δυνάμει ἐνέργεια· ἐνυπῆρχε γὰρ ἂν τὸ ἐνεργείᾳ
καὶ οὐχ ἁπλοῦν ἔτι. καὶ ὁ θεὸς δεύτερος αὐτοῖς τῆς ὕλης· καὶ γὰρ σῶμα
ἐξ ὕλης ὂν καὶ εἴδους. καὶ πόθεν αὐτῷ τὸ εἶδος; εἰ δὲ καὶ ἄνευ τοῦ ὕλην
ἔχειν ⟨ἔστιν⟩, ἀρχοειδὴς ὢν καὶ λόγος, ἀσώματος ἂν εἴη ὁ θεὸς καὶ τὸ ποιη-
τικὸν ἀσώματον. εἰ δὲ καὶ ἄνευ τῆς ὕλης ἐστὶ τὴν οὐσίαν σύνθετος, ἅτε
10 σῶμα ὄν, ἄλλην ὕλην τὴν τοῦ θεοῦ εἰσάξουσιν. ἔπειτα πῶς ἀρχὴ ἡ ὕλη,
σῶμα οὖσα; οὐ γὰρ ἔστι σῶμα μὴ οὐ πολλὰ εἶναι· καὶ πᾶν σῶμα ἐξ ὕλης
καὶ ποιότητος. εἰ δὲ ἄλλως τοῦτο [τὸ] σῶμα, ὁμωνύμως λέγουσι σῶμα τὴν
ὕλην. εἰ δὲ κοινὸν ἐπὶ σώματος τὸ τριχῇ διαστατόν, μαθηματικὸν λέγουσιν.
εἰ δὲ μετὰ ἀντιτυπίας τὸ τριχῇ, οὐχ ἓν λέγουσιν. — — ἔπειτα πόθεν ἡ
15 ἕνωσις; οὐ γὰρ δὴ αὐτὸ ἕν, ἀλλὰ μετοχῇ ἑνότητος.

316 Diogenes Laërt. VII 150. οὐσίαν δέ φασι τῶν ὄντων ἁπάν-
των τὴν πρώτην ὕλην, ὡς καὶ Χρύσιππος ἐν τῇ πρώτῃ τῶν φυ-
σικῶν καὶ Ζήνων. ὕλη δέ ἐστιν ἐξ ἧς ὁτιδηποτοῦν γίνεται. καλεῖται
δὲ διχῶς οὐσία τε καὶ ὕλη, ἥ τε τῶν πάντων καὶ ἡ τῶν ἐπὶ μέρους.
20 ἡ μὲν οὖν τῶν ὅλων οὔτε πλείων οὔτε ἐλάττων γίνεται, ἡ δὲ τῶν
ἐπὶ μέρους καὶ πλείων καὶ ἐλάττων.

Chalcidius in Tim. c. 290. *Plerique tamen silvam separant ab
essentia, ut Zeno et Chrysippus.*

317 Stobaeus Eclog. I p. 133, 6 W. (Arii Did. frg. phys. 20 Diels).
25 Χρυσίππου Στωϊκοῦ. Τοῖς κατὰ ποιότητα ὑφισταμένην πρώτην
ὕλην· ταύτην δὲ ἀΐδιον, οὔτε αὔξησιν οὔτε μείωσιν ὑπομένουσαν,
διαίρεσιν δὲ καὶ σύγχυσιν ἐπιδεχομένην κατὰ μέρη, ὥστε φθορὰς
γίγνεσθαι [ἐκ] τῶν μερῶν εἴς τινα οὐ κατὰ διαίρεσιν ⟨μόνον⟩, ἀλλὰ
κατ' ἀναλογίαν τῇ συγχύσει τινῶν γιγνομένων ἔκ τινων.

30 **318** Origenes de oratione Vol. II p. 368, 1 Koe. (p. 246. ed. Delarue).
Τοῖς δὲ ἐπακολουθητικὴν αὐτὴν εἶναι νομίζουσι (scil. τὴν τῶν ἀσωμάτων
οὐσίαν) προηγουμένην δὲ τὴν τῶν σωμάτων ὅροι αὐτῆς οὗτοί εἰσιν· οὐσία
ἐστὶν ἡ πρώτη τῶν ὄντων ὕλη καὶ ἐξ ἧς τὰ ὄντα· ἢ τῶν σωμάτων
ὕλη καὶ ἐξ ἧς τὰ σώματα· ἢ τῶν ὀνομαζομένων καὶ ἐξ ἧς τὰ ὀνο-
35 μαζόμενα· ἢ τὸ πρῶτον ὑπόστατον ἄποιον· ἢ τὸ προϋφιστάμενον
τοῖς οὖσιν· ἢ τὸ πάσας δεχόμενον τὰς μεταβολάς τε καὶ ἀλλοιώσεις,
αὐτὸ δὲ ἀναλλοίωτον κατὰ τὸν ἴδιον λόγον· ἢ τὸ ὑπομένον πᾶσαν
ἀλλοίωσιν καὶ μεταβολήν. κατὰ τούτους δὲ ἡ οὐσία ἐστὶν ἄποιός τε καὶ
ἀσχημάτιστος κατὰ τὸν ἴδιον λόγον, ἀλλ' οὐδὲ μέγεθος ἀποτεταγμένον ἔχουσα,
40 πάσῃ δὲ ἔκκειται ποιότητι καθάπερ ἑτοιμόν τι χωρίον· ποιότητας δὲ διατακ-

---

3 ἡ ὕλη om. Müller.   7 ὕλης libri (pro εἴδους), εἴδους mᵃ A.   8 ἔστιν
addidi.   12 τὸ seclusi.   15 αὐτὸ ἕν scripsi, αὐτὸ ἕνωσις libri.   18 ὀδηπο-
τοῦν BPF.   21 καὶ πλείων καὶ ἐλάττων om. F.   23 Cf. I n. 86 (Zeno).
25 τοῖς Wilam., τῶν libri. ‖ ὑφισταμένην Wilam., ὑφισταμένων libri.   28 ἐκ
seclusi. ‖ μόνον addidi.   29 τινων Wachsm., τινος libri.   40 ἔκκειται scripsi,

τικῶς λέγουσι τὰς ἐνεργείας καὶ τὰς ποιήσεις κοινῶς, ἐν αἷς εἶναι τὰς κινήσεις καὶ τὰς σχέσεις συμβέβηκεν. Οὐδὲ τινὸς γὰρ τούτων κατὰ τὸν ἴδιον λόγον μετέχειν φασὶ τὴν οὐσίαν, ἀεὶ δὲ τινὸς αὐτῶν ἀχώριστον εἶναι, παθητὴν δὲ οὐδὲν ἧττον καὶ ἐπιδεκτὴν πασῶν τῶν τοῦ ποιοῦντος ἐνεργειῶν ὡς ἂν ἐκεῖνο ποιῇ καὶ μεταβάλλῃ· ὁ γὰρ συνὼν αὐτῇ τόνος καὶ δι' ὅλων κε- 5 χωρηκὼς πάσης τε ποιότητος καὶ τῶν περὶ αὐτὴν αἴτιος ἦν οἰκονομιῶν. δι' ὅλων τε μεταβλητὴν καὶ δι' ὅλων διαιρετὴν λέγουσιν εἶναι καὶ πᾶσαν οὐσίαν πάσῃ συγχεῖσθαι δύνασθαι, ἡνωμένην μέντοι.

319 Plotinus Ennead. VI lib. I 28 (Vol. II p. 259, 33 Mü.). αἴτιον δὲ ἡ αἴσθησις αὐτοῖς ἡγεμὼν γενομένη καὶ πιστὴ εἰς ἀρχῶν καὶ τῶν ἄλλων 10 θέσιν. τὰ γὰρ σώματα νομίσαντες εἶναι τὰ ὄντα, εἶτα αὐτῶν τὴν μεταβολὴν εἰς ἄλληλα φοβηθέντες, τὸ μένον ὑπ' αὐτά, τοῦτο ᾠήθησαν τὸ ὂν εἶναι, ὥσπερ ἂν εἴ τις μᾶλλον τὸν τόπον ἢ τὰ σώματα νομίσειεν εἶναι τὸ ὄν, ὅτι οὐ φθείρεται ὁ τόπος νομίσας. — — p. 260, 14 πάντων τε θαυμαστότατον τὸ τῇ αἰσθήσει πιστουμένους ἕκαστα, τὸ μὴ τῇ αἰσθήσει ἁλωτὸν τίθεσθαι 15 ὄν. οὐδὲ γὰρ ὀρθῶς τὸ ἀντιτυπὲς αὐτῇ διδόασι· ποιότης γὰρ τοῦτο.

320 Plotinus Ennead. II lib. IV, 1 (Vol. I p. 104 Mü.). καὶ οἱ μὲν σώματα μόνον τὰ ὄντα εἶναι θέμενοι καὶ τὴν οὐσίαν ἐν τούτοις, μίαν τε τὴν ὕλην λέγουσι καὶ τοῖς στοιχείοις ὑποβεβλῆσθαι, καὶ αὐτὴν εἶναι τὴν οὐσίαν· τὰ δ' ἄλλα πάντα οἷον πάθη ταύτης, καὶ πὼς ἔχουσαν αὐτὴν καὶ τὰ 20 στοιχεῖα εἶναι. καὶ δὴ καὶ τολμῶσι καὶ μέχρι θεῶν αὐτὴν ἄγειν· καὶ τέλος δὴ καὶ αὐτὸν [αὐτῶν] τὸν θεὸν ὕλην ταύτην πὼς ἔχουσαν εἶναι. διδόασι δὲ καὶ σῶμα αὐτῇ, ἄποιον αὐτὸ σῶμα λέγοντες· καὶ μέγεθος δέ.

321 Chalcidius ad Timaeum cp. 280. Qui tamen providentiae opus silvae quoque constitutionem esse pronuntiaverunt, censent eam una qua- 25 dam ab exordio usque ad finem continuatione porrectam, nec tamen omnes eodem modo. aliter enim Pythagoras et item aliter Plato diversoque Aristoteles modo et cum aliquanta differentia Stoici. Sed hi quidem omnes informem eam et sine ulla qualitate constituunt.

322 Galenus methodi med. II 7. Vol. X p. 155 K. τὴν γὰρ μικρο- 30 λογίαν τῶν ὀνομάτων, ἣν ἐκομψεύσαντό τινες τῶν φιλοσόφων — παραιτοῦμαι λέγειν τὰ νῦν. — — λέγω δὲ μικρολογίαν, ἐν ᾗ διαιροῦνται κατὰ γένη τό τε ὂν καὶ τὸ ὑφεστός.

323 Galenus de qualitatibus incorporeis 5. Vol. XIX p. 476 K. πρὸς ⟨δ'⟩ οἷς ἔφην ἀτόποις οὐδ' ἡνωμένην ἔτι χρὴ λέγειν ὑπάρχειν τὴν οὐσίαν. 35 — — — ἥν τε λέγουσιν οἱ Στωϊκοὶ πρώτην ὕλην καὶ πρώτην οὐσίαν, ἐξ ἧς φασι τόν τε κόσμον καὶ τῶν ἐν αὐτῷ πραγμάτων ἕκαστον πεποιηκέναι τὸν Δία, εἰ καθάπερ αἱ ποιότητες σῶμα ἦν, πῶς οὐκ ἦν καὶ αὐτὴ ποιότης ἢ εἶχέ γε ποιότητα; εἴ τε τὰς ἄλλας ποιότητας οὐκ εἶχε, ἀλλὰ δὴ πάντως ὑπῆρχε βάρος, ὅπερ φασὶν εἶναι σώματος ⟨ἴδιον⟩, πῶς ἁπλῆν ἔτι φασὶ τὴν 40 πρώτην οὐσίαν, ἀλλ' οὐχὶ σύγκριμα; εἰ δὲ πεπερασμένην εἶναί φασι καὶ πέρασι κεχρημένην, καὶ σχῆμα δῆλον ὡς ἐκέκτητο, ἄτοπον γάρ ἐστιν ἰδίοις

ἔγκειται T ὑπόκειται Angl. 1 διατακτικῶς vix sanum. 3 παθητὴν scripsi, πάθει τὴν T. 6 ἦν scripsi, ἂν T, ἂν ⟨εἴη⟩ Angl. 22 αὐτῶν del. Müller. 35 δ' addidi. ‖ οὐδ' ἡνωμένην scripsi, οὐδένων μὲν ἦν P. 38 πεποιηκέναι τὸν Δία εἰ scripsi, πεποίηκε τὸ δ' ἀεὶ P, πεποίηκε τόνδε ἀεὶ A. ‖ αὐτὴ scripsi, αὕτη libri. 39 ἢ scripsi, εἰ libri. ‖ ἀλλὰ δὴ scripsi, δηλαδὴ libri. 40 ὅπερ Kalbfl., ἅπερ libri. ‖ ἴδιον addidi, σώματος ed. σώματα AP.

8*

περαινόμενον σῶμα πέρασι μὴ μετὰ σχήματος πάντως ὑπάρχειν, εἰ καὶ μὴ συννοοῖτο τοῦτ' αὐτῷ καθ' ὑπόθεσιν· ὥστε εἰ περὶ ὕλην ἦν ταῦθ' ἅπερ ἔφην πάντα, ταῦτα δ' ἐστί, καθάπερ αὐτοί φασι, σώματα, οὔτε ἄποιος ἦν δηλαδὴ οὔτε ἁπλῆ. — — ταύτῃ δὲ οὐδὲν ἀμιγὲς ἦν κατ' αὐτούς.

5 **323a** Galenus de qualitatibus incorporeis 6. Vol. XIX p. 478 K. ὁ μὲν οὖν ἰατρὸς συντιθεὶς ἐκ πολλῶν φαρμάκων ἕτερον φάρμακον, ἰδίαν ποιότητα πάντων ἐχόντων, ποιὸν ἕτερον ἐκ τῆς μίξεως ποιεῖ, τὸν Δία δ' οὔ φασι μῖξαι τῇ πρώτῃ οὐσίᾳ καὶ σχηματότητα, οὐδὲ μηκότητα οὐδὲ τῶν ἄλλων τι συμβεβηκότων. εἰ δὲ μίγνυσιν, ὄντα καὶ αὐτὰ δῆλον ὡς ἀΐδια, ταῦτά
10 [ἐστιν], πῶς ἔτι λέγουσι μόνην τὴν πρώτην ὕλην ἀΐδιον τὴν ἄποιον, οὐχὶ δὲ καὶ τὰς ἄλλας ποιότητας καὶ πάντα τὰ συμβαίνοντα. οὐδὲ γὰρ ποιητὴν εἶναί φασι, καθάπερ τινὰ χειροτέχνην, τὸν Δία, ἀλλ' ὅλον δι' ὅλης τῆς ὕλης διεληλυθότα πάντων δημιουργὸν γεγονέναι. τήν τε πηλικότητα τοῦ θείου πυρὸς καὶ τὰ ἐπὶ μέρους τῇ πηλικότητι συμβεβηκότα, τό τε μῆκος καὶ πλά-
15 τος καὶ βάθος, καὶ πρὸς τούτοις τὸ λογικὸν αὐτοῦ καὶ τὴν μακαριότητα, εἰ μὲν οὐσίας εἶναι φήσουσι καὶ σωματικὰς αὐτὰς ἐροῦσιν, ἐκ σωμάτων δῆλον ὡς ἦν ὁ Ζεὺς συνεστηκὼς καὶ οὐχ ἁπλοῦν ἦν, ἀλλὰ καὶ σύγκριμα. εἰ δὲ ἀνουσίους αὐτὰς φύσεις ἐροῦσι, τὸ λεγόμενον ὑφ' ἡμῶν κρατύνεται τὸ μὴ σωματικὴν ἔχειν φύσιν τὰ συμβεβηκότα μηδὲ τὰς ποιότητας.

20 **324** Aëtius Plac. I 9, 2. Οἱ ἀπὸ Θάλεω καὶ Πυθαγόρου καὶ οἱ Στωϊκοὶ τρεπτὴν καὶ ἀλλοιωτὴν καὶ μεταβλητὴν καὶ ῥευστὴν ὅλην δι' ὅλης τὴν ὕλην. (Stob. λέγω δὲ τοὺς μέχρι τῶν Στωϊκῶν καταβεβηκότας σὺν Ἡρακλείτῳ etc.) cf. Thedoret IV 13.

325 Aëtius Plac. I, 9, 7. Οἱ Στωϊκοὶ σῶμα τὴν ὕλην ἀποφαίνονται.

25 **326** Simplicius in Aristot. phys. p. 227, 23. ἀλλ' ἐπειδή τινες καὶ οὐδὲ οἱ τυχόντες ἐν φιλοσοφίᾳ τὸ ἄποιον σῶμα τὴν πρωτίστην ὕλην εἶναί φασι καὶ κατὰ Ἀριστοτέλην καὶ κατὰ Πλάτωνα, ὥσπερ τῶν μὲν παλαιῶν οἱ Στωϊκοί, τῶν δὲ νέων Περικλῆς ὁ Λυδός, καλῶς ἂν ἔχοι ταύτην ἐπισκέψασθαι τὴν δόξαν.

30 **327** Galenus de qualitatibus incorporeis 5. Vol. XIX p. 477 K. (de materia Stoicorum locutus) ἀδιανόητόν τε καὶ τὸ μήτε βαρὺ τοῦθ' ὑπάρχειν μήτε κοῦφον, οὐχ ἧττον ⟨δ'.⟩ ἄτοπον εἰ λέγοι τις ἅμα τοῦτ' ἔχειν ἀμφότερα καὶ κατὰ τὰ αὐτὰ καὶ μὴ πρὸς ἄλλο καὶ ἄλλο κρινόμενον· τό τε μὴ ⟨ποιὰν⟩ ἐκείνης ἐχούσης οὐσίαν, τῶν ἐξ αὐτῆς, ὥς φασι, γεγονότων πρῶτον
35 τεττάρων ἕκαστον ἔχειν ποιότητα. — — εἰ δὲ μηδ' αὐτὸ εἶχε τούτων μηδὲ ἓν καθ' ὑπόθεσιν τὸ αἰθέριον δὴ ἐκεῖνο πῦρ, ὑφ' οὗ φασι τά τε στοιχεῖα καὶ τὸν κόσμον γεγονέναι, πῶς ταῦτ' ἔχει τὰ γεννήματα καὶ ποιήματα καὶ πλάσματα.

328 Asclepius in Aristot. Metaph. p. 377, 29 Hayd. καὶ πάλιν οἱ μὲν μίαν οὐσίαν εἶναι εἰρήκασιν, οἷον τὴν αἰσθητήν, ὥσπερ οἱ φυσικοὶ καὶ
40 οἱ Στωϊκοί.

---

1 περαινόμενον scripsi, περικλινόμενον P ed. ‖ μετὰ σχήματος P, κατὰ σχῆμα A ed.   2 συννοοῖτο AP, συννοῖτο ed. ‖ τοῦτ' αὐτῷ P, τοῦτ' αὐτὸ ed. ‖ ὥστε AP, ὡς ed. ‖ εἰ περὶ ὕλην ἦν ταῦθ' scripsi, εἴπερ εἶδεν ἐνταῦθ' libri. 3 ἅπερ ἔφην AP, om. ed.   6 συντιθεὶς scripsi, αἴτιος εἰς libri. ‖ ἰδίαν scripsi, ἴσην libri.   9 μίγνυσιν P, μιγνύειν A ed.   10 ἐστιν seclusi.   11 οὐδὲ scripsi, οὔτε libri.   16, δῆλον ὡς A, ὡς δῆλον ὡς P, ὡς δῆλον ed.   32 δ' addidi.   33 τό τε μὴ ποιὰν scripsi, τοῦτο μηδ' libri.   34 τῶν ἐξ αὐτῆς scripsi, τῆς ἐξ αὐτῶν libri.   35 αὐτὸ scripsi, αὐτὸς ed. ‖ τούτων PA, τοῦτον ed.   36 δὴ scripsi, δ' ἦν libri. ‖ φασι Kalbfl., πᾶσι libri.

§ 2. τινά, ὄντα, οὕτινα.

329 Alexander Aphrod. comm. in Aristot. Topica IV p. 155 Ald.
p. 301, 19 Wal. οὕτω δεικνύοις ἂν ὅτι μὴ καλῶς τὸ τὶ οἱ ἀπὸ τῆς Στοᾶς
γένος τοῦ ὄντος τίθενται· εἰ γὰρ τί, δῆλον ὅτι καὶ ὄν· εἰ δὲ ὄν, τὸν
τοῦ ὄντος ἀναδέχοιτο ἂν λόγον· ἀλλ᾽ ἐκεῖνοι νομοθετήσαντες αὐτοῖς τὸ ὂν 5
κατὰ σωμάτων μόνων λέγεσθαι, διαφεύγοιεν ἂν τὸ ἠπορημένον· διὰ
τοῦτο γὰρ τὸ τὶ γενικώτερον αὐτοῦ φασιν εἶναι, κατηγορούμενον
οὐ κατὰ σωμάτων μόνον, ἀλλὰ καὶ κατὰ ἀσωμάτων. Cf. p. 180 Ald. p. 359, 12 Wal. οὕτω δειχθήσεται μηδὲ τὸ τὶ γένος ὂν
τῶν πάντων· ἔσται γὰρ καὶ τοῦ ἑνὸς γένος ἢ ἐπίσης ὄντος αὐτῷ ἢ καὶ ἐπὶ 10
πλέον· εἴ γε τὸ μὲν ἓν καὶ κατὰ τοῦ ἐννοήματος· τὸ δὲ τὶ κατὰ
μόνων σωμάτων καὶ ἀσωμάτων· τὸ δὲ ἐννόημα μηδέτερον τούτων
κατὰ τοὺς ταῦτα λέγοντας.

330 Sextus adv. math. I 17. καὶ μὴν εἰ διδάσκεταί τι, ἤτοι διὰ τῶν
οὐτινῶν διδαχθήσεται ἢ διὰ τῶν τινῶν· ἀλλὰ διὰ μὲν τῶν οὐτινῶν οὐχ οἷόν 15
τε διδαχθῆναι· ἀνυπόστατα γάρ ἐστι τῇ διανοίᾳ ταῦτα κατὰ τοὺς ἀπὸ τῆς
Στοᾶς.

331 Sextus adv. math. X 218. ὥσθ᾽ οὗτοι μὲν σῶμα ποιοῦσι τὸν
χρόνον, οἱ δὲ ἀπὸ τῆς στοᾶς φιλόσοφοι ἀσώματον αὐτὸν ᾠήθησαν ὑπάρ-
χειν· τῶν γὰρ τινῶν φασὶ τὰ μὲν εἶναι σώματα τὰ δὲ ἀσώματα, τῶν δὲ ἀσω- 20
μάτων τέσσαρα εἴδη καταριθμοῦνται ὡς λεκτὸν καὶ κενὸν καὶ τόπον καὶ
χρόνον. ἐξ οὗ δῆλον γίγνεται ὅτι πρὸς τῷ ἀσώματον ὑπολαμβάνειν τὸν
χρόνον, ἔτι καὶ καθ᾽ αὑτό τι νοούμενον πρᾶγμα δοξάζουσι τοῦτον.
Cf. ibid. 227. 234.

332 Seneca ep. 58, 12. illud genus „quod est" (scil. τὸ ὄν) generale 25
supra se nihil habet. initium rerum est, omnia sub illo sunt. Stoici vo-
lunt superponere huic etiamnunc aliud genus magis principale. —
ibid. 15. Primum genus Stoicis quibusdam videtur „quid": quare
videatur subiiciam. in rerum, inquiunt, natura quaedam sunt, quaedam
non sunt. et haec autem, quae non sunt, rerum natura complectitur, quae 30
animo succurrunt, tamquam Centauri, Gigantes et quicquid aliud falso co-
gitatione formatum habere aliquam imaginem coepit, quamvis non habeat
substantiam".

333 Anonymi Proleg. in Aristot. Categ. p. 34ᵇ Brandis (Schol. in Ar.).
τρία δὲ τὰ καθολικώτατα ὁμώνυμα, ἕν, ὄν, τί· κατὰ πάντων γὰρ τῶν ὄντων 35
φέρεται ταῦτα, κατὰ μὲν Πλάτωνα τὸ ἕν, κατ᾽ Ἀριστοτέλη τὸ ὄν, κατὰ δὲ
τοὺς Στωϊκοὺς τὸ τί.

334 Philo Leg. Alleg. III § 175 Vol. I p. 151, 28. τὸ γὰρ μάννα ἑρ-
μηνεύεται „τί"· τοῦτό ἐστι τὸ γενικώτατον τῶν ὄντων.

335 Plutarchus de comm. not. cp. 30 p. 1074 d. οὐδὲν οὖν ἔτι 40
δεῖ λέγειν τὸν χρόνον, τὸ κατηγόρημα, τὸ ἀξίωμα, τὸ συνημμένον, τὸ
συμπεπλεγμένον· οἷς χρῶνται μὲν μάλιστα τῶν φιλοσόφων, ὄντα δ᾽ οὐ
λέγουσιν εἶναι.

---

30 pugnant haec adversis frontibus cum iis quae testatur Alexander
n. 329.

§ 3. De causis.

336 Stobaeus Eclogae I p. 138, 23 W. Χρυσίππου. Χρύσιππος αἴτιον εἶναι λέγει δι' ὅ. Καὶ τὸ μὲν αἴτιον ὂν καὶ σῶμα ⟨οὗ δὲ αἴτιον μήτε ὄν, μήτε σῶμα⟩ καὶ αἴτιον μὲν ὅτι, οὗ δὲ αἴτιον διά τι. ₅ Αἰτίαν δ' εἶναι λόγον αἰτίου, ἢ λόγον τὸν περὶ τοῦ αἰτίου ὡς αἰτίου. Sequitur simillima Posidonii disputatio (Diels Arii Didymi Epit. phys. frgm. 18). Cf. Zeno I n. 89.

337 Sextus adv. math. IX 196. εἴπερ τοίνυν, φασίν, ἔστι σπέρμα, ἔστι καὶ αἴτιον, ἐπείπερ τὸ σπέρμα αἴτιόν ἐστι τῶν ἐξ αὐτοῦ φυομένων τε καὶ 10 γεννωμένων· ἔστι δέ γε σπέρμα, ὡς ἐκ τῶν σπειρομένων καὶ ζῳογονουμένων δείκνυται· ἔστιν ἄρα αἴτιον. καὶ πάλιν εἰ ἔστι τι φύσις, ἔστι τι αἴτιον· τῶν γὰρ φυομένων ἢ ἐκπεφυκότων αἴτιόν ἐστιν ἡ φύσις. ὑπάρχει δὲ αὕτη, ὡς ἀπὸ τῶν ἀποτελεσμάτων συμφανές. — — τοίνυν εἰ ἔστι φύσις, ἔστι τι αἴτιον· ἀλλὰ μὴν τὸ πρῶτον· ἄρα τὸ δεύτερον. καὶ ἄλλως εἰ ἔστι τι ψυχή, 15 ἔστιν αἴτιον· αὕτη γὰρ καὶ τοῦ ζῆν καὶ τοῦ θνήσκειν αἰτία γίνεται, τοῦ μὲν ζῆν παροῦσα, τοῦ δὲ θνήσκειν χωριζομένη τῶν σωμάτων· ἔστι δέ γε ψυχή, φασίν, εἴγε καὶ ὁ λέγων μὴ εἶναι ψυχὴν αὐτῇ προσχρώμενος τοῦτο ἀποφαίνεται· ἔστιν ἄρα αἴτιον. πρὸς τούτοις εἰ ἔστι θεός, ἔστιν αἴτιον· οὗτος γὰρ ἦν ὁ τὰ ὅλα διοικῶν· ἔστι δέ γε κατὰ τὰς κοινὰς ἐννοίας τῶν ἀνθρώπων 20 θεός· ἔστιν ἄρα αἴτιον· καίτοι κἂν μὴ θεὸς ὑπάρχῃ, ἔστιν αἴτιον· τὸ γὰρ μὴ εἶναι θεοὺς διά τινα αἰτίαν γίνεται· καὶ τῷ οὖν ὑπάρχειν θεὸν καὶ τῷ μὴ ὑπάρχειν ἐπ' ἴσης ἀκολουθεῖ τὸ εἶναί τι αἴτιον.

πολλῶν γε μὴν γεννωμένων καὶ φθειρομένων, αὐξομένων τε καὶ μειου- μένων, κινουμένων τε καὶ ἀκινητιζόντων, ἐξ ἀνάγκης ὁμολογεῖν δεῖ τὸ εἶναί 25 τινα τούτων αἴτια, τὰ μὲν γενέσεως τὰ δὲ φθορᾶς, καὶ τὰ μὲν αὐξήσεως τὰ δὲ μειώσεως καὶ ἤδη κινήσεως ἢ ἀκινησίας· σὺν τῷ κἂν μὴ ὑπάρχῃ ταῦτα τὰ ἀποτελέσματα, φαίνηται δὲ μόνον, πάλιν εἰσάγεσθαι τὴν ὕπαρξιν τῶν αἰ- τίων· τοῦ γὰρ φαίνεσθαι μὲν ἡμῖν αὐτὰ ὡς ὑποκείμενα, μὴ ὑποκεῖσθαι δέ, αἴτιόν τι καθέστηκεν. καὶ μὴν εἰ μηδέν ἐστιν αἴτιον, πάντα ἐκ παντὸς δεή- 30 σει γίνεσθαι καὶ ἐν παντὶ τόπῳ, ἔτι καὶ κατὰ πάντα καιρόν· ὅπερ ἄτοπον. εὐθέως γὰρ εἰ μηδέν ἐστιν αἴτιον, οὐδὲν τὸ κωλῦον ἐξ ἀνθρώπου ἵππον συν- ίστασθαι· [αἴτιον ἄρα τι ἔσται]. μηδενὸς δὲ ὄντος τοῦ κωλύοντος συστήσε- ταί ποτε ἐξ ἀνθρώπου ἵππος, καὶ οὕτως, εἰ τύχοι, ἐξ ἵππου φυτόν· κατὰ ταὐτὰ δὲ οὐκ ἀδύνατον ἔσται χιόνα μὲν ἐν Αἰγύπτῳ πήγνυσθαι, ἀβροχίαν 35 δὲ ἐν Πόντῳ συμβαίνειν, καὶ τὰ μὲν τοῦ θέρους ἐν χειμῶνι γίγνεσθαι, τὰ δὲ τοῦ χειμῶνος ἐν θέρει συνίστασθαι· ὅθεν εἴπερ ᾧ ἕπεταί τι ἀδύνατον, καὶ αὐτὸ ἔσται ἀδύνατον, τῷ δὲ μὴ εἶναι αἴτιον ἕπεται πολλὰ τῶν ἀδυνάτων, ῥητέον καὶ τὸ μὴ εἶναι αἴτιον τῶν ἀδυνάτων ὑπάρχειν. ὅ τε λέγων μὴ εἶ- ναι αἴτιον ἤτοι χωρὶς αἰτίας τοῦτο λέγει ἢ μετά τινος αἰτίας. καὶ εἰ μὲν 40 χωρίς τινος αἰτίας, ἄπιστός ἐστιν, μετὰ τοῦ ἀκολουθεῖν αὐτῷ τὸ μὴ μᾶλλον τοῦτο ἀξιοῦν ἢ τὸ ἀντικείμενον τούτῳ, αἰτίας εὐλόγου μὴ προϋποκειμένης, δι' ἣν φησιν ἀνύπαρκτον εἶναι τὸ αἴτιον· εἰ δὲ μετά τινος αἰτίας, περιτρέ-

PHYSICAE DOCTRINAE FUNDAMENTA.   119

πεται, κἂν τῷ λέγειν μὴ εἶναί τι αἴτιον τίθησι τὸ εἶναί τι αἴτιον· ὅθεν καὶ
ἀπὸ τῆς αὐτῆς δυνάμεως ἐρωτᾶν ἔξεστι καὶ τὸν ἐπὶ τοῦ σημείου καὶ τῆς
ἀποδείξεως διὰ τῶν ἔμπροσθεν ἀποδοθέντα λόγον, ὃς ἕξει τὴν σύνταξιν τοι-
αύτην· „εἰ ἔστι τι αἴτιον, ἔστιν αἴτιον· ἀλλὰ καὶ εἰ μὴ ἔστι τι αἴτιον, ἔστιν
αἴτιον· ἤτοι δὲ ἔστιν ἢ οὐκ ἔστιν· ἔστιν ἄρα". τῷ τε γὰρ εἶναι αἴτιον ἀκο- 5
λουθεῖ τὸ εἶναί τι αἴτιον, μὴ διαφέροντος παρὰ τὸ ἡγούμενον τοῦ λήγοντος,
τῷ τε μηδὲν εἶναι αἴτιον ἀκολουθεῖ πάλιν τὸ εἶναί τι αἴτιον, ἐπείπερ ὁ λέ-
γων μηδὲν εἶναι αἴτιον ὑπό τινος αἰτίας κινηθεὶς λέγει μηδὲν εἶναι αἴτιον.
ὥστε καὶ τὸ διεζευγμένον πρὸς τοῖς δυσὶ συνημμένοις ἀληθὲς γίνεσθαι ἐξ
ἀντικειμένων διεζευγμένον, καὶ τὴν ἐπιφορὰν τοῖς τοιούτοις λήμμασι συνεισά- 10
γεσθαι, καθὼς ἀνώτερον παρεμυθησάμεθα.
338 Aëtius Plac. 11, 7. Οἱ Στωϊκοὶ τὸ πρῶτον αἴτιον ὡρίσαντο κι-
νητόν.
339 Simplicius in Aristot. Phys. p. 420, 6 Diels. ὅτι τισὶ δοκεῖ μὴ
εἶναί τι κινοῦν ἀκίνητον, ἀλλὰ πᾶν τὸ κινοῦν κινεῖσθαι — — καὶ δῆλον 15
ὅτι ταύτης εἰσὶ τῆς δόξης τῶν τε παλαιῶν φυσιολόγων ὅσοι σωματικὴν ἢ
μίαν ἢ πλείους ὑπέθεντο τὴν ἀρχήν, καὶ τῶν νέων οἱ Στωϊκοί.
340 Aëtius Plac. I 11, 5. Οἱ Στωϊκοὶ πάντα τὰ αἴτια σωματικά·
πνεύματα γάρ.
341 Sextus adv. math. IX 211. εἴγε Στωϊκοὶ μὲν πᾶν αἴτιον σῶμά 20
φασι σώματι ἀσωμάτου τινὸς αἴτιον γίνεσθαι, οἷον σῶμα μὲν μὲν τὸ σμιλίον,
σώματι δὲ τῇ σαρκί, ἀσωμάτου δὲ τοῦ τέμνεσθαι κατηγορήματος, καὶ πάλιν
σῶμα μὲν τὸ πῦρ, σώματι δὲ τῷ ξύλῳ, ἀσωμάτου δὲ τοῦ καίεσθαι κατηγο-
ρήματος.
342 Simplicius in Aristot. categ. f. 77 B. ed. Bas. οὐδὲ ἔδει ἀπὸ τῶν 25
ἐσχάτων ἄρχεσθαι ποιήσεων, λέγω δὴ τῶν κατὰ πληγὴν καὶ ὦσιν, οὐδὲ τοῖς
Στωϊκοῖς συγχωρεῖν περὶ οὗ διατελοῦμεν αὐτοῖς διαφερόμενοι, ὡς τὸ ποιοῦν
πελάσει τινὶ ποιεῖ καὶ ἄψει. βέλτιον γὰρ λέγειν ὡς οὐ πάντα πελάσει καὶ
ἄψει ποιεῖ.
343 Proclus in Plat. Parmen. Vol. V p. 74 ed Cousin. Τὸ δεύτερον 30
τοίνυν ὁ τῆς σφραγῖδος τύπος Στωϊκῶν ὑποθέσεσι προσήκει ταῖς σωματι-
κῶς λεγούσαις τὰ ποιοῦντα ποιεῖν καὶ τὰ πάσχοντα πάσχειν· ὠθισμοῦ γὰρ
δεδέηται καὶ ἀντιτυπίας καὶ ἐπερείσεως καὶ οὐκ ἄλλως γέγονεν.
344 Clemens Alexandrinus Stromat. VIII 9 (Vol. II p. 929 Pott.). αἴ-
τιον δὲ κυρίως λέγεται τὸ παρεκτικόν τινος ἐνεργητικῶς. ἐπεὶ καὶ τὸν σί- 35
δηρον τμητικὸν φαμὲν εἶναι οὐ μόνον ἐν τῷ τέμνειν, ἀλλὰ καὶ ἐν τῷ μὴ
τέμνειν· οὕτως οὖν καὶ τὸ παρεκτικὸν ἄμφω σημαίνει, καὶ τὸ ἤδη ἐνεργοῦν,
καὶ τὸ μηδέπω μέν, δυνάμει δὲ κεχρημένον τοῦ ἐνεργῆσαι.
345 Clemens Alexandrinus Stromat. VIII 9 (Vol. II p. 929 Pott.). οἱ
μὲν οὖν σωμάτων, οἱ δ' ἀσωμάτων φασὶν εἶναι τὰ αἴτια (scil. Stoici et 40
Peripatetici). οἱ δὲ τὸ μὲν σῶμα κυρίως αἴτιόν φασι, τὸ δὲ ἀσώματον κα-
ταχρηστικῶς καὶ οἷον αἰτιωδῶς (scil Stoici)· ἄλλοι δ' ἔμπαλιν ἀναστρέφουσι,
τὰ μὲν ἀσώματα κυρίως αἴτια λέγοντες, καταχρηστικῶς δὲ τὰ σώματα.
346 Clemens Alexandrinus Stromat. VIII 9 (Vol. II p. 929 Pott.).
Τῶν αἰτίων τὰ μὲν προκαταρκτικά, τὰ δὲ συνεκτικά, τὰ δὲ συνεργά, τὰ δὲ 45
ὧν οὐκ ἄνευ. προκαταρκτικὰ μὲν τὰ πρώτως ἀφορμὴν παρεχόμενα εἰς τὸ

---

3 τῶν Bk., τὸν libri.   19 πνευματικά coni. Diels.   46 τὰ ὧν οὐκ ἄνευ
causas esse negabant Stoici.

γίγνεσθαί τι, καθάπερ τὸ κάλλος τοῖς ἀκολάστοις τοῦ ἔρωτος· ὀφθὲν γὰρ
αὐτοῖς τὴν ἐρωτικὴν διάθεσιν ἐμποιεῖ μέν, οὐ μὴν κατηναγκασμένως· συνεκ-
τικὰ δὲ ἅπερ συνωνύμως καὶ αὐτοτελῆ καλεῖται, ἐπειδήπερ αὐτάρκως δι' αὐ-
τῶν ποιητικά ἐστι τοῦ ἀποτελέσματος.

5 ἑξῆς δὲ πάντα τὰ αἴτια ἐπὶ τοῦ μανθάνοντος δεικτέον. ὁ μὲν πατὴρ
αἴτιόν ἐστι προκαταρκτικὸν τῆς μαθήσεως, ὁ διδάσκαλος δὲ συνεκτικόν, ἡ δὲ
τοῦ μανθάνοντος φύσις συνεργὸν αἴτιον, ὁ δὲ χρόνος τῶν ὧν οὐκ ἄνευ λό-
γον ἐπέχει.

346a Seneca epist. 65, 4. Stoicis placet unam causam esse id
10 quod facit.

ibid. 11. Haec quae ab Aristotele et Platone ponitur turba causa-
rum aut nimium multa aut nimium pauca comprehendit. nam si, quo-
cumque remoto quid effici non potest, id causam iudicant esse faciendi,
pauca dixerunt: ponant inter causas tempus: nihil sine tempore fieri potest.
15 ponant locum: si non fuerit, ubi fiat aliquid, ne fiet quidem. ponant mo-
tum: nil sine hoc nec fit nec perit, nulla sine motu ars, nulla mutatio est.
Sed nos nunc primam et generalem quaerimus causam. haec simplex esse
debet, nam et materia simplex est, quaerimus quae sit causa, ratio scilicet
faciens, id est deus.

20 **347** Clemens Alexandrinus Stromat. VIII 9 (Vol. II p. 930 Pott.).
τὸ δὲ αὐτὸ ἄρα αἴτιον καὶ ποιητικὸν καὶ δι' ὅ. καὶ εἰ μὲν τί ἐστιν αἴτιον
καὶ ποιητικόν, τοῦτο πάντως ἐστὶ καὶ δι' ὅ, εἰ δέ τι ἐστὶ δι' ὅ, οὐ πάντως
τοῦτο καὶ αἴτιον. πολλὰ γοῦν ἐφ' ἓν ἀποτέλεσμα συντρέχει, δι' ἃ γίνεται
τὸ τέλος, ἀλλ' οὐκ ἔστι πάντα αἴτια· οὐ γὰρ ἂν ἐτεκνοκτόνησεν Μήδεια, εἰ
25 μὴ ὠργίσθη· οὐδ' ἂν ὠργίσθη, εἰ μὴ ἐξήλωσεν· οὐδὲ τοῦτο, εἰ μὴ ἠράσθη·
οὐδὲ τοῦτο, εἰ μὴ Ἰάσων ἔπλευσεν εἰς Κολχούς· οὐδὲ τοῦτο, εἰ μὴ Ἀργὼ
κατεσκευάσθη· οὐδὲ τοῦτο, εἰ μὴ τὰ ξύλα ἐκ τοῦ Πηλίου ἐτμήθη· ἐν τούτοις
γὰρ ἅπασιν τοῦ „δι' ὅ" τυγχάνοντος, οὐ πάντα τῆς τεκνοκτονίας αἴτια τυγ-
χάνει, μόνη δὲ ἡ Μήδεια.

30 **348** Clemens Alexandrinus Stromat. VIII 9 (Vol II p. 932 Pott.).
ἔτι ζητεῖται, εἰ πολλὰ κατὰ σύνοδον ἑνὸς αἴτια γίνεται· ⟨καὶ τινὲς μὲν λέ-
γουσιν ὅτι γίνεται⟩· πολλοὶ γὰρ ἄνθρωποι συνέλκοντες αἴτιοί εἰσι τοῦ κα-
θέλκεσθαι τὴν ναῦν, ⟨οὐκ αὐτὸς ἕκαστος αἴτιος ὤν⟩ ἀλλὰ σὺν τοῖς ἄλλοις,
εἰ δή τι καὶ τὸ συναίτιον αἴτιον. ἄλλοι δέ φασιν, εἰ πολλὰ αἴτια, κατ' ἰδίαν
35 ἕκαστον ἑνὸς αἴτιον γίνεται· τοῦ γοῦν εὐδαιμονεῖν ἑνὸς ὄντος αἴτιαι τυγχά-
νουσιν αἱ ἀρεταὶ πολλαὶ οὖσαι· καὶ τοῦ θερμαίνεσθαι καὶ τοῦ ἀλγεῖν ὁμοίως
πολλὰ τὰ αἴτια. μή τι οὖν αἱ πολλαὶ ἀρεταὶ μία ἐστὶ κατὰ δύναμιν, καὶ
τὰ θερμαίνοντα καὶ τὰ ἀλγύνοντα. καὶ τὸ πλῆθος δὲ τῶν ἀρετῶν κατὰ γέ-
νος ἓν τυγχάνον ἑνὸς αἴτιον γίνεται τοῦ εὐδαιμονεῖν. τῷ ὄντι δὲ προκα-
40 ταρκτικὰ μὲν αἴτια ἑνὸς γίνεται πλείονα κατὰ γένος καὶ κατ' εἶδος· καὶ κατὰ
γένος μὲν τοῦ νοσεῖν ὁπωσοῦν, οἷον ψύξις, ἔκλυσις, κόπος, ἀπεψία, μέθη·
κατ' εἶδος δὲ τοῦ πυρετοῦ. τὰ δὲ συνεκτικὰ αἴτια κατὰ γένος μόνον, οὐ-
κέτι δὲ καὶ κατ' εἶδος. τοῦ γὰρ εὐωδιάζεσθαι κατὰ γένος ἑνὸς ὄντος πολλὰ
τὰ αἴτια κατ' εἶδος· οἷον λιβανωτός, ῥόδον, κρόκος, στύραξ, σμύρνα, μύρον·

---

2 μὲν scripsi, μόνον vulgo.   4 αὐτῶν ποιητικὰ scripsi, αὐτοῦ ποιητικόν
vulgo.   31 καὶ—γίνεται addidi.   32 πολλοὶ γὰρ scripsi, πολλὰ οἱ γὰρ vulgo. ‖
συνέλκοντες Sylburg, συνελόντες vulgo.   33 οὐκ αὐτὸς—ὤν addidi.   34 δή τι
scripsi, μή τι vulgo.   38 ἀλγύνοντα scripsi, ἀλγοῦντα vulgo.

⟨τοῦ δὲ εὐωδιάζεσθαι τοῦ κατ' εἶδος οὐκέτι πολλά⟩· τὸ γὰρ ῥόδον οὐκ ἂν
οὕτως εὐῶδες εἴη ὡς ἡ σμύρνα.
349 Clemens Alexandrinus Stromat. VIII 9 (Vol. II p. 932 Pott.).
ἀλλήλων οὐκ ἔστι τινὰ αἴτια, ἀλλήλοις δὲ αἴτια· ἡ γὰρ σπληνικὴ διάθεσις
προϋποκειμένη οὐ πυρετοῦ αἴτιος, ἀλλὰ τοῦ γίνεσθαι τὸν πυρετόν, καὶ ὁ πυ- 5
ρετὸς προϋποκείμενος οὐ σπληνός, ἀλλὰ τοῦ αὔξεσθαι τὴν διάθεσιν. οὕτως
καὶ αἱ ἀρεταὶ ἀλλήλαις αἴτιαι, τῷ μὴ χωρίζεσθαι διὰ τὴν ἀντακολουθίαν·
καὶ οἱ ἐπὶ τῆς ψαλίδος λίθοι ἀλλήλοις εἰσὶν αἴτιοι τοῦ μένειν κατηγορήματος, ἀλλήλων δὲ οὐκ εἰσὶν αἴτιοι· καὶ ὁ διδάσκαλος δὲ καὶ ὁ μανθάνων ἀλλήλοις εἰσὶν αἴτιοι τοῦ προκόπτειν κατηγορήματος. λέγεται δὲ ἀλλήλοις αἴτια 10
ποτὲ μὲν τῶν αὐτῶν, ὡς ὁ ἔμπορος καὶ ὁ κάπηλος ἀλλήλοις εἰσὶν αἴτιοι τοῦ
κερδαίνειν· ποτὲ δὲ ἄλλου καὶ ἄλλου, καθάπερ ἡ μάχαιρα καὶ ἡ σάρξ· ἡ μὲν
γὰρ τῇ σαρκὶ τοῦ τέμνεσθαι, ἡ σὰρξ δὲ τῇ μαραίρᾳ τοῦ τέμνειν etc.
350 Clemens Alexandrinus Stromat. VIII 9 (Vol. II p. 933 Pott.).
τὸ δὲ αὐτὸ τῶν ἐναντίων αἴτιον γίνεται, ποτὲ μὲν παρὰ τὸ μέγεθος τοῦ αἰ- 15
τίου καὶ τὴν δύναμιν, ποτὲ δὲ παρὰ τὴν ἐπιτηδειότητα τοῦ πάσχοντος· παρὰ
μὲν τὴν ποιὰν δύναμιν, ⟨οἷον⟩ ἡ αὐτὴ χορδὴ παρὰ τὴν ἐπίτασιν ἢ τὴν
ἄνεσιν ὀξὺν ἢ βαρὺν ἀποδίδωσι τὸν φθόγγον· παρὰ δὲ τὴν ἐπιτηδειότητα
τῶν πασχόντων, ⟨οἷον⟩ τὸ μέλι γλυκάζει μὲν τοὺς ὑγιαίνοντας, πικράζει δὲ
τοὺς πυρέσσοντας· καὶ εἷς καὶ ὁ αὐτὸς οἶνος τοὺς μὲν εἰς ὀργήν, τοὺς δὲ 20
εἰς διάχυσιν ἄγει· καὶ ὁ αὐτὸς ἥλιος τήκει μὲν τὸν κηρόν, ξηραίνει δὲ τὸν
πηλόν.
351 Clemens Alexandrinus Stromat. VIII 9 (Vol. II p. 933 Pott.).
καὶ τὰ μὲν προκαταρκτικά, τὰ δὲ συνεκτικά, τὰ δὲ συναίτια, τὰ δὲ συνεργά.
— — τῶν μὲν οὖν προκαταρκτικῶν αἱρομένων μένει τὸ ἀποτέλεσμα· συνεκ- 25
τικὸν δέ ἐστιν αἴτιον, οὗ παρόντος μένει τὸ ἀποτέλεσμα καὶ αἱρομένου αἴ-
ρεται. τὸ δὲ συνεκτικὸν συνωνύμως καὶ αὐτοτελὲς καλοῦσιν, ἐπειδὴ αὐτάρ-
κως δι' αὑτοῦ ποιητικόν ἐστι τοῦ ἀποτελέσματος. εἰ δὲ τὸ αἴτιον αὐτοτε-
λοῦς ἐνεργείας ἐστὶ δηλωτικόν, τὸ ⟨δὲ⟩ συνεργὸν ὑπηρεσίαν σημαίνει καὶ
τὴν σὺν ἑτέρῳ λειτουργίαν, εἰ μὲν οὖν μηδὲν παρέχεται, οὐδὲ συνεργὸν λεχ- 30
θήσεται· εἰ δὲ παρέχεται, τούτου πάντως γίνεται αἴτιον, οὗ καὶ παρέχεται,
τουτέστιν τοῦ δι' αὑτὸ γινομένου· ἔστιν οὖν συνεργόν, οὗ παρόντος ἐγίνετο
τὸ ἀποτέλεσμα· προδήλως μὲν οὖν παρόντος ⟨προδήλου⟩, ἀδήλως δὲ ἀδήλου·
καὶ τὸ συναίτιον δὲ ἐκ τοῦ γένους ἐστὶ τῶν αἰτίων, καθάπερ ὁ συστρατιώ-
της στρατιώτης καὶ ὁ συνέφηβος ἔφηβος. τὸ μὲν οὖν συνεργὸν αἴτιον τῷ 35
συνεκτικῷ πρὸς τὴν ἐπίτασιν βοηθεῖ τοῦ ὑπ' αὐτοῦ γινομένου· τὸ δὲ συναί-
τιον οὐκ ἐπὶ τῆς αὐτῆς ἐστιν ἐννοίας· δύναται γὰρ συναίτιον ὑπάρχειν, κἂν
μὴ συνεκτικὸν αἴτιον ᾖ τι. νοεῖται γὰρ σὺν ἑτέρῳ τὸ συναίτιον οὐδ' αὐτῷ
δυναμένῳ κατ' ἰδίαν ποιῆσαι τὸ ἀποτέλεσμα, αἴτιον ὂν σὺν αἰτίῳ. διαφέρει
δὲ τοῦ συναιτίου τὸ συνεργὸν ἐν τῷ τὸ μὲν συναίτιον ⟨μεθ' ἑτέρου αἰτίου⟩ 40
κατ' ἰδίαν μὴ ποιοῦντος τὸ ἀποτέλεσμα παρέχειν, τὸ δὲ συνεργὸν ἐν τῷ
κατ' ἰδίαν μὴ ποιεῖν, ἑτέρῳ δὲ προσερχόμενον τῷ κατ' ἰδίαν ποιοῦντι συν-
εργεῖ αὐτῷ πρὸς τὸ σφοδρότερον γίνεσθαι τὸ ἀποτέλεσμα. μάλιστα δὲ τὸ

---

1 τοῦ δὲ—πολλά supplevi. 17 nonne scribendum: ποσήν? 17. 19 οἷον
bis addidi. 29 δὲ addidi; demonstratur enim etiam συνεργόν esse αἴτιον.
32 δι' αὑτὸ scripsi, δι' αὑτοῦ vulgo. 33 προδήλου addidi. 40 μεθ' ἑτέρου
αἰτίου inserenda esse docet sententiarum conexus. 43 σφοδρότερον scripsi,
σφοδρότατον libri.

122   PHYSICAE DOCTRINAE FUNDAMENTA.

ἐκ προκαταρκτικοῦ συνεργὸν γεγονέναι, ⟨ἐπὶ τοῦτο⟩ τὴν τοῦ αἰτίου διατεί-
νειν δύναμιν παρίστησιν.

352 Clemens Alexandrinus Stromat. I p. 376. 77 Pott. distinguit τὸ
συνεργόν, τὸ συναίτιον, τὸ συνεκτικὸν αἴτιον.

5   ὃ δὲ μεθ᾽ ἑτέρου ποιεῖ, ἀτελὲς ὂν καθ᾽ αὐτὸ ἐνεργεῖν, συνεργὸν φαμὲν
καὶ συναίτιον [ἀπὸ τοῦ συναιτίου αἴτιον ὑπάρχειν] ἀπὸ τοῦ ἑτέρῳ συνελθὸν
αἴτιον γίγνεσθαι ὠνομασμένον· καθ᾽ ἑαυτὸ δὲ μὴ δύνασθαι τὸ ἀποτέλεσμα
— — παρέχειν.
    paulo post: ἀλλὰ τῶν συνεργῶν τὰ μὲν πλείονα τὰ δὲ ἐλάττονα προσ-
10 φέρεται δύναμιν.

353 Clemens Alexandrinus Stromat. I p. 367 Pott. οἶδα πολλοὺς
— — καὶ τὸ μὴ κωλῦον αἴτιον εἶναι λέγοντας. — — φαμὲν δὴ πρὸς αὐ-
τοὺς τὸ αἴτιον ἐν τῷ ποιεῖν καὶ ἐνεργεῖν καὶ δρᾶν νοεῖσθαι· τὸ δὲ μὴ κω-
λῦον κατά γε τοῦτο ἀνενέργητον εἶναι. ἔτι τὸ μὲν αἴτιον πρὸς τῇ ἐνεργείᾳ
15 ἐστί, καθάπερ ὁ μὲν ναυπηγὸς πρὸς τῷ γίγνεσθαι τὸ σκάφος, ὁ δὲ οἰκοδό-
μος πρὸς τῷ κτίζεσθαι τὴν οἰκίαν· τὸ δὲ μὴ κωλῦον κεχώρισται τοῦ γιγνο-
μένου etc.

354 Galenus defin. med. 154—160 Vol. XIX p. 392 K. definit αἴτια
προκαταρκτικά, προηγούμενα, συνεκτικά, αὐτοτελῆ, συναίτια, συνεργά.

20   **355** Galenus adv. Iulianum 6 Vol. XVIII A p. 279 K. εἴρηται δὲ καὶ
περὶ τῶν συνεκτικῶν αἰτίων ἑτέρωθι δεικνύντων ἡμῶν ὅτι τό τε ὄνομα καὶ
τὸ πρᾶγμα αὐτό, καθ᾽ οὗ τοὔνομα, τῆς Στωϊκῆς αἱρέσεώς ἐστι καὶ ὡς
οὐκ ὀρθῶς ὑπειλήφασιν οὔτ᾽ ὀνομάζουσιν οἱ νεώτεροι τῶν ἰατρῶν ἅπαν
τοῦτο τὸ γένος, ὅτι τε καὶ ἡμεῖς ἑπόμενοι πολλάκις αὐτοῖς, ὅπως μὴ δόξω-
25 μεν ἐρίζειν ὑπὲρ τοῦ ὀνόματος, ἔνια μὲν τῶν αἰτιῶν οὕτω καλεῖσθαι συγ-
χωροῦμεν, οὐ μὰ Δία ὅσα τῶν ἁπλῶς ὄντων ἐστίν, ἀλλὰ τῶν ἐν τῷ γίγνε-
σθαι τὸ εἶναι κεκτημένων.
    ibid. p. 298. καὶ μὴν οὐδ᾽ ἄλλην τινὰ ἔννοιαν εἰπεῖν ἔχει τοῦ συνέ-
χοντος αἰτίου παρὰ τὸ γίνεσθαί τι πρὸς αὐτοῦ καὶ παύεσθαι σὺν αὐτῷ, πλὴν
30 εἰ κἀνταῦθα πάλιν ἐξαίφνης ἑαυτὸν εἶναί φησι Στωϊκόν, ὡς ἐν ἄλλοις
ἐποίησεν. ἀλλὰ τοῦτό γε πράξας οὐ νόσου μόνον, ἀλλὰ καὶ τῆς ὑγείας
αὐτῆς αἴτιον ἀποφανεῖταί τι εἶναι καὶ θερμὸν καὶ ψυχρὸν ἀναγκασθήσεταί
τι λέγειν εἶναι νόσημα καὶ ξηρὸν καὶ ὑγρόν, ἅπερ οὐ βούλεται. μὴ τοίνυν
ληρείτω μάταια μηδ᾽ ἐμπλήκτων τρόπον ἄλλοτ᾽ ἄλλα φανταζέσθω, ποτὲ μὲν
35 ἐπαινῶν Στωϊκούς, ποτὲ δ᾽ ἀναιρῶν αὐτῶν τὰ δόγματα.

356 Galenus synopsis librorum de pulsibus 9. Vol. IX p. 458 K. με-
μνῆσθαι μέντοι χρὴ πρὸ πάντων ὅπως ἔφαμεν ὀνομάζειν τὸ οἷον συνεκτικὸν
αἴτιον, ὅτι μὴ κυρίως ἀλλὰ καταχρώμενοι τῇ προσηγορίᾳ· τὸ μὲν γὰρ κυρίως
λεγόμενον αἴτιον συνεκτικὸν οὔτ᾽ ὠνόμασέ τις ἄλλος πρὸ τῶν Στωϊκῶν
40 οὔτ᾽ εἶναι συνεχώρησε· τὰ δὲ καὶ πρὸ ἡμῶν οἷον συνεκτικὰ λεγόμενα γενέ-
σεώς τινος, οὐχ ὑπάρξεως αἴτια.

---

1 ἐπὶ τοῦτο inserui; intellege: ἐπὶ τὸ συνεργόν.   6 uncis inclusi. ‖ trad.
συνελθεῖν.   16 τῷ scripsi, τὸ cod. ‖ κτίζεσθαι scripsi, ἐκτίσθαι cod.   21 τό
τε ὄνομα scripsi, τε τοὔνομα ed.   26 ἁπλῶς scripsi, ἁπλῶν ed.   32 τι εἶναι
scripsi, τινα ed.

PHYSICAE DOCTRINAE FUNDAMENTA. 123

§ 4. De corporibus. Quid sit corpus. Sola corpora esse, non
esse ideas. Tria genera corporum.

357 Arius Didymus epit. phys. fr. 19 Diels (DG p. 457, 17. Sto-
baeus ecl. I p. 143, 24 W.). σῶμά ἐστι τὸ τριχῇ διαστατόν, πλάτει, βάθει,
μήκει· ταῦτα δὲ πλεοναχῶς λέγεσθαι. ὁτὲ μὲν γὰρ μῆκος [εἶναι] λέγεσθαι 5
τὸ μέγιστον διάστημα τοῦ σώματος, ὁτὲ δὲ μόνον τὸ κάτωθεν ἄνω· καὶ πλά-
τος ὁτὲ ⟨μὲν⟩ τὸ δεύτερον διάστημα, ὁτὲ δὲ τὸ ἐκ δεξιᾶς καὶ ἐξ εὐωνύμου·
καὶ βάθος ὁτὲ μὲν τὸ εἰς ἑαυτὸ διάστημα, ὁτὲ δὲ τὸ πρόσω καὶ ὀπίσω·
κατὰ μὲν τὸν πρότερον λόγον οὔτε τῶν σφαιρῶν οὔτε τῶν τετραγώνων καὶ
τῶν ὁμοίων οὐδὲν τῶν διαστημάτων τούτων ἐχόντων, κατὰ δὲ τὸν δεύτερον 10
παντὸς σώματος τὰς τρεῖς ἔχοντος διαστάσεις διὰ τὸ κατὰ πᾶσαν θέσιν ὑπὸ
τὸν λόγον τοῦτον πίπτειν αὐτό:

358 Philo de mundi opificio § 36 Vol. I p. 11, 9 Wendl. τὸ γὰρ
σῶμα φύσει στερεὸν ὅτιπερ καὶ τριχῇ διαστατόν· στερεοῦ δὲ καὶ σώματος
ἔννοια τίς ἑτέρα, πλὴν τὸ πάντη διεστηκός. 15

359 Clemens Alexandrinus Stromat II p. 436 Pott. διϊσχυρίζονται
τοῦτ' εἶναι μόνον ὅπερ ἔχει προσβολὴν καὶ ἐπαφήν τινα, ταὐτὸν σῶμα καὶ
οὐσίαν ὁριζόμενοι, ⟨ἄλλοι δὲ⟩ πρὸς αὐτοὺς ἀμφισβητοῦντες μάλα εὐλαβῶς
ἄνωθεν ἐξ ἀοράτου ποθὲν ἀμύνονται, νοητὰ ἄττα καὶ ἀσώματα εἴδη βιαζό-
μενοι τὴν ἀληθινὴν οὐσίαν εἶναι. 20

360 Aëtius I 10, 5. Οἱ ἀπὸ Ζήνωνος Στωϊκοὶ ἐννοήματα ἡμέτερα
τὰς ἰδέας ἔφασαν.

361 Syrianus in Aristot. Metaph. (Aristot. Acad. Bor. Vol. V) p. 892ᵃ.
τῶν καθ' ἕκαστα, ἃ εἴτε ῥέοι κατὰ πᾶν — — εἴτε γίγνοιτο μὲν ἀεὶ καὶ
φθείροιτο, διαμένοι δὲ κατὰ τὸ ἑαυτῶν ὅλον διὰ τὴν εἰδητικὴν αἰτίαν — — 25
εἴτε καὶ ὄντα τις αὐτὰ καλοίη, ὡς Ἀριστοτέλης εἴωθεν, εἴτε καὶ μόνα εἶναι
λέγοι, ὡς οἱ Στωϊκοί φασιν.

362 Simplicius in Aristot. categ. f. 17 A ed. Bas. οἱ δὲ ἀναιροῦσι
μὲν τὴν τῶν κοινῶν φύσιν, ἐν δὲ τοῖς καθ' ἕκαστα αὐτὰ μόνοις ὑφεστάναι
νομίζουσιν, αὐτὰ καθ' αὑτὰ μηδαμοῦ θεωροῦντες. 30

363 Sextus adv. math. VIII 263. τὸ ἀσώματον κατ' αὐτοὺς (scil.
Stoicos) οὔτε ποιεῖν τι πέφυκεν οὔτε πάσχειν.

364 Syrianus in Aristot. Metaphys. (Aristot. Acad. V 892ᵇ, 14).
ὡς ἄρα τὰ εἴδη παρὰ τοῖς θείοις τούτοις ἀνδράσιν οὔτε πρὸς τὴν
χρῆσιν τῆς τῶν ὀνομάτων συνηθείας παρήγετο, ὡς Χρύσιππος καὶ 35
Ἀρχέδημος καὶ οἱ πλείους τῶν Στωϊκῶν ὕστερον ᾠήθησαν (πολλαῖς
γὰρ διαφοραῖς διέστηκε τὰ καθ' αὑτὰ εἴδη τῶν ἐν τῇ συνηθείᾳ λεγο-
μένων) οὔτε etc.

365 Proclus in Euclidem 35, 25 p. 395 Friedlein. (Τὰ παραλλη-
λόγραμμα τὰ ἐπὶ τῆς αὐτῆς βάσεως καὶ ἐν ταῖς αὐταῖς παραλλήλοις 40

5 πλεοναχῶς P², πλέον ἄλλως FP¹. ‖ εἶναι delevi. 7 μὲν add. cod. Va-
tic. 8 τὸ εἰς ἑαυτὸ Diels, καὶ εἰς ἑαυτὸ F, εἰς ἑαυτὸ P; τὸ ἐλάχιστον Usener.
9 πρότερον Usener, πρῶτον FP. 12 τοῦτον cod. August., τοῦτο FP. 18 ἄλ-
λοι δὲ addidi ex coni.

ἴσα ἀλλήλοις ἐστιν). Τὰ δ᾽ οὖν τοιαῦτα τῶν θεωρημάτων, ὡς φησὶν
ὁ Γεμῖνος, ἀπείκαζεν ὁ Χρύσιππος ταῖς ἰδέαις. ὡς γὰρ ἐκεῖναι τῶν
ἀπείρων ἐν πέρασιν ὡρισμένοις τὴν γένεσιν περιλαμβάνουσιν, οὕτως
καὶ ἐν τούτοις τῶν ἀπείρων ἐν ὡρισμένοις τόποις ἡ περίληψις γίνε-
5 ται. καὶ διὰ τὸν ὅρον τοῦτον ἡ ἰσότης ἀναφαίνεται. τὸ γὰρ ὕψος
τῶν παραλλήλων τὸ αὐτὸ μένον ἀπείρων νοουμένων ἐπὶ τῆς αὐτῆς
βάσεως παραλληλογράμμων πάντα ἴσα ἀλλήλοις ἀποφαίνει.
366 Plutarchus praec. conjugalia cp. 34: Τῶν σωμάτων οἱ φιλόσο-
φοι (scil. Stoici) τὰ μὲν ἐκ διεστώτων λέγουσιν εἶναι καθάπερ στόλον καὶ
10 στρατόπεδον, τὰ δ᾽ ἐκ συναπτομένων ὡς οἰκίαν καὶ ναῦν, τὰ δ᾽ ἡνωμένα
καὶ συμφυᾶ καθάπερ ἐστὶ τῶν ζώων ἕκαστον. — — — δεῖ δὲ ὥσπερ οἱ
φυσικοὶ τῶν ὑγρῶν λέγουσι δι᾽ ὅλων γενέσθαι τὴν κρᾶσιν, οὕτω etc.
367 Plutarchus de defectu oraculorum cp. 29. οὐ γὰρ ἐνταῦθα
μὲν ἓν συνίσταται σῶμα πολλάκις ἐκ διεστώτων σωμάτων, οἷον ἐκ-
15 κλησία καὶ στράτευμα καὶ χορός· ὧν ἑκάστῳ καὶ ζῆν καὶ φρονεῖν καὶ
μανθάνειν συμβέβηκεν, ὡς οἴεται Χρύσιππος· ἐν δὲ τῷ παντὶ δέκα
κόσμους — — ἑνὶ χρῆσθαι λόγῳ — — ἀδύνατόν ἐστιν.
368 Achilles Isagoge 14 p. 134 in Petav. Uranol. (Τί μὲν ἀστήρ,
τί δὲ ἄστρον;) σώματα ἡνωμένα λέγεσθαι ὅσα ὑπὸ μιᾶς ἕξεως κρατεῖται,
20 οἷον λίθος, ξύλον· ἔστι δὲ ἕξις πνεῦμα σώματος συνεκτικόν. συνημμένα δὲ
ὅσα οὐχ ὑπὸ μιᾶς ἕξεως δέδεται, ὡς πλοῖον καὶ οἰκία· τὸ μὲν γὰρ ἐκ πολ-
λῶν σανίδων, ἡ δὲ ἐκ πολλῶν λίθων σύγκειται. διεστῶτα δὲ ὡς χορός. τῶν
δὲ τοιούτων διτταὶ αἱ διαφοραί. τὰ μὲν γὰρ ἐξ ὡρισμένων σωμάτων καὶ
ἀριθμῷ ληπτῶν ὡς χορός, τὰ δὲ ἐξ ἀορίστων ὡς ὄχλος. εἴη οὖν ⟨ἂν⟩ ὁ
25 μὲν ἀστὴρ σῶμα ἡνωμένον, τὸ δὲ ἄστρον. ἐκ διεστώτων καὶ ὡρισμένων·
ἀριθμὸς γὰρ ἀστέρων ἐφ᾽ ἑκάστου δείκνυται.

§ 4. Quattuor categoriae.

369 Simplicius in Aristot. categ. f. 16Δ ed. Bas. Οἱ δέ γε Στωϊ-
κοὶ εἰς ἐλάττονα συστέλλειν ἀξιοῦσι τὸν τῶν πρώτων γενῶν ἀριθμόν. καὶ
30 τινὰ ἐν τοῖς ἐλάττοσιν ὑπηλλαγμένα παραλαμβάνουσι. ποιοῦνται γὰρ τὴν
τομὴν εἰς τέσσαρα· εἰς ὑποκείμενα καὶ ποιὰ καὶ πῶς ἔχοντα καὶ πρὸς
τί πως ἔχοντα. καὶ δῆλον ὅτι πλεῖστα παραλείπουσιν. τό τε γὰρ ποσὸν
ἄντικρυς, καὶ τὰ ἐν χρόνῳ καὶ ἐν τόπῳ. εἰ γὰρ τὸ πῶς ἔχον νομίζουσιν
αὐτοῖς τὰ τοιαῦτα περιλαμβάνειν, ὅτι τὸ πέρυσιν ὂν ἢ ἢ τὸ ἐν Λυκείῳ ἢ τὸ
35 καθῆσθαι ἢ τὸ ὑποδεδέσθαι διάκειταί πως κατά τι τούτων, πρῶτον μὲν
πολλῆς οὔσης τῆς ἐν τούτοις διαφορᾶς ἀδιάρθρωτος ἡ τοῦ πῶς ἔχειν κοι-
νότης ἐκφέρεται κατ᾽ αὐτῆς. ἔπειτα τὸ κοινὸν τοῦτο πῶς ἔχειν καὶ τῷ ὑπο-
κειμένῳ ἁρμόσει καὶ τῷ ποσῷ μάλιστα. καὶ ταῦτα γὰρ διάκειταί πως.
370 Dexippus in Aristot. categ. p. 5, 18 Busse (de Aristotelis cate-
40 goriis locutus:) σχεδὸν γὰρ κατανενόηκα, ὡς οὔτε πλείους ἀντιλογίαι εἰς

---

12 immo γίνεσθαι.   19 ἡνωμένα transposui, quod vulgo post ἕξεως
legitur.

ἑτέραν ὑπόθεσιν γεγόνασιν οὔτε μείζους ἀγῶνες κεκίνηνται οὐ μόνον τοῖς
Στωϊκοῖς καὶ Πλατωνικοῖς, σαλεύειν ἐπιχειροῦσι ταύτας τὰς Ἀριστοτέλους
κατηγορίας etc.
371 Plotinus Ennead. VI lib. I 25 (Vol. II p. 256 Mü.). πρὸς δὲ
τοὺς τέτταρα τιθέντας (scil. γένη τοῦ ὄντος) καὶ τετραχῶς διαιροῦντας εἰς 5
ὑποκείμενα καὶ ποιὰ καὶ πὼς ἔχοντα καὶ πρός τι πὼς ἔχοντα καὶ
κοινόν τι ἐπ' αὐτῶν τιθέντας καὶ ἑνὶ γένει περιλαμβάνοντας τὰ πάντα, ὅτι
μὲν κοινόν τι καὶ ἐπὶ πάντων ἓν γένος λαμβάνουσι, πολλὰ ἄν τις λέγοι.
καὶ γὰρ ὡς ἀσύνετον αὐτοῖς καὶ ἄλογον τὸ „τὶ" τοῦτο καὶ οὐκ ἐφαρμότ-
τον ἀσωμάτοις καὶ σώμασι. καὶ διαφορὰς οὐ καταλελοίπασιν, αἷς τὸ 10
„τὶ" διαιρήσουσι etc.
372 Simplicius in Aristot. Phys. p. 94, 11 Diels. διὸ πολλαχῶς ἔφη
τὸ ὄν (scil. Aristoteles). πλὴν ὅτι τὰ ἄλλα ἐπὶ τῇ οὐσίᾳ συμβέβηκε, καθ'
ἣν καὶ χαρακτηρίζεται τὸ ὑποκείμενον, διὸ οἱ μὲν ἀνῄρουν τὰ ἄλλα,
καθάπερ οἱ ἀπὸ τῆς Στοᾶς ἐποίουν παρὰ τὰ ἐναργῆ, ὁ δὲ ὁμοίως τῇ 15
οὐσίᾳ καὶ τἆλλ' εἰπὼν εἶναι μᾶλλον ἁμαρτάνει.
373 Plotinus Ennead. VI lib. I 25 (Vol. II p. 256 Mü.). αὐτὴν δὲ
τὴν διαίρεσιν ἐπισκεπτέον· ὑποκείμενα μὲν γὰρ πρῶτα τάξαντες καὶ τὴν ὕλην
ἐνταῦθα τῶν ἄλλων προτάξαντες, τὴν πρώτην αὐτοῖς δοκοῦσαν ἀρχὴν συν-
τάττουσι τοῖς μετὰ τὴν ἀρχὴν αὐτῶν — — ἐπεὶ καὶ αὐτοὶ φήσουσι παρὰ 20
τῆς ὕλης, οἶμαι, τοῖς ἄλλοις τὸ εἶναι ὑπάρχειν. ἔπειτα τὸ ὑποκείμενον ἓν
ἀριθμοῦντες οὐ τὰ ὄντα ἐξαριθμοῦνται, ἀλλ' ἀρχὰς τῶν ὄντων ζητοῦσι. δια-
φέρει δὲ ἀρχὰς λέγειν καὶ αὐτά. εἰ δὲ ὂν μὲν μόνον τὴν ὕλην φήσουσι,
τὰ δ' ἄλλα πάθη τῆς ὕλης, οὐκ ἐχρῆν τοῦ ὄντος καὶ τῶν ἄλλων ἕν τι γένος
προτάττειν· μᾶλλον δ' ἂν βέλτιον αὐτοῖς ἐλέγετο, εἰ τὸ μὲν οὐσίαν ⟨ἔφασαν⟩, 25
τὰ δ' ἄλλα πάθη, καὶ διῃροῦντο ταῦτα. τοῦ δὲ καὶ λέγειν „τὰ μὲν ὑποκεί-
μενα, τὰ δὲ τὰ ἄλλα", ἑνὸς ὄντος τοῦ ὑποκειμένου καὶ διαφορὰν οὐκ ἔχον-
τος, ἀλλ' ἢ τῷ μεμερίσθαι ὥσπερ ὄγκον εἰς μέρη (καίτοι οὐδὲ μεμερίσθαι τῷ
συνεχῆ λέγειν τὴν οὐσίαν) βέλτιον λέγειν ἦν „τὸ μὲν ὑποκείμενον."
374 Dexippus in Aristot. categ. p. 23, 25 Busse. πρὸς τοῦτο τὸ 30
ἀπόρημα ἐκεῖνο χρὴ προσειπεῖν, ὡς ἔστι τὸ ὑποκείμενον διττὸν καὶ κατὰ
τοὺς ἀπὸ τῆς Στοᾶς καὶ κατὰ τοὺς πρεσβυτέρους· ἓν μὲν τὸ λεγόμενον
πρῶτον ὑποκείμενον ὡς ἡ ἄποιος ὕλη, ἣν δυνάμει σῶμα Ἀριστοτέλης φησί,
δεύτερον δὲ ὑποκείμενον τὸ ποιόν, ὃ κοινῶς ἢ ἰδίως ὑφίσταται· ὑποκείμενον
γὰρ καὶ ὁ χαλκὸς καὶ ὁ Σωκράτης τοῖς ἐγγινομένοις ἢ κατηγορουμένοις κατ' 35
αὐτῶν. τὸ γὰρ ὑποκείμενον κατὰ ⟨τὸ⟩ πρός τι λέγεσθαι ἐδόκει (τινὶ γὰρ
ὑποκείμενον), ἤτοι δὲ ἁπλῶς τῶν γινομένων ἐν αὐτῷ καὶ κατηγορουμένων
αὐτοῦ ἢ ἰδίως· ἁπλῶς μὲν γὰρ ὑποκείμενον πᾶσι τοῖς γινομένοις καὶ κατη-
γορουμένοις ἡ πρώτη ὕλη, τισὶ δὲ ὑποκείμενον γιγνομένοις ἐπ' αὐτοῦ καὶ
κατηγορουμένοις ὁ χαλκὸς καὶ ὁ Σωκράτης. δύο τοίνυν ὑποκειμένων ὄντων 40
πολλὰ τῶν ἐγγινομένων, ὡς πρὸς τὸ πρῶτον ὑποκείμενον ἐν ὑποκειμένῳ
ὄντα, ὡς πρὸς τὸ δεύτερον οὐκ ἦν ἐν ὑποκειμένῳ ἀλλὰ μέρη αὐτοῦ.
375 Plotinus Ennead. IV lib. VII 9 (Vol. II p. 114 Mü.). ὅτι δὲ
καὶ τὰ σώματα ἀσωμάτοις δυνάμεσι δύναται ἃ δύναται, ἐκ τῶνδε δῆλον.
ὁμολογήσουσι γὰρ ἕτερον ποιότητα καὶ ποσότητα εἶναι καὶ πᾶν σῶμα ποσὸν 45
εἶναι καὶ ἔτι οὐ πᾶν σῶμα ποιὸν εἶναι, ὥσπερ τὴν ὕλην. ταῦτα δὲ ὁμολο-

---

16 εἶναι scripsi, ἓν libri.   25 ἔφασαν addidi.   26 τοῦ scripsi, τὸ libri.
29 βέλτιον om. Mü.   36 τὸ inserui.   46 ποιὸν scripsi, ποσὸν libri.

γοῦντες τὴν ποιότητα ὁμολογήσουσιν, ἕτερον οὖσαν ποσοῦ, ἕτερον σώματος εἶναι. πῶς γὰρ μὴ ποσὸν οὖσα σῶμα ἔσται, εἴπερ πᾶν σῶμα ποσόν; — — τὸ δὲ ὕλην μὲν τὴν αὐτὴν εἶναι, σῶμα ὥς φασιν οὖσαν, διάφορα δὲ ποιεῖν ποιότητας προσλαβοῦσαν, πῶς οὐ δῆλον ποιεῖ, τὰ προσγενόμενα λόγους ἀΰλους 5 καὶ ἀσωμάτους εἶναι;

§ 6. Ποιότητες, ποιά, ἰδίως ποιά.

376 Plotinus Ennead. VI lib. I 29 (Vol. II p. 260 Mü.). τὰ δὲ ποιὰ αὐτοῖς ἕτερα μὲν δεῖ εἶναι τῶν ὑποκειμένων καὶ λέγουσιν· οὐ γὰρ ἂν αὐτὰ δεύτερα κατηρίθμουν. — — εἰ δὲ τὰ ποιὰ ὕλην ποιὰν λέγοιεν, πρῶτον μὲν 10 οἱ λόγοι αὐτοῖς ἔνυλοι, ἀλλ' οὐκ ἐν ὕλῃ γενόμενοι σύνθετόν τι ποιήσουσιν, ἀλλὰ πρὸ τοῦ συνθέτου, ὃ ποιοῦσιν, ἐξ ὕλης καὶ εἴδους ἔσονται· οὐκ ἄρα αὐτοὶ εἴδη οὐδὲ λόγοι. εἰ δὲ λέγοιεν μηδὲν εἶναι τοὺς λόγους ἢ ὕλην πὼς ἔχουσαν, τὰ ποιὰ δῆλον ὅτι πὼς ἔχοντα ἐροῦσι, καὶ ἐν τῷ τετάρτῳ γένει τακτέον. εἰ δὲ ἥδε ἡ σχέσις ἄλλη, τίς ἡ διαφορά; ἢ δῆλον ὅτι τὸ πὼς 15 ἔχειν ἐνταῦθα ὑπόστασις μᾶλλον;

377 Galenus de qualitatibus incorporeis 1 Vol. XIX p. 463 K. ἦν δὲ ὁ περὶ τῶν ποιοτήτων λόγος καὶ τῶν συμβεβηκότων ἁπάντων, ἅ φασιν εἶναι Στωϊκῶν παῖδες σώματα.

378 Simplicius in Aristot. categ. f. 57 E. ed. Bas. Οἱ δὲ Στωϊκοὶ 20 τὸ κοινὸν τῆς ποιότητος τὸ ἐπὶ τῶν σωμάτων λέγουσι διαφορὰν εἶναι οὐσίας, οὐκ ἀποδιαληπτὴν καθ' ἑαυτήν, ἀλλ' εἰς ἓν νόημα καὶ ἰδιότητα ἀπολήγουσαν, οὔτε χρόνῳ οὔτε ἰσχύϊ εἰδοποιουμένην, ἀλλὰ τῇ ἐξ αὐτῆς τοιοντότητι, καθ' ἣν ποιοῦ ὑφίσταται γένεσις. ἐν δὲ τούτοις εἰ μὴ οἷόν τε, κατὰ τὸν ἐκείνων λόγον, κοινὸν εἶναι σύμπτωμα σωμάτων καὶ 25 ἀσωμάτων, οὐκέτι ἔσται γένος ἡ ποιότης etc.

379 Alexander Aphrod. in Aristot. Topica IV p. 181 Ald. p. 360, 9 Wal. ἀναιροῖτο ἂν τὸ τὴν ποιότητα εἶναι πνεῦμά πως ἔχον ἢ ὕλην πως ἔχουσαν. — ἀλλὰ καὶ ὁ τὴν πυγμὴν λέγων εἶναι χεῖρά πως ἔχουσαν ἁμαρτάνει. οὐ γὰρ ἡ πυγμὴ χείρ, ἀλλ' ἐν ὑποκειμένῳ τῇ χειρὶ ἡ πυγμή.

30 **380** Plutarchus de comm. not. cp. 50 p. 1085 e. ἔτι τὴν μὲν οὐσίαν καὶ τὴν ὕλην ὑφεστάναι ταῖς ποιότησι λέγουσι, ὡς σχεδὸν οὕτω τὸν ὅρον ἀποδιδόναι· τὰς δὲ ποιότητας αὖ πάλιν οὐσίας καὶ σώματα ποιοῦσι· ταῦτα δὲ πολλὴν ἔχει ταραχήν. εἰ μὲν γὰρ ἰδίαν οὐσίαν οἱ ποιότητες ἔχουσι καθ' ἣν σώματα λέγονται καὶ εἰσιν, οὐχ ἑτέρας οὐσίας δέονται· τὴν γὰρ αὐτῶν 35 ἔχουσιν. εἰ δὲ τοῦτο μόνον αὐταῖς ὑφέστηκε τὸ κοινόν, ὅπερ οὐσίαν οὗτοι καὶ ὕλην καλοῦσι, δῆλον ὅτι σώματος μετέχουσι, σώματα δ' οὐκ εἰσὶν ⟨οὐδ' οὐσίαι⟩· τὸ. γὰρ ὑφεστὼς καὶ δεχόμενον διαφέρειν ἀνάγκη τῶν ἃ δέχεται καὶ οἷς ὑφέστηκεν. οἱ δὲ τὸ ἥμισυ βλέπουσι· τὴν γὰρ ὕλην ἄποιον ὀνομάζουσι, τὰς δὲ ποιότητας οὐκέτι βούλονται καλεῖν ἀΰλους. p. 1086 a ὃν δέ τινες 40 αὐτῶν προβάλλονται λόγον, ὡς ἄποιον τὴν. οὐσίαν ὀνομάζοντες, οὐχ ὅτι πάσης ἐστέρηται ποιότητος ἀλλ' ὅτι πάσας ἔχει τὰς ποιότητας, μάλιστα παρὰ τὴν ἔννοιάν ἐστιν.

---

4 ποιότητας scripsi, ποιότητος libri. ‖ ἀΰλους scripsi, αὐτούς libri.
10 fortasse: αὐτοὶ ἔνυλοι. 31 ὡς Bernardacis, καὶ libri. 36 δ' οὐκ Wy., γὰρ οὐκ libri. 37 οὐδ' οὐσίαι addidi propter sequentia. ‖ γὰρ Wy., δὲ libri.

381 Galenus de qualitatibus incorporeis 10. Vol. XIX p. 483 K. εἴ
τε καὶ τῶν συμβεβηκότων ἕκαστον σῶμά ἐστι, τί βουλόμενοι τὸ σῶμα μόνον
φασὶν ἐπ᾽ ἄπειρον τέμνεσθαι, οὐχὶ δὲ καὶ τὸ σχῆμα φέρε καὶ τὴν γλυκύτητα
καὶ τῶν ἄλλων ἕκαστον, οὐ τῷ κατὰ συμπλοκὴν τρόπῳ, φημί, οὐδὲ κατ᾽
ἀναφορὰν ἐπὶ τὸ συνήθως καλούμενον σῶμα, ἀλλ᾽ ἀπ᾽ εὐθείας; διὰ τί δὲ 5
μόνου, καθάπερ ἔφην, τοῦ σώματος τοῦτον ὅρον εἶναί φασιν, τὸ τριχῇ δια-
στατὸν μετὰ ἀντιτυπίας, οὐχὶ δὲ καὶ χρόαν καὶ χυλὸν καὶ χυμὸν καὶ τῶν
λοιπῶν συμβεβηκότων ἕκαστον οὕτως ὁρίζονται; εἰ δὲ σώμα⟨τα⟩ πάντα ταῦτ᾽
εἶναί φασι (κἂν γὰρ ἐπ᾽ εἴδους διαφέρῃ, κοινῶς γε καὶ πάντα σώματα
εἶναί φασιν) — — τῶν συμβεβηκότων ἕκαστον ὁριζόμενοι λεγέτωσαν οὐσίαν 10
σωματικὴν τριχῇ διαστατὴν μετὰ ἀντιτυπίας.

382 Galenus de qualitatibus incorporeis 3. 4 Vol. XIX p. 471 K.
ἐπιτείνεται δὲ τὸ ἄπορον τοῦ λόγου, εἰ καὶ τὸ μῆκος τοῦ σώματος σῶμά
ἐστι καὶ τὸ πλάτος καὶ τὸ βάθος. ἅμα γὰρ ἄπειροι, φημί, σωμάτων ἀπει-
ρίαι γενήσονται ἐν βραχεῖ κατὰ περιγραφὴν πρὸς αἴσθησιν τόπῳ. τό τε τῶν 15
πολλῶν τούτων, μᾶλλον δὲ ἀπείρων σωμάτων πλῆθος ἆρά γε οὖν ἀΐδιον;
καὶ πῶς ἔτι φήσουσιν ἄποιον τὴν πρώτην οὐσίαν; ἐξ ἧς φασι τόν τε κόσμον
καὶ τῶν ἐπὶ μέρους εἰδῶν ἕκαστον γεγονέναι.

383 Simplicius in Aristot. categ. f. 69 Γ. ed. Bas. ἀλλ᾽ οὐδὲ ἡ τῶν
Στωϊκῶν δόξα, λεγόντων σώματα εἶναι τὰ σχήματα, ὥσπερ καὶ τὰ ἄλλα 20
ποιά, συμφωνεῖ τῇ Ἀριστοτέλους δόξῃ.

384 Galenus de qualitatibus incorporeis 2 Vol. XIX p. 467 K. (post-
quam probare studuit μῆκος, πλάτος, βάθος, βάρος, σχῆμα non esse· cor-
pora) ὁ δ᾽ ὅμοιος ἐπὶ τῶν λοιπῶν συμβεβηκότων λόγος, χρωμάτων τε καὶ
χυμῶν καὶ τῶν πρὸς ὄσφρησιν καὶ τῶν πρὸς ἀκοήν, φωνῶν, λόγων, συριγ- 25
μῶν, μυγμῶν, ποππυσμῶν, στεναγμῶν, ῥωχμῶν, ῥογχασμῶν, βόμβων, ἤχων,
ψόφων· εἰ δὲ λέγοι τις ταῦτά τε καὶ τὰ τοιαῦτα πάντα ὑπάρχειν ἀέρι
πεπληγμένον πως, καλὸν ἐπειπεῖν αὐτῷ τὸ Μενάνδρειον

„ταῦτά σ᾽ ἀπολώλεκεν, ὦ πονηρέ"

τὸ μὴ δίχα σώματος νοεῖσθαί τι τοιοῦτο. — — οὔκουν οὐδὲ πληγὴ τοῦ 30
ἀέρος ἀήρ ἐστιν etc.

385 Galenus de qualitatibus incorporeis 6 Vol. XIX p. 480 K. κἀ-
κεῖνα λοιπὸν τοῖς φιλονίκοις ἀνδράσιν οὐκ ἄτοπα; καὶ γὰρ τὰς κινήσεις, αἳ
προσγίγνονται τοῖς σώμασιν καὶ πάλιν ἀπογίγνονται, σώματ᾽ εἶναί φασιν.
— — ἀλλ᾽ εἰ μὲν τῷ κατὰ ἀναφορὰν τρόπῳ τῆς κλήσεως οὕτως ἐκάλουν, 35
οὐδ᾽ ἂν οὐδ᾽ αὐτὸς ἐχαλέπαινον αὐτοῖς. — εἰ δὲ πρώτως καὶ κυρίως, ἁμαρ-
τάνουσιν.

386 Galenus de qualitatibus incorporeis 4. Vol. XIX p. 473 K. ⟨πῶς
δ᾽ εἰ⟩ καὶ τὸ φῶς ἐστι σῶμα καὶ ἡ λευκότης καὶ ἡ θερμότης, πᾶν δὲ σῶμα
ποσόν ἐστι καὶ πηλίκον καὶ συναυξητικὴν φύσιν ἔχει, τὸ καταυγασθὲν καὶ 40

4 οὐ τῷ P, corr. A; οὕτω ed.   6 εἶναί φασι P, φασὶν εἶναι ed.   8 σώ-
ματα scripsi, σῶμα libri.   13 ἄπορον PA, ἄπειρον ed.   15 τόπῳ Kalbfleisch,
τόπον libri.   24 ἐπὶ P, οὖν ed.   26 μυγμῶν scripsi, νυγμῶν libri. ‖ ῥωχμῶν
A, ῥοχμῶν P.   29 σέ P, τε ed.   33 λοιπὸν scripsi, λιπεῖν PA φιλεῖν ed. ‖
ἄτοπα scripsi, ἄτοπον libri. ‖ τὰς scripsi, τοι libri. ‖ αἳ scripsi, εἰ libri.
34 προσγίγνονται—ἀπογίγνονται Kalbfl., -εται libri. ‖ σώματ᾽ scripsi, σῶμα δ᾽
libri.   35 κλήσεως A, κλίσεως P ed.   38 πῶς δ᾽ εἰ supplevi.   39 καὶ ἡ
θερμότης PA, om. ed.   40 ἔχει scripsi, ἔχειν libri. ‖ καταυγασθὲν scripsi,

θερμανθὲν ὕδωρ ὑπὸ ἡλίου ⟨οὐ⟩ πλεῖόν τε καὶ μεῖζον γίγνεται καὶ διὰ τοῦτο μείζονος δεῖται τόπου.

387 Aëtius Plac. IV 20, 2. Οἱ δὲ Στωϊκοὶ σῶμα τὴν φωνήν· πᾶν γὰρ τὸ δρῶν ἢ καὶ ποιοῦν σῶμα· ἡ δὲ φωνὴ ποιεῖ καὶ δρᾷ· ἀκούομεν γὰρ 5 αὐτῆς καὶ αἰσθανόμεθα προσπιπτούσης τῇ ἀκοῇ καὶ ἐκτυπούσης καθάπερ δακτυλίου εἰς κηρόν. ἔτι πᾶν τὸ κινοῦν καὶ ἐνοχλοῦν σῶμά ἐστι· κινεῖ δὲ ἡμᾶς ἡ εὐμουσία, ἐνοχλεῖ δὲ ἡ ἀμουσία. ἔτι πᾶν τὸ κινούμενον σῶμά ἐστι· κινεῖται δὲ ἡ φωνὴ καὶ προσπίπτει εἰς τοὺς λείους τόπους καὶ ἀντανακλᾶται καθάπερ ἐπὶ τῆς σφαίρας τῆς βαλλομένης εἰς τοῖχον· ἐν γοῦν ταῖς κατ' 10 Αἴγυπτον πυραμίσιν ἔνδον μία φωνὴ ῥηγνυμένη τέτταρας ἢ καὶ πέντε ἤχους ἀπεργάζεται.

388 Simplicius in Aristot. categorias f. 54 B. ed. Bas. οἱ δὲ τινὰς μὲν ἀνῄρουν ποιότητας, τινὰς δὲ κατελίμπανον. τῶν δὲ ὑπόστασιν αὐταῖς διδόντων, οἱ μὲν πάσας ἡγοῦντο ἀσωμάτους, ὥσπερ οἱ ἀρχαῖοι· οἱ δὲ τῶν 15 μὲν ἀσωμάτων ἀσωμάτους, τῶν δὲ σωμάτων σωματικὰς ὥσπερ οἱ Στωϊκοί.

389 Simplicius in Aristot. categ. f. 56 Δ ed. Bas. Οἱ δὲ Στωϊκοὶ τῶν μὲν σωμάτων σωματικάς, τῶν δὲ ἀσωμάτων ἀσωμάτους εἶναι λέγουσι τὰς ποιότητας. σφάλλονται δὲ ἀπὸ τοῦ ἡγεῖσθαι τὰ αἴτια τοῖς ἀποτελου- μένοις ἀφ' ἑαυτῶν ὁμοούσια εἶναι καὶ ἀπὸ τοῦ κοινὸν λόγον τῆς αἰτίας ἐπὶ 20 τε τῶν σωμάτων καὶ ἐπὶ τῶν ἀσωμάτων ὑποτίθεσθαι. πῶς δὲ καὶ πνευ- ματικὴ ἡ οὐσία ἔσται τῶν σωματικῶν ποιοτήτων, αὐτοῦ τοῦ πνεύ- ματος συνθέτου ὄντος καὶ ἐκ πλειόνων συνεστηκότος, μεριστοῦ τε ὑπάρχοντος καὶ ἐπίκτητον ἔχοντος τὴν ἕνωσιν, ὥστε οὐ κατ' οὐσίαν ἔχειν τὸ συνηνῶσθαι οὐδὲ πρώτως ἀφ' ἑαυτοῦ; πῶς οὖν ἂν τοῖς ἄλλοις τοῦτο παρέχοι τὸ συν- 25 έχεσθαι;

390 Simplicius in Aristot. categ. f. 55 A ed. Bas. Καὶ εἰ ὁ Ἀριστο- τέλης μὲν καὶ τὰ ἐκτὰ καὶ τὰς ἐνεργείας περὶ ἡμᾶς ἀπολείπει, οἱ δὲ ἐξ Ἀκαδημίας ἀμφότερα ἐκτός, οἱ δὲ Στωϊκοὶ τὰ μὲν ἐκτὰ περὶ ἡμᾶς, τὰ δὲ ἐνεργήματα καὶ τὰ ποιήματα ἐκτός, συγχέαντες τὰς δύο δόξας, συμφώνως 30 ἑαυτῷ ὁ Ἀριστοτέλης συνῆψε τῇ ποιότητι τὸ ποιόν, ὡς ὄντα ἀμφότερα περὶ ἡμᾶς. τῶν δὲ Στωϊκῶν τινες, τριχῶς τὸ ποιὸν ἀφοριζόμενοι, τὰ μὲν δύο σημαινόμενα ἐπιπλέον τῆς ποιότητος λέγουσι· τὸ δὲ ἓν ἤτοι ἑνὸς μέρος συν- απαρτίζειν αὐτῇ φασι. λέγουσι γὰρ ποιὸν καθ' ἓν μὲν σημαινόμενον πᾶν τὸ κατὰ διαφοράν, εἴτε κινούμενον εἴη εἴτε ἐχόμενον· καὶ εἴτε δυσ- 35 αναλύτως εἴτε εὐαναλύτως ἔχει. κατὰ τοῦτο δὲ οὐ μόνον ὁ φρόνιμος καὶ ὁ πὺξ προτείνων, ἀλλὰ καὶ ὁ τρέχων ποιοί. καθ' ἕτερον δὲ καθ' ὃ οὐκέτι τὰς κινήσεις περιελάμβανον, ἀλλὰ μόνον τὰς σχέσεις· ὃ δὴ καὶ ὡρίζοντο τὸ ἰσχόμενον κατὰ διαφοράν, οἷός ἐστιν ὁ φρόνιμος καὶ ὁ προβεβλημένος. καὶ τούτων δὲ τῶν ἐμμόνως ἰσχομένων κατὰ διαφορὰν οἱ μὲν ἀπηρτισμένως 40 κατὰ τὴν ἐκφορὰν αὐτῶν καὶ τὴν ἐπίνοιαν εἰσὶ τοιοῦτοι, οἱ δὲ οὐκ ἀπηρτισμένως. καὶ τούτους μὲν παρῃτοῦντο· τοὺς δὲ ἀπαρτίζοντας καὶ ἐμμόνους ὄντας κατὰ διαφορὰν ποιοὺς ἐτίθεντο. ἀπαρτίζειν δὲ κατὰ τὴν ἐκφορὰν ἔλεγον τοὺς τῇ ποιότητι συνεξισουμένους, ὡς τὸν γραμ- ματικὸν καὶ τὸν φρόνιμον. οὔτε γὰρ πλεονάζει οὔτε ἐλλείπει τούτων ἑκάτερος 45 παρὰ τὴν ποιότητα· ὁμοίως δὲ καὶ ὁ φιλόσοφος καὶ ὁ φίλοινος. οἱ μέντοι περὶ τὰς ἐνεργείας τοιοῦτοι, ὥσπερ ὁ ὀψοφάγος καὶ ὁ οἰνόφλυξ, ἔχοντες μέρη

κατ' αὐτὰς θέαμα PA. Fortasse: καταυγασθὲν ἅμα.   1 οὐ addidi.   3 Cf.
n. 140—142.

PHYSICAE DOCTRINAE FUNDAMENTA. 129

τοιαῦτα, δι' ὧν ἀπολαύουσιν, οὕτως λέγονται. διὸ καὶ εἰ μέν τις ὀψοφάγος, καὶ φίλοψος πάντως· εἰ δὲ φίλοψος, οὐ πάντως ὀψοφάγος. ἐπιλειπόντων γὰρ τῶν μερῶν δι' ὧν ὀψοφαγεῖ, τῆς μὲν ὀψοφαγίας ἀπολέλυται, τὴν δὲ φίλοψον ἕξιν οὐκ ἀνῄρηκε. τριχῶς οὖν τοῦ ποιοῦ λεγομένου, ἡ ποιότης κατὰ τὸ τελευταῖον ποιὸν συναπαρτίζει πρὸς τὸ ποιόν. διὸ καὶ ὅταν ὁρί- 5 ζωνται τὴν ποιότητα σχέσιν ποιοῦ, οὕτως ἀκουστέον τοῦ ὅρου, ὡς τοῦ τρίτου ποιοῦ παραλαμβανομένου. μοναχῶς μὲν γὰρ ἡ ποιότης λέγεται κατ' αὐτοὺς τοὺς Στωϊκούς, τριχῶς δὲ ὁ ποιός.
391 Simplicius in Aristot. categ. f. 55 E ed. Bas. Καὶ οἱ Στωϊκοὶ δὲ κατὰ τὰς αὐτῶν ὑποθέσεις τὴν αὐτὴν ἂν ἀπορίαν προσαγάγοιεν τῷ λέ- 10 γοντι λόγῳ, κατὰ ποιότητα πάντα τὰ ποιὰ λέγεσθαι. τὰς γὰρ ποιότητας ἑκτὰ λέγοντες οὗτοι, ἐπὶ τῶν ἡνωμένων μόνων ἑκτὰ ἀπολείπουσιν· ἐπὶ δὲ τῶν κατὰ συναφήν, οἷον νεώς, καὶ ἐπὶ τῶν κατὰ διάστασιν, οἷον στρατοῦ, μηδὲν εἶναι ἑκτόν, μηδὲ εὑρίσκεσθαι πνευματικόν τι ἓν ἐπ' αὐτῶν μηδὲ ἕνα λόγον ἔχον, ὥστε ἐπί τινα ὑπόστασιν ἐλθεῖν μιᾶς ἕξεως. τὸ δὲ 15 ποιὸν καὶ ἐν τοῖς ἐκ συναπτομένων θεωρεῖται καὶ ἐν τοῖς ἐκ διεστώτων. ὡς γὰρ εἷς γραμματικὸς ἐκ ποιᾶς ἀναλήψεως καὶ συγγυμνασίας ἐμμόνως ἔχει κατὰ διαφοράν, οὕτως καὶ ὁ χορὸς ἐκ ποιᾶς μελέτης ἐμμόνως ἔχει κατὰ δια- φοράν. διὸ ποιὰ μὲν ὑπάρχει διὰ τὴν κατάταξιν καὶ τὴν πρὸς ἓν ἔργον συνέργειαν· δίχα δὲ ποιότητός ἐστι ποιά. ἕξις γὰρ ἐν τούτοις οὐκ ἔστιν· 20 οὐδὲ γὰρ ὅλως ἐν διεστώσαις οὐσίαις καὶ μηδεμίαν ἐχούσαις συμφυῆ πρὸς ἀλλήλας ἕνωσίν ἐστι ποιότης ἢ ἕξις. εἰ δὲ ποιοῦ ὄντος οὐκ ἔστι ποιότης, οὐ συναπαρτίζειν ταῦτα ἀλλήλοις φαῖεν ἄν, οὐδὲ δυνατόν ἐστι διὰ τοῦ ποιοῦ τὴν ποιότητα ἀποδίδοσθαι. πρὸς δὲ ταῦτα δυνατὸν μὲν λέγειν, ὡς ἀσώματον ὂν τὸ εἶδος ἓν καὶ τὸ αὐτὸ διατείνει ἐπὶ τοῖς πολλοῖς, πανταχοῦ τὸ αὐτὸ 25 ὑπάρχον ὅλον. εἰ δὲ τοῦτο, ἔσται καὶ ποιότης μία διήκουσα διὰ τῶν διεστη- κότων καὶ συναπτομένων ποιῶν. εἰ μέντοι τοιαύτην τις τὴν ὑπόθεσιν ὡς ἀπεξενωμένην τῆς Στωϊκῆς αἱρέσεως μὴ προσδέχοιτο, ἔστιν ἰσχυρῶς ἀπο- μάχεσθαι etc.
392 Simplicius in Aristot. categ. f. 70 E ed. Bas. καὶ οἱ Στωϊκοὶ 30 δὲ ποιότητας ποιοτήτων ποιοῦσιν, ἑαυτῶν ποιοῦντες ἑκτὰς ἕξεις.
393 Simplicius in Aristot. categ. f. 61 B ed. Bas. Ἄξιον δὲ καὶ τὴν τῶν Στωϊκῶν συνήθειαν πάντων περὶ τὰ ὀνόματα ταῦτα καταμαθεῖν. δο- κοῦσι γὰρ οὗτοι τισὶν ἀνάπαλιν τῷ Ἀριστοτέλει τὴν διάθεσιν τῆς ἕξεως μονι- μωτέραν ἡγεῖσθαι. τὸ δὲ ἀφορμὴν μὲν ἔχει τῆς τοιαύτης ὑπονοίας, οὐ μέν- 35 τοι κατὰ τὸ μονιμώτερον ἢ μὴ παρὰ τοῖς Στωϊκοῖς ἡ τούτων εἴληπται διαφορά, ἀλλὰ κατ' ἄλλας διαθέσεις. καὶ γὰρ τὰς μὲν ἕξεις ἐπιτείνεσθαί φασι δύνασθαι καὶ ἀνίεσθαι· τὰς δὲ διαθέσεις ἀνεπιτάτους εἶναι καὶ ἀνα- νέτους. διὸ καὶ τὴν εὐθύτητα τῆς ῥάβδου, κἂν εὐμετάβολος ᾖ, δυναμένη κάμπτεσθαι, διάθεσιν εἶναί φασι. μὴ γὰρ ἀνεθῆναι ἢ ἐπιταθῆναι τὴν εὐ- 40 θύτητα μηδὲ ἔχειν τὸ μᾶλλον ἢ ἧττον, διόπερ εἶναι διάθεσιν. οὕτωσὶ δὲ καὶ τὰς ἀρετὰς διαθέσεις εἶναι, οὐ κατὰ τὸ μόνιμον ἰδίωμα, ἀλλὰ κατὰ τὸ ἀνεπίτατον καὶ ἀνεπίδεκτον τοῦ μᾶλλον· τὰς δὲ τέχνας καίτοι δυσκινήτους οὔσας [ἢ] μὴ εἶναι διαθέσεις. καὶ ἐοίκασι τὴν μὲν ἕξιν ἐν τῷ πλάτει τοῦ εἴδους θεωρεῖν· τὴν δὲ διάθεσιν ἐν τῷ τέλει τοῦ εἴδους καὶ ἐν τῷ μάλιστα, 45

19 ed. Bas. ἑνὸς ἔργου. 23 ed. Bas. συναπαρτίζει. 26 ed. Bas. συν- διεστ. 39 ἀνανέτους scripsi, ἀνέτους ed. Bas. 43 καίτοι scripsi, ed. Bas. ἤτοι et paulo post ἢ quod uncinis saepsi.

Stoicorum veterum fragm. II.   9

εἴτε κινοῖτο καὶ μεταβάλλοι, ὡς τὸ εὐθὺ τῆς ῥάβδου, εἴτε καὶ μή. μᾶλλον δ' ἐχρῆν ἐκεῖνο ἐπιστῆσαι, μὴ ἡ παρὰ τοῖς Στωϊκοῖς σχέσις ἡ αὐτή ἐστι τῇ παρὰ Ἀριστοτέλει διαθέσει, κατὰ τὸ εὐανάλυτον καὶ δυσανάλυτον διΐσταμένη πρὸς τὴν ἕξιν· ἀλλ' οὐδὲ οὕτως συμφωνοῦσιν. ὁ μὲν γὰρ Ἀριστοτέλης
5 τὴν ἀβέβαιον ὑγείαν διάθεσιν εἶναί φησιν· οἱ δὲ ἀπὸ τῆς Στοᾶς τὴν ὑγείαν, ὅπως ἂν ἔχῃ, οὐ συγχωροῦσι σχέσιν εἶναι· φέρειν γὰρ τὸ τῆς ἕξεως ἰδίωμα. τὰς μὲν γὰρ σχέσεις ταῖς ἐπικτήτοις καταστάσεσι χαρακτηρίζεσθαι, τὰς δὲ ἕξεις ταῖς ἐξ ἑαυτῶν ἐνεργείαις. ὅθεν οὐδὲ χρόνου μήκει ἢ ἰσχύϊ εἰδοποιοῦνται αἱ ἕξεις κατ' αὐτούς, ἰδιότητι δέ τινι καὶ χαρακτῆρι. καὶ ὥσπερ τὰ
10 ἐρριζωμένα μᾶλλον καὶ ἧττον ἐρρίζωται, ἓν δὲ ἔχει τὸ κοινὸν ἰδίωμα, τὸ ἀντέχεσθαι τῆς γῆς, οὕτω καὶ ἡ ἕξις ἐπὶ τῶν δυσκινήτων καὶ εὐκινήτων ἡ αὐτὴ θεωρεῖται. ὅλως γὰρ τῷ γένει πολλὰ ποιὰ ὄντα, ἐκλελυμένον ἐκεῖνο τὸ ἰδίωμα ἔχει καθὸ εἰδοποιεῖται, ὡς ὁ αὐστηρὸς οἶνος καὶ ἀμύγδαλα πικρὰ καὶ μολοττικὸς κύων καὶ μελιταῖος, οἷς πᾶσι μέτεστι μὲν ὁ γενικὸς χαρακτήρ,
15 ἐπὶ βραχὺ δὲ καὶ ἀνειμένως, καὶ ὅσον ἐπ' αὐτοῖς τοῖς ἐν τῇ ἕξει λόγοις ἐπιμένει ἐπὶ μιᾶς καταστάσεως αὕτη, τὸ δὲ εὐκίνητον πολλάκις ἐξ ἄλλης αἰτίας ἔχει. διόπερ οἱ Στωϊκοὶ διατείνουσι τὰς ἕξεις κοινότερον καὶ ἐπὶ τὰς εὐκινήτους ἃς λέγει ὁ Ἀριστοτέλης διαθέσεις, καὶ ταύτας ἡγοῦνται πολὺ διενηνοχέναι τῆς σχέσεως. ἡ γὰρ τοῦ ἀναλαμβάνοντος τὴν ὑγίειαν ἕξις καθίσεως
20 καὶ προβολῆς καὶ τῶν τοιούτων σχέσεων πάντη διέστηκεν. αἱ μὲν γὰρ ἄρριζοι καὶ ἀπαγεῖς εἰσιν· τὰς δὲ οὕτως ὑφεστηκέναι φασίν, ὥστε ἀφεθείσας διαμένειν ὅσον ἐφ' ἑαυταῖς δύνασθαι, τὸ ἔμμονον ἐξ ἑαυτῶν καὶ τοῦ οἰκείου λόγου παρεχομένας. διὰ ταῦτα οὐδὲ ἡ ὁπωσοῦν δυσανάλυτος σχέσις λέγεται ἕξις παρ' αὐτοῖς. εἰ γὰρ ἔξωθεν ἔχει τὸ δυσανάλυτον, ὥσπερ ὁ δακτύλιος
25 ἐν δακτυλήθρᾳ ὤν, οὐκ ἂν εἴη ἐν ἕξει τῆς τοιαύτης καταστάσεως, ἀλλ' εἰ ἀφ' ἑαυτοῦ τὴν ἐνέργειαν παρέχοιτο τοῦ εἶναι τοιόνδε, τότε ἂν εἴη ἐν ἕξει, ὥσπερ ὁ πηλὸς εἰς ὄστρακον μεταβαλών. αὐτὸς γὰρ ἀφ' ἑαυτοῦ τοιόσδε γέγονεν. ἀλλὰ ταῦτα μὲν οὕτως ἱστορείσθω.

cf. f. 72Δ. Τρίτη δὲ αἵρεσις ἡ τῶν Στωϊκῶν, οἵ τινες διελόμενοι
30 χωρὶς τὰς ἀρετὰς ἀπὸ τῶν μέσων τεχνῶν, ταύτας οὔτε ἐπιτείνεσθαι λέγουσιν οὔτε ἀνίεσθαι. τὰς δὲ μέσας τέχνας καὶ ἐπίτασιν καὶ ἄνεσιν δέχεσθαί φασιν. τῶν οὖν ἕξεων καὶ τῶν ποιῶν κατὰ τούτους τὰ μὲν οὔτε ἐπιτείνεται οὔτε ἀνίεται, τὰ δὲ ἀμφότερα ἐπιδέχεται.

394 Alexander Aphrod. de anima p. 17,15 Bruns. ἀλλ' οὐδὲ κατὰ
35 τοὺς λέγοντας πᾶν σῶμα ἢ ὕλην ἢ ἐξ ὕλης εἶναι (ὡς τοῖς ἀπὸ τῆς Στοᾶς δοκεῖ) εἴη ἂν τὸ εἶδος σῶμα.

p. 17,21. εἰ γὰρ οὕτως λέγοιεν τὸ εἶδος ἐξ ὕλης τε καὶ εἴδους, οὐχ ὡς ἐξ ἄλλου τινὸς εἴδους, ἀλλ' ὡς αὐτοῦ σὺν ὕλῃ τὸ εἶναι ἔχοντος, οὐδ' ἂν ἡ ὕλη κατ' αὐτοὺς ἄποιος εἴη κατὰ τὸν αὐτῆς λόγον etc.

40 p. 18,7. ἔτι δὲ πῶς οὐκ ἄτοπον τὸ τὴν ὕλην λέγειν ἐν τῷ τὸ εἶδος καὶ τὴν ποιότητα λαμβάνειν καὶ ὕλην τινὰ προσλαμβάνειν; ὃ ἀναγκαῖόν ἐστι λέγειν τοῖς τὸ εἶδός τε καὶ τὴν ποιότητα σῶμα ἔνυλον λέγουσιν.

395 Simplicius in Aristot. de anima p. 217,36 Hayd. εἴ γε καὶ ἐπὶ τῶν συνθέτων τὸ ἀτομωθὲν ὑπάρχει εἶδος, καθ' ὃ ἰδίως παρὰ τοῖς
45 ἐκ τῆς Στοᾶς λέγεται ποιόν, ὃ καὶ ἀθρόως ἐπιγίνεται καὶ αὖ ἀπογίνεται καὶ τὸ αὐτὸ ἐν παντὶ τῷ τοῦ συνθέτου βίῳ διαμένει, καίτοι τῶν μορίων ἄλλων ἄλλοτε γινομένων τε καὶ φθειρομένων.

---

38 τὸ εἶναι Bruns, τὸ εἶδος Va.

PHYSICAE DOCTRINAE FUNDAMENTA. 131

396 Plutarchus de comm. not. cp. 36 p. 1077 d. ἐκεῖνα δ' ὄντως
παρὰ τὴν ἔννοιάν ἐστιν, ἃ λέγουσιν οὗτοι καὶ πλάττουσιν „ἐπὶ μιᾶς
οὐσίας δύο ἰδίως γενέσθαι ποιοὺς καὶ τὴν αὐτὴν οὐσίαν ἕνα ποιὸν
ἰδίως ἔχουσαν ἐπιόντος ἑτέρου δέχεσθαι καὶ διαφυλάττειν ὁμοίως
ἀμφοτέρους." 5

397 Philo de incorrupt. mund. 236,6 B. Χρύσιππος γοῦν ὁ
δοκιμώτατος τῶν παρ' αὐτοῖς ἐν τοῖς περὶ Αὐξανομένου τερατεύεταί
τι τοιοῦτον· προκατασκευάσας ὅτι δύο ἰδίως ποιοὺς ἐπὶ τῆς αὐτῆς οὐ-
cίας ἀμήχανον cυcτῆναι, φηcίν·

„Ἔcτω θεωρίας ἕνεκα τὸν μέν τινα ὁλόκληρον, τὸν δὲ 10
χωρὶς ἐπινοεῖcθαι τοῦ ἑτέρου ποδός, καλεῖcθαι δὲ τὸν μὲν
ὁλόκληρον Δίωνα, τὸν δὲ ἀτελῆ Θέωνα, κἄπειτα ἀποτέμνεcθαι
Δίωνος τὸν ἕτερον τοῖν ποδοῖν."

Ζητουμένου δὴ πότερος ἔφθαρται, τὸν Θέωνα φάcκειν οἰκειότερον
εἶναι. τοῦτο δὲ παραδοξολογοῦντος μᾶλλόν ἐcτιν ἢ ἀληθεύοντος. πῶς 15
γὰρ ὁ μὲν οὐδὲν ἀκρωτηριαcθεὶς μέρος, ὁ Θέων, ἀνήρπαcται, ὁ δ' ἀπο-
κοπεὶς τὸν πόδα Δίων οὐχὶ διέφθαρται;

„Δεόντως, φηcίν, ἀναδεδράμηκε γὰρ ὁ ἐκτμηθεὶς τὸν
πόδα Δίων ἐπὶ τὴν ἀτελῆ τοῦ Θέωνος οὐcίαν, καὶ δύο ἰδίως
ποιοὶ περὶ τὸ αὐτὸ ὑποκείμενον οὐ δύνανται εἶναι. τοιγαρ- 20
οῦν τὸν μὲν Δίωνα μένειν ἀναγκαῖον, τὸν δὲ Θέωνα διε-
φθάρθαι."

Sequentibus auctor hac Chrysippi argumentatione ad mundum
translata efficit, τῇ ἐκπυρώcει τὴν τοῦ κόcμου ψυχὴν διεφθάρθαι, τὸν
δὲ κόcμον μένειν. 25

398 Syrianus in Aristot. Metaphys. Acad. (Aristot. V 852ᵃ 3). καὶ οἱ
Στωϊκοὶ δὲ τοὺς κοινῶς ποιοὺς πρὸ τῶν ἰδίως ποιῶν ἀποτίθενται.

§ 7. Πῶς ἔχοντα et πρός τί πως ἔχοντα.

399 Dexippus in Aristot. categ. p. 34,19 Busse. εἰ δέ τις εἰς τὸ
πῶς ἔχον συντάττοι τὰς πλείστας κατηγορίας, ὥσπερ οἱ Στωϊκοὶ ποιοῦσιν, 30
ἐπιδεικτέον αὐτοῖς, ὅτι πλεῖστα παραλείπουσι τῶν ὄντων, τά τε ἐν τόπῳ καὶ
τὰ ἐν χρόνῳ καὶ κατ' ἀριθμὸν ποσὰ καὶ κατὰ πηλίκον καὶ τὸ ὑποδεδέσθαι
καὶ ἄλλα τοιαῦτα· οὐδὲν γὰρ ὅ,τι τῶν τοιούτων περιέχεται ἐν τῷ πῶς ἔχοντι.

400 Plotinus Ennead. VI lib. I, 30 (Vol. II p. 261 Mü.). ἐν δὲ τοῖς
πῶς ἔχουσιν ἄτοπον μὲν ἴσως τὰ πῶς ἔχοντα τρίτα τίθεσθαι ἢ ὁπωσοῦν 35
τάξεως ἔχει, ἐπειδὴ περὶ τὴν ὕλην πῶς ἔχοντα πάντα. ἀλλὰ διαφορὰν τῶν
πῶς ἐχόντων φήσουσιν εἶναι καὶ ἄλλως πῶς ἔχειν τὴν ὕλην ὡδὶ καὶ

---

8 εἰδοποιοὺς libri, hic et infra, ἰδίως ποιὰ scripsit Cumont. 2 δύνανται
Bernays, δύναται libri.

9*

οὕτως, ἄλλως δὲ ἐν τοῖς πὼς ἔχουσι· καὶ ἔτι τὰ μὲν ποιὰ περὶ τὴν
ὕλην πῶς ἔχοντα, τὰ ἰδίως δὲ πὼς ἔχοντα περὶ τὰ ποιά. ἀλλὰ τῶν
ποιῶν αὐτῶν οὐδὲν ἢ ὕλης πὼς ἐχούσης ὄντων, πάλιν τὰ πὼς ἔχοντα ἐπὶ
τὴν ὕλην αὐτοῖς ἀνατρέχει καὶ περὶ τὴν ὕλην ἔσται. πῶς δὲ ἓν τὸ πὼς
5 ἔχον, πολλῆς διαφορᾶς ἐν αὐτοῖς οὔσης; πῶς γὰρ τὸ τρίπηχυ καὶ τὸ λευκὸν
εἰς ἕν, τοῦ μὲν ποσοῦ, τοῦ δὲ ποιοῦ ὄντος; πῶς δὲ τὸ „πότε" καὶ τὸ „ποῦ";
πῶς δὲ ὅλως πὼς ἔχοντα τὸ χϑὲς καὶ τὸ πέρυσι καὶ τὸ ἐν Λυκείῳ καὶ ⟨ἐν⟩
Ἀκαδημίᾳ; καὶ ὅλως πῶς [δὲ] ὁ χρόνος πὼς ἔχων; οὔτε γὰρ αὐτὸς οὔτε τὰ
ἐν αὐτῷ [τῷ χρόνῳ] οὔτε ὁ τόπος οὔτε τὰ ἐν τῷ τόπῳ. τὸ δὲ ποιεῖν πὼς
10 πὼς ἔχον; — — ἴσως δ᾽ ἂν μόνον ἁρμόσει⟨ε⟩ ἐπὶ τοῦ κεῖσθαι τὸ πὼς
ἔχον καὶ ἐπὶ τοῦ ἔχειν. ἐπὶ δὲ τοῦ ἔχειν οὐ πὼς ἔχον ἀλλὰ ἔχον.

401 Simplicius in Aristot. categ. f. 94 E ed. Bas. τῶν δὲ ἀπὸ τῆς
Στοᾶς ἀξιούντων εἰς τὸ „πῶς ἔχειν" ἀναφέρειν τὸ „ἔχειν" ὁ Βοηϑὸς
ἐναντιοῦται etc.

15 **402** Plotinus Ennead. VI lib. I 30. τὸ δὲ „πρός τι" εἰ μὲν μὴ ὑφ᾽
ἓν τοῖς ἄλλοις ἐτίϑεσαν, ἕτερος λόγος ἦν ἂν ζητούντων, εἴ τινα διδόασιν
ὑπόστασιν ταῖς τοιαύταις σχέσεσι, πολλαχοῦ οὐ διδόντων· εἰ δ᾽ ἐν γένει τῷ
αὐτῷ, ἐπιγενόμενον πρᾶγμα τοῖς ἤδη οὖσιν, ἄτοπον συντάττειν τὸ ἐπιγιγνό-
μενον εἰς ταὐτὸν γένος τοῖς πρότερον οὖσι. δεῖ γὰρ πρότερον ἓν καὶ δύο
20 εἶναι, ἵνα καὶ ἥμισυ καὶ διπλάσιον.

403 Simplicius in Aristot. categor. f. 42 E ed. Bas. Οἱ δὲ Στωϊκοὶ
ἀνϑ᾽ ἑνὸς γένους δύο κατὰ τὸν τόπον τοῦτον ἀριϑμοῦνται, τὰ μὲν ἐν τοῖς
πρός τι τιϑέντες, τὰ δὲ ἐν τοῖς πρός τί πως ἔχουσι. καὶ τὰ μὲν πρός τι
ἀντιδιαιροῦσι τοῖς καϑ᾽ αὑτά· τὰ δὲ πρός τί πως ἔχοντα τοῖς κατὰ διαφοράν,
25 πρός τι μὲν λέγοντες τὸ γλυκὺ καὶ πικρὸν καὶ τὰ τοιαῦτα καὶ ὅσα τοιῶσδε
διατίϑησι· πρός τι δέ πως ἔχοντα οἷον δεξιόν, πατέρα καὶ τὰ τοιαῦτα. κατὰ
διαφορὰν δέ φασι τὰ κατά τι εἶδος χαρακτηριζόμενα. ὥσπερ οὖν ἄλλη τῶν
καϑ᾽ αὑτὰ ἔννοια καὶ ἄλλη τῶν· κατὰ διαφοράν, οὕτως ἄλλα μὲν τὰ πρός τι
ἐστίν, ἄλλα δὲ τὰ πρός τί πως ἔχοντα. ἀντεστραμμένη δέ ἐστι τῶν συζυ-
30 γιῶν ἡ ἀκολουϑία. τοῖς μὲν γὰρ καϑ᾽ αὑτὰ συνυπάρχει τὰ κατὰ διαφοράν.
καὶ γὰρ τὰ καϑ᾽ αὑτὰ ὄντα διαφορὰς ἔχει τινάς, ὥσπερ τὸ λευκὸν καὶ μέλαν.
οὐ μέντοι τοῖς κατὰ διαφορὰν τὰ καϑ᾽ αὑτὰ συνυπάρχει. τὸ γὰρ γλυκὺ καὶ
πικρὸν διαφορὰς μὲν ἔχει, καϑ᾽ ἃς χαρακτηρίζεται, οὐ μέντοι καϑ᾽ αὑτά ἐστι
τοιαῦτα, ἀλλὰ πρός τι. τὰ δὲ πρός τί πως ἔχοντα, ἅπερ ἀντίκειται τοῖς
35 κατὰ διαφοράν, πάντως καὶ πρός τι ἐστίν. ὁ γὰρ δεξιὸς καὶ πατὴρ μετὰ
τοῦ πὼς ἔχειν καὶ πρός τι εἰσίν. τὸ γλυκὺ καὶ πικρὸν πρός τι ὄντα κατὰ
διαφοράν ἐστι· τὰ δὲ πρός τί πως ἔχοντα ἐναντία τοῖς κατὰ διαφορὰν
ὑπάρχει. καὶ γὰρ τὰ μὲν πρός τί πως ἔχοντα ἀδύνατον καϑ᾽ αὑτὰ εἶναι ἢ
κατὰ διαφοράν. ἐκ γὰρ τῆς πρὸς ἕτερον σχέσεως ἤρτηται μόνης. τὰ μέντοι
40 πρός τι καϑ᾽ αὑτὰ μὲν οὐκ ἔστι (οὐ γάρ ἐστιν ἀπόλυτα) κατὰ διαφορὰν δὲ
πάντως ἔσται· μετὰ γάρ τινος χαρακτῆρος ϑεωρεῖται. — εἰ δὲ δεῖ σαφέστερον
μεταλαβεῖν τὰ λεγόμενα, πρός τι μὲν λέγουσιν ὅσα κατ᾽ οἰκεῖον χαρακτῆρα
διακείμενά πως ἀπονεύει πρὸς ἕτερον, πρός τι δέ πως ἔχοντα ὅσα πέφυκε
συμβαίνειν τινὶ καὶ μὴ συμβαίνειν ἄνευ τῆς περὶ αὐτὰ μεταβολῆς καὶ ἀλλοι-
45 ώσεως μετὰ τοῦ πρὸς τὸ ἐκτὸς ἀποβλέπειν, ὥστε ὅταν μὲν κατὰ διαφοράν τι
διακείμενον πρὸς ἕτερον νεύσῃ, πρός τι μόνον τοῦτο ἔσται, ὡς ἡ ἕξις καὶ

---

7 ἐν addidi.   8 δὲ seclusi.   9 τῷ χρόνῳ seclusi.   10 ἁρμόσειε scripsi,
ἁρμόσει libri.   17 εἰ δ᾽ scripsi, ἔτι δ᾽ libri.

PHYSICAE DOCTRINAE FUNDAMENTA. 133

ἡ ἐπιστήμη καὶ ἡ αἴσθησις. ὅταν δὲ μὴ κατὰ τὴν ἐνοῦσαν διαφοράν, κατὰ
ψιλὴν δὲ τὴν πρὸς ἕτερον σχέσιν θεωρῆται, πρός τί πως ἔχον ἔσται. ὁ γὰρ
υἱὸς καὶ ὁ δεξιὸς ἔξωθέν τινων προσδέονται πρὸς τὴν ὑπόστασιν. διὸ καὶ
μηδεμιᾶς γινομένης περὶ αὐτὰ μεταβολῆς, γένοιτ' ἂν οὐκέτι πατὴρ τοῦ υἱοῦ
ἀποθανόντος, ὁ δὲ δεξιὸς τοῦ παρακειμένου μεταστάντος. τὸ δὲ γλυκὺ καὶ 5
πικρὸν οὐκ ἂν ἀλλοῖα γένοιτο, εἰ μὴ συμμεταβάλλοι καὶ ἡ περὶ αὐτὰ δύνα-
μις. εἰ τοίνυν καὶ μηδὲν αὐτὰ παθόντα μεταβάλλοι κατὰ τὴν τοῦ ἄλλου
πρὸς αὐτὰ σχέσιν, δηλονότι ἐν τῇ σχέσει μόνῃ τὸ εἶναι ἔχει καὶ οὐ κατά
τινα διαφοράν, τὰ πρός τί πως ἔχοντα.
ibid. cf. 43 A. ἕπεται δὲ αὐτοῖς κἀκεῖνο ἄτοπον τὸ σύνθετα ποιεῖν τὰ 10
γένη ἐκ προτέρων τινῶν καὶ δευτέρων, ὡς τὸ πρός τι ἐκ ποιοῦ καὶ πρός τι·
ἀλλὰ καὶ περὶ τῆς ἀκολουθίας, οὔτε ὡς οἱ Στωϊκοὶ λέγουσι τῷ μὲν πρός
τί πως ἔχοντι τὸ πρός τι ἕπεται, τῷ δὲ πρός τι οὐκέτι τὸ πρός τί πως ἔχον·
οὔθ' ὡς ὁ Βοηθὸς ἀμυνόμενος αὐτούς etc.
ibid. f. 44 B. καὶ οὐ καλῶς οἱ Στωϊκοὶ νομίζουσι πάσης τῆς κατὰ 15
διαφορὰν ἰδιότητος ἀπηλλάχθαι τὰ πρός τί πως ἔχοντα, διότι πέφυκε συμ-
βαίνειν καὶ ἀποσυμβαίνειν μηδεμιᾶς μεταβολῆς περὶ αὐτὰ γενομένης. ψεῦδος
γὰρ τοῦτο λέγεται etc.
404 Sextus adv. math. VIII 453. καὶ ὅτι τῷ ὄντι ἐπινοίᾳ μόνον
σῴζεται τὰ πρός τί πως ἔχοντα, ὕπαρξις δὲ οὐκ ἔστιν αὐτοῖς, πάρεστι δι- 20
δάσκειν ἐκ τῆς τῶν δογματικῶν ἀνθομολογήσεως. ὑπογράφοντες γὰρ τὸ
πρός τι συμφώνως φασί „πρός τι ἐστὶ τὸ πρὸς ἑτέρῳ νοούμενον."

§ 8. Primae qualitates.

405 Galenus de constitutione artis medicae 8 Vol. I p. 251 K.
ἐπειδὴ τὸ στοιχεῖον ἀλλοιωτόν ἐστι δι' ὅλου, πόσα τὰ πάντ' ἐστὶ στοιχεῖα, διέλ- 25
θωμεν ἑξῆς, ἀρχὴν κἀνταῦθα τῶν λόγων τῶν ἐναργῶς τι φαινομένων ποιη-
σάμενοι. τοῖς ἀλλοιοῦσιν ὁτιοῦν ἀναγκαῖον, [καὶ] ἁψαμένοις πρῶτον, ὧν
ἀλλοιοῦσι, ποιήσασθαι τὴν μεταβολήν, ὥσπερ ἡ αἴσθησις διδάσκει, καὶ αὐτὴ
τῶν πραγμάτων ἡ φύσις ἐνδείκνυται. — — καὶ μήν, εἰ ἁψάμενον ἀλλοιοῖ
τὸ μεταβάλλον, ἀναγκαῖον αὐτῷ κατά τινας τῶν ἁπτῶν ποιότητας ἐνεργῆσαι. 30
τί οὖν τὸ κωλύον ἐστὶν ἐπισκέψασθαι πάσας αὐτάς; ὀξὺ μὲν οὖν τέμνει τὸ
πλησιάζον, ἀλλ' οὐκ ἀλλοιοῖ τὴν οὐσίαν αὐτοῦ, καθάπερ οὐδὲ τὸ βάρος, ἀλλὰ
θλᾷ μὲν καὶ τοῦτο, δι' ὅλου δ' οὐκ ἐργάζεται τῆς πασχούσης οὐσίας τὴν
μεταβολήν. οὐ μὴν οὐδὲ σκληρότης οὕτω ἀλλοιῶσαι δύναται τὸ πλησιάζον,
ὡς εἰς ἕτερον εἶδος μεταστῆσαι. θερμότης μέντοι καὶ ψυχρότης ὅλην ἀλλοι- 35
ῶσαι δύναται τὴν πλησιάζουσαν οὐσίαν. ὡσαύτως δὲ ὑγρότης καὶ ξηρότης, εἰ
καὶ μὴ διὰ τάχους ὁμοίως ταῖς εἰρημέναις, ἀλλ' ἐν χρόνῳ γε καὶ αὗται μεταλ-
λάττουσι τὰ ὑποκείμενα. ἆρ' οὖν καὶ ἑτέραν τινὰ ἔχομεν ἀλλοιοῦν δυναμένην
ἢ τὸ σύμπαν πλῆθος ἐν ταύταις ἐστί; καὶ μόνας ὀνομάζεσθαί τε καὶ νομί-
ζεσθαι προσήκει τὰς εἰρημένας ποιότητας δραστικάς, καὶ μάλιστ' ἐν αὐταῖς 40
τὴν πρώτην ἀντίθεσιν, καὶ κατ' αὐτὴν μᾶλλον τὴν θερμότητα· δραστικωτάτη
γὰρ αὕτη τῶν ποιοτήτων ἐστίν. ἑξῆς δ' αὐτῆς ψυχρότης, εἶθ' ὑγρότης καὶ
ξηρότης. ἄλλη δὲ οὐδεμία ποιότης ἀλλοιοῖ τὰ πλησιάζοντα δι' ὅλων αὐτῶν.
— — ὅσα τοίνυν σώματα πρῶτον τὰς τοιαύτας ἔχει ποιότητας,

27 καὶ seclusi. 28 πρῶτον ὧν ἀλλοιοῦσι scripsi, ὧν πρῶτον ἀλλοιῶσι libri.

134 PHYSICAE DOCTRINAE FUNDAMENTA.

ἐκεῖνα στοιχεῖα τῶν ἄλλων ἁπάντων ἐστὶ καὶ τῆς σαρκός. ἔστι δὲ ταῦτα γῆ καὶ ὕδωρ καὶ ἀὴρ καὶ πῦρ, ἅπερ ἅπαντες οἱ μὴ φεύγοντες ἀπόδειξιν φιλόσοφοι στοιχεῖα τῶν γεννωμένων τε καὶ φθειρομένων ἔφασαν εἶναι. καὶ μεταβάλλειν εἰς ἄλληλά φασιν αὐτὰ καὶ εἶναί τι κοινὸν ἅπασιν ὑποκείμενον.
5 Ad totam disputationem cf. Gal. de elementis sec. Hippocr. I, 1.
406 Galenus de natur. facult. I 3 ed. Bas. I 88. K. II 7. εἰσὶ δ᾽ οὐκ ὀλίγοι τινὲς ἄνδρες οὐδὲ ἄδοξοι, φιλόσοφοί τε καὶ ἰατροί, οἱ τῷ μὲν θερμῷ καὶ τῷ ψυχρῷ τὸ δρᾶν ἀναφέροντες, ὑποβάλλοντες δ᾽ αὐτοῖς παθητικὰ τό τε ξηρὸν καὶ τὸ ὑγρόν. Καὶ πρῶτός γ᾽ Ἀριστοτέλης τὰς τῶν κατὰ μέρος
10 ἁπάντων αἰτίας εἰς ταύτας ἀνάγειν πειρᾶται τὰς ἀρχάς, ἠκολούθησε δ᾽ ὕστερον αὐτῷ καὶ ὁ ἀπὸ τῆς Στοᾶς χορός. Καίτοι τούτοις μὲν ὡς ἂν καὶ αὐτῶν τῶν στοιχείων τὴν εἰς ἄλληλα μεταβολὴν χύσεσί τέ τισι καὶ πιλήσεσιν ἀναφέρουσιν εὔλογον ἦν ἀρχὰς δραστικὰς ποιήσασθαι τὸ θερμὸν καὶ τὸ ψυχρόν, Ἀριστοτέλει δ᾽ οὐχ οὕτως etc.
15 **407** Plutarchum de primo frigido cp. 2 p. 946 a, cum frigus probet non esse στέρησιν caloris, Stoicis uti argumentis haec verba fidem faciunt: ἡ δὲ ψυχρότης οὐκ ἐλάττονα τῆς θερμότητος ἐγγιγνομένη τοῖς σώμασι πάθη καὶ μεταβολὰς ἐνεργάζεσθαι πέφυκε· καὶ γὰρ πήγνυται πολλὰ τῷ ψυχρῷ καὶ συγκρίνεται καὶ πυκνοῦται· καὶ τὸ στάσιμον αὐτῷ καὶ δυσκίνητον οὐκ
20 ἀργόν ἐστιν, ἀλλ᾽ ἐμβριθὲς καὶ βέβαιον, ὑπὸ ῥώμης συνερειστικὸν καὶ συνεκτικὸν ἐχούσης τόνον. ὅθεν ἡ μὲν στέρησις ἔκλειψις γίνεται καὶ ὑποχώρησις τῆς ἀντικειμένης δυνάμεως, ψύχεται δὲ πολλά, πολλῆς αὐτοῖς θερμότητος ἐνυπαρχούσης· ἔνια δὲ καὶ μᾶλλον ἢ ψυχρότης, ἂν λάβῃ θερμότερα, πήγνυσι καὶ συνάγει, καθάπερ τὸν βαπτόμενον σίδηρον· οἱ δὲ Στωϊ-
25 κοὶ καὶ τὸ πνεῦμα λέγουσιν ἐν τοῖς σώμασι τῶν βρεφῶν τῇ περιψύξει στομοῦσθαι καὶ μεταβάλλον ἐκ φύσεως γίγνεσθαι ψυχήν. ἀλλὰ τοῦτο μὲν ἀμφισβητήσιμον etc.
408 Galenus de elementis sec. Hippocr. I 6. Vol. I p. 469 K. ὅτι τε γὰρ ἁπλούστερόν ἐστι πυρὸς ἡ ἄκρα θερμότης, ὅτι τε ταύτης ἐγγινομένης
30 τῇ ὕλῃ πῦρ ἀποτελεῖται, τοῖς φιλοσόφοις ὡμολόγηται πᾶσιν, οἷς Ἀθήναιος ἕπεσθαι σπουδάζει. καὶ μὲν δὴ καὶ ὡς ἀρχὴ τῆς τοῦ πυρὸς γενέσεως ὕλη τίς ἐστιν ἡ ἅπασιν ὑποβεβλημένη τοῖς στοιχείοις ἡ ἄποιος ἥ τ᾽ ἐγγινομένη ταύτῃ θερμότης ἡ ἄκρα, καὶ τοῦθ᾽ ὁμοίως ὡμολόγηται· καὶ ὡς ἡ μὲν ὕλη διὰ παντὸς τοῦ αἰῶνος ἐστίν, ἀγένητός τε καὶ ἄφθαρτος οὖσα, τὸ δὲ γινό-
35 μενόν τε καὶ ἀπογινόμενον αὐτῆς ἡ ποιότης ἐστίν· καὶ ὡς ὁμογενὲς εἶναι χρὴ τὸ στοιχεῖον, οὗπερ ἂν ᾖ στοιχεῖον. ἐν τούτῳ γὰρ δὴ καὶ διήνεγκε στοιχεῖον ἀρχῆς, ἐν τῷ τὰς μὲν ἀρχὰς οὐκ ἐξ ἀνάγκης ὁμογενεῖς εἶναι τοῖς πράγμασιν, ὧν ὑπάρχουσιν ἀρχαί, τὰ δὲ στοιχεῖα πάντως ὁμογενῆ.
409 Galenus in Hippocr. de nat. hom. lib. I Vol. XV p. 30K. οὐ
40 μὴν στοιχεῖά γε ταῦτ᾽ ἔστιν (scil. ἡ ἀγένητος ὕλη et quattuor primae qualitates ψυχρότης, θερμότης, ξηρότης, ὑγρότης) οὔτε τῶν ἄλλων οὔτ᾽ ἀνθρώπου φύσεως, ἀλλ᾽ ἀρχαί. συνεκέχυτο οὖν τοῦτο παρὰ τοῖς ἀρχαίοις, οὐδ᾽ εἰς ἔννοιαν ἀφιγμένοις τῆς διαφορᾶς ἀρχῆς τε καὶ στοιχείου, διὰ τὸ δύνασθαι χρῆσθαι τῇ τοῦ στοιχείου προσηγορίᾳ κἀπὶ τῶν ἀρχῶν. ἀλλὰ [δὲ] δύο
45 πράγματά ἐστι φανερῶς ἀλλήλων διαφέροντα, τὸ μὲν ἕτερον ἐλάχιστον μόριον

24 haec probant totam argumentationem e libro Stoico haustam esse; antea enim ἔνια dixit, sed alterum exemplum ipse non probat Plutarchus. Etiam quae cp. 3—7 continentur, Stoicos sapiunt. 44 ἀλλὰ scripsi, ἄλλα δὲ ed.

τοῦ ὅλου, τὸ δὲ ἕτερον, εἰς ὃ διέλῃ τις κατ' ἐπίνοιαν αὐτὸ τοῦτο ⟨τὸ⟩ ἐλά-
χιστον. αὐτὸ μὲν γὰρ τὸ πῦρ οὐχ οἷόν τε διελεῖν εἰς δύο σώματα καὶ δεῖξαι
κεκραμένον ἐξ ἐκείνων, ὥσπερ οὐδὲ τὴν γῆν ἢ τὸ ὕδωρ ἢ τὸν ἀέρα· νοῆσαι
μέντοι δυνατόν, ἑτέραν μὲν εἶναι τοῦ μεταβάλλοντος τὴν οὐσίαν, ἑτέραν δὲ
τὴν μεταβολὴν αὐτοῦ. οὐ γὰρ ταὐτό ἐστι τὸ μεταβάλλον σῶμα τῇ κατ' αὐτὸ 5
μεταβολῇ. τὸ μὲν γὰρ μεταβάλλον ἐστὶ τὸ ὑποκείμενον, ἡ μεταβολὴ δὲ αὐ-
τοῦ κατὰ τὴν τῶν ποιοτήτων ἀμοιβὴν γίνεται.
410 Galenus de nat. facult. II 4. Vol. II p. 88 K. τὸ θερμὸν καὶ τὸ
ψυχρὸν καὶ τὸ ξηρὸν καὶ τὸ ὑγρὸν εἰς ἄλληλα δρῶντα καὶ πάσχοντα· καὶ
τούτων αὐτῶν δραστικώτατον μὲν τὸ θερμόν, δεύτερον δὲ τῇ δυνάμει τὸ 10
ψυχρόν, — — τρέφεσθαι δὲ δι' ὅλων αὐτῶν τὰ τρεφόμενα καὶ κεράννυσθαι
δι' ὅλων τὰ κεραννύμενα καὶ ἀλλοιοῦσθαι δι' ὅλων τὰ ἀλλοιούμενα, — —
καὶ τὴν πέψιν ἀλλοίωσίν τινα ὑπάρχειν καὶ μεταβολὴν τοῦ τρέφοντος εἰς
τὴν οἰκείαν τοῦ τρεφομένου ποιότητα, τὴν δ' ἐξαιμάτωσιν ἀλλοίωσιν εἶναι,
καὶ τὴν θρέψιν ὡσαύτως, καὶ τὴν αὔξησιν ἐκ τῆς πάντῃ διατάσεως τοῦ 15
σώματος καὶ θρέψεως γίνεσθαι· τὴν δ' ἀλλοίωσιν ὑπὸ τοῦ θερμοῦ μάλιστα
συντελεῖσθαι, καὶ διὰ τοῦτο καὶ τὴν θρέψιν καὶ τὴν πέψιν καὶ τὴν τῶν
χυμῶν ἁπάντων γένεσιν· ἤδη δὲ καὶ τοῖς περιττώμασι τὰς ποιότητας ὑπὸ
τῆς ἐμφύτου θερμασίας ἐγγίνεσθαι. — — p. 92 ἀλλ' ὅτι μὲν τῆς Ἀριστο-
τέλους φυσιολογίας οὐδὲν Ἐρασιστράτῳ μέτεστιν, ὁ κατάλογος τῶν προ- 20
ειρημένων ἐνδείκνυται δογμάτων· ἃ πρῶτον μὲν Ἱπποκράτους ἦν, δευ-
τέρου δ' Ἀριστοτέλους, τρίτων δὲ τῶν Στωϊκῶν, ἑνὸς μόνου μετατιθεμένου,
τοῦ τὰς ποιότητας εἶναι σώματα.
411 Galenus methodi med. I 2. Vol. X 15 K. (contra Thessalum
medicum pugnans, qui Hippocrati ceterisque antiquis medicis obtrecta- 25
verat) εἰ δὲ τοὺς ἀπὸ τῆς Στοᾶς φιλοσόφους εἰς τὸ συνέδριον εἰσ-
αγαγόντες ἐπιτρέψαιμεν καὶ τούτοις τὴν ψῆφον, ἐξ ὧν αὐτοὶ τίθενται
δογμάτων, ἐκ τούτων Ἱπποκράτην στεφανώσουσι. τὸ γὰρ θερμὸν καὶ
τὸ ψυχρὸν καὶ τὸ ξηρὸν καὶ τὸ ὑγρὸν Ἱπποκράτης μὲν πρῶτος εἰσ-
ηγήσατο, μετ' αὐτὸν δ' Ἀριστοτέλης ἀπέδειξεν· ἕτοιμα δ' ἤδη παραλα- 30
βόντες οὐκ ἐφιλονίκησαν οἱ περὶ τὸν Χρύσιππον, ἀλλ' ἐκ τούτων
τὰ σύμπαντα κεκρᾶσθαι λέγουσι, καὶ ταῦτ' εἰς ἄλληλα πάσχειν καὶ
δρᾶν, καὶ τεχνικὴν εἶναι τὴν φύσιν, ἅπαντά τε τἆλλα τὰ περὶ φύσεως
Ἱπποκράτους δόγματα προσίενται· πλὴν περὶ μικροῦ τινός ἐστιν αὐ-
τοῖς ἡ διαφορὰ πρὸς Ἀριστοτέλη. λέγοντος γὰρ Ἱπποκράτους ὀρθῶς 35
ὡς σύμπνουν καὶ σύρρουν ἐστὶν ἅπαν τὸ σῶμα καὶ πάντα συμπαθῆ
τὰ τῶν ζῴων μόρια, προσίενται μὲν ἀμφότεροι τουτί, διαφέρονται δὲ
ἐν τῷ τὰς μὲν ποιότητας μόνας τὸν Ἀριστοτέλη δι' ἀλλήλων ἰέναι
καὶ κεράννυσθαι πάντῃ, τοὺς δ' ἀπὸ τῆς Στοᾶς οὐ ταύτας μόνας,
ἀλλὰ καὶ τὰς οὐσίας αὐτὰς ὑπολαμβάνειν. 40

---

1 τὸ addidi.   22 paulo supra dixit Galenus: ὡς οἱ ἀπὸ τῆς Στοᾶς κατ'
ἴχνη τῆς ἐκείνου (scil. Aristotelis) φυσιολογίας βαδίζουσι.   31 similia exstant
VIII 3. Vol. X p. 462 K.

§ 9. Quattuor elementa.

412 Galenus de elementis I 9 ed. Bas. I 56. K. I 487. *Ἀριστο-
τέλει δ᾽ ἔν τε τοῖς περὶ οὐρανοῦ καὶ τοῖς περὶ γενέσεως καὶ φθορᾶς
ὁ περὶ τῶν στοιχείων λόγος ἐξείργασται, ὥσπερ ἐν τοῖς περὶ οὐσίας
5 λόγοις Χρυσίππῳ.*

413 Stobaeus Eclog. I p. 129,1 W. *Χρυσίππου. Περὶ δὲ τῶν
ἐκ τῆς οὐσίας στοιχείων τοιαῦτά τινα ἀποφαίνεται, τῷ τῆς αἱρέσεως
ἡγεμόνι Ζήνωνι κατακολουθῶν, τέτταρα λέγων εἶναι στοιχεῖα ⟨πῦρ,
ἀέρα, ὕδωρ, γῆν, ἐξ ὧν συνίστασθαι πάντα καὶ ζῷα⟩ καὶ φυτὰ καὶ
10 τὸν ὅλον κόσμον καὶ τὰ ἐν αὐτῷ περιεχόμενα καὶ εἰς ταῦτα διαλύ-
εσθαι. τὸ δὲ ⟨πῦρ καὶ⟩ κατ᾽ ἐξοχὴν στοιχεῖον λέγεσθαι διὰ τὸ ἐξ
αὐτοῦ πρώτου τὰ λοιπὰ συνίστασθαι κατὰ μεταβολὴν καὶ εἰς αὐτὸ
ἔσχατον πάντα χεόμενα διαλύεσθαι, τοῦτο δὲ μὴ ἐπιδέχεσθαι τὴν εἰς
ἄλλο χύσιν ἢ ἀνάλυσιν · [συνίστασθαι δὲ ἐξ αὐτοῦ τὰ λοιπὰ καὶ χε-
15 όμενα εἰς τοῦτο ἔσχατον τελευτᾶν· παρὸ καὶ στοιχεῖον λέγεσθαι, ὃ
πρῶτον ἔστηκεν οὕτως, ὥστε σύστασιν διδόναι ἀφ᾽ αὑτοῦ καὶ αὐτὸ
τῶν λοιπῶν χύσιν καὶ διάλυσιν δέχεσθαι εἰς αὑτό]. κατὰ μὲν τὸν
λόγον τοῦτον αὐτοτελῶς λεγομένου τοῦ πυρὸς στοιχείου· οὐ μετ᾽ ἄλ-
λου γάρ· κατὰ δὲ τὸν πρότερον καὶ μετ᾽ ἄλλων συστατικὸν εἶναι,
20 πρώτης μὲν γιγνομένης τῆς ἐκ πυρὸς κατὰ σύστασιν εἰς ἀέρα μετα-
βολῆς, δευτέρας δ᾽ ἀπὸ τούτου εἰς ὕδωρ, τρίτης δ᾽ ἔτι μᾶλλον κατὰ
τὸ ἀνάλογον συνισταμένου τοῦ ὕδατος εἰς γῆν. πάλιν δ᾽ ἀπὸ ταύτης
διαλυομένης καὶ διαχεομένης πρώτη μὲν γίγνεται χύσις εἰς ὕδωρ, δευ-
τέρα δ᾽ ἐξ ὕδατος εἰς ἀέρα, τρίτη δὲ καὶ ἐσχάτη εἰς πῦρ. Λέγεσθαι
25 ⟨δὲ⟩ πῦρ τὸ πυρῶδες πᾶν καὶ ἀέρα τὸ ἀερῶδες καὶ ὁμοίως τὰ λοιπά.
Τριχῶς δὴ λεγομένου κατὰ Χρύσιππον τοῦ στοιχείου, καθ᾽ ἕνα μὲν
τρόπον τοῦ πυρός, διὰ τὸ ἐξ αὐτοῦ τὰ λοιπὰ συνίστασθαι κατὰ μετα-
βολὴν καὶ εἰς αὐτὸ λαμβάνειν τὴν ἀνάλυσιν· καθ᾽ ἕτερον δέ, καθὸ
λέγεται τὰ τέσσαρα στοιχεῖα, πῦρ, ἀήρ, ὕδωρ, γῆ (ἐπεὶ διὰ τούτων
30 τινὸς ἢ τινῶν ἢ καὶ πάντων τὰ λοιπὰ συνέστηκε, διὰ μὲν τῶν τετ-
τάρων, ὡς τὰ ζῷα καὶ τὰ ἐπὶ γῆς πάντα συγκρίματα, διὰ δυοῖν δέ,
ὡς ἡ σελήνη διὰ πυρὸς καὶ ἀέρος συνέστηκε, δι᾽ ἑνὸς δὲ ὡς ὁ ἥλιος,
διὰ πυρὸς γὰρ μόνου, ὁ γὰρ ἥλιος πῦρ ἐστιν εἰλικρινές), κατὰ τρίτον
λόγον λέγεται στοιχεῖον ** εἶναι ὃ πρῶτον συνέστηκεν οὕτως, ὥστε
35 γένεσιν διδόναι ἀφ᾽ αὑτοῦ ὁδῷ μέχρι τέλους καὶ ἐξ ἐκείνου τὴν
ἀνάλυσιν δέχεσθαι εἰς ἑαυτὸ τῇ ὁμοίᾳ ὁδῷ. Γεγονέναι δ᾽ ἔφησε καὶ*

---

9 add. Diels dubit. in adn.   11 add. Heeren Usener.   14 lectoris addi-
tamentum secl. Wachsm.   25 δὲ add. Heeren.   34 lacunam post στοιχεῖον
sic explet Wachsm.: καὶ πᾶν τὸ στοιχειῶδες. Ἔφησε δὲ καὶ στοιχεῖον.

τοιαύτας ἀποδόσεις περὶ στοιχείου, ὡς ἔστι τό τε δι' αὐτοῦ εὐκινη-
τότατον καὶ ἡ ἀρχὴ ⟨καὶ ὁ σπερματικὸς⟩ λόγος καὶ ἡ ἀΐδιος δύναμις
φύσιν ἔχουσα τοιαύτην, ὥστε αὐτήν τε κινεῖν κάτω πρὸς [γῆν] τὴν
τροπὴν καὶ ἀπὸ τῆς τροπῆς ἄνω πάντη κύκλῳ, εἰς αὐτήν τε πάντα
καταναλίσκουσα καὶ ἀφ' αὑτῆς πάλιν ἀποκαθιστᾶσα τεταγμένως καὶ 5
ὁδῷ (Diels Arii Didymi epit. phys. fragm. 21).
Cf. Probus ad Verg. p. 10, 33 K. *Ex his (quattuor elementis)*
omnia esse postea effigiata Stoici tradunt Zenon Citieus et Chrysippus
Solaeus et Cleanthes Assius, qui principem habuerunt Empedoclem
Agrigentinum qui de his ita scribit: 10
τέσσαρα δὴ πάντων ῥιζώματα πρῶτον ἔασιν etc.
414 [Iustinus] de resurrect. 6. *Φασί τοίνυν οἱ τοῦ κόσμου φυσικοί*
σοφοὶ λεγόμενοι τὸ πᾶν ὑπάρχειν οἱ μὲν ὕλην καὶ θεὸν ὡς Πλάτων — —
οἱ δὲ τὰ τέσσαρα, πῦρ, ὕδωρ, ἀέρα, γῆν, ὥσπερ οἱ Στωϊκοί. — — Καὶ
ὁ μὲν Πλάτων φησὶν ὑπὸ τοῦ θεοῦ τὰ πάντα ἐκ τῆς ὕλης γεγονέναι — — 15
οἱ δὲ Στωϊκοὶ ἐκ τῶν τεσσάρων διήκοντος δι' αὐτῶν τοῦ θεοῦ.
ibidem paulo post: Ἀλλὰ μὴν κατὰ τοὺς Στωϊκούς, ἐκ τῆς τῶν τεσσά-
ρων στοιχείων κράσεως γινομένου τοῦ σώματος, καὶ διαλυομένου τούτου εἰς
τὰ τέσσαρα, παραμενόντων τούτων ἀφθάρτων, δυνατόν ἐστι πάλιν τὰ τέσσαρα
στοιχεῖα, τὴν αὐτὴν μῖξιν καὶ κρᾶσιν λαβόντα ἀπὸ τοῦ διήκοντος δι' αὐτῶν 20
θεοῦ, ποιῆσαι ὃ πρότερον πεποιήκει σῶμα.
415 Galenus de venae sectione therapeutici 3. Vol. XI p. 256 K.
αἱ δ' ἀρχαὶ τῆς γενέσεως ἅπασι τοῖς οὖσιν, ὕλην ἔχουσι, τὰ τέτταρα στοι-
χεῖα, κεράννυσθαί τε πεφυκότα δι' ὅλων ἀλλήλων καὶ δρᾶν εἰς ἄλληλα.
416 Galenus introductio s. medicus 9. Vol. XIV p. 698 K. κατὰ δὲ 25
τὸν Ἀθήναιον στοιχεῖα ἀνθρώπου οὐ τὰ τέσσαρα πρῶτα σώματα, πῦρ καὶ
ἀὴρ καὶ ὕδωρ καὶ γῆ, ἀλλ' αἱ ποιότητες αὐτῶν, τὸ θερμὸν καὶ τὸ ψυχρὸν
καὶ τὸ ξηρὸν καὶ τὸ ὑγρόν, ὧν δύο μὲν τὰ ποιητικὰ αἴτια ὑποτίθεται, τὸ
θερμὸν καὶ τὸ ψυχρόν, δύο δὲ τὰ ὑλικά, τὸ ξηρὸν καὶ τὸ ὑγρόν, καὶ πέμ-
πτον παρεισάγει κατὰ τοὺς Στωϊκούς τὸ διῆκον διὰ πάντων πνεῦμα, 30
ὑφ' οὗ τὰ πάντα συνέχεσθαι καὶ διοικεῖσθαι.
417 Origenes contra Celsum IV 56. Vol. I p. 329,12 Kö. (p. 547
Delarue). προσφεύξεται δὲ Ἀριστοτέλει καὶ τοῖς ἀπὸ τοῦ Περιπάτου, ἄϋλον
φάσκουσιν εἶναι τὸν αἰθέρα καὶ πέμπτης παρὰ τὰ τέσσαρα στοιχεῖα αὐτὸν
εἶναι φύσεως· πρὸς ὃν λόγον οὐκ ἀγεννῶς καὶ οἱ ἀπὸ Πλάτωνος καὶ οἱ 35
ἀπὸ τῆς Στοᾶς ἔστησαν.
418 Nemesius de nat. hom. cp. 5 p. 126. λέγουσι δὲ οἱ Στωϊκοὶ
τῶν στοιχείων τὰ μὲν εἶναι δραστικά, τὰ δὲ παθητικά· δραστικὰ μὲν ἀέρα
καὶ πῦρ, παθητικὰ δὲ γῆν καὶ ὕδωρ.
419 Aëtius I 15,11 (περὶ χρωμάτων) DG. p. 314,11. οἱ μὲν ἄλλοι 40
τὰ στοιχεῖα κεχρῶσθαι φυσικῶς.
420 Galenus de constitutione artis medicae 7. Vol. I p. 245 K. Ἔστι
μὲν δὴ τὸ προκείμενον — αὐτὸ τοῦτο ἐξευρεῖν, ὁποῖα τὰ πρὸς τὴν φύσιν

---

2 add. Usener.   3 trad. γῆν, αὐτήν Wachsm. ‖ γῆν del. Hirzel.   4 trad.
τροφὴν et τροφῆς, corr. Usener.   5 καὶ τὸ αὐτῆς libri, corr. Meineke.
41 ad Stoicos quoque hoc referri conexus docet. Cf. I n. 91 (Zeno).

ἐστὶ [τὰ] πρῶτά τε καὶ ἁπλούστατα μόρια. μὴ τοίνυν ἐπὶ ᾽πάντων, ἀλλ᾽ ἐφ᾽
ἑνὸς — ὁ λόγος ἡμῖν γιγνέσθω, τῆς σαρκὸς ἐπισκεπτομένης, πρῶτον μὲν
εἰ ἕν τι τὴν ἰδέαν ἐστὶ τὸ γεννῆσαν αὐτὴν στοιχεῖον (οὐδὲν γὰρ χεῖρον
οὕτως ὀνομάσαι τὸ πρῶτόν τε καὶ ἁπλούστατον ἐν αὐτῇ μόριον)· εἶθ᾽ ἑξῆς,
5 εἴπερ μὴ φαίνοιτο τοιοῦτον, εἰ πολλά, κἄπειτα πόσα γε καὶ τίνα καὶ
ὅστις ὁ τρόπος αὐτοῖς ἐστι τῆς συνθέσεως.

ἐπεὶ τοίνυν ἡ σὰρξ ὀδυνᾶται τεμνομένη τε καὶ θερμαινομένη σφοδρῶς,
ἀδύνατον ἓν εἶναι τῷ εἴδει τὸ στοιχεῖον, οἷον Ἐπίκουρος ὑπέθετο τὴν ἄτο-
μον. ὅτι γὰρ [οὐχ] ἓν τῷ εἴδει τὸ στοιχεῖόν ἐστι ⟨τὸ⟩ τοιοῦτον, ἐνθένδε
10 δῆλον. οὐδεμία τῶν ἀτόμων αὐτὴ καθ᾽ αὑτὴν οὔτε θερμὴ τὴν φύσιν ἐστὶν
οὔτε ψυχρά, οὐ μὴν οὐδὲ λευκή τίς ἐστιν ἐξ αὐτῶν ἢ μέλαινα. — — ὅλως
γὰρ οὐδεμία ποιότης ἐστὶν αὐτῇ τῇ ἀτόμῳ, ὡς αἱ πατέρες αὐτῶν βούλονται.
τῶν γὰρ δὴ τοιούτων ποιοτήτων πᾶσαι δι᾽ ὅλων φαίνονται διεληλυθέναι τῶν
σωμάτων, ὡς ἥ γε κατὰ τὸ σχῆμα ποιότης ὑπάρχει πάσαις αὐταῖς, ὑπάρχει
15 δὲ καὶ ἀντιτυπία καὶ βάρος. ἀλλ᾽ εἴτε ποιότητα χρὴ καλεῖν, εἴτε ἄλλο τι τὰ
τοιαῦτα, πρός γε τὸ προκείμενον οὐδὲν διαφέρει. πάσαις γὰρ αὐταῖς ὑπάρχει
τὰ εἰρημένα, καὶ οὐ διαφέρουσιν ἀλλήλων εἴδει, καθάπερ αἱ ὁμοιομέρειαι
τοῖς ἐκείνας ὑποτιθεμένοις, ἢ τὰ τέτταρα στοιχεῖα τοῖς ὑποτιθεμένοις ταῦτα.
φησὶν οὖν Ἱπποκράτης· „ἐγὼ δέ φημι, εἰ ἓν ἦν ἄνθρωπος, οὐδέποτ᾽ ἂν
20 ἤλγεεν" ὀρθότατα λέγων. τὸ γὰρ ᾽ἓν ἀμετάβλητον εἰς ἕτερον, οὐκ ἔχον γε
εἰς ὃ μεταβάλοι. τὸ δὲ ἀμετάβλητον ἀναλλοίωτον καὶ ἀπαθές, τὸ δὲ ἀπαθὲς
ἀνώδυνον. γίγνεται τοίνυν ἐκ τῶν εἰρημένων προτάσεων συμπέρασμα, τὸ
᾽ἓν ἀπαθὲς ὑπάρχειν. ἐφ᾽ ᾧ πάλιν ἕτερος ἐρωτηθήσεται λόγος τοιόσδε· „εἰ
᾽ἓν ἦν τῷ εἴδει τὸ στοιχεῖον, οὐδὲν ἐν τοῖς πᾶσιν οὐδέποτε ὀδυνήσεται· ἀλλὰ
25 μὴν ὀδυνᾶται. οὐκ ἄρα ἕν ἐστι τὸ στοιχεῖον." ἐπεὶ δ᾽ ὑπέκειτο περὶ σαρκὸς
ποιεῖσθαι τὸν λόγον, ἐπ᾽ ἐκείνης ἐξεταζέσθω. „εἰ ᾽ἓν ἦν τῷ εἴδει τὸ τῆς
σαρκὸς στοιχεῖον, οὐδέποτε ἡ σὰρξ ὀδυνήσεται· ἀλλὰ μὴν ὀδυνᾶται· ᾽οὐκ ἄρα
ἕν ἐστι τῷ εἴδει τὸ τῆς σαρκὸς στοιχεῖον." ὁ δ᾽ αὐτὸς λόγος καὶ καθ᾽ ἕτε-
ρον ἐρωτηθήσεται τρόπον· „εἰ ἀπαθές ἐστι τὸ τῆς σαρκὸς στοιχεῖον, οὐκ
30 ὀδυνηθήσεται· ἀλλὰ μὴν ὀδυνᾶται· οὐκ ἄρα ἐστὶν ἀπαθές."

εἰ δὲ καὶ πλείω λέγοι τις εἶναι τὰ στοιχεῖα, μὴ μέντοι γε ἀλλοιούμενα,
καὶ ἐπ᾽ ἐκείνων ὁ αὐτὸς λόγος ἐρωτηθήσεται κατὰ τὸν αὐτὸν τρόπον. „εἰ
ἀπαθῆ τῆς σαρκός ἐστι τὰ στοιχεῖα, οὐκ ἀλγήσει· ἀλλὰ μὴν ἀλγεῖ· οὐκ ἄρα
ἐστὶν ἀπαθῆ τὰ τῆς σαρκὸς στοιχεῖα." ὁ μὲν οὖν πρότερος λόγος ἀνατρέπει
35 τήν τε τῶν ἀτόμων καὶ τὴν τῶν ἀνάρμων καὶ τὴν τῶν ἐλαχίστων ὑπόθεσιν,
κατὰ δὲ τὸν δεύτερον ἥ τε τῶν ὁμοιομερῶν ἀναιρεῖται δόξα καὶ ἡ Ἐμπεδο-
κλέους. καὶ γὰρ οὗτος ἐκ τῶν τεσσάρων στοιχείων βούλεται συνίστασθαι
τὰ σώματα, μὴ μεταβαλλόντων εἰς ἄλληλα.

προσέχε νῦν ἤδη τῷ λόγῳ, ὃς θᾶττον ἐλπίδος ἐξεῦρε τὸ μέγιστον μέρος
40 ὧν ἐζήτεις. οὐκ ἀπαθῆ γὰρ ἀπέδειξεν εἶναι δεῖν τὰ στοιχεῖα τῆς σαρκός.
οὔκουν ἔτι καθέξουσι τὸ προκείμενον κατὰ τὸν λόγον, ἐν τῇ συνθέσει τῶν
ἀπαθῶν ἐκείνων σωμάτων, ἃ δὴ στοιχεῖα τῆς τῶν ὄντων ἁπάντων φύσεως
ὑποτίθενται, τὰς ὀδύνας γεννᾶσθαι φάσκοντες. ἀπαθὲς γὰρ ὀδυνώμενον
οὔθ᾽ ἡ διάνοια παραδέχεται, καὶ πολὺ δὴ μᾶλλον οὐδὲν τῶν αἰσθητῶν μαρ-
45 τυρεῖ. τοὺς γοῦν δακτύλους εἰ συμπλέξαις ἀλλήλοις, εἶτ᾽ αὖθις ἀποχωρίζοις,

---

1 τὰ seclusi.   9 οὐχ seclusi. ‖ τὸ addidi.   13 τῶν γὰρ —σωμάτων]
scribendum γε pro γάρ, ὅσαι pro πᾶσαι.   39 νῦν scripsi, νοῦν libri. ‖ ὃς scripsi,
ὡς libri.   45 Ad totam disputationem cf. Gal. de elementis sec. Hippocr. I, 1.

οὔθ' ἡ σύνοδος οὔθ' ὁ διαχωρισμὸς ὀδύνην ἐργάσεται. τὸ μὲν γὰρ ὀδυ
νᾶσθαι σὺν τῷ πάσχειν ἐστίν· πάσχει δὲ οὐδὲν τὸ ψαῦον, ἐπειδήπερ ἐν δυοῖν
τούτοιν ἐστὶ τὸ πάσχειν, ἀλλοιώσει τε τῇ δι' ὅλων καὶ λύσει τῆς συνεχείας.
ὁπότ' οὖν οὐδ' ἐν τοῖς παθητικοῖς ἐναργῶς σώμασιν οὔθ' ἡ σύνοδος οὔθ' ἡ
ἄφοδος ὀδύνην ἐργάζεται, σχολῇ γε ἂν ἐν τοῖς ἀπαθέσιν ἐργάσαιτο. — — 5
χρὴ τοίνυν τὸ μέλλον ὀδυνήσεσθαι παθητὸν εἶναι καὶ αἰσθητόν.

οὐ μὴν ἐξ αἰσθητικῶν γε τῶν πρώτων ἀναγκαῖον εἶναι τὸ
αἰσθητικόν, ἀλλ' ἀρκεῖ τὸ παθητικὸν μόνον. αἰσθητικὸν γὰρ
δύναται γενέσθαι ποτέ, μεταβάλλον τε καὶ ἀλλοιούμενον. ἐπεὶ δ'
ἀπείρους ἐγχωρεῖ τὸ πλῆθος γενέσθαι τὰς ἐκ τῶν στοιχείων ἀλλοιώσεις τε 10
καὶ κράσεις, ἄπειροι τῶν κατὰ μέρος σωμάτων αἱ ἰδιότητες συστήσονται, καθ'
ἃς οὐδὲν ἄτοπον ἀναίσθητα γενέσθαι πολλά, καὶ τῶν αἰσθανομένων τὸ μὲν
μᾶλλον αἰσθάνεσθαι, τὸ δ' ἧττον.

421 Cicero de natura deorum III 35. Sed omnia vestri, Balbe, solent ad igneam vim referre, Heraclitum, ut opinor, sequentes — —; vos 15
autem ita dicitis, omnem vim esse igneam, itaque et animantis, cum calor
defecerit, tum interire, et in omni natura rerum id vivere, id vigere, quod
caleat. — 36. Ita voltis, opinor, nihil esse animal intrinsecus in natura atque mundo praeter ignem. — Quodsi ignis ex sese ipse animal est nulla se
alia admiscente natura, quoniam is, cum inest in corporibus nostris, efficit, 20
ut sentiamus, non potest ipse esse sine sensu. — Ita fit, ut ne ignem
quidem efficere possitis aeternum. 37. Quid enim? non eisdem vobis placet
omnem ignem pastus indigere nec permanere ullo modo posse, nisi alatur?
ali autem solem, lunam, reliqua astra aquis, alia dulcibus, alia marinis?

422 Philo de visione angeli p. 616 Aucher. Cherubim exponitur 25
typus vel incendium. — — Incendium vero propterea, quia consumunt
privationem ab ordine sive informitatem materiae, in ordinem eam reducentes et consequenter informem in formam et inornatum in ornatum. Quoniam non corruptibilis ignis erant virtutes, sed salutaris, per quem omnia
artificiose facta sunt. Quare, ut mihi videtur, etiam nonnulli philosopho 30
rum ignem artificialem asseruere in viam cadere ad semina in generationem
producenda. Siquidem extensum illud lucis volumen corporis conceditur
oculis, evidens autem in invisibilibus natura, qua creatur formaturque
materia, mentis velocissime videntibus oculis.

423 Augustinus de civ. dei VIII 5. Nam quidam eorum a rebus 35
non vivis res vivas fieri posse crediderunt, sicut Epicurei; quidam vero
a vivente quidem et viventia et non viventia, sed tamen a corpore corpora. Nam Stoici ignem, id est corpus, unum ex his quattuor elementis,
quibus visibilis mundus hic constat, et viventem et sapientem et ipsius
mundi fabricatorem atque omnium, quae in eo sunt, eumque omnino ignem 40
deum esse putaverunt.

424 Galenus de differentia pulsuum III 6. Vol. VIII p. 672 K. οὐ
μὴν οἱ τῷ λόγῳ διασκεψάμενοί τι περὶ τοῦ ἀέρος ἰατροί τε καὶ φιλόσοφοι
κενὸν εἶναι παντάπασιν ὑπολαμβάνουσιν αὐτόν, ἀλλ' οἱ μέν τινες, ὧν τῆς
δόξης καὶ ἡμεῖς μετέχομεν, ἐν ὑπάρχειν σῶμα συνεχὲς ἑαυτῷ πάντῃ, 45
μηδαμόθι κενοῦ παραπλοκὴν ἔχον, οἱ δέ τινες ἐν κενῷ πολλὰ σώματα,

---

16 igneam *Heindorf*, ignem *libri*.   18 animale *Lambin.* ‖ intrinsecus
Bonhier, extrinsecus *libri*.

140   PHYSICAE DOCTRINAE FUNDAMENTA.

τὰ σμικρά, τὰ πρῶτα, προσφερόμενα προσκρούοντά τε καὶ ἀποπαλλόμενα,
μὴ μέντοι περιπλεκόμενά τε καὶ συγκρινόμενα.
    ibid. 673.   οὐδὲν γάρ ἐστιν ἐν κόσμῳ τοιοῦτον (scil. κενόν), ἀλλ᾽ οὐδὲ
κατ᾽ ἐπικράτειαν. οὐδενὸς γὰρ ὑπάρχοντος ὅλως ἐν κόσμῳ κενοῦ, πῶς ἂν
5 εἴη τι κατ᾽ ἐπικράτειαν κενόν;
    ibid. 674. (pneumatici aiunt:) οὐ γὰρ εἶναι τοιαύτην (scil. κενὴν χώ-
ραν) οὐδεμίαν ἐν κόσμῳ νομίζουσιν, ἀλλ᾽ ἡνῶσθαι τὴν ὅλην οὐσίαν ἑαυτῇ.
    425 Aëtius Plac. IV 19, 4.   Οἱ δὲ Στωϊκοί φασι τὸν ἀέρα μὴ
συγκεῖσθαι ἐκ θραυσμάτων, ἀλλὰ συνεχῆ δι᾽ ὅλου, μηδὲν κενὸν ἔχοντα·
10 ἐπειδὰν δὲ πληγῇ πνεύματι, κυματοῦται κατὰ κύκλους ὀρθοὺς εἰς ἄπειρον,
ἕως πληρώσῃ τὸν περικείμενον ἀέρα, ὡς ἐπὶ τῆς κολυμβήθρας τῆς πληγείσης
λίθῳ. καὶ αὕτη μὲν κυκλικῶς κινεῖται, ὁ δ᾽ ἀὴρ σφαιρικῶς.
    426 Galenus de simplic. medicam. I 24. Vol. XI p. 423.   τὸν ἀέρα
τοίνυν οὐκ ἔστιν ὅστις οὐκ εἶπε λεπτομερῆ, τῷ καταθραύεσθαι δηλο-
15 νότι ῥᾳδίως εἰς λεπτὰ μόρια καὶ διὰ πυκνοτάτων σωμάτων ἑτοί-
μως διέρχεσθαι. Ἤ εἴπερ ἐξ ἄλλου τινὸς ἐπιφέρουσιν αὐτῷ τὸ λεπτομερὲς
ὄνομα, διδασκόντων ἡμᾶς σαφῶς. οὐ γὰρ δὴ ἐξ ὄγκων γε λεπτῶν, ὡς οἱ
τῆς ἑτέρας αἱρέσεως εἴποιεν ἂν ἡγεμόνες, ἐροῦμεν καὶ ἡμεῖς συγκεῖσθαι τὸν
ἀέρα. συνεχὴς γάρ ἐστιν καὶ εἷς ὅλος, οὐδαμόθι κενὸν ἐν ἑαυτῷ περιέχων
20 οὐδέν. ἐν δὲ τοιαύτῃ φύσει σώματος ἡ λεπτομέρεια τῷ τάχει τῆς εἰς μικρὰ
διαιρέσεως ἐπινοεῖται μόνῳ. ἀλλ᾽ εἴπερ διὰ τοῦτο λεπτομερὴς ὁ ἀήρ, οὐχ
ἅπαν πῦρ ἔσται λεπτομερές. ἔστι μὲν γὰρ δήπου καὶ χαλκὸς καὶ σίδηρος
καὶ λίθος καὶ ξύλον καὶ πᾶν ὅπερ ⟨ἂν⟩ ἀνθρακωθῇ πῦρ, οὐ μὴν λεπτομε-
ρέστερον νῦν ἢ πρόσθεν. αἱ μέντοι φλόγες, ἕτερόν τι γένος πυρός, ὄντως
25 εἰσὶ λεπτομερεῖς etc.
    427 Galenus de simplic. medic. IV 2. Vol. XI p. 626 K.   ἀλλ᾽ ἀὴρ
μὲν ἐκπυρωθεὶς φλὸξ γίγνεται, γῆ δὲ ἄνθραξ, τὸ δ᾽ ὕδωρ δέχεται μὲν ἰσχυ-
ρὰν θερμασίαν, ἀλλ᾽ οὔτε φλὸξ οὔτ᾽ ἄνθραξ γίνεται, διὰ τὴν σύμφυτον ὑγρό-
τητα. φλὸξ μὲν γὰρ καὶ ἄνθραξ εἴδη πυρός etc.
30   428 Galenus de simplic. medicam. I 14. Vol. XI p. 405 K.   λέγω δὲ
ἀραιὰν (οὐσίαν), ἧς τὰ μόρια διαλαμβάνεται χώραις κεναῖς, ἐπισταμένων
ἡμῶν δηλονότι καὶ μεμνημένων ἀεί, πῶς λέγεται χώρα κενὴ πρὸς τῶν
ἡνῶσθαι φασκόντων τὴν οὐσίαν, ὅτι μὴ καθάπερ Ἐπικούρῳ καὶ Ἀσκληπιάδῃ
δοκεῖ, ἀλλ᾽ ἔστιν ἀέρος πλήρης ἐν ἅπασι τοῖς ἀραιοῖς σώμασιν ἡ κενὴ χώρα.
35   429 Plutarchus de Stoic. repugn. cp. 43 p. 1053f.   Τὸν ἀέρα
φύσει ζοφερὸν εἶναι λέγει, καὶ τούτῳ τεκμηρίῳ χρῆται τοῦ καὶ ψυχρὸν
εἶναι πρώτως· „ἀντικεῖσθαι γὰρ αὐτοῦ τὸ μὲν ζοφερὸν πρὸς τὴν λαμ-
πρότητα, τὸ δὲ ψυχρὸν πρὸς τὴν θερμότητα τοῦ πυρός.“ Ταῦτα κι-
νῶν ἐν τῷ πρώτῳ τῶν Φυσικῶν ζητημάτων πάλιν ἐν τοῖς etc.
40   idem de primo frigido cp. 17 p. 952c.   ἐπεὶ δὲ καὶ Χρύσιππος
οἰόμενος τὸν ἀέρα πρώτως ψυχρὸν εἶναι, διότι καὶ σκοτεινόν, ἐμνήσθη
μόνον τῶν πλέον ἀφεστάναι τὸ ὕδωρ τοῦ αἰθέρος ἢ τὸν ἀέρα λεγόν-
των, καὶ πρὸς αὐτούς τι βουλόμενος εἰπεῖν „Οὕτω μὲν ἄν“, ἔφη,
„καὶ τὴν γῆν ψυχρὰν εἶναι πρώτως λέγοιμεν, ὅτι τοῦ αἰθέρος
45 ἀφέστηκε πλεῖστον“, ὡς ἀδόκιμόν τινα παντελῶς τοῦτον καὶ ἄτοπον

―――――――――――
10 ὀρθοὺς om. Gal.; suspectum Dielsio.   23 ἂν addidi.

PHYSICAE DOCTRINAE FUNDAMENTA. 141

ἀπορρίψας τὸν λόγον, ἐγώ μοι δοκῶ μηδὲ τὴν γῆν ἄμοιρον εἰκότων καὶ πιθανῶν ἀποφαίνειν, ποιησάμενος ἀρχὴν ᾧ μάλιστα Χρύσιππος ὑπὲρ τοῦ ἀέρος κέχρηται· τί δὲ τοῦτό ἐστι; τὸ σκοτεινὸν ὄντα πρώτως ⟨εἶναι καὶ ψυχρὸν πρώτως⟩.

430 idem de primo frigido cp. 9 p. 948 d. ἐπεὶ τὸ πῦρ θερμὸν ἅμα 5 καὶ λαμπρόν ἐστι, δεῖ τὴν ἀντικειμένην τῷ πυρὶ φύσιν ψυχράν τε εἶναι καὶ σκοτεινήν· ἀντίκειται γὰρ ὡς τῷ λαμπρῷ τὸ ζοφερόν, οὕτω τῷ θερμῷ τὸ ψυχρόν· ἔστι γὰρ ὡς ὄψεως τὸ σκοτεινόν, οὕτω τὸ ψυχρὸν ἁφῆς συγχυτικόν· ἡ δὲ θερμότης διαχεῖ τὴν αἴσθησιν τοῦ ἁπτομένου, καθάπερ ἡ λαμπρότης τοῦ ὁρῶντος. τὸ ἄρα πρώτως σκοτεινὸν 10 ἐν τῇ φύσει πρώτως καὶ ψυχρόν ἐστιν. — ὅτι δὲ ἀὴρ τὸ πρώτως σκοτεινόν ἐστιν, οὐδὲ τοὺς ποιητὰς λέληθεν· ἀέρα γὰρ τὸ σκότος καλοῦσιν·

Ἀὴρ γὰρ παρὰ νηυσὶ βαθὺς ἦν, οὐδὲ σελήνη
οὐρανόθεν προὔφαινεν. (ι 143)   15
καὶ πάλιν·

Ἤρα ἑσσάμενοι πᾶσαν φοιτῶσιν ἐπ' αἶαν (Hes. Op. et D. 255)
καὶ πάλιν

Αὐτίκα δ' ἠέρα μὲν σκέδασεν καὶ ἀπῶσεν ὀμίχλην,
ἠέλιος δ' ἐπέλαμψε· μάχη δ' ἐπὶ πᾶσι φαάνθη (P 649)   20
καὶ γὰρ „κνέφας" τὸν ἀφώτιστον ἀέρα καλοῦσιν, κενὸν ὡς ἔοικε φάους ὄντα· καὶ „νέφος" ὁ συμπεσὼν καὶ πυκνωθεὶς ἀὴρ ἀποφάσει φωτὸς κέκληται· καλεῖται δὲ καὶ ἀχλὺς καὶ ὀμίχλη, καὶ ὅσα τοῦ φωτὸς οὐ παρέχει τῇ αἰσθήσει δίοψιν, ἀέρος εἰσὶ διαφοραί· καὶ τὸ ἀειδὲς αὐτοῦ καὶ ἄχρωστον Ἀίδης καὶ Ἀχέρων ἐπίκλησιν ἔσχεν. ὥσπερ οὖν 25 αὐγῆς ἐπιλιπούσης σκοτεινὸς ἀήρ, οὕτω θερμοῦ μεταστάντος τὸ ἀπολειπόμενον ἀὴρ ψυχρός, ἄλλο δὲ οὐδέν ἐστι· διὸ καὶ τάρταρος οὕτως ὑπὸ ψυχρότητος κέκληται· δηλοῖ δὲ καὶ Ἡσίοδος εἰπών·

— τάρταρον ἠερόεντα· (Hesiod. Theog. 119)
καὶ τὸ ῥιγοῦντα πάλλεσθαι καὶ τρέμειν ταρταρίζειν. ταῦτα μὲν οὖν 30 τοιοῦτον ἔχει λόγον.

cp. 10. Ἐπεὶ δὲ ἡ φθορὰ μεταβολή τίς ἐστι τῶν φθειρομένων εἰς τοὐναντίον ἑκάστῳ, σκοπῶμεν εἰ καλῶς εἴρηται τὸ „Πυρὸς θάνατος ἀέρος γένεσις." Θνήσκει γὰρ καὶ πῦρ, ὥσπερ ζῷον, ἢ βίᾳ σβεννύμενον ἢ δι' αὐτοῦ μαραινόμενον. ἡ μὲν οὖν σβέσις ἐμφανεστέραν 35 ποιεῖ τὴν εἰς ἀέρα μεταβολὴν αὐτοῦ· καὶ γὰρ ὁ καπνὸς ἀέρος ἐστὶν εἶδος, καὶ ἡ κατὰ Πίνδαρον,

Ἀέρα κνισᾶντι λακτίζοισα καπνῷ
λιγνὺς καὶ ἀναθυμίασις. οὐ μὴν ἀλλὰ καὶ φθινούσης ἀτροφίᾳ φλο-

4 add. Patzigius.   27 οὗτος libri, corr. Emperius.   34 Heracliti frg. 25
Byw. p. 11.   38 Pind. Isthm. 4,112.

γὸς ἰδεῖν ἔστιν, ὥσπερ ἐπὶ τῶν λύχνων, τὸ ἄκρον εἰς ἀέρα καὶ γνοφώδη καὶ ζοφερὸν ἀποχεόμενον. ἱκανῶς δὲ καὶ ὁ τῶν ͵μετὰ λουτρὸν ἢ πυρίαν περιχεαμένων ψυχρὸν ἀνιὼν ἀτμὸς ἐνδείκνυται τὴν εἰς ἀέρα τοῦ θερμοῦ φθειρομένου μεταβολήν, ὡς φύσει πρὸς τὸ πῦρ ἀντικεί-
5 μενον· ᾧ τὸ πρώτως τὸν ἀέρα σκοτεινὸν εἶναι καὶ ψυχρὸν ἠκολούθει.
cp. 11. Καὶ μὴν ἁπάντων γε τῶν γινομένων ὑπὸ ψυχρότητος ἐν τοῖς σώμασι σφοδρότατον καὶ βιαιότατον ἡ πῆξις οὖσα, πάθος μέν ἐστιν ὕδατος, ἔργον δὲ ἀέρος· αὐτὸ μὲν γὰρ καθ᾽ ἑαυτὸ τὸ ὕδωρ εὐδιάχυτον καὶ ἀπαγὲς καὶ ἀσύστατόν ἐστιν, ἐντείνεται δὲ καὶ συνάγεται
10 τῷ ἀέρι σφιγγόμενον ὑπὸ ψυχρότητος· διὸ καὶ λέλεκται,
Εἰ δὲ νότος βορέην προκαλέσσεται, αὐτίκα νίψει·
Τοῦ γὰρ νότου καθάπερ ὕλην τὴν ὑγρότητα παρασκευάσαντος ὁ βόρειος ἀὴρ ὑπολαβὼν ἔπηξε. καὶ δῆλόν ἐστι μάλιστα περὶ τὰς χιόνας, ἀέρα γὰρ μεθεῖσαι καὶ ΄προαναπνεύσασαι λεπτὸν καὶ ψυχρὸν οὕτω
15 ῥέουσιν· Ἀριστοτέλης δὲ καὶ τὰς ἀκόνας τοῦ μολίβδου τήκεσθαί φησι καὶ ῥεῖν ὑπὸ κρύους καὶ χειμῶνος, ὕδατος μόνου πλησιάζοντος αὐταῖς· ὁ δὲ ἀήρ, ὡς ἔοικε, συνελαύνων τὰ σώματα τῇ ψυχρότητι καταθραύει καὶ ῥήγνυσιν.

Similes argumentationes cp. 12 continentur.

20 **431** Galenus de simpl. medicam. temp. II 20 ed. Bas. II 25 K. XI 510.
καὶ δῆλον ὡς ἐντεῦθεν αὐτοὺς διαδέχεται μέγιστον ζήτημα, τὸ καὶ τοῖς ἐνδοξοτάτοις φιλοσόφοις ἠμφισβητημένον, Ἀριστοτέλους μὲν καὶ τῶν ἀπ᾽ αὐτοῦ θερμὸν ὑπολαμβανόντων εἶναι τὸν ἀέρα, τῶν δ᾽ ἀπὸ τῆς Στοᾶς ψυχρόν.

432 Alexander de anima libri mantissa p. 124, 9 Bruns (in capite
25 ὅτι αἱ ποιότητες οὐ σώματα adversus Stoicos scripto) ἔτι εἰ σῶμα αἱ ποιότητες καὶ τὸ φῶς ποιότης καί, ὡς δοκεῖ αὐτοῖς, σῶμα.
p. 132, 30 (in capite πρὸς τοὺς διὰ τῆς τοῦ ἀέρος συνεντάσεως τὸ ὁρᾶν ποιοῦντας, adversus Chrysippum conscripto) ἔτι εἰ τὸ φῶς σῶμα ὂν καὶ δι᾽ ὕδατος καὶ διὰ τῶν ἄλλων κεχωρηκέναι λέγουσιν, δῆλον ὡς, ἂν φανῇ
30 τὸ φῶς μὴ ὂν σῶμα, κενὸς ὁ λόγος ἂν εἴη. εἰ γάρ, διότι σῶμα, ἐπέρεισις αὐτῷ γίνεται, ἂν μὴ σῶμα ᾖ, δῆλον ὅτι οὐκ ἐπερεισθήσεται. ἔτι πῶς οὐ συγκρίνεται τῇ τοῦ ὕδατος ψυχρότητι τὸ φῶς τοῦτο καὶ παύεται τοῦ φῶς εἶναι, εἴπερ διακρίσει φῶς ἐστιν; ἔτι καὶ ἐν τοῖς πάγοις ἐχρῆν ἧττον φῶς γίνεσθαι, καθάπερ καὶ ἀλέαν. τὸ γὰρ μὴ συγκρίνεσθαι τὸ πνεῦμα ὕδα-
35 τος συγκρινομένου καὶ κρυστάλλου γινομένου παράλογον, εἴ γέ ἐστιν ἀὴρ διακρινόμενος τὸ φῶς.
p. 138, 2 (extremo capite πρὸς τοὺς διὰ τῆς ἀπορροίας τῆς ἀπ᾽ ἀμφοῖν τὸ ὁρᾶν λέγοντας) ἔτι καὶ κατὰ τούτους σῶμα ἔσται τὸ φῶς (sequitur caput: ὅτι μὴ σῶμα τὸ φῶς). Εἰ σῶμα τὸ φῶς, ἤτοι πῦρ ἐστι ἢ πυρὸς ἀπορ-
40 ροή, ἣν αὐγήν τε λέγουσιν καὶ τρίτον τι πυρὸς εἶδος.
p. 139, 1. ἔτι εἰ σῶμα τὸ σκότος, ὁ ἀήρ, ἐν ᾧ γίνεται τὸ φῶς, ἤτοι δι᾽ ὅλου σῶμα ὂν δέξεται τὸ φῶς, καὶ οὕτω σῶμα διὰ σώματος χωρήσει, ἢ

---

11 Callim. frg. 787 Schneider.   15 Aristot. frg. 212 Rose.   22 ὑπ᾽ αὐτοῦ K.

ἕξει πόρους, δι' ὧν δίεισιν τὸ φῶς. οὗτοι δὴ ἤτοι, ὅταν μὴ ᾖ φῶς, ἔσονται τινος ἄλλου σώματος πλήρεις, ὃ τί ποτε ἐροῦσιν εἶναι, ἢ ποῦ μεθίστασθαι; δεήσει γὰρ αὐτὸ λεπτότερον ἀέρος εἶναι, ἀλλὰ καὶ τοῦ φωτὸς αὐτοῦ, εἴ γε καὶ τούτῳ ὑποχωρεῖ καὶ μεθίσταται· τί δ' ἂν εἴη σῶμα κατ' αὐτοὺς τοῦ φωτὸς λεπτότερον; — — εἰ δὲ οἱ τοῦ ἀέρος πόροι κενοὶ μένουσιν ὄντος 5 σκότους, πρῶτον μὲν ἔσται κενόν τι ἐνεργείᾳ ἐν τῷ κόσμῳ κατ' αὐτούς, ὅπερ οὐ θέλουσιν, ἔτι καὶ μανότερος ὁ ἀὴρ ἔσται τῆς νυκτός, ἅτε ἔχων ἐν αὐτῷ κενά (δοκεῖ δὲ πυκνότερος γίνεσθαι τότε), ἔτι τὸ φῶς οὐκ ἔσται διακριτικὸν καὶ λεπτυντικὸν τοῦ ἀέρος, ὡς λέγουσιν, ἀλλὰ τοὐναντίον.

433 Galenus in Hippocr. Epidem. VI comment. IV Vol. XVII B. p. 161 K. Λαμπρὸν γὰρ φαίνεται τὸ καθαρὸν ὕδωρ οὐκ αὐγῆς τινος ἔξωθεν ἐμπιπτούσης εἰς αὐτὸ λαμπρᾶς, ἀλλὰ κατὰ τὴν ἀλλοίωσιν, ἣν ἐκ τοῦ προσπίπτοντος ἔχει φωτός, ὥσπερ γε καὶ αὐτὸς ὁ ἀήρ. οὐδὲ γὰρ οὐδ' οὗτός ἐστι κατὰ τὴν αὐτοῦ φύσιν λαμπρός· πάντως ⟨γὰρ⟩ ἂν ἦν καὶ νύκτωρ τοιοῦτος. 15 ἀλλὰ τοῖς ἄνω πέρασιν αὐτοῦ προσπιπτούσης τῆς ἡλιακῆς αὐγῆς ὅλος ἀλλοιοῦταί τε καὶ μεταβάλλεται συνεχὴς ὢν ἑαυτῷ. τὸ δὲ κενὰς εἶναί τινας χώρας ἢ κατὰ τὸ ὕδωρ ἢ κατὰ τὸν ἀέρα, τῇ μὲν Ἐπικούρου τε καὶ Ἀσκληπιάδου δόξῃ περὶ τῶν στοιχείων ἀκόλουθόν ἐστιν· τῇ δ' Ἀριστοτέλους τε καὶ ⟨τῶν⟩ Στωικῶν ἐναντίον, οὐδαμόθι κενὸν οὐδὲν ἐν 20 τῷ κόσμῳ πεπεισμένων ὑπάρχειν, ἀλλ' ἐκπεπληρῶσθαι πάντα σώμασιν. οὐδὲ γὰρ κατὰ τὴν κίσσηριν αἱ μεταξὺ τῶν γεωδῶν σωμάτων χῶραι παντάπασιν αὐτοῖς εἶναι δοκοῦσι κεναί. περιέχεσθαι γοῦν ἐν αὐταῖς τὸν ἀέρα φασί. κατὰ μέντοι τὸ ὕδωρ οὐκ εἶναί τινα ποροποιίαν τοιαύτην ὁποία κατὰ τὴν κίσσηρίν ἐστιν, ἀλλὰ συνεχὲς ἑαυτῷ παντοίως ὑπάρχειν αὐτό. 25

Plutarchus de facie in orbe lunae cp. 18 p. 930f. αὐτὸν δὲ τὸν ἀέρα λέγουσιν οὐκ ἀποῤῥοίαις τισὶν οὐδὲ ἀκτῖσι μεμιγμέναις, ἀλλὰ τροπῇ καὶ μεταβολῇ κατὰ νύξιν ἢ ψαῦσιν ἐξηλιοῦσθαι. ·

434 Plutarchus de Stoic. repugn. cp. 42 p. 1053e. Τὸν ἀέρα ποτὲ μὲν ἀνωφερῆ καὶ κοῦφον εἶναί φησι — — — Ἐν μὲν οὖν τῷ 30 δευτέρῳ περὶ Κινήσεως „τό τε πῦρ, ἀβαρὲς ὄν, ἀνωφερὲς εἶναι λέγει, καὶ τούτῳ παραπλησίως τὸν ἀέρα, τοῦ μὲν ὕδατος τῇ γῇ μᾶλλον προσνεμομένου, τοῦ δ' ἀέρος τῷ πυρί."

435 Plutarchus de Stoic. repugn. cp. 42 p. 1053e. Ἐν δὲ ταῖς Φυσικαῖς Τέχναις ἐπὶ τὴν ἑτέραν ῥέπει δόξαν, ὡς „μήτε βάρος ἐξ 35 αὐτοῦ, μήτε κουφότητα τοῦ ἀέρος ἔχοντος."

436 Scholia Pind. Olymp. I 1 p. 22B. τῇ τῶν φιλοσόφων ἑπόμενος γνώμῃ, οἳ φυσικώτερον κινηθέντες ἐκ τοῦ ὕδατος ἔφασαν καὶ τὰ ἄλλα τρία στοιχεῖα συνίστασθαι· τὸ μὲν γὰρ αὐτοῦ, τὸ λεπτομερές, ἀέρα λέγουσι γίνεσθαι, τὸ δὲ παχύτερον εἰς ἑαυτὸ συνιστάμενον γῆν, ἀποτελεῖν δὲ ἀπολεπτυνόμενον 40 τὸν διάπυρον αἰθέρα πῦρ.

437 Philo de incorrupt. mund. 225, 5 B. Χάος δ' ὁ μὲν Ἀριστοτέλης τόπον οἴεται εἶναι, ὅτι τὸ δεξόμενον ἀνάγκη προϋποκεῖσθαι σώματι, τῶν δὲ Στωϊκῶν ἔνιοι τὸ ὕδωρ, παρὰ τὴν χύσιν τοὔνομα πεποιῆσθαι νομίζοντες.

Cf. I n. 103. 104 (Zeno). 45

---

15 γὰρ addidi.   19 τῶν Στωϊκῶν scripsi, Στοιχικῶν edit.

144 PHYSICAE DOCTRINAE FUNDAMENTA.

438 Galenus de simplic. medicam. IX 1 Vol. XII p. 165 K. ἓν μὲν
δὴ τοῦτο σημαινόμενόν ἐστι τοῦ τῆς γῆς ὀνόματος ἅπασι σύνηθες, ἕτερον
δὲ μόνον τοῖς φιλοσόφοις, ἐπειδὰν λέγωσι τῶν σωμάτων στοιχεῖα γῆν καὶ
ὕδωρ καὶ ἀέρα καὶ πῦρ. τὸ γὰρ ξηρὸν ἐσχάτως σῶμα καὶ ψυχρὸν
5 ὀνομάζουσι γῆν. κατὰ τούτους οὖν οὐδὲν μὲν τῶν συνθέτων τούτων
σωμάτων ἐστὶν ἡ στοιχειώδης γῆ, πλεῖστον μέντοι τῆς γῆς ἔχειν αὐτά φασιν,
οἷον τόν τε ἀδάμαντα καὶ τὰς πέτρας, καὶ ὅσῳ γ᾽ ἂν ὦσι σκληρότερα τὸ
σῶμα, τοσούτῳ μᾶλλον αὐτὰ εἶναί φασι γεωδέστερα. — κατὰ μὲν οὖν τὸ
παρὰ τοῖς φιλοσόφοις σημαινόμενον αἱ τῆς γῆς διαφοραὶ τρισὶν ὁρισθήσον-
10 ται γένεσιν. ἔστι γὰρ τὸ μέν τι λίθος αὐτῆς, τὸ δὲ μεταλλευτόν τι
σῶμα, τὸ δὲ τρίτον ἡ γεωργουμένη γῆ, διαφωνίας γεγονυίας παρ᾽
αὐτοῖς περὶ τῶν χεομένων μεταλλευτῶν σωμάτων, οἷον χαλκοῦ καὶ κασσιτέρου
καὶ μολύβδου. ταῦτα γὰρ ἔνιοί φασιν οὐ γῆς, ἀλλ᾽ ὕδατος ἔχειν τὸ πλέον.
— ἐκεῖνο μόνον ἔτι προσθείς, ὡς ἡ προειρημένη τομὴ τῶν γεωδῶν σω-
15 μάτων εἴς τε λίθους καὶ τὰ μεταλλευόμενα καὶ τὴν γεωργουμένην γῆν ἄνευ
τῶν φυσικῶν ἰδίως ὀνομαζομένων σωμάτων εἴρηται. τούτων δὲ προσιόντων
καὶ τὰ ξύλα πάντα καὶ καρπῶν μόρια πολλά, καθάπερ καὶ ζῴων,
ὀνομασθήσεται γεώδη τὴν οὐσίαν εἶναι. καρπῶν μὲν μόρια πυρῆνες
ἐλαιῶν καὶ γίγαρτα σταφυλῶν καὶ καρύων λέμματα καὶ κώνων, ἕτερά τε
20 πολλὰ τοιαῦτα, τῶν ζῴων δὲ τά τ᾽ ὀστέα καὶ τὰ κέρατα καὶ οἱ ὀδόντες.

§ 10. Πνεῦμα, τόνος, ἕξις.

439 Galenus περὶ πλήθους 3 Vol. VII p. 525 K. ποιεῖν δ᾽ εἰς ἑαυτὸ
λέγειν ὁτιοῦν ἢ ἐνεργεῖν εἰς ἑαυτὸ παρὰ τὴν ἔννοιάν ἐστιν· οὕτως οὖν
καὶ συνέχειν ἑαυτό. καὶ γὰρ οἱ μάλιστα εἰσηγησάμενοι τὴν συνεκτικὴν δύ-
25 ναμιν, ὡς οἱ Στωϊκοί, τὸ μὲν συνέχον ἕτερον ποιοῦσι, τὸ συνεχόμενον δὲ
ἄλλο· τὴν μὲν γὰρ πνευματικὴν οὐσίαν τὸ συνέχον, τὴν δὲ ὑλικὴν
τὸ συνεχόμενον· ὅθεν ἀέρα μὲν καὶ πῦρ συνέχειν φασί, γῆν δὲ
καὶ ὕδωρ συνέχεσθαι.
440 Galenus περὶ πλήθους 3 Vol. VII p. 526 K. ὅπως τοίνυν ἀναγ-
30 καῖόν ἐστιν εἰς ἄτοπον τὸν λόγον ἀχθῆναι, θεμένων ἡμῶν ἅπαν τὸ ὂν δεῖ-
σθαι συνεκτικῆς αἰτίας, ἤδη σοι δίειμι. τὴν συνεκτικὴν αἰτίαν, ἥτις ποτ᾽
ἐστίν (οὐ γὰρ ὁμολογοῦσιν αὐτὴν οἱ Ἡροφίλειοι γιγνώσκειν), ἆρά γε ἐκ τῶν
ὄντων τι καὶ αὐτοὶ ὑπολαμβάνουσιν ἢ τῶν οὐκ ὄντων; εἰ μὲν γὰρ τῶν οὐκ
ὄντων τι, θαυμάζω τὴν σοφίαν τῶν ἀνδρῶν, εἰ καὶ τῶν ὄντων ἕκαστον δεῖ-
35 σθαί φασι τῶν οὐκ ὄντων τινός· εἰ δὲ τῶν ὄντων τίθενται τὴν συνεκτικὴν
αἰτίαν, ἀναμνησθήτωσαν, ὡς ἅπαν τὸ ὂν ἔφασαν αἰτίας δεῖσθαι συν-
εκτικῆς εἰς τὸ εἶναι. συμβήσεται γὰρ οὕτως καὶ αὐτὴν τὴν αἰτίαν αἰ-
τίας ἑτέρας, ἵνα ὑπάρχῃ, δεηθῆναι, κἀκείνην αὖθις ἄλλης καὶ τοῦτο εἰς
ἄπειρον. εἰ δὲ τῶν ὄντων τὰ μὲν ἑτέρου τινὸς αἰτίου δεῖσθαι πρὸς
40 τὸ εἶναι, τὰ δὲ ἐξ αὐτῶν ἔχειν τὸ εἶναι φήσουσι, πρῶτον μὲν ἴστωσαν
οὐκέτι διαφυλάττοντες τὸ ἐξ ἀρχῆς ἀξίωμα. — δεύτερον δὲ μακροτάτου
χρῄζοντες λόγου διὰ τί τὰ μὲν δεῖται, τὰ δὲ οὐ δεῖται, ἢ καὶ ὁποῖα ἐκ τού-
των αὐτῶν ἐστιν ἑκάτερα. οὐδὲ γὰρ οὐδ᾽ οἱ πολλοὶ τῶν Ἡροφιλείων οὐδ᾽

---

4 καὶ ψυχρόν: haec verba a Stoicis aliena.   30 τὸν scripsi, τι ed. K.

PHYSICAE DOCTRINAE FUNDAMENTA. 145

οἱ νεώτεροι Στωϊκοὶ λέγουσί τινα ἀπόδειξιν τοῦ τὸ μὲν πνεῦμα καὶ
τὸ πῦρ συνέχειν ἑαυτό τε καὶ τὰ ἄλλα, τὸ δὲ ὕδωρ καὶ τὴν γῆν
ἑτέρου δεῖσθαι τοῦ συνέξοντος. ὅσον μὲν γὰρ ἐπὶ τῇ προχείρῳ φαν-
τασίᾳ τὸ μὲν σκληρὸν καὶ ἀντίτυπον καὶ πυκνὸν ἑαυτὸ συνέχειν ⟨ἂν⟩ λέγοιτο,
τὸ δ᾽ ἀραιόν τε καὶ μαλακὸν καὶ ὑπεῖκον ἑτέρου δεῖσθαι τοῦ συνέξοντος. οὐ 5
μόνον δὲ οὐδεμίαν ἀπόδειξιν εἰπόντες οἱ ἄνδρες ἀξιοῦσι πιστεύεσθαι τὴν
ὑπόθεσιν αὐτῶν, ἀλλὰ καὶ πρὸς ἑαυτὴν ὑποτιθέμενοι μαχομένην οὐκ ἔτι
αἰσθάνονται. τὰ γὰρ ἁπάντων λεπτομερέστερα καὶ μαλακώτερα καὶ εἰκτικώ-
τερα, τὸ πῦρ καὶ ⟨τὸν⟩ ἀέρα, ταῦτ᾽ αἴτια τῇ γῇ τῆς σκληρότητός τε καὶ
ἀντιτυπίας εἶναί φασιν, ὡς ἐνδεχόμενον ἕτερον ἑτέρῳ τινὶ μεταδοῦναι δυνά- 10
μεως ἢ φύσεως ἢ ἐνεργείας ἢ ποιότητος, ἧς οὐ μετείληφεν αὐτό. καὶ γὰρ
αὖ καὶ φαίνεται σαφῶς οὐ μόνον οὐδὲν ὑπὸ τοῦ πυρὸς συνεχόμενον, ἀλλὰ
καὶ διαλυόμενα πάντα. πρὸς μὲν δὴ τὴν τῶν Στωϊκῶν ὑπόθεσιν ἑτέρωθι
λέλεκται διὰ πλειόνων.

441 Alexander Aphrod. de mixtione p. 223,25 Bruns. τούτου δ᾽ 15
οὕτως ἔχοντος, πῶς ἂν ἔτι ἀληθὲς εἴη, τὸ πᾶν ἡνῶσθαί τε καὶ συν-
έχεσθαι, πνεύματός τινος διὰ παντὸς διήκοντος αὐτοῦ; ἔπειτα δ᾽
εὔλογον μὲν ἦν, ὁμοίαν τὴν ὑπὸ τοῦ πνεύματος συνοχὴν γινομένην ἐν πᾶσιν
εἶναι τοῖς σώμασιν· οὐχ οὕτως δ᾽ ἔχει. τῶν γὰρ σωμάτων τὰ μέν ἐστι συν-
εχῆ, τὰ δὲ διωρισμένα. διὸ εὐλογώτερον, ἕκαστον αὐτῶν ὑπὸ τοῦ οἰκείου 20
εἴδους συνέχεσθαί τε καὶ ἡνῶσθαι λέγει πρὸς ἑαυτό, καθ᾽ ὅ ἐστιν αὐτῶν
ἑκάστῳ τὸ εἶναι, τὴν ⟨δὲ⟩ συμπάθειαν αὐτῶν σώζεσθαι τὴν πρὸς ἄλληλα
διά τε τὴν τῆς ὕλης κοινωνίαν καὶ τὴν τοῦ περικειμένου θείου σώματος
αὐτῷ φύσιν ἢ τῷ διὰ τοῦ πνεύματος δεσμῷ. τίς γὰρ καὶ ὁ τόνος τοῦ
πνεύματος, ὑφ᾽ οὗ συνδούμενα τήν τε συνέχειαν ἔχει τὴν πρὸς τὰ 25
οἰκεῖα μέρη καὶ συνῆπται τοῖς παρακειμένοις; βιαζόμενον μὲν γὰρ
ὑπό τινος τὸ πνεῦμα, διὰ τὴν πρὸς τοῦτο εὐφυΐαν, τῷ μηδεμίαν ἀντίβασιν
ἔχειν τῷ κινοῦντι δι᾽ εὐπάθειαν δύνασθαι, ὑπὸ τῆς ἀθρόας κινήσεως ἰσχύν
τινα λαμβάνει· εὐπαθὲς δὲ ὂν κατὰ τὴν οἰκείαν φύσιν, ὑγρόν ἐστι καὶ εὐ-
διαίρετον, ὡς καὶ τῶν ἄλλων, ἐν οἷς ἂν ᾖ τοῦτο μεμιγμένον, κατὰ τοῦτο 30
μάλιστά [τε καὶ] ῥᾴστην γίνεσθαι τὴν διαίρεσιν. — καὶ γὰρ εἰ τοῦ μὴ
διαπίπτειν, ἀλλὰ συμμένειν τὰ σώματα αἴτιον τὸ συνέχον αὐτὰ
πνεῦμα, τὰ διαπίπτοντα τῶν σωμάτων δῆλον ὡς οὐκ ἂν ἔχοι τὸ πνεῦμα
τὸ συνδέον. πῶς δ᾽ ἂν τὴν ἀρχὴν ἡ διαίρεσις σῴζοιτο τῶν σωμάτων, εἴ γε
ἡ μὲν διαίρεσις χωρισμός ἐστι τῶν ἡνωμένων, μένει δὲ κατ᾽ αὐτοὺς [τῶν] 35
ἡνωμένα ὁμοίως ἀλλήλοις πάντα, κἂν διαιρεθῇ. πῶς δ᾽ οὐκ ἂν ἀπεμφαίνοι
τὸ τὰ παρακείμενα ἀλλήλοις καὶ ῥᾳδίως ἀλλήλων χωρίζεσθαι δυνάμενα ὑπ⟨ὸ
τ⟩αὐτοῦ καὶ ὁμοίως ἀλλήλοις ἡνῶσθαι λέγειν τοῖς συνεχέσι τε οὖσι καὶ
χωρὶς διαιρέσεως μὴ δυναμένοις [τινὸς] ἀλλήλων χωρισθῆναί ποτε.

442 Alexander Aphrod. de mixtione p. 224,14 Bruns. πρὸς δὲ τού- 40
τοις εἰ τὸ πνεῦμα γεγονὸς ἐκ πυρός τε καὶ ἀέρος διὰ πάντων πε-

---

1 hoc placitum non fuit recentiorum tantum Stoicorum. 4 ἂν addidi.
9 τὸν addidi. 18 ὁμοίαν scripsi, ὁποίαν libri. ‖ ὑπὸ scripsi, ἀπὸ libri.
22 δὲ add. Bruns. 24 τῷ Ra, τὸ ceteri. ‖ δεσμῷ· τίς scripsi, δεσμότης libri.
28 δι᾽ Bruns, δ᾽ libri. ‖ malim πιλοῦντι et πιλήσεως. 29 εὐπαθὲς Schwartz,
ἀπαθὲς libri. 31 [τε καὶ] ῥᾴστην scripsi, τε καὶ ἀρεστὴν libri. 35 τῶν de-
levi. 36 ἡνωμένα scripsi, ἡνωμένων libri. 37 ἀπεμφαίνοι τὸ Bruns, πάντα
φαίνοιτο libri. 38 ὑπὸ ταὐτοῦ scripsi, ὑπ᾽ αὐτοῦ libri. 39 τινὸς delevi.

Stoicorum veterum fragm. II.　　　10

φοίτηκε τῶν σωμάτων ⟨τῷ⟩ πᾶσιν αὐτοῖς κεκρᾶσθαι καὶ ἑκάστῳ
αὐτῶν ἐκ τούτου ἠρτῆσθαι τὸ εἶναι, πῶς ἂν ἔτι ἁπλοῦν τι εἴη σῶμα;
πῶς δ᾽ ἄν, εἰ ὕστερον τὸ ἔκ τινων σύγκειμενον τῶν ἁπλῶν, τὸ πῦρ ἂν καὶ
ὁ ἀὴρ εἴη, ἐξ ὧν μιγνυμένων τὸ πνεῦμα γίνεται, οὗ χωρὶς ἀδύνατον εἶναί
5 τι σῶμα; εἰ γὰρ ἐξ ἐκείνων μὲν ἡ γένεσις τῷ πνεύματι, ἀδύνατον δὲ ἐκείνων
εἶναί τι χωρὶς πνεύματος, οὔτ᾽ ἂν ἐκείνων τι εἴη πρὸ τῆς τοῦ πνεύματος
γενέσεως, οὔτ᾽ ἂν τὸ πνεῦμα γίνοιτο, οὐκ ὄντων ἐξ ὧν ἡ γένεσις αὐτῷ. πῶς
δ᾽ ἄν τις ἐν τῷ ψυχρῷ ἐνεργείᾳ τι θερμὸν εἶναι λέγοι; τίς δὲ καὶ ἡ εἰς
τὸ ἐναντίον ἅμα κίνησις αὐτοῦ, καθ᾽ ἣν συνέχει τὰ ἐν οἷς ἂν ᾖ,
10 ὄν, ὥς φασι, πνεῦμα κινούμενον ἅμα ἐξ αὐτοῦ τε καὶ εἰς αὐτό,
καὶ κατὰ τί εἶδος κινήσεως γίνεται;

443 Plotinus Ennead. IV lib. VII, 3 (Vol. II p. 106, 20 Mü.). λυθή
σεταί τε καὶ τόδε τὸ ξύμπαν, εἴ τις αὐτὸ πιστεύσειε σώματος συνέρξει, δι
δοὺς αὐτῷ ψυχῆς τάξιν μέχρι τῶν ὀνομάτων, ἀέρι καὶ πνεύματι σκεδαστο
15 τάτῳ.

ibid. 4.   μαρτυροῦσι δὲ καὶ αὐτοὶ ὑπὸ τῆς ἀληθείας ἀγόμενοι, ὡς δεῖ
τι πρὸ τῶν σωμάτων εἶναι κρεῖττον αὐτῶν ψυχῆς εἶδος, ἔννουν τὸ πνεῦμα
καὶ πῦρ νοερὸν τιθέμενοι, ὥσπερ ἄνευ πυρὸς καὶ πνεύματος οὐ δυνα
μένης τῆς κρείττονος μοίρας ἐν τοῖς οὖσιν εἶναι, τόπον δὲ ζητούσης εἰς τὸ
20 ἱδρυθῆναι — — εἰ δὲ μηδὲν παρὰ τὸ πνεῦμα τὴν ζωὴν καὶ τὴν
ψυχὴν τίθενται, τί τὸ πολυθρύλλητον αὐτοῖς „πῶς ἔχον", εἰς ὃ κατα
φεύγουσιν ἀναγκαζόμενοι τίθεσθαι ἄλλην παρὰ τὰ σώματα φύσιν δραστήριον;
εἰ οὖν οὐ πᾶν μὲν πνεῦμα ψυχή (ὅτι μυρία πνεύματα ἄψυχα), τὸ δὲ πῶς
ἔχον πνεῦμα φήσουσι, τὸ „πῶς ἔχον" τοῦτο καὶ ταύτην τὴν σχέσιν ἢ τῶν
25 ὄντων τι φήσουσιν ἢ μηδέν· ἀλλ᾽ εἰ μὲν μηδέν, πνεῦμα ἂν εἴη μόνον, τὸ
δὲ „πῶς ἔχον" ὄνομα· καὶ οὕτω συμβήσεται αὐτοῖς, οὐδὲ ἄλλο οὐδὲν εἶναι
λέγειν ἢ τὴν ὕλην· καὶ ψυχὴν καὶ θεὸν καὶ *** ὀνόματα πάντα, ἐκεῖνο δὲ
μόνον ⟨ὄν⟩.

444 Plutarchus de comm. not. cp. 49 p. 1085 c.   τά γε μὴν τέσσαρα
30 σώματα, γῆν καὶ ὕδωρ ἀέρα τε καὶ πῦρ, πρῶτα στοιχεῖα προσαγορεύοντες,
οὐκ οἶδ᾽ ὅπως τὰ μὲν ἁπλᾶ καὶ καθαρά, τὰ δὲ σύνθετα καὶ μεμιγμένα
ποιοῦσι. γῆν μὲν γὰρ φασι καὶ ὕδωρ οὔθ᾽ ἑαυτὰ συνέχειν οὔθ᾽
ἕτερα, πνευματικῆς δὲ μετοχῇ καὶ πυρώδους δυνάμεως τὴν ἑνό
τητα διαφυλάττειν· ἀέρα δὲ καὶ πῦρ αὐτῶν τ᾽ εἶναι δι᾽ εὐτονίαν
35 ἑκτικά, καὶ τοῖς δυσὶν ἐκείνοις ἐγκεκραμένα τόνον παρέχειν καὶ
τὸ μόνιμον καὶ οὐσιῶδες.   Ex his Plutarchus concludit: ἀλλ᾽ οὐκ ἔστι
γῆ καθ᾽ ἑαυτὴν οὐδ᾽ ὕδωρ· ἀλλὰ τὴν ὕλην ὁ ἀὴρ ὧδε μὲν συναγαγὼν καὶ
πυκνώσας γῆν ἐποίησεν, ὧδε δὲ πάλιν διαλυθεῖσαν καὶ μαλαχθεῖσαν ὕδωρ.
οὐδέτερον οὖν τούτων στοιχεῖον, οἷς ἕτερον ἀμφοτέροις οὐσίαν καὶ γένεσιν
40 παρέσχηκεν.

445 Scholia Hesiod. Theogon. v. 120.   τὰ τρία στοιχεῖα εἰπὼν τὸ
τέταρτον λέγει, τὸ πῦρ, ὅπερ δαιμονίως ἐρωτά φησι· συναρμόζειν γὰρ καὶ
ἑνοῦν πέφυκεν.

---

1 τῷ add. Ideler.   9 αὐτοῦ Apelt, αὐτοῖς· οὐ libri. ‖ συνέχει Ideler,
συνέχειν libri.   10 ὅν Apelt, ὧν libri. ‖ κινούμενον Apelt, κινουμένου libri.
23 ψυχήν scripsi, ψυχή libri.   27 lacunam significavi.   28 ὅν add. Kirchhoff.
32 φασι scripsi, ἴσασι libri.   33 μετοχῆς libri, ex Amyoti versione corr. Bernardakis.   35 ἑκτικά scripsi, ἐκτατικά libri.   38 πάλιν δὲ libri, transposuit Wy.

PHYSICAE DOCTRINAE FUNDAMENTA. 147

446 Galenus de tremore, palpitatione, convulsione 6 Vol. VII p. 616 K.

οὐκ ὄγκους καὶ πόρους ἡμῶν στοιχεῖα τιθεμένων τοῦ σώματος — ἀλλὰ τὸ μὲν ὅλον σῶμα σύμπνουν τε καὶ σύρρουν ἡγουμένων, τὸ θερμὸν δ' οὐκ ἐπίκτητον οὐδ' ὕστερον τοῦ ζῴου τῆς γενέσεως, ἀλλ' αὐτὸ πρῶτόν τε καὶ ἀρχέγονον καὶ ἔμφυτον. καὶ ἥ γε φύσις καὶ ἡ ψυχὴ οὐδὲν ἄλλο ἢ τοῦτ' 5 ἐστίν, ὥστ' οὐσίαν αὐτοκίνητόν τε καὶ ἀεικίνητον αὐτὸ νοῶν οὐκ ἂν ἁμάρτοις. — — ἅτε γὰρ ἀεικίνητον ὂν τὸ ἔμφυτον θερμόν, οὔτ' εἴσω μόνον οὔτ' ἔξω κινεῖται, διαδέχεται δ' ἀεὶ τὴν ἑτέραν αὐτοῦ κίνησιν ἡ ἑτέρα. ταχὺ γὰρ ἂν ἡ μὲν ἔσω μονὴ κατέπαυσεν εἰς ἀκινησίαν, ἡ δὲ ἐκτὸς ἐσκέδασέ τε καὶ ταύτῃ διέφθειρεν αὐτό. μέτρια δὲ σβεννύμενον καὶ 10 μέτρια ἀναπτόμενον, ὡς Ἡράκλειτος ἔλεγεν, ἀεικίνητον οὕτω μένει. ἀνάπτεται μὲν οὖν τῇ κάτω συννεύσει, τῆς τροφῆς ὀρεγόμενον· αἰρόμενον δὲ καὶ πάντη σκιδνάμενον σβέννυται. ἀλλὰ τὴν μὲν ἄνω τε καὶ ἔξω φορὰν καὶ ὡς ἄν τις εἴποι ἐξάπλωσιν ἀπὸ τῆς ἰδίας ἀρχῆς, διότι φύσει θερμόν ἐστι, κέκτηται· τὴν δ' εἴσω τε καὶ κάτω, τουτέστιν ἐπὶ τὴν ἰδίαν 15 ἀρχὴν ὁδόν, ὅτι ψυχροῦ τι μετέχει· μικτὸν γὰρ ἐκ θερμοῦ καὶ ψυχροῦ γέγονε· κατὰ μὲν τὸν πρῶτον λόγον τοῦ θερμοῦ, ⟨ᾗ⟩ τοῦτ' ἐστιν αὐτοκίνητον αὐτοῦ καὶ τούτου μάλιστα δεῖται πρὸς τὰς ἐνεργείας· μεγάλην δ' ὅμως αὐτῷ χρείαν καὶ τὸ ψυχρὸν παρέχει. πέφυκε γὰρ τὸ μὲν θερμὸν εἰς ὕψος αἴρεσθαι καὶ συμπροσάγειν αὐτῷ τὴν τροφήν. εἰ δὲ μὴ τὸ ψυχρὸν ἐμποδὼν 20 ἐγένετο, καὶ ἐπὶ μήκιστον προῆκε. γίνεται δ' ἐμποδὼν τὸ ψυχρὸν τῇ τοιαύτῃ τοῦ θερμοῦ κινήσει, ὡς μὴ ἀπόλοιτο ἐκτεινόμενον. κίνδυνος γὰρ ὑπὸ κουφότητος καὶ τῆς πρὸς τὸ ἄνω ὁρμῆς ἀποστῆναι τῶν σωμάτων αὐτό. ἀλλὰ τὸ ψυχρὸν ἐπέχει τε καὶ κωλύει καὶ τῆς ἄγαν ταύτης κινήσεως ἀφαιρεῖ τὸ σφοδρόν. 25

447 Clemens Al. Stromat. V 8 p. 674 (ex Clodio Neapolitano) σφίγξ δὲ οὐχ ἡ τῶν ὅλων σύνεσις καὶ ἡ τοῦ κόσμου κατὰ τὸν ποιητὴν Ἄρατον περιφορά. ἀλλὰ τάχα μὲν ὁ διήκων πνευματικὸς τόνος καὶ συνέχων τὸν κόσμον εἴη ἄν. ἄμεινον δὲ ἐκδέχεσθαι τὸν αἰθέρα πάντα συνέχοντα καὶ σφίγγοντα· καθὰ καὶ ὁ Ἐμπεδοκλῆς φησίν· (v. 130—33 St.) 30

448 Alexander Aphrod. de anima libri mant. p. 131, 5 Bruns. τὸ δὲ ὅλον ἀπορίας ἔχει πολλὰς ἡ περὶ τῆς τονικῆς κινήσεως δόξα. πρῶτον μὲν γὰρ ὁμοειδές τι ὂν αὐτὸ ἑαυτὸ κινήσει, ὃ ἀδύνατον δείκνυται προχειριζομένοις τὰς καθέκαστα κινήσεις. ἔπειτα εἴπερ ἕν τι συνέχει τόν τε σύνολον κόσμον ἅμα τοῖς ἐν αὐτῷ, καὶ καθ' ἕκαστον τῶν ἐπὶ 35 μέρους σωμάτων ἐστί τι ὃ συνέχει, πῶς οὐκ ἀναγκαῖον ταὐτὸν ἅμα τὰς ἐναντίας κινεῖσθαι κινήσεις.

449 Plutarchus de Stoic. repugn. cp. 43 p. 1053f. πάλιν ἐν τοῖς περὶ Ἕξεων „οὐδὲν ἄλλο τὰς ἕξεις πλὴν ἀέρας εἶναί φησιν· ὑπὸ τούτων γὰρ συνέχεται τὰ σώματα· καὶ τοῦ ποιὸν ἕκαστον εἶναι 40 τῶν ἕξει συνεχομένων ὁ συνέχων αἴτιος ἀήρ ἐστιν, ὃν σκληρότητα μὲν ἐν σιδήρῳ, πυκνότητα δ' ἐν λίθῳ, λευκότητα δ' ἐν ἀργύρῳ καλοῦσι."

p. 1054a. Καίτοι πανταχοῦ „τὴν ὕλην ἀργὸν ἐξ ἑαυτῆς καὶ ἀκίνητον ὑποκεῖσθαι ταῖς ποιότησιν ἀποφαίνουσι, τὰς δὲ ποιότητας 45

17 ᾗ addidi.   27 σύνδεσις coni. Sylb. bene.

10*

πνεύματα οὔσας καὶ τόνους ἀερώδεις, οἷς ἂν ἐγγένωνται μέρεσι τῆς
ὕλης, εἰδοποιεῖν ἕκαστα καὶ σχηματίζειν."

450 Galenus de musculorum motu I cp. 7 et 8 (K. vol. IV p.
400) (Quaerit Galenus, siquis brachium extendat atque hunc statum servet, mo-
5 veantur musculi necne?) διότι μὲν γὰρ ἐνεργοῦσιν οἱ μύες διὰ τοῦτ' αὐτοὺς
κινεῖσθαι λέγομεν· διότι δ' οὔθ' ὅλον τὸ κῶλον οὐ μέρος εἰσίν, οὔτ' αὐτοὶ
κατὰ μόνας φαίνονται κινούμενοι, διὰ τοῦτ' αὐτοὺς πάλιν οὐ τολμῶμεν ὁμο-
λογεῖν κινεῖσθαι. τίνα οὖν ἄν τις λύσιν ἐφεύροι τῆς ἀπορίας; πότερον ἦν
οἱ τὰς τονικὰς καλουμένας ὑποθέμενοι κινήσεις, ἤ τινα ἑτέραν βελ-
10 τίονα — —; cp. 8. καὶ δὴ ποιοῦμεν οὕτως καὶ πρῶτον μὲν ὥσπερ ἐκεῖνοι
διδάσκουσιν ὁ λόγος προΐτω. Νοήσωμεν ἕλκεσθαί τι σῶμα τῶν ἀψύχων,
οἷον ξύλον ἢ λίθον ὑπό του, αὖθις δ' αὖ νοήσωμεν ὑφ' ἑτέρου τινὸς ἐπὶ
τἀναντία ταὐτὸ τοῦτο πάλιν ἀντισπᾶσθαι, κρατεῖν μέντοι τῇ ῥώμῃ τὴν προ-
τέραν ὁλκὴν καὶ διὰ τοῦθ' ἕπεσθαι μὲν ἐκείνῃ τὸ σῶμα, πολὺ δ' ἧττον ἢ
15 εἰ πρὸς μηδενὸς ἀνθείλκετο. τρίτην δὴ κατάστασιν τῷ τοιούτῳ σώματι προσ-
φέρωμεν ὅταν ἰσοσθενῶς εἰς τἀναντία τείνηται. οὐκοῦν ἡ μὲν πρώτη κα-
τάστασις ἐκίνησεν αὐτὸ μίαν κίνησιν ὅσην ἡ τοῦ κινοῦντος δύναμις ἠδύνατο
καὶ εἰς τοσαύτην ἠνάγκασε προελθεῖν διάστασιν εἰς ὅσην οἷόν τ' ἦν ἄγειν
τὸ κινοῦν, ἡ δὲ δευτέρα τοσοῦτον ἐλάττονα τῆς πρόσθεν τὴν διάστασιν ἀπέ-
20 δειξεν, ὅσον θάτερον τῶν κινούντων εἰς τοὐναντίον ἀπέσπασε τὸ κινούμενον.
ἡ δὲ τρίτη κατάστασις, ὅσον ἡ ἑτέρα τῶν κινήσεων εἷλκε πρόσω τοσοῦτον
ἀντισπώσης εἰς τοὐπίσω τῆς ἑτέρας, ἐν ταὐτῷ τόπῳ τὸ σῶμα μένειν ἠνάγ-
κασεν, οὐχ ὡς τὸ παντελῶς ἀκίνητον· μένει γὰρ καὶ τοῦτ' ἐν ταὐτῷ διὰ
παντὸς ἀλλ' οὐχ ὁμοίως ἐκείνῳ· τὸ μὲν γὰρ ὅτι μηδ' ὅλως κινεῖται, τὸ δὲ
25 ὅτι διττῶς, ὥσπερ καὶ ὁ πρὸς ῥοῦν ποταμῶν νήχων ἐναντίως. καὶ γὰρ οὖ-
τος ἐὰν ἰσοσθενὴς ᾖ τῇ τοῦ ῥοῦ σφοδρότητι κατὰ τὸν αὐτὸν ἀεὶ διαμένει
τόπον, οὐχ ὡς μηδ' ὅλως κινούμενος, ἀλλ' ὅτι πρόσω τοσοῦτον ὑπὸ τῆς οἰ-
κείας διαφέρεται κινήσεως ὅσον ὑπὸ τῆς ἔξωθεν ὀπίσω φέρεται. οὐδὲν δὲ
χεῖρον οὕτω ἀσαφὲς πρᾶγμα διὰ πλειόνων ἐξετάζεσθαι παραδειγμάτων. ἔστω
30 τις ὑψηλὸς ὄρνις ἐν ταὐτῷ τόπῳ φαινόμενος μένειν. πότερον ἀκίνητον εἶναι
τοῦτον λεκτέον, ὥσπερ εἰ καὶ κρεμάμενος ἄνωθεν ἔτυχεν, ἢ κινεῖσθαι τὴν
ἐπὶ τὰ ἄνω κίνησιν εἰς τοσοῦτον εἰς ὅσον ἤγαγεν αὐτὸν κάτω τὸ τοῦ σώμα-
τος βάρος; ἐμοὶ μὲν τοῦτο ἀληθέστερον εἶναι δοκεῖ. στερήσας γοῦν αὐτὸν
τῆς ψυχῆς ἢ τοῦ τῶν μυῶν τόνου ταχέως ἐπὶ τὴν γῆν ὄψει καταφερόμενον·
35 ᾧ δῆλον ὅτι τὴν σύμφυτον τῷ τοῦ σώματος βάρει κάτω ῥοπὴν εἰς ἴσον ἀν-
τεσήκου τῇ κατὰ τὸν τῆς ψυχῆς τόνον ἄνω φορᾷ. πότερον οὖν ἐν ταῖς
τοιαύταις ἁπάσαις καταστάσεσι ποτὲ μὲν κάτω ποτὲ δὲ ἄνω τὸ
σῶμα φέρεται τἀναντία πάσχον ἐν μέρει, διὰ δὲ τὸ ταχείας τε καὶ
ὀξυῤῥόπους γίνεσθαι τὰς μεταβολὰς καὶ κατὰ βραχυτάτων δια-
40 στημάτων φέρεσθαι τὰς κινήσεις ἐν ταὐτῷ φαίνεται τόπῳ μένειν
ἢ ὄντως ἕνα διὰ παντὸς τοῦ χρόνου κατέχει τόπον, οὐ τοῦ παρόντος καιροῦ
διελθεῖν· ἐν γὰρ τοῖς φυσικοῖς περὶ κινήσεως λόγοις τὰ τοιαῦτα ἐρευνᾶσθαι
δικαιότερον· ἀλλ' ἀρκεῖ πρὸς τὰ παρόντα τοῦτο ἐξευρῆσθαι τὸ γίγνεσθαί τι
καὶ τοιοῦτον εἶδος ἐνεργείας ὃ καλεῖν μὲν εἴτε τονικὸν εἴτ' ἄλλως ὡς ἂν
45 ἐθέλῃς οὐ διοίσει.

Cf. de tremore, palpitatione, convulsione 4 Vol. VII p. 589 K.

451 Nemesius de nat. hom. cp. 2 p. 42. εἰ δὲ λέγοιεν, καθάπερ οἱ
Στωϊκοί, τονικήν τινα εἶναι κίνησιν περὶ τὰ σώματα εἰς τὸ εἴσω ἅμα κι-

νουμένην καὶ εἰς τὸ ἔξω· καὶ τὴν μὲν εἰς τὸ ἔξω μεγεθῶν καὶ ποιο-
τήτων ἀποτελεστικὴν εἶναι, τὴν δὲ εἰς τὸ εἴσω ἑνώσεως καὶ οὐ-
σίας, ἐρωτητέον αὐτούς — — (sequitur refutatio platonica, paulo infra:)
εἰ δὲ λέγοιεν ὅτι τὰ σώματα τριχῇ διαστατά ἐστι καὶ ἡ ψυχὴ δὲ διόλου
διήκουσα τοῦ σώματος τριχῇ διαστατή ἐστι καὶ διὰ τοῦτο πάντως καὶ σῶμα, 5
ἐροῦμεν etc.
452 Simplicius in Aristot. categ. f. 68E. ed. Bas. Οἱ δὲ Στωϊκοὶ
δύναμιν ἢ μᾶλλον κίνησιν τὴν μανωτικὴν καὶ πυκνωτικὴν τίθενται, τὴν μὲν
ἐπὶ τὰ ἔσω, τὴν δὲ ἐπὶ τὰ ἔξω· καὶ τὴν μὲν τοῦ εἶναι, τὴν δὲ τοῦ ποιὸν
εἶναι νομίζουσιν αἰτίαν. 10
453 Philo de sacrif. Abel et Cain § 68 Vol. I p. 230, 5 Wendl.
de λόγῳ locutus: οὐ μεταβατικῶς κινούμενος, ὡς τὸν μὲν ἐπιλαμβάνειν, τὸν
δὲ ἀπολείπειν τόπον, ἀλλὰ τονικῇ χρώμενος τῇ κινήσει.
454 Sextus adv. math. IX 149 (Carneadis argumentum, quo deos
non esse probabat, Stoicam de spiritu doctrinam respicit) ὡσαύτως δὲ 15
καὶ ἄψυχόν ἐστιν (scil. τὸ θεῖον). εἰ γὰρ ὑπὸ ψυχῆς συνέχεται, πάντως
ἀπὸ τῶν μέσων ἐπὶ τὰ πέρατα καὶ ἀπὸ τῶν περάτων ἐπὶ τὰ μέσα φερομένου
⟨πνεύματος⟩ συνέχεται.
455 Cleomedes Circul. doctr. I cp. 8 p. 58 Bake. τὰ στερεὰ τῶν
σωμάτων οἷά τέ ἐστι πολλαχῶς σχηματίζεσθαι, ἐπὶ δὲ πνευματικῆς ἢ πυρώδους 20
οὐσίας, ὁπότε καθ' αὑτὰς εἶεν, οὐδὲν ἐγχωρεῖ τοιοῦτον γίνεσθαι. Ἐπὶ τὸ
οἰκεῖον οὖν τῇ φύσει αὐτῶν παραγίνονται σχῆμα τετονωμέναι καὶ
τὸ ἴσον ἀπὸ τοῦ μεσαιτάτου πάντη ἀποτεινόμεναι, μαλακῆς αὐτῶν
τῆς οὐσίας οὔσης καὶ μηδενὸς ὄντος στερεοῦ, ὃ ἄλλως σχηματίζοι ἂν αὐτάς.
456 Simplicius in Aristot. categ. f. 68E. ed. Bas. Τὸ τοίνυν σχῆμα 25
οἱ Στωϊκοὶ τὴν τάσιν παρέχεσθαι λέγουσιν, ὥσπερ καὶ τὴν μεταξὺ τῶν
σημείων διάστασιν. διὸ καὶ εὐθεῖαν ὁρίζονται γραμμὴν τὴν εἰς ἄκρον
τεταμένην.
457 Galenus de dignoscendis pulsibus IV 2 Vol. VIII p. 923K. τὸ
μέν γε τοῦ τόνου διαμφισβητεῖται. τὴν ἀρχὴν γὰρ οἷός τίς ἐστιν ὁ τόνος 30
ἐν τοῖς τῶν ζῴων σώμασι οὐχ ὁμολόγηται πρὸς τῶν εἰς ἐλάχιστα ἢ εἰς
ἄτομα ἢ εἰς ἄναρμα τὴν ὅλην οὐσίαν καταθραυόντων. μόνοις γὰρ ὁμολο-
γεῖται τοῖς ἡνῶσθαι φάσκουσιν αὐτήν.
458 Philo Leg. Alleg. II § 22 Vol. I p. 95, 8 Wendl. ὁ νοῦς — —
πολλὰς ἔχει δυνάμεις, ἑκτικήν, φυτικήν, ψυχικήν, λογικήν, διανοητικήν, ἄλ- 35
λας μυρίας κατά τε εἴδη καὶ γένη. Ἡ μὲν ἕξις κοινὴ καὶ τῶν ἀψύχων
ἐστί, λίθων καὶ ξύλων, ἧς μετέχει καὶ τὰ ἐν ἡμῖν ἐοικότα λίθοις ὀστέα.
Ἡ δὲ φύσις διατείνει καὶ ἐπὶ τὰ φυτά. καὶ ἐν ἡμῖν δέ ἐστιν ἐοικότα φυ-
τοῖς, ὄνυχές τε καὶ τρίχες· ἐστὶ δὲ ἡ φύσις ἕξις ἤδη κινουμένη. Ψυχὴ
δέ ἐστι φύσις προσειληφυῖα φαντασίαν καὶ ὁρμήν. αὕτη κοινὴ καὶ τῶν 40
ἀλόγων ἐστίν. Ἔχει δὲ καὶ ὁ ἡμέτερος νοῦς ἀναλογοῦν τι ἀλόγου ψυχῇ·
πάλιν ἡ διανοητικὴ δύναμις ἰδία τοῦ νοῦ ἐστι, καὶ ἡ λογικὴ κοινὴ μὲν
τάχα καὶ τῶν θειοτέρων φύσεων, ἰδία δέ, ὡς ἐν θνητοῖς, ἀνθρώπου. αὕτη
δὲ διττή. ἡ μὲν καθ' ἣν λογικοί ἐσμεν, νοῦ μετέχοντες· ἡ δὲ καθ' ἣν δια-
λεγόμεθα. 45
Philo Quod deus sit immut. § 35 Vol. II p. 64, 1 Wendl. Τῶν γὰρ
σωμάτων τὰ μὲν ἐνεδήσατο ἕξει, τὰ δὲ φύσει, τὰ δὲ ψυχῇ, τὰ δὲ καὶ λογικῇ

18 πνεύματος addidi, φερόμενον vulgo.

150   PHYSICAE DOCTRINAE FUNDAMENTA.

ψυχῇ. Λίθων μὲν οὖν καὶ ξύλων, ἃ δὴ τῆς συμφυΐας ἀπέσπασται, δεσμὸν
κραταιότατον ἕξιν εἰργάζετο. ἡ δέ ἐστι πνεῦμα ἀναστρέφον ἐφ'
ἑαυτό. Ἄρχεται μὲν γὰρ ἀπὸ τῶν μέσων ἐπὶ τὰ πέρατα τείνεσθαι, ψαῦσαν
δὲ ἄκρας ἐπιφανείας ἀνακάμπτει πάλιν, ἄχρις ἂν ἐπὶ τὸν αὐτὸν ἀφίκηται
5 τόπον, ἀφ' οὗ τὸ πρῶτον ὡρμήθη. Ἕξεως ὁ συνεχὴς οὗτος δίαυλος ἄφθαρ-
τος, ὃν οἱ δρομεῖς ἀπομιμούμενοι ταῖς τριετηρίσιν ἐν τοῖς ἀνθρώπων ἁπάν-
των κοινοῖς θεάτροις ὡς μέγα δὴ καὶ λαμπρὸν καὶ περιμάχητον ἔργον ἐπι-
δείκνυνται. Τὴν δὲ φύσιν ἀπένειμε τοῖς φυτοῖς, κερασάμενος αὐτὴν ἐκ
πλείστων δυνάμεων, θρεπτικῆς τε καὶ μεταβλητικῆς καὶ αὐξητικῆς. (de his
10 tribus δυνάμεσιν plura enarrantur) — — § 41. Ψυχὴν δὲ φύσεως τρισὶ
διαλλάττουσαν ὁ ποιῶν ἐποίει αἰσθήσει, φαντασίᾳ, ὁρμῇ. Τὰ μὲν γὰρ φυτὰ
ἀόρμητα, ἀφάνταστα, αἰσθήσεως ἀμέτοχα, τῶν δὲ ζῴων ἕκαστον ἀθρόων με-
τέχει τῶν εἰρημένων. Αἴσθησις μὲν οὖν, ὡς αὐτό που δηλοῖ τοὔ-
νομα, εἴσθεσίς τις οὖσα, τὰ φανέντα ἐπεισφέρει τῷ νῷ. Τούτῳ γὰρ
15 ἐπειδὴ μέγιστόν ἐστι ταμιεῖον καὶ πανδεχές, πάνθ' ὅσα δι' ὁράσεως καὶ ἀκοῆς
καὶ τῶν ἄλλων αἰσθητικῶν ὀργάνων ἐντίθεται καὶ ἐναποθησαυρίζεται. Φαν-
τασία δέ ἐστι τύπωσις ἐν ψυχῇ· ἃ γὰρ εἰσήγαγεν ἑκάστη τῶν αἰσθήσεων,
ὥσπερ δακτύλιός τις ἢ σφραγὶς ἐναπεμάξατο τὸν οἰκεῖον χαρακτῆρα. Κηρῷ
δὲ ἐοικὼς ὁ νοῦς, τὸ ἐκμαγεῖον δεξάμενος ἄκρως παρ' ἑαυτῷ φυλάττει, μέχρις
20 ἂν ἡ ἀντίπαλος μνήμης τὸν τύπον λεάνασα λήθῃ ἀμυδρὸν ἐργάσηται ἢ παν-
τελῶς ἀφανίσῃ. Τὸ δὲ φανὲν καὶ τυπῶσαν τότε μὲν οἰκείως, τότε δὲ ὣς
ἑτέρως διέθηκε τὴν ψυχήν. Τοῦτο δ' αὐτῆς τὸ πάθος ὁρμὴ καλεῖται, ἣν
ὁριζόμενοι πρώτην ἔφασαν εἶναι ψυχῆς κίνησιν. Τοσούτοις μὲν δὴ
ζῷα προὔχει φυτῶν. ἴδωμεν δὲ τίνι τῶν ἄλλων ζῴων ὑπερβέβληκεν ἄνθρω-
25 πος. Ἐξαίρετον οὗτος τοίνυν γέρας ἔλαχε διάνοιαν, ᾗ τὰς ἁπάντων φύσεις,
σωμάτων τε ὁμοῦ καὶ πραγμάτων εἴωθε καταλαμβάνειν. Καθάπερ γὰρ ἐν
μὲν τῷ σώματι τὸ ἡγεμονικὸν ὄψις ἐστίν, ἐν δὲ τῷ παντὶ ἡ τοῦ φωτὸς φύσις,
τὸν αὐτὸν τρόπον καὶ τῶν ἐν ἡμῖν τὸ κρατιστεῦον ὁ νοῦς. Ψυχῆς γὰρ
ὄψις οὗτος, οἰκείαις περιλαμπόμενος αὐγαῖς, δι' ὧν ὁ πολὺς καὶ βαθὺς ζό-
30 φος, ὃν κατέχεεν ἄγνοια τῶν πραγμάτων, ἀνασκίδναται.

459 Critolaus apud Philonem περὶ ἀφθαρσίας κόσμου p. 248, 2. τί
δήποτ' οὐχὶ καὶ τὴν τοῦ κόσμου φύσιν λεκτέον εἶναι μακραίωνα „τὴν τάξιν
τῶν ἀτάκτων, τὴν ἁρμονίαν τῶν ἀναρμόστων, τὴν συμφωνίαν τῶν ἀσυμφώ-
νων, τὴν ἕνωσιν τῶν διεστηκότων, τὴν ξύλων μὲν καὶ λίθων ἕξιν, σπαρτῶν
35 τε καὶ δένδρων φύσιν, ψυχὴν δὲ ζῴων ἁπάντων, ἀνθρώπων δὲ νοῦν καὶ
λόγον, ἀρετὴν δὲ σπουδαίων τελειοτάτην;"
(Veri simile hanc Naturae ex Stoicorum ore definitionem verbo tenus
ex aliquo Chrysippi libro desumptam esse.)

460 Plutarchus de virtute morali cp. 12 p. 451b. καθόλου δὲ τῶν
40 ὄντων αὐτοί τέ φασι (scil. Stoici antiquiores) καὶ δῆλόν ἐστιν, ὅτι τὰ μὲν
ἕξει διοικεῖται, τὰ δὲ φύσει, τὰ δ' ἀλόγῳ ψυχῇ, τὰ δὲ καὶ λόγον ἐχούσῃ καὶ
διάνοιαν.

461 Dexippus in Aristot. categ. p. 50, 31 Busse. θαυμάζω δὲ τῶν
Στωϊκῶν χωριζόντων τὰς ἕξεις ἀπὸ τῶν ἑκτῶν. ἀσώματα γὰρ μὴ παραδε-
45 χόμενοι καθ' ἑαυτά, ὅταν ἐρεσχελεῖν δέον ᾖ, ἐπὶ τὰς τοιαύτας διαλήψεις ἔρχονται.

___

12 ἀθρόον AUHPE.   17 ἃ UFNED ἦν MHP, ὃν Wendl.   21 ὡς om.
MA.   24 ὑπερβέβληκεν MAH¹P, ὑπερβέβηκεν ceteri.   25 ἢ MG.   27 ἡγεμο-
νικώτατον GUFE.   29 ταῖς οἰκείαις UFE.

462 Galenus de nat. facult. II 3. Vol. II p. 82 K. ἡ γὰρ διαπλάττουσα τὰ μόρια φύσις ἐκείνη καὶ κατὰ βραχὺ προσαύξουσα πάντως δήπου καὶ δι' ὅλων αὐτῶν ἐκτέταται· καὶ γὰρ ὅλα δι' ὅλων, οὐκ ἔξωθεν μόνον, αὐτὰ διαπλάττει τε καὶ τρέφει καὶ προσαύξει. — — οὐδὲν γάρ ἐστιν ἄψαυστον αὐτῇ μέρος οὐδ' ἀνεξέργαστον οὐδ' ἀκόσμητον.　5

§ 11. De mixtione
(σ ῶ μ α　δ ι ὰ　σ ώ μ α τ ο ς　χ ω ρ ε ῖ).

463 Galenus in Hippocr. de nat. hom. lib. I Vol. XV p. 32 K. ἔνιοι μὲν γὰρ τὰς τέτταρας ποιότητας μόνας κεράννυσθαι δι' ὅλων ἀλλήλαις, ἔνιοι δὲ τὰς οὐσίας ἀπεφήναντο, Περιπατητικοὶ μὲν τῆς προτέρας δόξης προστάντες, 10 Στωϊκοὶ δὲ τῆς δευτέρας.

464 Galenus de elementis sec. Hippocr. I 9. Vol. I p. 489 K. καὶ μὲν δὴ καὶ ὅπως δι' ὅλων κεράννυται τὰ κεραννύμενα, πότερον τῶν ποιοτήτων μόνον, ὡς Ἀριστοτέλης ὑπέλαβεν, ἢ καὶ τῶν σωματικῶν οὐσιῶν δι' ἀλλήλων ἰουσῶν, οὐκ ἀναγκαῖον ἐπίστασθαι τοῖς ἰατροῖς. 15

465 Plutarchus de comm. not. cp. 37 p. 1077 e. παρὰ τὴν ἔννοιάν ἐστι σῶμα σώματος εἶναι τόπον καὶ σῶμα χωρεῖν διὰ σώματος, κενὸν μηδετέρου περιέχοντος, ἀλλὰ τοῦ πλήρους εἰς τὸ πλῆρες ἐνδυομένου καὶ δεχομένου τὸ ἐπιμιγνύμενον τοῦ διάστασιν οὐκ ἔχοντος οὐδὲ χώραν ἐν αὐτῷ διὰ τὴν συνέχειαν· οἱ δ' οὐχ ἓν εἰς ἓν οὐδὲ δύο οὐδὲ τρία ⟨ἢ⟩ καὶ δέκα συνωθοῦν- 20 τες, ἀλλὰ πάντα μέρη τοῦ κόσμου κατακερματισθέντος ἐμβάλλοντες εἰς ἓν ὅ,τι ἂν τύχωσι, καὶ τοὐλάχιστον αἰσθητὸν οὐ φάσκοντες ἐπιλείψειν ἐπιὸν τῷ μεγίστῳ, νεανιεύονται etc.

p. 1078 b. ἀνάγκη γάρ, εἰς ἄλληλα χωρούντων τῷ κεράννυσθαι, μὴ θάτερον μὲν περιέχειν, περιέχεσθαι δὲ θάτερον, καὶ τὸ μὲν δέχεσθαι, τὸ δ' 25 ἐννυπάρχειν· οὕτω γὰρ οὐ κρᾶσις, ἀφὴ δὲ καὶ ψαῦσις ἔσται τῶν ἐπιφανειῶν, τῆς μὲν ἐντὸς ὑποδυομένης, τῆς δ' ἐκτὸς περιεχούσης, τῶν δ' ἄλλων μερῶν ἀμίκτων καὶ καθαρῶν ἐνδιαφερομένων· ἀλλ' ἀνάγκη, γιγνομένης ὥσπερ ἀξιοῦσι τῆς ἀνακράσεως, ἐν ἀλλήλοις τὰ μιγνύμενα γίγνεσθαι καὶ ταὐτὸν ὁμοῦ τῷ ἐννυπάρχειν περιέχεσθαι καὶ τῷ δέχεσθαι περιέχειν θάτερον. καὶ μηδέτερον 30 αὐτῶν αὖ πάλιν δυνατὸν εἶναι, συμβαίνει ⟨δ'⟩ ἀμφότερα, τῆς κράσεως δι' ἀλλήλων διιέναι καὶ μηδὲν ἔτι λείπεσθαι μηδενὸς μόριον ἀλλὰ ⟨πᾶν⟩ παντὸς ἀναπίμπλασθαι βιαζομένης.

466 Alexander Aphrod. de mixtione p. 219,16 Bruns (τὸ σῶμα τὸ τριχῇ τε καὶ πάντῃ διεστηκός, ἐὰν ἄλλῳ ὁμοίως αὐτῷ διεστῶτι συντεθῇ, ἐξ 35 ἀνάγκης συναύξει τοῦτο). εἰ δὴ τοῦτο μὲν οἰκεῖον τοῖς σώμασιν καὶ ἴδιον αὐτῶν, οἱ δὲ λέγοντες σῶμά τι διὰ σώματος χωρεῖν ⟨τῷ⟩ καὶ ἔλαττόν ποτε καὶ ἴσον τὸ ἐξ ἀμφοῖν ποιεῖν ἀναιροῦσι τοῦτο, ἀναιροῖεν ἂν τὴν τοῦ σώματος φύσιν.

467 Simplicius in Aristot. Phys. p. 530,9 Diels. τὸ δὲ σῶμα διὰ 40 σώματος χωρεῖν οἱ μὲν ἀρχαῖοι ὡς ἐναργὲς ἄτοπον ἐλάμβανον, οἱ δὲ ἀπὸ

---

19 post ἔχοντος verba ἀλλὰ τοῦ πλήρους in libris repetuntur, del. Huttenus. 20 ἢ inserui. 22 οὐ φάσκοντες Bernardakis, ἐπιφάσκοντες libri. 28 ἐν δὲ διαφερομένων libri, corr. Wy. || ἀνάγκης libri, corr. Wy. 31 δ' add. Wy. 32 ἔτι λείπεσθαι scripsi, ἐπιλείπεσθαι libri. || πᾶν inseruit Wy. 37 τῷ addidi.

152   PHYSICAE DOCTRINAE FUNDAMENTA.

τῆς Στοᾶς ὕστερον προσήκαντο ὡς ἀκολουθοῦν ταῖς σφῶν αὐτῶν ὑποθέ-
σεσιν, ἃς ἐνόμιζον παντὶ τρόπῳ δεῖν κυροῦν· σώματα γὰρ πάντα λέγειν δο-
κοῦντες, καὶ τὰς ποιότητας καὶ τὴν ψυχήν, καὶ διὰ παντὸς ὁρῶντες τοῦ σώ-
ματος καὶ τὴν ψυχὴν χωροῦσαν καὶ τὰς ποιότητας, ἐν ταῖς κράσεσι συν-
5 εχώρουν σῶμα διὰ σώματος χωρεῖν. 22. οὐδὲ γὰρ αἰτιῶνται κενὰ οἱ δι'
ἀλλήλων λέγοντες χωρεῖν.
468 Themistius paraphr. in Arist. Phys. IV 1 p. 256 Sp. ἀλλ'
οὕτω τὸ πάντων ἀτοπώτατον ἀπαντήσεται· σῶμα γὰρ διὰ σώματος
χωρήσει δι' ὅλου καὶ δύο σώματα τὸν αὐτὸν ἐφέξει τόπον. εἰ γὰρ
10 καὶ ὁ τόπος σῶμα καὶ τὸ γενόμενον ἐν αὐτῷ σῶμα καὶ ἴσα τοῖς δια-
στήμασιν ἄμφω, τὸ σῶμα ἔσται ἐν ἴσῳ ἑτέρῳ σώματι, τοῦτο δὲ Χρυ-
σίππῳ μὲν καὶ τοῖς ἀπὸ Ζήνωνος ⟨ἐν⟩ δόγμασίν ἐστιν, οἱ δὲ πα-
λαιοί etc.
469 Hippolytus Philos. 21 (DDG p. 571,23) Stoici Chrysippus
15 et Zeno: σώματα δὲ πάντα ὑπέθεντο καὶ σῶμα διὰ σώματος μὲν χω-
ρεῖν, ἀλλὰ ἀνάστασιν εἶναι καὶ πεπληρῶσθαι πάντα καὶ μηδὲν εἶναι
κενόν. ταῦτα καὶ οἱ Στωϊκοί.
470 Alexander Aphrod. de mixtione p. 216,1 Bruns. μετέλθωμεν
δὲ ἐπὶ τοὺς κοινῶς ἡνῶσθαι τὴν ὕλην λέγοντας καὶ μίαν πᾶσι τοῖς
20 γινομένοις καὶ τὴν αὐτὴν ὑποθέ⟨ν⟩τας — — τῶν δὴ ἡνῶσθαι τὴν
ὕλην λεγόντων δοκοῦσι μάλιστά τε καὶ περὶ κράσεως οἱ ἀπὸ τῆς
Στοᾶς περὶ κράσεως διαλαμβάνειν. οὔσης δὲ καὶ ἐν τούτοις πολυ-
φωνίας (ἄλλοι γὰρ ἄλλως αὐτῶν τὰς κράσεις γίνεσθαι λέγουσιν) ἡ
μάλιστα δοκοῦσα δόξα εὐδοκιμεῖν παρ' αὐτοῖς περὶ κράσεώς ἐστιν ἡ
25 ὑπὸ Χρυσίππου λεγομένη. τῶν γὰρ μετ' αὐτὸν οἱ μὲν Χρυσίππῳ
συμφέρονται, οἱ δέ τινες αὐτῶν, τῆς Ἀριστοτέλους δόξης ὕστερον
ἀκοῦσαι δυνηθέντες, πολλὰ τῶν εἰρημένων ὑπ' ἐκείνου περὶ κράσεως
καὶ αὐτοὶ λέγουσιν, ὧν εἷς ἐστι καὶ Σωσιγένης, ἑταῖρος Ἀντιπά-
τρου, οἷς οὐ δυνάμενοι πάντη συμφέρεσθαι διὰ τὴν ἐν τοῖς ἄλλοις
30 διαφωνίαν ἐν πολλοῖς αὐτοῖς λέγοντες εὑρίσκονται μαχόμενα.
471 Stobaeus Eclogae I p. 153,24 W. Χρύσιππος δὲ τοιοῦτόν
τι διεβεβαιοῦτο· εἶναι τὸ ὂν πνεῦμα κινοῦν ἑαυτὸ πρὸς ἑαυτὸ καὶ ἐξ
αὐτοῦ, ἢ πνεῦμα ἑαυτὸ κινοῦν πρόσω καὶ ὀπίσω· πνεῦμα δὲ εἴληπται
διὰ τὸ λέγεσθαι αὐτὸ ἀέρα εἶναι κινούμενον· ἀνάλογον δὲ γίνεσθαι κἀπὶ
35 τοῦ αἰθέρος, ὥστε καὶ εἰς κοινὸν λόγον πεσεῖν αὐτά. Ἡ τοιαύτη δὲ
κίνησις κατὰ μόνους γίνεται τοὺς νομίζοντας τὴν οὐσίαν πᾶσαν μετα-
βολὴν ἐπιδέχεσθαι καὶ σύγχυσιν καὶ σύστασιν καὶ σύμμιξιν καὶ συμ-

---

10 locum Stoici non dixerunt esse corpus.   12 ἐν addidi.   16 ἀνάστασιν
corruptum, ἀντιπαρέκτασιν Diels, ἀντίτασιν Usener; fortasse: ἀποκατάστασιν, ut
de restitutione corporum mixtione absumptorum cogitaverit.   21 περὶ κράσεως
corruptum, πρὸ πάντων Bruns.   34 κἄπειτα libri, corr. Diels.   35 αὐτὸν coni.
Hirzel.   37 trad. χύσιν; corr. Heeren.

φυσιν καὶ τὰ τούτοις παραπλήσια. Διαφέρειν γὰρ ἀρέσκει τοῖς ἀπὸ
τῆς Στωϊκῆς αἱρέσεως παράθεσιν, μῖξιν, κρᾶσιν, σύγχυσιν. Παρά-
θεσιν μὲν γὰρ εἶναι σωμάτων συναφὴν κατὰ τὰς ἐπιφανείας, ὡς
ἐπὶ τῶν σωρῶν ὁρῶμεν, ἐν οἷς πυροί τε καὶ κριθαὶ καὶ φακοὶ καὶ εἴ
τινα τούτοις ἄλλα παραπλήσια περιέχεται καὶ τῶν ἐπὶ τῶν αἰγιαλῶν 5
ψήφων καὶ ἄμμων. Μῖξιν δ' εἶναι δύο ἢ καὶ πλειόνων σωμάτων
ἀντιπαρέκτασιν δι' ὅλων, ὑπομενουσῶν τῶν συμφυῶν περὶ αὐτὰ ποιο-
τήτων, ὡς ἐπὶ τοῦ πυρὸς ἔχει καὶ τοῦ πεπυρακτωμένου σιδήρου, ἐπὶ
τούτων γὰρ ⟨δι'⟩ ὅλων γίγνεσθαι τῶν σωμάτων τὴν ἀντιπαρέκτασιν.
Ὁμοίως δὲ κἀπὶ τῶν ἐν ἡμῖν ψυχῶν ἔχειν· δι' ὅλων γὰρ τῶν σωμά- 10
των ἡμῶν ἀντιπαρεκτείνουσιν, ἀρέσκει γὰρ αὐτοῖς σῶμα διὰ σώματος
ἀντιπαρήκειν. Κρᾶσιν δὲ εἶναι λέγουσι δύο ἢ καὶ πλειόνων σωμά-
των ὑγρῶν δι' ὅλων ἀντιπαρέκτασιν τῶν περὶ αὐτὰ ποιοτήτων ὑπομε-
νουσῶν· [Τὴν μὲν μῖξιν καὶ ἐπὶ ξηρῶν γίγνεσθαι σωμάτων, οἷον
πυρὸς καὶ σιδήρου, ψυχῆς τε καὶ τοῦ περιέχοντος αὐτὴν σώματος· 15
τὴν δὲ κρᾶσιν ἐπὶ μόνων φασὶ γίνεσθαι τῶν ὑγρῶν] συνεκφαίνεσθαι
γὰρ ἐκ τῆς κράσεως τὴν ἑκάστου τῶν συγκραθέντων ὑγρῶν ποιότητα,
οἷον οἴνου, μέλιτος, ὕδατος, ὄξους, τῶν παραπλησίων. Ὅτι δ' ἐπὶ
τοιούτων κράσεων διαμένουσιν αἱ ποιότητες τῶν συγκραθέντων, πρό-
δηλον ἐκ τοῦ πολλάκις ἐξ ἐπιμηχανήσεως ἀποχωρίζεσθαι ταῦτα ἀπ' 20
ἀλλήλων. Ἐὰν γοῦν σπόγγον ἡλαιωμένον καθῇ τις εἰς οἶνον ὕδατι
κεκραμένον, ἀποχωρίσει τὸ ὕδωρ τοῦ οἴνου, ἀναδραμόντος τοῦ ὕδατος
εἰς τὸν σπόγγον. Τὴν δὲ σύγχυσιν δύο ⟨ἢ⟩ καὶ πλειόνων ποιοτή-
των περὶ τὰ σώματα μεταβολὴν εἰς ἑτέρας διαφερούσης τούτων ποιό-
τητος γένεσιν, ὡς ἐπὶ τῆς συνθέσεως ἔχει τῶν μύρων καὶ τῶν ἰατρι- 25
κῶν φαρμάκων (Diels Arii Didymi epit. phys. fragm. 28).

472 Philo de confusione linguarum § 184 Vol. II p. 264, 23 Wendl.
ἀλλ' ἡ μὲν μῖξις ἐν ξηραῖς, ἡ δὲ κρᾶσις ἐν ὑγραῖς οὐσίαις δοκιμάζεται.
Μῖξις μὲν οὖν σωμάτων διαφερόντων ἐστὶν οὐκ ἐν κόσμῳ παράθεσις, ὥσπερ
ἂν εἴτις σωρὸν ποιήσειε κριθὰς καὶ πυροὺς καὶ ὀρόβους καὶ ἄλλ' ἄττα εἴδη 30
τῶν σπαρτῶν εἰς ταὐτὸ εἰσενεγκών. Κρᾶσις δ' οὐ παράθεσις, ἀλλὰ τῶν
ἀνομοίων μερῶν εἰς ἄλληλα εἰσδυομένων δι' ὅλων ἀντιπαρέκτασις, ἔτι δυνα-
μένων ἐπιτεχνήσει τινὶ διακρίνεσθαι τῶν ποιοτήτων, ὡς ἐπὶ οἴνου καὶ ὕδατός
φασι γίνεσθαι· συνελθούσας μὲν γὰρ τὰς οὐσίας ἀποτελεῖν κρᾶσιν· τὸ δὲ κραθὲν
οὐδὲν ἧττον ἀναπληροῦσθαι πάλιν εἰς τὰς ἐξ ὧν ἀπετελέσθη ποιότητας. 35
Σπόγγῳ γὰρ ἡλαιωμένῳ τὸ μὲν ὕδωρ ἀναλαμβάνεσθαι, τὸν δὲ οἶνον ὑπολεί-
πεσθαι. Μήποτε ἐπειδήπερ ἐξ ὕδατος ἡ σπογγιᾶς γένεσίς ἐστι τὸ μὲν οἰ-
κεῖον ὕδωρ πέφυκεν ἀναλαμβάνεσθαι πρὸς αὐτῆς ἐκ τοῦ κράματος, τὸ δ'
ἀλλότριον ὑπολείπεσθαι ὁ οἶνος. Σύγχυσις δέ ἐστι φθορὰ τῶν ἐξ ἀρχῆς

---

9 δι' ὅλων Meineke, trad. ὅλου vel ὅλον. 10 ἔχειν Usener, trad. ἔχει.
14 lectoris additamentum seclusit Wachsm. 21 trad. ἐλαιούμενον, sed cf. Philo
de confus. linguarum p. 433 Mang. 23 ἢ add. Meineke. 30 ἀλλ' ἄττα N,
ἀλλά τα GP ἄλλα τὰ H. 35 ἀναπληροῦσθαι HP, ἀποπληροῦσθαι vulg. 37 μήποτε—

ποιοτήτων, πᾶσι τοῖς μέρεσιν ἀντιπαρεκτεινομένων, εἰς διαφερούσης μιᾶς γέ-
νεσιν, ὡς ἐπὶ τῆς ἐν ἰατρικῇ τετραφαρμάκου συντέτευχε. Κηρὸς γὰρ καὶ
στέαρ καὶ πίττα ῥητίνη τε οἶμαι συνελθόντα ταύτην ἀποτελεῖ· συνδεθείσης
δὲ ἀμήχανον ἔτι τὰς ἐξ ὧν συνετέθη διακριθῆναι δυνάμεις, ἀλλ' ἑκάστη μὲν
5 αὐτῶν ἠφάνισται, πασῶν δὲ φθορᾷ μίαν ἐξαίρετον ἄλλην ἐγέννησε δύναμιν.
473 Alexander Aphrod. de mixtione p. 216,14 Bruns. ἔστι δὲ ἡ
Χρυσίππου δόξα περὶ κράσεως ἥδε· ἡνῶσθαι μὲν ὑποτίθεται τὴν
σύμπασαν οὐσίαν, πνεύματός τινος διὰ πάσης αὐτῆς διήκοντος, ὑφ'
οὗ συνέχεταί τε καὶ συμμένει καὶ συμπαθές ἐστιν αὑτῷ τὸ πᾶν· τῶν
10 δὲ μιγνυμένων ἐν αὐτῇ σωμάτων, τὰς μὲν παραθέσει μίξεις γίνε-
σθαι λέγει δύο τινῶν ἢ καὶ πλειόνων οὐσιῶν εἰς ταὐτὸν συντεθει-
μένων καὶ παρατιθεμένων ἀλλήλαις, ὥς φησιν, καθ' ἁρμήν, σῳζούσης
ἑκάστης αὐτῶν ἐν τῇ τοιαύτῃ παραθέσει κατὰ τὴν περιγραφὴν τὴν
οἰκείαν οὐσίαν τε καὶ ποιότητα, ὡς ἐπὶ κυάμων, φέρε εἰπεῖν, καὶ πυ-
15 ρῶν ἐν τῇ παρ' ἀλλήλους θέσει γίνεται. τὰς δέ τινας συγχύσει,
δι' ὅλων τῶν τε οὐσιῶν αὐτῶν καὶ τῶν ἐν αὐταῖς ποιοτήτων συμφθει-
ρομένων ἀλλήλαις, ὡς γίνεσθαί φησιν ἐπὶ τῶν ἰατρικῶν φαρμάκων,
κατὰ σύμφθαρσιν τῶν μιγνυμένων ἄλλου τινὸς ἐξ αὐτῶν γεννωμένου
σώματος. τὰς δέ τινας γίνεσθαι μίξεις λέγει, δι' ὅλων τινῶν οὐσιῶν
20 τε καὶ τῶν τούτων ποιοτήτων ἀντιπαρεκτεινομένων ἀλλήλαις μετὰ τοῦ
τὰς ἐξ ἀρχῆς οὐσίας τε καὶ ποιότητας σῴζειν ἐν τῇ μίξει τῇ τοιᾷδε·
ἥν τινα τῶν μίξεων κρᾶσιν ἰδίως εἶναι λέγει. τὴν γὰρ δύο ἢ καὶ
πλειόνων τινῶν σωμάτων ὅλων δι' ὅλων ἀντιπαρέκτασιν ἀλλήλοις οὕ-
τως ὡς σῴζειν ἕκαστον αὐτῶν ἐν τῇ μίξει τῇ τοιαύτῃ τήν τε οἰκείαν
25 οὐσίαν καὶ τὰς ἐν αὐτῇ ποιότητας λέγει κρᾶσιν εἶναι μόνην τῶν
μίξεων· εἶναι γὰρ ἴδιον τῶν κεκραμένων τὸ δύνασθαι χωρίζεσθαι
πάλιν ἀπ' ἀλλήλων, ὃ μόνως γίνεσθαι τῷ σῴζειν ἐν τῇ μίξει τὰ κε-
κραμένα τὰς αὐτῶν φύσεις. — Τὸ δὲ ταύτας τὰς διαφορὰς εἶναι τῆς
μίξεως, πειρᾶται πιστοῦσθαι διὰ τῶν κοινῶν ἐννοιῶν, μάλιστα δὲ κρι-
30 τήρια τῆς ἀληθείας φησὶν ἡμᾶς παρὰ τῆς φύσεως λαβεῖν ταύτας. ἄλ-
λην γοῦν φαντασίαν ἔχειν ἡμᾶς τῶν καθ' ἁρμὴν συγκειμένων καὶ
ἄλλην τῶν συγκεχυμένων τε καὶ συνεφθαρμένων καὶ ἄλλην τῶν κε-
κραμένων τε καὶ ἀλλήλοις δι' ὅλων ἀντιπαρεκτεινομένων οὕτως ὡς
σῴζειν ἕκαστον αὐτῶν τὴν οἰκείαν φύσιν· ἣν διαφορὰν φαντασιῶν
35 οὐκ ἂν εἴχομεν, εἰ πάντα τὰ ὁπωσοῦν μιγνύμενα παρέκειτο ἀλλήλοις
καθ' ἁρμήν. τὴν δὲ τοιαύτην ἀντιπαρέκτασιν τῶν κιρναμένων ὑπο-

---

ὁ οἶνος om. HP, fort. recte (Wendl.).   1 μιᾶς Turn., μίαν codd.   3 συντε-
θείσης Mang.   4 ἔτι Wendl., ἐπὶ codd.   5 δὲ HP, δ' ἡ G δὴ F.   9 πᾶν·
τῶν Apelt, πάντων libri.   10 παραθέσει μίξεις Ideler, παραθέσεις μίξει libri.
12 ἁρμὴν Bruns, ὁρμὴν libri.   15 γίνεται Bruns, γίνεσθαι libri. ‖ συγχύσει
Ideler, συγχύσεις libri.   30 λαβεῖν ταύτας Bruns, λαβόντας libri.   31 ἁρμὴν
Bruns, ὁρμὴν libri.

PHYSICAE DOCTRINAE FUNDAMENTA. 155

λαμβάνει γίνεσθαι χωρούντων δι' ἀλλήλων τῶν κιρναμένων σωμάτων,
ὡς μηδὲν μόριον ἐν αὐτοῖς εἶναι μὴ μετέχον πάντων τῶν ἐν τῷ τοι-
ούτῳ μίγματι· οὐκέτι γὰρ ἄν, εἰ μὴ τοῦτο εἴη, κρᾶσιν ἀλλὰ παράθεσιν
τὸ γινόμενον εἶναι. — Τοῦ δὲ τοῦτο οἴεσθαι γίνεσθαι πίστεις φέ-
ρουσιν οἱ προϊστάμενοι τῆσδε τῆς δόξης τό τε πολλὰ τῶν σωμάτων 5
σῴζειν τὰς ἑαυτῶν ποιότητας ἐπί τ' ἐλαττόνων ἐναργῶν ὄγκων καὶ
ἐπὶ μειζόνων ὄντα· ὡς ὁρᾶν ἔστιν ἐπὶ τοῦ λιβανωτοῦ, ὃς ἐν τῷ θυ-
μιᾶσθαι λεπτυνόμενος ἐπὶ πλεῖστον τὴν αὐτοῦ φυλάσσει ποιότητα·
ἔτι τε πολλὰ εἶναι, ἃ καθ' ἑαυτὰ μὴ οἷά τε ὄντα ἐπί τι ἐλθεῖν μέγεθος
ὑπ' ἄλλων βοηθούμενα ἐπ' αὐτὸ πρόεισι· τὸν γοῦν χρυσὸν ὑπό τινων 10
μιγνυμένων φαρμάκων ἐπὶ πλεῖστον χεῖσθαί τε καὶ λεπτύνεσθαι, ἐφ'
ὅσον καθ' αὐτὸν ἐλαυνόμενος οὐκ ἐδύνατο. Καὶ ἡμεῖς δέ, ἃ καθ'
αὑτοὺς ὄντες οὐκ ἔσμεν οἷοί τε ἐνεργεῖν, σὺν ἄλλοις ἐνεργοῦμεν. τούς
τε γὰρ ποταμοὺς διαβαίνομεν ἀλλήλων ἐφαπτόμενοι, οὓς οὐχ οἷοί τε
ἐσμὲν διαβαίνειν καθ' αὑτούς, καὶ βάρη τινὰ φέρομεν μετ' ἄλλων, ὧν 15
τὸ ἐπιβάλλον ἡμῖν μέρος, μόνοι γενόμενοι, φέρειν οὐ δυνάμεθα. καὶ
ἄμπελοι δὲ καθ' αὑτὰς ἵστασθαι μὴ δυνάμεναι, ἀνίστανται ἀλλήλαις
ἐμπλεκόμεναι· ὧν οὕτως ἐχόντων οὐδέν φασι θαυμαστὸν τὸ καὶ σώ-
ματά τινα βοηθούμενα ὑπ' ἀλλήλων οὕτως ἀλλήλοις ἐνοῦσθαι δι' ὅλων,
ὡς αὐτὰ σῳζόμενα μετὰ τῶν οἰκείων ποιοτήτων ἀντιπαρεκτείνεσθαι 20
ἀλλήλοις δι' ὅλων ὅλα, κἂν ᾖ τινα ἐλάττω τὸν ὄγκον καὶ μὴ δυνά-
μενα καθ' αὑτὰ ἐπὶ τοσοῦτον χεῖσθαί τε καὶ σῴζειν τὰς οἰκείας ποιό-
τητας· οὕτω γὰρ καὶ τὸν κύαθον τοῦ οἴνου κιρνᾶσθαι τῷ ὕδατι τῷ
πολλῷ, βοηθούμενον ὑπ' αὐτοῦ εἰς τὴν ἐπὶ τοσοῦτον ἔκτασιν. — Τοῦ
δὲ τοῦθ' οὕτως ἔχειν ὡς ἐναργέσι χρῶνται μαρτυρίοις τῷ τε τὴν 25
ψυχήν, ἰδίαν ὑπόστασιν ἔχουσαν, ὥσπερ καὶ τὸ δεχόμενον αὐτὴν σῶμα,
δι' ὅλου τοῦ σώματος διήκειν, ἐν τῇ μίξει τῇ πρὸς αὐτὸ σῴζουσαν τὴν
οἰκείαν οὐσίαν· οὐδὲν γὰρ ψυχῆς ἄμοιρον τοῦ τὴν ψυχὴν ἔχοντος σώμα-
τος. ὁμοίως δὲ ἔχειν καὶ τὴν τῶν φυτῶν φύσιν, ἀλλὰ καὶ τὴν ἕξιν
ἐν τοῖς συνεχομένοις ὑπὸ τῆς ἕξεως. Ἀλλὰ καὶ τὸ πῦρ ὅλον δι' ὅλου 30
χωρεῖν τοῦ σιδήρου λέγουσιν, σῴζοντος αὐτῶν ἑκατέρου τὴν οἰκείαν
οὐσίαν. καὶ τῶν στοιχείων δέ φασι τῶν τεσσάρων τὰ δύο, τό τε πῦρ
καὶ τὸν ἀέρα, λεπτομερῆ τε καὶ κοῦφα καὶ εὔτονα ὄντα διὰ τῶν δύο,
γῆς τε καὶ ὕδατος, παχυμερῶν καὶ βαρέων καὶ ἀτόνων ὄντων, διαπε-
φοιτηκέναι ὅλα δι' ὅλων, σῴζοντα τὴν οἰκείαν φύσιν καὶ συνέχειαν 35
αὐτά τε καὶ ἐκεῖνα. δηλητήριά τε τὰ φθείροντα καὶ τὰς ὀσμάς, ὅσαι
τοιαῦται, ἡγοῦνται κιρνᾶσθαι τοῖς ὑπ' αὐτῶν πάσχουσιν ὅλα δι' ὅλων
παρατιθέμενα. Καὶ τὸ φῶς δὲ τῷ ἀέρι ὁ Χρύσιππος κιρνᾶσθαι
λέγει. Καὶ αὕτη μὲν ἡ περὶ κράσεως δόξα Χρυσίππου τε καὶ τῶν
κατ' αὐτὸν φιλοσοφούντων. 40

474 Alexander Aphrod. de mixtione p. 221,16 Bruns. εἰ δὲ τὰ συγ-

κεχυμένα τε καὶ συνεφθαρμένα οὐχ οἷόν τε αὐτὰ σῴζεσθαι, οὐδ' ἂν ἕξεις
σῴζοιντο αὐτῶν, εἴ γε ἓν μέν τι τὸ γεγονὸς ἐκ τῶν συγκεχυμένων τε καὶ
συνεφθαρμένων, ἀνάγκη δὲ τὸ ἓν σῶμα ὑπὸ μιᾶς, ὥς φασιν, ἕξεως συν-
έχεσθαι.

5 **475** Alexander Aphrod. de mixtione p. 226, 34 Bruns. Ταῦτα μὲν
εἰπεῖν προήχθην διὰ τοὺς ἀντιλέγοντας μὲν Ἀριστοτέλει περὶ τοῦ πέμπτου
σώματος καὶ τοῖς μόνοις κατ' ἀξίαν τῶν θείων εἰρημένοις ἐνίστασθαι πειρω-
μένους διὰ φιλοτιμίαν, τῆς δὲ ἀτοπίας τῶν ὑφ' αὐτῶν λεγομένων μηδὲ τὴν
ἀρχὴν συνιέντας, οἷς καὶ τὰ κυριώτατα καὶ μέγιστα τῶν κατὰ φιλοσοφίαν
10 δογμάτων ἤρτηται καὶ τὴν κατασκευὴν ἀπὸ τοῦ θαυμαστοῦ δόγματος ἔχει
τοῦ σῶμα χωρεῖν διὰ σώματος. Ὅ τε γὰρ περὶ κράσεως αὐτοῖς λόγος οὐκ
ἐν ἄλλῳ τινί. ἀλλὰ καὶ τὰ περὶ ψυχῆς ὑπ' αὐτῶν λεγόμενα ἐντεῦθεν ἤρτη-
ται. ἥ τε πολυθρύλητος αὐτοῖς εἱμαρμένη καὶ ἡ τῶν πάντων πρόνοια δὲ
⟨ἐντεῦθεν⟩ τὴν πίστιν λαμβάνουσιν. ἔτι τε ὁ περὶ ἀρχῶν τε καὶ θεοῦ
15 ⟨λόγος⟩ καὶ ἡ τοῦ παντὸς ἕνωσίς τε καὶ συμπάθεια πρὸς αὐτό. πάντα γὰρ
αὐτοῖς ταῦτ' ἐστὶν ὁ διὰ τῆς ὕλης διήκων θεός. τοῦτο δέ, τὸ σῶμα χωρεῖν
διὰ σώματος, ἐξ οὗ σχεδὸν ἁπάσης τῆς φυσιολογίας ἀνήρτηται αὐτοῖς τὰ
πείσματα παρά τε τὰς κοινὰς προλήψεις λεγομένου καὶ παρὰ τὰς ἁπάντων
δόξας τῶν φιλοσόφων, τὴν πίστιν κατ' αὐτοὺς λαμβάνει ὡς ἂν ἀπὸ ἐναργοῦς
20 τοῦ τὸν σίδηρον ὅταν ᾖ πεπυρωμένος [μὲν] μὴ αὐτὸν ἐξάπτεσθαί τε καὶ
πυροῦσθαι λέγειν ὁμοίως τοῖς, οἷς ὕλη τὸ πῦρ ⟨χρῆται⟩, ἀλλὰ διὰ παντὸς
αὐτοῦ χωρεῖν τὸ πῦρ ὑπολαμβάνειν μετὰ τῆς ὕλης ἐκείνης, ἐφ' ἧς ὃν γειτ-
νιᾶσαν τῷ σιδήρῳ ἐθερμηνέ τε καὶ ἐξῆψεν αὐτόν.

476 Alexander Aphrod. Quaest. II 12 p. 57, 9 Bruns. Ὅτι οὐ δεί-
25 κνυται διὰ τοῦ συστέλλεσθαι τὰ σώματα εἰς ἑαυτὰ τὸ σῶμα διὰ σώματος
χωρεῖν impugnat Stoicorum κρᾶσιν δι' ὅλου. Cf. inprimis p. 57, 22 εἰ μὲν
οὖν ἐν τῇ τῶν σωμάτων χωρήσει δι' ἀλλήλων ἐγίνετο φθορά τις καὶ [ἡ]
μεταβολὴ εἰς παχυμερέστερα σώματα, ἴσως ἂν ἐδύνατο ὂν τέως τὸ ἕτερον
κατεῖχεν τόπον, τοῦτον ὕστερον κατέχειν τὸ ἐκ τῆς ἀμφοτέρων μίξεως γινό-
30 μενον, εἰ δὲ τὰ αὐτὰ μένει (ἑκάτερον γὰρ αὐτῶν δοκεῖ σῴζειν τὴν ἑαυτοῦ
φύσιν) πῶς ἂν ἐνδέχοιτο τοῦτο γίνεσθαι. ἔτι ἔνια μιγνύμενα, οὐ μόνον οὐ
παχύτερον ἀλλὰ καὶ λεπτότερον αὐτὸ ἢ πρόσθεν ἦν ποιεῖ, ὥστε ἔδει αὐτὸ
ἐπὶ μείζονος γιγνόμενον ὄγκου καὶ τόπον κατέχειν πλείονα.

477 Alexander Aphrod. de anima libri mant. p. 139, 30 Bruns. Τὸ
35 σῶμα διὰ σώματος διήκειν, εἰ μὲν ὡς ἐχόντων κενὰ τῶν σωμάτων — — —
ἄλλος ὁ λόγος — — εἰ δὲ μὴ διὰ κενῶν (οὐδὲ γὰρ εἶναί φασιν κενὸν ἐν
τῷ κόσμῳ οἷς τοῦτο ἀρέσκει) ἀλλὰ μεστόν τι ὂν αὐτοῦ σῶμα ἄλλο δεξάμενον
αὐτοῦ σῶμα κἀκεῖνο μεστὸν ὂν ὁμοίως ἐν αὐτῷ οὐδὲν ηὐξήθη, ἀλλ' ἔμεινεν
ἐν τῷ αὐτῷ τόπῳ, τί δή ποτε τόδε μὲν τὸ σῶμα δέξεται ἐν αὐτῷ ἄλλο σῶμα,
40 τόδε δὲ οὒ etc.

140, 10. ἔτι εἰ ὅλα ὅλοις παρεκτείνεται καὶ τὰ βραχύτατα τοῖς
μεγίστοις μέχρι τῆς ἐσχάτης ἐπιφανείας, ὃν κατέχει τὸ ἓν τόπον, τὸ
συναμφότερον καθέξει.

140, 20. εἰ δὲ ὢν ὁ τόπος ἴσος, καὶ αὐτὰ ἴσα, τά τε ἐξ ὧν τὸ συν-

---

7 μόνοις Schwartz, νόμοις libri.   14 ἐντεῦθεν addidi.   15 λόγος add.
Apelt.   16 αὐτοῖς om. Ra. ‖ τοῦτο Apelt, τούτου libri.   19 ἂν Apelt, αἱ
libri.   20 μὲν del. Bruns.   21 ὕλη τὸ πῦρ χρῆται scripsi, ὕλη τὸ πῦρ libri.
27 ἡ seclusi.   31 ἐνδέχοιτο Diels, ἔτι γίγνοιτο libri.

αμφότερον ἴσα ἀλλήλοις ἔσται, καὶ τὸ συναμφότερον ἑκατέρῳ αὐτῶν· καὶ ὁ κύαθος ἄρα τοῦ οἴνου εἰς πέλαγος ἐκχυθεὶς ἴσος ἔσται τῷ πελάγει, καὶ τὸ πέλαγος μετὰ τοῦ κυάθου τῷ κυάθῳ μόνῳ. τὸ γὰρ λέγειν ὅτι τῇ δυνάμει οὐκ ἴσον, οὐδὲν πρὸς τὸν λόγον. ἀρκεῖ γὰρ εἰς τὴν τοῦ προκειμένου δεῖξιν τὸ κατὰ τὸ ποσὸν ἴσα αὐτὰ πεφυκέναι. ἔτι τε οὐδὲν μᾶλλον 5 τὸ πῦρ διὰ τοῦ σιδήρου δίεισιν ἢ ὁ σίδηρος διὰ τοῦ πυρός· καὶ γὰρ καὶ ἡ ψυχὴ διὰ τοῦ σώματος καὶ ἡ φύσις διὰ τῶν φυτῶν καὶ ἡ ἕξις διὰ τῶν ἄλλων σωμάτων, καὶ ἀνάπαλιν ταῦτα δι᾿ ἐκείνων. οὐδὲν γὰρ τὸ λεπτότερόν τι εἶναι καὶ παχύτερον εἰς τοῦτο συντελεῖ, εἴγε ἀμφότερα ὁμοίως ἐστὶ πλήρη. — — ἔτι τίς αἰτία, δι᾿ ἣν ἐκ τινῶν μὲν μιγνυμένων ὁ ὄγκος γίνεται μεί- 10 ζων, ἐκ τινῶν δὲ ὁ αὐτὸς μένει; τὸ γὰρ λέγειν τὸν σίδηρον παχύτερον γεγονέναι τῇ μίξει τοῦ πυρὸς παράλογον.

478 Plotinus Ennead. II lib. VII 1 (Vol. I p. 127 Mü.). οἱ δ᾿ αὖ (scil. οἱ τὴν δι᾿ ὅλων κρᾶσιν εἰσάγοντες) τέμνεσθαι μὲν καὶ μὴ εἰς τομὰς ἀναλίσκεσθαι λέγειν ἂν δύναιντο, καὶ δι᾿ ὅλων τῆς κράσεως γιγνομένης· ἐπεὶ 15 καὶ τοὺς ἱδρῶτας οὐ τοῦ σώματος τομὰς ποιεῖν οὐδ᾿ αὖ κατατετρῆσθαι φήσουσι. καὶ γὰρ εἴ τις λέγοι μηδὲν κωλύειν τὴν φύσιν οὕτω πεποιηκέναι τοῦ διιέναι τοὺς ἱδρῶτας χάριν, ἀλλ᾿ ἐπὶ τῶν τεχνητῶν, ὅταν λεπτὰ ᾖ καὶ συνεχῆ, ὁρᾶσθαι τὸ ὑγρὸν δι᾿ ὅλου δεῦον[τα] αὐτὰ καὶ διαρρεῖν ἐπὶ θάτερα τὸ ὑγρόν. ἀλλὰ σωμάτων ὄντων πῶς οἷόν τε τοῦτο γίγνεσθαι, ὡς διιέναι 20 μὴ τέμνοντα, ἐπινοῆσαι οὐ ῥᾴδιον· τέμνοντα δὲ κατὰ πᾶν ἀναιρήσει ἄλληλα δηλονότι. τὰς δὲ αὔξας ὅταν λέγωσι μὴ γίγνεσθαι πολλαχοῦ, διδόασι τοῖς ἑτέροις ἀέρων ἐξόδους αἰτιᾶσθαι. πρός τε τὴν τῶν τόπων αὔξησιν χαλεπῶς μέν, ὅμως δὲ τί κωλύει λέγειν, συνεισφερομένου ἑκατέρου σώματος καὶ τὸ μέγεθος μετὰ τῶν ἄλλων ποιοτήτων, ἐξ ἀνάγκης τὴν αὔξην γίγνεσθαι· 25 μὴ γὰρ μηδὲ τοῦτο ἀπόλλυσθαι, ὥσπερ οὐδὲ τὰς ἄλλας ποιότητας· καὶ ὥσπερ ἐκεῖ ποιότητος ἄλλο εἶδος μικτὸν ἐξ ἀμφοῖν, οὕτω καὶ μέγεθος ἄλλο [οὗ] δὴ τὸ μῖγμα ποιεῖ, τὸ ἐξ ἀμφοῖν μέγεθος. — — τὸ δὲ ἔλαττον διὰ παντὸς τοῦ μείζονος καὶ ⟨διὰ⟩ μεγίστου τὸ μικρότατον [καὶ] ἐφ᾿ ὧν φανερὸν ὅτι κίρναται (ἐπὶ γὰρ τῶν ἀδήλων ἔξεστι λέγειν, μὴ εἰς πᾶν φθάνειν) ἀλλ᾿ ἐφ᾿ 30 ὧν γε φανερῶς συμβαίνει, λέγοιεν ἂν ἐκτάσεις τῶν ὄγκων, οὐ σφόδρα πιθανὰ λέγοντες, εἰς τοσοῦτον τὸν σμικρότατον ὄγκον ἐκτείνοντες. οὐδὲ γὰρ μεταβάλλοντες τὸ σῶμα μέγεθος αὐτῷ πλέον διδόασιν, ὥσπερ εἰ ἐξ ὕδατος ἀὴρ γίγνοιτο. τοῦτο δὲ αὐτὸ ἐφ᾿ αὑτοῦ ζητητέον, τί συμβαίνει ὅταν ὥσπερ ἦν ὄγκος ὕδατος ἀὴρ γίγνηται ⟨καὶ⟩ πῶς τὸ μεῖζον ἐν τῷ γενομένῳ. 35

479 Diogenes Laërt. VII 151. Καὶ τὰς κράσεις δὲ διόλου γίνεσθαι, καθά φησιν ὁ Χρύσιππος ἐν τῇ τρίτῃ τῶν φυσικῶν, καὶ μὴ κατὰ περιγραφὴν καὶ παράθεσιν· καὶ γὰρ εἰς πέλαγος ὀλίγος οἶνος βληθεὶς ἐπὶ ποσὸν ἀντιπαρεκταθήσεται, εἶτα συμφθαρήσεται.

480 Plutarchus de comm. not. cp. 37 p. 1078e. Καὶ ταῦτα προσ- 40 δέχεται Χρύσιππος εὐθὺς ἐν τῷ πρώτῳ τῶν Φυσικῶν Ζητημάτων „οὐδὲν ἀπέχειν φάμενος, οἴνου σταλαγμὸν ἕνα κεράσαι

τὴν θάλατταν," καὶ ἵνα δὴ μὴ τοῦτο θαυμάζωμεν, „εἰς ὅλον, φησί, τὸν κόσμον διατενεῖν τῇ κράσει τὸν σταλαγμόν."
481 Alexander Aphrod. de mixtione p. 213, 2 Bruns. πῶς δ᾽ ἂν παραδέξαιτό τις τὸ ἐν τῇ τοιαύτῃ κράσει τῶν σωμάτων ἕκαστον
5 τῶν κιρναμένων φυλάττειν δύνασθαι τὴν οἰκείαν ἐπιφάνειαν, ὡς ὁμοῦ μὲν μηδὲ τὸ τυχὸν αὐτοῦ μόριον εἶναι καθ᾽ αὐτὸ κεχωρισμένον θατέρου, ὁμοῦ δὲ φυλάττειν ἕκαστον αὐτῶν τὴν ἐπιφάνειαν τὴν ἑαυτοῦ, ἣν εἶχε καὶ πρὸ τῆς κράσεως; τοῦτο γὰρ ὑπεραίρει καὶ τὰς ἐν τοῖς μύθοις παραδοξολογίας, ὃ τίθησι Χρύσιππος, ὡς ὃν ἐν
10 τούτῳ τὸ δύνασθαι τὰ κεκραμένα χωρίζεσθαι πάλιν. Cf. p. 220, 37. εἰ μὲν γὰρ ὅλα δι᾽ ὅλων τὰ κεκραμένα μέμικται καὶ μηδέτερον αὐτῶν ἐν τῷ μίγματι ἄμικτον θατέρου μόριον ἔχει, ἀδύνατον αὐτῶν ἑκάτερον ὑπὸ ἰδίας ἐπιφανείας περιέχεσθαι.

§ 12. De infinita divisione.

15 **482** Stobaeus Eclogae I 142, 2 W. Χρύσιππος ἔφασκε τὰ σώματα εἰς ἄπειρον τέμνεσθαι καὶ τὰ τοῖς σώμασι προσεοικότα, οἷον ἐπιφάνειαν, γραμμήν, τόπον, κενόν, χρόνον· εἰς ἄπειρόν τε τούτων τεμνομένων οὔτε σῶμα ἐξ ἀπείρων σωμάτων συνέστηκεν οὔτ᾽ ἐπιφάνεια οὔτε γραμμὴ οὔτε τόπος ⟨οὔτε κενὸν οὔτε χρόνος⟩ (Diels Aëtii
20 Placita I 16, 4).

Diogenes Laërt. VII 150. καὶ παθητὴ δέ ἐστιν (scil. ἡ οὐσία) ὡς ὁ αὐτός φησιν (scil. Apollodorus ἐν τῇ φυσικῇ). εἰ γὰρ ἦν ἄτρεπτος, οὐκ ἂν τὰ γινόμενα ἐξ αὐτῆς ἐγίνετο. ἔνθεν κἀκ⟨ολουθ⟩εῖν ὡς ἥ τε τομὴ εἰς ἄπειρόν ἐστιν (ἣν ἄπειρον, ⟨οὐκ εἰς ἄπειρόν⟩ φησιν ὁ
25 Χρύσιππος· οὐ γάρ ἐστί τι ἄπειρον, εἰς ὃ γίνεται ἡ τομή. ἀλλ᾽ ἀκατάληκτός ἐστι) καὶ τὰς κράσεις δὲ διόλου γίνεσθαι etc.

483 Plutarchus de comm. not. cp. 38 p. 1079 b. Λέγει γὰρ ὁ Χρύσιππος „ἐρωτωμένους ἡμᾶς, εἴ τινα ἔχομεν μέρη καὶ πόσα καὶ ἐκ τίνων συγκείμενα μερῶν καὶ πόσων, διαστολῇ χρήσεσθαι, τὸ μὲν
30 ὁλοσχερὲς τιθέντας, ὡς ἐκ κεφαλῆς καὶ θώρακος καὶ σκελῶν συγκείμεθα· τοῦτο γὰρ ἦν πᾶν τὸ ζητούμενον καὶ ἀπορούμενον· ἐὰν δ᾽ ἐπὶ τὰ ἔσχατα μέρη τὸ ἐρωτᾶν προάγωσιν, οὐδέν, φησί, τῶν τοιούτων ἐστὶν ὑποληπτέον, ἀλλὰ ῥητέον, οὔτ᾽ ἔκ τινων συνεστάναι, καὶ ὁμοίως, οὔτ᾽ ἐξ ὁπόσων, εἴτ᾽ ἀπείρων, εἴτε πεπερασμένων.

---

6 μηδὲ Bruns, μήτε libri.   9 ὡς ὄν Bruns, ὅσον libri.   12 μηδέτερον scripsi, μὴ ἕτερον libri.   19 οὔτε—χρόνος add. Heeren.   23 κἀκολουθεῖν ὡς scripsi, κἀκείνως F κἀκείνος BP.   24 οὐκ εἰς ἄπειρον supplevi. In Palat. 261 haec verba sic leguntur: ἔνθεν κἀκεῖνο ὅτι ἡ τομὴ εἰς ἄπειρόν ἐστιν. οὐκ ἄπειρος δέ φησιν αὐτὴν ὁ Χρύσιππος etc. quae interpolatoris videntur esse.   33 καὶ ὁμοίως si verum, οὐδ᾽ ἐξ scribendum.   34 εἴτ᾽ scripsi, οὔτ᾽ libri. ‖ εἴτε scripsi, οὔτ᾽ ἐκ libri.

484 Plutarchus de comm. not. cp. 38 p. 1079a. γενόμενοι δὲ
Στωϊκοὶ δοξάζουσιν, ὡς οὐκ ἔστιν ἐκ πλειόνων μορίων ὁ ἄνθρωπος
ἢ ὁ δάκτυλος, οὐδ' ὁ κόσμος ἢ ὁ ἄνθρωπος (ἐπ' ἄπειρον γὰρ ἡ τομὴ
προάγει τὰ σώματα· τῶν δ' ἀπείρων οὐδέν ἐστι πλέον οὐδ' ἔλαττον)
οὐδ' ὅλως ὑπερβάλλει πλῆθος, ἢ παύσεται τὰ μέρη τοῦ ὑπολειπομένου 5
μεριζόμενα καὶ παρέχοντα πλῆθος ἐξ αὐτῶν ὁτιοῦν.

485 Plutarchus de comm. not. cp. 38 p. 1078e. Καὶ μὴν παρὰ
τὴν ἔννοιαν μήτ' ἄκρον ἐν τῇ φύσει τῶν σωμάτων μήτε πρῶτον μήτ'
ἔσχατον ⟨μέρος εἶναι⟩ μηδέν, εἰς ὃ λήγει τὸ μέγεθος τοῦ σώματος,
ἀλλ' ἀεί⟨τι⟩ τοῦ ληφθέντος ἐπέκεινα φαινόμενον εἰς ἄπειρον καὶ ἀόρι- 10
στον ἐμβάλλειν τὸ ὑποκείμενον. p. 1079a οἱ σῶμα μηδὲν εἰς ἔσχατον
μέρος περαίνοντες ἀλλὰ πάντα πλήθει μερῶν ἐπ' ἄπειρον ἐξάγοντες.

486 Plutarchus de comm. not. cp. 40 p. 1080d. καὶ μὴν τὸ μηδενὸς
ἅπτεσθαι μηδὲν παρὰ τὴν ἔννοιάν ἐστιν· οὐχ ἧττον δὲ τοῦτο, ἅπτεσθαι μὲν
ἀλλήλων τὰ σώματα, μηδενὶ δ' ἅπτεσθαι· τοῦτο δ' ἀνάγκη προσδέχεσθαι τοῖς 15
μὴ ἀπολείπουσιν ἐλάχιστα μέρη σώματος, ἀλλ' ἀεί τι τοῦ δοκοῦντος ἅπτεσθαι
πρότερον λαμβάνουσι καὶ μηδέποτε τοῦ προάγειν ἐπέκεινα παυομένοις.

487 Plutarchus de comm. not. cp. 40 p. 1080e. Ὁ γοῦν αὐτοὶ
μάλιστα προφέρουσι τοῖς τῶν ἀμερῶν προισταμένοις τοῦτό ἐστι „τὸ
μήτε ὅλοις ὅλων ἀφὴν εἶναι, μήτε μέρεσι μερῶν· τὸ μὲν γὰρ οὐχ 20
ἀφὴν ἀλλὰ κρᾶσιν ποιεῖν, τὸ δ' οὐκ εἶναι δυνατόν, μέρη τῶν ἀμερῶν
οὐκ ἐχόντων." Πῶς οὖν οὐκ αὐτοὶ τούτῳ περιπίπτουσι, μηδὲν μέρος
ἔσχατον μηδὲ πρῶτον ἀπολείποντες; ὅτι, νὴ Δία „ψαύειν κατὰ πέρας
τὰ σώματα ⟨οὐχ⟩ ὅλα ὅλων, οὐ⟨δὲ⟩ κατὰ μέρος" λέγουσι· τὸ δὲ πέ-
ρας σῶμα οὐκ ἔστιν. 25

488 Proclus in Euclid. def. I p. 89 Friedlein. ὅτι δὲ οὐ δεῖ νομίζειν
κατ' ἐπίνοιαν ψιλὴν ὑφεστάναι τὰ τοιαῦτα πέρατα, λέγω τῶν σωμάτων, ὥσπερ
οἱ ἀπὸ τῆς Στοᾶς ὑπέλαβον, ἀλλ' εἶναί τινας φύσεις ἐν τοῖς οὖσι τοιάσδε
καὶ λόγους αὐτῶν προεστάναι δημιουργικούς, ἀναμνησθείημεν ἂν εἰς τὸν
ὅλον κόσμον ἀποβλέψαντες etc. 30

489 Plutarchus de comm. not. cp. 39 p. 1079d. Ἐπὶ δὲ τούτοις
ἐπινεανιευόμενος φησὶ „τῆς πυραμίδος ἐκ τριγώνων συνισταμένης.
τὰς πλευρὰς ⟨τὰς⟩ κατὰ τὴν συναφὴν ἐγκεκλιμένας ἀνίσους μὲν εἶναι,
μὴ ὑπερέχειν δέ, ᾗ μείζονές εἰσι." p. 1079e. Ἔτι τοίνυν ὅρα τίνα
τρόπον ἀπήντησε Δημοκρίτῳ, διαπορ_οῦντι φυσικῶς καὶ ἐπιτυχῶς, εἰ 35
κῶνος τέμνοιτο παρὰ τὴν βάσιν ἐπιπέδῳ, τί χρὴ διανοεῖσθαι τὰς τῶν

---

4 προάγει Wy., πράττει libri.   5 lacunosa atque sic fere supplenda: ὑπερ-
βάλλει ⟨τι κατὰ τὸ τῶν μερῶν⟩ πλῆθος.   9 μέρος εἶναι addidi.   10 τι addi-
dit Dü.   17 τοὺς et mox παυομένους libri, corr. Wy.   23 ἀπολιπόντες libri,
corr. Bernardakis. ‖ μὴ διαψαύειν libri, corr. Wy.; fortasse pro ὅτι scribendum
ὅτε.   24 add. Wy.   32 τριγώνων ⟨ἀνίσων⟩ Rasmus.   33 τὰς addidi. ‖
ἐγκεκλιμένας Bernardakis, ἐκκεκλιμένας libri.   34 ὑπάρχειν codd. BE.
35 ἐπιτυχῶς Wy., ἐμψύχως libri.

τμημάτων ἐπιφανείας, ἴσας ἢ ἀνίσους γινομένας· ἄνισοι μὲν γὰρ οὖσαι
τὸν κῶνον ἀνώμαλον παρέξουσι, πολλὰς ἀποχαράξεις λαμβάνοντα
βαθμοειδεῖς καὶ τραχύτητας· ἴσων δ' οὐσῶν, ἴσα τμήματα ἔσται, καὶ
φανεῖται τὸ τοῦ κυλίνδρου πεπονθὼς ὁ κῶνος, ἐξ ἴσων συγκείμενος
5 καὶ οὐκ ἀνίσων κύκλων, ὅπερ ἐστὶν ἀτοπώτατον. Ἐνταῦθα δὴ τὸν
Δημόκριτον ἀποφαίνων ἀγνοοῦντα „τὰς μὲν ἐπιφανείας, φησί, μήτ'
ἴσας εἶναι μήτ' ἀνίσους· ἄνισα δὲ τὰ σώματα, τῷ μήτ' ἴσας εἶναι μήτ'
ἀνίσους τὰς ἐπιφανείας."

490 Syrianus in Aristot. Metaphys. (Aristot. Acad. V 911 a 28). ὅταν
10 δὲ λέγωσι (scil. Pythagorei) μονάδα εἶναι εἰδῶν εἶδος τὴν ἀρχηγικὴν αὐτῶν
αἰτίαν ἐνδείκνυνται τὴν πάντων ἐν ἑαυτῇ τὰ εἴδη τῶν ἀριθμῶν προειλη-
φυῖαν, ἣν καὶ οἱ ἀπὸ τῆς Στοᾶς ἐν πλῆθος οὐκ ὤκνουν καλεῖν.

491 Sextus adv. math. X 123. τάξει δὲ ἀπὸ τῆς πρώτης στάσεως
ποιώμεθα τὴν ἐπιχείρησιν, καθ' ἣν πάντα εἰς ἄπειρον τέμνεται. καὶ δὴ οἱ
15 προεστῶτες αὐτῆς φασὶ τὸ κινούμενον σῶμα ὑφ' ἕνα καὶ τὸν αὐτὸν χρόνον
ἄθρουν μεριστὸν ἀνύειν διάστημα, καὶ οὐ τὸ πρῶτον τοῦ διαστήματος πρῶ-
τον ἐπιλαμβάνειν τῷ πρώτῳ αὐτοῦ μέρει καὶ τὸ δεύτερον τῇ τάξει δεύτερον,
ἀλλ' ὑφ' ἓν τὸ ὅλον μεριστὸν διάστημα καὶ ἀθρόως διέρχεσθαι.
cf. ibid. 142. πρὸς μὲν οὖν τοὺς εἰς ἄπειρον τέμνεσθαι λέγοντας τά
20 τε σώματα καὶ τοὺς τόπους καὶ τοὺς χρόνους (οὗτοι δέ εἰσιν οἱ ἀπὸ τῆς
Στοᾶς) ταῦθ' ἥρμοζε λέγειν.

§ 13. De motu.

492 Stobaeus Eclogae I p. 165,15. Χρυσίππου. Κίνησιν δέ
φησιν εἶναι ὁ Χρύσιππος μεταβολὴν κατὰ τόπον ἢ ὅλῳ ἢ μέρει, ἢ
25 μεταλλαγὴν ἐκ τόπου ἢ καθ' ὅλον ἢ κατὰ μέρος. Καὶ ἄλλως· κίνησιν
μεταλλαγὴν κατὰ τόπον ἢ σχῆμα· φορὰν δὲ μετέωρον κίνησιν ὀξεῖαν,
μονὴν δὲ τὸ μὲν οἷον ἀκινησίαν σώματος, τὸ δ' οἷον σώματος σχέσιν
κατὰ ταὐτὰ καὶ ὡσαύτως νῦν τε καὶ πρότερον. Πολλαχῶς δὲ λέγε-
σθαι τὴν κίνησιν καὶ τὴν μονήν, διὸ καὶ πολλοὺς καθ' ἕκαστον ση-
30 μαινόμενον ἀποδίδοσθαι ὅρους. Τὰς δὲ πρώτας κινήσεις εἶναι δύο,
τήν τε εὐθεῖαν καὶ τὴν καμπύλην· διὰ τούτων δὲ πολλαχῶς μιγνυ-
μένων γίνεσθαι πολλὰς κινήσεις καὶ διαφερούσας (Diels Arii Didymi
Epit. phys. fragm. 22).

Sextus adv. math. X 52. καί φασιν ὅτι κίνησίς ἐστι μετάβασις
35 ἀπὸ τόπου εἰς τόπον ἤτοι ὅλου τοῦ σώματος ἢ τῶν τοῦ ὅλου μερῶν.

493 Sextus adv. math. X 45. καὶ εἶναι μὲν (scil. κίνησιν) — οἱ
πλείους τῶν φυσικῶν — — οἷς καὶ οἱ ἀπὸ τοῦ περιπάτου, ἔτι δὲ καὶ οἱ
ἀπὸ τῆς Στοᾶς συναπεγράψαντο.

---

12 Propter infinitam divisionem unitas est multitudo.　25 post κίνησιν
μὲν add. Diels.　26 trad. μετεώρου, corr. Diels.

494 Galenus methodi med. I 6 Vol. X p. 46 K. ἐπεὶ δ᾽ ἐξάλλαξιν εἶπον εἶναι τοῦ προϋπάρχοντος τὴν κίνησιν, ἐξαλλάττεται δὲ διχῶς τὸ προϋπάρχον ἢ κατὰ ποιότητα ἢ κατὰ τόπον, ἡ μὲν οὖν κατὰ τόπον ἐξαλλαγὴ αὐτοῦ φορὰ ὀνομάζεται, ἡ δὲ κατὰ ποιότητα μεταβολὴ ἀλλοίωσις· ὥστε εἶναι φορὰν μὲν ἐξάλλαξιν ἢ ὑπάλλαξιν ἢ ἀλλαγὴν ἢ μεταβολὴν τοῦ προϋπάρχον- 5 τος τόπου — — ἀλλοίωσιν δὲ ἢ μεταβολὴν κατὰ τὸ ποιὸν ἢ ἀλλαγὴν τῆς προϋπαρχούσης ποιότητος etc.

495 Galenus de nat. facult. I 2. Vol. II p. 4 K. εἰ μὲν γὰρ οὐκ ἴσασιν, ὅσα περὶ τῆς καθ᾽ ὅλην τὴν οὐσίαν ἀλλοιώσεως Ἀριστοτέλει τε καὶ μετὰ τοῦτον Χρυσίππῳ γέγραπται, παρακαλέσαι χρὴ τοῖς 10 ἐκείνων αὐτοὺς ὁμιλῆσαι γράμμασιν.

496 Simplicius in Aristot. phys. p. 1320,19 Diels. οἱ δὲ ἀπὸ τῆς Στοᾶς κατὰ πᾶσαν κίνησιν ἔλεγον ὑπεῖναι τὴν τοπικὴν ἢ κατὰ μεγάλα διαστήματα ἢ κατὰ λόγῳ θεωρητὰ ὑφισταμένην.

497 Simplicius in Aristot. categ. f. 78 A. Πλωτῖνος καὶ οἱ ἄλλοι οἱ 15 ἀπὸ τῆς τῶν Στωϊκῶν συνηθείας εἰς τὴν Ἀριστοτέλους αἵρεσιν μεταφέροντες τὸ κοινὸν τοῦ ποιεῖν καὶ τοῦ πάσχειν εἶναι τὰς κινήσεις.

498 Simplicius in Aristot. categ. f. 78 B. ed. Bas. καὶ τῆς κινήσεως, φησὶν Ἰάμβλιχος, οὐ καλῶς οἱ Στωϊκοὶ ἐπιλαμβάνονται λέγοντες τὸ ἀτελὲς ἐπὶ τῆς κινήσεως εἰρῆσθαι, οὐχ ὅτι οὐκ ἔστιν ἐνέργεια (ἔστι γὰρ πάντως, 20 φασίν, ἐνέργεια) ἀλλ᾽ ἔχει τὸ πάλιν καὶ πάλιν, οὐχ ἵνα ἀφίκηται εἰς ἐνέργειαν (ἔστι γὰρ ἤδη) ἀλλ᾽ ἵνα ἐργάσηταί που ἕτερον, ὅ ἐστι μετ᾽ αὐτήν. ταῦτα μὲν οὖν οἱ Στωϊκοὶ λέγουσι.

499 Simplicius in Aristot. categ. f. 78 B. ed. Bas. Καὶ γὰρ ὅταν οἱ Στωϊκοὶ διαφορὰς γενῶν λέγωσι τὸ ἐξ αὐτῶν κινεῖσθαι ὡς ἡ μάχαιρα 25 τὸ τέμνειν ἐκ τῆς οἰκείας ἔχει κατασκευῆς (κατὰ γὰρ τὸ σχῆμα καὶ τὸ εἶδος ἡ ποίησις ἐπιτελεῖται) τὸ δὲ δι᾽ ἑαυτοῦ ἐνεργεῖν τὴν κίνησιν, ὡς αἱ φύσεις καὶ αἱ ἰατρικαὶ δυνάμεις τὴν ποίησιν ἀπεργάζονται (καταβληθὲν γὰρ τὸ σπέρμα ἀναπληροῖ τοὺς οἰκείους λόγους καὶ ἐπισπᾶται τὴν παρακειμένην ὕλην καὶ διαμορφοῖ τοὺς ἐν αὐτῷ λόγους) ἀλλὰ μὴν καὶ τὸ ἀφ᾽ ἑαυτοῦ 30 ποιεῖν, ὅ ἐστι κοινῶς μὲν ἀπὸ ἰδίας ὁρμῆς ποιεῖν, ἕτερον δὲ ἀπὸ λογικῆς ὁρμῆς, ὅ καὶ πλάττειν καλεῖται· τούτου δὲ ἔτι εἰδικώτερον τὸ κατ᾽ ἀρετὴν ἐνεργεῖν.

500 Simplicius in Aristot. categ. f. 210 B. ed. Bas. οἱ μέντοι Στωϊκοὶ διαφέρειν ἀλλήλων ἡγοῦνται τὸ μένειν, τὸ ἠρεμεῖν, τὸ ἡσυχάζειν, τὸ 35 ἀκινητεῖν, τὸ ἀκινητίζειν· μένειν γὰρ ἂν ῥηθῆναι ⟨οὐ⟩ πρὸς ἕνα χρόνον, ἀλλὰ πρὸς τὸν ἐνεστῶτα καὶ μέλλοντα· μένειν γὰρ λέγομεν τὸ κατέχον τὸν αὐτὸν τόπον καὶ καθέξον. τὸ γὰρ κατεσχηκὸς μενενηκέναι λέγομεν. χρώμεθα δέ, φασι, καὶ ἐπὶ τοῦ μὴ κινεῖσθαι τῷ μένειν, ὥστε καταχρηστικῶς εἰπεῖν ἄν τινα καὶ ἐπὶ τῶν ἀσωμάτων τὸ μένειν ἀντὶ τοῦ μὴ κινεῖσθαι. 40 κοινὸν μὲν οὖν πάντων σωμάτων τὸ μένειν, τὸ δὲ ἠρεμεῖν καὶ ἡσυχάζειν, φησί, μήποτε ζῴων εἰσὶ συμπτώματα· λίθος γὰρ οὐκ ἠρεμεῖ. ζῴων δὲ καὶ τὸ ἡσυχάζειν. τὸ ἀκινητεῖν καὶ ἀκινητίζειν ἐπὶ τῶν σωμάτων λέγεται, ἃ πέφυκε μὴ κινεῖσθαι, ἀντὶ τοῦ μὴ κινεῖσθαι δὲ λέγεται.

---

24 Plura huius doctrinae testimonia vide in capite de fato et libero arbitrio. 38 τόπον] χρόνον ed. Bas. ‖ καθ᾽ ἕξιν ed. Bas. 40 τῷ ed. Bas.

162   PHYSICAE DOCTRINAE FUNDAMENTA.

§ 14. De loco et inani.

501 Sextus adv. math. X 7. εἴπερ οὖν ἔστιν ἄνω καὶ κάτω καὶ εἰς
τὰ δεξιὰ καὶ τὰ ἀριστερὰ καὶ πρόσω καὶ ὀπίσω, ἔστι τις τόπος· μέρη γάρ
εἰσιν αἱ ἓξ αὖται παρατάσεις τοῦ τόπου, καὶ ἀδύνατόν ἐστί τινος τῶν μερῶν
5 ὑπαρχόντων μὴ οὐχὶ κἀκεῖνο ὑπάρχειν οὗ ἐστι τὰ μέρη. ἔστι δέ γε ἐν τῇ
φύσει τῶν πραγμάτων ἄνω καὶ κάτω καὶ εἰς δεξιὰ καὶ ἀριστερὰ καὶ πρόσω
καὶ ὀπίσω· ἔστιν ἄρα τόπος. οὐ μὴν ἀλλ᾽ εἰ ὅπου ἦν Σωκράτης, νῦν ἐστιν
ἄλλος, οἷον Πλάτων ἀποθανόντος Σωκράτους, ἔστιν ἄρα τόπος. ὡς γὰρ τοῦ
ἐν τῷ ἀμφορεῖ ὑγροῦ ἐκκενωθέντος καὶ ἄλλου ἐπεγχυθέντος λέγομεν ὑπάρ-
10 χειν τὸν ἀμφορέα τόπον ὄντα καὶ τοῦ προτέρου καὶ τοῦ ὕστερον ἐπεμβλη-
θέντος ὑγροῦ, οὕτως εἰ ὃν τόπον κατεῖχε Σωκράτης ὅτ᾽ ἔζη, τοῦτον ἕτερος
νῦν κατέχει, ἔστι τις τόπος. καὶ ἄλλως εἰ ἔστι τι σῶμα, καὶ τόπος ἐστίν·
⟨σῶμα γάρ ἐστι τὸ κατέχον τόπον⟩· ἀλλὰ μὴν τὸ πρῶτον· τὸ ἄρα δεύτερον.
πρὸς τούτοις εἰ ὅπου τὸ κοῦφον φύσει φέρεται, ἐκεῖ τὸ βαρὺ φύσει οὐ φέ-
15 ρεται, ἔστιν ἴδιος τοῦ κούφου καὶ τοῦ βαρέος τόπος· ἀλλὰ μὴν τὸ πρῶτον·
τὸ ἄρα δεύτερον. τὸ γέ τοι πῦρ, φύσει κοῦφον καθεστώς, ἀνώφορόν ἐστι,
καὶ τὸ ὕδωρ, φύσει βαρὺ τυγχάνον, κάτω βρίθει, καὶ οὔτε τὸ πῦρ κάτω
φέρεται οὔτε τὸ ὕδωρ ἄνω ἄττει. ἔστιν ἄρα ἴδιος τοῦ φύσει κούφου καὶ
τοῦ φύσει βαρέος τόπος. ὥσπερ τε εἰ τὸ ἐξ οὗ γίγνεται ἔστι, καὶ τὸ ὑφ᾽
20 οὗ τι γίγνεται καὶ τὸ δι᾽ ὅ, οὕτως ὑπάρχοι ἂν καὶ τὸ ἐν ᾧ τι γίγνεται· ἔστι
δὲ τὸ ἐξ οὗ τι γίγνεται, οἷον ὕλη, καὶ τὸ ὑφ᾽ οὗ, οἷον τὸ αἴτιον, καὶ τὸ
δι᾽ ὅ, καθάπερ τὸ τέλος· ἔστιν ἄρα καὶ τὸ ἐν ᾧ τι γίγνεται, τουτέστιν ὁ τό-
πος. οἵ τε παλαιοὶ καὶ τὰ ὅλα διακοσμήσαντες ἀρχὴν τῶν πάντων ὑπέθεντο
τόπον, κἀντεῦθεν ὁρμηθεὶς ὁ Ἡσίοδος ἀνεφώνησεν· (Theog. 116 sq.)
25   ἤτοι μὲν πρώτιστα χάος γένετ᾽, αὐτὰρ ἔπειτα
    γαῖ᾽ εὐρύστερνος, πάντων ἕδος ἀσφαλὲς αἰεί,
χάος λέγων τὸν χωρητικὸν τῶν ὅλων τόπον· μὴ ὑποκειμένου γὰρ τούτου
οὔτε γῆ οὔτε ὕδωρ οὔτε τὰ λοιπὰ τῶν στοιχείων, οὐχ ὁ σύμπας κόσμος ἐδύ-
νατο συστῆναι. κἂν κατ᾽ ἐπίνοιαν δὲ ἅπαντα ἀνέλωμεν, ὁ τόπος οὐκ ἀναι-
30 ρεθήσεται ἐν ᾧ ἦν τὰ πάντα, ἀλλ᾽ ὑπομένει, τὰς τρεῖς ἔχων διαστάσεις, μῆ-
κος βάθος πλάτος, χωρὶς ἀντιτυπίας· τοῦτο γὰρ ἴδιον ἦν σώματος.

502 Galenus de qualitatibus incorporeis 1 Vol. XIX 464 K. ὅτι δὲ
κοινόν ἐστι τοῦτο [δῆλον] (λέγω δὲ τὸ τριχῇ διαστατόν) σώματός τε καὶ
κενοῦ καὶ τόπου, Στωϊκοὺς μὲν ὁμολογεῖν ἀναγκαῖον, ἅτε κενὸν ἀπολιπόν-
35 τας ἐν τῇ τῶν ὄντων πραγμάτων φύσει, κἂν ἐν τῷ κόσμῳ τοῦθ᾽ ὑπάρχειν
μὴ λέγωσι.
Cf. ibid. 4 p. 474. ὅτι τε μηδὲν εἶναί φασιν ἐν τῷ κόσμῳ κενὸν οἱ
Στωϊκοί.

503 Stobaeus Eclogae I p. 161, 8 W. Χρυσίππου. Τόπον δ᾽
40 εἶναι ὁ Χρύσιππος ἀπεφαίνετο τὸ κατεχόμενον δι᾽ ὅλου ὑπὸ ὄντος ἢ
τὸ οἷόν ⟨τε⟩ κατέχεσθαι ὑπὸ ὄντος καὶ δι᾽ ὅλου κατεχόμενον εἴτε ὑπὸ
τινὸς ⟨εἴτε⟩ ὑπὸ τινῶν. Ἐὰν δὲ τοῦ οἵου τε κατέχεσθαι ὑπὸ ὄντος

---

13 σῶμα—τόπον addidi, ut syllogismus staret, ex Aët. I 12, 1 sumpta.
33 δῆλον del. Kalbfleisch.   35 πραγμάτων Paris. Suppl. gr. 35, πραγματείᾳ
ed.   41 τε add. Diels.   42 εἴτε add. Heeren.

τὶ μὲν κατέχηται, τὶ δὲ μή, τὸ ὅλον ⟨οὔτε⟩ κενὸν ἔσεσθαι οὔτε τόπον, ἕτερον δέ τι οὐκ ὠνομασμένον· τὸ μὲν γὰρ κενὸν τοῖς κενοῖς ἀγγείοις λέγεσθαι παραπλησίως, τὸν δὲ τόπον τοῖς πλήρεσι· χώραν δὲ πότερον τὸ μεῖζον οἱόντε κατέχεσθαι ὑπὸ ὄντος καὶ οἷον μεῖζον ἀγγεῖον σώματος ἢ τὸ χωροῦν μεῖζον σῶμα; Τὸ μὲν οὖν κενὸν ἄπειρον εἶναι λέ- 5 γεσθαι· τὸ γὰρ ἐκτὸς τοῦ κόσμου τοιοῦτ᾽ εἶναι, τὸν δὲ τόπον πεπερασμένον διὰ τὸ μηδὲν σῶμα ἄπειρον εἶναι. Καθάπερ δὲ τὸ σωματικὸν πεπερασμένον εἶναι, οὕτως τὸ ἀσώματον ἄπειρον, ὅ τε γὰρ χρόνος ἄπειρος καὶ τὸ κενόν. Ὥσπερ γὰρ τὸ μηδὲν οὐδέν ἐστι πέρας, οὕτως οὐδὲ τοῦ μηδενός, οἱόν ἐστι τὸ κενόν. Κατὰ γὰρ τὴν αὐτοῦ ὑπό- 10 στασιν ἄπειρόν ἐστι· περατοῦται δ᾽ αὖ τοῦτο ἐκπληρούμενον· τοῦ δὲ πληροῦντος ἀρθέντος οὐκ ἔστιν αὐτοῦ νοῆσαι πέρας (Diels Arii Didymi Epit. phys. frgm. 25).

504 Aëtius Plac. I 20, 1. Οἱ Στωϊκοί .... διαφέρειν κενόν, τόπον, χώραν· καὶ τὸ μὲν κενὸν εἶναι ἐρημίαν σώματος, τὸν δὲ τόπον τὸ ἐχόμενον 15 ὑπὸ σώματος, τὴν δὲ χώραν τὸ ἐκ μέρους ἐχόμενον, ὥσπερ ἐπὶ τῆς τοῦ οἴνου πιθάκνης.

505 Sextus adv. math. X 3. καὶ οἱ Στωϊκοὶ δὲ κενὸν μὲν εἶναί φασι τὸ οἱόντε ὑπὸ ὄντος κατέχεσθαι, μὴ κατεχόμενον δέ, ἢ διάστημα ἔρημον σώματος ἢ διάστημα ἀκαθεκτούμενον ὑπὸ σώματος, τόπον δὲ τὸν ὑπὸ ὄντος 20 κατεχόμενον καὶ ἐξισαζόμενον τῷ κατέχοντι αὐτόν, νῦν ὂν καλοῦντες τὸ σῶμα, καθὼς καὶ ἐκ τῆς μεταλήψεως τῶν ὀνομάτων ἐστὶ συμφανές. χώραν δὲ φασιν εἶναι διάστημα κατὰ μέν τι κατεχόμενον ὑπὸ σώματος κατὰ δέ τι ἀκαθεκτούμενον.

Cf. Pyrrh. Hyport. III 124. 25

idem adv. math. X 4. ἔνιοι δὲ (scil. Chrysippus cf. 503) χώραν ἔλεξαν ὑπάρχειν τὸν τοῦ μείζονος σώματος τόπον, ὡς ταύτῃ διαφέρειν τοῦ τόπου τὴν χώραν τᾷ ἐκείνου μὲν μὴ ἐμφαίνειν μέγεθος τοῦ ἐμπεριεχομένου σώματος (κἂν γὰρ ἐλάχιστον περιέχῃ σῶμα, οὐδὲν ἧττον τόπος προσαγορεύεται), τὴν δ᾽ ἀξιόλογον ἐμφαίνειν μέγεθος τοῦ ἐν αὐτῇ σώματος. 30

506 Themistius paraphr. ad Arist. Phys. IV 4 p. 268 Sp. λείπεται τοίνυν ἡμῖν ὅτι μηδὲ τὸ διάστημα ὁ τόπος ἐστὶν ἀποδεῖξαι. διάστημα δὲ τὸ μεταξὺ νοούμενον τῶν περάτων τοῦ περιέχοντος, οἷον τὸ μεταξὺ τῆς κοίλης ἐπιφανείας τοῦ κάδου. παλαιὰ μὲν οὖν ἡ δόξα καὶ τοῖς τὸ κενὸν τιθεμένοις προσήκουσα, ἠκολούθησεν δὲ ὅμως αὐτῇ 35 καὶ ὁ περὶ Χρύσιππον χορὸς καὶ Ἐπίκουρος ὕστερον.

507 Simplicius in Aristot. categ. f. 91Δ ed. Bas. ὁ Ἰάμβλιχος ζητεῖ πρῶτον, πότερον αὐτὰ τὰ πράγματα ἐν τόπῳ ὄντα ἀφορίζει τὸν τόπον περὶ αὐτὰ ἢ σὺν αὐτοῖς, ἢ ὁ τόπος ἀφορίζει τὰ πράγματα, ὡς ἂν αὐτὸς αὐτὰ συμπεραίνων, καὶ φησὶν ὅτι „εἰ μέν, ὡς οἱ Στωϊκοὶ λέγουσι, παρυφίσταται 40

---

1 οὔτε add. Canterus. 2 ·ἔσται οὔτε τόπος libri, corr. Usener. αἰτίοις et mox αἴτιον libri, corr. Canterus. 10 δὲ libri, οὐδέ Usener. 28 τὴν χώραν Bk., τὸν τόπον libri.

τοῖς σώμασιν ὁ τόπος, καὶ τὸν ὅρον ἀπ᾽ αὐτῶν προσλαμβάνει τὸν μέχρι τοσοῦδε καθ᾽ ὅσον συμπληροῦται ὑπὸ τῶν σωμάτων. εἰ μέντοι etc."
508 Simplicius in Aristot. Phys. p. 571, 22. ἢ γὰρ τὸ εἶδος τοῦ ἐν τόπῳ ἢ τὴν ὕλην αὐτοῦ ἢ τὸ διάστημα τὸ μεταξὺ τῶν ἐσχάτων τοῦ περι-
5 έχοντος τὸν τόπον ἀνάγκη εἶναι (ὅ τινες καὶ τῶν προτέρων ὡς οἱ περὶ Δημόκριτον καὶ τῶν ὑστέρων ὡς οἱ περὶ Ἐπίκουρον καὶ οἱ Στωϊκοί, τινὲς δὲ καὶ κατὰ Πλάτωνα τοῦτο τὸν τόπον εἶναι ἐνόμισαν) ἢ τὰ ἔσχατα τοῦ περιέχοντος. — — τὸ δὲ διάστημα τοῦτο οἱ μὲν περὶ Δημόκριτον καὶ Ἐπίκουρον κενὸν εἶναι λέγουσιν οὕτως ὥστε ποτὲ μὲν πληροῦσθαι σώματος ποτὲ
10 δὲ καὶ κενὸν ἀπολείπεσθαι, οἱ δὲ Πλατωνικοὶ καὶ οἱ Στωϊκοὶ εἶναι μὲν ἄλλο παρὰ τὰ σώματά φασιν, ἀεὶ δὲ σῶμα ἔχειν, ὡς μηδέποτε κενὸν ἀπολείπεσθαι.

§ 15. De tempore.

509 Stobaeus Eclogae I. p. 106,5 W. (Arii Did. fr. 26 Diels).
15 Χρυσίππου· Ὁ δὲ Χρύσιππος χρόνον εἶναι κινήσεως διάστημα, καθ᾽ ὃ ποτὲ λέγεται μέτρον τάχους τε καὶ βραδύτητος· ἢ τὸ παρακολουθοῦν διάστημα τῇ τοῦ κόσμου κινήσει, καὶ κατὰ μὲν τὸν χρόνον κινεῖσθαί τε ἕκαστα καὶ εἶναι· εἰ μὴ ἄρα διττὸς λέγεται ὁ χρόνος, καθάπερ ἥ τε γῆ καὶ ἡ θάλαττα καὶ τὸ κενόν, τά τε ὅλα καὶ τὰ μέρη τὰ αὐτῶν.
20 Ὥσπερ δὲ τὸ κενὸν πᾶν ἄπειρον εἶναι πάντη, καὶ τὸν χρόνον πάντα ἄπειρον εἶναι ἐφ᾽ ἑκάτερα· καὶ γὰρ τὸν παρεληλυθότα καὶ τὸν μέλλοντα ἄπειρον εἶναι. Ἐμφανέστατα δὲ τοῦτο λέγει, ὅτι οὐδεὶς ὅλως ἐνίσταται χρόνος. Ἐπεὶ γὰρ εἰς ἄπειρον ἡ τομὴ τῶν συνεχόντων ἐστί, κατὰ τὴν διαίρεσιν ταύτην καὶ πᾶς χρόνος εἰς ἄπειρον ἔχει τὴν το-
25 μήν· ὥστε μηθένα κατ᾽ ἀπαρτισμὸν ἐνεστάναι χρόνον, ἀλλὰ κατὰ πλάτος λέγεσθαι. Μόνον δ᾽ ὑπάρχειν φησὶ τὸν ἐνεστῶτα, τὸν δὲ παρῳχημένον καὶ τὸν μέλλοντα ὑφεστάναι μέν, ὑπάρχειν δὲ οὐδαμῶς φησιν, ὡς καὶ κατηγορήματα ὑπάρχειν λέγεται μόνα τὰ συμβεβηκότα, οἷον τὸ περιπατεῖν ὑπάρχει μοι ὅτε περιπατῶ, ὅτε δὲ κατακέκλιμαι ἢ κάθημαι
30 οὐχ ὑπάρχει . . . . (lacunam signif. Meineke).
Ad definitionem temporis initio prolatam cf. Phil. de incorrupt. mund. p. 238,5 B. ὥστ᾽ εὐθυβόλως ἀποδεδόσθαι πρὸς τῶν εἰωθότων τὰ πράγματα ὁρίζεσθαι χρόνον διάστημα τῆς τοῦ κόσμου κινήσεως ibid. 11. διάστημα δὲ κοσμικῆς κινήσεως ἐδείχθη ὁ χρόνος ὤν. ibid. 13.
35 τάχα τις εὑρησιλογῶν Στωϊκὸς ἐρεῖ, τὸν χρόνον ἀποδεδόσθαι διάστημα τῆς τοῦ κόσμου κινήσεως οὐχὶ τοῦ νῦν διακεκοσμημένου μόνον ἀλλὰ καὶ τοῦ κατὰ τὴν ἐκπύρωσιν ὑπονοουμένου.

510 Simplicius in Aristot. categ. f. 88 Z. ed. Bas. τῶν δὲ Στωϊκῶν Ζήνων μὲν πάσης ἁπλῶς κινήσεως διάστημα τὸν χρόνον εἶπε· Χρύσιπ-

---

2 συμπληροῦνται ed. Bas.   4 τὴν ὕλην scripsi, ἡ ὕλη libri.   15 καθ᾽ ὃν libri, corr. Heeren.   27 φησιν scripsi, εἰσὶν libri.   39 Cf. I n. 93.

πος δὲ διάστημα τῆς τοῦ κόσμου κινήσεως· οὐ γὰρ δύο ὅρους εἰς ταὐτὸν
συνάπτει, ἀλλ' ἕνα ὁρισμὸν ποιεῖται καὶ ἰδιάζοντα τοῦτον παρὰ τὰς τῶν ἄλλων ἀποφάσεις.
511 Philo de mundi opificio § 26 Vol. I p. 8, 7 Wendl. χρόνος γὰρ
οὐκ ἦν πρὸ κόσμου ἀλλ' ἢ σὺν αὐτῷ γέγονεν ἢ μετ' αὐτόν. Ἐπεὶ γὰρ διά- 5
στημα τῆς τοῦ κόσμου κινήσεώς ἐστιν ὁ χρόνος, προτέρα ⟨δὲ⟩ τοῦ κινουμένου κίνησις οὐκ ἂν γένοιτο, ἀλλ' ἀναγκαῖον αὐτὴν ἢ ὕστερον ἢ ἅμα συνίστασθαι, ἀναγκαῖον ἄρα καὶ τὸν χρόνον ἢ ἰσήλικα κόσμου γεγονέναι ἢ
νεώτερον ἐκείνου.
512 Philo quod deus sit immut. § 31 Vol. II p. 63, 3 Wendl. δη- 10
μιουργὸς δὲ καὶ χρόνου θεός· καὶ γὰρ τοῦ πατρὸς αὐτοῦ πατήρ· πατὴρ δὲ
χρόνου κόσμος, τὴν κίνησιν αὐτοῦ γένεσιν ἀποφήνας ἐκείνου.
513 Sextus adv. math. X 170. καὶ δή τινές φασι χρόνον εἶναι διάστημα τῆς τοῦ κόσμου κινήσεως.
514 Aëtius Plac. I 22, 7. Οἱ πλείους τῶν Στωϊκῶν (χρόνου οὐσίαν) 15
αὐτὴν τὴν κίνησιν.
515 Plutarchus quaest. Plat. 8, 4 p. 1007 a. ῥητέον οὖν τοὺς ὑπὸ
τούτων ταραττομένους δι' ἄγνοιαν οἴεσθαι τὸν χρόνον „μέτρον εἶναι κινήσεως
καὶ ἀριθμὸν κατὰ τὸ πρότερον καὶ ὕστερον" ὡς Ἀριστοτέλης εἶπεν, ἢ „τὸ
ἐν κινήσει ποσόν" ὡς Σπεύσιππος, ἢ „διάστημα κινήσεως" ἄλλο δ' οὐδέν, 20
ὡς ἔνιοι τῶν Στωϊκῶν ἀπὸ συμβεβηκότος ὁριζόμενοι, τὴν δ' οὐσίαν αὐτοῦ
καὶ τὴν δύναμιν οὐ συνορῶντες.
516 Simplicius in Aristot. phys. p. 700, 16 Diels. ἄδηλον οὖν καὶ
τὸ τί ἐστιν (scil. ὁ χρόνος), εἴπερ οἱ μὲν τὴν τοῦ ὅλου κίνησιν καὶ περιφορὰν τὸν χρόνον εἶναί φασιν, — οἱ δὲ τὴν σφαῖραν αὐτὴν τοῦ οὐρα- 25
νοῦ, ὡς τοὺς Πυθαγορείους ἱστοροῦσι λέγειν οἱ παρακούσαντες ἴσως τοῦ
Ἀρχύτου λέγοντος καθόλου τὸν χρόνον διάστημα τῆς τοῦ παντὸς φύσεως, ἢ
ὥς τινες τῶν Στωϊκῶν ἔλεγον· οἱ δὲ τὴν κίνησιν ἁπλῶς.
517 Plutarchus de comm. not. cp. 41 p. 1081f. Ἐν δὲ τῷ τρίτῳ
καὶ τετάρτῳ καὶ πέμπτῳ περὶ τῶν Μερῶν τίθησι „τοῦ ἐνεστηκό- 30
τος χρόνου τὸ μὲν μέλλον εἶναι, τὸ δὲ παρεληλυθός."
518 Plutarchus de comm. not. cp. 41 p. 1081f. Χρύσιππος δὲ
βουλόμενος φιλοτεχνεῖν περὶ τὴν διαίρεσιν, ἐν μὲν τῷ περὶ τοῦ
Κενοῦ καὶ ἄλλοις τισὶ „τὸ μὲν παρῳχημένον τοῦ χρόνου καὶ τὸ
μέλλον οὐχ ὑπάρχειν ἀλλ' ὑφεστηκέναι φησί, μόνον δὲ ὑπάρχειν τὸ 35
ἐνεστηκός."
519 Plutarchus de comm. not. cp. 41 p. 1081 c. παρὰ τὴν ἔννοιάν
ἐστι χρόνον εἶναι μέλλοντα καὶ παρῳχημένον, ἐνεστῶτα δὲ μὴ εἶναι χρόνον,
ἀλλὰ τὸ μὲν ἄρτι καὶ τὸ πρώην ὑφεστάναι, τὸ δὲ νῦν ὅλως μηδὲν εἶναι.
καὶ μὴν τοῦτο συμβαίνει τοῖς Στωϊκοῖς ἐλάχιστον χρόνον μὴ ἀπολείπουσι 40
μηδὲ τὸ νῦν ἀμερὲς εἶναι βουλομένοις, ἀλλ' ὅ,τι ἄν τις ὡς ἐνεστὼς οἴηται λαβὼν διανοεῖσθαι, τούτου τὸ μὲν μέλλον, τὸ δὲ παρῳχημένον εἶναι
φάσκουσιν.
520 Diogenes Laërt. VII 140 (postquam de inani incorporeo locutus

---

6 δὲ add. ex Eus.   8 καὶ om. codd. FGH. ‖ τοῦ κόσμου γενέσθαι codd.
ABP.   12 αὐτοῦ H² ἑαυτοῦ G.

est) εἶναι δὲ καὶ ταῦτα ἀσώματα ὅμοια, ἔτι δὲ καὶ τὸν χρόνον ἀσώματον, διάστημα ὄντα τῆς τοῦ κόσμου κινήσεως. τούτου δὲ τὸν μὲν παρῳχηκότα καὶ τὸν μέλλοντα ἀπείρους, τὸν δὲ ἐνεστῶτα πεπερασμένον. 521 Proclus in Platonis Timaeum p. 271D. ἔτι δὲ κἀκεῖνο ληπτέον 5 ἀπὸ τῶν προειρημένων, ὅτι πολλοῦ δεῖ τοιοῦτον ὑπονοῆσαι τὸν χρόνον ὁ Πλάτων οἷον οἱ ἀπὸ τῆς Στοᾶς ὑπέλαβον ἢ τῶν ἐκ τοῦ Περιπάτου πολλοί, οἱ μὲν κατ' ἐπίνοιαν ψιλὴν αὐτὸν συνιστάντες ἀμενηνὸν καὶ ἔγγιστα τοῦ μὴ ὄντος· ἐν γὰρ ἦν τῶν παρ' αὐτοῖς ἀσωμάτων ὁ χρόνος, ἃ δὴ καταπεφρόνηται παρ' αὐτοῖς ὡς ἀδρανῆ καὶ οὐκ ὄντα καὶ ἐν ἐπινοίαις ὑφιστά-
10 μενα ψιλαῖς· οἱ δὲ συμβεβηκὸς τῆς κινήσεως λέγοντες.

1 ταῦτα cum non habeat, quo referatur, scribendum videtur: τὰ λεκτὰ et mox ὁμοίως. antea de inani incorporeo locutus erat.

Physica II.

De mundo.

§ 1. Differre inter se τὸ πᾶν et τὸ ὅλον.

522 Aëtius Plac. II 1, 7. Οἱ Στωϊκοὶ διαφέρειν τὸ πᾶν καὶ τὸ
ὅλον· πᾶν μὲν γὰρ εἶναι τὸ σὺν τῷ κενῷ τῷ ἀπείρῳ, ὅλον δὲ χωρὶς τοῦ 5
κενοῦ τὸν κόσμον.
523 Achilles Isagoge 5 p. 129 Petav. Uranol. τὸ δὲ πᾶν τοῦ ὅλου
παρὰ τοῖς Στωϊκοῖς διαφέρει. ὅλον μὲν γὰρ λέγουσι τὸν κόσμον· πᾶν δὲ
μετὰ τοῦ κενοῦ.
524 Sextus adv. math. IX 332. καὶ δὴ οἱ μὲν ἀπὸ τῆς Στοᾶς 10
φιλόσοφοι διαφέρειν ὑπολαμβάνουσι τὸ ὅλον καὶ τὸ πᾶν· ὅλον μὲν γὰρ
εἶναι λέγουσι τὸν κόσμον, πᾶν δὲ τὸ σὺν τῷ κόσμῳ ἔξωθεν κενόν, καὶ διὰ
τοῦτο τὸ μὲν ὅλον πεπερασμένον εἶναι, πεπέρασται γὰρ ὁ κόσμος, τὸ δὲ πᾶν
ἄπειρον, τοιοῦτον γὰρ τὸ ἐκτὸς τοῦ κόσμου κενόν.
[336. οἱ δὲ Στωϊκοὶ οὔτε ἕτερον τοῦ ὅλου τὸ μέρος οὔτε τὸ αὐτό φασιν 15
ὑπάρχειν· ἡ γὰρ χεὶρ οὔτε ἡ αὐτὴ τῷ ἀνθρώπῳ ἐστίν, οὐ γάρ ἐστιν ἄνθρω-
πος, οὔτε ἑτέρα παρὰ τὸν ἄνθρωπον· σὺν αὐτῇ γὰρ ὁ ἄνθρωπος νοεῖται
ἄνθρωπος.]
525 Plutarchus de comm. not. cp. 30 p. 1073 d. καθόλου μὲν ἄτο-
πον καὶ παρὰ τὴν ἔννοιάν ἐστιν εἶναι μέν τι, μὴ ὂν δ' εἶναι· καὶ ⟨ἄλλα δ'⟩ 20
εἶναι μέν, οὐκ ὄντα δὲ εἶναι λεγόντων, ἀτοπώτατόν ἐστι τὸ ἐπὶ τοῦ παντὸς
λεγόμενον. κενὸν γὰρ ἄπειρον ἔξωθεν τῷ κόσμῳ περιθέντες οὔτε σῶμα τὸ
πᾶν οὔτ' ἀσώματον εἶναι λέγουσιν. ἔπεται δὲ τούτῳ τὸ μὴ ὂν εἶναι
τὸ πᾶν· ὄντα γὰρ μόνα τὰ σώματα καλοῦσιν, ἐπειδὴ ὄντος τὸ ποιεῖν τι καὶ
πάσχειν, τὸ δὲ πᾶν οὐκ ὄν ἐστιν· ὥστε οὔτε τι ποιήσει οὔτε τι πείσεται τὸ 25
πᾶν. p. 1074 a. ὥστ' ἀνάγκη λέγειν αὐτοῖς ὅπερ λέγουσι μήτε μένον εἶ-
ναι τὸ πᾶν μήτε κινούμενον ibid. 6. τὸ πᾶν ὁμολογοῦντες μήτ'
ἔμψυχον εἶναι μήτ' ἄψυχον ibid. οὗτοι δὲ τέλειον οὔ φασιν εἶναι τὸ
πᾶν· ὡρισμένον γάρ τι τὸ τέλειον, τὸ δὲ πᾶν ὑπ' ἀπειρίας ἀόριστον· οὐκοῦν
ἔστι τι κατ' αὐτούς, ὃ μήτ' ἀτελὲς μήτε τέλειόν ἐστιν. ἀλλὰ μὴν οὔτε μέ- 30
ρος ἐστὶ τὸ πᾶν· οὐδὲν γὰρ αὐτοῦ μεῖζον· οὔθ' ὅλον, ὡς αὐτοὶ λέ-
γουσι. τεταγμένου γὰρ τὸ ὅλον κατηγορεῖσθαι, τὸ δὲ πᾶν δι' ἀπειρίαν καὶ

---

5 κενῷ ἄπειρον libri Plut., recta lect. apud. Cyrillum c. Iul. II p. 4613.
12 scribendum: πᾶν δὲ σὺν τῷ κόσμῳ τὸ ἔξωθεν κενόν.   20 ἄλλα δ' addidi.
25 οὔτε Rasmus, οὐδὲ libri post ποιήσει.   26 μόνον libri BE.

ἀόριστον εἶναι καὶ ἄτακτον. αἴτιον τοίνυν οὔτε τοῦ παντὸς ἕτερόν ἐστι, τῷ
μηδὲν εἶναι παρὰ τὸ πᾶν ἕτερον, οὔτ᾽ ἄλλου τὸ πᾶν ἀλλ᾽ οὐδ᾽ ἑαυτοῦ. ποι-
εῖν γὰρ οὐ πέφυκε, τῷ δὲ ποιεῖν τὸ αἴτιον νοεῖται.

§ 2. Duae notiones vocabuli κόσμος.

5   **526** Diogenes Laërt. VII 137. λέγουσι δὲ κόσμον τριχῶς· αὐτόν τε
τὸν θεὸν τὸν ἐκ τῆς ἁπάσης οὐσίας ἰδίως ποιόν, ὃς δὴ ἄφθαρτός ἐστι καὶ
ἀγένητος, δημιουργὸς ὢν τῆς διακοσμήσεως, κατὰ χρόνων ποιὰς περιόδους
ἀναλίσκων εἰς ἑαυτὸν τὴν ἅπασαν οὐσίαν καὶ πάλιν ἐξ αὐτοῦ γεννῶν.
138. καὶ αὐτὴν δὲ τὴν διακόσμησιν [τῶν ἀστέρων] κόσμον εἶναι λέγουσι·
10 καὶ τρίτον τὸ συνεστηκὸς ἐξ ἀμφοῖν.

    527 Stobaeus Eclogae I. p. 184,8 W. Χρυσίππου. Κόσμον δ᾽
εἶναί φησιν ὁ Χρύσιππος σύστημα ἐξ οὐρανοῦ καὶ γῆς καὶ τῶν ἐν
τούτοις φύσεων· ἢ τὸ ἐκ θεῶν καὶ ἀνθρώπων σύστημα καὶ ἐκ τῶν
ἕνεκα τούτων γεγονότων. Λέγεται δ᾽ ἑτέρως κόσμος ὁ θεός, καθ᾽ ὃν
15 ἡ διακόσμησις γίνεται καὶ τελειοῦται. Τοῦ δὲ κατὰ τὴν διακόσμησιν
λεγομένου κόσμου τὸ μὲν εἶναι περιφερόμενον περὶ τὸ μέσον, τὸ δ᾽
ὑπομένον· περιφερόμενον μὲν τὸν αἰθέρα, ὑπομένον δὲ τὴν γῆν καὶ
τὰ ἐπ᾽ αὐτῆς ὑγρὰ καὶ τὸν ἀέρα. Τὸ γὰρ τῆς πάσης οὐσίας πυκνό-
τατον ὑπέρεισμα πάντων εἶναι κατὰ φύσιν, ὅνπερ τρόπον ἐν ζώῳ τὰ
20 ὀστέα, τοῦτο δὲ καλεῖσθαι γῆν. Περὶ δὲ ταύτην τὸ ὕδωρ περικεχύ-
σθαι σφαιρικῶς, ὁμαλωτέραν τὴν ἰσχὺν διειληχός. Τῆς γὰρ γῆς ἐξο-
χάς τινας ἐχούσης ἀνωμάλους διὰ τοῦ ὕδατος εἰς ὕψος ἀνηκούσας,
ταύτας δὴ νήσους καλεῖσθαι· τούτων δὲ τὰς ἐπὶ πλεῖον διηκούσας
ἠπείρους προσηγορεῦσθαι ὑπ᾽ ἀγνοίας τοῦ περιέχεσθαι καὶ ταύτας
25 πελάγεσι μεγάλοις. Ἀπὸ δὲ τοῦ ὕδατος τὸν ἀέρα ἐξῆφθαι καθάπερ
ἐξατμισθέντα, καὶ περικεχύσθαι σφαιρικῶς· ἐκ δὲ τούτου τὸν αἰθέρα
ἀραιότατον ὄντα καὶ εἰλικρινέστατον. Τὸν μὲν οὖν κατὰ τὴν διακό-
σμησιν λεγόμενον κόσμον εἰς ταύτας διακεκρίσθαι τὰς φύσεις· τὸ δὲ
περιφερόμενον αὐτῷ ἐγκυκλίως αἰθέρα εἶναι, ἐν ᾧ τὰ ἄστρα καθίδρυν-
30 ται, τά τε ἀπλανῆ καὶ τὰ πλανώμενα, θεῖα τὴν φύσιν ὄντα καὶ ἔμ-
ψυχα καὶ διοικούμενα κατὰ τὴν πρόνοιαν. Τῶν μὲν οὖν ἀπλανῶν
ἀστέρων ἀκατάληπτον εἶναι τὸ πλῆθος, τὰ δὲ πλανώμενα ἑπτὰ τὸν
ἀριθμὸν εἶναι, πάντα δὲ τὰ πλανώμενα ταπεινότερα τῶν ἀπλανῶν.
Τετάχθαι δὲ τὰ μὲν ἀπλανῆ ἐπὶ μιᾶς ἐπιφανείας, ὡς καὶ ὁρᾶται. τὰ

---

7 ἀγέννητος BPF. ‖ περιόδου B. 9 τῶν ἀστέρων seclusi. ‖ λέγουσι om.
B in lacuna. 14 δ᾽ ἕτερος vel δεύτερος libri, corr. Diels. 17 μέν Canterus
καὶ libri. 21 χύσιν coni. Usener, φύσιν Diels dubitanter pro ἰσχύν. 23 δὴ
Wachsm., δὲ libri. 26 σφαιρικῶς post ἐξατμισθέντα libri, transposuit Diels.
27 ὄντα Mein., τε trad. 29 αὐτῷ Mein., αὐτοῦ vel αὐτούς libri. ‖ καθι-
δρύσθαι Usener.

δὲ πλανώμενα ἐπ' ἄλλης καὶ ἄλλης σφαίρας· περιέχεσθαι δὲ πάσας τὰς τῶν πλανωμένων ὑπὸ τῆς τῶν ἀπλανῶν σφαίρας. Τῶν δὲ πλανωμένων ὑψηλοτάτην εἶναι μετὰ τὴν ⟨τῶν⟩ ἀπλανῶν τὴν τοῦ Κρόνου, μετὰ δὲ ταύτην τὴν τοῦ Διός, εἶτα τὴν τοῦ Ἄρεος, ἐφεξῆς δὲ τὴν τοῦ Ἑρμοῦ καὶ μετ' αὐτὴν τὴν τῆς Ἀφροδίτης, εἶτα τὴν τοῦ ἡλίου, 5 ἐπὶ πᾶσι δὲ τὴν τῆς σελήνης, πλησιάζουσαν τῷ ἀέρι. Διὸ καὶ ἀερωδεστέραν φαίνεσθαι καὶ μάλιστα διατείνειν τὴν ἀπ' αὐτῆς δύναμιν εἰς τὰ περίγεια. Ὑπὸ δὲ τὴν σελήνην τὴν τοῦ ὑπ' αὐτοῦ φερομένου ἀέρος, εἶτα τὴν ⟨τοῦ⟩ ὕδατος, τελευταίαν δὲ τὴν τῆς γῆς, περὶ τὸ μέσον σημεῖον τοῦ κόσμου κειμένης, ὃ δὴ τοῦ παντός ἐστι κάτω, ἄνω 10 δὲ τὸ ἀπ' αὐτοῦ εἰς τὸ κύκλῳ πάντῃ (Diels Arii Didymi Epit. phys. frgm. 31).

528 Arius Didymus apud Eusebium praep. evang. XV 15 p. 817, 6.

Ὅλον δὲ τὸν κόσμον σὺν τοῖς ἑαυτοῦ μέρεσι προσαγορεύουσι θεόν· τοῦτον δὲ ἕνα μόνον εἶναί φασι καὶ πεπερασμένον καὶ ζῷον καὶ ἀΐδιον καὶ θεόν. 15 ἐν γὰρ τούτῳ πάντα περιέχεσθαι τὰ σώματα, κενὸν δὲ μηδὲν ὑπάρχειν ἐν αὐτῷ. τὸ γὰρ ἐκ πάσης τῆς οὐσίας ποιὸν προσαγορεύεσθαι ⟨θεόν, οὐ⟩ τὸ κατὰ τὴν διακόσμησιν τὴν τοιαύτην διάταξιν ἔχον. διὸ κατὰ μὲν τὴν προτέραν ἀπόδοσιν ἀΐδιον τὸν κόσμον εἶναί φασι, κατὰ δὲ τὴν διακόσμησιν γενητὸν καὶ μεταβλητὸν κατὰ περιόδους ἀπείρους γεγονυίας τε καὶ ἐσομένας. 20 καὶ τὸ μὲν ἐκ τῆς πάσης οὐσίας ποιὸν κόσμον ἀΐδιον εἶναι καὶ θεόν. λέγεσθαι δὲ κόσμον ⟨καὶ⟩ σύστημα ἐξ οὐρανοῦ καὶ ἀέρος καὶ γῆς καὶ θαλάττης καὶ τῶν ἐν αὐτοῖς φύσεων· λέγεσθαι δὲ κόσμον καὶ τὸ οἰκητήριον θεῶν καὶ ἀνθρώπων ⟨καὶ τὸ ἐκ θεῶν καὶ ἀνθρώπων⟩ καὶ τῶν ἕνεκα τούτων γενομένων σύστημα. ὃν γὰρ τρόπον πόλις λέγεται διχῶς τό τε οἰκητήριον καὶ τὸ ἐκ τῶν 25 ἐνοικούντων σὺν τοῖς πολίταις σύστημα, οὕτω καὶ ὁ κόσμος οἰονεὶ πόλις ἐστὶν ἐκ θεῶν καὶ ἀνθρώπων συνεστῶσα, τῶν μὲν θεῶν τὴν ἡγεμονίαν ἐχόντων, τῶν δ' ἀνθρώπων ὑποτεταγμένων. κοινωνίαν δ' ὑπάρχειν πρὸς ἀλλήλους διὰ τὸ λόγου μετέχειν, ὅς ἐστι φύσει νόμος· τὰ δ' ἄλλα πάντα γεγονέναι τούτων ἕνεκα. οἷς ἀκολούθως νομιστέον προνοεῖν τῶν ἀνθρώπων τὸν 30 τὰ ὅλα διοικοῦντα θεόν, εὐεργετικὸν ὄντα καὶ χρηστὸν καὶ φιλάνθρωπον δίκαιόν τε καὶ πάσας ἔχοντα τὰς ἀρετάς. διὸ δὴ καὶ Ζεὺς λέγεται ὁ κόσμος, ἐπειδὴ τοῦ ζῆν αἴτιος ἡμῖν ἐστι. καθ' ὅσον δὲ εἱρομένῳ λόγῳ πάντα διοικεῖ ἀπαραβάτως ἐξ ἀϊδίου, προσονομάζεσθαι εἱμαρμένην· Ἀδράστειαν δὲ ὅτι οὐδὲν ἔστιν αὐτὸν ἀποδιδράσκειν· πρόνοιαν δ' ὅτι πρὸς τὸ χρήσιμον οἰκονομεῖ ἕκαστα 35 (frgm. 29 Arii Did. epit. p. 464, 9 Diels).

529 Cleomedes Circul. doctr. I cp 1 p. 1 Bake. Τοῦ κόσμου πολλαχῶς λεγομένου ὁ 'νῦν ἡμῖν λόγος ἐνεστηκὼς περὶ τοῦ κατὰ τὴν διακόσμησίν ἐστιν· ὃν ὁρίζονται οὕτω. Κόσμος ἐστὶ σύστημα ἐξ οὐρανοῦ καὶ γῆς καὶ τῶν ἐν τούτοις φύσεων. Οὗτος δὲ πάντα μὲν τὰ σώματα ἐμπεριέχει, οὐδε- 40 νὸς ἁπλῶς ἐκτὸς αὐτοῦ ὑπάρχοντος, ὡς ἐν ἑτέροις δείκνυται.

---

1 ἀπ' libri, corr. Heeren. || φοράς libri, corr. Diels.   3 τῶν add Mein.
8 ὑπ' αὐτοῦ corrupta, vid. Diels in adn.   9 τοῦ add. Diels.   10 κειμένην libri, corr. Heeren.   17 θεόν, οὐ supplevi.   22 καὶ add. Heine.   24 καὶ τὸ—ἀνθρώπων addidi, ἢ τὸν—ἀνθρώπων Diels, coll. Stob. ed. I 21, 5.
25 σύστημα scripsi, συνεστῶτα libri.

§ 3. Mundus est unus.

530 Aëtius Plac. I 5, 1 G. 32 E. XV 33.' Οἱ μὲν οὖν ἀπὸ τῆς
Στοᾶς ἕνα κόσμον ἀπεφήναντο, ὃν δὴ τὸ πᾶν ἔφασαν εἶναι καὶ τὸ σωμα-
τικόν.

5   **531** Diogenes Laërt. VII 143. ὅτι τε εἷς ἐστι (scil. ὁ κόσμος)
Ζήνων τέ φησιν ἐν τῷ περὶ τοῦ ὅλου καὶ Χρύσιππος.

532 Philo de migrat. Abrah. § 180 Vol. II p. 303,18 Wendl. (Moses).
ἕνα καὶ γενητὸν ἀποφηνάμενος τὸν κόσμον εἶναι. γενομένου γὰρ καὶ ἑνὸς
ὑπάρχοντος εὔλογον τάς γε στοιχειώδεις οὐσίας ὑποβεβλῆσθαι τοῖς ἀποτελου-
10 μένοις τὰς αὐτὰς ἅπασι κατὰ μέρη, καθάπερ ἐπὶ σωμάτων συμβέβηκε τῶν
ἡνωμένων ἀλληλουχεῖν (In antecedentibus Chaldaeorum disciplina enarratur:
τὰ ἐπίγεια τοῖς μετεώροις καὶ τὰ οὐράνια τοῖς ἐπὶ γῆς ἁρμοζόμενοι καὶ ὥσπερ
διὰ μουσικῆς λόγων τὴν ἐμμελεστάτην συμφωνίαν τοῦ παντὸς ἐπιδεικνύμενοι
τῇ τῶν μερῶν πρὸς ἄλληλα κοινωνίᾳ καὶ συμπαθείᾳ, τόποις μὲν διεζευγμέ-
15 νων, συγγενείᾳ δὲ οὐ διῳκισμένων· οὗτοι τὸν φαινόμενον τοῦτον κόσμον ἐν
τοῖς οὖσιν ὑπετόπησαν εἶναι μόνον, ἢ θεὸν ὄντα αὐτὸν ἢ ἐν αὐτῷ θεὸν
περιέχοντα, τὴν τῶν ὅλων ψυχήν, εἱμαρμένην τε καὶ ἀνάγκην θεοπλαστήσαν-
τες etc.).

533 Proclus in Platonis Timaeum p. 138 E, (ὁ Πλάτων ἀπέφηνε)
20 ὅτι εἷς ὁ κόσμος ἀπὸ τῆς τοῦ παραδείγματος μονώσεως. καὶ ἔτι τοὺς ὑλι-
κοὺς παρῃτήσατο τρόπους τῆς ἐπιχειρήσεως. οὔτε γὰρ ἀπὸ τῆς ὕλης ὅτι
μία, ὡς Ἀριστοτέλης, ἀπέδειξεν, ἢ ἀπὸ τοῦ ὡρίσθαι τοὺς κατὰ φύσιν τόπους,
οὔτε ἀπὸ τοῦ ἡνῶσθαι τὴν οὐσίαν, τουτέστι τὴν ὕλην σῶμα οὖσαν, ὡς οἱ
ἀπὸ τῆς Στοᾶς.

25   ### § 4. Finitum esse mundum et unitum, sed circumdatum
inani infinito.

534 Cleomedes Circul. doctr. I cp. 1 p. 1 Bake. Οὐ μὴν ἄπειρός γε,
ἀλλὰ πεπερασμένος ἐστίν (ὁ κόσμος), ὡς τοῦτο δῆλον ἐκ τοῦ ὑπὸ φύσεως
αὐτὸν διοικεῖσθαι. Ἀπείρου μὲν γὰρ οὐδενὸς φύσιν εἶναι δυνατόν· δεῖ γὰρ
30 κατακρατεῖν τὴν φύσιν οὑτινός ἐστιν. Ὅτι δὲ φύσιν ἔχει τὴν διοικοῦσαν
αὐτόν, γνώριμον, πρῶτον μὲν ἐκ τῆς τάξεως τῶν ἐν αὐτῷ μερῶν· ἔπειτα ἐκ
τῆς τῶν γινομένων τάξεως· τρίτον ἐκ τῆς συμπαθείας τῶν ἐν αὐτῷ μερῶν
πρὸς ἄλληλα· τέταρτον ἐκ τοῦ ἕκαστα πρός τι πεποιῆσθαι· καὶ λοιπὸν ἐκ
τοῦ πάντα μεγαλωφελεστάτας παρέχεσθαι τὰς χρείας· ἅπερ ἴδια καὶ τῶν ἐπὶ
35 μέρους φύσεών ἐστιν· ὥστε φύσιν ἔχων τὴν διοικοῦσαν, αὐτὸς μὲν πεπέρα-
σται ἀναγκαίως.

535 Simplicius in Aristot. de caelo p. 1286 Karsten. p. 284, 28 Heibg.
οἱ δὲ ἀπὸ τῆς Στοᾶς ἔξω τοῦ οὐρανοῦ κενὸν εἶναι βουλόμενοι διὰ τοιαύ-
της αὐτὸ κατασκευάζουσιν ὑποθέσεως. ἔστω, φασίν, ἐν τῷ ἐσχάτῳ τῆς ἁπλα-
40 νοῦς ἑστῶτά τινα ἐκτείνειν πρὸς τὸ ἄνω τὴν χεῖρα· καὶ εἰ μὲν ἐκτείνει,
λαμβάνουσιν ὅτι ἔστι τι ἐκτὸς τοῦ οὐρανοῦ εἰς ὃ ἐξέτεινεν, εἰ δὲ μὴ δύναιτο

---

3 immo τὸ ὅλον.

ἐκτεῖναι, ἔσται τι καὶ οὕτως ἐκτὸς τὸ κωλῦσαν τὴν τῆς χειρὸς ἔκτασιν. κἂν πρὸς τῷ πέρατι πάλιν ἐκείνου στὰς ἐκτείνῃ, ὁμοία ἡ ἐρώτησις· εἶναι γὰρ δειχθήσεται κἀκείνου τι ἐκτὸς ὄν.

idem p. 129a. p. 285. 28 Heibg. (ex Alexandro Aphrod.). ἔστω γάρ, εἰ δυνατόν, ἐκτὸς τοῦ κόσμου κενόν· τοῦτο δὲ ἤτοι πεπερασμένον 5 ἐστὶν ἢ ἄπειρον. — — εἰ δὲ ἄπειρον εἴη, ὥσπερ Χρυσίππῳ δοκεῖ, κενὸν δὲ τοῦτό φασι διάστημα, ὃ οἱόντε ὂν σῶμα δέξασθαι μὴ δέ-δεκται, τῶν δὲ πρός τι ἀναγκαῖον, εἰ θάτερον ἔστι, καὶ θάτερον εἶναι, εἰ ἔστι τὸ οἱόν τε δέξασθαι, εἴη ἂν καὶ τὸ δεχθῆναι δυνάμενον ἢ ἐνδέχεται εἶναι· σῶμα δὲ οὔτε αὐτοὶ λέγουσιν οὔτε ἔστιν ἄπειρον, ὃ 10 οἱόν τέ ἐστι δεχθῆναι ὑπὸ τοῦ ἀπείρου κενοῦ· οὐδ' ἄρα τὸ οἱόν τε δέξασθαι ἔστιν αὐτό.

536 Alexander Aphrod. Quaest. III 12 p. 101, 10 Bruns. ὁ λόγος ⟨ὁ⟩ δεικνύναι θέλων ἄπειρον τὸ ὂν διὰ τοῦ τὸν ὑποτεθέντα εἶναι ἐν τῷ τοῦ κόσμου πέρατι ἤτοι ἐκτενεῖν ἐπέκεινα τοῦ κόσμου τὴν χεῖρα ἢ δι' ὁτιδὴ 15 κωλυθήσεσθαι, ἀμφοτέρως δὲ ἔσεσθαί τι ἐκτὸς τοῦ κόσμου· ἢ γὰρ τὸ κωλῦον ἐκτός ἐστιν, ἢ ἐν ᾧ ἔσται τὸ ἐκτεινόμενον, τὴν πιθανότητα ἔχει παρὰ τῆς φαντασίας τε καὶ αἰσθήσεως, ὥσπερ καὶ ὁ λέγων πᾶν τὸ πεπερασμένον παρά τι περαίνειν.

ibid. p. 106, 10. οἱ δὲ τὸ κενὸν εἶναι τιθέμενοι οὐδὲν ἄλλο ἢ τρεῖς 20 διαστάσεις ἐν ὑπάρξει λαμβάνουσιν εἶναι χωρὶς ὕλης, ὃ λέγοντες εἶναι δεκτι-κὸν σωμάτων, οὐδὲν ἀλλ' ἢ διάστημα διαστήματός φασιν εἶναι δεκτικόν.

537 Cleomedes Circul. doctr. I cp. 1 p. 2sq. Ὅτι δὲ ἔστι κενὸν διὰ βραχέων ὑπομνήσομεν (Dein plura argumenta profert, quorum maxime no-tandum hoc p. 4:) Εἰ δὲ καὶ εἰς πῦρ ἀναλύεται ἡ πᾶσα οὐσία, ὡς τοῖς 25 χαριεστάτοις τῶν φυσικῶν δοκεῖ, ἀνάγκη πλέον ἢ μυριοπλασίονα τόπον αὐ-τὴν καταλαμβάνειν, ὥσπερ καὶ τὰ εἰς ἀτμὸν ἀναθυμιώμενα τῶν στερεῶν σω-μάτων. Ὁ τοίνυν ἐν τῇ ἐκπυρώσει ὑπὸ τῆς οὐσίας ἐκχεομένης καταλαμβα-νόμενος τόπος, νῦν κενός ἐστιν, οὐδενός γε σώματος αὐτὸν πεπληρωκότος.

538 Cleomedes Circul. doctr. I cp. 1 p. 9sq. Bake probare studet: 30 ὅτι τὸ ἐκτὸς τοῦ κόσμου κενὸν ἀπὸ παντὸς μέρους αὐτοῦ εἰς ἄπειρον διή-κειν ἀναγκαῖόν ἐστιν.

539 Plutarchus de Stoic. repugn. cp. 44 p. 1054b. Ὅτι τοῦ κόσμου κενὸν ἐκτὸς ἄπειρόν ἐστι, τὸ δ' ἄπειρον οὔτ' ἀρχὴν οὔτε μέσον οὔτε τελευτὴν ἔχει, πολλάκις (in libris physicis) ὑπ' αὐτοῦ λέ- 35 γεται. Καὶ τούτῳ μάλιστα τὴν λεγομένην ὑπ' Ἐπικούρου τῆς ἀτόμου κάτω φορὰν ἐξ αὐτῆς ἀναιροῦσιν, οὐκ οὔσης ἐν ἀπείρῳ διαφορᾶς, καθ' ἢν τὸ μὲν ἄνω, τὸ δὲ κάτω νοεῖται γινόμενον.

540 Cleomedes Circul. doctr. l cp. 1 p. 7 Bake. Λέγεται κἀκεῖνο ὑπ' αὐτῶν (scil. a Peripateticis) ὡς εἰ ἦν ἔξω τοῦ κόσμου κενόν, χεομένη δι' 40 αὐτοῦ ἡ οὐσία, ἐπ' ἄπειρον διεσκεδάσθη ἂν καὶ διεσκορπίσθη. Ἀλλά, φή-

---

14 ὁ addidi. 15 ἐκτενεῖν Blaſs, ἐκτείνειν libri. 16 ἢ δι' ὅτι δὴ κωλυ-θήσεσθαι Blaſs, ἢ ὅτι δὴ κωλυθήσεται libri. 18 παρά τι scripsi, πέρατι libri; cf. p. 104, 15sq. Bruns. 21 ὃ scripsi, οἳ libri. 37 ἐξ αὐτῆς Bernard., ἐξ αὐτῆς libri; ἐλέγξαντες Usener.

σομεν, ὡς μηδὲ τοῦτο δύναται παθεῖν· ἕξιν γὰρ ἔχει τὴν συνέχουσαν αὐτὴν
καὶ συντηροῦσαν. Καὶ τὸ μὲν περιέχον αὐτὴν κενὸν οὐδὲν ποιεῖ. αὐτὴ δ᾽
ὑπερβαλλούσῃ δυνάμει χρωμένη συντηρεῖ ἑαυτήν, συστελλομένη τε καὶ πάλιν
χεομένη ἐν αὐτῷ κατὰ τὰς φυσικὰς αὐτῆς μεταβολάς, ἄλλοτε μὲν εἰς πῦρ
5 χεομένη, ἄλλοτε δὲ καὶ ἐπὶ κοσμογονίαν ὁρμῶσα.
   541 Cleomedes Circul. doctr.`I cp. 1 p. 5 Bake. Ἀναγκαῖον τοίνυν
εἶναί τινα ὑπόστασιν κενοῦ. Ἔστι δὲ ἁπλουστάτη ἡ αὐτοῦ ἐπίνοια, ἀσω-
μάτου τε καὶ ἀναφοῦς ὄντος, καὶ οὔτε σχῆμα ἔχοντος οὔτε σχηματιζομένου,
καὶ οὔτε τι πάσχοντος οὔτε ποιοῦντος, ἁπλῶς δὲ σῶμα δέχεσθαι οἷόν τε
10 ὄντος.
   542 Galenus de animi peccatis dignoscendis 7. Vol. V p. 101 K.
ὁ δὲ Στωϊκὸς οὐκ ἔνδον τι κενὸν εἶναι, ἔξωθεν τοῦ κόσμου ὑπάρχειν αὐτό.
— — οὐ γὰρ ἕνα ὁμολογεῖ κόσμον εἶναι τόνδε (scil. Epicureus), καθάπερ
ὁ Στωϊκὸς οἴεται, κατά γε τοῦτο τοῖς Περιπατητικοῖς ὁμόδοξος.
15   **543** Diogenes Laërt. VII 140. ἔξωθεν δὲ αὐτοῦ (scil. τοῦ κόσμου)
περικεχυμένον εἶναι τὸ κενὸν ἄπειρον, ὅπερ ἀσώματον εἶναι. ἀσώμα-
τον δὲ τὸ οἱόντε κατέχεσθαι ὑπὸ σωμάτων οὐ κατεχόμενον. ἐν δὲ τῷ
κόσμῳ μηδὲν εἶναι κενόν, ἀλλ᾽ ἡνῶσθαι αὐτόν· τοῦτο γὰρ ἀναγκάζειν
τὴν τῶν οὐρανίων πρὸς τὰ ἐπίγεια σύμπνοιαν καὶ συντονίαν. φησὶ
20 δὲ περὶ τοῦ κενοῦ Χρύσιππος μὲν ἐν τῷ περὶ τοῦ Κενοῦ καὶ ἐν
τῇ πρώτῃ τῶν Φυσικῶν Τεχνῶν etc.
   544 Galenus περὶ τ. τ. ψυχῆς ἠθῶν ed. Bas. I p. 346 K. 785. δυοῖν
οὐσῶν αἱρέσεων ἐν φιλοσοφίᾳ κατὰ τὴν πρώτην τομήν, ἔνιοι μὲν γὰρ (scil.
Stoici) ἡνῶσθαι τὴν κατὰ τὸν κόσμον οὐσίαν ἅπασαν, ἔνιοι δὲ διῃρῆσθαί
25 φασι κενοῦ παραπλοκῇ etc.
   545 Galenus comm. 4 in Hippocr. epid. 6 ed. Bas. V 497 K. XVII B. 162.
τὸ δὲ κενὰς εἶναί τινας χώρας ἢ κατὰ τὸ ὕδωρ ἢ κατὰ τὸν ἀέρα, τῇ μὲν Ἐπι-
κούρου τε καὶ Ἀσκληπιάδου δόξῃ περὶ τῶν στοιχείων ἀκόλουθόν ἐστιν· τῇ δ᾽
Ἀριστοτέλους τε καὶ ⟨τῶν⟩ Στωϊκῶν ἐναντίον, οὐδαμόθι κενὸν οὐδὲν ἐν
30 τῷ κόσμῳ πεπεισμένων ὑπάρχειν, ἀλλ᾽ ἐκπεπληρῶσθαι πάντα σώμασιν. οὐδὲ
γὰρ κατὰ τὴν κίσσηριν αἱ μεταξὺ τῶν γεωδῶν σωμάτων χῶραι παντάπασιν
αὐτοῖς εἶναι δοκοῦσι κεναί· περιέχεσθαι γοῦν ἐν αὐταῖς τὸν ἀέρα φασί. κατὰ
μέντοι τὸ ὕδωρ οὐκ εἶναί τινα ποροποιΐαν τοιαύτην ὁποία κατὰ τὴν κίσσηρίν
ἐστιν, ἀλλὰ συνεχὲς ἑαυτῷ παντελῶς ὑπάρχειν αὐτό.
35   **546** Cleomedes Circul. doctr. I cp. 1 p. 5 Bake. Τοιοῦτον δὲ ὑπάρ-
χον τὸ κενόν, ἐν μὲν τῷ κόσμῳ οὐδὲ ὅλως ἔστι. Δῆλον δὲ ἐκ τῶν φαινο-
μένων. Εἰ γὰρ μὴ δι᾽ ὅλου συμφυὴς ὑπῆρχεν ἡ τῶν ὅλων οὐσία, οὔτ᾽ ἂν
ὑπὸ φύσεως οἷόντ᾽ ἦν συνέχεσθαι καὶ διοικεῖσθαι τὸν κόσμον, οὔτε τῶν με-
ρῶν αὐτοῦ συμπάθειά τις ἂν ἦν πρὸς ἄλληλα· οὔτε μὴ ὑφ᾽ ἑνὸς τόνου
40 συνεχομένου αὐτοῦ καὶ τοῦ πνεύματος μὴ δι᾽ ὅλου ὄντος συμφυοῦς, οἷόντ᾽
ἂν ἦν ἡμῖν ὁρᾶν ἢ ἀκούειν. Μεταξὺ γὰρ ὄντων κενωμάτων ἐνεποδίζοντο
ἂν ὑπ᾽ αὐτῶν αἱ αἰσθήσεις.

---

16 ἀσώματον absurdum; scribe κενόν.   17 κατεχομένου F.   19 φασὶ B.
verba inde a φησί om. F.   20 τοῦ om. BP.   29 τῶν Στωϊκῶν scripsi, Στοι-
χικῶν edit.   34 παντελῶς scripsi, παντοίως edit.   39 τόνου scripsi, τόπου
vulgo.

§ 5. Mundus globosus et stabilis.

547 Aëtius Plac. II 2, 1. Οἱ μὲν Στωϊκοὶ σφαιροειδῆ τὸν κόσμον.
548 Philo quaest. et solut. in Exodum II 90 (p. 528 Aucher). Vides
quod terra et aqua, quippe quae in medio sunt totius aëris ignisque, caelo
circumlato, firmatae sunt non aliunde unquam, sed sese invicem tenendo ₅
mutuis vinculis secundum ligantem eos divinum sermonem sapientissimo
artificio perfectissimaque harmonia?
549 Cicero de nat. deor. II 115. ita stabilis est mundus atque ita
cohaeret ad permanendum, ut nihil ne excogitari quidem possit aptius.
Omnes enim partes eius undique medium locum capessentes nituntur aequa- ₁₀
liter. Maxime autem corpora inter se iuncta permanent, cum quasi quo-
dam vinculo circumdato colligantur; quod facit ea natura, quae per omnem
mundum, omnia mente et ratione conficiens, funditur et ad medium rapit
et convertit extrema.

550 Plutarchus de Stoic. repugn. cp. 44 p. 1054e. Ταῦτα δ᾽ οὐκ ₁₅
ἂν ἐφοβεῖτο (mundum deletum iri, partibus in medium infiniti spatii
confluentibus) μὴ φύσει τὰ ςώματα φέρεςθαι πανταχόθεν ἐπὶ τὸ μέςον
ἡγούμενος, οὐ τῆς οὐςίας, ἀλλὰ τῆς περιεχούςης τὴν οὐςίαν χώρας·
περὶ οὗ καὶ πολλάκις εἴρηκεν ὡς „ἀδυνάτου καὶ παρὰ φύςιν ὄντος·
οὐ γὰρ ὑπάρχειν ἐν τῷ κενῷ διαφοράν, ἢ τὰ ςώματα δευρὶ μᾶλλον ἢ ₂₀
δευρὶ προςάγεται· τὴν δὲ τοῦ κόςμου τούτου ςύνταξιν αἰτίαν εἶναι τῆς
κινήςεως, ἐπὶ τὸ κέντρον καὶ τὸ μέςον αὐτοῦ νευόντων καὶ φερομένων
πανταχόθεν." Ἀρκεῖ δ᾽ εἰς τοῦτο παραθέςθαι λέξιν ἐκ τοῦ δευτέρου
περὶ Κινήςεως. Ὑπειπὼν γὰρ ὅτι „τέλεον μὲν ὁ κόςμος ςῶμά ἐςτιν,
οὐ τέλεα δὲ τὰ τοῦ κόςμου μέρη, τῷ πρὸς τὸ ὅλον πως ἔχειν, καὶ μὴ ₂₅
καθ᾽ αὐτὰ εἶναι," καὶ περὶ τῆς κινήςεως αὐτοῦ διελθὼν ὡς „ἐπὶ τὴν
ςυμμονὴν καὶ τὴν ςυνοχὴν τὴν ἑαυτοῦ κινεῖςθαι διὰ τῶν μερῶν πάντων
πεφυκότος, οὐκ ἐπὶ τὴν διάλυςιν καὶ τὴν θρύψιν," ταῦτ᾽ εἴρηκεν· „Οὕτω
δὲ τοῦ ὅλου τεινομένου εἰς ταὐτὸ καὶ κινουμένου, καὶ τῶν
μορίων ταύτην τὴν κίνηςιν ἐχόντων ἐκ τῆς τοῦ ςώματος φύ- ₃₀
ςεως, πιθανὸν πᾶςι τοῖς ςώμαςιν εἶναι τὴν πρώτην κατὰ φύ-
ςιν κίνηςιν πρὸς τὸ τοῦ κόςμου μέςον, τῷ μὲν κόςμῳ οὕτωςὶ
κινουμένῳ πρὸς αὐτόν, τοῖς δὲ μέρεςιν ὡς ἂν μέρεςιν οὖςιν."
p. 1055bc. Καίτοι τοῖς προειρημένοις ταυτὶ ςυνάπτεις, ὥςπερ αὐ-
τὸς ςεαυτὸν ἐξελέγξαι φιλοτιμούμενος· „Ὃν τρόπον δὲ κινεῖται ₃₅
ἕκαςτον τῶν μορίων, ςυμφυὲς ὂν τῷ λοιπῷ, εὔλογον οὕτω
καὶ καθ᾽ αὐτὸ κινεῖςθαι, καὶ εἰ λόγου χάριν νοήςαιμεν αὐτὸ

---

2 quae secuntur: ἄλλοι δὲ κωνοειδῆ, οἱ δὲ ᾠοειδῆ non ad Stoicos pertinent.
10 Cf. I n. 99 (Zeno). 21 Epicurum hic spectat. 26 ςυνεκτικὸν τόνον
hunc motum appellat Plut. Stoic. repugn. cp. 44 extr. 33 post οὖςιν aliquid
excidisse suspicor.

174 DE MUNDO.

καὶ ὑποθοίμεθα εἶναι ἐν κενῷ τινι τοῦ κόσμου τούτου· ὡς γὰρ
ἂν συνεχόμενον πάντοθεν ἐκινεῖτο ἐπὶ τὸ μέσον, μένει ἐν τῇ
κινήσει ταύτῃ, κἂν λόγου χάριν ἐξαίφνης περὶ αὐτὸ γένηται
κενόν."

5 **551** Plutarchus de Stoic. repugn. cp. 44 p. 1054 c. Ἀλλ' ἔν γε τῷ
τετάρτῳ περὶ Δυνατῶν μέσον τινὰ τόπον καὶ μέσην χώραν ὑποθέ-
μενος, ἐνταῦθά φησιν ἱδρῦσθαι τὸν κόσμον· ἔστι δ' ἡ λέξις αὕτη· „Διὸ
καὶ ἐπὶ τοῦ κόσμου εἰ ῥητέον αὐτὸν φθαρτὸν εἶναι, λόγου οἴ-
ομαι δεῖσθαι. Οὐ μὴν ἀλλὰ καὶ μᾶλλον ἐμοὶ φαίνεται οὕτως
10 ἔχειν. Οἱονεὶ δ' εἰς τὴν ὥσπερ ἀφθαρσίαν πολύ τι αὐτῷ συν-
εργεῖ καὶ ἡ τῆς χώρας κατάληψις, οἷον διὰ τὸ ἐν μέσῳ εἶναι·
ἐπεὶ εἰ ἀλλαχῇ νοηθείη ὤν, καὶ παντελῶς ἂν αὐτῷ συνάπτοι
ἡ φθορά." Καὶ μετὰ μικρὸν αὖθις· „Οὕτω γάρ πως καὶ ἡ οὐσία
συντέτευχεν ἀϊδίως τὸν μέσον κατειληφυῖα τόπον, εὐθὺς τοι-
15 άδε τις οὖσα, ὥστε * καθ' ἕτερον τρόπον, ἀλλὰ * καὶ διὰ τὴν
συντυχίαν μὴ ἐπιδέχεσθαι αὐτὴν φθοράν, ⟨καὶ⟩ κατὰ τοῦτ'
αὐτὸ εἶναι ἀίδιον." p. 1054 d. δῆλός ἐστι δεδιὼς μή,, τῶν μερῶν
τῆς οὐσίας ἐπὶ τὸ μέσον φερομένων, διάλυσις καὶ φθορὰ τοῦ κόσμου
γένοιτο.

20 idem de defectu oraculorum cp. 28. διὸ καὶ Χρύσιππον ἔστι
θαυμάζειν, μᾶλλον δὲ ὅλως διαπορεῖν ὅ τι δὴ παθὼν τὸν κόσμον ἐν
μέσῳ φησὶν ἱδρῦσθαι, καὶ τὴν οὐσίαν αὐτοῦ, τὸν μέσον τόπον ἀϊδίως
κατειληφυῖαν, οὐχ ἥκιστα τοῦτον συνείργεσθαι πρὸς τὴν διαμονὴν
καὶ οἱονεὶ ἀφθαρσίαν. ταυτὶ γὰρ ἐν τῷ τετάρτῳ περὶ Δυνατῶν
25 λέγει, μέσον τε τοῦ ἀπείρου τόπον οὐκ ὀρθῶς ὀνειρώττων, ἀτοπώτερόν
τε τῆς διαμονῆς τοῦ κόσμου τῷ ἀνυπάρκτῳ μέσῳ τὴν αἰτίαν ὑποθεὶς
καὶ ταῦτα πολλάκις εἰρηκὼς ἐν ἑτέροις „ὅτι ταῖς εἰς τὸ αὐ-
τῆς μέσον ἡ οὐσία καὶ ταῖς ἀπὸ τοῦ αὐτῆς μέσου διοικεῖται
καὶ συνέχεται κινήσεσι."

30 **552** Alexander Aphrod. apud Simplicium in Aristot. phys. p. 671, 4.
(λέγει δὲ ὁ Ἀλέξανδρος ὅτι) δυνατὸν τούτῳ τῷ ἐπιχειρήματι καὶ πρὸς τοὺς
Στωϊκοὺς χρήσασθαι ἄπειρον κενὸν λέγοντας ἐκτὸς περιέχειν τὸν κόσμον.
διὰ τί γὰρ ἀπείρου ὄντος τοῦ κενοῦ ἐνταῦθα οὗ ἐστι μένει ὁ κόσμος καὶ οὐ
φέρεται; ἢ εἰ φέρεται, τί μᾶλλον ἐνταῦθα ἢ ἀλλαχοῦ; τὸ γὰρ κενὸν ἀδιά-
35 φορον καὶ ὁμοίως ὑπεῖκον πανταχῇ· εἰ δὲ λέγουσιν, ὅτι τῆς ἕξεως τῆς
αὐτῆς αὐτὸν συνεχούσης μένει, πρὸς μὲν τὸ μὴ σκεδάννυσθαι αὐτοῦ
τὰ μόρια καὶ διασπᾶσθαι καὶ ἄλλο ἀλλαχοῦ φέρεσθαι συνεργοίη ἄν τι ἴσως ἡ
ἕξις· πρὸς δὲ τὸ ὅλον μετὰ τῆς συνεχούσης ἕξεως μένειν, ἀλλὰ μὴ φέρεσθαι,
οὐδὲν ἔτι ἡ ἕξις ποιήσει."

40 **553** Themistius paraphr. in Aristot. Phys. IV 8 p. 294 Sp. τοῦτο

15 verba corrupta. κατά τε τὸν τόπον ἅμα Wy. 16 καὶ add. Reiske.
23 verba corrupta; conicio: οὐχ ἥκιστα τούτῳ συνεργεῖν.

καὶ πρὸς τοὺς περὶ Χρύσιππον ῥητέον, διὰ τί ὁ κόσμος οὐκ εἰς
ἄπειρον οἰσθήσεται φερόμενος ἐπὶ πᾶν τοῦ κενοῦ μέρος ὁμοίως, ἢ διὰ
τί ἐνταῦθα μὲν βούλονται στηρίζειν αὐτόν; πρὸς μὲν γὰρ τὸ μὴ δια-
σπᾶσθαι ἀρκείτω ἡ συνέχουσα ἕξις, πρὸς δὲ τὸ ὅλον μετὰ τῆς συνε-
χούσης ἕξεως ἐνταῦθα μένειν, τί ἂν ποιοῖ.   5
554 Achilles Isagoge 9 p. 131 in Petav. Uranol. Δόγμα ἐστὶ τῶν
Στωϊκῶν καὶ μαθηματικῶν, μένειν τὸν κόσμον. τὸ μέντοι δόγμα διὰ τοι-
ούτων κατασκευάζεται. εἰ ὁ κόσμος κενῷ ἐν ἀπείρῳ ὑπάρχων κάτω ἐφέρετο,
οὐκ ἂν ὄμβροι κατελάμβανον τὴν γῆν· καταλαμβάνουσι δέ· οὐκ ἄρα φέρεται
ὁ κόσμος, ἀλλὰ ἔστηκε. — καὶ πάλιν οἱ ἄνεμοι ἄλλοι μὲν ἀπὸ τῆς γῆς εἰς 10
ἀέρα, ἄλλοι δὲ ἐπὶ τὰ κάτω εἰσὶ καταβαλλόμενοι· εἰ δὲ οὐ **** οὐκ ἄρα
φέρεται ὁ κόσμος. — φασὶ δὲ μένειν τὸν κόσμον ἐν ἀπείρῳ κενῷ διὰ τὴν
ἐπὶ τὸ μέσον φοράν· ἐπεὶ πάντα αὐτοῦ τὰ μέρη ἐπὶ τὸ μέσον νένευκε. μέρη
δέ ἐστιν αὐτοῦ γῆ, ὕδωρ, ἀήρ, πῦρ, ἃ πάντα νεύει ἐπὶ τὸ μέσον· διὰ τοῦτο
οὖν οὐδαμοῦ ῥέπει ὁ κόσμος.   15
555 Achilles Isagoge 4 (in Petavii Uranologio p. 126). Καλῶς
ἂν ἔχοι πείθεσθαι τῷ Χρυσίππῳ φήσαντι ἐκ τῶν τεσσάρων στοι-
χείων τὴν σύστασιν τῶν ὅλων γεγονέναι, αἴτιον δὲ τῆς μονῆς τούτων
τὸ ἰσοβαρές. δύο γὰρ ὑποκειμένων βαρέων, γῆς καὶ ὕδατος, δύο δὲ
κούφων, πυρὸς καὶ ἀέρος, τὴν τούτων σύγκρασιν αἰτίαν εἶναι τῆς τοῦ 20
παντὸς τάξεως. ὥσπερ γὰρ εἰ ἦν ὁ κόσμος βαρὺς κάτω ἂν ἐφέρετο,
οὕτως, εἰ καὶ κοῦφος, ἄνω. μένει δὲ τῷ ἴσον ἔχειν τὸ βαρὺ τῷ κούφῳ.
τὸν δὲ αἰθέρα καὶ οὐρανὸν (εἴτε ὁ αὐτός, εἴτε διάφορος) ἔξωθεν εἶναι,
σφαιρικὸν σχῆμα ἔχοντα. μετὰ δὲ τοῦτον ἐντὸς αὐτοῦ τὸν ἀέρα εἶ-
ναι, καὶ αὐτὸν σφαιρικῶς περικείμενον ἔξωθεν τῇ γῇ. ἐνδοτέρω δὲ 25
αὐτοῦ τρίτην εἶναι σφαῖραν, τὴν τοῦ ὕδατος, περὶ αὐτὴν τὴν γῆν με-
ταξὺ τοῦ ἀέρος καὶ τῆς γῆς. ἐν δὲ τῷ μεσαιτάτῳ τὴν γῆν εἶναι,
κέντρου τάξιν καὶ μέγεθος ἐπέχουσαν, ὡς ἐν σφαίρᾳ· καὶ τὰς μὲν ἄλ-
λας τρεῖς σφαίρας ἢ τέσσαρας περιδινεῖσθαι· τὴν δὲ τῆς γῆς μόνην
ἑστάναι.   30
    ibidem paulo post: τεσσάρων οὖν ὄντων τῶν στοιχείων, συμβέ-
βηκε τὸ πῦρ καὶ τὸν ἀέρα, κουφότατα ὄντα, ἐπὶ τὴν ἄνω φορὰν ἔχειν
τὴν ὁρμὴν καὶ περιδινεῖσθαι (sequuntur exempla) p. 127. ὅτι δὲ ἡ
γῆ καὶ τὸ ὕδωρ βαρέα καὶ κατωφερῆ, οὐ δεῖ λόγου, τῆς πείρας δι-
δασκούσης.   35
    ibidem paulo post: ὅτι δὲ καὶ ἕστηκεν ἡ γῆ, παραδείγματι χρῶν-
ται τούτῳ. εἴ τις (φασὶν) εἰς φύσκαν κέγχρον βάλοι ἢ κόκκον φακοῦ,
καὶ φυσήσειε καὶ ἐμπλήσειεν αὐτὴν ἀέρος, συμβήσεται μετεωρισθέντα
τὸν κόκκον ἐν μέσῳ τῆς κύστεως στῆναι. καὶ τὴν γῆν δέ, πανταχόθεν
ὑπὸ τοῦ ἀέρος ὠθουμένην ἰσορρόπως, ἐν τῷ μέσῳ εἶναι καὶ ἑστάναι. 40
ἢ πάλιν ὥσπερ εἴ τις λαβὼν σῶμα δήσειε πανταχόθεν σχοινίοις καὶ

---

28 ἐν σφαίρᾳ scripsi, αἱ σφαῖραι vulgo.

176   DE MUNDO.

δοίη τισὶν ἰσοῤῥόπως ἕλκειν ἐπ᾽ ἀκριβείας· συμβήσεται γὰρ πανταχόθεν
ἐπίσης περιελκόμενον στῆναι καὶ ἀτρεμῆσαι.
556 Simplicius in Aristot. categ. f. 36 B. ed. Bas. ἀλλ᾽ οἱ μὲν οὐδὲ
εἶναι φύσει τὸ ἄνω καὶ τὸ κάτω νομίζουσιν, ἀλλὰ κατὰ τὴν πρὸς ἡμᾶς σχέσιν
5 θεωρεῖσθαι — — οἱ δὲ (scil. Stoici) τὸ ἄνω καὶ τὸ κάτω οὐ κατὰ σχέσιν,
ἀλλὰ κατὰ τὴν τοῦ παντὸς διάστασιν λαμβάνουσι, τήν τε ἀπὸ τοῦ μέσου
πρὸς τὰ πέρατα καὶ τὴν ἀπὸ τῶν περάτων πρὸς τὸ μέσον· φύσει γὰρ διά-
φορα ταῦτα.
557 Cleomedes Circul. doctr. I cp. 1 p. 11 Bake. (τὸ κενὸν-ἀσώμα-
10 τον ὂν οὔτε ἄνω τι ἂν ἔχοι οὔτε κάτω οὔτε ἔμπροσθεν οὔτε ὄπισθεν, οὔτε
ἐκ δεξιῶν οὔτε ἐξ εὐωνύμων, οὔτε μέσον) p. 12. Αὐτὸς δὲ ὁ κόσμος, σῶμα
ὂν, ἔχει τι καὶ ἄνω καὶ κάτω καὶ τὰς λοιπὰς σχέσεις ἀναγκαίως. Ἐμπρόσ-
θια μὲν οὖν τὰ πρὸς τῇ δύσει φασὶν εἶναι αὐτοῦ, ἐπειδὴ ὡς ἐπὶ δύσιν ἔχει
τὴν ὁρμήν. ὀπίσθια δὲ τὰ πρὸς τῇ ἀνατολῇ· ἀπὸ τούτων γὰρ ἐπὶ τὰ ἔμ-
15 προσθεν πρόεισιν. Ὅθεν δεξιὰ μὲν αὐτοῦ τὰ πρὸς ἄρκτον, εὐώνυμα δὲ τὰ
πρὸς μεσημβρίαν γενήσεται. Καὶ αὗται μὲν αἱ σχέσεις αὐτοῦ οὐδὲν ἔχουσιν
ἀσαφές. Αἱ δὲ λοιπαὶ σχέσεις πολλὴν παρέσχον ταραχὴν τοῖς παλαιοτέροις
τῶν φυσικῶν καὶ πλεῖστα γέγονε κατὰ τὸν τόπον διαπτώματα, οὐ δυνηθέν-
των ἐπιστῆσαι, ὅτι ἐν τῷ κόσμῳ, σφαιρικῷ τὸ σχῆμα ὄντι, κάτω μὲν ἀπὸ
20 παντὸς αὐτοῦ τὸ μεσαίτατον εἶναι ἀναγκαῖον· ἄνω δὲ τὸ ἀπὸ παντὸς τοῦ
μέσου ἐπὶ τὰ πέρατα καὶ τὴν ἐπιφάνειαν αὐτὴν τῆς σφαίρας διῆκον, συμ-
πιπτουσῶν τῶν δύο σχέσεων ἐν ταὐτῷ καὶ τοῦ αὐτοῦ μέσου τε καὶ κάτω
ὑπάρχοντος.

§ 6. Quae sint partes mundi et quo ordine.

25   **558** Diogenes Laërt. VII 155. ἀρέσκει δὲ αὐτοῖς καὶ τὴν διακόσμησιν
ὧδε ἔχειν· μέσην τὴν γῆν κέντρου λόγον ἐπέχουσαν, μεθ᾽ ἢν τὸ ὕδωρ σφαι-
ροειδές, ἔχον τὸ αὐτὸ κέντρον τῇ γῇ, ὥστε τὴν γῆν ἐν ὕδατι εἶναι· μετὰ τὸ
ὕδωρ δὲ ἀέρα ἐσφαιρωμένον.
559 Servius ad Aeneid. I 381. secundum physicos qui dicant ter-
30 ram inferiorem esse, quia omne quod continet supra illud est quod con-
tinetur.
560 Philo de confusione linguarum § 5 Vol. II p. 230,21 Wendl.
Commemorantur οἱ ζητητικοὶ τῶν φιλοσόφων, οἳ τοῦ παντὸς κέντρον εἶναι
τὴν γῆν ὡμολόγησαν.
35   **561** Philo quaest. et solut. in Exodum II 81 (p. 523 Aucher). Unum
est caelum et nemini alii simile secundum figuram viresque. Namque
quattuor elementa cognationem habent inter se tam substantia quam cir-
cumactione; substantia, cum mutuo commutantur; circumactione vero, quo-
niam rectum motum continent: de centro superius ignis et aër, subque
40 centro aqua et terra; caelum vero non directe, sed circuitu circumfertur,
figuram habens undique aequalem perfectissimam.
    ibidem II 88 (p. 527 Aucher). Quamvis terra ab aqua distincta
sit et aqua ab aëre aërque ab igne et ignis ab istis singulis, nihilo minus

---

26 ἀπέχουσαν B. Ad haec et sequentia cf. n. 527 (Chrysippus).   30 ita
Fabricius, libri v. v. continetur — continet cf. ad Aen. III 522.

tamen omnia sunt concinnata ad unam formam determinatam. Quae enim ex tot et tantis perfectum fuit materia, una convenit esse, maxime quod et elementorum mutua inter se commutatio communionem eorum evidenter arguit.

562 Philo quaest. et solut. in Genesin II 85 (p. 526 Aucher). Sub- 5 niger est aër, nullam habens luminis in se speciem, ideoque ab alio lumine illuminatur.

563 Scholia Hesiod. Theogon. 119. λέγει δὲ τὸν ἀέρα τὸν τὴν γῆν περιέχοντα καὶ τὸ περὶ αὐτήν. εἶναι δὲ εἰκός, τοῦτον ἐξ ἐλάσσονος ὑγροῦ εἰς πλείονα ὄγκον διαχεόμενον καὶ ἀτμιζόμενον τεταράχθαι, μέχρι ἂν λάβῃ 10 τὸν ἥλιον. τότε γὰρ τῷ ἡλίῳ συμπαρεκτείνεται, ὥσπερ τῷ πυρακτωθέντι σιδήρῳ τὸ πῦρ. ἄλλως. Τάρταρα τὸν ἀέρα ἀπὸ τοῦ ταράττεσθαι, ἐπειδή, ὥς φασιν, ἕως ὧδε εἶπε τὰ δ' στοιχεῖα.

564 Scholia Hesiod. Theogon. v. 116. οἱ δὲ εἰρῆσθαί φασι χάος παρὰ τὸ χεῖσθαι, ὅ ἐστι χέεσθαι· οἱ δέ φασιν ἀπὸ τοῦ χαδεῖν, ὅ ἐστι χωρεῖν· 15 „Ἥρη δ' οὐκ ἔχαδε χόλον." ἡ οὖν εἰς τὰ στοιχεῖα διάκρισις καὶ διαχώρησις χάος. οἱ δὲ τὸ ὕδωρ λέγουσιν, ἐκ τοῦ οὐρανίου ὕδατος ἀναδιδόμενον, ὥσπερ ἀὴρ σκοτεινός, ἄλλοι δὲ τὸν ἀέρα, ἤγουν τὸν κεχυμένον ἐν τῷ μεταξὺ γῆς καὶ οὐρανοῦ.

565 Scholia Hesiod. Theogon. v. 115. τρία πρῶτον ἐγένοντο· Χάος, 20 Γῆ, Ἔρως οὐράνιος, ὅς καὶ θεός· ὁ γὰρ ἐξ Ἀφροδίτης νεώτερός ἐστι. ἐκ δὲ τοῦ ὕδατος ἐγένοντο τὰ στοιχεῖα· γῆ κατὰ συνίζησιν, ἀὴρ κατὰ ἀνάδοσιν, τὸ δὲ λεπτομερὲς τοῦ ἀέρος γέγονε πῦρ, ἡ δὲ θάλασσα κατὰ ἐκμύξησιν, τὰ δὲ ὄρη κατὰ ἐξοστρακισμὸν τῆς γῆς.

566 Philo quaest. et solut. in Genesin IV 5 (p. 248 Aucher). Mani- 25 festatur et aliquid huiusmodi a praesenti scriptura, quod homines per aquam lavati mundantur, aqua vero ipsa per divinum pedem. Symbolice autem pes ultimum et infimum corporis est; ultima vero divinorum sortitus est aër, animans creaturas congregatas. Nam si aër non tangat moveatque aquam, emoritur ista; vivifica autem magis comperitur non aliunde 30 nisi aëre in eam intermixto.

567 Philo quaest. et solut. in Genesin I 64 (p. 44 Aucher). Per ordinem autem universus mundus et huius partes factae sunt. Quoniam et mundi conditor, cum indomitam inordinatamque et patibilem essentiam ordinare coepit, sectione usus est et divisione. Nam gravia et deorsum 35 prona ex natura, terram et aquam in medio universi posuit, aëra vero et ignem sursum, ob levitatem sublevatos.

568 Philo de provid. II § 62 (p. 87 Aucher). Perpende, quod dicis, a gravioribus sursum agi leviora, quoniam non omne — corpus pondere gaudet, ita ut quaedam omnino non gravia dici apud physicum expediat, 40 velut opposita gravibus; magnam enim vim habet contrariorum compositio, ex quibus mundus est factus. — — Sufficiet — dicere, quod aër et ignis, naturaliter habentes motum in sursum absque gravitate, nec a terra neque ab aqua sursum premuntur.

569 Dio Chrysost. Or. XXXVI § 42 sq. mundi gubernationem descri- 45 bit sub imagine currus quattuor equis vecti i. e. quattuor elementis. Pri-

---

17 Graviter haec corrupta leguntur. Fortasse verba ἐκ τοῦ — σκοτεινός transponenda sunt post ἀέρα.

mum ecum dicit § 43 διαφέρειν κάλλει τε καὶ μεγέθει καὶ ταχυτῆτι, ἅτε
ἔξωθεν περιτρέχοντα τὸ μήκιστον τοῦ δρόμου, αὐτοῦ Ζηνὸς ἱερόν· πτηνὸν δὲ
εἶναι· τὴν δὲ χρόαν λαμπρόν, αὐγῆς τῆς καθαρωτάτης· τὸν δὲ ἥλιον ἐν
αὐτῷ καὶ τὴν σελήνην σημεῖα προφανῆ ὁρᾶσθαι. § 44 καὶ τἄλλα ἄστρα —
5 ξύμπαντα ἐκείνου πεφυκότα μέρη τὰ μὲν περιφέρεσθαι σὺν αὐτῷ, μίαν ταύ-
την ἔχοντα κίνησιν, τὰ δὲ ἄλλους θεῖν δρόμους. Alter est § 45 ἁπτόμε-
νος αὐτοῦ καὶ πλησιώτατος Ἥρας ἐπώνυμος, εὐήνιος καὶ μαλακός, πολὺ δὲ
ἥττων κατά τε ῥώμην καὶ τάχος. χροιὰν δὲ τῇ μὲν αὐτοῦ φύσει μέλας,
φαιδρύνεται δὲ ἀεὶ τὸ καταλαμπόμενον Ἡλίῳ· τὸ δὲ σκιασθὲν ἐν τῇ περι-
10 φορᾷ τὴν αὐτοῦ μεταλαμβάνει τῆς χρόας ἰδέαν. Tertius est § 46 Ποσει-
δῶνος ἱερός, τοῦ δευτέρου βραδύτερος. Quartus autem στερεός τε καὶ ἀκί-
νητος, οὐχ ὅπως πτερωτός, ἐπώνυμος Ἑστίας. Hunc dicit § 47 συνερείδειν
πανταχόθεν αὐτῷ τοῖς μέρεσι, καὶ τὰ δύο τὰ πλησίον ὁμοίως πρὸς αὐτὸν
ἐγκλίνειν, ἀτεχνῶς ἐπιπίπτοντε καὶ ὠθουμένω· τὸν δὲ ἐξωτάτω πρῶτον ἀεὶ
15 περὶ τὸν ἑστῶτα ὡς νύσσαν φέρεσθαι. Sequitur descriptio vastationum
terrae quae tum per ignem tum per aquam ingentibus temporis intervallis
neque propter hominum interitum, sed totius ordinis servandi causa ipso
deo auctore fiunt. Deinde sequitur ἐκπυρώσεως descriptio n. 602.

570 Plutarchus de facie lunae cp. 5 p. 922 d. (Lucius Pharnaci
20 Stoico dicit, de aëre locutus) πρὸς πᾶσαν μὲν γάρ ἐστι ποιότητα καὶ δύνα-
μιν εὐκέραστος ὑπὸ μανότητος, μάλιστα δὲ φωτός· ἂν ἐπιψαύσῃ μόνον, ὥς
φατε, καὶ θίγῃ, δι' ὅλου τρεπόμενος ἐκφωτίζεται.

671 Aëtius Plac. I 12, 4. Οἱ Στωϊκοὶ δύο μὲν ἐκ τῶν τεσσάρων
στοιχείων κοῦφα, πῦρ καὶ ἀέρα· δύο δὲ βαρέα, ὕδωρ καὶ γῆν. κοῦφον γὰρ
25 ὑπάρχει φύσει ὃ νεύει ἀπὸ τοῦ ἰδίου μέσου, βαρὺ δὲ τὸ εἰς μέσον. καὶ τὸ
μὲν περίγειον φῶς κατ' εὐθεῖαν, τὸ δ' αἰθέριον περιφερῶς κινεῖται.

572 Cleomedes Circul. doctr. I cp. 11 p. 75 Bake. Οὐ χρὴ δὲ ἀπο-
ρεῖν ἐνταῦθα πῶς ἡ γῆ, στιγμιαία οὖσα πρὸς τὸ μέγεθος τοῦ κόσμου, ἀνα-
πέμπει τροφὴν τῷ τε οὐρανῷ καὶ τοῖς ἐμπεριεχομένοις ἐν αὐτῷ ἄστροις, τοσού-
30 τοις καὶ τὸ πλῆθος καὶ τὸ μέγεθος οὖσι. Τῷ μὲν γὰρ ὄγκῳ βραχεῖά ἐστιν
ἡ γῆ, τῇ δὲ δυνάμει μεγίστη, σχεδὸν αὐτὴ τὸ πλεῖστον τῆς οὐσίας ὑπάρχουσα.
Εἰ γοῦν ἐπινοήσαιμεν αὐτὴν ἢ εἰς καπνὸν ἢ εἰς ἀέρα πᾶσαν ἀναλυομένην,
κατὰ πολὺ ἂν μείζων γένοιτο τῆς τοῦ κόσμου περιοχῆς. Καὶ οὐ μόνον γε
εἰ καπνὸς ἢ ἀὴρ ἢ πῦρ γένοιτο, ἀλλὰ καὶ εἰς κονιορτὸν ἀναλυθεῖσα. Πάρεστι
35 γοῦν ὁρᾶν ὅτι καὶ τὰ εἰς καπνὸν ἀναλυόμενα τῶν ξύλων σχεδὸν ἐπ' ἄπειρον
χεῖται, καὶ ὁ ἐκθυμιώμενος λιβανωτός, καὶ ὁπόσα ἕτερα τῶν στερεῶν σωμά-
των εἰς ἀτμὸν ἀναλύεται. Καὶ εἰ τὸν οὐρανὸν δὲ σὺν τῷ ἀέρι καὶ τοῖς
ἄστροις ἐπινοήσαιμεν συναγόμενον εἰς τὸ τῆς γῆς πύκνωμα, εἰς ἐλάττονα
ὄγκον αὐτῆς συσταλείη ἄν. Ὥστε τῷ μὲν ὄγκῳ ἡ γῆ στιγμιαία ὡς πρὸς
40 τὸν κόσμον οὖσα, ἀφάτῳ δὲ τῇ δυνάμει κεχρημένη καὶ σχεδὸν ἐπ' ἄπειρον
χεῖσθαι φύσιν ἔχουσα, οὐκ ἔστιν ἀδύνατος ἀναπέμπειν τροφὴν τῷ οὐρανῷ
καὶ τοῖς ἐν τῷ οὐρανῷ. Οὐδ' ἂν ἐξαναλωθείη τούτου ἕνεκα, ἐν μέρει καὶ
αὐτὴ ἀντιλαμβάνουσά τινα ἔκ τε ἀέρος καὶ ἐξ οὐρανοῦ. Ὁδὸς γὰρ ἄνω
κάτω, φησὶν ὁ Ἡράκλειτος, δι' ὅλης ⟨τῆς⟩ οὐσίας τρέπεσθαι καὶ μεταβάλλειν
45 πεφυκυίας, εἰς πᾶν ⟨δὲ⟩ τῷ δημιουργῷ ὑπεικούσης εἰς τὴν τῶν ὅλων διοί-
κησιν καὶ διαμονήν.

_____

44 τῆς addidi.   45 δὲ addidi.

DE MUNDO. 179

573 Scholia Hesiod. Theog. v. 397. „ἦλθε δ' ἄρα πρώτη Στὺξ ἄφθι-
τος Οὐλυμπόνδε.“ πρῶτον γὰρ ἐχωρίσθη τὸ ὕδωρ τὴν γῆν ἐπικαλύπτον
καὶ πρὸς τὸν ἀέρα ἀνέδραμεν· ὑπὸ τούτῳ γὰρ κεῖται τὸ ὕδωρ.

§ 7. Γενητὸς ὁ κόσμος.

574 Clemens Al. Stromat. V 14 p. 701 Pott.   γενητὸν δὲ καὶ οἱ 5
Στωϊκοὶ τίθενται τὸν κόσμον.
575 Aëtius Plac. II 4, 1.   Πυθαγόρας καὶ Πλάτων καὶ οἱ Στωϊκοὶ
γενητὸν ὑπὸ θεοῦ τὸν κόσμον.
576 Simplicius in Aristot. Phys. p. 1121, 12 Diels.   γενητὸν δὲ καὶ
φθαρτὸν τὸν ἕνα κόσμον ποιοῦσιν ὅσοι ἀεὶ μέν φασιν εἶναι κόσμον, οὐ μὴν 10
τὸν αὐτὸν ἀεὶ ἀλλὰ ἄλλοτε ἄλλον γινόμενον κατά τινας χρόνων περιόδους, ὡς
Ἀναξιμένης τε καὶ Ἡράκλειτος καὶ Διογένης καὶ ὕστερον οἱ ἀπὸ τῆς Στοᾶς.
καὶ δῆλον ὅτι καὶ περὶ κινήσεως οὗτοι τὴν αὐτὴν ἔχουσι δόξαν· ὅτε γὰρ
κόσμος ἦν, τότε κίνησιν ἀναγκαῖον εἶναι.
577 Philo de provid. I § 9 (p. 5 Auch.).   Porro mundi partes, ut 15
essent, accepisse initium fatemur. Atqui partes, si initium ut essent ha-
buerunt, omnino necesse est totum quoque ut esset initium habuisse. Et
si pars corruptioni obnoxia est, corruptioni obnoxium et totum sit oportet.
Cf. § 88 ubi eadem iterantur.
578 Philo de provid. I § 10 (p. 6 Aucher).   Nonne apud omnes in 20
confesso est, quod pars mundi est talis homo, quo homine humanitas ex-
stitit? nusquam enim humanitas erit, nisi prius homo aliquis. Atqui homo
ille initium habet generationis et est pars humanitatis; neque enim datur
humanitas sine aliquo homine, et sublato ipso homine quodam, simul tol-
litur etiam humanitas. Si ergo homo quidam humanae generationis ini- 25
tium sumpsit, omnino necesse est et humanitatem subiacere creationi.

§ 8. Quomodo ortus sit mundus.

579 Plutarchus de Stoic. repugn. cp. 41 p. 1053a.   ἔμψυχον ἡγεῖ-
ται τὸν ἥλιον, πύρινον ὄντα καὶ γεγενημένον ἐκ τῆς ἀναθυμιάσεως εἰς
πῦρ μεταβαλούςης. Λέγει γὰρ ἐν τῷ πρώτῳ περὶ Φύσεως „Ἡ δὲ 30
πυρὸς μεταβολή ἐστι τοιαύτη· δι' ἀέρος εἰς ὕδωρ τρέπεται·
κἀκ τούτου γῆς ὑφισταμένης ἀὴρ ἀναθυμιᾶται· λεπτυνομένου
δὲ τοῦ ἀέρος, ὁ αἰθὴρ περιχεῖται κύκλῳ· οἱ δ' ἀστέρες ἐκ θα-
λάςςης μετὰ τοῦ ἡλίου ἀνάπτονται.“
580 Diogenes Laert. VII 135.   ἔν τε εἶναι θεὸν καὶ νοῦν καὶ 35
εἱμαρμένην καὶ Δία· πολλαῖς τε ἑτέραις ὀνομασίαις προσονομάζεσθαι.
136. κατ' ἀρχὰς μὲν οὖν καθ' αὑτὸν ὄντα τρέπειν τὴν πᾶσαν οὐσίαν

33 περιχεῖται Wy., περιέχεται libri.   36 τε om. P. ‖ πολλὰς—ἑτέρας ὀνο-
μασίας Β.   37 πρέπειν Β.

12*

διʼ ἀέρος εἰς ὕδωρ· καὶ ὥσπερ ἐν τῇ γονῇ τὸ σπέρμα περιέχεται, οὕτω
καὶ τοῦτον σπερματικὸν λόγον ὄντα τοῦ κόσμου τοιόνδε ὑπολιπέσθαι
ἐν τῷ ὑγρῷ, εὐεργὸν αὐτῷ ποιοῦντα τὴν ὕλην πρὸς τὴν τῶν ἑξῆς
γένεσιν, εἶτα ἀπογεννᾶν πρῶτον τὰ τέσσαρα στοιχεῖα, πῦρ, ὕδωρ,
5 ἀέρα, γῆν (secuntur auctorum nomina; vide infra). ἔστι δὲ στοι-
χεῖον ἐξ οὗ πρώτου γίνεται τὰ γινόμενα καὶ εἰς ὃ ἔσχατον ἀναλύε-
ται. 137. τὰ δὴ τέτταρα στοιχεῖα εἶναι ὁμοῦ τὴν ἄποιον οὐσίαν, τὴν
ὕλην. εἶναι δὲ τὸ μὲν πῦρ τὸ θερμόν, τὸ δὲ ὕδωρ τὸ ὑγρόν, τόν τε
ἀέρα τὸ ψυχρὸν καὶ τὴν γῆν τὸ ξηρόν. οὐ μὴν ἀλλὰ καὶ ἐν τῷ ἀέρι
10 εἶναι τὸ αὐτὸ μέρος. ἀνωτάτω μὲν οὖν εἶναι τὸ πῦρ, ὃ δὴ αἰθέρα
καλεῖσθαι, ἐν ᾧ πρώτην τὴν τῶν ἀπλανῶν σφαῖραν γεννᾶσθαι, εἶτα
τὴν τῶν πλανωμένων· μεθʼ ἣν τὸν ἀέρα, εἶτα τὸ ὕδωρ, ὑποστάθμην
δὲ πάντων τὴν γῆν, μέσην ἁπάντων οὖσαν.

Auctores horum placitorum afferuntur: Ζήνων ἐν τῷ περὶ τοῦ
15 ὅλου, Χρύσιππος ἐν τῇ πρώτῃ τῶν φυσικῶν, Ἀρχέδημος ἐν τῷ
περὶ στοιχείων.

581 Diogenes Laërt. VII 142. Γίνεσθαι δὲ τὸν κόσμον, ὅταν ἐκ
πυρὸς ἡ οὐσία τραπῇ διʼ ἀέρος εἰς ὑγρότητα, εἶτα τὸ παχυμερὲς αὐ-
τοῦ συστὰν ἀποτελεσθῇ γῆ, τὸ δὲ λεπτομερὲς ἐξαραιωθῇ, καὶ τοῦτʼ
20 ἐπὶ πλέον λεπτυνθὲν πῦρ ἀπογεννήσῃ. εἶτα κατὰ μῖξιν ἐκ τούτων
φυτά τε καὶ ζῷα καὶ τὰ ἄλλα γένη. Περὶ δὴ οὖν τῆς γενέσεως καὶ
[τῆς] φθορᾶς τοῦ κόσμου φησὶ Ζήνων μὲν ἐν τῷ περὶ ὅλου, Χρύ-
σιππος δὲ ἐν τῇ πρώτῃ τῶν φυσικῶν etc.

582 Aëtius Plac. II 6, 1. οἱ Στωϊκοὶ ἀπὸ γῆς ἄρξασθαι τὴν γένεσιν
25 τοῦ κόσμου καθάπερ ἀπὸ κέντρου· ἀρχὴ δὲ σφαίρας τὸ κέντρον.

583 Achilles Isagoge 7 p. 131 in Petav. Uranol. Οἱ Στωϊκοὶ φα-
σὶν ἐκ τῆς γῆς τὴν ἔξωθεν γίνεσθαι πρῶτον περιφοράν. ἐπεὶ γὰρ ἡ γῆ
κέντρου τάξιν ἐπέχει, ὥσπερ ἀπὸ κέντρου κύκλος γίνεται, οὕτω καὶ ἀπὸ τῆς
γῆς εἰκὸς ἔξω περιφέρειαν γεγονέναι.

30 **584** Philo quaest. et solut. in Exodum I 1 (p. 445 Aucher). Tem-
pus autem mundi conditi, siquis opportuno examinis consilio utens inqui-
rere velit veritatem, vernum tempus est; hoc enim tempore omnia úni-
versim florescunt ac germinantur et suos terra perfectos generat fructus.
Nihil autem imperfectum erat, ut dixi, in prima procreatione universorum.
35 Nam opera data constitutum erat, ut gens ista optime conversaretur in
mundo, sortita propriam partem meliorem pro honore pietatis, magnam
hanc urbem, mundum inquam, et urbanitatem.

---

1 οὕτω δὲ BP.   2 τοιοῦδε PF τοιοῦτο B. ‖ ὑπολείπεσθαι PF.
3 αὐτὸ F.   6 ἀπολύεται P, corr. P¹.   7 τινὰ ποιὸν B.   9 καὶ ἔτι ἐν F.
10 ὃν BP. ‖ δεῖ P.   18 ὑγρόν PF.   19 ἐξαραιωθῇ BF ἐξαερωθῇ (ερ in li-
tura) P³; fortasse: ἐξαραιωθὲν ⟨ἀέρα⟩ κᾆτʼ ἐπὶ πλέον.   21 καὶ prius om. BP.
22 γενέσεώς τε καὶ φθορᾶς BP γενέσεως καὶ φθορᾶς F.   23 καὶ Χρύσιππος
(cet. om.) F.   24 οἱ Στωϊκοὶ suppletum ex loco Stobaei, unde huc transtulit
Diels, οἱ φυσικοὶ Plut.   27 malim γενέσθαι.

Cf. Vergil. Georg. II 336. non alios prima crescentis origine mundi
— inluxisse dies aliumve habuisse tenorem — crediderim: ver illud erat,
ver magnus agebat — orbis etc.

§ 9. Mundum esse interiturum.

585 Aëtius Plac. II 4, 7. οἱ Στωϊκοὶ φθαρτὸν τὸν κόσμον, κατ᾽ ἐκπύ- 5
ρωσιν δέ.
586 Commenta Lucani Lib. VII 1 p. 220 Us. Quam lex aeterna:
potest secundum Platonem intellegi qui natum quidem tradit esse mun-
dum, sed non interiturum. diverse Stoici et Epicurei, qui et natum esse
et periturum adfirmant. 10
587 Commenta Lucani Lib. VIII 459 p. 274 Us. quod Stoici di-
cunt: utique si non fuit, potest et non esse. initium enim habere non
potest, quod non habet finem.
588 Laetantius instit. div. II 10. Aristoteles autem labore se ac
molestia liberavit, dicens semper mundum fuisse: itaque et humanum ge- 15
nus et cetera quae in eo sunt initium non habere, sed fuisse semper ac
semper fore. Sed cum videamus singula quaeque animalia quae ante non
fuerant incipere esse et esse desinere: necesse est totum genus aliquando
esse coepisse et aliquàndo desiturum esse quia coeperit. Omnia enim tri-
bus temporibus contineri necesse est, praeterito, praesenti, futuro. Prae- 20
teriti est origo, praesentis substantia, futuri dissolutio. Quae omnia in
singulis hominibus apparent: et incipimus enim cum nascimur, et sumus
cum vivimus, et desinimus cum interimus. Unde etiam tres Parcas esse
voluerunt: unam quae vitam hominis ordiatur, alteram quae contexat, ter-
tiam quae rumpat ac finiat. In toto autem genere hominum quia solum 25
praesens tempus apparet, ex eo tamen et praeteritum, id est origo colli-
gitur et futurum, id est dissolutio. Nam quoniam est, apparet aliquando
coepisse (esse enim nulla res sine exordio potest) et quia coepit, apparet
quandoque desiturum. nec enim potest id totum esse immortale, quod ex
mortalibus constat. Nam sicut universi per singulos interimus, fieri po- 30
test ut aliquo casu omnes simul, vel sterilitate terrarum, quae accidere
particulatim solet; vel pestilentia ubique diffusa, quae singulas urbes at-
que regiones plerumque populatur; vel incendio in orbem misso, quale
iam fuisse sub Phaëtonte dicitur; vel diluvio aquarum quale sub Deucalione
traditur, cum praeter unum hominem genus omne deletum est. Quod 35
[diluvium] si casu accidit, profecto potuit accidere, ut et unus ille qui
superfuit interiret: si autem divinae providentiae nutu, quod negari non
potest, ad reparandos homines reservatus est, apparet in dei potestate
esse vel vitam vel interitum generis humani. Quodsi potest occidere in
totum, quia per partes occidit, apparet aliquando esse ortum, et ut fragi- 40
litas initium sic declarat et terminum. Quae si vera sunt, non potuit
defendere Aristoteles, quominus habuerit et mundus ipse principium. Quod
si Aristoteli Plato et Epicurus extorquent, et Platoni et Aristoteli, qui
semper fore mundum putaverunt, licet sint eloquentes, ingratis tamen idem
Epicurus eripiet, quia sequitur, ut habeat et finem. 45
589 Diogenes Laërt. VII 141. ἀρέσκει δὲ αὐτοῖς καὶ φθαρτὸν εἶναι

τὸν κόσμον, ἅτε γεννητόν, τῷ λόγῳ τῶν δι᾽ αἰσθήσεως νοουμένων. οὔ τε
τὰ μέρη φθαρτά ἐστι, καὶ τὸ ὅλον· τὰ δὲ μέρη τοῦ κόσμου φθαρτά· εἰς
ἄλληλα γὰρ μεταβάλλει· φθαρτὸς ἄρα ὁ κόσμος. καὶ εἴ τι ἐπιδεκτικόν ἐστι
τῆς ἐπὶ τὸ χεῖρον μεταβολῆς, φθαρτόν ἐστι· καὶ ὁ κόσμος δέ· ἐξαυχμοῦται
5 γὰρ καὶ ἐξυδατοῦται· ⟨φθαρτὸς ἄρα ὁ κόσμος⟩.
    590 Clemens Al. Stromat. V 14 p. 711 Pott. Σαφέστατα ῾Ηράκλειτος
ὁ ᾽Εφέσιος ταύτης ἐστὶ τῆς δόξης· τὸν μέν τινα κόσμον ἀΐδιον εἶναι δοκι-
μάσας, τὸν δέ τινα φθειρόμενον τὸν κατὰ τὴν διακόσμησιν εἰδὼς οὐχ ἕτερον
ὄντα ἐκείνου πῶς ἔχοντος· ἀλλ᾽ ὅτι μὲν ἀΐδιον τὸν ἐξ ἁπάσης τῆς οὐσίας
10 ἰδίως ποιὸν κόσμον ᾔδει, φανερὸν ποιεῖ λέγων οὕτως· (sequitur Heracliti
frgm. 20 Byw.) ὅτι δὲ καὶ γενητὸν καὶ φθαρτὸν αὐτὸν εἶναι ἐδογμάτιζεν
μηνύει τὰ ἐπιφερόμενα (sq. Heracl. frgm. 21 Byw.) δυνάμει γὰρ λέγει ὅτι
πῦρ ὑπὸ τοῦ διοικοῦντος λόγου καὶ θεοῦ τὰ σύμπαντα. δι᾽ ἀέρος τρέπεται
εἰς ὑγρὸν τὸ ὡς σπέρμα τῆς διακοσμήσεως· ὃ καλεῖ θάλασσαν· ἐκ δὲ τούτου
15 αὖθις γίγνεται γῆ καὶ οὐρανὸς καὶ τὰ ἐμπεριεχόμενα. ῞Οπως δὲ πάλιν ἀνα-
λαμβάνεται καὶ ἐκπυροῦται σαφῶς διὰ τούτων δηλοῖ (sq. Heracl. frgm. 23
Byw.). ὁμοίως καὶ περὶ τῶν ἄλλων στοιχείων τὰ αὐτά. Παραπλήσια τούτῳ
καὶ οἱ ἐλλογιμώτατοι τῶν Στωϊκῶν δογματίζουσι περί τε ἐκπυρώσεως
διαλαμβάνοντες καὶ κόσμου διοικήσεως καὶ τοῦ ἰδίως ποιοῦ κόσμου τε καὶ
20 ἀνθρώπου καὶ τῆς τῶν ἡμετέρων ψυχῶν ἐπιδιαμονῆς.

    591 Philo de provid. I § 13 (p. 7 Aucher). Corruptio particularum
alicuius partis et iterum corruptio minimae partis huius particulae, si ex
ipsa natura atque essentia corporis oriatur, praesignat corruptionem quo-
que futuram corporis totius. Quid enim est corruptio in aliquam corpo-
25 ris partem primum obrepens, nisi differentia quaedam parti vel particulae
inducta, qua fit ut differant ab iis corporibus, ex quibus sunt sublatae?
Siquidem quod unius eiusdemque erat naturae, dissolutionem subiit cor-
ruptionis, expectantibus aliis quoque corporibus parem sortiri dissolutionem
ac corruptionem; ita ut universa corpora mors in unum finem concludat.
30   14. Qui ergo naturali usus ratione videt condicionem animantium
animaliumque ratione praeditorum et universim omnium rerum, quae in
mundo sunt ac fuere, quod nempe in fluxu sint, nonne universum quoque
mundum ad normam partium suarum habiturum esse corruptionem fatebitur?

    592 Philo de provid. I § 15 (p. 8 Aucher). Terrae itaque et aëris
35 natura examinata atque perpensa nullam in istis invenias differentiam a
ceteris mundi partibus, nisi quod unius eiusdemque naturae est totum in
genere: et tamen utriusque terminus generatio est ac corruptio. Cum
enim ista subiecta sunt mutationi, variationi et conversionibus, finem etiam
habent, et permutationem naturae suae ab igne. Ita ut, consumpta longo
40 opere ac deficiente tota naturali fertilitate, germinationem non ulterius
terra prae se ferat; quae sane semper ita habere voluisset, sed non potuit,
ab igne impedita, ne germina producat, vel corruptione aquarum caenosa
reddita, et aliter etiam aliis variationibus permutata. Quomodo illam ita-
que immortalem dicere praesumant, qui sapientiae vestigiis institerunt?
45   § 18. agam — — de terra atque aëre, non minus ipsam aëris

---

1 τῷ B¹ τῶν B². ‖ οὔτε P, corr. P³; οὐ (om. τε) F.   3 ἐπιδεικτικόν F.
4 τοῦ B.   5 γοῦν pro γὰρ B, fortasse etiam P ante corr. ‖ φθαρτὸς—κόσμος
supplevi.

naturalem affectionem considerans, quam animadvertens ipsum nunc varias passiones experiri et rursum in sanitatem redire: unde etiam medicorum iudicio per commutationes eius oriri morbos statuitur, quoniam languescere per hunc dixere corpora in mundo existentia naturali eius participatione. Qui ergo obnoxius est morbo, tempestati ac corruptioni, quidni ipsa quo- 5 que vita non demum privetur?

§ 19. Si quis autem aërem putat immortalem esse, ita ut perpetuum istum permansurum dicat, quomodo, quaeso, in corpore immortali mortales mori soleant? qui nempe vitali aëre perpetuo saturari illumque sugere consuevere. 10

593 Cicero de nat. deor. II 118. Sunt autem stellae natura flammeae; quocirca terrae, maris, aquarum vaporibus aluntur iis, qui a sole ex agris tepefactis et ex aquis excitantur; quibus altae renovataeque stellae atque omnis aether refundunt eadem et rursum trahunt indidem, nihil ut fere intereat aut admodum paululum, quod astrorum ignis et aetheris 15 flamma consumit. Ex quo eventurum nostri putant — ut ad extremum omnis mundus ignesceret, cum umore consumpto neque terra ali posset nec remearet aër, cuius ortus aqua omni exhausta esse non posset; ita relinqui nihil praeter ignem, a quo rursum animante ac deo renovatio mundi fieret atque idem ornatus oreretur. 20

594 Alexander in Aristot. Meteorol. f. 90a ed. Ven. Ὅθεν τοὺς ἐπὶ μικρὸν βλέποντας φησὶ καὶ ἀπὸ τῶν μικρῶν περὶ τῶν ὅλων πειρωμένους λέγειν τῆς τοιαύτης κατὰ τὴν γῆν μεταβολῆς, καθ᾽ ἣν τὰ μὲν ἑλώδη τε καὶ ὑγρὰ οἰκήσιμά τε καὶ σύμμετρα γίνεται διὰ ξηρότητα, τὰ δὲ πρότερον συμμέτρως ἔχοντα ἀοίκητα διὰ τὴν τῆς ξηρότητος ἐπίτασιν, αἰτίαν λέγειν εἶναι 25 τὴν τοῦ ὅλου μεταβολήν τε καὶ φθοράν. ἡγοῦνται γὰρ σημείοις τούτοις χρώμενοι ἐκπύρωσιν γίνεσθαι τοῦ ὅλου, ὡς Ἡράκλειτος μὲν πρὸ αὐτοῦ καὶ οἱ τῆς ἐκείνου δόξης, οἱ δὲ ἀπὸ τῆς Στοᾶς μετ᾽ αὐτόν. καὶ ἐκ τούτου λέγουσιν, ὡς ὄντος γενητοῦ τε καὶ φθαρτοῦ τοῦ παντός, ὡς τοῦ τῆς γῆς τὰ μὲν ξηραίνεσθαι τὰ δὲ πάλιν ἐξυγραίνεσθαι αἰτίαν χρὴ τὴν τοῦ κόσμου 30 γένεσιν ἡγεῖσθαι. ἄτοπον δὲ διὰ βραχείας μεταβολὰς κινεῖν τὸ πᾶν καὶ γενητόν τε καὶ φθαρτὸν ποιεῖν. τὸ γὰρ τῆς γῆς μέγεθος οὐδέν ἐστιν ὡς πρὸς ὅλον τὸν οὐρανὸν παραβαλλόμενον· κέντρου γοῦν φασιν αὐτὴν λόγον ἔχειν ὡς πρὸς τὸ πᾶν.

595 Minucius Fel. Octav. cp. 34, 2. Quis enim sapientium dubitat, 35 quis ignorat, omnia quae orta sunt occidere, quae facta sunt interire? Caelum quoque cum omnibus, quae caelo continentur, ita ut coepit, si desierit fontium dulcis aqua maria nutrire, in vim ignis abiturum, Stoicis constans opinio est, quod consumpto umore mundus hic omnis ignescat.

§ 10. Conflagrationis et restaurationis mundi aeternae vices. 40

596 Stobaeus Eclogae I p. 171, 2 W. Ζήνωνι καὶ Κλεάνθει καὶ Χρυσίππῳ ἀρέσκει τὴν οὐσίαν μεταβάλλειν οἷον εἰς σπέρμα τὸ πῦρ, καὶ πάλιν ἐκ τούτου τοιαύτην ἀποτελεῖσθαι τὴν διακόσμησιν, οἵα πρότερον ἦν (Diels Arii Didymi Epit. phys. frgm. 36).

---

16 consumat *libri*, corr. *Lambin.*

184   DE MUNDO.

Plura habet Eusebius Pr. Ev. XV 18, 1—3 i. e. Arius Did. (fr. 36
DDG p. 468, 8). Ὅπως οἱ Στωϊκοὶ περὶ τῆς τοῦ παντὸς ἐκπυρώσεως
δοξάζουσιν. Ἀρέσκει δὲ τοῖς πρεσβυτάτοις τῶν ἀπὸ τῆς αἱρέσεως ταύ-
της ἐξαιθεροῦσθαι πάντα κατὰ περιόδους τινὰς τὰς μεγίστας εἰς πῦρ
5 αἰθερῶδες ἀναλυομένων πάντων. Καὶ ἑξῆς ἐπάγει·
Ἐκ τούτων δὲ δῆλον, ὅτι Χρύσιππος ἐπὶ τῆς οὐσίας οὐ ταύτην
παρείληφε τὴν σύγχυσιν (ἀδύνατον γάρ), ἀλλὰ τὴν ἀντὶ τῆς μεταβο-
λῆς λεγομένην· οὐ γὰρ ἐπὶ τῆς τοῦ κόσμου κατὰ περιόδους τὰς μεγί-
στας γινομένης φθορᾶς κυρίως παραλαμβάνουσι τὴν φθορὰν οἱ τὴν
10 εἰς πῦρ ἀνάλυσιν τῶν ὅλων δογματίζοντες, ἣν δὴ καλοῦσιν ἐκπύρω-
σιν· ἀλλ' ἀντὶ τῆς κατὰ φύσιν μεταβολῆς χρῶνται τῇ προσηγορίᾳ τῆς
φθορᾶς. ἀρέσκει γὰρ τοῖς Στωϊκοῖς φιλοσόφοις τὴν ὅλην οὐσίαν εἰς
πῦρ μεταβάλλειν οἷον εἰς σπέρμα, καὶ πάλιν ἐκ τούτου αὐτὴν ἀποτε-
λεῖσθαι τὴν διακόσμησιν, οἵα τὸ πρότερον ἦν. καὶ τοῦτο τὸ δόγμα
15 τῶν ἀπὸ τῆς αἱρέσεως οἱ πρῶτοι καὶ πρεσβύτατοι προσήκαντο, Ζήνων
τε καὶ Κλεάνθης καὶ Χρύσιππος. τὸν μὲν γὰρ τούτου μαθητὴν καὶ
διάδοχον τῆς σχολῆς Ζήνωνά φασιν ἐπισχεῖν περὶ τῆς ἐκπυρώσεως
τῶν ὅλων.
       597 Aëtius Plac. II 4, 13. οἱ φάμενοι δὲ τὴν διακόσμησιν αἰώνιον
20 ὑπάρχειν περιοδευτικοὺς εἶναί φασι χρόνους, καθ' οὓς κατὰ ταὐτὰ καὶ ὡς-
αὐτῶς γίγνεσθαι πάντα καὶ τὴν αὐτὴν διασώζεσθαι τοῦ κόσμου διάταξίν τε
καὶ διακόσμησιν.
       ⟨οἱ Στωϊκοὶ⟩ μήτε αὔξεσθαι μήτε μειοῦσθαι τὸν κόσμον, τοῖς δὲ μέ-
ρεσιν ὁτὲ μὲν παρεκτείνεσθαι πρὸς πλέονα τόπον, ὁτὲ δὲ συστέλλεσθαι.
25   598 Hippolytus Philos. 21 (DDG p. 571, 20) Stoici, Chrysippus et
Zeno: προσδέχονται δὲ ἐκπύρωσιν ἔσεσθαι καὶ κάθαρσιν τοῦ κόσμου
τούτου οἱ μὲν παντός, οἱ δὲ μέρους· καὶ κατὰ μέρος δὲ αὐτὸν καθαίρεσθαι
λέγουσιν· καὶ σχεδὸν τὴν φθορὰν καὶ τὴν ἑτέρου ἐξ αὐτῆς γένεσιν κάθαρσιν
ὀνομάζουσιν.
30   599 Arius Didymus epit. phys. fr. 37 Diels (DG. p. 469, 12. Euseb.
praep. evang. XV 19, 1) ἐπὶ τοσοῦτον δὲ προελθὼν ὁ κοινὸς λόγος καὶ ⟨ἡ⟩
κοινὴ φύσις μείζων καὶ πλείων γενομένη, τέλος ἀναξηράνασα πάντα καὶ εἰς
ἑαυτὴν ἀναλαβοῦσα ἐν τῇ πάσῃ οὐσίᾳ γίνεται, ἐπανελθοῦσα εἰς τὸν πρῶτον
ῥηθέντα λόγον καὶ εἰς τὴν ἀνάστασιν ἐκείνην τὴν ποιοῦσαν ἐνιαυτὸν τὸν
35 μέγιστον, καθ' ὃν ἀπ' αὐτῆς μόνης εἰς αὐτὴν πάλιν γίνεται ἡ ἀποκατάστασις.
ἐπανελθοῦσα δὲ διὰ τάξιν, ἀφ' οἵας διακοσμεῖν ὡσαύτως ἤρξατο, κατὰ λόγον
πάλιν τὴν αὐτὴν διεξαγωγὴν ποιεῖται, τῶν τοιούτων περιόδων ἐξ ἀϊδίου γι-
νομένων ἀκαταπαύστως. οὔτε γὰρ τῆς οὐσίας ἀρχὴν κἀνάπαυσιν οἷόν τε
γίνεσθαι οὔτε τοῦ διοικοῦντος αὐτήν. οὐσίαν τε γὰρ τοῖς γινομένοις ὑφε-

---

4 τῆς μεγίστης libri.   13 scribendum: τοιαύτην.   21 αὐτὴν Diels, αὐτοῦ
libri.   23 οἱ Στωϊκοὶ suppletum ex loco, unde huc transposuit Diels.
26 κάθαρσιν Roeper, καθάρσιον libri.   31 ἡ add. Diels.   34 κατάστασιν du-
bitanter coni. Zeller.   36 ἐπανελθεῖν CFG. ‖ verba: δὲ διὰ—ἤρξατο corrupta.
38 τῆς οὐσίας ἀρχὴν Diels, τῆς αἰτίας ἀρχὴν B τῆς ἀρχῆς αἰτίαν ceteri. ‖
κἀνάπαυσιν Diels, καὶ πᾶσιν libri.   39 αὐτά libri, corr. Diels.

DE MUNDO. 185

στάναι δεῖ, πεφυκυῖαν ἀναδέχεσθαι τὰς μεταβολὰς πάσας, καὶ τὸ δημιουργῆσαν
ἐξ αὐτῆς, οἷα [γὰρ] ἐφ᾽ ἡμῶν τίς ἐστι φύσις δημιουργοῦσα τοιούτου τινὸς
κατ᾽ ἀνάγκην ὄντος καὶ ἐν τῷ κόσμῳ ἀγενήτου. γενέσεως γὰρ ἀρχὴν οὐχ
οἷόν τε εἶναι ἐπὶ τῆς φύσεως ταύτης. ὃν τρόπον δ᾽ ἀγένητός ἐστι, καὶ ἀναι-
ρεθῆναι ἀδύνατόν ἐστιν αὐτὴν οὔτε αὐτῆς ἐξ αὐτῆς οὔτε ἔξωθέν τινος ἀν- 5
αιρήσοντος αὐτήν.
    600 Origenes contra Celsum VIII 72 Vol. II p. 288, 21 Kö. (p. 795
Del.).   οἱ μὲν οὖν ἀπὸ τῆς Στοᾶς ἐπικρατήσαντος ὡς οἷόν τε τοῦ ἰσχυ-
ροτέρου τῶν ἄλλων στοιχείου τὴν ἐκπύρωσιν ἔσεσθαι πάντων εἰς πῦρ μετα-
βαλλόντων.   10
    601 Dio Chrysost. Or. XL § 37 (Vol. I p. 56, 5 Arn.).   ἡ μὲν γὰρ
λεγομένη παρὰ τοῖς σοφοῖς ἐπικράτησις αἰθέρος, ἐν ᾧ τὸ βασιλεῦον καὶ
τὸ κυριώτατον τῆς ψυχικῆς δυνάμεως, ὃν οὐκ ἀποτρέπονται πῦρ ὀνομάζειν
πολλάκις, ὅρῳ τε καὶ πρᾴως γιγνομένη ἔν τισι χρόνοις τεταγμένοις, μετὰ
πάσης φιλίας καὶ ὁμονοίας ἔοικε συμβαίνειν. ἡ δὲ τῶν ἄλλων πλεονεξία 15
καὶ διαφορὰ παρανόμως γιγνομένη τὸν ἔσχατον ἔχει κίνδυνον ὀλέθρου, περὶ
τῶν ὅλων οὔποτε ἐσόμενον διὰ τὸ πᾶσαν εἰρήνην καὶ δικαιοσύνην ἐν αὐτοῖς
ὑπάρχειν καὶ πανταχοῦ πάντα δουλεύειν καὶ ξυνακολουθεῖν εὐγνώμονι νόμῳ
πειθόμενα καὶ εἴκοντα.
    602 Dio Chrysostomus Or. XXXVI § 51 (V. II p. 14, 13 Arn.).   post- 20
quam gubernationem mundi sub imagine currus descripsit quattuor equis
i. e. elementis vecti, etiam ἐκπύρωσιν quomodo fiat enarrat: ἐν ἀλλήλοις
μεταβαλλομένων καὶ διαλλαττόντων τὰ εἴδη, μέχρις ἂν εἰς μίαν ἅπαντα συν-
έλθῃ φύσιν, ἡττηθέντα τοῦ κρείττονος. — — οἷον εἴ τις θαυματοποιὸς ἐκ
κηροῦ πλάσας ἵππους, ἔπειτα ἀφαιρῶν καὶ περιξύων ἀφ᾽ ἑκάστου προστιθείη 25
ἄλλοτε ἄλλῳ, τέλος δὲ ἅπαντας εἰς ἕνα τῶν τεττάρων ἀναλώσας μίαν μορφὴν
ἐξ ἁπάσης τῆς ὕλης ἐργάζοιτο. εἶναί γε μὴν τὸ τοιοῦτο μὴ καθάπερ ἀψύ-
χων πλασμάτων ἔξωθεν τοῦ δημιουργοῦ πραγματευομένου καὶ μεθιστάντος
τὴν ὕλην, αὐτῶν δὲ ἐκείνων γίγνεσθαι τὸ πάθος, ὥσπερ ἐν ἀγῶνι μεγάλῳ
τε καὶ ἀληθινῷ περὶ νίκης ἐριζόντων. Postremo autem Iovis ecum § 53 30
ἅτε πάντων ἀλκιμώτατον καὶ φύσει διάπυρον, ταχὺ ἀναλώσαντα τοὺς ἄλλους,
καθάπερ οἶμαι τῷ ὄντι κηρίνους, ἐν οὐ πολλῷ τινι χρόνῳ, δοκοῦντι
δὲ ἡμῖν ἀπείρῳ — — καὶ τὴν οὐσίαν πάντων πᾶσαν εἰς αὑτὸν ἀναλα-
βόντα πολὺ κρείττω καὶ λαμπρότερον ὀφθῆναι τοῦ πρότερον — — τόπον
τε ὡς πλεῖστον καταλαβεῖν καὶ μείζονος χώρας δεηθῆναι τότε — — § 54 35
εἶναι — — αὐτὸν ἤδη τηνικάδε ἁπλῶς τὴν τοῦ ἡνιόχου καὶ δεσπότου ψυχήν,
μᾶλλον δὲ αὐτὸ τὸ φρονοῦν καὶ τὸ ἡγούμενον αὐτῆς. Sequitur παλιγγενεσίας
descriptio fr. 622.
    603 Simplicius in Aristot. Phys. p. 480, 27 Diels. ἔλεγε γὰρ Ἡρά-
κλειτος ἐκ πυρὸς πεπερασμένου πάντα εἶναι καὶ εἰς τοῦτο πάντα ἀναλύεσθαι. 40
εἶεν δ᾽ ἂν καὶ οἱ Στωϊκοὶ ταύτης τῆς δόξης. ἡ γὰρ ἐκπύρωσις τοιοῦτόν
τι αἰνίττεται, καὶ πᾶν σῶμα πεπερασμένον εἶναι λέγουσιν.
    604 Plutarchus de Stoic. repugn. 39 p. 1052c. Ἐν δὲ τῷ πρώ-
τῳ περὶ Προνοίας τὸν Δία φησὶν αὔξεσθαι, μέχρις ἂν εἰς αὐτὸν
ἅπαντα καταναλώσῃ. „Ἐπεὶ γὰρ ὁ θάνατος μέν ἐστι χωρισμὸς 45

---

1 δημιουργῆσον Usener.   2 γὰρ delevi.   12 βασιλεῦον scripsi, βασίλειον
libri.   13 ὃν scripsi, ὄν vulgo.   14 γιγνομένη Reiske, γιγνόμενον libri.
17 ἐσόμενον scripsi, ἐσομένου libri.

ψυχῆc ἀπὸ τοῦ cώματοc, ἡ δὲ τοῦ κόcμου ψυχὴ οὐ χωρίζεται
μέν, αὔξεται δὲ cυνεχῶc, μέχρις ἂν εἰc αὐτὴν καταναλώcῃ
τὴν ὕλην, οὐ ῥητέον ἀποθνήcκειν τὸν κόcμον."
p. 1052 d. cαφῶc γὰρ αὐτὸc ἐν τῷ αὐτῷ γέγραφεν· „Αὐτάρκηc
5 δ᾽ εἶναι λέγεται μόνοc ὁ κόcμοc, διὰ τὸ μόνοc ἐν αὐτῷ πάντα
ἔχειν ὧν δεῖται· καὶ τρέφεται ἐξ αὐτοῦ καὶ αὔξεται, τῶν ἄλ-
λων μορίων εἰc ἄλληλα καταλλαττομένων."
605 Plutarchus de Stoic. repugn. c. 41 p. 1053 b. Καὶ μὴν ὅταν
ἐκπύρωcιc γένηται, διόλου ζῆν καὶ ζῷον εἶναί φηcι ⟨τὸν κόcμον⟩, cβεν-
10 νύμενον δ᾽ αὖθιc καὶ παχυνόμενον, εἰc ὕδωρ καὶ γῆν καὶ τὸ cωματοειδὲc
τρέπεcθαι. Λέγει δ᾽ ἐν τῷ πρώτῳ περὶ Προνοίαc· Διόλου μὲν
γὰρ ὢν ὁ κόcμοc πυρώδηc, εὐθὺc καὶ ψυχή ἐcτιν ἑαυτοῦ καὶ
ἡγεμονικόν· ὅτε δέ, μεταβαλὼν εἰc τὸ ὑγρὸν καὶ τὴν ἐναπο-
λειφθεῖcαν ψυχήν, τρόπον τινὰ εἰc cῶμα καὶ ψυχὴν μετέβα-
15 λεν, ὥcτε cυνεcτάναι ἐκ τούτων, ἄλλον τινὰ ἔcχε λόγον." (τῇ
δὲ cβέcει πάλιν καὶ τὴν ψυχὴν ἀνίεcθαι καὶ ἀνυγραίνεcθαι, μεταβάλλου-
cαν εἰc τὸ cωματοειδέc).
606 Plutarchus de comm. not. cp. 17 p. 1067 a. ὅταν ἐκπυρώσωσι τὸν
κόσμον οὗτοι, κακὸν μὲν οὐδ᾽ ὁτιοῦν ἀπολείπεται, τὸ δ᾽ ὅλον φρόνιμόν
20 ἐστι τηνικαῦτα καὶ σοφόν.
607 Porphyrius in Aristot. categ. p. 119, 34 Busse. ἀλλὰ μὴν καὶ
εἴ τις φθείρειεν τὰ ζῷα, ὥσπερ φασὶν οἱ ἀπὸ τῆς Στοᾶς ἐν τῇ ἐκπυρώσει
γίνεσθαι, αἴσθησις μὲν οὐκ ἔστιν ζῴου μὴ ὄντος, αἰσθητὸν μέντοι ἔσται· τὸ
γὰρ πῦρ ἔσται.
25 608 Commenta Lucani Lib. VII 813 p. 252 Us. Uret cum terris:
ἐκπύρωσις quam secuturam κατακλυσμοὺς adserunt Stoici.
609 Aëtius Plac. II 9, 2. Οἱ Στωϊκοὶ εἶναι κενόν, εἰς ὃ κατὰ τὴν
ἐκπύρωσιν ἀναλύεται ὁ κόσμος ἄπειρον ὄν.
610 Achilles Isagoge 8 p. 131 Petav. Uranol. Οἱ δὲ Στωϊκοὶ ἐκ-
30 πύρωσιν λέγοντες κόσμου κατά τινας ὡρισμένους χρόνους εἶναι, κενὸν μέν,
οὐ μὴν ἄπειρόν φασιν· ἀλλὰ τοσοῦτον ὅσον χωρῆσαι λυθὲν τὸ πᾶν.
611 Philo de incorr. mundi p. 254, 7 (p. 28, 23 Cumont). μετα-
βάλλειν δὲ (sc. τὸν κόσμον) ἢ εἰς φλόγα ἢ εἰς αὐγὴν ἀναγκαῖον· εἰς
μὲν φλόγα ὡς ᾤετο Κλεάνθης, εἰς δ᾽ αὐγὴν ὡς ὁ Χρύσιππος.
35 ibidem p. 250, 9 (p. 26, 9 Cumont). ἀλλ᾽ ἀμήχανον τοῦτό γε·
(sc. mundum deleri ἀναιρέσει παντελεῖ τῆς ποιότητος) μένει γὰρ κατὰ
τοὺς τἀναντία αἱρουμένους ἢ τῆς διακοσμήσεως ποιότης ἐπ᾽ ἐλάττονος
οὐσίας τῆς τοῦ Διὸς σταλεῖσα κατὰ τὴν ἐκπύρωσιν.

---

9 add. Wy. 13 εἴς τε τὸ libri, τε del. Wy. 14 μετέβαλεν Reiske,
μεταβάλοι ἂν aut μεταβάλλων libri. 28 ἄπειρον ὂν Heeren, ἄπειρος ὄν Stob.
τὸ ἄπειρον Plut. 31 pugnat hic locus cum plerisque de inani testimoniis.
38 οὐσίας τῆς τοῦ Διὸς σταλεῖσα Bernays., οὐσίας τῇ τοῦ ἰδιοσταλεῖσα E οὐσίας
τῇ τοῦ .... σταλεῖσα L οὐσίας τοτοῦ δι ...... PM.

612 Stoicus quidam apud Philonem περὶ ἀφθαρσίας κόσμου p. 252, 5. πυρὸς τριττὸν εἶδος· τὸ μὲν ἄνθραξ, τὸ δὲ φλόξ, τὸ δὲ αὐγή. ἄνθραξ μὲν οὖν ἐστι πῦρ ἐν οὐσίᾳ γεώδει, ὃ τρόπον ἕξεως πνευματικῆς πεφώλευκε καὶ ἐλλοχᾷ δι᾽ ὅλης ἄχρι περάτων τεταμένον. φλὸξ δέ ἐστιν ὅπερ ἐκ τροφῆς αἴρεται μετεωριζόμενον, αὐγὴ δὲ τὸ ἀποστελλόμενον ἐκ φλογός, συνεργὸν ὀφθαλ- 5 μοῖς εἰς τὴν τῶν ὁρατῶν ἀντίληψιν.

613 Philo de incorrupt. mund. 235, 13 B. (p. 15, 4 Cumont). καὶ μὴν οἵ γε τὰς ἐκπυρώσεις καὶ τὰς παλιγγενεσίας εἰσηγούμενοι τοῦ κόσμου νομίζουσι καὶ ὁμολογοῦσι τοὺς ἀστέρας θεοὺς εἶναι, οὓς τῷ λόγῳ διαφθείρειν οὐκ ἐρυθριῶσιν. ἔδει γὰρ ἢ μύδρους διαπύρους ἀποφήνασθαι, καθάπερ 10 ἔνιοι . . . . . . ἢ θείας ἢ δαιμονίας φύσεις νομίζοντας τὴν ἁρμόττουσαν θεοῖς ἀφθαρσίαν προσομολογῆσαι. νυνὶ δὲ τοσοῦτον δόξης ἀληθοῦς διήμαρτον, ὥστε λελήθασιν αὐτοὺς καὶ τῇ προνοίᾳ — ψυχὴ δ᾽ ἐστὶ τοῦ κόσμου — φθορὰν ἐπιφέροντες, ἐξ ὧν ἀνακόλουθα φιλοσοφοῦσιν (sequitur locus Chrysippi περὶ Αὐξανομένου n. 397). 15

614 Iustinus Apol. I 20. Οἱ λεγόμενοι δὲ Στωϊκοὶ φιλόσοφοι καὶ αὐτὸν τὸν θεὸν εἰς πῦρ ἀναλύεσθαι δογματίζουσι καὶ αὖ πάλιν κατὰ μεταβολὴν τὸν κόσμον γενέσθαι λέγουσιν.

ibid. τῷ γὰρ λέγειν ἡμᾶς ὑπὸ θεοῦ πάντα κεκοσμῆσθαι καὶ γεγενῆσθαι, Πλάτωνος δόξομεν λέγειν δόγμα· τῷ δὲ ἐκπύρωσιν γενέσθαι Στωϊκῶν. 20

idem II 7. οὕτω γὰρ ἡμεῖς τὴν ἐκπύρωσιν φαμὲν γενήσεσθαι, ἀλλ᾽ οὐχ ὡς οἱ Στωϊκοὶ κατὰ τὸν τῆς εἰς ἄλληλα πάντων μεταβολῆς λόγον.

615 Athanasius Or. IV c. Arianos c. 13 p. 626. Τοῦτο δὲ ἴσως ἀπὸ τῶν Στωϊκῶν ὑπέλαβε διαβεβαιουμένων συστέλλεσθαι καὶ πάλιν ἐκτείνεσθαι τὸν θεὸν μετὰ τῆς κτίσεως καὶ ἀπείρως παύεσθαι. 25

616 Philo de anim. sacrif. idon. Vol. II Mang. p. 242. Ἡ δὲ εἰς μέλη τοῦ ζῴου διανομὴ δηλοῖ, ἤτοι ὡς ἓν τὰ πάντα ἢ ὅτι ἐξ ἑνός τε καὶ εἰς ἕν· ὅπερ οἱ μὲν κόρον καὶ χρησμοσύνην ἐκάλεσαν, οἱ δ᾽ ἐκπύρωσιν καὶ διακόσμησιν· ἐκπύρωσιν μὲν κατὰ τὴν τοῦ θεοῦ δυναστείαν τῶν ἄλλων ἐπικρατήσαντος, διακόσμησιν δὲ κατὰ τὴν τῶν τεττάρων στοιχείων ἰσονομίαν, ἣν 30 ἀντιδιδόασιν ἀλλήλοις.

617 Simplicius in Aristot. de caelo p. 132 b Karsten p. 294, 4 Heibg. καὶ Ἡράκλειτος δὲ ποτὲ μὲν ἐκπυροῦσθαι λέγει τὸν κόσμον, ποτὲ δὲ ἐκ τοῦ πυρὸς συνίστασθαι πάλιν αὐτὸν κατά τινας χρόνων περιόδους, ἐν οἷς φησί· „μέτρα ἁπτόμενος καὶ μέτρα σβεννύμενος." ταύτης δὲ τῆς δόξης ὕστερον 35 ἐγένοντο καὶ οἱ Στωϊκοί.

Cf. ibid. p. 307, 15. μεταβέβηκεν ἐπὶ τοὺς γενητὸν μὲν καὶ αὐτούς, φθειρόμενον δὲ καὶ πάλιν γινόμενον ἐναλλὰξ λέγοντας καὶ τοῦτο διηνεκῶς, ὡς Ἐμπεδοκλῆς καὶ Ἡράκλειτος ἐδόκουν λέγειν καὶ ὕστερον τῶν Στωϊκῶν τινες. 40

618 Plutarchus de comm. not. cp. 35 p. 1077 b). Ἀλλὰ τοῦ [τε] κόσμου πάλιν τὸ [πῦρ, ὃ] σπέρμα λέγουσιν εἶναι ⟨μεῖζον⟩ καὶ μετὰ τὴν ἐκπύρωσιν, ⟨ὅτε⟩ εἰς σπέρμα μετέβαλε, τὸν κόσμον, ἐκ βραχυτέ-

---

8 οἵ γε Bücheler, οἵ τε libri.   25 καὶ ἀπείρως παύεσθαι corrupta.
41 τε seclusi, γε Wy.   42 πῦρ ὃ seclusi. ‖ μεῖζον addidi.   43 ὅτε inserui.

ρου σώματος καὶ ὄγκου χύσιν ἔχοντα πολλήν, καὶ τοῦ κενοῦ προσ-
επιλαμβάνοντα χώραν ἄπλετον ἐπινεμομένην τῇ αὐξήσει, γεννωμένου
δ' αὖθις ὑποχωρεῖν τὸ μέγεθος καὶ συνολισθαίνειν, δυομένης καὶ
συναγομένης περὶ τὴν γένεσιν εἰς ἑαυτὴν τῆς ὕλης.

5   Philo de incorrupt. mund. p. 255, 8 (p. 29, 13 Cumont). φέρε δ'
οὖν, ὥς φησιν ὁ Χρύσιππος, τὸ ἀναστοιχειῶσαν τὴν διακόσμησιν
εἰς αὐτὸ πῦρ τοῦ μέλλοντος ἀποτελεῖσθαι κόσμου σπέρμα εἶναι καὶ
ὧν ἐπ' αὐτῷ πεφιλοσόφηκε μηδὲν ἐψεῦσθαι, πρῶτον μὲν ὅτι καὶ ἐκ
σπέρματος ἡ γένεσις καὶ εἰς σπέρμα ἡ ἀνάλυσις, ἔπειτα δ' ὅτι φυσιο-
10 λογεῖται ὁ κόσμος καὶ φύσις λογική, οὐ μόνον ἔμψυχος ὢν ἀλλὰ καὶ
νοερὸς πρὸς δὲ καὶ φρόνιμος, ἐκ τούτων τοὐναντίον οὗ βούλεται
κατασκευάζεται τὸ μηδέποτε φθαρήσεσθαι.

619 Stoicus apud Philonem de incorr. mundi p. 257, 12 B. (p. 31, 9
Cumont) postquam dixit omnem rem semine suo esse maiorem: ἐπὶ δὲ τοῦ
15 παντὸς γενήσεται τοὐναντίον. τὸ μὲν γὰρ σπέρμα καὶ μεῖζον ἔσται καὶ
πλείονα τόπον ἐφέξει, τὸ δ' ἀποτέλεσμα βραχύτερον καὶ ἐν ἐλάττονι φανεῖται
τόπῳ, καὶ ὁ κόσμος ἐκ σπέρματος συνιστάμενος οὐκ ἐκ τοῦ κατ' ὀλίγον ἐπι-
δώσει πρὸς αὔξησιν, ἀλλ' ἔμπαλιν ἐξ ὄγκου μείζονος εἰς ἐλάττονα συναιρεθή-
σεται. τὸ δὲ λεγόμενον ῥᾴδιον συνιδεῖν· ἅπαν σῶμα ἀναλυόμενον εἰς πῦρ
20 διαλύεταί τε καὶ χεῖται, σβεννυμένης δὲ τῆς ἐν αὐτῷ φλογὸς στέλλεται καὶ
συνάγεται· πίστεων δὲ τοῖς οὕτως ἐμφανέσι πρὸς μαρτυρίαν ὡς ἀδηλουμένοις
οὐδεμία χρεία. καὶ μὴν ὁ κόσμος ὁ πυρωθεὶς γενήσεται μείζων, ἅτε συμ-
πάσης τῆς οὐσίας εἰς τὸν λεπτότατον ἀναλυθείσης αἰθέρα· ὅ μοι δοκοῦσι
καὶ οἱ Στωϊκοὶ προϊδόμενοι κενὸν ἄπειρον ἐκτὸς τοῦ κόσμου τῷ λόγῳ κατα-
25 λιπεῖν, ἵν' ἐπειδὴ χύσιν ἀπέραντόν τινα ἔμελλε λήψεσθαι μὴ ἀπορῇ τοῦ δε-
ξομένου χωρίου τὴν ἀνάχυσιν. ὅτε μὲν οὖν εἰς τοσοῦτον ἐπιδέδωκε καὶ
συνηύξηται ὡς μονονουχὶ τῇ ἀορίστῳ τοῦ κενοῦ φύσει τῷ τῆς ἐλάσεως ἀπει-
ρομεγέθει συνδραμεῖν, σπέρματος ἔχει καὶ τοῦτο λόγον, ὅτε δὲ κατὰ τὴν πα-
λιγγενεσίαν ἐκ τελείων τῶν μερῶν τῆς συμπάσης οὐσίας . . . . , στελλο-
30 μένου μὲν κατὰ τὴν σβέσιν τοῦ πυρὸς εἰς παχὺν ἀέρα, στελλομένου δὲ ἀέρος
εἰς ὕδωρ καὶ συνίζοντος, παχυνομένου δ' ἔτι μᾶλλον ὕδατος κατὰ τὴν εἰς
γῆν, τὸ πυκνότατον τῶν στοιχείων, μεταβολήν. ἔστι δὲ ταῦτα παρὰ τὰς
κοινὰς ἐννοίας τῶν δυναμένων ἀκολουθίαν πράγματος ἐκλογίζεσθαι.

620 Philo de incorrupt. mund. p. 222, 2 B. (p. 4, 3 Cumont). Δη-
35 μόκριτος μὲν οὖν καὶ Ἐπίκουρος καὶ ὁ πολὺς ὅμιλος τῶν ἀπὸ τῆς Στοᾶς
φιλοσόφων γένεσιν καὶ φθορὰν ἀπολείπουσι τοῦ κόσμου, πλὴν οὐχ ὁμοίως·
οἱ μὲν γὰρ πολλοὺς κόσμους ὑπογράφουσιν etc. — — οἱ δὲ Στωϊκοὶ
κόσμον μὲν ἕνα, γενέσεως δὲ αὐτοῦ θεὸν αἴτιον, φθορᾶς δὲ μηκέτι θεόν,
ἀλλὰ τὴν ὑπάρχουσαν ἐν τοῖς οὖσι πυρὸς ἀκαμάτου δύναμιν, χρόνων μακραῖς
40 περιόδοις ἀναλύουσαν τὰ πάντα εἰς ἑαυτήν, ἐξ ἧς πάλιν αὖ ἀναγέννησιν
κόσμου συνίστασθαι προμηθείᾳ τοῦ τεχνίτου. δύναται δὲ κατὰ τούτους ὁ
μέν τις κόσμος ἀίδιος, ὁ δέ τις φθαρτὸς λέγεσθαι, φθαρτὸς μὲν ὁ κατὰ τὴν

---

1 χύσιν Madvig, φύσιν libri.   20 διαλύεταί τε Bernays, ἀναλύεταί τε
libri.   29 lacunam significavit Bernays.   40 νῦν ἀναγένησιν L, quod praefert
Cumont propter hiatum.

διακόσμησιν, ἀίδιος δὲ ὁ κατὰ τὴν ἐκπύρωσιν παλιγγενεσίαις καὶ περιόδοις
ἀθανατιζόμενος οὐδέποτε ληγούσαις.

621 Philo de incorrupt. mund. p. 220, 9 B. varias definitiones τοῦ
κόσμου enumerans: κατὰ δὲ τρίτον, ὡς δοκεῖ τοῖς Στωϊκοῖς „διήκουσα
ἄχρι τῆς ἐκπυρώσεως οὐσία τις ἢ διακεκοσμημένη ἢ ἀδιακόσμητος,‟ οὗ τῆς 5
κινήσεώς φασιν εἶναι τὸν χρόνον διάστημα.

622 Dio Chrysost. Or. XXXVI § 55 (II p. 15, 8 Arn.). λειφθεὶς δὴ
μόνος ὁ νοῦς καὶ τόπον ἀμήχανον ἐμπλήσας αὐτοῦ ἅτ᾽ ἐπ᾽ ἴσης πανταχῇ
κεχυμένος, οὐδενὸς ἐν αὐτῷ πυκνοῦ λειφθέντος, ἀλλὰ πάσης ἐπικρατούσης
μανότητος, ὅτε κάλλιστος γίγνεται, τὴν καθαρωτάτην λαβὼν αὐγῆς ἀκηράτου 10
φύσιν, εὐθὺς ἐπόθησε τὸν ἐξ ἀρχῆς βίον. ἔρωτα δὲ λαβών — — ὥρμησεν
ἐπὶ τὸ γεννᾶν καὶ διανέμειν ἕκαστα καὶ δημιουργεῖν τὸν ὄντα νῦν κόσμον
ἐξ ἀρχῆς πολὺ κρείττω καὶ λαμπρότερον ἅτε νεώτερον. ἀστράψας δὲ ὅλος
οὐκ ἄτακτον οὐδὲ ῥυπαρὰν ἀστραπήν — — ἀλλὰ καθαρὰν καὶ ἀμιγῆ παν-
τὸς σκοτεινοῦ, μετέβαλε ῥαδίως ἅμα τῇ νοήσει. μνησθεὶς δὲ Ἀφροδίτης καὶ 15
γενέσεως ἐπράϋνε καὶ ἀνῆκεν αὐτόν, καὶ πολὺ τοῦ φωτὸς ἀποσβέσας εἰς
ἀέρα πυρώδη τρέπεται πυρὸς ἠπίου. μιχθεὶς δὲ τότε Ἥρα καὶ μεταλαβὼν
τοῦ τελειοτάτου λέχους, ἀναπαυσάμενος ἀφίησι τὴν πᾶσαν αὖ τοῦ παντὸς
γονήν. τοῦτον ὑμνοῦσι παῖδες σοφῶν ἐν ἀρρήτοις τελεταῖς Ἥρας
καὶ Διὸς εὐδαίμονα γάμον. ὑγρὰν δὲ ποιήσας τὴν ὅλην οὐσίαν, ἓν 20
σπέρμα τοῦ παντός, αὐτὸς ἐν τούτῳ διαθέων, καθάπερ ἐν γονῇ πνεῦμα τὸ
πλάττον καὶ δημιουργοῦν, τότε δὴ μάλιστα προσεοικὼς τῇ τῶν ἄλλων συστάσει
ζῴων, καθ᾽ ὅσον ἐκ ψυχῆς καὶ σώματος συνεστάναι λέγοιτ᾽ ἂν οὐκ ἄπο τρό-
που, τὰ λοιπὰ ἤδη ῥαδίως πλάττει καὶ τυποῖ, λείαν καὶ μαλακὴν αὐτῷ περιχέας
τὴν οὐσίαν καὶ πᾶσαν εἴκουσαν εὐπετῶς. ἐργασάμενος δὲ καὶ τελεώσας ἀπέ- 25
δειξεν ἐξ ἀρχῆς τὸν ὄντα κόσμον εὐειδῆ καὶ καλὸν ἀμηχάνως, πολὺ δὴ
λαμπρότερον ἢ οἷος ὁρᾶται νῦν etc.

623 Lactantius div. instit. VII 23. Melius Chrysippus quem
Cicero ait fulcire porticum Stoicorum, qui in libris quos de provi-
dentia scripsit, cum de innovatione mundi loqueretur, haec intulit: 30
τούτου δ᾽ οὕτως ἔχοντος, δῆλον ὡς οὐδὲν ἀδύνατον, καὶ ἡμᾶς
μετὰ τὸ τελευτῆσαι πάλιν περιόδων τινῶν εἰλημμένων χρό-
νου εἰς ὃ νῦν ἐσμεν καταστήσεσθαι σχῆμα.

624 Alexander Aphrod. comm. in Aristot. Analyt. pr. p. 180, 31
Wallies. ἀληθὲς δὲ δύναταί ποτε γενέσθαι κατ᾽ αὐτοὺς μετὰ τὸν θά- 35
νατον τὸν Δίωνος τό „τούτου κεχώρισται ἡ ψυχὴ καὶ τὸ σῶμα‟ δεικνυ-
μένου Δίωνος· ἀρέσκει γὰρ αὐτοῖς τὸ μετὰ τὴν ἐκπύρωσιν πάλιν
πάντα ταῦτα ἐν τῷ κόσμῳ γίνεσθαι κατ᾽ ἀριθμόν, ὡς καὶ τὸν ἰδίως
ποιὸν πάλιν τὸν αὐτὸν τῷ πρόσθεν εἶναί τε καὶ γίνεσθαι ἐν ἐκείνῳ
τῷ κόσμῳ, ὡς ἐν τοῖς περὶ κόσμου Χρύσιππος λέγει. 40

p. 181, 13. εἰ δὲ λέγοιεν — — μηκέτι τὴν αὐτὴν ψυχήν τε καὶ

---

2 Cf. n. 526 sq.   8 αὐτοῦ ἅτ᾽ ἐπίσης Wilam., αὐτοῦ γε πίθως M αὐτοῦ
γ᾽ ἔπειθ᾽ ὡς B αὐτοῦ ἅτε γε πίθος U.   10 αὐγῆς Emp., αὐτὸς libri.   13 ὅλος
scripsi, ὅλον libri.   20 Cf. n. 1071—1075 (Chrysippus).

190 DE MUNDO.

σῶμα κατ᾽ ἀριθμὸν εἶναι τὰ συντιθέμενα, οὐδὲν τοῦτο πρὸς τὸν λόγον ἐστίν.

ibid. 25: Καὶ λέγουσι δὲ καὶ τοῖς ἰδίως ποιοῖς τοῖς ὕστερον γινομένοις πρὸς τοὺς πρόσθεν παραλλαγὰς μόνον γίνεσθαι κατά τινα
5 τῶν ἔξωθεν συμβεβηκότων, οἷαι παραλλαγαὶ καὶ ἐπὶ τοῦ αὐτοῦ μένοντός τε καὶ ζῶντος Δίωνος οὐκ ἀλλάσσουσιν αὐτόν· οὐ γὰρ ἄλλος γίνεται, εἰ πρότερον ἔχων ἐπὶ τῆς ὄψεως φακοὺς ὕστερον μηκέτ᾽ ἔχοι·
τοιαύτας δέ φασι τὰς ἐν τοῖς ἰδίως ποιοῖς τοῖς ἐν ἄλλῳ κόσμῳ παρὰ
τοὺς ἐν ἄλλῳ γίνεσθαι.
10 **625** Nemesius de nat. hom. cp. 38 p. 277. οἱ δὲ Στωϊκοί φασιν
ἀποκαθισταμένους τοὺς πλάνητας εἰς τὸ αὐτὸ σημεῖον κατά τε μῆκος καὶ
πλάτος, ἔνθα τὴν ἀρχὴν ἕκαστος ἦν, ὅτε τὸ πρῶτον ὁ κόσμος συνέστη, ἐν
ῥηταῖς χρόνων περιόδοις ἐκπύρωσιν καὶ φθορὰν τῶν ὄντων ἀπεργάζεσθαι·
καὶ πάλιν ἐξ ὑπαρχῆς εἰς τὸ αὐτὸ τὸν κόσμον ἀποκαθίστασθαι· τῶν ἀστέρων
15 ὁμοίως πάλιν φερομένων, ἕκαστον ἐν τῇ προτέρᾳ περιόδῳ γινόμενον ἀπαραλλάκτως ἀποτελεῖσθαι. ἔσεσθαι γὰρ πάλιν Σωκράτη καὶ Πλάτωνα καὶ ἕκαστον τῶν
ἀνθρώπων σὺν τοῖς αὐτοῖς καὶ φίλοις καὶ πολίταις· καὶ τὰ αὐτὰ πείσεσθαι καὶ
τὰ αὐτὰ μεταχειριεῖσθαι, καὶ πᾶσαν πόλιν καὶ κώμην καὶ ἀγρὸν ὁμοίως ἀποκαθίστασθαι· γίνεσθαι δὲ τὴν ἀποκατάστασιν τοῦ παντὸς οὐχ ἅπαξ, ἀλλὰ πολ-
20 λάκις· μᾶλλον δὲ εἰς ἄπειρον καὶ ἀτελεύτητον τὰ αὐτὰ ἀποκαθίστασθαι. τοὺς
δὲ θεοὺς τοὺς μὴ ὑποκειμένους τῇ φθορᾷ, ταύτῃ παρακολουθήσαντας μιᾷ
περιόδῳ, γινώσκειν ἐκ ταύτης πάντα τὰ μέλλοντα ἔσεσθαι ἐν ταῖς ἑξῆς περιόδοις. οὐδὲν γὰρ ξένον ἔσεσθαι παρὰ τὰ γενόμενα πρότερον, ἀλλὰ πάντα
ὡσαύτως ἀπαραλλάκτως ἄχρι καὶ τῶν ἐλαχίστων.
25 **626** Origenes contra Celsum IV 68 Vol. I p. 338, 3 Kö. (p. 555
Delarue). τῶν δὲ Στωϊκῶν οἱ πλείους οὐ μόνον τὴν τῶν θνητῶν περίοδον τοιαύτην εἶναί φασιν ἀλλὰ καὶ τὴν τῶν ἀθανάτων καὶ τῶν κατ᾽ αὐτοὺς
θεῶν· μετὰ γὰρ τὴν τοῦ παντὸς ἐκπύρωσιν, ἀπειράκις γενομένην καὶ ἀπειράκις ἐσομένην, ἡ αὐτὴ τάξις ἀπ᾽ ἀρχῆς μέχρι τέλους πάντων γέγονέ τε καὶ
30 ἔσται. Πειρώμενοι μέντοι θεραπεύειν πως τὰς ἀπεμφάσεις οἱ ἀπὸ τῆς
Στοᾶς οὐκ οἶδ᾽ ὅπως ἀπαραλλάκτους φασὶν ἔσεσθαι κατὰ περίοδον τοῖς
ἀπὸ τῶν προτέρων περιόδων πάντας· ἵνα μὴ Σωκράτης πάλιν γένηται, ἀλλ᾽
ἀπαράλλακτός τις τῷ Σωκράτει, γαμήσων ἀπαράλλακτόν τινα Ξανθίππη, καὶ
κατηγορηθησόμενος ὑπὸ ἀπαραλλάκτων Ἀνύτῳ καὶ Μελήτῳ. Οὐκ οἶδα δὲ
35 πῶς ὁ μὲν κόσμος ἀεὶ ὁ αὐτός ἐστι καὶ οὐκ ἀπαράλλακτος ἕτερος ἑτέρῳ· τὰ
δ᾽ ἐν αὐτῷ οὐ τὰ αὐτά, ἀλλ᾽ ἀπαράλλακτα.
Cf. ibid. V 20 Vol. II p. 21, 23 Kö. (p. 592 Del.). φασὶ δὴ οἱ ἀπὸ
τῆς Στοᾶς κατὰ περίοδον ἐκπύρωσιν τοῦ παντὸς γίγνεσθαι καὶ ἑξῆς αὐτῇ
διακόσμησιν πάντ᾽ ἀπαράλλακτα ἔχουσαν, ὡς πρὸς τὴν προτέραν διακόσμησιν·
40 ὅσοι δ᾽ αὐτῶν ᾐδέσθησαν τὸ δόγμα, ὀλίγην εἰρήκασι παραλλαγὴν καὶ σφόδρα
βραχεῖαν γίνεσθαι κατὰ περίοδον τοῖς ἐπὶ τῆς πρὸ αὐτῆς περιόδου.
(add. ibid. 23 Vol. II p. 24, 10 Kö. (p. 595 Del.) verba: διαλεκτικαῖς ὡς οἴονται ἀνάγκαις ταῦτα παριστάντες.)
627 Simplicius in Aristot. Phys. p. 886, 11 Diels. τοῦτο δὲ τὸ ζήτημα

---

21 at omnes deos praeter Iovem conflagratione mundi perire Chrysippus
docebat.   33 τινα Ξανθίππη Gundermann, τὴν Ξανθίππην A.

τῇ τῶν Στωϊκῶν ἐστι μᾶλλον ἁρμόττον παλιγγενεσίᾳ· λέγοντες γὰρ ἐκεῖνοι
τὸν αὐτὸν ἐμὲ πάλιν γίνεσθαι ἐν τῇ παλιγγενεσίᾳ, ζητοῦσιν εἰκότως πότερον
εἷς εἰμι τῷ ἀριθμῷ ὁ νῦν καὶ τότε, διὰ τὸ τῇ οὐσίᾳ εἶναι ὁ αὐτός, ἢ τῇ
κατατάξει τῇ εἰς ἄλλην καὶ ἄλλην κοσμοποιΐαν διαφοροῦμαι.
628 Origenes contra Celsum IV 12 Vol. I p. 282, 9 Kö. (p. 508 5
Delarue). ὅτι ἀρχαιότατοι ἄνδρες γενόμενοι Μωυσῆς καί τινες τῶν προφη-
τῶν οὐ παρ᾽ ἑτέρων εἰλήφασι τὰ περὶ τῆς τοῦ κόσμου ἐκπυρώσεως, ἀλλ᾽ (εἰ
χρὴ ἐπιστήσαντα τοῖς χρόνοις εἰπεῖν) μᾶλλον τούτων ἕτεροι παρακούσαντες
καὶ μὴ ἀκριβώσαντες τὰ ὑπὸ τούτων λεγόμενα ἀνέπλασαν κατὰ περιόδους
ταυτότητας καὶ ἀπαραλλάκτους τοῖς ἰδίως ποιοῖς καὶ τοῖς συμβεβηκόσιν αὐ- 10
τοῖς ⟨κόσμους⟩· ἡμεῖς δὲ οὔτε τὸν κατακλυσμὸν οὔτε τὴν ἐκπύρωσιν κύκλοις
καὶ ἀστέρων περιόδοις ἀνατίθεμεν.
629 Origenes de principiis (interpr. Rufino) II cp. 3 p. 81 ed. Dela-
rue. Iam vero qui indissimiles sibi mundos ac per omnia pares aliquando
evenire confirmant, nescio quibus id possint asserere documentis. (Hanc 15
sententiam cum liberi arbitrii doctrina pugnare Origenes contendit). Non
enim cursu aliquo in eosdem se circulos post multa saecula revolvente
aguntur animae, ut hoc aut illud vel agant vel capiant etc.
630 Clemens Al. Stromat. V 1 p. 649 Pott. οἶδεν γὰρ καὶ οὗτος
(scil. Heraclitus) τὴν διὰ πυρὸς κάθαρσιν — — ἣν ὕστερον ἐκπύρωσιν 20
ἐκάλεσαν οἱ Στωϊκοί. καθ᾽ ὃν καὶ τὸν ἰδίως ποιὸν ἀναστήσεσθαι
δογματίζουσι.
631 Hieronymus ep. 96 (ex Theophilo latine reddita). Nec quisquam
hominum crebrius moritur, quod Origenes ausus est scribere, Stoicorum
impiissimum dogma divinarum cupiens scripturarum auctoritate firmare. 25
632 Plutarchus de defectu oraculorum cp. 29. Καὶ μὴν τά γε ἄλλα
τῶν Στωϊκῶν τίς ἂν φοβηθείη, πυνθανομένων „πῶς εἱμαρμένη μία μένει
καὶ πρόνοια, καὶ οὐ πολλοὶ Δίες καὶ Ζῆνες ἔσονται πλειόνων ὄντων κόσμων;"
πρῶτον μὲν γὰρ εἰ τὸ πολλοὺς εἶναι Δίας καὶ Ζῆνας ἄτοπόν ἐστι, πολλῷ
δήπουθεν ἔσται τὰ ἐκείνων ἀτοπώτερα· καὶ γὰρ Ἡλίους καὶ Σελήνας 30
καὶ Ἀπόλλωνας καὶ Ἀρτέμιδας καὶ Ποσειδῶνας ἐν ἀπείροις κό-
σμων περιόδοις ἀπείρους ποιοῦσιν.

§ 11. Mundus est animal rationale.

633 Diogenes Laërt. VII 142, 143. ὅτι δὲ καὶ ζῷον ὁ κόσμος
καὶ λογικὸν καὶ ἔμψυχον καὶ νοερὸν καὶ Χρύσιππός φησιν ἐν 35
πρώτῳ περὶ Προνοίας καὶ Ἀπολλόδωρός φησιν ἐν τῇ φυσικῇ καὶ
Ποσειδώνιος· ζῷον μὲν οὕτως ὄντα, οὐσίαν ἔμψυχον αἰσθητικήν. τὸ
γὰρ ζῷον τοῦ μὴ ζῴου κρεῖττον· οὐδὲν δὲ τοῦ κόσμου κρεῖττον. ζῷον
ἄρα ὁ κόσμος. ἔμψυχον δέ, ὡς δῆλον ἐκ τῆς ἡμετέρας ψυχῆς ἐκεῖθεν
οὔσης ἀποσπάσματος. 40

10 ἰδίως A, ἰδίοις P Del. 11 κόσμους addidi. 36 ἐν ᾱ φησὶ (hoc. ord.)
BP; ἐν τῷ περὶ (om. φησι et numerum) F. 39 Cf. Cicero de nat. deor. II 8, 21
ubi hoc idem argumentum Zenoni tribuitur.

634 Diogenes Laërt. VII 138. τὸν δὴ κόσμον οἰκεῖσθαι κατὰ
νοῦν καὶ πρόνοιαν, καθά φησι Χρύσιππος ἐν τοῖς περὶ προνοίας
καὶ Ποσειδώνιος ἐν τῇ ιγ΄ περὶ θεῶν, εἰς ἅπαν αὐτοῦ μέρος διήκον-
τος τοῦ νοῦ, καθάπερ ἐφ᾽ ἡμῶν τῆς ψυχῆς· ἀλλ᾽ ἤδη δι᾽ ὧν μὲν μᾶλ-
5 λον δι᾽ ὧν δὲ ἧττον. δι᾽ ὧν μὲν γὰρ ὡς ἕξις κεχώρηκεν, ὡς διὰ τῶν
ὀστῶν καὶ τῶν νεύρων, δι᾽ ὧν δὲ ὡς νοῦς, ὡς διὰ τοῦ ἡγεμονικοῦ.
οὕτω δὴ καὶ τὸν ὅλον κόσμον, ζῷον ὄντα καὶ ἔμψυχον καὶ λογικόν,
ἔχειν ἡγεμονικὸν μὲν τὸν αἰθέρα — — — ὃν καὶ πρῶτον θεὸν λέ-
γουσιν, †† αἰσθητικῶς ὥσπερ κεχωρηκέναι διὰ τῶν ἐν ἀέρι καὶ διὰ
10 τῶν ζῴων ἁπάντων καὶ φυτῶν· διὰ δὲ τῆς γῆς αὐτῆς καθ᾽ ἕξιν.

635 Philo quaest. et solut. in Genesin IV 188 (p. 397 Aucher).
Itidem universum caelum et mundus (scil. non mixtam tristitiam aeternam
habet laetitiam), quoniam animal est et rationale et animans vir-
tute praeditus et natura philosophus; atque eandem ob causam
15 tristitia et timore carens plenusque gaudii. Immo dicitur, quod et ipse
pater et creator universorum perpetuo in vita sua exsultat et ludit, gau-
dens condecenti divinum iocum iucunditate, nec opus habens ullius nec
ullo modo indigens, sed ipse in se ipso laetificatus atque in suis virtuti-
bus mundisque a se conditis.

20 **636** Philodemus de pietate c. 14 (DDG p. 548 b, 13). τὰ παρα-
πλήσια δὲ κἂν τοῖς περὶ Φύσεως γράφει, μεθ᾽ ὧν εἴπαμεν; καὶ
τοῖς Ἡρακλείτου συνοικειῶν. καὶ δή; κἂν τῷ πρώτῳ τὴν νύκτα
θεάν φησιν εἶναι πρωτίστην. ἐν δὲ τῷ τρίτῳ τὸν κόσμον ἕνα τῶν
φρονίμων, συνπολειτευόμενον θεοῖς καὶ ἀνθρώποις, καὶ τὸν πόλεμον
25 καὶ τὸν Δία τὸν αὐτὸν εἶναι, καθάπερ καὶ τὸν Ἡράκλειτον λέγειν·
ἐν δὲ τῷ πέμπτῳ καὶ λόγους ἐρωτᾷ περὶ τοῦ τὸν κόσμον ζῷον εἶναι
καὶ λογικὸν καὶ φρονοῦν καὶ θεόν.

Philo de incorrupt. mund. 246, 10 B. ἐπεὶ καὶ οἱ φθείροντες αὐ-
τὸν λογικὸν εἶναι ὑπονοοῦσιν.

30 **637** Seneca cp. 92, 30. Quid est autem, cur non existimas in eo
divini aliquid existere, qui dei pars est? totum hoc, quo continemur, et
unum est et deus: et socii sumus eius et membra.

638 [Galenus] εἰ ζῷον τὸ κατὰ γαστρός 1 Vol. XIX p. 160 K. ἴδωμεν
οὖν εἰ ζῷόν ἐστιν ὁ κόσμος καί, εἴ γε τὴν ἀρχὴν ⟨μὴ⟩ ἐγένετο, εἶτ᾽ αὖ
35 πάλιν τὴν ὁλόκληρον ἐπέσχε φύσιν. κόσμος τοίνυν ἐστὶν σύστημα ἐξ οὐρα-
νοῦ καὶ γῆς καὶ τῶν μεταξὺ φύσεων. ***** καὶ ὕδατος καὶ ἀέρος καὶ τὸ
διῆκον ἔχον διὰ πάντων αὐτῶν ἀρχηγὸν καὶ πρωτόγονον πνεῦμα, ὅπερ κα-
λοῦσι παῖδες φιλοσόφων ἢ ψυχὴν ἢ μονάδα [ἢ ἄτομον] ἢ πῦρ ἢ ὁμωνύμως

---

1 διοικεῖσθαι B, quod videtur praestare.   2 ἐν τοῖς ε περὶ BP, ἐν τῷ
πέμπτῳ περὶ F.   3 τῇ P τοῖς B τῷ F. || διοίκοντος B.   8 ὃν scripsi, ὃ BPF.
9 lacunam significavi.   33 εἴδωμεν ed.   34 μὴ addidi; intellego μὴ ζῷον
ἐγένετο, sed dubito an corruptela latius pateat.   35 ἐπέσχε scripsi, ἐπεῖχε ed.
36 lacunam sic fere explendam puto: ἔμψυχον δ᾽ ἂν εἴη καὶ ζῷον, μετὰ γῆς
ὅλης φύσεως.   38 μονάδα potuit scriptor Stoicae disputationi immiscere, ἄτο-

τῷ γένει πνεῦμα τὸ πρῶτον. ταῦτα δὲ ἦν μὲν καὶ πρὸ τοῦ αὐτὸν ταύτην
ἔχειν τὴν ἐπωνυμίαν· ἀλλὰ τότε μὲν ἄκριτα ἦν ⟨καὶ⟩ ἀδιάλλακτα καί, ὡς
φασί τινες, ὕλην εἶχε τοὔνομα, κόσμον δὲ νῦν, διὰ τὸ ποιεῖν ἐμμελῶς καὶ
εὐτάκτως καὶ ὡς ἂν ἐν ῥυθμῷ καὶ κόσμῳ ποιεῖσθαι τὴν κίνησιν. — — ἐξ
ὅλων μὲν οὖν ὁ κόσμος ὅλος ἥρμοσται καὶ ἐκ τελείων τέλεος καὶ ἐξ αὐτο- 5
τελῶν ἀνενδεής· καὶ ἦν καὶ ἔσται κινούμενον ζῷον. ἀλλὰ τότε μὲν ⟨ἐν⟩-
εσπαρμένην καὶ τὴν τοῦ παντὸς ἔχουσαν λόγον δύναμιν ἐκέκτητο, διακριθεὶς
δὲ καὶ τοῦ σκότους προελθὼν τὴν οἰκείαν τῶν σπερμάτων ἀρετὴν ἔδειξεν,
ἔνθα μὲν γῇ φαινόμενος, ἔνθα δ᾽ ὕδωρ, ὅπου δὲ πῦρ **** σὺν ἀέρι ἐκ-
τεινόμενος πανταχοῦ τῷ τῆς αὐξήσεως τρόπῳ ⟨ἐν⟩ τῇ τῶν στοιχείων φύσει, 10
φωτίζων τὸ ὅλον οἷον ὀφθαλμοῖς ἡλίῳ καὶ σελήνῃ, καὶ τῇ τούτων διαυγεῖ
καὶ λαμπρᾷ στιλπνότητι κινήσει πάσῃ ὁδηγὸς γενόμενος. συνεκέκρατο γὰρ
αὐτῷ καὶ οὗτος ἐξ ἀρχῆς ἔτι γινομένῳ καὶ τὴν πρώτην συνισταμένῳ φύσιν.
ζῷόν τε γὰρ πρῶτον καὶ ἔμπνουν τε καὶ ἔννουν ὅδε ὁ κόσμος καὶ τότε ἦν
καὶ νῦν φαίνεται. ὥσπερ οὖν οὐκ ἄν τις τολμήσας εἴποι μὴ ζῷον αὐτόν, 15
ἡνίκα ἐκυΐσκετο (ἀπεδείξαμεν γὰρ ὡς ἐξ ὅλων ὅλος καὶ ὡς ἐκ τελείων τέλειος·
πῶς γὰρ ἂν ὁλοτελῆ παρείχετο μὴ ὢν ὅλος;) οὕτω καὶ τὸ κατὰ γαστρὸς μὴ
ζῷον ⟨οὐκ⟩ εἴποι τις ἄν. ὃν γὰρ τρόπον ὁ χαλκουργὸς ἢ ὁ σιδηρεὺς ἢ ὁ
ἀνδριαντουργὸς ἢ ὁ ναυπηγὸς ἤ τις τῶν ὁμοίων οὐκ ἂν λέγοιτο τέλειόν τι
τῶν ἐξ αὐτοῦ καὶ ὁλόκληρον παρεσχηκέναι ἐλλείποντός τινος — — τὸ 20
δ᾽ ἀνελλιπὲς καὶ τοῖς ἅπασιν ἀπηρτισμένον — τέλειόν ἐστιν, τὸν αὐτὸν τρό-
πον καὶ ὁ κόσμος — — οὐκ ἄν ποτε τὸν τέλειον ἐπέσχε λόγον, εἰ μὴ τότε,
ὅτε πρῶτον τοῦ εἶναι μετελάμβανεν, τὴν τοῦ παντὸς ἀνεδέξατο οὐσίαν.

639 VH² VIII 27, 5. ἢ τί μᾶλλον ἂν | θρώπων χάριν ἢ τῶν (ἀ |
λόγων ζώιων ἔστιν ε(ἰ | πεῖν γεγεννηκέναι | το .. τω 25
19. τριοῦ|τος δ᾽ ὢν οὐκ ἐπαισθα|νόμενος νοηθήσε|ται· τὴν γὰρ ἰσχὺν
οὐ|τὴν πυρὸς οὐδὲ τὴν ἀ|έρος)
in fine col. ἀλ|λὰ δὴ καὶ παρ᾽ ἡμῖν | τῶν μὲν φύσει τῶν | δὲ προ-
αιρ(έσ)ει γινομέ|νων ἐπιβλέψ(αι πρό|χειρον ὅτι τῶν (προ|αιρετικῶν οὐδ(ενὶ |
προσέοικεν ὁ κόσμος etc. 30
640 VH² VIII 29. τοῦ κόσμου ν .. αλ .. | τι παρακοπο ...... |
μήτε γινωσκομένου | μηθ᾽ ὅλως ὄντος μήτε | χάριτος ἐπιδεκτικοῦ | διὰ τὴν
ἀψυχίαν τὴν | ἐναργέστατα θεωρου|μένην.

641 Cicero de natura deorum II 14, 38. *Bene igitur idem Chry-* 35
sippus, qui similitudines adiungens omnia in perfectis et maturis docet
esse meliora, ut in equo quam in eculeo, in cane quam in catulo, in
viro quam in puero; item quod in omni mundo optimum sit, id in per-
fecto aliquo atque absoluto esse debere. 39. Est autem mundo nihil
perfectius, nihil virtute melius: igitur mundi est propria virtus. Nec

---

μον non potuit; seclusi igitur.   1 τοῦ αὐτὸν scripsi, τούτων ed.   2 καὶ
addidi.   3 ἐμμελῶς scripsi, εὐμελῶς ed.   7 ἐσπαρμένην ed. ‖ λόγον scripsi,
λόγου ed.   9 lacunam significavi; excidisse καὶ νοῦς vel tale quid, ostendunt
sequentia.   10 ἐν addidi.   11 διανγεῖ scripsi, διαυγείᾳ ed.   12 συνεκκέκρα-
ται ed.   13 οὗτος scripsi, οὕτως ed. ‖ ἔτι γινομένῳ scripsi, ἐπιγινομένῳ ed.
17 ὅλος scripsi, ὅλως ed.   18 οὐκ addidi. ‖ ὃν γὰρ scripsi, ὅνπερ ed.
22 ἐπέσχε scripsi, ἔπασχε ed.   23 τοῦ scripsi, τὸ ed. ‖ μετελάμβανεν scripsi,
μεταλαμβάνων ed.   24 Epicureus contra Stoicos disputat.

Stoicorum veterum fragm. II.   13

194   DE MUNDO.

*vero hominis natura perfecta est: et efficitur tamen in homine virtus:
quanto igitur in mundo facilius! Est ergo in eo virtus: sapiens est igitur et propterea deus.*
642 Arius Didymus epit. phys. fr. 29 Diels (DG p. 465). τισὶ δὲ
5 τῶν ἀπὸ τῆς αἱρέσεως ἔδοξε γῆν τὸ ἡγεμονικὸν εἶναι τοῦ κόσμου.
Χρυσίππῳ δὲ τὸν αἰθέρα τὸν καθαρώτατον καὶ εἰλικρινέστατον ἅτε
πάντων εὐκινητότατον ὄντα καὶ τὴν ὅλην περιάγοντα τοῦ κόσμου
φοράν.
643 Philo quaest. et solut. in Genesin IV 215 (p. 416 Aucher). In
10 homine mens similis est caelo, quoniam rationales sunt partes utriusque,
una mundi, altera animae.
644 Diogenes Laërt. VII 139. Χρύσιππος δὲ ἐν τῷ πρώτῳ
περὶ προνοίας καὶ Ποσειδώνιος ἐν τῷ περὶ θεῶν τὸν οὐρανόν φασι
τὸ ἡγεμονικὸν τοῦ κόσμου, Κλεάνθης δὲ τὸν ἥλιον. ὁ μέντοι Χρύ-
15 σιππος διαφορώτερον πάλιν τὸ καθαρώτατον τοῦ αἰθέρος ἐν ταὐτῷ.
645 Plutarchus de comm. not. cp. 34 p. 1076f. ἀλλὰ μὴν τόν γε
κόσμον εἶναι πόλιν καὶ πολίτας τοὺς ἀστέρας, εἰ δὲ τοῦτο, καὶ φυλέτας καὶ
ἄρχοντας δηλονότι καὶ βουλευτὴν τὸν ἥλιον καὶ τὸν ἕσπερον πρύτανιν ἢ
ἀστυνόμον, οὐκ οἶδ᾽ ⟨εἰ⟩ μὴ τοὺς ἐλέγχοντας τὰ τοιαῦτα τῶν λεγόντων καὶ
20 ἀποφαινομένων ἀποδείκνυσιν ἀτοπωτέρους.

---

14 κλέανθος B.   15 καθαρώτατον B καθαρώτερον (ερ in litura) P⁸F.
17 τόν γε κόσμον Mez., τὸ τὸ νεῖκος μὲν BE.   19 εἰ add. Giesenus.

Physica III.

De caelestibus et meteoris.

§ 1. De terra.

646 Plutarchus de facie in orbe lunae cp. 6 p. 923 e. γῆν δὲ φατὲ
ὑμεῖς (scil. Stoici) ἄνευ βάσεως καὶ ῥίζης διαμένειν. πάνυ μὲν οὖν, εἶπεν 5
ὁ Φαρνάκης, τὸν οἰκεῖον καὶ κατὰ φύσιν τόπον ἔχουσαν, ὥσπερ αὐτῇ, τὸν
μέσον· οὗτος γάρ ἐστι περὶ ὃν ἀντερείδει. πάντα τὰ βάρη ῥέποντα, καὶ φέρε-
ται καὶ συννεύει πανταχόθεν· ἡ δὲ ἄνω χώρα πᾶσα κἄν τι δέξηται γεῶδες
ὑπὸ βίας ἀναρριφέν, εὐθὺς ἐκθλίβει δεῦρο, μᾶλλον δὲ ἀφίησιν ᾗ πέφυκεν
οἰκείᾳ ῥοπῇ καταφερόμενον.   10
cp. 8 in. ἑτέρους φασὶ γελοιάζειν ἄνω τὴν Σελήνην, γῆν οὖσαν, ἐνι-
δρύοντας οὐχ ὅπου τὸ μέσον ἐστί. καίτοι γε εἰ πᾶν σῶμα ἐμβριθὲς εἰς τὸ
αὐτὸ συννεύει, καὶ πρὸς τὸ αὐτοῦ μέσον ἀντερείδει πᾶσι τοῖς μορίοις, οὐχ
ὡς μέσον οὖσα τοῦ παντὸς ἡ γῆ μᾶλλον ἢ ὡς ὅλον οἰκειώσεται μέρη αὐτῆς
ὄντα τὰ βάρη· καὶ τεκμήριον ἔσται ⟨τὸ πάθος⟩ τῶν ῥεπόντων, οὐ τῇ ⟨γῇ⟩ 15
τῆς μεσότητος πρὸς τὸν κόσμον, ἀλλὰ πρὸς τὴν γῆν κοινωνίας τινὸς καὶ
συμφυίας τοῖς ἀποσπωμένοις αὐτῆς, εἶτα πάλιν καταφερομένοις.
cp. 9. ὁρᾶτε ὅτι γελοῖόν ἐστιν εἰ γῆν οὐ φήσομεν εἶναι τὴν Σελήνην,
ὅτι τῆς κάτω χώρας ἀφέστηκεν etc.
647 Aëtius Plac. III 9, 3. Οἱ Στωϊκοὶ τὴν γῆν μίαν καὶ πεπε- 20
ρασμένην.
648 Aëtius Plac. III 10, 1. Θαλῆς καὶ οἱ Στωϊκοὶ καὶ οἱ ἀπ' αὐ-
τῶν σφαιροειδῆ τὴν γῆν.
649 Diogenes Laërt. VII 156. ζῶναί τε ἐπὶ τῆς γῆς εἰσι πέντε·
πρώτη βόρειος [καὶ] ὑπὲρ τὸν ἀρκτικὸν κύκλον, ἀοίκητος διὰ ψῦχος. δευ- 25
τέρα εὔκρατος· τρίτη ἀοίκητος ὑπὸ καύματος, ἡ διακεκαυμένη καλουμένη·
τετάρτη ἡ ἀντεύκρατος· πέμπτη νότιος, ἀοίκητος διὰ ψῦχος.

§ 2. De sole.

650 Diogenes Laërt. VII 144. τῶν δὲ ἄστρων τὰ μὲν ἀπλανῆ συμ-
περιφέρεσθαι τῷ ὅλῳ οὐρανῷ, τὰ δὲ πλανώμενα κατ' ἰδίας κινήσεις κινεῖ- 30

---

6 ὥσπερ αὐτῇ scripsi, ὥσπερ αὐτὴ BE.   11 πελάζειν libri, γελοιάζειν Tur-
nebus.   12 εἰς ἑαυτὸ Wy. dubitanter.   15 τὸ πάθος add. Dü. ‖ τῇ γῇ
Madvig, τῇ τῆς libri.   22 Θαλῆς καὶ οἱ ἀπ' αὐτοῦ Gal.   25 καὶ om. BPF.
26 δεύτερος F. ‖ καυμάτων BPF.

196   DE CAELESTIBUS ET METEORIS.

σθαι. τὸν δὲ ἥλιον λοξὴν τὴν πορείαν ποιεῖσθαι διὰ τοῦ ζωδιακοῦ κύκλου·
ὁμοίως καὶ τὴν σελήνην ἑλικοειδῆ. εἶναι δὲ τὸν μὲν ἥλιον εἰλικρινὲς πῦρ
(Posidonius) καὶ μείζονα τῆς γῆς (Posidonius) ἀλλὰ καὶ σφαιροειδῆ (Posi-
donius) ἀναλόγως τῷ κόσμῳ. πῦρ μὲν οὖν εἶναι, ὅτι τὰ πυρὸς πάντα ποιεῖ·
5 μείζω δὲ τῆς γῆς τῷ πᾶσαν ὑπ᾽ αὐτοῦ φωτίζεσθαι, ἀλλὰ καὶ τὸν οὐρανόν.
καὶ τὸ τὴν γῆν δὲ κωνοειδῆ σκιὰν ἀποτελεῖν τὸ μείζονα εἶναι σημαίνει· πάν-
τοθεν δὲ βλέπεσθαι διὰ τὸ μέγεθος. γεωδεστέραν δὲ τὴν σελήνην, ἅτε
καὶ προσγειοτέραν οὖσαν. τρέφεσθαι δὲ τὰ ἔμπυρα ταῦτα καὶ τὰ ἄλλα
ἄστρα, τὸν μὲν ἥλιον ἐκ τῆς μεγάλης θαλάττης νοερὸν ὄντα ἄναμμα· τὴν
10 δὲ σελήνην ἐκ ποτίμων ὑδάτων, ἀερομιγῆ τυγχάνουσαν καὶ πρόσγειον οὖσαν,
(Posidonius) τὰ δ᾽ ἄλλα ἀπὸ τῆς γῆς. δοκεῖ δὲ αὐτοῖς σφαιροειδῆ εἶναι
καὶ τὰ ἄστρα καὶ τὴν γῆν, ἀκίνητον οὖσαν. τὴν δὲ σελήνην οὐκ ἴδιον
ἔχειν φῶς, ἀλλὰ παρ᾽ ἡλίου λαμβάνειν ἐπιλαμπομένην. ἐκλείπειν δὲ τὸν
μὲν ἥλιον ἐπιπροσθούσης αὐτῷ σελήνης κατὰ τὸ πρὸς ἡμᾶς μέρος (Zeno
15 ἐν τῷ περὶ τοῦ ὅλου). φαίνεται γὰρ ὑπερχομένη ταῖς συνόδοις καὶ ἀπο-
κρύπτουσα αὐτὸν καὶ πάλιν παραλλάττουσα. γνωρίζεται δὲ τοῦτο διὰ λεκάνης
ὕδωρ ἐχούσης. 651 Diogenes Laërt. VII 155. κύκλους δὲ εἶναι ἐν τῷ οὐρανῷ
πέντε, ὧν πρῶτον ἀρκτικὸν ἀεὶ φαινόμενον, δεύτερον τροπικὸν θερινόν, τρί-
20 τον ἰσημερινόν, τέταρτον χειμερινὸν τροπικόν, πέμπτον ἀνταρκτικὸν ἀφανῆ.
λέγονται δὲ παράλληλοι. καθότι οὐ συννεύουσιν εἰς ἀλλήλους· γράφονται μέν-
τοι περὶ τὸ αὐτὸ κέντρον. ὁ δὲ ζωδιακὸς λοξός ἐστιν ὡς ἐπιὼν τοὺς πα-
ραλλήλους.

652 Stobaeus I p. 214, 1 W. Χρύσιππος τὸν ἥλιον εἶναι τὸ
25 ἀθροισθὲν ἔξαμμα νοερὸν ἐκ τοῦ τῆς θαλάσσης ἀναθυμιάματος, σφαι-
ροειδῆ δὲ εἶναι τῷ σχήματι (Diels Arii Didymi epitom. phys. fragm. 33).

653 Achilles Isagoge 14 p. 139 in Petav. Uranol. σχῆμα δὲ αὐτοῦ
(scil. τοῦ ἡλίου) οἱ μὲν δισκοειδές, Ἡράκλειτος δὲ σκαφοειδές. Στωϊκοὶ δὲ
σφαιροειδὲς εἶναι λέγουσι.

30   654 Aëtius Plac. II 22, 3. Οἱ Στωϊκοὶ σφαιροειδῆ (τὸν ἥλιον) ὡς
τὸν κόσμον καὶ τὰ ἄστρα.

655 Aëtius Plac. II 20, 4. Οἱ Στωϊκοὶ ἄναμμα νοερὸν ἐκ θαλάττης
τὸν ἥλιον. Cf. ibid 16 Hecataeum (Milesium).

656 Scholia in Dionys. Thrac. p. 668 Bekker Anecd. Gr. II. Ἔτι
35 δεῖ τὸν ὅρον καὶ τοῖς μὴ πάνυ λογίοις δηλοῦν, τίνος ἐστὶν ὁ ὅρος, οὐχ
ὥσπερ οἱ Στωϊκοὶ ὁριζόμενοι τὸν ἥλιον λέγουσιν ὅτι ἥλιός ἐστιν ἄναμμα
νοερὸν θαλασσίων ὑδάτων.

657 Servius ad Verg. Georg. I 249. Redit a nobis: i. e. ad illos.
et hoc secundum Stoicos qui dicunt Solem vicissim per utrumque hemis-
40 phaerium ire et alternis noctem facere.

658 Aëtius Plac. II 23, 5. Οἱ Στωϊκοὶ κατὰ τὸ διάστημα τῆς ὑπο-
κειμένης τροφῆς διέρχεσθαι τὸν ἥλιον· ὠκεανὸς δέ ἐστιν ἢ γῆ, ἧς τὴν ἀνα-
θυμίασιν ἐπινέμεται.

---

1 δόξῃ FP et fortasse B.   2 ὁμοίως τε BPF (om. καί).   6 κονοειδῆ B
κωλονειδῆ P².   8 ἔμπειρα F.   9 τῆς om. BPF.   11 τῆς om. BPF.
13 ἐπιλαμπουμένην B.   15 ὑποκρύπτουσα B.   22 περὶ τὸ αὐτὸ κέντρον P³
mutavit in περὶ τὸν αὐτὸν πόλον. ǁ ἐπιὸς BP.   32 οἱ Στωϊκοὶ Plut., Κλεάνθης
Stob.   42 ἢ γῆ om. Stob.

659 Servius ad Verg. Aeneid. I 607. „pasci" autem aquis marinis sidera, id est ignes caelestes, physici docent. — — quidam radios solis pasci asserunt humore terreno.

660 Commenta Lucani Lib. VII 15 p. 220 Us. Non pabula flammis: ut Stoici colligunt, ex nubibus flagrantia solis accenditur.   5

661 Alexander Aphrod. in Aristot. Meteorol. f. 92b ed. Ven. διὸ καὶ γελοῖοι πάντες ὅσοι τῶν πρότερον ὑπέλαβον τὸν ἥλιον τρέφεσθαι τῷ ὑγρῷ. καὶ διὰ τοῦτ᾽ ἔνιοι καί φασι ποιεῖσθαι τὰς τροπὰς αὐτόν. οὐ γὰρ ἀεὶ τοὺς αὐτοὺς δύνασθαι τόπους παρασκευάζειν αὐτῷ τροφήν. ἀναγκαῖον δ᾽ εἶναι τοῦτο συμβαίνειν περὶ αὐτὸν ἢ φθείρεσθαι. καὶ γὰρ τὸ φανερὸν πῦρ, ἕως 10 ἂν ἔχῃ τροφήν, μέχρι τούτου ζῆν. τὸ δ᾽ ὑγρὸν τῷ πυρὶ τροφὴν εἶναι μόνον, ὥσπερ ἀφικνούμενον μέχρι πρὸς τὸν ἥλιον τὸ ἀναγόμενον τοῦ ὑγροῦ, ἢ τὴν ἄνοδον τοιαύτην οὖσαν, οἷανπερ τῇ γινομένῃ φλογί. δι᾽ ἧς τὸ εἰκὸς λαβόντες οὕτω καὶ περὶ τοῦ ἡλίου ὑπέλαβον.

Cf. ibid. f. 93a.   15

662 Scholia Hesiod. Theog. v. 276. „Σθεινώ τ᾽ Εὐρυάλη τε." τὸ δυνατὸν καὶ κατάμηκες πέλαγός φησι, Μέδουσαν δὲ τὴν λεπτοτάτην οὐσίαν. Περσέα δὲ τὸν ἥλιον καλεῖ τὸν πρὸς ἑαυτὸν ἕλκοντα τὴν ἰκμάδα ὡς ἀποτέμνοντα αὐτήν, παρὰ τὸ περισσῶς σεύειν τουτέστιν ὁρμᾶν· καί φησιν ὅτι ὁ ἥλιος κινούμενος τῇ οὐρανίῳ φορᾷ τὴν μὲν Σθεινὼ καὶ τὴν Εὐρυάλην 20 ἤγουν τὸ δυνατὸν καὶ κατάμηκες πέλαγος τῆς θαλάσσης οὐκ ἀναιρεῖ ἤγουν οὐκ ἀνιμᾶται, τὴν δὲ Μέδουσαν ὡς θνητὴν ἀναιρεῖ ἤγουν τὸ βασιλικώτατον καὶ λεπτό⟨τατο⟩ν τῇ κινήσει τῇ ἑαυτοῦ ἀνιμᾶται. ὁρμᾷ δὲ ἀπὸ τῆς κεφαλῆς αὐτοῦ ὁ Πήγασος. ἀνιμωμένου γὰρ τοῦ ἡλίου καὶ τοῦ ἀέρος τὸ κεφαλαιῶδες καὶ ἀτμῶδες, συμβαίνει τὸ βαρύτατον ἀναφερόμενον καταπηγά- 25 ζειν καὶ χέεσθαι.

663 Plutarchus de Iside et Osiride cp. 41 p. 367e. οἱ δὲ Στωϊκοὶ τὸν μὲν ἥλιον ἐκ θαλάττης ἀνάπτεσθαι καὶ τρέφεσθαί φασι, τῇ δὲ σελήνῃ τὰ κρηναῖα καὶ λιμναῖα νάματα γλυκεῖαν ἀναπέμπειν καὶ μαλακὴν ἀναθυμίασιν.   30

664 Philo de confus. linguarum § 156 Vol. II p. 259, 2. ὅτι ὁ αἰθήρ, ἱερὸν πῦρ, φλόξ ἐστιν ἄσβεστος, ὡς καὶ αὐτὸ δηλοῖ τοὔνομα, παρὰ τὸ αἴθειν, ὃ δὴ καίειν ἐστὶ κατὰ γλῶτταν, εἰρημένον. Μάρτυς δὲ μία μοῖρα τῆς οὐρανίου πυρᾶς, ἥλιος, ὃς τοσοῦτον γῆς ἀφεστώς, ἄχρι μυχῶν τὰς ἀκτῖνας ἐπιπέμπων, αὐτήν τε καὶ τὸν ἀπ᾽ αὐτῆς ἀνατείνοντα μέχρι τῆς οὐρανίου 35 σφαίρας ἀέρα φύσει ψυχρὸν ὄντα, τῇ μὲν ἀλεαίνει τῇ δὲ καταφλέγει. Τὰ μὲν γὰρ ὅσα ἢ μακρὰν ἀφέστηκεν αὐτοῦ τῆς φορᾶς ἢ ἐγκάρσια παραβέβληται ἀλεαίνει μόνον, τὰ δ᾽ ἐγγὺς ἢ ἐπ᾽ εὐθείας ὄντα καὶ προσανακαίει βίᾳ.

665 Plutarchus de comm. not. cp. 45 p. 1084c. Καὶ μὴ δυσχεραινέτωσαν ἐπὶ ταῦτ᾽ ἀγόμενοι τῷ κατὰ μικρὸν λόγῳ, Χρυσίππου μνη- 40 μονεύοντες, ἐν τῷ πρώτῳ τῶν Φυσικῶν Ζητημάτων οὕτω προσάγοντος· „Οὐχ ἡ μὲν νύξ σῶμά ἐστιν, ἡ δὲ ἑσπέρα καὶ ὁ ὄρθρος καὶ τὸ μέσον τῆς νυκτὸς σώματα οὐκ ἔστιν· οὐδὲ ἡ μὲν ἡμέρα σῶμά ἐστιν, οὐχὶ δὲ καὶ ἡ νουμηνία σῶμα, καὶ ἡ δεκάτη καὶ

---

8 αὐτόν scripsi, αὐτῶν ed.   9 τόπους scripsi, τρόπους ed.   25 fortasse: νεφελῶδες.   34 σφαίρας Marg.   37 παραβέβληται GHP παρακέκληται F παρακέκλιται vulg.

πεντεκαιδεκάτη καὶ ἡ τριακάς, καὶ ὁ μὴν cῶμά ἐcτι, καὶ τὸ θέρος καὶ τὸ φθινόπωρον καὶ ὁ ἐνιαυτός."

§ 3. De luna.

(Cf. etiam n. 650.)

5   **666** Aëtius Plac. II 26, 1.   οἱ *Στωϊκοὶ* μείζονα τῆς γῆς ἀποφαίνονται (τὴν σελ.) ὡς καὶ τὸν ἥλιον.
   667 Aëtius Plac. II 27, 1.   οἱ *Στωϊκοὶ* σφαιροειδῆ εἶναι (τὴν σελ.) ὡς τὸν ἥλιον.   σχηματίζεσθαι δ᾽ αὐτὴν πολλαχῶς, καὶ γὰρ πανσέληνον γιγνομένην καὶ διχότομον καὶ ἀμφίκυρτον καὶ μηνοειδῆ.
10   **668** Plutarchus de facie lunae cp. 15 p. 928 c.   λέγουσι δὲ (scil. Stoici) τοῦ αἰθέρος τὸ μὲν αὐγοειδὲς καὶ λεπτὸν ὑπὸ μανότητος οὐρανὸν γεγονέναι, τὸ δὲ πυκνωθὲν καὶ συνειληθὲν ἄστρα· τούτων δὲ τὸ νωθρότατον εἶναι τὴν σελήνην καὶ θολερώτατον.
   669 Aëtius Plac. II 30, 5.   Οἱ *Στωϊκοὶ* διὰ τὸ ἀερομιγὲς τῆς οὐσίας
15 μὴ εἶναι αὐτῆς (sc. τῆς σελήνης) ἀκήρατον τὸ σύγκριμα.
   670 Aëtius Plac. II 28, 3.   Οἱ *Στωϊκοὶ* ἀμαυροφανὲς (sc. τὸ φῶς τῆς σελ.), ἀεροειδὲς γάρ.
   671 Aëtius Plac. II 25, 5.   *Ποσειδώνιος* δὲ καὶ οἱ *πλεῖστοι* τῶν *Στωϊκῶν* μικτὴν ἐκ πυρὸς καὶ ἀέρος (τὴν σελήνην).
20   **672** Plutarchus de facie in orbe lunae cp. 21 p. 933 f.   ὁ *Φαρνάκης* (Stoicus Plutarchi) εἶπεν, ὅτι τοῦτο καὶ μάλιστα τὴν Σελήνην δείκνυσιν ἄστρον ἢ πῦρ οὖσαν· οὐ γάρ ἐστι παντελῶς ἄδηλος ἐν ταῖς ἐκλείψεσιν, ἀλλὰ διαφαίνει τινὰ χρόαν ἀνθρακώδη καὶ βλοσυρὰν ἥτις ἴδιός ἐστιν αὐτῆς.
   673 Plutarchus de facie in orbe lunae cp. 5 p. 921 f.   Ἀλλὰ μὴ δό-
25 ξωμεν, ἔφη, κομιδῇ προπηλακίζειν τὸν *Φαρνάκην*, οὕτω τὴν Στωικὴν δόξαν ἀπροσαύδητον ὑπερβαίνοντες, εἰπὲ δή τι πρὸς τὸν ἄνδρα πάντως ἀέρος μῖγμα καὶ μαλακοῦ πυρὸς ὑποτιθέμενον τὴν Σελήνην, εἶτα οἷον ἐν γαλήνῃ φρίκης ὑποτρεχούσης φάσκοντα τοῦ ἀέρος διαμελαίνοντος ἔμφασιν γίνεσθαι μορφοειδῆ ⟨προσώπου⟩.
30   paullo infra vituperat Stoicos: ὁμοῦ μὲν Ἄρτεμιν καὶ Ἀθηνᾶν ἀνακαλοῦντας, ὁμοῦ δὲ σύμμιγμα καὶ φύραμα ποιοῦντας ἀέρος ζοφεροῦ καὶ πυρὸς ἀνθρακώδους, οὐκ ἔχουσαν ἔξαψιν οὐδὲ αὐγὴν οἰκείαν, ἀλλὰ δυσκρινές τι σῶμα τυφόμενον ἀεὶ καὶ πυρίκαυστον· ὥσπερ τῶν κεραυνῶν τοὺς ἀλαμπεῖς καὶ ψολόεντας ὑπὸ τῶν ποιητῶν προσαγορευομένους.
35   p. 922 c.   καὶ γὰρ Ἐμπεδοκλεῖ δυσκολαίνουσι πάγον ἀέρος χαλαζώδη ποιοῦντι τὴν Σελήνην ὑπὸ τῆς τοῦ πυρὸς σφαίρας περιεχόμενον· αὐτοὶ δὲ τὴν Σελήνην σφαῖραν οὖσαν πυρός, ἀέρα φασὶν ἄλλον ἄλλη διεσπασμένον περιέχειν, καὶ ταῦτα μήτε ῥήξεις ἔχουσαν ἐν ἑαυτῇ μήτε βάθη καὶ κοιλότητας, ἅπερ οἱ γεώδη ποιοῦντες ἀπολείπουσιν, ἀλλὰ ἐπιπολῆς δηλονότι τῇ κυρ-
40 τότητι ἐπικείμενον.

---

5 apud Stobaeum *Ποσειδώνιος καὶ οἱ πλεῖστοι τῶν Στωϊκῶν* ex antecedentibus suppletur.   7 apud Stobaeum *Ποσειδώνιος καὶ οἱ πλεῖστοι τῶν Στωϊκῶν* suppl. ex antecedentibus.   8 vel *γίγνεσθαι* scribendum vel *γὰρ* delendum putat Diels.   26 *παντὸς* codd. BE.   29 *προσώπου* add. Wy.   31 *σύμμιγα* codd. BE.

674 Philo de somniis lib. I § 145. *Λέγεται γοῦν, ὅτι σελήνη πίλημα*
μὲν ἄκρατον αἰθέρος οὐκ ἔστιν, ὡς ἕκαστος τῶν ἄλλων ἀστέρων, κρᾶμα δὲ
ἔκ τε αἰθερώδους οὐσίας καὶ ἀερώδους· καὶ τό γε ἐμφαινόμενον αὐτῇ μέλαν,
ὃ καλοῦσί τινες πρόσωπον, οὐδὲν ἄλλο εἶναι ἢ τὸν ἀναμεμιγμένον ἀέρα, ὃς
κατὰ φύσιν μέλας ὢν ἄχρις οὐρανοῦ τείνεται. 5

675 Plutarchus de facie lunae cp. 23 p. 936 b. *ἀλλ᾽ ἐκεῖνο μᾶλλον*
ἐλέγχειν δοκεῖ τὴν λεγομένην ἀνάκλασιν ἀπὸ τῆς σελήνης, ὅτι τοὺς ἐν ταῖς
ἀνακλωμέναις αὐγαῖς ἐστῶτας οὐ μόνον συμβαίνει τὸ φωτιζόμενον ὁρᾶν, ἀλλὰ
καὶ τὸ φωτίζον. ὅταν γάρ, αὐγῆς ἀφ᾽ ὕδατος πρὸς τοῖχον ἀλλομένης, ὄψις
ἐν αὐτῷ τῷ πεφωτισμένῳ κατὰ τὴν ἀνάκλασιν τόπῳ γένηται, τὰ τρία καθορᾷ, 10
τήν τ᾽ ἀνακλωμένην αὐγὴν καὶ τὸ ποιοῦν ὕδωρ τὴν ἀνάκλασιν καὶ τὸν ἥλιον
αὐτόν, ἀφ᾽ οὗ τὸ φῶς τῷ ὕδατι προσπῖπτον ἀνακέκλασται. τούτων δ᾽ ὁμο-
λογουμένων καὶ φαινομένων, κελεύουσι τοὺς ἀνακλάσει φωτίζεσθαι
τὴν γῆν ὑπὸ τῆς σελήνης ἀξιοῦντας ἐπιδεικνύναι νύκτωρ ἐμφαι-
νόμενον τῇ σελήνῃ τὸν ἥλιον, ὥσπερ ἐμφαίνεται τῷ ὕδατι μεθ᾽ 15
ἡμέραν, ὅταν ἀνάκλασις ἀπ᾽ αὐτοῦ γένηται· μὴ φαινομένου δὲ
τούτου, κατ᾽ ἄλλον οἴονται τρόπον, οὐκ ἀνακλάσει, γίγνεσθαι τὸν
φωτισμόν. εἰ δὲ μὴ τοῦτο, μηδὲ γῆν εἶναι τὴν σελήνην. (Hanc
argumentationem esse Stoicorum ex conexu apparet).

676 Aetius Plac. II 29, 6. *Θαλῆς Ἀναξαγόρας Πλάτων οἱ Στωϊκοὶ* 20
τοῖς μαθηματικοῖς συμφώνως τὰς μὲν μηνιαίους ἀποκρύψεις συνοδεύουσαν
αὐτὴν ἡλίῳ καὶ περιλαμπομένην ποιεῖσθαι, τὰς δὲ ἐκλείψεις εἰς τὸ σκίασμα
τῆς γῆς ἐμπίπτουσαν, μεταξὺ μὲν ἀμφοτέρων τῶν ἀστέρων γινομένης, μᾶλλον
δὲ τῆς σελήνης ἀντιφρασσομένης.

677 Plutarchus de facie lunae cp. 25 p. 940 c. *καὶ γὰρ αὐτὴν τὴν* 25
σελήνην, ὥσπερ τὸν ἥλιον, ζῷον ὄντα πύρινον καὶ τῆς γῆς ὄντα πολλα-
πλάσιον, ἀπὸ τῶν ὑγρῶν φασι τῶν ἀπὸ τῆς γῆς τρέφεσθαι, καὶ τοὺς ἄλλους
ἀστέρας ἀπείρους ὄντας· οὕτως ἐλαφρὰ καὶ λιτὰ τῶν ἀναγκαίων φέρειν ζῷα
τὸν ἄνω τόπον ὑπολαμβάνουσιν (Stoicos dici, conexus docet).

Stobaeus ed. I p. 219, 24 W. (de luna). *Χρύσιππος τὸ ἀθροισθὲν* 30
ἔξαμμα μετὰ τὸν ἥλιον νοερὸν ἐκ τοῦ ἀπὸ τῶν ποτίμων ὑδάτων ἀναθυμιάμα-
τος· διὸ καὶ τούτοις τρέφεσθαι. σφαιροειδῆ δὲ εἶναι. μῆνα δὲ καλεῖσθαι
τὴν τοῦ δρόμου αὐτῆς περίοδον. μεὶς δ᾽ ἐστί, φησί, τὸ φαινόμενον τῆς
σελήνης πρὸς ἡμᾶς ἢ σελήνη μέρος ἔχουσα φαινόμενον πρὸς ἡμᾶς.

678 Stobaeus I p. 221, 23 W *Χρύσιππος ἐκλείπειν τὴν σελήνην* 35
τῆς γῆς αὐτῇ ἐπιπροσθούσης καὶ εἰς σκιὰν αὐτῆς ἐμπίπτουσαν (DDG
p. 360ᵇ 27 Aët. Plac. II 29, 8).

Diogenes Laërt. VII 146. *τὴν δὲ σελήνην (ἐκλείπειν) ἐμπίπτουσαν εἰς*
τὸ τῆς γῆς σκίασμα· ὅθεν καὶ ταῖς πανσελήνοις ἐκλείπειν μόναις καίπερ
κατὰ διάμετρον ἱσταμένην κατὰ μῆνα τῷ ἡλίῳ, ὅτι κατὰ λοξοῦ ὡς πρὸς τὸν 40
ἥλιον κινουμένη παραλλάττει τῷ πλάτει, ἢ βορειοτέρα ἢ νοτιωτέρα γινομένη.
ὅταν μέντοι τὸ πλάτος αὐτῆς κατὰ τὸν ἡλιακὸν καὶ τὸν διὰ μέσων γένηται,
εἶτα διαμετρήσῃ τὸν ἥλιον, τότε ἐκλείπει. γίνεται δὲ τὸ πλάτος αὐτῆς κατὰ
τὸν διὰ μέσων ἐν χηλαῖς καὶ σκορπίῳ καὶ κριῷ καὶ ταύρῳ (Posidonius).

---

24 ἥλιον δὲ τῆς σελ. ἀντιφραττούσης coni. Diels. Proll. p. 54 sed tradita
defendi possunt.   27 ἐπὶ libri, corr. Turnebus.   36 αὐτῇ Heeren αὐτὴν A ‖
ἐμπιπτούσης A, corr. Bake.   39 πανσελήνης B. ‖ μῆνα pro μόναις BP μόνον
F.   42 τὸν μέσον P (corr. P²).   43 διαμετρῆσαι F.   44 τῶν διὰ μέσον F.

200   DE CAELESTIBUS ET METEORIS.

679 Plutarchus de facie‾ lunae cp. 25 p. 940a. ὠκεανοῦ τε πλημ-
μύρας, ὡς λέγουσιν οὗτοι (scil. Stoici), καὶ πορθμῶν ἐπιδόσεις, διαχεομένων
καὶ αὐξανομένων ὑπὸ τῆς σελήνης τῷ ἀνυγραίνεσθαι, παρατιθέμενος.
680 Philo de provid. II § 77 (p. 96 Aucher). Lunae phasibus spe-
5 ciatim fructus nocte quodam modo maturescere videntur; debiles namque
et magis femineos emittens splendores nec non serenos (aut rore praeditos)
optime lactat enutriendo et adaugendo; quandoquidem nimius violentus-
que calor exsiccando arescere facit; qui vero absque exustione est, leniter
ac paulatim calefaciendo solet perficere.

10   § 4. De astris.
                     (Cf. etiam n. 650.)

681 Aëtius Plac. II 14, 1. Οἱ Στωϊκοὶ σφαιρικοὺς τοὺς ἀστέρας,
καθάπερ τὸν κόσμον καὶ ἥλιον καὶ σελήνην.
682 Achilles Isagoge 11 p. 133 in Petav. Uranol. οἱ Στωϊκοὶ δὲ
15 ἐκ πυρὸς λέγουσιν αὐτούς· πυρὸς δὲ τοῦ θείου καὶ ἀϊδίου καὶ οὐ παρα-
πλησίου τῷ παρ' ἡμῖν· τοῦτο γὰρ φθαρτικόν, καὶ οὐ παμφαές.
   idem 12. Περὶ σχήματος ἀστέρων. Κλεάνθης αὐτοὺς κωνοειδὲς ἔχειν
σχῆμά φησι. τινὲς δὲ πετάλοις ἐοικέναι ἐκ πυρός, βάθος οὐκ ἔχοντας, ἀλλ'
ὥσπερ γραφὰς εἶναι. Οἱ δὲ Στωϊκοὶ σφαιρικὸν ἔχειν σχῆμα λέγουσι,
20 καθάπερ τὸν ἥλιον καὶ τὸν περιέχοντα οὐρανόν.
683 Stobaeus ecl. I p. 206, 25 W. Χρυσίππου· Ἀνατολὴν δ'
εἶναί φησιν ὁ Χρύσιππος ἐν ταῖς Φυσικαῖς τέχναις ὑπεροχὴν
ἄστρου ὑπὲρ γῆς, δύσιν δὲ κρύψιν ἄστρου ὑπὸ γῆν. Γίγνεσθαι δ'
ἅμα τῶν αὐτῶν ἀνατολὴν καὶ δύσιν πρὸς ἄλλους τε καὶ ἄλλους.
25 Ἐπιτολὴν δὲ ⟨τὴν⟩ ἄστρου ἅμα ἡλίῳ ἀνατολήν, δύσιν δὲ τὴν ἅμα
ἡλίῳ δύσιν. Διχῶς γὰρ λέγεσθαι δύσιν, τὴν μὲν κατὰ τὴν ἀνατολήν,
τὴν δὲ κατὰ τὴν ἐπιτολήν. Κυνὸς δ' ἐπιτολὴν ἅμα ἡλίῳ κυνὸς ἀνα-
τολήν, δύσιν δὲ κυνὸς ἅμα ἡλίῳ κυνὸς ἀπόκρυψιν ὑπὸ γῆν. Τὸν δ'
ὅμοιον λόγον εἶναι καὶ ἐπὶ τῆς πλειάδος (Diels Arii Didymi epit.
30 phys. fragm. 32).
684 Cicero de natura deorum II 15, 39. Atque hac mundi divini-
tate perspecta tribuenda est sideribus eadem divinitas, quae ex mobilissima
purissimaque aetheris parte gignuntur, neque ulla praeterea est admixta
natura, totaque sunt calida atque perlucida, ut ea quoque rectissime et
35 animantia esse et sentire atque intelligere dicantur.
685 Origenes contra Celsum V 10. Vol. II p. 11, 13 Kö. p. 585
Delarue. εἴπερ καὶ οἱ ἐν οὐρανῷ ἀστέρες ζῷά εἰσι λογικὰ καὶ σπουδαῖα.
686 Achilles Isagoge 13 p. 134 in Petav. Uranol. ὅτι δὲ οἱ ἀστέρες
ζῷα, χρῶνται πρὸς ἀπόδειξιν οἱ Στωϊκοὶ τούτοις· πάντα τὰ ἐν τῷ οὐρανῷ
40 πυρώδη, καὶ κατὰ φύσιν καὶ πολυχρονίως κινεῖται καὶ κυκλικῶς. οὐκοῦν

───────────────────────────────

1 ὠκεανοῦ τε ed. Basileensis, ὥστε καὶ ἀνοιγαὶ libri.   17 Cf. I n. 508.
25 τὴν add. Wachsmuth.   28 εἰς trad., ὑπό Meineke.   33 est Baiter, sunt
libri.

καὶ κρίσιν ἔχει. εἰ δὲ κρίσιν ἔχει καὶ ζῷά ἐστι. Καὶ ποικίλας ἔχουσι κινήσεις· τοῦτο δὲ τοῖς ζῴοις ἕπεται. Καὶ πάντα τὰ στοιχεῖα ζῷα ἔχει· ἄτοπον δὲ τὸ κρεῖττον πάντων τῶν στοιχείων ζῴων ἄμοιρον εἰπεῖν.

687 Achilles Isagoge 13 p. 133 in Petav. Uranol. τοὺς ἀστέρας δὲ ζῷα εἶναι, οὔτε Ἀναξαγόρᾳ οὔτε Δημοκρίτῳ δοκεῖ οὔτε Ἐπικούρῳ 5 ἐν τῇ πρὸς Ἡρόδοτον ἐπιτομῇ, Πλάτωνι δὲ δοκεῖ ἐν Τιμαίῳ καὶ Ἀριστοτέλει ἐν δευτέρῳ περὶ οὐρανοῦ καὶ Χρυσίππῳ ἐν τῷ περὶ προνοίας καὶ θεῶν. οἱ δὲ Ἐπικούρειοι φασι μὴ εἶναι ζῴδια, ἐπεὶ ὑπὸ σωμάτων συνέχεται, οἱ δὲ Στωϊκοὶ τὸ ἀνάπαλιν.

688 Philo de provid. II § 74 (p. 94 Aucher). Item sine labore ac 10 defatigatione est eorum (scil. stellarum fixarum) circumactio, primum utique ob proximitatem ad divinam naturam; ac deinde etiam propter ignis virtutem, quae nequit debilitari, eo quod optima esca instructa sit, neque tempore lassari.

689 Aëtius Plac. II 15, 2 (περὶ τάξεως ἀστέρων) οἱ δὲ ἄλλοι Στωϊ- 15 κοὶ πρὸ τῶν ἑτέρων τοὺς ἑτέρους (sc. ἀστέρας) ἐν ὕψει καὶ βάθει.

690 Aëtius Plac. II 17, 4. Ἡράκλειτος καὶ οἱ Στωϊκαὶ τρέφεσθαι τοὺς ἀστέρας ἐκ τῆς ἐπιγείου ἀναθυμιάσεως.

691 Servius ad Verg. Aeneid. X 272. cometae autem latine crinitae appellantur. et Stoici dicunt has stellas esse ultra XXXII.   20

692 Diogenes Laërt. VII 152. ἶριν δὲ εἶναι αὐγὰς ἀφ' ὑγρῶν νεφῶν ἀνακεκλασμένας (additur accuratior Posidonii explicatio). κομήτας τε καὶ πωγωνίας καὶ λαμπαδίας πυρὰ εἶναι ὑφεστῶτα πάχους ἀέρος εἰς τὸν αἰθερώδη τόπον ἀνενεχθέντος. σέλας δὲ πυρὸς ἀθρόου ἔξαψιν ἐν ἀέρι φερομένου ταχέως καὶ φαντασίαν μήκους ἐμφαίνοντος.   25

§ 5. De anni partibus.

693 Diogenes Laërt. VII 151. τῶν δὲ ἐν ἀέρι γινομένων χειμῶνα μὲν εἶναί φασι τὸν ὑπὲρ γῆς ἀέρα κατεψυγμένον διὰ τὴν τοῦ ἡλίου πρόσω ἄφοδον· ἔαρ δὲ τὴν εὐκρασίαν τοῦ ἀέρος κατὰ τὴν πρὸς ἡμᾶς πορείαν. θέρος δὲ τὸν ὑπὲρ γῆς ἀέρα καταθαλπόμενον τῇ τοῦ ἡλίου πρὸς ἄρκτον 30 πορείᾳ, μετόπωρον δὲ τῇ παλινδρομίᾳ τοῦ ἡλίου ἀφ' ἡμῶν γίνεσθαι.

Stobaeus ed. I p. 106, 24 W. Χρυσίππου (cf. n. 509). — —
Ἔαρ δὲ ἔτους ὥραν κεκραμένην ἐκ χειμῶνος ἀπολήγοντος καὶ θέρους ἀρχομένου· ἢ τὴν μετὰ χειμῶνα ὥραν πρὸ θέρους. Θέρος δὲ ὥραν· ἔτους τὴν μάλισθ' ὑφ' ἡλίου διακεκαυμένην. Μετόπωρον δὲ ὥραν ἔτους 35 τὴν μετὰ θέρος μέν, πρὸ χειμῶνος δὲ κεκραμένην. Χειμῶνα δὲ ὥραν ἔτους τὴν μάλιστα κατεψυγμένην ἢ τὸν περὶ γῆν ἀέρα κατεψυγμένον. γίνεσθαι δὲ ἰσημερίας δύο καθ' ἕκαστον ἐνιαυτὸν καὶ τροπὰς δύο·

ἰσημερίας μέν, ὅταν ἡ νὺξ καὶ ἡ ἡμέρα ἴσαι ὦσι· τούτων δὲ τὴν μὲν
ἔαρι γίγνεσθαι, τὴν δὲ μετοπώρῳ· τῶν δὲ τροπῶν τὰς μὲν θέρους,
τὰς δὲ χειμῶνος (Arii Didymi fr. phys. 26 Diels).
    694 Philo de provid. II § 78 (p. 96 Aucher). Dierum autem noc-
5 tiumque inaequalitatem Sol producit, inaequaliter ac varia lege circumac-
tus et per accessum secessumque aestates, hiemes et aequinoctia peragens,
quae sunt tempora annua nascendi, crescendi, perfectionis omnium sub
caelo causa.
    695 Philo de animal. sacrif. idon. Vol. II. Mang. p. 243. ἔπειτα
10 ἀέρος καὶ τῶν κατ' αὐτὸν μεταβολῶν. Χειμὼν γὰρ καὶ θέρος ἔαρ τε καὶ
μετόπωρον, αἱ ἐτήσιοι καὶ βιωφελέσταται ὧραι, παθήματα ἀέρος γεγόνασιν,
ἐπὶ σωτηρίᾳ τῶν μετὰ σελήνην τρεπομένου.
    696 Aëtius Plac. III 8, 1. 'Εμπεδοκλῆς καὶ οἱ Στωϊκοὶ χειμῶνα μὲν
γίνεσθαι τοῦ ἀέρος ἐπικρατοῦντος τῇ πυκνώσει καὶ εἰς τὸ ἀνωτέρω βιαζομέ-
15 νου, θερείαν δὲ τοῦ πυρός, ὅταν εἰς τὸ κατωτέρω βιάζηται.

§ 6. De meteoris.

    697 Aëtius Plac. III 7, 2. Οἱ Στωϊκοὶ πᾶν πνεῦμα ἀέρος εἶναι ῥύσιν,
ταῖς τῶν τόπων δὲ παραλλαγαῖς τὰς ἐπωνυμίας παραλλάττουσαν· οἷον τὸν
ἀπὸ τοῦ ζόφου καὶ τῆς δύσεως ζέφυρον, τὸν ⟨δὲ⟩ ἀπὸ τῆς ἀνατολῆς καὶ
20 τοῦ ἡλίου ἀπηλιώτην, τὸν δὲ ἀπὸ τῶν ἄρκτων βορέαν, τὸν δὲ ἀπὸ τῶν νο-
τίων λίβα.
    698 Diogenes Laërt. VII 152. ⟨τοὺς δὲ ἀνέμους ἀέρος εἶναι ῥύσεις·
παραλλαττούσας δὲ τὰς ἐπωνυμίας γίνεσθαι⟩ παρὰ τοὺς τόπους, ἀφ' ὧν
ῥέουσι. τῆς δὲ γενέσεως αὐτῶν αἴτιον γίνεσθαι τὸν ἥλιον ἐξατμίζοντα τὰ
25 νέφη.
    699 Cicero de divin. II 44. Placet enim Stoicis eos anhelitus terrae,
qui frigidi sint, cum fluere coeperint, ventos esse; cum autem se in nubem
induerint eiusque tenuissimam quamque partem coeperint dividere atque
, disrumpere idque crebrius facere et vehementius, tum et fulgores et toni-
30 trua existere: si autem nubium conflictu ardor expressus se emiserit, id
esse fulmen.
    700 Scholia Hesiod. Theog. v. 148. „Κόττος τε Βριάρεώς τε Γύγης θ'.“
— — οὗτοι δὲ λέγονται ἐκνεφίαι ἄνεμοι· εἰσὶ δὲ ἁρπακτικοὶ πάντες. διὰ
τοῦτο καὶ ἑκατόγχειρες μυθικῶς, διὰ τὸ ὁρμητικὸν τῆς μάχης.
35   Κόττος, Βριάρεως καὶ Γύγης οἱ τρεῖς καιροί εἰσιν· Κόττος ἡ ὀργὴ τοῦ
καύματος ἤγουν ὁ θερινός· Βριάρεως τὸ ἔαρ, παρὰ τὸ βρύειν καὶ αὔξεσθαι
τὰ φυτά. Γύγης δὲ ὁ χειμερινὸς καιρός. οὓς καὶ ἑκατόγχειρας καλεῖ διὰ
τὸ πολλὰς ἐνεργείας ἔχειν.
    701 Stobaeus ecl. I p. 245, 23 W. Χρυσίππου. Χρύσιππος ἔφησε
40 τὴν ὁμίχλην νέφος διακεχυμένον, ἢ ἀέρα πάχος ἔχοντα· δρόσον δὲ ἐξ

---

    12 exspectatur: ὑπὸ σελήνην.   14 καὶ om. Stob.   15 κατώτερον FP,
corr. Meineke.   19 δὲ add. Diels. Totum locum excerpsit Galenus in Hippocr.
de humoribus lib. II Vol. XVI p. 396 K.   22 suppletum ex Aëtio III 7, 2 (DG
p. 374a 23).   24 γενέσθαι F.   33 ἐκνεφίαι scripsi, ἐκνέφεοι libri.

ὁμίχλης καταφερόμενον ὑγρόν· ὑετὸν δὲ φορὰν ὕδατος ἐκ νεφῶν· ὄμ-
βρον δὲ λάβρου ὕδατος καὶ πολλοῦ ἐκ νεφῶν φοράν· χάλαζαν δὲ ὑετοῦ
πεπηγότος διάθρυψιν· χιόνα δὲ νέφος πεπηγὸς ἢ νέφους πῆξιν· τὸ δ᾽
ἐπὶ τῆς γῆς πεπηγὸς ὕδωρ κρύσταλλον· πάχνην δὲ δρόσον πεπηγυῖαν
(Diels Arii Didymi epit. phys. fragm. 35).   5
    702 Diogenes Laërt. VII 153. ὑετὸν δὲ ἐκ νέφους μεταβολὴν εἰς
ὕδωρ, ἐπειδὰν ἢ ἐκ γῆς ἢ ἐκ θαλάττης ἀνενεχθεῖσα ὑγρασία ὑφ᾽ ἡλίου μὴ
τυγχάνῃ κατεργασίας. καταψυχθὲν δὲ τοῦτο πάχνην καλεῖσθαι. χάλαζαν
δὲ νέφος πεπηγός, ὑπὸ πνεύματος διαθρυφθέν. χιόνα δὲ ὑγρὸν ἐκ νέφους
πεπηγότος (Posidonius).   10
    703 Stobaeus ecl. I p. 233, 9 W. Χρύσιππος ἀστραπὴν ἔξαψιν
νεφῶν ἐκτριβομένων ἢ ῥηγνυμένων ὑπὸ πνεύματος, βροντὴν δ᾽ εἶναι
τὸν τούτων ψόφον· ἅμα δὲ γίνεσθαι ἐν τῷ ἀέρι βροντήν τε καὶ ἀστρα-
πήν, πρότερον δὲ τῆς ἀστραπῆς ἀντιλαμβάνεσθαι ἡμᾶς διὰ τὸ τῆς
ἀκοῆς ὀξυτέραν εἶναι τὴν ὅρασιν· ὅταν δ᾽ ἡ τοῦ πνεύματος φορὰ σφο- 15
δροτέρα γένηται καὶ πυρώδης, κεραυνὸν ἀποτελεῖσθαι, ὅταν δ᾽ ἄθρουν
ἐκπέσῃ τὸ πνεῦμα καὶ ἧττον πεπυρωμένον, πρηστῆρα γίγνεσθαι, ὅταν
δ᾽ ἔτι ἧττον ἢ πεπυρωμένον τὸ πνεῦμα, τυφῶνα (DDG p. 369b, 34
Aët. Plac. III 3, 13).
    704 Diogenes Laërt. VII 153. ἀστραπὴν δὲ ἔξαψιν νεφῶν παρατρι- 20
βομένων ἢ ῥηγνυμένων ὑπὸ πνεύματος, ὡς Ζήνων ἐν τῷ περὶ τοῦ ὅλου·
βροντὴν δὲ τὸν τούτων ψόφον ἐκ παρατρίψεως ἢ ῥήξεως· κεραυνὸν δὲ
ἔξαψιν σφοδρὰν μετὰ πολλῆς βίας πίπτουσαν ἐπὶ γῆς, νεφῶν παρατριβομένων
ἢ ῥηγνυμένων· οἱ δὲ συστροφὴν πυρώδους ἀέρος βιαίως καταφερομένης.
τυφῶνα δὲ κεραυνὸν πολύν, βίαιον καὶ πνευματώδη ἢ πνεῦμα καπνῶδες 25
ἐρρωγότος νέφους· πρηστῆρα νέφος περισχισθὲν πυρὶ μετὰ πνεύματος.
    705 Aëtius Plac. III 3, 12. Οἱ Στωϊκοὶ βροντὴν μὲν συγκρουσμὸν
νεφῶν, ἀστραπὴν δὲ ἔξαψιν ἐκ παρατρίψεως, κεραυνὸν δὲ σφοδροτέραν ἔκ-
λαμψιν, πρηστῆρα δὲ νωχελεστέραν.
    706 Ioannes Laurentius Lydus de ostentis 7 p. 12 ed. Wachsmuth. 30
ὥστε πολλὴ κοινωνία ταῖς διοσημείαις πρὸς τὰ γήϊνα, κἂν τοῖς ἀπὸ τῆς
Στοᾶς μὴ δοκῇ.
    707 Aëtius Plac. III 15, 2. Οἱ δὲ Στωϊκοί φασι· σεισμός ἐστι τὸ
ἐν τῇ γῇ ὑγρὸν εἰς ἀέρα διακρινόμενον καὶ ἐκπῖπτον.

---

7 ἢ P ἢ BF. ‖ ὑφ᾽ ἡλίου καὶ μὴ BPF.   8 τυγχάνοι P (-η P³) τυγχάνον
B. ‖ καταψύχειν P κατέψυχε F.   22 δὲ om. BP.   23 βίας καὶ BF.
24 ῥηγνυμένων ὑπὸ πνεύματος F.   25 δὲ om. BPF. ‖ βίαιον πολὺν (hoc ord.)
BPF.   26 ἐρρωγότος, sed ότος in litura 5 litterarum P ἔρρωτος ἀπὸ B. ‖ πρι-
στῆρα P, corr. P¹. ‖ περισχίθεν B περιχυθὲν P in lit. περιχυθὲν F.   27 προσ-
κρουσμὸν Stob.   28 ἔλλαμψιν Plut.   29 νωθεστέραν Stob.

Physica IV.

De animalibus et plantis.

§ 1. De plantis.

708 Aëtius Plac. V 26, 3. *Οἱ Στωϊκοὶ δὲ καὶ Ἐπικούρειοι οὐκ*
5 *ἔμψυχα (τὰ φυτὰ* scil.). *τινὰ γὰρ ψυχῆς ὁρμητικῆς εἶναι καὶ ἐπιθυμητικῆς,*
τινὰ δὲ καὶ λογικῆς· τὰ δὲ φυτὰ αὐτομάτως πως κινεῖσθαι, οὐ διὰ ψυχῆς.
Cf. Theodoret V, 25 p. 73, 39.

709 Themistius paraphr. in Aristot. de anima II, 2 p. 83 Sp. *μέσος*
τοίνυν Πλάτωνος καὶ τῶν ἀπὸ τῆς Στοᾶς Ἀριστοτέλης, ἔμψυχα μὲν τὰ
10 *φυτὰ λέγων, ζῷα δὲ μή· ἐκείνων δὲ ὁ μὲν ἄμφω, οἱ δὲ οὐδέτερον.*

710 Galenus de Hipp. et Plat. plac. VI (509 M. 561 K.). *οἱ δὲ*
Στωϊκοὶ οὐδὲ ψυχὴν ὅλως ὀνομάζουσι τὴν τὰ φυτὰ διοικοῦσαν, ἀλλὰ φύσιν.

711 Alexander Aphrod. de anima libri mant. p. 118, 12 Bruns. *ὅτι*
γὰρ τὸ φυτικὸν ψυχή ἐστι καὶ ψυχῆς μέρος καὶ δύναμις, οὐ μόρια τὸ θρεπτι-
15 *κὸν καὶ τὸ αὐξητικὸν καὶ γεννητικόν, ἀλλὰ οὐκ, ὥς τινές φασιν, φύσις*
δείξομεν.

712 Galenus de foetuum formatione 3. K. IV p. 665. *καὶ μέν-*
τοι καὶ περὶ τῆς τῶν φυτῶν γενέσεως ἐσκέφθαι τι χρὴ πρότερον· ἐκ
γὰρ τῶν εἰς ταῦτα ἀναγκαίων ἕν ἐστι καὶ τὸ γιγνώσκειν, ὁποίων τε
20 *καὶ ὁπόσων δεῖται τὸ κύημα, μέχρις ἂν ὑπὸ μιᾶς διοικῆται ψυχῆς,*
ὡς τὰ φυτά. Καλοῦμεν δὲ τὴν ψυχὴν ταύτην, ὅταν μὴ περὶ τούτου
προκείμενον ᾖ σκοπεῖν, τῷ κοινῷ πάσης οὐσίας προσρήματι φύσιν
ὀνομάζοντες, ὃ κἂν ταῖς ἀκριβέσι σκέψεσιν οἱ περὶ Χρύσιππον
ἐφύλαξαν etc.

25 **713** Philo de mundi opificio § 43 Vol. I p. 13, 21 Wendl. *Ἀλλ' οὐ*
μόνον ἦσαν οἱ καρποὶ τροφαὶ ζῴοις, ἀλλὰ καὶ παρασκευαὶ πρὸς τὴν τῶν
ὁμοίων ἀεὶ γένεσιν, τὰς σπερματικὰς οὐσίας περιέχουσαι, ἐν αἷς ἄδηλοι καὶ
ἀφανεῖς οἱ λόγοι τῶν ὅλων εἰσί, δῆλοι καὶ φανεροὶ γινόμενοι καιρῶν
περιόδοις.

---

6 *γεγενῆσθαι* libri, corr. Diels.   19 *ἕν ἐστι* scripsi, *ἔνεστι* vulg.   27 *πε-*
ριέχοντες cod. V.

§ 2. De brutis animalibus.

714 Clemens Al. Stromat. II p. 487 Pott. Τῶν γὰρ κινουμένων ἃ
μὲν καθ᾽ ὁρμὴν καὶ φαντασίαν κινεῖται, ὡς τὰ ζῷα· τὰ δὲ κατὰ μετάθεσιν,
ὡς τὰ ἄψυχα· κινεῖσθαι δὲ καὶ τῶν ἀψύχων τὰ φυτὰ μεταβατικῶς φασὶν
εἰς αὔξησιν, εἰ τις αὐτοῖς ἄψυχα εἶναι συγχωρήσει τὰ φυτά. Ἕξεως μὲν 5
οὖν οἱ λίθοι, φύσεως δὲ τὰ φυτά, ὁρμῆς δὲ καὶ φαντασίας τῶν τε αὖ δυοῖν
τῶν προειρημένων καὶ τὰ ἄλογα μετέχει ζῷα· ἡ λογικὴ δὲ δύναμις ἰδία οὖσα
τῆς ἀνθρωπείας ψυχῆς οὐχ ὡσαύτως τοῖς ἀλόγοις ζῴοις ὁρμᾶν ὀφείλει, ἀλλὰ
καὶ διακρίνειν τὰς φαντασίας καὶ μὴ συναποφέρεσθαι αὐταῖς.

715 Galenus comm. 5 in Hippocr. epid. 6 ed. Bas. V 510 K. XVII B. 250. 10
τοῖς Στωϊκοῖς δ᾽ ἔθος ἐστὶ φύσιν μὲν ὀνομάζειν ᾗ τὰ φυτὰ διοικεῖται,
ψυχὴν δὲ ᾗ τὰ ζῷα· τὴν ⟨δ᾽⟩ οὐσίαν ἀμφοτέρων μὲν τίθενται τὸ σύμφυτον
πνεῦμα καὶ διαφέρειν ἀλλήλων οἴονται ποιότητι. ξηρότερον μὲν γὰρ πνεῦμα
τὸ τῆς ψυχῆς, ὑγρότερον δὲ τὸ τῆς φύσεως εἶναι, δεῖσθαι δ᾽ ἄμφω πρὸς
διαμονὴν οὐ τροφῆς μόνον, ἀλλὰ καὶ ἀέρος. 15

716 [Galenus] introductio s. medicus 9 ed. Bas. IV 375. K. XIV 697.
πνεύματα δὲ κατὰ τοὺς παλαιοὺς δύο ἐστί, τό τε ψυχικὸν καὶ τὸ φυσικόν.
οἱ δὲ Στωϊκοὶ καὶ τρίτον εἰσάγουσι τὸ ἑκτικόν, ὃ καλοῦσιν ἕξιν.

ibid. p. 726. τοῦ δὲ ἐμφύτου πνεύματος διπτὸν εἶδος, τὸ μὲν φυσικόν,
τὸ δὲ ψυχικόν· εἰσὶ δὲ οἳ καὶ τρίτον εἰσάγουσι, τὸ ἑκτικόν· ἑκτικὸν μὲν 20
οὖν ἐστι πνεῦμα τὸ συνέχον τοὺς λίθους, φυσικὸν δὲ τὸ τρέφον τὰ ζῷα καὶ
τὰ φυτά, ψυχικὸν δὲ τὸ ἐπὶ τῶν ἐμψύχων αἰσθητικά τε ποιοῦν τὰ ζῷα καὶ
κινούμενα πᾶσαν κίνησιν.

717 Proclus in Plat. Parmen. Vol. V p. 135 ed. Cousin. ἵνα δὲ μένῃ
τὰ μετέχοντα τῆς ἰδέας ἀεὶ καὶ μηδέποτε ἐκλείπῃ, δεῖ τινος ἄλλης αἰτίας, 25
οὐκ ἐν αὐτοῖς οὔσης ἢ κινουμένης, ἀλλ᾽ ἐφ᾽ ἑαυτῆς ἱδρυμένης, πρὸ τῶν κι-
νουμένων ἀκινήτου καὶ διὰ τὴν οἰκείαν σταθερότητα προξενούσης καὶ τοῖς
κινουμένοις τὴν ἀνέκλειπτον μετοχήν· ταύτης γὰρ ἐφιέμενοι πάντες τῆς αἰ-
τίας, οἱ μὲν τοὺς σπερματικοὺς λόγους εἶναι τούτους οἰηθέντες,
ἀφθάρτους αὐτοὺς ἐποίησαν, ὡς οἱ ἀπὸ τῆς Στοᾶς· οἱ δὲ etc. 30

718 Galenus adv. Iulianum 5. Vol. XVIII A p. 266 K. ἅπαν μὲν
γὰρ φυτὸν ὑπὸ φύσεως διοικεῖται, πᾶν δὲ ζῷον ὑπὸ φύσεώς τε ἅμα καὶ
ψυχῆς· εἴ γε δὴ τὴν μὲν τοῦ τρέφεσθαί τε καὶ αὐξάνεσθαι καὶ τῶν τοιού-
των ἔργων αἰτίαν ὀνομάζομεν ἅπαντες ἄνθρωποι φύσιν, τὴν δὲ τῆς αἰσθή-
σεώς τε καὶ ἐξ ἑαυτῆς κινήσεως ψυχήν. 35

719 Philo de fuga et inventione § 112 Vol. III p. 133, 26 Wendl.
Ὅ τε γὰρ τοῦ Ὄντος λόγος, δεσμὸς ὢν τῶν ἁπάντων, ὡς εἴρηται, καὶ συν-
έχει τὰ μέρη πάντα καὶ σφίγγει, κωλύων αὐτὰ διαλύεσθαι καὶ διαρτᾶσθαι.
Ἥ τ᾽ ἐπὶ μέρους ψυχή, καθ᾽ ὅσον δυνάμεως μεμοίραται, τῶν τοῦ σώματος
οὐδὲν ἀποσχίζεσθαι καὶ ἀποτέμνεσθαι μερῶν παρὰ φύσιν ἐᾷ, τὸ δ᾽ ἐπ᾽ αὐτῇ 40
πάντα ὁλόκληρα ὄντα ἁρμονίαν καὶ ἕνωσιν ἀδιάλυτον ἄγει τὴν πρὸς ἄλ-
ληλα etc.

720 Iamblichus de anima apud Stobaeum ecl. I p. 375, 20 W. κατὰ
δ᾽ αὖ τοὺς Στωϊκοὺς ἀτελέστερα ἀεὶ ἀπομερίζεται τὰ τοιαῦτα τῆς ζωῆς

---

6 δὲ Wil., τε cod. ante καὶ. 12 δ᾽ addidi. 35 ἐξ ἑαυτῆς scripsi, ἕξεως αὐ-
τῆς ed. 38 καὶ κωλύει H². 44 ad differentiam, quae est inter animam hominis

ἐνεργήματα· καὶ ὅσῳ ἂν ᾖ προϊόντα προσωτέρω τῆς ἀλογίας, τοσῷδε μᾶλλον
ἐπὶ τὸ ἀτελέστερον ἀποφέρεται τὰ καταδεέστερα τῶν πρεσβυτέρων.
721 Clemens Al. Stromat. VII 6 p. 850 Pott.   ἤδη δὲ τὰ μὲν χερσαῖα
καὶ τὰ πτηνὰ τὸν αὐτὸν ταῖς ἡμετέραις ψυχαῖς ἀναπνέοντα ἀέρα τρέφεται,
5 συγγενῆ τῷ ἀέρι τὴν ψυχὴν κεκτημένα· τοὺς δὲ ἰχθῦς οὐδὲ ἀναπνεῖν φασὶ
τοῦτον τὸν ἀέρα, ἀλλ᾽ ἐκεῖνον ὃς ἐγκέκραται τῷ ὕδατι εὐθέως κατὰ τὴν πρώ-
την γένεσιν, καθάπερ καὶ τοῖς λοιποῖς στοιχείοις· ὃ καὶ δεῖγμα τῆς ὑλικῆς
διαμονῆς.
722 Philo de mundi opificio § 66 Vol. I p. 21, 21 Wendl.   Διὸ τῶν
10 ἐμψύχων πρώτους ἐγέννησεν ἰχθύας, πλέον μετέχοντας σωματικῆς ἢ ψυχικῆς
οὐσίας, τρόπον τινὰ ζῷα καὶ οὐ ζῷα, κινητὰ ἄψυχα, πρὸς αὐτὸ μόνον τὴν
τῶν σωμάτων διαμονὴν παρασπαρέντος αὐτοῖς τοῦ ψυχοειδοῦς, καθάπερ φασὶ
τοὺς ἅλας τοῖς κρέασιν, ἵνα μὴ ῥᾳδίως φθείροιντο.
723 Cicero de finibus V 38.   ut non inscite illud dictum videàtur
15 in sue, animum illi pecudi datum pro sale, ne putisceret.
    Cf. Varro de r. r. II 4, 10. Plut. quaest. conv. V 10, 3. Clemens
Alex. Strom. II 20, 105 p. 484 P.
    724 Plutarchus de Stoic. repugn. cp. 12 p. 1038 b.   ἐν δὲ τῷ
πρώτῳ περὶ Δικαιοσύνης „καὶ τὰ θηρία φησὶ συμμέτρως τῇ χρείᾳ
20 τῶν ἐκγόνων ᾠκειῶσθαι πρὸς αὐτά, πλὴν τῶν ἰχθύων· αὐτὰ γὰρ τὰ
κυήματα τρέφεται δι᾽ αὐτῶν.“ — ἡ γὰρ οἰκείωσις αἴσθησις ἔοικε τοῦ
οἰκείου καὶ ἀντίληψις εἶναι.
    725 Origenes contra Celsum IV 87. Vol. I p. 357, 25 Kö. (p. 567 Del.).
Ἔστω δὲ καὶ ἄλλα ὑπὸ τῶν ζῴων γιγνώσκεσθαι ἀλεξιφάρμακα, τί οὖν τοῦτο
25 πρὸς τὸ μὴ φύσιν ἀλλὰ λόγον εἶναι τὸν εὑρίσκοντα ταῦτα ἐν τοῖς ζῴοις; εἰ
μὲν γὰρ λόγος ἦν ὁ εὑρίσκων, οὐκ ἂν ἀποτεταγμένως τόδε τι μόνον εὑρίσκετο
ἐν ὄφεσιν, ἔστω καὶ δεύτερον καὶ τρίτον, καὶ ἄλλο τι ἐν ἀετῷ καὶ οὕτως ἐν
τοῖς λοιποῖς ζῴοις· ἀλλὰ τοσαῦτα ἂν ὅσα καὶ ἐν ἀνθρώποις· νυνὶ δὲ φανερὸν
ἐκ τοῦ ἀποτεταγμένως πρός τινα ἑκάστου φύσιν ζῴου νενευκέναι βοηθήματα,
30 ὅτι οὐ σοφία οὐδὲ λόγος ἐστὶν ἐν αὐτοῖς, ἀλλά τις φυσικὴ πρὸς
τὰ τοιάδε σωτηρίας ἕνεκεν τῶν ζῴων κατασκευή, ὑπὸ τοῦ λόγου
γεγενημένη.
    726 Philo de animalibus adv. Alexandrum p. 147 Aucher.   Canis
cum persequebatur feram, perveniens ad fossam profundam, iuxta quam
35 duae erant semitae, una ad dextram, altera in sinistram, paululum se
sistens, quo ire oporteat, meditabatur. Currens autem ad dexteram et
nullum inveniens vestigium, reversus per alteram ibat. Quando vero ne-
que in ista aperte appareret aliquod signum, transiliens fossam curiose
indagat, praeter odoratum cursum accelerans; satis declarans non obiter
40 haec facere, sed potius vera inquisitione consilii. Consilium autem talis
cogitationis dialectici appellant demonstrativum evidens quinti modi: „Quo-
niam vel ad dextram fera fugit vel ad sinistram aut demum transsiliit,
⟨atqui neque ad dextram fugit neque ad sinistram; ergo transsiliit⟩.“

---

et ceterorum animalium animas, haec referenda esse docet sententiarum conexus.
    13 διαφθείροιντο codd. ABP.   15 putisceret *Nonius*, putrescerent *libri*
Cic.   43 Supplevi syllogismum, qui est Chrysippi πέμπτος ἀναπόδεικτος cf.

DE ANIMALIBUS ET PLANTIS. 207

idem p. 166 Aucher. Proscribenda et opinio eorum, qui canem vena-
ticum bestias persequentem autumarunt quinto argumenti modo uti.
Idem dicendum de collectoribus conchyliorum deque quaerentibus quidquam;
indicia enim rerum sequentur, apparenter sub specie dialectica, verum
tamen nec per somnium quidem philosophentur; alioquin dicendum esset 5
de omnibus aliquid quaerentibus, quod quintum illum modum usurpent.
— — Nos enim dicimus, quod ex decentibus bonisque sibi convenientibus
multisque rebus invantibus ad sanitatem perseverationemque valetudinis
habent appetitionem et universali comprehensione universorum carentes
eam possident certitudinem, quae in propria specie cernitur. Verum tamen 10
rationalis habitus necesse est illa nullam habere participationem. Ratio-
nalis autem habitus est syllogismus ex apprehensione entium, quae minime
adsunt; ut intellectus de deo, de mundo, de lege, de patrio more, de civi-
tate, de politica — quorum nihil percipiunt bestiae.

727 Sextus adv. math. VIII 270. καίτοι τί περὶ ἀνθρώπων λέγομεν, 15
ὅτε καὶ τοῖς ἀλόγοις ζῴοις τινὲς αὐτῶν (Stoicorum, scil. Chrysippus) μετα-
δεδώκασι τῆς τοῦ σημείου νοήσεως; καὶ γὰρ ὁ κύων, ὅτε ἐκ τοῦ ἴχνους
στιβεύει τὸ θηρίον, σημειοῦται — καὶ ὁ ἵππος κατὰ τὴν τοῦ μύωπος προσ-
βολὴν ἢ τὴν τῆς μάστιγος ἐπανάτασιν ἐξάλλεται — καὶ ὀρούει πρὸς δρόμον.

728 Philo de animalibus adv. Alexandrum p. 155 Aucher. Ecce 20
enim quaedam animantia praeter iam dictas virtutes iustitiam etiam prae
se tulerunt, natantia, terrestria et aërea. Quandoquidem iam in marinis
pinae et satellitis eius aequitas in societate manifesta est; contubernium
enim commune cibi habent et aequaliter eum distribuunt. Idem facere
et trochilum ac pompilum in confesso est apud omnes, qui minores iis 25
comperiuntur in vita communi. Inter volucres autem vel ipsam supremam
iustitiam ciconia demonstrat, parentes nutriens, et statim ut alata fuerit,
nullum aliud opus sibi proponens, antequam gratias retribuat et benefa-
cientibus sibi vices reddat. Verum hoc pariter et terrestrium aliqua agere
persuasum est. — — Aequum est quidem non nonnullis, sed universis 30
partibus mundum compositum esse; verum partem eam, in quam cadit
iustitia et iniustitia, illam omnino praeditam etiam ratione; utraque enim
ad rationem pertinet.

729 Cicero de nat. deor. II 123. Pina vero — duabus grandibus
patula conchis cum parva squilla quasi societatem coit comparandi cibi, 35
itaque cum pisciculi parvi in concham hiantem innataverunt, tum admo-
nita squillae morsu pina comprimit conchas. Sic dissimillimis bestiolis
communiter cibus quaeritur. 124 In quo admirandum est, congressune
aliquo inter se an iam inde ab ortu natura ipsa congregatae sint.

729a Athenaeus Deipnosoph. III p. 89d. Χρύσιππος δ' ὁ Σο- 40
λεὺς ἐν τῷ πέμπτῳ περὶ τοῦ καλοῦ καὶ τῆς ἡδονῆς „ἡ πίννη,
φησί, καὶ ὁ πιννοτήρης συνεργὰ ἀλλήλοις, κατ' ἰδίαν οὐ δυνά-
μενα συμμένειν. ἡ μὲν οὖν πίννη ὄστρεόν ἐστιν, ὁ δὲ πιννο-
τήρης καρκίνος μικρός. καὶ ἡ πίννη διαστήσατα τὸ ὄστρακον

Diog. Laërt; VII 81.   37 squillae morsu pina *Heindorf,* squilla pina morsu
(*vel* morsus) *libri.*   39 natura ipsa *Walker,* natura ipsae A, naturae ipsae
ceteri. — Cf. III n. 369.   41 libri ἐκ τοῦ ε΄.   42 μένειν coni. Coraes.

ἡcυχάζει τηροῦcα τὰ ἐπειcιόντα ἰχθύδια, ὁ δὲ πιννοτήρηc
παρεcτώc, ὅταν εἰcέλθῃ τι, δάκνει αὐτὴν ὥcπερ cημαίνων, ἡ
δὲ δηχθεῖcα cυμμύει· καὶ οὕτωc τὸ ἀποληφθὲν ἔνδον κατε-
cθίουcι κοινῇ.

5 **729b** Plutarchus πότερα τῶν ζῴων φρονιμώτερα cp. 30 p. 980a.
ἀλλὰ μᾶλλον ἐπὶ τὰς κατ᾽ ἰδίαν κοινωνίας αὐτῶν καὶ συμβιώσεις ἰτέον (sc.
ζῴων). ὧν ἐστι καὶ ὁ τὸ πλεῖστον ἐξαναλώσας Χρυσίππου μέλαν πιν-
νοτήρας, παντὶ καὶ φυσικῷ βιβλίῳ καὶ ἠθικῷ προεδρίαν ἔχων· τὸν γὰρ
σπογγοτήραν οὐχ ἱστόρηκεν, οὐ γὰρ ἂν παρέλιπεν. ὁ μὲν οὖν πιννοτήρας
10 ζῷόν ἐστι καρκινῶδες, ὥς φασι, καὶ τῇ πίννῃ σύνεστι καὶ πυλωρεῖ τὴν κόγχην
προκαθήμενος ἐῶν ἀνεῳγμένην καὶ διακεχηνυῖαν, ἄχρι οὗ προσπέσῃ τι τῶν
ἁλωσίμων αὐτοῖς ἰχθυδίων· τότε δὲ τὴν σάρκα τῆς πίννης δακὼν παρεισῆλθεν,
ἡ δὲ συνέκλεισε τὴν κόγχην, καὶ κοινῶς τὴν ἄγραν ἐντὸς ἕρκους γενομένην
κατεσθίουσι.

15 **730** Philo de animalibus adv. Alexandrum p. 169 Aucher. Quae
vero dicuntur de pina et satellite eius, communem societatem demonstrant.
— — Quisquis autem haesitat, discat ex arboribus plantisque. — —
Hae enim etsi nullam habeant animae partem, tamen familiaritatis abalie-
nationisque non minorem praeferunt manifestationem. Moventur et crescunt
20 atque tamquam osculo dilectionis salutando amplectuntur se invicem, ut
olivam hedera et ulmum vitis; aliquas tamen non solum aversatur (vitis),
verum etiam evitat. — — — Sed neminem arbitror adeo insanire,
ut audeat dicere, haec ex fidelis amicitiae aut hostilitatis
animo oriri, sed supremae naturae ratione quaedam in unum
25 adducuntur, alia disiunguntur, haud sibi invicem convenientia.
Hoc itaque tenore existimo falsum esse animalia mortalia quaeque praeter
hominem contrarietatem societatemque et quae ad istas referuntur ratio-
nali cum harmonia prae se ferre. Haec enim omnia ratione et mente
solent conciliari; similitudines vero et tamquam imagines in animalibus
30 delineari contigit; et speciem contemptus vel honoris, studii, gratiarum
actionis et consimilium rerum exhibent aliqua subobscura delineamenta
impressa, quae non pertinent ad veritatem; quandoquidem propriae, certae
et solidae formae in animis sunt hominum.

731 Philo de animalibus adv. Alexandrum p. 163 Aucher. Con-
35 sidera — — utrum apes et araneae, puta quod textrices istae sint, illae
favum mellis creabunt, iuxta artisne industriam ingeniosam (id faciant),
aut absque ratione per actionem naturalem. Siquidem horum omnino, si
oportet verum fateri, admirabilis habenda diligentia, quae tamen non
a disciplina deducta est. Ad quid enim disciplina, quam non
40 praecedet comprehensio scientiae, quae oportet esse artium prin-
cipium? quoniam ars est collectio concordantium conceptorum.

732 Philo de animalibus adv. Alexandrum p. 163 Aucher. Volucres
solent per aërem volare, aquatilia natare et gradi terrestria. An id per
studium doctrinae? Minime; sed suapte natura singula memorata haec
45 agunt. Similiter et apes sine doctrina naturaliter favum peragunt, et

---

8 ⟨ἐν⟩ παντὶ Wy. 41 concepta *Aucher,* sed fuit in graeco: σύστημα ἐκ
καταλήψεων.

araneae quasi per se edoctae subtilem illam elaborationem textorum mo-
liuntur. Siquis autem aliter putat, adeat arbores, et perspiciens videbit
cuiusque dotes clarissimas, quia et in istis multa sunt absque arte arti-
ficiosa. Vitem non vides, dum in diebus vernalibus germen producit?
Primum enim foliis illud operit, deinde more matris paulatim nutrit, et 5
id augmentum ducit; postmodum remutans ex acido uvam efficit, donec
omnino maturet fructum. At instructane his fuit cura adhibita? Certe
omnino per mirabilem operique praesidentem naturam par fuit
non solum utilissimo fructui ferendo, verum etiam adornando
trunco decore. — — — Dicimus enim et de invisibilibus naturis, quod, 10
cum ordinatae et artificiosae sint, integrum servant esse rationales, etiam
illa, quae omnino carent anima. Revera tamen non ista dantur, et in
praedictis animalibus. Cuncta enim peragunt non provida curatione ac
consilio, sed secundum irrevocabilem operationem eliciunt ex propria con-
structione proprietates naturales. p. 165. Haud consulto — scorpio at- 15
tollens aculeum dimovet, ac si per electionem statuerit debere ulcisci eum,
qui iam injuriam sibi fecerit. — — Item comparatio victus et morborum
curatio et his similia iterum sunt naturae inventiones innatae animalibus
invisibili virtute. Et haec omnia possident, ut salva se servent et ut
vindicent se ab invasoribus. 20

733 Philo de animalibus adv. Alexandrum p. 168 Aucher. Quodsi
censeas alia (scil. bruta animalia) praedita esse oeconomica quadam pru-
dentia, ut formica et apis, cum nemo istarum tamen politica gaudeat,
concedas oportet posse falsum esse in specie, quod verum sit in genere
sub quo cadit. Ut puto, non ignoras, quod eorum est oeconomia, 25
quorum et politice; unius enim utraque virtutis proles, etsi
sub specie pares, impares tamen magnitudine, ut domus et ci-
vitas. Atqui deest iis politice, neque ergo dispensatio dicenda
est de illis.

„At quid quis dicere potest, inquies, cum antea collectione facta con- 30
dit in thesauros formica et horrea sibi prius parat? His utilius in opus
exit apis et collectis floribus alvearique pulchre constructo mirifice mel
facit." Ita quidem ego etiam dico. Dico tamen haec providentiae, non
animalium ratione carentium, sed eius qui universam moderatur naturam
esse tribuenda. Illud enim (animal) nihil agit intellectu. Isti vero (deo) 35
cura est variis de rebus; ut nimirum, sicut Creator, impetum singularum
creaturarum constringit ac corroborat ad id, propter quod factae sunt,
sive ad eam quae singulis convenit perfectionem.

734 Philo de animalibus adv. Alexandrum p. 171 Aucher. Hactenus
satis locuti de ratione existente in intellectu, locutionem nunc examinemus. 40
Siquidem merulae et corvi et psittaci et consimiles, etsi varie vocem pro-
ferant, articulatum tamen nunquam et nullo modo vocabulum pronuntiare
queunt. Sed puto quod quemadmodum in instrumentis musicis foramina
quamvis habeant portionem veritatis constantis, non tamen rationales so-
nitus sunt constantes, sed forma carentes et consequenter nihil manifeste 45
exponere possunt, ita et praedictorum animantium voces sunt significatione

---

43 Contrarium affirmatur II n. 223.

carentes et deformes, veritatem formae sermonis non vocabuli modo exprimentes, sed per cantilenam etc.

735 Alexander Aphrod. de mixtione p. 233,14 Bruns. ἐπεὶ δὲ πρὸς κατασκευὴν τοῦ σῶμα διὰ σώματος χωρεῖν χρῶνται καὶ ταῖς τῶν ζῴων διὰ
5 τῆς τροφῆς αὐξήσεσιν — ἡ γὰρ αὔξησις τῇ προσθήκῃ τῆς τροφῆς ⟨γίνεται·
ὥστε εἰ⟩ πάντῃ [καὶ] αὔξεται τὰ αὐξανόμενα, πάντῃ ἂν ἡ τροφὴ προσκρίνοιτο τῷ προϋπάρχοντι σώματι. οὐχ οἷόν τε δὲ πάντῃ προσκριθῆναι τὴν
μὴ διὰ παντός τε καὶ πρὸς πᾶν ἐνεχθεῖσαν· ἀλλ' εἰ διὰ παντὸς ἡ τροφὴ
τοῦ σώματος φέρεται, σῶμα οὖσα, ἀναγκαῖον εἶναι δόξει, σῶμα διὰ σώματος
10 χωρεῖν, εἴγε μόνως οὕτως οἷόν τε τὴν ἐκ τῆς τροφῆς προσθήκην παντὶ τῷ
τρεφομένῳ γίνεσθαι σώματι — ὅτι οὖν μὴ οὕτως τὸ τρέφεσθαί τε καὶ αὔ-
ξεσθαι γίνεται (οὐδὲν γὰρ τῶν ἀδυνάτων γίνεται) φέρε ⟨παραστήσω⟩ ἐκθέ-
μενος τὴν Ἀριστοτέλους δόξαν τὴν περὶ αὐξήσεώς τε καὶ τροφῆς.

p. 234, 23. εἴτε σώματι λέγοιτο ἡ αὔξησις γίνεσθαι προστιθεμένῳ,
15 ἔσται σῶμά τε διὰ σώματος χωροῦν καὶ γινόμενον σώματι, εἴγε καθὸ μὲν αὔ-
ξεταί τι, κατὰ τοῦτο τὴν προσθήκην λαμβάνει· κατὰ πάντα δὲ τὸ αὐξόμενον
αὔξεται· ὥστε κατὰ πᾶν καὶ προσθήκην λήψεται. ἀλλ' εἰ σῶμα ὂν κατὰ
πᾶν ἑαυτὸ τὴν προσθήκην λαμβάνει, δεήσει διὰ παντὸς αὐτοῦ χωροῦν τὸ
προστιθέμενον αὐτῷ (τοῦτο δέ ἐστιν ἡ τροφή) τὴν αὔξησιν αὐτοῦ ποιεῖσθαι.
20 εἰ γὰρ λέγει τις διά τινων κενῶν γενέσθαι τὴν δίοδον τῆς τροφῆς, ἀνάγκη
τούτῳ λέγειν πᾶν τὸ τρεφόμενον σῶμα εἶναι κενόν, εἰ καθὸ μὲν ἡ πάρο-
δος τῆς τροφῆς, κενὸν κατὰ τοῦτο· κατὰ πάντα δ' αὐτοῦ ἡ πάροδος τῆς τρο-
φῆς, εἰ δὴ κατὰ πάντα αὔξεται.

736 Galenus de symptomatum causis III 4. Vol. VII p. 227 K. ὅσοι
25 δ' οὐ συγχωροῦσιν ὑπὸ τροφῆς ἀλλοιοῦσθαι τὰ τρεφόμενα (κρατουμένου γάρ,
οὐ κρατοῦντος ὄνομα ὑπάρχειν τὴν τροφήν), οὔτε περὶ τῆς κατὰ τὰ ζῶα
μεταβολῆς οὔτε πολὺ μᾶλλον ἔτι περὶ τῆς κατὰ τὰ φυτὰ δύνανται λέγειν
ὑγιὲς μηδέν etc.

ibid. 228. ὅσοι φάσκουσι κρατουμένου καὶ ἀλλοιουμένου καὶ μεταβαλ-
30 λομένου τὴν τροφὴν ὑπάρχειν ὄνομα etc.

ibid. τὸ μὲν ὁμοιοῦν ἑαυτῷ τὴν τροφὴν ἔργον ἐστὶ τοῦ τρεφομένου,
τὸ δ' ὁμοιοῦσθαί τε καὶ μεταβάλλεσθαι πάθος τῆς τροφῆς.

737 Plinius Not. Hist. XXX 103. *Chrysippus philosophus tra-
didit phryganion adalligatum remedio esse quartanis. quod esset ani-
35 mal neque ille descripsit nec nos invenimus qui novisset. demonstran-
dum tamen fuit a tam gravi auctore dictum, si cuius cura efficacior
esset inquirendi.*

§ 3. De natura hominis.

738 Cicero de legibus I 8, 24. Nam cum de natura hominis quae-
40 ritur, disputari solet — — perpetuis cursibus conversionibus⟨que⟩ cae-

---

6 γίνεται· ὥστε εἰ addidi. ‖ καὶ expunxi. 8 μὴ Bruns, μίαν libri.
12 παραστήσω scripsi, καὶ ὢν libri. 15 δεχόμενον σῶμά τι Bruns. 18 αὐτοῦ
Apelt, αὐτὸ libri. 21 τούτῳ Bruns, τοῦτο libri. 39 hominis *Victorius,* omni
libri. 40 que add. *Ernesti,* cursibus *delent alii.*

DE ANIMALIBUS ET PLANTIS. 211

lestibus exstitisse quandam maturitatem serendi generis humani; quod
sparsum in terras atque satum divino auctum sit animorum munere.
739 Origenes contra Celsum I 37 Vol. I p. 89, 1 Kö. (p. 355 Delarue).
καὶ κατ᾽ αὐτοὺς δὲ τοὺς Ἕλληνας οὐ πάντες ἄνθρωποι ἐξ ἀνδρὸς καὶ γυναι-
κὸς ἐγένοντο· εἰ γὰρ γενητός ἐστιν ὁ κόσμος, ὡς καὶ πολλοῖς Ἑλλήνων 5
ἤρεσεν, ἀνάγκη τοὺς πρώτους μὴ ἐκ συνουσίας γεγονέναι, ἀλλ᾽
ἀπὸ γῆς, σπερματικῶν λόγων συστάντων ἐν τῇ γῇ.
740 Philo quaest. et solut. in Genesin III 48 (p. 222 Aucher). Porro
magis naturalius instruit eos, qui se causam generationis existimant, vix
animum referentes ad videndum genitorem universorum. Ipse enim est 10
verus ac verax pater, nos autem, qui genitores dicimur, instrumenta su-
mus ad serviendum generationi. Quoniam sicut in mira similitudine omnia,
quae vident, inanimata sunt, quod vero nervos corroborat, invisibile qui-
dem est, ipsum tamen causa exsistit virtutis motusque visus, simili modo
ex sempiterno invisibilique spatio extendit virtutes conditor univer- 15
sorum, nos autem tamquam miracula nervis corroboramur ad
id, quod ad nos attinet, semen et generationem; nisi velimus etiam
fistulam putare per se flatam esse, non vero ab artifice distributam ad
harmoniae productionem, qua instrumentum in servitium ac opus necessa-
rium fuit constructum. 20

741 Diogenes Laërt. VII 158. σπέρμα δὲ λέγουσιν εἶναι τὸ οἷόν
τε γεννᾶν τοιαῦτα ἀφ᾽ οἷου καὶ αὐτὸ ἀπεκρίθη. ἀνθρώπου δὲ σπέρμα,
ὃ μεθίησιν ὁ ἄνθρωπος μεθ᾽ ὑγροῦ, συγκιρνᾶσθαι τοῖς τῆς ψυχῆς
μέρεσι κατὰ μιγμὸν τοῦ τῶν προγόνων λόγου. εἶναι δὲ αὐτὸ Χρύ-
σιππός φησιν ἐν τῇ δευτέρᾳ τῶν φυσικῶν πνεῦμα κατὰ τὴν οὐ- 25
σίαν, ὡς δῆλον ἐκ τῶν εἰς τὴν γῆν καταβαλλομένων σπερμάτων, ἃ
παλαιωθέντα οὐκέτι φύεται, ὡς δῆλον διαπεπνευκυίας αὐτοῖς τῆς δυ-
νάμεως.
742 Galenus defin. medicae 94 Vol. XIX p. 370 K. σπέρμα ἐστὶ
πνεῦμα ἔνθερμον ἐν ὑγρῷ ἐξ ἑαυτοῦ κινούμενον καὶ δυνάμενον τοιοῦτον 30
γεννᾶν οἷον ἀφ᾽ οὗ καὶ ἀφείθη. — — ὁ δὲ Κιτιεὺς Ζήνων οὕτως ὡρί-
σατο· σπέρμα ἐστὶν ἀνθρώπου ὃ μεθίησιν ἄνθρωπος μεθ᾽ ὑγροῦ ψυχῆς μέ-
ρους ἄρπαγμα καὶ σύμμιγμα τοῦ τῶν προγόνων γένους, οἷόν τε αὐτὸ ἦν καὶ
αὐτὸ συμμιχθὲν ἀπεκρίθη.
ibid. 439. τὸ σπέρμα ἐστὶν κατὰ μὲν τοὺς Στωϊκοὺς ὃ μεθίησι τὸ 35
ζῷον ὑγρὸν μετὰ πνεύματος καὶ ψυχῆς, ὡς δὲ οὐ μέρος.
743 Galenus de foet. format. 6. K. IV 699 ed. Bas. I 221. μάλιστα
δ᾽ ἄν τις θαυμάσειε τὴν πρὸς τοὺς γεννήσαντας ὁμοιότητα τῶν ἐκγόνων,
ὅπως γίγνεται· φαίνεται γὰρ πάλιν ἡ διαπλάττουσα τὸ σῶμα ψυχὴ παρὰ
τῶν γονέων εἰς τὸ κυούμενον ἥκειν, ὡς ἐν τῷ σπέρματι περιεχομένη. — — 40
Καὶ πού τινες αὐτῶν οὐχ ὕλην ἀλλ᾽ ὄργανον ὑπάρχειν αὐτῆς τὸ σπέρμα
φασίν, ὕλην γὰρ εἶναι τὸ τῆς μητρὸς αἷμα, λεγόντων ἑτέρων (scil. τῶν

---

2 atque factum ABH¹.   22 οὗ F.   24 μεθ᾽ ὑγροῦ—μέρεσι verba cor-
rupta. συγκρίνασθαι B. ‖ τοῦ προγόνου λόγου B.   27 αὐτῶν (compend.) B
αὐτοῖς (οἷς in litura) P³.   31 haec valde corrupta esse patet. Cf. I n. 128
(Zeno).

14*

212   DE ANIMALIBUS ET PLANTIS.

Στωϊκῶν) τἀναντία· δοκεῖ γὰρ αὐτοῖς ὁ τεχνίτης αὐτὸς εἶναι τὸ σπέρμα, τισὶ
μὲν ὅλον, ἐνίοις δὲ τὸ περιεχόμενον ἐν αὐτῷ πνεῦμα. καί μοι περὶ τούτων
ἰδίᾳ γέγραπται κατά τι βιβλίον, ἐν ᾧ περὶ τῶν ὑπὸ Χρυσίππου λεγομένων
ἐν τοῖς περὶ ψυχῆς αὐτοῦ γράμμασιν ἐπισκέπτομαι.
5   Cf. ibid. K. 700. τὴν ἐν τῷ σπέρματι ψυχήν, φυτικὴν μὲν ὑπὸ τῶν
περὶ τὸν Ἀριστοτέλην καλουμένην, ἐπιθυμητικὴν δὲ ὑπὸ Πλάτωνος, ὑπὸ δὲ
τῶν Στωϊκῶν οὐδὲ ψυχὴν ὅλως, ἀλλὰ φύσιν, ἡγουμένων διαπλάττειν τὸ
ἔμβρυον οὐ μόνον οὐκ οὖσαν σοφήν, ἀλλὰ καὶ παντάπασιν ἄλογον etc.
    744 Plutarchus de comm. not. cp. 35 p. 1077b. ᾗ καί φασιν (scil.
10 Stoici) τὸ μὲν σπέρμα ⟨διὰ⟩ τὴν ἐπὶ μικρὸν ὄγκον ἐκ πολλοῦ ῾σπείρασιν᾽
ὠνομάσθαι, τὴν δὲ ῾φύσιν᾽ ἐμφύσησιν οὖσαν καὶ διάχυσιν τῶν ὑπ᾽ αὐτῆς
ἀνοιγομένων καὶ λυομένων λόγων ἢ ἀριθμῶν.
    745 Philo de mundi opificio § 67 Vol. I p. 22,13 Wendl. Τὸ σπέρμα
τῶν ζῴων γενέσεως ἀρχὴν εἶναι συμβέβηκε. Τοῦτο ὡς ἔστι φαυλότατον, ἐοι-
15 κὸς ἀφρῷ θεωρεῖται· ἀλλ᾽ ὅταν εἰς τὴν μήτραν καταβληθὲν ἐνστηρίσῃ, κίνησιν
εὐθὺς λαβὸν εἰς φύσιν τρέπεται. Φύσις δὲ βελτίων σπέρματος, ἐπεὶ καὶ
κίνησις ἠρεμίας ἐν γενητοῖς. Ἡ δὲ οἷα τεχνίτης ἢ κυριώτερον εἰπεῖν ἀνεπί-
ληπτος τέχνη ζωοπλαστεῖ τὴν μὲν ὑγρὰν οὐσίαν εἰς τὰ τοῦ σώματος μέλη
καὶ μέρη διανέμουσα, τὴν δὲ πνευματικὴν εἰς τὰς τῆς ψυχῆς δυνάμεις, τήν
20 τε θρεπτικὴν καὶ τὴν αἰσθητικήν.
    746 Origenes in evang. Ioannis XX 2. Καὶ σαφές γε ὅτι τὸ μὲν
σπέρμα [τινὰς] ἔχει τοὺς λόγους τοῦ σπείραντος ἐν ἑαυτῷ, ἔτι ἡσυχάζοντας
καὶ ἀποκειμένους· τὸ δὲ τέκνον, μεταβαλόντος τοῦ σπέρματος καὶ ἐργασαμένου
τὴν παρακειμένην αὐτῷ ὕλην, ἀπὸ τῆς γυναικὸς καὶ τῶν ἐπισυναγομένων
25 τροφῶν μορφωθὲν καὶ εἰς γένεσιν εὐτρεπισθὲν ὑφίσταται.
    747 Origenes in evang. Ioannis XX 5. Ὁ δὲ λέγω ἔσται σαφὲς ἐκ
τῶν λεχθησομένων· ἐπεὶ γὰρ ἔχει ἐν ἑαυτῷ προγονικούς τε καὶ συγγενικοὺς
λόγους ὁ σπείρων, ὁτὲ μὲν κρατεῖ ὁ αὐτοῦ λόγος καὶ ἀποτίκτεται τὸ γεν-
νώμενον τῷ σπείραντι ὅμοιον, ὁτὲ δὲ ὁ λόγος τοῦ ἀδελφοῦ τοῦ σπείραντος ἢ
30 τοῦ πατρὸς τοῦ σπείραντος ἢ τοῦ θείου τοῦ σπείραντος, ἐνίοτε καὶ πάππου
τοῦ σπείραντος· παρ᾽ ὃ γίνονται οἱ ἀποτικτόμενοι ὅμοιοι τοῖσδε ἢ τοῖσδε.
Ἔστι δὲ ἰδεῖν ἐπικρατοῦντα καὶ τὸν λόγον τῆς γυναικὸς ἢ τοῦ ἀδελφοῦ αὐ-
τῆς ἢ τοῦ πάππου αὐτῆς, κατὰ τοὺς ἐν ταῖς μίξεσι βρασμοὺς ἅμα πάντων
σειομένων ἕως ἐπικρατήσῃ τις τῶν σπερματικῶν λόγων.
35   748 Scholia in Hom. Iliad. Φ 483. ἐπειδὴ κατὰ μὲν τὰς παν-
σελήνους νύκτας, ὥς φησι Χρύσιππος, εὐτοκώταται γίνονται αἱ γυ-
ναῖκες, κατὰ δὲ σκοτομηνίας δύστοκοι ἄγαν.
    Scholia Genevensia I p. 210 Nicole. Χρύσιππος ἐν τῷ περὶ
ἀρχαίας φυσικῆς δεικνὺς ὅτι σελήνη ἡ Ἄρτεμις καὶ τὰ περὶ τόκους
40 δὲ εἰς αὐτὴν ⟨ἀναφέρων, λέγει ἐν⟩ ταῖς πανσελήνοις οὐ μόνον τὰς
γυναῖκας εὐτοκωτάτας εἶναι, ἀλλὰ γίγνεσθαι ⟨ῥᾳδίως τὰ ζῷα⟩ πάντα.
    749 Aëtius Plac. V 11, 3. Οἱ Στωικοὶ ἀπὸ τοῦ σώματος ὅλου καὶ
τῆς ψυχῆς φέρεσθαι τὸ σπέρμα καὶ τῆς ὁμοιότητος ἀναπλάττεσθαι ἐκ τῶν

―――――――――
10 διὰ add. Dü.   15 στηρίσει V, ἐνστήριξιν ἢ M, ἐνστηριχθῇ coni. Mang.
16 βέλτιον M, βέλτειον V.   17 γεννητοῖς ABP.   23 vulg. μεταβάλλοντος.
43 τὸ σπέρμα scripsi, τὰ σπέρματα libri. ‖ τῆς ὁμοιότητος scripsi, τὰς ὁμοιότη-
τας libri.

αὐτῶν γενῶν τοὺς τύπους καὶ τοὺς χαρακτῆρας, ὥσπερ ἂν εἰ ζωγράφον ἀπὸ τῶν ὁμοίων χρωμάτων εἰκόνα τοῦ βλεπομένου.

4. Προΐεσθαι δὲ καὶ τὴν γυναῖκα σπέρμα· κἂν μὲν ἐπικρατήσῃ τὸ τῆς γυναικός, ὅμοιον εἶναι τὸ γεννώμενον τῇ μητρί, ἐὰν δὲ τὸ τοῦ ἀνδρὸς τῷ πατρί. 5

750 Aëtius Plac. V 10, 4 (Πῶς δίδυμα καὶ τρίδυμα γίνεται G 114). Οἱ Στωϊκοὶ παρὰ τοὺς ἐν τῇ μήτρᾳ τόπους, ὅταν γὰρ εἰς πρῶτον καὶ δεύτερον ἐμπέσῃ σπέρμα, τότε γίνεσθαι τὰς ἐπισυλλήψεις καὶ τὰ δίδυμα καὶ τὰ τρίδυμα.

751 Aëtius Plac. V 9, 2 (Διὰ τί πολλάκις γυνὴ συνουσιάζουσα οὐ 10 συλλαμβάνει) G. 113. Οἱ δὲ Στωϊκοὶ κατὰ λοξότητα τοῦ καυλοῦ μὴ δυναμένου τὸν γόνον εὐθυβολεῖν ἢ παρὰ τὸ ἀσύμμετρον τῶν μορίων, ὡς πρὸς τὴν ἀπόστασιν τῆς μήτρας.

752 Aëtius Plac. V 13, 3 (Πῶς στεῖραι γίνονται αἱ γυναῖκες καὶ ἄγονοι οἱ ἄνδρες). Οἱ Στωϊκοὶ αἰτιῶνται τὰς ἀσυμφύλους εἰς ἑκάτερον τῶν 15 πλησιαζόντων δυνάμεις τε καὶ ποιότητας, οἷς ὅταν συμβῇ χωρισθῆναι μὲν ἀπ᾽ ἀλλήλων, συνελθεῖν δὲ ἑτέροις ὁμοφύλοις, συνεκράθη τὸ κατὰ φύσιν καὶ βρέφος τελεσιουργεῖται.

753 Aëtius Plac. V 12, 3 (Πῶς ἄλλοις γίνονται ὅμοιοι οἱ γεννώμενοι καὶ οὐ τοῖς γονεῦσιν). Οἱ Στωϊκοὶ συμπαθείᾳ τῆς διανοίας. 20

754 Aëtius Plac. V 16, 2 (Πῶς τρέφεται τὰ ἔμβρυα G. 120). Οἱ Στωϊκοὶ διὰ τοῦ χορίου καὶ τοῦ ὀμφαλοῦ. ὅθεν τοῦτον εὐθέως ἀποδεῖν τὰς μαιουμένας καὶ ἀνευρύνειν τὸ στόμα, ἵνα ἑτέρα γένηται ἡ μελέτη τῆς τροφῆς.

755 Aëtius Plac. V 17, 1. Οἱ Στωϊκοὶ ἅμα ὅλον γίγνεσθαι (scil. τὸ ἔμβρυον). 25

756 Aëtius Plac. V 15, 2. Οἱ Στωϊκοὶ μέρος εἶναι αὐτὸ (scil. τὸ ἔμβρυον) τῆς γαστρός, οὐ ζῷον· ὥσπερ γὰρ τοὺς καρποὺς μέρη τῶν φυτῶν ὄντας πεπαινομένους ἀποῤῥεῖν, οὕτω καὶ τὸ ἔμβρυον.

757 Galenus defin. medicae 445 Vol. XIX p. 452 K. οἱ δὲ μὴ εἶναι ζῷον λέγοντες (scil. τὸ ἔμβρυον) τρέφεσθαι μὲν αὐτὸ καὶ αὔξεσθαι ὥσπερ 30 καὶ τὰ δένδρα, ὁρμὴν δὲ καὶ ἀφορμὴν οὐκ ἔχειν ὥσπερ τὰ ζῷα.

758 [Galenus] εἰ ζῷον τὸ κατὰ γαστρός 2 Vol. XIX p. 165 K. μόριον γὰρ καὶ ἀπόσπασμα ὂν τοῦ μεγάλου ζῴου τοῦ κόσμου μένον μὲν ἐν μυχοῖς καὶ φωλεῦον συγκρίσεως ἐπέχει λόγον, διακριθὲν δὲ καὶ γενόμενον ἔξω τούτου τοῦ βάθους οἷον χάους ἀσπάζεται τὴν ὁμόφυλον καὶ ὁμοίαν φύσιν ταῖς 35 τῆς ἐνεργείας πράξεσιν· κινεῖσθαι γὰρ ταῖς ἐξ αὐτοῦ κινήσεσιν ἄρχεται.

759 Philo de fortitudine p. 398 Vol. II. Mang. Εἰ γὰρ τὰ φυτῶν τρόπον ἐμπεριαυξανόμενα καὶ μέρη νομιζόμενα τῶν κυούντων, νῦν μὲν ἡνωμένα, μηνῶν δὲ περιόδοις αὖθις ἀποσπασθησόμενα τῆς συμφυΐας — φυλάττεται etc. 40

760 Philo de fuga et inventione § 13 Vol. III p. 112, 15 Wendl. Τὸ γὰρ γενόμενον ζῷον ἀτελὲς μέν ἐστι τῷ ποσῷ· μάρτυρες δ᾽ αἱ καθ᾽ ἡλικίαν ἑκάστην παραυξήσεις· τέλειον δὲ τῷ ποιῷ· μένει γὰρ ἡ αὐτὴ ποιότης, ἅτε ἀπὸ μένοντος ἐκμαγεῖσα καὶ μηδαμῇ τρεπομένου θείου λόγου.

---

5 § 4 Stoicorum non esse monet Diels coll. Laërt. VII 159.   11 de lemmatis fide dubitat Diels.   16 οἷς Wilam., αἷς libri.   20 haec ad Stoicos pertinent, quae secuntur apud Plutarchum ad alios philosophos, quorum nomen intercidit (Wilam.).   24 ἅμα ὅλον Gal., τοῖς πολλοῖς libri.

214 DE ANIMALIBUS ET PLANTIS.

761 Galenus de foet. format. 4 K. IV 674. ed Bas. I 217. Τί
ποτ᾽ οὖν ἔδοξε Χρυσίππῳ καὶ ἄλλοις πολλοῖς φιλοσόφοις Στωϊκοῖς
τε καὶ Περιπατητικοῖς ἀποφήνασθαι περὶ καρδίας, ὡς πρώτη τε φύεται
τῶν τοῦ ζῴου μορίων, ὑπ᾽ αὐτῆς τε τἆλλα γίγνοιτο, καὶ ὡς τῷ πρώ-
5 τως διαπλασθέντι καὶ φλεβῶν καὶ νεύρων ἀναγκαῖον ὑπάρχειν ἀρχήν;
ibid. K. 677. οἱ δέ γε ἀποφηνάμενοι τὴν καρδίαν πρώτην δια-
πεπλάσθαι, μήτε φαινόμενον ἐξ ἀνατομῆς ἔχοντες εἰπεῖν, ἐξ οὗ τὴν
ἀρχὴν τῆς εὑρέσεως ἐποιήσαντο, μήτε λογικήν τινα ἀπόδειξιν ἄλλην,
ἑτέραν ἀφ᾽ ἑτέρας συνάπτουσιν ἄγνοιαν, ὑπὸ τῆς καρδίας τἆλλα γεγο-
10 νέναι φάσκοντες, εἶναί τε ταύτην, ὥσπερ τῆς γενέσεως αὐτῶν, οὕτω
καὶ τῆς διοικήσεως ἡγεμόνα.

ibid. 6. K. 698. ed. Bas. I 221. πρώτην — ὑπόθεσιν — — ὑπο-
τίθενται, τὴν καρδίαν ἁπάντων πρώτην γίγνεσθαι λέγοντες· δευτέραν
δ᾽ ἐπὶ τῇδε, τἆλλα μόρια διαπλάττειν ἐκείνην, ὡς ἀπολλυμένου τοῦ
15 διαπλάσαντος αὐτὴν καὶ μηκέτ᾽ ὄντος· εἶτ᾽ ἐφεξῆς ὡς ἀκόλουθον ἐπι-
φέροντες, ὅτι καὶ τὸ βουλευόμενον ἡμῶν μέρος τῆς ψυχῆς ἐν ταύτῃ
καθέστηκεν· εἰ δὲ τὸ βουλευόμενον καὶ ⟨τὸ⟩ τῶν σιτίων, ὥς φασιν,
καὶ πομάτων καὶ ἀφροδισίων καὶ χρημάτων ἐπιθυμοῦν, καὶ δηλαδὴ
καὶ τὸ θυμούμενον καὶ φιλονεικοῦν etc.

20 **762** Plutarchus de comm. not. cp. 44 p. 1083a. Ὁ τοίνυν περὶ
αὐξήσεως λόγος ἐστὶ μὲν ἀρχαῖος· ἠρώτηται γάρ, ὥς φησι Χρύ-
σιππος, ὑπὸ Ἐπιχάρμου· τῶν δ᾽ ἐν Ἀκαδημείᾳ οἰομένων, μὴ πάνυ
ῥᾴδιον μηδ᾽ αὐτόθεν ἕτοιμον εἶναι τὴν ἀπορίαν — — κατεβόησαν,
ὡς τὰς προλήψεις ἀναιρούντων. — — p. 1083c. Οὕτω δέ πως τού-
25 των λεγομένων καὶ τιθεμένων (praecedit Academicorum sententia περὶ
αὐξήσεως) τί ἀξιοῦσιν οἱ πρόδικοι τῆς ἐναργείας οὗτοι καὶ κανόνες
τῶν ἐννοιῶν; Ἕκαστον ἡμῶν δίδυμον εἶναι καὶ διφυᾶ καὶ
διττόν — — δύο σώματα ταὐτὸν ἔχοντα χρῶμα, ταὐτὸν δὲ
σχῆμα, ταὐτὸν δὲ βάρος καὶ τόπον ⟨τὸν αὐτόν, καὶ ταῦθ᾽⟩
30 ὑπὸ μηδενὸς ἀνθρώπων ὁρώμενα πρότερον — — ὡς δύο
ἡμῶν ἕκαστός ἐστιν ὑποκείμενα, τὸ μὲν οὐσία, τὸ δὲ ⟨ποιό-
της⟩· καὶ τὸ μὲν ἀεὶ ῥεῖ καὶ φέρεται, μήτ᾽ αὐξόμενον μήτε
μειούμενον, μήτε ὅλως οἷόν ἐστι διαμένον, τὸ δὲ διαμένει
καὶ αὐξάνεται καὶ μειοῦται καὶ πάντα πάσχει τἀναντία θα-
35 τέρῳ, συμπεφυκὸς καὶ συνηρμοσμένον καὶ συγκεχυμένον,
καὶ τῆς διαφορᾶς τῇ αἰσθήσει μηδαμοῦ παρέχον ἅψασθαι.

763 Plutarchus de Stoic. repugn. cp. 29 p. 1047b. Ἐν δὲ ταῖς
Φυσικαῖς Θέσεσι περὶ τῶν ἐμπειρίας καὶ ἱστορίας δεομένων διακελευ-

---

17 τὸ addidi.   29 τὸν—ταῦθ᾽ supplevit Bernard., 15 litterarum spatium
in cod. B.   31 ποιότης add. Wy., ποιὸν Zeller.

DE ANIMALIBUS ET PLANTIS.   215

cάμενοc τὴν ἡcυχίαν ἔχειν, ἂν μήτι κρεῖττον καὶ ἐναργέcτερον ἔχωμεν
λέγειν „ἵνα, φηcί, μήτε Πλάτωνι παραπληcίωc ὑπονοήcωμεν,
τὴν μὲν ὑγρὰν τροφὴν εἰc τὸν πλεύμονα φέρεcθαι, τὴν δὲ
ξηρὰν εἰc τὴν κοιλίαν; μήτε ἕτερα παραπλήcια γεγονότα τού-
τοιc διαπτώματα." 5
    764 Aëtius Plac. V 23, 1. Ἡράκλειτος καὶ οἱ Στωϊκοὶ ἄρχεσθαι
τοὺς ἀνθρώπους τῆς τελειότητος περὶ τὴν δευτέραν ἑβδομάδα, περὶ ἣν ὁ
σπερματικὸς κινεῖται ὀῤῥός. καὶ γὰρ τὰ δένδρα ἄρχεται τότε τελειότητος,
ὅταν ἄρχηται γεννᾶν τὰ σπέρματα, ἀτελῆ δέ ἐστιν ἄωρα καὶ ἄκαρπα ὄντα·
τέλειος οὖν τότε ἄνθρωπος· περὶ δὲ τὴν δευτέραν ἑβδομάδα ἔννοια γίνεται 10
καλοῦ τε καὶ κακοῦ καὶ τῆς διδασκαλίας αὐτῶν.
    765 Galenus de usu respirationis toto libro probare studet, ὅτι ἡ
ἀναπνοὴ γίνεται διὰ ψύξιν τινὰ τῆς ἐμφύτου θερμασίας.
    766 Diogenes Laërt. VII 158. τὸν δὲ ὕπνον γίνεσθαι ἐκλυομένου
τοῦ αἰσθητικοῦ τόνου περὶ τὸ ἡγεμονικόν. αἰτίας δὲ τῶν παθῶν ἀπολείπουσι 15
τὰς περὶ τὸ πνεῦμα τροπάς.
    767 Aëtius Plac. V 24, 4. Πλάτων οἱ Στωϊκοὶ τὸν μὲν ὕπνον γί-
νεσθαι ἀνέσει τοῦ αἰσθητικοῦ πνεύματος, οὐ κατὰ ἀναχαλασμὸν καθάπερ † ἐπὶ
τῆς γῆς, φερομένου δὲ ὡς ἐπὶ τὸ ἡγεμονικὸν μεσόφρυον· ὅταν δὲ παντελὴς
γένηται ἡ ἄνεσις τοῦ αἰσθητικοῦ πνεύματος, τότε γίγνεσθαι θάνατον. 20
    768 Tertullianus de anima cp. 43. Stoici somnum resolutionem
sensualis vigoris affirmant etc.
    ibid. — — si forte cum Stoicis resolutionem sensualis vigoris som-
num determinemus.
    769 Aëtius Plac. V 30, 5. Οἱ Στωϊκοὶ συμφώνως (scil. τῷ Παρμε- 25
νίδῃ) τὸ γῆρας γίγνεσθαι διὰ τὴν τοῦ θερμοῦ ἔλλειψιν. οἱ γὰρ αὐτῶν
πλέον ἔχοντες τὸ θερμὸν ἐπὶ πλεῖον γηρῶσιν.
    770 Galenus de temperamentis l. I cp. 3 (K. Vol. I p. 523). ἀλλ'
εἴπερ ὁ θάνατος, φασὶ (scil. οἱ ἀπ' Ἀθηναίου τοῦ Ἀτταλέως), τοιοῦτος (scil.
ψυχρὸς καὶ ξηρός), ἀναγκαῖον ἤδη τὴν ζωήν, ὡς ἂν ἐναντίαν ὑπάρχουσαν 30
αὐτῷ, θερμήν τε εἶναι καὶ ὑγράν· καὶ μὴν εἴπερ ἡ ζωή, φασι, θερμόν τι
χρῆμα καὶ ὑγρόν ἐστιν, ἀνάγκη πᾶσα καὶ τὴν ὁμοιοτάτην αὐτῇ κρᾶσιν ἀρίστην
ὑπάρχειν, εἰ δὲ τοῦτο, παντί που δῆλον ὡς εὐκρατοτάτην. ὥστ' εἰς ταὐτὸ
συμβαίνειν ὑγρὰν καὶ θερμὴν φύσιν εὐκράτῳ, καὶ μηδὲν ἄλλο εἶναι τὴν εὐ-
κρασίαν ἢ τῆς ὑγρότητός τε καὶ θερμότητος ἐπικρατούσης. οἱ μὲν δὴ τῶν 35
ἀμφὶ τὸν Ἀθήναιον λόγοι τοιοίδε· δοκεῖ δέ πως ἡ αὐτὴ δόξα καὶ Ἀριστο-
τέλους εἶναι τοῦ φιλοσόφου καὶ Θεοφράστου γε μετ' αὐτὸν καὶ τῶν Στωϊκῶν.
    771 Galenus adv. Iulianum 4 Vol. XVIII A p. 259. οὐδὲν ἂν εὕροις·
οὔτ' Ἀριστοτέλους οὔτε Θεοφράστου βιβλίον, ἐν ᾧ, περὶ νοσημάτων ἀναγκα-
σθέντες εἰπεῖν τι, ⟨ἄνευ τοῦ⟩ θερμοῦ καὶ ψυχροῦ καὶ ὑγροῦ καὶ ξηροῦ 40
μνημονεῦσαι διῆλθον τὸν λόγον, ἀλλὰ καὶ τούτων ἀεὶ μέμνηνται καὶ σὺν

---

8 κινεῖται Gal., κρίνεται libri Plut.   10 περὶ δὲ—αὐτῶν non iam ad
Stoicos pertinere probat Galenus 127: Ἀριστοτέλης δὲ κατὰ τὴν πρώτην ἑβδομάδα,
καθ᾽ ἣν ἔννοια γίνεται καλοῦ τε καὶ αἰσχρῶν καὶ διδασκαλίας ἀρχή.   17 Στρά-
των coni. Corsinus.   19 verba corrupta; aliam sensus remissionem significari
sententia postulaṭ. ‖ μεσόφρυον corruptum; fortasse ἐσωτέρω ὄν.   26 γεγενῆσθαι
libri, corr. Diels. ‖ αὐτῶν scripsi, αὐτοὶ libri.   40 ἄνευ τοῦ inserui.

αὐτοῖς πολλάκις ἑκατέρας τῆς χολῆς, μελαίνης τε καὶ ξανθῆς, οὐκ ὀλιγάκις
δὲ καὶ φλέγματος, οἵ γε τὰς διαφορὰς αὐτῶν διέρχονται, τὸ μὲν ὀξύ, τὸ δ᾽
ἁλμυρὸν ἢ ἁλυκόν, ἄλλο δὲ γλυκὺ προσαγορεύοντες. οὐ μὴν οὐδὲ Χρύ-
σιππος ἑτέρως, ἀλλ᾽ οὕτως ἀεὶ καὶ περὶ νοσημάτων καὶ περὶ τῶν
5 χυμῶν διαλέγεται. ⟨καὶ⟩ εἴ τις ἐθέλοι μόνων τῶν εἰρημένων τριῶν ἀν-
δρῶν ἐκλέγειν τὰς ῥήσεις, οὐκ ὀλίγα πληρώσει βιβλία, σχολάζων δὴ οὕτως
τις ὥσπερ Ἰουλιανὸς ἐπὶ τῆς Ἀλεξανδρείας ἐσχόλαζεν. ἐὰν δὲ καὶ τῶν ἄλ-
λων, τῶν Στωϊκῶν ἢ Περιπατητικῶν ἐκλέγειν τὰς ῥήσεις, ὅλην βιβλιοθήκην
πληρώσει.
10   Cf. ibid. p. 258. πότερον οὖν Ἀριστοτέλους καὶ Χρυσίππου καὶ τῶν
ἄλλων ἁπάντων Περιπατητικῶν τε καὶ Στωϊκῶν ἑξῆς παραγράψω τὰς ῥήσεις,
ἐν αἷς φλέγμα καὶ χολὴν αἰτιῶνται καὶ τὰ πρῶτα νοσήματα τέτ-
ταρα ὑπάρχειν φασίν, ὥσπερ καὶ τὰ στοιχεῖα, τὸ θερμὸν καὶ τὸ
ψυχρὸν καὶ τὸ ὑγρὸν καὶ τὸ ξηρόν etc. Cf. etiam p. 264 et I n. 132.
15   772 Galenus de morborum causis 1 Vol. VII p. 1 K. ἐδείχθη κατὰ
μὲν τοὺς ἠνῶσθαί τε καὶ ἠλλοιῶσθαι τὴν ὑποβεβλημένην οὐσίαν
γενέσει καὶ φθορᾷ δοξάζοντας ἅπασα νόσος ὁμοιομεροῦς τε καὶ ἁπλοῦ
πρὸς αἴσθησιν σώματος ἤτοι δυσκρασία τις ὑπάρχουσα ἢ τῆς συνεχείας αὐ-
τοῦ τῶν μερῶν διαίρεσις.

---

5 καὶ addidi.   6 δὴ scripsi, δ᾽ ed.

Physica V.

De anima hominis.

§ 1. De substantia animae.

773 Nemesius de nat. hom. cp. 2 p. 38. Διαφωνεῖται σχεδὸν ἅπασι τοῖς παλαιοῖς ὁ περὶ τῆς ψυχῆς λόγος. Δημόκριτος μὲν γὰρ καὶ Ἐπίκουρος 5 καὶ πᾶν τὸ τῶν Στωϊκῶν φιλοσόφων σύστημα σῶμα τὴν ψυχὴν ἀποφαίνονται· καὶ αὐτοὶ δὲ οὗτοι οἱ σῶμα τὴν ψυχὴν ἀποφαινόμενοι, διαφέρονται περὶ τῆς οὐσίας αὐτῆς· οἱ μὲν γὰρ Στωϊκοὶ πνεῦμα λέγουσιν αὐτὴν ἔνθερμον καὶ διάπυρον.

Tertullianus de anima cp. 5. Sed etiam Stoicos allego, qui spiritum 10 praedicantes animam paene nobiscum, qua proxima inter se flatus et spiritus, tamen corpus animam facile persuadebunt.

774 Diogenes Laërt. VII 156. δοκεῖ δὲ αὐτοῖς τὴν μὲν φύσιν εἶναι πῦρ τεχνικόν, ὁδῷ βαδίζον εἰς γένεσιν, ὅπερ ἐστὶ πνεῦμα πυροειδὲς καὶ τεχνοειδές· τὴν δὲ ψυχὴν αἰσθητικὴν ⟨φύσιν⟩. ταύτην δὲ εἶναι τὸ συμφυὲς 15 ἡμῖν πνεῦμα· διὸ καὶ σῶμα εἶναι καὶ μετὰ τὸν θάνατον ἐπιμένειν· φθαρτὴν δὲ ὑπάρχειν. τὴν δὲ τῶν ὅλων ἄφθαρτον, ἧς μέρη εἶναι τὰς ἐν τοῖς ζῴοις.

775 Commenta Lucani Lib. IX 7 p. 290 Us. Quos ignea virtus: animae virtutem significat, non corporis: quoniam Stoici animam ignem dicunt. 20

776 Hieronymus epist. 126 (ad Marcellinum et Anapsychiam). Super animae statu memini vestrae quaestiunculae — — utrum lapsa de caelo sit, ut Pythagoras philosophus omnesque Platonici et Origenes putant, an a propria Dei substantia, ut Stoici etc.

777 Galenus de simpl. medicam. temp. et fac. V 9 ed. Bas. II 58 25 K. XI 731. οἱ μὲν οὖν Στωϊκοὶ ταὐτὸν τοῦτο τὸ πνεῦμα τὴν οὐσίαν τῆς ψυχῆς εἶναι δοξάζουσιν.

778 Scholia in Hom. Iliad. Π 857. ἐκ τούτου καὶ οἱ Στωϊκοὶ ὁρίζονται τὴν ψυχήν· ψυχή ἐστι πνεῦμα συμφυὲς καὶ ἀναθυμίασις αἰσθητικὴ ἐκ τῶν τοῦ σώματος ὑγρῶν ἀναδιδομένη. 30

779 Aëtius Plac. IV 3, 3. Οἱ Στωϊκοὶ πνεῦμα νοερὸν θερμόν ⟨τὴν ψυχήν⟩. Cf. Theodoret V 18 p. 77, 21.

---

15 φύσιν addendum esse conexus sententiarum docet. 17 εἶναι pro ὑπάρχειν F Pal. 261. ‖ μέλη B. 26 quod scil. paulo ante dixit idem esse quod ἔμφυτον θερμόν.

218 DE ANIMA HOMINIS.

780 Galenus defin. medicae 29 Vol. XIX p. 355 K. ψυχή ἐστιν — — κατὰ δὲ τοὺς Στωϊκοὺς σῶμα λεπτομερὲς ἐξ ἑαυτοῦ κινούμενον κατὰ σπερματικοὺς λόγους.

781 Galenus de usu partium VI, 17. Vol. III p. 496 K. οὐδὲ γὰρ
5 οὐδ' οὗτος ὁ λόγος ἀδύνατος, ὡς ἀναθυμίασίς τις, εἴ γε ἐστίν, αἵματος χρηστοῦ τὸ ψυχικὸν πνεῦμα.

782 Galenus comm. 5 in Hippocr. epid. 6 ed. Bas. V 509 K. XVII B 246.
ὅσοι γὰρ οἴονται τὴν ψυχὴν εἶναι πνεῦμα, διασώζεσθαι λέγουσιν αὐτὴν ἔκ
τε τῆς ἀναθυμιάσεως τοῦ αἵματος καὶ τοῦ κατὰ τὴν εἰσπνοὴν ἑλκομένου διὰ
10 τῆς τραχείας ἀρτηρίας εἴσω τοῦ σώματος ⟨ἀέρος⟩.

783 Galenus de usu respirat. cp. 5 (K. Vol. IV p. 502). ἀναγκαῖόν
ἐστι τοῦτο τὸ πνεῦμα (scil. τὸ ψυχικὸν) τρέφεσθαι. πόθεν οὖν, φασίν, ἄλλοθεν ἕξει τὴν τροφήν, εἰ μὴ παρὰ τοῦ διὰ τῆς εἰσπνοῆς ἑλκομένου; καίτοι
κἀκ τῆς τοῦ αἵματος ἀναθυμιάσεως οὐκ ἀπεικὸς αὐτὸ τρέφεσθαι, καθάπερ
15 καὶ πολλοῖς τῶν ἐλλογίμων ἰατρῶν τε καὶ φιλοσόφων ἔδοξεν.

784 Tertullianus de anima cp. 10. Quid est, oro te, spirare? flatum
opinor ex semet' ipso agere. Quid est vivere? flatum opinor ex semet
ipso non agere? Hoc enim respondere debebo si non idem est spirare,
quod vivere. Sed mortui erit non agere flatum: ergo viventis est agere
20 flatum. Sed et spirantis est agere flatum: ergo et spirare viventis est.
Utrumque si sine anima decurrere potuisset, non fuisset animae spirare,
sed solummodo vivere. At enim vivere spirare est, et spirare vivere est.
Ergo totum hoc et spirare et vivere eius est, cuius et vivere, id est
animae etc.

25 **785** Alexander Aphrod. de anima libri mant. p. 115, 6 Bruns. ἔτι
εἰ ἡ ψυχὴ σῶμα, ἢ πῦρ ἢ πνεῦμα λεπτομερές ἐστι διὰ παντὸς διῆκον τοῦ
ἐμψύχου σώματος. εἰ δὲ τοῦτο, δῆλον ὡς οὐκ ἀργὸν οὐδὲ ὡς ἔτυχεν ἔχον
ἐροῦσιν αὐτό. οὐ γὰρ πᾶν πῦρ οὐδὲ πᾶν πνεῦμα ταύτην ἔχει τὴν δύναμιν.
μετά τινος οὖν ἔσται εἴδους ἰδίου καὶ λόγου καὶ δυνάμεως καί, ὡς αὐτοὶ
30 λέγουσιν, τόνου.

786 Alexander Aphrod. de anima p. 26, 13 Bruns. μᾶλλον δὲ κατὰ
τοὺς τὴν ψυχὴν γεννῶντας ἐκ ποιᾶς μίξεώς τε καὶ συνθέσεώς τινων εἴη ἂν
ἡ ψυχὴ ἤτοι ἁρμονία ἢ σύνθεσις καθ' ἁρμονίαν τινῶν σωμάτων. ὧν εἰσιν
οἵ τε ἀπὸ τῆς Στοᾶς, πνεῦμα αὐτὴν λέγοντες εἶναι συγκείμενόν πως ἔκ
35 τε πυρὸς καὶ ἀέρος, καὶ οἱ περὶ Ἐπίκουρον.

787 Galenus περὶ ψυχῆς ἠθῶν ed. Bas. I 346. K. IV. 783. Ἐν ταὐτῷ
δὲ γένει τῆς οὐσίας καὶ ἡ τῶν Στωϊκῶν περιέχεται δόξα· πνεῦμα μὲν γάρ
τι τὴν ψυχὴν εἶναι βούλονται, καθάπερ καὶ τὴν φύσιν, ἀλλ' ὑγρότερον μὲν
καὶ ψυχρότερον τὸ τῆς φύσεως, ξηρότερον δὲ καὶ θερμότερον τὸ τῆς ψυχῆς.
40 ὥστε καὶ τοῦθ' ὕλη μέν τις οἰκεία τῆς ψυχῆς ἐστι τὸ πνεῦμα, τὸ δὲ τῆς
ὕλης εἶδος ἤτοι κράσεως ἐν συμμετρίᾳ γιγνομένης τῆς ἀερώδους τε καὶ πυρώδους
οὐσίας· οὔτε γὰρ ἀέρα μόνον οἷόν τε φάναι τὴν ψυχὴν οὔτε πῦρ,
ὅτι μήτε ψυχρὸν ἄκρως ἐμφανῆ γίγνεσθαι ζῴου σῶμα, μήτε ἄκρως θερμόν,
ἀλλὰ μηδὲ ἐπικρατούμενον ὑπὸ θατέρου κατὰ μεγάλην ὑπεροχήν, ὅπουγε κἂν
45 βραχεῖ πλέον γένηται τοῦ συμμέτρου, πυρέττει μὲν τὸ ζῷον ἐν ταῖς τοῦ πυρὸς
ἀμέτροις ὑπεροχαῖς, καταψύχεται δὲ καὶ πελιδνοῦται καὶ δυσαίσθητον ἢ

---

10 ἀέρος addidi.   40 malim κατὰ τοῦθ'.   41 corruptum; fortasse ἀπὸ
scribendum.   43 fort. ἐγχωρεῖ.

παντελῶς ἀναίσθητον γίνεται κατὰ τὰς τοῦ ἀέρος κράσεις· οὗτος γὰρ αὐτὸς
ὅσον μὲν ἐφ' ἑαυτῷ ψυχρός ἐστιν, ἐκ δὲ τῆς πρὸς τὸ πυρῶδες στοιχεῖον ἐπι-
μιξίας εὔκρατος γίνεται· δῆλον οὖν ἤδη σοι γέγονεν, ὡς ἡ τῆς ψυχῆς οὐσία
κατὰ ποιὰν κρᾶσιν ἀέρος τε καὶ πυρὸς γίνεται κατὰ τοὺς Στωϊκούς, καὶ
συνετὸς μὲν ὁ Χρύσιππος ἀπείργασται διὰ τὴν τούτων εὔκρατον μῖξιν. 5
788 Galenus περὶ τ. τ. ψυχῆς ἠθῶν. ed. Bas. I 346, K. IV 786. —
ὑφ' Ἡρακλείτου· καὶ γὰρ οὗτος οὕτως εἶπεν· αὐγὴ ξηρὴ ψυχὴ σοφωτάτη,
τὴν ξηρότητα πάλιν ἀξιῶν εἶναι συνέσεως αἰτίαν· τὸ γὰρ τῆς αὐγῆς ὄνομα
τοῦτ' ἐνδείκνυται, καὶ βελτίονά γε δόξαν ταύτην εἶναι νομιστέον, ἐννοήσαν-
τας καὶ τοὺς ἀστέρας αὐγοειδεῖς τε ἅμα καὶ ξηροὺς ὄντας ἄκραν σύνεσιν 10
ἔχειν· εἰ γὰρ μή τις αὐτοῖς ὑπάρχειν τοῦτο φαίη, δόξει τῆς τῶν θεῶν ὑπε-
ροχῆς ἀναίσθητος εἶναι.
789 Anonymi scholia in Hermog. ideas Walz. Rh. gr. VII p. 884.
οἱ μὲν γὰρ Στωϊκοὶ λέγουσι μὴ εἶναι ψυχήν, ἀλλ' ἐκ τῆς κράσεως τῶν
στοιχείων ἀποτελεῖσθαι τὴν γένεσιν· ὅταν μὲν γὰρ πλεονάσῃ τὸ θερμόν, ποιεῖ 15
τὸν λέοντα, ὅθεν, φησί, καὶ θυμικός ἐστιν· ὅταν δὲ κατὰ λόγον καὶ σχεδὸν
ἐξ ἴσου συνέλθῃ, ποιεῖ τὸν ἄνθρωπον· ταύτης τῆς δόξης προστάτης ἐγένετο
καὶ Γαληνός.

§ 2. Argumentis probatur animam esse corpus.

790 Nemesius de nat. hom. cp. 2 p. 46. ἐπειδὴ δὲ καὶ Κλεάν- 20
θους τοῦ στωϊκοῦ καὶ Χρυσίππου φέρονται λόγοι τινὲς οὐκ εὐκαταφρό-
νητοι, ἐκθετέον καὶ τούτων τὰς λύσεις ὡς ἐπέλυσαν οἱ ἀπὸ Πλάτωνος
(sequuntur plura Cleanthis argumenta, quibus corpoream animae na-
turam probabat eorumque refutationes; dein p. 53) Χρύσιππος δέ
φησιν ὅτι „ὁ θάνατός ἐστι ψυχῆς χωρισμὸς ἀπὸ σώματος· οὐδὲν 25
δὲ ἀσώματον ἀπὸ σώματος χωρίζεται· οὐδὲ γὰρ ἐφάπτεται
σώματος ἀσώματον, ἡ δὲ ψυχὴ καὶ ἐφάπτεται καὶ χωρίζεται
τοῦ σώματος, σῶμα ἄρα ἡ ψυχή.“
791 Tertullianus de anima cp. 5. *Sed et Chrysippus manum
ei (scil. Cleanthi) porrigit, constituens corporalia ab incorporalibus dere-* 30
linqui omnino non posse, quia nec contingantur ab eis (unde et Lucre-
tius: tangere enim et tangi nisi corpus nulla potest res) derelicto autem
corpore ab anima affici morte. Igitur corpus anima, quae nisi corpo-
ralis corpus non derelinqueret.
792 Alexander Aphrod. de anima libri mant. p. 117 (argumenta Stoi- 35
corum enumerat, quibus animam corpus esse probabant). 1. οὔτε γὰρ
ἐπεὶ κατηγορεῖται τὸ ὅμοιον αὐτῆς, διὰ τοῦτό ἐστιν σῶμα. — 9. ἀλλὰ
καὶ ὁ λόγος ψευδὴς ὁ λέγων ἀσώματον σώματι μὴ συμπάσχειν, ὥστε
μὴ εἶναι ἀσώματον τὴν ψυχήν. — 21. οὐχ ὑγιὴς δὲ λόγος οὐδὲ ὁ λέγων
μηδὲν ἀσώματον σώματος χωρίζεσθαι, τὴν δὲ ψυχὴν τοῦ σώματος 40
χωρίζεσθαι, ὥστε μὴ εἶναι ἀσώματον. — 28. οὐκ ἀληθὲς δὲ οὐδὲ τὸ
λέγειν ταῦτα χωρίζεσθαι ἀπ' ἀλλήλων, ὅσα ἅπτεται ἀλλήλων. —
30. ἔτι οὐκ ἀληθὲς τὸ ᾧ ἀναπνέομεν, τούτῳ ἐσμὲν ἔμπνοι, τῇ δὲ ψυχῇ

ἔμψυχοι· οὐδὲ εἰ ἄνευ τοῦ συμφύτου πνεύματος μὴ δύναιτο τὰ ζῷα εἶναι, διὰ τοῦτο τοῦτό ἐστι ψυχή.

793 Alexander Aphrod. de anima p. 18, 10 Bruns. τὸ δὲ λέγειν τῶν τοῦ σώματος μερῶν ἀνάγκην εἶναι καὶ τὰ μέρη σώματα εἶναι, ὥσπερ καὶ τῆς 5 ἐπιφανείας καὶ τῆς γραμμῆς καὶ τοῦ χρόνου τὰ μέρη τῆς μὲν ἐπιφάνειαι, τῆς δὲ γραμμαί, τοῦ δὲ χρόνοι, μέρη δὲ τοῦ ζῴου σώματος ὄντος τό τε εἶδος καὶ ἡ ὕλη, ὥστε καὶ σώματα, πεπλανημένων. idem p. 18, 27. ἀλλ᾽ οὐδὲ ὁ λέγων λόγος „οὗ τὸ μέρος σῶμα καὶ αὐτὸ σῶμα, τῆς δὲ ψυχῆς ἡ αἴσθησις μέρος οὖσα σῶμά ἐστι, καὶ 10 αὐτὴ ἄρα σῶμα", δείκνυσίν τι. — p. 19, 2. καὶ γὰρ εἰ σῶμα ἡ ψυχή, καὶ σῶμα οὐχ ὡς ἡ ὕλη, ἔσται ἐξ ὕλης καὶ εἴδους, εἴγε πᾶν σῶμα κατ᾽ αὐτοὺς τὸ παρὰ τὴν ὕλην τοιοῦτον.

794 Alexander Aphrod. de anima libri mant. p. 113, 31 Bruns. εἰ ἡ ψυχὴ σῶμα, πᾶν δὲ σῶμα μιᾷ γέ τινι αἰσθήσει αἰσθητὸν τῇ αὐτοῦ φύσει 15 (λέγω δὲ περὶ τῶν ἐνεργείᾳ ὄντων σωμάτων καί, ὥς φασιν αὐτοί, πεποιωμένων) εἴη ἂν καὶ ἡ ψυχὴ αἰσθητή (οὐ γὰρ δὴ ἄποιόν γε σῶμα αὐτὴν ἐροῦσιν, ἔσται γὰρ ὕλη) οὐκ ἔστιν δέ· οὐκ ἄρα σῶμα.

795 Tertullianus de anima cp. 8. Quid enim, inquit Soranus, si mare negent corpus, quia extra mare immobilis et gravis navis efficitur? 20 Quanto ergo validius corpus animae, quod tanti postea ponderis corpus levissima mobilitate circumfert?

796 Chalcidius in Timaeum cp. 221. Ergo spiritum animam esse dicentes corpus esse animam plane fatentur. Quodsi ita est, corpus corpori sociatum est. Societas porro vel ex adplicatione fit vel ex permixtione 25 vel ex concretione. Si adplicita sint corpus et anima, quid ex adplicatione compositum horum duum quatenus totum erit vivum? Vita enim secundum ipsos in solo spiritu, qui adplicitus non permanat ad corpus intimum. nihil enim penetrat adplicitum. et totum animal vivere aiunt: non igitur anima et corpus adplicatione sociantur. Si vero permixta sunt, anima 30 unum aliquid non erit sed permixta multa. Stoici spiritum, id est animam, unum quid esse profitentur: non ergo permixta sunt. Superest ut ex concretione manent: ergo et per se invicem transeunt duo corpora, et locus unus quo corpus continetur duobus corporibus praebebit capacitatem, cum vas quod aquam recipit vinum et aquam simul capere non possit. 35 Neque igitur ex adplicatione neque permixtione neque vero concretione corpus et anima sociantur. ex quo confit animam non esse corpus. Est igitur virtus et potentia carens corpore.

797 Alexander Aphrod. de anima libri mant. p. 115, 32 Bruns. ἀλλ᾽ οὐδὲ ὡς ἐν ἀγγείῳ τῷ σώματι εἴη ἂν ἡ ψυχή. εἴη γὰρ ἂν καὶ οὕτως οὐχ 40 ὅλον ἔμψυχον τὸ σῶμα. ἀλλὰ οὐδὲ κατὰ παράθεσιν. οὐδὲ γὰρ οὕτως ὅλον ἔμψυχον ἔσται τὸ σῶμα. — — εἰ δὲ ὅλον δι᾽ ὅλου, ἐπειδὴ πᾶν τὸ σῶμα ἔμψυχον, πῶς σῶμα διὰ σώματος διήκει, δεικνύναι δεῖ. καὶ γὰρ καί, ἐπεὶ αἱ τῆς ψυχῆς ποιότητες σώματα κατ᾽ αὐτοὺς καὶ αἱ τοῦ σώματος, πολλὰ σώματά ἐστιν ἐν τῷ αὐτῷ καὶ διάφορα δι᾽ ἀλλήλων διήκοντα καὶ ἐν τῷ αὐτῷ τόπῳ.

---

1 mutilatam aut turbatam esse argumentationem vidit Bruns.   7 σώματα scripsi, σῶμα libri.   12 τῷ Usener falso.   15 scil. Stoici, contra quos disputat.   18 Soranum Stoicis hoc argumentum debere probabile est.   42 fortasse ἐπεὶ καὶ hoc ord.

p. 116, 13. ἔτι εἰ καὶ αἱ ἀρεταὶ σώματα καὶ αἱ τέχναι, πῶς οὐ προσγενόμενα ταῦτά τινι στενοχωρήσει τὸ σῶμα ἢ αὐξήσει; 798 Alexander Aphrod. in Aristot. Topica II p. 93 Ald. p. 173, 14. ἐπεὶ τῷ λέγοντι τὴν ψυχὴν σῶμα ἕπεται τὸ σῶμα διὰ σώματος χωρεῖν καὶ τὸ στοιχεῖον αὐτὴν εἶναι ἢ ἐκ στοιχείων. 5

799 Plotinus Ennead. IV lib. VII 10 (Vol. II p. 114 Mü.). ἔτι εἰ σῶμα οὖσα ἡ ψυχὴ διῆλθε διὰ παντός, κἂν κραθεῖσα εἴη, ὃν τρόπον τοῖς ἄλλοις σώμασιν ἡ κρᾶσις· εἰ δὲ ἡ τῶν σωμάτων κρᾶσις οὐδὲν ἐνεργείᾳ ἐᾷ εἶναι τῶν κραθέντων, οὐδ' ἂν ἡ ψυχὴ ἔτι ⟨ἐνεργείᾳ⟩ ἐνείη τοῖς σώμασιν, ἀλλὰ δυνάμει μόνον, ἀπολέσασα τὸ εἶναι ψυχή· ὥσπερ εἰ γλυκὺ καὶ πικρὸν 10 κραθείη, τὸ γλυκὺ οὐκ ἔστιν· οὐκ ἄρα ἔχομεν ψυχήν. τὸ δὲ δὴ σῶμα ὂν σώματι κεκρᾶσθαι ὅλον δι' ὅλου, ὡς ὅπου ἂν ᾖ, καὶ θάτερον εἶναι, ἴσον ὄγκον ἀμφοτέρων καὶ τὸ πᾶν κατεχόντων, καὶ μηδεμίαν αὔξησιν γεγονέναι ἐπεμβληθέντος τοῦ ἑτέρου, οὐδὲν ἀπολείψει ὃ μὴ τέμῃ. οὐ γὰρ κατὰ μεγάλα μέρη παραλλὰξ ἡ κρᾶσις (οὕτω γάρ φασι παράθεσιν ἔσεσθαι), διεληλυθὸς δὲ 15 διὰ παντὸς τὸ ἐπεμβληθὲν [ἐπὶ] σμικρότερον (ὅπερ ἀδύνατον, τὸ ἔλαττον ἴσον γενέσθαι τῷ μείζονι) ἀλλ' οὖν διεληλυθὸς πᾶν τέμνει κατὰ πᾶν. — — — οὐ τοίνυν ὅλον δι' ὅλου χωρεῖν δυνατὸν τὸ σῶμα· ἡ δὲ ψυχὴ δι' ὅλων· ἀσώματος ἄρα.

800 Longinus apud Eusebium praep. evang. XV p. 823 a. τῶν 20 δὲ περὶ ψυχὴν ἴχνος οὐδὲν οὐδὲ τεκμήριον ἐν τοῖς σώμασιν εὑρίσκεται, κἂν εἰ φιλοτιμοῖτό τις, ὡς Ἐπίκουρος καὶ Χρύσιππος, ἅπαντα λίθον κινεῖν καὶ πᾶσαν ἐρευνᾶν δύναμιν σώματος εἰς γένεσιν τῶν περὶ ψυχῆς πράξεων.

§ 3. Motus animae. 25

801 Jamblichus de anima apud Stobaeum ed. I p. 371, 22. οὐ μὴν ἔτι γε τούτοις συγχωροῦσιν οἱ σῶμα τὴν ψυχὴν ὑπολαμβάνοντες, οἷον οἱ Στωϊκοὶ καὶ ἄλλοι πλείονες· — — πάντες γὰρ οὗτοι σωματοειδεῖς τὰς κινήσεις αὐτῇ ἀποδιδόασιν.

802 Philo quaest. et solut. in Genesin II 4 (p. 77 Aucher). Corpus 30 autem nostrum, ex multis compositum, extrinsecus et intrinsecus unitum est atque propria habitudine constat; superior autem habitudo conexionis istorum anima est, quae in medio consistens ubique permeat usque ad superficiem deque superficie in medium vertitur, ut unica natura spiritualis duplici convolvatur ligamine in firmiorem soliditatem unionemque 35 coaptata.

803 Philo quaest. et solut. in Exod. II 120 (p. 547 Aucher). siquidem a se ipso est motus animae, ut convenit dicere maxime secundum ex Stoa philosophos.

---

9 ἐνεργείᾳ addidi, om. vulgo. 12 ⟨θάτερον⟩ καὶ θάτερον Müller.
13 αὔξησιν Euseb., αὔξην libri Plot. 16 ἐπὶ seclusi. 27 γε Meineke, τε
FP. 28 πάντα FP, corr. Heeren.

§ 4. Anima refrigeratione orta.

804 Plotinus Ennead. IV lib. VII 11 (Vol. II p. 115 Mü.). τὸ δὲ
φύσιν μὲν πρότερον τὸ αὐτὸ πνεῦμα λέγειν, ἐν δὲ ψυχρῷ γενομένην καὶ
στομωθεῖσαν ψυχὴν γίγνεσθαι, λεπτοτέραν ἐν ψυχρῷ γενομένην,
5 — ὃ δὴ καὶ αὐτὸ ἄτοπον· πολλὰ γὰρ ζῷα ἐν θερμῷ γίγνεται καὶ ψυχὴν
ἔχει οὐ ψυχθεῖσαν — ἀλλ᾽ οὖν φασί γε προτέραν φύσιν ψυχῆς εἶναι κατὰ
συντυχίας τὰς ἔξω γιγνομένης. συμβαίνει οὖν αὐτοῖς τὸ χεῖρον πρῶτον
ποιεῖν καὶ πρὸ τούτου ἄλλο ἔλαττον, ἣν λέγουσιν ἕξιν· ὁ δὲ νοῦς ὕστατος,
ἀπὸ τῆς ψυχῆς δηλονότι γενόμενος.
10 **805** Tertullianus de anima cp. 25. — — isti qui praesumunt, non
in utero concipi animam, nec cum carnis figulatione compingi atque pro-
duci, sed effuso iam partu nondum vivo infanti extrinsecus imprimi. Cete-
rum semen ex concubitu muliebribus locis sequestratum motuque naturali
vegetatum compinguescere in solam substantiam carnis; eam editam et de
15 uteri fornace fumantem et calore solutam, ut ferrum ignitum et ibidem
frigidae immersum, ita aëris rigore percussam et vim animalem rapere et
vocalem sonum reddere. Hoc Stoici cum Aenesidemo etc.

806 Plutarchus de Stoic. repugn. cp. 41 p. 1052f. Τὸ βρέφος
ἐν τῇ γαστρὶ φύσει τρέφεσθαι νομίζει καθάπερ φυτόν· ὅταν
20 δὲ τεχθῇ, ψυχόμενον ὑπὸ τοῦ ἀέρος καὶ στομούμενον τὸ
πνεῦμα μεταβάλλειν καὶ γίνεσθαι ζῷον· ὅθεν οὐκ ἀπὸ τρό-
που τὴν ψυχὴν ὠνομάσθαι παρὰ τὴν ψῦξιν. Αὐτὸς δὲ πάλιν
„τὴν ψυχὴν ἀραιότερον πνεῦμα τῆς φύσεως καὶ λεπτομερέ-
στερον" ἡγεῖται, μαχόμενος αὐτῷ.

25 p. 1053d. ὁ περὶ ψυχῆς γενέσεως αὐτῷ λόγος μαχομένην ἔχει
πρὸς τὸ δόγμα τὴν ἀπόδειξιν. Γίνεσθαι μὲν γάρ φησι τὴν ψυχήν,
ὅταν τὸ βρέφος ἀποτεχθῇ, καθάπερ στομώσει τῇ περιψύξει
τοῦ πνεύματος μεταβαλόντος· ἀποδείξει δὲ χρῆται τοῦ γε-
γονέναι τὴν ψυχὴν καὶ μεταγενεστέραν εἶναι μάλιστα τῷ
30 καὶ τὸν τρόπον καὶ τὸ ἦθος ἐξομοιοῦσθαι τὰ τέκνα τοῖς γο-
νεῦσι. — — — Εἰ δὲ φύσει τις (Stoicorum sententiam sc. defen-
dens), ὅτι ταῖς κράσεσι τῶν σωμάτων ἐγγινομένης τῆς ὁμοιότητος, αἱ
ψυχαὶ γενόμεναι μεταβάλλουσι, διαφθείρει τὸ τεκμήριον τοῦ γεγονέναι
τὴν ψυχήν· ἐνδέχεται γὰρ οὕτω καὶ ἀγένητον οὖσαν, ὅταν ἐπεισέλθῃ,
35 μεταβάλλειν τῇ κράσει τῆς ὁμοιότητος.

idem de primo frigido cp. 2. Οἱ δὲ Στωϊκοὶ καὶ τὸ πνεῦμα
λέγουσιν ἐν τοῖς σώμασι τῶν βρεφῶν τῇ περιψύξει στομοῦσθαι καὶ
μεταβάλλον ἐκ φύσεως γίνεσθαι ψυχήν.

cf. Porphyrius de anima apud Eusebium praep. evang. XV p. 813c.

---

3 πρότερον scripsi, προτέραν libri.   20 ψυχόμενον Bernard., ψυχούμενον
libri.   34 ἀγένητον Bernard., ἀγέννητον libri.

πῶς δὲ οὐκ αἰσχύνης γέμων ὁ πνεῦμα πῶς ἔχον αὐτὴν (scil. τὴν ψυ-
χὴν) ἀποδιδούς, ἢ πῦρ νοερόν, τῇ περιψύξει καὶ οἷον βαφῇ τοῦ ἀέρος
ἀναφθὲν ἢ στομωθέν. Plutarchus de comm. not. cp. 46 p. 1084e. τὸ θερμότατον περι-
ψύξει καὶ πυκνώσει τὸ λεπτομερέστατον γεννῶντες. ἡ γὰρ ψυχὴ θερ- 5
μότατόν ἐστι δήπου καὶ λεπτομερέστατον· ποιοῦσι δ᾽ αὐτὴν τῇ περι-
ψύξει καὶ πυκνώσει τοῦ σώματος, οἷον στομώσει τὸ πνεῦμα μεταβάλλοντος,
ἐκ φυτικοῦ ψυχικὸν γενόμενον. γεγονέναι δὲ καὶ τὸν ἥλιον ἔμ-
ψυχον λέγουσι, τοῦ ὑγροῦ μεταβάλλοντος εἰς πῦρ νοερόν.

807 Hippolytus Philos. 21 (DDG p. 571, 17) Stoici, Chrysippus et 10
Zeno. τὴν δὲ ψυχὴν λέγουσιν ἀθάνατον εἶναι, σῶμα δέ, καὶ γενέσθαι ἐκ
τῆς περιψύξεως τοῦ ἀέρος τοῦ περιέχοντος, διὸ καὶ καλεῖσθαι ψυχήν· ὁμο-
λογοῦσι δὲ καὶ μετενσωματώσιν γίνεσθαι ὡρισμένων οὐσῶν τῶν ψυχῶν.

808 Origenes de principiis (interpr. Rufino) II cp. 8 p. 96 ed. Delar.
ψυχὴν παρὰ τὴν ψύξιν nominatam esse putat. 15

§ 5. Anima non immortalis, sed morti superstes.

809 Arius Didymus epit. phys. fr. 39 Diels (DG p. 471, 18. Euseb.
praep. evang. XV 20, 6). τὴν δὲ ψυχὴν γενητήν τε καὶ φθαρτὴν λέγουσιν.
οὐκ εὐθὺς δὲ τοῦ σώματος ἀπαλλαγεῖσαν φθείρεσθαι, ἀλλ᾽ ἐπιμένειν τινὰς
χρόνους καθ᾽ ἑαυτήν· τὴν μὲν τῶν σπουδαίων μέχρι τῆς εἰς πῦρ ἀναλύσεως 20
τῶν πάντων, τὴν δὲ τῶν ἀφρόνων πρὸς ποσούς τινας χρόνους. τὸ δὲ δια-
μένειν τὰς ψυχὰς οὕτως λέγουσιν, ὅτι διαμένομεν ἡμεῖς ψυχαὶ γενόμενοι
τοῦ σώματος χωρισθέντες καὶ εἰς ἐλάττω μεταβαλόντες οὐσίαν τὴν τῆς ψυχῆς,
τὰς δὲ τῶν ἀφρόνων καὶ ἀλόγων ζῴων ψυχὰς συναπόλλυσθαι τοῖς σώμασι.

810 Aëtius Plac. IV 7, 3. οἱ Στωϊκοὶ ἐξιοῦσαν ἐκ τῶν σωμάτων 25
οὔπω φθείρεσθαι· ⟨καὶ⟩ τὴν μὲν ἀσθενεστέραν ἀμαυρὸν σύγκριμα γίνεσθαι
(ταύτην δ᾽ εἶναι ⟨τὴν⟩ τῶν ἀπαιδεύτων). τὴν δὲ ἰσχυροτέραν (οἵα ἐστὶ περὶ
τοὺς σοφούς) ζῆν μέχρι τῆς ἐκπυρώσεως.

Theodoretus graec. aff. cur. V 23 p. 73, 24. οἱ δὲ Στωϊκοὶ τὰς χωρι-
ζομένας τῶν σωμάτων ψυχὰς διαρκεῖν μὲν καὶ καθ᾽ αὐτὰς ζῆν ἔφασαν, ἀλλὰ 30
τὴν μὲν ἀσθενεστέραν ἐπ᾽ ὀλίγον, τὴν δέ γε ἰσχυροτέραν μέχρι τῆς τοῦ
παντὸς ἐκπυρώσεως.

811 Diogenes Laërt. VII 157. Κλεάνθης μὲν οὖν πάσας (scil.
τὰς ψυχὰς) ἐπιδιαμένειν μέχρι τῆς ἐκπυρώσεως, Χρύσιππος δὲ τὰς
τῶν σοφῶν μόνων. 35

812 Sextus adv. math. IX 71. ἡ δὲ περὶ θεῶν ὑπόληψις οὐ τοιαύτη
τις ἐστὶν οὐδὲ μάχην ὑπέβαλλεν, ἀλλὰ σύμφωνος τοῖς γιγνομένοις ἐφαίνετο.

---

7 τοῦ πνεύματος—ψυχικοῦ γενομένου Rasmus. 23 χωρισθέντος libri, corr,
Diels. ‖ εἰς ἔλαττον DE, οὐκ ἔλαττον CFG. ‖ μεταβαλόντος libri, corr. Diels.
26 οὔπω φθείρεσθαι Diels, ὑποφέρεσθαι libri. ‖ καὶ addidi. ‖ ἀμαυρὸν σύγ-
κριμα scripsi, ἅμα τοῖς συγκρίμασι libri. 27 τὴν addidi. 28 ζῆν scripsi, καὶ
libri. 34 τὰς μέχρι ἐκπυρώσεως (om. τῆς) BPF. Cf. I n. 522.

καὶ γὰρ οὐδὲ τὰς ψυχὰς ἔνεστιν ὑπονοῆσαι κάτω φερομένας· λεπτομερεῖς γὰρ
οὖσαι καὶ οὐχ ἧττον πυρώδεις ἢ πνευματώδεις εἰς τοὺς ἄνω μᾶλλον τόπους
κουφοφοροῦσιν. καὶ καθ' αὑτὰς δὲ διαμένουσι καὶ οὐχ, ὡς ἔλεγεν Ἐπίκου-
ρος, ἀπολυθεῖσαι τῶν σωμάτων καπνοῦ δίκην σκίδνανται. οὐδὲ γὰρ πρό-
5 τερον τὸ σῶμα διακρατητικὸν ἦν αὐτῶν, ἀλλ' αὐταὶ τῷ σώματι συμμονῆς
ἦσαν αἴτιαι, πολὺ δὲ πρότερον καὶ ἑαυταῖς. ἔκσκηνοι γοῦν ἡλίου γενόμεναι
τὸν ὑπὸ σελήνην οἰκοῦσι τόπον, ἐνθάδε τε διὰ τὴν εἰλικρίνειαν τοῦ ἀέρος
πλείονα πρὸς διαμονὴν λαμβάνουσι χρόνον, τροφῇ τε χρῶνται οἰκείᾳ τῇ ἀπὸ
γῆς ἀναθυμιάσει ὡς καὶ τὰ λοιπὰ ἄστρα, τὸ διαλῦσόν τε αὐτὰς ἐν ἐκείνοις
10 τοῖς τόποις οὐκ ἔχουσιν. εἰ οὖν διαμένουσιν αἱ ψυχαί, δαίμοσιν αἱ αὐταὶ
γίγνονται· εἰ δὲ δαίμονές εἰσι ῥητέον καὶ θεοὺς ὑπάρχειν etc.

813 [Lactant. div. instit. VII 20. Hic fortasse dixerit quispiam: si
est immortalis anima, quomodo patibilis inducitur ac poenae sentiens? —
— Huic quaestioni sive argumento a Stoicis ita occurritur: Animas qui-
15 dem hominum permanere nec interventu mortis in nihilum resolvi; sed
eorum, qui iusti fuerunt, puras et impatibiles et beatas ad sedem coelestem,
unde illis origo sit, remeare, vel in campos quosdam fortunatos rapi, ubi
fruantur miris voluptatibus: impios vero quoniam se malis cupiditatibus
inquinaverunt mediam quandam gerere inter immortalem mortalemque na-
20 turam et habere aliquid imbecillitatis ex contagione carnis, cuius desideriis
ac libidinibus addictae ineluibilem quendam fucum trahant labemque ter-
renam; quae cum temporis diuturnitate penitus inhaeserit, eius naturae
reddi animas, ut si non exstinguibiles in totum (quoniam ex deo sunt)
tamen cruciabiles fiant per corporis maculam, quae peccatis inusta sensum
25 doloris attribuit.]

814 Tertullianus de anima cp. 54. Omnes ferme philosophi, qui
immortalitatem animae qualiter qualiter volunt tamen vindicant, ut Pytha-
goras, ut Empedocles, ut Plato, quique aliquod illi tempus indulgent ab
excessu usque in conflagrationem universitatis, ut Stoici, suas solas, id est
30 sapientum animas in supernis mansionibus collocant.

ibidem: itaque apud illum (scil. Platonem) in aetherem sublimantur
animae sapientes, apud Arium in aërem, apud Stoicos sub lunam.

ibidem: reliquas animas ad inferos deiciunt.

cp. 55. Sed in aethere dormitio nostra — — aut circa lunam cum
35 Endymionibus Stoicorum.

815 Scholia in Hom. Iliad. Ψ 65. ἄκρως δὲ ἐπεξεργάζεται τὴν
ἐπιφάνειαν τοῦ ὀνείρου· ἔναυλος γὰρ τῷ Ἀχιλλεῖ ὁ τοῦ φίλου τύπος.
ἐντεῦθεν Ἀντισθένης ὁμοσχήμονάς φησι τὰς ψυχὰς τοῖς περιέχουσι
σώμασιν εἶναι, Χρύσιππος δὲ μετὰ τὸν χωρισμὸν τοῦ σώματος
40 σφαιροειδεῖς γενέσθαι δογματίζει.

816 Hieronymus ep. 108, 23 (ad Eustochium). Ossa audis et carnem
et pedes et manus; et globos mihi Stoïcorum atque aëria quaedam deli-
ramenta confingis.

817 Commenta Lucani Lib. IX 1 p. 289 Us. alii existimant animas
45 statim elisas corpore solvi ac dissipari in principia sua, inter quos Epi-

---

5 αὐταὶ scripsi, αὗται libri.   12 Stoica in sequentibus cum Platonicis
commixta sunt. Posidonium haec sapiunt.

curus. alii solidas quidem, postquam exierint de corpore, permanere, sed deinde tractu temporis dissipari: haec opinio Stoicorum. cf. ibid. p, 290. mixtum dogma cum Platonico Stoicum. qui virorum fortium animas existimant in modum siderum vagari in aëre et esse sic immortales, ut non moriantur sed resolvantur, secundum Platonem 5 ne resolvantur quidam.
cf. Servius ad Aeneid. III 68.
818 Commenta Lucani Lib. VII 816 p. 252 Us. Non altius ibis in auras: quamdiu vivimus, habemus discretionem: mortui unum sumus omnes. sectas hic tangit Epicureorum et Stoicorum. 10
819 Origenes contra Celsum I Vol. I p. 66, 2 Kö. (p. 331 ed. Delarue). ὡς εἰ λέγοιμεν καὶ τὸν Πλατωνικόν, πιστεύοντα τῇ ἀθανασίᾳ τῆς ψυχῆς καὶ τοῖς περὶ αὐτῆς λεγομένοις περὶ μετενσωματώσεως, μωρίαν ἀνειληφέναι ὡς πρὸς τοὺς Στωϊκούς, διασύροντας τὴν τούτων συγκατάθεσιν.
820 Seneca ep. 57. Nunc me putas de Stoicis dicere, qui existimant 15 animam hominis magno pondere extriti permanere non posse et statim spargi, quia non fuerit illi exitus liber.
821 Arius Didymus epit. phys. fr. 39 Diels (DG p. 471, 11). εἶναι δὲ ψυχὴν ἐν τῷ ὅλῳ φασίν, ὃ καλοῦσιν αἰθέρα καὶ ἀέρα, κύκλῳ περι⟨έχουσαν⟩ γῆν καὶ θάλασσαν καὶ ἐκ τούτων ἀναθυμιαθεῖσ⟨αν⟩· τὰς δὲ λοιπὰς ψυχὰς 20 προσπεφυκέναι ταύτῃ, ὅσαι τε ἐν ζῴοις εἰσὶ καὶ ὅσαι ἐν τῷ περιέχοντι· διαμένειν γὰρ ἐκεῖ τὰς τῶν ἀποθανόντων ψυχάς. ἔνιοι δὲ τὴν μὲν τοῦ ὅλου ἀΐδιον, τὰς δὲ λοιπὰς συμμίγνυσθαι ἐπὶ τελευτῇ εἰς ἐκείνην. ἔχειν δὲ πᾶσαν ψυχὴν ἡγεμονικόν τι ἐν αὐτῇ, ὃ δὴ ζωὴ καὶ αἴσθησίς ἐστι καὶ ὁρμή.
822 Cicero Tuscul. disp. I 77. Stoici autem usuram nobis largiun- 25 tur tamquam cornicibus; diu mansuros aiunt animos, semper negant.

§ 6. De partibus animae et facultatibus.

823 Alexander Aphrod. de anima libri mant. p. 118, 6 Bruns. Ὅτι μὴ „μία ἡ τῆς ψυχῆς δύναμις, ὡς τὴν αὐτήν πως ἔχουσαν ποτὲ μὲν διανοεῖσθαι, ποτὲ δὲ ὀργίζεσθαι, ποτὲ δ' ἐπιθυμεῖν παρὰ 30 μέρος" δεικτέον.
824 Themistius paraphr. in Arist. de anima I 1 p. 5 Sp. οἱ μὲν πολυδύναμον ἀξιοῦσιν εἶναι τὴν ψυχὴν ἐφ' ἑνὸς οὖσαν ὑποκειμένου, οἱ δὲ πολυμερῆ, διορίζοντες καὶ τοῖς τόποις τὰ μέρη, ὥσπερ οἱ Στωϊκοί.
825 Jamblichus de anima apud Stobaeum ecl. I p. 373, 15 W. ἐπὶ 35 δὴ τούτοις δεῖ νοεῖν ὡς οἱ μὲν Στωϊκοὶ πάσας τῆς ὁποιασοῦν ψυχῆς τὰς ἐνεργείας συμμιγνύουσιν τοῖς διοικουμένοις καὶ ἀψύχοις, οἱ δ' ἀπὸ Πλάτωνος οὐ πάσας.
826 Jamblichus de anima apud Stobaeum ecl. I p. 367, 17 W. ἀλλὰ μὴν οἵ γε ἀπὸ Χρυσίππου καὶ Ζήνωνος φιλόσοφοι καὶ πάντες 40 ὅσοι σῶμα τὴν ψυχὴν νοοῦσι τὰς μὲν δυνάμεις ὡς ἐν τῷ ὑποκειμένῳ ποιότητας συμβιβάζουσι, τὴν δὲ ψυχὴν ὡς οὐσίαν προϋποκειμένην ταῖς

19 20 περιέχουσαν et ἀναθυμιαθεῖσαν scripsi, περὶ τὴν et ἀναθυμιάσεις libri; περιέχοντας et ἀναθυμιαθέντας Diels in adn. 22 ἐκεῖ Diels, ἔτι CF.

226 DE ANIMA HOMINIS.

δυνάμεσι προτιθέασιν, ἐκ δ' ἀμφοτέρων τούτων σύνθετον φύσιν ἐξ
ἀνομοίων συνάγουσιν.

p. 368, 6. καθ' οὓς δὲ μία ζωὴ τῆς ψυχῆς ἐστιν ἡ τοῦ συνθέτου,
συγκεκραμένης τῆς ψυχῆς τῷ σώματι, ὡς οἱ Στωϊκοὶ λέγουσιν, —
5 — κατὰ τούτους εἷς ἐστιν ὁ τρόπος τῆς παρουσίας αὐτῶν, ὁ ἐν τῷ
μετέχεσθαι ἢ ἐν τῷ κεκρᾶσθαι τῷ ὅλῳ ζῴῳ. πῶς οὖν διακρίνονται;
κατὰ μὲν τοὺς Στωϊκοὺς ἔνιαι μὲν διαφορότητι ⟨τῶν⟩ ὑποκειμένων
σωμάτων· πνεύματα γὰρ ἀπὸ τοῦ ἡγεμονικοῦ φασιν οὗτοι διατείνειν
ἄλλα κατ' ἄλλα, τὰ μὲν εἰς ὀφθαλμούς, τὰ δὲ εἰς ὦτα, τὰ δὲ εἰς ἄλλα
10 αἰσθητήρια· ἔνιαι δὲ ἰδιότητι ποιότητος περὶ τὸ αὐτὸ ὑποκείμενον·
ὥσπερ γὰρ τὸ μῆλον ἐν τῷ αὐτῷ σώματι τὴν γλυκύτητα ἔχει καὶ τὴν
εὐωδίαν, οὕτω καὶ τὸ ἡγεμονικὸν ἐν ταὐτῷ φαντασίαν, συγκατάθεσιν,
ὁρμήν, λόγον συνείληφε.

827 Aëtius Plac. IV 4, 4. Οἱ Στωϊκοὶ ἐξ ὀκτὼ μερῶν φασι συνε-
15 στάναι (τὴν ψυχήν), πέντε μὲν τῶν αἰσθητικῶν ὁρατικοῦ ἀκουστικοῦ ὀσφραν-
τικοῦ γευστικοῦ ἁπτικοῦ, ἕκτου δὲ φωνητικοῦ, ἑβδόμου δὲ σπερματικοῦ,
ὀγδόου δὲ αὐτοῦ τοῦ ἡγεμονικοῦ, ἀφ' οὗ ταῦτα πάντα ἐπιτέταται διὰ τῶν
οἰκείων ὀργάνων προσφερῶς ταῖς τοῦ πολύποδος πλεκτάναις.
Cf. Theodoret V 20 p. 72, 44.

20 828 Diogenes Laërt. VII 110. φασὶ δὲ τὴν ψυχὴν εἶναι ὀκταμερῆ·
μέρη γὰρ αὐτῆς τά τε πέντε αἰσθητήρια καὶ τὸ φωνητικὸν μόριον καὶ τὸ
διανοητικόν, ὅπερ ἐστὶν αὐτὴ ἡ διάνοια, καὶ τὸ γεννητικόν.
157. μέρη δὲ ψυχῆς λέγουσιν ὀκτώ, τὰς πέντε αἰσθήσεις καὶ τοὺς ἐν
ἡμῖν σπερματικοὺς λόγους καὶ τὸ φωνητικὸν καὶ τὸ λογιστικόν.

25 829 Origenes contra Celsum V 47 Vol. II p. 51, 19 Kö. (p. 614
Delarue). ἄλλη μὲν ἡ κατ' Ἐπίκουρον δικαιοσύνη, ἄλλη δὲ ἡ κατὰ τοὺς
ἀπὸ τῆς Στοᾶς, ἀρνουμένους τὸ τριμερὲς τῆς ψυχῆς.

830 Porphyrius de anima apud Stobaeum ecl. I p. 350, 13. αὐτίκα
οἱ μὲν ἀπὸ τῆς Στοᾶς ὀκταμερῆ τὴν ψυχὴν θέντες καὶ πέντε μὲν μέρη
30 τὰ αἰσθητικὰ λαβόντες, ἕκτον δὲ τὸ φωνητικὸν καὶ ἕβδομον τὸ σπερματικόν,
τὸ λοιπὸν τὸ ἡγεμονικὸν ὡς ἂν ἄρχοντος χώραν ἔχειν ὑπετίθεντο, τὰ δὲ ἄλλα
μέρη ἐν ὑπηρέτου τάξει ἀπεδίδοσαν, ὥστε τὸ αὐτὸ ἐξ ἄρχοντος καὶ ἀρχομένων
συνεστάναι.

831 Jamblichus de anima apud Stobaeum ecl. I p. 369, 5. οἱ ἀπὸ
35 Ζήνωνος ὀκταμερῆ τὴν ψυχὴν [δια]δοξάζουσι, περὶ ⟨ἣν⟩ τὰς δυνάμεις εἶναι
πλείονας, ὥσπερ ἐν τῷ ἡγεμονικῷ ἐνυπαρχουσῶν φαντασίας, συγκαταθέσεως,
ὁρμῆς, λόγου.

832 Philo quaest. et solut. in Genesin I 75 (p. 49 Aucher). Cum
octo partibus anima nostra constet, ex rationali individua et irrationali

4 Cf. ibid. p. 367, 4 ἢ τὸ συγκεκραμένον τοῖς σώμασιν, ὥσπερ οἱ Στωϊκοὶ λέ-
γουσιν. 7 τῶν add. Heeren. 9 ἄλλα κατ' ἄλλα Meineke, ἄλλα καὶ ἄλλα FD.
17 ἐπιτέτακται libri, corr. Zeller. 31 τὸ scripsi, καὶ libri ante λοιπόν.
35 δοξάζουσι Heeren, διαδοξάζουσι libri. ‖ ἣν add. Wachsm., sed videtur dixisse
plures esse facultates quam partes, quia sint partes (ut principale), quae plures
habeant facultates: περὶ ⟨τινὰ δὲ⟩ τὰς etc. aut περὶ ⟨δέ τινα μέρη⟩ τὰς etc.
Cf. Vol. I n. 143.

in septem partes distingui solita, in quinque nempe sensus et in vocis
instrumentum et geniturae etc.
833 Philo octo partes animae commemorat: leg. alleg. I § 11 Vol. I
p. 63, 22 Wendl., de mundi opificio § 117 Vol. I p. 41, 14 Wendl.,
de agricultura § 30 Vol. II p. 101, 3 Wendl., quis rer. divin. heres 5
§ 232 Vol. II p. 52, 13 Wendl., quod det. potiori insid. soleat § 168
Vol. I p. 296, 6 Wendl., et saepius.

§ 7. De animae principali.

834 Philo de animalibus adv. Alexandrum p. 170 Aucher. Non vides
quod parvulum infantem nemo de ullo opere facto accusat unquam, eo 10
quod prudentis aetatis nondum particeps fuerit? At puer, quamvis imper-
fectus comperitur, quia tamen homo est rationalis natura, paulo ante ac-
ceptis sapientiae seminibus, quamvis nondum formare rem potest, paulo
tamen post oriri faciet; etenim aura recepta seminales vires ad modum
scintillae in silva iuxta tempora cum illo crescentes vigere ac adhaerere 15
debent. Aliorum vero (animalium) animae non habentes fontem mentis
progressu deliberationis carent.
835 Jamblichus de anima apud Stobaeum ecl. I p. 317, 21 W. πάλιν
τοίνυν περὶ τοῦ νοῦ καὶ πασῶν τῶν κρειττόνων δυνάμεων τῆς ψυχῆς οἱ
μὲν Στωϊκοὶ λέγουσι μὴ εὐθὺς ἐμφύεσθαι τὸν λόγον, ὕστερον δὲ συνα- 20
θροίζεσθαι ἀπὸ τῶν αἰσθήσεων καὶ φαντασιῶν περὶ δεκατέσσαρα ἔτη.
836 Aëtius Plac. IV 21. Πόθεν αἰσθητικὴ γίνεται ἡ ψυχὴ καὶ τί αὐ-
τῆς τὸ ἡγεμονικόν. G. 102. Οἱ Στωϊκοί φασιν εἶναι τῆς ψυχῆς ἀνώτα-
τον μέρος τὸ ἡγεμονικόν, τὸ ποιοῦν τὰς φαντασίας καὶ συγκαταθέσεις καὶ
αἰσθήσεις καὶ ὁρμάς· καὶ τοῦτο λογισμὸν καλοῦσιν. — Ἀπὸ δὲ τοῦ ἡγεμονι- 25
κοῦ ἑπτὰ μέρη ἐστὶ τῆς ψυχῆς ἐκπεφυκότα καὶ ἐκτεινόμενα εἰς τὸ σῶμα
καθάπερ αἱ ἀπὸ τοῦ πολύποδος πλεκτάναι· τῶν δὲ ἑπτὰ μερῶν τῆς ψυχῆς
πέντε μέν εἰσι τὰ αἰσθητήρια, ὅρασις ὄσφρησις ἀκοὴ γεῦσις καὶ ἀφή. —
Ὧν ἡ μὲν ὅρασις ἐστὶ πνεῦμα διατεῖνον ἀπὸ ἡγεμονικοῦ μέχρις ὀφθαλμῶν,
ἀκοὴ δὲ πνεῦμα διατεῖνον ἀπὸ τοῦ ἡγεμονικοῦ μέχρις ὤτων, ὄσφρησις δὲ 30
πνεῦμα διατεῖνον ἀπὸ τοῦ ἡγεμονικοῦ μέχρι μυκτήρων [λεπτῦνον], γεῦσις δὲ ·
πνεῦμα διατεῖνον ἀπὸ τοῦ ἡγεμονικοῦ μέχρι γλώττης, ἀφὴ δὲ πνεῦμα διατεῖ-
νον ἀπὸ τοῦ ἡγεμονικοῦ μέχρις ἐπιφανείας εἰς θίξιν εὐαίσθητον τῶν προσ-
πιπτόντων. — Τῶν δὲ λοιπῶν τὸ μὲν λέγεται σπέρμα, ὅπερ καὶ αὐτὸ πνεῦμά
ἐστι διατεῖνον ἀπὸ τοῦ ἡγεμονικοῦ μέχρι τῶν παραστατῶν· τὸ δὲ „φωναεν" 35
ὑπὸ τοῦ Ζήνωνος εἰρημένον, ὃ καὶ φωνὴν καλοῦσιν, ἔστι πνεῦμα διατεῖνον
ἀπὸ τοῦ ἡγεμονικοῦ μέχρι φάρυγγος καὶ γλώττης καὶ τῶν οἰκείων ὀργάνων.
αὐτὸ δὲ τὸ ἡγεμονικὸν ὥσπερ ἐν κόσμῳ ⟨ἥλιος⟩ κατοικεῖ ἐν τῇ ἡμετέρᾳ
σφαιροειδεῖ κεφαλῇ.
Seneca epist. 113, 23. *inter Cleanthen et discipulum eius Chry-* 40
sippum non convenit, quid sit ambulatio. Cleanthes ait spiritum esse a
principali usque in pedes permissum, Chrysippus ipsum principale.

---

31 secluserunt Beck, Reiske. 38 ἥλιος add. Diels in adn. 39 κεφαλῇ:
at in corde secundum Chrisippum. 41 Cf. I n. 525.

837 Diogenes Laërt. VII 159. ἡγεμονικὸν δὲ εἶναι τὸ κυριώτατον τῆς ψυχῆς, ἐν ᾧ αἱ φαντασίαι καὶ αἱ ὁρμαὶ γίνονται καὶ ὅθεν ὁ λόγος ἀναπέμπεται· ὅπερ εἶναι ἐν καρδίᾳ.

838 Aëtius Plac. IV 5, 6. Οἱ Στωϊκοὶ πάντες ἐν ὅλῃ τῇ καρδίᾳ ἢ 5 τῷ περὶ τὴν καρδίαν πνεύματι (sc. εἶναι τὸ ἡγεμονικόν). cf. Theodoret V 22 p. 73, 14.

839 Alexander Aphrod. de anima p. 97, 8 Bruns. καὶ ὅτι μὲν καὶ ἡ αἰσθητικὴ (scil. ψυχὴ) ὥσπερ καὶ ἡ θρεπτικὴ περὶ τὴν καρδίαν ἐστίν — — ἐκ τούτων γνώριμον ἂν εἴη. ἀλλὰ μὴν ὅπου αἱ αἰσθήσεις τελευτῶσιν, 10 ἐκεῖ καὶ τὴν φανταστικὴν ψυχὴν ἀναγκαῖον εἶναι — — ἀλλὰ μὴν ἐν ᾧ ἡ φαντασία, ἐν τούτῳ καὶ αἱ συγκαταθέσεις, ἐν ᾧ δὲ αἱ συγκαταθέσεις, ἐν τούτῳ καὶ ὁρμαί τε καὶ ὀρέξεις.

p. 98, 24. ὅτι δὲ καὶ τὸ λογιστικὸν μόριον τῆς ψυχῆς, ὃ καὶ ἰδίως ἡγεμονικὸν καλεῖται, ἐν τῇ καρδίᾳ καὶ αὐτό, δεικνύοιτο ἂν τῷ etc. (secuntur 15 argumenta).

840 Stobaeus Florileg. 3, 66. Χρυσίππου· Χρύσιππος ὁ Στωϊκὸς ἔφη, τὴν διάνοιαν εἶναι λόγου πηγήν.

841 Galenus de Hipp. et Plat. plac. V 3 (160) p. 421 M. In libro qui inscriptus erat περὶ παθῶν θεραπευτικὸς Chrysippus dixerat: 20 Ἔστι δέ γε τῆς ψυχῆς μέρη, δι’ ὧν ὁ ἐν αὐτῇ λόγος συνέστηκεν. G. ex aliis Chr. libris enucleare studet, quas dixerit Chr. animi partes: ἀναμιμνήσκων ἴσως ἡμᾶς τῶν ἐν τοῖς περὶ τοῦ λόγου γεγραμμένων, ὧν cὺ διῆλθεc, „ὡς ἔcτιν ἐννοιῶν τέ τινων καὶ προλήψεων ἄθροιcμα.“ ἀλλ’ εἴπερ ἑκάστην τῶν ἐννοιῶν καὶ προλήψεων εἶναι 25 μόριον νομίζεις τῆς ψυχῆς, ἁμαρτάνεις διττά. πρῶτον μὲν γὰρ οὐ ψυχῆς ἐχρῆν, ἀλλὰ λόγου ταῦτ’ εἶναι μόρια φάσκειν, ὥσπερ οὖν καὶ γράφεις ἐν τῇ περὶ λόγου πραγματείᾳ. οὐ γὰρ δήπου ταὐτόν ἐcτι ψυχὴ καὶ λόγος· ἄλλωc τε καὶ διὰ τῆς προγεγραμμένης ῥήσεως ἐνεδείξω τῶν ἐν τῇ ψυχῇ συνισταμένων ὡς ἕν τι καὶ ὁ λόγος ἐcτίν. οὐ ταὐτὸν 30 δὲ ψυχή ἐcτι καὶ τὸ ἐν αὐτῇ συνιστάμενον. ἔπειτα — — τάς γ’ ἐννοίας καὶ προλήψεις οὐ μόρια τῆς ψυχῆς εἶναι λεκτέον. — — — αἱ μὲν γὰρ ἔννοιαι καὶ αἱ προλήψεις ἐνέργειαι ⟨μόρια δὲ⟩ τῆς ψυχῆς, ὡς αὐτὸς cὺ δι’ ἑτέρων ἐκδιδάcκειc, τό τε ἀκουστικὸν πνεῦμα καὶ τὸ ὀπτικὸν ἔτι τε πρὸς τούτοις φωνητικόν τε καὶ γεννητικόν, καὶ πρὸ πάν- 35 των αὐτῶν τὸ ἡγεμονικόν, ἐν ᾧ καὶ τὸν λόγον ἔφης cυνίcταcθαι etc. — — τοῦτ’ οὖν τὸ πνεῦμα δύο μὲν κέκτηται μόριά τε καὶ στοιχεῖα καὶ καταστάσεις, δι’ ὅλων ἀλλήλοιc κεκραμένα, τὸ ψυχρὸν καὶ θερμόν, εἴπερ δ’ ἑτέροις ὀνόμασι καὶ ἀπὸ τῶν οὐσιῶν ἐθέλοι τις αὐτὰ προσαγο- ρεύειν, ἀέρα τε καὶ πῦρ· οὐ μὴν ἀλλὰ καὶ ἱκμάδα τινὰ προσείληφεν 40 ἀπὸ τῶν cωμάτων, ἐν οἷς διαιτᾶται.

842 Philo de sacrif. Abel et Cain § 137 Vol. I p. 256, 22 Wendl. ὅτι τὸ ἡγεμονικὸν κατὰ ἀμερῆ χρόνων διαστήματα ⟨πολλὰς⟩ πρὸς ἑκάτερον

---

42 χρόνων M, χρόνου H, χρόνον ceteri. ‖ διαστήματα Pap., διάστημα ἃ

DE ANIMA HOMINIS. 229

τό τε εὖ καὶ χεῖρον τροπὰς λαμβάνον, ἀλλάττοντας ἀεὶ τύπους δέχεται τότε
μὲν καθαροῦ καὶ δοκίμου, τότε δὲ παρακεκομμένου καὶ κιβδήλου νομίσματος.
Τὴν δεδεγμένην οὖν χώραν ἄμφω τὰ μαχόμενα, καλόν τε καὶ αἰσχρὸν καὶ
πρὸς ἑκάτερον ᾠκειωμένην καὶ τὴν ἴσην τιμὴν ἀμφοτέροις ἀπονέμουσαν — —
ὁ νομοθέτης ἀπὸ τοῦ θείου βωμοῦ κατεβίβασε (Dubitat Philo § 136 utrum 5
cerebro an cordi insit animi principale: εἴγε καὶ κατὰ τὸν νομοθέτην ἐν
ἑτέρῳ τούτων τὸ ἡγεμονικὸν ἀνωμολόγηται).
843 Philo Leg. Alleg. I § 59 Vol. I p. 75, 25 Wendl. Οἱ δὲ λέγουσι
τὴν καρδίαν ξύλον εἰρῆσθαι ζωῆς, ἐπειδὴ αἰτία τε τοῦ ζῆν ἐστι, καὶ τὴν
μέσην τοῦ σώματος χώραν ἔλαχεν, ὡς ἂν κατ' αὐτοὺς ἡγεμονικὸν ὑπάρχουσα. — 10
§ 61. τὸ ἡγεμονικὸν ἡμῶν πανδεχές ἐστι καὶ ἔοικε κηρῷ πάντας τύπους,
καλούς τε καὶ αἰσχροὺς δεχομένῳ.
844 Philo Leg. Alleg. I § 30 Vol. I p. 68 Wendl. Τὸ γὰρ ζῷον τοῦ
μὴ ζῴου δυσὶ προὔχει, φαντασίᾳ καὶ ὁρμῇ· ἡ μὲν οὖν φαντασία συνίσταται
κατὰ τὴν τοῦ ἐκτὸς πρόσοδον τυποῦντος νοῦν δι' αἰσθήσεως· ἡ δὲ ὁρμή, τὸ 15
ἀδελφὸν τῆς φαντασίας, κατὰ τὴν τοῦ νοῦ τονικὴν δύναμιν· ἣν τείνας δι'
αἰσθήσεως ἅπτεται τοῦ ὑποκειμένου καὶ πρὸς αὐτὸ χωρεῖ γλιχόμενος ἐφι-
κέσθαι καὶ συλλαβεῖν αὐτό.
845 Tertullianus de carne Christi cp. 12. Opinor sensualis est ani-
mae natura. Adeo nihil animale sine sensu, nihil sensuale sine anima. 20
— — Igitur cum omnibus anima sentire praestet, et ipsa sentiat omnium
etiam sensus, nedum qualitates, cui veri simile est, ut ipsa sensum sui
ab initio sortita non sit? Unde illi scire quod interdum sibi sit necessa-
rium ex naturalium necessitate, si non scit suam qualitatem, cui quid
necessarium est? Hoc quidem in omni anima recognoscere est, notitiam 25
sui dico, sine qua notitia sui nulla anima se ministrare potuisset. Puto
autem magis hominem, animal solum rationale, computes et animam esse
sortitum, quae illum faciat animal rationale, ipsa in primis rationalis.
Porro quomodo rationalis quae efficit hominem rationale animal, si ipsa
rationem suam nescit, ignorans semet ipsam. 30
846 Plutarchus apud Olympiodorum in Plat. Phaedon. p. 124, 20
ed. Finckh. Ὅτι οὐχ ἡ ψυχὴ τρέπει ἑαυτὴν εἰς τὴν τῶν πραγμάτων
κατάληψιν καὶ ἀπάτην κατὰ τοὺς ἀπὸ τῆς Στοᾶς· πῶς γὰρ αἰτία
ἑαυτῇ γνώσεως ἡ ψυχὴ καὶ ἀγνοίας, μήπω αὐτὰς ἔχουσα ἀρχήν.
847 Plutarchus de comm. not. cp. 47 p. 1084f. φαντασία γάρ τις 35
ἡ ἔννοιά ἐστι, φαντασία δὲ τύπωσις ἐν ψυχῇ· ψυχῆς δὲ φύσις ἀναθυμίασις,
ἣν τυπωθῆναι μὲν ἐργῶδες διὰ μανότητα, δεξαμένην δὲ τηρῆσαι τύπωσιν
ἀδύνατον· ἥ τε γὰρ τροφὴ καὶ ἡ γένεσις αὐτῆς ἐξ ὑγρῶν οὖσα συνεχῆ τὴν
ἐπιφορὰν ἔχει καὶ τὴν ἀνάλωσιν· ἥ τε πρὸς τὸν ἀέρα ⟨διὰ⟩ τῆς ἀναπνοῆς
ἐπιμιξία καινὴν ἀεὶ ποιεῖ τὴν ἀναθυμίασιν, ἐξισταμένην καὶ τρεπομένην ὑπὸ 40
τοῦ θύραθεν ἐμβάλλοντος ὀχετοῦ καὶ πάλιν ἐξιόντος.
p. 1085a. ἀλλ' οὕτω παρακούουσιν ἑαυτῶν, ὥστε τὰς ἐννοίας ἀποκει-
μένας τινὰς ὁριζόμενοι νοήσεις, μνήμας δὲ μονίμους καὶ σχετικὰς τυπώσεις,
τὰς δ' ἐπιστήμας καὶ παντάπασι πηγνύντες ὡς τὸ ἀμετάπτωτον καὶ βέβαιον
ἐχούσας, εἶτα τούτοις ὑποτίθεσθαι βάσιν — οὐσίας — φερομένης ἀεὶ καὶ 45
ῥεούσης.

AGPU, διάστημα MH. ‖ πολλὰς ex Pap. add. Wendland. 36 ψυχῇ libri, corr.
Bernardakis. 39 διὰ addidi. 42 παρακούοντες libri, corr. Wy.

848 Plutarchus de comm. not. cp. 45 p. 1084 a. ἄτοπον γὰρ εὖ μάλα τὰς ἀρετὰς καὶ τὰς κακίας, πρὸς δὲ ταύταις τὰς τέχνας καὶ τὰς μνήμας πάσας, ἔτι δὲ φαντασίας καὶ πάθη καὶ ὁρμὰς καὶ συγκαταθέσεις σώματα ποιουμένους, ἐν μηδενὶ φάναι κεῖσθαι μηδ' ὑπάρχειν τόπον τούτοις, ἕνα 5 ⟨δὲ⟩ τὸν ἐν τῇ καρδίᾳ πόρον στιγμιαῖον ἀπολιπεῖν, ὅπου τὸ ἡγεμονικὸν συστέλλουσι τῆς ψυχῆς, ὑπὸ τοσούτων σωμάτων κατεχόμενον, ὅσων τοὺς πάνυ δοκοῦντας ἀφορίζειν καὶ ἀποκρίνειν ἕτερον ἑτέρου πολὺ πλῆθος διαπέφευγε. τὸ δὲ μὴ μόνον σώματα ταῦτα ποιεῖν, ἀλλὰ καὶ ζῷα λογικὰ — ὑπερβολή τίς ἐστιν — παρανομίας εἰς τὴν — συνήθειαν. p. 1084 c. ἀλλὰ πρὸς τού- 10 τοις ἔτι καὶ τὰς ἐνεργείας σώματα καὶ ζῷα ποιοῦσι etc.

849 Sextus adv. math. VII 307. ναί φασιν (scil. dogmatici i. e. Stoici) ἀλλὰ ταὐτόν ἐστι διάνοια καὶ αἴσθησις, οὐ κατὰ ταὐτὸ δέ, ἀλλὰ κατ' ἄλλο μὲν διάνοια, κατ' ἄλλο δὲ αἴσθησις· καὶ ὃν τρόπον τὸ αὐτὸ ποτήριον κοῖλόν τε καὶ περίκυρτον λέγεται, οὐ κατὰ ταὐτὸ δέ, ἀλλὰ κατ' ἄλλο μὲν κοῖλον, 15 οἷον τὸ ἐντὸς μέρος, κατ' ἄλλο δὲ περίκυρτον, καθάπερ τὸ ἐκτός, καὶ ὡς ἡ αὐτὴ ὁδὸς ἀνάντης τε καὶ κατάντης νοεῖται, ἀνάντης μὲν τοῖς ἀνιοῦσι δι' αὐτῆς, κατάντης δὲ τοῖς κατιοῦσιν, οὕτως ἡ αὐτὴ δύναμις κατ' ἄλλο μέν ἐστι νοῦς κατ' ἄλλο δὲ αἴσθησις, καὶ οὐκ εἴργεται ἡ αὐτὴ οὖσα τῆς προειρη- μένης τῶν αἰσθήσεων καταλήψεως.

20 ibid. 359. ἀλλ' ἔνιοι τῶν δογματικῶν τὴν ἀνώτερον εἰρημένην ὑπό- τευξιν καὶ ἐπὶ τοῦ παρόντος θρυλοῦσι, λέγοντες μὴ κεχωρίσθαι ταῦτα τὰ δια- φέροντα τῆς ψυχῆς μέρη, τουτέστι τὸ λογικὸν καὶ ἄλογον, ἀλλ' ὡς τὸ μέλι ὅλον δι' ὅλου ὑγρὸν ἅμα καὶ γλυκύ ἐστιν, οὕτω καὶ ἡ ψυχὴ ὅλη δι' ὅλου δύο ἔχει τὰς ἀντιπαρηκούσας ἀλλήλαις δυνάμεις, ὧν ἡ μέν ἐστι λογικὴ ἡ δὲ ἄλο- 25 γος· καὶ κινεῖσθαι τὴν μὲν λογικὴν ὑπὸ τῶν νοητῶν, τὴν δὲ ἄλογον ἀντι- ληπτικὴν γίνεσθαι τῶν αἰσθητῶν. ὅθεν καὶ μάταιον εἶναι τὸ λέγειν τὴν διάνοιαν ἢ κοινῶς τὴν ψυχὴν μὴ δύνασθαι τῆς ἑτέρας τούτων τῶν πραγμά- των διαφορᾶς ἀντιλαμβάνεσθαι· διάφορον γὰρ ἔχουσα τὴν κατασκευήν, εὐθὺς καὶ ἀμφοτέρων ἔσται ἀντιληπτική.

30 ## § 8. Quomodo sensus fiant.

850 Aëtius Plac. IV 8, 1. Οἱ Στωϊκοὶ ὁρίζονται οὕτως τὴν αἴσθησιν· αἴσθησίς ἐστιν ἀντίληψις δι' αἰσθητηρίου ἢ κατάληψις. πολλαχῶς δὲ λέγεται ἡ αἴσθησις· ἥ τε γὰρ ἕξις καὶ ἡ δύναμις καὶ ἡ ἐνέργεια· καὶ ἡ φαντασία ἡ καταληπτικὴ δι' αἰσθητηρίου γίνεται κατ' αὐτὸ τὸ ἡγεμονικόν. ἀφ' οὖ πάλιν 35 αἰσθητήρια λέγεται πνεύματα νοερὰ ἀπὸ τοῦ ἡγεμονικοῦ ἐπὶ τὰ ὄργανα τεταμένα.

851 Aëtius Plac. IV 8, 8. Οἱ Στωϊκοὶ σωμάτων τὰς αἰσθήσεις.

852 Aëtius Plac. IV 8, 7. Οἱ Στωϊκοὶ τήνδε τὴν κοινὴν αἴσθησιν ἐντὸς ἁφὴν προσαγορεύουσι, καθ' ἣν καὶ ἡμῶν αὐτῶν ἀντιλαμβανόμεθα.

40 **853** Aëtius Plac. IV 10, 1. Οἱ Στωϊκοὶ πέντε τὰς εἰδικὰς αἰσθήσεις, ὅρασιν ἀκοὴν ὄσφρησιν γεῦσιν ἁφήν.

---

5 δὲ add. Xyl.   6 ὅσον libri, corr. Wy.   34 γίνεται κατ' αὐτὸ scripsi, γίνονται καὶ αὐτὸ libri. cetèra testimonia in eum locum congessi, qui est de ra- tione cognitionis.

DE ANIMA HOMINIS. 231

854 Aëtius Plac. IV 23, 1. Οἱ Στωϊκοὶ τὰ μὲν πάθη ἐν τοῖς πεπον-
θόσι τόποις, τὰς δὲ αἰσθήσεις ἐν τῷ ἡγεμονικῷ.
855 Galenus de symptomatum causis I 8 Vol. VII p. 139 K. καὶ
περὶ μὲν τῶν αἰσθητικῶν ὀργάνων ἁπάντων, ἔτι τε τῶν κατὰ ταῦτα δυνά-
μεων ἤδη μοι δοκῶ πέρας ἔχειν τὸν λόγον. ἐπ' αὐτὸ δὲ τὸ κατάρχον αὐτῶν 5
ἐπιπέμπον τε τοῖς κατὰ μέρος οἷον ἐκ πηγῆς τινος ἑαυτοῦ τὰς δυνάμεις ἐπι-
έναι τῷ λόγῳ καιρός. ἔστι δὲ δήπου τὸ πρῶτον αἰσθητικόν. ἐν αὐτοῖς μὲν
γὰρ τοῖς κατὰ μέρος ὀργάνοις ἑκάστῃ τῶν αἰσθήσεων ἡ ἀπὸ τῶν αἰσθητῶν
ἀλλοίωσις ἐπιτελεῖται. ταύτης δὲ αἰσθητικὸν γίγνεται τὸ ἀλλοιούμενον μόριον,
ἐκ τοῦ δέχεσθαι τὴν ἀπ' ἐγκεφάλου κατιοῦσαν εἰς αὐτὸ διὰ τοῦ νεύρου 10
δύναμιν.
856 Galenus de locis affectis I 7 Vol. VIII p. 66 K. καὶ διαφέρει
πάμπολυ κατὰ τοῦτο τὰ φυσικὰ τῶν ψυχικῶν ὀργάνων, εἴ γε τοῖς μὲν φυσι-
κοῖς ἐδείχθη σύμφυτος ἡ τῆς ἐνεργείας δύναμις οὖσα, τοῖς ψυχικοῖς δὲ ἀπὸ
τῆς ἀρχῆς ἐπιῤῥεῖν ὁμοίως ἡλιακῷ φωτί. — — 67. οἱ δὲ μύες — — ὅτι 15
οὐκ ἔχουσι σύμφυτον αἰσθήσεώς τε καὶ κινήσεως ἀρχήν, διὰ τοῦτο τῶν νεύρων
ἀεὶ χρῄζουσι, χορηγούντων αὐτοῖς ταῦτα, καθάπερ ὁ ἥλιος τὴν αὐγὴν ἅπασιν
οἷς φωτίζει.
ibid. IV 1. Vol. VIII p. 218 K. opticam facultatem dicit perire, ὅταν
ἤτοι μηδ' ὅλως ἢ παντάπασιν ὀλίγον ἐπιπέμπηται τὸ αὐγοειδὲς πνεῦμα 20
παρὰ τῆς κατὰ τὸν ἐγκέφαλον ἀρχῆς.
857 Galenus de locis affectis II 5 Vol. VIII p. 127. κατὰ μὲν γὰρ
τὸν ἀληθῆ λόγον καὶ βλέπειν αὐτὸ τοῦτο (scil. τὸ τῆς ψυχῆς ἡγεμονικὸν)
καὶ ἀκούειν ὑποληπτέον, ἀλλὰ δι' ὀφθαλμῶν μὲν βλέπειν, δι' ὤτων δ' ἀκούειν·
ἐννοεῖν μέντοι καὶ μεμνῆσθαι καὶ λογίζεσθαι καὶ προαιρεῖσθαι μήτ' ὀφθαλ- 25
μοῖς ἔτι μήτ' ὠσὶ μήτε γλώττῃ μήτ' ἄλλῳ τινὶ προσχρώμενον.
858 Plotinus Ennead. IV lib. VII 7 (Vol. II p. 111, 10 Mü.). ὅταν
δάκτυλον λέγηται ἀλγεῖν ἄνθρωπος, ἡ μὲν ὀδύνη περὶ τὸν δάκτυλον δήπου-
θεν, ἡ δ' αἴσθησις τοῦ ἀλγεῖν δῆλον ὅτι ὁμολογήσουσιν ὡς περὶ τὸ ἡγεμο-
νοῦν γίγνεται· ἄλλου δὴ ὄντος τοῦ πονοῦντος μέρους τοῦ πνεύματος, τὸ 30
ἡγεμονοῦν αἰσθάνεται καὶ ὅλη ἡ ψυχὴ τὸ αὐτὸ πάσχει. πῶς οὖν τοῦτο
συμβαίνει; διαδόσει, φήσουσι, παθόντος μὲν πρώτως τοῦ περὶ τὸν δάκτυλον
ψυχικοῦ πνεύματος, μεταδόντος δὲ τῷ ἐφεξῆς καὶ τούτου ἄλλῳ, ἕως οὗ πρὸς
τὸ ἡγεμονοῦν ἀφίκοιτο.
859 Galenus de instrum. odoratus 3. Vol. II 862 K. φωτοειδέστατον 35
μὲν οὖν ἐποίησεν (scil. ἡ φύσις) τὸ τῆς ὄψεως ὄργανον, ὡς ἂν καὶ μόνον
αὐγῆς καὶ φωτὸς αἰσθανόμενον, ἀερῶδες τὸ τῆς ἀκοῆς, αἰσθητικὸν ἐσόμενον
καὶ τοῦτο τῶν κατὰ τὸν ἀέρα ψόφων. οὕτω δὲ καὶ τὸ τῶν χυμῶν διαγνω-
στικὸν ὄργανον, τὴν γλῶτταν, ἐκ τῆς ὑγροτέρας ἰδέας τοῦ σώματος ἡ φύσις
εἰργάσατο. μεταξὺ δὲ ἀέρος τε καὶ ὑγροῦ [καὶ πυρὸς] τὸ τῆς ὀσφρήσεως 40
ἐστιν αἰσθητόν, οὔθ' οὕτω λεπτομερὲς ὑπάρχον, ὡς ὁ ἀήρ, οὔθ' οὕτω παχυ-
μερές, ὡς τὸ ὑγρόν. ὅσον γὰρ ἀποῤῥεῖ τῶν σωμάτων ἑκάστου, τοῦτ' ἐστὶ
τῶν ὀσφρητῶν ἡ οὐσία.
860 Galenus de usu partium VIII 6 Vol. III p. 639. τεττάρων οὖν
ὄντων κατὰ τὴν κεφαλὴν αἰσθητικῶν ὀργάνων, ὀφθαλμῶν καὶ ὤτων καὶ ῥι- 45

10 si haec verba ἀπ' ἐγκεφάλου et διὰ τοῦ νεύρου removeris, cetera Stoicae
de principali parte animi sententiae accommodata sunt.   30 τοῦ πνεύματος
del. Müller.   40 καὶ πυρὸς seclusi.   41 αἰσθητόν scripsi, αἰσθητικόν libri.

232　　　　　DE ANIMA HOMINIS.

νὸς καὶ γλώττης, — — ἔστιν αὐτοῖς κατ᾿ εἶδος ἀνομοιότης ἔν τε ταῖς αἰσθη-
τικαῖς δυνάμεσιν αὐταῖς καὶ τοῖς σώμασι δι᾿ ὧν ἀφικνοῦνται. αἱ μὲν γὰρ
δυνάμεις ἡ μὲν ὀδμῶν, ἡ δὲ χυμῶν, ἡ δὲ φωνῶν, ἡ δὲ χρωμάτων ἐστὶ δια-
γνωστική. — — ἕκαστον μὲν γὰρ αὐτῶν ἀλλοιωθῆναι χρὴ πάντως, ἵν᾿
5 αἴσθησις γένηται· ἀλλοιοῦται δ᾿ οὐχ ὑπὸ παντὸς αἰσθητοῦ πᾶν, ἀλλὰ τὸ μὲν
αὐγοειδὲς καὶ φωτοειδὲς ὑπὸ χρωμάτων, τὸ δ᾿ ἀερῶδες ὑπὸ φωνῶν, τὸ δ᾿
ἀτμῶδες ὑπὸ τῶν ὀσφρητῶν, ἑνὶ δὲ λόγῳ τὸ ὅμοιον τῷ ὁμοίῳ γνώριμον.
οὔτε δὲ τὸ ἀερῶδες αἰσθητήριον ἀλλοιωθῆναι δύναταί ποτ᾿ ὑπὸ χρωμάτων,
λαμπρὸν γὰρ εἶναι χρὴ καὶ καθαρὸν καὶ αὐγοειδές, εἴ τι μέλλει ῥᾳδίως τε
10 καὶ εἰλικρινῶς ἐκδέξασθαι τὴν ἐκ τῶν χρωμάτων ἀλλοίωσιν, — — οὔτ᾿ αὖ
τὸ θολερὸν καὶ ἀτμῶδες, ἀλλ᾿ οὐδὲ τὸ ὑγρόν τε καὶ ὑδατῶδες, ὥσπερ οὐδὲ
τὸ σκληρόν τε καὶ γεῶδες. — — ἀλλ᾿ οὐδὲν ἦν πλέον, ἀλλοιωθῆναι μὲν
τοῦτο, μὴ γνῶναι δὲ τὴν ἀλλοίωσιν τὸ φαντασιούμενον καὶ μεμνημένον καὶ
λογιζόμενον, ὅπερ ἦν τὸ ἡγεμονικόν.
15 p. 642. οὐκοῦν — — αὐγοειδεῖ καὶ λαμπροειδεῖ μέλλοντι τῷ κατὰ τὴν
ὄψιν αἰσθητηρίῳ γενήσεσθαι τὸ πνεῦμα δεόντως πλεῖστον ἀπὸ τῆς ἀρχῆς
ἐπιπέμπεται.
p. 648. σχεδὸν γὰρ ὅσον λείπεται πρὸς λεπτομέρειαν ὁ ἀὴρ αὐγῆς, το-
σοῦτον καὶ ἀτμὸς ἀέρος.
20 861 Philo de fuga et inventione § 182 Vol. III p. 149, 31. Ποτίζε-
ται οὖν, ὥσπερ ἀπὸ πηγῆς τοῦ κατὰ ψυχὴν ἡγεμονικοῦ τὸ σώματος ἡγεμο-
νικὸν πρόσωπον, τὸ μὲν ὁρατικὸν πνεῦμα τείνοντος εἰς ὄμματα, τὸ δ᾿ ἀκου-
στικὸν εἰς οὖς, εἰς δὲ μυκτῆρας τὸ ὀσφρήσεως, τὸ δ᾿ αὖ γεύσεως εἰς στόμα,
καὶ τὸ ἀφῆς εἰς σύμπασαν τὴν ἐπιφάνειαν.
25 862 Philo de posteritate Caini § 126 Vol. II p. 27, 26 Wendl. οὐ-
δεὶς γοῦν εὖ φρονῶν εἴποι ἂν ὀφθαλμοὺς ὁρᾶν, ἀλλὰ νοῦν δι᾿ ὀφθαλμῶν,
οὐδ᾿ ὦτα ἀκούειν, ἀλλὰ δι᾿ ὤτων ἐκεῖνον, οὐδὲ μυκτῆρας ὀσφραίνεσθαι, ἀλλὰ
διὰ μυκτήρων τὸ ἡγεμονικόν etc.

§ 9. De visu et auditu.

30 863 Chalcidius ad Timaeum cp. 237. Stoici vero videndi causam
in nativi spiritus intentione constituunt, cuius effigiem coni similem volunt.
Hoc quippe progresso ex oculorum penetrali, quod appellatur pupula, et ab
exordio tenui, quo magis porrigitur, in soliditatem opimato exordio, penes
id quod videtur locatam fundi omnifariam dilatarique visus inlustrationem.
35 Quodque omnis natura modo mensuraque moveatur, spatii quoque magni-
tudinisque coni modum fore, eaque re neque valde adplicata visui nec ni-
mium distantia visibilia clare videri. certe conum ipsum pro modo men-
suraque intentionis augeri, et prout basis eius vel directa vel inflexa erit
incidetque in contemplabilem speciem, ita adparebunt quae videntur. One-
40 raria quippe navis eminus visa perexigua apparet deficiente contemplationis
vigore nec se per omnia navis membra fundente spiritu. turris item
quadrata rotunditatem simulat cylindri, atque etiam ex obliquo visa por-
ticus in exile deficit oculorum depravatione. Sic etiam stellarum ignis

---

13 μὲν τοῦτο scripsi, τὸ μὲν τοῦ libri. ‖ δὲ τὴν scripsi, αὐτὴν τὴν libri.
36 eaque re scripsi, eaque quae vulgo.

exiguus adparet, atque ipse sol multis partibus quam terra maior intra
bipedalis diametri ambitum cernitur. Sentire porro mentem putant per-
inde ut eam pepulerit spiritus, qui id quod ipse patitur ex visibilium
specierum concretione mentis intimis tradit: porrectus siquidem et veluti
patefactus candida esse denuntiat quae videntur, confusus porro et con- 5
foecatior atra et tenebrosa significat. Similisque eius passio est eorum,
qui marini piscis contagione torpent, siquidem per linum et harundinem
perque manus serpat virus illud penetretque intimum sensum.

idem cp. 266. At vero Stoici deum visum vocantes, quod optimum
putabant. id enim pulchro dei nomine afficiendum esse duxerunt. 10

864 Alexander Aphrod. de anima libri mant. p. 130, 14 Bruns. Εἰσὶν
δέ τινες, οἳ διὰ τῆς τοῦ ἀέρος συνεντάσεως τὸ ὁρᾶν φασι γίνεσθαι. νυττό-
μενον γὰρ ὑπὸ τῆς ὄψεως τὸν συνάπτοντα τῇ κόρῃ ἀέρα σχηματίζεσθαι εἰς
κῶνον· τούτου δὲ οἷον τυπουμένου κατὰ τὴν βάσιν ὑπὸ τῶν ὁρατῶν τὴν
αἴσθησιν γίνεσθαι, καθάπερ καὶ τῇ ἀφῇ, διὰ βακτηρίας. 15

26. ἀλλὰ καὶ τῆς ὄψεως ἀπὸ τοῦ ἡγεμονικοῦ γινομένης, εἰ καὶ ἐπὶ
ταύτης τὰ τῆς τονικῆς κινήσεώς ἐστιν, ὥσπερ λέγεται πρὸς αὐ-
τῶν, πῶς οὐ γίνονται διαλείψεις τινὲς τοῦ ὁρᾶν, ἄτε μὴ συνεχοῦς ἐπὶ
τὰ πέρατα τῆς τάσεως γινομένης, δι' αὐτὸ δὲ τοῦτο μηδὲ τῆς
ἐπερείσεως; ὅπερ ἄν τις ἐπιζητήσειεν καὶ περὶ τῆς ἀφῆς, καθ' ἣν ἁπτό- 20
μεθα τῶν ἑτέρων σωμάτων· οὐδὲ γὰρ ἐπὶ ταύτης διαλείψεις τῆς ἀντιλήψεως
γίνονται· ἔδει δέ γε· τοιαύτη γὰρ ἡ τονικὴ κίνησις κατ' αὐτούς. εἰ
δὲ τὸ πνεῦμα τοῦτο δή, ὃ καλοῦσιν ὄψιν, μόνον κινεῖται τὴν προειρημένην
κίνησιν, ἣν λέγουσι τονικήν, ἄλογον τὸ ἐπὶ μόνου τούτου λέγειν οὕτω· καί-
τοι γε οὔ φασιν. 25

865 Galenus de Hipp. et Plat. plac. VII (642 M. K.). μὴ τοίνυν
ὡς διὰ βακτηρίας τοῦ πέριξ ἀέρος ὁρᾶν ἡμᾶς οἱ Στωϊκοὶ λεγέτωσαν.

866 Aëtius Plac. IV 15, 3 (DDG p. 406, 4). Χρύσιππος κατὰ
τὴν συνέντασιν τοῦ μεταξὺ ἀέρος ὁρᾶν ἡμᾶς, νυγέντος μὲν ὑπὸ τοῦ
ὁρατικοῦ (Stob. ὀπτικοῦ) πνεύματος, ὅπερ ἀπὸ τοῦ ἡγεμονικοῦ μέχρι 30
τῆς κόρης διήκει, κατὰ δὲ τὴν πρὸς τὸν περικείμενον ἀέρα ἐπιβολὴν
ἐντείνοντος αὐτὸν κωνοειδῶς, ὅταν ᾖ ὁμογενὴς ὁ ἀήρ. προχέονται
δὲ ἐκ τῆς ὄψεως ἀκτῖνες πύριναι, οὐχὶ μέλαιναι καὶ ὁμιχλώδεις· διόπερ
ὁρατὸν εἶναι τὸ σκότος.

867 Diogenes Laërt. VII 157. ὁρᾶν δὲ τοῦ μεταξὺ τῆς ὁράσεως 35
καὶ τοῦ ὑποκειμένου φωτὸς ἐντεινομένου κωνοειδῶς, καθά φησι Χρύ-
σιππος ἐν δευτέρᾳ τῶν φυσικῶν καὶ Ἀπολλόδωρος. γίνεσθαι
μέντοι τὸ κωνοειδὲς τοῦ ἀέρος πρὸς τῇ ὄψει, τὴν δὲ βάσιν πρὸς τῷ
ὁρωμένῳ· ὡς διὰ βακτηρίας οὖν τοῦ ταθέντος ἀέρος τὸ βλεπόμενον
ἀναγγέλλεσθαι. 40

---

6 Cf. n. 430: ἔστι γὰρ ὡς ὄψεως τὸ σκοτεινόν, οὕτω τὸ ψυχρὸν ἀφῆς συγχυ-
τικόν· ἡ δὲ θερμότης διαχεῖ τὴν αἴσθησιν τοῦ ἁπτομένου, καθάπερ ἡ λαμπρότης
τοῦ ὁρῶντος.   14 κῶνον: Cf. Galenus de usu partium X 12 Vol. III p. 813 K.
23 exspecto: ⟨μὴ⟩ μόνον.   31 παρακείμενον libri, corr. Diels.   32 nonne
scribendum: αὐτόν?   35 τοὺς BF τοῦ //// P.   37 ἐν β̄ BP; καθὰ—Ἀπολλόδω-
ρος om. F.   38 μὲν BP. ‖ κονοειδὲς B.

868 Alexander Aphrod. de anima libri mant. p. 131, 30 Bruns. ἔτι
διὰ τί ἐκ μὲν φωτὸς τὰ ἐν σκότῳ ὄντα οὐχ ὁρᾶται, ἐκ δὲ σκότους τὰ ἐν τῷ
φωτί; τὸ γὰρ λέγειν, τὸν μὲν πεφωτισμένον ἀέρα τῷ διακεκρίσθαι
μᾶλλον ἔχειν ἰσχὺν καὶ δύνασθαι τῇ ἐπερείσει τὴν αἴσθησιν κι-
5 νεῖν, τὸν δὲ ἀφώτιστον τῷ κεχαλάσθαι μὴ δύνασθαι ὑπὸ τῆς
ὄψεως συνεντείνεσθαι, καίτοι πυκνότερον ὄντα τοῦ πεφωτισμένου, πῶς
πιθανόν;

869 Aëtius Plac. IV 15, 2. Οἱ Στωϊκοὶ ὁρατὸν εἶναι τὸ σκότος. ἐκ
γὰρ τῆς ὁράσεως προχεῖσθαί τινα εἰς αὐτὸ αὐγήν· καὶ οὐ ψεύδεται ἡ ὅρασις·
10 βλέπεται γὰρ ταῖς ἀληθείαις ὅτι ἐστὶ σκότος.

870 Galenus de symptomatum causis I 2 Vol. VII p. 98 K. (de ocu-
lorum morbis locutus:) οὕτω δὲ καὶ τὸ πνεῦμα τὸ ψυχικὸν ἢ ἀκιβῶς ἐστι
καθαρόν, οἷός περ ὁ αἰθήρ, ἢ ὑγρὸν καὶ θολερὸν ὁμίχλης δίκην· καὶ κατὰ
τὸ ποσὸν τῆς οὐσίας ἤτοι πλέον ἢ ἔλαττον. ἐὰν μὲν οὖν ἅμα πολύ τε καὶ
15 αἰθερῶδες ὑπάρξῃ, καὶ τὰ πλεῖστον ἀπέχοντα θεᾶται καὶ ἀκριβῆ τὴν διά-
γνωσιν αὐτῶν ποιεῖται. ἐὰν δὲ ὀλίγον μὲν ᾖ, καθαρὸν δέ, τὰ μὲν ἐγγὺς
ἀκριβῶς διαγινώσκει, τὰ πόρρωθεν δὲ οὐχ ὁρᾷ· ἐὰν δὲ ὑγρότερόν τε ἅμα
καὶ πολὺ τύχῃ, μέχρι μὲν πλείστου, οὐκ ἀκριβῶς δ' ὁρᾷ· ὥσπερ γε καὶ εἰ
ὑγρόν τε ἅμα καὶ ὀλίγον εἴη, οὔτ' ἀκριβῶς οὔτ' ἄχρι πλείστου ὁρᾷ.

20 871 Gellius Noct. Att. V 16, 2. Stoici causas esse videndi dicunt
radiorum ex oculis in ea, quae videri queunt, emissionem aërisque simul
intentionem.

872 Diogenes Laërt. VII 158. ἀκούειν δὲ ⟨ἡμᾶς⟩ τοῦ μεταξὺ τοῦ
[τε] φωνοῦντος καὶ τοῦ ἀκούοντος ἀέρος πληττομένου σφαιροειδῶς, εἶτα κυμα-
25 τουμένου καὶ ταῖς ἀκοαῖς προσπίπτοντος, ὡς κυματοῦται τὸ ἐν τῇ δεξαμενῇ
ὕδωρ κατὰ κύκλους ὑπὸ τοῦ ἐμβληθέντος λίθου.

§ 10. Pars animae genitalis.

873 Alexander Aphrod. de anima libri mant. p. 118, 25 Bruns. ἔτι
εἰ τὸ γεννητικὸν μόριον ψυχικόν φασιν, τοῦτο δὲ ὑπὸ τὸ φυτικόν, εἴη ἂν
30 καὶ τὸ φυτικὸν πᾶν ψυχικόν.

874 Philo de incorr. mundi p. 256, 7. καὶ γὰρ εὔηθες, ἄνθρωπον
ζῶντα μὲν ὀγδόῳ μέρει ψυχῆς, ὃ καλεῖται γόνιμον, πρὸς τὴν τοῦ ὁμοίου
σπορὰν χρῆσθαι, τελευτήσαντα δὲ ὅλῳ ἑαυτῷ. θάνατος γὰρ οὔτι ζωῆς ἀνυσι-
μώτερος (Sunt verba Stoici cuiusdam, fortasse Panaetii, contra Chrysip-
35 pum disputantis). cf. Tertullian. de anima c. 14.

§ 11. De affectibus.

Conf. moralis philosophias caput VII (III n. 377 sq.).

875 Galenus de causis pulsuum IV 3 Vol. IX p. 159 K. διαχεῖται
γὰρ τὸ θερμὸν τοῖς ἡδομένοις εἰς ἅπαν τὸ σῶμα καὶ ἡ ἐκτὸς αὐτοῦ κρατεῖ
40 κίνησις, ὥσπερ τοῖς λυπουμένοις ἡ ἐντός.

---

5 ⟨μὴ⟩ κεχαλάσθαι Bruns, sed χάλασις contraria τόνῳ.   24 τε om. BPF.
26 Cf. n. 425: ἐπειδὰν δὲ πληγῇ πνεύματι, κυματοῦται κατὰ κύκλους ὀρθοὺς εἰς

876 Galenus de locis affectis V 1 Vol. VIII p. 301 K, καὶ μὴν καὶ
καθ' ἕτερόν τινα τρόπον ἐπὶ — — ἀλγήμασίν τε σφοδροῖς καὶ φόβοις ἰσχυ-
ροῖς ἡδοναῖς τε μεγίσταις ἀποθνήσκουσί τινες. ὅσοις γὰρ ἀσθενής ἐστιν ὁ
ζωτικὸς τόνος ἰσχυρά τε πάθη ψυχικὰ πάσχουσιν ἐξ ἀπαιδευσίας, εὐδιάλυτος
τούτοις ἐστὶν ἡ τῆς ψυχῆς οὐσία. τῶν τοιούτων ἔνιοι καὶ διὰ λύπην ἀπέ- 5
θανον, οὐ μὴν εὐθέως, ὥσπερ ἐν τοῖς προειρημένοις. ἀνὴρ δ' οὐδεὶς μεγα-
λόψυχος οὔτ' ἐπὶ λύπαις οὔτ' ἐπὶ τοῖς ἄλλοις ὅσα λύπης ἰσχυρότερα θανάτῳ
περιέπεσεν. ὅ τε γὰρ τόνος τῆς ψυχῆς αὐτοῖς ἰσχυρός ἐστι τά τε παθήματα
σμικρά.
877 Galenus de locis affectis IV 3 Vol. VIII p. 233 K. ἕπεται δὲ 10
καὶ σφοδραῖς ὀδύναις τὸ πάθος τοῦτο, καταπίπτοντος ἐν αὐταῖς τοῦ κατὰ
τὸ ψυχικὸν πνεῦμα τόνου.
878 Galenus de sanitate tuenda II 9 Vol. VI p. 138 K. ὁ μέν γε
θυμὸς οὐδ' ἁπλῶς αὔξησις, ἀλλ' οἷον ζέσις κατὰ τὴν καρδίαν θερμοῦ· διὸ
καὶ τὴν οὐσίαν αὐτοῦ τῶν φιλοσόφων οἱ δοκιμώτατοι τοιαύτην εἶναί φασι. 15
συμβεβηκὸς γάρ τι καὶ οὐκ οὐσία τοῦ θυμοῦ ἐστιν ἡ τῆς ἀντιτιμωρήσεως
ὄρεξις.
Cf. de morborum causis 2 Vol. VII p. 4 K.

§ 12. **Chrysippi περὶ ψυχῆς librorum reliquiae.**

879 Chalcidius ad Timaeum cp. 220. *Stoici vero cor quidem* 20
sedem esse principalis animae partis consentiunt, nec tamen sanguinem,
qui cum corpore nascitur. Spiritum quippe animam esse Zenon quaerit
hactenus: quo recedente a corpore moritur animal, hoc certe anima est.
naturali porro spiritu recedente moritur animal: naturalis igitur spiri-
tus anima est. Item Chrysippus: una et eadem, inquit, certe re 25
spiramus et vivimus. spiramus autem naturali spiritu: ergo etiam vivi-
mus eodem spiritu. vivimus autem anima: naturalis igitur spiritus
anima esse invenitur. Haec igitur, inquit, octo in partes divisa invenitur.
constat enim e principali et quinque sensibus, etiam vocali substantia
et serendi procreandique potentia. Porro animae partes velut ex capite 30
fontis cordis sede manantes per universum corpus porriguntur omniaque
membra usque quaque vitali spiritu complent reguntque et moderantur
innumerabilibus diversisque virtutibus nutriendo, adolendo, movendo, mo-
tibus localibus instruendo, sensibus compellendo ad operandum, totaque
anima sensus, qui sunt eius officia, velut ramos ex principali parte illa 35
tamquam trabe pandit, futuros eorum quae sentiunt nuntios, ipsa de iis
quae nuntiaverint iudicat ut rex. Ea porro quae sentiuntur composita
sunt, utpote corpora, singulique item sensus unum quiddam sentiunt:
hic colores, sonus alius, ast ille sucorum sapores discernit, hic vapores

ἄπειρον, ἕως πληρώσῃ τὸν περικείμενον ἀέρα, ὡς ἐπὶ τῆς κολυμβήθρας τῆς πλη-
γείσης λίθῳ· καὶ αὕτη μὲν κυκλικῶς κινεῖται, ὁ δ' ἀὴρ σφαιρικῶς.

odoraminum, ille asperum levigationemque tactu. atque haec omnia ad praesens. neque tamen praeteritorum meminit sensus ullus nec suspicatur futura. Intimae vero deliberationis et considerationis proprium cuiusque sensus intelligere passionem et ex iis quae nuntiant colligere quid
5 *sit illud, et praesens quidem accipere, absentis autem meminisse, futurum item providere. Definit idem intimam mentis deliberationem sic: intimus est motus animae vis rationabilis. Habent quippe etiam muta vim animae principalem, qua discernunt cibos, imaginantur, declinant insidias, praerupta et praecipitia supersiliunt, necessitudinem re-*
10 *cognoscunt, non tamen rationabilem, quin potius naturalem. Solus vero homo ex mortalibus principali mentis bono, hoc est ratione, utitur, ut ait idem Chrysippus. „Sicut aranea in medietate cassis omnia filorum tenet pedibus exordia, ut, cum quid ex bestiolis plagas incurrerit ex quacunque parte, de proximo sentiat, sic*
15 *animae principale, positum in media sede cordis, sensuum exordia retinere, ut cum quid nuntiabunt de proximo recognoscat.“ Vocem quoque dicunt e penetrali pectoris, id est corde mitti, gremio cordis nitente spiritu, qua nervis obsitus limes interiectus cor a pulmone secernit utroque et vitalibus ceteris, quo faucium angustias*
20 *arietante formanteque lingua et ceteris vocalibus organis articulatos edi sonos, sermonis elementa: quo quidem interpretis mentis arcani motus aperiantur. id porro principale animae vocat.*

880 Tertullianus de anima cp. 15 (postquam pluribus evicit principale animae in corde esse). *Etiam Protagoras, etiam Apollodorus et*
25 *Chrysippus haec sapiunt.*

881 Galenus de Hipp. et Plat. plac. V 1 (155) p. 404 Mü. Ὁ περὶ τῶν παθῶν τῆς ψυχῆς λόγος ἀναγκαῖος μὲν ἦν ἡμῖν ἐσκέφθαι καὶ δι' ἑαυτόν· ἀναγκαιότερον δὲ ἐποίησαν αὐτὸν οἱ περὶ τὸν Χρύσιππον εἰς ἀπόδειξιν τοῦ περιέχοντος τόπου τὸ τῆς ψυχῆς ἡγεμονοῦν προσ-
30 χρησάμενοι. δείξαντες γάρ, ὡς μὲν αὐτοὶ νομίζουσιν, ἅπαντα τὰ πάθη συνιστάμενα κατὰ τὴν καρδίαν, ὡς δὲ τἀληθὲς ἔχει, τὰ κατὰ μόνον τὸν θυμόν, ἔπειτα προσλαβόντες, ὡς ἔνθα ἂν ᾖ τὰ πάθη τῆς ψυχῆς, ἐνταῦθ' ἐστὶ καὶ τὸ λογιζόμενον αὐτῆς, οὕτως ἤδη περαίνουσιν, ἐν τῇ καρδίᾳ τὸ λογιστικὸν ὑπάρχειν.

35 **882** Galenus de Hipp. et Plat. plac. II 5 (99. 100) p. 208 Mü. καὶ τοῦτο βούλεταί γε Ζήνων καὶ Χρύσιππος ἅμα τῷ σφετέρῳ χορῷ παντί, διαδίδοσθαι τὴν ἐκ τοῦ προσπεσόντος ἔξωθεν ἐγγινομένην τῷ μορίῳ κίνησιν εἰς τὴν ἀρχὴν τῆς ψυχῆς, ἵν' αἴσθηται τὸ ζῷον.

---

33 Dixerat enim Chr. τὰ πάθη κρίσεις τινὰς εἶναι τοῦ λογιστικοῦ μέρους τῆς ψυχῆς.

DE ANIMA HOMINIS. 237

883 Galenus de Hipp. et Plat. plac. II 2 p. 170 Mü. τὰ γὰρ ἰδιώτικά τε καὶ ῥητορικὰ λήμματα αἰδοῦνται (sc. οἱ περὶ Ἀριστοτέλην) παραλαμβάνειν εἰς ἀποδείξεις ἐπιστημονικάς, ὧν πέπλησται τὰ Χρυσίππου βιβλία, ποτὲ μὲν ἰδιώτας ἐπικαλούμενα μάρτυρας ὧν ὑποτίθεται λημμάτων, ἔστι δ' ὅτε ποιητάς, ἢ τὴν βελτίστην ἐτυμολογίαν, ἤ τι 5 ἄλλο τοιοῦτον, ἃ περαίνει μὲν οὐδέν, ἀναλίσκει δὲ καὶ κατατρίβει μάτην ἡμῶν τὸν χρόνον αὐτὸ τοῦτο μόνον ἐνδεικνυμένων αὐτοῖς, ὡς οὐκ ἔστιν ἐπιστημονικὰ τὰ τοῦ συμπεράσματος λήμματα, μετὰ ταῦτα δὲ καὶ συγκαταβαινόντων τε καὶ συμπαλαιόντων αὐτοῖς ὑπὲρ τοῦ δεῖξαι καὶ τοὺς ἰδιώτας καὶ τοὺς ποιητὰς οὐδὲν ἧττον ἡμῖν ἢ ἐκείνοις 10 μαρτυροῦντας, ἀλλ' ἔστιν ὅτε καὶ μᾶλλον etc. — ἐν ἑτέρᾳ πραγματείᾳ δέδεικταί μοι τῇ περὶ ὀνομάτων ὀρθότητος, ἔνθα καὶ περὶ τῆς „ἐγὼ" φωνῆς ἐπέδειξα τὸν Χρύσιππον ἐτυμολογοῦντα ψευδῶς. τί μὲν οὖν ἔτι δεοίμην ὑπὲρ τῶν αὐτῶν ἐνταῦθα διεξιέναι; Χρυσίππῳ μὲν γὰρ καὶ τοῦτο φίλον, οὐ δὶς ἢ τρίς, ἀλλὰ καὶ τετράκις ἐνίοτε καὶ 15 πεντάκις ὑπὲρ τῶν αὐτῶν ἐν διαφερούσαις πραγματείαις διέρχεσθαι· φυλάξαιτο δ' ἄν τις αὐτὸ τῶν χρόνου φειδομένων.

884 Galenus de Hipp. et Plat. III 5 (123) p. 293 Mü. ἀφέμενος οὖν ἤδη τῶν προγεγραμμένων ἐπὶ τὰ ἐφεξῆς τρέψομαι, δι' ὧν ὁ Χρύσιππος ἄρχεται παρατίθεσθαι τὰς τῶν ποιητῶν μαρτυρίας, μεταξὺ παρεν- 20 τιθεὶς αὐτῶν ὀλίγους λόγους ἑαυτοῦ, πολλάκις μὲν ὥσπερ ἐξήγησιν ὧν ἡ ῥῆσις βούλεται, πολλάκις δ' ὥσπερ ἐπιτομήν τινα καὶ οἷον καθόλου τι κεφάλαιον. ἀρξάμενος οὖν ἀπό τινος Ἐμπεδοκλείου ῥήσεως ἐξηγεῖταί τε αὐτὴν καί τινων κατὰ τὴν ἐξήγησιν ἀξιολογωτέρων ἄρχεται λόγων, ἐν οἷς ἐστι καὶ ὁ περὶ τῆς φωνῆς, οὗ κατὰ τὸ δεύτερον 25 ἐμνημόνευσα τῶνδε τῶν ὑπομνημάτων, ibi enim graviores Chrysippi voces se refutavisse, plane futilibus omissis. δόξαν δὲ τοῖς ἑταίροις ἄμεινον εἶναι μηδ' ὅσα παντάπασιν ἠδολέσχηται τῷ Χρυσίππῳ μηδὲ ταῦθ' ὑπερβῆναι παντελῶς, ἀλλ' ἐπισημήνασθαί τε τὴν ἀτοπίαν αὐτῶν, — διὰ τοῦτο προσέθηκα πάντα ταῦτα. — περὶ μὲν δὴ τῆς 30 φωνῆς οὐδὲν ἔτι δέομαι λέγειν — — ὅσα δὲ ἐφεξῆς ἔτι τοῦ περὶ ταύτης λόγου κατὰ τὸ τοῦ Χρυσίππου βιβλίον εἰρημένα, τούτων ἤδη μνημονεύσω. ἔστι δὲ τά τε κατὰ τὰς φορὰς τῶν χειρῶν, ὅταν ἐφαπτώμεθα τῶν στέρνων ἡμᾶς αὐτοὺς δεικνύντες, ἔτι τε τὰ κατὰ τὴν „ἐγὼ" φωνήν, ἃ δὴ κἂν τοῖς ἐτυμολογικοῖς εἶπεν, ἔχειν τι φάσκων 35 αὐτὴν δεικτικὸν ἐκ τοῦ φαινομένου, διὰ τὸ κατὰ τὴν πρώτην ἐν αὐτῇ συλλαβήν ὡς ἐπὶ τὸ στῆθος ἀπάγεσθαι τήν τε κάτω γένυν καὶ τὸ χεῖλος. — — p. 295. ὅμοια δὲ τοῖς τοιούτοις ἐπιχειρήμασι καὶ τὰ κατὰ τὴν ἐτυμολογίαν εἰσὶ τοῦ τῆς καρδίας ὀνόματος, ἐξῆς τῶν προ-

12 τῇ Mü., τῆς CAB.

εἰρημένων ὑπὸ τοῦ Χρυσίππου γεγραμμένα κατὰ τὸ πρῶτον περὶ ψυ-
χῆς, ὧδέ πως ἔχοντα (sequ. verba). Dein Chr. summam totius doctrinae
brevibus verbis attigisse refert. p. 296. ὁρμῶμεν κατὰ τοῦτο τὸ μέρος —
πάντα. p. 297. ἑξῆς δὲ περί τε φωνῆς μνημονεύει καὶ νεύρων ἀρχῆς
5 — — καὶ μετὰ ταῦτα τὴν „ἀκάρδιος" ἐξηγεῖται προσηγορίαν. — —
p. 298. ἥ τε γὰρ ἐν τοῖς φόβοις πάλσις τῆς καρδίας. — — p. 303. ἀτό-
πως οὖν αὐτὸ κατὰ ταῦτα ἐξαχθησόμενον. — — p. 308. ἡψάμην σου
τῆς καρδίας. — — p. 309. μετὰ δὲ τὴν προγεγραμμένην ῥῆσιν ἑτέρα
τις ἐφεξῆς ἐστιν ἐν ᾗ τοὺς ἀσπλάγχνους τε καὶ τοὺς οὐκ ἔχοντας
10 ἐγκέφαλον ἐξηγεῖται. — — p. 309. κατὰ τοιάνδε μοι δοκοῦσι μάλιστα
φορὰν καὶ οἱ τιμωρητικώτερον — — sequuntur quatuor alia frag-
menta huic cohaerentia, p. 314. 15. ἐφεξῆς δὲ τοῖσδε πλῆθος ἐπῶν ὁ
Χρύσιππος γράφει τῶν πλείστων ἑαυτῷ μαχομένων, ὡς ἔμπροσθεν
ἔδειξα. τὰ δὲ μεταξὺ τῶν ἐπῶν ἐστι μὲν ὀλίγιστα, περιέχεται δέ τις
15 κατὰ ταῦτ' ἐναντιολογία τοῦ Χρυσίππου πρὸς ἑαυτόν, ἣν ἐν τῷ μετὰ
τοῦτ' ἐπιδείξω βιβλίῳ, καθ' ὃ περὶ τῶν τῆς ψυχῆς παθῶν ἔγνωκα
ποιήσασθαι τὸν λόγον. — — p. 315. ὁ δὲ ποιητὴς πλεονάζων — ὅτι
δὲ καὶ τὸ ἐπιθυμητικὸν ἐνταῦθα — ὅτι δὲ τὸ θυμοειδὲς ἐνταῦθά πού
ἐστι. — — p. 316. τὰ δ' ὑπόλοιπα κατὰ τὸ Χρυσίππου βιβλίον ἐπι-
20 δραμών, ἐνταῦθά που καὶ αὐτὸς ἤδη καταπαύσω τὸν ἐνεστῶτα λόγον.
μετὰ δὲ τὸ πλῆθος τῶν ἐπῶν ἐφεξῆς ὁ Χρύσιππος περί τε φωνῆς καὶ
λόγου καὶ νεύρων ἀρχῆς, ὅσα τε τούτοις συνέζευκται διῆλθεν, ἃ δὴ
καὶ μόνα τῶν κατὰ τὸ βιβλίον ἔπρεπεν ἀνδρὶ φιλοσόφῳ, περὶ ὧν καὶ
ἡμεῖς ἐν τῷ πρὸ τούτου λόγῳ διεληλύθαμεν, ὑπερβάντες τὰ περιττῶς
25 ἠδολεσχημένα. — — p. 317. Νυνὶ μέντοι — ἑξῆς προσθήσω τὸν περὶ
τῆς Ἀθηνᾶς λόγον.

885 Galenus de Hipp. et Plat. Plac. III 1 (112) p. 251 Mü. λέγω
δὴ ὅτι ὁ Χρύσιππος κατὰ τὸν πρῶτον αὐτοῦ περὶ ψυχῆς λόγον
τῶν μερῶν αὐτῆς τοῦ ἡγεμονικοῦ μνημονεύειν ἀρχόμενος, ἔνθα δεικνύ-
30 ναι πειρᾶται, τὴν ἀρχὴν τῆς ψυχῆς ἐν τῇ καρδίᾳ μόνῃ περιέχεσθαι, οὕ-
τωσὶ λέγει.

„Ἡ ψυχὴ πνεῦμά ἐστι σύμφυτον ἡμῖν συνεχὲς παντὶ τῷ
σώματι διῆκον, ἔστ' ἂν ἡ τῆς ζωῆς εὔπνοια παρῇ ἐν τῷ σώ-
ματι. ταύτης οὖν τῶν μερῶν ἑκάστῳ διατεταγμένων μορίῳ,
35 τὸ διῆκον αὐτῆς εἰς τὴν τραχεῖαν ἀρτηρίαν φωνὴν ⟨φαμεν⟩
εἶναι, τὸ δὲ εἰς ὀφθαλμοὺς ὄψιν, τὸ δὲ εἰς ὦτα ἀκοήν, τὸ δὲ
εἰς ῥῖνας ὄσφρησιν, τὸ δ' εἰς γλῶτταν γεῦσιν, τὸ δ' εἰς ὅλην

---

26 Hanc Galeni orationem fragmentis ipsis praemisi, quia ordo fragmen-
torum ea adumbratur. 33 εὔπνοια coni. Petersen p. 22 secutus Hamilt. lec-
tionem: εὔ .. τ . οῖ, Chart. συμμετρία ex lectione apogr. εἰς τρία. 35 φαμεν
add. Mü. 36 τὸ δὲ bis Mü., li. τὰ δὲ.

τὴν cάρκα ἁφήν, καὶ τὸ εἰc ὄρχειc ἕτερόν τιν' ἔχον τοιοῦτον
λόγον cπερματικόν, εἰc ὃ δὲ cυμβαίνει πάντα ταῦτα, ἐν τῇ
καρδίᾳ εἶναι, μέροc ὂν αὐτῆc τὸ ἡγεμονικόν. οὕτω δὲ ἐχόν-
των αὐτῶν, τὰ μὲν λοιπὰ cυμφωνεῖται, περὶ δὲ τοῦ ἡγεμονικοῦ
μέρουc τῆc ψυχῆc διαφωνοῦcιν, ἄλλοι ἐν ἄλλοιc λέγοντεc αὐτὸ 5
εἶναι τόποιc. οἱ μὲν γὰρ περὶ τὸν θώρακά φαcιν εἶναι αὐτό,
οἱ δὲ περὶ τὴν κεφαλήν. κατὰ τὰ αὐτὰ δὲ ταῦτα διαφωνοῦcι,
ποῦ τῆc κεφαλῆc καὶ τοῦ θώρακόc ἐcτιν, οὐ cυμφωνοῦντεc
αὐτοῖc. Πλάτων δὲ καὶ τριμερῆ τὴν ψυχὴν φήcαc εἶναι, τὸ
μὲν λογιcτικὸν ἔλεγεν ἐν τῇ κεφαλῇ εἶναι, τὸ δὲ θυμοειδὲc 10
περὶ τὸν θώρακα, τὸ δ' ἐπιθυμητικὸν περὶ τὸν ὀμφαλόν. οὕτω
φαίνεται διαφεύγειν ὁ τόποc ἡμᾶc, οὔτ' αἰcθήcεωc ἐκφανοῦc
γενομένηc, ὅπερ ἐπὶ τῶν λοιπῶν cυντετύχηκεν οὔτε τῶν
τεκμηρίων, δι' ὧν ἄν τιc cυλλογίcαιτο τοῦτο· οὐδὲ γὰρ ἂν ἀν-
τιλογία ἐπὶ τοcοῦτον προῆλθεν καὶ ἐν ἰατροῖc καὶ ἐν φιλο- 15
cόφοιc."

αὕτη πρώτη ῥῆcιc γέγραπται ὑπὸ Χρυcίππου περὶ ἡγεμονικοῦ κατὰ
τὸ πρότερον περὶ ψυχῆc. τὸ μὲν γὰρ ἥμιcυ μέροc αὐτῷ τῆc
βίβλου τὸ πρότερον ὑπὲρ οὐcίαc ψυχῆc ἔχει τὴν cκέψιν. κατὰ
δὲ τὸ ἐφεξῆc ἥμιcυ τὸ ἀπὸ τῆc γεγραμμένηc ῥήcεωc ἀρχόμενον ἐπιδει- 20
κνύναι πειρᾶται, τὸ τῆc ψυχῆc ἡγεμονοῦν ἐν καρδίᾳ περιέχεcθαι. τὴν
μὲν οὖν ἀρχὴν τοῦ λόγου δίκαιον ἀγάcαcθαι· cαφῶc τε γὰρ ἅμα καὶ
ἀκριβῶc, ὡc ἐχρῆν εἰπεῖν ἀρχόμενον ἄνδρα τηλικούτου δόγματοc, εἴρη-
ται Χρυcίππῳ — — — p. 254. τὰ δ' ἐφεξῆc οὐκέθ' ὁμοίωc ἔχει. δί-
καιον γὰρ ἦν, οἶμαι, πρῶτον μὲν εἰπεῖν, ὑπὸ τίνων πιθανῶν ἀναπειcθεὶc 25
ὁ Πλάτων οὕτωc ἐδόξαζεν, ἔπειτα δὲ ἐξελέγξαι καὶ διαβαλεῖν αὐτά, κἀπὶ
τούτῳ τὴν ἑαυτοῦ καταcκευάcαι δόξαν, etc.

886 Galenus de Hipp. et Plat. plac. III 1 (113) p. 254 Mü. ἄρχεται
δὲ ἐπιχειρεῖν ἀπὸ τοῦ γένουc τῶν λημμάτων, ὃ κατὰ μαρτύρων δόξαν
ἢ πλήθουc, οὐ κατὰ τὴν τοῦ πράγματοc φύcιν ἄξιον πιcτεύεcθαι. παρα- 30
γράψω δὲ καὶ τὴν ῥῆcιν αὐτὴν ὧδέ πωc ἔχουcαν·

"Περὶ ὧν ἑξῆc ζητήcομεν παραπληcίωc ἀπὸ τῆc κοινῆc
ὁρμώμενοι φορᾶc καὶ τῶν κατὰ ταύτην εἰρημένων λόγων."

κοινὴν ἐνταῦθα φορὰν ὁ Χρύcιπποc εἴρηκε τὸ κοινῇ πᾶcιν
ἀνθρώποιc δοκοῦν· εἶτ' ἐπιφέρων φηcί· 35

"Καὶ ἐπὶ τούτων ἱκανῶc φαίνονται ἐνηνέχθαι ἀπ' ἀρχῆc
εἰc τὸ εἶναι τὸ ἡγεμονικὸν ἡμῶν ἐν τῇ καρδίᾳ."

εἶτ' ἐφεξῆc τούτων ἁπτόμενοc ἤδη τῶν ἐπιχειρημάτων αὐ-
τῶν ὧδέ πωc γράφει κατὰ λέξιν·

13 Hamilt. τῶ . τῶν, unde conicio τοιούτων.

„Κοινῇ δέ μοι δοκοῦσιν οἱ πολλοὶ φέρεσθαι ἐπὶ τοῦτο, ὡσα-
νεὶ συναισθανόμενοι περὶ τὸν θώρακα αὐτοῖς τῶν κατὰ τὴν
διάνοιαν παθῶν γιγνομένων, καὶ μάλιστα καθ᾽ ὃν ἡ καρδία
τέτακται τόπον, οἷον μάλιστα ἐπὶ τῶν λυπῶν καὶ τῶν φόβων,
5 καὶ ἐπὶ τῆς ὀργῆς, καὶ μάλιστα τοῦ θυμοῦ. ⟨ὡσανεὶ γὰρ τοῦ
θυμοῦ⟩ ἐκ τῆς καρδίας ἀναθυμιωμένου καὶ ὠθουμένου ἐκτὸς
ἐπί τινα καὶ ἐμφυσῶντος τὸ πρόσωπον καὶ ᾽τὰς χεῖρας, γίγνε-
ται ἡμῖν ἔμφασις.“ (Dein probat Galenus, his verbis Chrysippum
Platonis decretum demonstravisse: τὸν θυμὸν ἐν τοῖς κατὰ τὸν θώρακα
10 τόποις ὑπάρχειν).

887 Galenus de Hipp. et Plat. plac. II 7 (106) p. 230, 16 Mü.
εὑρίσκω δὲ οὐχ ἥκιστα τὸν Χρύσιππον καὶ ἄλλας τινὰς ἐναντιολογίας ἐν
αὐτῷ τούτῳ τῷ λόγῳ περὶ τοῦ τῆς ψυχῆς ἡγεμονικοῦ πεποιημένον. ἐν
ἀρχῇ γὰρ προειπών, ὡς τὰ μὲν ἄλλα μέρη τῆς ψυχῆς ἐν οἷς ἐστι τοῦ
15 ζῴου μορίοις ὁμολογεῖται, περὶ δὲ τοῦ ἡγεμονικοῦ μόνου ζητεῖται, διὰ
τὸ μήτε αἴσθησιν ἐκφανῆ μηδεμίαν εἶναι αὐτοῦ, μήτ᾽ ἐναργές τι τεκμή-
ριον, ὀλίγον ὕστερον ὡς περὶ φαινομένου τοῦ μέρους διαλέγεται. ἔχουσι
δ᾽ αἱ ῥήσεις αὐτοῦ τόνδε τὸν τρόπον.

„Οὕτω φαίνεται διαφεύγειν ὁ τόπος ἡμᾶς, οὔτε αἰσθήσεως
20 ἐκφανοῦς γιγνομένης, ὅπερ ἐπὶ τῶν λοιπῶν συντέτευχεν, οὔτε
τῶν τεκμηρίων, δι᾽ ὧν ἄν τις συλλογίσαιτο τοῦτο· οὐδὲ γὰρ
ἂν [οὐδ᾽] ἐπὶ τοσοῦτον ἀντιλογίας προῆλθεν ἰατροῖς τε καὶ
φιλοσόφοις.“

Ταῦτα προειπὼν ὁ Χρύσιππος ἐφεξῆς φησιν, ὡς ἅπαντες ἄνθρωποι
25 τῶν τῆς διανοίας παθῶν αἰσθάνονται κατά τε τὸν θώρακα καὶ τὴν καρ-
δίαν. ἔχει δὲ καὶ ἥδε ἡ ῥῆσις ὧδε·

„Κοινῇ δέ μοι δοκοῦσιν οἱ πολλοὶ φέρεσθαι ἐπὶ τοῦθ᾽ ὡσα-
νεὶ αἰσθανόμενοι περὶ τὸν θώρακα αὐτοῖς τῶν κατὰ τὴν διά-
νοιαν παθῶν γιγνομένων, καὶ μάλιστα καθ᾽ ὃν ἡ καρδία τέτα-
30 κται τόπον, οἷον μάλιστα ἐπὶ τῶν φόβων καὶ τῶν λυπῶν [λέγω]
καὶ ἐπὶ τῆς ὀργῆς, καὶ μάλιστα τοῦ θυμοῦ.“

Κατὰ τήνδε τὴν ῥῆσιν, εἰ καὶ μηδὲν ἄλλο, τὸ γοῦν ὡσανεὶ προσ-
έθηκεν, οὐ τολμήσας ἄντικρυς εἰπεῖν, αἰσθάνεσθαι τοὺς ἀνθρώπους τῶν
κατὰ τὴν διάνοιαν παθῶν ἐν τῷ θώρακι γιγνομένων. ὡσανεὶ γὰρ ἔφη
35 συναισθανόμενοι, μικρὸν δ᾽ ὕστερον καὶ τὸ „ὡσανεὶ“ περιελὼν οὑτωσὶ
γράφει·

„Ἡ γὰρ περὶ τὴν διάνοιαν γιγνομένη ταραχὴ καθ᾽ ἕκαστον

---

6 verba propter repetitionem vocis θυμοῦ a scribis omissa restitui, secutus
Müllerum, coll. p. 256, 11 sq. 23 οὐδ᾽ videtur expungendum et pro ἀντιλογίας
reponendum esse ἡ ἀντιλογία, secundum alteram huius loci apud Gal. mentionem
p. 313 M. 30 λέγω del. Müller, coll. repet. loci p. 255 M.

τούτων αἰcθητῶc περὶ τοὺc θώρακάc ἐcτιν." εἶτ᾽ ἐφεξῆc „τῆc
μὲν γὰρ ὀργῆc γιγνομένηc ἐνταῦθα, εὔλογον καὶ τὰc λοιπὰc
ἐπιθυμίαc ἐνταῦθα εἶναι." καὶ πάλιν ἐν τοῖc ἑξῆc τοῦ cυγγράμμα-
τοc, καὶ τὰ τῶν ὀργιζομένων πάθη, φηcί, φαίνεται περὶ τὸν θώρακα
γιγνόμενα, καὶ τὰ τῶν ἐρώντων. καὶ λοιπὸν οὐκ ἔτι παύεται περὶ τῶν 5
παθῶν διαλεγόμενοc, ὡc ἔν τε τῷ θώρακι καὶ περὶ τὴν καρδίαν μάλιστα
cυνίcταcθαι φαινομένων. ὥcτ᾽ ἔγωγε θαυμάζω τἀνδρὸc ὅπωc τὸ κατ᾽
ἀρχὰc ὑφ᾽ ἑαυτοῦ γραφόμενον οὐκ ἐξήλειψεν, ἔνθα φηcίν, οὔτ᾽ αἴcθηcιν
οὐδεμίαν ἐμφανῆ γίγνεcθαι, ποῦ τὸ κύριον τῆc ψυχῆc μέροc, οὔτε τεκ-
μήριον· οὐ γὰρ ⟨ἂν⟩ ἐπὶ τοcοῦτον διενεχθῆναι πρὸc ἀλλήλουc ἰατρούc 10
τε καὶ φιλοcόφουc.

888 Galenus de Hipp. et Plat. plac. II 7 (107) p. 235 Mü. *ἀλλ᾽*
οὔτ᾽ ἐν τῷ βιβλίῳ τῷ πρώτῳ περὶ ψυχῆς, οὔτ᾽ ἐν τοῖς περὶ πα-
θῶν ἀπόδειξίν τινα εἶπε τοῦ χρῆναι πάντως, ἔνθα τὸ ἄλογόν ἐστιν,
ἐνταῦθ᾽ εἶναι καὶ τὸ λογιζόμενον, ἀλλ᾽ ἑτοίμως τε κἀκ προχείρου παν- 15
ταχοῦ λαμβάνει.

889 Galenus de Hipp. et Plat. plac. II 8 (109) p. 243 Mü. *μεταβή-*
σομαι δ᾽ ἐπί τι τῶν ὑπολοίπων, οὗ σχεδὸν ἅπαντες μεμνημονεύκασιν, οἷς ἡ
καρδία πασῶν τῶν δυνάμεων ἀρχὴ τῶν ἐν τοῖς ζῴοις ὑπείληπται. Λέγουσι
γάρ, ὅθεν ἡ τοῦ τρέφεσθαι τοῖς ζῴοις ἀρχή, κατ᾽ ἐκεῖνο τὸ μόριον εἶναι καὶ 20
τὸ λογιζόμενον τῆς ψυχῆς· ἐν καρδίᾳ δ᾽ εἶναι τὴν τοῦ τρέφεσθαι τοῖς ζῴοις
ἀρχήν, ὥστε καὶ τὸ λογιζόμενόν τε καὶ διανοούμενον ὑπάρχειν ἐν αὐτῇ.

ibidem (110) p. 245 M. *οὐ μὴν οὐδ᾽ ὅταν εἴπωσιν, ὅθεν ἡ χορηγία*
τοῦ πνεύματος, ἐνταῦθ᾽ εἶναι τὸ ἡγεμονικόν, εἶτ᾽ ἐπ᾽ αὐτῷ προσλαμβάνωσιν,
ἐκ τῆς καρδίας χορηγεῖσθαι τὸ πνεῦμα, συγχωρητέον αὐτοῖς. (Dein dubitat 25
Galenus, utrum *τὸ ψυχικὸν* an *τὸ ζωτικὸν* an *τὸ προσαγορευόμενον ὑλικὸν*
πνεῦμα dicere voluerint).

890 Galenus de Hipp. et Plat. plac. III 2 (114) p. 258 Mü. *Οὐ*
μὴν τοῦτό γ᾽ ἦν σοι τὸ ἀμφισβητούμενον, εἰ τὸ θυμούμενον τῆς ψυχῆς
ἐν καρδίᾳ κατῴκισται, ἀλλ᾽ εἰ τὸ λογιζόμενον, ὅπερ ἐχρῆν ἀποδείξαντα 30
μὴ πολλὰ κάμνειν ὑπὲρ τοῦ θυμουμένου, μηδ᾽ ἐμπιπλάναι τὸ βιβλίον
ἐπῶν ποιητικῶν, ὧν ἐφεξῆς γράφεις ὡδί
(Π. Σ 109) Ὅc γε πολὺ γλυκίων μέλιτος καταλειβομένοιο
          Ἀνδρῶν ἐν στήθεccιν ἀέξεται ἠΰτε καπνόc.
Καὶ πάλιν· (frg. trag. adesp. 142 N.)   35
          Ὁ θυμὸc αὐτὸν τῶν φρενῶν ἐξῆρ᾽ ἄνω.
Καὶ πάλιν· (frg. trag. adesp. 143 N.)
          Πηδῶν δ᾽ ὁ θυμὸc ἔνδοθεν μαντεύεται.
καὶ μυρία ἕτερα τοιαῦτα παρ᾽ ὅλον τὸ γράμμα, κατασκευάζοντα τὸ θυ-
μούμενον ὑπάρχειν ἐν τῇ καρδίᾳ, δέον μὴ τοῦτο δεικνύειν ἀλλὰ τὸ 40
λογιζόμενον, ἢ νὴ Δία, εἴπερ ἀδύνατος ἦν ἀντικρυc ἐπιδεικνύναι τοῦτο,

---

    2 pro *γὰρ* praebet *οὖν* repet. loc. p. 288 M.   36 li. *ἐξῆρεν.*

πειρασθῆναι γοῦν [ἐπιχειρῆσαι] δεῖξαι, καθ᾽ ἓν τοῦτο τὸ μόριον εἶναι τό
τε θυμούμενον τῆς ψυχῆς καὶ τὸ λογιζόμενον. ὁ δέ γε τουτὶ μὲν οὐδ᾽
ἐπεχείρησε πρᾶξαι κατ᾽ οὐδὲν μέρος τοῦ βιβλίου, χρῆται δὲ διὰ παντὸς
ἐξ ἑτοίμου λαμβάνων. εὐθὺς γοῦν ἐν τοῖς ἐφεξῆς οὕτω γράφει·
5 „Τῆς μὲν ὀργῆς γιγνομένης ἐνταῦθα, εὔλογον καὶ τὰς λοι-
πὰς ἐπιθυμίας ἐνταῦθ᾽ εἶναι, καὶ νὴ Δία τὰ λοιπὰ πάθη καὶ
τοὺς διαλογισμοὺς καὶ ὅσον τούτοις ἐστὶ παραπλήσιον." (Di-
cit Galenus Chrysippum hanc sententiam a Zenone acceptam nus-
quam demonstrasse).
10   891 Galenus de Hipp. et Plat. plac. III 5 (122) p. 287 Mü. ᾽Απο-
χωρήσαντες οὖν ἤδη τῶν τοιούτων, ἴδωμεν ἑξῆς ἅπαντας οὓς ἐρωτᾷ
λόγους, ἐπὶ τὴν ἀρχὴν αὖθις ἀνελθόντες ἅπαντος τοῦ λόγου, πρὸς τὸ
μηδὲν παρελθεῖν. παραθήσομαι δὲ τὴν ῥῆσιν ἅπασαν, εἰ καὶ μακροτέρα
πώς ἐστιν, ἔχουσαν ὧδε·
15 „Τῆς μὲν οὖν ὀργῆς γιγνομένης ἐνταῦθα, εὔλογον καὶ τὰς
λοιπὰς ἐπιθυμίας ἐνταῦθ᾽ εἶναι, καὶ ἤδη τὰ λοιπὰ πάθη καὶ
τοὺς διαλογισμοὺς καὶ ὅσα τούτοις ἐστὶ παραπλήσια. σαινό-
μενοι δὲ φήμῃ οἱ πολλοὶ τούτων, πολλὰ κατὰ τὴν ἀλήθειαν
ἐπιλέγουσι τοιαῦτα, ἐχόμενοι τῆς ῥηθείσης φορᾶς· πρῶτον
20 μὲν γάρ, ἵνα πάντες ἐντεῦθεν ἄρξωμαι, κατὰ τοῦτό φασιν ἀνα-
βαίνειν τινῶν τὸν θυμόν, καὶ καταπίνειν τὴν χολήν τινας
ἀξιοῦσι, λέγοντές τε καταπίνεσθαί τινα αὐτοῖς σπαράγματα
καὶ μὴ καταπίνεσθαι κατὰ τὴν τοιαύτην φορὰν λέγομεν. οὕτω
δὲ λέγεται καὶ μηδὲν αὐτοῖς τούτων καταβαίνειν, καὶ ὅτι
25 καταπιὼν τὸ ῥηθὲν ἀπῆλθεν, ὅ τε Ζήνων πρὸς τοὺς ἐπιλαμ-
βανομένους, ὅτι πάντα τὰ ζητούμενα εἰς τὸ στόμα φέρει
ἔφησεν, „ἀλλ᾽ οὐ πάντα καταπίνεται", οὔτε τῆς καταπόσεως
ἄλλως ἂν οἰκειότερον λεγομένης, οὔτε τῆς καταβάσεως τῶν
ῥηθέντων, εἰ μὴ περὶ τὸν θώρακα τὸ ἡγεμονικὸν ἡμῶν ἦν, εἰς
30 ὃ ταῦτα πάντα φέρεται. ἐν γοῦν τῇ κεφαλῇ ὄντος αὐτοῦ γε-
λοίως ῥηθήσεται καὶ ἀλλοτρίως καταβαίνειν, ἀναβαίνειν [δ᾽]
ἂν οἶμαι οἰκειότερον αὐτῶν λεγομένων καὶ οὐ καταβαίνειν,
τὸν προειρημένον τρόπον τῆς κατὰ τὴν ἀκοὴν αἰσθήσεως κατα-
φερομένης περὶ τὴν διάνοιαν, ἐὰν ᾖ περὶ τὸν θώρακα, οἰκείως
35 κατάβασις ῥηθήσεται· ἐὰν δὲ περὶ τὴν κεφαλήν, ἀλλοτριώ-
τερον."

---

1 ἐπιχειρῆσαι del. Müller.   5 post μὲν inserendum οὖν coll. p. 288 Mü.
16 pro ἤδη praebet νὴ Δία rep. loc. p. 259 M.   20 πάντως Cornarius, sed for-
tasse πάντες ante ἵνα transponendum.   21 τινῶν Hamilt. Peters. p. 23.
24 λέγεται Mü., trad. λέγεσθαι.   26 φέρει Mü., φέρειν libri.   31 δ᾽ secl.
Müller.   34 ᾖ ante ἐὰν ins. Müller, fortasse: τὸν ⟨δὲ⟩ προειρημένον.

Ad haec verba explicanda aliquatenus utilia sunt quae addit G:
Τηνικαῦτα γὰρ οἶδα καὶ τὸ „μὴ καταβαίνειν ἑαυτοῖς τὰ εἰρημένα" λέ-
γοντας τοὺς πολλούς, οὐκ ἐπειδὰν μὴ παρακολουθῶσι μηδὲ μανθάνωσι
τῶν λεγομένων, ⟨ἀλλ᾽⟩ ἐπειδὰν λέγηται μέν τινα ὡς ὀργὴν ἢ λύπην ἢ
θυμὸν ἤ τι τοιοῦτον πάθος ἐκκαλεσόμενα, μὴ φροντίζῃ δὲ αὐτῶν ὁ 5
ἀκούων μηδὲ κινῆται κατὰ πάθος.
892 Galenus de Hipp. et Plat. plac. III 5 (122) p. 290 Mü. αὕτη
μὲν οὖν ἡ ἀδολεσχία τοῦτο τὸ πέρας ἐχέτω. μετὰ ταῦτα δ᾽ ὁ Χρύ-
σιππος τοιᾶσδ᾽ ἑτέρας μέμνηται.
„Αἱ δὲ γυναῖκες καὶ μᾶλλόν τι τούτων ἐμφαίνουσιν. εἰ γὰρ 10
μὴ καταβαίνει αὐταῖς τὰ λεγόμενα, πολλάκις τὸν δάκτυλον
κατάγουσιν ἕως τοῦ κατὰ τὴν καρδίαν τόπου, οὐ φάσκουσαι
καταβαίνειν ὧδε τὰ εἰρημένα."
Haec nihil facere ad probandam Chrys. sententiam, dicit G: οὐδὲ
γὰρ αὗται λέγουσιν οὕτως, οὐδ᾽ ὀρχοῦνται ταῖς χερσίν, ὡς εἴρηκας, ἐπει- 15
δὰν ἀρνῶνται συνιέναι τῶν λεγομένων, ἀλλ᾽ ὅταν ὑπὸ λοιδορίας ἢ ἀπει-
λῆς ἤ τινος τοιούτου μήτε ὀργίζεσθαι φάσκωσι μήτε θυμοῦσθαι μήθ᾽
ὅλως ἀγανακτεῖν. ὅπερ οὐδ᾽ αὐτόν, οἶμαι, λανθάνει τὸν Χρύσιππον.
ἀντιφθεγγόμενος γοῦν κἀνταῦθα ἑαυτῷ μετ᾽ ὀλίγον ὡδί πως γράφει.
„Ἀφ᾽ ἧς τε φορᾶς λέγομεν μὴ καταβαίνειν τὰ λεγόμενα, 20
εἴτε ἀπειλὰς εἴτε λοιδορίας, ὥστε καθικέσθαι καὶ ἅπτεσθαι
αὐτῶν καὶ οὕτως κινεῖσθαι τὴν διάνοιαν, ἀπὸ τῆς φορᾶς ταύ-
της καὶ βαθεῖς τινάς φαμεν εἶναι, διὰ τὸ μηδὲν τῶν τοιούτων
ἐφικνεῖσθαι καταβῆναι αὐτῶν."
p. 292. — — ἀλλὰ ταῦτα μὲν ἐν τοῖς ἐφεξῆς ὁ Χρύσιππος λέγει, 25
μεταξὺ δὲ ταύτης, τῆς τε νῦν γεγραμμένης λέξεως καὶ ἧς ὀλί-
γον ἔμπροσθεν ἔγραψα περὶ τῶν γυναικῶν, ἑτέρα ῥῆσίς ἐστιν,
ἣν ἤδη παραγράψω, πρὸς τὸ μηδὲν ὅλως ὑπερβαίνειν δοκεῖν· ἔχει
δὲ ὧδε.
„Τούτοις δ᾽ ἀκολούθως ἀνεμεῖν τέ τινάς φαμεν τὰ φανέντα 30
αὐτοῖς καὶ ἔτι τὸν βαθύν, λεγομένων πολλῶν τοιούτων συμ-
φώνως τοῖς εἰρημένοις· καταπιόντες γὰρ ὅμοιον εἰπεῖν, ὅτι
ἡμέρα ἐστί, καὶ ἐναποθέμενοι τοῦτο εἰς τὴν διάνοιαν, καὶ πάλιν
ἐκεῖνο λέγοντες ὅτι οὐκ ἔστιν ἡμέρα, μενόντων τῶν πραγμά-
των, οὐκ ἀλλοτρίως οὐδ᾽ ἀνοικείως ἀνεμεῖν λέγονται." · 35
Τοῦτο τὸ „ἀνεμεῖν"· ἐγὼ μὲν οὐδὲ ἤκουσά τινος λέγοντος, ἀλλὰ
μᾶλλον ἀποπτύσαι καὶ ἐκπτύσαι καὶ ἐκβαλεῖν καὶ ἀπορρῖψαι καὶ ἀπο-
θέσθαι λέγουσιν, ἐπειδὰν λέγωσί τινα δοξῶν ἀποστῆναι μοχθηρῶν etc.

---

23 βαθεῖς scripsi, βαθείας libri.   24 καταβῆναι καὶ ἐφικνεῖσθαι coni.
Mü., καταβῆναι interpolatori trib. Petersen p. 23 n. 3.   31 pro τὸν Cornarius
mavult τινά. ‖ λεγομένων scripsi, λέγομεν libri.

893 Galenus de Hipp. et Plat. plac. II 4 (96) p. 196, 97 M. εἴπερ
ἡ φωνὴ τυπουμένου πως τοῦ κατὰ τὸν πνεύμονα πνεύματος ὑπὸ τοῦ
κατὰ τὴν καρδίαν ἐγίγνετο, κἄπειθ᾽ ἑαυτῷ τὸ κατὰ τὴν φάρυγγα συν-
τυποῦντος, οὐκ ἂν ἀπώλλυτο παραχρῆμα τμηθέντων νεύρων τινῶν etc.
5 ibidem (97). οὐδ᾽ ἐστὶν οὐδεὶς λόγος, ὃς ἀναγκάσει μίαν ἀρχὴν
ἁπασῶν εἶναι τῶν κατὰ τὸ ζῷον ἐνεργειῶν.

894 Galenus de Hipp. et Plat. plac. II 5 (98) p. 203 M· βούλομαι
δέ, πρὶν ἐλέγχειν αὐτούς, ἔτι καὶ τὸν τοῦ Χρυσίππου (sc. λόγον)
παραθέσθαι, τόνδε τὸν τρόπον ἔχοντα· „Εὔλογον δέ, εἰς ὃ γίγνονται
10 αἱ ἐν τούτῳ cημαcίαι, καὶ ἐξ οὗ ⟨ὁ⟩ λόγος, ἐκεῖνο εἶναι τὸ
κυριεῦον τῆς ψυχῆς μέρος. οὐ γὰρ ἄλλη μὲν [ἡ] πηγὴ λόγου
ἐστίν, ἄλλη δὲ διανοίας, οὐδὲ ἄλλη μὲν φωνῆς πηγή, ἄλλη δὲ
λόγου, οὐδὲ τὸ ὅλον ἁπλῶς ἄλλη φωνῆς πηγή ἐστιν, ἄλλο δὲ
τὸ κυριεῦον τῆς ψυχῆς μέρος." — τοιούτοις δὲ καὶ τὴν διάνοιαν
15 cυμφώνωc ἀφοριζόμενοι λέγουσιν αὐτὴν πηγὴν εἶναι λόγου. — „Τὸ
γὰρ ὅλον ὅθεν ὁ λόγος ἐκπέμπεται, ἐκεῖσε δεῖ καὶ τὸν δια-
λογισμὸν γίγνεcθαι καὶ τὰς διανοήσεις καὶ τὰς μελέτας τῶν
ῥήσεων, καθάπερ ἔφην. ταῦτα δὲ ἐκφανῶc περὶ τὴν καρδίαν
γίγνεται, ἐκ τῆς καρδίας διὰ φάρυγγος καὶ τῆς φωνῆc καὶ τοῦ
20 λόγου ἐκπεμπομένων. πιθανὸν δὲ καὶ ἄλλως, εἰς ὃ ἐνcημαί-
νεται τὰ λεγόμενα, καὶ cημαίνεcθαι ἐκεῖθεν, καὶ τὰς φωνὰc
ἀπ᾽ ἐκείνου γίγνεcθαι κατὰ τὸν προειρημένον τρόπον."

ἅλις ἤδη μοι τῶν περὶ τῆς φωνῆς λόγων τῶν Cτωϊκῶν· εἰ γὰρ
καὶ τοὺς ὑπὸ τῶν ἄλλων ἠρωτημένους ἐφεξῆς γράφοιμι σύμπαντας, εἰς
25 ἄμετρόν τι μῆκος ἐκπεσεῖται τὸ γράμμα. οὐ γὰρ ἂν οὐδὲ τῶν ὑπὸ Χρυ-
cίππου τε καὶ Διογένους εἰρημένων ἐμνημόνευσα λόγων, ἀλλ᾽ ἠρκέσθην
ἐξετάσας τὸν τοῦ Ζήνωνος μόνον, εἰ μὴ πρός τινα τῶν Cτωϊκῶν ἐγε-
γόνει μοί ποτε ἀμφισβήτησις ὑπὲρ τοῦ „χωρεῖ" ῥήματος, ὅπερ ἔλαβεν ὁ
Ζήνων ἐν τῷ λόγῳ γράψας ὡδί· φωνὴ διὰ φάρυγγος χωρεῖ.
30 τὸ γὰρ „χωρεῖ" τοῦτο ῥῆμα ἐγὼ μὲν ἠξίουν ἀκούειν ἐν ἴcῳ τῷ ἐξέρ-
χεται ἢ ἐκπέμπεται. ὁ δὲ τούτων μὲν μηδέτερον ἔφη σημαίνεcθαι πρὸς
αὐτοῦ. καὶ τρίτον ἄλλο παρὰ ταῦτα λέγειν οὐκ εἶχεν. ἠναγκάσθην
οὖν αὐτῷ τὰ τῶν ἄλλων Cτωϊκῶν παραναγιγνώσκειν βιβλία, μεταλαμ-
βανόντων τὴν λέξιν ἢ εἰς τὸ ἐξέρχεται ἢ εἰς τὸ ἐκπέμπεται, καθάπερ
35 καὶ νῦν ἀπέδειξα Χρύσιππόν τε καὶ Διογένην, μεθ᾽ οὓς οὐκ ἀναγκαῖον
ἡγοῦμαι τὰς τῶν ἄλλων παραγράφειν ῥήσεις etc.

p. 101, p. 214 M. Gal. de verbo „ἐκεῖσε" haec disputat: δῆλον
γὰρ δή, ὅτι τὸ ἐκεῖσε ἀντὶ τοῦ ἐκεῖ ὁ Χρύσιππος εἴρηκεν, ὅπερ ἴσον

---

10 ἐν τούτῳ uncis incl. Mü., ἐν τύπῳ Cornarius. ‖ ὁ add. Mü. ‖ post λό-
γος add. ἐκπέμπεται rep. loc. p. 213, 12 M. 11 seclusit Mü. 14 additamen-
tum Galeni, ut e λέγουσι apparet. Cf. n. 840.

δύναται τῷ ἐν ἐκείνῳ τῷ μέρει τοῦ cώματος. οὐ γὰρ δὴ τό γε εἰc
ἐκεῖνο τὸ μόριον ἡγητέον αὐτὸν βούλεcθαι δηλοῦν ἐν τῷ λέγειν ἐκεῖcε,
κἂν ὅτι μάλιcτα τὸ μὲν ἐκεῖcε εἰc τόπον ἢ δηλοῦν, τὸ δὲ ἐκεῖ ἐν τόπῳ.
coλοικίζειν γὰρ μᾶλλον ὑποληπτέον ἐν τῇ φωνῇ τὸν Χρύcιππον ἤπερ
οὕτω προφανῶc ἀδιανόητα λέγειν. τὸ μὲν γὰρ ἱκανῶc cύνηθεc αὐτῷ 5
καὶ μόνον οὐ καθ᾽ ἑκάcτην ῥῆcιν γινόμενον, τὸ δ᾽ ἀδιανόητα λέγειν οὐ-
δαμῶc. ἐνίοτε γάρ που καὶ ψευδῆ λέγει, καθάπερ καὶ κατὰ τοῦτον τὸν
λόγον, ἀλλ᾽ οὐκ ἀδιανόητά γε. διαφέρει γὰρ πάμπολυ τὸ ψεῦδοc τοῦ
ἀδιανοήτου etc.
    895 Galenus de Hipp. et Plat. plac. II 2 p. 172 Mü. ἃ δ᾽ οὖν 10
ὑπὲρ τῆc „ἐγὼ" φωνῆc ἔγραψεν ἐν τῷ πρώτῳ περὶ ψυχῆc ὁ Χρύ-
cιπποc ὑπὲρ ἡγεμονικοῦ διαλεγόμενοc, ἤδη παραγράψω γνωρίcματοc
ἕνεκα.
    „Οὕτωc δὲ καὶ τὸ ἐγὼ λέγομεν κατὰ τοῦτο, δεικνύντεc
αὐτοὺc ἐν τῷ † ἀποφαίνεcθαι † τὴν διάνοιαν εἶναι, τῆc δεί- 15
ξεωc φυcικῶc καὶ οἰκείωc ἐνταῦθα φερομένηc. καὶ ἄνευ δὲ
τῆc κατὰ τὴν χεῖρα τοιαύτηc δείξεωc νεύοντεc εἰc αὐτοὺc τὸ
ἐγὼ λέγομεν, εὐθὺc καὶ τῆc ἐγὼ φωνῆc τοιαύτηc οὔcηc, καὶ
κατὰ τὴν ἑξῆc ὑπογεγραμμένην δεῖξιν cυνεκφερομένηc. τὸ
γὰρ ἐγὼ προφερόμεθα κατὰ τὴν πρώτην cυλλαβὴν καταcπῶν- 20
τεc τὸ κάτω χεῖλοc εἰc αὐτοὺc δεικτικῶc, ἀκολούθωc δὲ τῇ
τοῦ γενείου κινήcει καὶ ἐπὶ τὸ cτῆθοc νεύcει καὶ τῇ τοιαύτῃ
δείξει ἡ ἑξῆc cυλλαβὴ παράκειται, οὐδὲν ἀποcτηματικὸν
παρεμφαίνουcα, ὅπερ ἐπὶ τοῦ ἐκεῖνοc cυντέτευχε. (Agitur
de sede τοῦ ἡγεμονικοῦ).   25
    p. 175 Mü.: διὰ τί δὲ „ἐν ταῖc cυγκαταθέcεcιν ἐπινεύοντεc
τὴν κεφαλήν, ἐφ᾽ ὃ φέρομεν αὐτὴν μέροc, ἐν ἐκείνῳ τὴν ἀρ-
χὴν τῆc ψυχῆc ὑπάρχειν ἐνδεικνύμεθα" μᾶλλον, καὶ οὐκ αὐτῷ
τῷ κινουμένῳ.
    896 Galenus de Hipp. et Plat. plac. III 5 (124) p. 295 Mü. ὅμοια 30
δὲ — — τὰ κατὰ τὴν ἐτυμολογίαν τοῦ τῆc καρδίαc ὀνόματοc, ἑξῆc
τῶν προειρημένων ὑπὸ τοῦ Χρυcίππου γεγραμμένα κατὰ τὸ πρῶ-
τον περὶ ψυχῆc ὧδέ πωc ἔχοντα.
    „Τούτοιc πᾶcι cυμφώνωc καὶ τοὔνομα τοῦτ᾽ ἔcχηκεν ἡ
καρδία κατά τινα κράτηcιν καὶ κυρείαν, ἀπὸ τοῦ ἐν αὐτῇ εἶ- 35
ναι τὸ κυριεῦον καὶ κρατοῦν τῆc ψυχῆc μέροc, ὡc ἂν κρατία
λεγομένη."
    — — — ἐφεξῆc δὲ τοῖc εἰρημένοιc ὁ Χρύcιπποc τάδε γράφει·

---

15 locum mutilum ita refinxit Mü. ut post *ἐν τῷ* adderet: *λέγειν· „ἐμοὶ*
τοῦτο προcήκει, τοῦτο ἐγώ cοι λέγω" εἰc τὸ —. coll. p. 173,10.

„Ὁρμῶμεν κατὰ τοῦτο τὸ μέρος καὶ συγκατατιθέμεθα τού-
τῳ καὶ εἰc τοῦτο cυντείνει τὰ αἰcθητήρια πάντα."

— — Ταυτὶ μὲν οὖν τὰ κεφάλαια, τὸ cύμπαν κῦρος ἐν αὑτοῖc
ἔχοντα περὶ τῶν προκειμένων ἡμῖν δογμάτων, οὕτωc ταχέωc ὁ Χρύ-
5 cιπποc παρέδραμεν, ὡc ἐπιμνηcθῆναι μόνον· ἐν οἷc δὲ οὐ χρὴ μηκύνει
περιττῶc.

897 Galenus de Hippocr. et Plat. plac. I 5 (78) p. 138 Mü. *εἰ τρώ-
σαις αὐτὴν* (sc. *τὴν καρδίαν*) *εὐθὺς ἐκχεῖται τὸ αἷμα. ἐχρῆν δέ γε κατὰ
τὸν Χρύσιππον ἢ τὸ πνεῦμα πρότερον ἐκκενούμενον φαίνεσθαι, κἄπειθ᾿*
10 *οὕτως ἔπεσθαι τὸ αἷμα, ἢ μηδὲ ὅλως ἔπεσθαι, καθάπερ οὐδὲ ἐπὶ τῶν κατὰ
τὸν ἐγκέφαλον ἔπεται κοιλιῶν.*

ibidem 6. (79) p. 141. *Ἐρασίστρατος μὲν γὰρ ζωτικοῦ πνεύματος,
Χρύσιππος δὲ τοῦ ψυχικοῦ πνεύματος πλήρη φασίν εἶναι τὴν κοιλίαν ταύ-
την* (sc. *τὴν ἀριστερὰν τῆς καρδίας*).

15 ibidem 6. (80) p. 143 M. *ἔνθα νῦν καὶ μάλιστα μεμψαίμην ἂν τὸν
Χρύσιππον, ὅτι βουλόμενος εἰλικρινές τι καὶ καθαρὸν εἶναι πνεῦμα τὸ
κατὰ τὴν ἀρχὴν τῆς ψυχῆς, οὐ προσηκόντως ἐν τῇ καρδίᾳ καθίδρυσεν αὐτό.
καίτοι Χρύσιππον μὲν ἄν τις ἀποδέξαιτο μετρίως ἀποφηνάμενον,* [ὡς] *μήθ᾿
ὅτι τῶν νεύρων ἀρχὴ ἡ καρδία τὴν γνῶσιν αὐτῷ χαρίζεσθαι, μήτ᾿ ἄλλο μηδὲν*
20 *τῶν κατὰ τὸ πρόβλημα τοῦτο ζητουμένων· ὁμολογεῖ γὰρ ἀπείρως ἔχειν
τῶν ἀνατομῶν.*

ibidem 7 (81) p. 145 M. *Ἐγὼ δέ, ἐπειδήπερ ἅπαξ κατέστην εἰς τὸ
περὶ πάντων διασκέψασθαι, βραχέα τῷ Πραξαγόρᾳ διαλεχθῆναι βούλομαι, καὶ
μάλισθ᾿ ὅτι καὶ Χρύσιππος ἐμνημόνευσε τἀνδρός, ἀντιθεὶς τοῖς ἀπὸ*
25 *τῆς κεφαλῆς ἄρχεσθαι τὰ νεῦρα νομίζουσιν.*

ibidem 10 (86) p. 163 M. *οὔτε γὰρ φιλοψευδὴς ὁ ἀνὴρ* (sc. *ὁ Ἀριστο-
τέλης*), *οὔτε παντάπασιν ἄπειρος τῆς ἀνατομῆς, ἵνα καὶ τοῦτόν τις, ὥσπερ
τοὺς περὶ τὸν Χρύσιππον, ἑτέροις ἐψευσμένοις ἠκολουθηκέναι νομίσειεν.*

898 Galenus de Hipp. et Plat. plac. II 5 (102) p. 215 M. κατὰ
30 μὲν γὰρ ἄλλην τινὰ (sc. ῥῆσιν) μετ᾿ οὐ πάνυ πολὺ ταύτης γεγραμμένην
ἠναγκάσθη τὸ ἀληθὲς ὁμολογῆσαι. ἀναγκασθῆναι δὲ εἶπον αὐτόν, ὅτι
λόγον ἕτερον ἀνατρέψαι βουλόμενος ὡς οὐκ ἀληθῆ, κἄπειτα τὸ τῆς
ἀντιλογίας εἶδος αἰσθόμενος οὐδὲν ἧττον ἐπιστρέψον καὶ καθ᾿ ἑαυτοῦ,
συνανατρέψαι καὶ τὸν ἴδιον οὐκ ὤκνησε τῷ τῶν ἑτεροδόξων. — —
35 παραγράψω δὲ καὶ τὴν ῥῆσιν αὐτήν, ἐν ᾗ δείκνυcιν ὁ Χρύcιπποc, ὡc
οὐκ ἔcτιν ὁ προγεγραμμένοc λόγοc ἀποδεικτικόc. ἔcτι δὲ τοιάδε·

„Ἔχει δ᾿ ὡc ἔφην πλείονα αὐτοῖc ἐπὶ πᾶcι, μήποθ᾿ εἰ καὶ
τοῦτο δοθείη, καθάπερ ἐπιπορεύονται, ἀπὸ τῆc κεφαλῆc εἶναι
τὴν ἀρχὴν ἐπὶ τὰ εἰρημένα μέρη, ἐπιζητήcομεν. cχεδὸν γάρ,
40 οἷα ἄν τινα λέγοιεν περὶ τοῦ τὴν φωνὴν ἐκ τοῦ cτήθουc φέ-
ρεcθαι διὰ τῆc φάρυγγοc, ἀπὸ τῆc κεφαλῆc ποιᾶc τινοc καταρ-
χῆc γιγνομένηc, τοιαῦτ᾿ ἔξεcτι λέγειν, ἐν τῇ καρδίᾳ μὲν τοῦ

---

17 οὐ προσηκ. uncis incl. Mü. 18 ὡς eiecit Mü. 42 post λέγειν Mü.
addit περὶ τῶν νεύρων, nec non paulo post pro κινήσεως scribi iubet: νεύρων,

ἡγεμονικοῦ ὄντος, τῆς δὲ τῶν κινήσεων ἀρχῆς ἀπὸ τῆς κεφαλῆς οὔσης."

ὃ δὴ γὰρ βούλεται λέγειν ὁ Χρύσιππος ἐν τῇδε τῇ ῥήσει, τοιοῦτόν ἐστιν· εἰ καὶ συγχωρήσειέ τις, ἀρχὴν εἶναι νεύρων τὴν κεφαλήν, οὐ πάντως ἐν αὐτῇ συγχωρήσει τὸ ἡγεμονικὸν ὑπάρχειν. ἃ γὰρ ἐκεῖνοι δύναν- 5
ται λέγειν ὑπὲρ τοῦ τὴν φωνὴν ἐκ τοῦ cτήθους διὰ τῆς φάρυγγος ἐκφέρεcθαι, τὴν ἀρχὴν τῆς ἐνεργείας τοῖς μορίοις ἐπιπεμπούσης τῆς κεφαλῆς, τοιαῦτ᾽ ἔξεcτι λέγειν ὑπὲρ τῶν νεύρων ἡμῖν, ὡς ἐκ μὲν τῆς κεφαλῆς ἀρχομένων, ἀπὸ δὲ τῆς καρδίας τὴν ἐνέργειαν ἐχόντων.

ibidem (104) p. 224 M. ταῦτα μὲν οὖν ὀρθῶς εἴρηται τῷ Χρυ- 10
cίππῳ, καὶ διὰ τοῦτ᾽ ἄν τις αὐτῷ καὶ μᾶλλον μέμψαιτο, διότι κατιδὼν τὸ ἀληθὲς ὅμως οὐ χρῆται· τὰ δὲ ἀπὸ τῆς θέcεως ἐπικεχειρημένα, καὶ τούτων ὅcα μᾶλλον ποιηταὶ μαρτυροῦcιν ἢ οἱ πολλοὶ τῶν ἀνθρώπων ἢ ἐτυμολογία τις ἤ τι τοιοῦτον ἕτερον, οὐκ ὀρθῶς. — αὐτὸς δὲ ὥσπερ οὐ κατ᾽ ἐπιστήμην, ἀλλὰ κατὰ τύχην εἰρηκὼς τὸ ἀληθές, ἀπεχώρησέ τε τῆς 15
Ζητήσεως καὶ ποιητὰς ἐπάγεται μάρτυρας.

Galen. de H. et Plat. dogm. II 7 (106) p. 230 M. μέμφομαι δὲ αὐτῷ καὶ διότι καθ᾽ ἓν βιβλίον ἐναντία λέγειν ὑπέμεινεν, οὐκ ἀπὸ μακροῦ διαστήματος ἀλλήλων ἔμπροσθεν μὲν ὡς ἀποδεικτικὸν γράψας τὸν τοῦ Ζήνωνος λόγον, ἐπὶ προήκοντι δὲ τῷ συγγράμματι δεικνὺς αὐτοῦ 20
τὴν λύcιν.

899 Galenus de Hipp. et Plat. plac. III 5 (124) p. 297 M. καὶ μετὰ ταῦτα τὴν „ἀκάρδιος" ἐξηγεῖται προσηγορίαν — — τοσοῦτον δὲ ἐπισημανοῦμαι καὶ νῦν ἀπ᾽ αὐτῆς τῆς λέξεως τοῦ Χρυcίππου μαρτυρούcης οἷς προεῖπον· ἔχει δὲ ὧδε·
25
„Κατὰ τοῦτο καὶ εὐκάρδιοι λέγονταί που εἶναί τινες καθάπερ εὔψυχοι, καὶ καρδίαν ἀλγεῖν οἱ κηδόμενοί τινων, ὡς ἂν κατὰ τὴν καρδίαν τῆς κατὰ τὴν λύπην ἀλγηδόνος γιγνομένης."

— — οὕτω δὲ κἀπειδὰν ἐπιφέρων εἴπῃ·
30
„Τὸ γὰρ ὅλον, καθάπερ ἐν ἀρχῇ εἶπον, εὖ μάλ᾽ ἐμφαίνουσιν οἵ τε φόβοι καὶ αἱ λῦπαι κατὰ τοῦτο τὸ μέρος γιγνόμεναι"

μαρτυρεῖ κἀνταῦθα τῷ τοῦ Πλάτωνος λόγῳ. καὶ διὰ τῶν ἑξῆς δὲ κατὰ τὸν παραπλήσιον τρόπον οὐκ αἰσθάνεται κατασκευάζων, ὡς ἐν τῇ καρδίᾳ τὸ θυμοειδὲς ἵδρυται τῆς ψυχῆς.
35
„Ἥ τε γὰρ ἐν τοῖς φόβοις πάλcις τῆς καρδίας ἐκφανής ἐστι καὶ ἡ εἰς τοῦτο τῆς ὅλης ψυχῆς συνδρομή, οὐκ ἄλλως ἐπιγεννηματικῶς γιγνομένων αὐτῶν, καθάπερ ἄλλοις ἄλλου συμπάσχειν πεφυκότος, καθ᾽ ὃ καὶ συνιζάνουσιν εἰς αὐτούς,

---

secutus eam quae sequitur Galeni explicationem.　　26 που Mü.; ποι libri.

cυναγόμενοι πρὸc τοῦτο, ὡc ἂν τὸ ἡγεμονικόν, καὶ κατὰ τὴν ⟨καρδίαν⟩ ὡc ἂν [αὐτῶν] τούτου φυλακτικήν. καὶ τὰ τῆc λύπηc πάθη ἐνταυθοῖ που εὐφυῶc γίγνεται, οὐδενὸc ἄλλου cυμπάcχοντοc οὐδὲ cυναλγοῦντοc τόπου. ἀλγηδόνων γάρ τινων
5 κατὰ ταῦτα γιγνομένων cφοδρῶν, ἕτεροc μὲν οὐδεὶc ἐμφαίνει τόποc τὰ πάθη ταῦτα, ὁ δὲ περὶ τὴν καρδίαν μάλιcτα." — — ἀλλὰ τοῦτο μὲν καὶ παρ' αὐτῶν ὁμολογούμενον λαμβάνεται τῶν Cτωϊκῶν. οὐ μόνον γὰρ Χρύcιππος, ἀλλὰ καὶ Κλεάνθηc καὶ Ζήνων ἑτοίμωc αὐτὰ τιθέαcιν.

10 **900** Galenus de Hipp. et Plat. plac. III 7 (126) p. 302 M. Χρύcιππος ἐν τῇ μετὰ τὰc προγεγραμμέναc ῥήcειc λέξει προχείρωc πάλιν ἐξ ἑνὸc ἄρχεcθαι μορίου τὰc δυνάμειc ἀμφοτέραc λαμβάνει, μηδὲ μίαν ἀπόδειξιν ἢ παραμυθίαν ἢ πιθανότητα τῷ λόγῳ προcτιθείc, ὡc ἐξ αὐτῆc φανερὸν ἔcται τῆc λέξεωc αὐτοῦ, τόνδε τὸν τρόπον ἐχούcηc·
15 „Ἀτόπωc οὖν αὐτὸ κατὰ ταῦτ... θηcόμενον, ἐάν τε μὴ φῶcι τὴν λύπην καὶ τὴν ἀγωνίαν ἀλγηδόναc εἶναι, ἐάν τε ἀλγηδόναc ἐν ἄλλῳ γίνεcθαι τόπῳ ἢ τῷ ἡγεμονικῷ· τὰ δὲ αὐτὰ καὶ ἐπὶ τῆc χαρᾶc καὶ ἐπὶ τοῦ θάρcουc ἐροῦμεν, ἅπερ ἐμφαίνει περὶ τὴν καρδίαν γινόμενα. ὃν τρόπον γάρ, ὅταν τὸν
20 πόδα πονῶμεν ἢ τὴν κεφαλήν, περὶ τούτουc τοὺc τόπουc ὁ πόνοc γίνεται, οὕτωc cυναιcθανόμεθα καὶ τῆc κατὰ τὴν λύπην ἀλγηδόνοc περὶ τὸν θώρακα γινομένηc, οὔτε τῆc λύπηc οὐκ οὔcηc ἀλγηδόνοc, οὔτε ἐν ἑτέρῳ τινὶ τόπῳ ἢ τῷ ἡγεμονικῷ αὐτῆc γινομένηc."

25 p 305 M.: ὁ δὲ Χρύcιππος οὐδὲ τὰc δυνάμειc αὐτὰc διαλλάττειν ἀλλήλων ὁμολογεῖ, οὐδ' ἑτέρᾳ μέν τινι δυνάμει θυμοῦcθαι τὸ ζῶον, ἑτέρᾳ δ' ἐπιθυμεῖν, ἑτέρᾳ δὲ λογίζεcθαι.

901 Galenus de Hipp. et Plat. plac. III 7 (127) p. 307 M. ἐπεὶ δ' ἐν τῷ νῦν ἐνεcτῶτι λόγῳ μνημονεῦcαι πάντων διέγνωμεν ὧν εἶπεν
30 ὁ Χρύcιππος ἐν τῷ προτέρῳ περὶ ψυχῆc ⟨ὑπὲρ⟩ ἡγεμονικοῦ διαλεγόμενοc, ἑξῆc ἂν εἴη καιρὸc ἤδη cυνάπτειν τοῖc εἰρημένοιc τὰ λοιπά. cυνεχὴc οὖν τῇ προγεγραμμένῃ ῥήcει τοῦ Χρυcίππου τοιάδε τίc ἐcτι.

„Καθ' ἣν ἔτι φορὰν καὶ τὰ τοιαῦτα λέγεται πάντα· 'ἡψάμην cου τῆc καρδίαc', ὥcπερ τῆc ψυχῆc καὶ 'ἅπτομαι τῆc
35 καρδίαc' λέγομεν, οὐχ ὡc ἀντιπαρέλθοιεν ⟨ἂν⟩ τινεc ἡμᾶc ἐπὶ τοῦ ἐγκεφάλου καὶ τῶν cπλάγχνων λέγοντεc καὶ τοῦ ἥπατοc, ἀλλὰ τοῖc προειρημένοιc παραπληcίωc· ἐκεῖνα γάρ μοι

---

2 καρδίαν addidi ex coni. ‖ αὐτῶν eiecit Mü. 3 fortasse ἐκφανῶc.
9 Cf. I n. 210 (Zeno) 572 (Cleanthes). 15 lacuna in Hamilt., ἐξαχθηcόμενον M et vulg.; fortasse: ἄτοπον οὖν τὸ κ. τ. λεχθηcόμενον. 17 γίνονται codd.
30 ὑπὲρ add. Mü. 35 ἂν add. Mü.

δοκεῖ λέγεςθαι, ὡς ἄν τις ἔφη, ʽτῶν ἐντός ϲου ἅπτομαι᾽ διϊ-
κνουμένηϲ τῆϲ κακοποιΐαϲ ἐπὶ τοϲοῦτον. τῇ δὲ καρδίᾳ κα-
θάπερ ἂν τῇ ψυχῇ χρώμεθα. καὶ τούτων ἔϲται ἔμφαϲιϲ ἐφι-
ϲτᾶϲι μᾶλλον.ʼʼ 902 Galenus de Hipp. et Plat. plac. III 4 (118) p. 276 Mü. Καὶ 5
γὰρ οὖν ὅταν εἴπῃ (sc. Chrysippus) διὰ τοῦτο λέγεϲθαί τιναϲ ἀκαρδίουϲ,
ὅτι πεπιϲτεύκαϲιν ἅπαντεϲ ἄνθρωποι τὸ ἡγεμονικὸν τῆϲ ψυχῆϲ ἐν τῇ
καρδίᾳ περιέχεϲθαι, θαυμάζειν ἄξιον τἀνδρὸϲ etc. — — ἀλλὰ νὴ Δία
θαυμαϲίωϲ ὅπωϲ ἐξηγεῖται τοὔνομα τὸ ἀκάρδιον ᾗ τινι διανοίᾳ λέγουϲιν
οἱ πολλοί, ϲυνάπτων εὐθὺϲ αὐτῷ καὶ τὸν ἄϲπλαγχνον· ἔχει δὲ ἡ ῥῆϲιϲ ὧδε. 10
„Παραβάλλουϲι δὲ τοῖϲ εἰρημένοιϲ καὶ τὰ τοιαῦτα τῶν
λεγομένων, οἷον τοὺϲ ἀϲπλάγχουϲ, καθ᾽ ὃ φαμὲν μὴ ἔχειν
τινὰϲ ἐγκέφαλον καὶ ἔχειν, οὕτωϲ ἡμᾶϲ ὑπονοοῦντεϲ λέγειν
καὶ μὴ ἔχειν καρδίαν τινὰϲ καὶ ἔχειν κατὰ τὰ προειρημένα,
τῶν μὲν ἀϲπλάγχνων τάχα λαμβανομένων κατὰ τὸ μηδὲν ἔχειν 15
ἔνδον ϲυναλγοῦν κατὰ τὰ ἐναντία, καὶ ἀπὸ τῆϲ καρδίαϲ οὕ-
τωϲ αὐτῶν κοινότερον λεγομένων, τοῦ δ᾽ ἐγκεφάλου λαμβα-
νομένου ἤτοι κατὰ τὰ αὐτὰ ὁμοίου τινὸϲ ὄντοϲ, ἢ διὰ τὸ καὶ
τοῦτον ἔχειν τινὰ κυρίαν τοῖϲ ϲπλάγχνοιϲ ὁμοίαν.ʼʼ
Ἡ μὲν ῥῆϲιϲ αὕτη· χρὴ δ᾽ αὐτὴν ἀναγνῶναί τινα καὶ τρὶϲ καὶ 20
τετράκιϲ ἐπὶ ϲχολῇ πολλῇ ἀκριβῶϲ προϲέχοντα τὸν νοῦν τοῖϲ λεγομέ-
νοιϲ. οὕτω γὰρ μόνωϲ, οἶμαι, πειϲθήϲεται τὸ κατὰ τὴν παροιμίαν λε-
γόμενον ὑπάρχειν αὐτῇ τὸ „λαβὲ μηδὲν καὶ κράτει καλῶϲ.ʼʼ Affirmat
porro G. summam cum nimia brevitate obscuritatem his verbis inesse.
καίτοι τήν γε ϲυντομίαν οὐδὲ καθ᾽ ἕνα τῶν ἑαυτοῦ λόγων ἐζήλωκεν, 25
ἀλλ᾽ οὕτω μακρόϲ ἐϲτιν, ὡϲ πολλάκιϲ ἐν ὅλῳ βιβλίῳ πολυειδῶϲ ὑπὲρ
τῶν αὐτῶν ἄνω τε καὶ κάτω τοὺϲ λόγουϲ ἐλίττειν. τὸ μὲν δὴ τῆϲ
ἀϲαφείαϲ αὐτῷ ϲύνηθεϲ, ἀϲθενείᾳ τῆϲ ἑρμηνευτικῆϲ δυνάμεωϲ ἑπόμενον
— — τὸ δὲ τῆϲ βραχυλογίαϲ ἄηθέϲ τε καὶ ϲπανίωϲ ὑπ᾽ αὐτοῦ γιγνό-
μενον, ἐν οἷϲ ἂν μάλιϲτα λόγοιϲ ἄφυκτον αἰϲθάνηται τὸ ϲφάλμα τῶν 30
ἑαυτοῦ δογμάτων — — — ἵνα δηλαδὴ δοκῇ μὲν ἀπολελογῆϲθαι πρὸϲ
τοὔγκλημα καὶ μὴ παρεληλυθέναι τελέωϲ αὐτό, μηδὲν δὲ ἡμεῖϲ ἔχωμεν
ἀντιλέγειν τοῖϲ εἰρημένοιϲ, ὧν οὐδ᾽ ὅλωϲ μανθάνομεν. αὐτίκα γέ τοι
κατὰ τὴν προγεγραμμένην ῥῆϲιν, ἐν ᾗ τὸ ἄϲπλαγχνον καὶ τὸ μὴ ἔχειν
ἐγκέφαλον ὅπωϲ οἱ πολλοὶ λέγουϲιν ἐξηγεῖται, ἐμοὶ μὲν δοκεῖ τοιόνδε 35
τι δηλοῦν· „ἀϲπλάγχνουϲ μὲν καλοῦϲιν ἐνίουϲ ἐν ἴϲῳ τῷ ἀκαρδίουϲ,
ἐπειδὴ ϲπλάγχνον ἡ καρδία, τὸ δ᾽ ἐγκέφαλον μὴ ἔχειν ἐν ἴϲῳ τῷ ἄϲπλαγ-
χνον εἶναι λέγουϲιν, ἐπειδὴ καὶ οὗτοϲ ϲπλάγχνον τ᾽ ἐϲτὶ καὶ κύριον.ʼʼ
οὐ μὴν προϲίενταί γε πάντεϲ οἱ Στωϊκοὶ τὴν τοιαύτην ἐξήγηϲιν,

---

9 ᾗ τινι Hamilt.　　15 κατὰ τὰ ἐναντία non intellego.

ἀλλ᾽ ἕτερον μέν τι λέγεcθαί φαcιν, οὐ δηλοῦcι δὲ αὐτό, τῶν ἐcωτερικῶν
ὑπάρχον δηλονότι, καὶ ἐπιτιμῶcιν ἡμῖν εὐθέωc ὡc προπετῶc ἀντιλέγουcι,
πρὶν γνῶναι τὸ λεγόμενον. οἱ δὲ καὶ λοιδοροῦντεc cφοδρότερον ἀνει-
cάκτουc τε καὶ φιλονείκουc ἀποκαλοῦcιν, οὗ φαcί τε διδάξειν τὸ λεγόμε-
5 νον ἀπαιδεύτουc ἀνθρώπουc· καίτοι τά γ᾽ ἄλλα καὶ μὴ βουλομένων ἡμῶν
διεξέρχονται μακρῶc. ἀλλ᾽ ὅταν, ὡc εἶπον, ἐπί τι τοιοῦτον ἀφίκωνται,
μηδεμίαν ἔχον εὐπορίαν φλυαρίαc, οἱ μὲν γράφοντεc τὰ βιβλία ταχέωc
θ᾽ ἅμα καὶ ἀcαφῶc παρατρέχουcιν, οἱ δ᾽ ἐξηγούμενοι τὰ τούτων cυγγράμ-
ματα φθόνου μᾶλλον ὑπόνοιαν εἰc τοὺc ἀκούονταc ἐκπέμπειν ἕτοιμοι
10 γίγνονται, προcποιούμενοι μὴ βούλεcθαι διδάcκειν ἡμᾶc, ἥπερ ὁμολο-
γοῦcι νενικῆcθαι. ἀλλὰ τοὺc μὲν ἀcπλάγχνουc τε καὶ ἀνεγκεφάλουc
ἤδη παρέλθωμεν, ἵνα μὴ λυπῶμεν ἐπὶ πλέον τοὺc περὶ τὸν Χρύcιππον
ἐναργῶc καταμαρτυρουμένουc ὑφ᾽ ὧν ἐπικαλοῦνται μαρτύρων.

903 Galenus de Hipp. et Plat. plac. III 7 (128) p. 309 Mü. μετὰ
15 δὲ ταῦτα τοιάνδε τινὰ γράφει ῥῆcιν· „Κατὰ τοιαύτην δέ μοι δο-
κοῦcι μάλιcτα φορὰν καὶ οἱ τιμωρητικώτερον πρόc τιναc φε-
ρόμενοι ὁρμᾶν ἐπὶ τὸ ταύτην ἐκπάcαι, καθ᾽ ἣν φορὰν ἐπιτεί-
νοντεc καὶ πρὸc τὰ λοιπὰ τῶν cπλάγχνων ὁμοειδῶc φέρονται."
ibidem p. 311 M. ὥcπερ γε κἂν τοῖc ἑξῆc τῶν προγεγραμμένων,
20 ἐν οἷc φηcι·

„Καὶ τὰ τῶν ὀργιζομένων δὲ πάθη περὶ τὸν θώρακα φαί-
νεται γινόμενα καὶ τὰ τῶν ἐρώντων, ὥcτε καὶ τὴν ἐπιθυμίαν
μάλιcτα γίνεcθαι περὶ τούτουc τοὺc τόπουc."
ibidem p. 312 M. ἐφεξῆc δὲ τούτων τάδε γράφει·
25 „Εὖ μάλα δὲ παριcτᾶcι τὸ λεγόμενον, ὡc ἔφην, καὶ αἱ ἐν
αὐτοῖc γινόμεναι μελέται καὶ ῥήcεων καὶ τῶν παραπληcίων.
ἐν ᾧ γὰρ ταῦτα πάντα cυντελεῖται, πάντωc εὔλογον ἐν ἐκείνῳ
καὶ τὴν τοῦ λόγου διέξοδον γίνεcθαι, καὶ λέγειν ἡμᾶc καὶ
διανοεῖcθαι κατ᾽ ἐκεῖνο."
30 ibidem (129) p. 313 M. ἐμοὶ μὲν δὴ δοκεῖ τῷ περὶ τῆc φωνῆc
λόγῳ καὶ νῦν προcχρῆcθαι. τεκμαίρομαι δὲ καὶ ἐκ τῶν ἐπιφερομένων·
„Ἀπὸ γὰρ τῆc διανοίαc, φηcί, δεῖ λέγειν καὶ ἐν ἑαυτῷ
λέγειν [ἢ φωνὴν διεξιέναι] καὶ διανοεῖcθαι καὶ ἐν ἑαυτοῖc
φωνὴν διεξιέναι καὶ ἐκτὸc ἐκπέμπειν."
35 ὁμολογούμενον γάρ τι λαμβάνων, ὡc τοῦ αὐτοῦ μορίου τὸ λέγειν
εἴη καὶ τὸ ἐν ἑαυτῷ λέγειν, εἶτα προcλαμβάνων αὐτὸ τῆc καρδίαc ἔργον
εἶναι τὸ λέγειν, ἐξ ἀμφοῖν ἔχει περαινόμενον, ἐν τῇ καρδίᾳ γίνεcθαι
τὸ ἐν ἑαυτῷ λέγειν. — — — ἐπιcκεψώμεθα οὖν ἤδη τὸν ἑξῆc.

---

15 ita Hamilt. apud Pet. p. 24, vulgo τοιάνδε. 33 ἢ φωνὴν διεξιέναι
seclusi; additamentum fortasse inde ortum est, quod scriba ab ἐν ἑαυτῷ ad ἐν
ἑαυτοῖς aberraverat. ‖ καὶ διανοεῖσθαι corr. Hamilt., καὶ καρδίαν νοεῖσθαι vulg.

p. 314 M. „Οἰκείωс δὲ τούτῳ καὶ οἱ стεναγμοὶ ἐντεῦθεν προϊενται."

904 Galenus de Hipp. et Plat. plac. III 7 (129) p. 315 M. τὰ δὲ μεταξὺ τῶν ἐπῶν ἐcτι μὲν ὀλίγιcτα, περιέχεται δέ τιc κατὰ ταῦτ' ἐναντιολογία Χρυcίππου πρὸc ἑαυτὸν — — — ἐν δὲ τῷ παρόντι τῶν ῥήceων 5 αὐτῶν ἐπιμνηcθήcομαι μόνον ἐχουcῶν ὧδε·

„Ὁ δὲ ποιητὴc πλεονάζων ἐν τούτοιc διὰ πολλῶν παρίcτηcιν, ὅτι καὶ τὸ λογιcτικὸν καὶ τὸ θυμοειδὲc περὶ τοῦτόν ἐcτι τὸν τόπον, cυνάγων ὡc ταὐτὸν αὐτά, καθάπερ καὶ δεῖ ποιῆcαι." 10

— — καὶ διὰ τῶν ἑξῆc δὲ προειπών, ἐν οἷc ὁ ποιητὴc ἐν τῇ καρδίᾳ τὸ λογιζόμενον ὑπάρχειν ἀποφαίνεται, μετὰ ταῦτ' ἐπιφέρει·

„Ὅτι δὲ καὶ τὸ ἐπιθυμητικὸν ἐνταῦθα, διὰ τούτων ἐμφαίνει·
(Ξ 315)   Οὐ γὰρ πώποτέ μ' ὧδε θεᾶc ἔροc οὐδὲ γυναικὸc
            Θυμὸν ἐνὶ cτήθεccι περιπροχυθεὶc ἐδάμαccεν." 15
εἶτ' ἐφεξῆc·

„Ὅτι δὲ τὸ θυμοειδὲc ἐνταῦθά πού ἐcτι, τὰ τοιαῦτα ἐμφαίνει πλείονα ὄντα· (Δ 24)
            Ἥρη δ' οὐκ ἔχαδε cτῆθοc χόλον, ἀλλὰ προcηύδα.
καὶ· (Σ 168) 20
            Χόλοc, ὅcτ' ἐφέηκε πολύφρονά περ χαλεπῆναι."

905 Galenus de Hipp. et Plat. plac. IV 1 (134) p. 331 M. εἰ μὲν οὖν ἀεὶ τὰ αὐτὰ περὶ τῶν αὐτῶν ὁ Χρύcιπποc ἔγραφε, καὶ μὴ διεφέρετο πρὸc αὑτὸν ἐν τοῖc πλείcτοιc δόγμαcιν ἐπαμφοτερίζων, οὐδ' ἂν ἐμοὶ μακρὸc ὁ τῆc ἀντιλογίαc ἐγίνετο λόγοc. ἐπεὶ δ' ἄλλοτε ἄλλα περὶ 25 τῶν αὐτῶν εὑρίcκεται γράφων, οὐκ ἔτι ῥάδιον οὔτε τὴν γνώμην ἑρμηνεῦcαι τἀνδρόc, οὔθ' ὅπη cφάλλεται δεικνύναι· περὶ γοῦν τῶν διοικουcῶν ἡμᾶc δυνάμεων ἐν τῷ προτέρῳ περὶ τῆc ψυχῆc εἰπών, ὡc ὁ Πλάτων ὑπελάμβανε, τὸ μὲν λογιcτικὸν ἐν τῇ κεφαλῇ τετάχθαι, τὸ δὲ θυμοειδὲc ἐν τῇ καρδίᾳ, τὸ δὲ ἐπιθυμητικὸν περὶ τὸν ὀμφαλόν, ἐν τοῖc 30 ἑξῆc αὐτὸc εἰc τὴν καρδίαν πειρᾶται τὰ τρία cυνάγειν. ἔχουcι δὲ αἱ ῥήceιc ὧδε·

„Ὁ δὲ ποιητὴc πλεονάζων ἐν τούτοιc διὰ πολλῶν παρίcτηcιν, ὅτι καὶ τὸ λογιcτικὸν καὶ τὸ θυμοειδὲc περὶ τοῦτόν ἐcτι τὸν τόπον, cυνάπτων εἰc ταὐτὸν καὶ τὸ ἐπιθυμητικόν, 35 καθάπερ καὶ ἔδει ποιῆcαι."
εἶτα ἐπιφέρων φηcί·
„Ὅτι μὲν γὰρ τὸ λογιcτικόν ἐcτιν ἐνταῦθα, διὰ τούτων ἐμφαίνεται·

_____
9 cυνάπτων εἰς rep. loc. p. 332 M. || pro αὐτὰ praebet: καὶ τὸ ἐπιθυμητικὸν l. l. || ἔδει l. l.

Ἄλλο δ' ἐνὶ cτήθεcci νόος καὶ μῆτις ἀμύμων.
(Od. η 258) ᾿Αλλ᾽ ἐμὸν οὔποτε θυμὸν ἐνὶ cτήθεccιν ἔπειθεν."
εἶτ᾽ ἐφεξῆc ἔπη παραθέμενοc πλείω, μετὰ ταῦτά φηcιν·
„Ὅτι δὲ καὶ τὸ ἐπιθυμητικὸν ἐνταῦθα, ἐκ τούτων ἐμφαίνει·
5 (Il. Ξ 315) Οὐ γὰρ πώποτ᾽ ἔμ᾽ ὧδε θεᾶc ἔροc οὐδὲ γυναικὸc
Θυμὸν ἐνὶ cτήθεccι περιπροχυθεὶc ἐδάμαccε."
καὶ μετ᾽ ὀλίγα πάλιν·
„Ὅτι δὲ καὶ τὸ θυμοειδὲc ἐνταῦθα αὐτῷ ἐcτι, τὰ τοιαῦτα
ἐμφαίνει πλείονα ὄντα·
10 (Il. Δ 24) Ἥρῃ δ᾽ οὐκ ἔχαδε cτῆθοc χόλον, ἀλλὰ προcηύδα.
καὶ ἔτι·
(Il. Σ 108) Καὶ χόλον, ὅcτ᾽ ἐφέηκε πολύφρονά περ χαλεπῆναι·
Ὅcτε πολὺ γλυκίων μέλιτοc καταλειβομένοιο
Ἀνδρῶν ἐν cτήθεccιν ἀέξεται, ἠΰτε καπνόc."
15   906 Galenus de Hipp. et Plat. plac. III 2 (114) p. 260 M.   κάλλιον
οὖν ἦν — τὸν Χρύcιππον — πειραθῆναι τὸ τοῦ Ζήνωνοc ἀποδεῖξαι
(sc. ἔνθ᾽ ἂν ᾖ τὸ παθητικὸν τῆc ψυχῆc, ἐνταῦθα καὶ τὸ λογιcτικὸν ὑπάρ-
χειν) καὶ μὴ πλῆθοc ἐπῶν παραγράφειν ἐξ ἁπάντων τῶν ποιητῶν ἐκ-
λέγοντα, δεικνύντων ὀργὴν καὶ θυμὸν καὶ φόβον καὶ δειλίαν καὶ θράcοc
20 καὶ θάρcοc καὶ καρτερίαν, ὅcα τ᾽ ἄλλα τοιαῦτα, τὰ μὲν ἐνεργείαc τινὰc
εἶναι τὰ δὲ παθήματα τῆc καρδίαc.   τί γὰρ αὐτῷ βούλεται ταυτὶ τὰ
ἔπη τὰ ἐξ Ὁμήρου cυνειλεγμένα;
    (Od. υ 13) Κραδίη δέ οἱ ἔνδον ὑλάκτει
καὶ· (ibid. 17. 18)
25   Cτῆθοc δὲ πλήξαc κραδίην ἠνίπαπε μύθῳ·
    Τέτλαθι δή, κραδίη· καὶ κύντερον ἄλλο ποτ᾽ ἔτληc
καὶ· (Il. Κ 9. 10 cf. I 433)
    Ὣc πυκίν᾽ ἐν cτήθεccιν ἀναcτενάχιζ᾽ Ἀγαμέμνων
    Νειόθεν ἐκ κραδίηc, περὶ γὰρ δίε νηυcὶν Ἀχαιῶν.
30 καὶ· (Il. I 646)
    Ἀλλά μοι οἰδάνεται κραδίη χόλῳ.
καὶ· (Il. Δ 24)
    Ἥρῃ δ᾽ οὐκ ἔχαδε cτῆθοc χόλον, ἀλλὰ προcηύδα.
καὶ· (Il. Α 82)
35   Ἀλλά τε καὶ μετόπιcθεν ἔχει κότον, ὄφρα τελέccῃ,
    Ἐν cτήθεccιν ἑοῖcιν.
Ἐν ἅπαcι γὰρ τούτοιc οὐ τὸ λογιcτικὸν ἀλλὰ τὸ θυμοειδὲc ἐν τῇ
καρδίᾳ περιέχεcθαι δηλοῦται, ὥcπερ, οἶμαι, κἂν τοῖcδε (Il. Σ 107)
    Καὶ χόλοc, ὅcτ᾽ ἐφέηκε πολύφρονά περ χαλεπῆναι.

_____

4 ἐκ] immo διὰ cf. p. 315, 17 M.   8 αὐτῷ] immo που cf. l. l.

"Οϲτε πολὺ γλυκίων μέλιτοϲ καταλειβομένοιο
Ἀνδρῶν ἐν ϲτήθεϲϲιν ἀέξεται ἠΰτε καπνόϲ.
καὶ· (Il. Λ 12)
    Καρδίη ἄληκτον πολεμίζειν ἠδὲ μάχεϲθαι
καὶ πρὸϲ τούτοιϲ ἔτι· (Il. P 570)
    Καί οἱ μύιηϲ θάρϲοϲ ἐνὶ ϲτήθεϲϲιν ἔθηκε
καὶ· (Od. υ 286)
    Δύη ἄχοϲ κραδίην Λαερτιάδεω Ὀδυϲῆοϲ.
καὶ· (Il. E 125?)
    Ἐν δ᾽ ἄρα οἱ ϲτήθεϲϲι μένοϲ πατρώϊον ἧκε
καὶ· (Il. I 629. 30 cf. 675)
                        — — Αὐτὰρ Ἀχιλλεὺϲ
Δεινὸν ἐνὶ ϲτήθεϲϲιν ἔχει μεγαλήτορα θυμόν.
καὶ· (Il. I 636. 37)
                — — Σοὶ δ᾽ ἄληκτόν τε κακόν τε
Θυμὸν ἐνὶ ϲτήθεϲϲι θεοὶ θέϲαν εἵνεκα κούρηϲ.
καὶ· (Il. N 494)
    "Ὡϲ Αἰνείᾳ θυμὸϲ ἐνὶ ϲτήθεϲϲι γεγήθει
καὶ· (frustra quaesivi)
    Πρῆϲεν ἐνὶ ϲτήθεϲϲιν ἐριϲθενέοϲ Διὸϲ ἀλκὴν
Γνώμεναι.
καὶ πρὸϲ τούτοιϲ ἔτι· (Il. N 73. 74)
    Καὶ δέ μοι αὐτῷ θυμὸϲ ἐνὶ ϲτήθεϲϲι φίλοιϲι
    Μᾶλλον ἐφορμᾶται πολεμίζειν ἠδὲ μάχεϲθαι.
καὶ· (Il. O 321. 22?)
    Σεῖϲ᾽, ἐπὶ δ᾽ αὐτὸϲ ἄϋϲε μάλα μέγα, τοῖϲι δὲ θυμὸν
    Ἐν ϲτήθεϲϲιν ἔθελξε, φόβου δ᾽ ἐμνήϲαθ᾽ ἕκαϲτοϲ.
καὶ· (Il. K 220)
    Νέϲτορ, ἔμ᾽ ὀτρύνει κραδίη καὶ θυμὸϲ ἀγήνωρ.
καὶ· (Il. K 244)
    Οὗ περὶ μὲν πρόφρων κραδίη καὶ θυμὸϲ ἀγήνωρ.
καὶ· (Il. Δ 313. 14)
    Ὦ γέρον, εἴθ᾽ ὡϲ θυμὸϲ ἐνὶ ϲτήθεϲϲι φίλοιϲι,
    "Ὡϲ τοι γούναθ᾽ ἕποιτο.
καὶ· (Od. ο 20)
    Οἶϲθα γὰρ οἷοϲ θυμὸϲ ἐνὶ ϲτήθεϲϲι γυναικόϲ.
καὶ· (Od. π 274. 75)
                        Σὸν δὲ φίλον κῆρ
    Τετλάτω ἐν ϲτήθεϲϲι κακῶϲ πάϲχοντοϲ ἐμεῖο
καὶ· (Il. B 142)
    "Ὡϲ φάτο, τοῖϲι δὲ θυμὸν ἐνὶ ϲτήθεϲϲιν ὄρινε.

καὶ· (Od. ρ 489)

Τηλέμαχος δ᾽ ἐν μὲν κραδίη μέγα πένθος ἄεξεν.

καὶ· (Od. υ 22)

Ὣς φάτ᾽ ἐνὶ στήθεσσι καθαπτόμενος φίλον ἦτορ.

5 [καὶ]

Τῷ δὲ μάλ᾽ ἐν [ἐ]πίσῃ κραδίη σημαίνετε τληυῖα.

πάντα μὲν γὰρ ταῦτα τὰ ἔπη καὶ πρὸς τούτοις ἔτι μυρία ἕτερα
τὸ πλῆθος ὦν Χρύσιππος παρατίθεται τὸ θυμοειδὲς ἐν τῇ καρδίᾳ φησὶν
ὑπάρχειν. ἐγὼ δὲ εἰ πάντα παραγράφοιμι, πληρώσω τὸ βιβλίον, ὥσπερ
10 καὶ ὁ Χρύσιππος ἐπλήρωσεν. ἀλλ᾽ ἐξ Ὁμήρου μὲν ἱκανὰ καὶ ταῦτα·
τῶν δ᾽ ἐξ Ἡσιόδου παραγραφέντων ὑπὸ Χρυσίππου, παμπόλλων καὶ
αὐτῶν ὄντων, ἀρκέσει μοι δυοῖν ἢ τριῶν ἐπιμνησθῆναι παραδειγμάτων
ἕνεκα. (Rzach fr. 234)

Τοῦ[δε] γὰρ ἀέξετο θυμὸς ἐνὶ στήθεσσι φίλοισι.

15 καὶ· (ib. fr. 235)

Οἷον ἐνὶ στήθεσσι χόλον θυμάλγε᾽ ἔχουσα.

καὶ· (Hes. Theog. 641)

Πάντων ἐν στήθεσσιν ἀέξετο θυμὸς ἀγήνωρ.

Vituperat dein Galenus Chrysippum quod non locos poëtarum
20 suis sententiis accommodatos attulerit, ceteros omiserit ὁ δ᾽ ὁμοίως
ἑξῆς ἀπάντων μέμνηται. τὰ μὲν γὰρ τοιαῦτα τῶν ἐπῶν ἅπαντ᾽ ἐχρῆν
ὑπ᾽ αὐτοῦ παραλελεῖφθαι, δι᾽ ὦν δὲ νοῦν καὶ φρένας καὶ διάνοιαν καὶ
λογισμὸν εἶπέ τις ποιητὴς ἐν καρδίᾳ περιέχεσθαι, συνάγειν ἔδει, καθάπερ
ἔχει καὶ τὰ τοιαῦτα·

25 Καὶ τότε δὴ στηθέων Ἀθάμα φρένας ἐξέλετο Ζεύς.

καὶ· (Il. Υ 20)

Ἔγνως, Ἐννοσίγαιε, ἐμὴν ἐν στήθεσι βουλήν.

καὶ· (Od. v 330)

Αἰεί τοι τοιοῦτον ἐνὶ στήθεσσι νόημα

30 καὶ· (Od. ρ 403)

— — Οὔ μοι τοιοῦτον ἐνὶ στήθεσσι νόημα

Magnam eiusmodi versuum multitudinem apud poëtas occurrere
G. dicit. ibidem III cp. 3 (116) p. 267 M. τὸ δὲ πλείω μὲν ἐκεῖνα,
ταυτὶ δ᾽ ἐλάττω γράψαι τῷ μὲν τὸ ἀληθὲς τῆς ἱστορίας ἐπιδεικνύντι
35 καλῶς ἂν γίγνοιτο· πλείω γὰρ ὄντως ἐστὶν ἐκεῖνα· τῷ δ᾽, ὅπερ ὁ Χρύ-
σιππος σπουδάζει, κατασκευάζειν ἐπιχειροῦντι πρὸς ἐναντιώματος ἂν εἴη,
καὶ μάλισθ᾽ ὅσα φανερῶς ἐπιτιμῶντα ποιεῖ τὸν λογισμὸν τῷ θυμῷ,
καθάπερ καὶ τάδε· (Od. υ 17. 18)

Στῆθος δὲ πλήξας κραδίην ἠνίπαπε μύθῳ·

40 Τέτλαθι δὴ κραδίη, καὶ κύντερον ἄλλο ποτ᾽ ἔτλης.

25 cf, Petersen p. 22 n. 6.

Probat dein Galenus, longiore disputatione pluribusque Homeri versibus allatis, apud Homerum hoc loco τὸ λογιστικὸν partem animi esse τοῦ θυμοειδοῦς διάφορον. p. 272 M. Ἐμοὶ μὲν δὴ τούτων τῶν ἐπῶν εὐκαιρότατα μὲν ὁ Πλάτων δοκεῖ μνημονεύειν ἐν τετάρτῳ πολιτείας (p. 441 b), ἀκαιρότατα δ' ὁ Χρύσιππος, ἔτι δὲ μᾶλλον ὧν Εὐριπίδης 5 ἐποίησε λέγουσαν τὴν Μήδειαν, ἡνίκα καὶ κατὰ τὴν ἐκείνης ψυχὴν ὁ λογισμὸς ἐστασίαζε πρὸς τὸν θυμόν. Quod supra de loco homerico probavit, iam de euripideo Galenus demonstrat δύο ὄντα αὐτὰ μόρια τῆς ψυχῆς (sc. τὸ λογιστικὸν καὶ τὸ θυμοειδές). p. 274 M. ὁ δὲ Χρύσιππος οὔτε μόρια ψυχῆς ταῦτ' εἶναι νομίζων, οὔτε δυνάμεις ἀλόγους ἑτέρας 10 τῆς λογικῆς, ὅμως οὐκ ὀκνεῖ τῶν Ὀδυσσέως τε καὶ Μηδείας ἐπῶν μνημονεύειν, ἐναργῶς καταβαλλόντων τὴν δόξαν αὐτοῦ. — ἐμπέπλησται γὰρ ὁ περὶ ἡγεμονικοῦ λόγος ὑπὸ Χρυσίππου γεγραμμένος ἐπῶν ποιητικῶν ἤτοι τὰ πάθη περὶ τὸν θώρακά τε καὶ τὴν καρδίαν συνίστασθαι μαρτυρούντων, ἢ δύο εἶναι τῆς ψυχῆς δυνάμεις ὅλῳ τῷ γένει διαφε- 15 ρούσας ἀλλήλων, τὴν μὲν ἄλογον, τὴν δὲ λογικήν. Ὥσπερ γὰρ ἐξ Ὁμήρου καὶ Ἡσιόδου βραχέα παρεθέμην ὀλίγῳ πρόσθεν ὧν ὁ Χρύσιππος ἔγραψεν, οὕτως ἐξ Ὀρφέως καὶ Ἐμπεδοκλέους καὶ Τυρταίου καὶ Στησιχόρου καὶ Εὐριπίδου καὶ ἑτέρων ποιητῶν ἐπῶν μνημονεύει παμπόλλων ὁμοίαν ἐχόντων ἀτοπίαν, οἷον καὶ ὅταν εἴπῃ 20 Τυρταῖον λέγοντα·
(fr. 13 Bgk.) Αἴθωνος δὲ λέοντος ἔχων ἐν στήθεσι θυμόν.
ὅτι μὲν γὰρ ἔχει ὁ λέων θυμόν, ἀκριβῶς ἅπαντες ἄνθρωποι καὶ πρὶν ἀκοῦσαι Τυρταίου γιγνώσκομεν, οὐ μὴν Χρυσίππῳ γ' ἔπρεπε παραθέσθαι τὸ ἔπος ἀφαιρουμένῳ τοὺς λέοντας τὸν θυμόν. οὐδὲν 25 γάρ, ὡς οἴεται, τῶν ἀλόγων ζώων οὔτε τὸ θυμοειδὲς οὔτε τὸ ἐπιθυμητικὸν οὔτε τὸ λογιστικὸν ἔχει, ἀλλὰ — — παρὰ πᾶσαν τὴν ἐνάργειαν ἀφαιροῦνται τῶν εἰρημένων ἁπάντων αὐτὰ σχεδὸν ἅπαντες οἱ Στωϊκοί.

907 Galenus de Hipp. et Plat. plac. III 4 (120) p. 281 M. ἐμπλήσας 30 ὁ Χρύσιππος ὅλον τὸ βιβλίον ἐπῶν Ὁμηρικῶν καὶ Ἡσιοδείων καὶ Στησιχορείων, Ἐμπεδοκλείων τε καὶ Ὀρφικῶν, ἔτι δὲ πρὸς τούτοις ἐκ τῆς τραγῳδίας καὶ παρὰ Τυρταίου καὶ τῶν ἄλλων ποιητῶν οὐκ ὀλίγα παραθέμενος, εἶτα [μὴ] συνεὶς τῆς θαυμαστῆς δὴ ταύτης ἀπεραντολογίας (τοῦτο γὰρ αὐτῇ μᾶλλον ἡγοῦμαι προσήκειν τοὔνομα) ταῦτα κατὰ λέξιν 35 ἐπιφέρει·

„ταυτὶ μὲν φήσουσιν ἀδολεσχίαν εἶναι γραώδη, τυχὸν δὲ καὶ γραμμάτων διδασκάλου βουλομένου στίχους ὅτι πλείστους ὑπὸ τὸ αὐτὸ διανόημα τάξαι."

---

28 ἐνέργειαν libri.   34 μὴ delevit Mü,

ibidem (121) p. 285 M. ἔγωγ' οὖν ἠναγκάσθην ὑπὸ ⟨τῆς⟩ τοῦ Χρυσίππου προαχθεὶς ἀδολεσχίας ἐξηγεῖσθαι τάς τε τῶν ἰδιωτῶν καὶ τὰς Εὐριπίδου φωνάς, ὃ μήποτ' ἂν ἑκὼν ἐτόλμησα πρᾶξαι περὶ τηλι- κούτου δόγματος ἀποδείξεις γράφων. Neque enim interesse, quid 5 poetae dixerint, sed quid verum sit atque probari possit.

908 Galenus de Hipp. et Plat. plac. III 8 (130) p. 317 M. ἑξῆς τε προσθήσω τὸν περὶ τῆς Ἀθηνᾶς λόγον. αἰσθόμενος γὰρ ὁ Χρύ- σιππος ἐναντιούμενον τοῖς ἑαυτοῦ δόγμασι τὸν περὶ τῆς θεοῦ μῦθον, ἀπὸ τῆς τοῦ Διὸς κεφαλῆς ὑπειλημμένης γεγενῆσθαι, τοιάδε λέγει (παρα- 10 γράψω γὰρ ἅπασαν αὐτοῦ τὴν ῥῆσιν, εἰ καὶ μακροτέρα πώς ἐστιν).

"Ἀκούω δέ τινας λέγειν παραμυθουμένους πρὸς τὸ ἐν τῇ κεφαλῇ εἶναι τὸ ἡγεμονικὸν τῆς ψυχῆς μέρος· τὸ γὰρ τὴν Ἀθηνᾶν, μῆτιν οὖσαν καὶ οἷον φρόνησιν, ἐκ τῆς κεφαλῆς γε- νέσθαι τοῦ Διὸς σύμβολόν φασιν εἶναι τοῦ ταύτῃ τὸ ἡγεμονι- 15 κὸν εἶναι· οὐ γὰρ ἄλλως ἂν ἐν τῇ κεφαλῇ γενέσθαι μῆτιν καὶ φρόνησιν, εἰ μὴ τὸ ἡγεμονικὸν ἐν ταύτῃ ἐστί· πιθανοῦ μέν τινος ἐχόμενοι, διαμαρτάνοντες δ', ὡς ἐμοὶ φαίνεται, καὶ ἀγνοοῦντες τὰ περὶ τούτων ἱστορούμενα, περὶ ὧν οὐ χεῖρόν ἐστιν ἐπὶ πλέον εἰπεῖν τοῖς ἐνεστῶσι ζητήμασι. φασὶ δ' οἱ 20 μὲν οὕτως ἁπλῶς, ἐκ τῆς τοῦ Διὸς κεφαλῆς αὐτὴν γενέσθαι, οὐδὲ προσιστοροῦντες τὸ πῶς ἢ κατὰ τίνα λόγον. ὁ δὲ Ἡσίο- δος ἐπὶ πλέον λέγει ἐν ταῖς [θεογονίαις] τινῶν μὲν ἐν τῇ θεο- γονίᾳ γραφόντων τὴν γένεσιν αὐτῆς, πρῶτον μὲν Μήτιδι συγ- γενομένου τοῦ Διός, δεύτερον δὲ Θέμιδι, τινῶν δὲ ἐν ἑτέροις 25 ἄλλως γραφόντων τὴν γένεσιν αὐτῆς, ὡς ἄρα γενομένης ἔρι- δος τῷ Διῒ καὶ τῇ Ἥρᾳ γεννήσειεν ἡ μὲν Ἥρα δι' ἑαυτῆς τὸν Ἥφαιστον, ὁ δὲ Ζεὺς τὴν Ἀθηνᾶν ἐκ τῆς Μήτιδος καταπο- θείσης ὑπ' αὐτοῦ. ἡ μὲν γὰρ εἰς αὐτὸν κατάποσις τῆς Μήτι- δος καὶ ἔνδον τοῦ Διὸς τῆς Ἀθηνᾶς γένεσις κατ' ἀμφοτέρους 30 τοὺς λόγους ἐστίν. διαφέρουσι δ' ἐν τῷ πῶς ταῦτα συνετε- λέσθη πρὸς τὸν ἐνεστῶτα λόγον οὐθενὸς ὄντος τοιούτου. τὸ γὰρ κοινὸν ἐν αὐτοῖς ὑπάρχον μόνον χρήσιμόν ἐστι πρὸς τὰ ἐνεστῶτα· λέγεται δ' ἐν μὲν τῇ θεογονίᾳ οὕτω· (Hes. Theog. 886—90. 900)

35 Ζεὺς δὲ θεῶν βασιλεὺς πρώτην ἄλοχον θέτο Μῆτιν,
Πλεῖστα θεῶν εἰδυῖαν ἰδὲ θνητῶν ἀνθρώπων.
Ἀλλ' ὅτε δή ῥ' ἤμελλε θεὰν γλαυκῶπιν Ἀθήνην
Τέξεσθαι, τότ' ἔπειτα δόλῳ φρένας ἐξαπατήσας

1 addidi ex coni. 2 προαχθεὶς Hamilt. et Marcianus. 22 θεογο- νίαις add. in Hamilt. sec. manus, vid. Petersen p. 24. 31 οὐθενὸς Marc., Ha- milt. in marg., vulgo: ὅθεν ὡς.

Αἱμυλίοισι λόγοισιν ἔην ἐγκάτθετο νηδύν·
Ὡς οἱ cυμφράccαιτο θεὰ ἀγαθόν τε κακόν τε.
εἶτα προελθὼν φηcιν οὕτωc· (ibid. 924—26)
Αὐτὸc δ᾿ ἐκ κεφαλῆc γλαυκώπιδα γείνατ᾿ Ἀθήνην,
Δεινήν, ἐγρεκύδοιμον, ἀγέcτρατον, ἀτρυτώνην,   5
Πότνιαν, ᾗ κέλαδοί τε ἄδον, πόλεμοί τε μάχαι τε.
cτήθεcι γὰρ αὐτοῖc ἔνδον εὔδηλον ὅτι ἀπέθετο τὴν Μῆτιν,
καὶ οὕτωc φηcὶν αὐτὴν γεννῆcαι κατὰ τὴν κεφαλήν. ἐν δὲ τοῖc
μετὰ ταῦτα πλείω διεληλυθότοc αὐτοῦ, τοιαῦτ᾿ἐcτὶ τὰ λεγόμενα·
Ἐκ ταύτηc ἔριδοc ἡ μὲν τέκε φαίδιμον υἱὸν   10
Ἥφαιcτον τέχνηcιν ἄνευ Διὸc αἰγιόχοιο,
Ἐκ πάντων παλάμῃcι κεκλημένον οὐρανιώνων.
Αὐτὰρ ὅ γ᾿ Ὠκεανοῦ καὶ Τηθύοc ἠϋκόμοιο
Κούρην νόcφ᾿ Ἥρηc παρεδέξατο καλλιπαρήου
Ἐξαπαφὼν Μῆτιν, καίπερ πολὺ δινεύουcαν·   15
Cυμμάρψαc δ᾿ ὅ γε χερcὶν ἑὴν ἐγκάτθετο νηδύν,
Δείcαc, μὴ τέξῃ κρατερώτερον ἄλλο κεραυνοῦ.
Τοὔνεκά μιν Κρονίδηc ὑψίζυγοc αἰθέρι ναίων
Κάππιεν ἐξαπίνηc· ἡ δ᾿ αὐτίκα Παλλάδ᾿ Ἀθήνην
Κύcατο· τὴν μὲν ἔτικτε πατὴρ ἀνδρῶν τε θεῶν τε   20
Πὰρ κορυφὴν Τρίτωνοc ἐπ᾿ ὄχθηcιν ποταμοῖο.
Μῆτιc δ᾿ αὖτε Ζηνὸc ὑπὸ cπλάγχνοιc λελαθυῖα
Ἧcτο Ἀθηναίηc μήτηρ τέκταινα δικαίων,
Πλεῖcτα θεῶν εἰδυῖα καταθνητῶν τ᾿ ἀνθρώπων.
Ἔνθα θεὰ παρέλεκτο † Θέμιc παλάμαιc περὶ πάντων   25
Ἀθανάτων ἐκέκαcτο Ὀλύμπια δώματ᾿ ἔχουcιν
Αἰγίδα ποιήcαcα φοβέcτρατον ἐντὸc Ἀθήνῃ,
Cὺν τῇ ἐγείνατό μιν, πολεμήϊα τεύχε᾿ ἔχουcαν.

909 Galenus de Hipp. et Plat. plac. III 8 (131) p. 321 M. ταῦτα
προειπὼν ὁ Χρύcιπποc ἑξῆc αὐτοῖc cυνάπτων τάδε γράφει·   30
„Τὰ μὲν οὖν περὶ τῆc Ἀθηνᾶc λεγόμενα τοιαῦτά ἐcτιν,
ἄλλου τινὸc cυμβόλου ποιοῦντ᾿ ἔμφαcιν. πρῶτον μὲν γὰρ ἡ
Μῆτιc λέγεται ὡcανεί τιc φρόνηcιc καὶ περὶ τῶν κατὰ τὸν
βίον τέχνῃ· ᾗ τὰc τέχναc δεῖ καταπίνεcθαι καὶ ἐναποτίθεcθαι,
καθ᾿ ὃν λόγον καὶ τὰ λεγόμενά τινας καταπίνειν φαμέν· διὰ   35
δὲ τὴν κατάποcιν cυνηκολουθηκότωc λέγεται καὶ εἰc τὴν κοι-
λίαν ἀποτίθεcθαι αὐτά. μετὰ ταῦτα τὴν καταποθεῖcαν τοιαύ-
την τέχνην τίκτειν εὔλογον ἐν αὐτῷ παραπληcίαν τῆc τικ-

---

23 Ἀθηναίης et τέκταινα Ruhnk. Ἀθηναίη τέκτηνα libri.   25 corruptum.
26 ἐκέκασθ᾿ οἱ Schoemann.   34 conjicio δὴ pro δεῖ   37 αὐτά] fort. εἶτα.

τούϲηϲ μητρόϲ· πρὸϲ δὲ τούτοιϲ τὰ ὑπὸ τῶν ἐπιϲτημῶν
τικτόμενα ἐν αὐτοῖϲ, πῶϲ [δ'] ἂν ἐκπορεύοιτο καὶ διὰ τίνοϲ
μάλιϲτα, πάρεϲτι ϲκοπεῖν. φανερὸν γάρ, ὅτι λόγῳ ἐκφέρεται
διὰ τοῦ ϲτόματοϲ κατὰ τὴν κεφαλήν, ἐξ ἴϲου οὕτωϲ τῆϲ κεφα-
5 λῆϲ λεγομένηϲ, ὃν τρόπον προβάτου κεφαλὴ λέγεται, καὶ τὰϲ
κεφαλὰϲ ἀφαιροῦϲί τινων· καθ' ὃν λόγον παραγινόμενον καὶ
ἐκ τῆϲ κορυφῆϲ λέγεται γενέϲθαι, τῶν τοιούτων παραλλαγῶν
κατὰ ϲύμβολον γινομένων πλειόνων· καὶ χωρὶϲ δὲ τῆϲ ἱϲτο-
ρίαϲ ταύτηϲ ἀπ' αὐτοῦ μόνον τοῦ γενέϲθαι ταύτην κατὰ τὴν
10 κεφαλὴν τὰ παραπλήϲια ⟨ἂν⟩ τιϲ λέγοι· οὐ γὰρ ἐν τῇ κεφαλῇ
φηϲιν αὐτὴν γενέϲθαι, εἰ μή τινεϲ διαϲτρέφοντεϲ ἢ παραλλάτ-
τοντεϲ τὸν λόγον, ἐξελθεῖν ταύτῃ γινομένην ἄλλωϲ ἔροιντο·
ὥϲτε μᾶλλον καὶ τοῦτο ϲύμβολον πρὸϲ τὸν ἕτερον εἶναι, ὡϲ
ἔφην· τὰ γὰρ ἐν αὐτοῖϲ γινόμενα τεχνικὰ κατὰ τὴν κεφαλὴν
15 ἐξιόντα μάλιϲτα ἀποϲημαίνει τὸν προειρημένον λόγον."
αὕτη μὲν ἡ τοῦ Χρυϲίππου ῥῆϲιϲ.

910 Philodemus de pietate c. 16 (DDG p. 549, 9). *τινὰς δὲ τῶν*
Στωϊκῶν φάσκειν, ὅτι τὸ ἡγεμονικὸν ἐν τῇ κεφαλῇ· φρόνησιν γὰρ
εἶναι, διὸ καὶ Μῆτιν καλεῖσθαι· Χρύσιππον δ' ἐν τῷ στήθει τὸ ἡγε-
20 *μονικὸν εἶναι κἀκεῖ τὴν Ἀθηνᾶν γεγονέναι φρόνησιν οὖσαν, τῷ δὲ*
τὴν φωνὴν ἐκ τῆς κεφαλῆς ἐκκρίνεσθαι, λέγειν ἐκ τῆς κεφαλῆς, ὑπὸ
δὲ Ἡφαίστου διότι τέχνῃ γίνεθ' ἡ φρόνησις, καὶ Ἀθηνᾶν μὲν οἷον
Ἀθρηνᾶν εἰρῆσθαι, Τριτωνίδα δὲ καὶ Τριτογένειαν διὰ τὸ τὴν φρό-
νησιν ἐκ τριῶν συνεστηκέναι λόγων, τῶν φυσικῶν καὶ τῶν ἠθικῶν
25 *καὶ τῶν λογικῶν. καὶ τὰς ἄλλας δ' αὐτῆς προσηγορίας καὶ τὰ φορή[ι]-*
ματα μάλα καταχρύσως τῇ φρονήσει συνοικειοῖ.

Cf. Origenes contra Celsum VIII 67 p. 792. *ἵνα δὲ καὶ τροπο-*
λογῆται καὶ λέγηται φρόνησις εἶναι ἡ Ἀθηνᾶ etc.

911 Chrysippi de anima lib. I pars altera. (Orationes a Galeno ser-
30 vatas hic in unum atque continuum contextum coniungere conatus sum).
Ἡ ψυχὴ πνεῦμά ἐϲτι ϲύμφυτον ἡμῖν, ϲυνεχέϲ, παντὶ τῷ ϲώματι διῆ-
κον, ἔϲτ' ἂν ἡ τῆϲ ζωῆϲ εὔπνοια παρῇ ἐν τῷ ϲώματι· ταύτηϲ οὖν τῶν με-
ρῶν ἑκάϲτῳ διατεταγμένων μορίῳ τὸ διῆκον αὐτῆϲ εἰϲ τὴν τραχεῖαν ἀρτηρίαν
φωνήν φαμεν εἶναι, τὸ δὲ εἰϲ ὀφθαλμοὺϲ ὄψιν, τὸ δὲ εἰϲ ὦτα ἀκοήν, τὸ
35 δὲ εἰϲ ῥῖναϲ ὄϲφρηϲιν, τὸ δ' εἰϲ γλῶτταν γεῦϲιν, τὸ δ' εἰϲ ὅλην τὴν ϲάρκα
ἀφὴν καὶ τὸ εἰϲ ὄρχειϲ, ἕτερόν τιν' ἔχον τοιοῦτον λόγον, ϲπερματικόν· εἰϲ ὃ
δὲ ϲυμβαίνει πάντα ταῦτα, ἐν τῇ καρδίᾳ εἶναι, μέροϲ ὂν αὐτῆϲ τὸ ἡγεμονι-

---

1 δὲ scripsi pro τε. ‖ ita Marc. Ham., vulgo ἐπιϲτημονικῶν. 2. 14 ἐν αὐ-
τοῖϲ] fort. ἐντόϲ. 2 δ' seclusi. 10 ἂν add. Mü. 11 malim φαϲιν.
12 post λόγον inserendum puto ἀλλ'. ‖ ἔροιντο corruptum. 13 an ἡμέτερον?
31 — S. 259, 10 = 885. Hac oratione alteram partem prioris de anima libri initium
cepisse testatur Galenus, postquam de substantia animae quaestio absoluta fuerit
priore libri parte.

κόν. οὕτω δὲ ἐχόντων αὐτῶν τὰ μὲν λοιπὰ συμφωνεῖται, περὶ δὲ τοῦ ἡγεμονικοῦ μέρους τῆς ψυχῆς διαφωνοῦσιν, ἄλλοι ἐν ἄλλοις λέγοντες αὐτὸ εἶναι τόποις· οἱ μὲν γὰρ περὶ τὸν θώρακά φασιν εἶναι αὐτό, οἱ δὲ περὶ τὴν κεφαλήν. κατὰ τὰ αὐτὰ δὲ ταῦτα διαφωνοῦσι, ποῦ τῆς κεφαλῆς καὶ τοῦ θώρακός ἐστιν, οὐ συμφωνοῦντες αὐτοῖς. Πλάτων δὲ καὶ τριμερῆ τὴν ψυχὴν 5 φήσας εἶναι, τὸ μὲν λογιστικὸν ἔλεγεν ἐν τῇ κεφαλῇ εἶναι, τὸ δὲ θυμοειδὲς περὶ τὸν θώρακα, τὸ δ' ἐπιθυμητικὸν περὶ τὸν ὀμφαλόν. οὕτω φαίνεται διαφεύγειν ὁ τόπος ἡμᾶς οὔτ' αἰσθήσεως ἐκφανοῦς γενομένης, ὅπερ ἐπὶ τῶν λοιπῶν συντετύχηκεν, οὔτε τοιούτων τεκμηρίων, δι' ὧν ἄν τις συλλογίσαιτο τοῦτο· οὐδὲ γὰρ ἂν ⟨ἡ⟩ ἀντιλογία ἐπὶ τοσοῦτον προῆλθεν καὶ ἐν ἰατροῖς 10 καὶ ἐν φιλοσόφοις. Περὶ ὧν ἑξῆς ζητήσομεν παραπλησίως ἀπὸ τῆς κοινῆς ὁρμώμενοι φορᾶς καὶ τῶν κατὰ ταύτην εἰρημένων λόγων. Καὶ ⟨γὰρ⟩ ἐπὶ τούτων ἱκανῶς φαίνονται ἐνηνέχθαι ἀπ' ἀρχῆς εἰς τὸ εἶναι τὸ ἡγεμονικὸν ἡμῶν ἐν τῇ καρδίᾳ. Κοινῇ δέ μοι δοκοῦσιν οἱ πολλοὶ φέρεσθαι ἐπὶ τοῦθ', ὡσανεὶ αἰσθανόμενοι περὶ τὸν θώρακα αὐτοῖς τῶν κατὰ τὴν διάνοιαν παθῶν 15 γιγνομένων καὶ μάλιστα καθ' ὃν ἡ καρδία τέτακται τόπον, οἷον μάλιστα ἐπὶ τῶν φόβων καὶ τῶν λυπῶν καὶ ἐπὶ τῆς ὀργῆς καὶ μάλιστα τοῦ θυμοῦ. ⟨ὡσανεὶ γὰρ τοῦ θυμοῦ⟩ ἐκ τῆς καρδίας ἀναθυμιωμένου καὶ ὠθουμένου ἐκτὸς ἐπί τινα καὶ ἐμφυσῶντος τὸ πρόσωπον καὶ τὰς χεῖρας γίγνεται ἡμῖν ἔμφασις ..... ἡ γὰρ περὶ τὴν διάνοιαν γιγνομένη ταραχὴ καθ' ἕκαστον τούτων αἰ- 20 σθητῶς περὶ τοὺς θώρακάς ἐστιν. Τῆς μὲν οὖν ὀργῆς γιγνομένης ἐνταῦθα, εὔλογον καὶ τὰς λοιπὰς ἐπιθυμίας ἐνταῦθ' εἶναι καὶ νὴ Δία τὰ λοιπὰ πάθη καὶ τοὺς διαλογισμοὺς καὶ ὅσα τούτοις ἐστὶ παραπλήσια. σαινόμενοι δὲ φήμῃ οἱ πολλοὶ τούτων πολλὰ κατὰ τὴν ἀλήθειαν ἐπιλέγουσι τοιαῦτα, ἐχόμενοι τῆς ῥηθείσης φορᾶς. πρῶτον μὲν γὰρ πάντες, ἵνα ἐντεῦθεν ἄρξωμαι, κατὰ 25 τοῦτό φασιν ἀναβαίνειν τινῶν τὸν θυμόν, καὶ καταπίνειν τὴν χολήν τινας ἀξιοῦσι, λέγοντές τε καταπίνεσθαί τινα αὐτοῖς σπαράγματα καὶ μὴ καταπίνεσθαι κατὰ τὴν τοιαύτην φορὰν λέγομεν. οὕτω δὲ λέγεται καὶ „μηδὲν αὐτοῖς τούτων καταβαίνειν" καὶ ὅτι „καταπιὼν τὸ ῥηθὲν ἀπῆλθεν", ὅ τε Ζήνων πρὸς τοὺς ἐπιλαμβανομένους ὅτι πάντα τὰ ζητούμενα εἰς τὸ στόμα φέρει[ν] 30 ἔφησεν „ἀλλ' οὐ πάντα καταπίνεται", οὔτε τῆς καταπόσεως ἄλλως ἂν οἰκειότερον λεγομένης οὔτε τῆς καταβάσεως τῶν ῥηθέντων, εἰ μὴ περὶ τὸν θώρακα τὸ ἡγεμονικὸν ἡμῶν ἦν, εἰς ὃ ταῦτα πάντα φέρεται. ἐν γοῦν τῇ κεφαλῇ ὄντος αὐτοῦ, γελοίως ῥηθήσεται καὶ ἀλλοτρίως καταβαίνειν, ἀναβαίνειν ἂν οἶμαι οἰκειότερον αὐτῶν λεγομένων καὶ οὐ καταβαίνειν, τὸν ⟨δὲ⟩ προειρημένον 35 τρόπον τῆς κατὰ τὴν ἀκοὴν αἰσθήσεως καταφερομένης περὶ τὴν διάνοιαν, ἐὰν ᾖ περὶ τὸν θώρακα, οἰκείως κατάβασις ῥηθήσεται· ἐὰν δὲ περὶ τὴν κεφαλὴν ἀλλοτριώτερον. Αἱ δὲ γυναῖκες καὶ μᾶλλόν τι τούτων ἐμφαίνουσιν. εἰ γὰρ μὴ καταβαίνει αὐταῖς τὰ λεγόμενα, πολλάκις τὸν δάκτυλον κατάγουσι ἕως τοῦ κατὰ τὴν καρδίαν τόπου, οὐ φάσκουσαι καταβαίνειν 40 ὧδε τὰ εἰρημένα. Τούτοις δ' ἀκολούθως ἀνεμεῖν τέ τινάς φαμεν τὰ φανέντα αὐτοῖς καὶ ἔτι τὸν βαθύν, λεγομέν⟨ων⟩ πολλῶν τοιούτων συμφώνως τοῖς εἰρημένοις· καταπιόντες γὰρ ὅμοιον εἰπεῖν, ὅτι ἡμέρα ἐστί, καὶ ἐναπο-

---

7 οὕτω φαίνεται — 11 φιλοσόφοις = 887.   11 περὶ ὧν ἑξῆς — 19 ἔμφασις = 886.   14 κοινῇ δέ μοι — μάλιστα τοῦ θυμοῦ = 887.   20 ἡ γὰρ περὶ — 22 ἐνταῦθα εἶναι = 887.   21 τῆς μὲν οὖν ὀργῆς — 23 ἐστὶ παραπλήσια = 890. 21 τῆς μὲν οὖν ὀργῆς — 38 ἀλλοτριώτερον = 891.   38 αἱ δὲ γυναῖκες — 41 εἰρημένα = 892.   41 τούτοις δ' ἀκολούθως — S. 260, 2 ἀνεμεῖν λέγονται = 892.

17*

θέμενοι τοῦτο εἰς τὴν διάνοιαν, καὶ πάλιν ἐκεῖνο λέγοντες ὅτι οὐκ ἔστιν
ἡμέρα, μενόντων τῶν πραγμάτων, οὐκ ἀλλοτρίως οὐδ' ἀνοικείως ἀνεμεῖν λέ-
γονται. Ἀφ' ἧς τε φορᾶς λέγομεν, μὴ καταβαίνειν τὰ λεγόμενα, εἴτε ἀπειλὰς
εἴτε λοιδορίας, ὥστε καθικέσθαι καὶ ἅπτεσθαι αὐτῶν καὶ οὕτως κινεῖσθαι
5 τὴν διάνοιαν, ἀπὸ τῆς φορᾶς ταύτης καὶ βαθεῖς τινάς φαμεν εἶναι, διὰ τὸ
μηδὲν τῶν τοιούτων ἐφικνεῖσθαι καταβῆναι αὐτῶν . . . . . Εὔλογον δὲ εἰς
ὃ γίγνονται αἱ ἐν τούτῳ σημασίαι καὶ ἐξ οὗ ὁ λόγος (ἐκπέμπεται), ἐκεῖνο
εἶναι τὸ κυριεῦον τῆς ψυχῆς μέρος· οὐ γὰρ ἄλλη μὲν πηγὴ λόγου ἐστίν,
ἄλλη δὲ διανοίας, οὐδὲ ἄλλη μὲν φωνῆς πηγή, ἄλλη δὲ λόγου, οὐδὲ τὸ
10 ὅλον ἁπλῶς ἄλλη φωνῆς πηγή ἐστιν, ἄλλο δὲ τὸ κυριεῦον τῆς ψυχῆς
μέρος. τοιούτοις δὲ καὶ ·τὴν διάνοιαν συμφώνως ἀφοριζόμενοι λέγουσιν
αὐτὴν πηγὴν εἶναι λόγου. Τὸ γὰρ ὅλον ὅθεν ὁ λόγος ἐκπέμπεται, ἐκεῖσε
δεῖ καὶ τὸν διαλογισμὸν γίγνεσθαι καὶ τὰς διανοήσεις καὶ τὰς μελέτας τῶν
ῥήσεων, καθάπερ ἔφην. ταῦτα δὲ ἐκφανῶς περὶ τὴν καρδίαν γίγνεται, ἐκ
15 τῆς καρδίας διὰ φάρυγγος καὶ τῆς φωνῆς καὶ τοῦ λόγου ἐκπεμπομένων.
πιθανὸν δὲ καὶ ἄλλως, εἰς ὃ ἐνσημαίνεται τὰ λεγόμενα, καὶ σημαίνεσθαι
ἐκεῖθεν καὶ τὰς φωνὰς ἀπ' ἐκείνου γίγνεσθαι κατὰ τὸν προειρημένον τρόπον.
Οὕτως δὲ καὶ τὸ „ἐγὼ" λέγομεν κατὰ τοῦτο, δεικνύντες αὐτοὺς ἐν τῷ ⟨λέ-
γειν, εἰς τὸ ἐκεῖ⟩ ἀποφαίνεσθαι τὴν διάνοιαν εἶναι, τῆς δείξεως φυσικῶς
20 καὶ οἰκείως ἐνταῦθα φερομένης· καὶ ἄνευ δὲ τῆς κατὰ τὴν χεῖρα τοιαύτης
δείξεως νεύοντες εἰς αὐτοὺς τὸ „ἐγὼ" λέγομεν, εὐθὺς καὶ τῆς „ἐγὼ" φωνῆς
τοιαύτης οὔσης καὶ κατὰ τὴν ἑξῆς ὑπογεγραμμένην δεῖξιν συνεκφερομένης.
τὸ γὰρ „ἐγὼ" προφερόμεθα, κατὰ τὴν πρώτην συλλαβὴν κατασπῶντες τὸ
κάτω χεῖλος εἰς αὐτοὺς δεικτικῶς, ἀκολούθως δὲ τῇ τοῦ γενείου κινήσει καὶ
25 ἐπὶ στῆθος νεύσει καὶ τῇ τοιαύτῃ δείξει ἡ ἑξῆς συλλαβὴ παράκειται, οὐδὲν
ἀποστηματικὸν παρεμφαίνουσα, ὅπερ ἐπὶ τοῦ „ἐκεῖνος" συντέτυχε. ⟨καὶ γὰρ⟩
ἐν ταῖς συγκαταθέσεσιν ἐπινεύοντες τὴν κεφαλήν, ἐφ' ὃ φέρομεν αὐτὴν μέρος,
ἐν ἐκείνῳ τὴν ἀρχὴν τῆς ψυχῆς ὑπάρχειν ἐνδεικνύμεθα). Τούτοις πᾶσι συμ-
φώνως καὶ τοὔνομα τοῦτ' ἔσχηκεν ἡ καρδία κατά τινα κράτησιν καὶ κυρείαν,
30 ἀπὸ τοῦ ἐν αὐτῇ εἶναι τὸ κυριεῦον καὶ κρατοῦν τῆς ψυχῆς μέρος, ὡς ἂν
κρατία λεγομένη. Ὁρμῶμέν ⟨τε γὰρ⟩ κατὰ τοῦτο τὸ μέρος καὶ συγκατατι-
θέμεθα τούτῳ· καὶ εἰς τοῦτο συντείνει τὰ αἰσθητήρια πάντα . . . . . . Ἔχει
δ' ὡς ἔφην πλείονα αὐτοῖς ⟨ἀντειπεῖν⟩ ἐπὶ πᾶσι, μήποτ' εἰ καὶ τοῦτο δο-
θείη (καθάπερ ἐπιπορεύονται) ἀπὸ τῆς κεφαλῆς εἶναι τὴν ἀρχὴν ἐπὶ τὰ εἰρη-
35 μένα μέρη, ἐπιζητήσομεν. σχεδὸν γὰρ οἷα ἄν τινα λέγοιεν περὶ τοῦ τὴν
φωνὴν ἐκ τοῦ στήθους φέρεσθαι διὰ τῆς φάρυγγος, ἀπὸ τῆς κεφαλῆς ποιᾶς
τινος καταρχῆς γιγνομένης, τοιαῦτ' ἔξεστι λέγειν, ἐν τῇ καρδίᾳ μὲν τοῦ ἡγε-
μονικοῦ ὄντος, τῆς δὲ τῶν κινήσεων ἀρχῆς ἀπὸ τῆς κεφαλῆς οὔσης . . . . .
Κατὰ τοῦτο καὶ εὐκάρδιοι λέγονταί που εἶναί τινες, καθάπερ εὔψυχοι, καὶ
40 καρδίαν ἀλγεῖν οἱ κηδόμενοί τινων, ὡς ἂν κατὰ τὴν καρδίαν τῆς κατὰ τὴν
λύπην ἀλγηδόνος γιγνομένης. Τὸ γὰρ ὅλον, καθάπερ ἐν ἀρχῇ εἶπον, εὖ μάλ'
ἐμφαίνουσιν οἵ τε φόβοι καὶ αἱ λῦπαι κατὰ τοῦτο τὸ μέρος γιγνόμεναι. ἥ τε
γὰρ ἐν τοῖς φόβοις πάλσις τῆς καρδίας ἐκφανής ἐστι καὶ. ἡ εἰς τοῦτο τῆς

---

3 ἀφ' ἧς τε φορᾶς — 6 καταβῆναι αὐτῶν = 892 (ordinem orationum testa-
tur Galenus). 6 εὔλογον δὲ — 17 κατὰ τὸν προειρημένον τρόπον = 894.
18 οὕτως δὲ καὶ — 28 ὑπάρχειν ἐπιδεικνύμεθα = 895. 28 τούτοις πᾶσι — 32 αἰ-
σθητήρια πάντα = 896. 32 ἔχει δ' ὡς ἔφην — 38 κεφαλῆς οὔσης = 898.
39 κατὰ τοῦτο καὶ — S. 261, 7 τὴν καρδίαν μάλιστα = 899.

ὅλης ψυχῆς συνδρομή, οὐκ ἄλλως ἐπιγεννηματικῶς γιγνομένων αὐτῶν, καθάπερ ἄλλοις ἄλλου συμπάσχειν πεφυκότος. καθ' ὃ καὶ συνιζάνουσιν εἰς αὑτούς, συναγόμενοι πρὸς τοῦτο, ὡς ἂν τὸ ἡγεμονικόν, καὶ κατὰ τὴν ⟨καρδίαν⟩ ὡς ἂν τούτου φυλακτικήν. Καὶ τὰ τῆς λύπης πάθη ἐνταυθοῖ που ἐκφανῶς γίγνεται, οὐδενὸς ἄλλου συμπάσχοντος οὐδὲ συναλγοῦντος τόπου. 5 ἀλγηδόνων γάρ τινων κατὰ ταῦτα γιγνομένων σφοδρῶν, ἕτερος μὲν οὐδεὶς ἐμφαίνει τόπος τὰ πάθη ταῦτα, ὁ δὲ περὶ τὴν καρδίαν μάλιστα. Ἄτοπον οὖν τὸ κατὰ ταῦτα λεχθησόμενον, ἐάν τε μὴ φῶσι τὴν λύπην καὶ τὴν ἀγωνίαν ἀλγηδόνας εἶναι, ἐάν τε ἀλγηδόνας ἐν ἄλλῳ γίγνεσθαι τόπῳ ἢ τῷ ἡγεμονικῷ· τὰ δὲ αὐτὰ καὶ ἐπὶ τῆς χαρᾶς καὶ ἐπὶ τοῦ θάρσους ἐροῦμεν, ἅπερ 10 ἐμφαίνει περὶ τὴν καρδίαν γιγνόμενα. ὃν τρόπον γάρ, ὅταν τὸν πόδα πονῶμεν ἢ τὴν κεφαλήν, περὶ τούτους τοὺς τόπους ὁ πόνος γίγνεται, οὕτως συναισθανόμεθα καὶ τῆς κατὰ τὴν λύπην ἀλγηδόνος περὶ τὸν θώρακα γιγνομένης, οὔτε τῆς λύπης οὐκ οὔσης ἀλγηδόνος, οὔτε ἐν ἑτέρῳ τινὶ τόπῳ ἢ τῷ ἡγεμονικῷ αὐτῆς γιγνομένης. Καθ' ἣν ἔτι φορὰν καὶ τὰ τοιαῦτα λέγεται 15 πάντα· „ἡψάμην σου τῆς καρδίας" ὥσπερ τῆς ψυχῆς, καὶ „ἅπτομαι τῆς καρδίας" λέγομεν, οὐχ, ὡς ἀντιπαρέλθοιεν ἄν τινες ἡμᾶς, ⟨ὡς⟩ ἐπὶ τοῦ ἐγκεφάλου καὶ τῶν σπλάγχνων λέγοντες καὶ τοῦ ἥπατος, ἀλλὰ τοῖς προειρημένοις παραπλησίως. ἐκεῖνα γάρ μοι δοκεῖ λέγεσθαι, ὡς ἄν τις ἔφη „τῶν ἐντός σου ἅπτομαι" διϊκνουμένης τῆς κακοποιίας ἐπὶ τοσοῦτον. τῇ δὲ καρδίᾳ 20 καθάπερ ἂν τῇ ψυχῇ χρώμεθα. Καὶ τούτων ἔσται ἔμφασις ἐφιστᾶσι μᾶλλον..... Παραβάλλουσι δὲ τοῖς εἰρημένοις καὶ τὰ τοιαῦτα τῶν λεγομένων, οἷον τοὺς ἀσπλάγχνους, καθ' ὃ φαμὲν μὴ ἔχειν τινὰς ἐγκέφαλον ἢ ἔχειν, οὕτως ἡμᾶς ὑπονοοῦντες λέγειν καὶ μὴ ἔχειν καρδίαν τινὰς καὶ ἔχειν κατὰ τὰ προειρημένα, τῶν μὲν ἀσπλάγχνων τάχα λαμβανομένων κατὰ τὸ μηδὲν ἔχειν 25 ἔνδον συναλγοῦν κατὰ τὰ ἐναντία καὶ ἀπὸ τῆς καρδίας οὕτως αὐτῶν κοινότερον λεγομένων, τοῦ δ' ἐγκεφάλου λαμβανομένου ἤτοι κατὰ τὰ αὐτά, ὁμοίου τινὸς ὄντος, ἢ διὰ τὸ καὶ τοῦτον ἔχειν τινὰ κυρίαν τοῖς σπλάγχνοις ὁμοίαν. Κατὰ τοιαύτην δέ μοι δοκοῦσι μάλιστα φορὰν καὶ οἱ τιμωρητικώτερον πρός τινας φερόμενοι ὁρμᾶν ἐπὶ τὸ ταύτην ἐκσπάσαι, καθ' ἣν φορὰν ἐπιτείνοντες 30 καὶ πρὸς τὰ λοιπὰ τῶν σπλάγχνων ὁμοειδῶς φέρονται.... Καὶ τὰ τῶν ὀργιζομένων δὲ πάθη περὶ τὸν θώρακα φαίνεται γιγνόμενα καὶ τὰ τῶν ἐρώντων, ὥστε καὶ τὴν ἐπιθυμίαν μάλιστα γίγνεσθαι περὶ τούτους τοὺς τόπους.... Εὖ μάλα δὲ παριστᾶσι τὸ λεγόμενον, ὡς ἔφην, καὶ αἱ ἐν αὐτοῖς γιγνόμεναι μελέται καὶ ῥήσεων καὶ τῶν παραπλησίων. ἐν ᾧ γὰρ ταῦτα 35 πάντα συντελεῖται, πάντως εὔλογον ἐν ἐκείνῳ καὶ τὴν τοῦ λόγου διέξοδον γίγνεσθαι, καὶ λέγειν ἡμᾶς καὶ διανοεῖσθαι κατ' ἐκεῖνο· ἀπὸ γὰρ τῆς διανοίας δεῖ λέγειν καὶ ἐν ἑαυτῷ λέγειν [ἢ φωνὴν διεξιέναι] καὶ διανοεῖσθαι καὶ ἐν ἑαυτοῖς φωνὴν διεξιέναι καὶ ἐκτὸς ἐκπέμπειν. Οἰκείως δὲ τούτου καὶ οἱ στεναγμοὶ ἐντεῦθεν προΐενται.... Ὁ δὲ ποιητὴς πλεονάζων ἐν 40 τούτοις διὰ πολλῶν παρίστησιν ὅτι καὶ τὸ λογιστικὸν καὶ τὸ θυμοειδὲς περὶ τοῦτόν ἐστι τὸν τόπον, συνάπτων εἰς ταὐτὸν καὶ τὸ ἐπιθυμητικόν, καθάπερ καὶ ἔδει ποιῆσαι. Ὅτι μὲν γὰρ τὸ λογιστικόν ἐστιν ἐνταῦθα, διὰ τούτων ἐμφαίνεται·

Ἄλλο δ' ἐνὶ στήθεσσι νόος καὶ μῆτις ἀμύμων.
Ἀλλ' ἐμὸν οὔποτε θυμὸν ἐνὶ στήθεσσιν ἔπειθεν.
(plures versus allatos fuisse testatur Galenus) . . . .
    Ὅτι δὲ καὶ τὸ ἐπιθυμητικὸν ἐνταῦθα διὰ τούτων ἐμφαίνει·
5   Οὐ γὰρ πώποτ' ἔμ' ὧδε θεᾶς ἔρος οὐδὲ γυναικὸς
      Θυμὸν ἐνὶ στήθεσσι περιπροχυθεὶς ἐδάμασσε.

. . . .
    Ὅτι δὲ καὶ τὸ θυμοειδὲς ἐνταῦθά πού ἐστι τὰ τοιαῦτα ἐμφαίνει πλεί-
ονα ὄντα·
10   Ἥρῃ δ' οὐκ ἔχαδε στῆθος χόλον, ἀλλὰ προσηύδα.
καὶ ἔτι·
      Καὶ χόλον, ὅστ' ἐφέηκε πολύφρονά περ χαλεπῆναι.
      Ὅς τε πολὺ γλυκίων μέλιτος καταλειβομένοιο
      Ἀνδρῶν ἐν στήθεσσιν ἀέξεται, ἠΰτε καπνός.
15 (sequebatur infinita fere versuum copia ex Homero, Hesiodo, Stesichoro,
Empedocle, Orphicis, Tyrtaeo, tragoediae denique poëtis).
    Ταυτὶ μὲν φήσουσιν ἀδολεσχίαν εἶναι γραώδη, τυχὸν δὲ καὶ γραμμάτων
διδασκάλου βουλομένου στίχους ὅτι πλείστους ὑπὸ τὸ αὐτὸ διανόημα τάξαι.

20 Ἀκούω δέ τινας λέγειν παραμυθουμένους πρὸς τὸ ἐν τῇ κεφαλῇ εἶναι τὸ
ἡγεμονικὸν τῆς ψυχῆς μέρος. τὸ γὰρ τὴν Ἀθηνᾶν, μῆτιν οὖσαν καὶ οἷον
φρόνησιν, ἐκ τῆς κεφαλῆς γενέσθαι τοῦ Διὸς σύμβολόν φασιν εἶναι τοῦ
ταύτῃ τὸ ἡγεμονικὸν εἶναι· οὐ γὰρ ἄλλως ἂν ἐν τῇ κεφαλῇ γενέσθαι μῆτιν
καὶ φρόνησιν, εἰ μὴ τὸ ἡγεμονικὸν ἐν ταύτῃ ἐστί, πιθανοῦ μέν τινος ἐχό-
25 μενοι, διαμαρτάνοντες δ' ὡς ἐμοὶ φαίνεται καὶ ἀγνοοῦντες τὰ περὶ τού-
των ἱστορούμενα, περὶ ὧν οὐ χεῖρόν ἐστιν ἐπὶ πλέον εἰπεῖν τοῖς ἐνεστῶσι
ζητήμασι. φασὶ δ' οἱ μὲν οὕτως ἁπλῶς, ἐκ τῆς τοῦ Διὸς κεφαλῆς αὐτὴν
γενέσθαι, οὐδὲ προσιστοροῦντες τὸ πῶς ἢ κατὰ τίνα λόγον· ὁ δὲ Ἡσίοδος
ἐπὶ πλέον λέγει ἔν τισι, τινῶν μὲν ἐν τῇ θεογονίᾳ γραφόντων τὴν γένεσιν
30 αὐτῆς ⟨ὡς⟩ πρῶτον μὲν Μήτιδι συγγενομένου τοῦ Διός, δεύτερον δὲ Θέμιδι,
τινῶν δὲ ἐν ἑτέροις ἄλλως γραφόντων τὴν γένεσιν αὐτῆς, ὡς ἄρα, γενομένης
ἔριδος τῷ Διῒ καὶ τῇ Ἥρᾳ, γεννήσειεν ἡ μὲν Ἥρα δι' ἑαυτῆς τὸν Ἥφαιστον,
ὁ δὲ Ζεὺς τὴν Ἀθηνᾶν ἐκ τῆς Μήτιδος καταποθείσης ὑπ' αὐτοῦ. ἡ μὲν
γὰρ εἰς αὐτὸν κατάποσις τῆς Μήτιδος καὶ ἔνδον τοῦ Διὸς τῆς Ἀθηνᾶς γέ-
35 νεσις κατ' ἀμφοτέρους τοὺς λόγους ἐστίν. διαφέρουσι δ' ἐν τῷ πῶς ταῦτα
συνετελέσθη, πρὸς τὸν ἐνεστῶτα λόγον οὐθενὸς ὄντος τοιούτου. τὸ γὰρ κοι-
νὸν ἐν αὐτοῖς ὑπάρχον μόνον χρήσιμόν ἐστι πρὸς τὰ ἐνεστῶτα· λέγεται δ'
ἐν μὲν τῇ θεογονίᾳ οὕτω· (sequuntur Hesiodi theog. vv. 886—90 v. 900)
εἶτα προελθὼν φησιν οὕτως· (sequuntur vv. 924—26) στήθεσι γὰρ αὐτοῖς
40 ἔνδον εὔδηλον ὅτι ἀπέθετο τὴν Μῆτιν, καὶ οὕτως φησὶν αὐτὴν γεννῆσαι
κατὰ τὴν κεφαλήν. ἐν δὲ τοῖς μετὰ ταῦτα πλείω διεληλυθότος αὐτοῦ τοιαῦτ'
ἐστὶ τὰ λεγόμενα (sequuntur undeviginti versus Hesiodei). Τὰ μὲν οὖν
περὶ τῆς Ἀθηνᾶς λεγόμενα τοιαῦτά ἐστιν, ἄλλου τινὸς συμβόλου ποιοῦντ'

---

4 ὅτι δὲ καὶ τὸ ἐπιθυμητικὸν—12 χαλεπῆναι = 904. ‖ ὅτι δὲ καὶ τὸ ἐπι-
θυμητικὸν—14 ἠΰτε καπνός = 905 (Verba ὅτι δὲ καὶ τὸ θυμοειδὲς Galenus
introducit verbis: καὶ μετ' ὀλίγα πάλιν 905).   15 De versibus hoc loco a Chry-
sippo allatis cf. 906.   17 ταυτὶ μὲν φησουσιν—τάξαι = 907.   20 ἀκούω δέ
τινας—42 versus Hesiodei = 908.   42 τὰ μὲν οὖν περὶ—fin. = 909.

ἔμφασιν. πρῶτον μὲν γὰρ ἡ Μῆτις λέγεται ⟨καταποθῆναι⟩ ὡσανεί τις φρόνησις καὶ περὶ τῶν κατὰ τὸν βίον τέχνη, ᾗ τὰς τέχνας δεῖ καταπίνεσθαι καὶ ἐναποτίθεσθαι — καθ' ὃν λόγον καὶ τὰ λεγόμενά τινας καταπίνειν φαμέν — διὰ δὲ τὴν κατάποσιν συνηκολουθηκότως λέγεται καὶ εἰς τὴν κοιλίαν ἀποτίθεσθαι. εἶτα μετὰ ταῦτα τὴν καταποθεῖσαν τοιαύτην τέχνην τίκτειν 5 εὔλογον ἐν αὑτῷ παραπλησίαν τῆς τικτούσης μητρός. Πρὸς δὲ τούτοις τὰ ὑπὸ τῶν ἐπιστημῶν τικτόμενα ἐντός, πῶς ἂν ἐκπορεύοιτο καὶ διὰ τίνος μάλιστα, πάρεστι σκοπεῖν. φανερὸν γὰρ ὅτι λόγῳ ἐκφέρεται διὰ τοῦ στόματος κατὰ τὴν κεφαλήν, ἐξ ἴσου οὕτως τῆς κεφαλῆς λεγομένης, ὃν τρόπον προβάτου κεφαλὴ λέγεται καὶ τὰς κεφαλὰς ἀφαιροῦσί τινων· καθ' ὃν λόγον παρα- 10 γινόμενον καὶ ἐκ τῆς κορυφῆς λέγεται γενέσθαι, τῶν τοιούτων παραλλαγῶν κατὰ ⟨τὰ⟩ σύμβολα γιγνομένων πλειόνων. Καὶ χωρὶς δὲ τῆς ἱστορίας ταύτης, ἀπ' αὐτοῦ μόνον τοῦ γενέσθαι ταύτην κατὰ τὴν κεφαλήν, τὰ παραπλήσια ἄν τις λέγοι· οὐ γὰρ ἐν τῇ κεφαλῇ φασιν αὐτὴν γενέσθαι, εἰ μή τινες διαστρέφοντες ἢ παραλλάττοντες τὸν λόγον, ⟨ἀλλ'⟩ ἐξελθεῖν ταύτῃ γινομένην 15 ἄλλως † ἔροιντο †. ὥστε μᾶλλον καὶ τοῦτο σύμβολον πρὸς τὸ ἡμέτερον εἶναι, ὡς ἔφην· τὰ γὰρ ἐντὸς γιγνόμενα τεχνικὰ κατὰ τὴν κεφαλὴν ἐξιόντα μάλιστα ἀποσημαίνει τὸν προειρημένον λόγον.

Physica VI.

De fato.

§ 1. Fati definitiones.

912 [Plutarchus] de fato cp. 11 p. 574 d. capita Chrysippeae de
fato disputationis enumerat: κατὰ δὲ τὸν ἐναντίον (scil. λόγον) μά-
λιστα μὲν [καὶ] π ρ ῶ τ ο ν εἶναι δόξειε τὸ μηδὲν ἀναιτίως γίγνεσθαι,
ἀλλὰ κατὰ προηγουμένας αἰτίας· δ ε ύ τ ε ρ ο ν δὲ τὸ φύσει διοικεῖσθαι
τόνδε τὸν κόσμον, σύμπνουν καὶ συμπαθῆ αὐτὸν αὑτῷ ὄντα· τ ρ ί τ ο ν
δὲ [τὰ πρὸς τούτοις μαρτύρια μᾶλλον ἔοικεν εἶναι] μαντικὴ μὲν ἅπασιν
10 ἀνθρώποις εὐδόκιμος ὡς ἀληθῶς ⟨σὺν⟩ θεῷ ὑπάρχουσα, ἡ δὲ τῶν
σοφῶν πρὸς τὰ συμβαίνοντα εὐαρέστησις, ὡς πάντα κατὰ μοῖραν γιγνό-
μενα [δευτέρα] τ ρ ί τ ο ν (immo τέταρτον) δὲ τὸ πολυθρύλητον τοῦτο,
ὅτι πᾶν ἀξίωμα ἢ ἀληθές ἐστιν ἢ ψευδές.

913 Stobaeus eclog. I 79,1 W. Χρύσιππος δύναμιν πνευματι-
15 κὴν τὴν οὐσίαν τῆς εἱμαρμένης, τάξει τοῦ παντὸς διοικητικήν. Τοῦτο
μὲν οὖν ἐν τῷ δευτέρῳ Περὶ Κόσμου. Ἐν δὲ τῷ δευτέρῳ Περὶ
Ὅρων καὶ ἐν τοῖς Περὶ Τῆς Εἱμαρμένης καὶ ἐν ἄλλοις σποράδην
πολυτρόπως ἀποφαίνεται λέγων· „Εἱμαρμένη ἐστὶν ὁ τοῦ κόσμου
λόγος“ ἢ „λόγος τῶν ἐν τῶ κόσμῳ προνοίᾳ διοικουμένων“ ἢ
20 „λόγος καθ’ ὃν τὰ μὲν γεγονότα γέγονε, τὰ δὲ γινόμενα γίνε-
ται, τὰ δὲ γενησόμενα γενήσεται.“ Μεταλαμβάνει δ’ ἀντὶ τοῦ λό-
γου τὴν ἀλήθειαν, τὴν αἰτίαν, τὴν φύσιν, τὴν ἀνάγκην, προστιθεὶς καὶ
ἑτέρας ὀνομασίας, ὡς ἐπὶ τῆς αὐτῆς οὐσίας τασσομένας καθ’ ἑτέρας καὶ
ἑτέρας ἐπιβολάς. Μοίρας δὲ καλεῖσθαι ἀπὸ τοῦ κατ’ αὐτὰς διαμερισμοῦ,
25 Κλωθὼ καὶ Λάχεσιν καὶ Ἄτροπον. Λάχεσιν μέν, ὅτι ὃν κλῆρον λελόγ-
χασιν ἕκαστοι κατὰ τὸ δίκαιον ἀπονέμεται· Ἄτροπον δὲ ὅτι ἀμετάθετος
καὶ ἀμετάβλητός ἐστιν ὁ καθ’ ἕκαστα διορισμὸς ἐξ ἀϊδίων χρόνων· Κλωθὼ
δὲ ὅτι ἡ κατὰ τὴν εἱμαρμένην διανέμησις καὶ τὰ γεννώμενα τοῖς κλω-

---

6 καὶ seclusi. 9 seclusi lectoris notam, quae ex margine inrepsit. 12 lec-
tor, haec testimonia, non argumenta esse ratus, numeros turbavit. 17 ὡρῶν
F., corr. Heeren. 19 Plut. νόμος fort. recte. 25 οἶον κλήρῳ FP, corr. Diels.
26 ἕκαστα FP, corr. Heeren. 27 ἄτρεπτος malit Diels propter etymon.

θομένοις παραπλησίως διεξάγεται, κατὰ τὴν ἐτυμολογικὴν ἐξήγησιν τῶν ὀνομάτων ἅμα καὶ τῶν πραγμάτων cυμπαρισταμένων εὐχρήςτως. cf. Plut. de plac. I 28 et Theodoret. VI 14.

(Fortasse Chrysippum spectat Critolaus apud Philonem περὶ ἀφθ. κ. p. 248, 1 ἐπεὶ δὲ εἱμαρμένη κατὰ τοὺς ἄριστα φυcιολογοῦντας ἄναρ- 5 χος καὶ ἀτελεύτητός ἐcτιν, εἴρουcα τὰς ἑκάcτων ἀνελλιπῶς καὶ ἀδιαcτάτως αἰτίας).

914 Diogenianus apud Eusebium praep. ev. VI p. 263 c. *Τεκμήριον δὲ καὶ ἄλλο ἰσχυρὸν φέρειν Χρύσιππος οἴεται τῆς ἐν ἅπασιν εἱμαρμένης τὴν θέσιν τῶν τοιούτων ὀνομάτων. τήν τε γὰρ πεπρωμένην* 10 *πεπερασμένην τινά φησιν εἶναι καὶ συντετελεσμένην διοίκησιν, τήν τε εἱμαρμένην εἰρομένην τινὰ εἴτε ἐκ θεοῦ βουλήσεως εἴτε ἐξ ἧς δήποτε αἰτίας. ἀλλὰ καὶ τὰς Μοίρας ὠνομάσθαι ἀπὸ τοῦ μεμερίσθαι καὶ κατανενεμῆσθαί τινα ἡμῶν ἑκάστῳ. οὕτω δὲ καὶ τὸ χρεὼν εἰρῆσθαι τὸ ἐπιβάλλον καὶ καθῆκον κατὰ τὴν εἱμαρμένην. τόν τε ἀριθμὸν τῶν* 15 *Μοιρῶν τοὺς τρεῖς ὑποβάλλει χρόνους ἐν οἷς κυκλεῖται τὰ πάντα καὶ δι' ὧν ἐπιτελεῖται. καὶ Λάχεσιν μὲν κεκλῆσθαι παρὰ τὸ λαγχάνειν ἑκάστῳ τὸ πεπρωμένον, Ἄτροπον δὲ κατὰ τὸ ἄτρεπτον καὶ ἀμετάθετον τοῦ μερισμοῦ, Κλωθὼ δὲ παρὰ τὸ συγκεκλῶσθαι καὶ συνείρεσθαι τὰ πάντα, καὶ μίαν αὐτῶν τεταγμένην τινὰ εἶναι διέξοδον. ταῦτα* 20 *γὰρ καὶ τὰ τούτοις παραπλήσια φλυαρῶν ἀποδεικνύναι τὴν ἐν ἅπασιν ἀνάγκην νομίζει.*

Cf. Theodoret. VI 11 p. 86, 51.

915 Diogenes Laërt. VII 149. *καθ' εἱμαρμένην δέ φασι τὰ πάντα γίνεσθαι Χρύσιππος ἐν τοῖς περὶ εἱμαρμένης καὶ Ποσειδώνιος ἐν δευ-* 25 *τέρῳ περὶ εἱμαρμένης καὶ Ζήνων, Βόηθος δὲ ἐν πρώτῳ περὶ εἱμαρμένης. ἔστι δὲ εἱμαρμένη αἰτία τῶν ὄντων εἰρομένη ἢ λόγος καθ' ὃν ὁ κόσμος διεξάγεται.*

916 Theodoretus VI 14. *Καὶ Χρύσιππος δὲ ὁ Στωικὸς μηδὲν διαφέρειν εἶπε τοῦ εἱμαρμένου τὸ κατηναγκασμένον, εἶναι δὲ τὴν* 30 *εἱμαρμένην κίνησιν ἀίδιον συνεχῆ καὶ τεταγμένην.*

Cf. Stobaeus I 78, 4 (Aëtii plac. I 27, 2 p. 322 D). ⟨Χρύσιππος⟩ *μὴ διαφέρειν τοῦ εἱμαρμένου τὸ κατηναγκασμένον* * * * *κατ' ἐπιπλοκὴν τῶν μερῶν συνηρτημένην.* 35

917 Aëtius Plac. I 28, 4. *Οἱ Στωικοὶ εἱρμὸν αἰτιῶν, τουτέστι τάξιν καὶ ἐπισύνδεσιν ἀπαράβατον* (sc. τὴν εἱμαρμένην).

Cf. Suidas s. v. *εἱμαρμένη.*

918 Nemesius de nat. hom. cp. 37 p. 299. *εἰ δὲ ἡ εἱμαρμένη*

---

24 φησι BPF. 26 πρώτω P ια' B; δὲ φησίν (om. ἐν—εἱμαρμένης) F. 27 τῶν νόμων BPF τῶν ὅλων Suid. s. εἱμαρμένη. 33 Χρύσιππος supplevit Diels. 34 lacunam significavit Diels; supplenda ex loco Theodoreti; cf. Gellius N. Att. VI 2, 3.

εἱρμός τις οὖσα αἰτιῶν ἀπαράβατος· οὕτω γὰρ αὐτὴν οἱ Στωϊκοὶ
ὁρίζονται· (τουτέστι τάξιν καὶ ἐπισύνδεσιν ἀπαράλλακτον) οὐ κατὰ τὸ συμ-
φέρον, ἀλλὰ κατὰ τὴν οἰκείαν κίνησιν καὶ ἀνάγκην ἐπάγει τὰ τέλη.
919 Servius ad Verg. Aen. III 376. definitio fati secundum Tullium,
5 qui ait: Fatum est conexio rerum per aeternitatem se invicem
tenens, quae suo ordine et lege variatur, ita tamen, ut ipsa
varietas habeat aeternitatem.
920 Alexander de anima libri mantissa p. 185, 1 Bruns. ἀλλὰ μὴν
ὁμολογεῖται πάντα τὰ καθ᾽ εἱμαρμένην γιγνόμενα κατὰ τάξιν καὶ ἀκολουθίαν
10 γίγνεσθαί τινα καί τι ἐφεξῆς ἔχειν ἐν αὐτοῖς. — — εἱρμὸν γοῦν αἰτίων
αὐτήν φασιν εἶναι.
921 Cicero de divinatione I 55, 125. Fatum autem id appello, quod
Graeci εἱμαρμένην, id est ordinem seriemque causarum, cum causa
causae nexa rem ex se gignat. Ea est ex omni aeternitate fluens veritas
15 sempiterna. Quod quum ita sit, nihil est factum, quod non futurum fuerit:
eodemque modo nihil est futurum, cuius non causas id ipsum efficientes
natura contineat. 126. Ex quo intelligitur ut fatum sit non id quod
superstitiose, sed id quod physice dicitur, causa aeterna rerum, cur
et ea quae praeterierunt facta sint, et quae instant fiant, et
20 quae sequentur futura sint.
922 Cicero de nat. deor. III 14. praesertim cum vos iidem fato
fieri dicatis omnia, quod autem semper ex omni aeternitate verum fuerit,
id esse fatum.
923 Servius ad Verg. Aeneid. I 257. et simul per transitum Stoi-
25 corum dogma ostendit, nulla ratione posse fata mutari.
Cf. ad II. 689. Secundum Stoicos locutus est, qui fati adserunt
necessitatem.
924 Commenta Lucani Lib. II 306 p. 69 Us. et hoc secundum
Stoicos qui omnia dicunt fato regi et semel constituta nec a numinibus
30 posse mutari.
925 Diogenianus apud Eusebium praep. evang. VI p. 261 c. [πρῶτα
δὴ οὖν σοι παραναγνώσομαι ἀπὸ τῶν Διογενιανοῦ τὰ περὶ εἱμαρμέ-
νης, ὧδέ πως τῷ Χρυσίππῳ ἀντειρημένα·] Ἄξιον δὲ ἐπὶ τούτοις
πᾶσι παραθέσθαι καὶ τὰ δοκοῦντα Χρυσίππῳ τῷ Στωϊκῷ περὶ τοῦ
35 λόγου τοῦδε. οὗτος γὰρ ἐν τῷ πρώτῳ περὶ εἱμαρμένης βιβλίῳ
βουλόμενος δεικνύναι „τὸ δὴ πάνθ᾽ ὑπὸ τῆς ἀνάγκης καὶ τῆς εἱμαρ-
μένης κατειλῆφθαι" μαρτυρίοις ἄλλοις τέ τισι χρῆται καὶ τοῖς οὑτωσὶ
παρ᾽ Ὁμήρῳ τῷ ποιητῇ λεγομένοις· (Il. Ψ 78. 79)

ἀλλ᾽ ἐμὲ μὲν κὴρ
40   ἀμφέχανε στυγερή, ἥπερ λάχε γεινόμενόν περ.
καὶ· (Il. Υ 127. 128)
          ὕστερον αὖτε τὰ πείσεται ἅσσα οἱ αἶσα
          γεινομένῳ ἐπένησε λίνῳ, ὅτε μιν τέκε μήτηρ·

20 sequentur *Davisius*, sequuntur *libri*

καὶ· (Il. Z 488)

Μοῖραν δ᾽ οὔτινά φημι πεφυγμένον ἔμμεναι ἀνδρῶν.

Cf. p. 262d. οὐ μὴν οὐδ᾽ ἐκεῖνο συνιδεῖν ἠδυνήθη, τὸ μηδαμῶς τὸν Ὅμηρον μηδ᾽ ἐν ἐκείνοις τοῖς ἔπεσι (supra adscriptis) συμμαρτυρεῖν αὐτοῦ τῷ δόγματι. οὐ γὰρ τὸ πάντα γίνεσθαι καθ᾽ εἱμαρμένην, 5 ἀλλὰ μᾶλλον τὸ τινὰ κατ᾽ ἐκείνην συμβαίνειν ἐξ αὐτῶν ὑποβάλλων εὑρεθήσεται.

p. 263b. ὥστ᾽ οὐχ ὅπως σύμψηφον ἂν ἔχοι τὸν Ὅμηρον ὁ Χρύσιππος ἐν τῷ πάντα καθ᾽ εἱμαρμένην γίνεσθαι νομίζειν, ἀλλὰ καὶ ἐναντιούμενον.   10

926 Iustinus apol. II 7. οἱ Στωϊκοὶ καθ᾽ εἱμαρμένης ἀνάγκην πάντα γίνεσθαι ἀπεφήναντο.

ibidem paulo post: γεννητοῦ δὲ παντὸς ἥδε ἡ φύσις, κακίας καὶ ἀρετῆς δεκτικὸν εἶναι· οὐ γὰρ ἂν ἦν ἐπαινετὸν οὐδὲν αὐτῶν, εἰ οὐκ ἂν ἐπ᾽ ἀμφότερα τρέπεσθαι καὶ δύναμιν εἶχε. Δεικνύουσι δὲ τοῦτο καὶ οἱ πανταχοῦ 15 κατὰ λόγον τὸν ὀρθὸν νομοθετήσαντες καὶ φιλοσοφήσαντες ἄνθρωποι ἐκ τοῦ ὑπαγορεύειν τάδε μὲν πράττειν, τῶνδε δὲ ἀπέχεσθαι. Καὶ οἱ Στωϊκοὶ φιλόσοφοι ἐν τῷ περὶ ἠθῶν λόγῳ τὰ αὐτὰ τιμῶσι καρτερῶς, ὡς δηλοῦσθαι ἐν τῷ περὶ ἀρχῶν καὶ ἀσωμάτων λόγῳ οὐκ εὐοδοῦν αὐτούς. Εἴτε γὰρ καθ᾽ εἱμαρμένην φήσουσι τὰ γινόμενα πρὸς ἀνθρώπων γίγνεσθαι ἢ 20 μηδὲν εἶναι θεὸν παρὰ τρεπόμενα καὶ ἀλλοιούμενα καὶ ἀναλυόμενα εἰς τὰ αὐτὰ ἀεί, καὶ φθαρτῶν μόνων φανήσονται κατάληψιν ἐσχηκέναι καὶ αὐτὸν τὸν θεὸν διά τε τῶν μερῶν καὶ διὰ τοῦ ὅλου ἐν πάσῃ κακίᾳ γινόμενον, ἢ μηδὲν εἶναι κακίαν μηδ᾽ ἀρετήν, ὅπερ καὶ παρὰ πᾶσαν σώφρονα ἔννοιαν καὶ λόγον καὶ νοῦν ἐστί.   25

927 Fulgentius Mytholog. prooem. in fine: *tamen nequaquam apud humanos sensus nisi fortuitis compulsationibus moti nascuntur errores, ut etiam Chrysippus de fato scribens ait: Compulsationibus lubricis volvuntur incursus.*

§ 2. Fatum divinum.   30

928 Alexander Aphrod. de fato cp. 31. πῶς δὲ συνῳδὰ ἀλλήλοις τὸ ὁμοῦ μὲν θεὸν λέγειν τὴν εἱμαρμένην καὶ χρῆσθαι τοῖς οὖσί τε καὶ γινομένοις ἐν τῷ κόσμῳ ἐπὶ σωτηρίᾳ αὐτοῦ τε τοῦ κόσμου καὶ τῆς τῶν ἐν αὐτῷ τάξεως, ὁμοῦ δὲ τοιαῦτα περὶ αὐτῆς λέγειν.

929 Proclus in Hesiod. Op. et Dies v. 105. οὐ δυνατόν ἐστι τὸν 35 τοῦ Διὸς νοῦν ἐκκλῖναι, ὅ ἐστι τὴν εἱμαρμένην· ταύτην γὰρ οἱ Στωϊκοὶ Διὸς νοῦν προσηγορεύκασι.

930 Scholia Hesiod. Theog. v. 411. „Ἑκάτην τέκε.“ — — οὕτω δὲ λέγεται διὰ τὸ ἑκάστου προνοεῖσθαι. τῶν γὰρ ἐν γῇ καὶ ἐν θαλάσσῃ πάντων ἔχει τὴν ἐξουσίαν ἡ εἱμαρμένη. ὡς γὰρ θεᾷ πάντες εὔχονται τῇ Μοίρᾳ. 40

931 Scholia in Hom. Iliad. Θ 69. Οἱ Στωϊκοὶ δέ φασιν ὡς ταὐτὸν εἱμαρμένη καὶ Ζεύς.

932 Augustinus de civ. dei V 8. Qui vero non astrorum constitu-

tionem, sicuti est cum quidque concipitur vel nascitur vel inchoatur, sed
omnium conexionem seriemque causarum, qua fit omne quod fit, fati no-
mine appellant: non multum cum eis de verbi controversia laborandum
atque certandum est, quandoquidem ipsum causarum ordinem et
5 quandam conexionem Dei summi tribuunt voluntati et potestati,
qui optime et veracissime creditur et cuncta scire, antequam fiant, et
nihil inordinatum relinquere: a quo sunt omnes potestates, quamvis non
sint ab illo omnium voluntates. Ipsam itaque praecipue Dei summi vo-
luntatem, cuius potestas insuperabiliter per cuncta porrigitur, eos appellare
10 fatum, sic probatur.

933 Chalcidius in Timaeum cp. 144. *Itaque nonnulli putant, prae-
sumi differentiam providentiae fatique cum reapse una sit. quippe pro-
videntiam dei fore voluntatem. voluntatem porro eius seriem esse
causarum. et ex eo quidem, quia voluntas, providentia est,*
15 *porro quia eadem series causarum est, fatum cognominatam.
Ex quo fieri, ut quae secundum fatum sunt etiam ex providentia sint.
eodemque modo quae secundum providentiam ex fato, ut putat Chry-
sippus. alii vero, quae quidem ex providentiae auctoritate, fataliter quo-
que provenire, nec tamen quae fataliter ex providentia, ut Cleanthes.*

20   **§ 3. Una vis omnia movens.**

934 Plotinus Ennead. III lib. I 4 (Vol. I p. 164 Mü.). ἀλλ' ἄρα μία
τις ψυχὴ διὰ παντὸς διήκουσα περαίνει τὰ πάντα, ἑκάστου ταύτῃ κινουμένου,
ὡς μέρους, ᾗ τὸ ὅλον ἄγει; φερομένων δὲ ἐκεῖθεν τῶν αἰτίων ἀκολουθεῖν
ἀνάγκη τὴν [του] τῶν ἐφεξῆς συνέχειαν καὶ συμπλοκὴν ⟨καὶ⟩ εἱμαρμένην·
25 οἷον εἰ, φυτοῦ ἐκ ῥίζης τὴν ἀρχὴν ἔχοντος, τὴν ἐντεῦθεν ἐπὶ πάντα διήκουσαν
αὐτοῦ τὰ μέρη ποίησίν τε καὶ πεῖσιν καὶ πρὸς ἄλληλα συμπλοκὴν διοίκησιν
μίαν καὶ οἷον εἱμαρμένην τοῦ φυτοῦ τις εἶναι λέγοι.

935 Plutarchus de Stoic. repugn. cp. 47 p. 1056 d. Οὐδὲ γὰρ
ἅπαξ ἢ δίς, ἀλλὰ πανταχοῦ, μᾶλλον δ' ἐν πᾶσι τοῖς Φυσικοῖς γέ-
30 γραφε ταῖς μὲν κατὰ μέρος φύσεσι καὶ κινήσεσιν ἐνστήματα
πολλὰ γίνεσθαι καὶ κωλύματα, τῇ δὲ τῶν ὅλων μηδέν (quae
stulta esse Plutarchus evincere studet).

936 Alexander Aphrod. de fato cp. 9 p. 175, 7 Bruns. Καίτοι πῶς
οὐκ ἄτοπα καὶ παρὰ τὰ ἐναργῆ καὶ μέχρι τούτου τὴν ἀνάγκην προεληλυθέναι
35 λέγειν, ὡς μήτε κινηθῆναί τινα δύνασθαι κίνησίν τινα, μήτε κινῆσαί τι τῶν
αὐτοῦ μερῶν, ἣν κίνησιν καὶ μὴ κινεῖσθαι τότε οἷόν τε ἦν, ἀλλὰ τὴν τυ-
χοῦσαν τοῦ τραχήλου περιστροφὴν καὶ τὴν δακτύλου τινὸς ἔκτασιν καὶ τὸ
ἐπᾶραι τὰ βλέφαρα ἤ τι τῶν τοιούτων προηγουμέναις τισὶν αἰτίαις ἑπόμενον
ἄλλως ὑφ' ἡμῶν μὴ δύνασθαι γίνεσθαί ποτε etc.

---

24 τῶν scripsi, τούτων libri. || καὶ addidi.   25 διοίκησιν BC.   26 verba
ποίησίν τε καὶ πεῖσιν huc transposui, post συμπλοκὴν habent libri.   34 τούτου
scripsi, τούτων libri.

937 Plutarchus de Stoic. repugn. cp. 34 p. 1049 f. Πρῶτον γὰρ ἐν τῷ πρώτῳ περὶ Φύσεως τὸ ἀΐδιον τῆς κινήσεως κυκεῶνι παρεικάσας, ἄλλα ἄλλως ςτρέφοντι καὶ ταράςςοντι τῶν γινομένων, ταῦτ᾽ εἴρηκεν· „Οὕτω δὲ τῆς τῶν ὅλων οἰκονομίας προαγούςης, ἀναγκαῖον κατὰ ταύτην, ὡς ἄν ποτ᾽ ἔχωμεν, ἔχειν ἡμᾶς, εἴτε παρὰ φύςιν 5 τὴν ἰδίαν νοςοῦντες, εἴτε πεπηρωμένοι, εἴτε γραμματικοὶ γεγονότες ἢ μουςικοί.“ Καὶ πάλιν μετ᾽ ὀλίγον· „Κατὰ τοῦτον δὲ τὸν λόγον τὰ παραπλήςια ἐροῦμεν καὶ περὶ τῆς ἀρετῆς ἡμῶν καὶ περὶ τῆς κακίας, καὶ τὸ ὅλον τῶν τεχνῶν καὶ τῶν ἀτεχνιῶν, ὡς ἔφην.“ Καὶ μετ᾽ ὀλίγον ἅπαςαν ἀναιρῶν ἀμφιβολίαν· „Οὐθὲν 10 γὰρ ἔςτιν ἄλλως τῶν κατὰ μέρος γενέςθαι οὐδὲ τοὐλάχιςτον, ἢ κατὰ τὴν κοινὴν φύςιν καὶ κατὰ τὸν ἐκείνης λόγον.“ Ὅτι δ᾽ ἡ κοινὴ φύςις καὶ ὁ κοινὸς τῆς φύςεως λόγος εἱμαρμένη καὶ πρόνοια καὶ Ζεύς ἐςτιν, οὐδὲ τοὺς ἀντίποδας λέληθε· πανταχοῦ γὰρ ταῦτα θρυλεῖται ὑπ᾽ αὐτῶν· καὶ τὸ 15

(A 5)   Διὸς δ᾽ ἐτελείετο βουλή,

τὸν Ὅμηρον εἰρηκέναι φηςὶν ὀρθῶς, ἐπὶ τὴν εἱμαρμένην ἀναφέροντα καὶ τὴν τῶν ὅλων φύςιν, καθ᾽ ἣν πάντα διοικεῖται.

p. 1050 c. ὁ δὲ Χρύςιππος ἀναπεπταμένην παρρηςίαν αὐτῇ (scil. τῇ κακίᾳ) δίδωςιν, ὡς οὐ μόνον ἐξ ἀνάγκης οὐδὲ καθ᾽ εἱμαρμένην, ἀλλὰ 20 καὶ κατὰ λόγον θεοῦ καὶ κατὰ φύςιν πεποιημένη τὴν ἀρίστην. Ἔτι δὲ καὶ ταῦτα ὁρᾶται κατὰ λέξιν οὕτως ἔχοντα· „Τῆς γὰρ κοινῆς φύςεως εἰς πάντα διατεινούςης, δεήςει πᾶν τὸ ὁπωςοῦν γινόμενον ἐν τῷ ὅλῳ καὶ τῶν μορίων ὁτῳοῦν κατ᾽ ἐκείνην γενέςθαι καὶ τὸν ἐκείνης λόγον κατὰ τὸ ἑξῆς ἀκωλύτως· διὰ τὸ μήτ᾽ ἔξω- 25 θεν εἶναι τὸ ἐνςτηςόμενον τῇ οἰκονομίᾳ, μήτε τῶν μερῶν μηδὲν ἔχειν ὅπως κινηθήςεται ἢ ςχήςει ἄλλως ⟨ἢ⟩ κατὰ τὴν κοινὴν φύςιν.“ (Τίνες οὖν αἱ τῶν μερῶν ςχέςεις εἰςὶ καὶ κινήςεις; δῆλον μὲν ὅτι ςχέςεις αἱ κακίαι καὶ τὰ νοςήματα, φιλαργυρίαι, φιληδονίαι, φιλοδοξίαι, δειλίαι, ἀδικίαι· κινήςεις δὲ μοιχεῖαι, κλοπαί, προδοςίαι, ἀν- 30 δροφονίαι, πατροκτονίαι. Τούτων οἴεται Χρύςιππος οὔτε μικρὸν οὔτε μέγα παρὰ τὸν τοῦ Διὸς λόγον εἶναι καὶ νόμον καὶ δίκην καὶ πρόνοιαν etc.).

Plut. de comm. not. cp. 34 p. 1076 e. εἰ δέ, ὥς φηςι Χρύςιππος, οὐδὲ τοὐλάχιςτόν ἐςτι τῶν μερῶν ἔχειν ἄλλως ἀλλ᾽ ἢ κατὰ τὴν τοῦ 35 Διὸς βούληςιν, ἀλλὰ πᾶν μὲν ἔμψυχον οὕτως ἴςχεςθαι καὶ οὕτω κινεῖςθαι πέφυκεν, ὡς ἐκεῖνος ἄγει κἀκεῖνος ἐπιςτρέφει καὶ ἴςχει καὶ διατίθηςιν etc.

Plut. de Stoic. repugn. cp. 47 p. 1056 c. τέλος δέ φηςι μηδὲν

---

24 ὅλῳ Wy., λόγῳ libri.   28 ἢ add. Mez.

ἴσχεσθαι μηδὲ κινεῖσθαι μηδὲ τοὐλάχιστον ἄλλως ἢ κατὰ τὸν τοῦ Διὸς
λόγον, ὃν τῇ εἱμαρμένῃ τὸν αὐτὸν εἶναι.

938 Servius ad Verg. Aeneid. III 90. Visa repente: Stoicos et
Academicos secutus est, qui dicunt ea quae contra naturam sunt non
5 fieri, sed fieri videri: unde magica ars omnis exclusa est, sicut Plinius
Secundus docet in Naturali Historia.

§ 4. Vaticinatio probat fati necessitatem.

939 Diogenianus apud Eusebium praep. evang. IV 3 p. 136. [ἐξαρ-
κεῖν ἔμοιγε ἡγοῦμαι καὶ μίαν ἑνὸς τούτων παράθεσιν ἀπαντῶσαν
10 πρὸς τὰ Χρυσίππῳ περὶ εἱμαρμένης ἀπὸ τῆς τῶν μαντείων προρ-
ρήσεως κατασκευασθέντα. γράφει δ᾽ οὖν πρὸς αὐτὸν ὁ συγγραφεὺς
ἀπελέγχων ὅτι κακῶς ἐκ τῶν μαντείων σημειοῦται τὴν εἱμαρμένην etc.]
Φέρει δὲ καὶ ἄλλην ἀπόδειξιν ἐν τῷ προειρημένῳ βιβλίῳ (scil.
Chrysippus περὶ εἱμαρμένης) τοιαύτην τινά·
15 „μὴ γὰρ ἂν τὰς τῶν μάντεων προρρήσεις ἀληθεῖς εἶναί
φησιν, εἰ μὴ πάντα ὑπὸ τῆς εἱμαρμένης περιείχοντο.‟
— ὡς γὰρ ἐναργοῦς ὄντος τοῦ πάσας ἀποβαίνειν τὰς τῶν καλου-
μένων μάντεων προρρήσεις ἢ ὡς μᾶλλον ἂν ὑπό τινος τούτου συγχω-
ρηθέντος τοῦ πάντα γίνεσθαι καθ᾽ εἱμαρμένην — — οὕτω τὴν ἀπό-
20 δειξιν ἡμῖν Χρύσιππος κεκόμικε, δι᾽ ἀλλήλων κατασκευάζων ἑκάτερα.
τὸ μὲν γὰρ πάντα γίγνεσθαι, καθ᾽ εἱμαρμένην ἐκ τοῦ μαντι-
κὴν ̓ εἶναι δεικνύναι βούλεται, τὸ δὲ εἶναι μαντικὴν οὐκ ἂν ἄλ-
λως ἀποδεῖξαι δύναιτο, εἰ μὴ προλάβοι τὸ πάντα συμβαίνειν καθ᾽
εἱμαρμένην.
25 p. 138. ἔπειτα εἰ καὶ καθ᾽ ὑπόθεσιν ἦν ἀληθὲς τὸ δὴ τὴν μαν-
τικὴν τῶν μελλόντων ἀπάντων εἶναι θεωρητικήν τε καὶ προαγορευτι-
κήν, τὸ μὲν πάντα καθ᾽ εἱμαρμένην εἶναι συνήγετο ἂν οὕτως, τὸ
μέντοι χρειῶδες αὐτῆς καὶ βιωφελὲς, οὐκ ἄν ποτε ἐδείκνυτο· διὸ καὶ
μάλιστα δοκεῖ Χρύσιππος ὑμνεῖν τὴν μαντικήν — — εἰ γὰρ φήσει
30 τις σωθήσεσθαι τὸ χρήσιμον τῆς μαντικῆς διὰ τὸ προλέγεσθαι τὸ
πάντως ἐσόμενον δυσχερὲς εἰ μὴ φυλαξαίμεθα, οὐκέτι πάντα δεί-
ξει συμβησόμενα καθ᾽ εἱμαρμένην, ἐφ᾽ ἡμῖν ὄντος τοῦ φυλάξασθαί τε
καὶ μὴ φυλάξασθαι [quae ipsa quoque Chrysippi sententiam spectare
videntur]. εἰ γὰρ καὶ τοῦτο κατηναγκάσθαι φήσει τις, ὡς εἰς πάντα
35 τὰ ὄντα διατείνειν τὴν εἱρμαρμένην, πάλιν τὸ τῆς μαντικῆς χρήσιμον
ἀναιρεῖται· φυλαξόμεθα γὰρ εἰ καθείμαρται, καὶ οὐ φυλαξόμεθα, δῆ-
λον ὡς, εἰ μὴ καθείμαρται φυλάξασθαι, κἂν πάντες οἱ μάντεις τὸ
ἐσόμενον προαγορεύωσιν ἡμῖν.
τὸν γοῦν Οἰδίποδα καὶ τὸν Ἀλέξανδρον τὸν τοῦ Πριάμου

καὶ αὐτὸς ὁ Χρύσιππός φησι πολλὰ μηχανησαμένων τῶν γο
νέων ὥστε ἀποκτεῖναι, ἵνα τὸ ἀπ᾽ αὐτῶν προῤῥηθὲν αὐτοῖς
κακὸν φυλάξωνται, μὴ δυνηθῆναι. οὕτως οὐδὲν ὄφελος οὐδὲ
αὐτοῖς τῆς τῶν κακῶν προαγορεύσεώς φησιν εἶναι διὰ τὴν ἐκ τῆς
εἱμαρμένης αἰτίαν.   5

940 Alexander Aphrod. de fato cp. 30 p. 200, 12 Bruns. τὸ δὲ λέ
γειν εὔλογον εἶναι τοὺς θεοὺς τὰ ἐσόμενα προειδέναι (ἄτοπον γὰρ
τὸ λέγειν ἐκείνους ἀγνοεῖν τι τῶν ἐσομένων) καὶ τοῦτο λαμβάνοντας
κατασκευάζειν πειρᾶσθαι δι᾽ αὐτοῦ τὸ πάντα ἐξ ἀνάγκης τε γίνεσθαι καὶ
καθ᾽ εἱμαρμένην οὔτε ἀληθὲς οὔτε εὔλογον.   10

941 Alexander Aphrod. de fato cp. 31 p. 201, 32. οἱ δὲ ὑμνοῦντες
τὴν μαντικὴν καὶ κατὰ τὸν αὐτῶν λόγον μόνον σῴζεσθαι λέγοντες αὐτὴν
καὶ ταύτη ⟨τῇ⟩ πίστει τοῦ πάντα καθ᾽ εἱμαρμένην γίνεσθαι χρώμενοι —
ἄτοπά τινα — τολμῶσι λέγειν. — ἀπορούντων γάρ τινων πρὸς αὐτούς, τί
δήποτε, εἰ πάντα τὰ γινόμενα ἐξ ἀνάγκης γίνεται, αἱ παρὰ τῶν θεῶν μαν 15
τεῖαι [μὲν] γίγνονται συμβουλαῖς ἐοικυῖαι, ὡς δυναμένων δι᾽ ὃ ἤκουσαν καὶ
φυλάξασθαί τι καὶ ποιῆσαι τῶν ἀκουσάντων, καὶ δὴ καὶ τὸν τῷ Λαΐῳ δο
θέντα χρησμὸν παρεχομένων, δι᾽ οὗ λέγει πρὸς αὐτὸν ὁ Πύθιος περὶ τοῦ μὴ
δεῖν παιδοποιεῖσθαι·

(Eur. Phoen. 19) „εἰ γὰρ φυτεύσεις παῖδα, ἀποκτενεῖ σ᾽ ὁ φύς   20
                      καὶ πᾶς σὸς οἶκος βήσεται δι᾽ αἵματος,"

φασίν, ὡς κηρύττει τὰ συγγράμματα αὐτῶν, ⟨οὐχ⟩ οὕτως αὐτὸν χρῆσαι
ὡς οὐκ εἰδότα ὅτι μὴ πεισθήσεται (παντὸς γὰρ μᾶλλον ᾔδει), ἀλλ᾽
ὅτι μηδὲν μὲν αὐτοῦ τοιοῦτον χρήσαντος οὐδὲν ἔμελλεν τῶν κατὰ
τὴν περιπέτειαν τὴν περὶ τὸν Λάϊόν τε καὶ τὸν Οἰδίπουν γενο 25
μένων γίνεσθαι. οὔτε γὰρ ἂν ἐξέθηκεν ὁ Λάϊος τὸν γενόμενον
αὐτῷ παῖδα, ὡς ἐξέθηκεν, οὔτ᾽ ἀναιρεθεὶς ὁ παῖς ὑπὸ τοῦ βου
κόλου καὶ δοθεὶς πρὸς εἰσποίησιν τῷ Κορινθίῳ Πολύβῳ, ἀνδρω
θεὶς καὶ περιτυχὼν τῷ Λαΐῳ κατὰ τὴν ὁδὸν ἀγνοῶν τε καὶ ἀγνο
ούμενος ἀπέκτεινεν αὐτόν. οὐ γὰρ ἄν ποτε ὡς υἱὸς ἔνδον παρ᾽ 30
αὐτοῖς τρεφόμενος ἠγνόησε τοὺς γονεῖς, ὡς τὸν μὲν αὐτῶν ἀπο
κτεῖναι, τὴν δὲ ἀγαγέσθαι πρὸς γάμον. ὅπως οὖν πάντα ταῦτα
σωθῇ καὶ πληρωθῇ τὸ τῆς εἱμαρμένης δρᾶμα, φαντασίαν ὁ θεὸς
διὰ τοῦ χρησμοῦ τῷ Λαΐῳ παρέσχεν ὡς δυναμένῳ φυλάξασθαι τὰ
λεγόμενα, καὶ ἐπεὶ μεθυσθεὶς ἐπαιδοποιήσατο, ἐξέθηκεν τὸ γενό 35
μενον παιδίον ὡς διαφθερῶν, ἥτις ἔκθεσις αἰτία τῶν ἀνοσίων
μύθων ἐγένετο.

942 Proclus de prov. et fato cp. 49 (ed. Cousin I 71). Alii autem
determinatam cognitionem attribuentes deo, admiserunt necessitatem in
omnibus quae fiunt. Peripateticorum et Stoicorum haeresium sunt haec 40
dogmata.

943 Chalcidius ad Timaeum cp. 160. *Aiunt ergo (sc. Stoici Chrysippum secuti) si deus cuncta ex initio scit, antequam fiant, nec sola
caelestia, quae felici necessitate perpetuae beatitudinis quasi quodam fato*

---

13 τῇ add. Bruns.   16 μὲν del. B².   22 κηρύττει B², κηρύττειν V ‖
οὐχ add. Usener.   31 αὐτοῖς scripsi, αὐτόν libri.

tenentur, sed illas etiam nostras cogitationes et voluntates, scit quoque dubiam illam naturam tenetque et praeterita et praesentia et futura, et hoc ex initio, nec potest falli deus: omnia certe ex initio disposita atque decreta sunt, tam ea quae in nostra potestate posita esse dicuntur,
5 *quam fortuita nec non subiecta casibus. Porro cum haec omnia iam dudum decreta sint, cuncta quae proveniunt ex fato provenire concludunt. Leges etiam et exhortationes et obiurgationes et disciplinas quaeque huiusmodi sunt, omnia teneri fatalibus condicionibus: quando, si cui quid accidere decretum est, una etiam illud decretum sit, cuius*
10 *ope vel beneficio debeat provenire: ut si cui salus proventura erit in navigando, proveniat ei non alio quoquam sed illo gubernatore navim regente, vel si cui civitati proventurum erit, ut bonis utatur institutis et moribus, ut Spartae Lycurgi legibus hoc debeat provenire. item si quis erit iustus futurus, ut Aristides, huic educatio parentum adiumento sit*
15 *in iustitiae atque aequitatis obtentu.*

cp. 161. *Artes quoque sub fati decretum cadere manifestum esse aiunt. nam et hinc iam dudum esse ordinatum, quis aeger quo medente revalescat. denique fieri frequenter, ut non a medico sed ab inperito curetur aeger, cum talis erit condicio decreti. Similis ratio est*
20 *laudum, vituperationum, animadversionum, praemiorum. fit enim frequenter, ut adversante fato quae recte gesta sunt non modo nullam laudem, sed contra reprehensionem suppliciaque adferant. At vero divinationem dicunt clare demonstrare proventus iam dudum esse decretos. neque enim, nisi decretum praecederet, ad rationem eius accedere potuisse*
25 *praesagos. Animorum vero nostrorum motus nihil aliud esse, quam ministeria decretorum fatalium, siquidem necesse sit agi per nos agente fato. Ita homines vicem obtinere eorum quae dicuntur, sine quibus agi non potest, sicut sine loco esse non potest motus aut statio.*

944 Cicero de divinatione I 56, 127. Praeterea cum fato omnia
30 fiunt — — si quis mortalis possit esse, qui colligationem causarum omnium perspiciat animo, nihil eum profecto fallat. Qui enim teneat causas rerum futurarum, idem necesse est omnia teneat quae futura sint. Quod cum nemo facere nisi deus possit, relinquendum est homini ut signis quibusdam consequentia declarantibus futura praesentiat. Non enim illa, quae
35 futura sunt, subito exsistunt; sed est quasi rudentis explicatio, sic traductio temporis, nihil novi efficientis et primum replicantis.

§ 5: Infinita series causarum.

945 Alexander Aphrod. de fato cp. 22 p. 191, 30 Bruns. φασὶν δὴ τὸν κόσμον τόνδε, ἕνα ὄντα καὶ πάντα τὰ ὄντα ἐν αὑτῷ περιέχοντα, καὶ
40 ὑπὸ φύσεως διοικούμενον ζωτικῆς τε καὶ λογικῆς καὶ νοερᾶς, ἔχειν τὴν τῶν

ὄντων διοίκησιν ἀΐδιον κατὰ εἱρμόν τινα καὶ τάξιν προϊοῦσαν, τῶν πρώτων
τοῖς μετὰ ταῦτα γινομένοις αἰτίων γινομένων καὶ τούτῳ τῷ τρόπῳ συνδεο-
μένων ἀλλήλοις ἁπάντων, καὶ μήτε οὕτως τινὸς ἐν αὐτῷ γινομένου, ὡς μὴ
πάντως ἐπακολουθεῖν αὐτῷ καὶ συνῆφθαι ὡς αἰτίῳ ἕτερόν τι, μήτ' αὖ τῶν
ἐπιγινομένων τινὸς ἀπολελύσθαι δυναμένου τῶν προγεγονότων, ὡς μή τινι 5
αὐτῶν ἀκολουθεῖν ὥσπερ συνδεόμενον, ἀλλὰ παντί τε τῷ γενομένῳ ἕτερόν τι
ἐπακολουθεῖν, ἠρτημένον ⟨ἐξ⟩ αὐτοῦ ἐξ ἀνάγκης ὡς αἰτίου, καὶ πᾶν τὸ γι-
νόμενον ἔχειν τι πρὸ αὐτοῦ, ᾧ ὡς αἰτίῳ συνήρτηται. μηδὲν γὰρ ἀναιτίως
μήτε εἶναι μήτε γίνεσθαι τῶν ἐν τῷ κόσμῳ διὰ τὸ μηδὲν εἶναι τῶν ἐν αὐ-
τῷ ἀπολελυμένον τε καὶ κεχωρισμένον τῶν προγεγονότων ἁπάντων. δια- 10
σπᾶσθαι γὰρ καὶ διαιρεῖσθαι καὶ μηκέτι τὸν κόσμον ἕνα μένειν,
αἰεὶ κατὰ μίαν τάξιν τε καὶ οἰκονομίαν διοικούμενον, εἰ ἀναίτιός
τις εἰσάγοιτο κίνησις· ἣν εἰσάγεσθαι, εἰ μὴ πάντα τὰ ὄντα τε καὶ γινό-
μενα ἔχοι τινα αἴτια προγεγονότα, οἷς ἐξ ἀνάγκης ἕπεται· ὅμοιόν τε εἶναί
φασιν καὶ ὁμοίως ἀδύνατον τὸ ἀναιτίως τῷ γίνεσθαί τι ἐκ μὴ ὄντος. τοι- 15
αύτην δὲ οὖσαν τὴν τοῦ παντὸς διοίκησιν ἐξ ἀπείρου εἰς ἄπειρον ἐνεργῶς
τε καὶ ἀκαταστρόφως γίνεσθαι. οὔσης δέ τινος διαφορᾶς ἐν τοῖς αἰτίοις, ἣν
ἐκτιθέντες σμῆνος [γὰρ] αἰτίων καταλέγουσιν, τὰ μὲν προκαταρκτικά,
τὰ δὲ συναίτια, τὰ δὲ ἑκτικά, τὰ δὲ συνεκτικά, τὰ δὲ ἄλλο τι (οὐδὲν
γὰρ δεῖ τὸν λόγον μηκύνειν, πάντα τὰ λεγόμενα παρατιθέμεν⟨ον, ἀλλ⟩ὰ τὸ 20
βούλημα αὐτῶν δεῖξαι τοῦ περὶ τῆς εἱμαρμένης δόγματος)· ὄντων δὴ πλειό-
νων αἰτίων, ἐπ' ἴσης ἐπὶ πάντων αὐτῶν ἀληθές φασιν εἶναι τὸ ἀδύνατον
εἶναι τῶν αὐτῶν ἁπάντων περιεστηκότων περί τε τὸ αἴτιον καὶ ᾧ ἐστιν αἴ-
τιον, ὁτὲ μὲν δὴ μὴ οὑτωσί πως συμβαίνειν, ὁτὲ δὲ οὕτως. ἔσεσθαι γάρ,
εἰ οὕτως γίνοιτο, ἀναίτιόν τινα κίνησιν. τὴν δὲ εἱμαρμένην αὐτὴν καὶ τὴν 25
φύσιν καὶ τὸν λόγον, καθ' ὃν διοικεῖται τὸ πᾶν, θεὸν εἶναί φασιν, οὖσαν
ἐν τοῖς οὖσίν τε καὶ γινομένοις ἅπασιν καὶ οὕτως χρωμένην ἁπάντων τῶν
ὄντων τῇ οἰκείᾳ φύσει πρὸς τὴν τοῦ παντὸς οἰκονομίαν. καὶ τοιαύτη μὲν
ὡς διὰ βραχέων εἰπεῖν ἡ περὶ τῆς εἱμαρμένης ὑπ' αὐτῶν καταβεβλημένη δόξα.
p. 193, 4. τὸ γοῦν πρῶτον εἰρημένον ὡς πάντων τῶν ὄντων αἰτίων 30
τινῶν γινομένων τῶν μετὰ ταῦτα καὶ τοῦτον τὸν τρόπον ἐχομένων ἀλλήλων
τῶν πραγμάτων τῷ δίκην ἁλύσεως τοῖς πρώτοις συνηρτῆσθαι τὰ δεύτερα, ὃ
ὥσπερ οὐσίαν τῆς εἱμαρμένης ὑποτίθενται etc.

946 Plotinus Ennead. III lib. I 2 (Vol. I p. 162 Mü.). οἱ δὲ ἐπὶ
τὴν τοῦ παντὸς ἀρχὴν ἐλθόντες ἀπ' αὐτῆς κατάγουσι πάντα, διὰ πάντων 35
φοιτήσασαν αἰτίαν καὶ ταύτην οὐ μόνον κινοῦσαν ἀλλὰ καὶ ποιοῦσαν ἕκαστα
λέγοντες, εἱμαρμένην ταύτην καὶ κυριωτάτην αἰτίαν θέμενοι, αὐτὴν ποιοῦσαν
τὰ πάντα, οὐ μόνον τὰ ἄλλα ὅσα γίγνεται, ἀλλὰ καὶ τὰς ἡμετέρας διανοήσεις
ἐκ τῶν ἐκείνης ἰέναι κινημάτων, οἷον ζῴου μορίων κινουμένων ἑκάστων οὐκ
ἐξ αὐτῶν, ἐκ δὲ τοῦ ἡγεμονοῦντος ἐν ἑκάστῳ τῶν ζῴων· ἄλλοι δὲ ― ― ―. 40
καὶ μὴν καὶ τὴν τῶν αἰτίων ἐπιπλοκὴν πρὸς ἄλληλα καὶ τὸν ἄνω-
θεν εἱρμὸν καὶ τὸ ἕπεσθαι τοῖς προτέροις ἀεὶ τὰ ὕστερα καὶ ταῦτα
ἐπ' ἐκεῖνα ἀνιέναι, δι' αὐτῶν γενόμενα καὶ ἄνευ ἐκείνων οὐκ ἂν
γενόμενα, δουλεύειν τε τοῖς πρὸ αὐτῶν τὰ ὕστερα, ταῦτα εἴ τις λέ-

---

6 παντὶ B², πάντη V.   7 ἐξ add. Or.   16 ἐνεργῶς Usener, ἐναργῶs
libri.   18 γὰρ seclusi.   19 ἑκτικὰ K, ἀκτικὰ V.   20 lacunam supplevi.
27 χρωμένην a¹², χρωμένης V.   37 ποιοῦσαν scripsi, οὖσαν libri, quo servato
καὶ pro τὰ Vitringa.

γοι, εἱμαρμένην ἕτερον τρόπον εἰσάγων φανεῖται. διττοὺς δὲ ἄν τις θέμενος καὶ τούτους, οὐκ ἄν τοῦ ἀληθοῦς ἀποτυγχάνοι· οἱ μὲν γὰρ ἀφ᾽ ἑνός τινος τὰ πάντα ἀναρτῶσιν, οἱ δὲ οὐχ οὕτω.

947 Alexander Aphrod. de fato cp. 23 p. 193, 25 (πολλὰ γὰρ τῶν
5 γινομένων — οὐδενὸς ἔφθη γενόμενα κατὰ τὴν ὑπάρχουσαν δύναμιν αὐτοῖς αἴτια. Τίνος δὲ ἐροῦσιν αἴτια τὰ ἔν τισιν μέρεσιν τοῦ σώματος φυόμενα περιττώματα; τίνος δὲ τὰ τέρατα;). τὸ δ᾽ ὁμόσε χωροῦντας ⟨αἴτια⟩ μὲν λέγειν καὶ ταῦτα, καταφεύγειν δὲ ἐπὶ τὸ ἄδηλον εἶναι, τίνος αἴτια (ὥσπερ ἀμέλει καὶ ἐπὶ τῆς προνοίας τῆς κατ᾽ αὐτοὺς ἀναγκάζονται ποιεῖν
10 πολλάκις) εὐπορίαν ἐστὶ τοῖς ἀπόροις μηχανωμένων.

948 Alexander Aphrod. de fato cp. 25 p. 194, 25 Bruns. πῶς ʼγὰρ οὐ φανερῶς ψεῦδος τὸ λέγειν πᾶν τὸ ἑπόμενόν τινι ἐξ ἐκείνου τὴν αἰτίαν τοῦ εἶναι ἔχειν καὶ πᾶν τὸ προηγούμενόν τινος αἴτιον ὑπάρχειν ἐκείνῳ;
p. 195, 1. ὅθεν καὶ θαυμάσειεν ἄν τις αὐτοὺς τὴν τῶν αἰτίων ἀπό-
15 δοσιν τοῦτον ποιουμένους τὸν τρόπον ὡς ἀεὶ τὸ πρῶτον γεγονὸς αἰτιᾶσθαι τοῦ μετὰ τοῦτο καὶ ποιεῖν ἐπισύνδεσίν τινα καὶ συνέχειαν τῶν αἰτίων, καὶ ταύτην τοῦ μηδὲν ἀναιτίως γίνεσθαι φέρεσθαι τὴν αἰτίαν.

13. ⟨οὐ μὴν⟩ ὅτι μὴ ⟨ἡ⟩ νὺξ τῆς ἡμέρας αἰτία ἢ ὁ χειμὼν τοῦ θέ-
ρους μηδὲ ἐμπέπλεκται ταῦτα ἀλλήλοις ἀλύσεως δίκην, ἀναιτίως ταῦτα γίνε-
20 ται, ἢ εἰ μὴ οὕτως γίνοιτο, διασπασθήσεται ἡ τοῦ κόσμου τε καὶ τῶν ἐν αὐτῷ γινομένων τε καὶ ὄντων ἕνωσις. — — ὥστ᾽ οὐχ ὁ τῶν αἰτίων εἱρμὸς ὑπ᾽ αὐτῶν λεγόμενος εὐλόγως ἂν τοῦ μηδὲν ἀναιτίως γίνεσθαι φέροιτο τὴν αἰτίαν.

949 Alexander Aphrod. de fato cp. 25 p. 196, 1 Bruns. πῶς γὰρ
25 οὐκ ἄτοπον τὸ λέγειν ἐπ᾽ ἄπειρον εἶναι τὰ αἴτια καὶ τὸν εἱρμὸν αὐτῶν καὶ τὴν ἐπισύνδεσιν ὡς μήτε πρῶτόν τι εἶναι μήτε ἔσχατον; — ἀναι-
ροῖτο δ᾽ ἂν καὶ ἐπιστήμη κατὰ τὸν λόγον τοῦτον, εἴ γε ἐπιστήμη μέν ἐστι κυρίως ἡ τῶν πρώτων αἰτίων γνῶσις, οὐκ ἔστι δὲ κατ᾽ αὐτοὺς ἐν τοῖς αἰ-
τίοις τὸ πρῶτον. οὐ πᾶσά τε τάξεως παράβασις ἀναιρετικὴ τῶν ἐν οἷς γί-
30 νεται — οὐδὲ εἴ τι τοιοῦτον ἐν τῷ κόσμῳ γίνοιτο, πάντως ἤδη τοῦτο λύει τὴν εὐδαιμονίαν τοῦ κόσμου, καθάπερ οὐδὲ τὴν τοῦ οἴκου καὶ τὴν τοῦ δεσπότου ἡ τυχοῦσα τῶν οἰκετῶν ῥαδιουργία.

950 Cicero de fato 7. *ad Chrysippi laqueos revertamur. Cui quidem primum de ipsa contagione rerum respondeamus —. Inter*
35 *locorum naturas quantum intersit videmus; alios esse salubris, alios pestilentis, in aliis esse pituitosos et quasi redundantis, in aliis exsicca-*
tos atque aridos; multaque sunt alia, quae inter locum et locum pluri-
mum differant. Athenis tenue caelum, ex quo etiam acutiores putantur Attici, crassum Thebis, itaque pingues Thebani et valentes. Tamen ne-
40 *que illud tenue caelum efficiet, ut aut Zenonem quis aut Arcesilam aut Theophrastum audiat, neque crassum, ut Nemea potius quam Isthmo victoriam petat. 8. Diiunge longius. Quid enim loci natura adferre*

---

7 αἴτια addidi, λέγειν μὲν καὶ ταῦτα εἶναι αἴτια B². 12 ψεῦδος τὸ λέ-
γειν HB², τὸ λέγειν ψεῦδος V. 17 φέρεσθαι B², φέροντας V. 18 οὐ μὴν addidi. ‖ ἡ add. Bruns. 19 ἀναιτίως Bruns dubitans in adn., ἂν ἕως V.
21 ὁ τῶν B², οὕτως V.

potest, ut in porticu Pompeii potius quam in campo ambulemus? Tecum quam cum alio? Idibus potius quam Kalendis? Ut igitur ad quasdam res natura loci pertinet aliquid, ad quasdam autem nihil, sic astrorum adfectio valeat, si vis, ad quasdam res, ad omnis certe non valebit.

951 Cicero de fato 8. *„At enim, quoniam in naturis homi-* 5
num dissimilitudines sunt, ut alios dulcia, alios subamara
delectent, alii libidinosi, alii iracundi aut crudeles aut su-
perbi sint, alii ⟨a⟩ talibus vitiis abhorreant — quoniam igi-
tur, inquit, tantum natura a natura distat, quid mirum est
has dissimilitudines ex differentibus causis esse factas?“ 10
9. Haec disserens, qua de re agatur, et in quo causa consistat, non
videt. Non enim, si alii ad alia propensiores sunt propter causas na-
turalis et antecedentis, idcirco etiam nostrarum voluntatum atque ad-
petitionum sunt causae naturales et antecedentes. Nam nihil esset in
nostra potestate, si ita se res haberet. Nunc vero fatemur, acuti hebe- 15
tesne, valentes imbecilline simus, non esse id in nobis. Qui autem ex
eo cogi putat, ne ut sedeamus quidem aut ambulemus voluntatis esse, is
non videt, quae quamque rem res consequatur. Ut enim et ingeniosi et
tardi ita nascantur antecedentibus causis itemque valentes et imbecilli,
non sequitur tamen, ut etiam sedere eos et ambulare et rem agere ali- 20
quam principalibus causis definitum et constitutum sit.

§ 6. Omne enuntiatum verum aut falsum.

952 Cicero de fato 20. *Concludit enim Chrysippus hoc modo:*
„Si est motus sine causa, non omnis enuntiatio, quod ἀξίωμα
dialectici appellant, aut vera aut falsa erit; causas enim effi- 25
cientis quod non habebit, id nec verum nec falsum erit. Omnis
autem enuntiatio aut vera aut falsa est. Motus ergo sine
causa nullus est. 21. Quod si ita est, omnia, quae fiunt, causis
fiunt antegressis. Id si ita est, fato omnia fiunt. Efficitur
igitur fato fieri, quaecunque fiant.“ — — — Itaque contendit 30
omnis nervos Chrysippus ut persuadeat omne ἀξίωμα aut verum esse
aut falsum. Ut enim Epicurus veretur, ne, si hoc concesserit, conceden-
dum sit fato fieri, quaecunque fiant — — sic Chrysippus metuit, ne,
si non obtinuerit omne, quod enuntietur, aut verum esse aut falsum,
non teneat omnia fato fieri et ex causis aeternis rerum futurarum. 35
38. ⟨si⟩ tenebitur id, quod a Chrysippo defenditur, omnem enuntiationem
aut veram aut falsam esse.

---

8 a *add.* Lambin.

18*

953 Cicero de fato 28 (Carneades contra Chrysippum disputans:)
Nec si omne enuntiatum aut verum aut falsum est, sequitur ilico esse
causas immutabilis easque aeternas, quae prohibeant quicquam secus ca-
dere atque casurum sit; fortuitae sunt causae, quae efficiant, ut vere
5 dicantur, quae ita dicentur „veniet in senatum Cato," non inclusae in
rerum natura atque mundo; et tamen tam est immutabile venturum,
cum est verum, quam venisse, nec ob eam causam fatum aut necessitas
extimescenda est. Etenim erit confiteri necesse: „Si hoc enuntiatum: 've-
niet in Tusculanum Hortensius' verum non est, sequitur ut falsum sit."
10 Quorum isti neutrum volunt; quod fieri non potest.

954 Cicero de fato 11 (ex naturalibus causis vitia nasci possunt,
extirpari autem et funditus tolli — non est id positum in naturalibus
causis, sed in voluntate, studio, disciplina). Quae tolluntur omnia, si vis
et natura fati ex divinationis ratione firmabitur. Etenim si est
15 divinatio, qualibusnam a perceptis artis proficiscitur? (percepta appello,
quae dicuntur Graece θεωρήματα). Non enim credo nullo percepto aut
ceteros artifices versari in suo munere, aut eos, qui divinatione utuntur
futura praedicere. 12. Sint igitur astrologorum percepta huius modi: „Si
quis (verbi causa) oriente Canicula natus est, is in mari non morietur."
20 Vigila, Chrysippe, ne tuam causam, in qua tibi cum Diodoro, valente dia-
lectico, magna luctatio est, deseras. Si enim est verum quod ita conecti-
tur: „Si quis oriente Canicula natus est, in mari non morietur," illud quo-
que verum est „Si Fabius oriente Canicula natus est, Fabius in mari
non morietur." — — et quoniam certum in Fabio ponitur, natum esse
25 eum Canicula oriente — — illud „morietur in mari Fabius" ex eo ge-
nere est, quod fieri non potest. Omne ergo, quod falsum dicitur in fu-
turo, id fieri non potest. 13. At hoc, Chrysippe, minime vis,
maximeque tibi de hoc ipso cum Diodoro certamen est. Ille
enim id solum fieri posse dicit, quod aut sit verum aut futurum sit ve-
30 rum et, quicquid futurum sit, id dicit fieri necesse esse, et quicquid non
sit futurum, id negat fieri posse. Tu et quae non sint futura, posse
fieri dicis, ut frangi hanc gemmam, etiamsi id numquam futu-
rum sit, neque necesse fuisse Cypselum regnare Corinthi, quam-
quam id millensimo ante anno Apollinis oraculo editum esset.
35 At si ista comprobabis divina praedicta, et quae falsa in futuris dicentur,
in iis habebis, ut ea fieri non possint. — — et si vere dicatur de fu-
turo idque ita futurum sit, dicas esse necessarium; quae est tota Diodori
vobis inimica sententia. 14. Etenim si illud vere conectitur: „Si oriente
Canicula natus es, in mari non moriere," primumque quod est in conexo
40 „natus es oriente Canicula" necessarium est — omnia enim vera in
praeteritis necessaria sunt, ut Chrysippo placet dissentienti a ma-
gistro Cleanthe, quia sunt immutabilia nec in falsum e vero praeterita
possunt convertere — — fit etiam, quod consequitur necessarium. Quam-
quam hoc Chrysippo non videtur valere in omnibus; sed tamen
45 si naturalis est causa, cur in mari Fabius non moriatur, in mari Fabius

---

8 hoc enuntiatum *P. Ramus,* haec enuntiatio A²BV.   17 utuntur *Kayser,*
utantur *libri.*   36 habemus ABV. ‖ dicetur *Kayser.*   37 erit *Kayser.*
40 est ABV.   42 Cf. I n. 489.

mori non potest. 15. Hoc loco Chrysippus aestuans falli sperat Chaldaeos ceterosque divinos neque eos usuros esse coniunctionibus, ut ita sua percepta pronuntient „Si quis natus est oriente Canicula, is in mari non morietur," sed potius ita dicant: „Non et natus est quis oriente Canicula, et is in mari morietur." 5 O licentiam iocularem! ne ipse incidat in Diodorum, docet Chaldaeos, quo pacto eos exponere percepta oporteat. Quaero enim, si Chaldaei ita loquantur, ut negationes infinitarum coniunctionum potius quam infinita conexa ponant, cur idem medici, cur geometrae, cur reliqui facere non possint. 16. Quid est quod non possit isto modo ex conexo transferri 10 ad coniunctionum negationem? Et quidem aliis modis easdem res efferre possumus. — — Multa genera sunt enuntiandi nec ullum distortius quam hoc, quo Chrysippus sperat Chaldaeos contentos Stoicorum causa fore. (Sequentibus explicata Diodori sententia demonstratur, si vera sit, non sequi omnia fato fieri:) non enim aeternis causis ⟨e⟩ naturae necessitate mananti- 15 bus verum est id, quod ita enuntiatur: „descendit in Academiam Carneades" nec tamen sine causis, sed interest inter causas fortuito antegressas et inter causas cohibentis in se efficientiam naturalem. 20. Nec ii qui dicunt immutabilia esse, quae futura sint, nec posse verum futurum convertere in falsum (i. e. Diodorus), fati necessitatem confirmant, sed verborum vim interpre- 20 tantur. At qui introducunt causarum seriem sempiternam (i. e. Chrysippus), ii mentem hominis voluntate libera spoliatam necessitate fati devinciunt.

955 Cicero de fato 33 (Negat Carneades) de Oedipode potuisse Apollinem praedicere, nullis in rerum natura causis praepositis, cur ab eo patrem interfici necesse esset — — Quocirca si Stoicis, qui omnia 25 fato fieri dicunt, consentaneum est huius modi oracla ceteraque, quae a divinatione ducuntur, comprobare, iis autem, qui, quae futura sunt, ea vera esse ex aeternitate dicunt, non idem dicendum est, vide, ne non eadem sit illorum causa et Stoicorum; hi enim urguentur angustius, illorum ratio soluta ac libera est. 30

§ 7. Confatalia (Ἀργὸς λόγος).

956 Cicero de fato 30 (postquam ἀργὸν λόγον explicavit). *Haec ratio a Chrysippo reprehenditur. Quaedam enim sunt, inquit, in rebus simplicia, quaedam copulata. Simplex est: „Morietur illo die Socrates"; huic, sive quid fecerit sive non fecerit, fi-* 35 *nitus est moriendi dies. At si ita fatum sit: „Nascetur Oedipus Laio", non poterit dici „sive fuerit Laius cum muliere sive non fuerit"; copulata enim res est et confatalis. Sic enim appellat, quia ita fatum sit, et concubiturum cum uxore Laium et ex ea Oedipum procreaturum; ut, si esset dictum: „Luctabitur Olympiis Milo"* 40

---

4 dicent ABV.   15 e *add. Baiter.*   16 *scribendum:* descendet.   21 atque ABV.   27 a divinatione *cod.* B. *Madvig,* ad divinationem AV ad divinationem pertinere *alii.*   36 sit] est *Madvig,* erit *C. F. W. Müller.*

et referret aliquis: „*Ergo sive habuerit adversarium sive non habuerit,*
luctabitur", erraret; est enim copulatum „luctabitur", quia sine adver-
sario nulla luctatio est. Omnes *igitur istius generis captiones eodem*
modo refelluntur. „*Sive tu adhibueris medicum sive non adhibueris,*
5 *convalescas" captiosum; tam enim est fatale medicum adhibere quam*
convalescere. Haec, *ut dixi, confatalia ille appellat.*

957 Origenes contra Celsum II 20 Vol. I p. 149, 22 Kö. (p. 406 Del.).
καὶ πρὸς Ἕλληνας δὲ χρησόμεθα τῷ εἰρημένῳ τοῦτον τὸν τρόπον πρὸς τὸν
Λάϊον — — λέγεται τοίνυν πρὸς αὐτὸν ὑπὸ τοῦ προεγνωκότος δὴ τὰ ἐσό-
10 μενα· (Eur. Phoen. 18—20)

Μὴ σπεῖρε παίδων ἄλοκα δαιμόνων βίᾳ·
Εἰ γὰρ τεκνώσεις παῖδ᾽, ἀποκτενεῖ σ᾽ ὁ φύς
Καὶ πᾶς σὸς οἶκος βήσεται δι᾽ αἵματος.

Καὶ ἐν τούτῳ τοίνυν δηλοῦται, ὅτι δυνατὸν μὲν ἦν τῷ Λαΐῳ, μὴ σπεί-
15 ρειν τέκνων ἄλοκα· οὐκ ἂν γὰρ τὸ μὴ δυνατὸν προσέταξεν αὐτῷ ὁ χρησμός·
δυνατὸν δὲ ἦν καὶ τὸ σπείρειν καὶ οὐδέτερον αὐτῶν κατηνάγκαστο. Ἠκο-
λούθησε δὲ τῷ μὴ φυλαξαμένῳ σπεῖραι παίδων ἄλοκα παθεῖν ἐκ τοῦ ἐσπαρ-
κέναι τὰ τῆς κατὰ Οἰδίποδα καὶ Ἰοκάστην καὶ τοὺς υἱοὺς τραγῳδίας. Ἀλλὰ
καὶ ὁ ἀργὸς καλούμενος λόγος, σόφισμα ὤν, τοιοῦτός ἐστι, λεγόμενος
20 ἐπὶ ὑποθέσεως πρὸς τὸν νοσοῦντα, καὶ ὡς σόφισμα ἀποτρέπων αὐτὸν χρῆσθαι
τῷ ἰατρῷ πρὸς ὑγίειαν, καὶ ἔχει γε οὕτως ὁ λόγος· εἰ εἵμαρταί σοι ἀνα-
στῆναι ἐκ τῆς νόσου, ἐάν τε εἰσαγάγῃς τὸν ἰατρὸν ἐάν τε μὴ εἰσ-
αγάγῃς, ἀναστήσῃ· ἀλλὰ καὶ εἰ εἵμαρταί σοι μὴ ἀναστῆναι ἐκ τῆς
νόσου, ἐάν τε εἰσαγάγῃς τὸν ἰατρὸν ἐάν τε μὴ εἰσαγάγῃς, οὐκ
25 ἀναστήσῃ· ἤτοι δὲ εἵμαρταί σοι ἀναστῆναι ἐκ τῆς νόσου ἢ εἵμαρ-
ταί σοι μὴ ἀναστῆναι· μάτην ἄρα εἰσάγεις τὸν ἰατρόν. Ἀλλὰ χα-
ριέντως τούτῳ τῷ λόγῳ τοιοῦτόν τι παραβάλλεται· εἰ εἵμαρταί σοι τεκνοποι-
ῆσαι, ἐάν τε συνέλθῃς γυναικὶ ἐάν τε μὴ συνέλθῃς, τεκνοποιήσεις, ἀλλὰ καὶ
εἰ εἵμαρταί σοι μὴ τεκνοποιῆσαι, ἐάν τε συνέλθῃς γυναικὶ ἢ μὴ συνέλθῃς,
30 οὐ τεκνοποιήσεις· ἤτοι δὲ εἵμαρταί σοι τεκνοποιῆσαι ἢ μὴ τεκνοποιῆσαι·
μάτην ἄρα συνέρχῃ γυναικί. — Ὡς γὰρ ἐπὶ τούτου, ἐπεὶ ἀμήχανον καὶ ἀδύ-
νατον τεκνοποιῆσαι τὸν μὴ συνελθόντα γυναικί, οὐ μάτην παραλαμβάνεται
τὸ συνελθεῖν γυναικί, οὕτως εἰ τὸ ἀναστῆναι ἐκ τῆς νόσου ὁδῷ τῇ ἀπὸ ἰατρι-
κῆς γίνεται, ἀναγκαίως παραλαμβάνεται ὁ ἰατρὸς καὶ ψεῦδος τὸ ῾μάτην εἰσ-
35 άγεις τὸν ἰατρόν.᾽

Ὅλα δὲ ταῦτα παρειλήφαμεν δι᾽ ἃ παρέθετο ὁ σοφώτατος Κέλσος εἰπών
θεὸς ἂν προεῖπε καὶ πάντως ἐχρῆν γενέσθαι τὸ προειρημένον. Εἰ γὰρ τὸ
πάντως ἀκούει ἀντὶ τοῦ κατηναγκασμένως, οὐ δώσομεν αὐτῷ· δυνατὸν γὰρ
ἦν καὶ μὴ γενέσθαι· εἰ δὲ τὸ πάντως λέγει ἀντὶ τοῦ ἔσται, ὅπερ οὐ κωλύε-
40 ται εἶναι ἀληθές, κἂν δυνατὸν ᾖ τὸ μὴ γενέσθαι, οὐδὲν λυπεῖ τὸν λόγον etc.

958 Servius ad Verg. Aeneid. IV 696 (codd. TF). nam si fato vi-
vimus, quid agunt merita? si pensamur meritis, quae vis fati? quomodo
hic et fatum admittit et meritum? deinde cum dixerit „stat sua cuique
dies" quomodo hic dicit „ante diem?" harum rerum ratio sic redditur:

---

9 ἀπὸ codd., ὑπὸ Del.   13 αἵματων A.   27 ἀντιπαραβάλλεται *Φ*.
29 ἐάν τε pro ἢ BCDEH.   31 ἐπεί] εἴπερ CDEH Pat.   37 τὸ (post γὰρ)
M corr., editores, τοῦ ceteri codd.   40 ἦν BCDEH.

sunt fata quae dicuntur denuntiativa, sunt alia fata quae con-
dicionalia vocantur. denuntiativa sunt, quae omni modo even-
tura decernunt, ut verbi gratia „Pompeius ter triumphaturus
est": hoc illi fata decernunt, ut ubicunque terrarum fuerit ter
triumphet, nec potest aliter evenire: et ideo fatum, quod hoc 5
denuntiat, denuntiativum vocatur. condicionale vero huius
modi est „Pompeius si post Pharsalicum bellum Aegypti litus
attigerit, ferro peribit": hic non omni modo necesse erat ut
videret Aegyptum, sed si casus eum ad aliam forte regionem
duxisset, evaserat etc.   10
Cf. ad X 467.

§ 8. Fatum et possibilitas.

959 Alexander Aphrod. de fato cp. 10 p. 176, 14 Bruns. τὸ δὲ λέ-
γειν μὴ ἀναιρεῖσθαι πάντων γινομένων καθ᾽ εἱμαρμένην τὸ δυνα-
τόν τε καὶ τὸ ἐνδεχόμενον, τῷ δυνατὸν μὲν εἶναι γενέσθαι τοῦτο 15
ὃ ὑπ᾽ οὐδενὸς κωλύεται γενέσθαι κἂν μὴ γένηται, „τῶν δὲ καθ᾽
εἱμαρμένην γινομένων οὐ κεκώλυται τὰ ἀντικείμενα γενέσθαι·
διὸ καίτοι μὴ γινόμενα ὅμως ἐστὶ δυνατά" καὶ τοῦ μὴ κεκωλῦ-
σθαι γενέσθαι αὐτὰ ἀπόδειξιν φέρειν τὸ ἡμῖν τὰ κωλύοντα αὐτὰ
ἄγνωστα εἶναι, πάντως μέν τινα ὄντα· ἃ γάρ ἐστιν αἴτια τοῦ γίνεσθαι 20
τὰ ἀντικείμενα αὐτοῖς καθ᾽ εἱμαρμένην, ταῦτα καὶ τοῦ μὴ γίνεσθαι τούτοις
αἴτια, εἴ γε, ὥς φασιν, ἀδύνατον τῶν αὐτῶν περιεστώτων γίνεσθαι τὰ ἀντι-
κείμενα· ἀλλ᾽ ὅτι μὴ ἡμῖν ἐστι γνώριμα, τίνα ἐστί, διὰ τοῦτο ἀκώλυτον αὐ-
τῶν τὸ γίνεσθαι λέγουσιν — τὸ δὴ ταῦτα λέγειν πῶς οὐ παιζόντων ἐστίν;

960 Alexander Aphrod. de fato cp. 10 p. 177, 2. σῴζοντες δὲ τὴν 25
τοῦ δυνατοῦ φύσιν οὕτως ὡς εἰρήκαμεν, διὰ τοῦτό φασιν μηδὲ τὰ γιγνό-
μενα καθ᾽ εἱμαρμένην, καίτοι ἀπαραβάτως γιγνόμενα, ἐξ ἀνάγκης
γίνεσθαι, ὅτι ἐστὶν αὐτοῖς δυνατὸν γενέσθαι καὶ τὸ ἀντικείμενον, δυνατὸν
⟨ὂν⟩ οὕτως ὡς προείρηται.

961 Alexander Aphrod. de fato cp. 10 p. 177, 7 Bruns. ὅμοιον δὲ 30
τούτῳ καὶ τὸ λέγειν, τὸ ἀξίωμα τὸ „ἔσται αὔριον ναυμαχία" ἀληθὲς
μὲν εἶναι δύνασθαι, οὐ μέντοι καὶ ἀναγκαῖον. ἀναγκαῖον μὲν γὰρ
τὸ ἀεὶ ἀληθές, τοῦτο δὲ οὐκέτ᾽ ἀληθὲς μένει, ἐπειδὰν ἡ ναυμαχία γένηται.
εἰ δὲ μὴ τοῦτο ἀναγκαῖον, οὐδὲ τὸ ὑπ᾽ αὐτοῦ σημαινόμενον ἐξ ἀνάγκης τὸ
ἔσεσθαι ναυμαχίαν. εἰ δὲ ἔσται μέν, οὐκ ἐξ ἀνάγκης δὲ (ἀληθοῦς ὄντος 35
τοῦ ἔσεσθαι ναυμαχίαν, οὐκ ἐξ ἀνάγκης δέ) ἐνδεχομένως δηλονότι. εἰ δὲ
ἐνδεχομένως, οὐκ ἀναιρεῖται τὸ ἐνδεχομένως τινὰ γίνεσθαι ὑπὸ τοῦ πάντα
γίνεσθαι καθ᾽ εἱμαρμένην.

962 Alexander Aphrod. quaestiones I 4 p. 10, 8. ἔποιτ᾽ ἂν τοῖς πάντα
γίνεσθαι καθ᾽ εἱμαρμένην λέγουσιν τὸ δυνατὸν εἶναι μόνον τὸ ἐξ ἀνάγκης, 40
τοῦ ἐξ ἀνάγκης μὴ τοῦ ὡς βιαίου, ἀλλὰ τούτου λαμβανομένου, οὗ τὸ ἀντι-

---

16 δὲ add. vet. corr. V.   19 αὐτὰ ἂν ἄγνωστα V¹.   22 ουει γε V.
26 cf. fr. 959.   29 ὄν addidi.   33 μένει Usener, μὲν libri.   34 ἐξ ἀνάγκης
τὸ scripsi, τὸ ἐξ ἀνάγκης libri.   35 ἀνάγκης δέ scripsi, ἀνάγκης ἀληθές libri.
37 γίνεσθαι scripsi, γενέσθαι libri.

κείμενον ἀδύνατον. καίτοι κατὰ μόνους τοὺς πάντα καθ᾽ εἱμαρμένην γίνε-
σθαι λέγοντας [οὐκ] ἄλλο τι τοῦ ἀναγκαίως γινομένου τὸ γινόμενον
[οὔτε γινομένου] ἐξ ἀνάγκης, οὐδ᾽ ἔστιν τὸ [μὲν] ἐξ ἀνάγκης γινό-
μενον, ὥς φασιν, τὸ γινόμενον βίᾳ, τὸ δὲ [ἀναγκαίως τὸ] κατὰ τὴν
5 τῶν αἰτίων ἀκολουθίαν. γνώριμον δὲ ἐκ τούτου τὸ μηδὲ δύνασθαί τι
γίνεσθαι βίᾳ καθ᾽ οὓς καθ᾽ εἱμαρμένην πάντα γίνεται. εἰ γὰρ τὰ καθ᾽ εἱ-
μαρμένην γινόμενα καθ᾽ εἱρμὸν αἰτίων γίνεται καὶ κατὰ τάξιν θείαν τινά,
οὐδὲν δὲ τῶν κατὰ τάξιν γινομένων τοιαύτην βίᾳ γίνεται, οὐδὲν ἂν τῶν
καθ᾽ εἱμαρμένην γινομένων βίᾳ γίνοιτο. — — τὸ γὰρ λέγειν τὴν εἱμαρ-
10 μένην ποιεῖν τινα τοιαῦτα, ἃ χωρὶς βίας οὐ πείσεται τοῖς αἰτίοις,
παντάπασιν ἀλλότριον ἂν εἶναι δόξαι θείας τάξεως. πάντων ⟨δὲ⟩ καθ᾽
εἱμαρμένην γινομένων, ἀναιρεῖται τὸ βίᾳ τι γενέσθαι· εἴη γὰρ ἂν καὶ τοῦτο
καθ᾽ εἱμαρμένην τάξιν, ὡς προείρηται.

10, 32. καὶ γὰρ ἔτι πρὸς τούτοις, εἰ τὰ καθ᾽ εἱμαρμένην γινό-
15 μενα καὶ κατὰ πρόνοιαν γίνεται, πῶς εὔλογον κατὰ πρόνοιάν τινας
ἀντιπράσσειν τοῖς καλῶς γινομένοις καὶ εὐτάκτως τοῖς κατὰ πρόνοιαν.

963 Stephanus in Aristot. Rhetor. p. 263, 23 Rabe (Comment. graec.
XXI, 2). οἱ Στωϊκοὶ — τὸ ἐπὶ τὸ πολὺ ἐταύτιζον τῷ ἀναγκαίῳ· πάντα
γὰρ κατὰ τὸ ἀναγκαῖον γινόμενα δογματίζοντες ἀνῄρουν τὸ ἐνδεχόμενον ἤγουν
20 τὸ ὁπότερ᾽ ἔτυχε, τὸ ἐπ᾽ ἴσης ἐνδεχόμενον. λέγεται οὖν ὧδε, ὅτι τὸ ὡς ἐπὶ
τὸ πολὺ ἐνδεχόμενόν ἐστι (διακόπτεται γάρ ποτε), οὐχ ἁπλῶς δὲ ἤγουν ἀεὶ
καὶ ἀναγκαίως γινόμενον, ὡς οἱ Στωϊκοὶ ἴσως ὡρίζοντο.

964 Origenes commentaria in Genesin Tom. II p. 11 Delarue. εἰ
μὲν γὰρ τὸ „πάντως ἔσται" οὕτω τις ἑρμηνεύει, ὡς ἀνάγκην εἶναι γενέσθαι
25 τὸ προεγνωσμένον (scil. ὑπὸ τοῦ θεοῦ), οὐ δίδομεν αὐτῷ. — — εἰ δέ τις
διηγήσεται τὸ „πάντως ἔσται" κατὰ τὸ σημαίνειν αὐτὸ λέγων ὅτι ἔσται μὲν
τάδε τινά, ἐνεδέχετο δὲ καὶ ἑτέρως γενέσθαι, τοῦτο ὡς ἀληθὲς συγχωροῦμεν,
τὸν μὲν γὰρ θεὸν οὐκ ἐνδέχεται ψεύσασθαι· ἐνδέχεται δὲ περὶ τῶν ἐνδεχο-
μένων γενέσθαι καὶ μὴ γενέσθαι φρονῆσαι τὸ γενέσθαι αὐτὰ καὶ τὸ μὴ
30 γενέσθαι. — — Καὶ λέγοι ἂν ἡ γνῶσις τοῦ θεοῦ ὅτι „ἐνδέχεται μὲν τόνδε
τόδε ποιῆσαι, ἀλλὰ καὶ τὸ ἐναντίον· ἐνδεχομένων δὲ ἀμφοτέρων, οἶδα ὅτι
τόδε ποιήσει". οὐ γὰρ ὥσπερ ὁ θεὸς εἴποι ἄν· „οὐκ ἐνδέχεται τόνδε τινὰ
τὸν ἄνθρωπον πτῆναι", οὕτω χρησμόν, φέρε εἰπεῖν, περί τινος διδοὺς ἐρεῖ
ὅτι „οὐκ ἐνδέχεται τόνδε σωφρονῆσαι". δύναμις μὲν γὰρ οὐκ ἔστι τοῦ πτῆ-
35 ναι οὐδαμῶς ἐν τῷ ἀνθρώπῳ, δύναμις δέ ἐστι τοῦ σωφρονῆσαι καὶ τοῦ
ἀκολαστῆσαι· ὧν ἀμφοτέρων δυνάμεων ὑπαρχουσῶν ὁ μὴ προσέχων λόγοις
ἐπιστρεπτικοῖς καὶ παιδευτικοῖς ἑαυτὸν ἐπιδίδωσι τῇ χειρίστῃ· κρείττονι δὲ ὁ
ζητήσας τὸ ἀληθὲς καὶ βιῶσαι βεβουλημένος κατ᾽ αὐτό· οὐ ζητεῖ δὲ ὅδε μὲν
τἀληθῆ, ἐπεὶ ἐπιρρέπει ἐπὶ τὴν ἡδονήν· ὅδε δὲ ἐξετάζει περὶ αὐτῶν, αἱρε-
40 θεὶς ὑπὸ τῶν κοινῶν ἐννοιῶν καὶ λόγου προτρεπτικοῦ.

§ 9. Fatum et fortuna.

965 Simplicius in Aristot. Phys. p. 333, 1 Diels. τινὲς δὲ καὶ αὐ-
τόθεν ὁμολογοῦσιν εἶναι τὴν τύχην καὶ αἰτίαν αὐτὴν εἶναι λέγουσι· τί δέ

---

2 οὐκ seclusi. 3 οὔτε γινομένου seclusi. ‖ μὲν seclusi. 4 ἀναγκαίως
τὸ seclusi. 4 ἐκ τούτου τὸ scripsi, τοῦτο ἐκ τοῦ libri. 6 δύνασθαί τι γίνε-
σθαι scripsi, γίνεσθαί τι δύνασθαι libri.

DE FATO. 281

ἐστιν, οὐκ ἔχουσι λέγειν, ἄδηλον αὐτὴν ἀνθρωπίνῃ διανοίᾳ νομίζον-
τες, ὡς θεῖόν τι οὖσαν καὶ δαιμόνιον καὶ διὰ τοῦτο τὴν ἀνθρωπίνην γνῶσιν
ὑπερβαῖνον, ὥσπερ οἱ Στωϊκοὶ δοκοῦσι λέγειν. — ἔοικε δὲ ἡ μὲν ὡς περὶ
θείου τινὸς τῆς Τύχης οὖσα δόξα καὶ πρὸ τοῦ Ἀριστοτέλους εἶναι παρὰ
τοῖς Ἕλλησι καὶ οὐχ ὑπὸ πρώτων νομισθῆναι τῶν Στωϊκῶν, ὥς τινες οἴ- 5
ονται.
   966 Aëtius Plac. I 29, 7. Ἀναξαγόρας καὶ οἱ Στωϊκοὶ (τὴν τύχην)
ἄδηλον αἰτίαν ἀνθρωπίνῳ λογισμῷ· ἃ μὲν γὰρ εἶναι κατ᾽ ἀνάγκην, ἃ δὲ
καθ᾽ εἱμαρμένην, ἃ δὲ κατὰ προαίρεσιν, ἃ δὲ κατὰ τύχην, ἃ δὲ κατὰ τὸ
αὐτόματον.   10
   967 Alexander de anima libri mantissa p. 179, 6 Bruns. τὸ δὲ
λέγειν τὴν τύχην αἰτίαν ἄδηλον ἀνθρωπίνῳ λογισμῷ οὐκ ἔστι φύσιν
τινὰ τύχης τιθεμένων, ἀλλ᾽ ἐν τῇ τῶν ἀνθρώπων πρὸς τὰ αἴτια ποιᾷ σχέσει
τὴν τύχην εἶναι λεγόντων.
   ibid. 14. εἰ γὰρ λέγοιεν μὴ τὴν τισὶν ἀνθρώποις αἰτίαν ἄδηλον εἶναι 15
τὴν τύχην, ἀλλὰ τὴν καθόλου πᾶσιν ἀνθρώποις, οὐδ᾽ ὅλως εἶναί τι συγχω-
ροῖεν ἂν τὴν τύχην, διδόντες τε εἶναι μαντικὴν καὶ τῶν ἀδήλων δοκούντων
εἶναι τοῖς ἄλλοις γνωστικὴν αὐτὴν τιθέμενοι.
   968 Alexander Aphrod. de fato cp. 8 p. 173, 13. ὄντων δὴ τῶν
ἀπὸ τύχης τε καὶ αὐτομάτως γινομένων τοιούτων, ὡς μὴ γίνεσθαι κατὰ προη- 20
γουμένην αἰτίαν — πῶς ἂν σῴζοιτό τι τῶν προειρημένων καθ᾽ οὓς πάντα
προηγησαμένοις τισὶν αἰτίοις καὶ προηγουμένοις ἐξ ἀνάγκης ἔστι τε τὰ ὄντα
καὶ τὰ γινόμενα γίνεται, ἑκάστου τῶν γινομένων αἴτιόν τι προκαταβεβλημέ-
νον ἔχοντος, οὗ ὄντος ἢ γεγονότος ἀνάγκη καὶ αὐτὸ ἢ εἶναι ἢ γενέσθαι;
τὸ ⟨δὲ⟩ μηδὲν μὲν σῴζοντας τῶν προειρημένων, κατ᾽ ἄλλου δέ τινος τὸ τῆς 25
τύχης νομοθετήσαντας ὄνομα, τῷ μὴ ἀναιρεῖσθαι ἐκεῖνο ὑπὸ τοῦ πάντα ἐξ
ἀνάγκης γίνεσθαι τιθεμένου μηδὲ τὴν τύχην ἀναιρεῖσθαι λέγειν, σοφιζομέ-
νων ἐστίν — — οὕτως μὲν γὰρ οὐδὲν κωλύσει λέγειν ταὐτὸν εἱμαρμένην
τε εἶναι καὶ τύχην καὶ τοσοῦτον ἀποδεῖν τοῦ τὴν τύχην ἀναιρεῖν, ὡς καὶ
πάντα τὰ γινόμενα γίνεσθαι λέγειν ἀπὸ τύχης.   30
   969 Alexander Aphrod. de fato cp. 7 p. 172, 12 Bruns. οὐ γὰρ
σῴζεται τὸ γίνεσθαί τινα ἀπὸ τύχης, ἂν ἀνελών τις τὴν τῶν οὕτως γινο-
μένων φύσιν ὄνομα θῆται τοῖς γινομένοις ἐξ ἀνάγκης τὴν τύχην.
   970 Alexander Aphrod. de fato cp. 8 p. 174, 1 Bruns. τί γὰρ ἄλλο
ποιοῦσιν οἱ τὴν τύχην ·καὶ τὸ αὐτόματον ὁριζόμενοι „αἰτίαν ἄδηλον ἀνθρω- 35
πίνῳ λογισμῷ" ἢ τύχης τι σημαινόμενον ἴδιον εἰσάγουσίν τε καὶ νομοθετοῦσιν;
τὸ γὰρ εἰς τὴν τούτου σύστασιν χρήσασθαι τῷ λέγειν τινὰς αὐτομάτως
νοσεῖν, ὅταν ἄδηλος ᾖ αὐτοῖς ἡ αἰτία τῆς νόσου, ψεῦδος.
   971 Theodoretus graec. affect. cur. p. 87, 41. καὶ οἱ ἐκ τῆς Ποι-
κίλης ὀνομασμένοι ἄδηλον αἰτίαν ἀνθρωπίνῳ λόγῳ.   40
   972 Servius ad Verg. Aeneid. VIII 334. „fortuna omnipotens et
ineluctabile fatum". secundum Stoicos locutus est, qui nasci et
mori fatis dant, media omnia fortunae: nam vitae humanae incerta
sunt omnia. unde et miscuit, ut quasi plenum ostenderet dogma: nam
nihil tam contrarium est fato, quam casus; sed secundum Stoicos dixit. 45

---

10 quod addit Stobaeus: τύχη ἀτάκτου ἐνεργείας ἐστὶ προσηγορία Stoicum
non est.   25 δὲ addidi.   26 τῷ V¹, τῷ γὰρ vet. corr. V falso.   28 κωλύσει
V², κωλύσαντες V¹.   32 scil. Chrysippus.

973 Plutarchus de Stoic. repugn. cp. 23 p. 1045 b. Τοῦ κατηναγκάσθαι δοκοῦντος ὑπὸ τῶν ἔξωθεν αἰτιῶν ταῖς ὁρμαῖς ἀπόλυσιν πορίζειν ⟨θέλοντες⟩ ἔνιοι τῶν φιλοσόφων ἐπελευστικήν τινα κίνησιν ἐν τῷ ἡγεμονικῷ κατασκευάζουσιν, ἐπὶ τῶν ἀπαραλλάκτων μάλιστα
5 γινομένην ἔκδηλον· ὅταν γὰρ δυοῖν ἴσον δυναμένων καὶ ὁμοίως ἐχόντων θάτερον ἢ λαβεῖν ἀνάγκη, μηδεμιᾶς αἰτίας ἐπὶ θάτερον ἀγούσης τῷ μηδὲν τοῦ ἑτέρου διαφέρειν, ἡ ἐπελευστικὴ δύναμις αὕτη τῆς ψυχῆς ἐπίκλισιν ἐξ αὑτῆς λαβοῦσα διέκοψε τὴν ἀπορίαν. Πρὸς τούτους ὁ Χρύσιππος ἀντιλέγων, ὡς βιαζομένους τῷ ἀναιτίῳ τὴν
10 φύσιν, ἐν πολλοῖς παρατίθησι τὸν ἀστράγαλον καὶ τὸν ζυγόν, καὶ πολλὰ τῶν μὴ δυναμένων ἄλλοτε ἄλλας λαμβάνειν πτώσεις καὶ ῥοπὰς ἄνευ τινὸς αἰτίας καὶ διαφορᾶς ἢ περὶ αὐτὰ πάντως ἢ περὶ τὰ ἔξωθεν γινομένης· τὸ γὰρ ἀναίτιον ὅλως ἀνύπαρκτον εἶναι καὶ τὸ αὐτόματον· ἐν δὲ ταῖς πλαττο
15 μέναις ὑπ᾽ ἐνίων καὶ λεγομέναις ταύταις ἐπελεύσεσιν αἰτίας ἀδήλους ὑποτρέχειν, καὶ λανθάνειν ἡμᾶς ἐπὶ θάτερα τὴν ὁρμὴν ἀγούσας. Ταῦτα μὲν οὖν ἐν τοῖς γνωριμωτάτοις ἐστὶ τῶν ὑπ᾽ αὐτοῦ πολλάκις εἰρημένων.

§ 10. Fatum et liberum arbitrium.

20 **974** Cicero de fato 39. *Ac mihi quidem videtur, cum duae sententiae fuissent veterum philosophorum, una eorum, qui censerent omnia ita fato fieri, ut id fatum vim necessitatis adferret — — altera eorum, quibus viderentur sine ullo fato esse animorum motus voluntarii, Chrysippus tamquam arbiter honorarius medium ferire voluisse, sed adplicat*
25 *se ad eos potius, qui necessitate motus animorum liberatos volunt; dum autem verbis utitur suis, delabitur in eas difficultates, ut necessitatem fati confirmet invitus. 40. Atque hoc, si placet, quale sit videamus in adsensionibus —. Eas enim veteres illi, quibus omnia fato fieri videbantur, vi effici et necessitate dicebant. Qui autem ab iis dissentiebant,*
30 *fato adsensiones liberabant negabantque fato adsensionibus adhibito necessitatem ab his posse removeri iique ita disserebant: (sequitur Arcesilai, ni fallor, contra Zenonem et Cleanthem disputatio). 41. Chrysippus autem cum et necessitatem improbaret et nihil vellet sine praepositis causis evenire, causarum genera distinguit, ut et necessitatem*
35 *effugiat et retineat fatum. „Causarum enim, inquit, aliae sunt*

---

3 θέλοντες add. Madvig.   4 ἀπαραλλάκτων Reiske, παραλλακτῶν libri.
7 μηδὲν Stegmann, μηδενὶ libri.   9 τῷ ἀναιτίῳ Mez., τῷ ἐναντίῳ libri.
25 animorum Davisius, animos ABV.

*perfectae et principales, aliae adiuvantes et proximae. Quam
ob rem, cum dicimus omnia fato fieri causis antecedentibus,
non hoc intellegi volumus: causis perfectis et principalibus,
sed causis adiuvantibus [antecedentibus] et proximis."* Itaque illi
rationi, quam paulo ante conclusi, sic occurrit: „si omnia fato fiant, 5
*sequi illud quidem, ut omnia causis fiant antepositis, verum
non principalibus causis et perfectis, sed adiuvantibus et
proximis. Quae si ipsae non sunt in nostra potestate, non
sequitur, ut ne adpetitus quidem sit in nostra potestate. At
hoc sequeretur, si omnia perfectis et principalibus causis* 10
*fieri diceremus, ut cum eae causae non essent in nostra po-
testate, ne ille quidem esset in nostra potestate. 42. Quam
ob rem qui ita fatum introducunt, ut necessitatem adiungant,
in eos valebit illa conclusio; qui autem causas antecedentis
non dicent perfectas neque principalis, in eos nihil valebit."* 15
Quod enim dicantur adsensiones fieri causis antepositis, id quale sit,
facile a se explicari putat. Nam quamquam adsensio non possit fieri
nisi commota viso, tamen, cum id visum proximam causam habeat, non
principalem, hanc habet rationem, ut Chrysippus vult, quam dudum
diximus, non ut illa quidem fieri possit nulla vi extrinsecus excitata 20
(necesse est enim adsensionem viso commoveri), sed revertitur ad cylin-
drum et ad turbinem suum, quae moveri incipere nisi pulsa non pos-
sunt. Id autem cum accidit, suapte natura, quod superest, et cylindrum
volvi et versari turbinem putat. 43. „Ut igitur, inquit, qui protrusit
cylindrum, dedit ei principium motio|nis, volubilitatem autem 25
*non dedit, sic visum obiectum imprimet illud quidem et quasi
signabit in animo suam speciem, sed adsensio nostra erit in
potestate, eaque quem ad modum in cylindro dictum est, ex-
trinsecus pulsa, quod reliquum est, suapte vi et natura move-
bitur. Quodsi aliqua res efficeretur sine causa antecedente,* 30
*falsum esset omnia fato fieri; sin omnibus, quaecunque fiunt,
verisimile est causam antecedere, quid adferri poterit, cur
non omnia fato fieri fatendum sit? modo intellegatur, quae
sit causarum distinctio ac dissimilitudo."* —— 44. Neque enim
Chrysippus, concedens adsensionis proximam et continentem causam 35
esse in viso positam, [neque] eam causam esse ad adsentiendum ne-
cessariam concedet, ut, si omnia fato fiant, omnia causis fiant antece-
dentibus et necessariis.

---

4 antecedentibus del. *Davisius.*   8 sunt *Christ,* sint ABV.   12 ne ille —
potestate *om. ABV*[1].   36 neque *secludunt editores plerique.*

975 Hippolytus Philos. 21 (DDG p. 571, 11). καὶ αὐτοὶ δὲ (scil.
Chrysippus et Zeno) τὸ καθ᾽ εἱμαρμένην εἶναι πάντα διεβεβαιώσαντο
παραδείγματι χρησάμενοι τοιούτῳ, ὅτι ὥσπερ ὀχήματος ἐὰν ᾖ ἐξηρτη-
μένος κύων, ἐὰν μὲν βούληται ἕπεσθαι, καὶ ἕλκεται καὶ ἕπεται, ποιῶν
5 καὶ τὸ αὐτεξούσιον μετὰ τῆς ἀνάγκης [οἷον τῆς εἱμαρμένης]· ἐὰν δὲ
μὴ βούληται ἕπεσθαι, πάντως ἀναγκασθήσεται· τὸ αὐτὸ δήπου καὶ
ἐπὶ τῶν ἀνθρώπων· καὶ μὴ βουλόμενοι γὰρ ἀκολουθεῖν ἀναγκασθή-
σονται πάντως εἰς τὸ πεπρωμένον εἰσελθεῖν.

976 Aëtius Plac. I 27, 3. Πλάτων ἐγκρίνει μὲν τὴν εἱμαρμένην ἐπὶ
10 τῶν ἀνθρωπίνων ψυχῶν καὶ βίων, συνεισάγει δὲ καὶ τὴν παρ᾽ ἡμᾶς αἰτίαν.
οἱ Στωϊκοὶ Πλάτωνι ἐμφερῶς· καὶ τὴν μὲν ἀνάγκην ἀνίκητόν φασιν αἰτίαν
καὶ βιαστικήν, τὴν δὲ εἱμαρμένην συμπλοκὴν αἰτιῶν τεταγμένην, ἐν ᾗ συμ-
πλοκῇ καὶ τὸ παρ᾽ ἡμᾶς, ὥστε τὰ μὲν εἱμάρθαι, τὰ δὲ ἀνειμάρθαι.

977 Gellius noct. Att. VII 2, 15. *Itaque M. Cicero in libro quem*
15 *de fato conscripsit, cum quaestionem istam diceret obscurissimam esse*
et implicatissimam, Chrysippum quoque philosophum non expedisse se
in ea ait his verbis: Chrysippus aestuans laboransque, quonam
⟨pacto⟩ explicet et fato omnia fieri et esse aliquid in nobis,
intricatur hoc modo.

20   **978** Oenomaus apud Eusebium praep. evang. VI p. 255 b. ἀπό-
λωλε γάρ, τό γ᾽ ἐπὶ τοῖς σοφοῖς, ἐκ τοῦ ἀνθρωπίνου βίου, ἀπόλωλεν,
εἴτε οἰάκά τις αὐτὸ εἴτε ἕρμα εἴτε κρηπῖδα ὀνομάζων χαίρει, τῆς ἡμε-
τέρας ζωῆς ἡ ἐξουσία, ἣν ἡμεῖς μὲν αὐτοκράτορα τῶν ἀναγκαιοτάτων
τιθέμεθα, Δημόκριτος δέ γε, εἰ μή τι ἠπάτημαι, καὶ Χρύσιππος, ὁ
25 μὲν δοῦλον, ὁ δὲ ἡμίδουλον ἐπινοεῖ τὸ κάλλιστον τῶν ἀνθρωπί-
νων ἐπιδεῖξαι (Theodoret VI 8 p. 86, 22).
     cf. p. 257 b. μηδὲ Χρύσιππος ἄρα ὁ τὴν ἡμιδουλείαν εἰσάγων etc.
     p. 258 b. ἐκεῖνο γὰρ δὴ τὸ καταγελαστότατον ἁπάντων, τὸ μίγμα
καὶ ἡ σύνοδος τοῦ καὶ ἐπὶ τοῖς ἀνθρώποις τι εἶναι, καὶ εἱρμὸν οὐδὲν
30 ἧττον εἶναι. προσεοικέναι γὰρ αὐτόν, ὡς λέγουσιν οἱ σοφώτατοι, τῷ
Εὐριπιδείῳ λόγῳ· τεκνῶσαι μὲν γὰρ ἐθελῆσαι τὸν Λάϊον, κύριον εἶναι
τὸν Λάϊον, καὶ τοῦτο ἐκπεφευγέναι τὴν Ἀπολλωνίαν ὄψιν· τεκνώσαντι
δ᾽ αὐτῷ ἐπεῖναι ἀνάγκην ἄφυκτον ὑπὸ τοῦ φύντος αὐτὸν ἀποθανεῖν·
οὕτως οὖν τὴν ἐπὶ τῷ μέλλοντι ἀνάγκην παρέχειν τῷ μάντει τὴν τοῦ
35 γενησομένου προαίσθησιν.
     (p. 261 a. ἀλλὰ καὶ τὸν Ἐπίκουρον, ὃν σὺ πολλά, ὦ Χρύσιππε,
ἐβλασφήμησας, ἐγὼ τό γε ἐπὶ σοὶ ἀφίημι τῶν ἐγκλημάτων· τί γὰρ
πάθῃ ὃς οὐχ ἑκὼν ἦν μαλακὸς οὐδὲ ἄδικος, ὥσπερ πολλάκις αὐτὸν
ἐλοιδόρησας;)

---

5 οἷον—εἱμαρμένης seclusit Roeper.   13 εἱμαρτά et ἀνειμαρτά coni. Diels
et Usener.

979 Alexander Aphrod. de fato cp. 13 p. 181, 13 Bruns. ἀναι-
ροῦντες γὰρ τὸ ἐξουσίαν ἔχειν τὸν ἄνθρωπον τῆς αἱρέσεώς τε καὶ
πράξεως τῶν ἀντικειμένων λέγουσιν ἐφ' ἡμῖν εἶναι τὸ γινόμενον
⟨καθ' ὁρμὴν⟩ δι' ἡμῶν. ἐπεὶ γάρ, φασίν, τῶν ὄντων τε καὶ γινο-
μένων αἱ φύσεις ἕτεραί τε καὶ διάφοροι (οὐ γὰρ αἱ αὐταὶ τῶν ἐμ- 5
ψύχων τε καὶ τῶν ἀψύχων, ἀλλ' οὐδὲ τῶν ἐμψύχων ἁπάντων αἱ αὐ-
ταὶ πάλιν· αἱ γὰρ κατ' εἶδος τῶν ὄντων διαφοραὶ τὰς τῶν φύσεων
αὐτῶν διαφορὰς δεικνύουσιν), γίνεται δὲ τὰ ὑφ' ἑκάστου γινόμενα
κατὰ τὴν οἰκείαν φύσιν, τὰ μὲν ὑπὸ λίθου κατὰ τὴν λίθου, τὰ δ'
ὑπὸ πυρὸς κατὰ τὴν πυρὸς καὶ τὰ ὑπὸ ζώου κατὰ τὴν ζώου, οὐδὲν 10
μὲν τῶν κατὰ τὴν οἰκείαν φύσιν ὑφ' ἑκάστου γινομένων δύνασθαί
φασιν ἄλλως ἔχειν, ἀλλ' ἕκαστον τῶν γινομένων ὑπ' αὐτῶν γίνεσθαι
κατηναγκασμένως, κατ' ἀνάγκην οὐ τὴν ἐκ βίας, ἀλλ' ἐκ τοῦ μὴ δύ-
νασθαι τὸ πεφυκὸς οὕτως, ὄντων τῶν περιεστώτων τοιούτων ⟨ἃ⟩
ἀδύνατον αὐτῷ μὴ περιεστάναι, τότε ἄλλως πως καὶ μὴ οὕτως κινη- 15
θῆναι. μήτε γὰρ τὸν λίθον, εἰ ἀπὸ ὕψους ἀφεθείη τινός, δύνασθαι
μὴ φέρεσθαι κάτω μηδενὸς ἐμποδίζοντος· τῷ ⟨γὰρ⟩ βαρύτητα μὲν
ἔχειν αὐτὸν ἐν αὑτῷ, ταύτην δ' εἶναι τῆς τοιαύτης κινήσεως κατὰ
φύσιν ⟨αἰτίαν⟩, ὅταν καὶ τὰ ἔξωθεν αἴτια τὰ πρὸς τὴν κατὰ φύσιν
κίνησιν τῷ λίθῳ συντελοῦντα παρῇ, ἐξ ἀνάγκης τὸν λίθον ὡς πέφυκεν 20
φέρεσθαι, (πάντως δ' αὐτῷ καὶ ἐξ ἀνάγκης παρεῖναι ταῦτα τὰ αἴτια,
δι' ἃ κινεῖται τότε), οὐ μόνον μὴ δυνάμενον μὴ κινεῖσθαι τούτων
παρόντων, ἀλλὰ καὶ ἐξ ἀνάγκης κινεῖσθαι τότε καὶ γίνεσθαι τὴν τοι-
αύτην κίνησιν ὑπὸ τῆς εἱμαρμένης διὰ τοῦ λίθου· ὁ δ' αὐτὸς καὶ ἐπὶ
τῶν ἄλλων λόγος. ὡς δὲ ἐπὶ τῶν ἀψύχων ἔχει, οὕτως δὲ καὶ ἐπὶ 25
τῶν ζώων ἔχειν φασίν. εἶναι γάρ τινα καὶ τοῖς ζώοις κίνησιν κατὰ
φύσιν, ταύτην δ' εἶναι τὴν καθ' ὁρμήν· πᾶν γὰρ ζῷον ὡς ζῷον
κινούμενον κινεῖσθαι ⟨τὴν⟩ καθ' ὁρμὴν κίνησιν, ὑπὸ τῆς
εἱμαρμένης διὰ ζώου γινομένην. οὕτως δὲ τούτων ἐχόντων καὶ
γινομένων ὑπὸ τῆς εἱμαρμένης κινήσεών τε καὶ ἐνεργειῶν ἐν τῷ κόσμῳ 30
τῶν μὲν διὰ γῆς, ἂν οὕτω τύχῃ, τῶν δὲ δι' ἀέρος, τῶν δὲ διὰ πυρός,
τῶν δὲ δι' ἄλλου τινός, γινομένων δέ τινων καὶ διὰ ζώων (τοιαῦται
δὲ αἱ καθ' ὁρμὴν κινήσεις), τὰς διὰ τῶν ζώων ὑπὸ τῆς εἱμαρ-
μένης γινομένας ἐπὶ τοῖς ζώοις εἶναι λέγουσιν, ὁμοίως μὲν
ὡς πρὸς τὸ ἀναγκαῖον τοῖς ἄλλοις γινομένας ἅπασιν, τῷ δεῖν καὶ τὰ 35
ἐξ ἀνάγκης τὰ ἔξωθεν αἴτια παρεῖναι τότε, ὥστε αὐτὰ τὴν ἐξ ἑαυτῶν
τε καὶ καθ' ὁρμὴν κίνησιν ἐξ ἀνάγκης οὕτω πως ἐνεργεῖν, ὅτι δὲ
αὗται μὲν δι' ὁρμῆς τε καὶ συγκαταθέσεως, ἐκείνων δὲ αἱ μὲν

---

4 καθ' ὁρμὴν scripsi, καὶ libri.   14 μὴ ante πεφυκὸς V, om. ES. ∥ ἃ ad-
didi, ὡς Or.   17 γὰρ addidi.   19 αἰτίαν add. B².   28 τὴν add. B².
31 μὲν scripsi, δὲ libri.   35 τὰ scripsi, τοῖς libri.

διὰ βαρύτητα γίνονται, αἱ δὲ διὰ θερμότητα, αἱ δὲ κατ' ἄλλην τινα
** ταύτην μὲν ἐπὶ τοῖς ζῴοις λέγοντες, οὐκέτι δὲ ἐκείνων ἑκά-
στην τὴν μὲν ἐπὶ τῷ λίθῳ, τὴν δὲ ἐπὶ τῷ πυρί. καὶ τοιαύτη μὲν
αὐτῶν ἡ περὶ τοῦ ἐφ' ἡμῖν δόξα, ὡς δι' ὀλίγων εἰπεῖν.

5 **980** Alexander Aphrod. de fato cp. 14 p. 183, 5 Bruns. ἐπεὶ γὰρ
οὐκ ἄλλως ⟨ἂν⟩ γένοιτο τὰ διὰ τοῦ ζῴου γινόμενα ἢ ὁρμήσαντος τοῦ ζῴου,
ἀλλὰ διὰ τὸ συγκατατίθεσθαι μὲν τὸ ζῷον καὶ ὁρμῆσαι γίνεται, μὴ συγκα-
ταθεμένου δὲ οὐ γίνεται, ταῦτα ἐπὶ τῷ ζῴῳ φασὶν εἶναι, ἐξ ἀνάγκης μὲν
ἐσόμενα ὑπ' αὐτοῦ (οὐ γὰρ οἷόν τε ἄλλως), τῷ δὲ μὴ δύνασθαι δι' ἄλλου
10 τινὸς ἢ διὰ τούτου γενέσθαι μηδ' ἄλλως ἢ οὕτως διὰ τούτου, τὸ εἶναι αὐτὰ
ἐπὶ τῷ ζῴῳ οἰηθέντες.

981 Alexander Aphrod. de fato cp. 14 p. 183, 21 Bruns. ἐπὶ τούτῳ
δὲ ἐκεῖνο ἄν τις αὐτῶν θαυμάσειεν, τί παθόντες ἐν τῇ ὁρμῇ τε καὶ συγκα-
ταθέσει τὸ ἐφ' ἡμῖν φασιν εἶναι, δι' ὃ καὶ ὁμοίως ἐν πᾶσι τοῖς ζῴοις τη-
15 ροῦσιν αὐτό. οὐ γὰρ τὸ ἐφ' ἡμῖν ἐν τῷ φαντασίας προσπεσούσης
εἷξαί τε ἐξ ἑαυτῶν τῇ φαντασίᾳ καὶ ὁρμῆσαι ἐπὶ τὸ φανέν.

p. 184, 11. εἰ δὲ τὸ ἐφ' ἡμῖν ἐστι ἐν τῇ λογικῇ συγκαταθέσει, ἥτις
διὰ τοῦ βουλεύεσθαι γίνεται (ut putat Alex.), οἱ δὲ (scil. Chrys.) ἐν τῇ
συγκαταθέσει τε καὶ ὁρμῇ φασιν εἶναι, ὅτι καὶ ἀλόγως γίνεται, δῆλοι δι' ὧν
20 λέγουσι ῥᾳθυμότερον περὶ τοῦ ἐφ' ἡμῖν διαλαμβάνοντες etc.

p. 184, 20. ἐοίκασι δέ, παραλελοιπότες τὸν λόγον ἐν τῇ ὁρμῇ τὸ ἐφ'
ἡμῖν τίθεσθαι, ὅτι μηκέτ' ἐν τῷ βουλεύεσθαι λέγουσιν αὐτοῖς τὸ ἐφ' ἡμῖν
εἶναι προχωρεῖ τὸ σόφισμα. ἐπὶ μὲν γὰρ τῆς ὁρμῆς ἔχουσι λέγειν τὸ ἐπὶ
τοῖς ζῴοις εἶναι τὰ γινόμενα καθ' ὁρμήν, ὅτι μὴ οἷά τε χωρὶς ὁρμῆς· τὰ δι'
25 αὐτῶν γινόμενα ποιεῖν, εἰ δ' ἐν τῷ βουλεύεσθαι τὸ ἐφ' ἡμῖν etc.

982 Alexander Aphrod. de fato cp. 15 p. 185, 7 Bruns. τὸ δ' ἐπο-
χουμένους τῷ „εἰ δὴ τῶν αὐτῶν περιεστώτων ὁτὲ μὲν οὕτως ὁτὲ δὲ ἄλλως
ἐνεργήσει τις, ἀναίτιον κίνησιν εἰσάγεσθαι" διὰ τοῦτο λέγειν μὴ δύνασθαι
οὗ πράξει τις πρᾶξαι τὸ ἀντικείμενον, μήποτε καὶ αὐτὸ τῶν — παρο-
30 ρωμένων.

983 Alexander Aphrod. de fato cp. 15 p. 186, 3 Bruns. τὸ δὲ λέ-
γειν καὶ τοὺς βουλευσαμένους τῷ φαινομένῳ συγκατατίθεσθαι καὶ διὰ τοῦτο
καὶ τῇ φαντασίᾳ ὁμοίως τοῖς ἄλλοις ζῴοις ἕπεσθαι, οὐκ ἀληθές.

984 Alexander Aphrod. de fato cp. 26 p. 196, 13 Bruns. ἃ δὲ
35 ἀποροῦσιν πρὸς τὸ εἶναι τοιοῦτον τὸ ἐφ' ἡμῖν, ὁποῖον ἡ κοινὴ πρόλη-
ψις τῶν ἀνθρώπων πεπίστευκεν, ἀπορεῖν μὲν οὐκ ἄλογον, τὸ δὲ τοῖς
ἀπορουμένοις ἐποχουμένους ὡς ὁμολογουμένοις — συναγωνίζεσθαι τοῖς
ἀπορουμένοις καθ' αὑτῶν, πῶς οὐ παντάπασιν ἄλογον;

21. οὐ χεῖρον δὲ ἴσως καὶ ἡμᾶς τῶν ἀπορουμένων ὑπ' αὐτῶν,
40 οἷς μάλιστα θαρροῦσιν, ταῦτα προχειρισαμένους ἐξετάσαι. — ἔστι
δή τι τῶν ἀπορουμένων ὑπ' αὐτῶν καὶ τοιοῦτον·

„Εἰ, φασίν, ταῦτά ἐστιν ἐφ' ἡμῖν, ὧν καὶ τὰ ἀντικείμενα

---

2 lacunam indicavit Bruns.   6 ἂν addidi. ‖ ἢ Bruns · dubitanter, μὴ
libri. ·   26 ἐποχουμένους Bruns, ἐποχουμένων libri. ‖ εἰ δὴ Schwartz, ειδει V.
33 τῇ φαντασίᾳ Schwartz, τὴν φαντασίαν libri.

δυνάμεθα, καὶ ἐπὶ τοῖc τοιούτοιc οἵ τε ἔπαινοι καὶ οἱ ψόγοι
προτροπαί τε καὶ ἀποτροπαὶ κολάceιc τε καὶ τιμαί, οὐκ ἔcται
τὸ φρονίμοιc εἶναι καὶ τὸ ἀρετὰc ἔχειν ἐπὶ τοῖc ἔχουcιν, ὅτι
μηκέτ᾽ εἰcὶν τῶν ἀντικειμένων κακιῶν ταῖc ἀρεταῖc δεκτικοί,
ὁμοίωc δὲ οὐδὲ αἱ κακίαι ἐπὶ τοῖc κακοῖc· οὐδὲ γὰρ ἐπὶ τού- 5
τοιc τὸ μηκέτ᾽ εἶναι κακοῖc· ἀλλὰ μὴν ἄτοπον τὸ μὴ λέγειν
τὰc ἀρετὰc καὶ τὰc κακίαc ἐφ᾽ ἡμῖν μηδὲ τοὺc ἐπαίνουc καὶ
τοὺc ψόγουc ἐπὶ τούτων γίνεcθαι· οὐκ ἄρα τὸ ἐφ᾽ ἡμῖν τοιοῦτον.“
985 Alexander Aphrod. de fato cp. 32 p. 204, 12 Bruns. ἐπὶ δὲ
τοῖς θεοῖς οὐκέτ᾽ ἂν ⟨εἴη⟩ τὸ εἶναι τοιούτοις (scil. φρονίμοις), ὅπερ ἦν 10
καὶ αὐτὸ ἐν τοῖς ὑπ᾽ αὐτῶν ἀπορουμένοις, ὅτι πάρεστιν αὐτῶν ἐν τῇ
φύσει ⟨τὸ⟩ τοιοῦτον· οὐδὲν δὲ τῶν οὕτως ὑπαρχόντων ἐπ᾽ αὐτῷ.
986 Plotinus Ennead. III lib. I 7 (Vol. I p. 168 Mü.). λοιπὸν δὲ
ἰδεῖν τὴν ἐπιπλέκουσαν καὶ οἷον συνείρουσαν ἀλλήλοις πάντα καὶ τό πως ἐφ᾽
ἑκάστου ἐπιφέρουσαν, ἀρχὴν τιθεμένην μίαν, ἀφ᾽ ἧς πάντα κατὰ λόγους 15
σπερματικοὺς περαίνεται. ἔστι μὲν οὖν καὶ αὕτη ἡ δόξα ἐγγὺς ἐκείνης τῆς
πᾶσαν καὶ σχέσιν καὶ κίνησιν ἡμετέραν τε καὶ πᾶσαν ἐκ τῆς τῶν ὅλων ψυ-
χῆς ἥκειν λεγούσης, εἰ καὶ βούλεταί τι ἡμῖν καὶ ἑκάστοις χαρίζεσθαι εἰς τὸ
παρ᾽ ἡμῶν ποιεῖν τι. ἔχει μὲν οὖν τὴν πάντως πάντων ἀνάγκην· καὶ πάν-
των εἰλημμένων τῶν αἰτίων οὐκ ἔστιν ἕκαστον μὴ οὐ γίγνεσθαι· οὐδὲν γὰρ 20
ἔτι τὸ κωλῦσον ἢ ἄλλως γενέσθαι ποιῆσον, εἰ πάντα εἴληπται ἐν τῇ εἱμαρ-
μένῃ. τοιαῦτα δὲ ὄντα, ὡς ἀπὸ μιᾶς ἀρχῆς ὡρμημένα, ἡμῖν οὐδὲν καταλείψει
ἢ φέρεσθαι, ὅπη ἂν ἐκεῖνα ὠθῇ· αἵ τε γὰρ φαντασίαι τοῖς προηγησαμένοις,
αἵ τε ὁρμαὶ κατὰ ταύτας ἔσονται· ὄνομά τε μόνον τὸ ἐφ᾽ ἡμῖν ἔσται. οὐ
γὰρ ὅτι [μόνον] ὁρμῶμεν ἡμεῖς, ταύτῃ τι πλέον ἔσται, τῆς ὁρμῆς κατ᾽ ἐκεῖνα 25
γεννωμένης etc.
987 Cicero de fato 36. Interesse autem aiunt, utrum eius modi
quid sit, sine quo effici aliquid non possit, an eius modi, cum quo effici
aliquid necesse sit. Nulla igitur earum est causa, quoniam nulla eam
rem sua vi efficit, cuius causa dicitur; nec id, sine quo quippiam non 30
fit, causa est, sed id, quod cum accessit, id, cuius est causa, efficit ne-
cessario.
988 Origenes de principiis lib. III p. 108 ed. Delarue. Τῶν κινου-
μένων τὰ μέν τινα ἐν ἑαυτοῖς ἔχει τὴν τῆς κινήσεως αἰτίαν, ἕτερα δὲ ἔξωθεν
μόνον κινεῖται. ἔξωθεν οὖν μόνον κινεῖται τὰ φορητά, οἷον ξύλα καὶ λίθοι 35
καὶ πᾶσα ἡ ὑπὸ ἕξεως μόνης συνεχομένη ὕλη. ὑπεξῃρήσθω δὲ νῦν τοῦ
λόγου τὸ κίνησιν λέγειν τὴν ῥύσιν τῶν σωμάτων, ἐπεὶ μὴ χρεία τούτου πρὸς
τὸ προκείμενον. ἐν ἑαυτοῖς δὲ ἔχει τὴν αἰτίαν τοῦ κινεῖσθαι ζῷα καὶ φυτὰ
καὶ ἁπαξαπλῶς ὅσα ὑπὸ φύσεως καὶ ψυχῆς συνέχεται, ἐξ ὧν φασιν εἶναι
καὶ τὰ μέταλλα. πρὸς δὲ τούτοις καὶ τὸ πῦρ αὐτοκίνητόν ἐστι, τάχα δὲ καὶ 40
αἱ πηγαί. τῶν δὲ ἐν ἑαυτοῖς τοῦ κινεῖσθαι τὴν αἰτίαν ἐχόντων τὰ μὲν
φασιν ἐξ ἑαυτῶν κινεῖσθαι τὰ δὲ ἀφ᾽ ἑαυτῶν, ἐξ ἑαυτῶν μὲν τὰ ἄψυχα, ἀφ᾽

---

4 μηκέτ᾽ εἰcὶν B², μηδὲ τισὶν V.   10 τοῖς θεοῖς scripsi, τῶν θεῶν libri. ‖
εἴη addidi.   *11 πάρεστιν scripsi, γάρ ἐστιν libri.   12 τὸ add. Bruns.
15 fortasse ἑκάστῳ.   18 καὶ alterum del. Müller.   19 μὲν οὖν libri, μέντοι
Vitringa.   23 fort. φαντασίαι ⟨ἕπονται⟩.   25 μόνον seclusi.   30 in cuius
ABV. — Cf. n. 346a.

ἑαυτῶν δὲ τὰ ἔμψυχα· ἀφ᾽ ἑαυτῶν γὰρ κινεῖται τὰ ἔμψυχα φαντασίας ἐγγι-
νομένης ὁρμὴν προκαλουμένης· καὶ πάλιν ἔν τισι τῶν ζῴων φαντασίαι γίνον-
ται ὁρμὴν προκαλούμεναι, φύσεως φανταστικῆς τεταγμένως κινούσης τὴν
ὁρμήν, ὡς ἐν τῷ ἀράχνῃ φαντασία τοῦ ὑφαίνειν γίνεται, καὶ ὁρμὴ ἀκολουθεῖ
5 ἐπὶ τὸ ὑφαίνειν, — τῆς φανταστικῆς αὐτοῦ φύσεως τεταγμένως ἐπὶ τοῦτο
αὐτὸν προκαλουμένης καὶ οὐδενὸς ἄλλου μετὰ τὴν φανταστικὴν αὐτοῦ φύσιν
πεπιστευμένου τοῦ ζῴου — καὶ ἐν τῇ μελίσσῃ ἐπὶ τὸ κηροπλαστεῖν. Τὸ
μέντοι λογικὸν ζῷον καὶ λόγον ἔχει πρὸς τῇ φανταστικῇ φύσει τὸν κρίνοντα
τὰς φαντασίας, καὶ τινὰς μὲν ἀποδοκιμάζοντα, τινὰς δὲ παραδεχόμενον, ἵνα
10 ἄγηται τὸ ζῷον κατ᾽ αὐτάς. ὅθεν ἐπεὶ ἐν τῇ φύσει τοῦ λόγου εἰσὶν ἀφορ-
μαὶ τοῦ θεωρῆσαι τὸ καλὸν καὶ τὸ αἰσχρόν, αἷς ἑπόμενοι θεωρήσαντες τὸ
καλὸν καὶ τὸ αἰσχρόν, αἱρούμεθα μὲν τὸ καλόν, ἐκκλίνομεν δὲ τὸ αἰσχρόν·
ἐπαινετοὶ μέν ἐσμεν ἐπιδόντες ἑαυτοὺς τῇ πράξει τοῦ καλοῦ, ψεκτοὶ δὲ κατὰ
τὸ ἐναντίον. οὐκ ἀγνοητέον μέντοι γε ὅτι τὸ πλέον τῆς εἰς πάντα τεταγμέ-
15 νης φύσεως ποσῶς ἐστιν ἐν τοῖς ζῴοις, ἐπὶ πλέον δὲ ἢ ἐπὶ τὸ ἔλαττον, ὥστε
ἐγγύς που εἶναι, ἵν᾽ οὕτως εἴπω, τοῦ λογικοῦ τὸ ἐν τοῖς ἰχνευταῖς κυσὶν
ἔργον καὶ ἐν τοῖς πολεμικοῖς ἵπποις. τὸ μὲν οὖν ὑποπεσεῖν τόδε τι τῶν
ἔξωθεν φαντασίαν ἡμῖν κινοῦν τοιάνδε ἢ τοιάνδε, ὁμολογουμένως οὐκ ἔστι
τῶν ἐφ᾽ ἡμῖν· τὸ δὲ κρῖναι οὑτωσὶ χρήσασθαι τῷ γενομένῳ ἢ ἑτέρως οὐκ
20 ἄλλου τινὸς ἔργον ἢ τοῦ ἐν ἡμῖν λόγου ἐστίν, ἤτοι παρὰ τὰς ἀφορμὰς ἐνεργ-
οῦντος [ἡμᾶς πρὸς] τὰς ἐπὶ τὸ καλὸν προ[σ]καλουμένας καὶ τὸ καθῆκον
[ὁρμάς] ἢ ἐπὶ τὸ ἐναντίον ἐκτρέποντος. Εἰ δέ τις αὐτὸ τὸ ἔξωθεν λέγει
εἶναι τοιόνδε, ὥστε ἀδυνάτως ἔχειν ἀντιβλέψαι αὐτῷ τοιῷδε γενομένῳ, οὗτος
ἐπιστησάτω τοῖς ἰδίοις πάθεσι καὶ κινήμασιν, εἰ μὴ εὐδόκησις γίνεται καὶ
25 συγκατάθεσις καὶ ῥοπὴ τοῦ ἡγεμονικοῦ ἐπὶ τόδε τι διὰ τάσδε τὰς πιθανότη-
τας. οὐ γάρ, φέρ᾽ εἰπεῖν, ἡ γυνὴ τῷ κρίναντι ἐγκρατεύεσθαι καὶ ἀνέχειν
ἑαυτὸν ἀπὸ μίξεων ἐπιφανεῖσα καὶ προκαλεσαμένη ἐπὶ τὸ ποιῆσαί τι παρὰ
πρόθεσιν αὐτοτελὴς αἰτία γίνεται τοῦ τὴν πρόθεσιν ἀθετῆσαι. πάντως γὰρ
εὐδοκήσας τῷ γαργαλισμῷ καὶ τῷ λείῳ τῆς ἡδονῆς, ἀντιβλέψαι αὐτῷ μὴ βε-
30 βουλημένος μηδὲ τὸ κεκριμένον κυρῶσαι, πράττει τὸ ἀκόλαστον. ὁ δέ τις
ἔμπαλιν, τῶν αὐτῶν συμβεβηκότων αὐτῷ πλείονα μαθήματα ἀνειληφότι καὶ
ἠσκηκότι, οἱ μὲν γαργαλισμοὶ καὶ οἱ ἐρεθισμοὶ συμβαίνουσιν· ὁ λόγος δὲ
ἅτε ἐπὶ πλεῖον ἰσχυροποιηθεὶς καὶ τραφεὶς τῇ μελέτῃ καὶ βεβαιωθεὶς τοῖς
δόγμασι πρὸς τὸ καλὸν ἢ ἐγγύς γε τοῦ βεβαιωθῆναι γεγενημένος, ἀνακρούει
35 τοὺς ἐρεθισμοὺς καὶ ὑπεκλύει τὴν ἐπιθυμίαν.

989 Origenes de oratione 6 Vol. II p. 311, 16 Kö. (p. 206 ed. De-
larue). Τῶν κινουμένων τὰ μέν τινα τὸ κινοῦν ἔξωθεν ἔχει, ὥσπερ τὰ ἄψυχα
καὶ ὑπὸ ἕξεως μόνης συνεχόμενα· καὶ τὰ ὑπὸ φύσεως καὶ ψυχῆς κινούμενα
οὐχ ᾗ τοιαῦτα ἔσθ᾽ ὅτε κινούμενα, ἀλλ᾽ ὁμοίως τοῖς ὑπὸ ἕξεως μόνης συνεχο-
40 μένοις. Λίθοι γὰρ καὶ ξύλα τὰ ἐκκοπέντα τοῦ μετάλλου ἢ τὸ φύειν ἀπολω-
λεκότα, ὑπὸ ἕξεως μόνης συνεχόμενα, τὸ κινοῦν ἔξωθεν ἔχει. ἀλλὰ καὶ τὰ
τῶν ζῴων σώματα καὶ τὰ φορητὰ τῶν πεφυτευμένων ὑπό τινος μετατιθέμενα,
οὐχ ᾗ ζῷα καὶ φυτὰ μετατίθεται, ἀλλ᾽ ὁμοίως λίθοις καὶ ξύλοις τοῖς τὸ
φύειν ἀπολωλεκόσι· κἂν φθίνῃ δὲ καθ᾽ αὑτά, τῷ ῥευστὰ εἶναι πάντα τὰ
45 σώματα φθίνοντα παρακολουθητικὴν ἔχει τὴν ἐν τῷ φθίνειν κίνησιν. —

---

20 παρά] malim κατά. 21. 22 seclusi. 38 immo διοικούμενα.
40. λίθοι Angl. Kö., λίθος T et vulg. 44 κἂν φθίνῃ δὲ καθ᾽ αὑτά scripsi,
κἂν κινῆτε καὶ αὐτά T.

δεύτερα δὲ παρὰ ταῦτά ἐστι κινούμενα τὰ ὑπὸ τῆς ἐνυπαρχούσης φύσεως ἢ ψυχῆς κινούμενα, ἃ καὶ ἐξ αὐτῶν κινεῖσθαι λέγεται παρὰ τοῖς κυριώτερον χρωμένοις τοῖς ὀνόμασι. τρίτη δέ ἐστι κίνησις ἡ ἐν τοῖς ζῴοις, ἥτις ὀνομάζεται ἡ ἀφ' αὑτοῦ κίνησις. οἶμαι δὲ ὅτι ἡ τῶν λογικῶν κίνησις δι' αὑτῶν ἐστι κίνησις. ἐὰν δὲ περιέλωμεν ἀπὸ τοῦ ζῴου τὴν ἀπ' αὐτοῦ κίνησιν, οὐδὲ 5 ζῷον ἔτι ὂν ὑπονοηθῆναι δύναται, ἀλλὰ ἔσται ὅμοιον ἤτοι φυτῷ ὑπὸ φύσεως μόνης κινουμένῳ, ἢ λίθῳ ὑπό τινος ἔξωθεν φερομένῳ. ἐὰν δὲ παρακολουθῇ τι τῇ ἰδίᾳ κινήσει, ἐπεὶ τοῦτο δι' αὑτοῦ κινεῖσθαι ὠνομάσαμεν, ἀνάγκη τοῦτο εἶναι λογικόν. —

Οἱ τοίνυν θέλοντες μηδὲν εἶναι ἐφ' ἡμῖν, ἀναγκαίως ἠλιθιώτατόν τι 10 παραδέξονται, πρῶτον μὲν ὅτι οὐκ ἐσμὲν ζῷα, δεύτερον δὲ ὅτι οὐδὲ λογικά, ἀλλ' οἷον ὑπὸ ἔξωθεν κινοῦντος, αὐτοὶ οὐδαμῶς κινούμενοι, ποιεῖν ὑπ' ἐκείνου λεγοίμεθ' ⟨ἂν⟩ ἃ ποιεῖν νομιζόμεθα· ἄλλως τε καὶ τοῖς ἰδίοις πάθεσιν ἐπιστήσας τις ὁράτω, εἰ μὴ ἀναιδῶς ἐρεῖ, μὴ αὐτὸς θέλειν καὶ μὴ αὐτὸς ἐσθίειν καὶ μὴ αὐτὸς περιπατεῖν, μηδὲ αὐτὸς συγκατατίθεσθαι καὶ παραδέ- 15 χεσθαι ὁποῖα δήποτε τῶν δογμάτων, μηδὲ αὐτὸς ἀνανεύειν πρὸς ἕτερα ὡς ψευδῆ. — Ὥσπερ οὖν πρός τινα δόγματα ἀμήχανον διατεθῆναι ἄνθρωπον, κἂν μυριάκις αὐτὰ κατασκευάζῃ εὑρεσιλογῶν καὶ πιθανοῖς λόγοις χρώμενος· οὕτως ἀδύνατον διατεθεῖσθαί τινα περὶ τῶν ἀνθρωπίνων ὡς μηδαμῶς τοῦ ἐφ' ἡμῖν σῳζομένου. τίς γὰρ διάκειται περὶ τοῦ μηδὲν εἶναι καταληπτὸν ἢ 20 οὕτως βιοῖ ὡς ἐπέχων περὶ παντὸς οὑτινοσοῦν; τίς δὲ οὐκ ἐπιπλήττει, φαντασίαν ἁμαρτήσαντος οἰκέτου λαβών, τῷ θεράποντι; καὶ τίς ἐστιν ὃς μὴ αἰτιᾶται υἱὸν τὸ πρὸς γονεῖς καθῆκον μὴ ἀποδιδόντα; ἢ μὴ μέμφεται καὶ ψέγει ὡς αἰσχρὸν πεποιηκυῖαν τὴν μεμοιχευμένην; βιάζεται γὰρ ἡ ἀλήθεια καὶ ἀναγκάζει, κἂν μυριάκις τις εὑρεσιλογῇ, ὁρᾶν καὶ ἐπαινεῖν καὶ ψέγειν, ὡς 25 τηρουμένου τοῦ ἐφ' ἡμῖν καὶ τούτου ἐπαινετοῦ ἢ ψεκτοῦ γινομένου παρ' ἡμᾶς. —

Εἰ δὴ τὸ ἐφ' ἡμῖν σῴζεται, μυρίας ὅσας ἀπονεύσεις ἔχον πρὸς ἀρετὴν ἢ κακίαν, καὶ πάλιν πρὸς τὸ καθῆκον ἢ πρὸς τὸ παρὰ τὸ καθῆκον, ἀναγκαίως τοῦτο μετὰ τῶν λοιπῶν, πρὶν γένηται, τῷ θεῷ ἔγνωσται ἀπὸ κτίσεως καὶ καταβολῆς κόσμου, ὁποῖον ἔσται· καὶ ἐν πᾶσιν οἷς προδιατάσσεται ὁ 30 θεός, ἀκολούθως οἷς ἑώρακε περὶ ἑκάστου ἔργου τῶν ἐφ' ἡμῖν, προδιατέτακται κατ' ἀξίαν ἑκάστῳ κινήματι τῶν ἐφ' ἡμῖν τό τε καὶ ἀπὸ τῆς προνοίας αὐτῷ ἀπαντησόμενον, ἔτι δὲ καὶ κατὰ τὸν εἱρμὸν τῶν ἐσομένων συμβησόμενον, οὐχὶ τῆς προγνώσεως τοῦ θεοῦ αἰτίας γινομένης τοῖς ἐσομένοις πᾶσι καὶ ἐκ τοῦ ἐφ' ἡμῖν κατὰ τὴν ὁρμὴν ἡμῶν ἐνεργηθησομένοις. εἰ γὰρ καὶ 35 καθ' ὑπόθεσιν μὴ γινώσκοι ὁ θεὸς τὰ ἐσόμενα, οὐ παρὰ τοῦτο ἀπολοῦμεν τὸ τάδε τινὰ ἐνεργήσειν καὶ τάδε θελήσειν· πλέον δὲ ἀπὸ τῆς προγνώσεως γίνεται τὸ κατάταξιν λαμβάνειν εἰς τὴν τοῦ παντὸς διοίκησιν, χρειώδη τῇ τοῦ κόσμου καταστάσει, τὸ ἑκάστου ἐφ' ἡμῖν.

Vol. II p. 314, 4 Kö. (p. 208 Del.). ἐὰν δέ τις ταράττηται διὰ τὸ μὴ 40 οὐ ψεύσασθαι τὸν θεὸν τὰ μέλλοντα προεγνωκότα, ὡς τῶν πραγμάτων κατηναγκασμένων, λεκτέον πρὸς τὸν τοιοῦτον, ὅτι αὐτὸ τοῦτο ἔγνωσται τῷ θεῷ ἀραρότως, τὸ μὴ ἀραρότως τόνδε τινὰ τὸν ἄνθρωπον καὶ βεβαίως βούλεσθαι τὰ κρείττονα ἢ οὕτω θελήσειν τὰ χείρονα, ὥστε ἀνεπίδεκτον αὐτὸν ἔσεσθαι μεταβολῆς τῆς ἐπὶ τὰ συμφέροντα. 45

---

1 δεύτερον T, corr. Del.   4 ἀπ' αὐτοῦ T, corr. Angl.   8 τι Bent., τις T.   11 λογικά—ζῷα Bent.   13 ἂν addidi.   17 διατεθῆμαι T.   31 ὡς T, corr. Bentl.   36 ἀπειλοῦμεν T, corr. Bentl.   41 οὐ vulg., ὂν T.

990 Origenes de principiis lib. III p. 110 ed. Delarue. Τὸ δὲ τού-
των οὕτως ἡμῖν γινομένων ⟨τὰ⟩ ἔξωθεν αἰτιᾶσθαι καὶ ἑαυτοὺς ἀπολύειν
ἐγκλήματος, ὁμοίους ἑαυτοὺς ἀποφαινομένους ξύλοις καὶ λίθοις ἑλκυσθεῖσιν
ὑπὸ τῶν ἔξωθεν αὐτὰ κινησάντων, οὐκ ἀληθὲς οὐδὲ εὔγνωμον, βουλομένου
5 τε λόγος ἐστὶν ὁ τοιοῦτος τὴν ἔννοιαν τοῦ αὐτεξουσίου παραχαράττειν. εἰ
γὰρ πυθοίμεθα αὐτοῦ τί ἦν τὸ αὐτεξούσιον, λέγοι ἂν ὅτι „εἰ μηδὲν τῶν
ἔξωθεν ἀπήντα, ἐμοῦ τόδε τι προθεμένου, τὸ ἐπὶ τὸ ἐναντίον προκαλούμε-
νον." — πάλιν τε αὖ ψιλὴν τὴν κατασκευὴν αἰτιᾶσθαι, παρὰ τὸ ἐναργές
ἐστι, λόγου παιδευτικοῦ τοὺς ἀκρατεστέρους καὶ τοὺς ἀγριωτάτους παραλαμ-
10 βάνοντος, εἰ τῇ προτροπῇ παρακολουθήσαιεν, καὶ μεταβάλλοντος, ὥστε παρὰ
πολὺ γεγονέναι τὴν τροπὴν καὶ τὴν ἐπὶ τὸ κρεῖττον μεταβολήν, πολλάκις
τῶν ἀκολαστοτάτων βελτιόνων γενομένων παρὰ τοὺς τῇ φύσει πρότερον οὐ
δοκοῦντας εἶναι τοιούτους, καὶ τῶν ἀγριωτάτων εἰς τοσοῦτον ἡμερότητος μετα-
βαλλόντων, ὥστε τοὺς μηδὲ πώποτε οὕτως ἀγριωθέντας ἀγρίους εἶναι δοκεῖν
15 συγκρίσει τοῦδέ τινος μεταβεβληκότος ἐπὶ τὸ ἥμερον. ὁρῶμέν τε ἑτέρους
εὐσταθεστάτους καὶ σεμνοτάτους ἐκ διαστροφῆς ἐπὶ τὰς χείρους διατριβὰς
ἐκκρουομένους τοῦ σεμνοῦ καὶ εὐσταθοῦς, ὥστε εἰς ἀκολασίαν αὐτοὺς μετα-
βαλεῖν, πολλάκις ἀρχομένης τῆς ἀκολασίας μεσούσης τῆς ἡλικίας, καὶ ἐμπίπ-
τοντας εἰς ἀταξίαν μετὰ τὸ παρεληλυθέναι τὸ τῆς νεότητος ὅσον ἐπὶ τῇ
20 φύσει ἄστατον. οὐκοῦν ὁ λόγος δείκνυσιν ὅτι τὰ μὲν ἔξωθεν οὐκ ἐφ' ἡμῖν
ἐστι, τὸ δὲ οὕτως ἢ ἐναντίως χρήσασθαι αὐτοῖς τὸν λόγον κριτὴν παραλα-
βόντα καὶ ἐξεταστὴν τοῦ πῶς δεῖ πρὸς τάδε τινὰ τῶν ἔξωθεν ἀπαντῆσαι,
ἔργον ἐστὶ ἡμέτερον.

991 Nemesius de nat. hom. c. 35 p. 258. οἱ δὲ λέγοντες ὅτι καὶ
25 τὸ ἐφ' ἡμῖν καὶ τὸ καθ' εἱμαρμένην σῴζεται (ἑκάστῳ γὰρ τῶν γινο-
μένων δεδόσθαί τι καθ' εἱμαρμένην, ὡς τῷ ὕδατι τὸ ψύχειν καὶ ἑκάστῳ
τῶν φυτῶν τὸ τοιόνδε καρπὸν φέρειν, καὶ τῷ λίθῳ τὸ κατωφερὲς καὶ
τῷ πυρὶ τὸ ἀνωφερές, οὕτω καὶ τῷ ζῴῳ τὸ συγκατατίθεσθαι καὶ
ὁρμᾶν· ὅταν δὲ ταύτῃ τῇ ὁρμῇ μηδὲν ἀντιπέσῃ τῶν ἔξωθεν καὶ καθ'
30 εἱμαρμένην, τότε τὸ περιπατεῖν τέλεον ἐφ' ἡμῖν εἶναι καὶ πάντως
περιπατήσομεν) οἱ ταῦτα λέγοντες — εἰσὶ δὲ τῶν Στωϊκῶν Χρύσιπ-
πός τε καὶ Φιλοπάτωρ καὶ ἄλλοι πολλοὶ καὶ λαμπροί, οὐδὲν ἕτερον
ἀποδεικνύουσιν ἢ πάντα καθ' εἱμαρμένην γίνεσθαι. εἰ γὰρ καὶ τὰς
ὁρμὰς παρὰ τῆς εἱμαρμένης φασὶν ἡμῖν δεδόσθαι, καὶ ταύτας ποτὲ
35 μὲν ὑπὸ τῆς εἱμαρμένης ἐμποδίζεσθαι, ποτὲ δὲ μή, δῆλον ὡς πάντα
καθ' εἱμαρμένην γίνεται καὶ τὰ δοκοῦντα ἐφ' ἡμῖν εἶναι. — — εἰ γὰρ
τῶν αὐτῶν αἰτίων περιεστηκότων, ὥς φασιν αὐτοί, πᾶσα ἀνάγκη
τὰ αὐτὰ γίνεσθαι καὶ οὐχ οἷόντε ποτὲ μὲν οὕτως ποτὲ δ' ἄλλως γε-
νέσθαι, διὰ τὸ ἐξ αἰῶνος ἀποκεκληρῶσθαι ταῦτα, ἀνάγκη καὶ τὴν
40 ὁρμὴν τὴν τοῦ ζῴου πάντη τε καὶ πάντως τῶν αὐτῶν αἰτίων περιεστη-
κότων οὕτως γενέσθαι. et paullo infra: εἰ γὰρ τὴν ὁρμὴν ἐφ' ἡμῖν
τάττουσιν, ὅτι φύσει ταύτην ἔχομεν, τί κωλύει καὶ ἐπὶ τῷ πυρὶ λέ-
γειν εἶναι τὸ καίειν, ἐπειδὴ φύσει καίει τὸ πῦρ; ὥς που καὶ παρεμ-
φαίνειν ἔοικεν ὁ Φιλοπάτωρ ἐν τῷ περὶ εἱμαρμένης.

992 Clemens Al. Stromat. II p. 458 Pott. τὰς δὲ συγκαταθέσεις οὐ μόνον οἱ ἀπὸ Πλάτωνος ἀλλὰ καὶ οἱ ἀπὸ τῆς Στοᾶς ἐφ' ἡμῖν εἶναι λέγουσιν· πᾶσα οὖν δόξα καὶ κρίσις καὶ ὑπόληψις καὶ μάθησις — — συγκατάθεσίς ἐστιν.

993 Plutarchus de Stoic. repugn. cp. 47 p. 1056e. Ἄνευ δὲ τού- 5 των, εἰ μὲν αἱ φαντασίαι μὴ γίνονται καθ' εἱμαρμένην, ⟨πῶς αἰτία⟩ τῶν συγκαταθέσεων· εἰ δ' ὅτι ποιεῖ φαντασίας ἀγωγοὺς ἐπὶ τὴν συγκα- τάθεσιν, καθ' εἱμαρμένην αἱ συγκαταθέσεις γίνεσθαι λέγονται, πῶς οὐ μάχεται πρὸς ἑαυτὴν πολλάκις ἐν τοῖς μεγίστοις διαφόρους ποιοῦσα φαντασίας καὶ περισπώσας ἐπὶ τἀναντία τὴν διάνοιαν; ὅτε τοὺς προσ- τιθεμένους τῇ ἑτέρᾳ καὶ μὴ ἐπέχοντας, ἁμαρτάνειν λέγουσιν· ἂν μὲν 10 ἀδήλοις εἴκωσι προπίπτοντας, ἂν δὲ ψευδέσι, διαψευδομέ- νους· ἂν δὲ κοινῶς ἀκαταλήπτοις, δοξάζοντας. Καίτοι δεῖ, τριῶν ὄντων, ἢ μὴ πᾶσαν εἶναι φαντασίαν εἱμαρμένης ἔργον, ἢ πᾶσαν παραδοχὴν φαντασίας καὶ συγκατάθεσιν ἀναμάρτητον, ἢ μηδὲ αὐτὴν τὴν εἱμαρμένην ἀνεπίληπτον· οὐκ οἶδα γάρ, ὅπως ἀνέγκλητός ἐστι 15 τοιαύτας ποιοῦσα φαντασίας, αἷς τὸ μὴ μάχεσθαι μηδ' ἀντιβαίνειν, ἀλλ' ἕπεσθαι καὶ εἴκειν, ἔγκλητόν ἐστι.

994 Plutarchus de Stoic. repugn. 47 p. 1055f. Ἀλλὰ μὴν καὶ τὰ περὶ τῶν φαντασιῶν λεγόμενα νεανικῶς πρὸς τὴν εἱμαρμένην ἐναν- τιοῦται. Τὴν γὰρ φαντασίαν βουλόμενος οὐκ οὖσαν αὐτοτελῆ τῆς 20 συγκαταθέσεως αἰτίαν ἀποδεικνύειν, εἴρηκεν ὅτι „βλάψουσιν οἱ σοφοὶ ψευδεῖς φαντασίας ἐμποιοῦντες, ἂν αἱ φαντασίαι ποιῶσιν αὐτοτελῶς τὰς συγκαταθέσεις· πολλάκις γὰρ οἱ σο- φοὶ ψεύδει χρῶνται πρὸς τοὺς φαύλους καὶ φαντασίαν πα- ριστᾶσι πιθανήν, οὐ μὴν αἰτίαν τῆς συγκαταθέσεως· ἐπεὶ 25 καὶ τῆς ὑπολήψεως αἰτία τῆς ψευδοῦς ἔσται καὶ τῆς ἀπάτης."

995 Augustinus de civ. dei V 10. Unde nec illa necessitas formi- danda est, quam formidando Stoici laboraverunt causas rerum ita distinguere, ut quasdam subtraherent necessitati, quasdam sub- derent, atque in his, quas esse sub necessitate noluerunt, po- 30 suerunt etiam nostras voluntates, ne videlicet non essent liberae, si subderentur necessitati.

996 Origenes comment. in Genesin Tom. II p. 13 Delarue. ὅτι μέν- τοι γε πολλῶν τῶν ἐφ' ἡμῖν αἴτια πλεῖστα τῶν οὐκ ἐφ' ἡμῖν ἐστι καὶ ἡμεῖς ὁμολογήσομεν· ἂν μὴ γενομένων, λέγω δὲ τῶν οὐκ ἐφ' ἡμῖν, οὐκ ἂν τάδε 35 τινὰ τῶν ἐφ' ἡμῖν ἐπράττετο· πράττεται δὲ τάδε τινὰ τῶν ἐφ' ἡμῖν ἀκόλουθα τοῖσδε τοῖς προγενομένοις οὐκ ἐφ' ἡμῖν, ἐνδεχομένου τοῦ ἐπὶ τοῖς αὐτοῖς προγενομένοις καὶ ἕτερα πρᾶξαι παρ' ἃ πράττομεν. εἰ δέ τις ζητεῖ τὸ ἐφ' ἡμῖν ἀπολελυμένον εἶναι τοῦ παντὸς ὥστε μὴ διὰ τάδε τινὰ συμβεβηκότα ἡμῖν ἡμᾶς αἱρεῖσθαι τάδε, ἐπιλέλησται κόσμου μέρος ὢν καὶ ἐμπεριεχόμενος 40 ἀνθρώπων κοινωνίᾳ καὶ τοῦ περιέχοντος.

---

5 lacunam notavit Xyl., πῶς εἰσιν αἰτίαι Amiot. et. Mezir. 11 ·προσπίπ- τοντας libri, corr. Salmasius. 12 δεῖ Wy., δή libri.

292   DE FATO.

997 Plutarchus de Stoic. repugn. cp. 47 p. 1056 b. Ὁ δὲ λέγων
ὅτι Χρύσιππος οὐκ αὐτοτελῆ τούτων αἰτίαν (sc. τοῦ κατορθοῦν καὶ
φρονεῖν) ἀλλὰ προκαταρτικὴν μόνον ἐποιεῖτο τὴν εἱμαρμένην, ἐκεῖ
πάλιν αὐτὸν ἀποδείξει μαχόμενον πρὸς αὐτόν, ὅπου τὸν μὲν Ὅμηρον
5 ὑπερφυῶς ἐπαινεῖ περὶ τοῦ Διὸς λέγοντα (O 109)
        Τῷ ἔχεθ᾽ ὅττι κεν ὕμμι κακὸν πέμπῃσιν ἑκάστῳ
ἢ ἀγαθόν· καὶ τὸν Εὐριπίδην (Suppl. 734)
        Ὦ Ζεῦ, τί δῆτα τοὺς ταλαιπώρους βροτοὺς
        φρονεῖν λέγοιμ᾽ ἄν; σοῦ γὰρ ἐξηρτήμεθα,
10   δρῶμέν τε τοιάδ᾽, ἃ σύ ⟨γε⟩ τυγχάνεις φρονῶν.
αὐτὸς δὲ πολλὰ τούτοις ὁμολογούμενα γράφει, τέλος δέ φησι μηδὲν
ἴσχεσθαι μηδὲ κινεῖσθαι μηδὲ τοὐλάχιστον ἄλλως ἢ κατὰ τὸν τοῦ
Διὸς λόγον· ὃν τῇ εἱμαρμένῃ τὸν αὐτὸν εἶναι. Ἔτι τοίνυν τὸ μὲν
προκαταρκτικὸν αἴτιον ἀσθενέστερόν ἐστι τοῦ αὐτοτελοῦς, καὶ οὐκ
15 ἐξικνεῖται κρατούμενον ὑπ᾽ ἄλλων ἐξανισταμένων· τὴν δ᾽ εἱμαρμένην
αἰτίαν ἀνίκητον καὶ ἀκώλυτον καὶ ἄτρεπτον ἀποφαίνων, αὐτὸς Ἄτρο-
πον καλεῖ καὶ Ἀδράστειαν καὶ Ἀνάγκην καὶ Πεπρωμένην, ὡς πέρας
ἅπασιν ἐπιτιθεῖσαν. (dein Plutarchus probare studet, si talis exstet
fatalis necessitas, qualem fingit Chrysippus, liberum hominum arbi-
20 trium tolli, τὸ ἐφ᾽ ἡμῖν καὶ τὸ ἑκούσιον ἀναιρεῖσθαι).

998 Diogenianus apud Eusebium praep. evang. VI p. 265 d. Ἐν
μὲν οὖν τῷ πρώτῳ Περὶ εἱμαρμένης βιβλίῳ τοιαύταις τισὶν ἀποδεί-
ξεσιν κέχρηται, ἐν δὲ τῷ δευτέρῳ λύειν πειρᾶται τὰ ἀκολουθεῖν δο-
κοῦντα ἄτοπα τῷ λόγῳ τῷ πάντα κατηναγκάσθαι λέγοντι, ἅπερ καὶ
25 ἡμεῖς κατ᾽ ἀρχὰς ἐτίθεμεν· οἷον τὸ ἀναιρεῖσθαι δι᾽ αὐτοῦ τὴν ἐξ ἡμῶν
αὐτῶν προθυμίαν περὶ ψόγους τε καὶ ἐπαίνους καὶ προτροπὰς καὶ πάνθ᾽
ὅσα παρὰ τὴν ἡμετέραν αἰτίαν γινόμενα φαίνεται.

φησὶν οὖν ἐν τῷ δευτέρῳ βιβλίῳ „τὸ μὲν ἐξ ἡμῶν πολλὰ γί-
νεσθαι δῆλον εἶναι, οὐδὲν δὲ ἧττον συγκαθειμάρθαι καὶ ταῦτα τῇ τῶν
30 ὅλων διοικήσει." κέχρηταί τε παραδείγμασι τοιούτοις τισί.

„τὸ γὰρ μὴ ἀπολεῖσθαι, φησί, θοἰμάτιον οὐχ ἁπλῶς καθεί-
μαρτο, ἀλλὰ μετὰ τοῦ φυλάττεσθαι, καὶ τὸ ἐκ τῶν πολεμίων
σωθήσεσθαι τόνδε τινὰ μετὰ τοῦ φεύγειν αὐτὸν τοὺς πολε-
μίους· καὶ τὸ γενέσθαι παῖδας μετὰ τοῦ βούλεσθαι κοινωνεῖν
35 γυναικί. ὥσπερ γάρ, φησίν, λέγοντός τινος Ἡγήσαρχον τὸν
πύκτην ἐξελεύσεσθαι τοῦ ἀγῶνος πάντως ἄπληκτον, ἀτόπως
ἄν τις ἠξίου καθιέντα τὰς χεῖρας τὸν Ἡγήσαρχον μάχεσθαι,
ἐπεὶ ἄπληκτον αὐτὸν καθείμαρτο ἀπελθεῖν, τοῦ τὴν ἀπόφασιν
ποιησαμένου διὰ τὴν περιττοτέραν τἀνθρώπου πρὸς τὸ μὴ
40 πλήττεσθαι φυλακὴν τοῦτο εἰπόντος, οὕτω καὶ ἐπὶ τῶν ἄλλων
ἔχει. πολλὰ γὰρ μὴ δύνασθαι γενέσθαι χωρὶς τοῦ καὶ ἡμᾶς

βούλεςθαι καὶ ἐκτενεστάτην γε περὶ αὐτὰ προθυμίαν τε καὶ
cπουδὴν εἰcφέρεcθαι, ἐπειδὴ μετὰ τούτου, φηcίν, αὐτὰ γε-
νέcθαι καθείμαρτο."
p. 266d. „ἀλλὰ παρ᾽ ἡμᾶc μὲν ἔcται, φηcί, περιειλημμένου
μέντοι τοῦ παρ᾽ ἡμᾶc ὑπὸ τῆc εἱμαρμένηc." 5
p. 267a. καὶ ἐξ αὐτῆc δὲ τῆc διαcτολῆc, ἣν ποιεῖται Χρύcιππος,
δῆλον γίνεται τὸ ἀπολελύcθαι τῆc εἱμαρμένηc τὴν παρ᾽ ἡμᾶc αἰτίαν.
καθείμαρται γάρ, φηcί, cωθῆναι θοιμάτιον, εἰ φυλάττοιc αὐτό, καὶ παῖ-
δαc ἔcεcθαι, εἰ καὶ cὺ βουληθείηc, ἄλλωc δὲ μὴ ἂν ἔcεcθαί τι τούτων.
ἐπὶ δὲ τῶν ὑπὸ τῆc εἱμαρμένηc προκατειλημμένων οὐκ ἄν ποτε ὑποτι- 10
μήcεcι τοιαύταιc χρηcαίμεθα etc.
999 Diogenianus apud Eusebium Praep. evang. VI p. 262 c. [οὐ
θεωρῶν ὅτι τὰ ἀλλαχοῦ πάλιν παρὰ τῷ ποιητῇ λεγόμενα τούτοιc ἄντι-
κρυc ἠναντίωται] οἷc καὶ αὐτὸc (sc. Chrysippus) ἐν τῷ δευτέρῳ
βιβλίῳ (sc. περὶ εἱμαρμένηc) χρῆται, βουλόμενοc cυνιcτᾶν „τὸ καὶ 15
παρ᾽ ἡμᾶc πολλὰ γίνεcθαι" οἷον τὸ (Od. α 7)
αὐτοὶ γὰρ cφετέρῃcιν ἀταcθαλίῃcιν ὄλοντο.
καὶ τὸ (ibid. 32—34)
ὦ πόποι, οἷον δή νυ θεοὺc βροτοὶ αἰτιόωνται.
ἐξ ἡμῶν γάρ φαcι κάκ᾽ ἔμμεναι, οἱ δὲ καὶ αὐτοὶ 20
cφῆcιν ἀταcθαλίῃcιν ὑπὲρ μόρον ἄλγε᾽ ἔχουcι.
1000 Gellius N. A. VII 2. *Fatum, quod* εἱμαρμένην *Graeci vocant,
ad hanc ferme sententiam* Chrysippus, *Stoicae princeps philosophiae,
definit: „Fatum est", inquit, „sempiterna quaedam et indeclinabi-
lis series rerum et catena, volvens semetipsa sese et implicans* 25
*per aeternos consequentiae ordines, ex quibus apta nexaque est".
Ipsa autem verba Chrysippi, quantum valui memoria, ascripsi, ut, sicui
meum istud interpretamentum videbitur esse obscurius, ad ipsius verba
animadvertat. In libro* περὶ προνοίαc *quarto* εἱμαρμένην *esse dicit*
φυcικήν τινα cύνταξιν τῶν ὅλων ἐξ ἀϊδίου τῶν ἑτέρων τοῖc 30
ἑτέροιc ἐπακολουθούντων καὶ μεταπολουμένων ἀπαραβάτου
οὔcηc τῆc τοιαύτηc ἐπιπλοκῆc.
*Aliarum autem opinionum disciplinarumque auctores huic definitioni
ita obstrepunt: „Si Chrysippus", inquiunt, „fato putat omnia moveri et
regi nec declinari transcendique posse agmina fati et volumina, peccata* 35
*quoque hominum et delicta non suscensenda neque inducenda sunt ipsis
voluntatibusque eorum, sed necessitati cuidam et instantiae, quae oritur
ex fato, omnium quae sit rerum domina et arbitra, per quam necesse
sit fieri, quicquid futurum est; et propterea nocentium poenas legibus
inique constitutas, si homines ad maleficia non sponte veniunt, sed fato* 40
trahuntur."

Contra ea **Chrysippus** *tenuiter multa et argute disserit; sed omnium fere, quae super ea re scripsit, huiuscemodi sententia est: „Quamquam ita sit", inquit, „ut ratione quadam necessaria et principali coacta atque conexa sint fato omnia, ingenia tamen ipsa mentium nostrarum*
5 *proinde sunt fato obnoxia, ut proprietas eorum est ipsa et qualitas. Nam si sunt per naturam primitus salubriter utiliterque ficta, omnem illam vim quae de fato extrinsecus ingruit, inoffensius tractabiliusque transmittunt. Sin vero sunt aspera et inscita et rudia nullisque artium bonarum adminiculis fulta, etiamsi parvo sive nullo fatalis incommodi*
10 *conflictu urgeantur, sua tamen scaevitate et voluntario impetu in assidua delicta et in errores se ruunt. Idque ipsum ut ea ratione fiat, naturalis illa et necessaria rerum consequentia efficit, quae „fatum" vocatur. Est enim genere ipso quasi fatale et consequens, ut mala ingenia peccatis et erroribus non vacent".*

15   *Huius deinde fere rei exemplo non hercle nimis alieno neque inlepido utitur. „Sicut" inquit „lapidem cylindrum si per spatia terrae prona atque derupta iacias, causa quidem ei et initium praecipitantiae fueris, mox tamen ille praeceps volvitur, non quia tu id iam facis, sed quoniam ita sese modus eius et*
20 *formae volubilitas habet: sic ordo et ratio et necessitas fati genera ipsa et principia causarum movet, impetus vero consiliorum mentiumque nostrarum actionesque ipsas voluntas cuiusque propria et animorum ingenia moderantur." Infert deinde verba haec, his, quae dixi, congruentia:*

25   Διὸ καὶ ὑπὸ τῶν Πυθαγορείων εἴρηται·
      Γνώcει δ᾽ ἀνθρώπουc αὐθαίρετα πήματ᾽ ἔχονταc,
   ὡc τῶν βλαβῶν ἑκάcτοιc παρ᾽ αὐτοῖc γινομένων καὶ καθ᾽ ὁρ-
   μὴν αὐτῶν ἁμαρτανόντων τε καὶ βλαπτομένων καὶ κατὰ τὴν
   αὐτῶν διάνοιαν καὶ θέcιν.

30   *Propterea negat oportere ferri audirique homines aut nequam aut ignavos et nocentes et audaces, qui, cum in culpa et in maleficio revicti sunt, perfugiunt ad fati necessitatem, tamquam in aliquod fani asylum et, quae pessime fecerunt, ea non suae temeritati, sed fato esse attribuenda dicunt.*

35   *Primus autem hoc sapientissimus ille et antiquissimus poetarum dixit hisce versibus:* (Od. α 32—34)
      Ὦ πόποι, οἷον δή νυ θεοὺc βροτοὶ αἰτιόωνται.
      Ἐξ ἡμέων γάρ φαcι κάκ᾽ ἔμμεναι· οἱ δὲ καὶ αὐτοὶ
      Cφῆcιν ἀταcθαλίηcιν ὑπὲρ μόρον ἄλγε᾽ ἔχουcιν.

40   **1001** Alexander Aphrod. de fato cp. 33 p. 205, 1 Bruns.   τὸ δὲ

λέγειν πλανᾶσθαι τοὺς οὐχ ἡγουμένους ἐν τῷ σῴζεσθαι τὴν καθ' ὁρ-
μὴν τῶν ζῴων ἐνέργειαν ἤδη σῴζεσθαι καὶ τὸ ἐφ' ἡμῖν τῷ μὴ πᾶν
τὸ καθ' ὁρμὴν γινόμενον ἐπὶ τοῖς ὁρμῶσιν εἶναι, καὶ διὰ τοῦτο ἐρω-
τᾶν, εἰ μὴ ἐνέργημά τι τὸ ἐφ' ἡμῖν ἐστι, καὶ λαβόντας ἐπὶ τούτῳ
πάλιν ἐρωτᾶν, εἰ μὴ τῶν ἐνεργημάτων τὰ μὲν εἶναι δοκεῖ καθ' ὁρμήν, 5
τὰ δ' οὐ καθ' ὁρμήν, ὃ λαβόντας πάλιν προστιθέναι τούτῳ τὸ μὴ τῶν
ἐνεργημάτων μέν, μὴ καθ' ὁρμὴν δὲ εἶναί τι ἐφ' ἡμῖν, οὗ καὶ αὐτοῦ
συγχωρουμένου ἐπὶ τούτοις λαμβάνειν τὸ πᾶν τὸ καθ' ὁρμὴν γινό-
μενον ἐπὶ τοῖς οὕτως ἐνεργοῦσιν εἶναι, ἐπειδὴ ἐν μηδενὶ τῶν ἄλλως
ἐνεργουμένων ἐστί, καὶ διὰ τοῦτο λέγειν σῴζεσθαι κατ' αὐτοὺς καὶ 10
τὸ τοιοῦτον ἐφ' ἡμῖν, ὃ δυνατὸν ὑφ' ἡμῶν γενέσθαί τε καὶ μή, ἐπειδὴ
καὶ τὰ οὕτως γενόμενα ἐν τοῖς καθ' ὁρμὴν γινομένοις ἐστί, πῶς οὐ
παντάπασιν ἀγνοούντων ταῦτα etc.

1002 Alexander Aphrod. de fato cp. 34 p. 205, 24 Bruns. λα-
βόντες γὰρ τὸ ἕκαστον τῶν συνεστώτων φύσει καθ' εἱμαρμένην εἶναι 15
τοιοῦτον, ὁποῖόν ἐστι, ὡς ταὐτοῦ ὄντος τοῦ τε φύσει καὶ τοῦ καθ'
εἱμαρμένην, προστιθέασιν τὸ „Οὐκοῦν κατὰ τὴν εἱμαρμένην καὶ
αἰσθήσεται τὰ ζῷα καὶ ὁρμήσει, καὶ τὰ μὲν τῶν ζῴων ἐνερ-
γήσει μόνον, τὰ δὲ πράξει τὰ λογικά, καὶ τὰ μὲν ἁμαρτήσε-
ται τὰ δὲ κατορθώσει· ταῦτα γὰρ τούτοις κατὰ φύσιν. με- 20
νόντων δὲ καὶ ἁμαρτημάτων καὶ κατορθωμάτων καὶ τῶν
τοιούτων φύσεων καὶ ποιοτήτων μὴ ἀναιρουμένων, καὶ
ἔπαινοι μένουσι καὶ ψόγοι καὶ κολάσεις καὶ τιμαί. ταῦτα
γὰρ οὕτως ἔχει ἀκολουθίας τε καὶ τάξεως."

1003 Alexander Aprod. de fato cp. 35 p. 207, 4 Bruns. μηδὲ 25
ἐκεῖνον δὲ παραλίπωμεν τὸν λόγον, ᾧ θαρροῦσιν, ὡς δεικνύναι δυνα-
μένου τῶν προκειμένων τι. λέγουσιν γάρ. „Οὐ γὰρ ἔστι μὲν τοι-
αύτη ἡ εἱμαρμένη, οὐκ ἔστι δὲ πεπρωμένη· ⟨οὐδὲ ἔστι μὲν
πεπρωμένη⟩, οὐκ ἔστι δὲ αἶσα· οὐδὲ ἔστι μὲν αἶσα, οὐκ ἔστι δὲ
νέμεσις· οὐδὲ ἔστι μὲν νέμεσις, οὐκ ἔστι δὲ νόμος· οὐδ' ἔστι 30
μὲν νόμος, οὐκ ἔστι δὲ λόγος ὀρθὸς προστακτικὸς μὲν ὧν
ποιητέον, ἀπαγορευτικὸς δὲ ὧν οὐ ποιητέον. ἀλλὰ ἀπαγο-
ρεύεται μὲν τὰ ἁμαρτανόμενα, προστάττεται δὲ τὰ κατορθώ-
ματα. οὐκ ἄρα ἔστι μὲν τοιαύτη ἡ εἱμαρμένη, οὐκ ἔστι δὲ
ἁμαρτήματα καὶ κατορθώματα. ἀλλ' εἰ ἔστιν ἁμαρτήματα καὶ 35
κατορθώματα, ἔστιν ἀρετὴ καὶ κακία, εἰ δὲ ταῦτα, ἔστι καλὸν

---

1 πλανᾶσθαι Β², ἡγεῖσθαι V.   5 μὴ Bruns, μήτε V, μηδέν Β².   7 οὗ
καὶ αὐτοῦ B, οὐκ αὐτοῦ V.   11 ἐπειδὴ scripsi, εἶναι δὴ libri.   21 μενόν-
των a², μὲν ὄντων ceteri.   22 ἀναιρουμένων scripsi, ἀγνοουμένων libri,
23 ἔπαινοι μένουσι scripsi, ἐπαινουμένου V (quod corr. m¹ in ἔπαινοι).
28 οὐδὲ—πεπρωμένη Β², om. V.   31 οὐκ a¹², οὐδ' V.

καὶ αἰσχρόν· ἀλλὰ τὸ μὲν καλὸν ἐπαινετόν, τὸ δὲ αἰσχρὸν
ψεκτόν. οὐκ ἄρα ἔcτι μὲν τοιαύτη ἡ εἱμαρμένη, οὐκ ἔcτι δὲ
ἐπαινετὸν καὶ ψεκτόν. ἀλλὰ τὰ μὲν ἐπαινετὰ τιμῆc ἄξια, τὰ
δὲ ψεκτὰ κολάcεωc. οὐκ ἄρα ἔcτι μὲν τοιαύτη ἡ εἱμαρμένη,
5 οὐκ ἔcτι δὲ τιμὴ καὶ κόλαcιc. ἀλλ' ἔcτι μὲν τιμὴ γέρωc ἀξί-
ωcιc, ἡ δὲ κόλαcιc ἐπανόρθωcιc. οὐκ ἄρα ἔcτι μὲν τοιαύτη ἡ
εἱμαρμένη, οὐκ ἔcτι ⟨δὲ⟩ γέρωc ἀξίωcιc καὶ ἐπανόρθωcιc· εἰ
δὲ ταῦτα ⟨μὴ⟩ ἀνήρηται, μένει, καὶ πάντων γινομένων καθ'
εἱμαρμένην, κατορθώματά τε καὶ ἁμαρτήματα καὶ τιμαὶ καὶ
10 κολάcειc καὶ γέρωc ἀξιώcειc καὶ ἔπαινοι καὶ ψόγοι.
p. 207, 29. τίc οὐκ ἂν αὐτῶν θαυμάcαι τὴν cύνθεcιν τοῦ λόγου
ὡc ἀπέριττον καὶ ἐξ ὁμολογουμένων καὶ ἐναργῶν cυνάγουcαν; ⟨ἢ⟩ τὸ
μηδὲν ὤνητο ἄρα τῆc περὶ τοὺc cυλλογιcμοὺc ἀcχολίαc μακρᾶc; θέμενοι
γὰρ τὸ τὴν εἱμαρμένην χρῆcθαι πᾶcιν τοῖc γεγονόcι τε καὶ γινομένοιc
15 καθ' εἱμαρμένην, πρὸc τὴν ἀκώλυτον τῶν ὑπ' αὐτῆc γινομένων ἐνέργειαν,
οὕτωc ὡc γέγονεν ἕκαστον αὐτῶν καὶ φύcεωc ἔχει, λίθῳ μὲν ὡc λίθῳ,
φυτῷ δὲ ὡc φυτῷ, ζώῳ δὲ ὡc ζώῳ, εἰ δὲ ὡc ζώῳ καὶ ⟨ὡc⟩ ὁρμητικῷ, ἐν
τῷ τιθέναι τὸ χρῆcθαι αὐτὴν τῷ ζώῳ ὡc ζώῳ τε καὶ ὁρμητικῷ καὶ γί-
νεcθαι τὰ ὑπ' αὐτῆc διὰ τῶν ζώων γινόμενα κατὰ τὴν τῶν ζώων ὁρμὴν
20 (ἑπομένων καὶ τούτων τοῖc ἐξ ἀνάγκηc περιεcτῶcιν αὐτὰ τότε αἰτίοιc,
ἅτινα ἂν ⟨ἢ⟩) ἡγούμενοι διὰ τοῦ τὸ καθ' ὁρμὴν ἐνεργεῖν τὰ ζῷα τηρεῖν
ἐν τῷ ἅπαντα γίνεcθαι καθ' εἱμαρμένην καὶ τὸ ἐφ' ἡμῖν εἶναί τι τηρεῖν,
τούc τε ἄλλουc ἐρωτῶcιν λόγουc καὶ δὴ καὶ τὸν προειρημένον, ἐμοὶ
δοκεῖ, οὐχ ὡc ἀληθεῖ πιcτεύοντεc τοcοῦτον αὐτῷ ὅcον διὰ μῆκόc τε
25 καὶ πλῆθοc ὀνομάτων καὶ ἀcαφῆ cύνθεcιν παράξειν ἡγούμενοι τοὺc
ἀκούονταc.

1004 Alexander Aphrod. de fato cp. 36 p. 210,3 Bruns. *οὐδὲν ἄρα*
μένει τῶν ὑπὸ τοῦ μετὰ τοcαύτηc τέχνηc ἠρωτημένου λόγου κατεcκευαcμένων,
ἀκολουθήcει τε αὐτοῖc ἀρξαμένοιc κάτωθεν ⟨ἡ⟩ ἀκολουθία, ἣν ἕπεcθαι λέ-
30 *γουcιν τοῖc ἀναιρεῖν πειρωμένοιc τὸ ἐφ' ἡμῖν ⟨τι⟩ εἶναι, ὡc αὐτοὶ τηροῦντεc*
ὁμολογουμένωc αὐτό, ⟨τὸ⟩ διὰ τοῦ πρώ⟨του⟩ λαβόντεc ἄλλο ἐπιφέρειν αὖ
τὰ τούτῳ δοκοῦντα ἕπεcθαι ἄτοπα καὶ ⟨τού⟩τοιc διαβάλλειν ⟨τὸ⟩ ἡγούμενον.
εἰ γὰρ μὴ εἰcι τιμαὶ μηδὲ κολάcειc, οὐδὲ ἔπαινοι οὐδὲ ψόγοι· εἰ δὲ μὴ
ταῦτα, οὐδὲ κατορθώματά τε καὶ ἁμαρτήματα· εἰ δὲ μὴ ταῦτα, οὐδὲ ἀρετὴ

---

8 μὴ addidi. ‖ ἀνήρηται scripsi, ἀπήρηται a[12], ἀπείρηται V. ‖ μένει καὶ
scripsi, μὲν εἶναι libri. 12 ἢ addidi. 13 μηδὲν ὤνητο scripsi, μὴ δεῖν ὢν
ἦν τὸ libri. 17 ὡc add. Bruns. 19 ὑπ' αὐτῆc Gercke, ὑφ' αὐτῶν libri.
20 τοῖc—περιεcτῶcιν Gercke, τῶν—περιεcτάτων libri. 21 ἢ addidi. 24 οὐχ
ὡc scripsi, ὡc οὐκ libri. 28 τῶν—κατεcκευαcμένων scripsi, τοῦ—κατεcκευαcμέ-
νου libri. 29 ἀρξαμένοιc B², ἀρξαμένων V. ‖ ἢ addidi. 30 τι addidi.
31 τὸ addidi. ‖ πρώτου λαβόντεc ἄλλο scripsi, προλαβόντεc ἄλλοιc libri. 32 αὖ
τὰ τούτῳ δοκοῦντα ἕπεcθαι ἄτοπα scripsi, αὐτὰ τὸ μὴ δοκεῖν ἔχεcθαι τὸ libri. ‖
καὶ τούτοιc διαβάλλειν τὸ ἡγούμενον scripsi, καὶ τοῖc διαφεύγειν ἡγουμένοιc libri.

καὶ κακία· εἰ δὲ μὴ ταῦτα, φασὶν ἔτι, μηδὲ θεοί. ἀλλὰ μὴν τὸ πρῶτον, τὸ
μὴ εἶναι μήτε τιμὰς μήτε κολάσεις, ἕπεται τῷ πάντα γίνεσθαι καθ' εἱμαρμέ-
νην, ὡς δέδεικται. ⟨καὶ⟩ τὸ τελευταῖον ἄρα, ὃ ἄτοπον καὶ ἀδύνατον. ἀναι-
ρετέον ⟨ἄρα⟩ τὸ πάντα γίνεσθαι καθ' εἱμαρμένην, ᾧ τοῦθ' εἵπετο.
1005 Alexander Aphrod. de fato cp. 37 p. 210, 14 Bruns. ἴδωμεν 5
δὲ καὶ ⟨τὸν⟩ ἐπὶ τούτῳ λόγον ἠρωτημένον, εἰ μὴ τὰς ὁμοίας ἀνάγκας
ἔχει. λέγει δὲ οὕτως·
„Οὐ πάντα μὲν ἔστι καθ' εἱμαρμένην, οὐκ ἔστι δὲ ἀκώλυ-
τος καὶ ἀπαρεμπόδιστος ἡ τοῦ κόσμου διοίκησις· οὐδὲ ἔστι μὲν
τοῦτο, οὐκ ἔστι δὲ κόσμος· οὐδὲ ἔστι μὲν κόσμος, οὐκ εἰσὶν δὲ 10
θεοί. εἰ δέ εἰσι θεοί, εἰσὶν ἀγαθοὶ οἱ θεοί. ἀλλ' εἰ τοῦτο,
ἔστιν ἀρετή. ἀλλ' εἰ ἔστιν ἀρετή, ἔστι φρόνησις. ἀλλ' εἰ τοῦτο,
ἔστιν [ἡ] ἐπιστήμη ποιητέων τε καὶ οὐ ποιητέων. ἀλλὰ ποιη-
τέα μέν ἐστι τὰ κατορθώματα, οὐ ποιητέα δὲ τὰ ἁμαρτήματα.
οὐκ ἄρα πᾶν μὲν γίνεται καθ' εἱμαρμένην, οὐκ ἔστι δὲ ἁμάρ- 15
τημα καὶ κατόρθωμα. ἀλλὰ τὰ μὲν κατορθώματα καλά, τὰ δὲ
ἁμαρτήματα αἰσχρά· καὶ τὰ μὲν καλὰ ἐπαινετά, τὰ δὲ αἰσχρὰ
ψεκτά. οὐκ ἄρα πάντα μέν ἐστι καθ' εἱμαρμένην, οὐκ ἔστι δὲ
ἐπαινετὰ καὶ ψεκτά. ἀλλ' εἰ τοῦτο, εἰσὶν ἔπαινοι καὶ ψόγοι.
ἀλλ' ἃ μὲν ἐπαινοῦμεν, τιμῶμεν, ἃ δὲ ψέγομεν, κολάζομεν· 20
καὶ ὁ μὲν τιμῶν γεραίρει, ὁ δὲ κολάζων ἐπανορθοῖ. οὐκ ἄρα
πάντα μὲν γίνεται καθ' εἱμαρμένην, οὐκ ἔστι δὲ γεραίρειν καὶ
ἐπανορθοῦν."
καὶ οὗτος δὴ ὁ λόγος ἀπὸ τῆς αὐτῆς παλαίστρας ὢν δῆλον ὡς διὰ
τῶν αὐτῶν ἂν ψευδὴς ὢν ἐλέγχοιτο. 25
p. 212, 1. παραπλήσιοι δὲ τούτοις καὶ ὅσους ἄλλους εἰς σύστασιν
τοῦδε τοῦ δόγματος λόγους παρατίθενται ἐπὶ πλέον, [καὶ] μέχρι ῥημά-
των τὴν κομψείαν ἔχοντες, ἀλλ' οὐκ ἐκ τῆς πρὸς τὰ πράγματα περὶ ὧν
λέγονται cωμφωνίας τὴν πίστιν λαμβάνοντες.
1006 Alexander Aphrod. de fato cp. 38. ὅτι δὲ μηδὲ οἱ ἐκ τοῦ 30
δεικνύναι τὴν καθ' ὁρμὴν κίνησιν τοῖς ζῴοις μένουσαν πάντων γινομένων
καθ' εἱμαρμένην (scil. λόγοι) σώζουσι τὸ ἐφ' ἡμῖν, εἰ μὴ βούλοιτό τις ἁπλῶς
τὸ ἀπό τινος κατὰ τὴν οἰκείαν γινόμενον φύσιν ἐπ' ἐκείνῳ λέγειν — —
φθάνει διὰ τῶν πρώτων — δεδεῖχθαι.
1007 Alexander Aphrod. quaestiones II 4 p. 50, 30 Bruns. „εἰ 35
ἐφ' ἡμῖν ἐστι τοῦτο, οὗ τὸ ἀντικείμενον ἐφ' ἡμῖν, τὸ οὗ τὸ
ἀντικείμενον οὐκ ἐφ' ἡμῖν, ἐκεῖνο οὐκ ἐφ' ἡμῖν. τοῦ δ' ἐφ' ἡμῖν
τὸ ἀντικείμενον οὐκ ἐφ' ἡμῖν· τῷ γὰρ ἐφ' ἡμῖν τὸ οὐκ ἐφ'
ἡμῖν ἀντικείμενον. οὐδὲ τὸ ἐφ' ἡμῖν ἄρα ἐφ' ἡμῖν. εἰ δὲ τὸ

---

1 μὴ τὸ V. 3. 4 καὶ et ἄρα B², om. V. 6 τὸν add. Bruns. 13 ἡ
del. Gercke. 17 αἰσχρὰ scripsi, κακὰ libri. 27 καὶ delevi. 39 ἄρα ἐφ'
ἡμῖν om. V¹.

ἐφ᾽ ἡμῖν μὴ ἐφ᾽ ἡμῖν, οὐδέν ἐcτιν ἐφ᾽ ἡμῖν. καθ᾽ οὓc ἄρα ἐφ᾽ ἡμῖν ἐcτιν, οὗ καὶ τὸ ἀντικείμενον ἐφ᾽ ἡμῖν, κατὰ τούτουc οὐδέν ἐcτιν ἐφ᾽ ἡμῖν."

ibidem II 5 p. 51, 20. „τῷ ἐφ᾽ ἡμῖν τι εἶναι ἀντίκειται τὸ
5 μηδὲν εἶναι ἐφ᾽ ἡμῖν. ⟨τὸ δὲ μηδὲν εἶναι ἐφ᾽ ἡμῖν⟩ ἀδύνατον. τὸ οὖν τῷ ἐφ᾽ ἡμῖν τι εἶναι ἀντικείμενον ἀδύνατον. ἀλλὰ μὴν ᾧ τὸ ἀντικείμενον ἀδύνατον, τοῦτο καθ᾽ εἱμαρμένην, εἴ γε ταῦτα καθ᾽ εἱμαρμένην γίνεται, οἷc τὰ ἀντικείμενα ἀδύνατόν ἐcτιν ἢ εἶναι ἢ γενέcθαι. τὸ οὖν ἐφ᾽ ἡμῖν τι εἶναι καθ᾽ εἱμαρ-
10 μένην. τῷ δὲ ἐφ᾽ ἡμῖν τι εἶναι καθ᾽ εἱμαρμένην, cῴζοιτο ἂν τὸ ἐφ᾽ ἡμῖν τι εἶναι κατὰ τοὺc ἄπαντα γίνεcθαι καθ᾽ εἱμαρμένην λέγονταc."

---

1 δ pro οὖς ἄρα V¹.   5 τὸ δὲ—ἐφ᾽ ἡμῖν addidi.   10 τῷ Bruns, τὸ libri.   11 κατὰ τοὺς ἄπαντα Bruns, κατ᾽ οὐσίαν πάντα libri.

Physica VII.

De natura deorum.

1008 Etymologicum Magn. s. v. τελετή p. 750, 16. Χρύσιππος δέ φησι, τοὺς περὶ τῶν θείων λόγους εἰκότως καλεῖσθαι τελετάς· χρῆναι γὰρ τούτους τελευταίους καὶ ἐπὶ πᾶσι διδάσκεσθαι, τῆς ψυχῆς ἐχούσης 5 ἕρμα καὶ κεκρατημένης καὶ πρὸς τοὺς ἀμυήτους σιωπᾶν δυναμένης· μέγα γὰρ εἶναι τὸ ἆθλον ὑπὲρ θεῶν ἀκοῦσαί τε ὀρθὰ καὶ ἐγκρατεῖς γενέσθαι αὐτῶν.

§ 1. Πόθεν θεῶν ἔννοιαν ἔλαβον ἄνθρωποι.

1009 Aëtius Plac. I 6 Πόθεν ἔννοιαν ἔσχον θεῶν ἄνθρωποι G 34. 10 Ὁρίζονται δὲ τὴν τοῦ θεοῦ οὐσίαν οἱ Στωϊκοὶ οὕτως· πνεῦμα νοερὸν καὶ πυρῶδες, οὐκ ἔχον μὲν μορφήν, μεταβάλλον δ᾽ εἰς ὃ βούλεται καὶ συνεξομοιούμενον πᾶσιν. ἔσχον δὲ ἔννοιαν τούτου πρῶτον μὲν ἀπὸ τοῦ κάλλους τῶν ἐμφαινομένων προσλαμβάνοντες. οὐδὲν γὰρ τῶν καλῶν εἰκῆ καὶ ὡς ἔτυχε γίνεται, ἀλλὰ μετά τινος τέχνης δημιουργούσης. καλὸς δὲ ὁ κόσμος· 15 δῆλον δὲ ἐκ τοῦ σχήματος καὶ τοῦ χρώματος καὶ τοῦ μεγέθους καὶ τῆς περὶ τὸν κόσμον τῶν ἀστέρων ποικιλίας. σφαιροειδὴς γὰρ ὁ κόσμος, ὃ πάντων σχημάτων πρωτεύει. μόνον γὰρ τοῦτο τοῖς ἑαυτοῦ μέρεσιν ὁμοιοῦται· περιφερὴς δὲ ὢν ἔχει τὰ μέρη περιφερῆ· διὰ τοῦτο γὰρ κατὰ τὸν Πλάτωνα ἐν τῇ κεφαλῇ τὸ ἱερώτατον συνέστηκε, νοῦς. Καὶ τὸ χρῶμα δὲ καλόν. κυα- 20 νώδει γὰρ κέχρωσται, ὃ πορφύρας μέν ἐστι μελάντερον, στίλβουσαν δὲ ἔχει τὴν ποιότητα· καὶ διὰ ταύτην τὴν αἰτίαν τῷ τῆς χροιᾶς συντόνῳ διακόπτων τηλικαύτην ἀέρος ἀπόστασιν ἐκ τοσούτων διαστημάτων θεωρεῖται. Καὶ ἐκ τοῦ μεγέθους καλός. πάντων γὰρ τῶν ὁμογενῶν τὸ περιέχον καλὸν ὡς ζῷον καὶ δένδρον. ἐπιτελεῖ τὸ κάλλος τοῦ κόσμου καὶ ταῦτα τὰ φαινόμενα· ὁ 25 μὲν γὰρ λοξὸς κύκλος ἐν οὐρανῷ διαφόροις εἰδώλοις πεποίκιλται.

τῷ δ᾽ ἔνι καρκίνος ἐστί, λέων δ᾽ ἐπὶ τῷ, μετὰ δ᾽ αὐτόν
παρθένος ἠδ᾽ ἐπί οἱ χηλαὶ καὶ σκορπίος αὐτός
τοξευτής τε καὶ αἰγόκερως, ἐπὶ δ᾽ αἰγοκερῆϊ
ὑδροχόος· δύο δ᾽ αὐτὸν ἐπ᾽ ἰχθύες ἀστερόεντες.   30
τοὺς δὲ μετὰ κριός, ταῦρος δ᾽ ἐπὶ τῷ δίδυμοί τε.

Videtur haec disputatio ex Posidonio fluxisse. Cf. Dionis Chrys. or. XII.
20 vulgo κυανώσει, corr. Beck.   27 Arat. Phaen. 545—49.

μυρία δ' ἄλλα καθ' ὁμοίας τοῦ κόσμου περικλάσεις πεποίηκεν. ὅθεν καὶ
Εὐριπίδης φησί· (Crit. fr. 1, 33. 34 p. 598 N)
τό τ' ἀστερωπὸν οὐρανοῦ σέλας
χρόνου καλὸν ποίκιλμα τέκτονος σοφοῦ.

5 ἐλάβομεν δὲ ἐκ τούτου ἔννοιαν θεοῦ· ἀεί τε γὰρ ἥλιος καὶ σελήνη καὶ τὰ
λοιπὰ τῶν ἄστρων τὴν ὑπόγειον φορὰν ἐνεχθέντα ὅμοια μὲν ἀνατέλλει τοῖς
χρώμασιν, ἴσα δὲ τοῖς μεγέθεσι, καὶ κατὰ τόπους καὶ κατὰ χρόνους τοὺς αὐ-
τούς. διόπερ οἱ τὸν περὶ τῶν θεῶν παραδόντες σεβασμὸν διὰ τριῶν ἐξέθη-
καν ἡμῖν εἰδῶν, πρῶτον μὲν τοῦ φυσικοῦ, δεύτερον δὲ τοῦ μυθικοῦ, τρίτον
10 δὲ τοῦ τὴν μαρτυρίαν ἐκ τῶν νόμων εἰληφότος. [διοικεῖσθαι del. Reiske]
διδάσκεται δὲ τὸ μὲν φυσικὸν ὑπὸ τῶν φιλοσόφων, τὸ δὲ μυθικὸν ὑπὸ τῶν
ποιητῶν, τὸ δὲ νομικὸν ὑφ' ἑκάστης ἀεὶ πόλεως συνίσταται.

Διαιρεῖται δὲ ἡ πᾶσα διδαχὴ εἰς εἴδη ἑπτά· καὶ πρῶτον μὲν τὸ ἐκ
τῶν φαινομένων καὶ μετεώρων· θεοῦ γὰρ ἔννοιαν ἔσχον ἀπὸ τῶν φαινομένων
15 ἀστέρων ὁρῶντες τούτους μεγάλης συμφωνίας ὄντας αἰτίους, καὶ τεταγμένως
ἡμέραν τε καὶ νύκτα χειμῶνά τε καὶ θέρος ἀνατολάς τε καὶ δυσμὰς καὶ τὰ
ὑπὸ τῆς γῆς ζῳογονούμενα καὶ καρπογονούμενα. διὸ πατὴρ μὲν ἔδοξεν αὐ-
τοῖς οὐρανὸς ὑπάρχειν, μήτηρ δὲ γῆ· τούτων δὲ ὁ μὲν πατὴρ διὰ τὸ τὰς
τῶν ὑδάτων ἐκχύσεις σπερμάτων ἔχειν τάξιν, ἡ δὲ [γῆ] μήτηρ διὰ τὸ δέ-
20 χεσθαι ταῦτα καὶ τίκτειν· βλέποντες δὲ τοὺς ἀστέρας ἀεὶ θέοντας αἰτίους τε
τοῦ θεωρεῖν ἡμᾶς ἥλιον καὶ σελήνην θεοὺς προσηγόρευσαν. — εἰς δεύ-
τερον δὲ καὶ τρίτον τόπον τοὺς θεοὺς διεῖλον εἴς τε τὸ βλάπτον καὶ τὸ
ὠφελοῦν· καὶ τοὺς μὲν ὠφελοῦντας Δία, Ἥραν, Ἑρμῆν, Δήμητραν, τοὺς δὲ
βλάπτοντας Ποινάς, Ἐρινύας, Ἄρην, τούτους ἀφοσιούμενοι χαλεποὺς ὄντας
25 καὶ βιαίους. — τέταρτον καὶ πέμπτον προστεθείκασι τοῖς πράγμασι καὶ
τοῖς πάθεσι, παθῶν μὲν Ἔρωτα, Ἀφροδίτην, Πόθον, πραγμάτων δὲ Ἐλπίδα,
Δίκην, Εὐνομίαν. — ἕκτον δὲ τόπον προσέλαβον τὸ ὑπὸ τῶν ποιητῶν
πεπλασμένον· Ἡσίοδος γὰρ βουλόμενος τοῖς γενητοῖς θεοὺς πατέρας συστῆσαι
εἰσήγαγε τοιούτους αὐτοῖς γεννήτορας (Hes. theog. 134)
30   Κοῖόν τε Κρεῖόν θ' Ὑπερίονά τ' Ἰαπετόν τε.
διὰ τοῦτο καὶ μυθικὸν κέκληται. — ἕβδομον δὲ καὶ ἐπὶ πᾶσι τὸ διὰ τὰς
εἰς τὸν κοινὸν βίον εὐεργεσίας ἐκτετιμημένον, ἀνθρώπινον δὲ γεννηθὲν ὡς
Ἡρακλέα ὡς Διοσκόρους ὡς Διόνυσον. — ἀνθρωποειδεῖς δ' αὐτοὺς ἔφασαν
εἶναι, διότι τῶν μὲν ἁπάντων τὸ θεῖον κυριώτατον, τῶν δὲ ζώων ἄνθρωπος
35 κάλλιστον, κεκοσμημένον ἀρετῇ διαφόρως κατὰ τὴν τοῦ νοῦ σύστασιν· [τὸ
κράτιστον] τοῖς οὖν ἀριστεύουσι τὸ κράτιστον ὁμοίως [καὶ καλῶς] ἔχειν
διενοήθησαν.

Cf. Philo Leg. Alleg. III p. 107 M. Sextus adv. math. IX 26. 27.

1010 Philo de monarchia I p. 216 M. Πόθεν τοῦ εἶναι θεὸν λαμ-
40 βάνομεν ἔννοιαν.

— — Δύο δ' ἐν ταῖς περὶ θεοῦ ζητήσεσι τὰ ἀνωτάτω ταῦτα ἐπαπορεῖ
ἡ διάνοια τοῦ φιλοσοφοῦντος ἀνόθως· ἓν μὲν εἰ ἔστι τὸ θεῖον, ἕνεκα τῶν
ἐπιτηδευσάντων ἀθεότητα, κακῶν τὴν μεγίστην· ἕτερον δὲ τὸ τί ἔστι κατὰ
τὴν οὐσίαν. Τὸ μὲν οὖν πρότερον οὐ πολὺς πόνος ἰδεῖν, τὸ δὲ δεύτερον
45 οὐ χαλεπὸν μόνον, ἀλλὰ καὶ ἴσως ἀδύνατον, ἐπισκεπτέον δ' ἑκάτερα.

---

8 τοὺς θεοὺς coni. Reiske.   13 δὲ ἡ Diels, trad. δή.   19 γῆ secl.
Diels.   26 πάθεσι καθάπερ Ἔρωτα libri, corr. Usener.   28 θεοὺς coni. Diels,
libri θεοῖς.   36 inclusit Diels. ‖ κατὰ κάλλος Diels dub.

DE NATURA DEORUM. 301

Ἀεὶ τοίνυν γνωρίσματα τῶν δημιουργῶν πέφυκέ πως εἶναι τὰ δημιουρ-
γηθέντα· τίς γὰρ ἀνδριάντας ἢ γραφὰς θεασάμενος οὐκ εὐθὺς ἐνόησεν ἀν-
δριαντοποιὸν ἢ ζωγράφον; τίς δ᾽ ἐσθῆτας ἢ ναῦς ἢ οἰκίας ἰδὼν οὐκ ἔννοιαν
ἔλαβεν ὑφάντου καὶ ναυπηγοῦ καὶ οἰκοδόμου. Παρελθὼν δέ τις εἰς πόλιν
εὔνομον, ἐν ᾗ τὰ τῆς πολιτείας σφόδρα καλῶς διακεκόσμηται, τί ἕτερον ὑπο- 5
λήψεται ἢ ὅτι ἐπιστατεῖται ἥδε ἡ πόλις ὑπ᾽ ἀρχόντων [ὡς] ἀγαθῶν; Τὸν
οὖν ἀφικόμενον εἰς τὴν ἀληθῶς Μεγαλόπολιν, τόνδε τὸν κόσμον, καὶ θεα-
σάμενον τὴν ὀρεινὴν καὶ πεδιάδα πλήθουσαν ζῴων καὶ φυτῶν, καὶ ποταμῶν
αὐθιγενῶν καὶ χειμάρρων φορὰς καὶ πελαγῶν ἀναχύσεις καὶ εὐκρασίαν ἀέρος
καὶ τῶν ἐτησίων ὡρῶν τροπάς· εἶτα ἥλιον καὶ σελήνην, τοὺς ἡμέρας καὶ 10
νυκτὸς ἡγεμόνας, καὶ τὰς τῶν ἄλλων πλανητῶν τε καὶ ἀπλανῶν καὶ τοῦ
σύμπαντος οὐρανοῦ περιπολήσεις καὶ χορείας, οὐκ εἰκότως, μᾶλλον δὲ ἀναγ-
καίως ἔννοιαν λήψεσθαι δεῖ τοῦ πατρὸς καὶ ποιητοῦ καὶ προσέτι ἡγεμόνος;
Οὐδὲν γὰρ τῶν τεχνικῶν ἔργων ἀπαυτοματίζεται· τεχνικώτατος δὲ καὶ ὁ
κόσμος, ὡς ὑπό τινος τὴν ἐπιστήμην ἀγαθοῦ καὶ τελειοτάτου πάντως δεδη- 15
μιουργῆσθαι.

§ 2. Esse deos argumentis probatur.

1011 Cicero de nat. deor. III 10, 25. *Et Chrysippus tibi acute
dicere videbatur, homo sine dubio versutus et callidus (versutos eos ap-
pello, quorum celeriter mens versatur, callidos autem, quorum, tamquam* 20
*manus opere, sic animus usu concalluit) is igitur: „Si aliquid est,
inquit, quod homo efficere non possit, qui id efficit, melior est
homine. Homo autem haec, quae in mundo sunt, efficere non
potest: qui potuit igitur, is praestat homini. Homini autem
praestare quis possit, nisi deus? Est igitur deus."* 25

ibidem 26. *Idemque si dei non sint, negat esse in omni natura
quicquam homine melius; id autem putare quemquam hominem, nihil
homine esse melius, summae arrogantiae censet esse. — — Et si do-
mus pulchra sit, intelligamus eam `dominis, inquit, aedifica-
tam esse, non muribus: sic igitur mundum deorum domum* 30
existimare debemus.

1012 Cicero de natura deorum II 6, 16. *Chrysippus quidem,
quamquam est acerrimo ingenio, tamen ea dicit, ut ab ipsa natura di-
dicisse, non ut ipse repperisse videatur. „Si enim," inquit, „est ali-
quid in rerum natura, quod hominis mens, quod ratio, quod* 35
*vis, quod potestas humana efficere non possit: est certe id,
quod illud efficit, homine melius. Atqui res caelestes omnes-
que eae, quarum est ordo sempiternus, ab homine confici non*

13 λήψεσθαι δεῖ graecum non est, requiritur λήψεται.   27 nihil — melius
del. Davisius.   29 scribendum: homini.

possunt. Est igitur id, ⟨a⟩ quo illa conficiuntur, homine me-
lius. Id autem quid potius dixeris, quam deum? Etenim si
dii non sunt, quid esse potest in rerum natura homine melius?
In eo enim solo est ratio, qua nihil potest esse praestantius.
5 *Esse autem hominem, qui nihil in omni mundo melius esse*
quam se putet, desipientis arrogantiae est. Ergo est aliquid
melius. Est igitur profecto deus."

Cf. Lactantius de ira cp. 10. *Si quid est, inquit Chrysippus,*
quod efficiat ea, quae homo, licet ratione sit praeditus, facere non possit,
10 *id profecto est maius et fortius et sapientius homine.*

Cic. ibid. § 17. *An vero, si domum magnam pulchramque videris,*
non possis adduci, ut, etiamsi dominum non videas, muribus illam et
mustelis aedificatam putes: tantum ergo ornatum mundi, tantam varie-
tatem pulchritudinemque rerum caelestium, tantam vim et magnitudinem
15 *maris atque terrarum, si tuum ac non deorum immortalium domicilium*
putes, nonne plane desipere videare?

1013 Sextus adv. math. IX 78. τῶν τε σωμάτων τὰ μέν ἐστιν ἡνω-
μένα, τὰ δὲ ἐκ συναπτομένων, τὰ δὲ ἐκ διεστώτων. ἡνωμένα μὲν οὖν ἐστὶ
τὰ ὑπὸ μιᾶς ἕξεως κρατούμενα, καθάπερ φυτὰ καὶ ζῷα, ἐκ συναπτομένων
20 δὲ τὰ ἔκ τε παρακειμένων καὶ πρὸς ἕν τι κεφάλαιον νενόντων συνεστῶτα ὡς
ἁλύσεις καὶ πυργίσκοι καὶ νῆες, ἐκ διεστώτων δὲ τὰ ἐκ διεζευγμένων καὶ
[ἐκ] κεχωρισμένων καὶ καθ᾽ αὑτὰ ὑποκειμένων συγκείμενα, ὡς στρατιαὶ καὶ
ποῖμναι καὶ χοροί. ἐπεὶ οὖν καὶ ὁ κόσμος σῶμά ἐστιν, ἤτοι ἡνωμένον ἐστὶ
σῶμα ἢ ἐκ συναπτομένων ἢ ἐκ διεστώτων. οὔτε δὲ ἐκ συναπτομένων οὔτε
25 ἐκ διεστώτων, ὡς δείκνυμεν ἐκ τῶν περὶ αὐτὸν συμπαθειῶν. κατὰ γὰρ τὰς
τῆς σελήνης αὐξήσεις καὶ φθίσεις πολλὰ τῶν τε ἐπιγείων ζώων καὶ θαλασσίων
φθίνει τε καὶ αὔξεται, ἀμπώτεις τε καὶ πλημμυρίδες περί τινα μέρη τῆς
θαλάσσης γίνονται. ὡσαύτως δὲ καὶ κατά τινας τῶν ἀστέρων ἐπιτολὰς καὶ
δύσεις μεταβολαὶ τοῦ περιέχοντος καὶ παμποίκιλοι περὶ τὸν ἀέρα τροπαὶ συμ-
30 βαίνουσιν, ὁτὲ μὲν ἐπὶ τὸ κρεῖττον, ὁτὲ δὲ λοιμικῶς. ἐξ ὧν συμφανὲς ὅτι
ἡνωμένον τι σῶμα καθέστηκεν ὁ κόσμος. ἐπὶ μὲν γὰρ τῶν ἐκ συναπτομέ-
νων ἢ διεστώτων οὐ συμπάσχει τὰ μέρη ἀλλήλοις, εἴ γε ἐν στρατιᾷ πάντων,
εἰ τύχοι, διαφθαρέντων τῶν στρατιωτῶν οὐδὲν κατὰ διάδοσιν πάσχειν φαίνε-
ται ὁ περισωθείς· ἐπὶ δὲ τῶν ἡνωμένων συμπάθειά τίς ἐστιν, εἴ γε δακτύλου
35 τεμνομένου τὸ ὅλον συνδιατίθεται σῶμα. ἡνωμένον τοίνυν ἐστὶ σῶμα καὶ ὁ
κόσμος. ἀλλ᾽ ἐπεὶ τῶν ἡνωμένων σωμάτων τὰ μὲν ὑπὸ ψιλῆς ἕξεως συν-
έχεται, τὰ δὲ ὑπὸ φύσεως, τὰ δὲ ὑπὸ ψυχῆς, καὶ ἕξεως μὲν ὡς λίθοι καὶ
ξύλα, φύσεως δὲ καθάπερ τὰ φυτά, ψυχῆς δὲ τὰ ζῷα, πάντως δὴ καὶ ὁ
κόσμος ὑπό τινος τούτων διακρατεῖται. καὶ ὑπὸ μὲν ψιλῆς ἕξεως οὐκ ἂν
40 συνέχοιτο. τὰ γὰρ ὑπὸ ἕξεως κρατούμενα οὐδεμίαν ἀξιόλογον μεταβολήν τε καὶ
τροπὴν ἀναδέχεται, καθάπερ ξύλα καὶ λίθοι, ἀλλὰ μόνον ἐξ αὑτῶν πάσχει
τὴν κατὰ ἄνεσιν καὶ τὴν κατὰ συμπιεσμὸν διάθεσιν· ὁ δὲ κόσμος ἀξιολόγους
ἀναδέχεται μεταβολάς, ὁτὲ μὲν κρυμαλέου τοῦ περιέχοντος γιγνομένου ὁτὲ δὲ
ἀλεεινοῦ, καὶ ὁτὲ μὲν αὐχμώδους ὁτὲ δὲ νοτεροῦ, ὁτὲ δὲ ἄλλως πως κατὰ τὰς

---

1 a quo cod. *Glogaviensis*, quo ceteri.   20 τε Bk, τῶν libri.

τῶν οὐρανίων κινήσεις ἑτεροιουμένου· οὐ τοίνυν ὑπὸ ψιλῆς ἕξεως ὁ κόσμος συνέχεται. εἰ δὲ μὴ ὑπὸ ταύτης, πάντως ὑπὸ φύσεως· καὶ γὰρ τὰ ὑπὸ ψυχῆς διακρατούμενα πολὺ πρότερον ὑπὸ φύσεως συνείχετο. ἀνάγκη ἄρα ὑπὸ τῆς ἀρίστης αὐτὸν φύσεως συνέχεσθαι, ἐπεὶ καὶ περιέχει τὰς πάντων φύσεις. ἡ δέ γε τὰς πάντων περιέχουσα φύσεις καὶ τὰς λογικὰς περιέσχηκεν. 5 ἀλλὰ καὶ ἡ τὰς λογικὰς περιέχουσα φύσις πάντως ἐστὶ λογική. οὐ γὰρ οἷόν τε τὸ ὅλον τοῦ μέρους χεῖρον εἶναι, ἀλλ' εἰ ἀρίστη ἐστὶ φύσις ἡ τὸν κόσμον διοικοῦσα, νοερά τε ἔσται καὶ σπουδαία καὶ ἀθάνατος. τοιαύτη δὲ τυγχάνουσα θεός ἐστιν, εἰσὶν ἄρα θεοί.

1014 Sextus adv. math. IX 86. εἴπερ τε ἐν γῇ καὶ θαλάσσῃ, πολλῆς 10 οὔσης παχυμερείας, ποικίλα συνίσταται ζῷα ψυχικῆς τε καὶ αἰσθητικῆς μετέχοντα δυνάμεως, πολλῷ πιθανώτερόν ἐστιν ἐν τῷ ἀέρι, πολὺ τὸ καθαρὸν καὶ εἰλικρινὲς ἔχοντι παρὰ τὴν γῆν καὶ τὸ ὕδωρ, ἔμψυχά τινα καὶ νοερὰ συνίστασθαι ζῷα. καὶ τούτῳ συμφωνεῖ τὸ τοὺς Διοσκούρους ἀγαθούς τινας εἶναι δαίμονας, "σωτῆρας εὐσέλμων νεῶν" καὶ τὸ· (Hes. Op. et D. 252) 15
τρὶς γὰρ μύριοί εἰσιν ἐπὶ χθονὶ πουλυβοτείρῃ
ἀθάνατοι Ζηνὸς φύλακες μερόπων ἀνθρώπων.
ἀλλ' εἰ ἐν τῷ ἀέρι πιθανὸν ὑπάρχειν ζῷα, πάντως εὔλογον καὶ ἐν τῷ αἰθέρι ζῴων εἶναι φύσιν, ὅθεν καὶ ἄνθρωποι νοερᾶς μετέχουσι δυνάμεως, ἐκεῖθεν αὐτὴν σπάσαντες. ὄντων δὲ αἰθερίων ζῴων καὶ κατὰ πολὺ τῶν ἐπιγείων 20 ὑπερφέρειν δοκούντων τῷ ἄφθαρτα εἶναι καὶ ἀγέννητα, δοθήσεται καὶ θεοὺς ὑπάρχειν, τούτων μὴ διαφέροντας.

1015 Sextus adv. math. IX 95 (antecedit locus Xenoph. Mem. I 4, 8). τοιοῦτος μὲν οὖν ὁ τοῦ Ξενοφῶντός ἐστι λόγος, δύναμίν γε ἐπαγωγικὴν ἔχων καὶ τοιαύτην· "γῆς πολλῆς οὔσης ἐν τῷ κόσμῳ μικρὸν μέρος ἔχεις, καὶ ὑγροῦ 25 πολλοῦ ὄντος ἐν τῷ κόσμῳ μικρὸν μέρος ἔχεις· καὶ νοῦ ἄρα πολλοῦ ὄντος ἐν τῷ κόσμῳ μικρὸν μέρος ἔχεις. νοερὸς ἄρα ὁ κόσμος ἐστίν, καὶ διὰ τοῦτο θεός." (enarrantur deinde § 96 97 quae alii philosophi huic argumentationi obiecerant et refutantur). 98. ἔνεστι δὲ καὶ οὕτως τὸν αὐτὸν συνερωτᾶν λόγον. "εἰ μὴ ἦν τι γεῶδες ἐν τῷ κόσμῳ, οὐδὲ ἐν σοί τι ἂν ἦν γεῶδες, 30 καὶ εἰ μὴ ἦν τι ὑγρὸν ἐν κόσμῳ, οὐδ' ἂν ἐν σοὶ ἦν τι ὑγρόν· καὶ ὁμοίως ἐπὶ ἀέρος καὶ πυρός· τοίνυν καὶ εἰ μὴ ἦν τις ἐν κόσμῳ νοῦς, οὐδ' ἂν ἐν σοί τις ἦν νοῦς· ἔστι δέ γε ἐν σοί τις νοῦς· ἔστιν ἄρα καὶ ἐν κόσμῳ. καὶ διὰ τοῦτο νοερός ἐστιν ὁ κόσμος. νοερὸς δὲ ὢν καὶ θεὸς καθέστηκεν." τῆς δὲ αὐτῆς δυνάμεώς ἐστι καὶ ὁ τοῦτον τὸν τρόπον ἔχων λόγος· ἀρά γε 35 ἄγαλμα εὖ δεδημιουργημένον θεασάμενος διστάσειας ἄν, εἰ τεχνίτης νοῦς τοῦτο ἐποίησεν; ἢ οὔτ' ἂν ἀπόσχοις τοῦ ὑπονοεῖν τι τοιοῦτον, ὡς καὶ θαυμάζειν τὴν περιττότητα τῆς δημιουργίας καὶ τὴν τέχνην; ἆρ' οὖν ἐπὶ μὲν τούτων τὸν ἔξωθεν θεωρῶν τύπον προσμαρτυρεῖς τῷ κατεσκευακότι καὶ φὴς εἶναί τινα τὸν δημιουργόν, τὸν δὲ ἐν σοὶ ὁρῶν νοῦν, τοσαύτῃ ποικιλίᾳ δια- 40 φέροντα παντὸς ἀγάλματος καὶ πάσης γραφῆς, γεννητὸν ὄντα νομίζεις ἀπὸ τύχης γεγονέναι, οὐχὶ δὲ ὑπό τινος δημιουργοῦ δύναμιν καὶ σύνεσιν ὑπερβάλλουσαν ἔχοντος; ὥσπερ οὐκ ἂν ἄλλοθί που διατρίβοι ἢ ἐν τῷ κόσμῳ, διοικῶν αὐτὸν καὶ τὰ ἐν αὐτῷ γεννῶν τε καὶ αὔξων. οὗτος δέ ἐστι θεός. εἰσὶν ἄρα θεοί. 45

1016 Sextus adv. math. IX 111. πρὸς τούτοις καὶ ἀπὸ τῆς τοῦ

---

19 ἐκεῖθεν Bk. in adn., κεῖθεν CR, κάκεῖθεν ceteri.   21 ἄφθαρτα] hoc a Chrysippo abhorret.   32 τις Bk., τι libri.

κόσμου κινήσεως ἐπιχειροῦσι κατασκευάζειν τὴν τῶν θεῶν ὕπαρξιν οἵτε ἀπὸ τῆς Στοᾶς καὶ οἱ τούτοις συμπνέοντες. ὅτι γὰρ κινεῖται ὁ κόσμος πᾶς ἄν τις ὁμολογήσειεν ὑπὸ πολλῶν εἰς τοῦτο ἐναγόμενος. ἤτοι οὖν ὑπὸ φύσεως κινεῖται ἢ ὑπὸ προαιρέσεως ἢ ὑπὸ δίνης καὶ κατ' ἀνάγκην. ἀλλ' ὑπὸ
5 μὲν δίνης καὶ κατ' ἀνάγκην οὐκ εὔλογον. ἤτοι γὰρ ἄτακτός ἐστιν ἢ διατεταγμένη ἡ δίνη. καὶ εἰ μὲν ἄτακτος, οὐκ ἂν δυνηθείη τεταγμένως τι κινεῖν· εἰ δὲ μετὰ τάξεώς τι κινεῖ καὶ συμφωνίας, θεία τις ἔσται καὶ δαιμόνιος· οὐ γὰρ ἄν ποτε τεταγμένως καὶ σωτηρίως τὸ ὅλον ἐκίνει μὴ νοερὰ καὶ θεία καθεστῶσα. τοιαύτη δὲ οὖσα οὐκέτι ἂν εἴη δίνη· ἄτακτον γάρ ἐστιν αὕτη
10 καὶ ὀλιγοχρόνιον. ὥστε κατ' ἀνάγκην μὲν καὶ ὑπὸ δίνης, ὡς ἔλεγον οἱ περὶ τὸν Δημόκριτον, οὐκ ἂν κινοῖτο ὁ κόσμος. καὶ μὴν οὐδὲ φύσει ἀφαντάστῳ, παρόσον ἡ νοερὰ φύσις ἀμείνων ἐστὶ ταύτης. ὁρῶνται δὲ τοιαῦται φύσεις ἐν κόσμῳ περιεχόμεναι. ἀνάγκη ἄρα καὶ αὐτὸν νοερὰν ἔχειν φύσιν, ὑφ' ἧς τεταγμένως κινεῖται, ἥτις εὐθέως ἐστὶ θεός. (Sequuntur § 115—120 duo
15 alia argumenta a motu mundi ducta).

1017 Sextus adv. math. IX 123. σκοπῶμεν δὲ ἑξῆς καὶ τὸν τρόπον τῶν ἀκολουθούντων ἀτόπων τοῖς ἀναιροῦσι τὸ θεῖον. εἰ γὰρ μὴ εἰσὶ θεοί, οὐκ ἔστιν εὐσέβεια, μόνον τῶν αἱρετῶν ὑπάρχουσα. ἔστι γὰρ εὐσέβεια ἐπιστήμη θεῶν θεραπείας· τῶν δ' ἀνυπάρκτων οὐ δύναταί τις εἶναι θεραπεία,
20 ὅθεν οὐδὲ ἐπιστήμη τις περὶ ταύτην γενήσεται. — ὥστε εἰ μὴ εἰσὶ θεοί, ἀνύπαρκτός ἐστιν ἡ εὐσέβεια. ὑπάρχει δὲ εὐσέβεια· τοίνυν ῥητέον εἶναι θεούς. καὶ πάλιν εἰ μὴ εἰσὶ θεοί, ἀνύπαρκτός ἐστιν ἡ ὁσιότης, δικαιοσύνη τις οὖσα πρὸς θεούς· ἔστι δέ γε κατὰ τὰς κοινὰς ἐννοίας καὶ προλήψεις πάντων ἀνθρώπων ὁσιότης, καθό τι καὶ ὅσιόν ἐστιν. καὶ ⟨τὸ⟩ θεῖον ἄρα
25 ἔστιν. εἴ γε μὴν μὴ εἰσὶ θεοί, ἀναιρεῖται σοφία, ἐπιστήμη οὖσα θείων τε καὶ ἀνθρωπείων πραγμάτων, — — οὐδὲ ἐπιστήμη τις ἔσται θείων καὶ ἀνθρωπείων πραγμάτων, ἀνθρώπων ⟨μὲν⟩ ὑπαρχόντων θεῶν δὲ μὴ ὑφεστώτων· ἄτοπον δέ γε λέγειν μὴ εἶναι σοφίαν· ἄτοπον ἄρα καὶ τὸ τοὺς θεοὺς ἀξιοῦν ἀνυπάρκτους. καὶ μὴν εἴπερ καὶ ἡ δικαιοσύνη κατὰ τὴν ἐπιπλοκὴν
30 τῶν ἀνθρώπων πρός τε ἀλλήλους καὶ πρὸς θεοὺς εἰσῆκται, εἰ μὴ εἰσὶ θεοί, οὐδὲ δικαιοσύνη συστήσεται· ὅπερ ἄτοπον. — ῥητέον ἄρα καὶ θεοὺς ὑπάρχειν.

1018 Sextus adv. math. IX 132. πρός τούτοις εἰ μὴ εἰσὶ θεοί, οὐδὲ μαντική ὑπάρχει, ἐπιστήμη οὖσα θεωρητικὴ καὶ ἐξηγητικὴ τῶν ὑπὸ θεῶν ἀνθρώποις διδομένων σημείων, οὐδὲ μὴν θεοληπτικὴ καὶ ἀστρομαντική, οὐ
35 λογική, οὐχ ἡ δι' ὀνείρων πρόρρησις. ἄτοπον δέ γε τοσοῦτο πλῆθος πραγμάτων ἀναιρεῖν πεπιστευμένων ἤδη παρὰ πᾶσιν ἀνθρώποις· εἰσὶν ἄρα θεοί.

1019 Themistius Paraphr. in Anal. poster. p. 79, 1 Spengel. τὸ εἶναι πολλαχῶς ἐν ταῖς ἀποδείξεσι μέτιμεν· ἐνίοτε μὲν γὰρ ἀπὸ συμβεβηκότος καὶ πόρρω τῆς οὐσίας τοῦ πράγματος, ἐνίοτε δὲ ἀπὸ τοῦ
40 πράγματος καὶ τοῦ ἐκείνου τι ἔχειν, οἷον „ὅτι εἰσὶ θεοὶ" ἀπὸ συμβεβηκότος μέν, ὅτι εἰσὶ βωμοὶ ὡς Χρύσιππός φησιν, ἀπὸ δὲ τοῦ πράγματος ὅτι θεραπεύουσιν, ὅτι προλέγουσιν, ὅτι κινοῦνται τὸν ἄπειρον χρόνον ποικίλας κινήσεις.

Cf. idem ad Arist. de anima I 1 p. 8 Sp. ὥσπερ εἴ τις θεὸν

_____

7 κινεῖ Bk., κινεῖται libri.   18 μόνον τῶν αἱρετῶν corrupta, μία τῶν ἀρετῶν coniecit Bk.   24 τὸ add. Bk.   27 μὲν add. Bk.   35 λογική corruptum.
40 τοῦ—ἔχειν corrupta.

ὁρίσασθαι προελόμενος τὸ βωμοὺς εἶναι θεῶν καὶ θυσίας καὶ νεὼς
καὶ ἀγάλματα οἴοιτο αὐτῷ συμβαλεῖσθαι πρὸς τὴν ἀπόδειξιν τοῦ τί
ἦν εἶναι, καθάπερ ὑπελάμβανε Χρύσιππος· λίαν γὰρ ἀπηρτημένα
ταῦτα τῆς οὐσίας ἐστὶ τῶν θεῶν· τὸ μέντοι γε κινεῖσθαι ἀεὶ καὶ τὸ 5
προλέγειν μὲν τὸν Ἀπόλλω, θεραπεύειν δὲ τὸν Ἀσκληπιὸν ἱκανὸν
ἤδη προοίμιον τοῦ τί ἦν εἶναι οἷον ὅτι θεός ἐστι ζῷον ἀΐδιον εὐποι-
ητικὸν ἀνθρώπων.
1020 Sextus adv. math. IX 77. καὶ ἔτι τὸ γεννητικὸν λογικοῦ καὶ
φρονίμου πάντως καὶ αὐτὸ λογικόν ἐστι καὶ φρόνιμον. ἡ δέ γε προειρημένη 10
δύναμις (scil. ἡ τὴν τῶν ὄντων οὐσίαν κινοῦσα καὶ σχηματίζουσα) ἀνθρώ-
πους πέφυκε κατασκευάζειν· λογικὴ τοίνυν καὶ φρονίμη γενήσεται, ὅπερ ἦν
θείας φύσεως. εἰσὶν ἄρα θεοί.

§ 3. Qualis sit deus.

1021 Diogenes Laërt. VII 147. Θεὸν δὲ εἶναι ζῷον ἀθάνατον λογι- 15
κὸν τέλειον ἢ νοερὸν ἐν εὐδαιμονίᾳ, κακοῦ παντὸς ἀνεπίδεκτον, προνοητικὸν
κόσμου τε καὶ τῶν ἐν κόσμῳ· μὴ εἶναι μέντοι ἀνθρωπόμορφον. εἶναι δὲ
τὸν μὲν δημιουργὸν τῶν ὅλων καὶ ὥσπερ πατέρα πάντων, κοινῶς τε καὶ τὸ
μέρος αὐτοῦ τὸ διῆκον διὰ πάντων, ὃ πολλαῖς προσηγορίαις προσονομάζεται
κατὰ τὰς δυνάμεις. Δία μὲν γάρ φασι δι' ὃν τὰ πάντα, Ζῆνα δὲ καλοῦσι 20
παρ' ὅσον τοῦ ζῆν αἴτιός ἐστιν ἢ διὰ τοῦ ζῆν κεχώρηκεν, Ἀθηνᾶν δὲ κατὰ
τὴν εἰς αἰθέρα διάτασιν τοῦ ἡγεμονικοῦ αὐτοῦ, Ἥραν δὲ κατὰ τὴν εἰς ἀέρα
καὶ Ἥφαιστον κατὰ τὴν εἰς τὸ τεχνικὸν πῦρ καὶ Ποσειδῶνα κατὰ τὴν
εἰς τὸ ὑγρὸν καὶ Δήμητραν κατὰ τὴν εἰς γῆν. ὁμοίως δὲ καὶ τὰς ἄλλας
προσηγορίας ἐχόμενοί τινος οἰκειότητος ἀπέδοσαν. 25
1022 Diogenes Laërt. VII 148. Οὐσίαν δὲ θεοῦ Ζήνων μέν
φησι τὸν ὅλον κόσμον καὶ τὸν οὐρανόν, ὁμοίως δὲ καὶ Χρύσιππος
ἐν τῷ πρώτῳ περὶ θεῶν.
1023 Philodemus de pietate c. 15 (DDG p. 548, 4). κἂν τοῖς
περὶ Προνοίας μέντοι τὰς αὐτὰς ἐκτίθησιν συνοικειώσεις τῇ ψυχῇ 30
τοῦ παντὸς καὶ τὰ τῶν θεῶν ὀνόματα ἐφαρμόττει τῆς δριμύτητος
ἀπολαύων ἀκοπιάτως.
1024 Seneca de beneficiis IV 7. „Natura," inquit, „haec mihi prae-
stat." Non intellegis te, cum hoc dicis, mutare nomen deo? quid enim
aliud est natura quam deus et divina ratio toti mundo partibusque eius 35
inserta. Quotiens voles, tibi licet aliter hunc auctorem rerum nostrarum ·
compellare: et Iovem illum optimum ac maximum rite dices et Tonantem
et Statorem. — — Hunc eundem et fatum si dixeris, non mentieris.
nam cum fatum nihil aliud sit quam series inplexa causarum, ille est

---

16 τέλειον om. F. ‖ τινος P³ in litura sex litt. παντὸς F in ras. 18 καὶ
erasum in P, add. post ὥσπερ P³. ‖ δὲ BPF (pro τε). 20 καὶ ζῆνα (om. δὲ)
BP. 22 εἰς om. B ἐς P; ἀθέρα ἤτοι αἰθέρα F. ‖ τοῦ ἡγ. αὐτοῦ om. F. ‖ εἰς
om. B ἐς PF. 28 ἐν τῷ ᾱ BP, ἐν τῷ ἑνδεκάτῳ vulg. (F).

prima omnium causa, ex qua ceterae pendent. Quaecunque voles illi no-
mina proprie aptabis vim aliquam effectumque coelestium rerum continentia:
tot appellationes eius possunt esse quot munera. cp. 8. Hunc et Liberum
patrem et Herculem ac Mercurium nostri putant; Liberum patrem, quia
5 omnium parens sit, quod primum inventa seminum vis est ** consultura
per voluptatem. Herculem quia vis eius invicta sit, quandoque lassata
fuerit operibus editis in ignem recessura. Mercurium, quia ratio penes
illum est numerusque et ordo et scientia. Quocunque te flexeris, ibi il-
lum videbis occurrentem tibi. nihil ab illo vacat: opus suum ipse implet.
10   **1025** Lactantius div. instit. I 5. *Chrysippus naturalem vim di-*
vina ratione praeditam, interdum divinam necessitatem deum nuncupat.

1026 Ioannes Damascenus de haeresibus 7. Στωϊκοὶ σῶμα τὸ πᾶν
δογματίζοντες καὶ αἰσθητὸν τοῦτον τὸν κόσμον θεὸν νομίζοντες. Τινὲς δὲ
ἐκ τῆς τοῦ πυρὸς οὐσίας τὴν φύσιν ἔχειν αὐτὸν ἀπεφήναντο. Καὶ τὸν μὲν
15 θεὸν νοῦν ὁρίζουσι, ὡς καὶ ψυχὴν παντὸς τοῦ ὄντος κύτους οὐρανοῦ καὶ
γῆς. σῶμα δὲ αὐτοῦ τὸ πᾶν, ὡς ἔφην, καὶ ὀφθαλμοὺς τοὺς φωστῆρας. τὴν
δὲ σάρκα ἀπόλλυσθαι καὶ τὴν ψυχὴν πάντων μεταγγίζεσθαι ἀπὸ σωμάτων
εἰς σώματα.

1027 Aëtius Plac. I 7, 33. Οἱ Στωϊκοὶ νοερὸν θεὸν ἀποφαίνονται,
20 πῦρ τεχνικόν, ὁδῷ βαδίζον ἐπὶ γένεσιν κόσμου, ἐμπεριειληφὸς πάντας τοὺς
σπερματικοὺς λόγους, καθ᾽ οὓς ἕκαστα καθ᾽ εἱμαρμένην γίνεται· καὶ πνεῦμα
μὲν διῆκον δι᾽ ὅλου τοῦ κόσμου, τὰς δὲ προσηγορίας μεταλαμβάνον κατὰ
τὰς τῆς ὕλης, δι᾽ ἧς κεχώρηκε, παραλλάξεις. θεοὺς δὲ καὶ τὸν κόσμον καὶ
τοὺς ἀστέρας καὶ τὴν γῆν, τὸν δ᾽ ἀνωτάτω πάντων νοῦν ἐν αἰθέρι (ἐναι-
25 θέριον εἶναι θεόν Stob.).
cf. Athenag. c. 6. οἱ δὲ ἀπὸ τῆς Στοᾶς κἂν ταῖς προσηγορίαις κατὰ
τὰς παραλλάξεις τῆς ὕλης, δι᾽ ἧς φασι τὸ πνεῦμα χωρεῖν τοῦ θεοῦ, πληθύ-
νωσι τὸ θεῖον τοῖς ὀνόμασι, τῷ γοῦν ἔργῳ ἕνα νομίζουσι τὸν θεόν. εἰ γὰρ
ὁ μὲν θεὸς πῦρ τεχνικὸν etc.

30   **§ 4. Deum esse corpus**
(spiritum per omnem materiam percurrentem).

1028 Theodoretus graec. affect. cur. p. 37, 33. φεύξεται δὲ καὶ τῶν
Στωϊκῶν τὴν ἀπρεπῆ περὶ τοῦ θείου δόξαν. σωματοειδῆ γὰρ οὗτοι τὸν θεὸν
ἔφασαν εἶναι.
35   **1029** Hippolytus Philos. 21 (DDG 571, 7). Στωϊκοὶ καὶ αὐτοὶ
μὲν ἐπὶ τὸ συλλογιστικώτερον τὴν φιλοσοφίαν ηὔξησαν καὶ σχεδὸν
ὅροις περιέλαβον ὁμόδοξοι γενόμενοι ὅ τε Χρύσιππος καὶ Ζήνων, οἳ
ὑπέθεντο καὶ αὐτοὶ ἀρχὴν μὲν θεὸν τῶν πάντων, σῶμα ὄντα τὸ κα-
θαρώτατον, διὰ πάντων δὲ διήκειν τὴν πρόνοιαν αὐτοῦ.
40   **1030** Olympiodorus ad Plat. Phaedon. p. 28 ed. Finckh. διὸ καὶ ὁ
φιλόσοφος χορὸς ὁ τῶν Στωϊκῶν διὰ τὸ κατὰ φαντασίαν ἐνεργεῖν σῶμα
τὸν θεὸν ὑπέλαβον· αὕτη γὰρ τοῖς ἀσωμάτοις σώματα περιτίθησι.

---

23 κατὰ τὰς Gal. et Athenag., δι᾽ ὅλης libri Plut. et Stob.   37 Cf. I n. 153.

1031 Servius in Verg. Aeneid. VI 727. aut certe secundum eos lo-
cutus est, qui dicunt deum corporalem esse et eum ita definiunt: πῦρ
νοερόν, id est ignem sensualem. quod si verum est, corpus est.
1032 Eusebius Praep. evang. III 9, 9. κατὰ τοὺς Στωϊκοὺς τὴν
πυρώδη καὶ θερμὴν οὐσίαν τὸ ἡγεμονικὸν φάσκοντας εἶναι τοῦ κόσμου, καὶ 5
τὸν θεὸν εἶναι σῶμα καὶ τὸν δημιουργὸν αὐτόν, οὐδ᾽ ἕτερον τῆς τοῦ πυρὸς
δυνάμεως.
1033 Theophilus ad Autolycum I 4. ἄλλοι δ᾽ αὖ τὸ δι᾽ ὅλου κεχωρη-
κὸς πνεῦμα θεὸν δογματίζουσιν.
1034 Tertullianus Apologeticum cp. 47. Alii incorpóralem (deum 10
scil.) adseverant, alii corporalem, ut tam Platonici quam Stoici.
ibidem: positum vero extra mundum Stoici, qui figuli modo ex-
trinsecus torqueat molem hanc.
cf. ad nationes II 2.
1035 Clemens Al. Stromat. V 14 p. 699. φασὶ γὰρ σῶμα εἶναι τὸν 15
θεὸν οἱ Στωϊκοὶ καὶ πνεῦμα κατ᾽ οὐσίαν, ὥσπερ ἀμέλει καὶ τὴν ψυχήν.
paulo post: ἀλλ᾽ οἱ μὲν διήκειν διὰ πάσης τῆς οὐσίας τὸν θεὸν φασίν.
1036 Tertullianus adv. Hermog. cp. 44. Stoici enim volunt deum
sic per materiam decucurrisse quomodo mel per favos.
1037 Sextus Pyrrh. Hypot. III 218. ὡς Ἀριστοτέλης μὲν ἀσώματον 20
εἶπεν εἶναι τὸν θεὸν καὶ πέρας τοῦ οὐρανοῦ, Στωϊκοὶ δὲ πνεῦμα διῆκον καὶ
διὰ τῶν εἰδεχθῶν.
1038 Alexander Aphr. de anima libri mantissa p. 113, 12 Bruns.
ἀντιπίπτειν ἐδόκει μοι τούτοις τό τε τὸν νοῦν καὶ ἐν τοῖς φαυλοτάτοις εἶναι,
θεῖον ὄντα, ὡς καὶ τοῖς ἀπὸ τῆς Στοᾶς ἔδοξεν. 25
1039 Clemens Al. Coh. ad. gent. p. 58 Pott. Οὐδὲ μὴν τοὺς ἀπὸ
τῆς Στοᾶς παρελεύσομαι, διὰ πάσης ὕλης καὶ διὰ τῆς ἀτιμοτάτης τὸ θεῖον
διήκειν λέγοντας.
Cf. Tatian p. 4, 3 Schw.
1040 Clemens Al. Stromat. I p. 346 Pott. ἀλλὰ καὶ οἱ Στωϊκοὶ — 30
— — σῶμα ὄντα τὸν θεὸν διὰ τῆς ἀτιμοτάτης ὕλης πεφοιτηκέναι λέγουσιν.
Cf. Protr. p. 58 Pott.
1041 Lactantius div. instit. VII 3. Stoici naturam in duas partes
dividunt: unam quae efficiat, alteram quae se ad faciendum tractabilem
praebeat. in illa prima esse vim sentiendi, in hac materiam; nec alterum 35
sine altero posse. Quomodo potest idem esse quod tractat et quod trac-
tatur? Siquis dicat idem esse figulum, quod lutum, aut lutum idem esse
quod figulum, nonne aperte insanire videatur? At isti uno naturae nomine
duas res diversissimas comprehendunt, deum et mundum, artificem et opus,
dicuntque alterum sine altero nihil posse, tanquam natura sit deus mundo 40
permixtus. Nam interdum sic confundunt, ut sit deus ipse mens mundi
et mundus sit corpus dei. Quasi vero simul esse coeperint mundus et
deus ac non ipse mundum fecerit. Quod et ipsi fatentur alias, cum ho-
minum causa praedicant esse fabricatum.
Cf. cp. 4. quamquam in hoc non mediocriter peccant, quod non ho- 45
minis causa dicunt, sed hominum (scil. mundum fabricatum esse).
1042 Proclus in Plat. Timaeum p. 297 Schneider. πολλοῦ ἄρα
δεῖ παραβάλλεσθαι τῷ κόσμῳ τούτῳ ὁ ὑπὸ Χρυσίππου κατασκευα-

ζόμενος. ὁ μὲν γὰρ εἰς ταὐτὸν συγχεῖ τάς τε ἀμεθέκτους αἰτίας καὶ
τὰς μεθεκτὰς τάς τε θείας καὶ νοερὰς τάς τε ἀΰλους καὶ τὰς ἐνύλους.
ὁ γὰρ αὐτὸς θεὸς παρ' αὑτῷ πρῶτος ὢν διήκει διὰ τοῦ κόσμου καὶ
διὰ τῆς ὕλης καὶ ψυχή ἐστι καὶ φύσις ἀχώριστος τῶν διοικουμένων.

5 **1043** Salvianus de gubern. dei I 3. Plato et omnes Platonicorum
scholae moderatorem rerum omnium confitentur deum. Stoici eum guber-
natoris vice intra id quod regat semper manere testantur.

1044 Alexander Aphrod. de mixtione p. 225, 18 Bruns. πρὸς δὲ
τούτοις ἐπιζητῆσαι τις ἄν, εἰ τῶν ἐκ τῆς ὕλης γενομένων οἷόν τε δημιουρ-
10 γὸν λέγειν τὸν διαπεφοιτηκότα τῆς ὕλης καὶ ὄντα ἐν αὐτῇ θεόν. φέρουσι
μὲν γὰρ εἰς τὴν κατασκευὴν τοῦδε „τὸ μὴ ὁμοίως τοῖς φύσει γινομένοις
γίνεσθαι τὰ κατὰ τέχνας. τὰ μὲν γὰρ ἀπὸ τῆς φύσεως ἀποτελέσματα οὐκ
ἐπιπολῆς, ἀλλὰ δι' ὅλων εἰδοποιεῖταί τε καὶ διαπλάττεται, καὶ τὰ ἔνδον αὐτῶν
γλαφυρώτατα πεφιλοτέχνηται. τὰ δὲ τῶν τεχνῶν διαμεμόρφωται, ὡς ἐπὶ τῶν
15 ἀνδριάντων ἔχει· τὰ γὰρ ἔνδον τούτων ἀδιάπλαστα. διὰ δὴ τοῦτό φασιν
τῶν μὲν γινομένων κατὰ τέχνην ἔξωθεν εἶναι καὶ κεχωρισμένον τὸ ποιοῦν,
ἐπὶ δὲ τῶν γινομένων φύσει ἐν τῇ ὕλῃ εἶναι τὴν δύναμιν τὴν μορφοῦσάν
τε καὶ γεννῶσαν αὐτά.

1045 Plutarchus de facie lunae cp. 12 p. 926 c. αὐτὴ δ' ἡ ψυχή,
20 πρὸς Διός, εἶπον, οὐ παρὰ φύσιν τῷ σώματι συνεῖρκται βραδεῖ ταχεῖα καὶ
ψυχρῷ πυρώδης, ὥσπερ ὑμεῖς φατε (scil. Stoici), καὶ ἀόρατος αἰσθητῷ;
διὰ τοῦτ' οὖν σώματι ψυχὴν μὴ λέγωμεν εἶναι μηδὲ νοῦ χρῆμα θεῖον * ὑπὸ
βρίθους ἢ πάχους * οὐρανόν τε πάντα καὶ γῆν καὶ θάλασσαν ἐν ταὐτῷ περι-
πολοῦν τε καὶ διϊπτάμενον, εἰς σάρκας ἥκειν καὶ νεῦρα καὶ μυελοὺς καὶ πα-
25 θέων μυρίων μεστὰς ὑγρότητας. Ὁ δὲ Ζεὺς ἡμῖν οὗτος οὐ τῇ μὲν αὑ-
τοῦ φύσει χρώμενος ἕν ἐστι μέγα πῦρ καὶ συνεχές, νυνὶ δ' ὑφεῖ-
ται καὶ κέκαμπται καὶ διεσχημάτισται, πᾶν χρῆμα γεγονὼς καὶ
γιγνόμενος ἐν ταῖς μεταβολαῖς;

1046 Sophonias de anima paraphrasis (Comm. graec. Vol. XXIII)
30 ed. Hayd. p. 36, 9. ἐσχάτη δὲ δόξα καὶ τελευταία περὶ ψυχῆς ἥδε· ἐν γὰρ
τῷ ὅλῳ τινὲς αὐτὴν μεμῖχθαί φασι, καὶ ἅπαν σῶμα ἔμψυχον εἶναι ὑπέλαβον,
ὅθεν καὶ Θαλῆς ᾠήθη πάντα πλήρη θεῶν. εἰς τοῦτο δ' ἄν τις ἕλκοι καὶ
τοὺς Στωϊκοὺς σῶμα τὸ θεῖον ὑπολαβόντας καὶ πανταχοῦ παρεῖναι καὶ
σωματικῶς, ἀλλ' οὐ μόναις ταῖς ἐνεργείαις.

35 **1047** Alexander Aphrod. de mixtione p. 226, 10 Bruns. ἐοίκασι δέ,
δι' ὧν λέγουσιν, εἶδος τῆς ὕλης λέγειν τὸν θεόν· εἰ γὰρ οὕτως ὁ θεὸς μέ-
μικται τῇ ὕλῃ, κατ' αὐτούς, ὡς ἐν τοῖς ζῴοις ἡ ψυχὴ τῷ σώματι, καὶ ἡ
δύναμις τῆς ὕλης ἐστὶ ὁ θεός (φασὶ γὰρ τὴν ὕλην ποιεῖν τῇ ἐν αὐτῇ δυ-
νάμει) εἶδος ⟨οὕτ⟩ως ἂν λέγοιεν αὐτῆς τὸν θεόν, ὡς τὴν ψυχὴν τοῦ σώμα-
40 τος καὶ τὴν δύναμιν τοῦ δυνάμει. ἀλλ' εἰ τοῦτο, πῶς ἂν ἔτι ἡ ὕλη ἀνείδεος
εἴη κατὰ τὸν αὐτῆς λόγον; εἴ γε τὸ συμμένειν αὐτῇ καὶ εἶναι ὕλη παρὰ τῆς
οὔσης ἐν αὐτῇ δυνάμεως. μάλιστα δ' ἐν τῇ ἐκπυρώσει φαίνεται κατ' αὐ-
τοὺς ὁ θεὸς τῆς ὕλης εἶδος ὤν, εἴ γε ἐν τῷ πυρί, ὃ μόνον ἐστὶ κατ' αὐτοὺς

---

15 φασιν Bruns, φησάντων libri. 22 μηδὲν οὐ libri, corr. Emperius.
23 verba nondum sanata. ⟨τὸ οὐδαμῶς μετέχον⟩ βρίθους tale quid desideratur.
24 περιπολοῦν τε scripsi, περιπολοῦντι libri. 27 χρῆμα scripsi, χρῶμα
libri. 38 φύσει Ra. ‖ ποιεῖν Ideler, ποιεῖ libri; malim εἶναι. 38. τῇ Apelt,
τὴν libri. 39 οὕτως scripsi, ὡς libri.

τότε, ἡ ὕλη καὶ ὁ θεὸς σῴζονται μόνοι. εἴη γὰρ ἂν ὁ θεὸς τότε εἶδος τὸ
ἐπὶ τῇ ὕλῃ τοῦ πυρός. εἰ δὲ τοῦτο, μεταβάλλει δὲ τὸ πῦρ εἰς ἄλλα τινὰ
σώματα, τὸ εἶδος ἀλλάσσον, εἴη ἂν ὁ θεὸς φθειρόμενος τότε etc.

1048 Alexander Aphrod. de mixtione p. 226, 24 Bruns. πῶς δ' οὐκ
ἀνάξια τῆς θείας προλήψεως τό τε τὸν θεὸν διὰ πάσης τῆς ὑποκειμένης 5
πᾶσιν ὕλης κεχωρηκέναι λέγειν καὶ μένειν ἐν αὐτῇ ὁποία ποτ' ἂν ᾖ, καὶ τὸ
προηγούμενον ἔχειν ἔργον τὸ ἀεί τι γεννᾶν τε καὶ διαπλάσσειν τῶν ἐξ αὐτῆς
γενέσθαι δυναμένων, καὶ ποιεῖν τὸν θεὸν δημιουργὸν σκωλήκων τε καὶ ἐμ-
πίδων, ἀτεχνῶς ὥσπερ κοροπλάθον τινὰ τῷ πηλῷ σχολάζοντα καὶ πᾶν τὸ
δυνάμενον ἐξ αὐτοῦ γενέσθαι τοῦτο ποιοῦντα. 10

§ 5. Deum mutabilem esse.

1049 Plutarchus de Stoic. repugn. cp. 38 p. 1051f. Post relatam
Antipatri sententiam: universos Stoicos arbitratos esse, deos interitu
vacare: Οὐδεὶς οὖν ἐστι τῶν πάντων ὁ Χρύσιππος κατ' Ἀντίπατρον·
οὐδένα γὰρ οἴεται πλὴν τοῦ πυρὸς ἄφθαρτον εἶναι τῶν θεῶν, ἀλλὰ 15
πάντας ὁμαλῶς καὶ γεγονότας καὶ φθαρησομένους. Ταῦτα δὲ πανταχοῦ,
ὡς ἔπος εἰπεῖν, ὑπ' αὐτοῦ λέγεται. Παραθήσομαι δὲ λέξιν ἐκ τοῦ τρί-
του περὶ Θεῶν· „Καθ' ἕτερον λόγον οἱ μὲν [γὰρ] γενητοὶ εἶ-
ναι καὶ φθαρτοὶ λέγονται, οἱ δ' ἀγένητοι· καὶ ταῦτ' ἀπ' ἀρχῆς
ὑποδείκνυσθαι φυσικώτερον. Ἥλιος μὲν γὰρ καὶ σελήνη καὶ 20
οἱ ἄλλοι θεοὶ παραπλήσιον ἔχοντες λόγον, γενητοί εἰσιν· ὁ δὲ
Ζεὺς ἀΐδιός ἐστιν." Καὶ πάλιν προελθών· „Ὅμοια δὲ καὶ περὶ
τοῦ φθίνειν καὶ περὶ τοῦ γενέσθαι ῥηθήσεται, περί τε τῶν
ἄλλων θεῶν καὶ τοῦ Διός· οἱ μὲν γὰρ φθαρτοί εἰσι, τοῦ δὲ τὰ
μέρη ἄφθαρτα." 25

idem de comm. not. cp. 31 p. 1075a. Ἀλλὰ Χρύσιππος καὶ
Κλεάνθης, ἐμπεπληκότες, ὡς ἔπος εἰπεῖν, τῷ λόγῳ θεῶν τὸν οὐρανόν,
τὴν γῆν etc. οὐδένα τῶν τοσούτων ἄφθαρτον οὐδ' ἀΐδιον ἀπολελοί-
πασι πλὴν μόνου τοῦ Διός, εἰς ὃν πάντας καταναλίσκουσι τοὺς ἄλ-
λους· ὥστε καὶ τούτῳ τὸ φθείρειν προσεῖναι τοῦ φθείρεσθαι μὴ 30
ἐπιεικέστερον. — — Ταῦτα δὲ οὐχ ὡς ἄλλα πολλὰ τῶν ἀτόπων
συλλογιζόμεθα ἔχειν τὰς ὑποθέσεις αὐτῶν καὶ τοῖς δόγμασιν ἕπεσθαι,
ἀλλ' αὐτοὶ μέγα βοῶντες ἐν τοῖς περὶ Θεῶν καὶ Προνοίας, Εἱ-
μαρμένης τε καὶ Φύσεως γράμμασι, διαρρήδην λέγουσι, τοὺς
ἄλλους θεοὺς ἅπαντας εἶναι γεγονότας καὶ φθαρησομένους ὑπὸ πυρός, 35
τηκτοὺς κατ' αὐτοὺς ὥσπερ κηρίνους ἢ καττιτερίνους ὄντας.

ibid. 1075c. ἂν γὰρ αὖ τὸ σοφὸν τοῦτο καὶ καλὸν ἀντιθῶσι,
θνητὸν εἶναι τὸν ἄνθρωπον, οὐ θνητὸν δὲ τὸν θεόν, ἀλλὰ φθαρτόν etc.

---

18 γὰρ del. Wy.   18. 19. 21 γεννητοὶ et ἀγέννητοι libri, corr. Bernard.
23 φθίνειν Dü., φρονεῖν libri.   38 ita Basileensis, ἀλλ' ἄφθαρτον ceteri codd.

idem de defectu oraculorum cp. 19. *Καίτοι τοὺς Στωϊκούς,*
ἔφη, γιγνώσκομεν οὐ μόνον κατὰ δαιμόνων ἣν λέγω δόξαν ἔχοντας,
ἀλλὰ καὶ θεῶν ὄντων τοσούτων τὸ πλῆθος ἑνὶ χρωμένους ἀϊδίῳ καὶ
ἀφθάρτῳ, τοὺς δ' ἄλλους καὶ γεγονέναι καὶ φθαρήσεσθαι νομίζοντας.

5 **1050** Porphyrius de anima apud Eusebium praep. evang. XV p. 818 c.

(contra Stoicos disputans): *Τὸν δὲ θεὸν οὐκ ὀκνοῦσι πῦρ νοερὸν εἰπόντες*
ἀΐδιον καταλείπειν, καὶ φθείρειν μὲν πάντα λέγειν καὶ ἐπινέμεσθαι, ὡς τοι-
οῦτον ὂν πῦρ οἷον τὸ ἡμῖν συνεγνωσμένον, ἀντιλέγειν τε τῷ Ἀριστοτέλει,
παραιτουμένῳ τὸν αἰθέρα ἐκ πυρὸς λέγειν τοιούτου. ἀπαιτούμενοι δὲ πῶς
10 *τὸ τοιοῦτον ἐπιδιαμένει πῦρ, ἀλλοῖον μὲν πῦρ οὐ λέγουσιν εἶναι, τὸ τοιοῦτον*
δ' εἰπόντες καὶ πιστεύειν αὐτοῖς εἰποῦσιν ἀξιώσαντες, τῇ ἀλόγῳ ταύτῃ πίστει
ἐπισυνάπτουσιν ὅτι καὶ ἀΐδιόν ἐστι πῦρ, ἐκ μέρους καὶ τὸ αἰθέριον σβέν-
νυσθαι καὶ ἀνάπτεσθαι τιθέντες. ἀλλὰ τὴν τούτων πρὸς μὲν τὰ αὐτῶν
ἀβλεψίαν, πρὸς δὲ τὰ τῶν παλαιῶν ῥᾳθυμίαν τε καὶ καταφρόνησιν, τί ἄν
15 *τις ἐπιὼν ἐπὶ πλέον μηκύνοι;*

1051 Origenes contra Celsum VI 7 Vol. II p. 141, 6 Kö. (p. 686
Del.). *οἰόμενος ἡμᾶς λέγοντας πνεῦμα εἶναι τὸν θεὸν μηδὲν ἐν τούτῳ δια-*
φέρειν τῶν παρ' Ἕλλησι Στωϊκῶν, φασκόντων ὅτι ὁ θεὸς πνεῦμά ἐστι διὰ
πάντων διεληλυθὸς καὶ πάντ' ἐν ἑαυτῷ περιέχον. — καὶ πάντα μὲν περιέχει
20 *τὰ προνοούμενα ἡ πρόνοια καὶ περιείληφεν αὐτά. — —*

paulo post: *κατὰ μὲν οὖν τοὺς ἀπὸ τῆς Στοᾶς σωματικὰς λέγοντας*
εἶναι τὰς ἀρχὰς καὶ διὰ τοῦτο πάντα φθείροντας, κινδυνεύοντας δὲ καὶ αὐ-
τὸν φθεῖραι τὸν ἐπὶ πᾶσι θεόν, εἰ μὴ πάνυ ἀπεμφαῖνον τοῦτ' αὐτοῖς ἐδόκει
τυγχάνειν, καὶ ὁ λόγος τοῦ θεοῦ, ὁ μέχρι ἀνθρώπων καὶ τῶν ἐλα-
25 *χίστων καταβαίνων, οὐδὲν ἄλλο ἐστὶν ἢ πνεῦμα σωματικόν.*

Cf. id. VIII 49 Vol. II p. 265, 4 Kö. (p. 778 Del.). *οὐδὲ γὰρ καθ'*
ἡμᾶς σῶμα ὁ θεός· ἵνα μὴ περιπέσωμεν οἷς περιπίπτουσιν ἀτόποις
οἱ τὰ Ζήνωνος καὶ Χρυσίππου φιλοσοφοῦντες.

1052 Origenes contra Celsum IV 14 Vol. I p. 284, 23 Kö. (p. 510
30 Delarue). *ἀλλὰ καὶ ὁ τῶν Στωϊκῶν θεός, ἅτε σῶμα τυγχάνων, ὁτὲ μὲν*
ἡγεμονικὸν ἔχει τὴν ὅλην οὐσίαν, ὅταν ἡ ἐκπύρωσις ᾖ, ὁτὲ δὲ ἐπὶ μέρους
γίνεται αὐτῆς, ὅταν ᾖ διακόσμησις· οὐδὲ γὰρ δεδύνηνται οὗτοι τρανῶσαι
τὴν φυσικὴν τοῦ θεοῦ ἔννοιαν, ὡς πάντῃ ἀφθάρτου καὶ ἁπλοῦ καὶ ἀσυν-
θέτου καὶ ἀδιαιρέτου.

35 **1053** Origenes contra Celsum I Vol. I p. 72, 11 Kö. (p. 339 Del.).
εἴθε — καὶ οἱ σῶμα εἰπόντες τὸν θεὸν Στωϊκοὶ τοῦ λόγου τούτου ἤκουσαν,
ἵνα μὴ πληρωθῇ ὁ κόσμος λόγου — ἀρχὴν φθαρτὴν εἰσάγοντος τὴν σωμα-
τικήν, καθ' ἣν καὶ ὁ θεὸς τοῖς Στωϊκοῖς ἐστι σῶμα, οὐκ αἰδουμένοις λέ-
γειν αὐτὸν τρεπτὸν καὶ δι' ὅλων ἀλλοιωτὸν καὶ μεταβλητὸν καὶ ἀπαξαπλῶς
40 *δυνάμενον φθαρῆναι, εἰ ἔχοι τὸν φθείροντα· εὐτυχοῦντα δὲ μὴ φθαρῆναι,*
παρὰ τὸ μηδὲν εἶναι τὸ φθεῖρον αὐτόν.

Cf. III 75 (p. 496 Del.). *Στωϊκῶν θεὸν φθαρτὸν εἰσαγόντων καὶ τὴν*
οὐσίαν αὐτοῦ λεγόντων σῶμα τρεπτὸν δι' ὅλων καὶ ἀλλοιωτὸν καὶ μεταβλητόν,
καὶ ποτε πάντα φθειρόντων καὶ μόνον τὸν θεὸν καταλειπόντων.

---

40 *ἔχοι* Del., *ἔχει* libri.　43 *διόλου* P Del.　44 *καταλειπόντων* A, *κατα-*
λιπόντων PMV.

1054 Origenes in evang. Ioannis XIII 21. ὀλίγοι γὰρ διειλήφασι περὶ τῆς τῶν σωμάτων φύσεως καὶ μάλιστα τῶν ὑπὸ λόγου καὶ προνοίας κατακοσμουμένων· καίτοι τὸ προνοοῦν τῆς αὐτῆς οὐσίας λέγοντες εἶναι τοῖς προνοουμένοις γενικῷ λόγῳ, τέλειον ὅμως καὶ ἀλλοῖον τοῦ προνοουμένου. Παρεδέξαντο δὲ τὰ ἀπαντῶντα τῷ λόγῳ αὐτῶν ἄτοπα οἱ ⁵ θέλοντες εἶναι σῶμα τὸν θεόν, ἅτε μὴ δυνάμενοι ἀντιβλέπειν ⟨τοῖς⟩ ἐκ λόγου ἐναργῶς παρισταμένοις. Ταῦτα δέ φημι καθ᾽ ὑπεξαίρεσιν τῶν πέμπτην λεγόντων εἶναι φύσιν σωμάτων παρὰ τὰ στοιχεῖα. Εἰ δὲ πᾶν σῶμα ὑλικὴν ἔχει φύσιν, τῷ ἰδίῳ λόγῳ ἄποιον τυγχάνον, τρεπτὴν δὲ καὶ ἀλλοιωτὴν καὶ δι᾽ ὅλων μεταβλητὴν καὶ ποιότητας χωροῦσαν, ἃς ἂν βούληται αὐτῇ περιτι- ¹⁰ θέναι ὁ δημιουργός, ἀνάγκη καὶ τὸν θεὸν ὑλικὸν ὄντα τρεπτὸν εἶναι καὶ ἀλλοιωτὸν καὶ μεταβλητόν. Καὶ ἐκεῖνοι μὲν οὐκ αἰδοῦνται λέγειν, ὅτι καὶ φθαρτός ἐστι σῶμα ὤν, σῶμα δὲ πνευματικὸν καὶ αἰθερῶδες μάλιστα κατὰ τὸ ἡγεμονικὸν αὐτοῦ· φθαρτὸν δὲ ὄντα μὴ φθείρεσθαι τῷ μὴ εἶναι τὸν φθείροντα αὐτὸν λέγουσιν. ¹⁵

1055 Plutarchus de defectu oraculorum cp.29. οὗτοι (scil. Stoici) τοὺς θεοὺς ἀέρων ἕξεις ποιοῦντες καὶ ὑδάτων, καὶ πυρὸς δυνάμεις ἐγκεκραμένας ἡγούμενοι, συγγεννῶσι τῷ κόσμῳ καὶ πάλιν συγκατακαίουσιν, οὐκ ἀπολύτους οὐδ᾽ ἐλευθέρους, οἷον ἡνιόχους ἢ κυβερνήτας ὄντας· ἀλλ᾽ ὥσπερ ἀγάλματα προσηλοῦται καὶ συντήκεται βάσεσιν, οὕ- ²⁰ τως ἐγκεκλεισμένους εἰς τὸ σωματικὸν καὶ συγκαταγεγομφωμένους, κοινωνοῦντας αὐτῷ μέχρι φθορᾶς καὶ διαλύσεως ἁπάσης καὶ μεταβολῆς.

1056 Galenus de qualitatibus incorporeis 6. Vol. XIX p. 479 K. εἰ δὲ μεταποιήσας αὐτὸν ὁ Ζεὺς ἰσαρίθμως οἷς ἔφην συμβεβηκόσι τροπὰς ἔχει ποιοτήτων μυρίας, χείρων ἐστὶ τοῦ μυθολογουμένου Πρωτέως· ὁ μὲν γὰρ εἰς ²⁵ ὀλίγας φύσεις αὐτὸν μετεποίει καὶ μετεμόρφου, καὶ ταύτας οὐκ ἀπρεπεῖς (Od. δ 456—58) ⟨ὃς⟩ ῥ᾽ ἤτοι πρώτιστα λέων γένετ᾽ ἠϋγένειος,
αὐτὰρ ἔπειτα δράκων καὶ πάρδαλις ἠδὲ μέγας σῦς,
γίγνετο δ᾽ ὑγρὸν ὕδωρ καὶ δένδρεον ὑψιπέτηλον,
ὁ δὲ οὐκ ἔστιν ὅ,τι μὴ καὶ τῶν αἰσχίστων γίγνεται — — —. εἰ δ᾽ αὐτὸν ³⁰ μὲν οὔποτε, τὴν ⟨δ᾽⟩ ὕλην μεταλλάττει καὶ σχηματίζει καὶ ποιοῖ, ζητῶ πῶς ἐστιν οἷός τε ταῦτα ποιεῖν.

§ 6. Deum non esse forma humana.

1057 Lactantius de ira cp. 18. Omitto de figura dei dicere, quia Stoici negant habere ullam formam deum. ³⁵
1058 Clemens Al. Stromat. VII 7 p. 852 Pott. οὐκ οὖν ἀνθρωποειδὴς ὁ θεὸς τοῦδ᾽ ἕνεκα [καὶ] ἵνα ἀκούσῃ· οὐδὲ αἰσθήσεων αὐτῷ δεῖ, καθ-

---

3 fortasse: τέλειον ⟨δ᾽⟩, deleta interpunctione ante et δὲ post παρεδέξαντο. 8 ὑλικὸν vulg. 10 ἐὰν vulg. 27 ὃς ῥ᾽ ἤτοι scripsi, ῥητοὶ libri, ἀλλ᾽ ἤτοι Hom. 30 μὴ καὶ P, μηδὲ A ed. 31 οὔποτε scripsi, οὖν ἄτε ed. οὖν ἄτε ποιεῖν AP. ‖ δ᾽ addidi. ‖ μεταλλάττει scripsi, μεταλλάττειν A μεταπλάττειν P ed. ‖ σχηματίζει scripsi, σχηματίζειν libri. ‖ ποιοῖ scripsi, ποιεῖ A ποιεῖν P. ‖ ζητῶ scripsi, ζητῶν A ed. ζητεῖς P. 37 καὶ seclusi.

ἅπερ ἤρεσεν τοῖς Στωϊκοῖς, μάλιστα ἀκοῆς καὶ ὄψεως· μὴ γὰρ δύνασθαί
ποτε ἑτέρως ἀντιλαμβάνεσθαι.

1059 Seneca Apocolocyntosis 8. modo dic nobis, qualem deum istum
fieri velis. Ἐπικούρειος θεὸς non potest esse: οὔτε αὐτὸς πρᾶγμα ἔχει οὔτε
5 ἄλλοις παρέχει; Stoicus? quomodo potest „rotundus" esse, ut ait Varro,
sine capite sine praeputio? Est aliquid in illo Stoici dei, iam video: nec
cor nec caput habet.

1060 V.H.[1] VI 2 p. 31 (vulgo Metrodorus περὶ αἰσθήσεων) col. XVI
cf. Scott. Frgm. Herc. p. 250. κόσμου θεὸν οὐδ' „ἠ|έλιον τ' ἀκάμαντα
10 σε|λήνην τε πλήθουσαν" (Il. XVIII 484) | Στωϊκῷ δὲ καὶ Περι|πατητικῷ
τοῦτ' ἔξεσ|τιν λέγειν .. πῶς (γ)ὰρ ἰδί|αν ἔχει μορφὴν τὸ σφαι|ροειδές;
ἄλλως θ' οἱ τοῦ|το λέγοντες οὐ βλέπου|σιν, διότι τῆς φύσεως | .... διον
των ον.

§ 7. De Iove et Iunone.

15 **1061** Servius ad Aeneid. X 18. „O pater, o hominum divumque
aeterna potestas." hunc locum Probus quaerit; sed dicit unam rem secun-
dum physicos, alteram secundum mathematicos. nam divum potestas
est, quia ipse est aether, qui elementorum possidet principa-
tum; hominum vero ideo, quia bona Iovis inradiatio honores hominibus
20 tribuit.

1062 Stobaeus Eclogae I p. 31, 11 W. Χρυσίππου. Ζεὺς μὲν
οὖν φαίνεται. ὠνομάσθαι ἀπὸ τοῦ πᾶσι δεδωκέναι τὸ ζῆν. Δία δὲ
αὐτὸν λέγουσιν, ὅτι πάντων ἐστὶν αἴτιος καὶ δι' αὐτὸν πάντα. (Diels
Arii Did. Epitom. phys. frgm. 30).

25 Cf. Plutarchus quom. adul. poët. aud. p. 31 E. καὶ Χρύσιππος
δὲ πολλαχοῦ γλίσχρος ἐστίν, οὐ παίζων ἀλλ' εὑρησιλογῶν ἀπιθάνως
καὶ παραβιαζόμενος 'εὐρύοπα Κρονίδην' εἶναι τὸν δεινὸν ἐν τῷ δια-
λέγεσθαι καὶ διαβεβηκότα τῇ δυνάμει τοῦ λόγου. Cf. Vol. II n. 101.

1063 Ioannes Laurentius Lydus de mensibus IV 48 n. 224 ed.
30 Röther. Κράτης δὲ ἀπὸ τοῦ διαίνειν, τουτέστι πιαίνειν τὴν Γῆν
βούλεται ὀνομασθῆναι τὸν Δία, τὸν εἰς πάντα διήκοντα· Ποσειδώνιος
τὸν Δία τὸν πάντα διοικοῦντα· Χρύσιππος δὲ διὰ τὸ δι' αὐτὸν
εἶναι τὰ πάντα.

1064 Plutarchus de comm. not. cp. 36 p. 1077e. Λέγει γοῦν
35 Χρύσιππος „ἐοικέναι τῷ μὲν ἀνθρώπῳ τὸν Δία καὶ τὸν κόσμον, τῇ
δὲ ψυχῇ τὴν πρόνοιαν· ὅταν οὖν ἐκπύρωσις γένηται, μόνον ἄφθαρτον
ὄντα τὸν Δία τῶν θεῶν, ἀναχωρεῖν ἐπὶ τὴν πρόνοιαν, εἶτα ὁμοῦ γε-
νομένους ἐπὶ μιᾶς τῆς τοῦ αἰθέρος οὐσίας διατελεῖν ἀμφοτέρους."

---

19 hoc nihil ad Stoicos pertinet, sed ad mathematicos (astrologos).
32 restituit Roeth. cod. διὰ τὸ ι ὀνὺ τὰ πάντα. 35 καὶ ⟨τῷ μὲν σώματι⟩ τὸν
κόσμον Heinius.

1065 Seneca epist. ad Lucil. 9, 16. Qualis tamen futura est vita sapientis, si sine amicis relinquatur — — in desertum litus eiectus? qualis et Iovis, cum resoluto mundo et dis in unum confusis paulisper cessante natura adquiescit sibi cogitationibus suis traditus. tale quiddam sapiens facit, in se reconditur, secum est.   5

1066 Servius ad Verg. Aeneid. I 47. Physici Iovem aetherem id est ignem volunt intellegi, Iunonem vero aërem, et quoniam tenuitate haec elementa paria sunt, dixerunt esse germana. sed quoniam Iuno, hoc est aër subiectus est igni, id est Iovi, iure superposito elemento mariti traditum nomen est.   10

1067 Cicero de nat. deor. II 24, 63. *Alia quoque ex ratione et quidem physica magna fluxit multitudo deorum, qui induti specie humana fabulas poëtis suppeditaverunt, hominum autem vitam superstitione omni referserunt. Atque hic locus a Zenone tractatus post a Cleanthe et Chrysippo pluribus verbis explicatus est. Nam ⟨cum⟩ vetus haec* 15 *opinio Graeciam opplevisset, exsectum Caelum a filio Saturno, vinctum autem Saturnum ipsum a filio Iove, physica ratio non inelegans inclusa est in inpias fabulas; caelestem enim altissimam aetheriamque naturam, id est igneam, quae per sese omnia gigneret, vacare voluerunt ea parte corporis, quae coniunctione alterius egeret ad procreandum.* 20

1068 Plutarchus de Stoic. repugn. cp. 39 p. 1052b. Καὶ μὴν ἐν τῷ τρίτῳ περὶ θεῶν ὁ Χρύσιππος περὶ τοῦ τρέφεσθαι τοὺς ἄλλους θεοὺς τάδε λέγει· „Τροφῇ τε οἱ μὲν ἄλλοι θεοὶ χρῶνται παραπλησίως, συνεχόμενοι δι᾽ αὐτήν· ὁ δὲ Ζεὺς καὶ ὁ κόσμος καθ᾽ ἕτερον τρόπον * ἀναλισκομένων καὶ ἐκ πυρὸς γινομένων.“   25

1069 Cicero de nat. deor. III 24, 63. *Magnam molestiam suscepit et minime necessariam primus Zeno, post Cleanthes, deinde Chrysippus, commenticiarum fabularum reddere rationem, vocabulorum, cur quidque ita appellatum sit, causas explicare. Quod cum facitis, illud profecto confitemini, longe aliter se rem habere, atque hominum opinio* 30 *sit; eos enim, qui di appellantur, rerum naturas esse, non figuras deorum.*

1070 Servius ad Verg. Aeneid. IV 638. et sciendum Stoicos dicere unum esse deum, cui nomina variantur pro actibus et officiis. unde etiam duplicis sexus numina esse dicuntur, ut cum in actu sunt mares sint, feminae cum patiendi habent naturam: unde est: con- 35 jugis in gremium laetae descendit (Georg. II 326) cf. ad Georgica I 5. Stoici dicunt non esse nisi unum deum et unam eandemque potestatem, quae pro ratione officiorum [nostrorum] variis nominibus appellatur. Unde eundem Solem, eundem Apollinem, eundem Liberum vocant. Item Lunam eandem Dianam, eandem Cererem, eandem Iunonem, eandem Proserpinam 40 dicunt etc.

---

12 inducti ABHV.   15 cum *add. Bake.*   23 ⟨ἡμῖν⟩ παραπλησίως Reiske.   25 lacunam significavi sic fere explendam: ⟨ἀνὰ μέρος τῶν πάντων εἰς πῦρ⟩.   38 *nostrorum* seclusi.

1071 Diogenes Laërt. VII 187. *Εἰσὶ δὲ οἳ κατατρέχουσι τοῦ Χρυσίππου ὡς πολλὰ αἰσχρῶς καὶ ἀρρήτως ἀναγεγραφότος. Ἐν μὲν γὰρ τῷ περὶ τῶν ἀρχαίων φυσιολόγων συγγράμματι αἰσχρῶς τὰ περὶ τὴν Ἥραν καὶ τὸν Δία ἀναπλάττει, λέγων κατὰ τοὺς ἑξακοσίους*
5 *στίχους ἃ μηδεὶς ἠτυχηκὼς μολύνειν τὸ στόμα εἴποι ἄν. αἰσχροτάτην γάρ, φασί, ταύτην ἀναπλάττει ἱστορίαν, εἰ καὶ ἐπαινεῖ ὡς φυσικήν, χαμαιτύπαις μᾶλλον πρέπουσαν ἢ θεοῖς, ἔτι τε καὶ παρὰ τοῖς περὶ πινάκων γράψασιν ⟨οὐ⟩ κατακεχωρισμένην· μήτε γὰρ παρὰ Πολέμωνι μήτε παρ' Ὑψικράτει, ἀλλὰ μηδὲ παρ' Ἀντιγόνῳ εἶναι, ὑπ' αὐ-*
10 *τοῦ δὲ πεπλάσθαι.*

1072 Clemens Rom. homil. V 18. *οὐ Ζήνων ἀδιαφορεῖν αἰνισσόμενος διὰ πάντων τὸ θεῖον εἶναι λέγει, ἵνα γνώριμον τοῖς συνετοῖς γένηται, ὅτι ᾧ ἄν τις μιγῇ ὡς ἑαυτῷ μίγνυται καὶ περισσὸν τὸ ἀπαγορεύειν τὰς λεγομένας μοιχείας ἢ μίξεις μητρὸς ἢ θυγατρὸς ἢ ἀδελ-*
15 *φῆς ἢ παίδων; Χρύσιππος δὲ ἐν ταῖς ἐρωτικαῖς ἐπιστολαῖς καὶ τῆς ἐν Ἄργει εἰκόνος μέμνηται, πρὸς τῷ τοῦ Διὸς αἰδοίῳ φύρων τῆς Ἥρας τὸ πρόσωπον.*

1073 Theophilus ad Autolycum III 8. *Χρύσιππος δὲ ὁ πολλὰ φλυαρήσας, πῶς οὐχὶ εὑρίσκεται σημαίνειν τὴν Ἥραν στόματι μιαρῷ*
20 *συγγίνεσθαι τῷ Διΐ.*

1074 Origenes contra Celsum IV 48 Vol. I p. 321, 3 Kö. (p. 540 Delarue). *Καὶ τί με δεῖ καταλέγειν τὰς περὶ θεῶν ἀτόπους Ἑλλήνων ἱστορίας, αἰσχύνης αὐτόθεν ἀξίας καὶ ἀλληγορουμένας, ὅπου γε ὁ Σολεὺς Χρύσιππος, ὁ τὴν Στοὰν τῶν φιλοσόφων πολλοῖς συγγράμ-*
25 *μασι συνετοῖς κεκοσμηκέναι νομιζόμενος, παρερμηνεύει γραφὴν τὴν ἐν Σάμῳ, ἐν ᾗ ἀρρητοποιοῦσα ἡ Ἥρα τὸν Δία ἐγέγραπτο. Λέγει γὰρ ἐν τοῖς ἑαυτοῦ συγγράμμασιν ὁ σεμνὸς φιλόσοφος, ὅτι τοὺς σπερματικοὺς λόγους τοῦ θεοῦ ἡ ὕλη παραδεξαμένη ἔχει ἐν ἑαυτῇ εἰς κατακόσμησιν τῶν ὅλων· ὕλη γὰρ ἡ ἐν τῇ κατὰ τὴν Σάμον γραφῇ ἡ Ἥρα*
30 *καὶ ὁ θεὸς ὁ Ζεύς.*

1075 Cicero de nat. deorum II 66. Aër autem, ut Stoici disputant, interiectus inter mare et caelum Iunonis nomine consecratur, quae est soror et coniunx Iovis, quod ei similitudo est aetheris et cum eo summa coniunctio. Effeminarunt autem eum Iunonique tribuerunt, quod
35 nihil est eo mollius.

---

5 εἰ μὴ τύχῃ κακῶς D. ‖ ἄν om. D.　7 χαμαιτυπείοις D. ‖ τὰ (pro καὶ) BPF τὰ παρὰ om. D. καὶ παρὰ Casaub.　8 οὐ om. BPFD, add. Casaub., κατακεχωρημένον D. ‖ οὔτε BFD μήτε (μη in litura) Pˢ. ‖ παρὰ om. FD. 9 οὔτε D. ‖ ὑψοκράτει F fortasse: ἔτι τε κατακεχ. οὔτε παρὰ Π. οὔτε παρ' Ὑψ. τοῖς π. π. γράψασι.　13 ὅτι scripsi, ἵνα vulgo.　16 φύρων Wil., φέρων vulgo. 33 ei Probus, et ABHV.

§ 8. De ceteris deis popularibus.

1076 Philodemus de pietate c. 11 (DDG 545ᵇ 12). ἀλλὰ μὴν καὶ
Χρύσ(ι)ππος .... ἐν μὲ)ν τῷ πρώτ(ῳ περὶ θεῶ)ν Δία φη(σὶν
εἶναι τὸ)ν ἅπαντ(α διοικοῦ)ντα λόγον κ(αὶ τὴν) τοῦ ὅλου ψυχή(ν κα)ὶ
τῇ τούτου μ(ετοχ)ῇ πάντα (ξῆν)? ...... καὶ τοὺς λίθους, (δ)ιὸ καὶ 5
Ζῆνα καλε(ῖσ)θαι, Δία δ' (ὅ)τι (πάν)των αἴτ(ι)ος (καὶ κύ)ριος· τόν
τε κόσμον ἔμψ(υ)χον εἶναι καὶ θεό(ν, κ)αὶ τὸ ἡ(γεμονι)κὸν (κ)αὶ τὴν
ὅ(λην ψ)υχ(ή)ν· καὶ ..... ιαν ὀν(ομάζεσ)θαι τὸν Δία καὶ τὴν κοινὴν
πάντων φύσιν καὶ εἱμαρμ(έ)νην καὶ ἀνά(γ)κην. καὶ τὴν αὐτὴν εἶναι
καὶ εὐνομίαν καὶ δίκην (κ)αὶ ὁμόνοιαν κα(ὶ ε)ἰρήνην καὶ τὸ παρ(α)- 10
πλήσιον πᾶν. καὶ μὴ εἶναι θεοὺς ἄρρενας μηδὲ θηλείας, ὡς μηδ(ὲ)
πόλεις μηδ' ἀρ(ε)τάς, (ὁ)νομάζεσθαι δὲ μόνον ἀρρενικῶς καὶ θη(λ)υ-
(κ)ῶς ταὐτὰ ὄντα, καθάπερ σελήνην κα(ὶ μῆ)να. καὶ τὸν Ἄρη (κατὰ
τ)οῦ πο(λ)έμου τε(τάχθ)αι καὶ τῆς τά(ξεως) καὶ ἀν(τ)ιτάξ(εως). Ἥ)φαι-
στον δὲ πῦ(ρ εἶ)ναι, καὶ Κρόνον (μὲν τὸ)ν τοῦ ῥεύ(μ)ατος ῥ(όο)ν, 15
Ῥέαν δὲ τὴν γῆν, Δία δὲ τὸν αἰθέρα· τοὺς δὲ τὸν Ἀπόλλω[ι] κα(ὶ)
τὴν Δήμητρα γ(ῆ)ν ἢ τὸ ἐν αὐτῇ πνεῦμα. καὶ παιδαριωδῶς λέγεσθαι
καὶ γράφεσθαι κα[ε]ὶ πλάτ(τ)εσθαι (θεοὺ)ς ἀνθρ(ωποειδεῖς) ὃν τρόπον
καὶ πόλεις καὶ ποταμοὺς καὶ τόπους καὶ πάθ(η. Κ)αὶ Δίαᵃ μὲ(ν εἶ)να(ι
τὸν πε)ρὶ τὴν (γῆ)ν ἀέρα, (τ)ὸ(ν) δὲ σκο(τει)νὸν Ἄϊδ(ην), τὸν δὲ διὰ 20
τῆς γῆ(ς κ)αὶ θαλάτ(τ)ης Ποσ(ειδῶ). Καὶ το(ὺ)ς ἄλλου(ς δ)ὲ θεοὺς
ἀψύχοις ὡς καὶ τούτους συνοικειοῖ· καὶ τὸν ἥλ(ι)όν(τε) καὶ τὴ(ν) σε-
λήνην καὶ τοὺς ἄλλους ἀστέ(ρ)ας θεοὺς οἴεται καὶ τὸν νόμον. Κα(ὶ
ἀν)θρώπους εἰς θεο(ύ)ς φησι με(τ)αβαλεῖ(ν).

1077 Cicero de nat. deor. I 15, 39. *Iam vero Chrysippus, qui* 25
Stoicorum somniorum vaferrumus habetur interpres, magnam turbam
congregat ignotorum deorum, atque ita ignotorum, ut eos ne coniectura
quidem informare possimus, cum mens nostra quidvis videatur cogitatione
posse depingere; ait enim vim divinam in ratione esse positam et in
universae naturae animo atque mente, ipsumque mundum deum dicit 30
esse et eius animi fusionem universam, tum eius ipsius principatum,
qui in mente et ratione versetur, communemque rerum naturam universi-
tatemque omnia continentem, tum fatalem orbem et necessitatem rerum

---

 a Aëtius I 7, 30. de Xenocrate: τούτων δὲ τὴν μὲν .... ἀειδῆ προσαγο-
ρεύει, τὴν δὲ διὰ τοῦ ὑγροῦ Ποσειδῶνα, τὴν δὲ διὰ τῆς γῆς φυτοσπόρον Δήμητρα
ταῦτα δὲ χορηγήσας τοῖς Στωϊκοῖς τὰ πρότερα παρὰ τοῦ Πλάτωνος μεταπέφρακεν.

---

8 καὶ τὴν ὅλην ψυχὴν scripsi, καὶ τὴν ὅλου ψυχὴν Diels. ‖ fortasse: καὶ
τὴν αἰτίαν. 16 fortasse: φῶς δὲ τὸν Ἀπ. 33 universitatemque *Heindorf*,
universam atque ABHV. ‖ orbem *scripsi*, umbram *libri*, normam Madvig.

*futurarum, ignem praeterea et eum, quem ante dixi, aethera, tum ea
quae natura fluerent atque manarent, ut et aquam et terram et aëra,
solem, lunam, sidera, universitatemque rerum, qua omnia continerentur,
atque etiam homines eos, qui immortalitatem essent consecuti.* 40. *Idem-*
5 *que disputat aethera esse eum, quem homines Iovem appellarent, quique
aër per maria manaret, eum esse Neptunum, terramque eam esse, quae
Ceres diceretur, similique ratione persequitur vocabula reliquorum deo-
rum. Idemque etiam legis perpetuae et aeternae vim, quae quasi dux
vitae et magistra officiorum sit, Iovem dicit esse eandemque fatalem*
10 *necessitatem appellat, sempiternam rerum futurarum veritatem; quorum
nihil tale est, ut in eo vis divina inesse videatur.* 41. *Et haec quidem
in primo libro de natura deorum, in secundo autem volt Orphei,
Musaei, Hesiodi, Homerique fabellas accommodare ad ea, quae ipse
primo libro de deis immortalibus dixerat, ut etiam veterrimi poëtae, qui*
15 *haec ne suspicati quidem sint, Stoici fuisse videantur.*

1078 Philodemus de pietate c. 13 (DDG p. 547ᵇ 16) ἐν δὲ τῷ
δευτέρῳ (scil. περὶ θεῶν) τά τε εἰς Ὀρφέα καὶ Μουσαῖον ἀναφε-
ρόμενα καὶ τὰ παρ' Ὁμήρῳ καὶ Ἡσιόδῳ καὶ Εὐριπίδῃ κ[ι]αὶ ποιηταῖς
ἄλλοις, ὡς καὶ Κλεάνθης, πειρᾶται συνοικειοῦν ταῖς δόξαις αὐτῶν.
20 ἅπαντά τ' ἐστὶν αἰθήρ, ὁ αὐτὸς ὢν καὶ πατὴρ καὶ υἱός, ὡς κἂν τῷ
πρώτῳ μὴ μάχεσθαι τὸ τὴν Ῥέαν καὶ μητέρα τοῦ Διὸς εἶναι καὶ
θυγατέρα.

1079 Philo de provid. II § 41 (p. 76 Aucher). Si quae de Vul-
cano fabulose referuntur, reducas in ignem, et quod de Iunone, ad aëris
25 naturam, quod autem de Mercurio ad rationem, sicut etiam cetera, quae
cuique propria sunt, ad ordinem iuxta vestigium theologiae, tunc profecto
poëtarum a te paulo ante accusatorum (i. e. Homeri et Hesiodi) laudator
eris, utpote qui vere decenterque laudibus celebrarint divinitatem.

1080 Cicero de nat. deor. II 71. Sed tamen his fabulis spretis ac
30 repudiatis deus pertinens per naturam cuiusque rei, per terras Ceres, per
maria Neptunus, alii per alia, poterunt intellegi qui qualesque sint, quo-
que eos nomine consuetudo nuncupaverit, hoc eos et venerari et colere
debemus.

1081 Philodemus de pietate c. 14 (DDG p. 547ᵇ 3). τὰς δ' αὐ-
35 τὰς ποιε(ῖ)ται σ(υ)νοικει(ώσε)ις κἂν τῷ περὶ (X)αρίτων, (ἐν ᾧ τ)ὸν
Δία νόμον φησὶν εἶναι καὶ τὰς Χάριτας τὰς ἡμετέ(ρ)ας καταρχὰς κα(ὶ)
τὰς ἀνταπ(ο)δόσεις τῶν εὐε(ργ)εσιῶ(ν).

1082 Seneca de beneficiis I 3. *Quorum quae vis quaeve proprie-
tas sit dicam, si prius illa, quae ad rem non pertinent, transsilire mihi*
40 *permiseris: quare tres Gratiae et quare sorores sint et quare manibus
inplexis et quare ridentes [et iuvenes add. Gertz] et virgines solutaque*

---

14 dixerat *Ernestius*, dixerit *libri.*   32 hoc eos *Th. Keil*, quos deos ABHV.

ac perlucida veste. Alii quidem videri volunt unam esse quae det bene-
ficium, alteram quae accipiat, tertiam quae reddat. alii beneficiorum
tria genera, promerentium, reddentium, simul et accipientium reddentium-
que. Sed utrumlibet ex istis iudico verum, quid ista nos iuvat scientia?
Quid ille consertis manibus in se reducitur chorus (vulg. redeuntium)? ₅
ob hoc, quia ordo beneficii per manus transeuntis nihilominus ad dantem
revertitur et totius speciem perdit, si usquam interruptus est, pulcherri-
mus si cohaeret et vices servat. Ideo ...... est aliqua tamen maior
his dignatio, sicut promerentium. Voltus hilari sunt quales solent esse
qui dant vel accipiunt beneficia, iuvenes, quia non debet beneficiorum ₁₀
memoria senescere, virgines, quia incorrupta sunt et sincera et omnibus
sancta; in quibus nihil esse adligati decet nec adstricti, solutis itaque
tunicis utuntur, perlucidis autem quia beneficia conspici volunt. Sit ali-
quis usque eo Graecis emancipatus, ut haec dicat necessaria, nemo tamen
erit, qui etiam illud ad rem iudicet pertinere, quae nomina illis Hesio- ₁₅
dus imposuerit. Aeglen maximam natu appellavit, mediam Euphro-
synen, tertiam Thalian. Horum nominum interpretationem, prout cui-
que visum est deflectit et ad rationem aliquam conatur perducere, cum
Hesiodus puellis suis quod voluit nomen imposuerit. Itaque Homerus
uni mutavit, Pasithean appellavit et in matrimonium produxit, ut scias ₂₀
illas non esse virgines Vestales. Inveniam alium poëtam, apud quem
praecingantur et spissis aut Phryxianis prodeant. Ergo et Mercurius
una stat, non quia beneficia ratio commendat vel oratio, sed quia pictori
ita visum est. Chrysippus quoque, penes quem subtile illud acumen
est et in imam penetrans veritatem, qui rei agendae causa loquitur et ₂₅
verbis non ultra quam ad intellectum satis est utitur, totum librum
suum (sc. περὶ Χαρίτων) his ineptiis replet, ita ut de ratione dandi,
accipiendi, reddendique beneficii pauca admodum dicat, nec his fabulas,
sed haec fabulis inserit. Nam praeter ista, quae Hecaton transscribit,
tres Chrysippus Gratias ait Iovis et Eurynomes filias esse, aetate autem ₃₀
minores quam horas, sed meliuscula facie et ideo Veneri dates comites.
Matris quoque nomen ad rem iudicat pertinere: Eurynomen enim dic-
tam, quia late patentis patrimonii sit beneficia dividere: tamquam matri
post filias soleat nomen imponi aut poëtae vera nomina reddant. ....
(paullo infra) ecce Thalia, de qua cum maxime agitur, apud Hesiodum ₃₅
Charis est, apud Homerum Musa.

    Idem de Benef. III 4. *tu modo nos tuere, siquis mihi obiciet, quod*
Chrysippum in ordinem coëgerim, magnum mehercule virum, sed tamen
Graecum, cuius acumen nimis tenue retunditur et in se saepe replicatur.
Etiam cum agere aliquid videtur, pungit, non perforat. ₄₀

    ibidem § 4: *ad hanc honestissimam contentionem beneficiis bene-*

ficia vincendi sic nos adhortatur Chrysippus ut dicat, verendum esse, ne quia Charites Iovis filiae sunt parum se grate gerere sacrilegium sit et tam bellis puellis fiat iniuria.

(Sequentibus Seneca inludit Chrysippum, qui fabuloso sermone et
5 anilibus argumentis lectores oblectare studerit: *istae vero ineptiae poëtis relinquantur, quibus aures oblectare propositum est et dulcem fabulam nectere*).

1083 Ad totam Senecae disputationem cf. Cornutus cp. 15 atque maxime haec verba: οἱ δ᾽ ἐξ Εὐρυνόμης, καὶ τούτου παριστάντος ὅτι
10 χαριστικώτεροί πώς εἰσιν ἢ ὀφείλουσιν εἶναι οἱ μεγάλους κλήρους νεμόμενοι.

1084 Etymologicum Magn. s. v. Ῥέα p. 701, 24. Χρύσιππος δὲ λέγει τὴν γῆν Ῥέαν κεκλῆσθαι, ἐπειδὴ ἀπ᾽ αὐτῆς ῥεῖ τὰ ὕδατα.

1085 Scholia Hesiod. Theogon. v. 135. Ῥεία ἡ ἐξ ὄμβρων χύσις
15 ἐστί, κατὰ δὲ τὸν Χρύσιππον ἡ γῆ Ῥέα ἡ φθαρτική, ὅτι εἰς αὐτὴν ἀναλυόμεθα καὶ ὅτι πάντες τῶν ἐν αὐτῇ διαρρέουσι. Θέμιν γὰρ τὴν θέσιν τοῦ παντὸς τὴν ἀμετάθετον, Μνημοσύνην δὲ τὴν ἐπιμονὴν τῆς διαπλάσεως τῶν ζῴων.

Ibid. v. 136. Φοίβην· τὸ καθαρὸν τοῦ ἀέρος, διὰ τοῦτο καὶ
20 χρυσοστέφανον· καθαρὸς γὰρ ὁ χρυσός. Τηθύν τ᾽ ἐρατεινήν· τὴν τροφὸν ἢ τὴν πλευστὴν θάλασσαν, τὴν διὰ κέρδος τρέφουσαν.

1086 Scholia Hesiod. Theogon. v. 134. ἀλληγοροῦσι δὲ ἄλλως τὸν μὲν Κοῖον εἶναι τὴν ποιότητα καὶ Κρεῖον τὴν κρίσιν· Ὑπερίονα δὲ τὸν οὐρανόν, τὸν ὑπεράνω ἡμῶν ἰόντα, καὶ Ἰαπετὸν τὴν κίνησιν αὐτοῦ, παρὰ
25 τὸ ἴεσθαι καὶ πέτεσθαι. ὁ γὰρ οὐρανὸς ἀεικίνητός ἐστι. ἄλλως· Ἰαπετὸν λέγει τὴν τοῦ λογισμοῦ κίνησιν παρὰ τὸ πάντα ἀνερευνᾶν καὶ ζητεῖν περὶ πάντων.

Cf. Cornutus c. 17. Κοῖος δὲ (scil. ὠνομάσθη ὁ λόγος), καθ᾽ ὃν ποιά τινα τὰ ὄντα ἐστί· τῷ γὰρ κ πολλαχοῦ οἱ Ἴωνες ἀντὶ τοῦ π ἐχρῶντο. — —
30 Ὑπερίων δέ, καθ᾽ ὃν ὑπεράνω τινὰ ἑτέρων περιπορεύεται.

1087 Scholia Hesiod. Theog. v. 459. νομίζεται δὲ παῖς Οὐρανοῦ καὶ Γῆς (scil. ὁ Κρόνος) ὅτι ἐκ τῆς ἐπιτολῆς τῶν ὑπὲρ γῆς καὶ ὑπὸ γῆν ἄστρων ὁ χρόνος γίνεται. διὰ γὰρ τούτων καὶ ἡμερονύκτιον καὶ μῆνα καὶ καιρὸν διορίζομεν. καταπίνειν δὲ λέγεται τὰ τέκνα, ὅτι ὅσα διὰ χρόνου γίνεται, τῷ
35 χρόνῳ πάλιν συνδιαφθείρεται.

Cf. Cornutus c. 6 (de Crono) καὶ ὁ χρόνος δὲ τοιοῦτόν τί ἐστι· δαπανᾶται γὰρ ὑπ᾽ αὐτοῦ τὰ γινόμενα ἐν αὐτῷ.

1088 Scholia Hesiod. Theog. v. 459. ἡ δὲ ἐκτομὴ αὐτοῦ (scil. τοῦ χρόνου) οὕτως ἀναλύεται· ὅτι τοῦ Οὐρανοῦ καὶ τῆς γῆς μίξεως γενομένης
40 ἐξῳογονεῖτο πολλά· εἶτα τοῦ χρόνου ἕκαστα διακρίναντος καὶ τὰ γεννηθέντα ἐκ τῆς πρὸς ἄλληλα μίξεως ζῳογονοῦντος ἐκτετμῆσθαι τὸν Οὐρανὸν εἴρηται.

---

15 Ῥεία—ἡ γῆ F. Ῥεία κατὰ τὸν Χρύσιππον ἡ ἐξ ὄμβρων χύσις. ἔστι δὲ ἡ γῆ Trinc. G. 18 τὴν ἐπίμονον διάπλασιν Trinc. GM². 33 χρόνος scripsi, Κρόνος vulgo. ‖ τούτων scripsi, τούτου vulgo. ‖ exspecto καὶ ὥραν.

1089 Etymologicum Magn. s. v. *Κρόνος*. Τὸν Κρόνον φασὶν ἐκ τοῦ κρᾶν καὶ κιρνᾶν ἕκαστα τῶν γενεθλιωμάτων καὶ μίξαι τὸ θῆλυ τῷ ἄρρενι. Χρύσιππος δέ φησιν [ὅτι] καθύγρων ὄντων τῶν ὅλων καὶ ὄμβρων καταφερομένων πολλῶν, τὴν ἔκκρισιν τούτων Κρόνον ὠνομάσθαι.

1090 Scholia Hesiod. Theog. v. 459 (p. 256 Flach). Κρόνος εἴρηται ἀπὸ τοῦ κερᾶν καὶ κιρνᾶν ἕκαστα τῶν γενεθλιωμάτων καὶ μίξαι τὸ θῆλυ τῷ ἄρρενι. Χρύσιππος δέ φησι, καθύγρων ὄντων τῶν ὅλων καὶ ὄμβρων καταφερομένων πολλῶν, τὴν τούτων ἔκκρισιν Κρόνον ὠνομάσθαι.

Cf. ibid. v. 137. Κρόνον τὴν ἀπόκρισιν τῶν στοιχείων, ἣν ἀπ' ἀλλήλων ποιησάμενα ἄνευ τάξεως λοιπὸν διέμειναν et ad v. 459 paulo infra: ἄλλοι δέ φασι Κρόνον εἰρῆσθαι, ὅτι πρῶτος θεῶν εἰς κρίσιν ἐπέβαλε.

1091 Cicero de nat. deor. II 64. Saturnum autem eum esse voluerunt, qui cursum et conversionem spatiorum ac temporum contineret, qui deus Graece id ipsum nomen habet; Κρόνος enim dicitur, qui est idem χρόνος, id est spatium temporis. — — ex se enim natos comesse fingitur solitus, quia consumit aetas temporum spatia — — vinctus autem a Iove, ne immoderatos cursus haberet, atque ut eum siderum vinclis alligaret.

1092 Scholia Hesiod. Theog. v. 211. τρεῖς δέ φασιν εἶναι τὰς Μοίρας, τὴν μὲν Κλωθώ, ὡς ἐπικλώθουσαν ἐνὶ ἑκάστῳ τῶν ὑπὸ γένεσιν τὸ εἱμαρμένον, τὴν δὲ Λάχεσιν ἀπὸ τοῦ λαγχάνειν, ὡς ἐπικληροῦσαν τῷ μὲν ἀγαθόν, τῷ δὲ ἐναντίον, τὴν δὲ Ἄτροπον, ὡς ποιοῦσαν τὸ ἀποκληρωθὲν ἀμετάτρεπτον.

Cf. Cornutus cp. 13.

1093 Plutarchus de Iside et Osiride cp. 40 p. 367c. ἀλλὰ ταῦτα μὲν ὅμοια τοῖς ὑπὸ τῶν Στωϊκῶν θεολογουμένοις ἐστί. καὶ γὰρ ἐκεῖνοι τὸ μὲν γόνιμον πνεῦμα καὶ τρόφιμον Διόνυσον εἶναι λέγουσι, τὸ πληκτικὸν δὲ καὶ διαιρετικὸν Ἡρακλέα, τὸ δὲ δεκτικὸν Ἄμμωνα, Δήμητρα δὲ καὶ Κόρην τὸ διὰ τῆς γῆς καὶ τῶν καρπῶν διῆκον, Ποσειδῶνα δὲ τὸ διὰ τῆς θαλάσσης.

Cf. cp. 56 apud eundem.

1094 Plutarchus in Amatorio cp. 13 p. 757b. ὁ δὲ Χρύσιππος ἐξηγούμενος τοὔνομα τοῦ θεοῦ (scil. Martis) κατηγορίαν ποιεῖ καὶ διαβολήν· ἀναιρεῖν γὰρ εἶναι τὸν Ἄρην φησίν, ἀρχὰς διδοὺς τοῖς τὸ μαχητικὸν ἐν ἡμῖν καὶ διάφορον καὶ θυμοειδὲς Ἄρην κεκλῆσθαι νομίζουσιν.

1095 Macrobius Saturn. I 17, 7. Plato solem Ἀπόλλωνα scribit cognominatum ἀπὸ τοῦ ἀποπάλλειν τὰς ἀκτῖνας id est a iactu radiorum, Chrysippus Apollinem ὡς οὐχὶ τῶν πολλῶν καὶ φαύλων οὐ-

---

35 ἀναιρέτην Reiske, ἀναίρην Wil., coll. Cornuto cp. 21: ὁ δ' Ἄρης τὴν ὀνομασίαν ἔσχεν ἀπὸ τοῦ αἱρεῖν καὶ ἀναιρεῖν.

320 DE NATURA DEORUM.

σιῶν τοῦ πυρὸς ὄντα, primam enim nominis litteram retinere significationem negandi, ἢ ὅτι μόνος ἐστὶ καὶ οὐχὶ πολλοί.

1096 Iustinus Apol. I 64. Καὶ τὴν Ἀθηνᾶν δὲ ὁμοίως πονηρευόμενοι θυγατέρα τοῦ Διὸς ἔφασαν οὐκ ἀπὸ μίξεως, ἀλλ' ἐπειδὴ ἐννοηθέντα τὸν
5 θεὸν διὰ λόγου τὸν κόσμον ποιῆσαι ἔγνωσαν, ὡς τὴν πρώτην ἔννοιαν ἔφασαν τὴν Ἀθηνᾶν.

1097 Sextus adv. math. IX 40. τινὰ μὲν γὰρ λόγου ἴσως ἔχεται, καθάπερ τὸ τὴν γῆν θεὸν νομίζειν, οὐ τὴν αὐλακοτομουμένην ἢ ἀνασκαπτομένην οὐσίαν, ἀλλὰ τὴν διήκουσαν ἐν αὐτῇ δύναμιν καὶ καρποφόρον φύσιν
10 καὶ ὄντως δαιμονιωτάτην.

1098 Ioannes Laurentius Lydus de mensibus IV 44 p. 212 ed. Röther. Ὁ δὲ Χρύσιππος οὐ Διώνην ἀλλὰ Διδόνην αὐτὴν ὀνομάζεσθαι ἀξιοῖ παρὰ τὸ ἐπιδιδόναι τὰς τῆς γενέσεως ἡδονάς, Κύπριν δὲ ὀνομασθῆναι παρὰ τὸ κύειν παρέχειν, καὶ Κυθερείην ὁμοίως παρὰ
15 τὸ μὴ μόνον ἀνθρώποις, ἀλλὰ καὶ θηρίοις τὸ κύειν ἐπιδιδόναι.

1099 Plutarchus Quaest. Conviv. IX 14. Herodes rhetor dicit: ἐγὼ δὲ μεταποιοῦμαί τι καὶ τῆς Τερψιχόρης· εἴπερ, ὥς φησι Χρύσιππος, αὕτη τὸ περὶ τὰς ὁμιλίας ἐπιτερπὲς εἴληχε καὶ κεχαρισμένον.

1100 Scholia in Aratum v. 1. μετέβη ἐπὶ τὸν κατ' ἐπωνυμίαν Δία,
20 τὸν φυσικόν, ὅς ἐστιν ἀήρ. καὶ γὰρ τὸν ἀέρα Δία λέγουσιν· οὗτος γάρ ἐστι κατὰ τοὺς Στωϊκοὺς ὁ διὰ πάντων διήκων. ἔνιοι γοῦν φασὶ τὸν Πρωτέα τοῦτον εἶναι τὸν ἀέρα. αἰνίττεται γὰρ καὶ Ὅμηρος λέγων „γίγνετο δ' ὑγρὸν ὕδωρ, καὶ δένδρον ὑψιπέτηλον καὶ πῦρ." οὗτος γάρ ἐστι πηγὴ πάντων.

25 § 9. **De daemonibus.**

1101 Aëtius Plac. I 8, 2. Θαλῆς Πυθαγόρας Πλάτων οἱ Στωϊκοὶ δαίμονας ὑπάρχειν οὐσίας ψυχικάς· εἶναι δὲ καὶ ἥρωας τὰς κεχωρισμένας ψυχὰς τῶν σωμάτων· καὶ ἀγαθοὺς μὲν τὰς ἀγαθάς, κακοὺς δὲ τὰς φαύλας.

1102 Diogenes Laërt. VII 151. φασὶ δὲ εἶναι καί τινας δαίμονας
30 ἀνθρώπων συμπάθειαν ἔχοντας, ἐπόπτας τῶν ἀνθρωπείων πραγμάτων· καὶ ἥρωας τὰς ὑπολελειμμένας τῶν σπουδαίων ψυχάς.

1103 Plutarchus de Iside et Osiride cp. 25 p. 360e. Βέλτιον οὖν οἱ τὰ περὶ τὸν Τυφῶνα καὶ Ὄσιριν καὶ Ἶσιν ἱστορούμενα μήτε θεῶν παθήματα μήτ' ἀνθρώπων, ἀλλὰ δαιμόνων μεγάλων εἶναι νομί-
35 ζοντες, οὓς καὶ Πλάτων καὶ Πυθαγόρας καὶ Ξενοκράτης καὶ Χρύσιππος, ἑπόμενοι τοῖς πάλαι θεολόγοις, ἐρρωμενεστέρους μὲν ἀνθρώπων γεγονέναι λέγουσι καὶ πολὺ τῇ δυνάμει τὴν φύσιν ὑπερφέροντας

---

18 αὐτὴ libri, corr. Grafius. || τὸ Turnebus, τὶ libri.   23 Od. δ 458.
28 Cf. Tzetz. in Iliad. p. 65, 9 H.   29 τινὰς καὶ (hoc ord.) BPF καί τινας
Pal. 261.   30 ἀνθρωπίνων B.   31 ὑπολελιμένας B.   35 οὓς Xyl. ex Eusebio
praep. evang. V 5; ὡς libri.   37 πολὺ Euseb. l. l., πολλῇ Plut. codd.

ἡμῶν, τὸ δὲ θεῖον οὐκ ἀμιγὲς οὐδὲ ἄκρατον ἔχοντας, ἀλλὰ καὶ ψυχῆς φύσει καὶ σώματος αἰσθήσει [ἐν] συνειληχός, ἡδονὴν δεχόμενον καὶ πόνον καὶ ὅσα ταύταις ἐγγενόμενα ταῖς μεταβολαῖς πάθη τοὺς μὲν μᾶλλον τοὺς δὲ ἧττον ἐπιταράττει.

1104 Plutarchus de oraculorum defectu cp. 17. Ἀλλὰ φαύλους 5 μέν, ἔφη, δαίμονας οὐκ Ἐμπεδοκλῆς μόνον ἀπέλιπεν, ἀλλὰ καὶ Πλάτων καὶ Ξενοκράτης καὶ Χρύσιππος, ἔτι δὲ Δημόκριτος.

1105 Sextus adv. math. IX 71. καὶ γὰρ οὐδὲ τὰς ψυχὰς ἔνεστιν ὑπονοῆσαι κάτω φερομένας (scil. εἰς Ἅιδου). λεπτομερεῖς γὰρ οὖσαι καὶ οὐχ ἧττον πυρώδεις ἢ πνευματώδεις εἰς τοὺς ἄνω μᾶλλον τόπους κουφοφο- 10 ροῦσιν. καὶ καθ᾽ αὑτὰς δὲ διαμένουσι καὶ οὐχ, ὡς ἔλεγεν Ἐπίκουρος, ἀπολυθεῖσαι τῶν σωμάτων καπνοῦ δίκην σκίδνανται. οὐδὲ γὰρ πρότερον τὸ σῶμα διακρατητικὸν ἦν αὐτῶν, ἀλλ᾽ αὐταὶ τῷ σώματι συμμονῆς ἦσαν αἴτιαι, πολὺ δὲ πρότερον καὶ ἑαυταῖς. ἔκσκηνοι γοῦν ἡλίου γενόμεναι τὸν ὑπὸ σελήνην οἰκοῦσι τόπον, ἐνθάδε τε διὰ τὴν εἰλικρίνειαν τοῦ ἀέρος πλείονα 15 πρὸς διαμονὴν λαμβάνουσι χρόνον, τροφῇ τε χρῶνται οἰκείᾳ τῇ ἀπὸ γῆς ἀναθυμιάσει ὡς καὶ τὰ λοιπὰ ἄστρα, τὸ διαλῦόν τε αὐτὰς ἐν ἐκείνοις τοῖς τόποις οὐκ ἔχουσιν. εἰ οὖν διαμένουσιν αἱ ψυχαί, δαίμοσιν αἱ αὐταὶ γίνονται.

---

2 ἐν deest apud Euseb. ‖ δεχόμενον Euseb., δεχομένη Plut. codd.

Physica VIII.

De providentia et natura artifice.

§ 1. Esse providentiam argumentis probatur.

1106 Ad totam de providentia doctrinam conferenda est Cice-
5 ronis in altero „de natura deorum" disputatio, quam exscribere
nolui.

1107 Cicero de nat. deor. III 92. vos enim ipsi dicere soletis nihil
esse, quod deus efficere non possit, et quidem sine labore ullo; ut enim
hominum membra nulla contentione mente ipsa ac voluntate moveantur,
10 sic numine deorum omnia fingi moveri mutarique posse. Neque id dicitis
superstitiose atque aniliter, sed physica constantique ratione; materiam
enim rerum ex qua et in qua omnia sint, totam esse flexibilem et com-
mutabilem, ut nihil sit, quod non ex ea quamvis subito fingi convertique
possit; eius autem universae fictricem et moderatricem divinam esse provi-
15 dentiam; hanc igitur, quocunque se moveat, efficere posse quicquid velit.

1108 Plutarchus de Iside et Osiride cp. 45 p. 369 a. οὔτε γὰρ ἐν
ἀψύχοις σώμασιν τὰς τοῦ παντὸς ἀρχὰς θετέον, ὡς Δημόκριτος καὶ Ἐπίκου-
ρος, οὔτε ἄποιον δημιουργὸν ὕλης ἕνα λόγον καὶ μίαν πρόνοιαν, ὡς οἱ
Στωϊκοί, περιγιγνομένην ἁπάντων καὶ κρατοῦσαν.

20 **1109** Lactantius div. instit. I 2. quos tamen et ceteri philosophi
ac maxime Stoici acerrime retuderunt, docentes nec fieri mundum sine
divina ratione potuisse, nec constare nisi summa ratione regeretur.

1110 Commenta Lucani Lib. II 9 p. 48 Us. Hoc secundum Stoi-
cos dicit qui adfirmant mundum prudentia ac lege firmatum, ipsumque
25 deum esse sibi legem.

1111 Philo de provid. I § 25 (p. 13 Aucher). Providet — et homo
filiis et armentarius pecoribus et agaso equis et gregi pastor, nauclerus
navi et infirmis medicus: ipsa quoque apis sapiens et formica provida est.
Haec autem partes sunt et particulae partium universorum; partes tamen
30 sapientes et provide curam habentes. Cuius itaque pars sapiens est ac
provida, nonne et totum sapiens erit?

Atqui haec omnia, quae recensuimus, habent principium creationis.
Quod vero habet principium, incepit; et quod incepit, a quodam initio
sumpto incepit. Ab alio ergo principium duxit ille, qui incipiendo factus

---

18 ἄποιον libri; corr. Mez.

fuit sapiens ac providus. Ceterum quomodo erit quis providus sine providentia aut sapiens absque sapientia? Si ergo providus et sapiens nemo erit sine providentia vel sapientia, utique fuit ens aliquod providum atque sapiens, a quo initium haec sortita sunt.

1112 Philo de provid. I § 29 (p. 14 Aucher). In viventis natura 5 profecto datur cogitatio prudens, omnia exornans sapientesque motus efficiens. Quare iis qui corpora intuentur, manifeste patet in iis, quae sensibiliter operantur, motum dari spiritus praemoventis et praevidentis invisibile consilium animae, ut opus instrumentorum operi ipsi inservientium perfectius reddatur. Non alio modo profecto accipiendi sunt et motus 10 illi in orbem terrarum diffusi a providentia; ita ut videamus iuxta providentiae incognitam voluntatem iam evidenter totum peractum. Etenim fieri nequit, ut haec omnia putentur a nullo aut animo aut voluntate profecta esse, cum et ipsae partes minutissimae consilio et instinctu providentiae cuncta exequantur. 15

1113 Philo de provid. I § 32 (p. 15 Aucher). Neque enim decet — — partes universi prudentes esse ac providas existimare, eam vero, quae ab initio inest universis, providentiam inter entia creata otiosam ac incuriosam esse, cum ex una universali harmonia ac compositione sint omnia. Quae enim a se invicem pendent, non sine utriusque motu actum 20 sortiuntur. Itaque partes sapientes per acta perfecta, quae oriuntur ex ipsarum symphonia, argumentum praebent et declarationem universae providentiae invisibiliter omnia moventis.

1114 Philo de provid. I § 40 (p. 19 Aucher). Si nec providentia est nec universalis motor, nihil omnino in mundo moveri poterit. Quis 25 enim dicere potest, totius mundi compositio inanimata cum sit, animatos motus fieri posse in natura perfectae creaturae? Quod si non constat, argumenti loco sit civis huius mundi homo ipse, qui tamquam parvus mundus in magno mundo factus est, cum sine anima nequeat corpus actiones suas perficere, nisi prius consilio eius optimo velut amici cuiusdam utatur: 30 quandoquidem postquam praevaluerunt in animo deliberationes invisibiles, visibiliter sequitur sensibilium membrorum officium.

1115 Plutarchus de Stoic. repugn. c. 38 p. 1051 e. *Πρὸς τὸν Ἐπίκουρον μάλιστα μάχεται καὶ πρὸς τοὺς ἀναιροῦντας τὴν πρόνοιαν, ἀπὸ τῶν ἐννοιῶν ἃς ἔχομεν περὶ θεῶν, εὐεργετικοὺς καὶ φιλανθρώ-* 35 *πους ἐπινοοῦντες. Καὶ τούτων πολλαχοῦ γραφομένων καὶ λεγομένων παρ᾽ αὐτοῖς οὐδὲν ἔδει λέξεις παρατίθεσθαι.*

1116 Clemens Al. Paedag. I 8 p. 136 Pott. *τὸ δὲ ὠφελοῦν τοῦ μὴ ὠφελοῦντος πάντως ἄν που κρεῖττον εἴη. τοῦ δὲ ἀγαθοῦ κρεῖττον οὐδὲ ἕν. ὠφελεῖ ἄρα τὸ ἀγαθόν. Ἀγαθὸς δὲ ὁ θεὸς ὁμολογεῖται· ὠφελεῖ ἄρα ὁ θεός.* 40 *Τὸ δὲ ἀγαθὸν ᾗ ἀγαθόν ἐστιν οὐδὲν ἄλλο ποιεῖ ἢ ὅτι ὠφελεῖ· πάντα ἄρα ὠφελεῖ ὁ θεός. Καὶ οὐ δήπου ὠφελεῖ μέν τι τὸν ἄνθρωπον, οὐχὶ δὲ κήδεται αὐτοῦ, οὐδὲ κήδεται μέν, οὐχὶ δὲ καὶ ἐπιμελεῖται αὐτοῦ· κρεῖττον μὲν γὰρ τὸ κατὰ γνώμην ὠφελοῦν τοῦ μὴ ὠφελοῦντος κατὰ γνώμην· τοῦ δὲ θεοῦ κρεῖττον οὐδέν· καὶ οὐκ ἄλλο τι ἐστὶ τὸ κατὰ γνώμην ὠφελεῖν, εἰ μὴ* 45 *ἐπιμελεῖσθαι [τοῦ ἀνθρώπου]. κήδεται ἄρα καὶ ἐπιμελεῖται τοῦ ἀνθρώπου*

---

37 *δεῖ* Reiske.   46 *τοῦ ἀνθρώπου* seclusi.

ὁ θεός. — — — τὸ δὲ ἀγαθὸν εἶναι οὐ τῷ τὴν ἀρετὴν ἔχειν ἀγαθὸν εἶναι
λέγεται· καθὸ καὶ ἡ δικαιοσύνη ἀγαθὸν εἶναι λέγεται οὐ τῷ ἀρετὴν ἔχειν,
ἀρετὴ γάρ ἐστιν αὐτή, ἀλλὰ τῷ αὐτὴν καθ᾽ αὑτὴν καὶ δι᾽ αὑτὴν ἀγαθὴν
εἶναι etc.

5 **1117** Seneca ep. 95, 47. (quomodo sint di colendi?) — — deum
colit, qui novit. — — nunquam satis profectum erit, nisi qualem debet
deum mente conceperit, omnia habentem, omnia tribuentem gratis. Quae
causa est dis benefaciendi? natura. errat, siquis illos putat
nocere nolle: non possunt. nec accipere iniuriam queunt nec facere.

10 **1118** Alexander Aphrod. Quaest. II 21 p. 68, 19 Bruns. τὸ γὰρ
— — τοὺς θεοὺς λέγειν διὰ τὴν τῶν θνητῶν σωτηρίαν τὰς οἰ-
κείας ἐνεργείας ἐνεργεῖν παντελῶς ἀλλότριον θεῶν· παραπλήσιον γὰρ
τοῦτο τῷ λέγοντι τοὺς ἐλευθέρους καὶ τοὺς δεσπότας τῶν οἰκετῶν εἶναι
χάριν etc.

15 ibid. 28. καίτοι γε ἐπὶ μὲν τῶν δούλων καὶ τῶν δεςποτῶν ἔςτιν
εἰπεῖν ἀντίδοςιν αὐτοῖς τινα γίγνεςθαι παρ᾽ ἀλλήλων — — τὸ δὲ τὴν τῶν
θεῶν ςωτηρίαν δεῖςθαι λέγειν τῆς τῶν θνητῶν ἐνεργείας ἄτοπον ἂν εἶ-
ναι δόξειε παντάπαςιν. Πῶς γὰρ οὔ; Ἄτοπον δὲ τούτῳ παραπληςίως
καὶ τὸ τέλος καὶ τἀγαθὸν τῶν θεῶν εἶναι λέγειν ἐν τῇ τῶν
20 θνητῶν τάξει τε καὶ προνοίᾳ. — — ἀλλ᾽ εἰ τὰς οἰκείας τὸ θεῖον
ἐνεργήςει ἐνεργείας τῆς τῶν θνητῶν ςωτηρίας, οὐχ αὐτοῦ χάριν, παντά-
παςιν ἂν δόξειε τῶν θνητῶν εἶναι χάριν. Ποιήςει δὲ (scil. ὁ θεὸς)
τοῦτο κατὰ τοὺς ἐν τῷ προνοεῖν τὴν οὐςίαν αὐτοῦ τιθεμένους.
Τί γὰρ ἄλλο τὸ θεῖον ἔςται κατὰ τὸν γράφοντα·
25 „Ἐπεὶ τί τὸ καταλειπόμενον ἢ τῆς χιόνος, ἂν ἀφέλῃ τὸ
λευκὸν καὶ ψυχρόν; τί δὲ πυρός, ἂν τὸ θερμὸν ςβέςῃς, μέλι-
τος δὲ τὸ γλυκὺ καὶ ψυχῆς τὸ κινεῖςθαι καὶ τοῦ θεοῦ τὸ προ-
νοεῖν;“
Εἰ γὰρ ἐν τῷ προνοεῖν τὸ εἶναι θεῷ κατὰ τὸν οὕτω λέγοντά τε
30 καὶ γράφοντα etc. (impium esse hoc Stoicorum placitum Al. evincit).
ibid. p. 70, 2. ἄτοπον δ᾽ ἂν ἔποιτο τοῖς ἀνατιθεῖςι μὲν πάντα τῇ προ-
νοίᾳ, λέγουςι δὲ καὶ μόνον τὸ καλὸν ἀγαθὸν καὶ τοῦτ᾽ ἐφ᾽ ἡμῖν εἶναι τιθε-
μένοις· τινὸς ἀγαθοῦ τοῖς ἀνθρώποις κατ᾽ αὐτοὺς οὐχ οἷόν τε γίνεσθαι τὴν
θείαν πρόνοιαν, ἐν ᾗ τὸ εἶναι τοῖς θεοῖς φασιν εἶναι.
35 Cf. Olympiodorum ad Platonis Phaedon. p. 72 Finckh. πῶς δεσπόται
ἡμῶν οἱ θεοί, εἴπερ ὁ δεσπότης οὐ τὸ τοῦ δούλου σκοπεῖ ἀγαθόν, ἀλλὰ τὸ
ἑαυτοῦ; ταύτῃ γὰρ διαφέρει τοῦ ἄρχοντος. τί δὲ ἂν γένοιτο θεῷ ἀγαθὸν δι᾽
ἀνθρώπου; ἢ ἐκείνοις ἑκάτερον τῷ ἑτέρῳ σύνδρομον, φροντίζει δὲ καὶ ὁ
τῇδε δεσπότης τοῦ δούλου. ἀλλὰ δι᾽ ἑαυτόν, φασὶν οἱ Στωϊκοί, ὥστε οὕτω
40 γε καὶ οἱ θεοί· πάντα γὰρ ποιοῦσι δι᾽ ἑαυτοὺς προηγουμένως. — — — —
ἄρχουσι δὲ κατά τινα σύνταξιν τὴν πρὸς ἡμᾶς, καὶ μᾶλλον οἱ δουλεύοντες ἢ

---

1 εἶναι prius delendum.   23 τοῦτο Bruns, τούτου libri.   25 ἀφέλῃ
Spengel, ἀφέληται libri.   Verba laudata Posidonii esse arbitror. Stoica esse do-
cet conexus.   33 fortasse αἰτίαν pro τινὸς scribendum.

οἱ ἀρχόμενοι μετέχουσι τῶν θεῶν, ἅτε ὅλοι ἐκείνων γιγνόμενοι καὶ τὸ οἰκεῖον οὐ προστιθέντες.

1119 Seneca de beneficiis IV 25. Propositum est nobis secundum rerum naturam vivere et deorum exemplum sequi: di autem, quodcunque faciunt, in eo quid praeter ipsam faciendi rationem sequun- 5 tur? nisi forte illos existimas fructum operum suorum ex fumo extorum et turis odore percipere.

1120 Lactantius de ira dei cp. 5. Existimantur Stoici et alii nonnulli aliquanto melius de divinitate sensisse, qui aiunt, gratiam in Deo esse, iram non esse. Favorabilis admodum ac popularis oratio, non 10 cadere in deum hanc animi pusillanimitatem, ut ab ullo se laesum putet, qui laedi non potest; ut quieta illa et sancta maiestas concitetur, perturbetur, insaniat: quod est terrenae fragilitatis. Iram enim commotionem mentis esse ac perturbationem, quae sit a deo aliena. Quod si hominem quoque, qui modo sit sapiens et gravis, ira non deceat, siquidem cum in 15 animum cuiusquam incidit velut saeva tempestas, tantos excitet fluctus ut statum mentis immutet, ardescant oculi, os tremat, lingua titubet, dentes concrepent, alternis vultum maculet nunc suffusus rubor, nunc pallor albescens, quanto magis deum non deceat tam foeda mutatio? Et si homo qui habeat imperium ac potestatem late noceat per iram, sanguinem fun- 20 dat, urbes subvertat, populos deleat, provincias ad solitudinem redigat: quanto magis deum, qui habeat totius generis humani et ipsius mundi potestatem perditurum fuisse universa credibile sit, si irasceretur?

Abesse igitur ab eo tam magnum, tam perniciosum malum oportere, et si absit ab eo ira et concitatio, quia et deformis et noxia est, nec 25 cuiquam male faciat: nihil aliud superesse, nisi ut sit lenis, tranquillus, propitius, beneficus, conservator. Ita enim demum et communis omnium pater et optimus maximus dici poterit: quod expetit divina caelestisque natura. Nam si inter homines laudabile videtur, prodesse potius quam nocere, vivificare quam occidere, salvare quam perdere 30 (nec immerito innocentia inter virtutes numeratur) et qui haec fecerit, diligitur, praefertur, ornatur benedictis omnibus votisque celebratur, denique ob merita et beneficia Dei simillimus iudicatur: quanto magis ipsum deum par est divinis perfectisque virtutibus praecellentem atque ab omni terrena labe submotum divinis et caelestibus beneficiis omne genus hominum 35 promereri.

1121 Seneca de beneficiis lib. II cp. 29. Quicquid nobis (scil. a dis) negatum est, dari non potuit. — — circumeas licet cuncta et, qui nihil totum invenies quod esse te malles, ex omnibus singula excerpas, quae tibi dari velles: bene aestimata naturae indulgentia confitearis ne- 40 cesse est, in deliciis te illi fuisse. Ita est: carissimos nos habuerunt di immortales habentque, et qui maximus tribui honos potuit, ab ipsis proximos conlocaverunt: magna accepimus, maiora non cepimus.

1122 Origenes contra Celsum IV 79 Vol. I p. 349, 21 Kö. (p. 562 Delarue). εἴπερ γὰρ κατὰ πρόνοιαν ὁ κόσμος γεγένηται καὶ θεὸς ἐφέστηκε 45 τοῖς ὅλοις, ἀναγκαῖον ἦν τὰ ζώπυρα τοῦ γένους τῶν ἀνθρώπων ἀρξάμενα ὑπό τινα γεγονέναι φρουρὰν τὴν ἀπὸ κρειττόνων, ὥστε κατ' ἀρχὰς ἐπιμιξίαν γεγονέναι τῆς θείας φύσεως πρὸς τοὺς ἀνθρώπους, ἅπερ καὶ ὁ Ἀσκραῖος ποιητὴς ἐννοῶν εἶπε·

ξυναὶ γὰρ τότε δαῖτες ἔσαν, ξυνοὶ δὲ θόωκοι
ἀθανάτοισι θεοῖσι καταθνητοῖς τ' ἀνθρώποις.

1123 Clemens Al. Paed. c. 3 p. 102 Pott. ὁ ἄνθρωπος ἄρα ὃν πε-
ποίηκεν ὁ θεὸς δι' αὐτὸ αἱρετόν ἐστιν· τὸ δὲ δι' αὐτὸ αἱρετὸν οἰκεῖόν ἐστιν
5 ὅτῳπερ ἂν ᾖ δι' αὐτὸ αἱρετόν· τοῦτο δὲ καὶ ἀσμενιστὸν καὶ φιλητόν· ἀλλ'
οὐχὶ φιλητὸν μὲν τί ἐστιν, οὐχὶ δὲ καὶ φιλεῖται ὑπ' αὐτοῦ. φιλητὸς δὲ ὁ
ἄνθρωπος ἀποδέδεικται· φιλεῖται ἄρα πρὸς τοῦ θεοῦ ὁ ἄνθρωπος.

1124 Philodemus de deorum vita beata. col. I (Scott. Fragm. Her-
cul. p. 140)

10   3   ο)ὺ
μὴν ἅπαντα(ς) ε . . . ων οἰητέον (φίλ)ους
ᾖ κατὰ τὸ σύν(ηθ)ές γε φίλοι καλοῦνται·
τοὺς γὰ(ρ) ἀπείρους (ο)ὺ δυνατὸν ἀλλήλο(ις)
εἱ)ς γνῶσιν ἀφικνεῖσθαι· δι' ὅπερ οὐ(δ') α(ὐ-
15   τῶν ε . ιη . (τῶν σο)φῶν φ(ί)λους ἄν τις εἴποι
το)ὺ(ς θεούς)

14 . . τοῖς θεοῖς, καὶ θαυμάζει τὴν φύσιν
κα)ὶ τὴν διάθεσιν καὶ πειρᾶται συνεγγί-
ζει)ν αὐτῇ καὶ καθαπερεὶ γλίχεται θιγε(ῖ)ν
20   καὶ συ)νεῖναι, καλείτω καὶ τοὺς σοφοὺς τῶν
θεῶ)ν φίλους καὶ τοὺς θεοὺς τῶν σοφῶν.
(ἀλλ' ο)ὐκ ἐοίκαμε(ν πρὸς) τὰ τοιαῦτα τὴν φι-
(λίαν) ἐρεῖν, ὥστε βέλτε(ι)ον αὐτὰ τὰ πράγμα-
τα (σκοπ)εῖν, τα . δρ . . . . . . ηστως μὴ παρα-
25   βιάζεσθαι. καὶ χαρίζεσθαι τοιγαροῦν ἀλλήλοις
τοὺς θεοὺς τῆι μέν, ὡς ἐνλείπουσι με-
τάδοσίν τινων οἰκείων ποιουμένους, οὐ
ῥητέον· ἅπαντε(ς γ)ὰ(ρ δὴ) αὐτάρκως ἑαυτοῖς
30   παρασκευαστικοὶ τῆς τελειοτάτης ἡδο-
(νῆ)ς εἱ(σιν).

1125 Plutarchus de Stoic. repugn. cp. 33 p. 1049 e. *Καίτοι λέ-*
γει γ' αὐτὸς ἐν τῷ περὶ τοῦ Δικάζειν, καὶ πάλιν ἐν τῷ δευτέρῳ
περὶ Θεῶν, ὡς „τῶν αἰσχρῶν τὸ θεῖον παραίτιον γίνεσθαι οὐκ εὔ-
35 *λογόν ἐστιν· ὃν τρόπον γὰρ οὔτε νόμος τοῦ παρανομεῖν παραίτιος*
γένοιτο ἄν, οὔτε οἱ θεοὶ τοῦ ἀσεβεῖν· οὕτως εὔλογον, μηδ' αἰσχροῦ
μηδενὸς εἶναι παραιτίους." Ἀλλὰ νὴ Δία, φήσει τις, ἐπαινεῖν πάλιν
τοῦ Εὐριπίδου λέγοντος

Εἰ θεοί τι δρῶσιν αἰσχρὸν οὐκ εἰσὶν θεοί. (Nauck fr. trag. p. 447)
40 καὶ
τὸ ῥᾷστον εἶπας αἰτιάσασθαι θεούς. (ibidem p. 434).

---

4 Videtur Clemens argumentationem, quae ad sapientem pertinebat, ad
hominem transtulisse. E. gr. τὸ σοφὸν τῷ θεῷ δι' αὐτὸ αἱρετόν ἐστιν — — —
φιλητὸν δὲ τῷ θεῷ τὸ σοφὸν ἀποδέδεικται· εἰ δὲ τὸ σοφόν, καὶ ὁ σοφός. φιλεῖ-
ται ἄρα πρὸς τοῦ θεοῦ ὁ σοφός. 10 Chrysippum videtur spectare. 12 pap.
συν . . νεο. 25 fortasse: τὰ (δ' ὀνόματα ἀχρ)ήστως. 33 γ' αὐτὸς Reiske,
δ' αὐτὸς libri.

1126 Plutarchus de comm. not. cp. 32 p. 1075 e. καὶ μὴν αὐτοί γε πρὸς τὸν Ἐπίκουρον οὐδὲν ἀπολείπουσι τῶν γραμμάτων ʿιού ιού φεῦ φεῦʼ βοῶντες, ὡς συγχέοντα τὴν τῶν θεῶν πρόληψιν, ἀναιρουμένης τῆς προνοίας. οὐ γὰρ ἀθάνατον καὶ μακάριον μόνον, ἀλλὰ καὶ φιλάνθρωπον καὶ κηδεμονικὸν καὶ ὠφέλιμον προλαμβάνεσθαι καὶ νοεῖσθαι τὸν θεόν. 5

§ 2. Mundum esse urbem (vel domum) bene administratam.

1127 Cicero de nat. deor. II 78. Atqui necesse est, cum sint di — animantis esse, nec solum animantis, sed etiam rationis compotes inter seque quasi civili conciliatione et societate coniunctos, unum mundum ut communem rem publicam atque urbem aliquam regentis. 79. Sequitur ut 10 eadem sit in iis, quae humano in genere, ratio, eadem veritas utrobique sit eademque lex, quae est recti praeceptio pravique depulsio. — Cumque sint in nobis consilium, ratio, prudentia, necesse est deos haec ipsa habere maiora, nec habere solum, sed etiam iis uti in maxumis et optumis rebus; 80. nihil autem nec maius nec melius mundo; necesse est ergo eum deo- 15 rum consilio et providentia administrari.

1128 Jamblichus de anima apud Stobaeum ecl. I p. 372, 7 W. ὡς μὲν οἱ Στωϊκοὶ λέγουσιν, εἰς τέ ἐστιν ὁ λόγος καὶ ἡ αὐτὴ πάντως διανόησις καὶ τὰ κατορθώματα ἴσα καὶ αἱ αὐταὶ ἀρεταὶ τῶν τε μεριστῶν καὶ τῶν ὅλων. 20

1129 Dio Chrysost. Or. XXXVI § 37 (V. II p. 11, 2 Arn.). οὐ γὰρ δὴ βασιλέα εἰπόντες τὸν ἐπὶ τῶν ὅλων οὐκ ἂν βασιλεύεσθαι τὸ ὅλον ὁμολογοῖεν οὐδὲ βασιλεύεσθαι φήσαντες οὐκ ἂν πολιτεύεσθαι φαῖεν οὐδ᾽ εἶναι πολιτείαν [βασιλικὴν] τοῦ παντός. πολιτείαν δ᾽ αὖ συγχωροῦντες, πόλιν οὐκ ἂν ἀποτρέποιντο ὁμολογεῖν ἤ τι τούτῳ παραπλήσιον τὸ πολιτευόμενον. ὅδε 25 μὲν οὖν ὁ τῶν φιλοσόφων λόγος, ἀγαθὴν καὶ φιλάνθρωπον ἀποδεικνὺς κοινωνίαν δαιμόνων καὶ ἀνθρώπων, μεταδιδοὺς νόμου καὶ πολιτείας οὐ τοῖς τυχοῦσι τῶν ζῴων, ἀλλ᾽ ὅσοις μέτεστι λόγου καὶ φρονήσεως.

1130 Dio Chrysost. Or. XXXVI § 29 (V. II p. 9, 1 Arn.). τὸ μὲν δὴ τῆς πόλεως οὕτως, ἔφην, δεῖ ἀκούειν, ὡς οὐκ ἄντικρυς τῶν ἡμετέρων 30 τὸν κόσμον ἀποφαινομένων πόλιν· ἐναντίον γὰρ ⟨ἂν⟩ ὑπῆρχε τοῦτο τῷ λόγῳ τῷ περὶ τῆς πόλεως, ⟨ἣν⟩, ὥσπερ οὖν εἶπον, σύστημα ἀνθρώπων ὡρίσαντο· ἅμα τε οὐκ ἦν ἴσως πρέπον οὐδὲ πιθανὸν κυρίως εἰπόντας εἶναι τὸν κόσμον ζῷον ἔπειτα φάσκειν ὡς ἔστι πόλις· τὸ γὰρ αὐτὸ πόλιν τε καὶ ζῷον οὐκ ἂν οἶμαι ῥᾳδίως ὑπομένοι τις ὑπολαβεῖν. ἀλλὰ τὴν νῦν διακόσμησιν, ὁπηνίκα 35 διῄρηται καὶ μεμέρισται τὸ πᾶν εἰς πολλάς τινας μορφὰς φυτῶν τε καὶ ζῴων θνητῶν καὶ ἀθανάτων, ἔτι δὲ ἀέρος καὶ γῆς καὶ ὕδατος καὶ πυρός, ἓν οὐδὲν ἧττον πεφυκὸς ἐν ἅπασι τούτοις καὶ μιᾷ ψυχῇ καὶ δυνάμει διεπόμενον, ἀμηγέπη πόλει προσεικάζουσι διὰ τὸ πλῆθος τῶν ἐν αὐτῇ γιγνομένων τε καὶ ἀπογιγνομένων, ἔτι δὲ τὴν τάξιν καὶ τὴν εὐκοσμίαν τῆς διοικήσεως. ὁ δὲ 40 λόγος οὗτος ἔμβραχυ ἐσπούδακε ξυναρμόσαι τῷ θείῳ τὸ ἀνθρώπειον γένος

---

2 πραγμάτων libri, corr. Wy.   24 βασιλικὴν seclusi.   30 ἡμετέρων Emp., ἡμερῶν M.   31 ἄν add. Emp.   32 ἣν add. Emp.   37 ἐν libri.   38 διεπομένων libri, corr. Emp.   39 ἃ μήτε τῇ libri, corr. Emp.   41 θείῳ Geelius, θεῷ libri.

καὶ ἑνὶ λόγῳ περιλαβεῖν πᾶν τὸ λογικόν, κοινωνίας ἀρχὴν καὶ δικαιοσύνης μόνην ταύτην ἰσχυρὰν καὶ ἄλυτον εὑρίσκων.

1131 Cicero de nat. deor. II 133. Quorum igitur causa quis dixerit effectum esse mundum? Eorum scilicet animantium, quae ratione utuntur.
5 Hi sunt di et homines, quibus profecto nihil est melius; ratio est enim, quae praestet omnibus. Ita fit credibile, deorum et hominum causa factum esse mundum quaeque in eo sint omnia. 154. Principio ipse mundus deorum hominumque causa factus est, quaeque in eo sunt, ea parata ad fructum hominum et inventa sunt. Est enim mundus quasi com-
10 munis deorum atque hominum domus aut urbs utrorumque. Soli enim ratione utentes iure ac lege vivunt.

§ 3. Naturam esse artificem.

1132 Diogenes Laërt. VII 148. φύσιν δὲ ποτὲ μὲν ἀποφαίνονται τὴν συνέχουσαν τὸν κόσμον, ποτὲ δὲ τὴν φύουσαν τὰ ἐπὶ γῆς. ἔστι δὲ
15 φύσις ἕξις ἐξ αὑτῆς κινουμένη κατὰ σπερματικοὺς λόγους, ἀποτελοῦσά τε καὶ συνέχουσα τὰ ἐξ αὑτῆς ἐν ὡρισμένοις χρόνοις καὶ τοιαῦτα δρῶσα ἀφ' οἵων ἀπεκρίθη. ταύτην δὲ καὶ τοῦ συμφέροντος στοχάζεσθαι καὶ ἡδονῆς, ὡς δῆλον ἐκ τῆς τοῦ ἀνθρώπου δημιουργίας.

1133 Galenus defin. medicae 95 Vol. XIX p. 371 K. φύσις ἐστὶ
20 πῦρ τεχνικὸν ὁδῷ βαδίζον εἰς γένεσιν καὶ ἐξ ἑαυτοῦ ἐνεργητικῶς κινούμενον. — — ἑτέρως· φύσις ἐστὶ πνεῦμα ἔνθερμον ἐξ ἑαυτοῦ κινούμενον καὶ κατὰ τὰς σπερματικὰς δυνάμεις γεννῶν τε καὶ τελειοῦν καὶ διατηροῦν τὸν ἄνθρωπον. Secuntur complures definitiones huius valde similes. φύσις καὶ ἡ κρᾶσις λέγεται, φύσις καὶ ἡ ἕξις, φύσις καὶ ἡ καθ' ὁρμὴν κίνησις. φύσις
25 καὶ ἡ διοικοῦσα τὸ ζῷον δύναμις λέγεται.

1134 Clemens Al. Stromat. V 14 p. 708 Pott. πῦρ μὲν οὖν τεχνικὸν ὁδῷ βαδίζον εἰς γένεσιν τὴν φύσιν ὁρίζονται οἱ Στωϊκοί.

1135 Galenus de usu partium l. XVII cp. 1 (vol. IV p. 350 K.). ἐπεὶ δ' ἔφθασαν ἔνιοι στοιχεῖα τῶν σωμάτων ὑποθέσθαι τὰ τοιαῦτα ταῖς οὐ-
30 σίαις, ὡς συναφθῆναι μὴ δύνασθαι τέχνῃ φύσεως, ἠναγκάσθησαν αὐτῇ πολεμεῖν. ὅτι δ' οὐ δύναται συναφθῆναι, μαθεῖν ἔστιν ἐνθένδε. Τὸ διαπλάττειν μέλλον ὁτιοῦν τεχνικῶς ἤτοι γ' ἔξωθεν αὐτοῦ ψαύειν ἢ δι' ὅλου τοῦ διαπλαττομένου διεληλυθέναι χρή. Ἀλλ' οὔτ' ἔξωθέν τι ψαῦον τῶν ἀτόμων ἢ ἀμερίστων σωμάτων, ἅπερ ἔνιοι τίθενται στοιχεῖα, διαπλάττειν αὐτὰ πεφυ-
35 κέναι φασὶν οὐδ' αὐτοὶ ⟨δήπου⟩ οὔτε δι' ὅλου ἐκτετάσθαι. Λείπεται οὖν ὡς ἔτυχεν ἀλλήλοις περιπλεκόμενα τὴν τῶν αἰσθητῶν σωμάτων ἐργάσασθαι σύστασιν. Ὡς ἔτυχε δὲ περιπλεκόμενα, σπανίως μέν ποτε χρήσιμον ἐργάζεται τὸ δημιούργημα, πολλάκις δ' ἄχρηστόν τε καὶ μάταιον. Αὕτη τοιγαροῦν αἰτία τοῦ μὴ βούλεσθαι τὴν φύσιν εἶναι τεχνικὴν ἐκείνους τοὺς ἄνδρας, ὅσοι
40 τὰ πρῶτα σώματα τοιαῦτα εἶναί φασιν, οἷάπερ οἱ τὰς ἀτόμους εἰσάγοντες λέγουσιν. Ὁρωμένων γὰρ ἐναργῶς ἁπάντων τῶν ζῴων εὐθὺς ἔξωθεν. οὐδὲν

---

1 δικαιοσύνην libri, corr. Reiske.   9 quaeque—inventa sunt del. *Heindorf.*   16 ἀφ' ὅων P (corr. P²).   17 καὶ om. BPF.   33 ψαυόντων vulgo.   34 αὐτοῖς vulgo.   35 δήπου addidi.

DE PROVIDENTIA ET NATURA ARTIFICE. 329

ἄχρηστον ἐχόντων μόριον, ἐπιχειροῦσι καὶ μὴν ἑνὸς εὐπορῆσαί τινος εἰς ἀντιλογίαν etc.

1136 Galenus de usu partium V 4 Vol. III p. 354 K. ἡμεῖς μὲν γὰρ ἀπερισκεπτότερον αἱρούμεθα τὸ λυσιτελοῦν, εἰ καὶ τύχοι ποτὲ μειζόνως εἰς ἕτερα βλάπτειν πεφυκὸς ἢ ὠφελεῖν εἰς ἃ χρήζομεν. ἡ φύσις δ᾽ οὐ καθ᾽ 5 ἓν τῶν αὐτῆς ἔργων ἀπερισκέπτως οὐδ᾽ ὑπὸ ῥᾳθυμίας ἐνίοτε μεγάλα κακὰ αἱρουμένη δι᾽ ἔλαττον ἀγαθόν, ἀλλ᾽ ἀκριβεῖ μέτρῳ τὸ ποσὸν ἐν ἑκάστῳ κρίνουσα, πολλαπλάσιον ἀεὶ τὸ χρηστὸν ἀποτελεῖ τοῦ μοχθηροῦ. μάλιστα μὲν γάρ, εἴπερ οἷόν τ᾽ ἦν, ἄνευ παντὸς κακοῦ κατεσκευάσατ᾽ ἂν ἅπαντα ταῦτα· νυνὶ δέ, οὐ γὰρ ἐνδέχεται τῆς ὕλης φυγεῖν τὴν μοχθηρίαν οὐδεμίαν τῶν 10 τεχνῶν, οὐδ᾽ ἀδαμάντινόν τε καὶ πάμπαν ἀπαθὲς ἐργάσασθαι τὸ δημιούργημα, καταλείπεται κοσμεῖν αὐτὸ τὸν ἐνδεχόμενον κόσμον. ἐνδέχεται δὲ ἄλλον ἄλλη τῶν ὑλῶν· οὐ γὰρ ἐκ τῆς αὐτῆς δήπουθεν οὐσίας τά τε ἄστρα γέγονε καὶ ἡμεῖς. οὔκουν οὐδὲ τὴν ἀπάθειαν τὴν αὐτὴν ἐπιζητεῖν χρὴ καὶ μέμφεσθαι τῇ φύσει, σμικρὸν εἴ πού τι βλαβερὸν ἴδοιμεν ἐπὶ μυρίοις χρηστοῖς. 15 p. 402. οὐδὲν οὐδαμοῦ τῇ φύσει κατ᾽ οὐδένα τρόπον ἠμέληται, προγινωσκούσῃ καὶ προορωμένῃ τὰ κατ᾽ ἀνάγκην ἀκολουθήσοντα τοῖς ἕνεκά του γινομένοις καὶ φθανούσῃ πάντων ἐπανορθώματα παρασκευάζεσθαι.

1137 Galenus de usu partium l. XVII cp. 1 (vol. IV p. 355 K.). σὺ δ᾽, ὦ γενναιότατε κατήγορε τῶν ἔργων τῆς φύσεως, οὐδὲν μὲν τούτων 20 βλέπεις, ὅτι δ᾽ ἐν μυρίοις μυριάκις ἀνθρώποις ἅπαξ πού τινα ἐποίησεν ἓξ δακτύλους ἔχοντα τοῦτο μόνον ὁρᾷς.

1138 Galenus de nat. facult. I 12 Vol. II p. 27 K. καὶ δύο αὗται γεγόνασιν αἱρέσεις κατὰ γένος ἐν ἰατρικῇ τε καὶ φιλοσοφίᾳ — — τὴν ὑποβεβλημένην οὐσίαν γενέσει καὶ φθορᾷ πᾶσαν ἡνωμένην τε ἅμα καὶ ἀλλοι- 25 οῦσθαι δυναμένην ὑπέθετο θάτερον γένος τῆς αἱρέσεως· ἀμετάβλητον δὲ καὶ ἀναλλοίωτον καὶ κατατετμημένην εἰς λεπτὰ καὶ κεναῖς ταῖς μεταξὺ χώραις διειλημμένην ἡ λοιπή. καὶ τοίνυν ὅσοι γε τῆς ἀκολουθίας τῶν ὑποθέσεων αἰσθάνονται, κατὰ μὲν τὴν δευτέραν αἴρεσιν οὔτε φύσεως οὔτε ψυχῆς ἰδίαν τινὰ νομίζουσιν οὐσίαν ἢ δύναμιν ὑπάρχειν, ἀλλ᾽ ἐν τῇ ποιᾷ συνόδῳ τῶν 30 πρώτων σωμάτων ἐκείνων καὶ ἀπαθῶν τε καὶ ἁπλῶν ἀποτελεῖσθαι. κατὰ δὲ τὴν προτέραν εἰρημένην αἴρεσιν οὐχ ὑστέρα τῶν σωμάτων ἡ φύσις, ἀλλὰ πολλῷ προτέρα τε καὶ πρεσβυτέρα· καὶ τοίνυν κατὰ μὲν τούτους αὕτη τὰ σώματα τῶν ζῴων καὶ τῶν φυτῶν συνίστησι, δυνάμεις τινὰς ἔχουσα, τὰς μὲν ἑλκτικάς τε ἅμα καὶ ὁμοιωτικὰς τῶν οἰκείων, τὰς 35 δ᾽ ἀποκριτικὰς τῶν ἀλλοτρίων, καὶ τεχνικῶς ἅπαντα διαπλάττει τε γεννῶσα καὶ προνοεῖται τῶν γεννωμένων· ἑτέραις αὖθίς τισι δυνάμεσι, στοργικῇ μέν τινι καὶ προνοητικῇ τῶν ἐγγόνων, κοινωνικῇ δὲ καὶ φιλικῇ τῶν ὁμογενῶν etc.

1139 Galenus de usu partium l. XIV cp. 1 (vol. IV p. 142 K.). 40 Μάλιστα μὲν οὖν ἀθάνατον ἡ φύσις, εἴπερ οἷόν τ᾽ ἦν, ἐσπούδασε τὸ ἑαυτῆς ἀπεργάσασθαι δημιούργημα· μὴ συγχωρούσης δὲ τῆς ὕλης — — τὴν ἐνδεχομένην αὐτῷ βοήθειαν εἰς ἀθανασίαν ἐμηχανήσατο δίκην ἀγαθοῦ πόλεως οἰκιστοῦ, μὴ τῆς ἐν τῷ παραχρῆμα συνοικήσεως μόνον φροντίσαντος ἀλλ᾽ ὅπως ἐπὶ τὸ πᾶν ἢ τὸ πλεῖστόν γε ἡ πόλις αὐτοῦ διαφυλάττοιτο, προνοησαμένου. 45 ibid. cp. 4 (p. 151). προνοουμένη γὰρ ἡ φύσις, ὅπως ἂν μὴ ζῴου τι γένος ἀφανισθείη μηδενός, ὅσα διὰ τὴν τοῦ σώματος ἀσθένειαν ἤτοι βραχυχρόνια τελέως ἢ βορὰ τοῖς ἰσχυροτέροις ἔμελλε γενήσεσθαι, τούτοις ἅπασιν ἅμα τῆς συνεχοῦς φθορᾶς ἐξεῦρε τὴν πολυγονίαν.

ibid. (p. 152). ὁπόσοις δὲ τῶν ζῴων ὑπὸ ξηρότητος τοῦ σώματος οὐχ οἷόν τ᾽ ὑγρὸν ὑποθρέψαι περίττωμα (de lacte locutus erat) καθάπερ ἅπασι τοῖς πτηνοῖς, ἕτερον ἐν τούτοις τι τῆς ἀνατροφῆς τῶν ἐκγόνων ἐπετεχνήσατο σόφισμα, θαυμαστὴν κηδεμονίαν εἰς αὐτὰ τῶν γειναμένων συνάψασα, δι᾽ ἣν
5 ὑπερμαχεῖ τε ἅμα τῶν νεοττῶν — καὶ τροφὰς ἐπιτηδείους αὐτοῖς ἐκπορίζει.
1140 Alexander Aphrod. de fato cp. 11 p. 179, 24 Bruns. προσ-τεθέντος τοῦ αὐτοῖς γε τούτοις (scil. Chrysippo) καὶ κοινῶς πᾶσι σχε-δὸν τοῖς φιλοσοφοῦσι δοκοῦντος, τοῦ μηδὲν ὑπὸ τῆς φύσεως γίνεσθαι μάτην.

10   § 4. Mundum esse opus providentiae.

1141 Philo de provid. II § 55 (p. 84 Aucher). Similiter et deus, quin novum quidpiam elaborasset, de novo magnam istam urbem mundum creavit ac una cum eo locum etiam oriri fecit. Quoniam plenitudine cor-poris data, spatii — — nulla pars erit, quae non sit locus. (I. e. οὕτω
15 καὶ ὁ θεός, οὐ γεννήσας τὸ κενόν, ἐν τῷ κενῷ τὴν μεγάλην πόλιν ἔκτισε τὸν κόσμον· συνέκτισε δὲ τούτῳ καὶ τὸν τόπον. ἐκπληρωθὲν γὰρ ὑπὸ σώ-ματος οὐδὲν μέρος τῆς χώρας ὅπερ οὐκ ἔσται τόπος.).
1142 Philo de provid. II 57 (p. 84 Aucher). Infinitum incorpore-umque tempus deus minime creavit, sed dies mensesque annosque, sole et
20 luna usus in hac mensura, atque reliquorum planetarum periodis, propter animalia generationemque fructuum, quae nequeunt sine annuis tempesta-tibus consistere. Ad hoc dirigi cumulatim ortus et occasus solis consue-verunt.
1143 Philo de provid. II § 56 (p. 84 Aucher). Figura autem
25 mundi, sicut et mundus ipse, — per providentiam globi in formam facta fuit; primum quia omni figura velocius mobilis est et deinde magis necessaria, ne forte remissus (mundus) deorsum ferretur ad immensam va-cuitatem, cunctis partibus in suum medium inclinantibus. Sic enim so-lummodo consistentiam habiturus erat, erga se invicem ad medium tendente
30 aequali orbe.
Cf. n. 547 sq. (Phys. cap. II § 5).
1144 Philo de provid. II § 62 (p. 87 Aucher). Terra occupavit medium, primum quidem, ne abrepta aliquatenus a centro dimoveatur; nam eius nisus ac statio in centrum tendit. Iterum autem, ut ita circumcirca
35 habitetur; in quantum enim perstat, recte omnia super eam stant, cum et ipsa in centrum ferantur. Quo probatur et figuram eius per providentiam factam fuisse globosam, quia iam dictam circumhabi-tationem non patitur alia figura, quod patet ex iis, quae philosophice considerantur de figuris habitationibusque.
40   **1145** Philo de provid. II § 64 (p. 89 Aucher). Dicunt extensum mare hominum deorumque commodo. Diis enim ita fere adornari dicunt:

---

4 γενομένων vulgo.   12 καινόν pro κενόν Armeniacum interpretem errore legisse vidit Wendland.

Sol, quem nonnulli rectorem esse dixerunt, eo quod largitur necessaria, ex mari, inquiunt, nutritur; quippe purgatissimas partes humidi elementi ad se trahens sorbet. Pro indicio sit praeter alia, quod per anni tempestates in contrarium tendit cursus solaris, aestate per Cancrum et hieme per Capricornum. Nam circumambulans Sol aeternos illos terminos haud 5 transgreditur. Et ipsae quoque nutrices fixae (stellae) nutriuntur, ex aëre purgatam ad se trahentes humiditatem. Quod ita probant: etenim paulum ipsius humoris, nullo modo permixtum, constanti lege sub aurora iugiter frigens in terram remittitur, aquae colore accepto, quod ros nominare mos est. — Sicut autem magnae utilitatis est in totius caeli susten- 10 tationem mare, ita quoque ad hominum vitam, quoniam incolarum terrae cum habitantibus in insulis et insulanorum ad terricolas nulla fuisset mutua communicatio neque bonorum commutatio in singulis regionibus nascentium.

1146 Philo de Provid. II § 67 (p. 90 Aucher). At ex terra vapores 15 ad quid utiles? O mirabilis vir, ex aëre distincta compositio an non est salutifera non animalibus tantum, verum etiam plantis? Immo si oporteat adhuc procedendo asserere, iis quoque qui solida natura secum invicem commixta sunt, causa est ut stent. Animantium inprimis esca est et ciborum omnium potuumque frequentissima. — — Nam quae in corpus 20 recipiuntur, eorum tum ob nauseam tum ob dissolutionem cupiditatum — innumeris fastidium et fatigatio subit. Quod autem per aërem alimentum est, tam vigilem quam dormientem sequitur donum naturae, continuo a iuventute usque ad senium perpetuo conexum; quapropter, si aliquantisper corrumpatur, pestilentiam efficit. 25

Cf. Dio Chrysost. or. XII § 30. 31.

1147 Philo de provid. II § 73 (p. 93 Aucher). Fixae (scil. stellae) in causa sunt etiam temperantiae aëris, quia natura sunt frigida compositae, de se liquefacta diffundunt; et iste (aër) dilatatus causa efficitur animalibus generationis faciendae, sicut etiam iam factis respirationis causa 30 comperitur. Ad subtilitatem enim cooperatur multitudo; at ad illud, quod non ex parte, sed totus dilatetur aër, circumlatio periodica.

1148 Philo de provid. II 76 (p. 95 Aucher). In primis — mensium periodos luna apposite coaptavit, quae totidem sunt mensurae cursus solaris. Deinde, per incrementum et deminutionem, variationes commuta- 35 tionesque pro emolumento universi facit. Fidem faciunt certam, quae in aëre sunt condiciones, status, serenitates, ventorum cessationes, nubes, violentiae ventorum et his similia, praeterea vastissimi maris refluxus; nunc enim deorsum absorbetur, nunc iterum fluctibus resilit. Maxime vero animalium quorundam variationes adimpletorum evacuatorumque, sicut testa- 40 ceorum, ratio habet, et reliqua etc.

1149 Philo de provid. II § 84 (p. 98 Aucher). An tu putas nos propter mundum et non potius mundum propter nos factum fuisse? nam minime id considerans ruminasti, quod rite disposita sit sectio terrae pro habitatione hominum proque spatio ad usum deorum res- 45 pectu sensibilium. Nobis enim per distributionem concessae partes

---

1 Cleanthes solem dixerat τὸ ἡγεμονικὸν τοῦ κόσμου. Cf. I n. 499.

plus quam satis sunt pro habitatione; oportebat tamen et sideribus convenientem praeparare escam, nutriendis nempe ex mari magno.

1150 Philo de provid. II § 74 (p. 94 Aucher). *Numerus autem*
planetarum prodest universo; verum hominum est otio praeditorum
5 *dinumerare singulorum utilitatem. Haec autem nota sunt non solum*
ratione, verum etiam sensu, ita movente providentia, quae, ut dicit Chry
sippus et Cleanthes, nihil praetermisit pertinentium ad certiorem utilio
remque dispensationem. quod si aliter melius esset dispensari res mundi,
eo modo sumpsisset compositionem, quatenus nihil occurreret ad impedi
10 *endum deum.*

1151 Galenus de usu partium l. XVII cp. 1 (vol. IV p. 358 K.).
τίς δ᾽ οὐκ ἂν εὐθὺς ἐνεθυμήθη νοῦν τινα, δύναμιν ἔχοντα θαυμαστήν, ἐπι
βάντα τῆς γῆς ἐκτετάσθαι κατὰ πάντα τὰ μόρια; πανταχόθεν γοῦν ὁρᾶται
γινόμενα ζῷα θαυμαστὴν ἅπαντα κατασκευὴν ἔχοντα. καίτοι τί ἂν εἴη τῶν
15 τοῦ κόσμου μορίων ἀτιμότερον τῶν περὶ τὴν γῆν; ἀλλ᾽ ὅμως ἐνταῦθα φαί
νεται νοῦς τις ἀφικνούμενος ἐκ τῶν ἄνω σωμάτων, ἃ καὶ θεασαμένῳ τινὶ
παραχρῆμα θαυμάζειν ἐπέρχεται τὸ κάλλος τῆς οὐσίας, ἡλίου πρῶτον καὶ
μάλιστα, μετ᾽ αὐτὸν δὲ σελήνης, εἶτα τῶν ἀστέρων, ἐν οἷς εἰκός, ὅσῳ πέρ
ἐστι καὶ ἡ τοῦ σώματος οὐσία καθαρωτέρα, τοσούτῳ καὶ τὸν νοῦν ἐνοικεῖν
20 πολὺ τοῦ κατὰ τὰ γήϊνα σώματα βελτίω τε καὶ ἀκριβέστερον. — — Ἐμοὶ
μὲν γὰρ ταῦτα ἐννοοῦντι καὶ δι᾽ αὐτοῦ τοῦ περιέχοντος ἡμᾶς ἀέρος οὐκ ὀλί
γος τις ἐκτετάσθαι δοκεῖ νοῦς. οὐ γὰρ δὴ αὐτὸς τῆς μὲν αὐγῆς τῆς ἡλια
κῆς μεταλαμβάνειν πέφυκεν, οὐχὶ δὲ καὶ τῆς δυνάμεως αὐτῆς.

§ 5. **Animalia (et plantas) propter hominum utilitatem**
25   **facta esse.**

1152 Porphyrius de abstin. III 20. Ἀλλ᾽ ἐκεῖνο νὴ Δία τοῦ
Χρυσίππου πιθανὸν ἦν, ὡς ἡμᾶς αὐτῶν καὶ ἀλλήλων οἱ θεοὶ χάριν
ἐποιήσαντο, ἡμῶν δὲ τὰ ζῷα, συμπολεμεῖν μὲν ἵππους καὶ συνθη
ρεύειν κύνας, ἀνδρείας δὲ γυμνάσια παρδάλεις καὶ ἄρκτους καὶ λέον
30 τας. ἡ δὲ ὗς, ἐνταῦθα γάρ ἐστι τῶν χαρίτων τὸ ἥδιστον, οὐ δι᾽
ἄλλο τι πλὴν θύεσθαι ἐγεγόνει, καὶ τῇ σαρκὶ τὴν ψυχὴν ὁ θεὸς οἷον
ἅλας ἐνέμιξεν, εὐοψίαν ἡμῖν μηχανώμενος. ὅπως δὲ ζωμοῦ καὶ παρα
δειπνίων ἀφθονίαν ἔχωμεν, ὄστρεά τε παντοδαπὰ καὶ πορφύρας καὶ
ἀκαλήφας καὶ γένη πτηνῶν ποικίλα παρεσκεύασεν, οὐκ ἀλλαχόθεν,
35 ἀλλ᾽ ὡς αὐτοῦ μέγα μέρος ἐνταῦθα τρέψας εἰς γλυκυθυμίας, τὰς τιτ
θὰς ὑπερβαλόμενος καὶ καταπυκνώσας ταῖς ἡδοναῖς καὶ ἀπολαύσεσιν
τὸν περίγειον τόπον.

1153 Cicero de nat. deor. II 14, 37. *Scite enim Chrysippus,*

---

1 Cf. n. 690 (de stellis) 650 τρέφεσθαι δὲ τὰ ἔμπυρα ταῦτα etc. (de sole,
luna, astris).

ut clipei causa involucrum, vaginam autem gladii, sic praeter mundum cetera omnia aliorum causa esse generata; ut eas fruges atque fructus, quos terra gignit, animantium causa; animantes autem hominum, ut equum vehendi causa, arandi bovem, venandi et custodiendi canem. (Ipse autem homo ortus est ad mundum contemplandum et imitandum etc.). 5

1154 Cicero de nat. deor. II 64, 160.   *Sus vero quid habet praeter escam? cui quidem ne putesceret animam ipsam pro sale datam dicit esse Chrysippus. qua pecude quod erat ad vescendum hominibus apta, nihil genuit natura fecundius.*

1155 Origenes contra Celsum IV 54 Vol. I p. 326, 31 Kö. (p. 545 10 Delarue). τοιαῦτα γὰρ ἐχρῆν αὐτὸν (scil. τὸν Κέλσον) ἀποφαινόμενον καὶ ἐναντία λέγειν οὐ μόνον ἡμῖν προθέμενον, ἀλλὰ καὶ οὐκ ἀγεννεῖ φιλοσόφων αἱρέσει, τῶν ἀπὸ τοῦ Κιτιέως Ζήνωνος, κατασκευάσαι ὅτι τὰ τῶν ζῴων σώματα οὐκ ἔστιν ἔργα τοῦ θεοῦ· καὶ ὅτι ἡ τοσαύτη περὶ αὐτὰ τέχνη οὐκ ἀπὸ τοῦ πρώτου ἐλήλυθε νοῦ· ἔδει δ᾽ αὐτὸν καὶ περὶ τῶν τοσούτων καὶ ὑπ᾽ 15 ἐνυπαρχούσης ἀφαντάστου φύσεως διοικουμένων παντοδαπῶν φυτῶν καὶ πρὸς χρείαν γεγονότων οὐκ εὐκαταφρόνητον ἐν τῷ παντὶ ἀνθρώπων καὶ τῶν ἀνθρώποις διακονουμένων ζῴων, ὅπως ποτὲ ἄλλως ὄντων, μὴ ἀποφήνασθαι μόνον ἀλλὰ καὶ διδάξαι, ὅτι μὴ τέλειός τις νοῦς τὰς τοσαύτας ἐνεποίησε ποιότητας τῇ ὕλῃ τῶν φυτῶν. 20

1156 Ex Origene Selecta in Psalmos II p. 532 Delarue. ἃ μὲν γὰρ προηγουμένως γίνεται, ἃ δὲ κατ᾽ ἐπακολούθησιν διὰ τὰ προηγούμενα. προη-γουμένως μὲν γὰρ τὸ λογικὸν ζῷον, διὰ δὲ τὴν αὐτοῦ χρείαν κτήνη καὶ τὰ ἀπὸ τῆς γῆς φυόμενα.

1157 Origenes contra Celsum IV 74 Vol. I p. 343, 23 Kö. (p. 559 25 Del.). ὁ Κέλσος ..... οὐχ ἑώρακεν ὅτι καὶ τῶν ἀπὸ τῆς Στοᾶς φιλο-σόφων κατηγορεῖ, οὐ κακῶς προταττόντων τὸν ἄνθρωπον καὶ ἀπαξαπλῶς τὴν λογικὴν φύσιν πάντων τῶν ἀλόγων καὶ διὰ ταύτην λεγόντων προηγου-μένως τὴν πρόνοιαν πάντα πεποιηκέναι. καὶ λόγον μὲν ἔχει τὰ λογικά, ἅπερ ἐστὶ προηγούμενα, παίδων γεννωμένων· τὰ δ᾽ ἄλογα καὶ τὰ 30 ἄψυχα χορίου συγκτιζομένου τῷ παιδίῳ. Καὶ ἡγοῦμαί γε ὅτι ὥσπερ ἐν ταῖς πόλεσιν οἱ προνοούμενοι τῶν ὠνίων καὶ τῆς ἀγορᾶς δι᾽ οὐδὲν ἄλλο προνοοῦνται ἢ διὰ τοὺς ἀνθρώπους, παραπολαύουσι δὲ τῆς δαψιλείας καὶ κύνες καὶ ἄλλα τῶν ἀλόγων· οὕτως ἡ πρόνοια τῶν μὲν λογικῶν προηγου-μένως προνοεῖ, ἐπηκολούθησε δὲ τὸ καὶ τὰ ἄλογα ἀπολαύειν τῶν δι᾽ ἀνθρώ- 35 πους γιγνομένων.

1158 Plutarchus Quaest. Platon. II 1 p. 1000 f. οὐδὲ γὰρ χο-ρίου φησὶ Χρύσιππος πατέρα καλεῖσθαι τὸν παρασχόντα τὸ σπέρμα, καίπερ ἐκ τοῦ σπέρματος γεγονότος.

1159 Alexander Aphrod. de fato cp. 23 p. 193, 16 Bruns. εἰ δ᾽ ὁ 40 μὲν φλοιὸς ἐν τοῖς φυτοῖς ἕνεκα τοῦ περικαρπίου, τὸ δὲ περικάρπιον τοῦ καρποῦ χάριν, καὶ ἀρδεύεται μὲν ἵνα τρέφηται, τρέφεται δὲ ἵνα καρπο-φορῇ etc.

---

35 τὰ ἄλλα ἄλογα A.   37 Quem ad finem haec spectent, docet locus Ori-genis, quem praemisi.

1160 Plutarchus de Stoic. repugn. cp. 21 p. 1044e.　Chrysippus
ὁ τὴν πρόνοιαν ἐγκωμιάζων ἰχϑῦς καὶ ὄρνιϑας καὶ μέλι καὶ οἶνον
παρασκευάσασαν.

1161 Cicero Acad. Pr. II 120. non mihi necesse —, quod tibi est,
5 ⟨dicere⟩, cur deus, omnia nostra causa cum faceret (sic enim vultis) tan-
tam vim natricum viperarumque fecerit — —. negatis haec tam polite
tamque subtiliter effici potuisse sine divina aliqua sollertia; cuius
quidem vos maiestatem deducitis usque ad apium formicarum-
que perfectionem, ut etiam inter deos Myrmecides aliqui minutorum
10 opusculorum fabricator fuisse videatur.

1162 Cicero de legibus I 8, 25. Itaque ad hominum commoditates
et usus tantam rerum ubertatem natura largita est, ut ea, quae gignun-
tur, donata consulto nobis, non fortuito nata videantur: nec solum ea,
quae frugibus atque bacis terrae fetu profunduntur, sed etiam
15 pecudes: quod perspicuum sit partim esse ad usum hominum,
partim ad fructum, partim ad vescendum procreatas. 26. Artes
vero innumerabiles repertae sunt, docente natura. Quam imitata ratio res
ad vitam necessarias sollerter consecuta est.

1163 Plutarchus de Stoic. repugn. cp. 21 p. 1044c.　Γράψας τοί-
20 νυν ἐν τοῖς περὶ Φύσεως, ὅτι „πολλὰ τῶν ζῴων ἔνεκα κάλλους ἡ
φύσις ἐνήνοχε, φιλοκαλοῦσα καὶ χαίρουσα τῇ ποικιλίᾳ“ καὶ λόγον
ἐπειπὼν παραλογώτατον ὡς „ὁ ταὼς ἕνεκα τῆς οὐρᾶς γέγονε, διὰ τὸ
κάλλος αὐτῆς.“

p. 1044d.　Ἐν μὲν οὖν τῷ πέμπτῳ περὶ φύσεως, εἰπὼν ὅτι
25 „οἱ κόρεις εὐχρήστως ἐξυπνίζουσιν ἡμᾶς, καὶ οἱ μύες ἐπιστρέ-
φουσιν ἡμᾶς μὴ ἀμελῶς ἕκαστα τιθέναι, φιλοκαλεῖν δὲ τὴν
φύσιν τῇ ποικιλίᾳ χαίρουσαν εἰκός ἐστι“ ταῦτα κατὰ λέξιν εἴ-
ρηκε· „Γένοιτο δ᾽ ἂν μάλιστα τούτου ἔμφασις ἐπὶ τῆς κέρκου
τοῦ ταώ.“ ἐνταῦθα γὰρ ἐπιφαίνει τὸ ζῷον γεγονέναι ἕνεκα τῆς κέρκου
30 καὶ οὐκ ἀνάπαλιν „τῷ δ᾽ ἄρρενι γινομένῳ οὕτως ἡ θήλεια συνη-
κολούθηκεν.“

1164 Galenus de usu partium XI 14 Vol. III p. 899 K.　τὸ δ᾽ ἐξ
ἐπιμέτρου ποτὲ καὶ τῆς εὐμορφίας στοχάζεσθαι, ἀναγκαῖον ὑπάρχον καὶ αὐτὸ
δὴ γινώσκεσθαι τοῖς περὶ φύσιν [ἔχουσιν], οὐδαμοῦ διὰ τῶν ἔμπροσθεν λό-
35 γων εἰρηκώς, νῦν ᾠήθην μάλιστα προσήκειν εἰπεῖν. καὶ γὰρ οὖν καὶ αἱ
κατὰ τὰ γένεια τρίχες οὐ μόνον σκέπουσι τὰς γενύας, ἀλλὰ καὶ
πρὸς κόσμον συντελοῦσι. σεμνότερον γὰρ τὸ ἄρρεν φαίνεται, καὶ μά-
λιστα ἐν τῷ προϊέναι κατὰ τὴν ἡλικίαν, εἰ πανταχόθεν αὐτῷ καλῶς αὗται
περικέοιντο. καὶ διὰ τοῦτο τά τε μῆλα καλούμενα καὶ τὴν ῥῖνα ψιλὰ καὶ
40 γυμνὰ τριχῶν ἡ φύσις ἀπέλιπεν· ἄγριον γὰρ ἂν οὕτω καὶ θηριῶδες ὅλον
ἐγένετο τὸ πρόσωπον, οὐδαμῶς οἰκεῖον ἡμέρῳ καὶ πολιτικῷ ζῴῳ.

---

5 dicere *add. Müller*, respondere *Halm.*　6 natricum *Lactant.* VII 4, 11,
matricum *libri Cic.*　15 quas *Davisius.* ‖ sit *libri*, est *Bake.*　31 συνηκο-
λούθηκεν *scripsi secutus Bernard.*, γοῦν ἠκολούθηκεν *libri.*　34 ἔχουσιν *seclusi.*

1165 Cicero de nat. deor. I 47. Vos quidem, Lucili, soletis — —
cum artificium effingitis fabricamque divinam, quam sint omnia in hominis
figura non modo ad usum, verum etiam ad venustatem apta describere.
1166 Cicero de finibus III 18. Iam membrorum, id est partium
corporis, alia videntur propter eorum usum a natura esse donata, ut ma- 5
nus, crura, pedes, ut ea, quae sunt intus in corpore, quorum utilitas
quanta sit, a medicis etiam disputatur, alia autem nullam ob utili-
tatem quasi ad quendam ornatum, ut cauda pavoni, plumae
versicolores columbis, viris mammae atque barba.
1167 Lactantius instit. div. II 10. Sed etiam illud explanare ten- 10
tavit (scil. Hermes) quam subtili ratione singula quaeque in corpore ho-
minis membra formaverit (scil. deus) cum eorum nihil sit, quod non tan-
tundem ad usus necessitatem, quantum ad pulchritudinem valeat. Id
vero etiam Stoici cum de providentia disserunt facere conantur
et secutus eos Cicero compluribus locis etc. (cf. Lactant. de opificio dei). 15
ibid. nam Stoici animantium fabricam divinae sollertiae tribuunt.

§ 6. Cur mala sint, cum sit providentia.

1168 Plutarchus de comm. not. cp. 34 p. 1076 c. Οὐ μὴν ἐνταῦθα
τὸ δεινότατόν ἐστιν, ἀλλὰ Μενάνδρῳ μὲν εἰπόντι θεατρικῶς
(Kock III fr. 724) ἀρχὴ μεγίστη τῶν ἐν ἀνθρώποις κακῶν   20
τὰ λίαν ἀγαθά
δυσκολαίνουσι· τοῦτο γὰρ εἶναι παρὰ τὴν ἔννοιαν· αὐτοὶ δὲ τῶν κακῶν ἀρ-
χὴν ἀγαθὸν ὄντα τὸν θεὸν ποιοῦσιν. οὐ γὰρ ἥ γ᾽ ὕλη τὸ κακὸν ἐξ ἑαυτῆς
παρέσχηκεν· ἄποιος γάρ ἐστι καὶ πάσας ὅσας δέχεται διαφορὰς ὑπὸ τοῦ κι-
νοῦντος αὐτὴν καὶ σχηματίζοντος ἔσχε. κινεῖ δ᾽ αὐτὴν ὁ λόγος ἐνυπάρχων 25
καὶ σχηματίζει, μήτε κινεῖν ἑαυτὴν μήτε σχηματίζειν πεφυκυῖαν.
1169 Gellius N. A. VII 1. *Quibus non videtur mundus dei et
hominum causa institutus neque res humanas providentia gubernari,
gravi se argumento uti putant, cum ita dicunt: „si esset providentia,
nulla essent mala.“ Nihil enim minus aiunt providentiae congruere,* 30
*quam in eo mundo, quem propter homines fecisse dicatur, tantam vim
esse aerumnarum et malorum. Adversus ea Chrysippus cum in libro*
περὶ προνοίας *quarto dissereret „nihil est prorsus istis“, inquit,
„insubidius, qui opinantur bona esse potuisse, si non essent
ibidem mala. Nam cum bona malis contraria sint, utraque* 35
*necessum est opposita inter sese et quasi mutuo adversoque
fulta nisu consistere; nullum adeo contrarium est sine con-
trario altero. Quo enim pacto iustitiae sensus esse posset,
nisi essent iniuriae? aut quid aliud iustitia est quam iniusti-
tiae privatio? quid item fortitudo intellegi posset, nisi ex* 40
*ignaviae adpositione? quid continentia, nisi ex intemperan-
tiae? quo item modo prudentia esset, nisi foret contra impru-*

dentia? Proinde", *inquit, „homines stulti cur non hoc etiam*
desiderant, ut veritas sit et non sit mendacium? Namque iti-
dem sunt bona et mala, felicitas et importunitas, dolor et
voluptas. Alterum enim ex altero, sicuti Plato ait, verticibus
5 *inter se contrariis deligatum est; si tuleris unum, abstuleris*
utrumque."

1170 Gellius N. A. VII 1, 7. *Idem Chrysippus in eodem lĭbro*
(i. e. quarto περὶ προνοίας) tractat consideratque dignumque esse id
quaeri putat, εἰ αἱ τῶν ἀνϑρώπων νόσοι κατὰ φύσιν γίνονται id est,
10 *[si] natura ipsa rerum vel providentia, quae compagem hanc mundi et*
genus hominum fecit, morbos quoque et debilitates et aegritudines corpo-
rum, quas patiuntur homines, fecerit. Existimat autem non fuisse hoc
pincipale naturae consilium, ut faceret homines morbis obnoxios, nun-
quam enim hoc convenisse naturae auctori parentique omnium rerum
15 *bonarum. „Sed cum multa", inquit, „atque magna gigneret pare-*
retque aptissima et utilissima, alia quoque simul adgnata
sunt incommoda his ipsis quae faciebat cohaerentia", eaque
[neque] per naturam, sed per sequellas quasdam necessarias facta dicit,
quod ipse appellat „κατὰ παρακολούϑησιν." „Sicut", inquit, „cum
20 *corpora hominum natura fingeret, ratio subtilior et utilitas*
ipsa operis postulavit, ut tenuissimis minutisque ossiculis
caput compingeret. Sed hanc utilitatem rei maiorem alia
quaedam incommoditas extrinsecus consecuta est, ut fieret ca-
put tenuiter munitum et ictibus offensionibusque parvis fra-
25 *gile. Proinde morbi quoque et aegritudines partae sunt, dum*
salus paritur. Sicut hercle", inquit, „dum virtus hominibus
per consilium naturae gignitur, vitia ibidem per adfinitatem
contrariam nata sunt."

1171 Philo de fortitudine Vol. II Mang. p. 413   Καϑάπερ γὰρ ἰατρὸς
30 μὲν ἐν ταῖς μεγάλαις καὶ ἐπισφαλέσι νόσοις ἔστιν ὅτε σωμάτων μέρη ἀφαιρεῖ,
στοχαζόμενος τῆς τοῦ λοιποῦ σώματος ὑγείας, κυβερνήτης δὲ χειμώνων ἐπι-
γινομένων ἀποφορτίζεται, προνοίᾳ τῆς τῶν ἐμπλεόντων σωτηρίας, καὶ μέμψις
οὔτε τῷ ἰατρῷ τῆς πηρώσεως, οὔτε τῷ κυβερνήτῃ τῆς ἀποβολῆς ἕπεται, τοὐ-
ναντίον δὲ ἔπαινος ἑκατέρῳ, τὸ συμφέρον πρὸ τοῦ ἡδέος ἰδόντι καὶ κατορ-
35 ϑώσαντι, τὸν αὐτὸν τρόπον καὶ τὴν τῶν ὅλων φύσιν ἀεὶ ϑαυμαστέον, καὶ
τοῖς ἐν τῷ κόσμῳ πραττομένοις ἅπασιν ἄνευ τῆς ἑκουσίου κακίας εὐαρεστη-
τέον, ἐξετάζοντας, οὐκ εἴ τι μὴ καϑ᾽ ἡδονὴν συμβέβηκεν, ἀλλ᾽ εἰ τρόπον εὐ-
νόμου πόλεως ὁ κόσμος ἡνιοχεῖταί τε καὶ κυβερνᾶται.

1172 Lactantius de ira cp. 13.   Sed Academici, contra Stoicos disse-
40 rentes, solent quaerere, cur si deus omnia hominum causa fecerit etiam
multa contraria et inimica et pestifera nobis reperiantur tam in mari

---

4 Plato Phaedo p. 60 c

quam in terra? Quod Stoici veritatem non respicientes ineptissime repulerunt; aiunt enim multa esse in gignentibus et in numero animalium, quorum adhuc lateat utilitas; sed eam processu temporum inveniri, sicut iam plura prioribus saeculis incognita necessitas et usus invenerit.

1173 Origenes contra Celsum IV 75 Vol. I p. 345, 19 Kö. (p. 560 Delarue). εἰ δὲ καὶ τοῖς ἀγριωτάτοις τῶν ζῴων τροφὰς κατεσκεύασεν, οὐδὲν θαυμαστόν· καὶ ταῦτα γὰρ τὰ ζῷα καὶ ἄλλοι τῶν φιλοσοφησάντων εἰρήκασι γυμνασίου ἕνεκα γεγονέναι τῷ λογικῷ ζῴῳ.

ibid. 78 Vol. I p. 348, 23 Kö. (p. 562 Del.). οὕτως εἰς γυμνάσιον τῶν τῆς ἀνδρείας ἐν ἡμῖν σπερμάτων δεδόσθαι ἡμῖν λέγεται τὸ λεόντων καὶ ἄρκτων παρδάλεων τε καὶ συῶν καὶ τῶν τοιούτων γένος.

1174 Origenes contra Celsum IV 64 Vol. I p. 334, 33 Kö. (p. 552 Delarue). (antecessit Chrysippi fragmentum ἐκ τῆς περὶ ἀγαθῶν καὶ κακῶν εἰσαγωγῆς, unde sequentia indidem esse desumpta probabile): εἰ γὰρ καὶ μία τῶν ὅλων φύσις καὶ ἡ αὐτή, οὐ πάντως καὶ ἡ τῶν κακῶν γένεσις ἀεὶ ἡ αὐτή. ὡς γὰρ μιᾶς καὶ τῆς αὐτῆς οὔσης τῆς τοῦδέ τινος ἀνθρώπου φύσεως, οὐκ ἀεὶ τὰ αὐτά ἐστι περὶ τὸ ἡγεμονικὸν αὐτοῦ καὶ τὸν λόγον αὐτοῦ καὶ τὰς πράξεις, ὁτὲ μὲν οὐδὲ λόγον ἀνειληφότος ὁτὲ δὲ μετὰ τοῦ λόγου κακίαν καὶ ταύτην ἤτοι ἐπὶ πλεῖον ἢ ἐπ᾽ ἔλαττον χεομένην, καὶ ἔστιν ὅτε προτραπέντος ἐπ᾽ ἀρετὴν καὶ προκόπτοντος ἐπὶ πλεῖον ἢ ἐπ᾽ ἔλαττον, καὶ ἐνίοτε φθάνοντος καὶ ἐπ᾽ αὐτὴν τὴν ἀρετὴν ἐν πλείοσι θεωρίαις γινομένην ἢ ἐν ἐλάττοσιν· οὕτως ἔστιν εἰπεῖν μᾶλλον καὶ ἐπὶ τῆς τῶν ὅλων φύσεως, ὅτι εἰ καὶ μία ἐστὶ καὶ ἡ αὐτὴ τῷ γένει, ἀλλ᾽ οὐ τὰ αὐτὰ ἀεὶ οὐδ᾽ ὁμογενῆ συμβαίνει ἐν τοῖς ὅλοις· οὔτε γὰρ εὐφορίαι ἀεὶ οὔτ᾽ ἀφορίαι, ἀλλ᾽ οὐδὲ ἐπομβρίαι οὐδὲ αὐχμοί, οὕτω δὲ οὐδὲ ψυχῶν κρειττόνων εὐφορίαι τεταγμέναι ἢ ἀφορίαι καὶ χειρόνων ἐπὶ πλεῖον χύσις ἢ ἐπ᾽ ἔλαττον. Καὶ ἀναγκαῖόν γε τοῖς ἀκριβοῦν πάντα κατὰ τὸ δυνατὸν βουλομένοις ὁ περὶ τῶν κακῶν λόγος οὐ μενόντων ἀεὶ ἐν ταὐτῷ διὰ τὴν ἤτοι τηροῦσαν τὰ ἐπὶ γῆς πρόνοιαν ἢ κατακλυσμοῖς καὶ ἐκπυρώσεσι καθαίρουσαν· καὶ τάχα οὐ τὰ ἐπὶ γῆς μόνον, ἀλλὰ καὶ τὰ ἐν ὅλῳ τῷ κόσμῳ, δεομένῳ καθαρσίου ὅταν πολλὴ ἡ κακία γένηται ἐν αὐτῷ.

1175 Plutarchus de Stoic. repugn. cp. 15 p. 1040c. Καὶ ὁμοίως ἐν τῷ πρώτῳ περὶ Δικαιοσύνης τὰ Ἡσιόδεια ταυτὶ προενεγκάμενος·
Τοῖσιν δ᾽ οὐρανόθεν μέγ᾽ ἐπήλασε πῆμα Κρονίων,
λιμὸν ὁμοῦ καὶ λοιμόν· ἀποφθινύθουσι δὲ λαοί·
(Hesiod. Op. et D. 242) „ταῦτά φησι τοὺς θεοὺς ποιεῖν, ὅπως κολαζομένων τῶν πονηρῶν οἱ λοιποὶ παραδείγμασι τούτοις χρώμενοι ἧττον ἐπιχειρῶσι τοιοῦτόν τι ποιεῖν."

29 ipsa Chrysippi verba Origenes videtur exscripsisse.

1176 Plutarchus de Stoic. repugn. cp. 35 p. 1050e. Ἀλλὰ μὴν
τὸν θεὸν κολάζειν φησὶ τὴν κακίαν καὶ πολλὰ ποιεῖν ἐπὶ κολάσει τῶν
πονηρῶν, ὥσπερ ἐν τῷ δευτέρῳ περὶ Θεῶν „ποτὲ μὲν τὰ δύς-
χρηστα cυμβαίνειν φηcὶ τοῖς ἀγαθοῖς οὐχ ὥσπερ τοῖς φαύλοις
5 κολάcεως χάριν, ἀλλὰ κατ' ἄλλην οἰκονομίαν, ὥσπερ ἐν ταῖς
πόλεcι." καὶ πάλιν ἐν τούτοις· „Πρῶτον δὲ τῶν κακῶν παρα-
πληcίως ἐcτὶν ἀκουcτέον τοῖς προειρημένοις· εἶτα ὅτι ταῦτα
ἀπονέμεται κατὰ τὸν τοῦ Διὸς λόγον, ἤτοι ἐπὶ κολάcει ἢ κατ'
ἄλλην ἔχουcάν πως πρὸς τὰ ὅλα οἰκονομίαν."
10 **1177** Plutarchus de Stoic. repugn. cp. 32 p. 1049a. Ὁ δὲ οὕτω
καταγελᾷ τῶν ἐπὶ τούτοις ἐγκαλούντων, ὥστε περὶ τοῦ Διός, τοῦ cω-
τῆρος καὶ γενέτορος καὶ πατρὸς Δίκης καὶ Εὐνομίας καὶ Εἰρήνης ταῦτα
γράφειν ἐν τῷ τρίτῳ περὶ Θεῶν· „Ὡς δὲ αἱ πόλεις πλεονάcαcαι
εἰς ἀποικίας ἀπαίρουcι τὰ πλήθη καὶ πολέμους ἐνίcτανται πρός
15 τινας, οὕτως ὁ θεὸς φθορᾶς ἀρχὰς δίδωcι." καὶ τὸν Εὐριπίδην
μάρτυρα καὶ τοὺς ἄλλους προcάγεται τοὺς λέγοντας ὡς ὁ Τρωϊκὸς
πόλεμος ὑπὸ τῶν θεῶν ἀπαντλήcεως χάριν τοῦ πλήθους τῶν ἀνθρώ-
πων γένοιτο.

p. 1049b. *σκόπει δέ, ὅτι τῷ θεῷ καλὰς μὲν ἐπικλήσεις ἀεὶ καὶ*
20 *φιλανθρώπους, ἄγρια δ' ἔργα καὶ βάρβαρα καὶ Γαλατικὰ προστί-*
θησιν.

Cf. cp. 30 p. 1048c. *ὁ δὲ Ζεὺς γελοῖος εἰ Κτήσιος χαίρει καὶ*
Ἐπικάρπιος καὶ Χαριδότης προσαγορευόμενος etc.

1178 Plutarchus de Stoic. repugn. cp. 37 p. 1051b. Ἔτι περὶ
25 τοῦ μηδὲν ἔγκλητον εἶναι μηδὲ μεμπτὸν κόσμῳ, κατὰ τὴν ἀρίστην φύσιν
ἁπάντων παραγομένων, πολλάκις γεγραφὼς ἔcτιν ὅπου πάλιν ἐγκλητάς
τινας ἀμελείας οὐ περὶ μικρὰ καὶ φαῦλα ἀπολείπει. Ἐν γοῦν τῷ
τρίτῳ περὶ Οὐcίας, μνησθεὶς ὅτι cυμβαίνει τινὰ τοῖς καλοῖς καὶ ἀγα-
θοῖς τοιαῦτα „Πότερον, φησίν, ἀμελουμένων τινῶν, καθάπερ ἐν
30 οἰκίαις μείζοcι παραπίπτει τινὰ πίτυρα καὶ ποcοὶ πυροί τινες,
τῶν ὅλων εὖ οἰκονομουμένων· ἢ διὰ τὸ καθίcταcθαι ἐπὶ τῶν
τοιούτων δαιμόνια φαῦλα, ἐν οἷς τῷ ὄντι γίνονται καὶ ἐγκλη-
τέαι ἀμέλειαι;" φηcὶ δὲ πολὺ καὶ τὸ τῆς ἀνάγκης μεμῖχθαι. Τὸ μὲν
οὖν τὰ τοιαῦτα cυμπτώματα τῶν καλῶν κἀγαθῶν ἀνδρῶν, οἷον ἡ Cω-
35 κράτους καταδίκη καὶ ὁ Πυθαγόρου ζῶντος ἐμπρηcμὸς ὑπὸ τῶν Κυλω-
νείων καὶ Ζήνωνος ὑπὸ Δημύλου τοῦ τυράννου καὶ Ἀντιφῶντος ὑπὸ
Διονυcίου cτρεβλουμένων ἀναιρέcεις, πιτύροις παραπίπτουcιν ἀπει-

---

11 *τῶν ἐγκαλούντων* scil. Pythagoreorum quae de gallis comedendis dixe-
rat criminantium.   14 *ἀπαρύτουσι* coni. Wy., *ἀπερῶσι* Bernardakis.   25 ⟨*ἐν*
τῷ⟩ *κόσμῳ* Wy.   36 *Τυφῶνος* pro *Ἀντιφῶντος* codd. a Bernard. adhibiti

κάζειν, ὅcηc ἐcτὶν εὐχερείαc, ἐῶ· τὸ δὲ φαύλουc δαίμοναc ἐκ προνοίαc ἐπὶ τὰc τοιαύταc ἐπιcταcίαc καθίcταcθαι, πῶc οὐκ ἔcτιν ἔγκλημα τοῦ θεοῦ etc.

1179 Cicero de nat. deor. III 86. At enim minora di neglegunt neque agellos singulorum nec viticulas persequuntur nec si uredo aut 5 grando quippiam nocuit, id Iovi animadvertendum fuit; ne in regnis quidem reges omnia minima curant; sic enim dicitis.

1180 Cicero de nat. deor. III 90. Non animadvertunt, inquit, omnia di, ne reges quidem. Quid est simile? Reges enim si scientes praetermittunt, magna culpa est; at deo ne excusatio quidem est inscientiae. 10 Quem vos praeclare defenditis, cum dicitis eam vim deorum esse, ut, etiamsi quis morte poenas sceleris effugerit, expetantur eae poenae a liberis, a nepotibus, a posteris.

1181 Plutarchus de Stoic. repugn. cp. 35 p. 1050f. ἐπιτείνει δὲ τὴν ὑπεναντίωcιν ἐν τῷ δευτέρῳ περὶ Φύcεωc γράφων τάδε „Ἡ 15 δὲ κακία πρὸc τὰ δεινὰ cυμπτώματα ἴδιόν τινα ἔχει λόγον· γίνεται μὲν γὰρ καὶ αὐτή πωc κατὰ τὸν τῆc φύcεωc λόγον, καί, ἵν᾽ οὕτωc εἴπω, οὐκ ἀχρήcτωc γίνεται πρὸc τὰ ὅλα· οὐδὲ γὰρ ἂν τἀγαθὰ ἦν.“

idem de comm. not. cp. 13 p. 1065 b. *ἀλλὰ χοροῦ μέν ἐcτιν ἐμ-* 20 *μέλεια, μηδενὸc ἀπᾴδοντοc ἐν αὐτῷ· καὶ cώματοc ὑγίεια, μηδενὸc μορίου νοcοῦντοc· ἀρετὴ δ᾽ ἄνευ κακίαc οὐκ ἔχει γένεcιν, ἀλλ᾽ ὥcπερ ἐνίαιc τῶν ἰατρικῶν δυνάμεων ἰὸc ὄφεωc καὶ χολὴ ὑαίνηc ἀναγκαῖόν ἐcτιν, οὕτωc ἐπιτηδειότηc ἑτέρα τῇ Μελήτου μοχθηρίᾳ πρὸc τὴν Σωκράτουc δικαιοcύνην, καὶ τῇ Κλέωνοc ἀναγωγίᾳ πρὸc τὴν Περικλέουc* 25 *καλοκἀγαθίαν· πῶc δ᾽ ἂν εὗρεν ὁ Ζεὺc τὸν Ἡρακλέα φῦcαι καὶ τὸν Λυκοῦργον, εἰ μὴ καὶ Cαρδανάπαλον ἡμῖν ἔφυcε καὶ Φάλαριν; — — Τί γὰρ διαφέρουcι τῶν ταῦτα ληρούντων καὶ φλυαρούντων οἱ λέγοντεc „μὴ ἀχρήcτωc γεγονέναι πρὸc τὴν ἐγκράτειαν τὴν ἀκολαcίαν, καὶ πρὸc τὴν δικαιοcύνην τὴν ἀδικίαν;“* 30

idem de comm. not. cp. 14 p. 1065 d. Ἦ βούλει τὸ ἥδιcτον αὐτοῦ τῆc γλαφυρίαc καὶ πιθανότητοc ἱcτορῆcαι· „Ὥcπερ γὰρ αἱ κωμῳδίαι, φηcίν, ἐπιγράμματα γελοῖα φέρουcιν, ἃ καθ᾽ αὑτὰ μέν ἐcτι φαῦλα, τῷ δὲ ὅλῳ ποιήματι χάριν τινὰ προcτίθηcιν· οὕτω ψέξειαc ἂν αὐτὴν ἐφ᾽ ἑαυτῆc τὴν κακίαν· τοῖc δ᾽ ἄλλοιc 35 οὐκ ἀχρηcτόc ἐcτι.“

ibidem cp. 16 p. 1066 d. *Λα. — — ἐπιθυμῶ γὰρ πυθέcθαι, τίνα δὴ τρόπον οἱ ἄνδρες* (Stoici) *τὰ κακὰ τῶν ἀγαθῶν, καὶ τὴν κακίαν*

---

6 quippiam V cuipiam H quipiam AB. 16 comm. not. 1065b: λοιπὰ pro δεινά ‖ verba ἴδιόν τινα desunt. ‖ ὅρον pro λόγον. 17 καὶ deest. 18 rep. St.: οὔτε γὰρ om. ἂν. 19 comm. not.: τἀγαθὸν. 23 οὕτωc ἀναγκαῖόν ἐcτιν libri, transposuit Wy. 35 ὅλοιc Mez.

τῆς ἀρετῆς προεισάγουσιν. Διαδ. — — πολὺς μὲν ὁ ψελλισμὸς αὐ-
τῶν, τέλος δὲ τὴν μὲν φρόνησιν ἐπιστήμην ἀγαθῶν καὶ κα-
κῶν οὖσαν, ⟨ἀναιρεθέντων τῶν κακῶν⟩ καὶ παντάπασιν
ἀναιρεῖσθαι λέγουσιν· ὡς δ' ἀληθῶν ὄντων ἀδύνατον μὴ καὶ
5 ψευδῆ τινα εἶναι, παραπλησίως οἴονται προσήκειν, ἀγαθῶν
ὑπαρχόντων καὶ κακὰ ὑπάρχειν.)
M. Antoninus VI 42. Ἀλλὰ σὺ μὴ τοιοῦτο μέρος γένη, οἷος ὁ
εὐτελὴς καὶ γελοῖος στίχος ἐν τῷ δράματι, οὗ Χρύσιππος μέμνηται.
1182 Plutarchus de Stoic. repugn. cp. 36 p. 1051a. Πάλιν ἐν
10 τῷ πρώτῳ περὶ Δικαιοσύνης εἰπὼν περὶ τῶν θεῶν, ὡς ἐνισταμένων
ἐνίοις ἀδικήμασι, „Κακίαν δέ φησι καθόλου ἆραι οὔτε δυνατόν
ἐστιν οὔτ' ἔχει καλῶς ἀρθῆναι."
1183 Philodemus περὶ θεῶν διαγωγῆς col. 7, 28 (Scott. Frgm.
Herc. p. 156). — — εἰ καὶ ταῦ(τ') ἐ(δύ)νατο, τὴν δύναμιν . . . . . . ὡς
15 καὶ τοῦ πάντ(ας) ποιῆσαι σοφοὺς καὶ μακαρίους καὶ μηδὲν κακόν.
τὸ δὲ τοιοῦτον ἀσθένειαν καί τιν' ἔλλειψιν συνάπτει τῷ κρατίστῳ.
πολλάκις δὲ αὐτὸ ἐπ' ἀνατροπῇ τῆς νοήσεως τοῦ θεοῦ συγχωροῦσι·
καθάπερ ὁ (μὲν) Χρύσιππος ἐν τοῖς περὶ μαντικῆς λέγει μὴ δύ-
(νασθαι) τὸν θεὸν εἰ(δέναι) πάντ)α, διὰ τὸ μηδ' ἔχειν . . .
20 ibid. col. 8 (ibid. p. 157). καὶ κατὰ τὴν (τοῦ θε)οῦ (δια)φορὰ(ν
ἰ)διωτικῶς (παν)τὸς αὐτῷ δύναμιν ἀναθέντες, (ὅ)ταν ὑπὸ τῶν ἐλέγχων
πιέζωνται, τότε καταφεύγουσιν ἐπὶ τὸ διὰ τοῦτο φάσκειν τὰ συναπτό-
μενα μὴ ποιεῖν ὅτι οὐ πάντα δύναται.
1184 Clemens Al. Stromat. I p. 369 Pott. Ἀλλὰ καὶ αἱ τῶν ἀπο-
25 στατησάντων βουλαί τε καὶ ἐνέργειαι, μερικαὶ οὖσαι, γίνονται μὲν ἐκ φαύλης
διαθέσεως, καθάπερ καὶ αἱ νόσοι αἱ σωματικαί· κυβερνῶνται δὲ ὑπὸ τῆς
καθόλου προνοίας ἐπὶ τέλος ὑγιεινόν, κἂν νοσοποιὸς ᾖ ἡ αἰτία. Μέγιστον
γοῦν τῆς θείας προνοίας τὸ μὴ ἐᾶσαι τὴν ἐξ ἀποστάσεως ἑκουσίου
φυεῖσαν κακίαν ἄχρηστον καὶ ἀνωφελῆ μένειν μηδὲ μὴν κατὰ
30 πάντα βλαβερὰν αὐτὴν γενέσθαι· τῆς γὰρ θείας σοφίας καὶ ἀρετῆς
καὶ δυνάμεως ἔργον ἐστὶν οὐ μόνον τὸ ἀγαθοποιεῖν· φύσις γὰρ ὡς εἰπεῖν
αὕτη τοῦ θεοῦ, ὡς τοῦ πυρὸς τὸ θερμαίνειν καὶ τοῦ φωτὸς τὸ φωτίζειν·
ἀλλὰ κἀκεῖνο μάλιστα τὸ διὰ κακῶν τῶν ἐπινοηθέντων πρὸς τινῶν ἀγαθόν
τι καὶ χρηστὸν τέλος ἀποτελεῖν καὶ ὠφελίμως τοῖς δοκοῦσι φαύλοις
35 χρῆσθαι.
1185 Origenes de princip. III p. 162 ed. Delarue. καὶ γὰρ ἐπὶ τῶν
τῆς ἑπτομένης τοῦ παντὸς κόσμου προνοίας ἔργων τινὰ μὲν ἐναργέστατα
φαίνεται ἢ προνοίας ἐστὶν ἔργα, ἕτερα δὲ οὕτως ἀποκέκρυπται, ὡς ἀπιστίας
χώραν παρέχειν δοκεῖν τῆς περὶ τοῦ τέχνη ἀφάτῳ καὶ δυνάμει διοικοῦντος
40 τὰ ὅλα θεοῦ. Οὐχ οὕτω γὰρ σαφὴς ὁ περὶ τοῦ προνοοῦντος τεχνικὸς λόγος
ἐν τοῖς ἐπὶ γῆς, ὡς ἐν ἡλίῳ καὶ σελήνῃ καὶ ἄστροις· καὶ οὐχ οὕτω δῆλος

---

3 suppl. Reiske.   4 μὴ ⟨οὐ⟩ Rasmus.   5 οἶον libri, corr. Madvig.
19 εἰδέναι Gercke p. 699, εἰπεῖν Scott.

ἐν τοῖς κατὰ τὰ ἀνθρώπινα συμπτώματα ὡς ἐν ταῖς ψυχαῖς καὶ τοῖς σώμασι τῶν ζῴων· σφόδρα τοῦ πρὸς τί καὶ ἕνεκα τίνος εὑρισκομένου τοῖς τούτων ἐπιμελομένοις περὶ τὰς ὁρμὰς καὶ τὰς φαντασίας καὶ φύσεις τῶν ζῴων καὶ τὰς κατασκευὰς τῶν σωμάτων.

1186 Cicero de nat. deor. III 70 (postquam disputavit deos male 5 consuluisse hominibus, cum iis rationem largirentur). Huic loco sic soletis occurrere: non idcirco non optume nobis a dis esse provisum, quod multi eorum beneficio perverse uterentur; etiam patrimoniis multos male uti, nec ob eam causam eos beneficium a patribus nullum habere. 10

---

1 scribendum: συμπτώμασιν.

Physica IX.

De divinatione.

§ 1. Esse divinationem, si di sint et providentia.

1187 Cicero de divin. I 3, 6. *accessit acerrimo vir ingenio Chry-*
sippus, qui totam de divinatione duobus libris explicavit sen-
tentiam, uno praeterea de oraculis, uno de somniis: quem sub-
sequens unum librum Babylonius Diogenes edidit, eius auditor.

1188 Cicero Acad. Pr. II 107. *Cum Panaetius — ea de re dubi-*
tare se dicat, quam omnes praeter eum Stoici certissimam putant,
vera esse haruspicum ⟨responsa⟩, auspicia, oracula, somnia,
vaticinationes etc.

1189 Cicero de divin. II 63,130. *Chrysippus quidem divina-*
tionem definit his verbis: Vim cognoscentem et videntem et expli-
cantem signa, quae a diis hominibus portendantur: officium
autem esse eius praenoscere, dei erga homines mente qua sint quidque
significent, quemadmodumque ea procurentur atque expientur. Idemque
somniorum coniectionem definit hoc modo: Esse vim cernentem
et explanantem, quae a diis hominibus significentur in somnis.

1190 Aëtius Plac. V 1, 1. Πλάτων καὶ οἱ Στωϊκοὶ τὴν μαντικὴν
εἰσάγουσι κατὰ τὸ ἔνθεον ὅπερ ἐστὶν ἐνθεαστικὸν [κατὰ θειότητα τῆς ψυχῆς,
ὅπερ εἶπεν ἐνθουσιαστικὸν] καὶ τὸ ὀνειροπολικόν. οὗτοι τὰ πλεῖστα μέρη
τῆς μαντικῆς ἐγκρίνουσι (sc. Stoici).

1191 Diogenes Laërt. VII 149. καὶ μὴν καὶ μαντικὴν ὑφεστάναι
πᾶσάν φασιν, εἰ καὶ πρόνοιαν εἶναι· καὶ αὐτὴν καὶ τέχνην ἀποφαί-
νουσι διά τινας ἐκβάσεις, ὥς φησι Ζήνων τε καὶ Χρύσιππος ἐν τῷ
δευτέρῳ περὶ μαντικῆς.

1192 Cicero de divin. I 38, 82. *Quam quidem esse re vera hac*
Stoicorum ratione concluditur: „Si sunt dii, neque ante declarant

---

10 add. Ernestius.   20 ἐνθεαστικόν Gal., ἐνθουσιαστικόν codd. Plut.
21 κατὰ—ἐνθουσιαστικόν paraphrasin secl. Diels. ‖ καὶ τὸ ἀστρονομικὸν καὶ τὸ
ὀρνεοσκοπικόν add. Gal.   24 φασὶ πᾶσαν (hoc ord.) BP. ‖ ἢ pro εἰ PF.
23 ἐμβάσεις P (corr. P¹).   26 ἐν τοῖς δύο B.

*hominibus, quae futura sint, aut non diligunt homines, aut
quid eventurum sit ignorant, aut existimant nihil interesse
hominum scire quid sit futurum; aut non censent esse suae
maiestatis praesignificare hominibus quae sunt futura, aut
ea ne ipsi quidem dii significare possunt. At neque non dili-* 5
*gunt nos, sunt enim benefici generique hominum amici: ne-
que ignorant ea, quae ab ipsis constituta et designata sunt:
neque nostra nihil interest, scire ea quae eventura sunt; eri-
mus enim cautiores, si sciemus: neque hoc alienum ducunt
maiestate sua; nihil est enim beneficentia praestantius: neque* 10
non possunt futura praenoscere. 83. *Non igitur sunt dii nec
significant futura. Sunt autem dii: significant ergo. Et non,
si significant, nullas vias dant nobis ad significationis scien-
tiam: frustra enim significarent: nec, si dant vias, non est
divinatio: est igitur divinatio.* 39, 84. *Hac ratione et Chrysip-* 15
pus et Diogenes et Antipater utitur.

    Cf. II 49, 101.

    1193 Cicero de divin. II 41. Ita enim, cum magis properant, con-
cludere solent (scil. Stoici): „Si di sunt, est divinatio; sunt autem di; est
ergo divinatio.“   20

    1194 Cicero de legibus II 32. Si enim deos esse concedimus, eorum-
que mente mundum regi, et eorum numen hominum consulere generi et
posse nobis signa rerum futurarum ostendere, non video, cur esse divina-
tionem negem. 33. sunt autem ea, quae posui; ⟨ex⟩ quibus id, quod
volumus, efficitur et cogitur.   25

    1195 Quintilianus Instit. orat. V 7, 35. his adicere siquis volet ea
quae divina testimonia vocant, ex responsis, oraculis, ominibus, duplicem
sciat esse eorum tractatum: generalem alterum, in quo inter Stoicos et
Epicuri sectam secutos pugna perpetua est, regaturne providentia mundus,
specialem alterum circa partis divinationis, ut quaeque in quaestionem 30
cadet. aliter enim oraculorum, aliter haruspicum, augurum, coniectorum,
mathematicorum fides confirmari aut refelli potest, cum sit rerum ipsarum
ratio diversa.

§ 2. De somniis.

    1196 Tertullianus de anima cp. 46. Sed et Stoici deum malunt 35
providentissimum humanae institutioni inter cetera praesidia divinatricum
artium et disciplinarum somnia quoque nobis indidisse, peculiare solacium
naturalis oraculi.

    1197 Cicero de nat. deor. III 93. Sed quo modo iidem dicitis non

---

8 quae ventura sunt H quae eventura sint ABV.   13 et non si *Lambin.*,
et si non ABHV.   22 eorum numen *Schoemann,* eorundem ABH.   '24 ex *add.*
Rathius.

omnia deos persequi, iidem voltis a dis immortalibus hominibus dispertiri ac dividi somnia? Idcirco haec tecum, quia vestra est de somniorum veritate sententia. Atque iidem etiam vota suscipi dicitis oportere.

1198 Chalcidius ad Timaeum cp. 251. Heraclitus vero consen-
5 tientibus Stoicis rationem nostram cum divina ratione connectit regente ac moderante mundana: propter inseparabilem comitatum consciam decreti rationabilis factam quiescentibus animis ope sensuum futura denuntiare. ex quo fieri ut adpareant imagines ignotorum locorum simulacraque hominum tam viventium quam mortuorum. Idemque asserit divinationis usum
10 et praemoneri meritos, instruentibus divinis potestatibus; hi[c] quoque parte abutentes sententiae pro solida perfectaque scientia.

1199 Cicero de divin. I 20, 39. *veniamus ad somnia, de quibus disputans Chrysippus multis et minutis somniis colligendis facit idem, quod Antipater, ea conquirens, quae Antiphontis interpretatione explicata*
15 *declarant illa quidem acumen interpretis: sed exemplis grandioribus decuit uti.*

1200 Cicero de divin. I 56. Quid? illa duo somnia, quae creber-
rume commemorantur a Stoicis — unum de Simonide, qui cum ignotum quendam proiectum mortuum vidisset eumque humavisset haberet-
20 que in animo navem conscendere, moneri visus est, ne id faceret, ab eo, quem sepultura adfecerat; si navigavisset, eum naufragio esse periturum; itaque Simonidem redisse, perisse ceteros, qui tum navigassent.

1201 Cicero de divin. II 65, 134. *Defert ad coniectorem quidam, somniasse se, ovum pendere ex fascea lecti sui cubicularis. Est hoc in*
25 *Chrysippi libro somnium. Respondet coniector, thesaurum defossum esse sub lecto. Fodit, invenit auri aliquantum idque circumdatum argento. Misit coniectori quantulum visum est de argento. Tum ille „nihilne, inquit, de vitello?" id enim ei ex ovo videbatur aurum declarasse, reliquum argentum.*

30 **1202** Photius lexicon s. v. νεοττός· — — ὅτι δὲ τὸ ὠχρὸν νεοτ-
τὸν ἔλεγον, μαρτυρεῖ καὶ Χρύσιππος ἐν τῷ περὶ χρησμῶν· „ὄναρ γάρ τινα φασὶν θεασάμενον ἐκ τῆς κλίνης αὐτοῦ κρέμασθαι ᾠὰ προσ-
αναθέσθαι ὀνειροκρίτῃ, τὸν δὲ εἰπεῖν. ὀρύττων θησαυρὸν εὑρήσεις κατὰ τὸν τόπον ἐκεῖνον· εὑρόντα δὲ σταμνίον, ἐν ᾧ ἀργύριον ἦν καὶ
35 χρυσίον, ἐνεγκεῖν τι τοῦ ἀργυρίου τῷ μάντει· τὸν δὲ μάντιν εἰπεῖν· τοῦ δὲ νεοττοῦ οὐδέν μοι δίδως;"

1203 Apostolius XII 7. νεοττοῦ οὐδέν μοι δίδως. laudatur Chry-
sippus ἐν τῷ περὶ χρησμῶν. Cf. Suidas, Photius, Arsenius XXXVII 15.

1204 Cicero de divinatione I 27, 57. *Alterum ita traditum cla-*
40 *rum admodum somnium. Cum duo quidam Arcades familiares iter una facerent et Megaram venissent, alterum ad coponem devertisse, ad hospitem alterum. Qui ut cenati quiescerent, concubia nocte visum esse in somnis ei, qui erat in hospitio, illum alterum orare, ut subveniret,*

quod sibi a copone interitus pararetur; eum primo perterritum somnio
surrexisse; dein cum se collegisset idque visum pro nihilo habendum
esse duxisset, recubuisse; tum ei dormienti eundem illum visum esse
rogare, ut quoniam sibi vivo non subvenisset, mortem suam ne inultam
esse pateretur; se interfectum in plaustrum a copone esse coniectum et 5
supra stercus iniectum; petere ut mane ad portam adesset, priusquam
plaustrum ex oppido exiret. Hoc vero eum somnio commotum mane
bubulco praesto ad portam fuisse. quaesisse ex eo, quid esset in plaustro;
illum perterritum fugisse: mortuum erutum esse; coponem re patefacta
poenas dedisse. 10

1205 Suidas s. v. *Τιμωροῦντος·* — — *Λέγει γοῦν Χρύσιππος*
ἐν Μεγάροις καταχθῆναί τινα, χρυσίου ζώνην πεπληρωμένην ἐπαγό-
μενον. ἀπέκτεινε δὲ ἄρα αὐτὸν πανδοκεὺς ὁ ὑποδεξάμενος ὀψισθέντα,
ἐποφθαλμίσας τῷ χρυσίῳ εἶτα ἔμελλεν ἐκκομίζειν ἐφ' ἁμάξης ἀγούσης
κόπρον, ὑποκρύψας ἐν ταύτῃ τὸν πεφονευμένον. ἡ τοίνυν ψυχὴ τοῦ 15
τεθνεῶτος ἐφίσταται Μεγαρεῖ τινι καὶ λέγει ὅσα τε ἔπαθε καὶ ὑφ'
ὅτου καὶ ὅπως ἐκκομίζεσθαι μέλλοι καὶ κατὰ ποίας πύλας· ὁ δὲ οὐκ
ἤκουσε ῥαθύμως τὰ λεχθέντα, κνεφαῖος δὲ διαναστὰς καὶ παραφυ-
λάξας τοῦ ζεύγους ἐπελάβετο καὶ ἀνίχνευσε τὸν νεκρόν. καὶ ὁ μὲν
ἐτάφη, ὁ δὲ ἐκολάσθη. 20

1206 Cicero de divin. II 70, 144. *Quid? ipsorum interpretum*
coniecturae nonne magis ingenia declarant eorum quam vim consensum-
que naturae? Cursor ad Olympia proficisci cogitans visus est in somnis
curru quadrigarum vehi. Mane ad coniectorem. At ille: „Vinces", in-
quit „id enim celeritas significat et vis equorum." Post idem ad 25
Antiphontem. Is autem: „Vincare, inquit, necesse est. An non intelli-
gis, quattuor ante te cucurrisse?" — Ecce alius cursor (atque horum
somniorum et talium plenus est **Chrysippi** *liber, plenus Antipatri) sed*
ad cursorem redeo. Ad interpretem detulit, aquilam se in somnis visum
esse factum. At ille: „Vicisti. Ista enim avi volat nulla vehementius." 30
Huic eidem Antiphon: „Baro, inquit, victum te esse non vides? Ista
enim avis, insectans alias aves et agitans, semper ipsa postrema est." —
145. Parere quaedam matrona cupiens dubitans, essetne praegnas, visa
est in quiete obsignatam habere naturam. Rettulit. Negavit eam, quo-
niam obsignata fuisset, concipere potuisse. At alter praegnatem esse 35
dixit; nam inane obsignari nihil solere. Quae est ars coniectoris elu-
dentis ingenio. An ea quae dixi et innumerabilia, quae conlecta habent

---

20 Propter similitudinem ceterorum ad librum περὶ χρησμῶν refero frgm.,
quod etiam ad librum περὶ ἐννπνίων referri possit.   30 avi *Lambin.*, avis
libri.   31 huic eidem *Lambin.*, huic equidem ABHV.

*Stoici, quicquam significant nisi acumen hominum ex similitudine aliqua
coniecturam modo huc, modo illuc ducentium?*

§ 3. De artificiosa divinatione.

1207 Cicero de divin. I 72. Quae vero aut coniectura explicantur
5 aut eventis animadversa ac notata sunt, ea genera divinandi, ut supra
dixi, non naturalia, sed artificiosa dicuntur; in quo haruspices, au-
gures coniectoresque numerantur. Haec improbantur a Peripateticis,
a Stoicis defenduntur.

1208 Cicero de divinatione I 49, 109. Quid? si etiam ratio exstat
10 artificiosae praesensionis facilis, divinae autem paulo obscurior? quae
enim extis, quae fulgoribus, quae portentis, quae astris prae-
sentiuntur, haec notata sunt observatione diuturna. Affert
autem vetustas omnibus in rebus longinqua observatione incredibilem scien-
tiam: quae potest esse etiam sine motu atque impulsu deorum, cum quid
15 ex quoque eveniat et quid quamque rem significet, crebra animadversione
perspectum est. Altera divinatio est naturalis ut ante dixi; 110. quae
physica disputandi subtilitate referenda est ad naturam deorum, a qua,
ut doctissimis sapientissimisque placuit, haustos animos et libatos habe-
mus: cumque omnia completa et referta sint aeterno sensu et
20 mente divina, necesse est contagione divinorum animorum ani-
mos humanos commoveri.

1209 Cicero de divinatione I 52, 118. *Hoc autem posito atque
concesso, esse quandam vim divinam, hominum vitam continentem, non
difficile est, quae fieri certe videmus, ea qua ratione fiant, suspicari.*
25 *Nam et ad hostiam deligendam potest dux esse vis quaedam
sentiens, quae est toto confusa mundo: et tum ipsum, cum immo-
lare velis, extorum fieri mutatio potest, ut aut absit aliquid aut
supersit: parvis enim momentis multa natura aut affingit aut mutat
aut detrahit.*

30 Cf. II 35. *pudet me non tui quidem — sed Chrysippi, Anti-
patri, Posidonii, qui idem istuc quidem dicunt, quod est dictum a te,
ad hostiam deligendam ducem esse vim quandam sentientem atque divi-
nam, quae toto confusa mundo sit. Illud vero multo etiam melius, quod
et a te usurpatum est et dicitur ab illis: cum immolare quispiam
35 velit, tum fieri extorum mutationem, ut aut absit aliquid aut supersit;
deorum enim numini parere omnia.*

1210 Cicero de divin. I 118. Nam non placet Stoicis singulis
iecorum fissis aut avium cantibus interesse deum; neque enim decorum
est nec dis dignum nec fieri ullo pacto potest; sed ita a principio incho-
40 atum esse mundum, ut certis rebus certa signa praecurrerent, alia in
extis, alia in avibus, alia in fulgoribus, alia in ostentis, alia in stellis,

---

20 contagione *Davisius,* cognitione ABHV; cognatione *alii.*

alia in somniantium visis, alia in furentium vocibus. Ea quibus bene
percepta sunt, ii non saepe falluntur; male coniecta maleque interpretata
falsa sunt non rerum vitio, sed interpretum inscientia.

1211 Cicero de divin. II 33. Cum rerum autem **natura quam
cognationem habent** (scil. exta, e quibus haruspices futura praedicunt)? 5
quae ut uno consensu iuncta sit et continens, quod video placuisse
physicis eisque maxume, qui omne, quod esset, unum esse dixerunt, quid
habere mundus potest cum thesauri inventione coniunctum? Si enim extis
pecuniae mihi amplificatio ostenditur idque fit natura, primum exta sunt
coniuncta mundo, deinde meum lucrum natura rerum continetur. Nonne 10
pudet physicos haec dicere? Ut enim iam sit aliqua in natura rerum con-
tagio, quam esse concedo — multa enim Stoici colligunt; nam et mus-
**culorum iecuscula bruma dicuntur augeri, et puleium aridum
florescere brumali ipso die et inflatas rumpi vesiculas et se-
mina malorum, quae in iis mediis inclusa sint, in contrarias** 15
**partis se vertere, iam nervos in fidibus aliis pulsis resonare
alios, ostreisque et conchyliis omnibus contingere, ut cum luna
pariter crescant pariterque decrescant, arboresque ut hiemali
tempore cum luna simul senescente quia tum exsiccatae sint,
tempestive caedi putentur. 34. Quid de fretis aut de marinis** 20
**aestibus plura dicam? quorum accessus et recessus lunae motu
gubernantur.** Sescenta licet eiusdem modi proferri, ut distantium rerum
cognatio naturalis appareat — demus hoc — qua ex coniunctione na-
turae et quasi concentu atque consensu, quam συμπάθειαν Graeci appel-
lant, convenire potest aut fissum iecoris cum lucello meo aut meus quaesti- 25
culus cum caelo, terra rerumque natura?

1212 Origenes contra Celsum IV 88 Vol. I p. 360, 13 Kö. (p. 569
Del.). πρῶτον μὲν γὰρ ἐξήτηται πότερον ἔστι τις τέχνη οἰωνιστικὴ καὶ
ἀπαξαπλῶς ἡ διὰ ζῴων μαντικὴ ἢ οὐκ ἔστι· δεύτερον δὲ παρὰ τοῖς παρα-
δεξαμένοις εἶναι τὴν δι' ὀρνίθων μαντικὴν οὐ συμπεφώνηται ἡ αἰτία τοῦ 30
τρόπου τῆς μαντείας· ἐπειδήπερ οἱ μὲν ἀπό τινων δαιμόνων ἢ θεῶν μαντι-
κῶν φασι γίγνεσθαι τὰς κινήσεις τοῖς ζῴοις, ὄρνισι μὲν εἰς διαφόρους πτή-
σεις καὶ εἰς διαφόρους φωνάς, τοῖς δὲ λοιποῖς εἰς τὰς τοιασδὶ κινήσεις ἢ
τοιασδί, ἄλλοι δὲ θειοτέρας αὐτῶν καὶ πρὸς τοῦτ' ἐπιτηδείους εἶναι τὰς
ψυχάς· ὅπερ ἐστὶν ἀπιθανώτατον. 35

ibid. 90 Vol. I p. 362, 22 Kö. (p. 570, 71 Del.). Λεκτέον οὖν ὅτι
εἴπερ τις θεία φύσις ἦν ἐν αὐτοῖς τῶν μελλόντων προγνωστικὴ καὶ ἐπὶ το-
σοῦτον πλουσία, ὡς ἐκ περιουσίας καὶ τῷ βουλομένῳ τῶν ἀνθρώπων δηλοῦν
τὰ ἐσόμενα, δηλονότι πολὺ πρότερον τὰ περὶ ἑαυτῶν ἐγίγνωσκον etc.

Cf. etiam 91. 94. 40

1213 Cicero de divinatione I 53, 120. Eademque efficit in avibus
divina mens, ut tum huc tum illuc volent alites: tum in hac tum in illa
parte se occultent, tum a dextra tum a sinistra parte canant oscines.
Nam si animal omne, ut vult, ita utitur motu sui corporis, prono, obli-
quo, supino, membraque quocunque vult flectit, contorquet, porrigit, con- 45

---

2 Cf. Gellius N. A. XV 13.   19 senescente *C. F. W. Müller,* senescentes
libri.   33 τοιάσδε A, τοιάσδε vulg.

trahit, eaque ante efficit paene quam cogitat: quanto id deo est facilius, cuius numini parent omnia.

1214 Cicero de divin. II 56, 115. *Sed iam ad te venio, o sancte Apollo — — tuis enim oraculis Chrysippus totum volumen implevit,* 5 *partim falsis, ut ego opinor, partim casu veris, ut fit in omni oratione saepissime, partim flexiloquis et obscuris, ut interpres egeat interprete et sors ipsa ad sortes referenda sit, partim ambiguis et quae ad dialecticum referenda sint.*

Cf. ibid. I 19, 37. *Collegit innumerabilia oracula Chry-* 10 *sippus nec ullum sine locuplete auctore atque teste.*

1215 Cicero de divin. II 117. (contra Chrysippum disputans, qui multa Apollinis oracula collegerat): Sed — cur isto modo iam oracla Delphis non eduntur, non modo nostra aetate, sed iam diu, iam ut nihil possit esse contemptius? Hoc loco cum urguentur, evanuisse aiunt 15 vetustate vim loci eius, unde anhelitus ille terrae fieret, quo Pythia mente incitata oracla ederet.

1216 Lactantius instit. div. I 6. *(in Sibyllarum catalogo) tertiam Delphida, de qua Chrysippus loquitur in eo libro, quem de divinatione composuit.*

---

5 „ea ratione" coni. Müller Fleckeis. ann. 1864 p. 625.

www.ingramcontent.com/pod-product-compliance
Lightning Source LLC
Chambersburg PA
CBHW070909100426
42814CB00003B/113